오정화 회계학

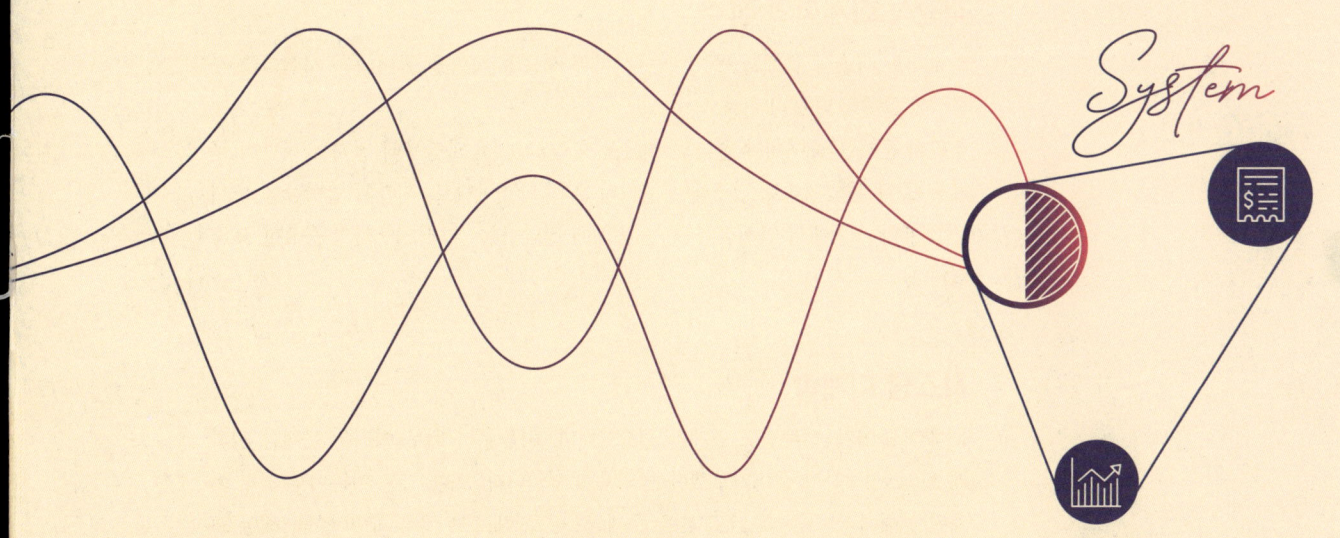

재무회계

저자의 글 | Preface

> 감히 말할 수 있습니다.
> 세상에서 가장 쉽게
> 회계학을 설명하겠습니다!

회계는 어렵다.

회계학을 처음 학습하시는 분들은 회계가 어렵다고들 합니다. '시간 안에 다 풀 수 없어서 점수가 잘 나오지 않는다'라고 합니다. '풀어도 답을 찾을 수 없어 답답하다'라고도 합니다.

그러나 저와 함께 한 수많은 합격생은 회계가 '효자 과목'이라고 합니다. 심지어는 그 어렵다는 회계가 재미있다고도 합니다. 공부가 안될 때마다 회계학 책을 펴들고 자신감을 얻어간다고도 합니다.

이런 반전을 만들기 위해 밤잠을 설치며 고민하고 노력한 결과물이 바로 이 교재입니다. 한때는 여러분과 같은 수험생으로, 그리고 실무를 통해 회계의 정수를 맛보았던 회계사로, 국가직 시험의 출제위원으로, 그리고 여러분과 수년간을 울고 웃으며 오직 '합격시키고 싶다!'라는 열망으로 안간힘을 써왔던 강사로서 세상에서 가장 쉬운 회계를 제시합니다.

객관식 회계학의 정수

회계학은 객관식 문제를 풀어내는 시험과 서술형 시험을 풀어내는 시험의 접근방식이 완전히 다릅니다.

객관식 문제를 풀어내야 한다면 이론을 학습하는 첫 과정부터 철저히 객관식 문제를 풀어가는 형태로 접근해야 합니다. '익숙함'이야말로, 시간의 압박감을 느끼는 회계학 시험에서 안정감을 주는 동시에 정답률을 높여주는 가장 중요한 요소입니다.

시스템 회계학

문제를 풀어가는 과정도 단계가 필요합니다. 처음부터 너무 어려운 문제를 접하게 되면, 이해하고 풀어가보겠다는 의욕이 꺾입니다. 또한 기본 이론이 완전히 이해된 상태에서는 좀 더 난도 높은 문제들을 도전해보고 싶어 합니다. 즉, 해당 교재는 이론을 이해하도록 도와주는 예제와 이해한 이론을 다시 한번 확인하는 확인문제, 그리고 이론을 이해한 후 도전해보는 실전훈련문제로 문제풀이 단계가 나누어져 있으므로 학습자의 심리를 반영하여 끌고 가는 형식으로 구성되어 있습니다. 학습자의 편에서 자연스럽게 이끌어가는 시스템을 반영한 회계학을 만들어내고 싶었습니다. 시스템을 따라만 가면 자연스럽게 회계가 정복되는 '시스템 회계학'입니다.

"우리가 지나는 저 터널 끝은 바로 합격입니다"

> 단계별 학습법을 구축하여 따라만 가면 완벽해지는 시스템 회계학입니다.

도움이 되고 싶다.

저를 희망이라고 의지하는 수험생들 앞에서, 저는 직업 이상의 소명 의식을 갖게 되었습니다. 합격해야 하는 이유는 각기 다른 수만 가지의 사연들이 있겠지만, 방법은 오직 하나입니다. 다시는 돌아보기 싫을 만큼 모진 고생 발을 온전히 디뎌 밟고 나와야 한다는 것입니다. 몸과 마음이 얼마나 고된지, 단기합격한 분들일수록 모두가 진저리치며 고개를 끄덕입니다.

그러나 또 한편, '나는 꿈을 가지고 있었고, 고된 시간이었지만, 결국은 이룰 수 있는 사람이었다'를 자신에게 증명하는 순간이기도 합니다. 지금의 이 경험이 사는 내내 큰 힘이 되어 줄 것입니다.

모두가 간절히 원하는 그것이 쉬울 리가 없습니다. 무엇보다도 남과 달라야 하므로 나는 더 단단해지고, 더 꾸준하고, 더 지혜로워야 합니다.

불확실하고 고단한 이 여정을 저 또한 20대에 가장 초라하고 외롭게 치러냈으므로, 여러분의 여정에 조금이라도 힘이 되는 동반자가 될 것을 다짐하고, 또 다짐해 봅니다. 입버릇처럼 여러분께 주문해왔습니다. '조금만 더 고생하십시오, 저도 최선을 다 하겠습니다!'

저의 10시간의 노력이 여러분의 10분의 학습 시간을 줄여줄 수 있다면 저는 기꺼이 쏟아붓겠습니다.

최선을 다한 끝은 반드시 보상을 받습니다!

모든 인간은 시험 앞에서는 다 똑같은 약자입니다.
두렵지 않은 시험이 있을까요?
그러나 최선을 다하는 과정은 두려움을 이겨낼 수 있습니다.
다만, 그 최선은 자신에게 부끄럼이 없는 최선이어야 합니다.
두려울수록 더욱 간절히 매달리십시오.
최선을 다한 끝은 반드시 보상을 받습니다.
꿈을 이루는 마지막 그 순간까지, 함께하겠습니다!

2025년 5월
오 정 화

출제 경향과 대책 | How to Study

공무원시험 회계학은 과도기입니다.

10여년간 시험의 제도가 선택과목 체제였다가 전공 필수과목으로 도입한지 불과 4년차에 지나지 않습니다. 3개년간 공무원 회계학 시험은 다음과 같은 변화가 있었습니다.

국가직 9급 시험보다 지방직 9급 시험의 난이도가 더 높고, 범위도 넓어졌습니다.

선택과목시절에는 지방직 9급이 국가직 9급 시험보다 훨씬 쉬웠습니다. 범위도 기출위주의 범위에서 크게 벗어나지 않았습니다. 그런데 전공 필수과목체제로 개편된 이후 지방직시험은 계산형 문제의 출제 범위가 빈출이 아닌 주제들이 다수 출제되고, 서술형문제도 훨씬 난이도가 높게 출제되고 있습니다.

서술형문제의 비중이 높아졌습니다.

과거에는 서술형문제가 전체 20문항 중 국가직 9급의 경우 5~6문항, 지방직 9급의 경우 6~8문항정도 출제가 되었습니다. 그런데 국가직 9급 시험의 경우 서술형문제가 24년에는 12문항, 25년에는 11문항이 출제되어 전체 문제의 60% 정도의 비중을 차지하게 되었습니다. 국가직 7급 시험의 경우도 서술형문제가 23년에는 10문항, 24년에는 9문항이 출제되어 전체 문제의 40% 정도의 비중을 차지합니다.

회계학 시험인데 계산기를 사용할 수 없고, 1분에 한 문항씩 풀어내야 하는 시험이라면 서술형 문제의 비중이 높은 것이 합리적일 수 있습니다. 그러나 한번의 급격한 출제방식의 변화가 앞으로도 이어질 패턴이므로 서술형 문제 대비에만 중점을 두겠다는 발상은 위험합니다. 공식적으로 발표된 출제 방식은 아니므로, 수험생들 입장에서는 예년보다 서술형문제를 위해 더 많은 노력을 기울여야 하는 것은 맞지만, 계산형 문제 또한 소월할 수는 없습니다.

국가직 7급 시험은 국가직 9급 시험과 확연히 다릅니다.

과거에는 국가직 9급과 7급의 범위나 난이도에서 큰 차이가 없었습니다. 그러나 25문항으로 출제 문항수가 늘어난 21년 시험을 기점으로 국가직 7급 시험은 확실히 난이도가 어려워지고 범위가 넓어졌습니다. 이제는 7급 시험은 국가직 9급 시험 대비용으로 진행되는 범위와 난이도를 소화하고도 추가로 7급만의 특수주제와 응용문제 유형을 학습하셔야 합니다. 그러므로 국가직 7급을 준비하시는 수험생들은 기출중심의 공무원 회계학에서 확장하여 좀더 다양한 응용문제를 대비하셔야 합니다. 또한 서술형 문장도 기준서의 지엽적인 문장까지 다루어야 하는 상황입니다. 그러므로 국가직 7급 수험생들을 위해서는 해당 기본서 외 7급 파이널 완성 교재가 따로 준비되어 있으니, 9급 범위의 회계학을 마스터하고 확장판으로 7급 파이널 완성 교재로 범위를 넓혀 가시기 바랍니다.

"합격을 찾아가는 길을 즐겨라"

> 수년간 회계학을 선택한 합격생들의 대부분을 배출해온 오정화 회계학은 다음과 같은 전략을 제시합니다.

회계학 과목을 학습할 때 실패하는 원인은 과목의 특성을 정확히 이해하지 못하고 있기 때문입니다. 공무원시험 목적상 회계학 과목은 고득점뿐만 아니라 시간을 줄이는 것이 관건인 과목이므로 무엇보다도 전략적인 접근이 중요합니다.

회계학을 접근하는 데 있어 꼭 강조 드리고 싶은 전략은 다음과 같습니다.

첫째, 회계학은 다 맞는 과목이 아닙니다. 제한된 시간에 문제를 모두 풀어낼 수가 없습니다. 다른 전공과목에 비해 회계학이 들어간 직렬의 합격 커트라인이 낮은 이유가 바로 이 때문입니다.

그러므로 풀 수 있는 문제를 확실히 골라 정확히 푸는 연습이 필요합니다. 오정화 회계학 실전동형 모의고사를 통해 충분한 연습과정을 경험하시면 실전에서 시간 안배의 기술을 충분히 습득하실 수 있습니다.

둘째, 서술형 문제를 먼저 풀어냅니다. 회계학의 객관식 서술형 문제는 정답보다는 오답을 고르는 문제가 주로 출제됩니다. 오답을 파는 유형이 정해져 있으므로 기준서 문장을 중심으로 오답유형을 익히면서 대비를 하셔야 합니다. 그러기 위해서 기본서를 배우는 중에 서술형 대비를 위해 만들어진 '썰전(썰문제전과)'을 연결해서 풀면 서술형 문제는 완벽대비가 됩니다. 서술형 문제를 먼저 자신감 있게 풀어내고 나면 계산형 문제를 접근할 때 좀 더 여유가 생기기 때문에 정신적인 평점심을 유지할 수 있습니다. 실전에서는 이 부분이 가장 중요합니다.

셋째, 응용문제를 위한 대비가 합격을 결정합니다. 기출은 기본이고, 응용력을 통해 합격의 당락이 좌우됩니다. 객관식으로 출제될 수 있는 회계학의 핵심문제들을 모두 집대성한 결과물이 회계천제입니다. 응용력 제로 상태의 수험생을 100점으로 이끌어준 교재이기도 합니다. 합격한 수많은 수험생들이 회계천제 한 권이면 충분했다는 평을 주셨습니다.

> 회계학, 분명히 극복 가능합니다.

단 한 순간도 쉬지 않고 달려온 10년의 경험으로 무엇을 어렵게 느끼는지를 정확히 짚어드리기 때문에 시간의 누수가 없습니다.

'노력한 만큼 나온다!'는 확실한 보장, 제가 해드리겠습니다!

매년 '함께 최선을 다 하겠습니다'의 무게를 어깨에 지고, 저에게 희망을 걸고 함께 엎드려 공부하는 이들과 1년을 보냅니다. 밤잠을 설치며 고민하고 노력하겠습니다. '최선'이라는 말이 부끄럽지 않도록 저 역시 노력하겠습니다.

여러분들이 꿈꾸고 이루어가는 아름다운 여정에 도움이 되기를 간절히 소망합니다.

정규 커리큘럼 가이드 | Curriculum Guide

| 입문 + 기본 ▸ 심화이론 ▸ 기출풀이 |

강의

- 오정화 재무회계
- 오정화 원가관리회계
- 오정화 정부회계

교재

📖 오정화 회계학 재무회계
📖 오정화 회계학 원가관리회계
📖 오정화 회계학 정부회계

회계학을 처음 배우는 초심자 또는 재무회계, 원가관리회계, 정부회계에 관한 기본 이론이 정립되지 않아서 점수가 쉽게 오르지 않는 수험생을 위한 과정입니다. 재무회계, 원가관리회계, 정부회계에 관하여 꼭 알아야 할 기본원리를 가장 쉽고 정확하게 배울 수 있습니다.

- 오정화 회계학 심화이론 (재무회계)

📖 오정화 회계학 재무회계

재무회계의 기본이론 과정에서 학습한 내용을 압축적으로 정리하고, 관련 문제들을 풀어가는 과정입니다. 이론과 문제풀이를 연결하는 브릿지 과정이라고 보시면 됩니다. 심화과정을 통해 앞서 배운 전반적인 내용들이 유기적으로 연결되고, 실전훈련문제에 제시된 다양한 문제들을 경험하고 나면 기출문제풀이 단계가 훨씬 수월하게 적응될 수 있습니다.

- 오정화 회계학 기출플러스

📖 오정화 회계학 기출플러스

공무원시험에서 기출된 모든 문제를 단원별·주제별로 나누어 문제 유형을 익히고 적응할 수 있도록 구성되어 있습니다. 50% 이상이 기출 중심으로 출제되는 공무원시험의 특성과 시간의 압박감을 느끼며 풀어야 하는 특성을 반영하여 문제의 유형을 완벽히 구분하여 학습되어 있어야만 반응 속도가 빨라질 수 있으므로 이를 반영하여 구성된 것입니다. 각 문제별 난이도와 출제 가능지수가 수록되어 있으므로 회독수를 늘리는 과정에서 참고할 수 있는 지표가 됩니다. 또한 강의와 거의 유사한 형태의 '친절한 설명'이 해설에 '오쌤 tip'의 형식으로 들어가 있어서, 학습효과를 배가시켰습니다.

압축 요약
오정화 회계학 [포켓 압축 특강: 오진다]

📖 오정화 회계학 오진다

| 응용 문제풀이 | ▶ | 파이널 | ▶ | 지방직 / 서울시 대비 | ▶ | 7급 대비 |

재시샘
· 오정화 회계학 단원별 응용문제 풀이

📖 오정화 회계학 회계 1000제

객관식 회계학 시험에 출제될 수 있는 모든 유형이 제시되어 있습니다. 유형별로 기본서와 기출이 연결되어 있으므로 학습하는 과정에서 부족하다고 판단되는 부분을 기본서와 기출문제를 통해 보완할 수 있도록 구성되어 있습니다. 응용력이 절대적으로 요구되는 회계학 시험에서 가장 필수적인 학습 단계입니다.

초시샘
· 오정화 회계학 썰문제 완전정복, 응용플러스

📖 오정화 회계학 썰전(썰문제 전과)
📖 오정화 회계학 응용플러스

객관식 서술형 문제의 출제 원리를 빠르고 정확하게 파악하여 집중적으로 보완할 수 있는 과정입니다. 다양한 예시와 노하우가 담긴 직관적인 설명을 통하여 객관식 서술형문제(썰문제)를 쉽게 이해하고, 더 나아가 빠르게 풀어낼 수 있는 스킬을 배우는 강의입니다.

재시샘
· 오정화 회계학 베스트 모의고사

📖 오정화 회계학 베스트 모의고사

20문항을 시간 안에 풀어내야 하는 공무원시험의 특성상 단원별이 아닌 전체 주제를 묶어 시험의 형식으로 최대한 빨리 적응해보는 연습이 필요합니다. 총 12회의 구성 안에서 4회는 기출만으로, 4회는 기출+응용으로 그리고 나머지 4회는 응용문제만으로 구성된 모의고사입니다.

초시샘
· 오정화 회계학 실전동형모의고사

📖 오정화 회계학 실전동형모의고사

최신 출제경향이 반영되고 출제 가능성이 높은 문제들로 구성된 모의고사를 풀면서 실전감각을 기를 수 있는 과정입니다. 이 과정을 통해 취약점을 보완, 문제풀이 시간 단축, 문제풀이 노하우 습득 등 문제해결능력 향상을 극대화하여 회계학 과목에서 고득점을 얻을 수 있습니다.

· 오정화 회계학 지방직/ 서울시 대비 파이널 과정

📖 오정화 회계학 봉투모의고사

지방직과 서울시 시험을 대비하기 위해 8회분의 모의고사 과정을 진행합니다. 해당 모의고사의 난이도는 베스트 모의고사 ➡ 실전동형모의고사에 이어 9급 시험용으로는 가장 난이도 높은 모의고사입니다. 단계별 모의고사 과정을 통해 본인의 실력을 단계별로 끌어올릴 수 있도록 최적의 훈련과정의 마지막 단계라고 할 수 있습니다.

· 오정화 회계학 7급 시험 대비 파이널

📖 오정화 회계학 7급 파이널 완성

25문항으로 바뀐 7급 시험의 유형에 맞는 모의고사가 8회분으로 구성되어 있습니다. 기본 이론 교재에서 다루지 않았으나 문항수가 늘어나고 난이도가 올라갈 경우 출제될 수 있는 범위들을 추가로 특수이론으로 정리하여 강의가 진행됩니다. 또한 7급만의 5개년 기출도 함께 제공되므로, 7급 시험만의 특성을 분석하여 전체 문제를 정리해보는 과정을 경험합니다. 또한 25문항으로 구성된 실전모의고사를 통해 실전을 대비하여 충분히 훈련할 수 있습니다.

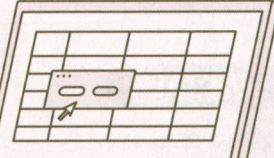

제가 가진 문제풀이 비법을 모두 털어 넣었습니다. 강의를 듣고 함께 해온 수험생이라면 모든 강의가 정리될 것입니다. 또한 산발적으로 떠돌던 이론이 도식화되어 정리된 내용들을 통해 머릿속에 안착이 될 것입니다. 그리고 본인의 약점을 보완할 수 있는 내용들을 채워 넣으면 자기만의 완벽한 무기로 거듭날 수 있습니다. 공무원 시험은 80~100점을 맞아야 합격하는 시험으로 막판 3일간의 정리가 너무나 중요합니다. 기본서에서 다룬 모든 내용을 빠짐없이 다루고 있고 시험장에 들어가기 직전까지 손에 쥐고 의지하며 학습해 왔던 모든 것을 담을 수 있게 만든 압축서입니다.

구성과 특징 | How to Use

Teacher's Map

전체적인 목적지를 정확히 파악하고 운행해야 가장 효율적으로 목적지에 이를 수 있습니다.

각 단원의 내용을 학습하기 전, 그리고 학습한 후 전체적인 개괄 내용을 한 번에 정리하고 그 내용 안에 각각의 기준서 내용들을 채워가야 어려운 회계학을 빨리 정복할 수 있습니다. 회계학이 어려운 것은 각각의 개념이 낯설기 때문입니다. Teacher's Map에 정리된 내용을 반복적으로 숙지하여 각 개념들이 암기된다면 쉽게 회계학을 정복하실 수 있을 겁니다.

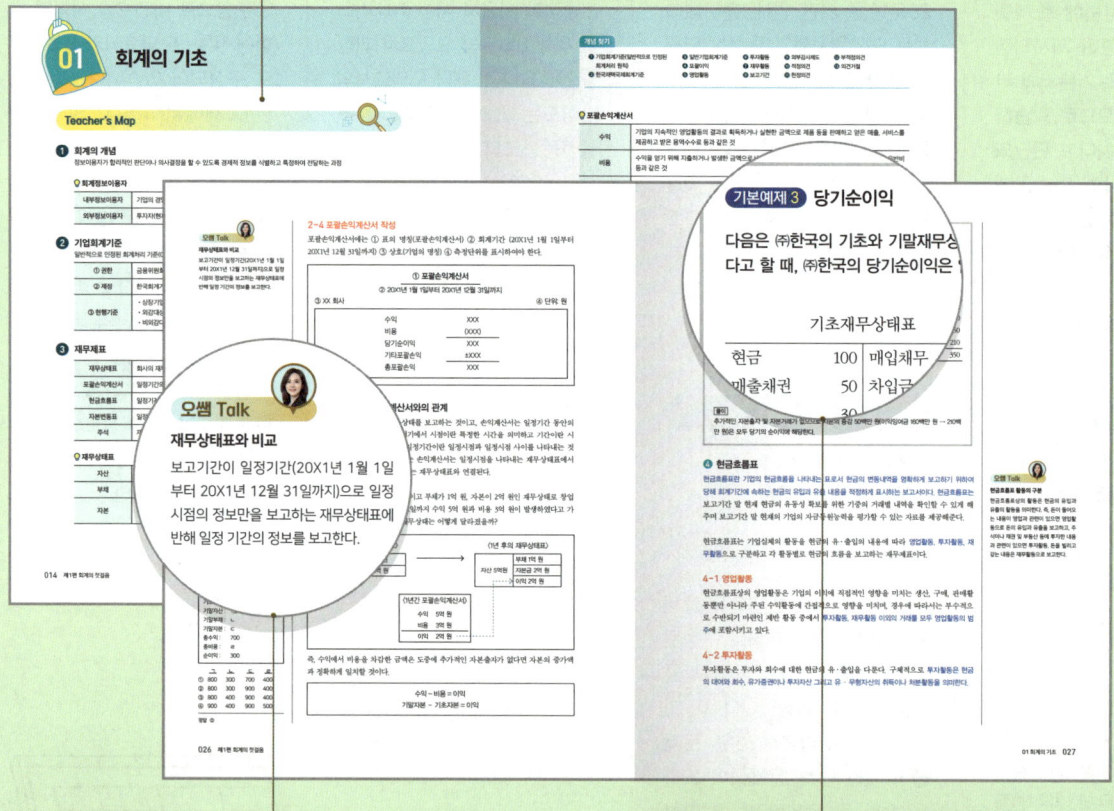

오쌤 TALK

기준서의 어려운 내용과 원리를 쉽게 이해할 수 있도록 '오쌤 TALK'을 구성하였습니다. 이론서를 보며 혼자서 공부해야 하는 수험생을 위한 최선의 배려입니다. 본문의 내용이 이해가 안 될 때는 강의 때 설명했던 내용이 '오쌤 TALK'에 들어 있으니, 반드시 참고하시기 바랍니다. 마치 옆에서 강의를 듣는 것과 같은 효과가 있을 겁니다. '오쌤 TALK'에 대해 합격생들은 입을 모아 '음성지원이 된다'라고도 합니다.

예제를 통해 이론 익혀가기

각 이론마다 이를 직접 계산해보는 예제들이 주어져 있습니다. '이론+실습'의 형식으로 구성했기 때문에 Action Learning이 가능합니다. 회계는 실제 계산해보고 이를 표시하여 보고하기 위한 실용적인 학문입니다. 눈으로만 익히지 말고 반드시 예제를 통해 직접 계산해보는 과정을 거쳐야만 회계이론들을 체득할 수 있습니다.

확인문제

기출문제와 응용문제 등 다양한 문제를 이론과 바로 연결시킬 수 있도록 확인문제와 기출 OX를 구성하였습니다. 또한 서술형 문제를 위한 대비를 위해 10개년 기출 지문을 모두 반영했습니다. 객관식 문제만 다루는 공무원 회계학은 철저히 문제풀이 위주로 접근해야 하는데, 이론을 익히는 중에도 관련 문제들을 연결함으로써 학습효과를 높일 수 있습니다. 문제를 풀면서 자신이 이해하고 있는지 여부를 가장 극명하게 점검해볼 수 있습니다.

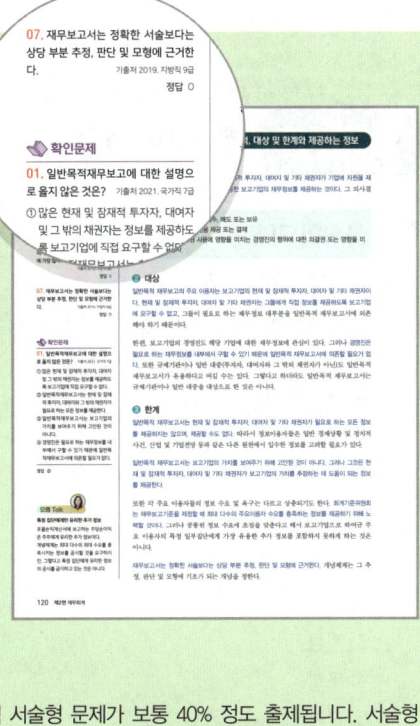

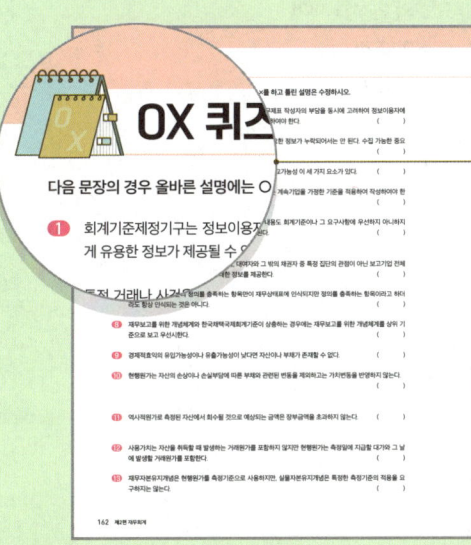

OX퀴즈

공무원시험에서 객관식 서술형 문제가 보통 40% 정도 출제됩니다. 서술형 문제는 대부분 틀린 것을 고르라는 문제가 출제됩니다. 그러므로 OX 퀴즈를 통해 중요한 이론들을 문장으로 정리할 수 있다면 자연스럽게 객관식 서술형 문제를 대비할 수 있습니다. 과거 공무원시험에서 기출된 지문들과 타 시험에서 자주 출제되는 지문들을 OX 퀴즈에 실어 놓았습니다. 그러므로 틀린 문장은 정확히 어떤 부분이 틀렸는지 확인하고 정리할 필요가 있습니다.

실전훈련문제

객관식 20문항(국가직 7급은 25문항)이 주어지는 공무원시험의 특징은 분개를 기록하면서 풀어낼 시간이 부족하다는 것입니다. 그러므로 이론을 습득한 후에는 철저하게 객관식 문제풀이를 훈련하는 과정이 필요합니다. 과거 기출문제들을 모두 변형하여 실전훈련문제를 구성하였습니다. 회계학에서 주로 출제되는 문제와 유형은 한정되어 있습니다. 실전훈련문제를 직접 풀어봄으로써 시험의 패턴을 익히고 이론들 중에서 중요도와 빈출 내용을 체감할 수 있는 필수과정입니다.

차례 | Contents

제 1 편 회계의 첫걸음

01 회계의 기초
1. 회계란 무엇인가? … 16
2. 기업회계기준 … 18
3. 회계정보 전달의 수단: 재무제표 … 19
4. 회계기간(= 보고기간) … 30
5. 외부감사제도 … 30

02 복식부기와 거래의 기록
1. 회계상 거래의 인식 … 38
2. 회계등식 … 40
3. 계정 … 48
4. 분개 … 48
5. 전기 … 56
6. 시산표 및 재무제표 작성 … 60

03 회계의 순환과정
1. 회계의 순환과정 … 76
2. 기말수정분개 … 77
3. 수정후시산표의 작성 … 87
4. 정산표 … 90
5. 장부의 마감 … 92

제 2 편 재무회계

04 재무보고를 위한 개념체계
1. 개념체계 일반 … 118
2. 일반목적 재무보고서의 목적, 대상 및 한계와 제공하는 정보 … 120
3. 유용한 재무정보의 질적 특성 … 123
4. 일반목적 재무제표 … 130
5. 재무제표의 요소 … 132
6. 재무제표의 요소의 인식과 제거 … 142
7. 재무제표의 요소의 측정 … 146
8. 재무제표의 표시와 공시 … 155
9. 자본과 자본유지개념 … 158

05 재무제표
1. 전체 재무제표 … 178
2. 재무제표 작성과 표시의 일반원칙 … 180
3. 재무상태표 … 185
4. 포괄손익계산서 … 190
5. 기타재무제표 … 198
6. 중간재무보고 … 199
7. 보고기간 후 사건 … 203

06 현금 및 수취채권과 지급채무
1. 현금및현금성자산 … 220
2. 현금의 내부통제제도 … 225
3. 은행계정조정표 … 227
4. 수취채권 및 지급채무 … 232
5. 장기성 채권·채무의 현재가치 평가 … 240
6. 매출채권의 평가-대손회계 … 246
7. 매출채권 제거 … 258
   <보론> 화폐의 시간가치 … 266

이 책의 다음 순서로 공부하고, 회독 횟수 및 취약 여부를 스스로 체크해 보세요. ☑☐☐

07 금융자산 ☐☐☐
1. 금융자산의 기초   292
2. 지분상품   304
3. 채무상품   313
4. 재분류   329
    <보론> 채권의 발행   332

08 재고자산 ☐☐☐
1. 재고자산의 종류   360
2. 재고자산의 취득원가 결정   361
3. 상품매매업의 회계처리   365
4. 기말재고자산의 평가   370
5. 재고자산감모손실과 평가손실   388
6. 재고자산의 추정   394
    <보론> 농림어업자산   405

09 유형자산 ☐☐☐
1. 유형자산의 특징과 분류   436
2. 유형자산의 취득   438
3. 유형자산의 유형별 취득원가   442
4. 원가모형   452
5. 재평가모형   470
6. 유형자산의 기타사항   482
    <보론> 환율변동효과   494

10 투자부동산 ☐☐☐
1. 투자부동산의 의의   524
2. 인식과 측정   526
3. 제거   528
4. 투자부동산 대체   528

11 무형자산 ☐☐☐
1. 무형자산의 정의   542
2. 무형자산의 취득원가   544
3. 무형자산의 상각   545
4. 무형자산의 손상   547
5. 무형자산의 제거   548
6. 무형자산의 재평가   548
7. 내부적으로 창출한 무형자산   550

12 금융부채 ☐☐☐
1. 금융부채의 기초   566
2. 사채   567

13 충당부채와 종업원급여 ☐☐☐
1. 충당부채와 우발부채, 우발자산   600
2. 종업원급여   612

14 자본 ☐☐☐
1. 자본의 의의   638
2. 자본거래   640
3. 손익거래   655
4. 자본변동 종합   662
5. 자본변동표   663

15 수익인식 ☐☐☐
1. 수익인식의 일반론   684
2. 수익인식의 5단계   684
3. 계약관련 자산·부채의 재무제표 표시   702
4. 형태별 수익인식   704

16 건설계약 ☐☐☐
1. 건설계약의 기초   726
2. 건설계약의 수익인식   728
3. 건설계약의 회계처리   729
4. 손실이 예상되는 경우 수익인식   736
5. 진행률을 합리적으로 측정할 수 없는 경우   740
6. 특수한 계약원가   742

17 회계변경와 오류수정 ☐☐☐
1. 회계변경   756
2. 오류수정   763

18 법인세회계 ☐☐☐
1. 법인세회계의 기초   794
2. 이연법인세회계   798
3. 재무제표 공시   804
4. 법인세 기간 내 배분   805

19 현금흐름표 ☐☐☐
1. 현금흐름표의 의의   822
2. 현금흐름표 활동의 구분   823
3. 현금흐름의 계산방법   829
4. 현금흐름표의 작성   845

20 주당이익 ☐☐☐
1. 주당이익의 기초   886
2. 기본주당이익   887
3. 희석주당순이익   894

21 관계기업투자와 지분법 ☐☐☐
1. 관계기업투자의 기초   904
2. 지분법회계처리   906

22 재무비율 ☐☐☐
1. 재무비율   918

제 **1** 편

회계의 첫걸음

01 회계의 기초
02 복식부기와 거래의 기록
03 회계의 순환과정

01 회계의 기초

Teacher's Map

1 회계의 개념
정보이용자가 합리적인 판단이나 의사결정을 할 수 있도록 경제적 정보를 식별하고 특정하여 전달하는 과정

💡 회계정보이용자

내부정보이용자	기업의 경영진, 내부 관리자 등
외부정보이용자	투자자(현재 및 잠재적 투자자 포함), 노동조합, 감독기관, 정부기관 등

2 기업회계기준
일반적으로 인정된 회계처리 기준(GAAP)

① 권한	금융위원회
② 제정	한국회계기준원
③ 현행기준	• 상장기업/금융권: 한국채택국제회계기준(K - IFRS) • 외감대상 비상장기업: 일반기업회계기준 • 비외감대상기업: 중소기업회계기준

3 재무제표

재무상태표	회사의 재무상태를 보고
포괄손익계산서	일정기간의 경영성과를 보고
현금흐름표	일정기간의 현금의 유·출입에 관한 내역을 보고
자본변동표	일정기간의 자본의 크기와 변동에 관한 정보를 보고
주석	재무상태표상에 필요한 추가적인 정보를 보고

💡 재무상태표

자산	기업이 소유하고 있으며 금전적인 가치가 있을 뿐만 아니라 앞으로도 유용하게 사용할 수 있는 회사의 재산
부채	미래에 일정한 금액을 갚아야 할 의무가 있는 기업의 채무
자본	• 기업이 소유하고 있는 총자산에서 타인에게 갚아야 할 총부채를 차감한 잔액 • 순자산

개념 찾기

❶ 기업회계기준(일반적으로 인정된 회계처리 원칙)
❷ 한국채택국제회계기준
❸ 일반기업회계기준
❹ 포괄이익
❺ 영업활동
❻ 투자활동
❼ 재무활동
❽ 보고기간
❾ 외부감사제도
❿ 적정의견
⓫ 한정의견
⓬ 부적정의견
⓭ 의견거절

💡 포괄손익계산서

수익	기업의 지속적인 영업활동의 결과로 획득하거나 실현한 금액으로 제품 등을 판매하고 얻은 매출, 서비스를 제공하고 받은 용역수수료 등과 같은 것
비용	수익을 얻기 위해 지출하거나 발생한 금액으로서, 매출한 물품의 원가 또는 판매수수료, 광고선전비, 운반비 등과 같은 것
포괄이익	• 기업실체가 일정기간 동안 주주와의 거래에 해당하는 자본거래를 제외한 모든 거래(손익거래)에서 인식한 자본의 변동 • 포괄이익 = 당기손익(실현손익) + 기타포괄손익(미실현손익)

💡 현금흐름표

영업활동	• 기업의 이익에 직접적인 영향을 미치는 생산, 구매, 판매활동뿐만 아니라 주된 수익활동에 간접적으로 영향을 미치는 활동 • 투자활동, 재무활동 이외의 거래를 모두 영업활동의 범주에 포함
투자활동	투자와 회수에 대한 현금의 유·출입을 말함
재무활동	자금의 조달이나 상환을 통한 현금의 유·출입을 말함

💡 자본변동표

기업의 재무상태표에 표시되어 있는 자본 변화내역을 자본구성요소별로 보여주는 재무보고서

💡 주석

재무제표 본문에 표시된 정보를 이해하는 데 도움을 주는 추가적인 정보를 제공

❹ 회계기간(= 보고기간)

재무정보를 기록해서 보고하기 위해 인위적으로 구분·설정한 기간

❺ 외부감사제도

기업이 작성한 재무제표가 일반적으로 인정된 회계처리 기준에 따라 작성되었는지 여부를 외부의 독립적인 제3자(공인회계사)가 검토하는 것

적정의견	재무제표가 기업회계기준에 따라 적정하게 표시되었음을 나타내는 의견
한정의견	재무제표에 표시된 일부 재무정보가 기업회계기준을 준거하지 않았거나, 감사의견을 형성하는 데 필요한 합리적인 증거를 얻지 못했다고 감사인이 판단하는 경우 나타내는 의견
부적정의견	재무제표가 기업회계기준에 따라 적정하게 표시되고 있지 않음을 나타내는 의견
의견거절	감사인이 감사의견을 형성하는 데 필요한 합리적인 증거를 얻지 못하여 재무제표 전체에 대한 의견표명이 불가능한 경우 나타내는 의견

1. 회계란 무엇인가?
2. 기업회계기준
3. 회계정보 전달의 수단: 재무제표
4. 회계기간(= 보고기간)
5. 외부감사제도

1 회계란 무엇인가?

❶ 회계의 개념

회계(Accounting)는 정보이용자가 합리적인 판단이나 의사결정을 할 수 있도록 경제적 정보를 식별하고 측정하여 전달하는 과정이다. 쉽게 말해서 기업에 관심 있는 사람들에게 기업의 재산상태와 경영성과 등에 관한 다양한 재무정보를 기록하고 전달하는 것을 '회계'라고 한다.

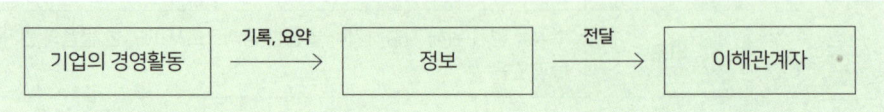
기업의 경영활동 →(기록, 요약)→ 정보 →(전달)→ 이해관계자

그렇다면 이러한 회계는 왜 필요한 것인가?

기업의 경영활동에는 주주, 채권자, 경영자, 종업원 등 다양한 이해관계자들이 관련되어 있다. 이러한 이해관계자들은 자신들이 관심이 있거나 자신들과 직·간접적으로 연관되어 있는 기업의 경영활동과 관련하여 각자의 목적에 따라 다양한 정보를 필요로 한다. 회계는 이러한 다양한 이해관계자들의 경제적인 의사결정에 도움이 될 수 있도록 신뢰성 있는 정보를 제공하기 위한 과정이다.

❷ 회계정보이용자

회사의 경영활동에는 주주, 채권자, 경영자, 종업원 등 다양한 이해관계자들이 관련되어 있다. 이러한 이해관계자들은 자신들이 관심이 있거나 관련된 목적에 맞는 다양한 정보를 원한다.

정보이용자	정보이용목적
주주	주가가 오를 것인가? 배당금은 얼마일까?
채권자	돈을 빌려줘도 괜찮은가?
경영자	회사의 실적은 얼마인가?
종업원	성과급을 받을 수 있을까? 망하지 않을까?
거래처	거래를 해도 괜찮을까?
세무당국	신고된 세금이 적정한가?

이러한 회계정보이용자는 기업의 **내부정보이용자**(Internal users)와 **외부정보이용자**(External users)로 구분될 수 있다. 내부정보이용자는 기업의 경영진이나 내부 관리자로 기업활동과 관련된 계획, 통제 및 평가의 모든 과정에서 회계정보를 필요로 한다.

한편 외부정보이용자는 특정 기업에 대한 투자자(현재 및 잠재적 투자자 포함), 노동조합, 감독기관, 정부기관 등 다양한 이해관계자를 포함한다. 이 중 가장 대표적인 외부정보이용자는 투자자라고 할 수 있다. 외부정보이용자들은 투자의사 결정을 위한 회계정보를 필요로 한다.

오쌤 Talk

외부정보이용자: 투자자
투자자는 현재의 투자자뿐만 아니라 잠재적인 투자자도 포함한다. 투자자는 주로 주주와 채권자로 이해하면 된다.

회계정보이용자를 내부정보이용자와 외부정보이용자로 구분하는 이유는 회계정보를 산출하는 과정에서의 접근권에 차이가 있기 때문이다. 즉, 내부정보이용자는 기업 내부에서 회계정보가 어떻게 만들어지는지 직접 관찰할 수 있는 위치에 있기 때문에 일정한 방식으로 회계정보가 만들어지도록 영향력을 행사할 수 있다. 또한 필요한 정보를 수시로 제한 없이 접근할 수 있는 권한도 있다. 때문에 전달되는 회계정보는 일정한 형식이나 규칙을 요구하지 않는다.

반면에 외부정보이용자는 내부정보이용자와 달리 입수할 수 있는 회계정보에 제한이 있다. 일반적으로 외부정보이용자는 재무제표라고 하는 공개된 회계정보만 제공받게 된다. 그런데 만약 기업마다 재무제표를 작성하는 방법이 다르고 원칙이 없다면 여러 기업의 재무제표를 비교 분석하는 것이 어려울 수 있다. 때문에 **외부정보이용자들에게 제공되는 정보는 사전에 일정한 규칙이나 원리를 정해놓고 그러한 규칙이나 원리에 의해 작성·보고되어야 할 것이다. 회계에서는 '기업회계기준'이라고 하는 일정한 규칙을 통해 재무보고서를 작성한다.**

다만, 이러한 재무정보의 작성 책임은 기업에게 있고, 기업의 경영자는 다양한 재무정보이용자에게 재무정보를 작성해서 제공해야 한다. 즉, **기업의 경영자는 재무정보의 공급자이자 동시에 수요자라고 할 수 있다.**

[회계정보이용자와 회계의 분류]

구분	재무회계	관리회계
정보이용자	외부정보이용자(주주 및 채권자 등)	내부정보이용자(경영자 등)
목적	기업의 외부정보이용자들의 경제적인 의사결정에 유용한 정보 제공	기업의 내부정보이용자들의 관리적 의사결정에 유용한 정보 제공
보고수단	재무제표	특수목적 보고서
회계기준	기업회계 기준 준수	보고기준은 없음

오쌤 Talk

경영자

경영자는 재무정보를 작성하여 외부에 공시해야 할 의무(외부감사대상인 경우에 한정)가 있다. 즉, 정보의 공급자로서 역할을 한다. 그러나 경영자도 회사의 재무상태와 경영성과를 보고 의사결정을 해야 하므로 정보의 수요자이기도 한다. 다만, 외부에 재무정보를 공시해야 하는 회사(외부감사대상)의 경우에는 공인회계사로부터 외부감사를 받고 재무제표를 공시하도록 되어있다. 재무제표는 금융감독원에서 운영하는 전자공시시스템(dart.ffs.or.kr)에 공시된다.

오쌤 Talk

재무회계와 관리회계의 비교

재무회계는 외부정보이용자를 위해 공시할 목적으로 작성된 회계이고, 관리회계는 내부정보이용자들이 관리적 의사결정을 위해 내부 사용 목적으로 만든 회계이다.

확인문제

01. 회계정보와 관련한 설명으로 옳지 않은 것은?
2021. 국가직 9급

① 경영자는 회계정보를 생산하여 외부이해관계자들에게 공급하는 주체로서 회계정보의 공급자이므로 수요자는 아니다.
② 경제의 주요 관심사는 유한한 자원을 효율적으로 사용하는 것인데, 회계정보는 우량기업과 비우량기업을 구별하는 데 이용되어 의사결정에 도움을 준다.
③ 회계정보의 신뢰성을 확보하기 위하여 기업은 회계기준에 따라 재무제표를 작성하고, 외부감사인의 감사를 받는다.
④ 외부감사는 전문자격을 부여받은 공인회계사가 할 수 있다.

정답 ①

오쌤 Talk

한국채택국제회계기준과 일반기업회계기준의 차이
① 규정중심이 아닌 원칙중심의 회계처리
② 공정가치 확대
③ 주석공시사항 확대
④ 실질 위주 회계처리
⑤ 연결중심 회계처리
위 사안들을 제외하고는 기본 형식은 90% 가까이 일치한다.

확인문제

02. 한국채택국제회계기준의 특징과 관련된 설명 중에서 옳지 않은 것은?
2021. 국가직 9급

① 연결재무제표를 주재무제표로 작성함으로써 개별기업의 재무제표가 보여주지 못하는 경제적 실질을 더 잘 반영할 수 있을 것으로 기대된다.
②「주식회사 등의 외부감사에 관한 법률」의 적용을 받는 모든 기업이 한국채택국제회계기준을 회계기준으로 삼아 재무제표를 작성하여야 한다.
③ 과거 규정중심의 회계기준이 원칙중심의 회계기준으로 변경되었다.
④ 자산과 부채의 공정가치평가 적용이 확대되었다.

정답 ②

2 기업회계기준

'기업회계기준(Generally Accepted Accounting Principles: GAAP, 일반적으로 인정된 회계처리 원칙)'이란 회사가 다양한 경영활동을 기록하고 보고하는 데 공통적으로 사용하는 기준으로, 정보이용자들이 회계정보를 보다 쉽게 이해할 수 있도록 모든 회사가 사용하는 공용어와 같은 것이다. **기업회계기준은 다른 말로 '일반적으로 인정된 회계원칙'이라는 용어로 사용된다.**

일반적으로 인정된 회계원칙은 이를 제정한 기관에서 제정하여 이를 강제하는 것이 아니라 재무제표의 작성자와 이용자 대부분이 이를 수용하여야(generally accepted) 비로소 강제성 있는 규칙이 된다는 특징이 있다. 즉, 아무리 논리적으로 타당한 회계원칙이라고 하더라도 대다수의 작성자와 이용자가 수용하기를 거부한다면 일반적으로 인정된 회계원칙이 될 수 없다.

『주식회사의 외부감사에 관한 법률』제13조에 따르면 회계처리기준은 금융위원회가 증권선물위원회의 심의를 거쳐 정하도록 하고 있다. 금융위원회는 회계기준과 관련된 업무를 전문성을 갖춘 민간 법인이나 단체에 위탁할 수 있다. **현재 우리나라는 금융위원회가 기업회계기준에 대한 제정 권한을 가지고 있으나 실제 제정은 한국회계기준원에서 수행한다.**

각 국가별로 독립된 회계원칙을 가지고 있기 때문에 국가 간 재무제표의 비교가능성은 낮은 수준이었다. 그러나 국가 간의 자본 이동이 증가함에 따라 세계 각국은 통일된 회계원칙의 필요성에 공감하여 국제회계기준위원회(IASB)를 설립하고, **국제회계기준(IFRS, International Financial Reporting Standards)**을 제정하기에 이르렀다.

우리나라는 2007년 11월 23일에 국제회계기준을 채택한 한국채택국제회계기준(K-IFRS, Korean International Financial Reporting Standards)을 제정하였으며, 한국채택국제회계기준을 국제회계기준의 내용과 일치시키는 것을 원칙으로 하고 있다. **한국채택국제회계기준은 2011년부터 상장기업이 의무적으로 적용해야 한다.** 한편 한국회계기준원은 국제회계기준을 적용하지 않는 기업들의 회계처리 부담을 줄여주기 위해서 회계기준을 이원화하여 '일반기업회계기준'을 제정하였다. **따라서 현재 우리나라의 일반적으로 인정된 회계원칙은 외부감사를 받는 상장기업이 적용하는 『한국채택국제회계기준』과 외부감사를 받는 그 외의 비상장기업이 적용하는 『일반기업회계기준』 및 외부감사를 받지 않는 비외감대상기업을 위한 『중소기업회계기준』으로 3원화된 회계기준을 적용하고 있다.**

[회계처리기준]

외부감사대상	한국채택국제회계기준	외감법의 적용대상기업 중 자본통합법에 따라 주권상장법인 또는 K-IFRS 선택 기업 등의 회계처리에 적용
	일반기업회계기준	외감법의 적용대상기업 중 K-IFRS에 따라 회계처리하지 않는 기업이 적용하는 기준
비외부감사대상	중소기업회계기준	외부감사를 받지 않는 비외감대상기업이 적용하는 기준

3 회계정보 전달의 수단: 재무제표

회사가 회계를 통해 전달하는 다양한 재무정보는 이해관계자들에게 유용한 정보전달을 목적으로 한다. 이러한 정보를 전달할 때 '기업회계기준'이라는 통일된 기준에 따라, 일정한 양식으로 재무정보를 전달하는 수단인 '재무제표'를 사용한다. '재무제표(Financial Statement: F/S)란 일정 회계기간 동안 회사의 경영성과와 재무상태 등에 관한 정보를 주주 및 채권자와 같은 이해관계자들에게 보고하는 각종의 보고서이다. 즉, 재무제표는 정보이용자들이 알고 싶어하는 정보를 일목요연하게 집계한 표로 만들어진 보고서이다.

[재무제표의 종류]

재무상태표	회사의 재무상태를 보고
포괄손익계산서	일정 기간의 경영성과를 보고
현금흐름표	일정 기간의 현금의 유·출입 내역을 보고
자본변동표	일정 기간의 자본의 크기와 변동에 관한 정보를 보고
주석	재무제표상에 필요한 추가적인 정보를 보고

❶ 재무상태표

재무상태표는 일정 시점에 있어서 회사의 재무상태를 나타내는 보고서이다. 재무상태란 현금, 토지, 건물, 기계장치 등 회사가 소유하고 있는 재산에 해당하는 자산(asset)과, 동 자산을 구입한 자금의 출처에 따라 타인에게서 조달한 부채(liability) 및 회사의 실질적인 소유자인 주주로부터 조달한 자본(owner's equity)을 의미한다. 즉 재무상태표는 회사의 일정 시점에 있어서의 재무상태를 자산, 부채, 자본으로 구별하여 나타내는 보고서이다.

오쌤 Talk

재무제표가 아닌 것
이익잉여금처분계산서, 제조원가명세서, 감사보고서, 사업보고서 등

기출 OX

01. 현금흐름표는 일정 회계기간 동안의 기업의 영업활동, 투자활동, 재무활동으로 인한 현금의 유입과 유출에 관한 정보를 제공한다. 기출처 2018. 관세직 9급
정답 O

02. 재무상태표는 일정시점의 기업의 재무상태에 관한 정보를 제공한다. 기출처 2018. 관세직 9급
정답 O

03. 자본변동표는 일정 회계기간 동안의 기업의 경영성과에 관한 정보를 제공한다. 기출처 2018. 관세직 9급
정답 X

오쌤 Talk

자산의 개념
① 개념: 돈 될 것(앞으로 돈이 될 것, 돈 나갈 것을 막아주는 것)
② 기준: 과거 사건의 결과 기업이 통제하는 현재의 경제적 자원

확인문제

03. 다음 중 해당 개념에 맞는 자산의 명칭을 연결하시오.

① 받을 돈 • • ⓐ 대여금
② 미리낸 돈 • • ⓑ 매출채권, 미수금
③ 빌려준 돈 • • ⓒ 토지
④ 판매를 목적으로 가지고 있는 물건 • • ⓓ 선급금
⑤ 자동차 • • ⓔ 차량운반구
⑥ 땅 • • ⓕ 건물
⑦ 본사사옥, 공장 건물 • • ⓖ 상품, 제품

정답 ①-ⓑ, ②-ⓓ, ③-ⓐ, ④-ⓖ, ⑤-ⓔ, ⑥-ⓒ, ⑦-ⓕ

1-1 자산

기업은 경영활동을 하면서 현금을 받고 상품을 판매하여 현금이 생기기도 하고, 외상으로 판매하여 그 외상대금을 받을 권리인 '매출채권'이라는 채권이 발생되기도 한다. 또한 영업활동을 계속 유지하기 위해 건물이나 창고를 소유하기도 한다. 현금, 매출채권, 건물, 창고 등은 회사소유의 재산인데 회계에서는 이처럼 **기업이 소유하고 있으며 금전적인 가치가 있을 뿐만 아니라 앞으로도 유용하게 사용할 수 있는 회사의 재산을 '자산'**이라고 한다.

자산의 종류에는 대표적으로 다음과 같은 것들이 있다.

과목	구분
현금	기업이 보유하고 있는 지폐와 동전 및 수표 등
보통예금	입·출금이 자유로운 예금
당좌예금	거래의 편의를 위해 당좌수표를 발행해서 돈을 인출하기 위해 은행과 당좌거래 약정을 통해 가입한 예금
정기예금	일정금액을 금융기관에 예입하고 일정기간 후 이자와 원금을 받기로 한 예금
정기적금	목돈을 만들기 위해 일정기간 동안 정규적으로 일정금액을 금융기관에 예입하여 받기로 한 예금
상품	상기업에서 판매를 목적으로 구입한 물건
제품	제조기업에서 제조 공정시설을 기반으로 만들어낸 판매목적의 상품
비품	영업활동에 사용할 목적으로 구입한 컴퓨터, 에어컨, 프린터 등
소모품	영업활동에 사용할 목적으로 구입한 사무용품 등
외상매출금	상품이나 제품 등을 외상으로 매출한 경우 발생한 채권
받을 어음	상품이나 제품 등을 외상으로 매출하고 추후 지급받기로 약정한 법적 형식의 채권
매출채권	'외상매출금'과 '받을 어음'을 통칭하는 채권
미수금	상품이나 제품 이외의 자산을 외상으로 처분한 경우 발생된 채권
단기대여금	보고기간 종료일로부터 1년 이내에 회수하기로 하고 빌려준 돈
장기대여금	보고기간 종료일로부터 1년 이후에 회수하기로 하고 빌려준 돈
선급금	상품 등을 매입하기로 하고 미리 지급한 계약금
토지	회사가 보유하고 있는 땅
건물	회사가 보유한 본사나 공장의 건물
차량운반구	영업용으로 사용하는 승용차, 승합차, 트럭 등
기계장치	제품의 생산을 위해 보유하고 있는 기계 등

1-2 부채

기업이 경영활동을 하면서 판매를 목적으로 거래처로부터 상품을 외상으로 매입하는 경우 '매입채무'라는 채무가 발생한다. 또한 기계를 구입하기 위한 돈이 없는 경우 은행으로부터 차입하기도 한다. 이러한 매입채무, 차입금과 같이 미래에 일정한 금액을 갚아야 할 의무가 있는 기업의 채무를 회계에서는 '부채'라고 한다.

부채의 종류에는 대표적으로 다음과 같은 것들이 있다.

과목	구분
외상매입금	상품, 원재료 등을 외상으로 구입한 경우 지급할 채무
지급어음	상품, 원재료 등을 외상으로 구입하고 추후 지급하기로 약정한 법적 형식의 채무
매입채무	'외상매입금'과 '지급어음'을 통칭하는 채무
미지급금	상품, 원재료 외의 물품을 외상으로 구입하고 지급하지 않은 채무
단기차입금	보고기간 종료일로부터 1년 이내의 기간을 만기로 빌린 채무
장기차입금	보고기간 종료일로부터 1년 이후의 기간을 만기로 빌린 채무
선수금	상품 등을 판매하는 과정에서 미리 받은 계약금

1-3 자본

회사의 소유주인 주주들만의 자산, 즉 순자산을 회계용어로 '자본'이라고 부른다. 자본은 기업이 소유하고 있는 총자산에서 타인에게 갚아야 할 총부채를 차감한 잔액이라고 할 수 있으며 '순자산(net asset)'이라고 한다. 자본은 그 자체를 직접적으로 측정할 수 있는 것이 아니라 자산과 부채를 각각 측정한 결과 동 금액의 차액으로 계산된다.

자본의 종류는 대표적으로 다음과 같은 것들이 있다.

과목	구분
자본금	회사의 주주가 출자한 재산
이익잉여금	경영활동을 통해 벌어들인 이익

오쌤 Talk

부채의 개념
① 개념: 빚(앞으로 돈이 나갈 것, 돈 들어올 것을 막아버리는 것, 이행해주어야 하는 것)
② 기준: 과거 사건의 결과로 기업이 경제적 자원을 이전해야 하는 현재의무

 **확인문제**

04. 다음 중 해당 개념에 맞는 부채의 명칭을 연결하시오.

① 빌린 돈 · · ⓐ 차입금, 사채
② (물건이나 용역의 대가로) 지급할 돈 · · ⓑ 선수금
③ 미리 받은 돈 · · ⓒ 매입채무, 미지급금

정답 ①-ⓐ, ②-ⓒ, ③-ⓑ

오쌤 Talk

자본의 개념
① 주주의 몫
② 잔여재산 청구권: 회사를 청산하면 채권자가 먼저 보전을 받고 그 외 나머지 잔여 지분은 모두 주주에게 귀속되므로 잔여재산 청구권이라고 정의하기도 한다.
③ 기준: 순자산 (= 자산 - 부채)

기본예제 1 순자산

㈜한국의 현재 재산의 상태는 다음과 같다.

현금	₩100,000	매입채무	₩50,000
토지	₩1,500,000	차입금	₩1,000,000
매출채권	₩350,000	건물	₩2,000,000

㈜한국의 순자산은 얼마인가?

풀이

자본	=	자산	–	부채
₩2,900,000	=	₩3,950,000	–	₩1,050,000
↓		↓		↓
순재산 = 순자산		현금 ₩100,000 토지 ₩1,500,000 매출채권 ₩350,000 건물 ₩2,000,000		매입채무 ₩50,000 차입금 ₩1,000,000

1-4 재무상태표의 작성

재무상태표에는 ① 표의 명칭(재무상태표) ② 보고기간(20X1년 12월 31일) ③ 상호(기업의 명칭) ④ 측정단위를 표시하여야 한다.

오쌤 Talk

재무상태표의 작성

보고기간이 일정 시점(20X1년 12월 31일)이다. 나머지 모든 재무제표가 일정기간의 정보를 담는 데 반해 재무상태표는 일정시점의 정보를 보고한다.

① **재무상태표**
② 20X1년 12월 31일 현재

③ XX 회사   ④ 단위: 원

자산	부채
1. 유동자산 　현금및현금성자산 　단기금융상품 　매출채권 　미수금 　선급금 　재고자산 2. 비유동자산 　장기투자자산 　유형자산 　무형자산 　이연법인세자산 　기타비유동자산	1. 유동부채 　매입채무 　단기차입금 　미지급금 　선수금 2. 비유동부채 　사채 　장기미지급금 　장기충당부채
	자본 　납입자본 　기타자본 　이익잉여금

❷ 포괄손익계산서

포괄손익계산서는 일정기간 동안 기업이 달성한 경영성과를 나타내는 보고서이다. 경영성과란 일정기간 동안 실현된 수익(revenue)에서 발생된 비용(expense)을 차감하여 순이익(net income)을 산출한 것이다.

2-1 수익

수익이란 기업의 지속적인 영업활동의 결과로서 획득하거나 실현한 금액으로서, 제품을 판매하고 얻은 매출, 서비스를 제공하고 받은 용역수수료 등과 같은 것이다. 수익은 외상으로 판매하거나 빚을 탕감하는 대가로 판매하는 등 직접 현금을 수반하지 않는 경우도 있을 수 있다. 그러나 수익이 발생하면 어느 경우에나 회사의 순자산 즉, 자본이 증가하게 된다.

수익에 해당하는 대표적인 항목들은 다음과 같다.

과목	구분
매출	상품이나 제품을 판매하여 발생하는 화폐 및 화폐청구권
이자수익	예금이나 대여금에서 발생하는 이자
배당금수익	주식이나 출자금 등의 투자에서 분배 받는 이익
임대료	부동산 또는 동산을 타인에게 임대하고 받는 대가
유가증권처분이익	유가증권을 처분함에 따라 발생하는 이익
투자자산처분이익	투자자산을 처분함에 따라 발생하는 이익
유형자산처분이익	유형자산을 처분함에 따라 발생하는 이익
사채상환이익	사채를 상환함에 따라 발생하는 이익
자산수증이익	주주나 제3자 등으로부터 자산을 무상으로 증여 받은 경우 그 금액
채무면제이익	주주나 채권자로부터 회사 채무의 전부 또는 일부를 면제 받은 경우 그 금액
잡이익	금액적으로 중요하지 않거나 그 항목이 구체적으로 밝혀지지 않은 이익

오쌤 Talk

수익의 개념
① 자본(순자산)의 증가
② '돈'이나 '돈을 받을 권리'가 생기고, 수행의무를 이행해주었을 때 인식
③ 차익의 개념 포함
(ex. 자산처분이익: 자산처분이익은 '이익'이 아닌 '수익' 항목이다. 즉, 상대방과 주고받는 거래의 차이로 인해 인식하게 되는 차익은 광의의 수익에 포함한다.)

오쌤 Talk

비용의 개념
① 자본(순자산)의 감소
② 수익을 인식할 때 수익을 얻기 위해 희생된 자원을 대응하여 인식
③ 차손의 개념 포함
(ex. 자산처분손실: 자산처분손실은 '손실'이 아닌 '비용' 항목이다. 즉, 상대방과 주고받는 거래의 차이로 인해 인식하게 되는 차손은 광의의 비용에 포함한다.)

2-2 비용

비용이란 수익을 얻기 위해 지출하거나 발생한 금액으로서, 매출한 물품의 원가 또는 판매수수료, 광고선전비, 운반비 등과 같은 것이다. 비용은 외상으로 매입하거나 사전에 구입한 자산을 사용하는 등 직접 현금이 지출되지 않는 경우도 있을 수 있다. 그러나 비용이 발생하면 어느 경우에나 회사의 순자산 즉, 자본은 감소하게 된다.

비용에 해당하는 대표적인 항목들은 다음과 같다.

과목	구분
매출원가	판매된 상품·제품의 원가, 제공한 용역의 원가
급여	임원급여, 급료, 임금, 제수당 등
퇴직급여	직원이 퇴직할 때 지급하는 금액
복리후생비	직원들의 복리를 위해 지급하는 금액
임차료	부동산이나 동산을 임차하고 그 소유자에게 지급하는 금액
접대비	사업상 필요에 의하여 지출하는 접대비용 및 교제비용
감가상각비	유형자산의 가치감소분을 기간손익에 반영하기 위하여 배분한 금액
무형자산감가상각비	무형자산의 가치감소분을 기간손익에 반영하기 위하여 배분한 금액
세금과공과	국가 또는 지방자치단체가 부과하는 공과금, 벌금, 과료, 과징금
광고선전비	상품·제품의 판매촉진을 위하여 선전효과를 얻고자 지출하는 비용
연구비	연구활동을 수행하는 과정에서 발생한 비용
수선비	건물, 기계장치 등의 수리비 지급 금액
차량유지비	차량운행을 위한 유류, 부품 및 차량수리비
교육훈련비	직원의 교육과 훈련을 위한 지출액
이자비용	차입금 등의 이자로 지급하는 금액
기부금	영업과 무관하게 기부하는 금품 및 물품의 금액
유형자산처분손실	유형자산을 처분할 때 발생하는 손실
법인세비용	법인기업의 소득에 부과하는 법인세 상당액

2-3 포괄이익

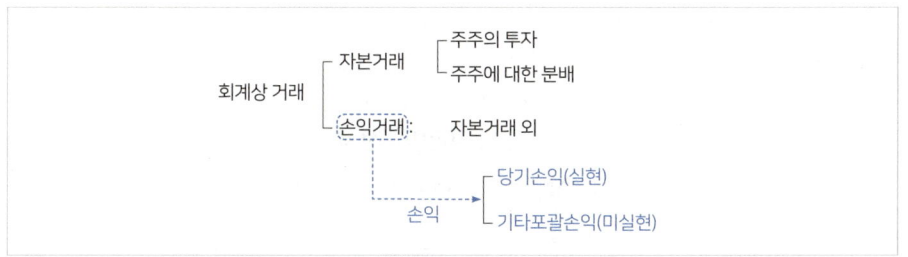

이익을 창출할 목적으로 만들어진 집단인 기업의 거래를 통한 이익은 크게 '자본거래' 이익과 '손익거래' 이익으로 구분된다. '자본거래'는 기업과 소유주 간에 발생한 거래로 소유주에 의한 투자와 소유주에 대한 분배 두 가지로 구성된다. 예를 들어, 주식회사의 경우 주주로부터 유상증자라는 양식을 통해 주식을 발행하여 투자를 받고, 그러한 투자의 결과를 배당을 통해 분배한다. 이와 같이 주식을 통해 주주와 거래하는 자본거래를 제외한 모든 거래를 '손익거래'라고 한다. 포괄이익이란 기업실체가 일정기간 동안 주주와의 거래에 해당하는 자본거래를 제외한 모든 거래(손익거래)에서 인식한 자본의 변동을 의미한다.

포괄이익은 당기에 실현된 손익인 당기순이익과 아직 미실현된 손익인 기타포괄손익으로 구분된다. 기업의 경영성과를 보여줄 때 실현손익뿐만 아니라 미실현손익이지만 자산·부채를 운용한 결과를 포괄적으로 보여줌으로써 보다 풍부한 정보를 제공하기 위해서 당기손익뿐만 아니라 포괄손익까지 보고하고 있다.

> 포괄이익 = 당기순이익 ± 기타포괄손익

기본예제 2 당기순이익

㈜한국의 한 해 동안의 수익과 비용의 자료들이 다음과 같을 때 이익은 얼마인가?

현금매출액	₩3,000,000	외상매출액	₩1,000,000
종업원 급여	₩1,300,000	임차료	₩300,000
이자비용	₩200,000	매출원가	₩1,200,000

풀이

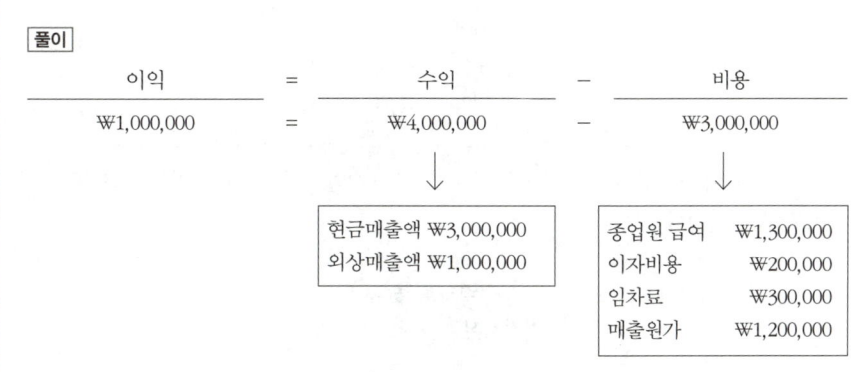

오쌤 Talk

손익계산서 vs 포괄손익계산서 vs 자본변동표

구분	거래내용
손익계산서	손익거래 (실현손익)
포괄손익계산서	손익거래 (실현손익과 미실현손익)
자본변동표	자본거래 (자본의 변동)

일반기업회계기준은 '손익계산서'라는 명칭을 사용한다. 한국채택국제회계기준이 도입되면서 '포괄손익계산서'라는 보고서로 보고하고 있다. 포괄손익계산서는 미실현손익인 '기타포괄손익'을 포함해서 경영자의 당기 경영성과를 보고하므로 손익계산서보다 좀 더 포괄적인 정보를 담고 있는 보고서라 하겠다.

확인문제

05. 다음 주어진 거래를 보고 20X1년 12월 말 기준으로 실현손익과 미실현손익을 구분하시오.

① 12월 1일: 강의 용역을 제공하고 ₩100,000의 현금을 수령하였다.
(   )

② 12월 10일: 교재를 판매하고 ₩200,000의 대금을 다음 달 말일에 수령하기로 하였다.
(   )

③ 주중에 취득한 삼성전자 주식의 시가가 ₩500,000이 올랐고, 현재 보유 중이다.
(   )

④ 보유 중인 본사 건물과 토지가 10억이 올랐다.
(   )

정답 ①-실현손익, ②-실현손익, ③-미실현손익, ④-미실현손익

오쌤 Talk

재무상태표와 비교

보고기간이 일정기간(20X1년 1월 1일부터 20X1년 12월 31일까지)으로 일정 시점의 정보만을 보고하는 재무상태표에 반해 일정 기간의 정보를 보고한다.

2-4 포괄손익계산서 작성

포괄손익계산서에는 ① 표의 명칭(포괄손익계산서) ② 회계기간 (20X1년 1월 1일부터 20X1년 12월 31일까지) ③ 상호(기업의 명칭) ④ 측정단위를 표시하여야 한다.

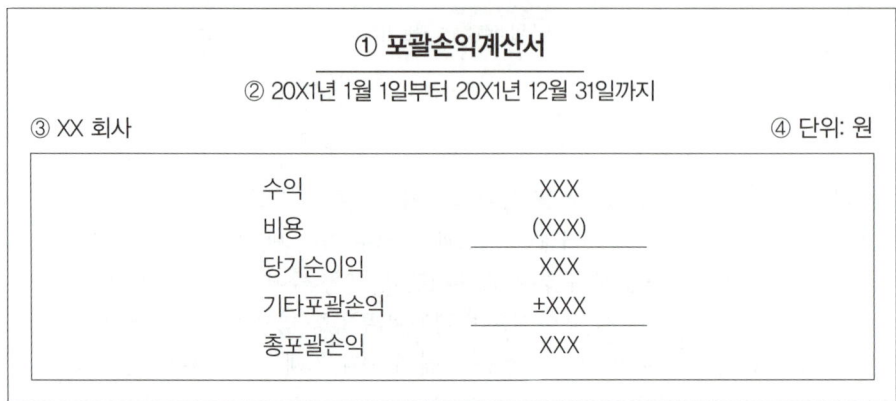

❸ 재무상태표와 손익계산서와의 관계

재무상태표는 일정시점의 재무상태를 보고하는 것이고, 손익계산서는 일정기간 동안의 경영성과를 보고하는 것이다. 여기에서 시점이란 특정한 시간을 의미하고 기간이란 시간과 시간 사이를 의미한다. 즉, 일정기간이란 일정시점과 일정시점 사이를 나타내는 것이다. 따라서 일정기간을 나타내는 손익계산서는 일정시점을 나타내는 재무상태표에서 출발하여 다시 일정시점을 나타내는 재무상태표와 연결된다.

예를 들어, 1월 1일 자산이 3억 원이고 부채가 1억 원, 자본이 2억 원인 재무상태로 창업한 ㈜한국이 1월 1일에서 12월 31일까지 수익 5억 원과 비용 3억 원이 발생하였다고 가정한다면, 12월 31일 ㈜한국이 재무상태는 어떻게 달라졌을까?

오쌤 Talk

자본과 손익의 관계

기초자본(= 기초자산-기초부채)
+ 자본거래
+ 손익거래 ········▷ 당기순이익
　　　　　　　　　기타포괄손익
───────────────
기말자본(= 기말자산-기말부채)

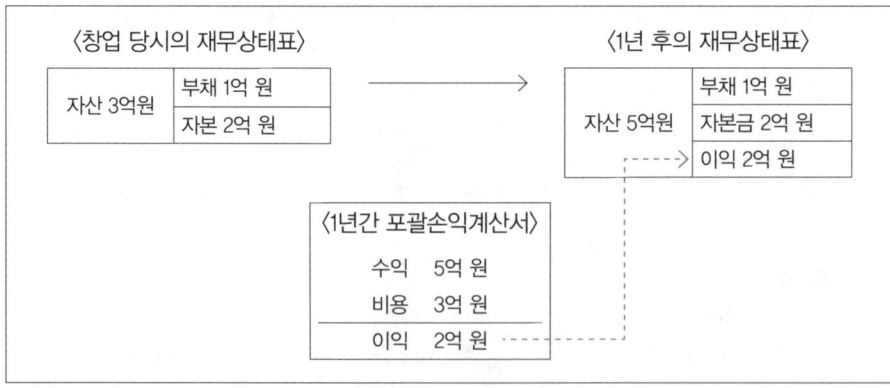

즉, 수익에서 비용을 차감한 금액은 도중에 추가적인 자본출자가 없다면 자본의 증가액과 정확하게 일치할 것이다.

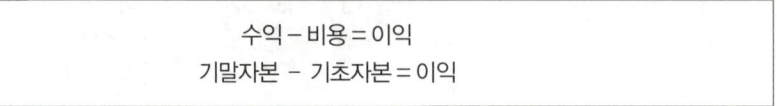

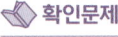
확인문제

06. ㈜한국이 다음 자료를 통해 ㄱ~ㄹ을 계산하면 얼마인가? (단, 기중에 자본거래는 없다고 가정한다.)

기초자산	:	ㄱ
기초부채	:	200
기초자본	:	600
기말자산	:	1,200
기말부채	:	ㄴ
기말자본	:	ㄷ
총수익	:	700
총비용	:	ㄹ
순이익	:	300

	ㄱ	ㄴ	ㄷ	ㄹ
①	800	300	700	400
②	800	300	900	400
③	800	400	900	400
④	900	400	900	500

정답 ②

> **기본예제 3** 당기순이익
>
> 다음은 ㈜한국의 기초와 기말재무상태표이다. 당기 중 자본거래 및 배당금 지급 등이 없다고 할 때, ㈜한국의 당기순이익은 얼마인가?
>
> (단위: 백만 원)
>
> | 기초재무상태표 | | | | | 기말재무상태표 | | | |
> |---|---|---|---|---|---|---|---|---|
> | 현금 | 100 | 매입채무 | 40 | | 현금 | 80 | 매입채무 | 30 |
> | 매출채권 | 50 | 차입금 | 80 | | 매출채권 | 40 | 차입금 | 60 |
> | 토지 | 30 | 자본금 | 50 | | 토지 | 30 | 자본금 | 50 |
> | 기계장치 | 150 | 이익잉여금 | 160 | | 기계장치 | 200 | 이익잉여금 | 210 |
> | 합계 | 330 | 합계 | 330 | | 합계 | 350 | 합계 | 350 |
>
> [풀이]
> 추가적인 자본출자 및 자본거래가 없으므로 자본의 증감 50백만 원(이익잉여금 160백만 원 → 210백만 원)은 모두 당기의 순이익에 해당한다.

❹ 현금흐름표

현금흐름표란 기업의 현금흐름을 나타내는 표로서 현금의 변동내역을 명확하게 보고하기 위하여 당해 회계기간에 속하는 현금의 유입과 유출 내용을 적정하게 표시하는 보고서이다. 현금흐름표는 보고기간 말 현재 현금의 유동성 확보를 위한 기중의 거래별 내역을 확인할 수 있게 해주며 보고기간 말 현재의 기업의 자금동원능력을 평가할 수 있는 자료를 제공해준다.

현금흐름표는 기업실체의 활동을 현금의 유·출입의 내용에 따라 **영업활동, 투자활동, 재무활동**으로 구분하고 각 활동별로 현금의 흐름을 보고하는 재무제표이다.

4-1 영업활동

현금흐름표상의 영업활동은 기업의 이익에 직접적인 영향을 미치는 생산, 구매, 판매활동뿐만 아니라 주된 수익활동에 간접적으로 영향을 미치며, 경우에 따라서는 부수적으로 수반되기 마련인 제반 활동 중에서 **투자활동, 재무활동 이외의 거래를 모두 영업활동의 범주**에 포함시키고 있다.

4-2 투자활동

투자활동은 투자와 회수에 대한 현금의 유·출입을 다룬다. 구체적으로 **투자활동은 현금의 대여와 회수, 유가증권이나 투자자산 그리고 유·무형자산의 취득이나 처분활동을 의미한다.**

오쌤 Talk

현금흐름표 활동의 구분

현금흐름표상의 활동은 현금의 유입과 유출의 활동을 의미한다. 즉, 돈이 들어오는 내용이 영업과 관련이 있으면 영업활동으로 돈의 유입과 유출을 보고하고, 주식이나 채권 및 부동산 등에 투자한 내용과 관련이 있으면 투자활동, 돈을 빌리고 갚는 내용은 재무활동으로 보고한다.

4-3 재무활동

재무활동은 자금의 조달과 상환을 통한 현금의 유·출입을 다룬다. 구체적으로 **재무활동은 현금의 차입 및 상환활동, 신주발행이나 배당금의 지급활동 등과 같이 부채 및 자본계정에 영향을 미치는 거래를 의미한다.**

현금흐름표

20X1년 1월 1일부터 20X1년 12월 31일까지

XX 회사   단위: 원

Ⅰ. 영업활동으로 인한 현금흐름		XX
1. 영업에서 창출된 현금	XX	
2. 이자의 수취	XX	
3. 이자의 지급	(XX)	
4. 배당금 수입	XX	
5. 법인세의 납부	(XX)	
Ⅱ. 투자활동으로 인한 현금흐름		XX
1. 유형자산의 취득	(XX)	
2. 유형자산의 처분	XX	
3. 대여금의 지급	(XX)	
4. 대여금의 회수	XX	
Ⅲ. 재무활동으로 인한 현금흐름		XX
1. 단기차입금의 증가	XX	
2. 사채의 상환	(XX)	
3. 배당의 지급	(XX)	
4. 유상증자	XX	
Ⅳ. 현금의 증감		XX
Ⅴ. 기초의 현금		XX
Ⅵ. 기말의 현금		XX

❺ 자본변동표

자본변동표란 기업의 재무상태표에 표시되어 있는 자본의 변화내역을 자본구성요소별로 보여주는 재무보고서이다. 자본은 자산에서 부채를 차감한 기업의 잔여지분을 의미하므로 주주에게는 매우 유용한 재무정보이다. 따라서 이러한 자본이 전기와 당기에 어떻게 변화되었는지를 자세하게 보여줄 필요가 있는 것이다.

자본변동표
20X1년 1월 1일부터 20X1년 12월 31일까지

XX 회사   단위: 원

구분	납입자본	이익잉여금	기타자본구성요소	총계
20X1년 1월 1일 잔액	XXX	XXX	XXX	XXX
연차배당		(XXX)		(XXX)
기타이익잉여금처분액		(XXX)	XXX	-
중간배당		(XXX)		(XXX)
유상증자	XXX			XXX
자기주식취득			(XXX)	(XXX)
총포괄이익		XXX	XXX	XXX
20X1년 12월 31일 잔액	XXX	XXX	XXX	XXX

❻ 주석

주석은 재무제표 본문에 표시된 정보를 이해하는 데 도움이 되는 추가적인 정보를 제공한다. 중요한 회계처리방침이나 자산 및 부채에 대한 대체적 측정치에 대한 설명 등과 같은 주석은 재무제표가 제공하는 정보를 이해하는 데 필수적인 요소로서 주요 재무제표의 일종이다.

오쌤 Talk
자본변동표의 작성
① 일정 기간(20X1년 1월 1일부터 20X1년 12월 31일까지)의 자본의 변동내역을 보고한다.
② 자본거래와 관련해서는 '제2편. 재무회계 14 자본'에서 배우는 구체적인 자본거래들을 통해 자본항목의 증감 내역들을 보고한다.

📎 **확인문제**

07. 다음 중 재무제표의 종류와 각각의 재무제표의 표시방법에 대한 설명으로 가장 옳지 않은 것은?
① 재무상태표: 일정 시점에 있어서 회사의 재무상태를 자산, 부채, 자본으로 구분하여 표시
② 포괄손익계산서: 일정 기간 동안 회사가 달성한 경영성과를 수익에서 비용을 차감하여 표시
③ 자본변동표: 기업 자본의 변화내역을 구성요소별로 표시
④ 현금흐름표: 기업실체의 현금흐름을 영업활동과 투자활동의 두 가지 항목으로 구분하여 표시

정답 ④

오쌤 Talk
주석보고내용
① 주석은 재무제표 본문에서 보고하는 내용을 좀 더 구체적으로 기술해서 정보이용자에게 충분한 정보를 제공하기 위한 재무제표이다.
② 주석도 재무제표의 범주에 포함되지만, 재무제표 본문과는 구분된다.

오쌤 Talk

회계기간과 사업연도

회계상에서 회계기간의 개념은 법인세법 상에서의 사업연도와 일치한다. 즉, 사업 연도는 법령이나 정관 등에서 정하는 1회 계기간으로 한다. 다만, 그 기간은 1년을 초과하지 못한다.

이처럼 법인세법상 사업연도를 법인이 정하는 회계기간과 일치시키는 이유는 법인의 결산을 바탕으로 과세소득을 계산해야 하기 때문이다.

4 회계기간(= 보고기간)

회사의 경영활동은 사업을 개시하여 폐업하는 순간까지 계속적으로 이루어진다. 그러므로 **재무정보를 기록해서 보고할 때 일정기간으로 구분·설정하여 보고하는 단위**가 필요하다. 이렇게 인위적으로 구분·설정한 기간을 회계기간이라고 하고 회사마다 회계기간을 설정하는 방법은 다양하다. 기업은 가장 보편적으로 1월 1일부터 12월 31일까지를 설정하는 방법이 있으며, 각 기업은 상법상 규정에 따라 1년을 초과하지 않는 범위 내에서 회계기간을 설정한다.

[회계기간의 구분]

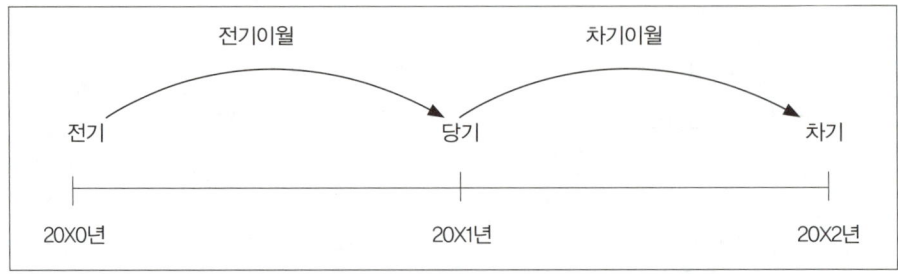

5 외부감사제도

1 외부감사제도

기업이 작성한 재무제표가 외부정보이용자에게 유용한 정보를 제공하기 위해서는 일반적으로 인정된 회계기준에 따라 작성되어야 한다. 또한 이러한 기준에 따라 작성되었는지 여부를 독립적인 제3자가 검토하여야 한다. 즉, **기업이 재무제표를 작성하면 이에 대하여 공인회계사가 일반적으로 인정된 회계기준에 따라 작성되었는지 여부를 검토하는 것이다.** 다만, 여기서 언급하는 외부감사 대상인 '일반적으로 인정된 회계기준'은 '한국채택국제회계기준'과 '일반기업회계기준'을 의미한다.

「주식회사 등의 외부감사에 관한 법률」에 따라 외부감사인에게 회계감사를 받아야 하는 주식회사는 다음과 같다.

> ① 주권상장법인과 해당 사업연도 또는 다음 사업연도 중에 주권상장법인이 되려는 주식회사
> ② 직전 사업연도말 자산총액이 500억 원 이상인 회사
> ③ 직전 사업연도의 매출액이 500억 원 이상인 회사
> ④ 다음 각 항목 중 2개 이상에 해당하는 회사
> • 직전 사업연도 말의 자산총액이 120억 원 이상
> • 직전 사업연도 말의 부채총액이 70억 원 이상
> • 직전 사업연도의 매출액이 100억 원 이상
> • 직전 사업연도 말의 종업원이 100명 이상

공시

외부감사를 받은 회사는 금융감독원이 운영하는 '전자공시시스템'에 재무제표를 공시하도록 하고 있다. 그러므로 외부감사 대상 회사들의 경우 '전자공시시스템'을 통해 재무제표를 확인해볼 수 있다.

❷ 감사의견

감사의견의 종류에는 **적정의견, 한정의견, 부적정의견, 의견거절** 네 가지가 있다. 한국채택국제회계기준의 준수 여부, 감사범위의 제한 여부 등에 따라 재무제표에 대한 의견이 달라진다. 감사의견은 표명사유 및 중요성에 따라 다음과 같이 구분된다.

감사의견 상황	중요하지 않은 경우 적정의견	중요한 경우 한정의견	매우 중요한 경우 부적정의견	의견거절
회계기준 위배	n/a	O	O	n/a
감사범위 제한	n/a	O	n/a	O

'적정의견'은 재무제표가 기업회계기준에 따라 적정하게 표시되었음을 나타내는 의견이다. '한정의견'은 재무제표에 표시된 일부 재무정보가 기업회계기준을 준거하지 않았거나, 감사의견을 형성하는 데 필요한 합리적인 증거를 얻지 못했다고 감사인이 판단하는 경우 나타내는 의견이다. '부적정의견'은 재무제표가 기업회계기준에 따라 적정하게 표시되고 있지 않았음을 나타내는 의견이다. '의견거절'은 감사인이 감사의견을 형성하는 데 필요한 합리적인 증거를 얻지 못하여 재무제표 전체에 대한 의견표명이 불가능한 경우 나타내는 의견을 말한다. 또한 감사의견을 구분하는 데 영향을 미치는 개념인 '중요성'은 재무제표 이용자의 경제적 의사결정에 영향을 미치는 정도를 의미한다.

회계감사를 수행하는 공인회계사는 회사의 재무제표가 기업회계기준에 따라 적정하게 작성되었는지 감사를 통해 확인하고 그 결과에 따라 의견을 표명한다. 상장회사의 경우는 감사의견에 따라 상장폐지위험이 발생할 수 있다. 즉, 실무에서는 회계감사의 의견에 따라 회사의 존폐가 달라질 수 있으므로 중요한 공시사항 중의 하나이다.

확인문제

08. 다음 중 외부감사와 감사의견에 관한 설명으로 가장 옳지 않은 것은?

① 외부감사는 외부감사인이 회사가 제시한 재무제표가 일정한 회계기준에 따라 적정하게 작성되었는지를 확인하는 절차이다.
② 외부감사인은 감사가 종료된 후 재무제표에 감사의견을 표명한다.
③ 감사의견의 종류로는 정확의견, 적정의견, 부적정의견, 의견거절이 있다.
④ 적정의견은 정보이용자가 의사결정을 하는 데 있어서 회사의 재무제표를 신뢰할 수 있다는 감사의견이다.

정답 ③

오쌤 Talk

적정의견

적정의견은 회사의 재무제표상의 숫자에 대한 신뢰를 검증한 것으로 회사의 재산상태나 경영의 성과에 대한 건전성을 입증해주는 것은 아니다. 그러므로 감사의견으로 적정의견을 받은 회사가 1년 이내에 부도 처리되는 경우도 상당하다.

OX 퀴즈

다음 문장의 경우 올바른 설명에는 O, 틀린 설명에는 ×를 하고 틀린 설명은 수정하시오.

❶ 내부정보이용자에게 전달되는 재무제표는 일반적으로 인정된 회계원칙에 따라 작성·보고되어야 한다.
(   )

❷ 금융위원회는 기업회계기준을 제정할 권한을 가지고 있으나 전문성을 갖춘 한국회계기준원에 기업회계기준의 제정을 위탁한다.
(   )

❸ 「주식회사 등의 외부감사에 관한 법률」의 적용을 받는 모든 기업이 한국채택국제회계기준을 회계기준으로 삼아 재무제표를 작성하여야 한다.
(   )

❹ 재무제표로는 재무상태표, 포괄손익계산서, 현금흐름표, 자본변동표, 이익잉여금처분계산서가 해당된다.
(   )

❺ 현금흐름표는 영업활동, 투자활동, 자금활동으로 구분된다. (   )

❻ 현금흐름표는 일정시점의 현금유입액과 현금유출액에 대한 정보를 제공하는 재무제표이다. (   )

❼ 재무상태표는 일정기간 동안 기업의 자산, 부채 및 자본의 잔액 즉, 재무상태를 보고하는 재무제표이며, 포괄손익계산서는 일정시점에서 발생한 수익과 비용의 총액을 보고하는 재무제표이다.
(   )

❽ 기업은 자본거래의 결과 발생한 자본의 변동분을 총포괄손익으로 인식하고 당기손익과 기타포괄손익으로 나누어 보고한다.
(   )

❾ 기업의 회계기간은 매 연도 1월 1일부터 12월 31일까지로 모든 기업에 동일하게 적용된다.
(   )

❿ 기업이 감사의견으로 적정을 받았다는 것은 공인된 인증기관으로부터 재무상태나 경영성과의 건전성을 검증받았음을 의미한다.
(   )

OX 풀이

❶ ✕ 　외부정보이용자에게 전달되는 재무제표는 일반적으로 인정된 회계원칙에 따라 작성·보고되어야 한다.

❷ ○

❸ ✕ 　외부감사 대상의 모든 기업이 한국채택국제회계기준을 적용하는 것은 아니다. 외부감사대상은 「주식회사 등의 외부감사에 관한 법률」에 따라 규정된 조건이 충족된 법인으로, 일반기업회계기준 또는 한국채택국제회계기준을 적용하는 모든 회사가 대상이 될 수 있다.

❹ ✕ 　재무제표로는 재무상태표, 포괄손익계산서, 현금흐름표, 자본변동표, 주석이 해당된다. 이익잉여금처분계산서는 주 재무제표는 아니지만, 「상법」이 요구하는 경우 주석에 포함하여 보고한다.

❺ ✕ 　현금흐름표는 영업활동, 투자활동, 재무활동으로 구분된다.

❻ ✕ 　현금흐름표는 일정기간의 현금유입액과 현금유출액에 대한 정보를 제공하는 재무제표이다.

❼ ✕ 　재무상태표는 일정시점 현재 기업의 자산, 부채 및 자본의 잔액 즉, 재무상태를 보고하는 재무제표이며, 포괄손익계산서는 일정기간 동안 발생한 수익과 비용의 총액을 보고하는 재무제표이다.

❽ ✕ 　손익거래의 결과 총포괄손익의 변화가 발생하고, 이는 실현손익인 당기손익과 미실현손익인 기타포괄손익으로 구분된다.

❾ ✕ 　회사마다 회계기간을 설정하는 방법은 다양하다. 다만, 상법상의 규정에 따라 1년을 초과하지 않는 범위 내에서 회계기간을 설정한다.

❿ ✕ 　감사의견으로 적정의견은 재무제표에 표시된 정보의 신뢰성을 검증한 결과이므로 재무성과나 영업성과의 건전성을 입증하는 것은 아니다.

실전훈련

01 「한국채택국제회계기준」에 의한 재무제표의 종류가 아닌 것은? 기출처 2012. 국가직 9급
① 재무상태표
② 포괄손익계산서
③ 현금흐름표
④ 사업보고서

02 다음 중 자산으로 기록할 수 없는 것은?
① 판매목적으로 보유하고 있는 상품
② 외상으로 비품을 구입하고 아직 지급하지 못한 대금
③ 상품을 판매하고 아직 회수하지 못한 대금
④ 물건을 주문하고 미리 지급한 계약금

03 다음 중 부채로 기록할 수 없는 것은?
① 은행으로부터의 차입금
② 월말에 지급하지 못한 종업원 급여
③ 상품을 구입하고 지급하지 못한 매입대금
④ 토지구입을 위해 계약만 체결한 상태

04 다음 자료와 회계등식을 이용하여 계산한 기말자본총계는? (단, 회계기간 중에는 손익거래 이외에 자본총계에 영향을 미치는 거래나 사건은 발생하지 않았다.)

기초자산	기초부채	기말부채	총수익	총비용
₩500,000	₩200,000	₩100,000	₩200,000	₩100,000

① ₩100,000   ② ₩200,000
③ ₩300,000   ④ ₩400,000

 풀이

01 ④ 사업보고서는 재무제표에 속하지 않는다.
　　*재무제표 아닌 것(빈출 지문): 사업보고서, 제조원가명세서, 감사보고서, 이익잉여금처분계산서
02 ② 외상으로 비품을 구입하고 아직 지급하지 못한 대금은 미지급금으로 부채로 기록되어야 한다.
03 토지구입을 위해 계약만 체결한 상태는 회계상 거래로 인식될 수 없고 부채로 기록될 수 없다.
04 기말자본총계 = 기초자본 + 이익(= 총수익 - 총비용) = ₩300,000 + ₩200,000 - ₩100,000 = ₩400,000
　　기초자본 = 기초자산 - 기초부채 = ₩500,000 - ₩200,000 = ₩300,000

답 01④ 02② 03④ 04④

05 다음 중 자산에 속하는 항목만으로 묶은 것은?

| ㄱ. 매입채무 | ㄴ. 미지급금 | ㄷ. 대여금 |
| ㄹ. 상품 | ㅁ. 비품 | ㅂ. 자본금 |

① ㄱ, ㄴ, ㄷ
② ㄴ, ㄷ, ㅁ
③ ㄷ, ㄹ, ㅁ
④ ㄹ, ㅁ, ㅂ

06 재무상태표상 계정별 금액이 다음과 같을 경우 기말자본총계는?   기출처 2018. 국가직 9급

○ 상품	₩800,000	○ 미지급비용	₩100,000
○ 차입금	₩1,000,000	○ 미수금	₩200,000
○ 현금	₩700,000	○ 매출채권	₩400,000
○ 미지급금	₩500,000	○ 선급금	₩600,000

① ₩700,000
② ₩900,000
③ ₩1,000,000
④ ₩1,100,000

07 우리나라 주식회사는 『주식회사 등의 외부감사에 관한 법률』에 따라 외부감사 대상인 회사는 의무적으로 공인회계사로부터 외부회계감사를 받아야 한다. 이와 같이 공인회계사로부터 매년 감사를 받는 이유는?   기출처 2010. 관세직 9급 수정

① 외부전문가의 도움에 의한 재무제표 작성
② 회사 종업원들의 내부 공모에 의한 부정과 횡령의 적발
③ 경영자의 재무제표 작성 및 표시에 대한 책임을 외부전문가에게 전가
④ 독립된 외부전문가의 검증을 통한 회계정보의 신뢰성 제고

풀이

05 매입채무 - 부채, 미지급금 - 부채, 자본금 - 자본
06 (1) 자산 = 상품 ₩800,000 + 현금 ₩700,000 + 미수금 ₩200,000 + 매출채권 ₩400,000 + 선급금 ₩600,000
      = ₩2,700,000
   (2) 부채 = 차입금 ₩1,000,000 + 미지급금 ₩500,000 + 미지급비용 ₩100,000 = ₩1,600,000
   (3) 자본(순자산) = 자산 - 부채 = ₩2,700,000 - ₩1,600,000 = ₩1,100,000
07 ④ 공인회계사의 외부감사는 기업이 작성하는 재무제표 신뢰성을 검증하는 데 그 목적이 있다.

답 05 ③ 06 ④ 07 ④

02 복식부기와 거래의 기록

Teacher's Map

① 회계상의 거래
① 회사의 재산상태의 변화
② 금액의 신뢰성 있는 측정

② 회계등식

💡 등식
자산 + 비용 = 부채 + 자본 + 수익

💡 부기 (장부기입)
기업이 가지고 있는 자산, 부채 및 자본의 증감과 수익·비용 등의 발생내역을 일정 원칙에 따라 요약하고 정리하는 방법

💡 시산표
특정 시점에서의 자산, 부채 및 자본의 잔액과 그 시점까지 발생한 수익과 비용의 총액을 좌우 대비하는 방식으로 작성한 회계양식

③ 계정
세부적으로 구분된 거래기록의 개별 단위

재무상태표계정	자산
	부채
	자본
손익계산서계정	수익
	비용

④ 분개

💡 복식부기
거래의 발생 원인과 결과를 동시에 기록하는 것

💡 거래의 이중성
회계상의 모든 거래는 재산 변화의 원인과 결과라는 두 가지 측면이 존재함

💡 분개
기업이 특정 거래로 인한 재무상태의 변동을 장부에 기록하기 위해 어떤 계정이 얼마만큼 증가 또는 감소하는지 결정하는 절차

개념 찾기

❶ 회계상의 거래　❹ 시산표　❼ 거래의 이중성　❿ 전기
❷ 회계등식　❺ 계정　❽ 분개
❸ 부기　❻ 복식부기　❾ 거래의 결합관계

💡 차변과 대변

· 차변: 회계상의 좌변　　　　· 대변: 회계상의 우변

💡 거래의 결합관계

차변	대변	재무제표 공시
자산의 증가	자산의 감소	재무상태표 차변잔액
부채의 감소	부채의 증가	재무상태표 대변잔액
자본의 감소	자본의 증가	재무상태표 대변잔액
비용의 발생	수익의 발생	포괄손익계산서 공시

💡 분개의 절차

① 거래의 발생　　　　　　　　　② 회계상의 거래인지 판단
③ 계정의 결정과 차변·대변의 결정　④ 금액의 결정
⑤ 분개장에 기입

5 전기

전기란 분개한 거래를 각 계정별 장부에 기록하는 과정

① 금액	자기 계정의 금액을 기입(증가와 감소에 따라 차변과 대변 결정)
② 계정과목명	상대 계정과목을 기입

6 시산표 및 재무제표 작성

💡 시산표의 종류

① 합계시산표　　② 잔액시산표　　③ 합계잔액시산표

💡 시산표상에서 발견할 수 있는 오류

① 차변과 대변 중 어느 한쪽의 전기를 누락한 경우　② 차변과 대변 중 한쪽에만 중복 기장한 경우
③ 차변과 대변 중 한쪽에만 계정상 금액을 잘못 기입한 경우　④ 계정 자체의 대차합계 및 잔액계산에 오류가 발생한 경우

💡 시산표상에서 발견할 수 없는 오류

① 특정 거래의 분개를 누락하거나 전기를 누락한 경우　② 거래를 이중으로 분개하거나 이중으로 전기한 경우
③ 분개과정에서 차변과 대변을 반대로 기입한 경우　④ 적절하지 못한 계정과목을 사용한 경우

① 회계상 거래의 인식
② 회계등식
③ 계정
④ 분개
⑤ 전기
⑥ 시산표 및 재무제표 작성

① 회계상 거래의 인식

기업이 건물의 취득, 임차료의 지급, 상품의 매출 등과 같이 경영활동을 하면 기업의 재산상태에 변동이 생긴다. 이와 같이 기업의 재산상태에 변화를 일으키는 경제적 사건을 회계 용어로 '거래'라고 한다. **회계상 거래로 인식하기 위해서는 그 거래가 ① 회사의 재산상태에 영향을 미쳐야 하고 ② 그 영향을 금액으로 측정할 수 있어야 한다.**

예를 들어 보자.

> Case 1. ① 해외에서 기계를 수입하기 위해 주문한 경우
> ② 건물의 매각을 위해 계약을 한 경우

위 두 사례 모두 회계상 거래로 보지 않는다. 왜냐하면 단순 주문이나 계약 자체의 행위만으로는 현금이 유·출입되지 않았으며 기계나 건물의 소유권이 이전되는 것도 아니므로 재산상 아무런 변화가 발생하지 않았기 때문이다. 즉, 주문이나 계약으로 인해 물건이 자기 소유가 되거나 현금이 증가하는 등의 재산상의 변화가 없기 때문에 단순한 주문이나 계약은 회계상의 거래로 보지 않는다.

오쌤 Talk
계약금의 지불과 수령
① 계약금을 지불: 선급금(자산)인식
② 계약금의 수령: 선수금(부채)인식

> Case 2. ① 해외에서 기계를 수입하기 위해 주문하면서 계약금을 지불한 경우
> ② 건물의 매각을 위해 계약을 체결하면서 계약금을 받은 경우

위 경우는 회계상 거래에 해당한다. 그 이유는 계약금의 수령이나 지급은 재산상의 변화를 가져오는 사건으로서 지급액 자체를 금액으로 표시할 수 있기 때문이다.

오쌤 Talk
화재로 소실
소실된 자산의 감소분을 당기비용(손상차손)으로 인식

> Case 3. 건물이 화재로 소실된 경우

위 경우는 회계상 거래에 해당한다. 화재로 인해 건물이라는 재산이 감소했고 감소한 정도를 금액으로 측정하여 표시할 수 있기 때문이다.

오쌤 Talk
종업원급여의 미지급
종업원급여를 비용으로 인식하고, 미지급한 부분은 부채(미지급비용)로 인식

> Case 4. 종업원의 급여를 아직 지급하지 않은 경우

회사의 입장에서 보면 이미 근로한 종업원들의 근로를 제공받고 지급해야 할 급여를 아직 지급하지 않은 것이므로 이는 부채가 발생한 것이며, 미지급한 급여가 어느 정도인지 금액으로 측정 가능하므로 회계상의 거래에 해당한다.

[거래로 인식할 수 있는 사건의 예시]

사건	거래 ○	거래 X
물건의 주문/매각을 위한 단순 계약		X
물건을 납품하기로 약속한 경우		X
물건을 납품하기로 약속하고 창고에 보관중인 경우		X
면접을 통해 인력을 고용하고 근로계약서를 작성한 경우		X
화재로 건물이 소실	○	
12월 보험료를 지급하지 않고 결산기간이 지난 경우	○	
물건 납품 주문을 받고 계약금을 받은 경우	○	

※ 주문, 단순계약, 보관, 고용은 회계상의 거래가 아님

확인문제

01. 회계상 거래가 아닌 것은?
기출처. 2025. 국가직 9급

① 사무실을 1개월 후에 1년간 임차하기로 임대인과 계약 체결
② 업무에 사용하던 비품의 자연재해로 인한 파손
③ 제품생산을 위한 기계장치의 사용
④ 공장건물에 대한 수선 후 청구서 수령

정답 ①

기본예제 1 회계상의 거래

다음은 각각 별개의 상황들이다.

① 상품을 매입하는 수입계약을 체결하였다.
② 거래처의 파산으로 인해 외상대금을 못 받게 되었다.
③ 신규로 연봉 1억 원을 제시한 종업원 10명을 채용하였다.
④ 주주로부터 토지와 건물을 출자 받고 주식을 발행해주었다.
⑤ 창고에 화재가 발생하여 보관중이던 상품이 전액 소실되었다.
⑥ 회사가 보유하고 있던 상품의 가치가 하락하여 회복이 불가능하였다.
⑦ 회사 건물을 은행에 담보로 설정하였다.
⑧ 대리점에 상품의 판매를 위탁하였다.
⑨ 대여금에 대한 이자를 결산일 현재 회수하지 못하였다.

위 거래들이 회계상의 거래인지를 구분하고 그 이유를 설명하시오.

풀이

구분	거래여부	이유
①	거래 아님	단순 주문의 경우 재산상의 변화가 없음
②	거래임	자산이 감소하고 자본이 감소(비용발생)하였으므로 거래에 해당
③	거래 아님	단순채용의 경우 재산상의 변화가 없음
④	거래임	자산이 증가하고 자본이 증가하였으므로 거래에 해당
⑤	거래임	자산이 감소하고 자본이 감소하였으므로 거래에 해당
⑥	거래임	자산이 감소하고 자본이 감소(비용발생)하였으므로 거래에 해당
⑦	거래 아님	담보를 설정한 것만으로는 회사의 재산상 변화가 없음
⑧	거래 아님	위탁판매를 위해 상품을 인도하는 것만으로는 소유권이 이전되는 것이 아니므로 재산상 변화가 없음
⑨	거래임	미회수한 이자에 해당하는 자산이 증가하고 자본이 증가(수익발생)하였으므로 거래에 해당

오쌤 Talk

회계상의 거래

① 거래처의 파산으로 외상대금을 못 받은 경우
 : 매출채권(자산)을 감소시키고 당기비용처리(충당금을 설정한 경우는 충당금 차감)
② 주주로부터 토지와 건물을 출자 받은 경우
 : 토지와 건물을 자산으로 인식하고, 이를 자본금으로 인식
③ 창고에 화재로 상품이 전액 소실
 : 상품(자산)을 감소시키고, 당기비용으로 인식
④ 상품가치의 하락
 : 상품(자산)을 감소시키고, 당기비용으로 인식
⑤ 대여금에 대한 이자 미회수분
 : 이자수익 인식하고, 미수수익(채권) 인식

② 회계등식

❶ 회계등식의 개념

기업이 자산을 취득하기 위해서는 필요한 자금을 조달해야 한다. 자금을 조달하기 위해서 주주들로부터 출자를 받거나 은행 등 금융기관으로부터 대출을 받아 조달할 수 있다. 또는 자산을 처분하는 기업으로부터 대금의 지급을 일정기간 이후로 연기할 수도 있다. 결국 어떠한 경우든지 자산의 취득에 필요한 자금을 마련하기 위해서는 기업의 주주들로부터 출자를 받아서 조달하거나 주주 외의 제3자로부터 자금을 차입하여 조달하게 된다. 따라서 다음과 같은 회계등식이 성립하게 된다.

> 자산 = 부채 + 자본

위 식에서 부채를 좌변으로 이항하여도 등식은 성립될 것이다. 이때 성립하는 등식을 자본등식이라고 하는데, 다음과 같다.

> 자산 − 부채 = 자본

수익과 비용의 거래가 발생하는 경우에도 회계등식은 성립한다. 수익이 증가하면 그 만큼 자산이 증가하면서 자본도 증가한다. 반면에 비용이 발행하면 그 만큼 자산이 감소하면서 자본도 감소한다. 결국 수익에서 비용을 차감한 당기순이익만큼 자본이 증가한다. 위와 같은 회계등식(자산 = 부채 + 자본)에 기초하여 수익과 비용 거래를 기록하면 재무상태에 대한 기본정보는 제공할 수 있으나 성과에 대한 회계정보는 제공할 수 없다. 왜냐하면 일정기간 동안 발생한 수익과 비용을 별도로 구분하지 않고, 순액으로 자본에 표시되기 때문이다. 따라서 자본을 주주로부터 출자 받은 금액과 기업이 벌어서 획득한 이익(수익-비용)으로 분해하여 다음과 같은 회계등식으로 표현할 수 있다.

> 자산 = 부채 + 자본 + 이익(= 수익 − 비용)

위 식에서 모든 항목의 부호를 (+)로 일치시키기 위해 우변의 비용을 좌변으로 옮기면 다음과 같은 최종 회계등식을 만들 수 있다.

> 자산 + 비용 = 부채 + 자본 + 수익

앞서 구분하였던 회계상의 거래는 위 등식에 의해 기록된다. 즉, 기업에서 어떤 거래가 발생할 경우 좌변 또는 우변의 어떤 항목들이 증가·감소하는데, **회계등식의 등호를 그대로 유지시키면서 이러한 변동 내역을 장부에 기록하는 것이 부기의 원리이다.** 여기서 **부기란 장부기입을 의미하는 용어로, 기업이 가지고 있는 자산, 부채 및 자본의 증감과 수익·비용 등의 발생내역을 일정 원칙에 따라 요약하고 정리하는 방법이다.**

오쌤 Talk

회계등식

자산이 왼쪽에 위치하고, 부채와 자본이 오른쪽에 위치하는 것은 특별한 의미가 있다기보다는 회계를 사용했던 유럽에서 내려온 일종의 관행이다.

다만, 등식을 통해 결국 자산과 비용은 왼쪽이 (+) 방향을 의미하고, 부채와 자본과 수익은 오른쪽이 (+) 방향을 의미한다는 규칙을 가지고 회계상의 모든 거래를 기록하게 된다.

기본예제 2 회계등식

다음의 각 상황들은 독립적인 것으로 ①부터 ③의 각 금액을 계산하시오.

구분	상황 1	상황 2	상황 3
자산	₩5,000	②	₩8,000
부채	₩3,000	₩2,000	③
자본	①	₩1,000	₩2,000

풀이

1. 상황 1

    ₩5,000(자산) = ₩3,000(부채) + ①(자본)

    ① = ₩2,000

2. 상황 2

    ②(자산) = ₩2,000(부채) + ₩1,000(자본)

    ② = ₩3,000

3. 상황 3

    ₩8,000(자산) = ③(부채) + ₩2,000(자본)

    ③ = ₩6,000

    답 ① = ₩2,000, ② = ₩3,000, ③ = ₩6,000

❷ 회계등식에 의한 분석

모든 거래는 회계등식에 의해 분석해낼 수 있다. 다음의 상황을 통해 회계등식이 항상 성립한다는 것을 확인해 보도록 하자.

[거래의 분석]

오쌤 Talk

출자

출자는 어떤 사업을 위해 자금을 내는 행위를 의미한다. 이때 출자는 꼭 금전만 가능한 것은 아니고, 동산·부동산·채권 등이 가능하다. 다만, 주식회사의 경우 금전출자를 원칙으로 하고, 현물로 출자할 경우에는 상법에 따라 '정관' 등에 기재한 경우에만 허용한다.

〈거래 1〉
1월 1일: 회계사 자격을 취득한 나천재는 20X1년 중 현금 ₩10,000과 사무실 설비 ₩20,000을 출자하여 ㈜회계천재를 개업하였다.
→ 현금과 설비라는 자산이 증가하고 사무실 소유자인 ㈜회계천재의 자본이 증가한다. 이때 나천재는 자신의 현금과 설비만으로 ㈜회계천재를 개업하였으므로 부채는 없다.

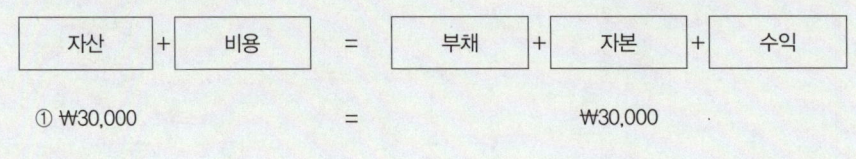

오쌤 Talk

현금의 지출

회계의 영역 밖에서는 현금의 지출을 '비용'과 유사한 개념으로 인식해왔다. 회계는 현금이 지출되었다고 해서 비용으로 인식하지는 않는다. 비용으로 인식하기 위해서는 수익활동이 이루어지고 있는지가 중요하다. 기본적으로 비용은 수익을 인식하기 위해 소비되는 자원이라고 볼 수 있다. 그러므로 단순히 현금이 지출된 것만으로는 비용으로 인식하지 않는다. 현금의 유출은 일반적으로 손익거래에서는 비용과 자산 둘 중 하나로 인식이 된다. 즉, 현금의 지출이 지금 당장의 수익창출을 위해 소비되는 것이라면 비용으로 처리하고, 미래 수익창출에 기여할 것으로 판단된다면 자산으로 인식한다.

〈거래 2〉
2월 1일: 사무실 소모품을 현금 ₩3,000에 구입하였다.
→ 사무실 소모품을 현금으로 구입하였으므로 소모품이라는 자산이 증가하고 현금이라는 자산이 감소하였다.

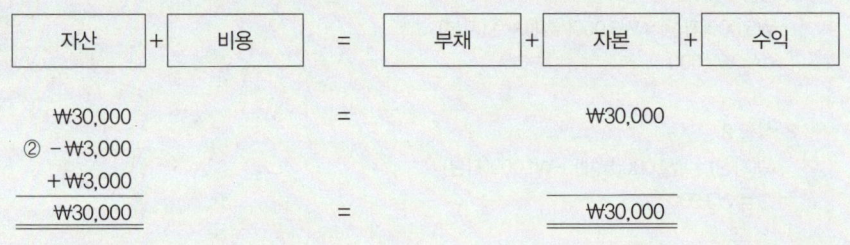

〈거래 3〉
3월 1일: 사무실 복사기를 ₩5,000 외상으로 구입하였다.
→ 사무실 설비인 복사기를 외상으로 구입하였으므로 설비라는 자산이 증가하고 미지급금이라는 부채가 증가한다.

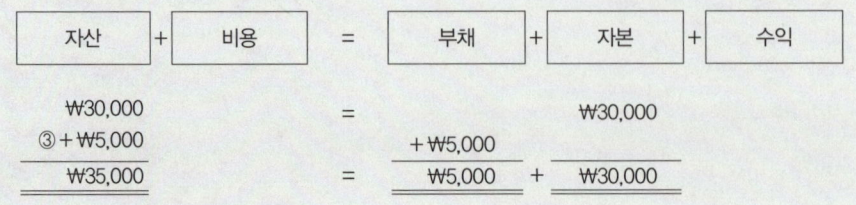

<거래 4>

4월 1일: 사무실 직원에게 월급 ₩3,000을 현금으로 지급하였다.

→ 사무실 직원의 월급을 지급하였으므로 급여라는 비용이 ₩3,000 발생하였고, 현금으로 지급하였으므로 자산이 감소한다.

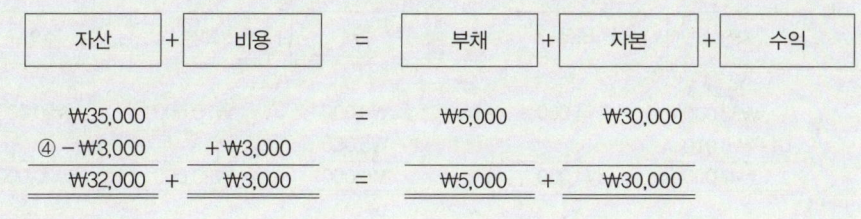

오쌤 Talk

비용의 인식

비용은 자본의 감소이다.
즉, 현금이 유출된 경우 자산을 취득한 것이라면 새로운 자산이 유입되므로 자산의 변화는 없을 것이고, 마찬가지로 자본의 변화도 발생하지 않을 것이다. 그러나 현금의 유출이 자산 취득이 아니라면 이는 곧 비용이 발생한 것이고, 그 결과 현금의 유출로 인해 자본은 감소한다.

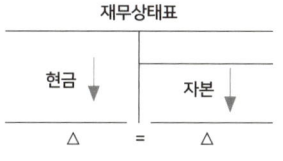

<거래 5>

5월 1일: 광고선전비 ₩1,000이 발생하였으나 미지급하였다.

→ 광고선전비라는 비용이 ₩1,000 발생하고 미지급하였으므로 미지급금이라는 부채가 증가한다.

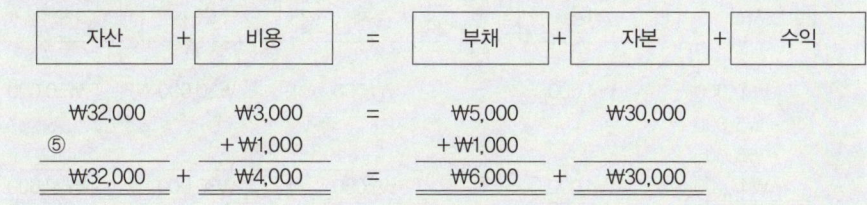

<거래 6>

6월 1일: 고객에게 ₩20,000의 회계서비스를 제공하고 현금 ₩10,000을 수령하였으며, 나머지 금액 ₩10,000은 아직 받지 못했다.

→ ₩20,000의 회계서비스를 제공함으로써 수익이 발행하였고, 현금이 ₩10,000 증가함으로써 자산이 증가하고 아직 받지 못한 금액 ₩10,000은 매출채권이라는 자산이 증가한다.

자산	+	비용	=	부채	+	자본	+	수익
₩32,000		₩4,000	=	₩6,000		₩30,000		
⑥ + ₩10,000								
+ ₩10,000								+ ₩20,000
₩52,000	+	₩4,000	=	₩6,000	+	₩30,000	+	₩20,000

오쌤 Talk

수익의 인식

회계상에서의 수익은 쉽게 말해서 두 가지 조건을 만족해야 한다.
① 돈이나 돈 받을 권리가 생기고,
② 그에 대한 수행의무를 이행
<거래 6>의 상황은 ① 현금 ₩10,000과 채권 ₩10,000이 생기고, ② 회계서비스를 제공하였으므로 수익을 인식한다.

⟨거래 7⟩
7월 1일: 구입시점에 미지급하였던 복사기 구입대금 ₩5,000을 현금으로 지급하였다.
→ 미지급금이라는 부채를 현금으로 결제하였으므로 현금이라는 자산이 감소하고, 미지급금이라는 부채가 감소한다.

자산	+	비용	=	부채	+	자본	+	수익
₩52,000		₩4,000	=	₩6,000		₩30,000		₩20,000
⑦ −₩5,000				−₩5,000				
₩47,000	+	₩4,000	=	₩1,000	+	₩30,000	+	₩20,000

⟨거래 8⟩
8월 1일: ㈜회계천재가 거래처로부터 회계서비스를 제공하고 받지 못한 금액 중 ₩5,000을 현금으로 수령하였다.
→ 매출채권이라는 자산이 ₩5,000 감소하고 현금이 ₩5,000 증가한다.

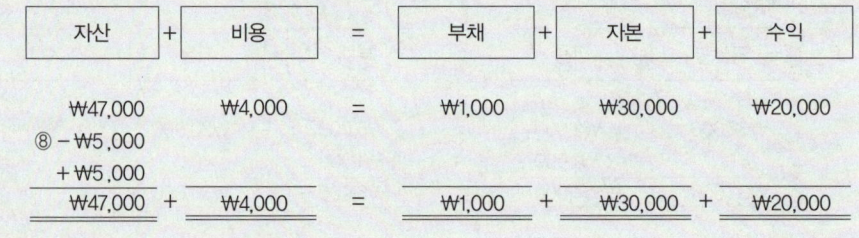

자산	+	비용	=	부채	+	자본	+	수익
₩47,000		₩4,000	=	₩1,000		₩30,000		₩20,000
⑧ −₩5,000								
+₩5,000								
₩47,000	+	₩4,000	=	₩1,000	+	₩30,000	+	₩20,000

오쌤 Talk

연간보험료의 인식
회계상에서는 정확히 발생된 보험만 비용으로 인식한다. 그러므로 이를 조정하는 과정은 '03 회계의 순환과정'에서 다루기로 한다.

⟨거래 9⟩
9월 1일: 건물에 대한 연간 화재보험료 ₩12,000을 현금으로 지급하였다.
→ 보험료를 지급하였으므로 비용이 ₩12,000 발생하였고, 그만큼 현금이 유출되었으므로 ₩12,000 자산이 감소하였다.

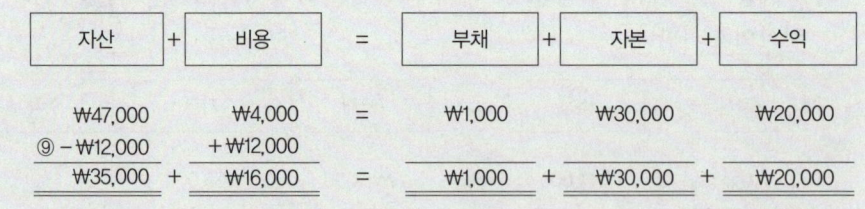

자산	+	비용	=	부채	+	자본	+	수익
₩47,000		₩4,000	=	₩1,000		₩30,000		₩20,000
⑨ −₩12,000		+₩12,000						
₩35,000	+	₩16,000	=	₩1,000	+	₩30,000	+	₩20,000

위 9개의 거래가 발생할 때마다 자산, 부채, 자본, 수익 및 비용에 영향을 미치는데(즉, 재무상태의 변동을 가져오는데) 어떤 거래가 발행하든지 회계등식의 기호는 항상 유지된다는 것을 알 수 있다.

③ 회계등식을 통한 재무제표 작성

위의 9가지 거래를 통해 보고기간 말 현재 ㈜회계천재의 회계등식은 다음과 같다.

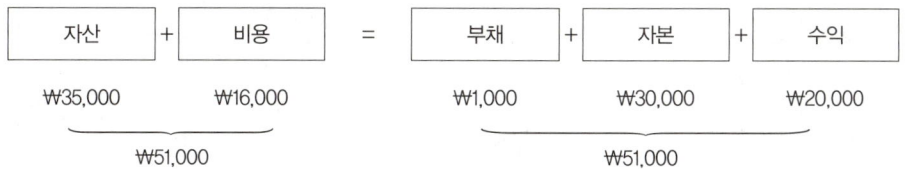

위 회계등식의 좌변과 우변의 합계는 각각 ₩51,000으로 일치한다. 이러한 결과를 통해 회계등식의 구성요소와 금액을 다음과 같은 회계양식으로 표시할 수 있다.

자산	₩35,000	부채	₩1,000
비용	₩16,000	자본	₩30,000
		수익	₩20,000
	₩51,000		₩51,000

위 양식을 보면 좌우합계가 각각 ₩51,000으로 동일하며, 좌변에는 자산과 비용을 우변에는 부채, 자본 및 수익을 기재함으로써 회계등식과 동일한 내용으로 표시되어 있음을 알 수 있다. 이러한 양식을 **시산표**(T/B, Trial Balance)라고 부른다. **즉, 시산표란 특정 시점에서의 자산, 부채 및 자본의 잔액과 그 시점까지 발생한 수익과 비용의 총액을 좌우 대비하는 방식으로 작성한 회계양식이다.**

위 시산표를 자산, 부채, 자본 세 가지의 재무상태표 요소 항목으로 나누고, 수익과 비용의 손익계산서 요소 항목으로 각각 구분하여 나누어보면 다음과 같다.

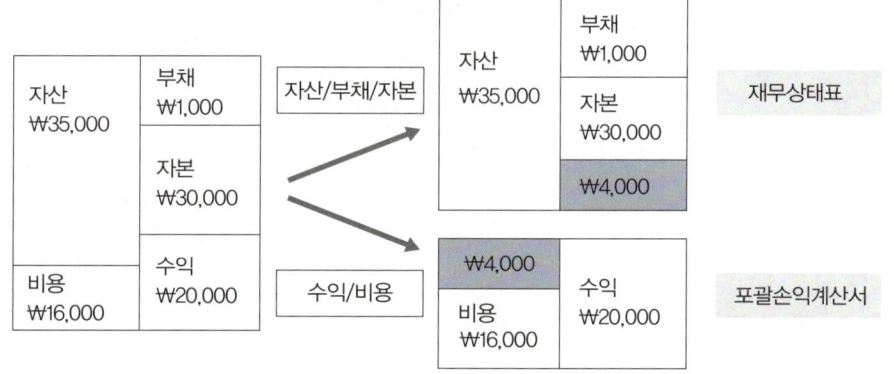

시산표의 아래 부분인 비용과 수익의 묶음을 보면 수익이 비용보다 많으며, 시산표의 윗부분인 자산, 부채, 자본의 묶음을 보면 자산이 부채와 자본의 합보다 더 많음을 알 수 있다. 두 부분의 차이는 ₩4,000으로 정확하게 일치한다.

결국 재무상태표와 손익계산서는 시산표를 통해서 도출되는 것을 알 수 있다. 또한 수익과 비용의 차이인 이익 ₩4,000은 재무상태표상의 자본(이익잉여금)을 구성하여 손익계산서와 재무상태표가 연계됨을 알 수 있다.

오쌤 Talk

재무상태표와 손익계산서의 관계

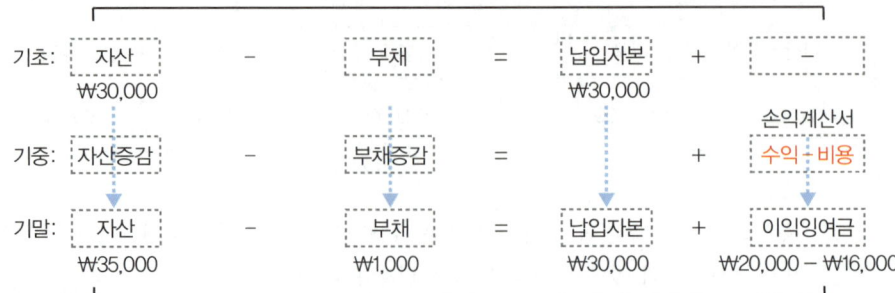

"자산과 부채의 증감은 곧 자본의 증감으로 반영된다."

즉, 자산/부채의 증감 결과, 수익은 자본의 증가이고 비용은 자본의 감소이므로 수익·비용의 결과는 자본 중 이익잉여금이라는 자본의 카테고리 안에 반영된다.

이때, 수익과 비용의 증감을 좀 더 자세히 반영한 재무제표가 손익계산서이다. 그러므로 모든 회계상의 거래는 재무상태표 영역 안에 기록할 수 있다.

위 9가지의 거래를 재무상태표와 손익계산서에 연계시키면 다음과 같다.

기초재무상태표

	자산	−	부채	=	납입자본	+	−
기초:	₩30,000				₩30,000		
기중:	자산증감	−	부채증감	=		+	수익 − 비용 (손익계산서)
기말:	자산	−	부채	=	납입자본	+	이익잉여금
	₩35,000		₩1,000		₩30,000		₩20,000 − ₩16,000

기말재무상태표

기본예제 3 회계등식과 재무제표

① 세무법인을 다니던 나세무는 20X1년 중 세무컨설팅업을 운영하기로 하고 현금 ₩10,000을 투자하여 ㈜탈세의 영업을 개시하였다.
② 컴퓨터 및 관련 설비 일체를 ₩20,000에 외상으로 구입하였다.
③ 소모품 ₩1,000을 현금으로 구입하였다. (단, 구입대금은 소모품 자산으로 처리함)
④ 고객에게 세무컨설팅을 제공하고 현금으로 ₩30,000을 수령하였다.
⑤ 직원들에게 급여 ₩10,000을 지급하였다.
⑥ 설비 구입 관련 외상대금 중 ₩10,000을 현금으로 지급하였다.
⑦ 기말 현재 소모품 중 ₩500이 미사용된 상태로 남아 있음을 확인하였다.

01 위 제시된 사항을 다음 회계등식에 기록하시오.

자산	+	비용	=	부채	+	자본	+	수익
①	+		=		+		+	
②								
③								
④								
⑤								
⑥								
⑦								

02 위 내용을 모두 반영한 이후 나세무의 재무상태표를 작성하시오.

재무상태표

㈜탈세　　　　　　　　　20X1년 12월 31일　　　　　　　　　(단위: ₩)

풀이

01

자산	+	비용	=	부채	+	자본	+	수익

① ₩10,000 + = + ₩10,000 +

② ₩20,000　　　　　　　　　　₩20,000

③ −₩1,000
　　+₩1,000

④ ₩30,000　　　　　　　　　　　　　　　　　　　　　　　₩30,000

⑤ −₩10,000　　+₩10,000

⑥ −₩10,000　　　　　　　　　　−₩10,000

⑦ −₩500　　　+₩500

　₩39,500　　₩10,500　　　₩10,000　　₩10,000　　₩30,000

02 재무상태표

재무상태표

㈜탈세　　　　　　　　　20X1년 12월 31일　　　　　　　　　(단위: ₩)

자산	₩39,500	부채	₩10,000
		자본	₩10,000
			₩19,500
	₩39,500		₩39,500

3 계정

앞서 우리는 자산, 부채, 자본, 수익, 비용의 개념을 통해 재무상태표와 손익계산서를 작성해보았다. 그러나 이러한 용어는 포괄적인 개념으로 각 항목에 어떠한 금액이 얼마의 금액으로 포함되었는지 알 수 없다. 회계정보이용자들은 자산 총액뿐만 아니라 그 자산 중에 현금이 얼마이고, 토지가 얼마인지 등 세부적인 구성항목도 알고 싶어할 것이다. 이는 자산뿐만 아니라 부채나 자본 등 다른 재무제표 요소들도 마찬가지이다. 따라서 자산이나 부채 등 재무제표의 요소를 사용하지 않고 현금, 매출채권, 차입금 등과 같은 세부 항목을 사용하여 재무제표를 작성할 필요가 있다.

회계에서는 세부적으로 구분된 거래기록의 개별 단위를 계정(account)이라고 부른다. 즉, 재무제표에 표시되는 세부적인 항목들을 의미한다.

[계정의 예]

구분		계정의 예
재무상태표계정	자산	현금, 매출채권, 미수금, 상품, 토지, 건물, 비품, 선급비용 등
	부채	매입채무, 미지급금, 미지급비용, 차입금 등
	자본	자본금, 이익잉여금, 기타포괄손익누계액 등
손익계산서계정	수익	매출, 임대료, 이자수익, 유형자산처분이익 등
	비용	매출원가, 급여, 보험료, 임차료, 광고선전비, 유형자산처분손실 등

오쌤 Talk

계정의 의미

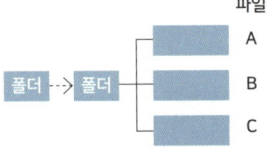

재무상태표라는 계정 안에 자산과 부채와 자본의 계정이 있고, 그 중 자산계정에는 현금과 매출채권 및 미수금 등의 계정과목이 있다.

오쌤 Talk

단식부기

단식부기는 소위 용돈기입장이나 가계부와 같은 기록 방식에서 사용된다. 즉, 현금의 유·출입만을 거래사건으로 기록하는 방식이다.

4 분개

❶ 단식부기와 복식부기

회계상 거래를 기록함에 있어서 재산의 변화라는 거래의 결과만 기록하는 것을 단식부기라고 하며, **거래의 발생원인과 거래의 결과를 동시에 기록하는 것을 복식부기라고 한다.**

단식부기는 하나의 거래에 대해 당해 거래와 관련된 여러 항목들의 관계를 무시하고 결과의 변동만을 기록하는 방식이다. 용돈기입장에 수입과 지출내역을 기록하거나 가계부에 생활비의 수입내역과 지출내역을 기록하는 방식이 그 예이다. 반면에 복식부기는 대차평균의 원리[1*]에 의해 기업실체의 모든 재무상태의 변동과 경영성과를 계정(account)을 이용하여 기록하는 방법이다.

예를 들어, 대부업을 영위하는 ㈜러쉬는 20X1년 1월 1일 주주로부터 ₩20,000을 출자받고, 은행으로부터 10% 이자율로 ₩10,000을 차입하여 총 자금 ₩30,000으로 설립이

[1*] 대차평균의 원리는 거래 사건이 발생하여 기록될 때 차변항목의 합계금액과 대변항목의 합계금액이 항상 일치한다는 원리를 의미한다.

되었다. 연간 20% 이자율로 대출이자를 수령할 경우 단식부기의 원리에 따라 거래사건을 기록하면 다음과 같다.

20X1년 1월 1일	현금	₩30,000
기중 이자수익 획득	현금	₩6,000
기말 이자비용 지급	현금	(₩1,000)
20X1년 12월 31일	현금	₩35,000

그런데 위 단식부기의 방식으로 거래 결과값인 현금의 유·출입만 기록하면 20X1년 12월 31일 현재 총 ₩35,000의 자금 중에서 주주의 몫과 채권자의 몫을 구분하고, 경영자의 경영성과를 측정하기 어렵다. 그러므로 거래의 결과값인 현금의 유·출입 옆에 거래의 원인을 함께 기록하면 다음과 같이 기록될 수 있다.

20X1년 1월 1일	현금	₩30,000	┌ 자본금 └ 차입금	₩20,000 ₩10,000
기중 이자수익 획득	현금	₩6,000	이자수익	₩6,000
기말 이자비용 지급	현금	(₩1,000)	이자비용	(₩1,000)
20X1년 12월 31일	현금	₩35,000	┌ 이익 ├ 자본금 └ 차입금	₩5,000 ₩20,000 ₩10,000

위 방식으로 기록하게 되면 기업의 재산상의 변화뿐만 아니라 변화의 원인까지 한눈에 파악할 수 있고, 20X1년 기말 남은 잔액을 주주의 소유분과 채권자 소유분으로 구분할 수 있으며, 경영자가 경영활동을 통해 창출한 이익을 구분함으로써 성과평가가 가능하다. 소유와 경영이 분리된 기업의 실체를 보고하기 위해서 위와 같은 과정은 반드시 요구된다.

이처럼 **재산상의 변화뿐만 아니라 그 원인까지 함께 기록하는 방법을 '복식부기'라고 한다.** 복식부기는 계정의 차변과 대변에 동일한 금액을 이중으로 기록하므로 기록, 계산상의 오류를 자동으로 파악할 수 있는 자기검증기능을 지니고 있다. 그러므로 현재 모든 기업이 기업실체의 재무상태와 경영성과를 기록하는 방법으로 복식부기를 사용하고 있다.

❷ 거래의 이중성

은행에서 현금을 차입하는 경우, 회사의 자산(현금)의 증가라는 재산상 변화의 결과는 부채(차입금)의 증가라는 재산변화의 원인인 것이다. 이처럼 모든 거래는 재산변화의 원인과 결과라는 두 가지 측면이 존재하게 되는데 이를 **거래의 이중성(duality)**라고 한다.

확인문제

02. 다음에서 설명하고 있는 개념은 무엇인가?

> 회계상의 모든 거래는 재산 변화의 원인과 결과라는 두 가지 측면이 존재한다.

① 발생주의
② 대차평균의 원리
③ 거래의 이중성
④ 보수주의

정답 ③

❸ 분개의 의미

기업에서 회계상 거래가 발생하면 자산, 부채, 자본, 수익 또는 비용이 변동될 것이며, 그 변동내역을 각 계정별로 마련된 장부에 기록해야 한다. 각 계정별로 마련된 장부에 발생된 거래들을 계속 기록해두었다가 특정 시점의 모든 계정별 금액을 하나의 표에 옮겨놓은 것이 앞서 설명한 시산표이다. 그리고 시산표상의 여러 계정 중에서 자산, 부채, 자본의 계정만을 일정한 양식으로 옮겨놓은 것이 재무상태표이고, 수익과 비용 계정만을 일정한 양식에 옮겨놓은 것이 손익계산서이다. 즉, 재무제표는 다음과 같은 과정으로 만들어진다.

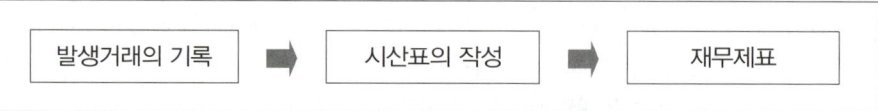

특정 거래가 발생하면 기업의 재무상태가 변동하고 기업은 재무보고를 위해 이러한 변화를 기록한다. 기업이 특정 거래로 인한 재무상태의 변동을 장부에 기록하기 위해 어떤 계정이 얼마만큼 증가 또는 감소하였는지 결정하는 절차가 필요한데, 회계에서는 이러한 절차를 분개(journalizing)라고 한다.

예를 들어, 기업이 주주로부터 1억 원을 출자 받아 회사를 설립했다면 자산 중 현금이 1억 원 증가하고 자본 중 자본금도 1억 원 증가한다. 이와 같이 출자가 이루어졌을 때 회계담당자가 현금과 자본금계정에 각각 1억 원씩 증가하였다는 것을 결정하는 절차가 바로 분개이다.

분개를 이해하기 위해서는 특정 거래가 발생할 때 재무제표 요소들이 어떻게 변동되는지를 먼저 이해해야 한다. 기업에서 특정 거래가 발생하면 자산, 부채, 자본, 수익, 비용 중 하나 이상의 요소가 증가 또는 감소한다. 그런데 어떤 거래가 발생하든 회계등식의 좌변(자산, 비용)의 합계와 우변(부채, 자본, 수익)의 합계는 항상 균형을 이루어야 한다.

예를 들어, 금융기관으로부터 5천만원을 차입하면 좌변의 자산(현금)과 우변의 부채(차입금)가 동시에 증가하는 장부기록을 하기 때문에 회계등식의 균형은 유지된다. 회사가 현금 1천만원을 지급하고 자동차를 구입했다면 우변의 자산(현금)이 1천만원 감소하고, 좌변의 자산(자동차)가 1천만원 증가하는 장부기록을 하기 때문에 회계 등식의 균형은 유지된다.

오쌤 Talk

분개의 시작

분개의 시작은 회계상의 거래로부터 재무제표의 요소에 해당하는 항목을 찾아내는 것에서 출발한다. 즉, `자산, 부채, 자본, 수익, 비용'의 다섯 가지 항목 중 회계상의 거래는 반드시 두 가지 이상의 요소에 변화가 발생한다. 그러므로 회계상 거래에서 어떤 요소가 증가 또는 감소(자산, 부채, 자본)하는지, 혹은 발생(수익, 비용)하는지를 먼저 판단해야 한다.

장부상에 기록되는 거래의 유형을 구분해보면 다음과 같다.

<유형 1> 좌변과 우변이 동시에 증가하는 거래

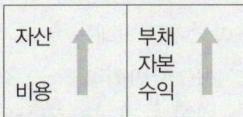
- 주식을 발행하여 주주로부터 현금 수령(자산, 자본 동시 증가)
- 용역제공에 따른 수익발생(자산, 수익 동시 증가)
- 은행으로부터 자금 차입(자산, 부채 동시 증가)

<유형 2> 좌변과 우변이 동시에 감소하는 거래

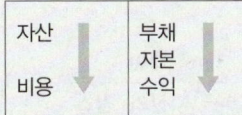
- 차입금의 상환(자산, 부채 동시 감소)
- 주주에게 배당금 지급(자산, 자본 동시 감소)

<유형 3> 좌변에서만 증가와 감소가 발생

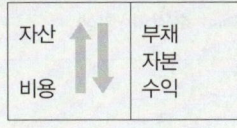
- 매출채권의 현금회수(자산의 증가, 자산의 감소)
- 종업원 급여의 현금 지급(비용의 발생, 자산의 감소)
- 현금으로 건물 매입(자산의 증가, 자산의 감소)

<유형 4> 우변에서만 증가와 감소가 발생

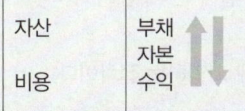
- 선수금을 매출로 인식(부채의 감소, 수익의 발생)
- 차입금 상환의무 면제(부채의 감소, 수익의 발생)

지금까지 회계등식이나 시산표를 설명할 때 편의상 좌변 또는 우변이라는 용어를 사용해왔는데, **회계상 좌변을 차변(debit)이라고 부르고, 우변을 대변(credit)이라고 한다.** 차변과 대변이라는 명칭은 좌변과 우변의 또 다른 명칭으로 이해하면 된다.

4 거래의 구성요소

재무상태표에서 자산은 차변에 표시하고 부채와 자본은 대변에 표시하므로, 자산의 증가는 차변에 부채와 자본의 증가는 대변에 표시하여야 한다. 그러므로 **자산의 감소는 대변에, 부채와 자본의 감소는 차변에 표시해야 할 것이다.** 한편, 수익은 자본의 증가를, 비용은 자본의 감소를 의미하므로 **수익의 발생은 대변에, 비용의 발생은 차변에 표시해야 한다.**

[거래의 구성요소]

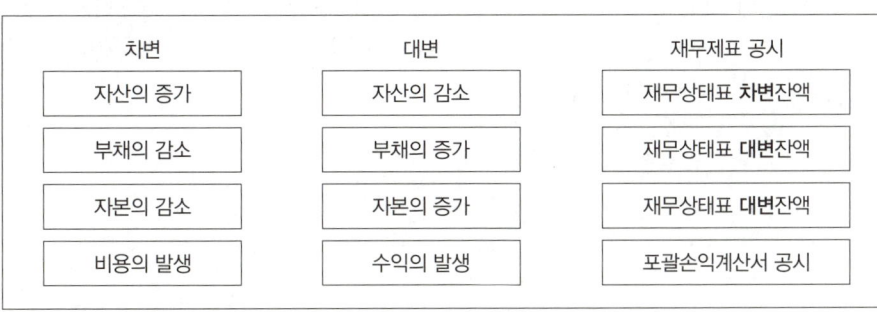

확인문제

03. 다음 중 아래 보기에 해당하는 거래는 어느 것인가?

|보기|
(차) 자산의 증가 XX   (대) 수익의 발생 XX

① 은행으로부터 설비투자자금을 차입하였다.
② 주식을 발행하여 현금을 조달하였다.
③ 과거에 외상으로 매입한 물건대금을 현금으로 지급하였다.
④ 대여금에 대한 이자를 현금으로 수취하였다.

정답 ④

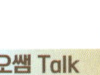

오쌤 Talk

거래의 구성요소
자산과 부채와 자본은 증가와 감소가 각각 발생할 수 있다. 그러나 수익과 비용은 발생만 있고, 감소는 없다. 단, 잘못된 분개를 수정하는 경우에는 수익과 비용을 줄이는 분개가 있을 수 있다. 수정분개가 아닌 일반적인 거래의 기록이라면 수익과 비용은 발생만 존재할 뿐 감소하는 거래가 인식되지는 않는다.

📖 **확인문제**

04. 다음 중 거래의 결합관계로 옳지 않은 것은?
① 부채의 증가, 비용의 발생
② 자산의 감소, 비용의 발생
③ 자본의 감소, 자본의 증가
④ 부채의 증가, 수익의 발생

정답 ④

⑤ 거래의 결합관계

회계상의 거래는 자산의 증가와 감소, 부채의 증가와 감소, 자본의 증가와 감소, 수익의 발생, 비용의 발생으로 구성되어 있다. 이들 8가지의 요소를 거래의 8요소라 하며, 거래의 8요소가 결합되는 관계를 거래요소의 결합관계라고 한다. 모든 거래는 반드시 차변요소와 대변요소가 여러 가지 형태로 결합하여 기록되며, 같은 차변끼리 또는 같은 대변끼리는 절대로 결합할 수 없다. 그리고 거래는 양쪽의 한 개의 요소끼리 결합될 때도 있지만 둘 이상의 복잡한 결합을 이루기도 한다.

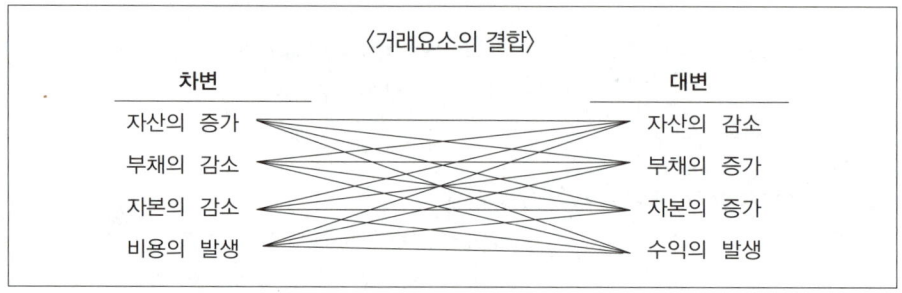

⑥ 분개의 절차

회계연도 중 거래사건이 발생하면 이 거래가 회계상의 거래인지 판단하여 계정에 미치는 영향을 분개장에 기입하는 절차를 분개라고 했다. 분개의 절차는 다음과 같다.

오쌤 Talk

분개의 절차

분개의 핵심은 자산, 부채, 자본, 수익, 비용 중 해당 계정을 결정하는 과정이다. 계정이 결정됨과 동시에 차변에 들어갈 잔액과 대변에 들어갈 잔액이 결정된다. 예시의 상황에서, 자동차의 구입은 비용의 지출이 아니라 자산의 취득으로 본다. 이러한 판단 기준은 '**04** 재무보고를 위한 개념체계'에서 학습하게 될 '재무제표 요소의 인식기준'을 통해 좀 더 분명히 정리가 된다. Link-P. 132

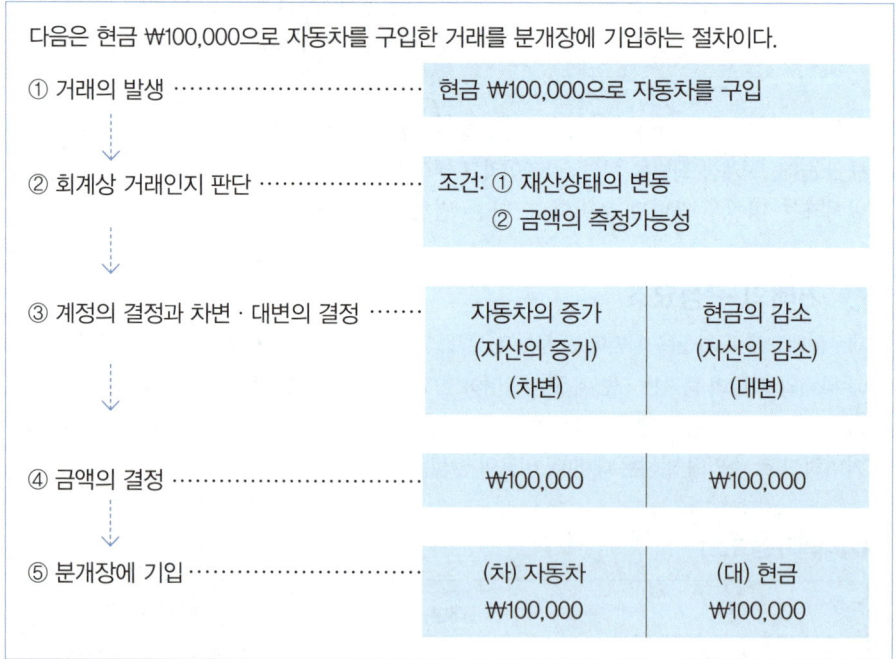

기본예제 4 차변요소와 대변요소

다음 각각의 거래에 대해 차변요소와 대변요소를 구분하시오.

① 은행으로부터 현금을 차입하였다.
② 상품을 매입하고, 대금의 일부를 현금으로 지급하고 나머지는 월말에 지급하기로 했다.
③ 소유주가 개인 용도로 현금을 인출하였다.
④ 대여금에 대한 이자를 현금으로 받았다.
⑤ 건물 구입대금 중 미지급한 금액을 현금으로 지급하였다.

구분	차변요소	대변요소

풀이

구분	차변요소	대변요소	
①	자산의 증가 (현금 증가)	부채의 증가 (차입금 증가)	
②	자산의 증가 (상품 증가)	자산의 감소 (현금 감소)	부채의 증가 (매입채무 증가)
③	자본의 감소 (자본 감소)	자산의 감소 (현금 감소)	
④	자산의 증가 (현금 증가)	수익의 발생 (이자수익 발생)	
⑤	부채의 감소 (미지급금 감소)	자산의 감소 (현금 감소)	

❼ 분개를 통한 거래의 분석

앞서 사례로 제시했던 9가지 거래들을 직접 분석하여 분개해보기로 하자.

> - 〈거래 1〉 1월 1일: 회계사 자격을 취득한 나천재는 20X1년 중 현금 ₩10,000과 사무실 설비 ₩20,000을 출자하여 ㈜회계천재를 개업하였다.
> - 〈거래 2〉 2월 1일: 사무실 소모품 ₩3,000을 현금으로 구입하였다.
> - 〈거래 3〉 3월 1일: 사무실 복사기를 ₩5,000 외상으로 구입하였다.
> - 〈거래 4〉 4월 1일: 사무실 직원에게 월급 ₩3,000을 현금으로 지급하였다.
> - 〈거래 5〉 5월 1일: 광고선전비 ₩1,000이 발생하였으나 미지급하였다.
> - 〈거래 6〉 6월 1일: 고객에게 ₩20,000의 회계서비스를 제공하고 현금 ₩10,000을 수령하였으며, 나머지 금액 ₩10,000은 아직 받지 못했다.
> - 〈거래 7〉 7월 1일: 구입시점에 미지급하였던 복사기 구입대금 ₩5,000을 현금으로 지급하였다.
> - 〈거래 8〉 8월 1일: ㈜회계천재가 거래처로부터 회계서비스를 제공하고 받지 못한 금액 중 ₩5,000을 현금으로 수령하였다.
> - 〈거래 9〉 9월 1일: 건물에 대한 연간 화재보험료 ₩12,000을 현금으로 지급하였다.

위의 9개의 거래가 분개되기 위해서는 우선 특정 거래가 재무제표 요소 중 어떤 요소의 증가, 감소에 영향을 주는지 분석한 후, 이를 적절한 계정을 사용하여 차변과 대변으로 구분하는 분개를 하여야 한다.

구분	분석	분개	
〈거래 1〉 1월 1일	자산의 증가 → 차변 현금, 설비 자본의 증가 → 대변 자본금	(차) 현금 ₩10,000 설비자산 ₩20,000	(대) 자본금 ₩30,000
〈거래 2〉 2월 1일	자산의 증가 → 차변 소모품 자산의 감소 → 대변 현금	(차) 소모품 ₩3,000	(대) 현금 ₩3,000
〈거래 3〉 3월 1일	자산의 증가 → 차변 설비자산 부채의 증가 → 대변 미지급금	(차) 설비자산 ₩5,000	(대) 미지급금 ₩5,000
〈거래 4〉 4월 1일	비용의 발생 → 차변 급여 자산의 감소 → 대변 현금	(차) 급여 ₩3,000	(대) 현금 ₩3,000
〈거래 5〉 5월 1일	비용의 발생 → 차변 광고선전비 부채의 증가 → 대변 미지급금	(차) 광고선전비 ₩1,000	(대) 미지급금 ₩1,000
〈거래 6〉 6월 1일	자산의 증가 → 차변 현금, 매출채권 수익의 발생 → 대변 매출	(차) 현금 ₩10,000 매출채권 ₩10,000	(대) 매출 ₩20,000
〈거래 7〉 7월 1일	부채의 감소 → 차변 미지급금 자산의 감소 → 대변 현금	(차) 미지급금 ₩5,000	(대) 현금 ₩5,000
〈거래 8〉 8월 1일	자산의 증가 → 차변 현금 자산의 감소 → 대변 매출채권	(차) 현금 ₩5,000	(대) 매출채권 ₩5,000
〈거래 9〉 9월 1일	비용의 발생 → 차변 보험료 자산의 감소 → 대변 현금	(차) 보험료 ₩12,000	(대) 현금 ₩12,000

오쌤 Talk

소모품과 소모품비
① 소모품: 자산
② 소모품비: 비용
회사는 당해 구입한 소모품이 바로 비용으로 사용될 것이라고 판단되면 소모품비(비용)으로 처리하고 그렇지 않은 경우 소모품(자산)으로 처리할 수 있다. 회사가 처리한 방식에 따라 기말에 수정이 필요할 수 있다. 수정과 관련해서는 '03 회계의 순환과정'에서 다룬다. Link-P. 85

[㈜회계천재가 분개 과정에서 사용한 계정]

재무제표 요소	사용한 계정
자산	현금, 설비자산, 소모품, 매출채권
부채	미지급금
자본	자본금
수익	매출
비용	급여, 광고선전비, 보험료

위 분개에서 보는 바와 같이 차변계정의 금액과 대변계정의 금액은 항상 일치한다. 왜냐하면 차변과 대변의 금액이 항상 균형이 되도록 분개를 했기 때문이다.

한편 차변과 대변의 금액을 일치시키기 위해 특정 금액을 차변 또는 대변에 넣어주어야 하는 분개도 있다. 예를 들어 ₩1,000에 취득한 토지를 현금 ₩1,500을 수령하고 매각한 경우를 생각해보자. 이 거래를 분석해보면 토지라는 자산이 ₩1,000 감소하고 현금이라는 자산이 ₩1,500이 증가하는 과정에서 ₩500만큼의 처분이익이 발생한다. 따라서 다음과 같이 유형자산처분이익 ₩500을 대변에 채워주는 분개를 해야 한다.

(차) 현금　　　　₩1,500　　(대) 토지　　　　　　₩1,000
　　　　　　　　　　　　　　　　　유형자산처분이익　₩500

만약 ₩1,000에 취득한 토지를 ₩800에 처분했다면 다음과 같이 유형자산처분손실을 넣는 분개를 해야 한다.

(차) 현금　　　　　　₩800　　(대) 토지　　₩1,000
　　　유형자산처분손실　₩200

어떤 경우에도 분개의 차변과 대변의 합계금액은 일치해야 한다. 따라서 위와 같이 처분이익이나 처분손실이 발생하는 거래를 분개할 때는 차변과 대변의 대차를 일치시키기 위한 금액이 삽입되어야 한다.

확인문제

05. 교육컨설팅업을 영위하는 ㈜한국의 다음 거래가 회계등식의 구성요소에 미치는 영향으로 옳지 않은 것은?

기출처 2022. 관세직 9급

① 주식발행의 대가로 현금 ₩10,000을 출자받았다. 이 거래로 인해 자산이 ₩10,000 증가하고, 자본이 ₩10,000 증가한다.
② 사무실에 사용할 비품 ₩10,000을 취득하면서 현금 ₩5,000을 지급하고 잔액은 나중에 지급하기로 하였다. 이 거래로 인해 자산이 ₩5,000 증가하고, 부채가 ₩5,000 증가한다.
③ 교육컨설팅 용역을 ₩10,000에 제공하였는데 이 중 ₩3,000은 현금으로 받고 잔액은 나중에 받기로 하였다. 이 거래로 인해 자산이 ₩10,000 증가하고, 자본이 ₩10,000 증가한다.
④ 사무실 임차료 ₩5,000을 현금으로 지급하였다. 이 거래로 인해 부채가 ₩5,000 증가하고, 자본이 ₩5,000 감소한다.

정답 ④

오쌤 Talk

자산의 처분이익

자산의 처분이익은 '이익'이라고 불리지만, 이는 수익계정이다. 기업회계기준에서의 수익은 처분을 통해 발생하는 '차익'을 포함하는 개념이다. Link-P. 684

5 전기

특정 거래를 분개하였으면 분개한 내용을 각 계정별로 마련된 장부에 기록하는 과정을 거친다. 회계에서는 분개한 거래를 각 계정별 장부에 기록하는 과정을 전기(posting)라고 한다.

각 계정들은 총계정원장이라는 장부에 모여 있으므로 전기란 분개장에 기록된 거래를 총계정원장의 각 계정으로 이체하여 기록하는 것이라고 할 수 있다.

예를 들어, 4월 1일 기계장치를 구입하고 현금 ₩10,000을 지급하였다고 가정해보자. 이 거래를 분개장에 분개하고 총계정원장에 전기하는 과정을 표시하면 다음과 같다.

[분개장]

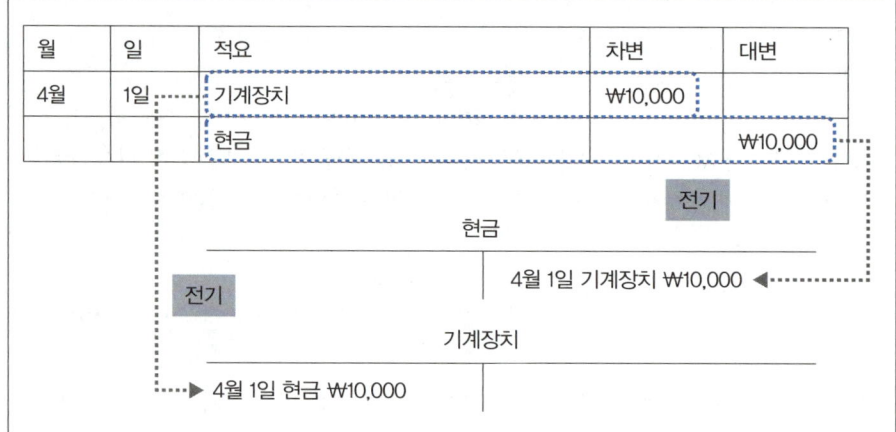

위와 같이 전기를 할 때의 원칙은 다음과 같다.

① 금액: 자기계정의 금액을 기입(증가와 감소에 따라 차변과 대변 결정)
② 계정과목명: 상대 계정과목을 기입

앞서 설명했던 ㈜회계천재의 장부 중 현금 장부에 전기하는 과정을 설명해보기로 한다. ㈜회계천재의 9개의 분개 중 현금 계정이 차변 또는 대변에 포함된 분개는 다음과 같이 장부에 기록(전기)한다.

<현금>

월	일	적요	차변	대변	잔액
X1. 1	1	자본금 출자	₩10,000		₩10,000
2	1	소모품 취득		₩3,000	₩7,000
4	1	급여 지급		₩3,000	₩4,000
6	1	매출 발생	₩10,000		₩14,000
7	1	미지급금 지급		₩5,000	₩9,000
8	1	매출채권 회수	₩5,000		₩14,000
9	1	보험료 납입		₩12,000	₩2,000
12	31	기말잔액			₩2,000
X2. 1	1	기초잔액			₩2,000

전기과정

전기하는 과정에서의 금액과 계정과목이 주는 의미는 각각 해석해야 한다.
① 금액: 금액의 차변과 대변의 각각의 기록은 증가와 감소를 의미한다.

자산, 비용		부채, 자본, 수익	
증가	감소	감소	증가

② 계정과목: T계정 안에 기입된 계정과목은 해당 T계정의 증가 감소에 대한 원인을 설명해준다.
그러므로 금액과 계정과목을 하나로 연결하여 해석해서는 안 된다.

 **확인문제** 최신

06. ㈜한국의 20X1년 말 소모품 관련 총계정원장은 다음과 같다.

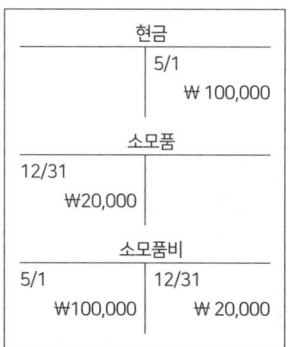

㈜한국의 20X1년 회계처리에 관한 설명으로 옳지 않은 것은?
기출처 2023. 관세직 9급
① 소모품과 관련하여 비용으로 인식한 금액은 ₩20,000이다.
② 소모품 관련 수정분개는 '(차)소모품 ₩20,000 (대)소모품비 ₩20,000' 이다.
③ 기말 소모품 잔액은 ₩20,000이다.
④ 5월 1일 소모품 구입 시 지출한 현금 ₩100,000을 전액 비용으로 처리하였다.

정답 ①

현금계정의 장부에 현금의 증가는 차변란에, 감소는 대변란에 기재하고 현금 잔액의 변동이 있을 때마다 잔액을 다시 기재한다. 이렇게 기록하면 기말 현금잔액이 ₩2,000이 된다. 이 잔액은 다음 해 1월 1일 기초잔액으로 시작하여 계속 장부상에 기록하면 된다. 현금 외의 다른 계정에 대해서도 이와 동일한 방식으로 장부상 기록한다.

그런데 발생한 거래를 분개한 후 각 계정별로 장부에 기록하는 것을 설명할 때 현금 계정 장부처럼 일일이 세부적인 양식을 그려 설명하는 것은 매우 번거로우므로 이를 회계학에서는 'T'계정을 통해 표시한다. 위에서 예시한 현금 계정의 장부를 T계정으로 표시하면 다음과 같다.

현금

1/1 자본금	₩10,000	2/1 소모품	₩3,000
6/1 매출	10,000	4/1 급여	3,000
8/1 매출채권	5,000	7/1 미지급금	5,000
		9/1 보험료	12,000
	₩25,000 ≠		₩23,000

한편, 일반 장부와 마찬가지로 T계정도 내년의 거래 내역을 계속 기록하는 방식으로 만들 수 있는데, 위의 현금 T 계정이 내년으로 이월되는 과정을 표시하면 다음과 같다.

현금

1/1 자본금	₩10,000	2/1 소모품	₩3,000
6/1 매출	10,000	4/1 급여	3,000
8/1 매출채권	5,000	7/1 미지급금	5,000
		9/1 보험료	12,000
		기말잔액	2,000
	₩25,000		₩25,000
1/1 이월잔액	₩2,000		

오쌤 Talk

이월되는 과정
T계정이 내년으로 이월되는 과정을 '재무상태표계정의 마감'이라고 한다. Link-P. 93

위의 T계정에의 전기 과정을 살펴보면 자산의 증가 거래는 차변, 감소 거래는 대변에 기록하고, 부채 및 자본의 증가 거래는 대변, 감소 거래는 차변에 기록함을 알 수 있다. 또한 수익의 발생 거래는 대변에, 비용의 발생 거래는 차변에 기록하다.

자산·비용계정		부채·자본·수익계정	
(차변)	(대변)	(차변)	(대변)
+	-	-	+

오쌤 Talk

전기 순서

```
                    ②
    ┌───────────────────────┐
    +        ① 계정과목       -
    ④ 계정과목    ③ 금액 XX
```

① 해당 계정과목으로 T 작성
② 계정에 따라 (+)와 (-) 위치 표시
③ 증가와 감소 상황에 맞게 금액 표시
④ 원인이 되는 계정과목 기입

기본예제 5 전기

앞서 분개한 9개의 거래에 대해 전기하시오.

> 1월 1일: 회계사 자격을 취득한 나천재는 20X1년 중 현금 ₩10,000과 사무실 설비 ₩20,000을 출자하여 ㈜회계천재를 개업하였다.
> 2월 1일: 사무실 소모품 ₩3,000을 현금으로 구입하였다.
> 3월 1일: 사무실 복사기를 ₩5,000 외상으로 구입하였다.
> 4월 1일: 사무실 직원에게 월급 ₩3,000을 현금으로 지급하였다.
> 5월 1일: 광고선전비 ₩1,000 발생하였으나 미지급하였다.
> 6월 1일: 고객에게 ₩20,000의 회계서비스를 제공하고 현금 10,000을 수령하였으며, 나머지 금액 ₩10,000은 아직 받지 못했다.
> 7월 1일: 구입시점에 미지급하였던 복사기 구입대금 ₩5,000을 현금으로 지급하였다.
> 8월 1일: ㈜회계천재가 거래처로부터 회계서비스를 제공하고 받지 못한 금액 중 ₩5,000을 현금으로 수령하였다.
> 9월 1일: 건물에 대한 연간 화재보험료 ₩12,000을 현금으로 지급하였다.

[풀이]

현금

1/1 자본금	₩10,000	2/1 소모품	₩3,000
6/1 매출	10,000	4/1 급여	3,000
8/1 매출채권	5,000	7/1 미지급금	5,000
		9/1 보험료	12,000
		기말잔액	2,000
	₩25,000		₩25,000

자본금

기말잔액	₩30,000	1/1 현금	₩10,000
		설비자산	20,000
	₩30,000		₩30,000

설비자산

1/1 자본금	₩20,000	기말잔액	₩25,000
3/1 미지급금	5,000		
	₩25,000		₩25,000

매출채권

6/1 매출	₩10,000	8/1 현금	₩5,000
		기말잔액	5,000
	₩10,000		₩10,000

소모품

2/1 현금	₩3,000	기말잔액	₩3,000
	₩3,000		₩3,000

미지급금

7/1 현금	₩5,000	3/1 설비자산	₩5,000
기말잔액	1,000	5/1 광고선전비	1,000
	₩6,000		₩6,000

광고선전비

5/1 미지급금	₩1,000	기말잔액	₩1,000
	₩1,000		₩1,000

보험료

9/1 현금	₩12,000	기말잔액	₩12,000
	₩12,000		₩12,000

급여

4/1 현금	₩3,000	기말잔액	₩3,000
	₩3,000		₩3,000

매출

기말잔액	₩20,000	6/1 현금	₩10,000
		매출채권	10,000
	₩20,000		₩20,000

6 시산표 및 재무제표 작성

❶ 시산표 및 재무제표 작성

위의 9가지 거래를 각 계정별로 마련된 장부에 기록한 후 12월 31일(보고기간 말) 현재 자산, 부채, 자본, 수익, 비용의 각 계정별 총액을 다음과 같은 양식으로 집합시킬 수 있다.

현금	₩2,000	미지급금	₩1,000
설비자산	25,000	자본금	30,000
매출채권	5,000	매출	20,000
소모품	3,000		
급여	3,000		
광고선전비	1,000		
보험료	12,000		
	₩51,000		₩51,000

위와 같이 재무상태표 계정과 포괄손익계산서 계정을 모두 집합시킨 양식을 **시산표**라고 한다.

시산표를 위와 같이 재무상태표 계정 항목들과 포괄손익계산서 계정 항목들로 구분하면 다음과 같이 재무상태표와 포괄손익계산서를 작성할 수 있다.

재무상태표

현금	₩2,000	미지급금	₩1,000
설비자산	25,000	자본금	30,000
매출채권	5,000	이익잉여금*	4,000
소모품	3,000		
	₩35,000		₩35,000

*포괄손익계산서의 당기순이익은 재무상태표의 이익잉여금계정으로 표시

손익계산서

급여	₩3,000	매출	₩20,000
광고선전비	1,000		
보험료	12,000		
당기순이익	4,000		
	₩20,000		₩20,000

위 상황을 도식화하면 다음과 같다.

시산표

시산표는 분개를 통해 기록된 회계상의 거래를 재무제표에 옮기기 위해 정산하는 과정으로 전기를 거쳐 '**시**범 삼아 **산**정해보는 재무제**표**' 단계라고 할 수 있다. 분개하는 과정에서 항상 차변과 대변이 일치하도록 기록해왔으므로 시산표상에 기록된 차변과 대변의 잔액은 항상 일치해야 한다.
시산표상의 차변과 대변이 일치하지 않은 경우, 분개과정이나 전기과정, 혹은 시산표로 옮겨오는 과정에서 오류가 발생했을 수 있다.

[시산표와 재무제표 작성]

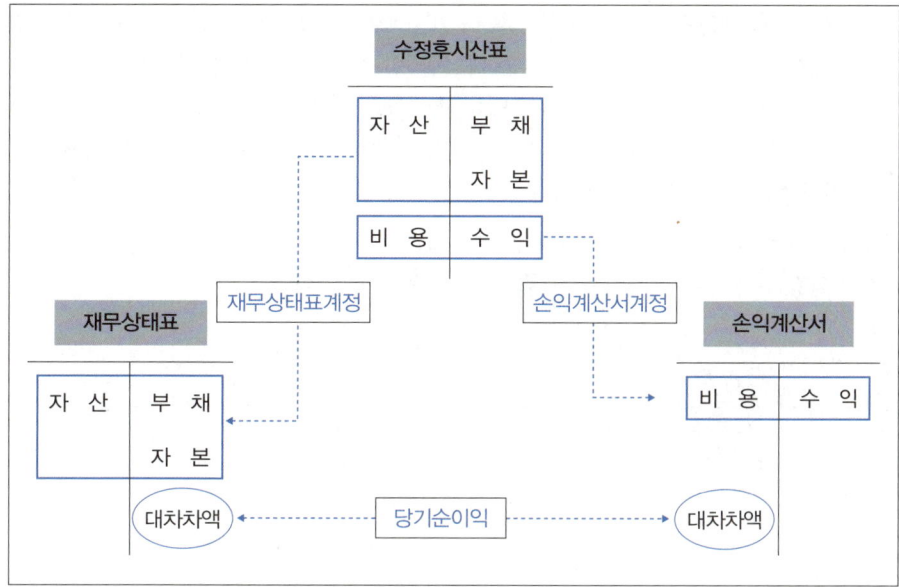

> **확인문제**
>
> **07.** 다음 중 계정과목 잔액이 시산표상 대변에 나타나지 않는 항목은?
> ① 선수금
> ② 차입금
> ③ 자본금
> ④ 대여금
>
> 정답 ④

위 재무제표 작성 과정은 좀 더 세부적인 계정들로 표시되어 있다는 것을 제외하고는 앞서 회계등식을 통해 재무상태 변동을 분석한 후 재무상태표와 포괄손익계산서를 직접 만들어본 것과 동일하다. 본 장에서는 직접 분개를 하고, 이를 장부에 기록한 후 시산표를 작성하여 최종적으로 재무상태표와 포괄손익계산서를 작성하는 전반적인 절차를 설명해보았다.

실무에서도 위의 과정을 통해 장부상에 기록하고 재무제표를 작성한다.

[장부기록 및 재무제표 작성과정]

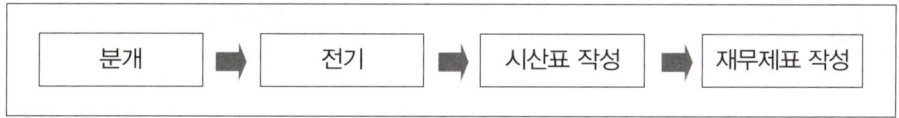

❷ 시산표의 종류

시산표는 특정 시점에 총계정원장에 기록되어 있는 차변잔액 및 대변잔액을 한데 모아 놓은 양식을 말한다. 시산표가 포함하는 기간은 다양할 수 있다. 하루에 발생한 거래들을 시산표상에 집계한 경우 일계표라고 한다. 또한 특정 월에 발생한 거래들을 시산표상에 집합시킬 수도 있는데 이는 월계표라고 한다. 한 회계기간의 재무제표를 작성하기 위해서 만드는 시산표는 1년 동안 발생한 거래들을 집합시킨 연단위의 시산표라고 이해하면 된다.

시산표에는 **잔액시산표, 합계시산표 및 합계잔액시산표** 3가지 종류가 있다. 잔액시산표란 총계정원장의 각 계정별 잔액을 하나의 표에 모두 모은 것이다.

잔액시산표

차변	계정과목	대변
₩2,000	현금	
25,000	설비자산	
5,000	매출채권	
3,000	소모품	
	미지급금	₩1,000
	자본금	30,000
	매출	20,000
3,000	급여	
1,000	광고선전비	
12,000	보험료	
₩51,000		₩51,000

잔액시산표로 작성하게 되면 일정기간 동안 각 계정별로 얼마나 증가 거래 및 감소 거래가 발생하여 현재의 잔액이 되었는지 알 수 없다. 그러므로 증가 금액 및 감소 금액의 총액을 나타내는 시산표를 작성할 수 있는데, 이를 합계시산표라고 한다. 합계시산표는 총계정원장의 각 계정별 차변잔액과 대변잔액의 합계를 하나의 표에 모은 것이며, 다음과 같다.

합계시산표

차변	계정과목	대변
₩25,000	현금	₩23,000
25,000	설비자산	
10,000	매출채권	5,000
3,000	소모품	
5,000	미지급금	6,000
	자본금	30,000
	매출	20,000
3,000	급여	
1,000	광고선전비	
12,000	보험료	
₩84,000		₩84,000

위의 합계시산표의 각 계정별 차변합계에서 대변합계를 차감하면 그 차액이 계정별 잔액이다. 합계시산표는 일정기간 동안 증가 거래 및 감소 거래의 총액을 알 수는 있지만, 잔액을 쉽게 파악할 수 없다. 따라서 합계 및 잔액을 모두 표시하는 시산표를 작성하게 되는데, 이러한 시산표를 합계잔액시산표라고 한다. 합계잔액시산표는 잔액시산표와 합계시산표를 하나의 표로 만든 것이며, 다음과 같다.

합계잔액시산표

차변		계정과목	대변	
잔액	합계		합계	잔액
₩2,000	₩25,000	현금	₩23,000	
25,000	25,000	설비자산		
5,000	10,000	매출채권	5,000	
3,000	3,000	소모품		
	5,000	미지급금	6,000	₩1,000
		자본금	30,000	30,000
		매출	20,000	20,000
3,000	3,000	급여		
1,000	1,000	광고선전비		
12,000	12,000	보험료		
₩51,000	₩84,000		₩84,000	₩51,000

위의 합계잔액시산표는 실무상 많이 사용되며, 수험용으로는 T자형 잔액시산표가 주로 이용된다.

시산표(T자형)

자산	현금 ₩2,000 설비자산 25,000 매출채권 5,000 소모품 3,000		미지급금 ₩1,000	부채
			자본금 30,000	자본
비용	급여 3,000 광고선전비 1,000 보험료 12,000		매출 20,000	수익
	₩51,000		₩51,000	

> **확인문제**
>
> **08.** 다음은 ㈜한국의 합계잔액시산표의 일부이다. 모든 매출이 외상으로 이루어진다고 가정했을 때, 당기손익계산서에 계상된 매출액은 얼마인가? (단, 기초매출채권은 ₩1,500,000이다.)
>
> 합계잔액시산표
> ㈜한국 20X1.1.1. ~ 20X1.12.31. (단위: ₩)
>
> | 차변합계 | | 계정과목 | 대변합계 | |
> |---|---|---|---|---|
> | 잔액 | 합계 | | 합계 | 잔액 |
> | | | <자산> | | |
> | | | 현금 | | |
> | | | ⋮ | | |
> | 2,000,000 | 45,000,000 | 매출채권 | 43,000,000 | |
> | | | ⋮ | | |
> | xxxxx | xxxxx | 합계 | xxxxx | xxxxx |
>
> ① ₩42,000,000
> ② ₩43,500,000
> ③ ₩45,000,000
> ④ ₩46,500,000
>
> 정답 ②

❸ 시산표상 발견할 수 있는 오류

시산표를 작성하게 되면 차변의 합계와 대변의 합계가 일치해야 한다. 만일 차변의 합계와 대변의 합계가 일치하지 않는다면 회계상의 오류가 있다는 것을 의미한다. 그러나 차변의 합계와 대변의 합계가 일치하더라도 회계기록의 오류가 없다는 것은 아니다. 예를 들어, 현금 계정 차변에 기입할 ₩100,000을 매출채권 계정 차변에 ₩100,000으로 기록하여 분개상 오류가 발생하였더라도 차변합계와 대변합계가 일치하기 때문에 오류는 발견되지 않을 수 있다.

3-1 시산표상에서 발견할 수 있는 오류

오류가 발생했을 때 시산표상에서 발견될 수 있으려면 차변과 대변의 합계가 일치하지 않아야 한다. 그 예는 다음과 같다.

① 차변과 대변 중 어느 한쪽의 전기를 누락한 경우
② 차변과 대변 중 한쪽에만 중복 기장한 경우
③ 차변과 대변 중 한쪽에만 계정상 금액을 잘못 기입한 경우
④ 계정 자체의 대차합계 및 잔액계산에 오류가 발생한 경우

3-2 시산표상에서 발견할 수 없는 오류

오류임에도 불구하고 시산표상에서 차변과 대변의 합계가 일치한다면 발견되지 않을 것이다. 시산표상에서 발견할 수 없는 오류는 개별사안으로 놓고 보면 오류이지만, 발견되지 않는 오류로 그 예는 다음과 같다.

① 특정 거래의 분개를 누락하거나 전기를 누락한 경우
② 거래를 이중으로 분개하거나 이중으로 전기한 경우
③ 분개과정에서 차변과 대변을 반대로 기입한 경우
④ 적절하지 못한 계정과목을 사용한 경우

📘 **확인문제**

09. 다음 중 시산표를 작성함으로써 발견할 수 있는 오류는?

① 상품을 매입하고 이에 대한 분개를 누락한 경우
② 물건을 외상판매하고 매출채권이 아닌 매입채무계정을 차변에 기록한 경우
③ 직원에게 급여를 제공하고 이를 현금 자산 계정의 대변과 비용계정의 대변에 전기한 경우
④ 외상대금을 회수하면서 현금의 대변과 매출채권의 차변에 기록한 경우

정답 ③

📘 **확인문제**

10. 시산표의 자기검증기능에 의해 발견될 수 있는 오류는?
기출처 2024. 지방직 9급

① 감가상각비 ₩1,000을 인식하면서 '(차) 감가상각비 ₩1,000 (대) 감가상각누계액 ₩1,000'을 두 번 기록하였다.
② 매입채무 ₩3,000을 현금으로 지급하였으나 이와 관련한 기록을 하지 않았다.
③ 종업원에게 급여 ₩5,000을 현금으로 지급하면서 '(차) 전기료 ₩5,000 (대) 현금 ₩5,000'으로 기록하였다.
④ 은행으로부터 현금 ₩8,000을 차입하면서 차변에만 현금 증가를 기록하였다.

정답 ④

기본예제 6 | 시산표상의 오류

다음 중 시산표상에서 발견될 수 있는 오류와 그렇지 않은 오류를 구분하시오.

(1) ₩150,000의 외상매출금을 회수하여 현금 ₩150,000을 차변 기입하고, 외상매출금 ₩105,000을 대변기입하였다.

(2) 토지와 건물을 일괄하여 ₩300,000에 매입하고 현금계정 대변에 ₩300,000을 기록하고 토지계정 차변에 ₩150,000을 기록하였다.

(3) 외상매입금을 지급하여 현금계정 차변에 ₩100,000을 기록하고 외상매입금 계정 차변에 ₩100,000을 기록하였다.

(4) 장부금액 ₩100,000의 당기손익-공정가치측정금융자산 ₩150,000에 처분하고 차변에 현금 ₩150,000을 기록하고 대변에 당기손익-공정가치측정금융자산 ₩150,000으로 처리하였다.

(5) 차입금 ₩200,000을 상환하고 현금 ₩200,000을 차변계정에 기록하고, 차입금 ₩200,000을 대변계정에 기록하였다.

풀이
(1) 발견될 수 있다.
(2) 발견될 수 있다.
(3) 발견될 수 있다.
(4) 발견될 수 없다.
(5) 발견될 수 없다.

확인문제

11. 다음의 분개장 기록 내역 중 시산표 작성을 통해 항상 자동으로 발견되는 오류만을 모두 고르면? 기출처 2021. 국가직 9급

ㄱ. 기계장치를 ₩800,000에 처분하고, `(차) 현금 ₩800,000 / (대) 기계장치 ₩80,000'으로 분개하였다.
ㄴ. 건물을 ₩600,000에 처분하고, '(차) 현금 ₩600,000 / (대) 토지 ₩600,000'으로 분개하였다.
ㄷ. 토지를 ₩300,000에 처분하고, '(차) 토지 ₩300,000 / (대) 현금 ₩300,000'으로 분개하였다.
ㄹ. 신입사원과 월 ₩500,000에 고용계약을 체결하고, '(차) 급여 ₩500,000 / (대) 미지급비용 ₩500,000'으로 분개하였다.

① ㄱ
② ㄱ, ㄹ
③ ㄱ, ㄴ, ㄷ
④ ㄱ, ㄴ, ㄷ, ㄹ

정답 ①

OX 퀴즈

다음 문장의 경우 올바른 설명에는 ○, 틀린 설명에는 ×를 하고 틀린 설명은 수정하시오.

❶ 거래가 발생하였을 때 그 거래로 인하여 기업의 재무상태에 변화를 가져오고, 신뢰성 있는 측정이 가능해야 해당 거래를 회계상 거래로 기록할 수 있다. ( )

❷ 자산의 증가, 부채의 감소, 자본의 감소 및 수익의 발생은 차변에 기록하고 자산의 감소, 부채의 증가, 자본의 증가 및 비용의 발생은 대변에 기록한다. ( )

❸ 자산 = 부채 + 이익의 등식을 회계등식이라고 한다. ( )

❹ 보유 중인 토지를 처분하여 현금으로 회수하면 자산의 증가, 수익의 발생이라는 2가지 요소에 영향을 미친다. ( )

❺ 시산표에 집합된 금액 중 자산, 부채 및 자본만을 별도로 집합시킨 회계양식을 재무상태표라 하고, 수익과 비용만을 별도로 집합시킨 회계양식을 포괄손익계산서라고 한다. ( )

❻ 전기란 총계정원장상의 각 계정에 기록된 내용을 분개장에 옮기는 과정을 말한다. ( )

❼ 시산표에는 잔액시산표와 합계시산표 및 합계잔액시산표가 있다. ( )

❽ 특정 거래가 발생하였을 때 어떤 계정의 금액을 얼마나 증가 또는 감소시킬 것인지 결정하는 절차를 분개라고 한다. ( )

OX 풀이

1 ○

2 ✕ 　**수익의 발생**은 **대변**에 기록하고 **비용의 발생**은 **차변**에 기록한다.

3 ✕ 　자산 = 부채 + **자본**의 등식을 회계등식이라고 한다.

4 ✕ 　토지라는 **자산의 감소도 영향**을 미친다.

5 ○

6 ✕ 　전기란 **분개장**에 기록된 내용을 **총계정원장**에 옮기는 과정을 말한다.

7 ○

8 ○

실전훈련

01 다음의 회계등식으로 옳은 것은?

① 자산 + 부채 = 자본
② 자산 + 소유주지분 = 채권자지분
③ 자산 = 지분
④ 채권자지분 + 타인자본 = 자기자본

02 다음은 기업에서 발생한 사건들을 나열한 것이다. 이 중 회계상의 거래에 해당되는 것을 모두 고른 것은?

기출처 2012. 지방직 9급

> ㄱ. 현금 ₩50,000,000을 출자하여 회사를 설립하였다.
> ㄴ. 원재료 ₩30,000,000을 구입하기로 계약서에 날인하였다.
> ㄷ. 종업원 3명을 고용하기로 하고 근로계약서를 작성하였다. 계약서에는 월급여액과 상여금액을 합하여 1인당 ₩2,000,000으로 책정하였다.
> ㄹ. 회사 사무실 임대계약을 하고 보증금 ₩100,000,000을 송금하였다.

① ㄱ, ㄴ, ㄷ, ㄹ
② ㄱ, ㄴ, ㄹ
③ ㄱ, ㄹ
④ ㄴ, ㄷ

03 다음 중 거래의 요소로 결합될 수 없는 것은?

① 자산의 증가와 자산의 감소
② 부채의 증가와 수익의 발생
③ 부채의 증가와 비용의 발생
④ 자산의 증가와 부채의 증가

 풀이

01 자산 = 지분
자산 = 채권자지분 + 소유주지분
자산 = 부채 + 자본
자산 = 타인자본 + 자기자본
[참고]
재무관리 관점에서는 부채를 '채권자지분 = 타인자본', 자본을 '소유주지분 = 자기자본'의 용어를 사용한다.
02 주문, 단순계약, 보관, 고용은 회계상의 거래가 아니다.
03 ② 부채의 증가는 대변에, 수익의 발생도 대변에 생기므로 거래요소로 결합될 수 없다.

답 01 ③ 02 ③ 03 ②

04 자산총액, 부채총액 및 자본총액의 변동이 없는 것은?   기출처 2018. 국가직 9급

① 건물을 장부가액으로 매각하고 대금은 1개월 후에 받기로 하였다.
② 유상증자를 하여 주주로부터 자본금을 납입받았다.
③ 주주에게 현금배당금을 지급하였다.
④ 토지를 매입하고 그에 대한 대가로 어음을 교부하였다.

05 다음과 같은 현금 원장의 내용에 기반하여 추정한 날짜별 거래로 옳지 않은 것은?   기출처 2021. 관세직 9급

현금

1/15	용역수익	₩70,000	1/2	소모품	₩50,000
1/18	차입금	₩100,000	1/5	비품	₩75,000
			1/31	미지급급여	₩20,000

① 1월 2일 소모품 구입을 위하여 현금 ₩50,000을 지급하였다.
② 1월 15일 용역을 제공하고 현금 ₩70,000을 수취하였다.
③ 1월 18일 차입금 상환을 위하여 현금 ₩100,000을 지급하였다.
④ 1월 31일 미지급급여 ₩20,000을 현금으로 지급하였다.

풀이

04 ① 자산의 증가 & 자산의 감소 ⇒ ∴ 자산의 증감 없음
　　　(차) 미수금　　　　XX　　　(대) 건물　　　　XX
　② 자산의 증가 & 자본의 증가
　　　(차) 현금　　　　　XX　　　(대) 자본금　　　XX
　③ 자산의 감소 & 자본의 감소
　　　(차) 이익잉여금　　XX　　　(대) 현금　　　　XX
　④ 자산의 증가 & 부채의 증가
　　　(차) 토지　　　　　XX　　　(대) 미지급금　　XX

05 ③ 1월 18일 현금계정은 ₩100,000이 증가하였고, 이는 차입금 때문이다. 즉 ₩100,000을 차입하는 거래가 발생한 것이다.

답　04 ①　05 ③

06 다음은 ㈜한국의 합계잔액시산표의 일부이다. 당기 매출채권 중 현금으로 회수된 부분은 얼마인가? (당기 대손 발생된 매출채권은 없음)

합계잔액시산표

㈜한국 20X1.1.1 ~ 20X1.12.31. (단위: 원)

차변합계		계정과목	대변합계	
잔액	합계		합계	잔액
		<자 산>		
		현금		
		⋮		
2,000,000	45,000,000	매출채권	43,000,000	
		⋮		
XXXXX	XXXXX	합계	XXXXX	XXXXX

① 42,000,000원   ② 43,000,000원   ③ 45,000,000원   ④ 2,000,000원

06 합계잔액시산표상 매출채권의 대변합계는 매출채권의 감소분을 나타낸다. 대손이 발생되지 않았으므로 ₩43,000,000 전액 매출채권이 회수되어 감소된 것이다.

답 06 ②

07 ㈜한국의 시산표가 다음과 같은 경우 매입채무는 얼마인가?

(단위: 원)

차 변	계정과목	대 변
	〈자 산〉	
600,000	현금및현금성자산	
1,000,000	매출채권	
450,000	재고자산	
550,000	토 지	
400,000	건 물	
	〈부 채〉	
	매입채무	( )
	차 입 금	1,000,000
	〈자 본〉	
	자 본 금	500,000
	전기이월이익잉여금	200,000
	매 출	2,500,000
1,700,000	매출원가	
200,000	판매관리비	
	이자수익	100,000
200,000	법인세비용	
5,100,000	합계	XXXXXXX

① ₩400,000　② ₩600,000　③ ₩800,000　④ ₩1,000,000

08 다음 중 그 잔액이 시산표의 대변에 나타나지 않는 항목은?　　기출처 2012. 관세직 9급

① 대여금　　　　　　② 미지급비용
③ 자본금　　　　　　④ 선수수익

풀이

07 시산표는 차변과 대변의 합이 일치해야 하므로 대변의 합도 ₩5,100,000이다.
08 ① 대여금은 잔액이 시산표상 **차변**에 나타난다.

답　07 ③　08 ①

09 시산표를 작성함으로써 발견할 수 있는 오류는? 기출처 2015. 국가직 9급

① 상품을 판매한 거래에 대하여 두 번 분개한 경우
② 거래를 분개함에 있어서 차입금 계정의 차변에 기록하여야 하는데 대여금 계정의 차변에 기록한 경우
③ 실제 거래한 금액과 다르게 대변과 차변에 동일한 금액을 전기한 경우
④ 매출채권 계정의 차변에 전기해야 하는데 대변으로 전기한 경우

10 다음 중 시산표를 통해 검증할 수 있는 오류의 유형은 무엇인가?

① 대여금 ₩1,000,000을 현금으로 회수한 거래 자체를 누락한 경우
② 상환기일이 도래한 차입금 ₩1,000,000을 현금으로 지급하면서, 동거래를 중복하여 기입한 경우
③ 현금매출 ₩1,000,000을 ₩100,000으로 기록하고, 현금수령액은 정확히 기록한 경우
④ 매입채무에 기입해야 할 ₩1,000,000을 미지급금 계정에 기입한 경우

 풀이

09 시산표상에 발견될 수 있는 오류는 차변과 대변의 합계가 일치하지 않은 경우이므로, ④ 매출채권 차변계정에 기록할 금액을 대변에 기록한 경우 차변과 대변 합계가 일치하지 않는다.
10 시산표를 통해 검증할 수 있는 오류는 차변과 대변의 잔액이 일치하지 않는 경우이다.
③의 경우, 현금매출잔액과 수령액의 잔액이 일치하지 않으므로 시산표상에서 발견될 수 있다.

답 09 ④ 10 ③

MEMO

03 회계의 순환과정

Teacher's Map

① 회계의 순환과정

거래의 분석 및 분개	회계상 거래인지의 여부를 판단하고 재무제표 구성요소 중 어느 항목에 변동을 가져오는지 분석하여 이를 적절한 계정의 증가, 감소로 구분
⬇	
전기	각 계정별 총계정원장에 분개의 내역을 기록
⬇	
수정전시산표 작성	총계정원장상 자산, 부채, 자본 계정의 잔액 및 수익, 비용 계정의 총액을 집합
⬇	
기말수정분개	기중에 현금주의에 따라 기록한 금액을 발생주의 회계로 전환하고 총계정원장에 전기
⬇	
수정후시산표	결산수정분개를 반영한 총계정원장상의 모든 계정의 잔액 및 총액을 집합
⬇	
재무제표 작성	수정후시산표로부터 재무상태표와 포괄손익계산서의 작성
⬇	
장부의 마감	포괄손익계산서 계정들의 총액을 영(0)으로 만들어 이익잉여금에 대체시키고 재무상태표 계정들을 차기로 이월시킴

② 기말수정분개

발생주의 금액으로 각 계정의 기말잔액을 수정하는 분개

💡 발생항목

발생주의에 따라 채권 또는 채무가 확정되었으나 회수 또는 결제 시기가 차기 이후에 도래하는 항목을 말함

💡 이연항목

현금은 이미 유·출입이 되었으나 그에 따른 권리와 의무가 차기 이후에 도래하여 발생주의에 따라 수익이나 비용을 계상하지 않고 이연시키는 항목을 말함

💡 소모품

결산일 현재 미사용분은 소모품계정으로 하여 자산으로 인식하고, 사용한 소모품은 소모품비라는 계정과목으로 하여 비용으로 인식함

개념 찾기

① 기말수정분개　④ 수정후시산표　⑦ 선수수익　⑩ 포괄손익계산서 계정의 마감
② 발생항목　⑤ 미수수익　⑧ 선급비용　⑪ 재무상태표 계정의 마감
③ 이연항목　⑥ 미지급비용　⑨ 정산표

💡 기말수정분개의 종류

구분	내용	계정
발생	수익·비용의 발생 → 현금 유·출입	미수수익(자산), 미지급비용(부채)
이연	현금 유·출입 → 수익·비용의 발생	선급비용(자산), 선수수익(부채)
기간별 배분	현금 유·출입 → 수익·비용의 발생 (여러 기간에 걸쳐 발생)	감가상각비, 대손상각비
자산·부채평가	기말에 재고자산, 유·무형자산의 평가 등	재고자산평가손실, 재평가손익

③ 수정후시산표
수정전시산표에 기말수정분개를 반영하여 작성하는 표

④ 정산표
수정전시산표를 작성하는 과정에서부터 재무제표를 작성하는 과정까지를 일괄하여 작성하는 표

⑤ 장부의 마감

💡 포괄손익계산서 계정의 마감
손익계산서 계정의 잔액을 영(0)으로 만드는 절차, 모든 수익과 비용 계정을 '집합손익' 계정으로 대체시키고, 손익거래의 결과인 집합손익 계정의 잔액은 이익잉여금 계정으로 마감

💡 재무상태표 계정의 마감
자산, 부채, 자본의 계정들의 기말잔액을 다음 회계기간의 기초잔액으로 이월시키는 과정

- ① 회계의 순환과정
- ② 기말수정분개
- ③ 수정후시산표의 작성
- ④ 정산표
- ⑤ 장부의 마감

① 회계의 순환과정

회계의 순환과정이란 거래의 발생에서 재무제표 작성에 이르기까지의 전체 과정을 의미한다. 일정한 회계기간[1*] 중에 거래가 발생하면 이를 분석하여 분개장이라는 장부에 기입하고 원장에 전기하는 과정을 반복한다. 회계연도가 종료되면 총계정원장상 각 계정들의 잔액(balance)만을 모아서 수정전시산표를 작성한다. 수정전시산표의 차변합계와 대변합계가 일치하게 되면 기중의 거래에는 별다른 문제가 없다고 할 수 있다. 물론 차변합계와 대변합계가 일치하는 경우에도 발견되지 않는 오류들이 있을 수 있다. 이는 시산표상의 오류에서 설명하였다.

수정전시산표를 작성한 이후에는 기말수정분개를 하게 된다. **기말수정분개는 기업이 기중에 분개한 내용을 발생주의 회계로 수정하는 분개를 말한다.** 수정전시산표에 기말수정분개를 반영하면 수정후시산표가 작성된다. 수정후시산표의 자산, 부채 및 자본의 잔액으로 재무제표를 작성하면 재무상태표가 되고, 수익과 비용의 잔액으로 재무제표를 작성하면 손익계산서가 된다.

재무제표를 작성한 후에는 손익계산서 계정을 마감하여 영(0)의 상태로 만들어준다. 왜냐하면 손익계산서 계정은 특정 회계연도에만 사용하는 명목상 계정으로 항상 기초에는 잔액이 영(0)에서 시작하기 때문이다. 장부가 마감되고 나면 재무상태표 계정들만이 남게 되는데 이들 잔액을 모아 이월시산표를 작성한다. 이월시산표를 작성하고 나면 하나의 회계기간이 종료된다.

[회계의 순환과정]

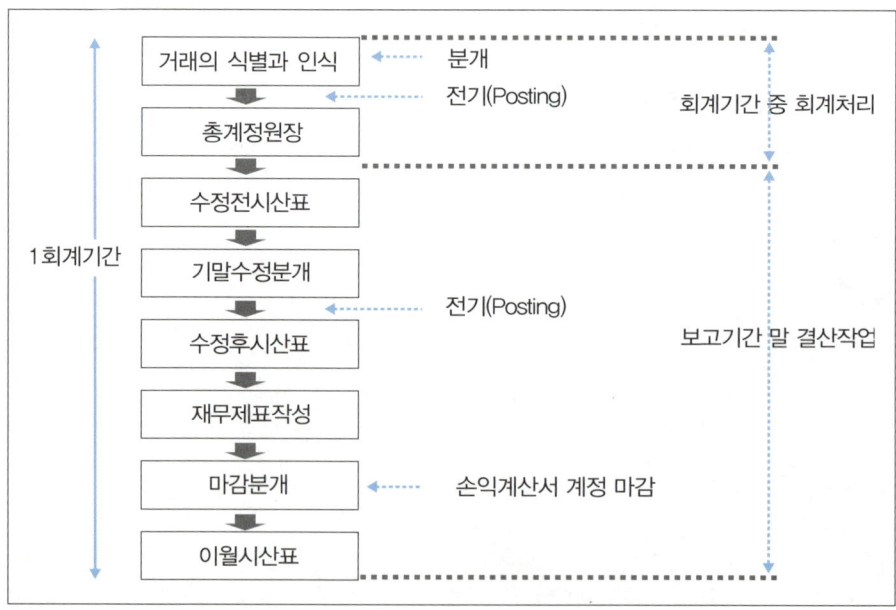

오쌤 Talk

장부의 마감

손익계산서의 계정들은 매년의 성과를 보고하고 나면 잔액은 ₩0이 되어야 한다. 그래야 차기에 시작할 때 당해 손익만을 보고할 수 있기 때문이다.
반면에 재무상태표계정은 차기로 이월이 된다. 그러므로 차기 기초의 잔액이 당기말의 잔액에서 이어질 수 있도록 장부를 마감해야 한다.

확인문제

01. 회계순환과정이란 거래를 기록하고 요약하여 재무제표를 작성하는 과정을 의미한다. 다음 보기를 회계순환과정에 따라 나열할 경우 가장 먼저 수행해야 할 과정은?
① 총계정원장에 전기
② 분개장에 거래의 기록
③ 시산표 작성
④ 재무제표 작성

정답 ②

1* 일반적으로 1년을 구분단위로 하고 회계연도라고도 함

2 기말수정분개

❶ 발생주의 회계

발생주의 회계와 상대되는 현금주의 회계에서는 기업에 현금이 유입될 때 수익을 인식하고, 현금이 유출되었을 때 비용을 인식한다. 그러나 발생주의 회계에서는 수익은 실현되었을 때 인식하고, 비용은 발생되었을 때 인식한다.

수익의 실현이란 약속한 수행의무를 이행하고 그 대가를 측정할 수 있게 되었을 때를 의미한다. 그러므로 현금의 유입이 없어도 수행의무의 이행이 끝났고 받을 대가가 측정된다면 장부에 수익을 인식해야 한다.

비용의 발생이란 재산적 가치가 측정 가능한 금액으로 사용 또는 소비되는 때를 의미한다. 그러므로 현금의 유출은 없었으나 회계기간에 비용이 발생되었고 금액을 측정할 수 있다면 장부에 비용을 인식해야 한다.

회사는 기중에 편의를 위해서 현금주의로 회계처리를 하다가 기말에만 발생주의 회계로 전환하는 경우가 많다.

❷ 기말수정분개의 의의

재무제표는 현금흐름표를 제외하고는 모두 발생주의에 의해 작성된다. 기업실체는 회계연도 중에 발생한 거래들을 발생기준에 따라 회계처리하지 않고 현금주의 등 다양한 방법으로 회계처리한다. 따라서 결산일 현재 총계정원장의 각 계정 기말잔액들은 발생기준에 따라 수익과 비용을 인식한 결과와 다르다. 그러므로 기말 결산과정에서 현금주의 등 발생주의 이외의 방법으로 기록된 회계기간 중의 회계기록들을 발생주의로 수정하는 분개가 필요하고, 이를 기말수정분개라고 한다.

또한 기말수정분개는 보고기간 말 현재 적절한 자산·부채의 평가를 위해서도 수정이 필요하다. 예를 들어, 재고자산이나 유형자산 등 기업이 보유하고 있는 자산이 보고기간 말 현재 자산의 가치가 감소하여 원가가 회수될 수 없을 것으로 판단된다면 기업은 이러한 가치의 감소분을 적절히 반영하여 보고해야 한다. 기말수정분개는 자산·부채의 적절한 평가를 수행하는 것을 포함한다.

기말수정분개를 반영하지 않은 시산표를 수정전시산표라고 하며, 기말수정분개를 반영한 시산표를 수정후시산표라고 한다. 따라서 특정 회계연도의 재무상태표와 손익계산서는 다음과 같이 수정후시산표로부터 도출된다.

[수정후시산표로부터 재무제표의 도출]

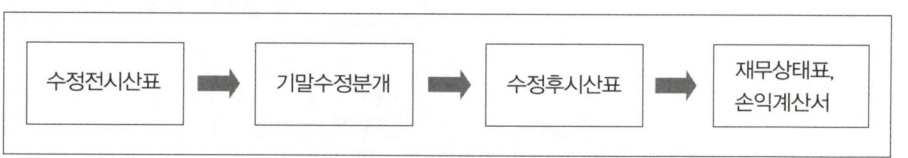

오쌤 Talk

기말수정분개

기말수정분개의 궁극적인 목적은 **정확한 손익의 보고**이다. 즉, 발생주의 회계상에서는 현금의 유·출입이 없어도 수익과 비용으로 인식하여 정확한 성과를 보고하고자 한다. 그러므로 현금의 유·출입과 무관하게 수익의 인식기준과 비용의 인식기준에 맞추어 손익을 조정하는 수정분개를 반영한다.

기말수정분개는 전통적으로 현금수수와 경제적 사건과의 시간적 차이에 따라 구분되고, 그 외에도 자산·부채의 적절한 평가를 위해서 진행하는 분개로 구분된다.

① 발생항목(accruals)
수익과 비용은 발생하였으나 현금의 유·출입이 없는 경우를 말하며, 미수수익과 미지급비용이 대표적인 예이다.

② 이연항목(deferrals)
현금의 유·출입은 있으나 아직 수익과 비용이 발생하지 않은 경우를 말하며, 선급비용과 선수수익이 대표적인 예이다.

③ 기간별 배분(상각 또는 추정)
현금의 유·출입이 발생하였지만 비용이 여러 기간에 걸쳐 발생된다는 점에서 이연과 구분된다. 기간별 배분에는 감가상각비와 대손상각비가 대표적인 예이다.

④ 기말자산·부채의 평가
회사가 보유하고 있는 주식과 채권에 대한 평가와 재고자산 및 유·무형자산 등 가치의 증감에 대한 평가를 기말에 일괄적으로 수행한다.

오쌤 Talk

기말수정분개 사항
① 발생항목 인식
  • 미수수익[수익인식, 미수수익(채권) 인식]
  • 미지급비용[비용인식, 미지급비용(채무) 인식]
② 이연항목 조정
  • 선급비용[비용감소, 선급비용(채권) 인식]
  • 선수수익[수익감소, 선수수익(채무) 인식]
③ 기간별 배분
  • 감가상각비
  • 대손상각비
④ 기말 자산·부채의 평가
  • 유가증권의 평가손익인식 (공정가치 평가손익 인식)
  • 재고자산의 감모손실과 평가손실인식
  • 유·무형자산의 재평가손익 인식
  • 투자부동산의 공정가치 평가손익 인식

[기말수정분개의 분류]

구분	내용	계정
발생	수익·비용의 발생 → 현금 유·출입	미수수익, 미지급비용
이연	현금 유·출입 → 수익·비용의 발생	선급비용, 선수수익
기간별 배분	현금 유·출입 → 수익·비용의 발생 (여러 기간에 걸쳐 발생)	감가상각비, 대손상각비
자산·부채평가	기말에 재고자산, 유·무형자산의 평가 등	재고자산평가손실, 재평가손익

❸ 발생항목

발생항목은 발생주의에 따라 채권 또는 채무가 확정되었으나 회수 또는 결제 시기가 차기 이후에 도래하는 항목을 말한다.

3-1 미수수익

수익은 발생하였으나 결산일까지 현금을 수령하지 않았기 때문에 기중에 아무런 회계처리를 하지 않았다면 결산일에 발생한 수익을 인식해야 하며, 이때 상대계정으로 미수수익을 인식한다. 기말수정분개는 다음과 같으며 대변의 수익계정은 수익의 내용에 따라 적합한 계정을 사용한다.

〈회계기간 중〉
분개 없음

〈결산 시〉
(차) 미수수익   XXX   (대) 수익   XXX

미수수익은 자산 계정이므로 다음 연도로 이월되며, 다음 연도에 미수수익과 관련된 현금을 수령할 때 다음과 같이 전년도에 인식한 미수수익을 감소시키는 분개를 한다.

〈차기연도 현금수령 시〉
(차) 현금   XXX   (대) 미수수익   XXX

이러한 회계처리는 회계기간 중에는 현금을 수령하지 않아 회계처리하지 않고 있다가, 결산일에 시간의 경과에 따라 발생한 수익을 발생기준에 따라 수익으로 인식하는 것이다. 미수수익에 해당하는 항목에는 대여금에 대한 이자수익이나 부동산을 임대하고 결산일 현재 기간은 경과하였으나 현금을 수령하지 못한 임대료 등이 있다.

3-2 미지급비용

비용은 발생하였으나 결산일까지 현금을 지급하지 않았기 때문에 아무런 회계처리도 하지 않았다면 결산일에 발생한 비용을 인식해야 하며, 이때 상대계정으로 미지급비용을 인식한다. 기말수정분개는 다음과 같으며 차변의 비용계정은 비용의 내용에 따라 적합한 계정을 사용한다.

〈회계기간 중〉
분개 없음

〈결산 시〉
(차) 비용   XXX   (대) 미지급비용   XX

미지급비용은 부채 계정이므로 다음 연도로 이월되며, 다음 연도에 미지급비용과 관련된 현금을 지급할 때 다음과 같이 전년도에 인식했던 미지급비용을 감소시키는 분개를 한다.

〈차기연도 현금지급 시〉
(차) 미지급비용   XX   (대) 현금   XX

이러한 회계처리는 회계기간 중에는 현금을 지급하지 않아 회계처리하지 않고 있다가, 결산일에 시간이 경과함에 따라 발생한 이자를 발생기준에 따라 비용으로 인식한 것이다. 미지급비용에 해당하는 항목에는 차입금에 대한 이자비용과 부동산을 임차하고 결산일 현재 기간은 경과하였으나 현금을 지급하지 않는 임차료 등이 있다.

오쌤 Talk

발생항목

'발생'의 의미는 회계상 거래의 발생을 의미한다. 즉, 현금의 유·출입을 의미하는 것이 아니라 회계상의 거래로 인식할 수 있는 '① 재산의 변화 & ② 금액의 측정'을 의미한다.

현금의 유·출입이 없어서 수익과 비용으로 기록되지 않았지만, 수익과 비용이 발생하였고 이에 대한 채권(미수)과 채무(미지급)이 발생한 상황이다.

미수수익에서 '수익'에 강조를 두기보다는 '미수'에 강조를 두어야 한다. 미수수익은 '미수' 즉, 채권(자산)이다. 미지급비용도 마찬가지로 '비용'에 강조를 두기보다는 '미지급'에 강조를 두어야 한다. 미지급비용은 '미지급' 즉, 채무(부채)이다.

오쌤 Talk

손익에 미치는 효과

① 미수수익의 인식

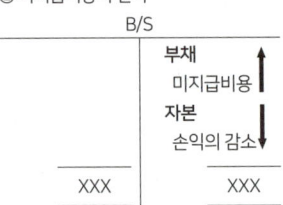

② 미지급비용의 인식

B/S	
	부채 ↑ 미지급비용
	자본 손익의 감소 ↓
XXX	XXX

📚 **확인문제** 최신

02. ㈜한국은 20X1년 7월 초 현금 ₩10,000을 정기예금(연 이자율 10%, 1년 만기, 이자는 만기일시지급 조건)에 가입하고, 20X1년 말 결산 시 정기예금에 대한 이자수익을 장부에 기록하지 않았다. 이러한 기말수정분개 누락이 20X1년 말 자산과 20X1년 당기순이익에 미치는 영향을 바르게 연결한 것은? (단, 기간은 월할 계산한다)

기출처 2023. 지방직 9급

자산	당기순이익
① ₩500 과소계상	₩500 과소계상
② ₩500 과대계상	₩500 과대계상
③ ₩1,000 과소계상	₩1,000 과소계상
④ ₩1,000 과소계상	₩1,000 과대계상

정답 ①

📚 **확인문제**

03. ㈜한국의 20X1년도 기말수정분개 전 법인세비용차감전순이익은 ₩400,000이다. 회사 담당자는 기말수정분개 시 발생주의에 의해 미수이자 ₩6,000, 미지급급여 ₩75,000, 미지급이자 ₩16,000을 추가로 계상하였다. ㈜한국의 20X1년도 기말수정분개 반영 후의 법인세비용차감전순이익은 얼마인가?

① ₩315,000
② ₩335,000
③ ₩453,000
④ ₩497,000

정답 ①

기본예제 1 발생항목의 기말수정분개

01 20X1년 10월 1일 A사는 현금 ₩100,000을 은행에 예치하였으며, 이자는 연 10% 이자율로 1년 후 받기로 하였다. A사는 현금이자를 수령했을 때 이자수익을 인식했다.

A사가 20X1년 12월 31일과 20X2년 12월 31일에 인식해야 할 기말수정분개를 각각 수행하시오.

02 20X1년 3월 1일, B사는 은행으로부터 현금 ₩100,000을 연 12%로 차입하고 원금과 이자는 1년 후 지급하기로 하였다. B사는 현금이자를 지급했을 때 이자비용을 인식했다.

B사가 20X1년 12월 31일과 20X2년 12월 31일에 인식해야 할 기말수정분개를 각각 수행하시오.

[풀이]

01 ① 20X1년

〈회사〉 20X1.10.1. ---- 회계처리 없음 ----
〈기말수정분개〉 20X1.12.31. (차) 미수수익[2*] ₩2,500* (대) 이자수익 ₩2,500
* ₩100,000 × 10% × 3개월/12개월 = ₩2,500

② 20X2년

〈회사〉 20X2.9.30. (차) 현금 ₩10,000 (대) 이자수익 ₩10,000
〈기말수정분개〉 20X2.12.31. (차) 이자수익 ₩2,500 (대) 미수수익 ₩2,500

02 ① 20X1년

〈회사〉 20X1.3.1. ---- 회계처리 없음 ----
〈기말수정분개〉 20X1.12.31. (차) 이자비용 ₩10,000* (대) 미지급비용[3*] ₩10,000
* ₩100,000 × 12% × 10개월/12개월 = ₩10,000

② 20X2년

〈회사〉 20X2.2.28. (차) 이자비용 ₩12,000 (대) 현금 ₩12,000
〈기말수정분개〉 20X2.12.31. (차) 미지급비용 ₩10,000 (대) 이자비용 ₩10,000

[참고] 손익에 미치는 효과
(1) 미수수익의 인식 ------→ 수익의 인식 ------→ 당기손익 가산 ∴ 손익 증가
(2) 미지급비용의 인식 ------→ 비용의 인식 ------→ 당기손익 차감 ∴ 손익 감소

2* 미수이자라는 계정을 사용해도 된다. 미수수익은 미수이자, 미수임대료 등 보다 많은 계정과목을 포함하는 명칭이다.
3* 미지급이자 계정을 사용해도 된다. 미지급비용은 미지급이자, 미지급임차료 등 보다 많은 계정과목을 포함하는 명칭이다.

④ 이연항목

이연항목은 현금은 이미 유·출입이 되었으나 그에 따른 권리와 의무가 차기 이후에 도래하여 발생주의에 따라 수익이나 비용을 계상하지 않고 이연시키는 항목을 말한다.

4-1 선급비용

선급비용은 계속적인 용역공급계약을 체결하고 선지급한 비용 중 기간이 아직 경과하지 않아서 차기 이후의 기간에 해당하는 부분을 이연처리하는 계정을 말한다. 이연항목의 기말수정분개는 최초로 현금이 수수되는 시점에 어떠한 회계처리를 했는지에 따라 달라진다.

① 비용처리법: 지급된 전액을 당기비용으로 처리
② 자산처리법: 지급된 전액을 당기자산으로 처리

현금 지급 시 전액 비용으로 처리하는 방법은 결산일 현재 비용계정에 현금으로 지급한 금액이 전액 계상되어 있다. 따라서 **결산일에 차기 이후의 기간에 비용으로 인식해야 할 금액을 선급비용이라는 계정으로 하여 자산으로 대체해야 한다.** 기말수정분개는 다음과 같다.

⟨회계기간 중⟩
(차) 비용   XXX   (대) 현금   XXX
⟨결산일 기말수정분개⟩
(차) 선급비용   XXX   (대) 비용   XXX

선급비용은 자산 계정이므로 다음 연도로 이월되며, 다음 연도에 기간이 경과하였을 때 다음과 같이 전년도에 인식했던 선급비용을 감소시키고 당해 비용으로 인식하는 분개를 한다.

⟨차기 이후 기간 경과 시⟩
(차) 비용   XXX   (대) 선급비용   XXX

한편, 현금 지급 시 선급비용으로 처리하는 방법은 결산일 현재 선급비용 계정에 현금지급액이 계상되어 있다. 따라서 **결산일의 기말수정분개는 선급비용 중 당기에 이미 기간이 경과하여 당해 비용에 해당하는 금액을 비용으로 대체해주면 된다.**

⟨회계기간 중⟩
(차) 선급비용   XXX   (대) 현금   XXX
⟨결산일 기말수정분개⟩
(차) 비용   XXX   (대) 선급비용   XXX

선급비용은 자산 계정이므로 다음 연도로 이월되며, 다음 연도에 기간이 경과하였을 때 다음과 같이 전년도에 남아 있던 선급비용을 감소시키고 당해 비용으로 인식하는 분개를 한다.

⟨차기 이후 기간 경과 시⟩
(차) 비용   XXX   (대) 선급비용   XXX

오쌤 Talk

이연항목

'이연'은 수익과 비용을 이연한다는 의미이다. 즉, 현금의 유입을 전액 수익으로 인식하는 것이 아니라 일부의 수익을 다음 기로 이연하고, 마찬가지로 현금의 유출을 전액 비용으로 인식하는 것이 아니라 일부의 비용을 다음 기로 이연한다는 개념이다. 이연항목의 조정은 현금의 유·출입에 따라 기중에 분개한 내용을 정확한 손익을 위해 수정해주는 과정이다.
발생항목은 인식하지 않았던 사항을 인식하는 과정이라 조정사항이 한 가지이지만, 이연항목은 현금의 유·출입이 있었을 때 거래가 기록이 되었을 것이므로 기록된 방식에 따라 조정사항은 달라진다. 선급비용에서 '비용'에 강조를 두기 보다는 '선급'에 강조를 두어야 한다. 선급비용은 '선급' 즉, 채권(자산)이다. 선수수익도 마찬가지로 '수익'에 강조를 두기보다는 '선수'에 강조를 두어야 한다. '선수수익은 '선수' 즉, 채무(부채)이다.

[비용처리법]

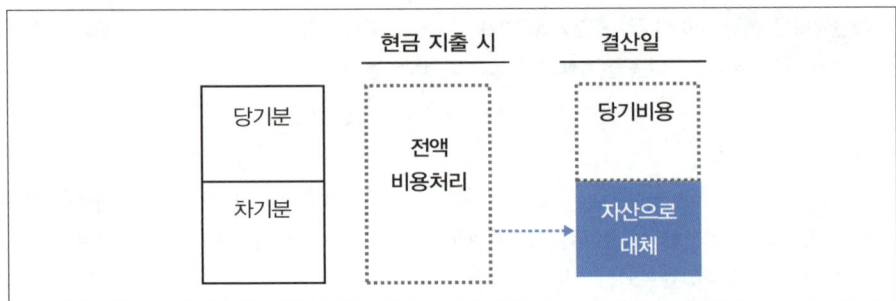

[자산처리법]

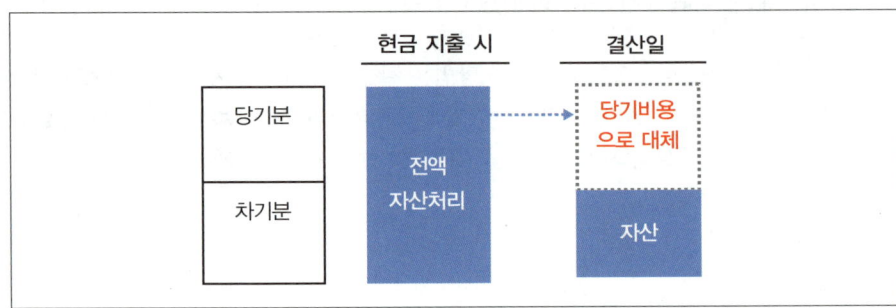

4-2 선수수익

선수수익은 현금은 수령하였으나 기간 경과에 따라 당기 중 발생하지 않은 수익을 이연처리하는 계정을 말한다. 선수수익의 기말수정분개도 선급비용과 마찬가지로 최초로 현금이 수수되는 시점에서 어떠한 회계처리를 하였는지에 따라 달라진다.

> ① 수익처리법: 현금 수령액 전액을 수익으로 처리하는 방법
> ② 부채처리법: 현금 수령액 전액을 부채로 처리하는 방법

현금 수령 시 전액 수익으로 처리하는 방법은 결산일 현재 수익계정에 현금 수령액 전액이 계상되어 있다. 따라서 결산일의 기말수정분개는 **차기 이후의 기간에 해당하는 부분을 선수수익의 계정과목으로 하여 부채로 대체해주면 된다.**

〈회계기간 중〉			
(차) 현금	XXX	(대) 수익	XXX
〈결산일 기말수정분개〉			
(차) 수익	XXX	(대) 선수수익	XXX

선수수익은 부채 계정이므로 다음 연도로 이월되며, 다음 연도에 기간이 경과하였을 때 다음과 같이 전년도에 남아 있던 선수수익을 감소시키고 당해 수익으로 인식하는 분개를 한다.

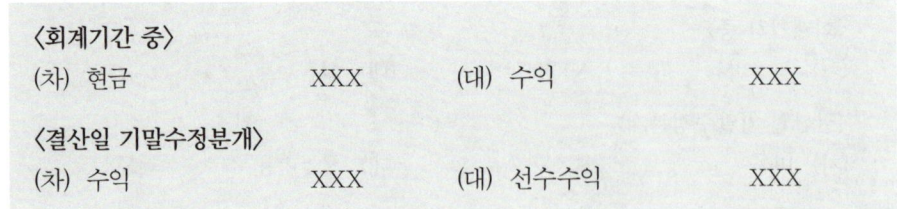

한편, 현금 수령 시 선수수익으로 처리하는 방법은 결산일 현재 선수수익이라는 부채계정에 현금 수령액이 계상되어 있다. 따라서 **결산일의 기말수정분개는 선수수익 중 당기에 이미 기간이 경과하여 당해 수익에 해당하는 금액을 수익으로 대체해주면 된다.**

〈회계기간 중〉
(차) 현금   XXX   (대) 선수수익   XXX

〈결산일 기말수정분개〉
(차) 선수수익   XXX   (대) 수익   XXX

선수수익은 부채 계정이므로 다음 연도로 이월되며, 다음 연도에 기간이 경과하였을 때 다음과 같이 전년도에 남아 있던 선수수익을 감소시키고 당해 수익으로 인식하는 분개를 한다.

〈차기 이후 기간 경과 시〉
(차) 선수수익   XXX   (대) 수익   XXX

[수익처리법]

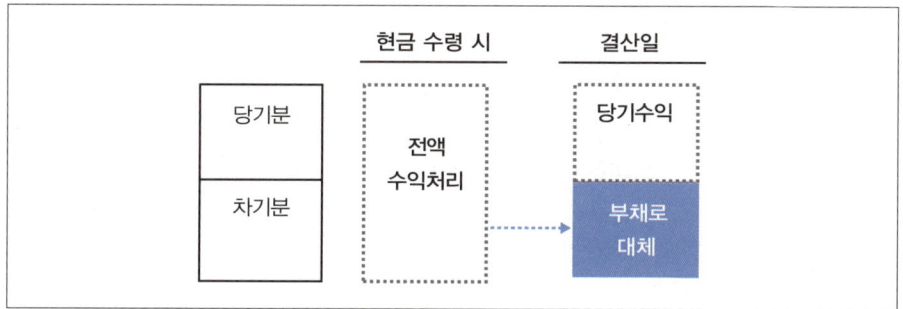

[부채처리법]

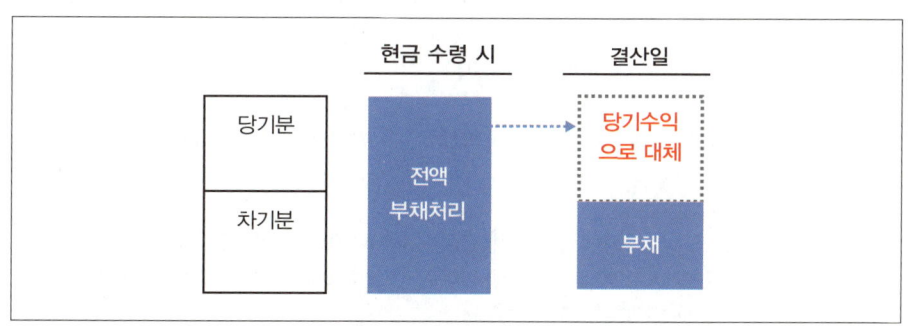

확인문제

04. ㈜한국은 2015년 3월 1일에 건물 임대 시 1년분 임대료 ₩360,000을 현금으로 수취하고 임대수익으로 처리하였으나 기말에 수정분개를 누락하였다. 그 결과 2015년도 재무제표에 미치는 영향으로 옳은 것은? 기출처 2017. 지방직 9급

① 자산총계 ₩60,000 과대계상
② 자산총계 ₩60,000 과소계상
③ 부채총계 ₩60,000 과소계상
④ 비용총계 ₩60,000 과대계상

정답 ③

오쌤 Talk

손익에 미치는 효과

① 선급비용의 인식

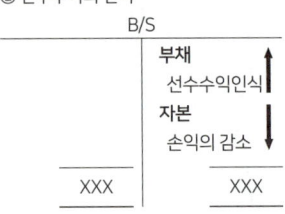

② 선수수익의 인식

B/S	
	부채 ↑ 선수수익인식
	자본 ↓ 손익의 감소
XXX	XXX

확인문제 최신

05. ㈜한국의 재무상태표에 계상된 기초 선수임대료는 ₩16,000이고 기말 선수임대료는 ₩24,000이다. 당기에 현금으로 수취한 임대료가 ₩50,000인 경우, 당기 임대료수익은?

기출처 2024. 국가직 9급

① ₩42,000
② ₩50,000
③ ₩58,000
④ ₩66,000

정답 ①

확인문제

06. ㈜한국의 20X1년도 기말수정분개 전 당기순이익은 ₩500,000이고, 결산수정분개 시 반영할 사항은 다음과 같다.

ㄱ. 선급보험료	₩20,000
ㄴ. 선수수익	₩35,000
ㄷ. 선급이자	₩5,000

발생주의에 기초하여 결산수정분개를 반영한 20X1년 당기순이익은 얼마인가?

① ₩470,000
② ₩490,000
③ ₩500,000
④ ₩540,000

정답 ②

기본예제 2 │ 이연항목의 기말수정분개

01 20X1년 9월 1일 A사는 보유 중인 건물의 화재보험에 가입하고 가입과 동시에 1년치 보험료 ₩120,000을 현금으로 지급하였다.

① A사가 보험료를 지급할 때 전액 비용으로 계상하였을 경우, 20X1년 12월 31일, 20X2년 12월 31일에 수행해야 할 기말수정분개를 하시오.

② A사가 보험료를 지급할 때 전액 자산으로 계상하였을 경우, 20X1년 12월 31일, 20X2년 12월 31일에 수행해야 할 기말수정분개를 하시오.

02 20X1년 4월 1일 B사는 보유 중인 건물을 제3자에게 임대하고 계약과 동시에 1년치 임대료 ₩100,000을 현금으로 수령하였다.

① B사가 임대료를 수령할 때 전액 수익으로 계상하였을 경우, 20X1년 12월 31일, 20X2년 12월 31일에 수행해야 할 기말수정분개를 하시오.

② B사가 임대료를 수령할 때 전액 부채로 계상하였을 경우, 20X1년 12월 31일, 20X2년 12월 31일에 수행해야 할 기말수정분개를 하시오.

풀이

01 ① [20X1년]
〈회사〉 20X1.9.1. (차) 보험료 ₩120,000 (대) 현금 ₩120,000
〈기말수정분개〉 20X1.12.31. (차) 선급비용[4*] ₩80,000 (대) 보험료 ₩80,000*
* ₩120,000 × 8개월/12개월 = ₩80,000
[20X2년]
〈기말수정분개〉 20X2.12.31. (차) 보험료 ₩80,000 (대) 선급비용 ₩80,000

② [20X1년]
〈회사〉 20X1.9.1. (차) 선급비용 ₩120,000 (대) 현금 ₩120,000
〈기말수정분개〉 20X1.12.31. (차) 보험료 ₩40,000* (대) 선급비용 ₩40,000
* ₩120,000 × 4개월/12개월 = ₩40,000
[20X2년]
〈기말수정분개〉 20X2.12.31. (차) 보험료 ₩80,000 (대) 선급비용 ₩80,000

02 ① [20X1년]
〈회사〉 20X1.4.1. (차) 현금 ₩100,000 (대) 임대료 ₩100,000
〈기말수정분개〉 20X1.12.31. (차) 임대료 ₩25,000* (대) 선수수익[5*] ₩25,000
* ₩100,000 × 3개월/12개월 = ₩25,000
[20X2년]
〈기말수정분개〉 20X2.12.31. (차) 선수수익 ₩25,000 (대) 임대료 ₩25,000

[4*] 선급보험료 계정을 사용해도 된다. 선급비용은 선급보험료, 선급임대료 등 보다 많은 계정과목을 포함하는 명칭이다.

[5*] 선수임대료 계정을 사용해도 된다. 선수수익은 선수임대료, 선수이자 등 보다 많은 계정과목을 포함하는 명칭이다.

② [20X1년]
〈회사〉 20X1.4.1. (차) 현금 ₩100,000 (대) 선수수익 ₩100,000
〈기말수정분개〉 20X1.12.31. (차) 선수수익 ₩75,000* (대) 임대료 ₩75,000
* ₩100,000 × 9개월/12개월 = ₩75,000
[20X2년]
〈기말수정분개〉 20X2.12.31. (차) 선수수익 ₩25,000 (대) 임대료 ₩25,000

[참고] 손익에 미치는 효과

1. 선급과 선수의 과소계상
  (1) 선급비용의 인식 -----> 비용의 감소, 선급비용의 증가 -----> 당기손익 가산 ∴ 손익 증가
  (2) 선수수익의 인식 -----> 수익의 감소, 선수수익의 증가 -----> 당기손익 차감 ∴ 손익 감소

2. 선급과 선수의 과대계상
  (1) 선급비용의 감소인식 -----> 비용의 증가 -----> 당기손익 차감 ∴ 손익 감소
  (2) 선수수익의 감소인식 -----> 수익의 증가 -----> 당기손익 가산 ∴ 손익 증가

❺ 소모품

소모품이란 기업실체가 사용할 목적으로 구입한 필기구, 인쇄용지 등 일반사무용품이나 사무실에 비치하고 사용하는 비품들을 의미한다. **소모품 중 결산일 현재 미사용분은 소모품의 계정과목으로 하여 자산으로 인식하고, 사용한 부분은 소모품비라는 계정과목으로 하여 비용으로 인식한다.**

소모품은 앞서 설명한 선급비용과 유사하다. 단, 선급비용이 보험료와 같이 일정기간 용역과 관련되어 있다면, 소모품은 물리적 실체가 존재하는 재화라는 점에서 차이가 있다. 따라서 소모품에 관한 기말수정분개로 선급비용과 마찬가지로 소모품을 구입하는 시점에 두 가지 방법으로 처리할 수 있다.[6*]

① 비용처리법: 소모품비로 하여 비용으로 처리하는 방법
② 자산처리법: 소모품으로 하여 자산으로 처리하는 방법

소모품을 구입하는 시점에 소모품비로 처리하는 방법은 결산일 현재 소모품비라는 비용계정에 소모품 구입액이 계상되어 있다. 그러므로 결산일의 기말수정분개는 결산일 현재 사용하지 못한 소모품을 소모품의 과목으로 하여 자산으로 대체하면 된다.

〈회계기간 중〉
(차) 소모품비 XXX (대) 현금 XXX
〈결산일 기말수정분개〉
(차) 소모품 XXX (대) 소모품비 XXX

오쌤 Talk
소모품 수정분개
소모품 구입 시 회사가 소모품(자산)으로 처리하였든, 소모품비(비용)으로 처리하였든 간에 기말에 최종적으로 인식되는 소모품과 소모품비는 동일해야 한다. 실제 사용분은 '소모품비'로 인식하고 남은 자산은 '소모품'으로 인식한다.
그러므로 보고되어야 할 결과를 먼저 생각하고 원하는 결과가 되도록 수정 분개를 인식하면 된다.

6* 회사가 기중에 비용으로 처리할 것인지 자산으로 처리할 것인지는 회사가 결정하는 문제이다. 다만, 기말수정분개 후 최종 보고되는 결과는 같아야 한다.

오쌤 Talk

소모품 T 계정

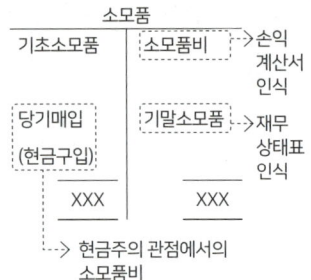

확인문제

07. ㈜서울은 소모품을 구입할 때 자산으로 처리한 후, 결산일에 사용한 부분에 대하여 비용 처리하는 방법을 사용하고 있다. 2017년 기초와 기말소모품은 각각 ₩270,000과 ₩360,000이고 당기에 소모품 구매를 위해 현금으로 지급한 금액은 ₩700,000이다. 당기에 포괄손익계산서에 계상될 소모품비는 얼마인가?

기출처 2017. 서울시 7급

① ₩70,000
② ₩610,000
③ ₩700,000
④ ₩790,000

정답 ②

한편, 소모품을 구입하는 시점에 소모품으로 처리한 방법은 결산일 현재 소모품이라는 자산 계정에 소모품구입액이 계상되어 있다. 그러므로 결산일의 기말수정분개는 결산일 현재 사용한 소모품을 소모품비의 과목으로 하여 비용으로 대체하면 된다.

〈회계기간 중〉
(차) 소모품   XXX   (대) 현금   XXX

〈결산일 기말수정분개〉
(차) 소모품비   XXX   (대) 소모품   XXX

기본예제 3 **소모품의 기말수정분개**

20X1년 12월 1일 A사는 사무용품으로 사용하기 위해 소모품 ₩50,000을 현금으로 구입하였다. 20X1년 12월 31일 A사는 소모품 중 미사용분 ₩10,000이 창고에 보관되어 있음을 확인하였다.

01 A사가 소모품을 구입할 때 비용 처리한 경우, 12월 1일과 12월 31일 각각의 회계처리를 하시오.

02 A사가 소모품을 구입할 때 자산으로 처리한 경우, 12월 1일과 12월 31일 각각의 회계처리를 하시오.

풀이

01	12월 1일	(차) 소모품비	₩50,000	(대) 현금	₩50,000
	12월 31일	(차) 소모품	₩10,000	(대) 소모품비	₩10,000
02	12월 1일	(차) 소모품	₩50,000	(대) 현금	₩50,000
	12월 31일	(차) 소모품비	₩40,000	(대) 소모품	₩40,000

---

6 기간별 배분항목

기간별 배분항목은 발생항목이나 이연항목과는 달리 현금의 수수와 관계없는 항목으로 수익·비용 대응의 원칙에 따라서 비용화되는 항목이다. 기간별 배분항목은 과거에 현금으로 지출된 금액을 여러 회계기간에 걸쳐 합리적인 방법으로 배분하는 것으로 대표적인 예가 감가상각비와 대손상각비가 해당된다. 이와 관련해서는 앞으로 진행되는 계정별 회계처리에서 학습하기로 한다.

3 수정후시산표의 작성

수정후시산표는 수정전시산표에 기말수정분개를 반영하여 작성하는 표로서 이를 기반으로 재무제표가 작성된다. 수정후시산표의 잔액은 결산일 현재 각 계정의 정확한 잔액을 나타낸다. 수정후시산표는 기말수정분개 내용을 반영하였다는 것을 제외하고는 수정전시산표와 동일하다.

앞서 ㈜회계천재의 9가지 거래사건을 통해 분개를 기록하고 시산표를 작성해보았다. 그런데 이는 발생기준으로 수정하는 기말수정분개가 반영되지 않은 상태였다. 보고기간 말 현재 결산수정사항이 다음과 같을 때 기말수정분개를 하고, 수정후시산표를 작성해 보기로 하자.

> **[결산수정사항]**
> 1. 12월분 사무실 임차료 ₩1,000과 급여 ₩1,000을 결산일 현재 지급하지 않은 상태이다.
> 2. 9월 1일 지급한 화재보험료 ₩12,000은 1년간 보험료이다.
> 3. 2월 1일 소모품 ₩3,000을 현금으로 구입하였다. 12월 31일 창고에 보관된 소모품은 ₩1,000이다.

[결산수정분개]

```
1. 미지급임차료와 미지급급여 인식
    (차) ┌ 임차료    ₩1,000      (대) 미지급비용   ₩2,000
         └ 급여      ₩1,000

2. 선급보험료 인식
    (차) 선급비용    ₩8,000      (대) 보험료      ₩8,000

3. 소모품비용 인식
    (차) 소모품비    ₩2,000      (대) 소모품      ₩2,000
```

위의 기말결산수정분개를 총계정원장에 전기한 후 ㈜회계천재의 12월 31일 현재 총계정원장의 내역은 다음과 같다.

오쌤 Talk

기말수정분개 후 과정
기말수정분개는 분개장에 분개를 반영하는 과정이다. 분개장에 추가로 반영된 내용을 바탕으로 다시 전기를 수행하고 이를 통해 시산표(수정후시산표)를 작성한다.

현금

1/1 자본금	₩10,000	2/1 소모품	₩3,000
6/1 매출	10,000	4/1 급여	3,000
8/1 매출채권	5,000	7/1 미지급금	5,000
		9/1 보험료	12,000
		기말잔액	2,000
	₩25,000		₩25,000

자본금

기말잔액	₩30,000	1/1 현금	₩10,000
		설비자산	20,000
	₩30,000		₩30,000

설비자산

1/1 자본금	₩20,000	기말잔액	₩25,000
3/1 미지급금	5,000		
	₩25,000		₩25,000

매출채권

6/1 매출	₩10,000	8/1 현금	₩5,000
		기말잔액	5,000
	₩10,000		₩10,000

소모품

2/1 현금	₩3,000	12/31 소모품비	₩2,000
		기말잔액	1,000
	₩3,000		₩3,000

소모품비

12/31 소모품	₩2,000	기말잔액	₩2,000
	₩2,000		₩2,000

미지급금

7/1 현금	₩5,000	3/1 설비자산	₩5,000
기말잔액	1,000	5/1 광고선전비	1,000
	₩6,000		₩6,000

광고선전비

5/1 미지급금	₩1,000	기말잔액	₩1,000
	₩1,000		₩1,000

보험료

9/1 현금	₩12,000	12/31 선급비용	₩8,000
		기말잔액	4,000
	₩12,000		₩12,000

선급비용

12/31 보험료	₩8,000	기말잔액	₩8,000
	₩8,000		₩8,000

급여

4/1 현금	₩3,000	기말잔액	₩4,000
12/31 미지급비용	1,000		
	₩4,000		₩4,000

매출

기말잔액	₩20,000	6/1 현금	₩10,000
		매출	10,000
	₩20,000		₩20,000

임차료

12/31 미지급비용	₩1,000	기말잔액	₩1,000
	₩1,000		₩1,000

미지급비용

기말잔액	₩2,000	12/31 임차료	₩1,000
		급여	1,000
	₩2,000		₩2,000

위의 총계정원장상 자산, 부채, 자본 및 수익과 비용의 당기총액을 시산표상에 집합시키면 다음과 같은 수정후시산표가 작성된다.

시산표

현금	₩2,000	자본금	₩30,000
설비자산	25,000	미지급금	1,000
매출채권	5,000	미지급비용	2,000
소모품	1,000	매출	20,000
선급비용	8,000		
소모품비	2,000		
광고선전비	1,000		
보험료	4,000		
급여	4,000		
임차료	1,000		
	₩53,000		₩53,000

위의 수정후시산표를 보면 매출은 ₩20,000이며, 비용합계는 ₩12,000이 되어 당기순이익이 ₩8,000이 됨을 알 수 있다. 이 금액은 수정전시산표에 기초한 당기순이익 ₩4,000과 다른 금액임을 알 수 있다. 이처럼 기말수정분개를 반영함으로써 적정하게 당기의 경영성과 및 당기말 현재의 재무상태를 보고할 수 있다.

4 정산표

회계의 순환과정에서는 기말수정분개를 하기 이전에 수정전시산표를 작성하고, 이에 기말수정분개를 반영한 후 수정후시산표를 작성한다. 수정후시산표의 각 계정들의 잔액을 이용하여 재무상태표와 포괄손익계산서를 작성하여 보고하면 재무보고가 완성된다.

정산표는 수정전시산표를 작성하는 과정에서부터 재무제표를 작성하는 과정까지를 일괄하여 작성한 표를 말한다. 정산표의 작성은 회계의 순환과정에서 필수적인 과정이 아니며, 수정전시산표부터 재무제표의 작성까지의 과정을 일괄적으로 파악하기 위하여 작성한 것이다. 정산표의 양식은 다음과 같다.

확인문제

08. 다음은 ㈜한국의 20X1년 12월 31일 현재의 수정후시산표 잔액이다.

계정과목	차변	계정과목	대변
현금	₩20,000	매입채무	₩20,000
매출채권	₩10,000	차입금	₩100,000
재고자산	₩5,000	감가상각누계액	₩50,000
토지	₩100,000	대손충당금	₩2,000
건물	₩200,000	자본금	?
매출원가	₩10,000	이익잉여금	₩9,000
감가상각비	₩5,000	매출	₩20,000
급여	₩1,000		
합계	₩351,000	합계	₩351,000

㈜한국의 20X1년 12월 31일 현재 재무상태표의 이익잉여금과 자본총계는?

기출처 2020. 관세직 9급

	이익잉여금	자본총계
①	₩13,000	₩163,000
②	₩13,000	₩150,000
③	₩10,000	₩150,000
④	₩10,000	₩163,000

정답 ①

[8위식 정산표]

정산표[7*]

20X1년 12월 31일 현재

계정과목	수정전시산표		기말수정분개		손익계산서		재무상태표	
	차변	대변	차변	대변	차변	대변	차변	대변
자산	XX		XX	XX			XX	
부채		XX	XX	XX				XX
자본		XX						XX
수익		XX		XX		XX		
비용	XX		XX		XX			
당기순이익					XX			XX
	XX	XX	XX	XX	XX	XX	XX	XX

오쌤 Talk

정산표

정산표는 기말수정분개사항이 수정 전과 수정 후 재무제표에 어떤 영향을 미치는지를 한눈에 볼 수 있도록 작성한 표이다. 실무에서는 일반적으로 감사를 받는 회사의 경우 정산표를 통해 수정사항들을 관리한다. 회계의 순환과정에서의 필수사항은 아니다.

정산표의 작성 단계는 다음과 같다.

1단계	정산표 양식에 수정전시산표의 계정과 금액을 기재
2단계	결산수정분개를 반영
3단계	수정후시산표 금액을 계산
4단계	수정후시산표 금액 중 수익과 비용은 포괄손익계산서상으로, 자산과 부채 및 자본은 재무상태표상으로 이동
5단계	포괄손익계산서와 재무상태표상 당기순이익 확정

7* 6위식은 수정후시산표, 포괄손익계산서 및 재무상태표로 구성되어 있으며, 10위식은 수정전시산표, 기말수정분개, 포괄손익계산서 및 재무상태표로 구성되어 있다.

5 장부의 마감

❶ 포괄손익계산서 계정의 마감

포괄손익계산서 계정인 수익계정과 비용계정은 여러 회계기간에 걸쳐 사용되는 재무상태표 계정과는 달리 특정 회계기간에만 사용된다. 그러므로 결산일에는 다음 회계기간에 사용하기 위해 손익계산서 계정의 잔액을 영(0)으로 만드는 절차가 필요하다. 이러한 절차를 손익계산서 계정의 마감이라고 한다.

수익계정과 비용계정의 마감은 마감분개(closing entries)라는 형태로 진행된다. 모든 수익과 비용 계정을 '집합손익' 계정으로 대체시키고 손익거래의 결과인 집합손익 계정의 잔액은 이익잉여금 계정으로 마감된다. 집합손익 계정에 대변잔액이 발생(대변잔액의 합>차변잔액의 합)하면 당기순이익이 보고되며, 차변잔액이 발생(대변잔액의 합 < 차변잔액의 합)하면 당기순손실이 보고된다.

〈수익계정의 마감〉
(차) 수익   XXX   (대) 집합손익   XXX
〈비용계정의 마감〉
(차) 집합손익   XXX   (대) 비용   XXX
〈집합손익의 마감〉
(차) 집합손익   XXX   (대) 이익잉여금   XXX

앞서 제시한 사례인 ㈜회계천재의 손익계정을 마감하면 다음과 같다.

[수익계정의 마감]
(차) 매출   ₩20,000   (대) 집합손익   ₩20,000
[비용계정의 마감]
(차) 집합손익   ₩12,000   (대) 소모품비   ₩2,000
                                    광고선전비   1,000
                                    보험료   4,000
                                    급여   4,000
                                    임차료   1,000

[집합손익계정의 마감]
(차) 집합손익   ₩8,000   (대) 이익잉여금   ₩8,000

위의 결과로 포괄손익계산서의 모든 계정잔액은 영(0)이 되어 다음 연도로 이월될 수 있다.

오쌤 Talk

집합손익계정
집합손익계정은 손익계산서 계정을 마감시키기 위해 등장하는 임시계정이다. 장부를 마감하고 나면 최종적으로 보고되는 재무제표에는 집합손익계정은 보고되지 않는다.

❷ 재무상태표 계정의 마감

재무상태표 계정인 자산계정, 부채계정 및 자본계정은 여러 회계기간에 걸쳐 사용되는 계정이므로 계정의 잔액을 영(0)으로 만들 필요가 없다. 그러므로 **각 계정들의 기말잔액을 다음 회계기간의 기초잔액으로 이월**시키는 과정이 필요하다. 즉, 포괄손익계산서 계정의 마감과 달리 재무상태표계정의 마감은 별도의 분개를 하지 않는다. 때문에 총계정원장에 기말잔액을 전기이월로 표시하면 마감절차는 종료된다.

앞서 제시한 사례인 ㈜회계천재의 재무상태표 계정 중 현금계정을 마감하면 다음과 같다.

오쌤 Talk

재무상태표 계정의 마감

손익계산서 계정은 분개장에 마감한다. 집합손익이라는 임시계정을 통해 모든 손익을 없애주므로 분개장에는 다음기(차기)에 전기의 손익이 남지 않는다. 그러므로 차기로 이월되는 분개장에는 재무상태표 계정만 남게 된다.
재무상태표 계정은 총계정원장에서 마감한다. 차기를 위한 일종의 준비과정이다.

```
                          현금
1/1 자본금        ₩10,000   2/1 소모품        ₩3,000
6/1 매출           10,000   4/1 급여            3,000
8/1 매출채권        5,000   7/1 미지급금        5,000
                            9/1 보험료         12,000
                            기말잔액           2,000
                  ₩25,000                    ₩25,000
전기이월  ₩2,000
```

현금계정과 관련된 분개의 전기 내용이 차변합계가 대변합계보다 ₩2,000이 많고, 이는 기말 현재 재무상태표상에 표시될 현금잔액이 된다. 기말잔액인 ₩2,000은 기말잔액이 기록된 반대편에 기입하고 내용을 전기이월이라고 표시하면 재무상태표 계정이 마감된다.

이렇게 마감된 현금계정은 다음 회계연도에는 새로운 총계정원장을 사용하여 발생거래를 기록하는데, 다음 회계연도의 현금의 총계정원장은 다음과 같이 전기 이월된 금액으로부터 시작한다.

월	일	적요	차변	대변	잔액
1	1	전기이월			₩2,000

이러한 마감절차는 모든 자산, 부채, 자본의 총계정원장 상에서 이루어져야 하며 이를 T계정형식으로 표시하면 다음과 같다.

오쌤 Talk

기말잔액

회계학을 처음 접한다면 용어 때문에 헷갈리는 경우가 많다. 재무상태표 계정을 마감하면서 기말잔액이라는 명칭을 사용하지만, 해당 명칭은 '차기이월'이라는 명칭으로 바꾸어 사용하기도 한다. 쉽게는 '다음 기로 넘어간다'의 의미이다. 이 숫자는 다음 해의 총계정원장에서 시작할 때 전기에 넘어왔다고 해서 '전기이월 잔액'이라고 사용되기도 하고, '기초잔액'이라는 명칭으로 사용되기도 한다. 즉, 같은 숫자인데 어느 시점에서 바라보았는지와 언제를 기준으로 시작(기초)과 끝(기말)을 부르는지에 따라 달라질 뿐이다.

전기이월과 차기이월

전기이월은 '기초잔액', 차기이월은 '기말잔액'과 같은 의미이다.

자산과 부채/자본계정

자산계정은 왼쪽 항목이 증가항목이고 오른쪽이 감소 항목이므로, 보고기간 기초의 기초잔액은 전기에 넘어온 전기 기말잔액이다. 그러므로 전기이월이라고 하기도 한다. 마찬가지로 기말에 기말잔액은 차기로 넘어갈 차기기초잔액이다. 그러므로 차기이월이라고 하기도 한다.

09. ㈜한국의 이자비용과 미지급이자의 장부마감 전 계정별 원장이다. 장부마감과 관련하여 다음 설명 중 옳지 않은 것은?

이자비용	
현금 ₩10,000	
미지급이자 ₩20,000	

미지급이자	
현금 ₩10,000	이자비용 ₩20,000

① 포괄손익계산서상에 인식할 이자비용은 ₩30,000이다.
② 장부를 마감할 때 이자비용계정 원장의 대변에 ₩30,000 집합손익으로 마감한다.
③ 장부를 마감할 때 미지급이자계정 원장의 차변에 집합손익 ₩10,000으로 마감한다.
④ 당기에 현금주의 관점에서의 이자비용은 ₩20,000이다.

정답 ③

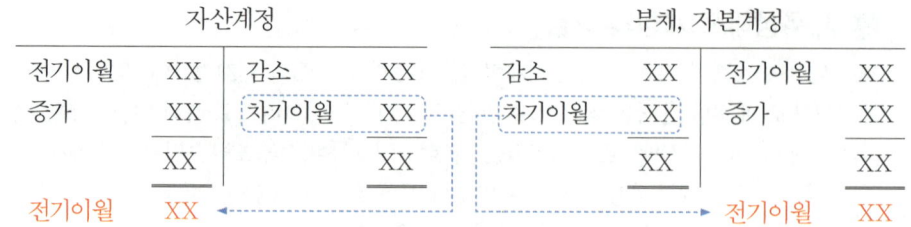

[마감절차]

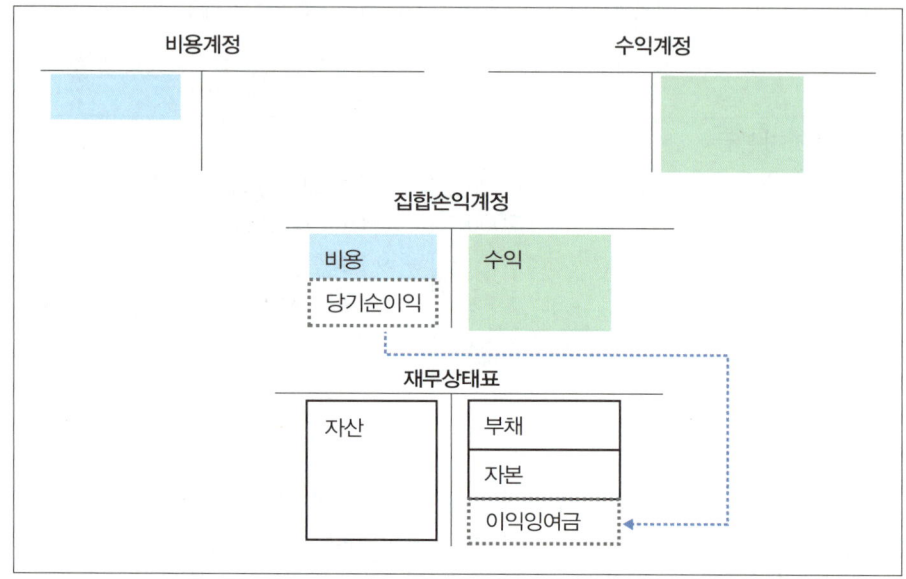

MEMO

OX 퀴즈

다음 문장의 경우 올바른 설명에는 O, 틀린 설명에는 ×를 하고 틀린 설명은 수정하시오.

① 현금주의로 기록되어 있는 금액을 발생주의 기준의 금액으로 수정하는 분개를 기말수정분개라고 한다.
(   )

② 잔액이란 차변합계금액과 대변합계금액의 차액을 말하며, 재무상태표계정들은 차변잔액을 손익계산서계정들은 대변잔액을 갖는다.
(   )

③ 발생에 대한 기말수정분개에는 선급비용과 선수수익의 인식 등이 있다.
(   )

④ 화재보험에 가입한 후 선납입한 보험료를 자산으로 처리한 경우에는 결산일에 동 보험료 중 기간경과분을 보험료의 과목으로 비용처리하는 기말수정분개가 필요하다.
(   )

⑤ 포괄손익계산서 계정들은 재무제표를 작성한 이후 집합손익계정을 이용하여 장부를 마감하여야 하며, 집합손익계정은 다시 자본금계정으로 장부를 마감한다.
(   )

⑥ 소모품의 경우 구입 시점에 전액 비용으로 처리하면 기말 시점에 남은 잔액을 기말결산수정분개를 통해 선수수익으로 처리해야 한다.
(   )

⑦ 선수수익과 미수수익은 부채계정이다.
(   )

⑧ 선급비용과 미지급비용은 자산계정이다.
(   )

OX 풀이

❶ ○

❷ × 자산과 비용은 차변잔액을 갖고, 부채와 자본 및 수익은 대변잔액을 갖는다.

❸ × 발생에 대한 기말수정분개는 미수수익과 미지급비용의 인식이 있다. 선급비용과 선수수익은 이연에 대한 기말수정분개사항이다.

❹ ○

❺ × 집합손익계정은 이익잉여금계정으로 장부를 마감한다.

❻ × 기말 현재 남은 소모품계정은 소모품(자산)으로 처리한다.

❼ × 미수수익은 자산계정이다

❽ × 미지급비용은 부채계정이다.

실전훈련

01 다음 중 결산절차를 순서대로 나열한 것은?

ㄱ. 기말수정분개	ㄴ. 수정전시산표 작성
ㄷ. 거래의 인식	ㄹ. 총계정원장에 전기
ㅁ. 수정후시산표의 작성	ㅂ. 계정의 마감

① ㄷ → ㄴ → ㄱ → ㄹ → ㅁ → ㅂ
② ㄷ → ㄹ → ㄴ → ㄱ → ㅁ → ㅂ
③ ㄷ → ㄴ → ㄱ → ㅁ → ㄹ → ㅂ
④ ㄷ → ㄹ → ㄴ → ㅁ → ㄱ → ㅂ

02 다음은 ㈜한국의 임차료와 지급어음의 장부마감 전 계정별 원장이다. 장부 마감 시 각 계정별 원장에 기입할 내용으로 옳은 것은?

기출처 2016. 국가직 9급

임차료		지급어음	
현금 ₩50,000	선급비용 ₩40,000		외상매입금 ₩50,000

① 임차료계정 원장의 차변에 차기이월 ₩10,000으로 마감한다.
② 임차료계정 원장의 대변에 집합손익 ₩10,000으로 마감한다.
③ 지급어음계정 원장의 대변에 차기이월 ₩50,000으로 마감한다.
④ 지급어음계정 원장의 차변에 집합손익 ₩50,000으로 마감한다.

 풀이

01 결산절차는 '거래의 인식 → 분개 → 총계정원장에 전기 → 수정전시산표 작성 → 기말수정분개 → 수정후시산표 작성 → 재무제표 작성 → 계정의 마감'이다.

02 (1) 손익계정인 임차료 계정은 대변에 대차차액을 맞추어 집합손익 ₩10,000으로 마감한다.
(2) 재무상태표계정인 지급어음은 차변에 대차차액을 맞추어 차기이월 ₩50,000으로 마감한다.

답 01 ② 02 ②

03 회계 기말에 행할 결산수정 사항이 아닌 것은? 기출처 2016. 국가직 9급

① 기중에 사용된 소모품 금액을 소모품 계정으로부터 소모품비 계정으로 대체한다.
② 거래 중인 회사의 부도로 대손이 확정된 매출채권에 대해 대손충당금과 상계처리한다.
③ 건물에 대한 감가상각비를 인식한다.
④ 실지재고조사법에 따라 상품에 대한 매출원가를 인식한다.

04 (주)한국은 20×1년 직원들에게 ₩1,000의 급여를 현금 지급하였다. 20×1년 초 미지급급여가 ₩200, 20×1년 말 미지급급여가 ₩700이면 당기에 발생한 급여는? 기출처 2021. 지방직 9급

① ₩1,000
② ₩1,200
③ ₩1,500
④ ₩1,700

05 A사는 20X1년 4월 1일 화재보험에 가입하면서 연간 보험료 ₩120,000을 현금으로 지출하고 이를 모두 비용(보험료)으로 처리했다. 20X1년 말 보험료와 관련하여 장부상 인식하게 될 기말수정분개는 어느 것인가? (단, A사의 결산일은 12월 31일이다.)

① (차) 보험료   ₩30,000   (대) 선급보험료   ₩30,000
② (차) 보험료   ₩90,000   (대) 선급보험료   ₩90,000
③ (차) 선급보험료 ₩90,000   (대) 보험료   ₩90,000
④ (차) 선급보험료 ₩30,000   (대) 보험료   ₩30,000

 풀이

03 ② 기말에 대손충당금을 추가로 설정하는 것은 기말 결산수정사항이지만, 대손채권에 대해 대손충당금과 상계하는 것은 일반적인 거래사건이 발생한 결과를 회계처리한 것이다.

04

미지급급여			
현금지급	₩1,000	기초	₩200
기말	₩700	발생 급여	〈〈₩1,500〉〉
	₩1,700		₩1,700

[별해] 분개법

IS	급여	〈〈₩1,500〉〉		
BS			미지급급여의 증가	₩500
CF			급여의 지급	₩1,000

05 20X1년분 보험료 = ₩120,000 × 9/12 = ₩90,000
그러므로 ₩120,000 − ₩90,000 = ₩30,000은 선급보험료이다.
선급보험료(자산)가 증가하고, 당기 인식한 보험료를 줄여주는 분개가 필요하다.

답 03 ② 04 ③ 05 ④

06 ㈜한국은 보험료 지급 시 전액을 자산으로 회계처리하며 20X1년 재무상태표상 기초와 기말 선급보험료는 각각 ₩200,000과 ₩310,000이다. 20X1년 중 보험료를 지급하면서 자산으로 회계처리한 금액이 ₩1,030,000이라면, 20X1년 포괄손익계산서상 보험료 비용은? 기출처 2022. 국가직 9급

① ₩520,000 ② ₩920,000 ③ ₩1,030,000 ④ ₩1,140,000

07 C회사는 20X1년 10월 1일에 D에게 창고를 임대해주면서 1년간의 임대료 ₩120,000을 현금으로 수령하고 이를 모두 임대료(수익)으로 처리하였다. 20X1년 말 임대료와 관련하여 장부에 반영하게 될 결산수정분개는?

① (차) 선수임대료   ₩30,000   (대) 임대료   ₩30,000
② (차) 선수임대료   ₩90,000   (대) 임대료   ₩90,000
③ (차) 임대료   ₩90,000   (대) 선수임대료   ₩90,000
④ (차) 임대료   ₩30,000   (대) 선수임대료   ₩30,000

08 A회사의 기초와 기말 재무상태표상에 계상되어 있는 선수임대료는 ₩18,000과 ₩16,000이며, 당기 포괄손익계산서에 계상되어 있는 임대료는 ₩32,000이다. 당기에 수령한 임대료는 얼마인가?

① ₩16,000 ② ₩18,000 ③ ₩30,000 ③ ₩44,000

 풀이

06

선급보험료			
기초	₩200,000	보험료 비용	《₩920,000》
보험료지급	₩1,030,000	기말	₩310,000
	₩1,230,000		₩1,230,000

[별해] 분개법

IS	보험료 비용	《₩920,000》		
BS	선급보험료의 증가	₩110,000		
CF			보험료의 현금지급	₩1,030,000

07 20X1년분 임대료 수익 = ₩120,000 × 3/12 = ₩30,000
그러므로 ₩120,000 − ₩30,000 = ₩90,000은 선수수익이다.
선수임대료(부채)가 증가하고, 당기 인식한 수익을 줄여주는 분개가 필요하다.

08

선수임대료			
임대료수익	₩32,000	기초	₩18,000
기말	₩16,000	당기수령	《₩30,000》
	₩48,000		₩48,000

[별해] 분개법

IS			임대료 수익	₩32,000
BS	선수임대료의 감소	₩2,000		
CF	당기에 수령한 임대료	₩30,000		

답 06 ② 07 ③ 08 ③

09 다음 중 집합손익 계정으로 집합되는 계정은?

① 선수수익　　② 미수수익　　③ 이자수익　　④ 미지급비용

10 ㈜한국은 기초소모품이 ₩5,000이었고, 기중에 소모품 ₩6,000을 추가로 구입하고 자산으로 처리하였다. 기말에 남아 있는 소모품이 ₩3,000이라면, 소모품과 관련된 기말수정분개는?

	차변		대변	
①	소모품비	₩8,000	소모품	₩8,000
②	소모품	₩3,000	소모품비	₩3,000
③	소모품비	₩3,000	소모품	₩3,000
④	소모품	₩8,000	소모품비	₩8,000

11 다음은 ㈜한국과 관련된 거래이다. 기말수정분개가 재무제표에 미치는 영향으로 옳은 것은? (단, 기간은 월할 계산한다)

기출처 2021. 국가직 9급

○ 8월 1일 건물을 1년간 임대하기로 하고, 현금 ₩2,400을 수취하면서 임대수익으로 기록하였다.
○ 10월 1일 거래처에 현금 ₩10,000을 대여하고, 1년 후 원금과 이자(연 이자율 4%)를 회수하기로 하였다.
○ 11월 1일 보험료 2년분 ₩2,400을 현금지급하고, 보험료로 회계처리하였다.

① 자산이 ₩2,100만큼 증가한다.　　② 비용이 ₩200만큼 증가한다.
③ 수익이 ₩100만큼 증가한다.　　④ 당기순이익이 ₩900만큼 증가한다.

풀이

09 집합손익계정으로 집합되는 계정은 **손익계정**이다. 손익계정은 이자수익뿐이다.

10 문제에서 주어진 상황은 자산인식법
→ 기말에 자산으로 인식했던 소모품 중 사용분을 비용으로 조정
· 구입 시: (차) 소모품　₩6,000　　(대) 현금　₩6,000
· 결산 시: (차) 소모품비　₩8,000　　(대) 소모품　₩8,000

11

시산표

자산	미수이자수익*	₩100	부채	선수임대수익	₩1,400
	선급보험료비용**	₩2,200	자본		
비용	보험료비용	(₩2,200)	수익	임대료 수익***	(₩1,400)
				이자수익	₩100
계		₩100	계		₩100

∴ 자산 ₩2,300 증가, 비용 ₩2,200 감소, 수익 ₩1,300 감소, 당기순이익 ₩900 증가
* ₩10,000 × 4% × 3개월/12개월
** ₩2,400 × 22개월/24개월
*** ₩2,400 × 7개월/12개월

답 09 ③　10 ①　11 ④

12 ㈜한국의 수정후시산표상 자산, 부채, 수익, 비용, 자본금 금액이 다음과 같을 때, 기초이익잉여금은?

기출처 2021. 국가직 9급

계정과목	금액	계정과목	금액
매출	₩120,000	현금	₩130,000
매출원가	₩100,000	재고자산	₩200,000
급여	₩50,000	매입채무	₩170,000
선급비용	₩70,000	미지급금	₩50,000
미지급비용	₩80,000	미수수익	₩50,000
자본금	₩40,000	기초이익잉여금	?

① ₩40,000 ② ₩110,000 ③ ₩140,000 ④ ₩300,000

13 다음은 창고임대업을 영위하는 ㈜한국의 20X1년 결산 관련 자료이다.

계정	내용
보험료	○ 기초 선급보험료 잔액 ₩3,000 ○ 7월 1일에 보험을 갱신하고 1년분 보험료 ₩12,000을 현금으로 지급하고 자산으로 회계처리함
임대료	○ 기초 선수임대료 잔액 ₩3,000 ○ 4월 1일에 임대차계약을 갱신하고 1년분 임대료 ₩24,000을 현금으로 수령하고 수익으로 회계처리함

보험료와 임대료가 20X1년도 세전이익에 미치는 영향은? (단, 보험료와 임대료 이외의 다른 계정은 고려하지 않으며, 기간은 월할 계산한다.)

기출처 2019. 국가직 9급

① ₩12,000 ② ₩15,000 ③ ₩18,000 ④ ₩21,000

풀이

12 수정후시산표상의 잔액을 차변과 대변으로 나누어 각각 기록하여 잔액을 맞추면 기초이익잉여금을 구할 수 있다.

수정후시산표

자산	현금	₩130,000	부채	미지급비용	₩80,000
	재고자산	₩200,000		매입채무	₩170,000
	미수수익	₩50,000		미지급금	₩50,000
	선급비용	₩70,000	자본	자본금	₩40,000
비용	매출원가	₩100,000		기초이익잉여금	《₩140,000》
	급여	₩50,000	수익	매출액	₩120,000
		₩600,000			₩600,000

13 (1) 보험료의 경우 7월 1일에 갱신하였으므로 기초의 선급보험료는 당기에 모두 사용된 것으로 비용처리하여야 한다. 또한 7월 1일에 갱신하면서 연납한 ₩12,000 중 당기에 실현되지 않은 6개월분의 보험료 ₩6,000은 당기비용이 아닌 선급보험료로 인식한다.

∴ 세전이익에 미치는 효과 = (₩3,000) + (₩6,000) = (₩9,000)

(2) 임대료의 경우 4월 1일에 임대차계약을 갱신하였으므로 기초의 선수임대료 잔액은 모두 당기에 실현되어 당기수익으로 처리한다. 또한 4월 1일 임대차계약을 갱신하면서 수취한 1년분의 임대료 ₩24,000 중에서 9개월분(4월 1일~12월 31일) ₩18,000은 당기의 수익으로 인식한다.

∴ ₩3,000 + ₩18,000 = ₩21,000

그러므로 당기 세전이익에 미치는 영향은 (₩9,000) + ₩21,000 = ₩12,000

답 12 ③ 13 ①

14 ㈜한국은 20X1년 9월 1일에 1년분 보험료로 ₩1,200을 지급하고 선급비용으로 회계처리하였다. ㈜한국이 20X1년 말 동 보험료와 관련한 수정분개를 누락하였다면, 20X1년 재무제표에 미치는 영향은? (단, 보험료 인식은 월할 계산한다.)

기출처 2018. 지방직 9급

① 자산 ₩400 과소계상, 당기순이익 ₩400 과소계상
② 자산 ₩400 과대계상, 당기순이익 ₩400 과대계상
③ 자산 ₩800 과소계상, 당기순이익 ₩800 과소계상
④ 자산 ₩800 과대계상, 당기순이익 ₩800 과대계상

15 20X1년 초 설립된 ㈜한국의 20X1년 수정전시산표를 근거로 계산한 당기순이익은 ₩300,000이다. 다음 20X1년 중 발생한 거래의 분개에 대하여 결산수정사항을 반영하여 계산한 수정 후 당기순이익은? (단, 결산수정분개는 월 단위로 계산한다.)

기출처 2018. 국가직 7급

날짜	기중분개	결산수정사항
3월 1일	차변) 토지 ₩1,000,000 대변) 현금 ₩1,000,000	토지는 재평가모형을 적용하며, 기말 공정가치는 ₩1,050,000
10월 1일	차변) 선급보험료 ₩120,000 대변) 현금 ₩120,000	1년분 화재보험료를 미리 지급함
11월 1일	차변) 현금 ₩90,000 대변) 임대수익 ₩90,000	6개월분 임대료를 미리 받음
12월 1일	차변) 현금 ₩1,000,000 대변) 단기차입금 ₩1,000,000	차입 시 이자율 연 6%, 이자와 원금은 6개월 후 일괄 상환조건

① ₩180,000　② ₩205,000　③ ₩235,000　④ ₩255,000

14 20X1. 12. 31.　(차) 보험료　₩400　　(대) 선급보험료　₩400
해당 분개가 누락되었으므로 자산은 ₩400 과대계상되며, 당기순이익은 ₩400 과대계상된다.

15	수정 전 손익		₩300,000
	3월 1일	토지의 재평가	당기손익에 미치는 영향 없음
	10월 1일	선급보험료를 보험료로 대체 : ₩120,000 × 3/12 = ₩30,000	(₩30,000)
	11월 1일	임대료를 선수수익으로 대체 : ₩90,000 × 4/6 = ₩60,000	(₩60,000)
	12월 1일	이자비용 인식 : ₩1,000,000 × 6% × 1/12 = ₩5,000	(₩5,000)
	수정 후 손익		₩205,000

답　14 ②　15 ②

16 수정전시산표와 수정후시산표의 비교를 통한 수정분개 추정으로 옳지 않은 것은? 기출처 2017. 국가직 9급

구분	계정과목	수정전시산표	수정후시산표
㉠	이자비용	₩3,000	₩5,000
	미지급이자	₩1,000	₩3,000
㉡	상품	₩1,500	₩2,500
	매입	₩6,000	₩0
	매출원가	₩0	₩5,000
㉢	선급보험료	₩2,400	₩1,200
	보험료	₩2,000	₩3,200
㉣	선수임대수익	₩1,800	₩1,200
	임대수익	₩1,500	₩2,100

		차변		대변	
①	㉠	이자비용	₩2,000	미지급이자	₩2,000
②	㉡	매출원가	₩6,000	매입	₩7,000
		상품	₩1,000		
③	㉢	보험료	₩1,200	선급보험료	₩1,200
④	㉣	선수임대수익	₩600	임대수익	₩600

풀이

16

	차변		대변	
㉡	매출원가	₩5,000	매입	₩6,000
	상품	₩1,000		

답 16 ②

17 다음 수정분개를 반영하지 못할 경우 재무상태와 손익에 미치는 영향으로 옳은 것은?

기출처 2021. 지방직 9급

○ 종업원급여 미지급액	₩10,000
○ 선급보험료(자산) 중 기간이 경과하여 실현된 금액	₩10,000
○ 외상매출금 중 현금으로 회수된 금액	₩10,000
○ 선수임대료(부채) 중 기간이 경과하여 실현된 금액	₩10,000
○ 차입금 이자 미지급액	₩10,000

① 법인세차감전순이익은 ₩20,000 과소 계상된다.
② 비용은 ₩30,000 과대 계상된다.
③ 부채는 ₩10,000 과소 계상된다.
④ 자산은 ₩30,000 과소 계상된다.

풀이

17 [시산표상에 오류 반영]

자산		부채	
선급보험료	(₩10,000)	미지급급여	₩10,000
매출채권	(₩10,000)	선수임대수익	(₩10,000)
현금	+₩10,000	미지급이자비용	+₩10,000
		자본	
비용		수익	
종업원 급여	₩10,000	임대료 수익	+₩10,000
보험료 비용	+₩10,000		
차입금이자비용	+₩10,000		
	₩20,000		₩20,000

∴ 자산은 ₩10,000 과대계상
  비용은 ₩30,000 과소계상
  부채는 ₩10,000 과소계상
  수익은 ₩10,000 과소계상

답 17 ③

18 ㈜한국은 20X1년 말 결산 중 다음 항목에 대한 기말수정분개가 누락된 것을 발견하였다. 누락된 기말수정분개가 수정되었을 때 20X1년 당기순이익에 미치는 영향은? (단, 기간은 월할 계산한다)

기출처 2022. 국가직 9급

○ 20X1년 7월 1일 1년치 보험료 ₩120,000을 현금지급하고 전액 선급보험료로 처리하였다.
○ 20X1년 1월 1일 자산으로 계상된 소모품 ₩200,000 중 12월 말 현재 보유하고 있는 소모품은 ₩100,000이다.
○ 20X1년 3월 1일 사무실 일부를 임대하고 1년치 임대료 ₩240,000을 현금으로 수령하면서 전액 수익으로 처리하였다.

① ₩60,000 증가
② ₩100,000 증가
③ ₩60,000 감소
④ ₩200,000 감소

풀이

18	구분	손익에 미치는 영향
	선급보험료의 과대계상(=₩120,000 × 6/12)	(₩60,000)
	소모품의 과대계상(=₩200,000 - ₩100,000)	(₩100,000)
	임대수익의 과대계상(=₩240,000 × 2/12)	(₩40,000)
		(₩200,000)

답 18 ④

19 ㈜한국의 수정전시산표상 수익총액은 ₩800,000이며 비용총액은 ₩500,000이다. 다음의 결산수정 사항을 반영할 경우, ㈜한국의 당기순이익은?

기출처 2023. 국가직 9급

> ○ 당해연도에 이자수익 ₩60,000이 발생하였으나 장부에 반영하지 않았다.
> ○ 당해연도에 발생한 급여 ₩80,000을 장부에 반영하지 않았다.
> ○ 보험료 ₩120,000을 지급하면서 전액 자산으로 인식하였으나 이 중 다음연도에 해당하는 금액은 ₩90,000이다.
> ○ 임대료 ₩240,000을 수취하면서 전액 수익으로 인식하였으나 당해연도에 해당하는 금액은 ₩80,000이다.

① ₩30,000
② ₩90,000
③ ₩110,000
④ ₩170,000

풀이

19 (1) 수정 전 당기순이익 = 수익 ₩800,000 - 비용 ₩500,000 = ₩300,000
(2) 수정반영

구분	손익에 미치는 영향	손익 인식
미수이자	+ ₩60,000	장부에 인식하지 않은 이자수익을 인식
미지급급여	(₩80,000)	장부에 인식하지 않은 급여비용을 인식
선급보험료	(₩30,000)	당기에 인식할 보험료비용 ₩30,000을 인식하고 선급보험료 자산을 감소시킴
선수임대료	(₩160,000)	차기연도 해당분 ₩160,000은 수익에서 차감하고 선수수익 부채로 인식함
	(₩210,000)	

(3) 당기순이익 = ₩300,000 - ₩210,000 = ₩90,000

답 19 ②

제 2 편

재무회계

04	재무보고를 위한 개념체계	**14**	자본
05	재무제표	**15**	수익인식
06	현금 및 수취채권과 지급채무	**16**	건설계약
07	금융자산	**17**	회계변경과 오류수정
08	재고자산	**18**	법인세회계
09	유형자산	**19**	현금흐름표
10	투자부동산	**20**	주당이익
11	무형자산	**21**	관계기업투자와 지분법
12	금융부채	**22**	재무비율
13	충당부채와 종업원급여		

04 재무보고를 위한 개념체계

Teacher's Map

❶ 개념체계 일반

목적	• 회계기준위원회가 한국채택국제회계기준을 제·개정하는 데 도움을 줌 • 재무제표 작성자가 특정 거래나 다른 사건에 적용할 회계기준이 없거나 회계기준에서 회계정책을 선택하는 것을 허용하는 경우에 재무제표 작성자가 일관된 회계정책을 개발하는 데 도움을 줌 • 모든 이해관계자가 회계기준을 이해하고 해석하는 데 도움을 줌
위상	• 개념체계는 회계기준이 아님 • 개념체계의 어떠한 내용도 회계기준이나 회계기준의 요구사항에 우선하지 않음 • 일반목적 재무보고의 목적을 달성하기 위해 회계기준위원회는 개념체계의 관점에서 벗어난 요구사항을 정하는 경우가 있을 수 있음 • 개념체계는 수시로 개정될 수 있지만, 개념체계가 개정되었다고 자동으로 회계기준이 개정되는 것은 아님
회계기준위원회의 공식임무	① 회계 투명성에 기여 ② 수탁책임정보의 제공 ③ 경제적 효율성에 기여

❷ 일반목적 재무보고서의 목적, 대상 및 한계와 제공하는 정보

💡 목적
투자자가 기업에 자원을 제공하는 것과 관련된 의사결정을 할 때 유용한 보고기업의 재무정보를 제공하는 것

💡 대상
현재 및 잠재적 투자자, 대여자와 그 밖의 채권자
(경영진이나 규제기관 및 일반 대중도 유용하다고 여길 수는 있으나 이들을 대상으로 하는 것은 아님)

💡 한계
① 필요로 하는 모든 정보를 제공하지 않으며 제공할 수도 없음
② 보고기업의 가치를 보여주기 위함이 아니라 가치를 추정하기 위함
③ 주요 정보이용자의 정보 수요 및 욕구는 상충되기도 하지만 회계기준위원회는 최대 다수의 주요 이용자 수요를 충족하는 정보를 제공하기 위해 노력함
④ 재무보고서는 정확한 서술보다는 상당 부분 추정, 판단, 모형에 근거하므로 개념체계는 추정, 판단 및 모형의 기초가 되는 개념을 정함

> 개념 찾기
>
> ❶ 근본적 질적 특성   ❹ 예측가치   ❼ 충실한 표현   ❿ 오류가 없는 서술
> ❷ 보강적 질적 특성   ❺ 확인가치   ❽ 완전한 서술
> ❸ 목적적합성   ❻ 중요성   ❾ 중립적 서술

💡 제공하는 정보

경제적 자원과 청구권의 변동	① 경제적 자원과 청구권: 보고기업의 재무적 강점과 약점을 식별하는 데 도움 ② 경제적 자원과 청구권의 변동: 재무성과와 채무상품이나 지분상품의 발행과 같은 재무성과 이외의 사건이나 거래에서 발생 ③ 발생기준 회계가 반영된 재무성과: 거래와 그 밖의 사건 및 상황이 보고기업의 경제적 자원 및 청구권에 미치는 영향을 비록 그 결과로 발생하는 현금의 수취와 지급일이 다른 기간에 이루어지더라도, 그 영향이 발생한 기간에 보여주는 것 ④ 과거 현금흐름이 반영된 재무성과: 기업의 미래 순 현금유입 창출 능력을 평가하는 데 도움 ⑤ 재무성과에 기인하지 않은 경제적 자원 및 청구권의 변동: 채무상품이나 지분상품의 발행과 같이 재무성과 외의 사유로도 변동될 수 있음
경제적 자원의 사용에 관한 정보	경영진이 기업의 경제적 자원을 얼마나 효율적이고 효과적으로 사용하고 있는지에 관한 정보는 해당 자원에 대한 경영자의 수탁책임을 평가할 수 있도록 도움을 줌

❸ 유용한 재무정보의 질적 특성

💡 근본적 질적 특성

목적적합성	예측가치	정보이용자들이 미래 결과를 예측하기 위해 사용하는 절차의 투입요소로 사용될 수 있다면 그 재무정보는 예측가치를 가짐
	확인가치	과거 평가에 대한 피드백을 제공한다면 즉, 과거 평가를 확인하거나 변경시킨다면 그 재무정보는 확인가치를 가짐
	중요성	① 정보를 누락하거나 잘못 기재하거나 불분명하게 하여, 이를 기초로 내리는 주요 이용자들의 의사결정에 영향을 줄 것으로 합리적으로 예상할 수 있다면 그 정보는 중요한 것임 ② 해당 기업 특유한 측면의 목적적합성이므로, 회계기준위원회가 획일적인 계량 임계치를 정하거나 특정사항에서 무엇이 중요한 것인지 미리 정할 수 없음
표현의 충실성	완전한 서술	필요한 기술과 설명을 포함하여 정보이용자가 서술되는 현상을 이해하는 데 필요한 모든 정보를 포함해야 함
	중립적 서술	① 재무정보의 선택이나 표시에 편의가 없어야 함 ② 중립적인 정보가 목적이 없거나 행동에 대한 영향력이 없는 정보를 의미하지는 않음 ③ 중립성은 신중을 기함으로써 뒷받침됨(신중성: 불확실한 상황에서 판단할 때 주의를 기울이는 것)
	오류가 없는 서술	① 현상의 기술에 오류나 누락이 없고, 보고 정보를 생산하는 데 사용되는 절차의 선택이나 적용 시 절차상의 오류가 없음을 의미함 ② 서술의 모든 면에서 완벽하게 정확하다는 것을 의미하는 것은 아님

💡 근본적 질적 특성의 적용절차

절차	① 유용할 수 있는 정보의 대상이 되는 경제적 현상을 식별 ② 가장 목적적합한 정보의 유형을 식별 ③ 그 정보가 이용 가능한지, 그리고 경제적 현상을 충실하게 표현할 수 있는지 결정
절충	• 목적적합하다고 선택된 정보가 충실하게 표현될 수 없다면, 차선의 목적적합한 유형의 정보에 대해 절차를 반복 • 근본적 질적 특성 간의 절충이 필요할 수 있음

💡 보강적 질적 특성

① 그 정보가 목적적합하지 않거나 충실하게 표현되지 않으면, 개별적으로든 집단적으로든 정보를 유용하게 할 수 없음
② 보강적 질적 특성을 적용하는 것은 규정된 순서에 따르지 않는 반복적인 과정임

비교가능성	정보이용자가 항목 간의 유사점과 차이점을 식별하고 이해할 수 있게 하는 질적 특성
검증가능성	합리적 판단력이 있고 독립적인 다른 관찰자가 어떤 서술이 충실한 표현인지에 있어서, 비록 반드시 완전히 의견이 일치하지는 않더라도, 합의에 이를 수 있다는 것을 의미
적시성	의사결정에 영향을 미칠 수 있도록 의사결정자가 정보를 제때에 이용 가능하게 하는 것을 의미
이해가능성	정보는 명확하고 간결하게 분류하고, 특징을 짓고, 표시하면 이해 가능하게 됨

💡 유용한 재무보고에 대한 원가의 제약

원가는 재무보고로 제공될 수 있는 정보에 대한 포괄적 제약요인임

④ 일반목적 재무제표

💡 일반목적 재무제표의 목적과 제공하는 정보

목적	① 보고기업에 유입될 미래 순현금흐름에 대한 전망 제공 ② 보고기업의 경제적 자원에 대한 경영진의 수탁책임을 평가하는 데 유용한 자산, 부채, 자본, 수익 및 비용에 대한 재무정보 제공

제공하는 정보	① 재무상태표
	② 재무성과표
	③ 그 밖의 재무제표와 주석
	  • 인식된 자산, 부채, 자본, 수익 및 비용
	  • 인식되지 않은 자산 및 부채
	  • 현금흐름
	  • 자본청구권 보유자의 출자와 자본청구권 보유자에 대한 분배
	  • 표시되거나 공시된 금액을 추정하는 데 사용된 방법, 가정, 판단 및 변경

💡 재무제표에 채택된 관점: 보고기업 전체의 관점

보고기업 전체의 관점에서 거래 및 그 밖의 사건에 대한 정보를 제공함

💡 보고기업

- 재무제표를 작성해야 하거나 작성하기로 선택한 기업
- 반드시 법적 실체일 필요는 없음

💡 기본가정: 계속기업가정

- 일반적으로 보고기업이 계속기업이며, 예측가능한 미래에 영업을 계속할 것이라는 가정하에 작성
- 기업이 청산하거나 거래를 중단할 의도가 있다면 계속기업과는 다른 기준에 따라 작성될 필요가 있고, 이를 공시해야 함

> **개념 찾기**
> ⑪ 비교가능성　⑭ 이해가능성　⑰ 자산　⑳ 경제적 자원
> ⑫ 검증가능성　⑮ 보고기업　⑱ 부채　㉑ 자원에 대한 통제
> ⑬ 적시성　⑯ 계속기업가정　⑲ 자본

5 재무제표 요소

항목	요소	목적
경제적 자원	자산	과거 사건의 결과로 기업이 통제하고 있는 현재의 경제적 자원
청구권	부채	과거 사건의 결과로 기업의 경제적 자원을 이전해야 하는 현재의무
	자본	기업의 자산에서 모든 부채를 차감한 잔여지분
재무성과를 반영하는 경제적 자원과 청구권의 변동	수익	자본의 증가를 가져오는 자산의 증가나 부채의 감소로서, 자본청구권 보유자의 출자와 관련된 것은 제외
	비용	자본의 감소를 가져오는 자산의 감소와 부채의 증가로서, 자본청구권 보유자에 대한 분배와 관련된 것은 제외
그 밖의 경제적 자원 및 청구권의 변동	-	자본청구권 보유자에 의한 출자와 그들에 대한 배분
		자본의 증가나 감소를 초래하지 않는 자산이나 부채의 교환

💡 자산

① 권리는 계약, 법률 또는 이와 유사한 수단에 의해 성립되지만, 공공의 영역에 속하지 않는 노하우의 획득이나 창작 등을 통해서도 획득할 수 있음
② 권리가 자산이 되기 위해서는 다른 모든 당사자들이 이용 가능한 경제적 효익을 초과하는 경제적 효익을 창출할 잠재력이 있고, 그 기업에 의해 통제되어야 함
③ 기업 스스로부터 경제적 효익을 획득하는 권리를 가질 수는 없음 (ex. 자기주식, 자기사채)
④ 경제적 효익을 창출할 가능성이 낮더라도 권리가 경제적 자원의 정의를 충족할 수 있고, 따라서 자산이 될 수 있음
⑤ 지출의 발생과 자산의 취득은 밀접한 관련이 있으나 양자가 반드시 일치하는 것은 아님
⑥ 기업이 경제적 자원의 사용을 지시하고 그로부터 유입될 수 있는 경제적 효익을 얻을 수 있는 현재의 능력이 있다면, 그 경제적 자원을 통제한다고 봄

💡 부채

① 한 당사자가 부채를 인식하고 이를 특정 금액으로 측정해야 한다는 요구사항이 다른 당사자가 자산을 인식하거나 동일한 금액으로 측정해야 한다는 것을 의미하지는 않음
② 법적의무 + 의제의무: 많은 의무가 계약, 법률 또는 이와 유사한 수단에 의해 성립되며, 실무 관행, 경영방침이나 성명서에서 의무가 발생할 수도 있음
③ 의무에는 기업이 경제적 자원을 다른 당사자에게 이전해야 할 잠재력이 있어야 하는데, 다만 그러한 잠재력이 존재하기 위해서는 기업이 경제적 자원의 이전을 요구받을 것이 확실하거나 그 가능성이 높아야 하는 것은 아님
④ 미래의 특정 시점까지 경제적 자원의 이전이 집행될 수 없더라도 현재의무는 존재할 수 있음

💡 자본

① 자본은 기업의 자산에서 모든 부채를 차감한 후의 잔여지분임
② 보통주 및 우선주와 같이 서로 다른 종류의 자본청구권은 보유자에게 서로 다른 권리를 부여할 수 있음
③ 법률, 규제 또는 그 밖의 요구사항이 자본금 또는 이익잉여금과 같은 자본의 특정 구성요소에 영향을 미치는 경우가 있음

💡 수익
자산의 증가 또는 부채의 감소로서 자본의 증가를 가져오며, 자본청구권 보유자의 출자와 관련된 것은 제외함

💡 비용
자산의 감소 또는 부채의 증가로서 자본의 감소를 가져오며, 자본청구권 보유자에 대한 분배와 관련된 것은 제외함

6 재무제표 요소의 인식과 제거

💡 인식

인식의 정의	자산, 부채, 자본, 수익 또는 비용과 같은 재무제표 요소 중 하나의 정의를 충족하는 항목을 재무상태표나 재무성과표에 포함하기 위하여 포착하는 과정
인식의 기준	① 자산, 부채 또는 자본의 정의를 충족하는 항목만을 재무상태표에 인식하고, 마찬가지로 수익이나 비용의 정의를 충족하는 항목만을 재무성과표에 인식함 ② 자산이나 부채를 인식하고 이에 따른 결과로 수익, 비용 또는 자본변동을 인식하는 것이 재무제표 이용자들에게 유용한 정보(목적적합하고 충실하게 표현된 정보)를 모두 제공하는 경우에만 자산이나 부채를 인식함
제약요인: 원가	재무제표 이용자들에게 제공되는 정보의 효익이 그 정보를 제공하고 사용하는 원가를 정당화할 수 있을 경우에 자산이나 부채를 인식함
주석 제공	자산이나 부채의 정의를 충족하는 항목이 인식되지 않더라도, 기업은 해당 항목에 대한 정보를 주석에 제공해야 할 수도 있음

💡 목적적합성
① 일반적으로 자산이나 부채가 존재하는지 불확실하거나, 자산이나 부채가 존재하지만 경제적 효익의 유입가능성이나 유출가능성이 낮은 경우 목적적합하지 않을 수 있음
② 다만, 경제적 효익의 유입가능성이나 유출가능성이 낮더라도, 자산이나 부채를 인식하는 것이 목적적합한 정보를 제공할 수도 있음

💡 표현의 충실성
① 충실한 표현이 제공될 수 있는지는 자산이나 부채와 관련된 측정 불확실성의 수준 또는 다른 요인에 의해 영향을 받을 수 있음
② 자산이나 부채를 인식하기 위해 합리적인 추정은 재무정보 작성에 필수적인 부분이며, 추정치를 명확하고 정확하게 기술하고 설명한다면 정보의 유용성을 훼손하지 않음
③ 추정에 대한 설명과 추정에 영향을 미칠 수 있는 불확실성에 대한 설명을 동반한다면, 불확실성이 높은 추정에 의존하는 측정이 가장 유용한 정보일 수 있음

💡 제거

의미	기업의 재무상태표에서 인식된 자산이나 부채의 전부 또는 일부를 삭제하는 것
자산의 제거	기업이 인식한 자산의 전부 또는 일부에 대한 통제를 상실하였을 때 제거
부채의 제거	기업이 인식한 부채의 전부 또는 일부에 대한 현재의무를 더 이상 부담하지 않을 때 제거

개념 찾기

- ㉒ 현재의무
- ㉓ 법적의무
- ㉔ 의제의무
- ㉕ 미이행계약
- ㉖ 인식
- ㉗ 인식기준
- ㉘ 제거기준
- ㉙ 측정기준
- ㉚ 역사적 원가
- ㉛ 현행가치
- ㉜ 현행원가
- ㉝ 공정가치
- ㉞ 사용가치(이행가치)

7 재무제표 요소의 측정

💡 측정기준의 구분

역사적 원가		① 자산: 자산의 취득 또는 창출로 인해 발생한 원가의 가치로서, 자산을 취득 또는 창출하기 위해 지급한 대가와 거래원가를 포함함 ② 부채: 부채를 발생시키거나 인수하면서 수취한 대가에서 거래원가를 차감한 가치임
현행가치	공정가치	측정일에 시장 참여자 사이의 정상 거래에서 자산을 매도할 때 받거나 부채를 이전할 때 지급하게 될 가격
	사용가치(이행가치)	• 자산: 자산의 사용과 궁극적 처분으로 얻을 것으로 기대하는 현금흐름 또는 경제적 효익의 현재가치 • 부채: 부채를 이행할 때 이전해야 하는 현금이나 경제적 자원의 현재가치
	현행원가	• 자산: 측정일 현재 동등한 자산의 원가로서 측정일에 지급할 대가와 그 날에 발생할 거래원가를 포함함 • 부채: 측정일 현재 동등한 부채에 대해 수취할 수 있는 대가에서 그 날에 발생할 거래원가를 차감함

💡 특정 측정기준을 선택할 때 고려할 요인

① 선택된 측정기준에 의해 제공되는 정보는 목적적합해야 하고, 나타내고자 하는 바를 충실하게 표현해야 함
② 제공되는 정보는 가능한 한 비교가능하고, 검증가능하며, 적시성이 있고, 이해가능해야 함
③ 보강적 질적 특성 중 적시성은 측정에 특별한 영향을 미치지 않음
④ 원가는 다른 재무보고결정을 제약하는 것처럼 측정기준의 선택도 제약함

💡 자본

① 자본의 총장부금액인 총자본은 직접 측정하지 않음
② 총자본은 직접 측정하지 않지만, 자본의 일부 종류와 자본의 일부 구성요소에 대한 장부금액은 직접 측정하는 것이 적절할 수도 있음

💡 현금흐름 측정기법

측정치를 직접 관측할 수 없는 경우 측정치를 추정하는 한 가지 방법은 현금흐름기준 측정기법을 사용하는 것임

개념 찾기

- ㉟ 재무자본유지개념
- ㊱ 실물자본유지개념

8 재무제표의 표시와 공시

자산과 부채의 분류	선택된 회계단위별로 적용하여 분류
자산과 부채의 상계	서로 다른 항목을 함께 분류하는 것이므로 일반적으로 적절하지 않음
자본의 분류	① 자본청구권이 다른 특성을 가지고 있는 경우에 별도로 분류 ② 특정 법률, 규제 또는 그 밖의 요구사항이 있는 경우에는 자본의 그 구성요소를 별도로 분류해야 할 수 있음
수익과 비용의 분류	① 자산이나 부채에 대해 선택된 회계단위에서 발생하는 수익과 비용 ② 수익이나 비용의 구성요소의 특성이 서로 다르며 이들 구성요소가 별도로 식별되는 경우 그러한 수익과 비용의 구성요소
당기손익과 기타포괄손익	수익과 비용은 분류되어 다음 중 하나에 포함 ① 손익계산서 ② 손익계산서 이외의 기타포괄손익
통합	특성을 공유하고 동일한 분류에 속하는 자산, 부채, 자본, 수익 또는 비용을 통합하는 것

9 자본과 자본유지 개념

재무자본유지개념	① 이익: 해당 기간 중 명목화폐자본의 증가액을 의미 ② 자산가격의 증가분: 기간 중 보유한 자산가격의 증가 부분인 보유이익도 이익에 포함 ③ 측정기준: 특정한 측정기준의 적용을 요구하지 않음
실물자본유지개념	① 이익: 해당 기간 중 실물생산능력의 증가를 의미 ② 자산가격의 증가분: 모든 가격변동은 해당 기업의 실물생산능력에 대한 측정치의 변동으로 간주되어 이익이 아니라 자본의 일부인 자본유지조정으로 처리 ③ 측정기준: 현행원가기준에 따라 측정

MEMO

- ① 개념체계 일반
- ② 일반목적 재무보고서의 목적, 대상 및 한계와 제공하는 정보
- ③ 유용한 재무정보의 질적 특성
- ④ 일반목적 재무제표
- ⑤ 재무제표의 요소
- ⑥ 재무제표 요소의 인식과 제거
- ⑦ 재무제표 요소의 측정
- ⑧ 재무제표의 표시와 공시
- ⑨ 자본과 자본유지 개념

기출 OX

01. 재무보고를 위한 개념체계는 한국회계기준위원회가 일관된 개념에 기반하여 「한국채택국제회계기준」을 제·개정하는 데 도움을 준다.
기출처 2024. 지방직 9급 [최신]
정답 O

02. 재무보고를 위한 개념체계는 모든 이해관계자가 회계기준을 이해하고 해석하는 데 도움을 준다.
기출처 2024. 지방직 9급 [최신]
정답 O

오쌤 Talk

개념체계의 위상
한국채택국제회계기준 > 개념체계

기출 OX

03. 재무보고를 위한 개념체계와 「한국채택국제회계기준」이 서로 상충하는 경우에는 개념체계가 우선하여 적용된다.
기출처 2016. 지방직 9급
정답 X

04. 재무보고를 위한 개념체계는 회계기준은 아니지만 어떠한 회계기준보다도 우선한다.
기출처 2024. 지방직 9급 [최신]
정답 X

① 개념체계 일반

❶ 개념체계의 목적

재무보고를 위한 개념체계는 일반목적 재무보고의 목적과 개념을 서술한다. 재무보고를 위한 개념체계의 목적은 다음과 같다.

① **회계기준위원회**: 회계기준위원회가 일관된 개념에 기반하여 한국채택국제회계기준을 제·개정하는 데 도움을 준다.
② **재무제표 작성자**: 특정 거래나 다른 사건에 적용할 회계기준이 없거나 회계기준에서 회계정책을 선택하는 것을 허용하는 경우에 재무제표 작성자가 일관된 회계정책을 개발하는 데 도움을 준다.
③ **모든 이해관계자**: 모든 이해관계자가 회계기준을 이해하고 해석하는 데 도움을 준다.

❷ 개념체계의 위상

개념체계는 회계기준이 아니다. 따라서 개념체계의 어떠한 내용도 회계기준이나 회계기준의 요구사항에 우선하지 않는다.

일반목적 재무보고의 목적을 달성하기 위해 회계기준위원회는 개념체계의 관점에서 벗어난 요구사항을 정하는 경우가 있을 수 있다. 만약, 회계기준위원회가 그러한 사항을 정한다면, 해당 기준서의 결론도출근거에 그러한 일탈에 대해 설명할 것이다.

개념체계는 수시로 개정될 수 있다. 그러나 개념체계가 개정되었다고 자동으로 회계기준이 개정되는 것은 아니다. 회계기준을 개정하기로 결정한 경우, 회계기준위원회는 정규절차에 따라 의제에 프로젝트를 추가하고 해당 회계기준에 대한 개정안을 개발할 것이다.

재무제표를 작성하는 경우 우선적으로 국제회계기준의 규정에 근거해야 한다. 하지만 특정 거래나 기타 사건 또는 상황에 대하여 구체적으로 적용할 수 있는 한국채택국제회계기준이 없는 경우, 경영진은 판단에 따라 회계정책을 개발 및 적용하여 회계정보를 작성할 수 있으며, 다음 사항을 순차적으로 참조하여 적용가능성을 고려해야 한다.

① **다른 국제회계기준**: 내용상 유사하고 관련되는 회계논제를 다루는 한국채택국제회계기준의 규정
② **재무보고를 위한 개념체계**: 자산, 부채, 수익, 비용에 대한 '개념체계'의 정의, 인식기준 및 측정개념

❸ 회계기준위원회의 공식임무

회계기준위원회의 공식임무는 전 세계 금융시장에 투명성, 책임성, 효율성을 제공하는 회계기준을 개발하는 것이다. 즉, 회계기준위원회의 임무는 세계 경제에서의 신뢰, 성장, 장기적 금융안정을 조성함으로써 공공이익에 기여하는 것이다. 따라서 개념체계는 다음과 같은 회계기준을 위한 기반을 제공한다.

> ① 회계투명성에 기여: 투자자와 그 밖의 시장 참여자가 정보에 입각한 경제적 의사결정을 내릴 수 있도록 재무정보의 국제적 비교가능성과 정보의 질을 향상시킴으로써 투명성에 기여한다.
> ② 수탁책임정보의 제공: 자본제공자와 자본수탁자 간의 정보 격차를 줄임으로써 책임성을 강화한다. 즉, 개념체계에 기반한 회계기준은 경영진의 책임을 묻기 위해 필요한 정보를 제공한다. 국제적으로 비교가능한 정보의 원천으로서 이 회계기준은 전 세계 규제기관에 매우 중요하다.
> ③ 경제적 효율성에 기여: 투자자와 전세계의 기회와 위험을 파악하도록 도움을 주어 자본 배분을 향상시킴으로써 경제적 효율성에 기여한다. 기업이 개념체계에 기반한 신뢰성 있는 단일의 회계언어를 사용하면 자본비용이 낮아지고 국제보고의 비용이 절감된다.

❹ 개념체계의 구조

국제회계기준위원회(IASB)가 제공한 재무보고를 위한 개념체계는 다음과 같이 구성되어 있다.

| 재무보고의 목적 | 정보이용자의 경제적 의사결정에 유용한 정보제공 |

| 유용한 재무정보의 질적 특성 | 근본적 질적 특성: 목적적합성, 표현의 충실성
보강적 질적 특성: 비교가능성, 검증가능성, 적시성, 이해가능성 |

| 재무제표의 표시와 공시 | 보고실체와 재무제표, 재무제표의 요소, 인식과 제거, 재무제표 요소의 측정, 표시와 공시 |

| 이익측정과 자본유지의 개념 | 명목재무자본유지, 불변구매력재무자본유지, 실물자본유지 |

오쌤 Talk

2020년 개념체계 개정사항

재무제표 요소의 정의와 인식기준 및 측정이 가장 크게 변화하였다. 카테고리로는 재무제표의 표시와 공시부분이 새로 추가되었다. 한국채택국제회계기준에서 규정하고 있는 표시, 공시부분에 대한 내용의 보강이라고 볼 수 있다. 그 외 나머지 사항들은 거의 동일하다.

2 일반목적 재무보고서의 목적, 대상 및 한계와 제공하는 정보

1 목적

일반목적 재무보고의 목적은 현재 및 잠재적 투자자, 대여자 및 기타 채권자가 기업에 자원을 제공하는 것에 대한 의사결정을 할 때 유용한 보고기업의 재무정보를 제공하는 것이다. 그 의사결정은 다음을 포함한다.

① 지분상품 및 채무상품의 매수, 매도 또는 보유
② 대여 및 기타 형태의 신용 제공 또는 결제
③ 기업의 경제적 자원 사용에 영향을 미치는 경영진의 행위에 대한 의결권 또는 영향을 미치는 권리행사

2 대상

일반목적 재무보고의 주요 이용자는 보고기업의 현재 및 잠재적 투자자, 대여자 및 기타 채권자이다. 현재 및 잠재적 투자자, 대여자 및 기타 채권자는 그들에게 직접 정보를 제공하도록 보고기업에 요구할 수 없고, 그들이 필요로 하는 재무정보 대부분을 일반목적 재무보고서에 의존해야 하기 때문이다.

한편, 보고기업의 경영진도 해당 기업에 대한 재무정보에 관심이 있다. 그러나 **경영진은 필요로 하는 재무정보를 내부에서 구할 수 있기 때문에 일반목적 재무보고서에 의존할 필요가 없다.** 또한 규제기관이나 일반 대중(투자자, 대여자와 그 밖의 채권자가 아닌)도 일반목적 재무보고서가 유용하다고 여길 수는 있다. 그렇다고 하더라도 일반목적 재무보고서는 규제기관이나 일반 대중을 대상으로 한 것은 아니다.

3 한계

일반목적 재무보고서는 현재 및 잠재적 투자자, 대여자 및 기타 채권자가 필요로 하는 모든 정보를 제공하지는 않으며, 제공할 수도 없다. 따라서 정보이용자들은 일반 경제상황 및 정치적 사건, 산업 및 기업전망 등과 같은 다른 원천에서 입수한 정보를 고려할 필요가 있다.

일반목적 재무보고서는 보고기업의 가치를 보여주기 위해 고안된 것이 아니다. 그러나 그것은 현재 및 잠재적 투자자, 대여자 및 기타 채권자가 보고기업의 가치를 추정하는 데 도움이 되는 정보를 제공한다.

또한 각 주요 이용자들의 정보 수요 및 욕구는 다르고 상충되기도 한다. 회계기준위원회는 재무보고기준을 제정할 때 최대 다수의 주요이용자 수요를 충족하는 정보를 제공하기 위해 노력할 것이다. 그러나 공통된 정보 수요에 초점을 맞춘다고 해서 보고기업으로 하여금 주요 이용자의 특정 일부집단에게 가장 유용한 추가 정보를 포함하지 못하게 하는 것은 아니다.

재무보고서는 정확한 서술보다는 상당 부분 추정, 판단 및 모형에 근거한다. 개념체계는 그 추정, 판단 및 모형에 기초가 되는 개념을 정한다.

기출 OX

05. 일반목적재무보고의 목적은 현재 및 잠재적 투자자, 대여자 및 기타 채권자가 기업에 자원을 제공하는 것에 대한 의사결정을 할 때 유용한 보고기업 재무정보를 제공하는 것이다.
기출처 2019. 지방직 9급
정답 O

06. 외부 이해관계자들과 마찬가지로 보고기업의 경영진도 해당 기업의 경영의사결정을 위해 일반목적재무보고서에 가장 많이 의존한다.
기출처 2019. 지방직 9급
정답 X

07. 재무보고서는 정확한 서술보다는 상당 부분 추정, 판단 및 모형에 근거한다.
기출처 2019. 지방직 9급
정답 O

확인문제

01. 일반목적재무보고에 대한 설명으로 옳지 않은 것은? 기출처 2021. 국가직 7급
① 많은 현재 및 잠재적 투자자, 대여자 및 그 밖의 채권자는 정보를 제공하도록 보고기업에 직접 요구할 수 없다.
② 일반목적재무보고서는 현재 및 잠재적 투자자, 대여자와 그 밖의 채권자가 필요로 하는 모든 정보를 제공한다.
③ 일반목적재무보고서는 보고기업의 가치를 보여주기 위해 고안된 것이 아니다.
④ 경영진은 필요로 하는 재무정보를 내부에서 구할 수 있기 때문에 일반목적재무보고서에 의존할 필요가 없다.

정답 ②

오쌤 Talk

특정 집단에게만 유리한 추가 정보
포괄손익계산서에 보고하는 주당순이익은 주주에게 유리한 추가 정보이다. 개념체계는 최대 다수의 최대 수요를 충족시키는 정보를 공시할 것을 요구하지만, 그렇다고 특정 집단에게 유리한 정보의 공시를 금지하고 있는 것은 아니다.

[일반목적 재무보고의 목적, 대상, 한계]

목적	현재 및 잠재적 투자자, 대여자 및 기타 채권자가 기업에 자원을 제공하는 것에 대한 의사결정을 할 때 유용한 보고기업의 재무정보를 제공하는 것
의사결정 사항	① 지분상품 및 채무상품의 매수, 매도 또는 보유 ② 대여 및 기타 형태의 신용 제공 또는 결제 ③ 기업의 경제적 자원 사용에 영향을 미치는 경영진의 행위에 대한 의결권 또는 영향을 미치는 권리행사
대상	현재 및 잠재적 투자자, 대여자 및 기타 채권자 (경영자, 규제기관, 일반 대중도 유용하다고 여길 수는 있으나 주요 대상은 아님)
한계	① 필요로 하는 모든 정보를 제공하지는 않으며, 제공할 수도 없음 ② 보고기업의 가치를 보여주기 위해 고안된 것이 아니라, 가치를 추정하는 데 도움이 되는 정보를 제공하기 위함 ③ 회계기준위원회는 회계기준을 제정할 때 최대 다수의 주요이용자 수요를 충족하는 정보를 제공하기 위해 노력해야 함 ④ 재무보고서는 정확한 서술보다는 상당 부분 추정, 판단 및 모형에 근거해야 함(개념체계가 추정, 판단, 모형에 기초가 되는 개념을 정함)

❹ 제공하는 정보

4-1 일반목적 재무보고서가 제공하는 정보: 경제적 자원, 청구권 그리고 청구권의 변동에 관한 정보

주요 정보이용자의 정보수요를 충족시켜주기 위해서 일반목적 재무보고서는 **보고기업의 경제적 자원 및 이에 대한 청구권에 관한 재무상태정보를 제공해야 한다.** 또한 **보고기업의 경제적 자원과 청구권을 변동시키는 거래와 그 밖의 사건의 영향에 대한 정보도 제공해야 한다.**

4-1-1 경제적 자원과 청구권에 관한 정보

보고기업의 경제적 자원 및 청구권의 성격 및 금액에 대한 정보는 이용자들이 보고기업의 재무적 강점과 약점을 식별하는 데 도움을 줄 수 있다. 이 정보는 이용자들이 보고기업의 유동성과 지급능력, 추가적인 자금 조달의 필요성 및 그 자금 조달이 얼마나 성공적일지를 평가하는 데 도움을 줄 수 있다. 이 정보는 이용자들이 기업의 경제적 자원에 대한 경영진의 수탁책임을 평가하는 데에도 도움이 될 수 있다. 현재 청구권에 대한 우선순위와 지급 요구사항에 대한 정보는 이용자들이 기업에 대한 청구권이 있는 자들에게 미래 현금흐름이 어떻게 배분될 것인지 예측하는 데 도움이 된다.

4-1-2 경제적 자원 및 청구권의 변동에 관한 정보

보고기업의 경제적 자원 및 청구권의 변동은 그 기업의 재무성과와 채무상품이나 지분상품의 발행과 같은 재무성과 이외의 사건이나 거래에서 발생한다. 보고기업의 미래 순현금유입액에 대한 전망과 기업의 경제적 자원에 대한 경영진의 수탁책임을 올바르게 평가하기 위하여 정보이용자는 이 두 가지 변동을 구별할 수 있는 능력이 필요하다. **보고기업의 재무성과에 대한 정보는 그 기업의 경제적 자원에서 해당 기업이 창출한 수익을 이용자들이 이해하는 데 도움을 준다.** 또한 기업이 창출한 수익에 관한 정보는 이용자들이 기업의 경제적 자원에 대한 경영진의 수탁책임을 평가하는 데 도움을 줄 수 있

 확인문제

02. 한국채택국제회계기준의 재무보고를 위한 개념체계에서 규정하고 있는 일반목적 재무보고의 유용성 및 한계에 대한 내용으로 옳지 않은 것은?
_{기출처 2016. 관세직 9급}
① 재무보고서는 정확한 서술보다는 상당 부분 추정, 판단 및 모형에 근거한다.
② 일반목적 재무보고서는 현재 및 잠재적 투자자, 대여자 및 기타 채권자가 필요로 하는 모든 정보를 제공한다.
③ 일반목적 재무보고서는 현재 및 잠재적 투자자, 대여자 및 기타 채권자가 보고기업의 가치를 추정하는 데 도움이 되는 정보를 제공한다.
④ 각 주요 이용자들의 정보수요 및 욕구는 다르고 상충되기도 하지만, 기준제정기관은 재무보고기준을 제정할 때 주요 이용자 최대 다수의 수요를 충족하는 정보를 제공하기 위하여 노력한다.

정답 ②

✏️ **기출 OX**

08. 보고기업의 경제적자원 및 청구권의 성격 및 금액에 대한 정보는 이용자들이 보고기업의 재무적 강점과 약점을 식별하는 데 도움을 줄 수 있다.
_{기출처 2025. 국가직 9급} 최신

정답 ○

09. 보고기업의 재무성과에 대한 정보는 그 기업의 경제적자원에서 해당 기업이 창출한 수익을 이용자들이 이해하는 데 도움을 준다. _{기출처 2025. 국가직 9급} 최신

정답 ○

 오쌤 Talk

경제적 자원과 청구권
경제적 자원과 청구권은 보고시점의 상태를 의미하는 것으로 '재무상태표'를 통해 보고되고, 경제적 자원과 청구권의 변동은 기간 동안의 변동을 의미하는 것으로 '포괄손익계산서, 자본변동표, 현금흐름표'를 통해 보고된다.

 오쌤 Talk

채무상품이나 지분상품의 발행
채무상품의 발행은 회사가 채권을 발행하여 채권자에게 돈을 빌렸다는 의미이고, 지분상품의 발행은 회사가 주식을 발행하여 주주에게 돈을 빌렸다는 의미이다. 즉, 재무적 성과에 의하지 않은 변동은 채권자와 주주에게 돈을 빌려서 자산과 부채가 달라진 회계상의 거래를 의미한다.

확인문제

03. 다음 중 '재무보고를 위한 개념체계'에서 규정하고 있는 일반목적 재무보고서가 제공하고 있는 정보에 대한 설명으로 옳지 않은 것은?

① 보고기업의 경제적 자원 및 이에 대한 청구권에 관한 재무상태정보를 제공해야 한다.
② 보고기업의 경제적 자원과 청구권 그리고 기간 중에 변동에 관한 현금흐름의 정보가 발생기준이 반영된 재무성과보다 기업의 과거 및 미래 성과를 평가하는 데 더 나은 정보를 제공하므로 현금주의 회계가 반영된 재무성과를 보고해야 한다.
③ 한 기간 동안의 보고기업의 현금흐름에 대한 정보는 정보이용자들이 기업의 미래 순현금유입 창출 능력을 평가하고 기업의 경제적 자원에 대한 경영진의 수탁 책임으로 평가하는 데 도움이 된다.
④ 일반목적 재무보고서는 경영진이 기업의 자원을 얼마나 효율적이고 효과적으로 사용하고 있는지에 대한 정보도 제공해야 한다.

정답 ②

기출 OX

10. 현재 및 잠재적 투자자, 대여자 및 기타 채권자는 기업의 경영진 및 이사회가 기업의 자원을 사용하는 그들의 책임을 얼마나 효율적이고 효과적으로 이행해 왔는지에 대한 정보를 필요로 한다.
기출처 2019. 지방직 9급
정답 O

11. 한 기간의 보고기업의 현금흐름에 대한 정보는 이용자들이 기업의 미래 순현금유입 창출능력을 평가하고 기업의 경제적자원에 대한 경영진의 수탁책임을 평가하는 데에도 도움이 된다.
기출처 2025. 국가직 9급 최신
정답 O

12. 보고기업의 경제적자원 및 청구권은 채무상품이나 지분상품의 발행과 같이 재무성과 외의 사유로는 변동되지 않는다.
기출처 2025. 국가직 9급 최신
정답 X

다. 특히 미래 현금흐름의 불확실성을 평가하는 데 있어서는 그 수익의 변동성 및 구성요소에 대한 정보도 역시 중요하다. 보고기업의 과거 재무성과와 그 경영진이 수탁책임을 어떻게 이행했는지에 대한 정보는 기업의 경제적 자원에서 발생하는 미래 수익을 예측하는 데 일반적으로 도움이 된다.

4-1-3 발생기준 회계가 반영된 재무성과

발생기준 회계는 거래와 그 밖의 사건 및 상황이 보고기업의 경제적 자원 및 청구권에 미치는 영향을 비록 그 결과로 발생하는 현금의 수취와 지급일이 다른 기간에 이루어지더라도, 그 영향이 발생한 기간에 보여주는 것을 말한다. 이것이 중요한 이유는 보고기업의 경제적 자원과 청구권 그리고 기간 중 변동에 관한 발생주의 정보가 그 기간의 현금 수취와 지급만을 반영하는 현금주의 정보보다 기업의 과거 및 미래 성과를 평가하는 데 더 나은 근거를 제공하기 때문이다. 한 기간의 경제적 자원 및 청구권의 변동이 반영된 정보는 기업의 과거 및 미래 순현금유입 창출 능력을 평가하는 데 유용하다. 또한 재무성과에 대한 정보는 이용자들이 기업의 경제적 자원에 대한 경영진의 수탁책임을 평가하는 데에도 도움을 줄 수 있다.

4-1-4 과거 현금흐름이 반영된 재무성과

한 기간 동안의 보고기업의 현금흐름에 대한 정보도 이용자들이 기업의 미래 순현금유입 창출 능력을 평가하고 기업의 경제적 자원에 대한 경영진의 수탁책임을 평가하는 데에도 도움이 된다. 이 정보는 채무의 차입과 상환, 현금 배당 등 투자자에 대한 현금 분배 그리고 기업의 유동성이나 지급 능력에 영향을 미치는 그 밖의 요인에 대한 정보를 포함하여, 보고기업이 어떻게 현금을 획득하고 사용하는지 보여준다.

4-1-5 재무성과에 의하지 않는 경제적 자원 및 청구권의 변동

보고기업의 경제적 자원 및 청구권은 채무상품이나 지분상품의 발행과 같이 재무성과 외의 사유로도 변동될 수 있다. 이러한 유형의 변동에 관한 정보는 보고기업의 경제적 자원 및 청구권이 변동된 이유와 그 변동이 미래 재무성과에 주는 의미를 이용자들이 완전히 이해하는 데 필요하다.

4-2 일반목적 재무보고서가 제공하는 정보: 경제적 자원의 사용에 관한 정보

경영진이 기업의 경제적 자원을 얼마나 효율적이고 효과적으로 사용하고 있는지에 관한 정보는 해당 자원에 대한 경영자의 수탁책임을 평가할 수 있도록 도움을 준다. 또한 이러한 정보는 미래에 얼마나 효율적이고 효과적으로 경영진이 기업의 경제적 자원을 사용할 것인지를 예측하는 데에도 유용할 수 있다. 그러므로 그 정보는 미래 순현금유입에 대한 기업의 전망을 평가하는 데 유용할 수 있다.

[일반목적 재무보고서가 제공하는 정보]

구분			관련 재무제표
경제적 자원과 청구권에 관한 정보			재무상태표
경제적 자원과 청구권의 변동에 관한 정보	재무성과로 인한 변동	발생기준회계를 반영	포괄손익계산서
		과거현금흐름 반영	현금흐름표
	재무성과 이외로 인한 변동		현금흐름표와 자본변동표
경제적 자원 사용에 관한 정보			전체 재무제표

3 유용한 재무정보의 질적 특성

질적 특성은 일반목적 재무보고를 통해 제공되는 정보가 그 목적을 달성하기 위해 갖추어야 할 주요 속성을 말한다. 그러므로 질적 특성은 현재 및 잠재적 투자자, 대여자와 그 밖의 채권자가 재무보고서에 포함된 정보에 근거하여 보고기업에 대한 의사결정을 할 때, 정보의 유용성을 판단하는 기준이 된다. **유용한 재무정보의 질적 특성은 근본적 질적 특성과 보강적 질적 특성으로 구성된다.**

근본적으로 재무정보가 유용하기 위해서는 목적적합해야 하고 나타내고자 하는 바를 충실하게 표현해야 한다. 더불어 재무정보가 비교가능하고, 검증가능하며, 적시성 있고, 이해가능한 경우에는 그 재무정보의 유용성은 보강된다. 보강적 질적 특성은 만일 어떤 두 가지 방법이 모두 현상에 대하여 동일하게 목적적합한 정보이고 동일하게 충실하게 표현을 제공하는 것이라면 이 두 가지 방법 가운데 어느 방법을 그 현상의 서술에 사용해야 할지를 결정하는 데에도 도움을 줄 수 있다.
유용한 재무보고의 질적특성은 그 밖의 방법으로 제공되는 재무정보 뿐만 아니라 재무제표에서 제공되는 재무정보에도 적용된다. 보고기업의 유용한 재무정보 제공능력에 대한 포괄적 제약요인인 원가도 이와 마찬가지로 적용된다. 그러나 질적특성과 원가 제약요인 적용시의 고려사항은 정보의 유형별로 달라질 수 있다.

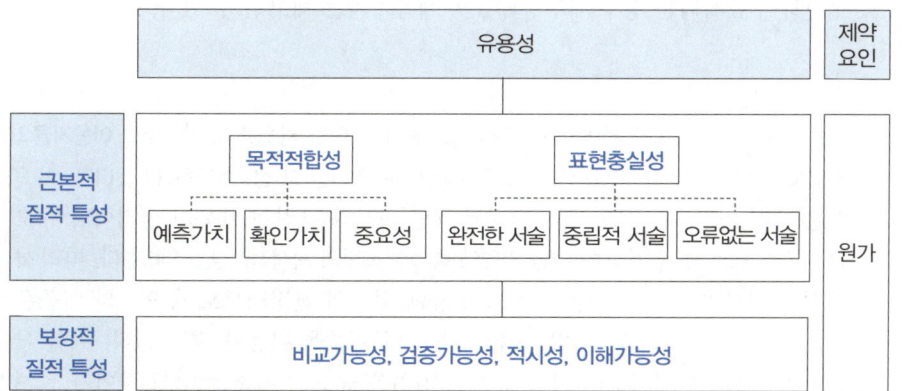

확인문제

04. 유용한 재무정보의 질적 특성을 근본적 질적 특성과 보강적 질적 특성으로 구분할 경우 보강적 질적 특성으로 옳지 않은 것은?
기출처 2014. 국가직 7급

① 비교가능성
② 검증가능성
③ 적시성
④ 예측가능성

정답 ④

기출 OX

13. 재무정보가 유용하기 위해서는 목적적합해야 하고 나타내고자 하는 바를 충실하게 표현해야 한다.
기출처 2024. 지방직 9급 최신

정답 O

❶ 근본적 질적 특성

근본적 질적 특성은 목적적합성과 충실한 표현으로 구성된다.

1-1 목적적합성

1-1-1 목적적합성의 개념

목적적합한 재무정보는 이용자들의 의사결정에 차이가 나도록 할 수 있다. 정보는 일부 이용자들이 이를 이용하지 않기로 선택하거나 다른 원천을 통해 이미 알고 있다고 하더라도 의사결정에 차이가 나도록 할 수 있다.

1-1-2 예측가치와 확인가치

재무정보에 예측가치와 확인가치 또는 둘 다 있다면 그 재무정보는 의사결정에 차이가 나도록 할 수 있다. 정보가 정보이용자들이 미래 결과를 예측하기 위해 사용하는 절차의 투입요소로 사용될 수 있다면 그 재무정보는 예측가치를 갖는다. 또한 재무정보가 과거 평가에 대한 피드백을 제공한다면 즉, 과거 평가를 확인하거나 변경시킨다면 그 재무정보는 확인가치를 갖는다.

예를 들면, 기업의 과거 매출의 추이를 통해서 미래의 매출을 예측했다면 이는 예측가치를 가지는 것이며, 예측치와 회사가 실제 발표한 매출액과 일치했다고 확인하거나 차이의 원인을 밝히고 수정해나가는 것을 확인가치라고 한다. 즉, **예측가치와 확인가치는 상호 연관관계에 있다.** 예측가치를 갖는 정보는 확인가치도 갖는 경우가 많다.

여기서 주의할 점은 **재무정보가 예측가치를 갖기 위해서 그 자체가 예측치 또는 예상치일 필요는 없다**는 것이다. 과거 거래나 사건이 표시되는 방법에 따라 재무제표의 예측능력이 제고될 수 있다. 예를 들어, 이마트와 신세계가 분리되면서 중단사업이 결정된 이마트 사업부에서 발생한 수익이나 비용이 신세계 사업부문에서 발생하는 수익, 비용과 구분되어 중단사업이 표시되는 경우 포괄손익계산서상 예측의 가치는 제고되며, 매각 예정으로 결정된 일부 비유동자산이 매각예정 비유동자산으로 구분하여 표시되는 경우 재무상태표의 예측가치는 제고될 수 있다.

1-1-3 중요성

정보를 누락하거나 잘못 기재하거나 불분명하게 하여, 이를 기초로 내리는 주요 이용자들의 의사결정에 영향을 줄 것이라고 합리적으로 예상할 수 있다면 그 정보는 중요한 것이다. 이 중요성은 개별 기업 재무보고서 관점에서 해당 정보와 관련된 항목의 성격이나 규모 또는 이 둘 모두에 근거하여 **해당 기업에 특유한 측면의 목적적합성을 의미한다.** 따라서 중요성은 회사의 규모나 매출액의 크기 등에 의해서 결정되므로 중요성의 기준은 각 기업마다 차이가 발생할 수밖에 없고 동일한 기준을 적용할 수도 없다. 예를 들어, 총자산이 100억 원인 기업과 1억 원인 기업은 중요성 기준 금액이 차이가 날 수밖에 없다. 따라서 **회계기준위원회는 중요성에 대한 획일적인 계량 임계치를 정하거나 특정한 상황에서 무엇이 중요한 것인지를 미리 결정할 수 없다.**

확인문제

05. 정보이용자가 어떤 회계정보를 이용하여 의사결정을 할 때 그 정보가 없는 경우와 비교하여 보다 유리한 차이를 낼 수 있는 회계정보의 질적 특성은?

기출처 2015. 지방직 9급

① 목적적합성
② 표현의 충실성
③ 적시성
④ 비교가능성

정답 ①

확인문제

06. '유용한 재무정보의 질적 특성' 중 목적적합성에 대한 설명으로 옳지 않은 것은?

기출처 2020. 국가직 7급

① 재무정보에 예측가치, 확인가치 또는 이 둘 모두가 있다면 그 재무정보는 의사결정에 차이가 나도록 할 수 있다.
② 재무정보가 과거 평가에 대해 피드백을 제공한다면(과거 평가를 확인하거나 변경시킨다면) 확인가치를 갖는다.
③ 재무정보의 예측가치와 확인가치는 상호 연관되어 있다.
④ 재무정보가 예측가치를 갖기 위해서는 그 자체가 명백한 예측치 또는 예상치 형태를 갖추어야만 한다.

정답 ④

확인문제

07. 재무정보의 질적 특성 중 중요성에 대한 설명으로 옳은 것은?

기출처 2018. 지방직 9급

① 근본적 질적 특성인 표현의 충실성을 갖추기 위한 요소이다.
② 인식을 위한 최소요건으로 정보이용자가 항목 간의 유사점과 차이점을 식별할 수 있게 한다.
③ 의사결정에 영향을 미칠 수 있도록 정보이용자가 정보를 적시에 이용가능하게 하는 것을 의미한다.
④ 기업마다 다를 수 있기 때문에 기업 특유의 측면에서 고려해야 한다.

정답 ④

[목적적합성의 구성요소]

예측가치	정보이용자가 미래 결과를 예측하기 위해 사용하는 절차의 투입요소로 사용될 수 있는 재무정보의 가치 단, 정보가 예측의 형태를 갖추어야 하는 것은 아님
확인가치	정보이용자가 과거의 평가에 대해 피드백을 제공(확인하거나 변경)할 수 있는 재무정보의 가치
중요성	정보를 누락하거나 잘못 기재하거나 불분명하게 하여, 의사결정에 영향을 줄 것으로 합리적으로 예상할 수 있는 것

1-2 충실한 표현

1-2-1 충실한 표현의 개념

재무보고가 유용하기 위해서는 목적적합한 현상을 표현하는 것뿐만 아니라, 나타내야 하는 현상의 실질을 충실하게 표현해야 한다. 많은 경우에 경제적 현상의 실질과 그 법적 형식은 같다. 만약 같지 않다면, 법적 형식에 따른 정보만 제공해서는 경제적 현상을 충실하게 표현할 수 없을 것이다.

완벽하게 충실한 표현을 하기 위해서는 서술이 완전하고, 중립적이며, 오류가 없어야 한다.

1-2-2 완전한 서술

완전한 서술이란 필요한 기술과 설명을 포함하여 정보이용자가 서술되는 현상을 이해하는 데 필요한 모든 정보를 포함하는 것이다.

1-2-3 중립적 서술

중립적 서술은 재무정보의 선택이나 표시에 편의가 없어야 한다. 중립적 서술은 재무정보를 정보이용자가 유리하게 또는 불리하게 받아들일 가능성을 높이기 위해 편파적이 되거나, 편중되거나, 강조되거나, 경시되거나 그 밖의 방식으로 조작되지 않는 것을 의미한다. 그렇다고 중립적 정보가 목적이 없거나 행동에 대한 영향력이 없는 정보를 의미하지는 않는다. 오히려 목적적합한 재무정보는 정의상 정보이용자의 의사결정에 차이가 나도록 할 수 있는 정보이다.

중립성은 신중을 기함으로써 뒷받침된다. 신중성은 불확실한 상황에서 판단할 때 주의를 기울이는 것이다. 신중을 기한다는 것은 자산과 수익이 과대평가되지 않고 부채와 비용이 과소평가되지 않는 것을 의미한다. 마찬가지로 신중을 기한다는 것은 자산이나 수익의 과소평가나 부채나 비용의 과대평가를 허용하지 않는다. 그러한 그릇된 평가는 미래 기간의 수익이나 비용의 과대평가나 과소평가로 이어질 수 있다.

신중을 기하는 것은 비대칭의 필요성(ex. 자산이나 수익을 인식하기 위해서는 부채나 비용을 인식할 때보다 더욱 설득력 있는 증거가 뒷받침되어야 한다는 구조적인 필요성)을 내포하는 것은 아니다. 그러한 비대칭은 유용한 재무정보의 질적 특성이 아니다. 그럼에도 불구하고, 나타내고자 하는 바를 충실하게 표현하는 가장 목적적합한 정보를 선택하려는 결정의 결과가 비대칭성이라면, 특정회계기준에서 비대칭적인 요구사항을 포함할 수도 있다.

확인문제

08. 다음 설명에 해당하는 재무정보의 질적특성은? 기출처 2015. 국가직 9급

> 재무정보가 유용하기 위해서는 서술이 완전하고, 중립적이면서, 오류가 없어야 한다.

① 목적적합성
② 검증가능성
③ 충실한 표현
④ 비교가능성

정답 ③

기출 OX

14. 재무보고를 위한 개념체계 중 '표현충실성'은 향후 어떤 결과를 초래할 것인지 예측하는 데 도움이 되도록 해야 한다. 기출처 2017. 국가직 7급

정답 X

15. 완전한 서술은 필요한 기술과 설명을 포함하여 이용자가 서술되는 현상을 이해하는 데 필요한 모든 정보를 포함하는 것이다. 기출처 2023. 국가직 7급 최신

정답 O

16. 재무보고를 위한 개념체계 중 '표현충실성'은 특정 정보이용자에게 유리하도록 정보를 선택적으로 제공하지 않아야 한다. 기출처 2017. 국가직 7급

정답 O

17. 중립적 서술은 재무정보의 선택이나 표시에 편의가 없는 것을 의미하는 것으로, 중립적 정보는 목적이 없고 행동에 대한 영향력이 없는 정보를 의미한다. 기출처 2016. 국가직 9급

정답 X

오쌤 Talk

비대칭성

한국채택국제회계기준에서의 비대칭성은 자산과 수익은 좀 더 엄격한 증거를 요구하고, 비용과 부채의 경우 상대적으로 증거력이 약하더라도 인정되는 것으로 나타난다. 구체적으로, 추정을 기반으로 한 충당부채는 인정하되 충당자산은 인정하지 않는 것을 예로 들 수 있다.

기출 OX

18. 표현충실성은 모든 면에서 정확한 것을 의미하지는 않는다. 오류가 없다는 것은 현상의 기술에 오류나 누락이 없고, 보고정보를 생산하는 데 사용되는 절차의 선택과 적용 시 절차상 오류가 없음을 의미한다.

기출처 2023. 국가직 9급 최신

정답 O

19. 재무보고를 위한 개념체계 중 '표현충실성'은 추정치의 경우 추정 금액을 정확하게 기술하고 추정 절차의 성격과 한계를 설명하도록 한다.

기출처 2017. 국가직 7급

정답 O

20. 측정불확실성이 높은 수준이더라도 그러한 추정이 무조건 유용한 재무정보를 제공하지 못하는 것은 아니다.

기출처 2023. 국가직 7급 최신

정답 O

확인문제

09. 다음 중 근본적 질적 특성에 대한 설명으로 옳지 않은 것은?

① 재무정보에 예측가치와 확인가치 또는 이 둘 다 있다면 그 재무정보는 의사결정에 차이가 나도록 할 수 있다.
② 경제적 실질과 법적 실질이 같지 않다면 법적 형식에 따른 정보만 제공해서는 경제적 현상을 충실하게 표현할 수 없다.
③ 중립성은 신중을 기함으로써 뒷받침되는데, 신중을 기하는 것은 비대칭의 필요성을 내포한다.
④ 근본적 질적 특성을 만족하기 위해서는 경제적 현상을 식별하고 그 현상에 가장 목적적합한 정보의 유형을 식별한 후 그 정보가 이용 가능한지, 그리고 경제적 현상을 충실하게 표현할 수 있는지를 결정한다.

정답 ③

1-2-4 오류가 없는 서술

오류가 없는 서술은 현상의 기술에 오류나 누락이 없고, 보고 정보를 생산하는 데 사용되는 절차의 선택과 적용 시 절차상 오류가 없음을 의미하는 것이지, 서술의 모든 면에 완벽하게 정확하다는 것을 의미하는 것은 아니다. 예를 들어, 관측 가능하지 않은 가격이나 가치의 추정치는 정확한지 또는 부정확한지 결정할 수 없다. 그러나 추정치로서 금액을 명확하고 정확하게 기술하고, 추정절차의 성격과 한계를 설명하며, 그 추정치를 도출하기 위한 적절한 절차를 선택하고 적용하는 데 오류가 없다면 그 추정치의 표현은 충실하다고 할 수 있다.

재무보고서의 화폐금액을 직접 관측할 수 없어 추정해야만 하는 경우에는 측정 불확실성이 발생한다. 합리적인 추정치의 사용은 재무정보의 작성에 필수적인 부분이며, 추정이 명확하고 정확하게 기술되고 설명되는 한 정보의 유용성을 저해하지 않는다. 그러므로 측정불확실성이 높은 수준이더라도 그러한 추정이 무조건 유용한 재무정보를 제공하지 못하는 것은 아니다.

[충실한 표현]

완전한 서술	정보이용자가 서술되는 현상을 이해하는 데 필요한 모든 정보를 포함
중립적 서술	재무정보의 선택이나 표시에 편의가 없는 것
오류가 없는 서술	현상의 기술에 오류나 누락이 없고 보고정보를 생산하는 데 사용되는 절차의 선택과 적용 시 절차상 오류가 없음

1-3 근본적 질적 특성의 적용절차

정보가 유용하기 위해서는 목적적합하고 나타내고자 하는 바를 충실하게 표현해야 한다. 목적적합하지 않은 현상에 대한 표현충실성과 목적적합한 현상에 대한 충실하지 못한 표현 모두 이용자들이 좋은 결정을 내리는 데 도움이 되지 않는다. 근본적 질적 특성을 적용하기 위한 가장 효율적이고 효과적인 절차는 일반적으로 다음과 같다.

① 경제적 현상 식별: 보고기업의 재무정보이용자에게 유용할 수 있는 정보의 대상이 되는 경제적 현상을 식별한다.
② 목적적합성 확인: 그 현상에 대한 가장 목적적합한 정보의 유형을 식별한다.
③ 표현의 충실성 확인: 그 정보가 이용가능한지, 그리고 경제적 현상을 충실하게 표현할 수 있는지 결정한다.

만약 그러하다면, 근본적 질적 특성의 충족 절차는 그 시점에 끝난다. 만약 그러하지 않다면, 차선의 목적적합한 유형의 정보에 대해 그 절차를 반복한다. 경우에 따라 경제적 현상에 대해 유용한 정보를 제공한다는 것은 재무보고의 목적을 달성하기 위해 근본적 질적 특성 간 절충이 필요할 수도 있다.

[근본적 질적 특성의 적용절차]

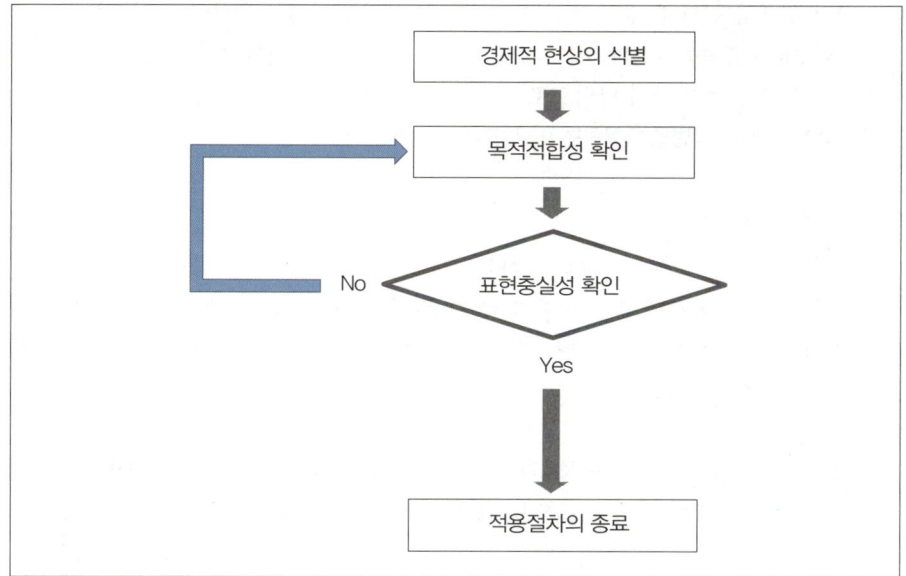

❷ 보강적 질적 특성

보강적 질적 특성은 비교가능성, 검증가능성, 적시성 및 이해가능성으로 구성이 된다. 보강적 질적 특성은 가능한 한 극대화되어야 한다. 그러나 보강적 질적 특성은 그 정보가 목적적합하지 않거나 충실하게 표현되지 않으면, 개별적으로든 집단적으로든 정보를 유용하게 할 수 없다.

보강적 질적 특성을 적용하는 것은 규정된 순서에 따르지 않는 반복적인 과정이다. 때로는 하나의 보강적 질적 특성이 다른 질적 특성의 극대화를 위해 감소되어야 한다. 예를 들어, 새로운 재무보고기준을 전진적으로 적용한 결과, 비교가능성이 일시적으로 감소될 수 있지만 장기적으로 목적적합성과 충실한 표현을 위해서는 희생할 수밖에 없다. 적절한 공시는 비교가능성의 미비를 부분적으로 보완할 수 있다.

2-1 비교가능성

비교가능성은 정보이용자가 항목 간의 유사점과 차이점을 식별하고 이해할 수 있게 하는 질적 특성이다. 다른 질적 특성과 달리 비교가능성은 단 하나의 항목에 관련된 것이 아니므로, 비교하기 위해서는 최소한 두 항목 이상이 필요하다.

일관성은 비교가능성과 관련은 되지만 동일하지는 않다. 일관성은 한 보고기간 내에서 기간 간 또는 같은 기간 동안에 기업 간, 동일한 항목에 대해 동일한 방법을 적용하는 것을 말한다. 비교가능성은 목표이고 일관성은 그 목표를 달성하는 데 도움을 준다.

한편, 비교가능성은 통일성이 아니다. 정보가 비슷하게 보이기 위해서는 비슷한 것은 비슷하게 보여야 하고 다른 것은 다르게 보여야 한다. 재무정보의 비교가능성은 비슷한 것을 달리 보이게 하여 보강되지 않는 것처럼, 비슷하지 않은 것을 비슷하게 보이게 한다고 해서 보강되지 않는다.

✏️ **기출 OX**

21. 보강적 질적 특성은 정보가 목적적합하지 않거나 충실하게 표현되지 않으면, 개별적으로든 집단적으로든 그 정보를 유용하게 할 수 없다.
기출처 2018. 서울시 7급
정답 O

22. 보강적 질적 특성을 적용하는 것은 어떤 규정된 순서를 따르지 않는 반복적인 과정이다. 때로는 하나의 보강적 질적 특성이 다른 질적 특성의 극대화를 위해 감소되어야 할 수도 있다.
기출처 2018. 서울시 7급
정답 O

📖 **확인문제**

10. 재무정보의 질적 특성 중 보강적질적 특성에 해당하는 것은?
기출처 2013. 관세직 9급
① 예측역할과 확인역할
② 검증가능성
③ 중립성
④ 완전성

정답 ②

✏️ **기출 OX**

23. 비교가능성은 정보이용자가 항목 간의 유사점과 차이점을 식별하고 이해할 수 있게 하는 질적 특성으로 일관성과 동일 하며 통일성과는 다른 개념이다.
기출처 2019. 관세직 9급
정답 X

24. 비교가능성은 한 보고기업 내에서 기간 간 또는 같은 기간 동안에 기업 간, 동일한 항목에 대해 동일한 방법을 적용하는 것을 의미하므로 일관성과 동일한 의미로 사용된다.
기출처 2019. 서울시 9급
정답 X

근본적 질적 특성을 충족하면 어느 정도의 비교가능성은 달성될 수 있을 것이다. 목적적합한 경제적 현상에 대한 충실한 표현은 다른 보고기업의 유사한 목적적합한 경제적 현상에 대한 표현충실성과 어느 정도의 비교가능성을 자연히 가져야 한다. 단, 하나의 경제적 현상은 여러 가지 방법으로 충실하게 표현될 수 있으나, **동일한 경제적 현상에 대해 대체적인 회계처리방법을 허용하면 비교가능성은 감소된다.**

2-2 검증가능성

검증가능성은 정보가 나타내고자 하는 경제적 현상을 충실히 표현하는지를 이용자들이 확인하는 데 도움을 준다. **검증가능성은 합리적 판단력이 있고 독립적인 다른 관찰자가 어떤 서술이 충실한 표현인지에 있어서, 비록 반드시 완전히 의견이 일치하지는 않더라도, 합의에 이를 수 있다는 것을 의미한다.**

여기서 유의할 점은 **계량화된 정보가 검증가능하기 위해서는 단일의 점추정치이어야 할 필요는 없다는 것이다.** 가능한 금액의 범위 및 관련된 확률도 검증될 수 있다.

또한 **검증은 직접적 또는 간접적으로 이루어질 수 있다.** 직접적인 검증은 직접적인 관찰을 통하여 금액이나 그 밖의 표현을 검증하는 것을 의미하며, 간접적인 검증은 모형, 공식 또는 그 밖의 기업에의 투입요소를 확인하고 같은 방법을 사용하여 그 결과를 재계산하는 것을 의미한다. 예를 들어, 기말재고자산의 검증을 위해 투입요소인 수량과 원가를 확인하고 보고기업과 같은 원가흐름가정을 사용하여 재고자산의 장부금액을 검증하는 것이 간접 검증의 방법이다.

2-3 적시성

적시성은 의사결정에 영향을 미칠 수 있도록 의사결정자가 정보를 제때에 이용 가능하게 하는 것을 의미한다. 일반적으로 정보는 오래될수록 유용성이 떨어진다. 그러나 일부 정보는 보고기간 말 후에도 오랫동안 적시성이 있을 수 있다. 그 이유는 정보이용자가 추세를 식별하고 평가할 필요가 있을 수 있기 때문이다.

2-4 이해가능성

이해가능성은 정보이용자가 해당 정보에 대해 이해 가능한 것을 의미한다. 정보는 명확하고 간결하게 분류하고, 특징을 짓고, 표시하면 이해가능하게 된다. 그러나 일부 현상은 본질적으로 복잡하여 이해하기 어렵다. 그 현상에 대해 정보가 복잡하다는 이유만으로 재무보고서에서 제외하면 그 재무보고서의 정보를 더 이해하기 쉽게 할 수는 있더라도, 그 정보가 불완전하여 잠재적으로 오도할 수 있다.

한편 이해가능성은 사업활동과 경제활동에 대해 합리적인 지식이 있고, 부지런히 정보를 검토하고 분석하는 정보이용자가 이해할 수 있도록 재무보고서가 작성되어야 함을 전제로 한다. 즉, 재무보고서는 어느 정도의 지식을 보유한 정보이용자를 가정하여 작성되며, 때로는 박식하고 부지런한 정보이용자도 복잡한 경제적 현상에 대한 정보를 이해하기 위해 자문가의 도움을 받는 것이 필요할 수 있다.

확인문제 [최신]

11. 유용한 재무정보의 질적 특성에 대한 설명으로 옳지 않은 것은?
기출처 2023. 국가직 9급

① 표현충실성은 모든 면에서 정확한 것을 의미하지는 않는다. 오류가 없다는 것은 현상의 기술에 오류나 누락이 없고, 보고정보를 생산하는 데 사용되는 절차의 선택과 적용 시 절차상 오류가 없음을 의미한다.
② 비교가능성은 통일성이 아니다. 정보가 비교가능하기 위해서는 비슷한 것은 비슷하게 보여야 하고 다른 것은 다르게 보여야 한다.
③ 보강적 질적특성은 가능한 한 극대화되어야 한다. 그러나 보강적 질적특성은 정보가 목적적합하지 않거나 나타내고자 하는 바를 충실하게 표현하지 않으면 개별적으로든 집단적으로든 그 정보를 유용하게 할 수 없다.
④ 하나의 경제적 현상은 여러 가지 방법으로 충실하게 표현될 수 있어 동일한 경제적 현상에 대해 대체적인 회계처리방법을 허용하면 비교가능성이 증가한다.

정답 ④

확인문제

12. 재무정보의 질적 특성에 대한 설명으로 옳지 않은 것은?
기출처 2018. 국가직 9급

① 적시성은 의사결정에 영향을 미칠 수 있도록 의사결정자가 정보를 제때에 이용 가능하게 하는 것을 의미한다.
② 검증가능성은 정보이용자가 항목 간의 유사점과 차이점을 식별하고 이해할 수 있게 하는 질적 특성이다.
③ 재무정보에 예측가치, 확인가치 또는 이 둘 모두가 있다면 의사결정에 차이가 나도록 할 수 있다.
④ 유용한 재무정보의 근본적 질적 특성은 목적적합성과 표현 충실성이다.

정답 ②

기출 OX

25. 계량화된 정보가 검증가능하기 위해서 단일 점추정치이어야 한다.
기출처 2023. 국가직 7급 [최신]

정답 X

26. 적시성은 의사결정에 영향을 미칠 수 있도록 의사결정자가 정보를 제때에 이용가능하게 하는 것을 의미하며 일반적으로 정보는 오래될수록 유용성이 낮아진다.
기출처 2019. 관세직 9급

정답 O

❸ 유용한 재무보고에 대한 원가 제약

원가는 재무보고로 제공될 수 있는 정보에 대한 포괄적 제약요인이다. 재무정보의 보고에는 원가가 소요되고, 해당 정보 보고의 효익이 그 원가를 정당화한다는 것이 중요하다. 재무정보의 보고에는 고려해야 할 다음과 같은 유형의 원가와 효익이 있다.

3-1 재무정보의 원가

재무정보의 제공자는 재무정보의 수집, 처리, 검증 및 전파에 대부분의 노력을 기울인다. 그러나 재무정보의 이용자는 궁극적으로 수익 감소의 형태로 그 원가를 부담한다. 또한 재무정보의 이용자들에게도 제공된 정보를 분석하고 해석하는 데에도 원가가 발생한다. 필요한 정보가 제공되지 않으면, 그 정보를 다른 곳에서 얻거나 그것을 추정하기 위한 추가적인 원가가 정보이용자들에게 발생한다.

3-2 재무정보의 효익

목적적합하고 나타내고자 하는 바가 충실하게 표현된 재무정보를 보고하는 것은 이용자들이 더 확신을 가지고 의사결정하는 데 도움이 된다. 이것은 자본시장이 더 효율적으로 기능하도록 하고, 경제 전반적으로 자본비용을 감소시키면서 효익을 제공하게 된다. 개별 투자자, 대여자 및 기타 채권자도 더 많은 정보에 근거한 의사결정을 함으로써 효익을 얻는다. 그러나 **모든 이용자가 목적적합하다고 보는 모든 정보를 일반목적 재무보고서에서 제공하는 것은 불가능하다.**

원가 제약요인을 적용함에 있어서, **회계기준위원회는 특정 정보를 보고하는 효익이 그 정보를 제공하고 사용하는 데 발생한 원가를 정당화할 수 있을 것인지를 평가해야 한다.** 제안된 회계기준을 제정하는 과정에 원가 제약요인을 적용할 때, 회계기준위원회는 그 회계기준의 예상되는 효익과 원가의 성격 및 양에 대하여 재무정보의 제공자, 이용자, 외부감사인, 학계 등에서 정보를 구한다. 대부분의 상황에서 평가는 양적 그리고 질적 정보의 조합에 근거한다.

하지만 **본질적인 주관성 때문에, 재무정보의 특정 항목 보고의 원가 및 효익에 대한 평가는 개인마다 달라진다.** 따라서 회계기준위원회는 단지 개별 보고기업과 관련된 것이 아닌, 재무보고 전반적으로 원가와 효익을 고려하려고 노력하고 있다. 그렇다고 원가와 효익의 평가가 모든 기업에 대하여 동일한 보고 요구사항을 정당화하는 것은 아니다. 기업 규모의 차이, 자본 조달방법(공모 또는 사모)의 차이, 이용자 요구의 차이, 그 밖의 다른 요인 때문에 달리하는 것이 적절할 수 있다.

✏️ 기출 OX

27. 정보를 정확하고 간결하게 분류하고, 특정 지으며, 표시하는 것은 정보를 이해가능하게 한다. 기출처 2020. 국가직 9급

정답 O

📖 확인문제

13. 유용한 재무정보의 질적 특성에 대한 설명으로 옳지 않은 것은?
기출처 2020. 지방직 9급

① 재무정보가 유용하기 위해서는 목적적합해야 하고 나타내고자 하는 바를 충실하게 표현해야 한다.
② 목적적합한 재무정보는 이용자들의 의사결정에 차이가 나도록 할 수 있다.
③ 이해가능성은 합리적인 판단력이 있고 독립적인 서로 다른 관찰자가 어떤 서술이 표현충실성에 있어, 비록 반드시 완전히 의견이 일치하지는 않더라도, 합의에 이를 수 있다는 것을 의미한다.
④ 비교가능성, 검증가능성, 적시성 및 이해가능성은 목적적합과 나타내고자 하는 바를 충실하게 표현하는 것 모두를 충족하는 정보의 유용성을 보강시키는 질적 특성이다.

정답 ③

📖 확인문제

14. 다음 중 '재무보고를 위한 개념체계'에서 규정하고 있는 '유용한 재무보고에 대한 원가와 효익'의 내용으로 옳지 않은 것은?

① 재무정보의 제공자는 재무정보의 수집, 처리, 검증 및 전파에 대부분의 노력을 기울이지만, 재무정보 이용자는 궁극적으로 수익 감소의 형태로 원가를 부담한다.
② 모든 이용자가 목적적합하다고 보는 모든 정보를 일반목적 재무보고서는 제공해야 한다.
③ 원가 제약 요인을 적용함에 있어서 회계기준위원회는 특정 정보를 보고하는 효익이 그 정보를 제공하고 사용하는 데 발생하는 원가를 정당화할 수 있을 것인지를 평가해야 한다.
④ 본질적인 주관성 때문에 재무정보의 특정 항목 보고의 원가 및 효익에 대한 평가는 개인마다 달라진다.

정답 ②

오쌤 Talk

개념체계의 재무제표

개념체계가 제시한 재무제표는 기업회계기준서 제1001호 '재무제표 표시'에서 규정하고 있는 재무정보와 유사하다. 기업회계기준서에서 제시한 재무제표는 다음과 같다.

① 재무상태표
② 포괄손익계산서
③ 자본변동표
④ 현금흐름표
⑤ 주석

확인문제

15. 다음 중 '재무보고를 위한 개념체계'에서 규정하고 있는 일반목적 재무제표에 대한 설명으로 옳지 않은 것은?

① 재무제표의 목적은 기업의 미래 순현금흐름에 대한 전망과 경제적 자원에 대한 경영진의 수탁책임을 평가하는 데 유용한 재무정보를 재무제표 이용자들에게 제공하는 것이다.
② 재무제표는 특정 기간인 보고기간에 대해 작성된다.
③ 재무제표는 보고기간 말과 보고기간 중 존재하였던 자산, 부채 및 자본과 보고기간 동안의 수익과 비용에 대한 정보를 제공하되, 미 인식된 자산과 부채는 포함하지 않는다.
④ 재무제표 이용자들이 변화와 추세를 식별하고 평가하는 것을 돕기 위해, 재무제표는 최소한 직전연도에 대한 비교정보를 제공한다.

정답 ③

확인문제

16. 재무보고를 위한 개념체계에서 보고기업에 대한 설명으로 옳지 않은 것은?
기출처 2021. 관세직 9급

① 보고기업은 재무제표를 작성해야 하거나 작성하기로 선택한 기업이다.
② 보고기업은 둘 이상의 실체로 구성될 수도 있다.
③ 보고기업은 반드시 법적 실체와 일치한다.
④ 보고기업이 지배기업과 종속기업으로 구성된다면 그 보고기업의 재무제표를 연결재무제표라고 한다.

정답 ③

4 일반목적 재무제표

❶ 일반목적 재무제표의 목적과 제공하는 정보

1-1 목적

재무제표의 목적은 보고기업에 유입될 **미래 순현금흐름에 대한 전망**과 보고기업의 경제적 자원에 대한 **경영진의 수탁책임을 평가하는 데 유용한** 보고기업의 자산, 부채, 자본, 수익 및 비용에 대한 **재무정보를 재무제표 이용자들에게 제공하는 것이다.**

1-2 제공하는 정보

제공하는 정보는 다음과 같다.

① 재무상태표: 자산, 부채 및 자본이 인식된 재무상태표
② 재무성과표: 수익과 비용이 인식된 재무성과표[1*]
③ 그 밖의 재무제표와 주석: 다음에 관한 정보가 표시되고 공시된 다른 재무제표의 주석
  • 인식된 자산, 부채, 자본, 수익 및 비용(각각의 성격과 인식된 자산 및 부채에서 발생하는 위험에 대한 정보를 포함)
  • 인식되지 않은 자산 및 부채(각각의 성격과 인식되지 않은 자산과 부채에서 발생하는 위험에 대한 정보를 포함)
  • 현금흐름
  • 자본청구권 보유자의 출자와 자본청구권 보유자에 대한 분배
  • 표시되거나 공시된 금액을 추정하는 데 사용된 방법, 가정, 판단 및 그러한 방법, 가정과 판단의 변경

재무제표는 특정 기간인 보고기간에 대하여 작성되며, 보고기간 말과 보고기간 중에 존재했던 자산, 부채(미인식된 자산과 부채 포함) 및 자본과 보고기간 동안의 수익과 비용에 관한 정보를 제공한다. 또한 재무제표 이용자들이 변화와 추세를 식별하고 평가하는 것을 돕기 위해, **재무제표는 최소한 직전 연도에 대한 비교정보를 제공한다.**

[재무제표의 종류]

재무보고를 위한 개념체계	VS	기준서 제1001호 재무제표의 표시
재무상태표		재무상태표
재무성과표		포괄손익계산서
그 밖의 재무제표		자본변동표
		현금흐름표
주석		주석

1* 개념체계에서는 포괄손익계산서를 재무성과표라는 명칭으로 사용하고 있다. 또한 개념체계에서는 재무성과표가 단일의 보고서로 구성되는지 두 개의 보고서로 구성되는지를 특정하지 않는다.

❷ 재무제표에 채택된 관점: 보고기업 전체의 관점

재무제표는 기업의 현재 및 잠재적 투자자, 대여자와 그 밖의 채권자 중 특정 집단의 관점이 아닌 보고기업 전체의 관점에서 거래 및 그 밖의 사건에 대한 정보를 제공한다.

❸ 보고기업

보고기업은 재무제표를 작성해야 하거나 작성하기로 선택한 기업이다. 보고기업은 단일의 실체이거나 어떤 실체의 일부일 수 있으며, 둘 이상의 실체로 구성될 수도 있다. 보고기업이 반드시 법적 실체일 필요는 없다. 보고기업별 재무제표는 다음과 같다.

> ① **연결재무제표**: 한 기업(지배기업)이 다른 기업(종속기업)을 지배하는 경우 지배기업과 종속기업으로 구성되는 그 보고기업의 재무제표
> ② **비연결재무제표**: 보고기업이 지배기업 단독인 경우 그 보고기업의 재무제표
> ③ **결합재무제표**: 보고기업이 지배·종속 관계로 모두 연결되어 있지는 않은 둘 이상 실체들로 구성되는 그 보고기업의 재무제표

❹ 기본가정: 계속기업 가정

재무제표는 일반적으로 보고기업이 계속기업이며, 예측가능한 미래에 영업을 계속할 것이라는 가정하에 작성된다. 따라서 기업이 청산을 하거나 거래를 중단하려는 의도가 없으며, 그럴 필요도 없다고 가정한다. 만약 그러한 의도나 필요가 있다면 재무제표는 계속기업과는 다른 기준에 따라 작성될 필요가 있을 수 있다. 그러한 경우라면, 사용된 기준을 재무제표에 기술한다.

계속기업을 가정함으로 인해 다음과 같은 재무제표 작성기준을 근거할 수 있다.

> ① **자산과 부채를 순실현가능가치나 순공정가치가 아닌 역사적 원가로 측정할 수 있다.** 기업이 청산하거나 거래를 중단할 의도가 없으므로 미래에 실현될 가치를 기반으로 자산과 부채를 보고하는 것이 아니라, 과거에 취득했던 당시의 원가를 그대로 보고해도 무방하다.
> ② **유·무형자산을 역사적 원가에 근거하여 감가상각할 수 있다.** 감가상각은 자산을 일정기간 사용하는 것을 가정하기 때문이다.
> ③ **자산, 부채를 정상 영업기준 또는 1년을 기준으로 유동과 비유동으로 구분할 수 있다.** 즉, 청산을 가정하면 비유동의 개념을 적용할 필요가 없을 것이다.
> ④ **수익·비용 대응의 개념을 적용할 수 있다.** 지출이 발생했을 때 비용으로 인식하지 않고 관련 수익이 발생할 때까지 자산으로 인식할 수 있는 것은 계속사업을 가정하기 때문이다.

 확인문제

17. 재무제표와 보고기업에 대한 설명으로 옳지 않은 것은?
　　　　　　　　　　　기출처 2021. 국가직 7급
① 보고기업은 단일의 실체이거나 어떤 실체의 일부일 수 있으며, 둘 이상의 실체로 구성될 수도 있으므로, 보고기업이 반드시 법적 실체일 필요는 없다.
② 보고기업이 지배기업 단독인 경우 그 보고기업의 재무제표를 '비연결재무제표'라고 부른다.
③ 보고기업이 지배 - 종속관계로 모두 연결되어 있지 않은 둘 이상 실체들로 구성된다면, 그 보고기업의 재무제표를 '결합 재무제표'라고 부른다.
④ 연결재무제표는 특정 종속기업의 자산, 부채, 자본, 수익 및 비용에 대한 별도의 정보를 제공하기 위해 만들어졌다.

정답 ④

확인문제

18. '재무보고를 위한 개념체계'에서 언급하고 있는 기본가정에 대한 설명으로 옳지 않은 것은?　　기출처 2014. 지방직 9급
① 재무제표는 일반적으로 기업이 계속기업이며, 예상 가능한 기간 동안 영업을 계속할 것이라는 가정하에 작성된다.
② 계속기업의 가정은 재무제표 항목들을 역사적 원가로 보고하는 것에 정당성을 부여한다.
③ 유형자산에 대한 감가상각은 기업실체가 계속된다는 가정을 전제로 한다.
④ 경영활동을 청산하거나 중요하게 축소할 의도나 필요성이 있다면 계속기업을 가정한 기준과는 다른 기준을 적용하여 작성하는 것이 타당할 수 있으며 이때 적용한 기준은 별도로 공시할 필요가 없다.

정답 ④

5 재무제표의 요소

보고기업의 재무상태와 관련된 재무제표의 요소는 자산, 부채 및 자본이며, 재무상태의 변동 중 재무성과와 관련된 재무제표의 요소는 수익과 비용이다. 각각의 정의는 다음과 같다.

항목	요소	내용
경제적 자원	자산	과거 사건의 결과로 기업이 통제하고 있는 현재의 경제적 자원 (경제적 자원은 경제적 효익을 창출할 잠재력을 지닌 권리)
청구권	부채	과거 사건의 결과로 기업이 경제적 자원을 이전해야 하는 현재의무
	자본	기업의 자산에서 모든 부채를 차감한 잔여지분
재무성과를 반영하는 경제적 자원과 청구권의 변동	수익	자본의 증가를 가져오는 자산의 증가나 부채의 감소로서, 자본청구권 보유자의 출자와 관련된 것은 제외
	비용	자본의 감소를 가져오는 자산의 감소와 부채의 증가로서, 자본청구권 보유자에 대한 분배와 관련된 것은 제외
그 밖의 경제적 자원 및 청구권의 변동	-	자본청구권 보유자에 의한 출자와 그들에 대한 배분
		자본의 증가나 감소를 초래하지 않는 자산이나 부채의 교환

1 자산

자산은 과거사건의 결과로 기업이 통제하는 현재의 경제적 자원이다. 여기서 경제적 자원은 경제적 효익을 창출할 잠재력을 지닌 권리이다.

자산으로 정의되기 위해서는 다음 세 가지 요건을 요구한다.

> ① 권리
> ② 경제적 효익을 창출할 잠재력
> ③ 통제

1-1 자산의 요건: 권리

경제적 효익을 창출할 잠재력을 지닌 권리는 다른 당사자의 의무에 해당하는 권리와 다른 당사자의 의무에 해당하지 않는 권리로 다음과 같이 구분할 수 있다.

① 다른 당사자의 의무에 해당하는 권리

- 현금을 수취할 권리
- 재화와 용역을 제공받을 권리
- 유리한 조건으로 다른 당사자와 경제적 자원을 교환할 권리
- 특정 불확실한 미래사건이 발생하면 다른 당사자가 경제적 효익을 이전하기로 한 의무로 인해 효익을 얻을 권리

확인문제

19. 재무제표를 구성하는 요소의 정의로 옳지 않은 것은?
기출처 2015. 서울시 9급 수정
① 수익은 자산의 증가 또는 부채의 감소로서 자본의 증가를 가져오며, 자본청구권 보유자의 출자와 관련된 것을 포함한다.
② 부채는 과거 사건의 결과로 기업이 경제적 자원을 이전해야 하는 현재의무이다.
③ 자산은 과거 사건의 결과로 기업이 통제하는 현재의 경제적 자원이다.
④ 자본은 기업의 자산에서 모든 부채를 차감한 후의 잔여지분이다. 자본총액은 그 기업이 발행한 주식의 시가총액 또는 기업 순자산을 나누어 처분하거나 기업 전체로 처분할 때 받을 수 있는 대가와 일치하지 않는 것이 일반적이다.

정답 ①

확인문제

20. 재무제표 요소 중 자산으로 정의되기 위해 필요한 요건이 아닌 것은?
① 권리
② 자원에 대한 통제
③ 경제적 효익을 창출할 잠재력
④ 법적 실체

정답 ④

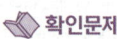
확인문제

21. 다음 중 '재무보고를 위한 개념체계'에서 규정하고 있는 자산으로 정의되기 위한 요건 중 권리의 성격이 다른 하나는 무엇인가?
① 현금을 수취할 권리
② 재화와 용역을 제공받을 권리
③ 지적재산 사용권
④ 유리한 조건으로 다른 당사자와 경제적 자원을 교환할 권리

정답 ③

② 다른 당사자의 의무에 해당하지 않는 권리

- 유형자산 또는 재고자산과 같은 물리적 대상에 대한 권리
  (ex. 물리적 대상을 사용할 권리 또는 리스제공자산의 잔존가치에서 효익을 얻을 권리)
- 지적재산 사용권

많은 권리들은 계약, 법률 또는 이와 유사한 수단에 의해 성립된다. 예를 들어, 기업은 물리적인 대상을 보유하거나 리스함으로써 획득할 수 있고, 채무상품이나 지분상품을 소유하거나 등록된 특허권을 소유함으로써 권리를 획득할 수 있다. **그러나 기업은 그 밖의 방법으로도 권리를 획득할 수 있다.** 예를 들어, 공공의 영역에 속하지 않는 노하우의 획득이나 창작을 통해서 권리를 획득할 수 있다.

일부 재화나 용역(종업원이 제공한 용역)은 제공받는 즉시 소비된다. 이러한 재화와 용역으로 창출된 경제적 효익을 얻을 권리는 기업이 재화와 용역을 소비하기 전까지 일시적으로 존재한다.

기업의 모든 권리가 그 기업의 자산이 되는 것은 아니다. 권리가 기업의 자산이 되기 위해서는, 해당 권리가 그 기업을 위해서 **다른 모든 당사자들이 이용 가능한 경제적 효익을 초과하는 경제적 효익을 창출할 잠재력이 있고, 그 기업에 의해 통제되어야 한다.** 예를 들어, 유의적인 원가를 들이지 않고 모든 당사자들이 이용 가능한 권리를 보유하더라도 일반적으로 그것은 기업의 자산이 아니다.

기업은 기업 스스로부터 경제적 효익을 획득하는 권리를 가질 수는 없다. 따라서 다음의 경우는 그 보고기업의 경제적 자원이 아니다.

① 기업이 발행한 후 재매입하여 보유하고 있는 채무상품이나 지분상품(ex. 자기사채와 자기주식)
② 보고기업이 둘 이상의 법적 실체를 포함하는 경우, 그 법적 실체들 중 하나가 발행하고 다른 하나가 보유하고 있는 채무상품이나 지분상품 (ex. 지배기업이 발행하고 종속기업이 취득한 회사채)

원칙적으로 기업의 권리 각각은 별도의 자산이다. 그러나 회계목적상, 관련되어 있는 여러 권리가 단일 자산인 단일 회계단위로 취득되는 경우가 많다.[2*] 많은 경우에 물리적 대상에 대한 법적 소유권에서 발행하는 권리의 집합은 단일자산으로 회계처리한다. **개념적으로 경제적 자원은 물리적 대상이 아니라 권리의 집합이다.** 그럼에도 불구하고, 권리의 집합을 물리적 대상으로 기술하는 것이 때로는 그 권리의 집합을 가장 간결하고 이해하기 쉬운 방식으로 충실하게 표현하는 방법이 되기 때문이다.

경우에 따라 권리의 존재 여부가 불확실할 수 있다. 예를 들어, 한 기업이 다른 당사자로부터 경제적 자원을 수취할 수 있는 권리가 있는지에 대해 서로 분쟁이 있을 수 있다. 그러한 존재불확실성이 해결(ex. 법원의 판결)될 때까지 기업은 권리를 보유하는지 불확실하고, 결과적으로 자산이 존재하는지도 불확실하다.

2* 예를 들어, 물리적 대상에 대한 법적 소유권은 '① 대상을 사용할 권리 ② 대상에 대한 권리를 판매할 권리 ③ 대상에 대한 권리를 담보로 제공할 권리 ④ 위에 열거되지 않은 그 밖의 권리'로 구성된다.

오쌤 Talk

권리의 생성

권리는 대부분이 계약이나 법률 등에 의해 성립된다. 그런데 무형자산 중 개발비는 기업이 개발활동을 통해 노하우를 획득하거나 창작을 통해 권리를 획득할 수 있다. 그러한 경우 개발비는 법률상 특허권이나 상표권을 인정받지 않더라도 자산으로서의 요건을 갖추면 장부에 인식될 수 있으므로 계약이나 법률에 의하지 않고도 권리가 생성될 수 있는 것이다.

📖 확인문제

22. 다음 중 '재무보고를 위한 개념체계'에서 규정하고 있는 자산의 요건에 대한 설명으로 옳지 않은 것은?

① 자산으로 정의되기 위한 권리는 대부분 계약, 법률 또는 이와 유사한 수단에 의하여 성립되지만, 공공의 영역에 속하지 않는 노하우의 획득이나 창작을 통해서 권리를 획득하는 등 그 밖의 방법으로도 획득할 수 있다.
② 기업의 모든 권리가 그 기업의 자산이 되는 것은 아니다. 권리가 기업의 자산이 되기 위해서는 다른 모든 당사자들이 이용 가능한 경제적 효익을 초과하는 경제적 효익을 창출할 잠재력이 있고, 그 기업에 의해 통제되어야 한다.
③ 기업은 기업 스스로부터 경제적 효익을 획득하는 권리를 가질 수 있다.
④ 권리의 존재가 불확실해지는 경우 자산의 존재도 불확실해질 수 있다.

정답 ③

오쌤 Talk

물리적 대상

만약 자산이 '물리적 대상'으로 정의되었다면 유형자산만 포함될 것이다. 그러나 자산은 '물리적 대상'이 아닌 '권리의 집합'이라고 정의되므로 유형자산은 물론이고 무형자산도 포함되는 것이다.

[현재 권리의 존재]

구분	핵심
권리의 성격	① 법적·계약적 권리: 계약이나 법률에 의해 권리가 발생 ② 기타의 권리: 노하우의 획득이나 창작 혹은 실무관행 등으로 권리가 발생
재화와 용역을 제공받을 권리	해당 재화나 용역을 소비하기 전까지 일시적으로 권리가 존재
기업 스스로부터 경제적 효익을 획득하는 권리	그러한 권리를 가질 수 없음 (자기사채와 자기주식은 권리로 볼 수 없음)
여러 권리를 포함하고 있는 자산	회계목적상 단일 자산인 단일 회계단위로 간주될 수 있음
권리의 존재가 불확실한 경우	자산의 존재도 불확실해질 수 있음

1-2 자산의 요건: 경제적 효익을 창출할 잠재력

경제적 자원은 경제적 효익을 창출할 잠재력을 지닌 권리이다. 다만, 경제적 자원의 가치는 미래 경제적 효익을 창출할 현재의 잠재력에서 도출되지만, **경제적 자원은 그 잠재력을 포함한 현재의 권리이며, 그 권리가 창출할 수 있는 미래 경제적 효익이 아니라는 것**[3*]이다.

경제적 자원이 잠재력을 지니기 위해서 권리가 경제적 효익을 창출할 것이라고 확신하거나 그 가능성이 높아야 하는 것은 아니다. 권리가 이미 존재하고, 적어도 하나의 상황에서 그 기업을 위해 다른 모든 당사자들에게 이용 가능한 경제적 효익을 초과하는 경제적 효익을 창출할 수 있으면 된다.

경제적 효익을 창출할 가능성이 낮더라도 권리가 경제적 자원의 정의를 충족할 수 있고, 따라서 자산이 될 수 있다. 그럼에도 불구하고, 그러한 낮은 가능성은 자산의 인식 여부와 측정방법의 결정을 포함하여, 자산과 관련하여 제공해야 할 정보와 그 정보를 제공하는 방법에 대한 결정에 영향을 미칠 수 있다.

지출의 발생과 자산의 취득은 밀접한 관련이 있으나 양자가 반드시 일치하는 것은 아니다. 따라서 기업이 지출한 경우 이는 미래 경제적 효익을 추구했다는 증거가 될 수는 있지만, 자산을 취득했다는 확정적인 증거는 될 수 없다. 마찬가지로 관련 지출이 없더라도 특정 항목이 자산의 정의를 충족하는 것을 배제하지는 않는다. 예를 들어, 자산은 정부가 기업에게 무상으로 부여한 권리 또는 기업이 다른 당사자로부터 증여 받은 권리를 포함할 수 있다.

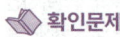

오쌤 Talk

미래 경제적 효익

기준서의 개정 전 자산의 정의는 '과거 사건의 결과, 통제하고 있고, 미래경제적효익의 유입가능성이 있다' 였다. 현재 개정으로 인해 자산은 '미래경제적 효익의 유입 가능성'이 아닌 '경제적 효익을 창출할 잠재력을 지닌 권리'로 정의하고 있다. 즉, 가능성이 잠재력보다 '이루어질 확률이 더 높은 경우'를 상정하는 의미로 이해하면 되겠다. 예를 들어, '누구나 공무원시험에 합격할 잠재력은 있으나, 열심히 하는 사람에게 가능성이 주어진다!'

📖 **확인문제**

23. 다음 중 '재무보고를 위한 개념체계'에서 규정하는 자산의 요건에 대한 설명으로 옳지 않은 것은?

① 자산은 과거 사건의 결과로 기업이 통제하는 현재의 경제적 자원이다.
② 지출의 발생과 자산의 취득은 밀접한 관련이 있으나 양자가 반드시 일치하는 것은 아니다.
③ 경제적 자원이 잠재력을 지니기 위해서는 권리가 경제적 효익을 창출할 것이라고 확신하거나 가능성이 높아야 한다.
④ 경제적 효익을 창출할 가능성이 낮더라도 권리가 경제적 자원의 정의를 충족할 수 있고, 따라서 자산이 될 수 있다.

정답 ③

[3*] 예를 들어, 매입한 옵션은 미래의 어떤 시점에 옵션을 행사하여 경제적 효익을 창출한 잠재력에서 그 가치가 도출된다. 그러나 경제적 자원은 현재의 권리이며, 그 권리는 미래의 어떤 시점에 옵션을 행사할 수 있다는 것이다. 경제적 자원은 옵션 행사 시 보유자가 받게 될 미래 경제적 효익이 아니다.

[경제적 효익을 창출할 잠재력]

구분	핵심
경제적 자원의 개념	미래 경제적 효익을 창출할 잠재력을 지닌 현재의 권리
경제적 효익의 창출 가능성	① 가능성이 높은 경우: 자산의 정의 충족 → 자산으로 인식 ② 가능성이 낮은 경우: 자산의 정의 충족, 그러나 자산으로 인식되지 않을 수 있음
지출의 발생과 자산의 취득	밀접하게 관련되어 있으나, 반드시 일치하는 것은 아님

1-3 자산의 요건: 자원에 대한 통제

통제는 경제적 자원을 기업에 결부시킨다. 따라서 통제의 존재 여부를 평가하는 것은 기업이 회계처리할 경제적 자원을 식별하는 데 도움이 된다. **기업이 경제적 자원의 사용을 지시하고 그로부터 유입될 수 있는 경제적 효익을 얻을 수 있는 현재의 능력이 있다면, 그 경제적 자원을 통제한다**고 본다. 통제에는 다른 당사자가 경제적 자원의 사용을 지시하고 이로부터 유입될 수 있는 경제적 효익을 얻지 못하게 하는 현재의 능력이 포함된다. 따라서 일방의 당사자가 경제적 자원을 통제하면 다른 당사자는 그 자원을 통제하지 못한다.

1-3-1 통제: 사용지시권

기업이 경제적 자원을 통제하기 위해서는 그 경제적 자원의 사용을 지시할 수 있는 현재의 능력이 있어야 한다. 기업이 자산을 자신의 활동에 투입할 수 있는 권리가 있거나, 다른 당사자가 경제적 자원을 그들의 활동에 투입하도록 허용할 권리가 있다면, 그 경제적 자원의 사용을 지시할 수 있는 현재의 능력이 있는 것이다. 경제적 자원의 통제는 일반적으로 법적 권리를 행사할 수 있는 능력에서 비롯된다. 그러나 통제는 경제적 자원의 사용을 지시하고 이로부터 유입될 수 있는 효익을 얻을 수 있는 현재의 능력이 기업에게만 있도록 할 수 있는 경우에도 발생할 수 있다.

1-3-2 통제: 효익 획득권

기업이 경제적 자원을 통제하기 위해서는 해당 자원의 미래 경제적 효익이 다른 당사자가 아닌 그 기업에게 직접 또는 간접으로 유입되어야 한다. 통제의 이러한 측면은 모든 상황에서 해당 자원이 경제적 효익을 창출할 것이라고 보장할 수 있음을 의미하지는 않는다. 그 대신, 자원이 경제적 효익을 창출한다면, 기업은 직접 또는 간접으로 그 경제적 효익을 얻을 수 있음을 의미한다. 경제적 자원에 의해 창출되는 경제적 효익의 유의적인 변동에 노출된다는 것은 기업이 해당 자원을 통제한다는 것을 나타낼 수도 있다. 그러나 그것은 통제가 존재하는지에 대한 전반적인 평가에서 고려해야 할 하나의 요소일 뿐이다.

어떤 경우에는 한 당사자(본인)가 본인을 대신하고 본인을 위해 행동하도록 다른 당사자(대리인)를 고용한다. 예를 들어, 본인은 자신이 통제하는 재화를 판매하기 위해 대리인을 고용할 수 있다. **본인이 통제하는 경제적 자원을 대리인이 관리하고 있는 경우, 그 경제적 자원은 대리인의 자산이 아니다.** 또한 본인이 통제하는 경제적 자원을 제삼자에게 이전할 의무가 대리인에게 있는 경우 이전될 경제적 자원은 대리인의 것이 아니라 본인의 경제적 자원이기 때문에 그 의무는 대리인의 부채가 아니다.

오쌤 Talk

사용지시권

사용지시권은 법적 권리의 행사뿐만 아니라 실질적인 사용의 지시에 대한 능력을 의미한다. 그러므로 금융리스 자산은 법적 소유권이 기업에게 없지만, 경제적 사용권이 기업에게 있으므로 기업의 자산으로 인식할 수 있다.

확인문제

24. 다음 중 '재무보고를 위한 개념체계'에서 규정하는 자산의 요건에 대한 설명으로 옳지 않은 것은?

① 기업이 경제적 자원의 사용을 지시하고 그로부터 유입될 수 있는 경제적 효익을 얻을 수 있는 현재의 능력이 있다면, 그 경제적 자원을 통제한다고 본다.
② 기업이 경제적 자원을 통제하기 위해서는 그 경제적 자원의 사용을 지시할 수 있는 현재의 능력이 있어야 한다.
③ 기업이 경제적 자원을 통제하기 위해서는 해당 자원의 미래 경제적 효익이 다른 당사자가 아닌 그 기업에게 직접 또는 간접으로 유입되어야 한다.
④ 본인이 통제하는 경제적 자원을 대리인이 관리하고 있는 경우, 그 경제적 자원은 대리인의 자산으로 귀속된다.

정답 ④

확인문제

25. 다음 중 '재무보고를 위한 개념체계'에서 규정하고 있는 부채의 요건에 대한 설명으로 옳지 않은 것은?

① 부채의 요건으로는 의무가 존재해야 하는데 의무는 법적의무와 의제의무를 포함한다.
② 의무에는 기업의 경제적 자원을 다른 당사자에게 이전해야 할 잠재력이 있어야 한다.
③ 경제적 자원의 이전 가능성이 낮더라도 의무가 부채의 정의를 충족할 수는 있지만, 부채로 인식되지 않을 수 있다.
④ 한 당사자가 부채를 인식하고 이를 특정 금액으로 측정해야 한다는 요구사항은 다른 당사자가 자산을 인식하거나 동일한 금액으로 측정해야 한다는 것을 의미한다.

정답 ④

기출 OX

28. 부채가 존재하기 위해서는 기업에게 의무가 있어야 하며, 해당 의무는 항상 다른 당사자(또는 당사자들)에게 이행하여야 하는 의무이어야 한다.
기출처 2022. 서울시 7급
정답 O

29. 부채의 의무는 정상적인 거래실무, 관행 또는 원활한 거래관계를 유지하거나 공평한 거래를 하려는 의도에서 발생할 수도 있다.
기출처 2019. 국가직 7급
정답 O

30. 부채의 특성상 의무는 구속력 있는 계약이나 법규에 따라 법률적 강제력이 있을 수 있다.
기출처 2019. 관세직 9급
정답 O

31. 과거 사건으로 생긴 현재의무를 수반하더라도 금액을 추정해야 한다면 부채가 아니다.
기출처 2019. 관세직 9급
정답 X

오쌤 Talk

충당부채
제품 보증충당부채를 예로 들어 설명하면, 제품을 판매한 회사는 관련 보증의무를 충당부채로 인식한다. 그러나 이를 구입한 소비자는 이를 장부상에 자산으로 인식하지 않을 것이다. 그러므로 한 당사자가 부채를 인식했다고 해서 다른 당사자가 반드시 자산으로 인식해야 하는 것은 아니다.

[자원에 대한 통제]

구분	핵심
통제여부에 대한 판단기준	사용지시권: 경제적 자원의 사용지시 능력이 해당 기업에게만 있어야 함 효익획득권: 경제적 자원의 미래효익이 해당 기업에게만 유입되어야 함
대리인이 관리하는 경제적 자원	본인이 통제하는 경우 해당 경제적 자원은 대리인의 자산이 아님

❷ 부채

부채는 과거사건의 결과로 기업이 경제적 자원을 이전해야 하는 현재의무이다. 부채가 존재하기 위해서는 다음의 세 가지 조건을 모두 충족해야 한다.

① 현재의무
② 경제적 자원의 이전
③ 과거 사건의 결과 현재의무

2-1 부채의 요건: 현재 의무의 존재

부채의 첫 번째 조건은 기업에게 의무가 있다는 것이다. 의무란 기업이 회피할 수 있는 실제 능력이 없는 책무나 책임을 의미한다. 의무는 항상 다른 당사자에게 이행해야 한다. 다른 당사자는 사람이나 또 다른 기업, 사람들 또는 기업들의 집단, 사회 전반이 될 수 있다. 의무를 이행할 대상인 당사자의 신원을 알 필요는 없다. 한 당사자가 경제적 자원을 이전해야 하는 의무가 있는 경우, 다른 당사자는 그 경제적 자원을 수취할 권리가 있다. 그러나 한 당사자가 부채를 인식하고 이를 특정 금액으로 측정해야 한다는 요구사항이 다른 당사자가 자산을 인식하거나 동일한 금액으로 측정해야 한다는 것을 의미하지는 않는다. 예를 들어, 한 당사자의 부채와 이에 상응하는 다른 당사자의 자산에 대해, 서로 다른 인식기준이나 측정 요구사항이 표현하고자 하는 것을 가장 충실하게 표현하고 가장 목적적합한 정보를 선택하기 위한 결정이라면, 특정 회계기준은 그러한 서로 다른 기준이나 요구사항을 포함할 수 있다.

2-1-1 법적의무와 의제의무

많은 의무가 계약, 법률 또는 이와 유사한 수단에 의해 성립되며, 당사자가 채무자에게 법적으로 집행할 수 있도록 한다. 그러나 기업이 실무 관행, 공개한 경영방침, 특정 성명서와 상충되는 방식으로 행동할 실제 능력이 없는 경우, 기업은 그러한 실무 관행, 경영방침이나 성명서에서 의무가 발생할 수도 있다. 그러한 상황에 발생하는 의무는 의제의무라고 불린다.

2-1-2 조건부의무

일부 상황에서, 경제적 자원을 이전하는 기업의 책무나 책임은 기업 스스로 취할 수 있는 미래의 특정 행동을 조건으로 발생한다. 그러한 미래의 특정 행동에는 특정 사업을 운영하는 것, 미래의 특정시점에 특정 시장에서 영업하는 것 또는 계약의 특정 옵션을 행사하는 것을 포함한다. 이러한 상황에서 그러한 행동을 회피할 수 있는 실제 능력이 없다면 기업은 의무가 있다. 이는 기업이 그 기업을 청산하거나 거래를 중단하는 것으로만 이전을 회피할 수 있고 그 외에는 이전을 회피할 수 없다면, 기업의 재무제표가 계속기업기준으로 작성되는 것이 적절하다는 결론은 그러한 이전을 회피할 수 있는 실제 능력이 없다는 결론도 내포하고 있다.

2-1-3 존재 여부가 불확실한 의무

의무가 존재하는지 불확실한 경우가 있다. 예를 들어, 다른 당사자가 기업의 범법행위에 대한 보상을 요구하는 경우, 그 행위가 발생했는지, 기업이 그 행위를 했는지 또는 법률이 어떻게 적용되는지가 불확실해질 수 있다. 이 경우 법원의 판결로 그 존재의 불확실성이 해소될 때까지는 기업이 보상을 요구하는 당사자에게 의무가 있는지, 결과적으로 부채가 존재하는지 여부가 불확실하다.

[현재의무의 존재]

구분	핵심
현재의무	① 법적의무: 계약이나 법률에 의해 의무가 발생 ② 의제의무: 실무 관행, 경영방침이나 특정 성명서에서 의무가 발생
조건부의무	해당 상황을 피할 수 있는 실제 능력이 없는 경우 의무가 존재
의무의 존재가 불확실한 경우	부채의 존재여부가 불확실하게 됨

2-2 부채의 요건: 경제적 자원의 이전

부채의 두 번째 조건은 경제적 자원을 이전하는 것이 의무라는 것이다. 이 조건을 충족하기 위해, 의무에는 기업이 경제적 자원을 다른 당사자에게 이전해야 할 잠재력이 있어야 한다. 그러한 잠재력이 존재하기 위해서는, 기업이 경제적 자원의 이전을 요구받을 것이 확실하거나 그 가능성이 높아야 하는 것은 아니다. 예를 들어, 불확실한 특정 미래사건이 발생할 경우에만 이전이 요구될 수도 있다. 의무가 이미 존재하고, 적어도 하나의 상황에서 기업이 경제적 자원을 이전하도록 요구되기만 하면 된다.

경제적 자원의 이전가능성이 낮더라도 의무가 부채의 정의를 충족할 수 있다. 그럼에도 불구하고, 그러한 낮은 가능성은 부채의 인식여부와 측정방법의 결정을 포함하여, 부채와 관련하여 제공해야 할 정보와 그 정보를 제공하는 방법에 대한 결정에 영향을 미칠 수 있다.[4*]

4* 경제적 자원을 이전해야 하는 의무는 다음의 예를 포함한다.
① 현금을 지불할 의무
② 재화를 인도하거나 용역을 제공할 의무
③ 불리한 조건으로 다른 당사자와 경제적 자원을 교환할 의무(현재 불리한 조건으로 경제적 자원을 판매하는 선도계약 또는 다른 당사자가 해당 기업으로부터 경제적 자원을 구입할 수 있는 옵션을 포함)
④ 불확실한 특정 미래사건이 발생할 경우 경제적 자원을 이전할 의무
⑤ 기업에게 경제적 자원을 이전하도록 요구하는 금융상품을 발행할 의무

 확인문제

26. 부채의 정의에 대한 설명으로 옳은 것은? 기출처 2021. 국가직 7급

① 의무는 항상 다른 당사자(또는 당사자들)에게 이행해야 하며, 다른 당사자(또는 당사자들)는 사람이나 또 다른 기업, 사람들 또는 기업들의 집단, 사회 전반이 될 수 있는데, 의무를 이행할 대상인 당사자(또는 당사자들)의 신원을 반드시 알아야 한다.
② 기업이 실무 관행, 공개한 경영방침, 특정 성명(서)과 상충되는 방식으로 행동할 실제 능력이 없는 경우, 기업의 그러한 실무관행, 경영방침이나 성명(서)에서 의무가 발생할 수도 있다.
③ 의무에는 기업이 경제적 자원을 다른 당사자(또는 당사자들)에게 이전하도록 요구받게 될 잠재력이 있어야 하며, 그러한 잠재력이 존재하기 위해서는, 기업이 경제적 자원의 이전을 요구받을 것이 확실하거나 그 가능성이 높아야 한다.
④ 새로운 법률이 제정되는 경우에는 법률제정 그 자체만으로 기업에 현재의무를 부여하기에 충분하다.

정답 ②

기출 OX

32. 부채가 존재하기 위한 경제적자원의 이전의무에는 불리한 조건으로 다른 당사자와 경제적자원을 교환할 의무도 포함된다. 기출처 2022. 서울시 7급
정답 O

33. 부채에 있어 의무는 일반적으로 특정 자산이 인도되는 때 또는 기업이 자산획득을 위한 취소불능약정을 체결하는 때 발생한다. 기출처 2019. 관세직 9급
정답 O

34. 경제적자원의 이전 가능성이 낮다면 해당 의무가 부채의 정의를 충족하는 경우는 없다. 기출처 2022. 서울시 7급
정답 X

 오쌤 Talk

정의의 만족과 인식

재무제표 요소의 정의를 만족한 후 재무제표의 인식요건을 따진다. 즉, 정의를 만족한다고 해도 인식요건을 만족하지 않으면 재무제표 본문에 공시될 수 없다. '경제적 자원의 이전가능성'만 있으면 정의는 만족된다. 즉, 이전가능성의 높낮이는 따지지 않는다. '이전의 가능성이 높다 혹은 낮다'는 인식의 요건에서 검토된다.

기업은 경제적 자원을 수취할 권리가 있는 당사자에게 그 경제적 자원을 이전해야 할 의무를 이행하는 대신에 의무를 면제받는 협상으로 의무를 이행하거나 의무를 제삼자에게 이전, 새로운 거래를 체결하여 경제적 자원을 이전할 의무를 다른 의무로 대체하는 결정을 하는 경우가 있다. 기업은 **해당 의무를 이행, 이전 또는 대체할 때까지 경제적 자원을 이전할 의무가 있다.**

[경제적 자원의 이전]

구분	핵심
경제적 자원의 이전	다른 당사자에게 경제적 자원을 이전하도록 요구받게 될 잠재력 가능성이 ┌ 높은 경우: 부채의 정의 충족 → 부채로 인식 └ 낮은 경우: 부채의 정의 충족, but 인식되지 않을 수 있음
의무의 면제나 이전, 대체	해당 시점까지는 경제적 자원의 이전의무가 존재함

2-3 부채의 요건: 과거사건의 결과로 의무존재

부채의 세 번째 조건은 의무가 과거사건의 결과로 존재하는 현재의무라는 것이다. 현재의무는 다음 모두에 해당하는 경우에만 과거사건의 결과로 존재한다.

> ① 기업이 이미 경제적 효익을 얻었거나 조치를 취했고,
> ② 그 결과로 기업이 이전하지 않아도 되었을 경제적 자원을 이전해야 하거나 이전하게 될 수 있는 경우

새로운 법률이 제정되는 경우에는, 그 법률의 적용으로 경제적 효익을 얻게 되거나 조치를 취한 결과로, 기업이 이전하지 않아도 되었을 경제적 자원을 이전해야 하거나 이전하게 될 수 있는 경우에만 현재의무가 발생한다. 법률 제정 그 자체만으로 기업에 현재의무를 부여하기에는 충분하지 않다.

미래의 특정 시점까지 경제적 자원의 이전이 집행될 수 없더라도 현재의무는 존재할 수 있다. 예를 들어, 계약에서 미래의 특정 시점까지는 지급을 요구하지 않더라도 현금을 지급해야 하는 계약상 부채가 현재 존재할 수 있다. 이와 유사하게, 거래상대방이 미래의 특정 시점까지 업무를 수행하도록 요구할 수 없더라도, 기업에게는 미래의 특정 시점에 업무를 수행해야 하는 계약상 의무가 현재 존재할 수 있다.

만약 기업이 이전하지 않아도 되었을 경제적 자원을 이전하도록 요구받거나 요구받을 수 있게 하는 경제적 효익의 수취나 조치가 아직 없는 경우, 기업은 경제적 자원을 이전해야 하는 현재 의무가 없다. 예를 들어, 기업은 종업원의 용역을 제공받는 대가로 종업원에게 급여를 지급하는 계약을 체결하는 경우, 기업은 종업원의 용역을 제공받을 때까지 급여를 지급할 현재 의무가 없다. 그 전까지 계약은 미이행계약이며, 기업은 미래 종업원의 용역에 대해 미래 급여를 교환하는 권리와 의무를 함께 보유하고 있다.

/ 기출 OX

35. 새로운 법률이 제정되는 경우, 법률 제정 그 자체만으로는 기업에 현재의무를 부여하기에 충분하지 않을 수 있다.
기출처 2022. 서울시 7급
정답 O

[과거사건의 결과로 의무 존재]

구분	핵심
현재의무발생 과거사건	기업이 이미 경제적 효익을 얻었거나 조치를 취했으며 & 그 결과로 경제적 자원을 이전해야 하거나 하게 될 수 있는 경우
새로운 법률의 제정	법률제정으로 경제적 자원을 이전해야 하는 경우에만 현재의무 존재 (법률 제정만으로 현재의무가 존재하는 것은 아님)
자원의 집행이 이연되는 경우	특정 시점까지 경제적 자원의 이전이 집행되지 않아도 현재의무 존재
경제적 효익의 수취가 없는 경우	경제적 자원을 이전해야 할 현재의무가 없음

❸ 자산과 부채에 대한 회계단위의 선택

3-1 회계단위의 선택

회계단위는 인식기준과 측정개념이 적용되는 권리나 권리의 집합, 의무나 의무의 집합 또는 권리와 의무의 집합이다. 기업은 인식기준과 측정개념이 자산이나 부채 그리고 관련 수익이나 비용에 어떻게 적용될 것인지를 고려하여, 그 자산이나 부채에 대해 회계단위를 선택해야 한다. 어떤 경우에는 인식을 위한 회계단위와 측정을 위한 회계단위를 서로 다르게 선택하는 것이 적절할 수 있다. 기업이 자산의 일부 또는 부채의 일부를 이전하는 경우, 그때 회계단위가 변경되어 이전된 구성요소와 잔여 구성요소가 별도의 회계단위가 될 수도 있다.

권리와 의무가 모두 동일한 원천의 계약에서 발생하는 경우가 있다. 그러한 권리와 의무가 상호의존적이고 분리될 수 없다면, 이는 단일한 불가분의 자산이나 부채를 구성하며, 단일의 회계단위를 형성한다. 미이행계약이 그 예이다.

반대로 권리와 의무가 분리될 수 있는 경우, 권리와 의무를 별도로 분리하여 하나 이상의 자산과 부채를 별도로 식별하는 것이 적절할 수 있다. 다른 경우에는 분리 가능한 권리와 의무를 단일 회계단위로 묶어 단일의 자산이나 부채로 취급하는 것이 더 적절할 수 있다. 그러나 주의할 점은 단일 회계단위로 권리와 의무의 집합을 처리하는 것은 자산과 부채를 상계하는 것과 다르다는 것이다.

[회계단위의 선택]

구분	핵심
상호 의존적이며 분리될 수 없는 경우	단일의 회계단위를 형성하므로 단일의 자산이나 부채로 식별
권리와 의무가 분리될 수 있는 경우	원칙: 하나 이상의 자산과 부채로 식별 예외: 단일의 회계단위로 묶어 단일의 자산이나 부채로 식별

🔖 확인문제

27. '재무보고를 위한 개념체계'에서 규정하고 있는 자산과 부채에 대한 회계단위의 선택에 대한 설명으로 옳지 않은 것은?

① 회계단위는 인식기준과 측정개념이 적용되는 권리나 권리의 집합, 의무나 의무의 집합 또는 권리와 의무의 집합이다.
② 인식을 위한 회계단위와 측정을 위한 회계단위를 서로 다르게 선택하는 것은 불가능하다.
③ 권리와 의무가 상호 의존적이고 분리될 수 없다면, 이는 단일한 불가분의 자산이나 부채를 구성하며, 단일의 회계단위를 형성한다.
④ 권리와 의무가 분리될 수 있는 경우, 권리와 의무를 별도로 분리하여 하나 이상의 자산과 부채를 별도로 식별하는 것이 적절할 수 있다.

정답 ②

오쌤 Talk

상계

개념체계와 기준서 모두 '상계'를 인정하지 않는다. 다만, 기준서에서는 예외를 제시하고 있다.

상계는 '단일 회계단위로 권리와 의무의 집합으로 처리한 것'과는 다르다. 회계단위를 선택하는 과정에서 단일 회계단위로 권리와 의무의 집합으로 처리하면 그 결과 하나의 계정과목에 그러한 권리와 의무가 표시된다. 그런데 상계는 이미 이러한 계정과목의 결정이 이루어진 상태에서 계정과목으로 구분된 두 가지 이상의 계정과목을 하나로 합쳐버리는 것을 의미한다.

> **확인문제**
>
> 28. 다음 중 '재무보고를 위한 개념체계'에서 규정하고 있는 미이행계약에 대한 설명으로 옳지 않은 것은?
>
> ① 미이행계약은 경제적 자원을 교환할 권리와 의무가 결합되어 성립되고, 이러한 권리와 의무는 상호 의존적이어서 분리될 수 없다.
> ② 교환조건이 현재 유리한 경우에 기업은 자산을 보유하고, 교환조건이 현재 불리한 경우에는 부채를 보유하게 된다.
> ③ 당사자 일방이 계약상 의무를 이행하는 경우도 미이행계약으로 판단될 수 있다.
> ④ 보고기업이 계약에 따라 먼저 수행하는 경우, 보고기업의 경제적 자원을 교환할 권리와 의무를 경제적 자원을 수취할 권리로 변경하는 사건으로 보고 자산으로 인식한다.
>
> 정답 ③

3-2 미이행계약

미이행계약은 계약당사자 모두가 자산의 의무를 전혀 수행하지 않았거나 계약당사자 모두가 동일한 정도로 자산의 의무를 부분적으로 수행한 계약이나 그 계약의 일부를 말한다.

미이행계약은 경제적 자원을 교환할 권리와 의무가 결합되어 성립된다. 그러한 권리와 의무는 상호 의존적이어서 분리될 수 없다. 따라서 결합된 권리와 의무는 단일 자산 또는 단일 부채를 구성하며, 교환조건이 현재 유리할 경우에는 기업은 자산을 보유하고, 교환조건이 현재 불리한 경우에는 부채를 보유하게 된다. 그러한 자산이나 부채가 재무제표에 포함되는지 여부는 그 자산 또는 부채에 대해 선택된 인식기준과 측정기준 및 손실부담계약인지에 대한 검토에 따라 달라진다.

당사자 일방이 계약상 의무를 이행하면 그 계약은 더 이상 미이행계약이 아니다.

보고기업이 계약에 따라 먼저 수행하는 경우, 그렇게 수행하는 것은 보고기업의 경제적 자원을 교환할 권리와 의무를 경제적 자원을 수취할 권리로 변경하는 사건이 된다. 이 경우 그 권리는 자산이다.

다른 당사자가 먼저 수행하는 경우, 그렇게 수행하는 것은 보고기업의 경제적 자원을 교환할 권리와 의무를 경제적 자원을 이전할 의무로 변경하는 사건이 된다. 이 경우 그 의무는 부채이다.

[미이행계약에 대한 회계단위의 구분]

구분		핵심
당사자 모두가 계약을 수행하지 않은 상황	교환조건이 유리	유리한 조건에 대한 자산을 보유
	교환조건이 불리	불리한 조건에 대한 부채를 보유
당사자 일방이 계약을 수행한 상황	보고기업이 먼저 수행	수취할 권리에 대한 자산을 보유
	다른 당사자가 먼저 수행	이전할 의무에 대한 부채를 보유

3-3 계약상 권리와 의무의 실질을 고려한 회계단위의 선택

계약 조건은 계약당사자인 기업의 권리와 의무를 창출한다. 그러한 권리와 의무를 충실하게 표현하기 위해서는 재무제표에 그 실질을 보고한다. 어떤 경우에는 계약의 법적 형식에서 권리와 의무의 실질이 분명하다. 그러나 다른 경우에는 그 권리와 의무의 실질을 식별하기 위해서는 계약조건, 계약집합이나 일련의 계약을 분석할 필요가 있다.

계약의 모든 명시적 조건 또는 암묵적 조건은 실질이 없지 않는 한 고려되어야 한다. 암묵적 조건의 예에는 법령에 의해 부과된 의무(ex. 고객에게 상품을 판매하기 위해 계약을 체결할 때 부과되는 법정 보증의무)가 포함될 수 있다. 실질이 없는 조건은 무시된다. 조건이 계약의 경제적 측면에서 구별될 수 있는 영향을 미치지 않는다면, 그 조건은 실질이 없다.[5*]

5* 실질이 없는 조건의 예는 다음과 같다.
① 당사자 그 누구도 구속하지 않는 조건
② 권리 보유자가 어떠한 상황에서도 행사할 실제 능력을 갖지 못하는 권리(옵션 포함)

계약의 집합 또는 일련의 계약은 전반적인 상업적 효과를 달성하거나 달성하도록 설계될 수 있다. 그러한 계약의 실질을 보고하려면, 해당 계약의 집합 또는 일련의 계약에서 발생하는 권리와 의무를 단일 회계단위로 처리해야 할 수 있다.

❹ 자본

자본은 기업의 자산에서 모든 부채를 차감한 후의 잔여지분이다. 즉, 자본청구권은 기업의 자산에서 모든 부채를 차감한 후의 잔여지분에 대한 청구권이며, 부채의 정의에 부합하지 않는 기업에 대한 청구권이다. 보통주 및 우선주와 같이 서로 다른 종류의 자본청구권은 보유자에게 서로 다른 권리를 부여할 수 있다. 또한 법률, 규제 또는 그 밖의 요구사항이 자본금 또는 이익잉여금과 같은 자본의 특정 구성요소에 영향을 미치는 경우가 있다. 예를 들어, 그러한 요구사항의 일부는 분배 가능한 특정 준비금이 충분한 경우에만 자본청구권 보유자에게 분배를 허용한다.

사업활동은 개인기업, 파트너십, 신탁 또는 다양한 유형의 정부 사업체와 같은 실체에서 수행되는 경우가 있다. 그러한 실체에 대한 법률 및 규제 체계는 회사에 적용되는 체계와 다른 경우가 있다. 예를 들어, 실체에 대한 자본청구권 보유자에게 분배제한이 거의 없을 수 있다. 그럼에도 불구하고, 개념체계의 자본의 정의는 모든 보고기업에 적용된다.

❺ 수익과 비용의 정의

수익은 자산의 증가 또는 부채의 감소로서 자본의 증가를 가져오며, 자본청구권 보유자의 출자와 관련된 것은 제외한다.

비용은 자산의 감소 또는 부채의 증가로서 자본의 감소를 가져오며, 자본청구권 보유자에 대한 분배와 관련된 것은 제외한다. 이러한 수익과 비용의 정의에 따라, 자본청구권 보유자로부터의 출자는 수익이 아니며 자본청구권 보유자에 대한 분배는 비용이 아니다.

수익과 비용은 기업의 재무성과와 관련된 재무제표 요소이다. 재무제표 이용자들은 기업의 재무상태와 재무성과에 대한 정보가 필요하다. 따라서 수익과 비용은 자산과 부채의 변동으로 정의되지만, 수익과 비용에 대한 정보는 자산과 부채에 대한 정보만큼 중요하다.

서로 다른 거래나 그 밖의 사건은 서로 다른 특성을 지닌 수익과 비용을 발생시킨다. 수익과 비용의 서로 다른 특성별 정보를 별도로 제공하면 재무제표 이용자들이 기업의 재무성과를 이해하는 데 도움이 될 수 있다.

확인문제

29. 다음 중 '재무보고를 위한 개념체계'에서 규정하고 있는 자본에 대한 설명으로 옳지 않은 것은?
① 개념체계의 자본의 정의가 모든 보고기업에 적용되는 것은 아니다.
② 자본은 기업의 자산에서 모든 부채를 차감한 후의 잔여지분이다.
③ 법률, 규제 또는 그 밖의 요구사항이 자본금 또는 이익잉여금과 같은 자본의 특정 구성요소에 영향을 미치는 경우가 있다.
④ 보통주 및 우선주와 같이 서로 다른 종류의 자본청구권은 보유자에게 서로 다른 권리를 부여할 수 있다.

정답 ①

확인문제

30. 다음 중 재무보고를 위한 개념체계에서 규정하는 수익과 비용의 정의로 옳지 않은 것은?
① 수익은 자산의 증가 또는 부채의 감소로서 자본의 증가를 가져오며, 자본청구권 보유자의 출자와 관련된 것을 포함한다.
② 비용은 자산의 감소 또는 부채의 증가로서 자본의 감소를 가져오며, 자본청구권 보유자의 분배와 관련된 것은 제외한다.
③ 수익과 비용은 기업의 재무성과에 관련된 재무제표의 요소이다.
④ 수익과 비용의 서로 다른 특성별 정보를 별도로 제공하면 재무제표 이용자들이 기업의 재무성과를 이해하는 데 도움이 될 수 있다.

정답 ①

6 재무제표 요소의 인식과 제거

1 재무제표 요소의 인식

인식은 자산, 부채, 자본, 수익 또는 비용과 같은 재무제표 요소 중 하나의 정의를 충족하는 항목을 재무상태표나 재무성과표에 포함하기 위하여 포착하는 과정이다.

인식은 그러한 재무제표 중 하나에 어떤 항목을 단독으로 또는 다른 항목과 통합하여 명칭과 화폐금액으로 나타내고, 그 항목을 해당 재무제표의 하나 이상의 합계에 포함시키는 것과 관련된다. 자산, 부채 또는 자본이 재무상태표에 인식되는 금액을 장부금액이라고 한다.

재무상태표와 재무성과표는 재무정보를 비교가능하고 이해하기 쉽도록 구성한 구조화된 요약이므로 기업이 인식하는 자산, 부채, 자본, 수익 및 비용을 나타낸다. 이러한 요약의 구조상 중요한 특징은 재무제표에 인식하는 금액은 재무제표에 인식될 항목들이 연계되는 총계들과 (해당될 경우) 소계에 포함된다는 점이다. 인식에 따라 재무제표 요소, 재무상태표 및 재무성과표가 다음과 같이 연계된다.

① 재무상태표의 보고기간 기초와 기말의 총자산에서 총부채를 차감한 것은 총자본과 같다.
② 보고기간에 인식한 자본변동은 다음과 같이 구성되어 있다.
 • 재무성과표에 인식된 수익에서 비용을 차감한 금액
 • 자본청구권 보유자로부터의 출자에서 자본청구권 보유자에의 분배를 차감한 금액

[재무제표 요소들의 연계]

기초 재무상태표	: 자산 - 부채 = 자본
재무성과표	: 수익 - 비용
자본청구권자 거래	: 출자 - 분배
기말 재무상태표	: 자산 - 부채 = 자본

재무성과표와 자본청구권자 거래 → 자본의 변동

하나의 항목의 인식은 하나 이상의 다른 항목의 인식 또는 제거가 필요하다. 예를 들어, 수익의 인식은 자산의 최초 인식 또는 자산의 장부금액의 증가나 부채의 제거 또는 부채의 장부금액의 감소와 동시에 발생한다. 비용의 인식은 부채의 최초 인식 또는 부채의 장부금액의 증가나 자산의 제거 또는 자산의 장부금액의 감소와 동시에 발생한다.

거래나 그 밖의 사건에서 발생된 자산이나 부채의 최초 인식에 따라 수익과 관련 비용을 동시에 인식할 수 있다. 예를 들어, 재화의 현금판매에 따라 수익과 비용을 동시에 인식하게 된다. 수익과 관련 비용의 동시 인식은 때때로 수익과 관련 원가의 대응을 나타낸다. 재무보고를 위한 개념체계의 개념을 적용하면 자산과 부채의 변동을 인식할 때, 이러한 대응이 나타난다. 그러나 원가와 수익의 대응은 개념체계의 목적이 아니다. 개념체계는 재무상태표에서 자산, 부채, 자본의 정의를 충족하지 않는 항목의 인식을 허용하지 않는다.

오쌤 Talk

인식의 의미

개념체계의 '인식'은 재무제표 본문에 기록하는 것을 의미한다. 즉, 분개장에 기록하는 것을 의미한다. 분개장에 기록하면 재무상태표 또는 재무성과표(포괄손익계산서)에 표시된다. '인식'되지 않아도 주석에는 기록될 수 있다. 즉, 인식은 주석에 기록하는 것을 포함하지 않는다.

기출 OX

36. 거래나 그 밖의 사건에서 발생된 자산이나 부채의 최초 인식에 따라 수익과 관련된 비용을 동시에 인식할 수 있다.
기출처 2021. 지방직 9급
정답 O

❷ 인식기준

자산, 부채 또는 자본의 정의를 충족하는 항목만이 재무상태표에 인식한다. 마찬가지로 수익이나 비용의 정의를 충족하는 항목만이 재무성과표에 인식된다. 그러나 그러한 요소 중 하나의 정의를 충족하는 항목이라고 하더라도 항상 인식되는 것은 아니다. 요소의 정의를 충족하는 항목을 인식하지 않는 것은 재무상태표 및 재무성과표를 완전하지 않게 하고 재무제표에서 유용한 정보를 제외할 수 있다. 반면에, 어떤 상황에서는 요소의 정의를 충족하는 일부 항목을 인식하는 것이 오히려 유용한 정보를 제공하지 않을 수 있다. 자산이나 부채를 인식하고 이에 따른 결과로 수익, 비용 또는 자본변동을 인식하는 것이 재무제표 이용자들에게 다음과 같이 유용한 정보를 모두 제공하는 경우에만 자산이나 부채를 인식한다.

① 목적적합성 충족
: 자산이나 부채에 대한 그리고 이에 따른 결과로 발생하는 수익, 비용 또는 자본변동에 대한 목적적합한 정보를 제공한다.
② 표현충실성 충족
: 자산이나 부채 그리고 이에 따른 결과로 발생하는 수익, 비용 또는 자본변동의 충실한 표현을 제공한다.

질적 특성의 제약요인인 원가는 다른 재무보고 결정을 제약하는 것처럼, 인식에 대한 결정도 제약한다. 자산이나 부채를 인식할 때 원가가 발생한다. 재무제표 작성자는 자산이나 부채의 목적적합한 측정을 위해 원가를 부담한다. 재무제표 이용자들도 제공된 정보를 분석하고 해석하기 위해 원가를 부담한다. 재무제표 이용자들에게 제공되는 정보의 효익이 그 정보를 제공하고 사용하는 원가를 정당화할 수 있을 경우에 자산이나 부채를 인식한다. 어떤 경우에는 인식하기 위한 원가가 인식으로 인한 효익을 초과할 수 있다.

[재무제표 요소의 인식요건]

구분	핵심	제약요인
정의충족	자산, 부채, 자본과 수익, 비용의 정의를 충족	원가 $\left(\dfrac{\text{인식의}}{\text{효익}} > \dfrac{\text{인식의}}{\text{원가}}\right)$
목적적합한 정보의 제공	자산, 부채, 수익, 비용 또는 자본 변동에 대한 목적적합한 정보를 제공	
표현충실한 정보의 제공	자산, 부채, 수익, 비용 또는 자본 변동에 대한 표현충실한 정보를 제공	

다만, 자산이나 부채의 정의를 충족하는 항목이 인식되지 않더라도, 기업은 해당 항목에 대한 정보를 주석에 제공해야 할 수도 있다. 예를 들어, 부채의 정의를 충족하지 않는 우발부채에 대한 정보를 주석으로 제공하는 것이 대표적인 사례이다. 재무상태표와 재무성과표에서 제공하는 구조화된 요약에 그 항목이 포함되지 않는 것을 보완하기 위해 그러한 정보를 어떻게 충분히 보여줄 수 있는지를 고려하는 것이 중요하다.

🖊 기출 OX

37. 자산, 부채 또는 자본의 정의를 충족하는 항목만이 재무상태표에 인식되며 그러한 요소 중 하나의 정의를 충족하는 항목이라고 할지라도 항상 인식되는 것은 아니다. 기출처 2021. 지방직 9급

정답 O

📖 확인문제

31. 재무보고를 위한 개념체계에서 재무제표 기본요소의 인식에 대한 설명으로 옳지 않은 것은? 기출처 2021. 지방직 9급

① 특정 자산과 부채를 인식하기 위해서는 측정을 해야 하며 많은 경우 그러한 측정은 추정될 수 없다.
② 자산, 부채 또는 자본의 정의를 충족하는 항목만이 재무상태표에 인식되며 그러한 요소 중 하나의 정의를 충족하는 항목이라고 할지라도 항상 인식되는 것은 아니다.
③ 거래나 그 밖의 사건에서 발생된 자산이나 부채의 최초 인식에 따라 수익과 관련된 비용을 동시에 인식할 수 있다.
④ 경제적효익의 유입가능성이나 유출가능성이 낮더라도 자산이나 부채가 존재할 수 있다.

정답 ①

2-1 인식기준: 목적적합성

자산, 부채, 자본, 수익과 비용에 대한 정보는 재무제표 이용자들에게 목적적합하다. 그러나 특정 자산이나 부채의 인식과 이에 따른 결과로 발생하는 수익, 비용 또는 자본변동을 **인식하는 것이 항상 목적적합한 정보를 제공하는 것은 아닐 수 있다.** 자산이나 부채가 존재하는지 불확실하거나 자산이나 부채가 존재하지만 **경제적 효익의 유입가능성이나 유출가능성이 낮은 경우**에 그러할 수 있다.

2-1-1 자산이나 부채의 존재에 불확실성이 있는 경우

자산이나 부채의 존재 여부가 불확실할 수 있다. 일부 경우에는 그러한 불확실성은 경제적 효익의 유입가능성이나 유출가능성이 낮고, 발생가능한 결과의 범위가 매우 광범위한 상황과 결합될 수가 있는데, 이는 자산이나 부채를 반드시 단일 금액으로만 측정하여 인식하는 것이 목적적합한 정보를 제공하지는 않음을 의미할 수 있다. 자산이나 부채가 인식되는지 여부와 관계없이, 이와 **관련된 불확실성에 대한 설명정보가 재무제표에 주석으로 제공되어야 할 수도 있다.**

2-1-2 경제적 효익의 유입가능성과 유출가능성이 낮은 경우

경제적 효익의 유입가능성과 유출가능성이 낮더라도 자산이나 부채가 존재할 수 있다. 경제적 효익의 유입가능성이나 유출가능성이 낮다면, 그 자산이나 부채에 대해 가장 목적적합한 정보는 발생가능한 유입이나 유출의 크기, 발생가능한 시기 및 발생가능성에 영향을 미치는 요인에 대한 정보일 수 있다. **이러한 정보는 일반적으로 주석으로 기재한다.** 여기서 주의할 점은 **경제적 효익의 유입가능성이나 유출가능성이 낮더라도, 자산이나 부채를 인식하는 것이 목적적합한 정보를 제공할 수도 있다는 것이다.**

2-2 인식요건: 표현의 충실성

특정 자산이나 부채를 **인식하는 것은 목적적합한 정보를 제공할 뿐만 아니라** 해당 자산이나 부채 및 이에 따른 결과로 발생하는 수익, 비용 또는 자본변동에 대한 **충실한 표현을 제공할 경우에 적절하다.**

충실한 표현이 제공될 수 있는지는 자산이나 부채와 관련된 측정 불확실성의 수준 또는 다른 요인에 의해 영향을 받을 수 있다.

2-2-1 자산이나 부채의 측정에 불확실성이 있는 경우

자산이나 부채를 인식하기 위해서는 측정을 해야 한다. 많은 경우 그러한 측정은 추정되어야 하며 따라서 측정 불확실성의 영향을 받는다. **합리적인 추정은 재무정보 작성에 필수적인 부분이며 추정치를 명확하고 정확하게 기술하고 설명한다면 정보의 유용성을 훼손하지 않는다.**

또한 높은 수준의 측정 불확실성이 있더라도 그러한 추정치가 유용한 정보를 반드시 제공하지 못하는 것은 아니다. **추정에 대한 설명과 추정에 영향을 미칠 수 있는 불확실성에 대한 설명을 동반한다면, 불확실성이 높은 추정에 의존하는 측정이 가장 유용한 정보일 수 있다.** 이는 특히 그러한 측정이 자산이나 부채에 가장 목적적합한 측정인 경우에 그러할 수 있다. 다른 경우, 그 정보가 자산이나 부채와 이에 따른 결과로 발생하는 수익, 비용

오쌤 Talk

자산이나 부채의 존재의 불확실성이 있는 경우

'관련된 불확실성에 대한 설명정보가 재무제표로 제공된다'에서의 재무제표는 주석을 의미한다.

📝 기출 OX

38. 경제적 효익의 유입가능성이나 유출가능성이 낮더라도 자산이나 부채가 존재할 수 있다.
기출처 2021. 지방직 9급
정답 O

39. 특정 자산과 부채를 인식하기 위해서는 측정을 해야 하며 많은 경우 그러한 측정은 추정될 수 없다.
기출처 2021. 지방직 9급
정답 X

📙 확인문제

32. 다음 중 재무제표요소의 인식기준에 대한 설명으로 옳지 않은 것은?

① 특정 자산이나 부채를 인식하는 것은 목적적합한 정보를 제공할 뿐만 아니라 해당 자산이나 부채 및 이에 따른 결과로 발생하는 수익, 비용 또는 자본변동에 대한 충실한 표현을 제공할 경우에 적절하다.
② 합리적인 추정은 재무정보 작성의 필수적인 부분이며 추정치를 명확하고 정확하게 기술하고 설명한다면 정보의 유용성을 훼손하지 않는다.
③ 추정에 대한 설명과 추정에 영향을 미칠 수 있는 불확실성에 대한 설명을 동반한다고 하더라도, 불확실성이 높은 추정에 의존하는 측정은 유용한 정보가 될 수 없다.
④ 인식된 자산, 부채, 자본, 수익 또는 비용의 충실한 표현은 해당 항목의 인식뿐만 아니라 그 항목의 측정 및 표시와 관련 정보의 공시를 포함한다.

정답 ③

또는 자본변동에 대해 충분히 충실하게 표현하지 못한다면, 비교적 목적적합성은 낮지만 측정 불확실성이 낮은 다른 측정치가 가장 유용한 정보일 수 있다.

2-2-2 다른 요소들이 있는 경우

인식된 자산, 부채, 자본, 수익 또는 비용의 충실한 표현은 해당 항목의 인식뿐만 아니라 그 항목의 측정 및 표시와 관련 정보의 공시를 포함한다. 따라서 자산이나 부채의 인식으로 그 자산이나 부채를 충실하게 표현할 수 있는지를 평가할 때, 재무상태표에 이에 대한 설명과 측정을 포함하여 결과적으로 발생하는 수익, 비용 및 자본변동에 대한 서술과 관련 자산과 부채가 인식되는지 여부에 대한 설명, 그리고 자산이나 부채 그리고 이에 따른 결과로 발생하는 수익, 비용 또는 자본변동에 대한 정보의 표시와 공시에 대하여 고려할 필요가 있다.

[인식을 위한 목적적합성과 충실한 표현]

구분		핵심
목적적합한 정보의 제공	자산, 부채의 존재가 불확실한 경우	불확실한 관련 정보를 제공하고, 자산이나 부채의 인식 가능
	효익의 유입 가능성이 낮은 경우	인식하는 것이 목적적합하다면, 자산이나 부채의 인식 가능
충실한 표현을 제공	자산, 부채의 측정이 불확실한 경우	불확실한 관련 정보를 제공하고, 자산이나 부채의 인식 가능
	다른 요소들이 있는 경우	인식한 항목과 관련한 정보를 추가로 제공하면 표현의 충실성이 상승

❸ 제거기준

제거는 기업의 재무상태표에서 인식된 자산이나 부채의 전부 또는 일부를 삭제하는 것이다. 제거는 일반적으로 해당 항목이 다음과 같이 **더 이상 자산 또는 부채의 정의를 충족하지 못할 때 발생한다.**

> ① 자산의 제거
> : 자산은 일반적으로 기업이 인식한 자산의 전부 또는 일부에 대한 통제를 상실하였을 때 제거한다.
> ② 부채의 제거
> : 부채는 일반적으로 기업이 인식한 부채의 전부 또는 일부에 대한 현재의무를 더 이상 부담하지 않을 때 제거한다.

제거에 대한 회계 요구사항은 제거를 초래하는 거래나 그 밖의 사건 후의 잔여 자산과 부채를 충실히 표현하고, 또한 그 거래나 그 밖의 사건으로 인한 기업의 자산과 부채의 변동에 대하여 충실히 표현하는 것을 목표로 한다.

오쌤 Talk

자산과 부채의 정의
① 자산: 과거 사건의 결과로 기업이 통제하고 있는 현재의 경제적 자원
② 부채: 과거 사건의 결과로 기업의 경제적 자원을 이전해야 하는 현재 의무

7 재무제표 요소의 측정

재무제표에 인식된 요소들은 화폐단위로 수량화되어 있다. 이를 위해 측정기준을 선택해야 한다. **측정기준은 측정 대상 항목에 대해 식별된 속성**(ex. 역사적 원가, 공정가치 또는 이행가치)**이다.** 자산이나 부채에 측정기준을 적용하면 해당 자산이나 부채, 관련 수익과 비용의 측정치가 산출된다. 유용한 재무정보의 질적 특성과 원가 제약을 고려함으로써 서로 다른 자산, 부채, 수익과 비용에 대해 서로 다른 측정기준을 선택하는 결과가 발생할 수 있을 것이다. 개별 기준서에는 그 기준서에서 선택한 측정기준을 적용하는 방법이 기술될 필요가 있을 것이다. **측정기준은 역사적 원가와 현행가치가 있으며**, 측정 대상과 주어진 상황에 따라 다양한 방법으로 결합되어 사용된다.

[재무제표 요소의 측정기준(자산)]

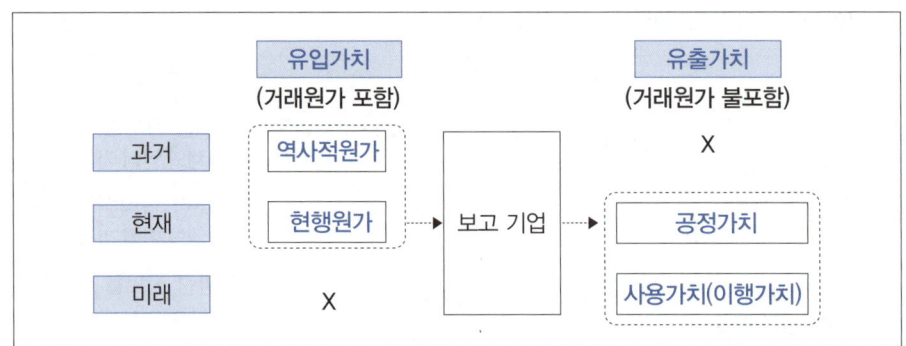

※ 과거에 유출된 자산과 미래에 유입될 자산은 현재 기업실체의 자산이 아니므로 측정할 필요가 없음

❶ 측정기준: 역사적 원가

역사적 원가 측정치는 적어도 부분적으로 자산, 부채 및 관련 수익과 비용을 발생시키는 거래나 그 밖의 사건의 가격에서 도출된 정보를 사용하여 자산, 부채 및 수익과 비용에 관한 화폐적 정보를 제공한다. 현행가치와 달리 역사적 원가는 자산의 손상이나 손실부담에 따른 부채와 관련된 변동을 제외하고는 가치 변동을 반영하지 않는다.

자산을 취득하거나 창출할 때의 역사적 원가는 자산의 취득 또는 창출로 인해 발생한 원가의 가치로서, 자산을 취득 또는 창출하기 위해 지급한 대가와 거래원가를 포함한다. 부채가 발생하거나 인수할 때의 역사적 원가는 발생시키거나 인수하면서 수취한 대가에서 거래원가를 차감한 가치이다.

시장 조건에 따른 거래가 아닌 사건의 결과로 자산을 취득하거나 창출할 때 또는 부채를 발생하거나 인수할 때 원가를 식별할 수 없거나 그 원가가 자산이나 부채에 관한 목적적합한 정보를 제공하지 못할 수도 있다. 이러한 경우 그 자산이나 부채의 현행가치가 최초 인식시점에 간주원가로 사용되며 그 간주원가는 역사적 원가로 후속 측정할 때의 시작점으로 사용된다.

역사적 원가의 측정 기준을 금융자산과 금융부채에 적용하는 한 가지 방법은 상각후원가로 측정하는 것이다. 금융자산과 금융부채의 상각후원가는 최초 인식 시점에 결정된 이자율로 할인한 미래현금흐름 추정치를 반영한다.

역사적 원가와 현행가치

기준 개정 전에는 역사적 원가, 현행원가, 실현가치, 현재가치로 구분하였다.
개정된 기준서는 역사적 원가와 현행가치로 구분하고 현행가치를 다시 현행원가, 공정가치, 사용가치 및 이행가치로 구분한다.

역사적원가의 거래원가

① 자산: 거래원가 가산
② 부채: 거래원가 차감

기출 OX

40. 역사적 원가 측정치는 적어도 부분적으로 자산, 부채 및 관련 수익과 비용을 발생시키는 거래나 그 밖의 사건의 가격에서 도출된 정보를 사용하여 자산, 부채 및 관련 수익과 비용에 관한 화폐적 정보를 제공한다.

기출처 2024. 국가직 9급 <최신>

정답 O

확인문제

33. 측정기준에 관한 「재무보고를 위한 개념체계」의 규정으로 옳은 것을 모두 고른 것은?

기출처 2020. 서울시 7급

> ㄱ. 측정기준은 측정 대상 항목에 대해 식별된 속성으로서 측정기준의 종류에는 역사적 원가, 공정가치 또는 이행가치 등이 있다.
> ㄴ. 부채가 발생하거나 인수할 때의 역사적 원가는 발생시키거나 인수하면서 수취한 대가와 거래원가를 포함한 가치이다.
> ㄷ. 시장 조건에 따른 거래가 아닌 사건의 결과로 자산을 취득하는 경우 원가를 식별할 수 없다면 그 자산의 현행가치가 최초 인식시점의 간주원가로 사용된다.
> ㄹ. 자산의 공정가치는 자산을 취득할 때 발생한 거래원가로 인해 증가할 수 있다.

① ㄱ, ㄷ　　② ㄱ, ㄹ
③ ㄱ, ㄷ, ㄹ　④ ㄴ, ㄷ, ㄹ

정답 ①

❷ 측정기준: 현행가치

현행가치 측정치는 측정일의 조건을 반영하기 위해 갱신된 정보를 사용하여 자산, 부채 및 관련 수익과 비용의 화폐적 정보를 제공한다. 이러한 갱신에 따라 자산과 부채의 현행가치는 이전 특정일 이후의 변동, 즉 현행가치에 반영되는 현금흐름과 그 밖의 요소의 추정치의 변동을 반영한다. 역사적 원가와 달리 자산이나 부채의 현행가치는 자산이나 부채를 발생시킨 거래나 그 밖의 사건의 가격으로부터 부분적으로라도 도출되지 않는다. 즉 역사적원가는 현행가치에 영향을 줄 수 없는 측정치이다.

현행가치의 측정기준은 다음을 포함한다.

① 현행원가
② 공정가치
③ 자산의 사용가치와 부채의 이행가치

2-1 현행원가

자산의 현행원가는 측정일 현재 동등한 자산의 원가로서 측정일에 지급할 대가와 그날에 발생할 거래원가를 포함한다. 부채의 현행원가는 측정일 현재 동등한 부채에 대해 수취할 수 있는 대가에서 그날에 발생할 거래원가를 차감한다. 현행원가는 역사적 원가와 마찬가지로 유입가치이다. 이는 기업이 자산을 취득하거나 부채를 발생시킬 시장에서의 가격을 반영한다. 즉, 현행원가는 유출가치인 공정가치, 사용가치 또는 이행가치와는 다르다. 그러나 현행원가는 역사적 원가와 달리 측정일의 조건을 반영한다.

역사적 원가와 마찬가지로 현행원가는 소비된 자산의 원가나 부채의 이행에서 생기는 수익에 관한 정보를 제공한다. 이 정보는 현재 이익을 도출하는 데 사용될 수 있으며 미래 이익을 예측하는 데 사용될 수 있다. 역사적 원가와 달리 현행원가는 소비하거나 이행하는 시점의 일반적인 가격을 반영한다. 가격 변동이 유의적일 경우, 현행원가를 기반으로 한 이익은 역사적 원가를 기반으로 한 이익보다 미래 이익을 예측하는 데 더 유용할 수 있다.

2-2 공정가치

공정가치는 측정일에 시장 참여자들 사이의 정상 거래에서 자산을 매도할 때 받거나 부채를 이전할 때 지급하게 될 가격이다. 공정가치는 기업이 접근할 수 있는 시장 참여자 관점을 반영한다. 시장 참여자가 경제적으로 최선의 행동을 한다면 자산이나 부채의 가격을 결정할 때 사용할 가정과 동일한 가정을 사용하여 그 자산이나 부채를 측정한다. 공정가치는 자산이나 부채를 발생시킨 거래나 그 밖의 사건의 가격으로부터 부분적이라도 도출되지 않기 때문에, 공정가치는 자산을 취득할 때 발생한 거래원가로 인해 증가하지 않으며, 부채를 발생시키거나 인수할 때 발생한 거래원가로 인해 감소하지 않는다. 또한 공정가치는 자산의 궁극적인 처분이나 부채의 이전 또는 결제에서 발생할 거래원가를 반영하지 않는다.

공정가치는 활성시장에서 관측되는 가격으로 직접 결정될 수 있다. 만약 공정가치가 활성시장에서 직접 관측되지 않은 경우에는 현금흐름기준 측정기법 등을 사용하여 간접적으로 결정된다.

📚 확인문제

34. 재무보고를 위한 개념체계에서 측정에 대한 설명으로 옳지 않은 것은?

기출처 2022. 국가직 9급

① 자산을 취득하거나 창출할 때의 역사적 원가는 자산의 취득 또는 창출에 발생한 원가의 가치로서, 자산을 취득 또는 창출하기 위하여 지급한 대가와 거래원가를 포함한다.

② 사용가치와 이행가치는 시장참여자의 가정보다는 기업 특유의 가정을 반영한다.

③ 공정가치는 부채를 발생시키거나 인수할 때 발생한 거래원가로 인해 감소하며, 부채의 이전 또는 결제에서 발생한 거래원가를 반영한다.

④ 자산의 현행가치는 측정일 현재 동등한 자산의 원가로서 측정일에 지급할 대가와 그 날에 발생할 거래원가를 포함한다.

정답 ③

오쌤 Talk

공정가치 vs 사용가치(이행가치)

공정가치는 활성시장에서 관측되는 가격으로 직접 결정할 수 있다. 이와 달리 사용가치(이행가치)는 시장 참여자의 가정보다는 기업 특유의 가정을 기반한다. 또한 사용가치(이행가치)는 직접 관측될 수가 없으므로 평가기법을 통해 산출된다.

✏️ 기출 OX

41. 현행가치 측정치는 측정일의 조건을 반영하기 위해 갱신된 정보를 사용하여 자산, 부채 및 관련 수익과 비용의 화폐적 정보를 제공한다.

기출처 2024. 국가직 9급 최신

정답 O

42. 역사적 원가와는 달리 자산이나 부채의 현행가치는 자산이나 부채를 발생시킨 거래나 그 밖의 사건의 가격으로부터 부분적으로라도 도출되지 않는다.

기출처 2020. 국가직 7급

정답 O

43. 공정가치는 측정일에 시장참여자 사이의 정상거래에서 자산을 매입할 때 지급하거나 부채를 차입할 때 수취하게 될 가격이다.

기출처 2024. 국가직 9급 최신

정답 X

44. 자산이나 부채의 공정가치를 측정하기 위하여 사용하는 주된(또는 가장 유리한) 시장의 가격에는 거래원가를 조정한다.

기출처 2023. 국가직 7급 최신

정답 X

2-3 사용가치와 이행가치

사용가치는 기업이 자산의 사용과 궁극적인 처분으로 얻을 것으로 기대하는 현금흐름 또는 그 밖의 경제적 효익의 현재가치이다. 이행가치는 기업이 부채를 이행할 때 이전해야 하는 현금이나 그 밖의 경제적 자원의 현재가치이다. 이러한 현금이나 그 밖의 경제적 자원의 금액은 거래 상대방에게 이전되는 금액뿐만 아니라 기업이 그 부채를 이행할 수 있도록 하기 위해 다른 당사자에게 이전해야 할 것으로 기대하는 금액도 포함한다.

사용가치와 이행가치는 미래현금흐름에 기초하기 때문에 자산을 취득하거나 부채를 인수할 때 발생하는 거래원가를 포함하지 않는다. 그러나 사용가치와 이행가치에는 기업이 자산을 궁극적으로 처분하거나 부채를 이행할 때 발생할 것으로 기대되는 거래원가의 현재가치가 포함된다.

사용가치와 이행가치는 공정가치와 달리 시장 참여자의 가정보다는 기업 특유의 가정을 기반한다. 또한 공정가치와 달리 직접 관측될 수 없으며 현금흐름 기준 측정기법으로 결정된다.

[측정기준]

구분			핵심
역사적 원가		자산	과거에 지급한 대가 + 발생한 거래원가
		부채	과거에 수취한 대가 - 발생한 거래원가
현행가치	현행원가	자산	측정일에 동등한 자산의 원가로서 지급할 대가 + 발생할 거래원가
		부채	측정일에 동등한 부채에 대해 수취할 대가 - 발생할 거래원가
	공정가치	자산	측정일에 시장 참여자 사이의 정상 거래에서 자산을 매도할 때 수령할 가격
		부채	측정일에 시장 참여자 사이의 정상 거래에서 부채를 이전할 때 지급할 가격
	사용가치 (이행가치)	자산	측정일에 자산의 사용과 처분으로 인해 유입될 기대현금흐름의 현재가치(처분할 때의 거래원가 포함)
		부채	측정일에 부채의 이행으로 인해 유출될 기대현금흐름의 현재가치(이행할 때의 거래원가 포함)

③ 특정 측정기준에 의해 제공되는 정보의 성격

특정 측정기준을 선택할 때 측정기준이 재무상태표와 재무성과표에서 만들어낼 정보의 성격을 고려하는 것이 중요하다.

3-1 역사적 원가

역사적 원가는 자산이나 부채를 발생시킨 거래나 그 밖의 사건의 가격에서 도출된 정보를 적어도 부분적으로 사용하기 때문에, 역사적 원가로 자산이나 부채를 측정하여 제공하는 정보는 재무제표 이용자들에게 목적적합할 수 있다.

일반적으로, 기업이 시장 조건에 따라 최근 거래에서 자산을 취득한다면, 기업은 그 자산이 최소한 자산의 원가를 회수하는 데 충분한 경제적 효익을 제공할 것으로 기대한

기출 OX

45. 사용가치와 이행가치는 직접 관측될 수 없으며 현금흐름기준 측정기법으로 결정된다.
기출처 2020. 국가직 7급
정답 O

오쌤 Talk

자산과 부채의 측정기준

구분	자산	부채
역사적 원가	과거구입가	과거수취원가
현행원가	현재구입가	현재수취금액
공정가치	정상판매가격	정상상환금액
사용가치	PV (사용CF)	PV (이행CF)

확인문제

35. 재무보고를 위한 개념체계에서 측정기준에 대한 설명으로 옳지 않은 것은?
기출처 2022. 지방직 9급

① 현행가치와 달리 역사적 원가는 자산의 손상이나 손실부담에 따른 부채와 관련되는 변동을 제외하고는 가치의 변동을 반영하지 않는다.
② 현행가치 측정기준은 공정가치, 자산의 사용가치 및 부채의 이행가치, 현행원가를 포함한다.
③ 공정가치로 자산과 부채를 측정하여 제공하는 정보는 예측가치를 가질 수 있다.
④ 사용가치와 이행가치는 기업이 자산을 궁극적으로 처분하거나 부채를 이행할 때 발생할 것으로 기대되는 거래원가의 현재가치를 포함하지 않는다

정답 ④

다. 마찬가지로 시장조건에 따른 최근 거래의 결과로 부채를 발생시키거나 인수한다면, 기업은 일반적으로 부채를 이행하기 위해 경제적 자원을 이전해야 하는 의무의 가치가 수취한 대가에서 거래원가를 차감한 가치를 초과하지 않을 것으로 기대한다. 따라서 이러한 경우 자산이나 부채를 역사적 원가로 측정하는 것은 자산이나 부채를 발생시킨 거래의 가격과 자산이나 부채 모두에 대한 목적적합한 정보를 제공한다.

역사적 원가는 자산의 소비나 손상을 반영하여 감소하기 때문에, **역사적 원가로 측정된 자산에서 회수될 것으로 예상되는 금액은 적어도 장부금액과 같거나 장부금액보다 크다**. 마찬가지로 부채의 역사적 원가는 손실부담이 되는 경우 증가하기 때문에 **부채를 이행하기 위하여 필요한 경제적 자원을 이전할 의무의 가치는 부채의 장부금액을 초과하지 않는다**.

금융자산 외의 자산을 역사적 원가로 측정하는 경우, 일부 또는 전체 자산의 소비 또는 매각은 그러한 사용 또는 매각된 일부 또는 전체 자산의 역사적 원가로 측정된 비용을 발생시킨다.

자산의 매각으로 발생하는 비용은 자산의 매각대가를 수익으로 인식할 때 동시에 인식한다. 수익과 비용의 차이는 매각으로 인한 이익이다. 자산의 소비로 발생하는 비용은 이익에 관한 정보를 제공하기 위해 관련 수익과 비교할 수 있다.

마찬가지로, 금융부채 외의 부채가 발생하거나 대가의 교환으로 인수되고 역사적 원가로 측정되는 경우, 부채의 전부 또는 일부의 이행에 따라 이행된 부분에 대해 수취한 대가의 가치로 측정된 수익이 발생한다. 그 수익과 부채의 이행으로 발생한 비용의 차이는 이행에서 생기는 이익이다.

즉시 소비되는 재화나 용역을 포함하여 매각이나 소비되는 자산의 원가에 대한 정보와 수취한 대가에 대한 정보는 예측가치를 가질 수 있다. 또한 역사적 원가로 측정한 수익과 비용은 재무제표 이용자들에게 현금흐름이나 이익에 관한 그들의 종전 예측에 대한 피드백을 제공하기 때문에 확인가치를 가질 수 있다. 이와 비슷한 이유에서, 상각후원가로 측정하는 자산(부채)에서 가득(발생)하는 이자에 대한 정보는 예측가치와 확인가치를 가질 수 있다.

많은 경우에 **역사적 원가를 측정하는 것이 현행가치를 측정하는 것보다 더 단순하고 비용도 적게 든다**. 또한, 역사적 원가 측정기준을 적용하여 결정한 측정은 **일반적으로 잘 이해되며 대부분 검증가능하다**.

또한 역사적 원가 측정기준을 사용할 경우, 다른 시점에 취득한 동일한 자산이나 발생한 동일한 부채가 재무제표에 다른 금액으로 보고될 수 있다. 이것은 보고기업의 기간 간 또는 같은 기간의 기업 간 비교가능성을 저하시킬 수 있다.

3-2 공정가치

공정가치로 자산과 부채를 측정하여 제공하는 정보는 예측가치를 가질 수 있다. 공정가치는 미래 현금흐름의 금액, 시기 및 불확실성에 대한 시장 참여자의 현재 기대를 반영하기 때문이다. 또한 시장 참여자의 종전의 기대에 대한 피드백을 제공함으로써 **확인가치도 가질 수 있다**.

기업이 한 시장에서 자산을 취득하고 다른 시장(기업이 자산을 매각하고자 하는 시장)

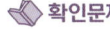

확인문제

36. 다음 중 '재무보고를 위한 개념체계'에서 규정하고 있는 특정 측정 기준 선택에 따른 정보의 성격을 설명한 것으로 옳지 않은 것은?

① 역사적 원가를 측정하는 것은 현행가치를 측정하는 것보다 더 단순하고 비용이 적게 들지만 기업 간 비교가능성을 저하시킬 수 있다.
② 공정가치로 자산과 부채를 측정하여 제공하는 정보는 예측가치와 확인가치를 가질 수 있다.
③ 공정가치로 자산과 부채를 측정하여 제공하는 정보는 기간 간 또는 같은 기간의 기업 간의 비교가능성을 높일 수 있다.
④ 현행원가를 결정하는 것은 복잡하고 주관적이며 비용이 많이 발생할 수 있지만 검증가능성과 이해가능성을 높이고 기업 간의 비교가능성을 높일 수 있다.

정답 ④

의 가격을 이용하여 공정가치를 결정한다면, 이 두 시장의 가격 차이는 공정가치를 처음 결정할 때 수익으로 인식된다. 공정가치를 측정할 때 사용되는 가격의 원천인 시장에서 거래가 발생하는 경우, 자산의 매각이나 부채의 이전에 대한 대가는 일반적으로 그 자산이나 부채의 공정가치와 유사한 금액일 것이다. 이러한 경우, 자산이나 부채를 공정가치로 측정한다면 거래원가의 효과가 중요하지 않는 한 매각 또는 이전 시점에 발생한 순이익이나 순손실은 일반적으로 작을 것이다.

공정가치는 개별 기업의 관점이 아닌 시장 참여자의 관점에서 결정되고 자산이 취득되거나 부채가 발생하는 시점과는 독립적이기 때문에, **공정가치로 측정된 동일한 자산이나 부채는 원칙적으로 동일한 시장에 접근할 수 있는 보고기업에 의해 동일한 금액으로 측정된다.** 이는 보고기업의 기간 간 또는 같은 기간의 기업 간 비교가능성을 높일 수 있다. 자산이나 부채의 공정가치를 활성시장의 가격을 관측하여 직접 결정할 수 있는 경우, **공정가치 측정 과정은 비용이 적게 들고, 단순하며, 이해하기 쉽다. 또한, 공정가치는 직접 관측을 통해 검증될 수 있다.**

3-3 현행원가

현행원가로 측정된 자산과 부채에 관한 정보는 현행원가가 측정일 현재 동등한 자산을 취득하거나 창출할 수 있는 원가를 반영하거나, 동등한 부채를 발생시키거나 인수하기 위해 수취할 대가를 반영하기 때문에 목적적합할 수 있다.

역사적 원가와 마찬가지로 현행원가는 소비된 자산의 원가나 부채의 이행에서 생기는 수익에 관한 정보를 제공한다. 이 정보는 현재 이익을 도출하는 데 사용될 수 있으며 미래 이익을 예측하는 데 사용될 수 있다. 역사적 원가와 달리 현행원가는 소비하거나 이행하는 시점의 일반적인 가격을 반영한다. **가격변동이 유의적일 경우, 현행원가를 기반으로 한 이익은 역사적 원가를 기반으로 한 이익보다 미래 이익을 예측하는 데 더 유용할 수 있다.**

현행원가 측정기준을 사용할 경우, 다른 시점에 취득하거나 발생한 동일한 자산이나 부채를 재무제표에 같은 금액으로 보고한다. **이는 보고기업의 기간 간 그리고 같은 기간의 기업 간 비교가능성을 향상시킬 수 있다. 그러나 현행원가를 결정하는 것은 복잡하고 주관적이며 비용이 많이 들 수 있다.** 예를 들어, 기업이 보유하고 있는 자산의 현재 연식과 상태를 반영하기 위해 새로운 자산의 현재가격을 조정하여 자산의 현행원가를 측정해야 할 수도 있다. 또한 기술의 변화와 사업관행의 변화로 인해 많은 자산이 동일한 자산으로 대체되지는 않을 것이다. 따라서 기존 자산과 동등한 자산의 현행원가를 추정하기 위해서는 새로운 자산의 현재가격에 대한 주관적인 조정이 더 필요할 것이다. 그러므로 **현행원가 측정치는 검증가능성과 이해가능성이 결여될 수 있다.**

3-4 사용가치와 이행가치

사용가치는 자산의 사용과 궁극적인 처분으로부터 발생하는 추정 현금흐름의 현재가치에 관한 정보를 제공한다. 이 정보는 미래순현금유입에 대한 예상치를 평가하는 데 사용할 수 있기 때문에 **예측가치를 가질 수 있다. 이행가치는** 부채의 이행에 필요한 추정 현금흐름의 현재가치에 관한 정보를 제공한다. 따라서 이행가치는 부채가 이전되거나 협상으로 결정될 때보다는 특히 이행될 경우에 **예측가치를 가질 수 있다.**

사용가치나 이행가치 추정치가 미래현금흐름의 금액, 시기와 불확실성으로 추정된 정보와 결합되어 갱신될 경우, 갱신된 추정치는 사용가치나 이행가치의 종전 추정치에 관한 피드백을 제공하기 때문에 확인가치를 가질 수 있다.

그러나 **사용가치와 이행가치는 개별 기업의 관점을 반영하기 때문에 이러한 측정은 동일한 자산이나 부채를 다른 기업이 보유할 경우 다를 수 있다.** 이러한 차이는, 특히 **자산이나 부채가 유사한 방식으로 현금흐름에 기여하는 경우, 비교가능성을 저하시킬 수 있다.**

또한 대부분의 경우, 다른 자산과 함께 사용하는 개별 자산의 사용가치는 의미 있게 결정할 수 없다. 그 대신에, 자산 집합의 사용가치가 결정되면 그 결과를 개별 자산에 배분해야 할 수도 있다. 이 과정은 **주관적이고 자의적일 수 있다.** 또한, 자산의 사용가치의 추정치는 의도치 않게 집합 내의 다른 자산과의 시너지 효과가 반영될 수 있다. 따라서 **다른 자산과 결합하여 사용하는 자산의 가치를 결정하는 것은 비용이 많이 드는 과정이 될 수 있으며, 그 복잡성과 주관성으로 인해 검증가능성이 저하된다.** 이러한 이유로, 사용가치는 그러한 자산을 정기적으로 재측정하기 위한 실무적인 측정기준이 아닐 수 있다. 그러나 예를 들어, 역사적 원가가 완전히 회수가능한지를 판단하기 위해 손상검사에서 사용될 때와 같이 자산의 부정기적 재측정에는 유용할 수 있다.

[측정기준에 의해 제공되는 정보의 성격]

구분	역사적원가	공정가치	현행원가	사용/ 이행가치
예측 / 확인가치	○	○	○	○
단순 / 복잡	단순	단순	복잡	복잡
비용	small	small	big	big
비교가능성	↓	↑	↑	↓
검증가능성	↑	↑	↓	↓
이해가능성	↑	↑	↓ 복잡 / 주관적	↓ 복잡 / 주관적

오쌤 Talk

특정 측정기준을 선택할 때 고려

측정기준에 의해 제공되는 정보가 유용하기 위해서는 질적 특성을 만족하면 된다. 즉, 근본적 질적 특성인 목적적합성과 표현의 충실성을 만족하고, 이후 보강적 질적 특성(비교가능성, 검증가능성, 적시성, 이해가능성)을 만족하면 된다.

오쌤 Talk

측정기준에 따른 정보의 성격

① 역사적 원가로 측정하는 것보다는 현행가치(공정가치, 현행원가, 사용가치, 이행가치)로 측정하는 것이 예측가치를 높일 수 있다.

② 역사적 원가와 공정가치는 산출과정이 직접 측정 또는 관측 가능하므로 비용이 적게 들고 단순하며, 이해하기도 쉽다. 그러나 현행원가와 사용가치(이행가치)는 상대적으로 산출과정이 복잡하고 이해하기 어렵다.

③ 역사적 원가와 사용가치(이행가치)는 비교가능성이 떨어진다. 상대적으로 공정가치와 현행원가는 기업 간, 기간 간 비교가능성이 높아진다.

오쌤 Talk

역사적 원가

역사적 원가는 자산의 손상이나 손실부담에 따른 부채와 관련된 변동을 제외하고는 가치변동을 반영하지 않는다. 그러므로 가치변동에 관한 정보가 중요하다면 역사적 원가는 적합하지 않다는 의미이다.

④ 특정 측정기준을 선택할 때 고려할 요인

자산이나 부채, 이와 관련된 수익과 비용의 측정기준을 선택할 때, 그 측정기준으로 재무상태표와 재무성과표에서 산출할 정보의 성격뿐만 아니라 그 밖의 요인을 고려할 필요가 있다. 대부분의 경우, 어떤 측정기준을 선택해야 하는지 단일의 요인은 없다. 각 요인의 상대적 중요성은 사실과 상황에 따라 달라질 것이다.

측정기준에 의해 제공되는 정보는 재무제표 이용자들에게 유용해야 한다. 이를 달성하기 위해서는 선택된 측정기준에 의해 제공되는 정보는 목적적합해야 하고, 나타내고자 하는 바를 충실하게 표현해야 한다. 또한 제공되는 정보는 가능한 한 비교가능하고, 검증가능하며, 적시성이 있고, 이해가능해야 한다.

4-1 측정기준의 선택: 목적적합성

자산이나 부채, 이와 관련된 수익과 비용이 측정 기준에 의해 제공된 정보의 목적적합성은 다음의 영향을 받는다.

> ① 자산이나 부채의 특성
> ② 그 자산이나 부채가 미래 현금흐름에 어떻게 기여하는지

자산이나 부채의 가치가 시장요인이나 그 밖의 위험에 민감하다면 그 자산이나 부채의 역사적 원가는 현행원가와 유의적으로 다를 수 있다. 따라서 가치변동에 관한 정보가 재무제표 이용자들에게 중요할 경우 역사적 원가는 목적적합한 정보를 제공하지 못할 수 있다.

4-2 측정기준의 선택: 표현충실성

4-2-1 동일한 측정 기준

자산과 부채가 어떤 방식으로든 관련된 경우, 해당 자산과 부채에 대해 서로 다른 측정기준을 사용하면 측정 불일치인 회계불일치가 발생할 수 있다. 재무제표에 측정 불일치가 포함될 경우, 해당 재무제표는 기업의 재무상태와 재무성과의 일부 측면을 충실하게 표현하지 못할 수 있다. 결과적으로, 어떤 상황에서는 관련된 자산과 부채에 동일한 측정기준을 사용함으로써, 재무제표 이용자들에게 다른 측정기준을 사용하는 정보보다 유용한 정보를 제공할 수 있다.

4-2-2 측정의 불확실성

완벽하게 충실한 표현에는 오류가 없어야 하지만, 이것은 모든 측면에서 측정이 완벽하게 정확해야 한다는 것을 의미하지는 않는다. 활성시장의 가격을 직접 관측하여 측정할 수 없어 추정해야만 하는 경우에는 측정 불확실성이 발생한다.

그러나 측정 불확실성의 수준이 높다고 해서 목적적합한 정보를 제공하는 측정기준을 반드시 사용하지 못하는 것은 아니다. 또한 어떤 경우에는 측정 불확실성의 수준이 너무 높아서 측정기준에 의해 제공된 정보가 충분히 충실한 표현을 제공하지 못할 수도 있다. 이러한 경우에는 목적적합한 정보를 얻을 수 있는 다른 측정기준을 선택하는 것을 고려하는 것이 적절하다.

📘 확인문제

37. 다음 중 '재무보고를 위한 개념체계'에서 규정하고 있는 측정기준의 선택과 관련된 서술로 옳지 않은 것은?

① 측정기준을 선택할 때 측정기준에 의해 제공된 정보의 목적적합성을 고려해야 한다.
② 관련된 자산과 부채에 동일한 측정기준을 사용함으로써, 재무제표 이용자들에게 다른 측정기준을 사용하는 정보보다 유용한 정보를 제공할 수 있다.
③ 보강적 질적 특성 중 비교가능성, 이해가능성, 검증가능성, 적시성 및 원가의 제약은 측정기준의 선택에 영향을 미친다.
④ 최초 인식 시점에 취득한 자산이나 발생한 부채의 원가가 공정가치와 비슷하다고 하더라도 최초 인식 시 측정한 기준이 무엇인지를 기술할 필요가 있다.

정답 ③

4-3 측정기준의 선택: 보강적 질적 특성과 원가제약

보강적 질적 특성 중 비교가능성, 이해가능성, 검증가능성 및 원가제약은 측정기준의 선택에 영향을 미친다. 여기서 유의할 점은 보강적 질적 특성 중 적시성은 측정에 특별한 영향을 미치지 않는다는 것이다.

또한 원가는 다른 재무보고결정을 제약하는 것처럼 측정기준의 선택도 제약한다. 그러므로 측정기준을 선택할 때 그 측정기준에 의해 재무제표 이용자들에게 제공되는 정보의 효익이 그 정보를 제공하고 사용하는 데 발생한 원가를 정당화할 것인지를 고려하는 것이 중요하다.

4-4 측정기준의 선택: 최초 측정에 관련된 특정 요인들

최초 인식 시점에 시장조건에 따른 거래에서 취득한 자산이나 발생한 부채의 원가는 거래원가가 유의적이지 않다면 일반적으로 그 시점의 공정가치와 비슷하다. 그럼에도 불구하고 이 두 금액이 유사하더라도 최초 인식할 때 사용한 측정기준이 무엇인지 기술할 필요가 있다.

기업이 시장조건에 따른 거래를 하면서 다른 자산이나 부채를 이전하는 대가로 자산을 취득하거나 부채를 발생시키는 경우, 취득한 자산이나 발생한 부채의 최초 측정에 의해 그 거래에서 수익이나 비용의 발생 여부가 결정된다. 자산이나 부채를 원가로 측정하는 경우에는 이전된 자산이나 부채의 제거로 인해 수익과 비용이 발생하거나 자산이 손상되거나 손실부담부채가 생기는 경우가 아닌 한, 최초 인식 시점에 수익이나 비용이 발생하지 않는다.

기업이 시장조건에 따른 거래가 아닌 사건의 결과로 자산을 취득하거나 부채가 발생할 수 있다. 이러한 경우, 취득한 자산이나 발생한 부채를 역사적 원가로 측정하는 것은 거래나 그 밖의 사건에서 발생하는 기업의 자산과 부채 및 수익이나 비용을 충실하게 표현하지 못할 수도 있다. 따라서 취득한 자산이나 발생한 부채를 간주원가로 측정하는 것이 적절할 수 있으며, 간주원가와 지급하거나 수취한 대가와의 차이는 최초 인식 시점에 수익과 비용으로 인식될 것이다.

4-5 하나 이상의 측정기준

때로는 기업의 재무상태와 재무성과를 충실히 표현하는 목적적합한 정보를 제공하기 위해 자산이나 부채, 관련된 수익과 비용에 대해 하나 이상의 측정기준이 필요하다는 결론에 이르게 될 수도 있다. 대부분의 경우 그러한 정보를 제공하는 가장 이해하기 쉬운 방법은 재무상태표상 자산이나 부채, 재무성과표상 관련 수익과 비용 모두에 대해 단일 측정기준을 사용하고, 다른 측정기준을 적용한 추가 정보를 주석에 제공하는 것이다.

오쌤 Talk

간주원가

특수관계자와의 거래에서 공정가치 ₩100,000의 제품을 ₩30,000에 취득하였다면, 취득원가는 역사적 원가인 ₩30,000이 아니라 간주원가인 ₩100,000으로 인식한다. 다만, 둘의 차이 ₩70,000은 최초 인식 시점에 수익(자산수증이익)으로 인식한다.

그러나 경우에 따라 다음과 같은 방법으로 그러한 정보를 더 목적적합하게 하거나 기업의 재무상태와 재무성과 모두 보다 충실히 표현할 수 있다.

① 재무상태표상 자산 또는 부채에 대해서는 현행가치 측정기준을 사용하고
② 손익계산서상 관련 수익 및 비용에 대해서는 다른 측정기준을 사용할 수 있다.

이러한 경우, 자산이나 부채의 현행가치 변동으로 인해 발생한 총수익과 총비용에 대해 손익계산서에는 손익계산서에서 선택한 측정기준을 적용하여 측정한 수익이나 비용을 포함하고, 잔여 수익과 비용은 기타포괄손익으로 포함하게 한다.

5 자본의 측정

자본의 총장부금액인 총자본은 직접 측정하지 않는다. 이는 인식된 모든 자산의 장부금액에서 인식된 모든 부채의 장부금액을 차감한 금액과 동일하다. 일반목적 재무제표는 기업의 가치를 보여주도록 설계되지 않았기 때문에 자본의 총장부금액은 일반적으로 다음의 상황에서 동일하지 않다.

① 기업의 자본청구권에 대한 시가 총액
② 계속기업을 전제로 하여 기업 전체를 매각할 때 조달할 수 있는 금액
③ 기업의 모든 자산을 매각하고 모든 부채를 상환하여 조달할 수 있는 금액

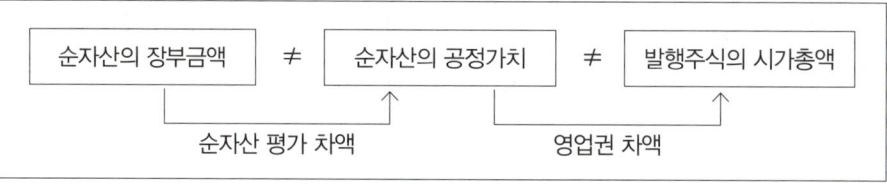

총자본은 직접 측정하지 않지만, 자본의 일부 종류와 자본의 일부 구성요소에 대한 장부금액은 직접 측정하는 것이 적절할 수 있다는 것이다. 그럼에도 불구하고 **총자본은 잔여지분으로 측정되기 때문에 적어도 자본의 한 종류는 직접 측정할 수 없다.**

자본의 개별항목 또는 자본의 구성요소의 장부금액은 일반적으로 양(+)의 값이지만 일부 상황에서는 음(-)의 값을 가질 수 있다. 마찬가지로 총자본은 일반적으로 양(+)의 값이지만 어떤 자산과 부채가 인식되는지와 어떻게 측정되는지에 따라 음(-)의 값을 가질 수 있다.

6 현금흐름 측정기법

때로는 측정치를 직접 관측할 수 없다. 이러한 경우 측정치를 추정하는 한 가지 방법은 현금흐름기준 측정기법을 사용하는 것이다. **현금흐름기준 측정기법은 측정기준이 아니며, 측정기준을 적용하는 데 사용되는 기법이다.** 따라서 현금흐름기준 측정기법을 사용할 때에는 어떤 측정기준이 사용되는지 그리고 그 기법이 그 측정기준에 적용될 수 있는 요인을 어느 정도 반영하는지 확인하는 것이 필요하다.

📕 **확인문제**

38. '재무보고를 위한 개념체계'에서 규정하고 있는 자본의 측정에 대한 설명으로 옳지 않은 것은?

① 자본의 총장부금액인 총자본은 직접 측정하지 않고 인식된 모든 자산의 장부금액에서 인식된 모든 부채의 장부금액을 차감하여 측정 한다.
② 일반적으로 자본의 총장부금액은 기업의 자본청구권에 대한 시가 총액과 일치하지 않는다.
③ 총자본은 직접 측정하지 않지만, 자본의 일부 종류와 자본의 일부 구성요소에 대한 장부금액은 직접 측정하는 것이 적절할 수 있다.
④ 기업이 모든 자산을 매각하고 모든 부채를 상환하여 조달할 수 있는 금액과 자본의 총장부금액은 일치한다.

정답 ④

오쌤 Talk

현금흐름 측정기준
2020년 개념체계의 개정 전에는 측정기준으로 '현금흐름 측정(현재가치평가)' 측정기준이 있었다. 개정으로 인해, 현금흐름 측정기법은 측정기준이 아니고, 측정기법으로 바뀌었다. 현금흐름 측정기법을 사용하여 측정하는 측정기준이 '사용가치'와 '이행가치'이다.

8 재무제표의 표시와 공시

❶ 정보소통의 수단으로서의 표시와 공시

보고기업은 재무제표에 정보를 표시하고 공시함으로써 기업의 자산, 부채, 자본, 수익 및 비용에 관한 정보를 전달한다. 재무제표의 정보가 효과적으로 소통되면 그 정보를 보다 목적적합하게 하고 기업의 자산, 부채, 자본, 수익 및 비용을 충실하게 표현하는 데 기여한다. 또한 이는 재무제표의 정보에 대한 이해가능성과 비교가능성을 향상시킨다. 재무제표의 정보가 효과적으로 소통되려면 다음이 필요하다.

> ① 규칙에 초점을 맞추기보다는 표시와 공시의 목적과 원칙에 초점을 맞춘다.
> ② 유사한 항목은 모으고 상이한 항목은 분리하는 방식으로 정보를 분류한다.
> ③ 불필요한 세부사항 또는 과도한 통합에 의해 정보가 가려져서 불분명하게 되지 않도록 통합한다.

원가가 다른 재무보고 결정을 제약하는 것처럼 표시와 공시의 결정도 제약한다. 따라서 표시와 공시를 결정할 때 특정 정보를 표시하거나 공시함으로써 재무제표 이용자들에게 제공되는 효익이 그 정보를 제공하는 데 드는 원가를 정당화할 수 있는지를 고려하는 것이 중요하다.

❷ 표시와 공시의 목적과 원칙

재무제표의 정보가 쉽고 효과적으로 소통되기 위해 회계기준의 표시와 공시 요구 사항을 개발할 때 다음 사이의 균형이 필요하다.

> ① **근본적 질적 특성**: 기업의 자산, 부채, 자본, 수익 및 비용을 충실히 표현하는 목적적합한 정보를 제공할 수 있도록 기업에 융통성을 부여한다.
> ② **비교가능성**: 한 보고기업의 기간 간 그리고 같은 보고기간의 기업 간 비교가능한 정보를 요구한다.

표시와 공시의 목적을 회계기준에 포함시킴으로써 정보가 재무제표에서 효과적으로 소통되는 데 도움을 준다. 왜냐하면 그러한 목적은 기업이 유용한 정보를 식별하고 가장 효과적인 방식으로 정보가 소통되는 방법을 결정하는 데 도움이 되기 때문이다.

🔍 **확인문제**

39. 다음 중 '재무보고를 위한 개념체계'에서 규정하고 있는 재무제표의 표시와 공시에 대한 설명으로 옳지 않은 것은?

① 규칙에 초점을 맞추기보다는 표시와 공시의 목적과 원칙에 초점을 맞추면 재무제표의 정보가 효과적으로 소통될 수 있다.
② 유사한 항목은 모으고 상이한 항목은 분리하는 방식으로 정보를 분류하면 재무제표의 정보가 효과적으로 소통될 수 있다.
③ 재무제표의 정보가 효과적으로 소통되게 하기 위해 불필요한 세부 사항 또는 과도한 통합으로 인해 정보가 가려져서 불분명하게 되지 않도록 통합해야 한다.
④ 재무제표의 표시와 공시를 결정할 때 원가는 제약사항이 될 수 없다.

정답 ④

확인문제

40. '재무보고를 위한 개념체계'에서 규정하고 있는 재무제표의 표시와 공시에 대한 설명으로 옳지 않은 것은?

① 재무제표에 표시와 공시를 위해 자산, 부채, 자본, 수익과 비용을 공유되는 특성에 따라 분류한다.
② 자산과 부채의 상계는 일반적으로 허용된다.
③ 자본청구권이나 다른 특성을 가지고 있는 경우에는 그 자본청구권을 별도로 구분해야 할 수 있다.
④ 상이한 자산, 부채, 자본, 수익이나 비용을 함께 분류하면 목적적합한 정보를 가려서 불분명하게 하고, 이해가능성과 비교가능성이 낮아질 수 있으며, 표현하고자 하는 내용을 충실하게 표현하지 못할 수 있다.

정답 ②

상계

개념체계는 '일반적으로 적절하지 않다'라고 했다. 기업회계 기준서 제1001호 '재무제표 표시'에서는 '자산과 부채 그리고 수익과 비용은 상계하지 않는 것'을 원칙으로 한다. 다만, 예외적으로 상계가 가능한 상황에 대해 따로 서술하고 있다.

❸ 재무제표 요소의 분류

분류는 표시와 공시를 위해 자산, 부채, 자본, 수익이나 비용을 공유되는 특성에 따라 구분하는 것을 말한다. 이러한 특성에는 항목의 성격 기업이 수행하는 사업활동 내에서 역할이나 기능, 이들 항목을 측정하는 방법이 포함되나 이에 국한되지는 않는다. 상이한 자산, 부채, 자본, 수익이나 비용을 함께 분류하면 목적적합한 정보를 가려서 불분명하게 하고, 이해가능성과 비교가능성이 낮아질 수 있으며, 표현하고자 하는 내용을 충실하게 표현하지 못할 수 있다.

3-1 자산과 부채의 분류

분류는 자산 또는 부채에 대해 선택된 회계단위별로 적용하여 분류한다. 그러나 자산이나 부채 중 특성이 다른 구성요소를 구분하여 별도로 분류하는 것이 적절할 수도 있다. 이것은 이러한 구성요소를 별도로 분류한 결과 재무정보의 유용성이 향상되는 경우에 적절한 것이다. 예를 들어, 자산이나 부채를 유동요소와 비유동요소로 구분하고 이러한 구성요소를 별도로 분류하는 것이 적절할 수 있다.

3-2 자산과 부채의 상계

상계는 기업이 자산과 부채를 별도의 회계단위로 인식하고 측정하지만 재무상태표에서 단일의 순액으로 합산하는 경우에 발생한다. 상계는 서로 다른 항목을 함께 분류하는 것이므로 일반적으로는 적절하지 않다. 자산과 부채의 상계는 권리와 의무의 집합을 단일의 회계단위로서 취급하는 것과 다르다.

3-3 자본의 분류

유용한 정보를 제공하기 위해, 자본청구권이 다른 특성을 가지고 있는 경우에는 그 자본청구권을 별도로 분류해야 할 수도 있다. 마찬가지로, 유용한 정보를 제공하기 위해, 자본의 일부 구성요소에 특정 법률, 규제 또는 그 밖의 요구사항이 있는 경우에는 자본의 그 구성요소를 별도로 분류해야 할 수 있다. 예를 들어, 일부 국가에서는 기업이 분배 가능하다고 특정한 준비금이 기업에 충분히 있는 경우에만 자본청구권의 보유자에게 분배를 허용한다. 이러한 준비금을 별도로 표시하거나 공시하면 유용한 정보를 제공할 수 있다.

3-4 수익과 비용의 분류

수익과 비용은 자산이나 부채에 대해 선택된 회계단위에서 발생하는 수익과 비용이나, 또는 수익이나 비용의 구성요소의 특성이 서로 다르며 이들 구성요소가 별도로 식별되는 경우 그러한 수익과 비용의 구성요소로 분류된다.

3-5 당기손익과 기타포괄손익

수익과 비용은 분류되어 다음 중 하나에 포함된다.

① 손익계산서
② 손익계산서 이외의 기타포괄손익

손익계산서는 보고기간의 기업 재무성과에 관한 정보의 주요 원천이며, 해당 기간의 기업 재무성과에 대한 축약된 설명을 제공하는 당기손익 합계를 포함한다. 많은 재무제표 이용자들이 분석의 시작점으로 또는 그 기간의 재무성과의 주요 지표로 이 합계를 그들의 분석에 포함시킨다. 손익계산서는 해당 기간의 기업 재무성과에 관한 정보의 주요 원천이기 때문에 모든 수익과 비용은 원칙적으로 이 재무제표에 포함된다.

그러나 회계기준위원회는 회계기준을 개발할 때 자산이나 부채의 현행가치의 변동으로 인한 수익과 비용을 기타포괄손익에 포함하는 것이 그 기간의 기업 재무성과에 대한 보다 목적적합한 정보를 제공하거나 보다 충실한 표현을 제공하는 예외적인 상황에서는 그러한 수익이나 비용을 기타포괄손익에 포함하도록 결정할 수도 있다.

역사적 원가 측정기준에서 발생한 수익과 비용은 손익계산서에 포함된다. 이는 그러한 유형의 수익이나 비용이 자산이나 부채의 현행가치 변동의 구성요소로서 별도의 식별되는 경우에도 그러하다. 예를 들어, 금융자산이 현행가치로 측정되고 이자수익이 그 밖의 가치변동과 별도로 식별된다면 그 이자수익은 손익계산서에 포함된다.

원칙적으로, 한 기간에 기타포괄손익에 포함된 수익과 비용은 미래 기간에 기타포괄손익에서 당기손익으로 재분류한다. 이런 경우는 그러한 재분류가 보다 목적적합한 정보를 제공하는 손익계산서가 되거나 미래 기간의 기업 재무성과를 보다 충실하게 표현하는 결과를 가져오는 경우이다. 그러나 재분류되어야 할 기간이나 금액을 식별할 명확한 근거가 없다면, 회계기준위원회는 회계기준을 개발할 때, 기타포괄손익에 포함된 수익과 비용이 후속적으로 재분류되지 않도록 결정할 수도 있다.

④ 통합

통합은 특성을 공유하고 동일한 분류에 속하는 자산, 부채, 자본, 수익 또는 비용을 합하는 것이다. 통합은 많은 양의 세부사항을 요약함으로써 정보를 더욱 유용하게 만든다. 그러나 통합은 그러한 세부사항 중 일부를 숨기기도 한다. 따라서 목적적합한 정보가 많은 양의 중요하지 않은 세부사항과 섞이거나 과도한 통합으로 인해 가려져서 불분명해지지 않도록 균형을 찾아야 한다. 재무제표의 서로 다른 부분에서는 다른 수준의 통합이 필요할 수 있다. 예를 들어, 일반적으로 재무상태표와 재무성과표는 요약된 정보를 제공하고 자세한 정보는 주석에서 제공한다.

 확인문제

41. 다음 중 '재무보고를 위한 개념체계'에서 규정하고 있는 당기손익과 기타포괄손익에 대한 내용으로 옳지 않은 것은?

① 손익계산서는 보고기간의 기업 재무성과에 관한 정보의 주요 원천이며, 해당 기간의 기업 재무성과에 대한 축약된 설명을 제공하는 당기손익 합계를 포함한다.
② 회계기준위원회는 회계기준을 개발할 때 자산이나 부채의 현행가치의 변동으로 인한 수익과 비용을 기타포괄손익에 포함하는 것이 보다 목적적합하고 충실한 표현을 제공하는 예외적인 상황에서는 기타포괄손익에 포함하도록 결정할 수도 있다.
③ 역사적 원가 측정기준에서 발생한 수익과 비용은 손익계산서에 포함된다.
④ 한 기간에 기타포괄손익에 포함된 모든 수익과 비용은 미래 기간에 기타포괄손익에서 당기손익으로 재분류해야 한다.

정답 ④

 오쌤 Talk

기타포괄손익의 재분류

기업회계기준서 제1001호 '재무제표 표시'에서는 기타포괄손익에 대해 재분류 조정되는 항목과 재분류되지 않은 항목을 구분하여 포괄손익계산서에 표시하라고 되어 있다.
개념체계에서도 이에 대한 부분을 허용하는 내용이 들어가 있다.

9 자본과 자본유지개념

대부분의 기업은 자본의 재무적인 개념에 기초하여 재무제표를 작성한다. 그러나 **자본개념은 재무적 개념과 실물적 개념으로 구분할 수 있다.** 자본의 재무적 개념이란 투자된 화폐액 또는 투자된 구매력을 자본으로 보는 것을 의미하고, 자본의 실물적 개념이란 1일 생산량과 같은 기업의 생산 능력을 자본으로 보는 것을 의미한다. 기업은 재무제표 이용자의 정보요구에 따라 적절한 자본개념을 선택해야 한다.

즉, 재무정보 이용자가 주로 명목상의 투하자본이나 투하자본의 구매력 유지에 관심이 있다면 재무적 개념의 자본을 채택하고, 기업의 조업능력의 유지에 있다면 실물적 자본의 개념을 사용하게 될 것이다. 현재 대부분의 기업은 자본의 재무적 개념에 기초하여 재무제표를 작성한다. 비록 **자본개념이 실무적으로 적용하는데 측정의 어려움이 있을 수 있지만 선택된 자본개념에 따라 이익의 결정 목표가 무엇인지 알 수 있게 된다.**

❶ 자본유지개념의 종류

유지해야 할 자본의 개념은 **재무자본유지**와 **실물자본유지**로 구분할 수 있다. 재무자본유지개념과 실물자본유지개념의 주된 차이는 기업의 자산과 부채에 대한 가격변동의 영향의 처리방법에 있다. 일반적으로 기초에 가지고 있던 자본만큼을 기말에도 가지고 있다면 이 기업은 자본이 유지된 것이며, 기초자본을 유지하기 위해 필요한 부분을 초과하는 것이 이익이다.

1-1 재무자본유지개념

재무자본유지개념 하에서 이익은 해당 기간 동안 소유주에게 배분하거나 소유주가 출연한 부분을 제외하고 기말 순자산의 재무적 측정금액이 기초 순자산의 재무적 측정금액을 초과하는 경우에만 발생한다. 재무자본유지개념을 사용하기 위해서는 당해 재무자본을 명목화폐단위 또는 불변구매력단위를 이용하여 측정할 수 있다.

재무자본유지개념하에서는 특정한 측정기준의 적용을 요구하지 아니한다. 재무자본유지개념 하에서 측정기준의 선택은 기업이 유지하려는 재무자본의 유형과 관련이 있다.

1-2 실물자본유지개념

실물자본유지개념 하에서의 이익은 해당 기간 동안 소유주에게 분배하거나 소유주가 출연한 부분을 제외하고 기업의 기말 실물생산능력이나 조업능력, 또는 그러한 생산능력을 갖추기 위해 필요한 자원이나 기금이 기초 실물생산능력을 초과하는 경우에만 발생한다.

실물자본유지개념을 사용하기 위해서는 당해 실물자본을 현행원가기준에 따라 측정해야 한다.

오쌤 Talk

자본유지개념

자본유지개념은 기업이 유지하고자 하는 자본을 어떻게 정의하는지와 관련이 있다. 즉, 어디까지를 본전으로 볼 것이냐에 있다.

✏️ **기출 OX**

46. 자본을 투자된 화폐액 또는 투자된 구매력으로 보는 재무적 개념 하에서 자본은 기업의 순자산이나 지분과 동의어로 사용된다. 기출처 2024. 국가직 9급 [최신]
정답 O

47. 재무제표 이용자들이 주로 명목상의 투하자본이나 투하자본의 구매력 유지에 관심이 있다면 재무적 개념의 자본을 채택하여야 한다. 기출처 2024. 국가직 9급 [최신]
정답 O

48. 자본개념을 실무적으로 적용하는데 측정의 어려움이 있다면 선택된 자본개념에 따라 이익의 결정 목표가 무엇인지 알 수 없다. 기출처 2024. 국가직 9급 [최신]
정답 X

49. 재무자본유지개념은 특정한 측정기준의 적용을 요구하지 않으나, 실물자본유지개념을 사용하기 위해서는 순자산을 역사적원가기준에 따라 측정해야 한다. 기출처 2018. 국가직 7급
정답 X

50. 재무자본유지개념을 사용하기 위해서는 역사적 원가기준에 의해서만 측정해야 한다. 기출처 2024. 국가직 9급 [최신]
정답 X

오쌤 Talk

재무자본유지개념

명목화폐단위란 명목상 동일한 화폐단위는 시간의 변화와 관계없이 동일한 구매력을 유지한다고 보는 것이고, 불변구매력단위란 명목화폐단위를 일반 물가수준으로 수정한 화폐단위를 의미한다.

✏️ **기출 OX**

51. 실물자본유지개념을 사용하기 위해서는 역사적 원가기준에 따라 측정해야 한다. 기출처 2024. 국가직 7급 [최신]
정답 X

[자본유지개념과 이익]

- 재무자본유지개념에서의 이익 = 기말화폐자본 − 기초화폐자본
- 실물자본유지개념에서의 이익 = 기말실물자본 − 기초실물자본

[자본유지개념에 따른 이익의 종류]

구분	측정단위		측정기준
	명목화폐단위	불변구매력단위	
재무자본	명목재무자본 (역사적 원가회계)	불변구매력자본 (일반물가수준회계)	특정되지 않음
실물자본	실물자본 (현행원가회계)	불변구매력실물자본 (구매력현행회계)	현행원가

❷ 이익의 결정

자본유지개념은 기업의 자본에 대한 **투자회수와 투자수익을 구분하기 위한 필수조건**이다. 즉, 자본유지를 위해 필요한 금액을 초과하는 자산의 유입액만이 이익으로 간주될 수 있고 결과적으로 자본의 투자수익이 된다. 그러므로 이익은 수익에서 비용(필요한 경우 자본유지조정액을 포함)을 차감한 후의 잔여액이다.

2-1 명목화폐단위로 정의한 재무자본유지개념

재무자본유지개념하에서 이익은 해당 기간 중 명목화폐자본의 증가액을 의미한다. 따라서 기간 중 보유한 자산가격의 증가부분, 즉 가격변동에 따른 보유이익은 개념적으로 이익에 속한다. 그러나 보유이익은 자산이 교환거래에 따라 처분되기 전에는 이익으로 인식되지 않을 것이다.

예를 들어, 기초 자본이 ₩100,000이고, 기말자본이 ₩120,000이라고 가정하자. 자본을 명목자본으로 정의하는 경우 기초 자본 ₩100,000과 동일한 가치를 갖는 기말 자본은 ₩100,000이며, 동 금액이 유지해야 할 자본이 된다. 이 경우 기말 자본 ₩120,000 중 유지해야 할 자본 ₩100,000을 초과한 금액 ₩20,000은 이익이 된다.

2-2 불변구매력 단위로 정의한 재무자본유지개념

불변구매력 재무자본유지개념하에서 이익은 해당 기간 중 일반물가수준에 따른 가격상승을 초과하는 자산가격의 증가액을 의미하며, 그 이외의 가격증가 부분은 자본의 일부인 자본유지조정으로 처리한다.

예를 들어, 불변구매력재무자본으로 정의한다면 물가상승률이 10%일 경우, 기초자본 ₩100,000과 동일한 구매력을 갖는 기말 자본은 물가상승률을 반영한 ₩100,000 (1 + 10%) = ₩110,000이 되며, 이 금액이 유지해야 할 자본이 된다. 이 경우 기말 자본 ₩120,000 중 유지해야 할 자본 ₩110,000을 초과한 금액 ₩10,000이 이익이 된다.

🔖 확인문제

42. 자본유지의 개념에 대한 설명으로 옳지 않은 것은? 기출처 2013. 회계사 응용

① 실물자본유지개념을 사용하기 위해서는 자산과 부채를 현행원가기준에 따라 측정해야 한다.
② 재무자본유지개념과 실물자본유지개념의 주된 차이는 기업의 자산과 부채에 대한 가격 변동 영향의 회계처리 방법에 있다.
③ 실물자본유지개념을 적용할 때는 현행원가기준으로 측정된 기말실물자본에서 기초실물자본의 차이만큼이 이익으로 인식된다.
④ 재무자본유지개념을 적용할 때는 어떠한 경우에도 자본유지조정은 인식될 필요가 없다.

정답 ④

✏️ 기출 OX

52. 재무자본유지는 명목화폐단위 또는 불변구매력단위를 이용하여 측정할 수 있다. 기출처 2024. 국가직 7급

정답 O

53. 자본유지개념에서는 자본유지를 위해 필요한 금액을 초과하는 자산의 유입액만이 이익으로 간주될 수 있다.
기출처 2018. 국가직 7급

정답 O

54. 재무자본유지개념에서의 이익은 해당기간 동안 소유주에게 배분하거나 소유주가 출연한 부분을 제외하고 기말 순자산의 재무적 측정금액(화폐금액)이 기초 순자산의 재무적 측정금액(화폐금액)을 초과하는 경우에만 발생한다.
기출처 2018. 국가직 7급

정답 O

55. 재무자본유지개념이 불변구매력단위로 정의된다면 일반물가수준에 따른 가격상승을 초과하는 자산가격의 증가 부분만이 이익으로 간주된다.
기출처 2018. 국가직 7급

정답 O

기출 OX

56. 실물자본유지개념 하에서 기업의 자산과 부채에 영향을 미치는 모든 가격변동은 해당 기업의 실물생산능력에 대한 측정치의 변동으로 간주되어 이익으로 처리된다. _{기출처 2024. 국가직 7급 [최신]}

정답 X

2-3 실물생산능력으로 정의한 실물자본유지개념

이익은 해당 기간 중 실물생산능력의 증가액을 의미한다. 기업의 자산과 부채에 영향을 미치는 모든 가격변동은 해당 기업의 실물생산능력에 대한 측정치의 변동으로 간주되어 이익이 아니라 자본의 일부인 자본유지조정으로 처리된다.

예를 들어, 실물자본유지개념으로 자본을 정의한다면, 기초자본 ₩100,000으로 구입할 수 있는 실물자본이 10개(개당 ₩10,000 가정)임을 가정하면, 기말에 실물자본이 개당 ₩11,000임을 가정하면 기말자본은 ₩110,000이 유지되어야 한다. 그러므로 기초자본과의 차이 ₩10,000은 자본유지조정으로 조정하고, 기말자본 ₩120,000과의 차이 ₩10,000(= ₩120,000 - ₩110,000)이 이익이 된다.

[자본유지조정과 이익의 결정]

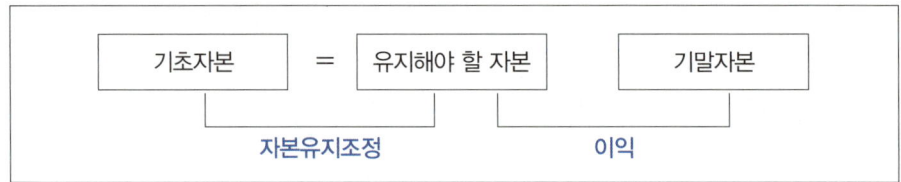

❸ 자본유지조정

자산과 부채에 대한 재평가 또는 재작성은 자본의 증가나 감소를 초래한다. 이와 같은 자본의 증가 또는 감소는 수익과 비용의 정의에는 부합하지만, 이 항목들은 특정 자본유지개념에 따라 포괄손익계산서에는 포함되지 않을 수 있다. 그 대신 자본유지조정 또는 재평가적립금으로 자본에 포함한다.

기본예제 1 자본유지개념

㈜한국은 20X1년 1월 1일 ₩10,000을 투자하여 컴퓨터 판매를 개시하였다. 1월 1일 현재 컴퓨터 2대를 개당 ₩5,000에 구입하였다. ㈜한국은 컴퓨터를 개당 ₩8,000에 판매하여 12월 31일 현재 현금 ₩16,000을 보유하고 있다. 단, 20X1년 중 물가상승률은 10%이며, 12월 31일 현재 컴퓨터의 개당 구입가격은 ₩7,000이다.

01 명목재무자본으로 자본을 정의할 경우 유지해야 할 자본과 자본유지를 위한 이익 및 자본유지조정으로 처리할 금액을 각각 계산하시오.

02 불변구매력재무자본으로 자본을 정의할 경우 유지해야 할 자본과 자본유지를 위한 이익 및 자본유지조정으로 처리할 금액을 각각 계산하시오.

03 실물자본으로 자본을 정의할 경우 유지해야 할 자본과 자본유지를 위한 이익 및 자본유지조정으로 처리할 금액을 각각 계산하시오. (단, 실물자본은 명목화폐단위로 측정한다)

[풀이]

01 명목재무자본
- 기초자본   ₩10,000
- 유지해야 할 자본   ₩10,000 → ₩0 자본유지조정
- 기말자본   ₩16,000 → ₩6,000 이익

02 불변구매력재무자본
- 기초자본   ₩10,000
- 유지해야 할 자본 ₩10,000 × (1 + 10%) = ₩11,000 → ₩1,000 자본유지조정
- 기말자본   ₩16,000 → ₩5,000 이익

03 실물자본유지
- 기초자본   ₩10,000
- 유지해야 할 자본 컴퓨터 2대 × @₩7,000 = ₩14,000 → ₩4,000 자본유지조정
- 기말자본   ₩16,000 → ₩2,000 이익

확인문제

43. 다음 자료를 이용하여 ㈜한국의 자본을 재무자본유지개념(불변구매력단위)과 실물자본유지개념으로 측정할 때, 20X1년도에 인식할 이익은? (단, 20X1년 중 다른 자본거래는 없다)

기출처 2022. 지방직 9급

구분	20X1년 초	20X1년 말
자산 총계	₩100,000	₩300,000
부채 총계	₩50,000	₩150,000
일반물가지수	100	150
재고자산 단위당 구입가격	₩1,000	₩2,000

	재무자본유지개념 (불변구매력단위)	실물자본 유지개념
①	₩75,000	₩50,000
②	₩75,000	₩100,000
③	₩100,000	₩50,000
④	₩100,000	₩100,000

정답 ①

OX 퀴즈

다음 문장의 경우 올바른 설명에는 O, 틀린 설명에는 ×를 하고 틀린 설명은 수정하시오.

① 회계기준제정기구는 정보이용자의 정보이해능력과 재무제표 작성자의 부담을 동시에 고려하여 정보이용자에게 유용한 정보가 제공될 수 있도록 국제회계기준을 제정하여야 한다. ( )

② 특정 거래나 사건을 충실히 표현하기 위해서는 필요한 중요한 정보가 누락되어서는 안 된다. 수집 가능한 중요한 정보가 누락되는 경우 목적적합성이 저해될 수 있다. ( )

③ 재무정보의 보강적 질적 특성에는 검증가능성과 적시성, 비교가능성 이 세 가지 요소가 있다. ( )

④ 기업이 그 경영활동을 청산할 의도가 있더라도 재무제표는 계속기업을 가정한 기준을 적용하여 작성하여야 한다. ( )

⑤ 개념체계는 회계기준이 아니므로 개념체계의 어떠한 내용도 회계기준이나 그 요구사항에 우선하지 아니하지만, 개념체계가 개정되면 자동으로 회계기준이 개정된다. ( )

⑥ 재무제표는 기업의 현재 및 잠재적 투자자, 대여자와 그 밖의 채권자 중 특정 집단의 관점이 아닌 보고기업 전체의 관점에서 거래 및 그 밖의 사건에 대한 정보를 제공한다. ( )

⑦ 자산, 부채 또는 자본의 정의를 충족하는 항목만이 재무상태표에 인식되지만 정의를 충족하는 항목이라고 하더라도 항상 인식되는 것은 아니다. ( )

⑧ 재무보고를 위한 개념체계와 한국채택국제회계기준이 상충하는 경우에는 재무보고를 위한 개념체계를 상위 기준으로 보고 우선시한다. ( )

⑨ 경제적효익의 유입가능성이나 유출가능성이 낮다면 자산이나 부채가 존재할 수 없다. ( )

⑩ 현행원가는 자산의 손상이나 손실부담에 따른 부채와 관련된 변동을 제외하고는 가치변동을 반영하지 않는다. ( )

⑪ 역사적원가로 측정된 자산에서 회수될 것으로 예상되는 금액은 장부금액을 초과하지 않는다. ( )

⑫ 사용가치는 자산을 취득할 때 발생하는 거래원가를 포함하지 않지만 현행원가는 측정일에 지급할 대가와 그 날에 발생할 거래원가를 포함한다. ( )

⑬ 재무자본유지개념은 현행원가를 측정기준으로 사용하지만, 실물자본유지개념은 특정한 측정기준의 적용을 요구하지는 않는다. ( )

OX 풀이

1 ○

2 × 특정 거래나 사건을 충실히 표현하기 위해서는 필요한 중요한 정보가 누락되어서는 안 된다. 수집가능한 중요한 정보가 누락되는 경우 표현의 충실성이 저해될 수 있다.

3 × 재무정보의 보강적 질적 특성에는 검증가능성과 적시성, 비교가능성, 그리고 이해가능성이 있다.

4 × 기업이 그 경영활동을 청산할 의도가 있다면 계속기업에 의하여 재무제표를 작성하여서는 안된다.

5 × 개념체계가 개정되었다고 해서 자동으로 회계기준이 개정되는 것은 아니다. 회계기준은 개정하기로 결정한 경우 회계기준위원회는 정규 절차에 따라 의제에 프로젝트를 추가하고 해당 회계기준에 대한 개정안을 개발한다.

6 ○

7 ○

8 × 재무보고를 위한 개념체계와 한국채택국제회계기준이 상충하는 경우에는 한국채택국제회계기준을 상위 기준으로 보고 우선시한다.

9 × 경제적효익의 유입가능성이나 유출가능성이 낮더라도 자산이나 부채가 존재할 수 있다.

10 × 자산의 손상이나 손실부담에 따른 부채와 관련된 변동을 제외하고는 가치변동을 반영하지 않는 것은 역사적원가이다. 자산의 현행원가는 측정일 현재 동등한 자산의 원가로 자산의 가치변동이 반영된다.

11 × 역사적원가로 측정된 자산에서 회수될 것으로 예상되는 금액은 적어도 장부금액과 같거나 장부금액보다 크다.

12 ○

13 × 재무자본유지개념은 특정한 측정기준의 적용을 요구하지 않지만, 실물자본유지개념은 현행원가를 측정기준으로 사용해야 한다.

실전훈련

01 한국채택국제회계기준의 '재무보고를 위한 개념체계'에서 규정하고 있는 「일반목적 재무보고의 유용성 및 한계」에 대한 내용으로 옳지 않은 것은?

① 일반목적 재무보고서는 보고기업의 가치를 보여주기 위해 고안된 것이 아니라 가치를 추정하는 데 도움이 되는 정보를 제공한다.
② 일반목적 재무보고서는 현재 및 잠재적 투자자, 대여자 및 기타 채권자를 대상으로 만들었으므로 감독 당국이나 일반 대중들은 일반목적 재무보고서를 유용하게 활용할 수 없다는 한계를 가지고 있다.
③ 경영진은 그들이 필요로 하는 재무정보를 내부에서 구할 수 있기 때문에 일반목적 재무보고서에 의존할 필요가 없다.
④ 재무보고서는 정확한 서술보다는 상당 부분 추정, 판단 및 모형에 근거한다.

02 일반목적재무보고서가 제공하는 정보에 관한 설명으로 옳지 않은 것은? 기출처 2021. 세무사 1차

① 보고기업의 경제적자원 및 청구권의 성격 및 금액에 대한 정보는 이용자들이 기업의 경제적자원에 대한 경영진의 수탁책임을 평가하는 데 도움이 될 수 있다.
② 보고기업의 재무성과에 대한 정보는 그 기업의 경제적자원에서 해당 기업이 창출한 수익을 이용자들이 이해하는 데 도움을 준다.
③ 보고기업의 경제적자원 및 청구권은 그 기업의 재무성과 그리고 채무상품이나 지분상품의 발행과 같은 그 밖의 사건이나 거래에서 발생한다.
④ 보고기업의 과거 재무성과와 그 경영진이 수탁책임을 어떻게 이행했는지에 대한 정보는 기업의 경제적자원에서 발생하는 미래 수익을 예측하는 데 일반적으로 도움이 된다.
⑤ 한 기간의 보고기업의 재무성과에 투자자와 채권자에게서 직접 추가 자원을 획득한 것이 아닌 경제적자원 및 청구권의 변동이 반영된 정보는 기업의 과거 및 미래 순현금유입 창출 능력을 평가하는 데 유용하다.

풀이

01 ② 일반목적 재무보고서가 기타 집단을 주요 대상으로 하는 것은 아니지만 그들도 일반목적 보고서가 유용하다고 여길 수는 있다. 다만, 일반목적 재무보고서는 현재 및 잠재적 투자자, 대여자 및 기타 채권자를 대상으로 만들어진 보고서이다.

02 ③ 보고기업의 경제적자원 및 청구권의 변동은 그 기업의 재무성과 그리고 채무상품이나 지분상품의 발행과 같은 그 밖의 사건이나 거래에서 발생한다.

답 01 ② 02 ③

03 유용한 재무정보의 질적 특성에 관한 설명으로 옳지 않은 것은? 기출처 2022. 세무사 수정

① 재무보고서는 경제적 현상을 글과 숫자로 나타내는 것이다.
② 재무정보가 과거 평가에 대해 피드백을 제공한다면(과거 평가를 확인하거나 변경시킨다면) 확인가치를 갖는다.
③ 중립적 정보는 목적이 없거나 행동에 대한 영향력이 없는 정보를 의미한다.
④ 합리적인 추정치의 사용은 재무정보의 작성에 필수적인 부분이며, 추정이 명확하고 정확하게 기술되고 설명되는 한 정보의 유용성을 저해하지 않는다.

04 재무보고를 위한 개념체계 중 재무정보의 질적 특성에 관한 설명으로 옳지 않은 것은? 기출처 2020. 감정평가사

① 유용한 재무정보의 질적 특성은 그 밖의 방법으로 제공되는 재무정보뿐만 아니라 재무제표에서 제공되는 재무정보에도 적용된다.
② 중요성은 기업 특유 관점의 목적적합성을 의미하므로 회계기준위원회는 중요성에 대한 획일적인 계량 임계치를 정하거나 특정한 상황에서 무엇이 중요한 것인지를 미리 결정하여야 한다.
③ 재무정보의 예측가치와 확인가치는 상호 연관되어 있다. 예측가치를 갖는 정보는 확인가치도 갖는 경우가 많다.
④ 재무보고의 목적을 달성하기 위해 근본적 질적 특성 간 절충('trade-off')이 필요할 수도 있다.
⑤ 근본적 질적 특성을 충족하면 어느 정도의 비교가능성은 달성될 수 있다.

풀이

03 ③ 중립적 정보는 목적이 없거나 행동에 대한 영향력이 없는 정보를 의미하는 것은 아니다.
04 ② 중요성은 기업 특유 관점의 목적적합성을 의미하므로 회계기준위원회는 중요성에 대한 획일적인 계량 임계치를 정하거나 특정한 상황에서 무엇이 중요한 것인지를 미리 결정해서는 안 된다.

답 03 ③ 04 ②

05 재무정보의 질적 특성에 관한 설명으로 옳지 않은 것은? 　　　　기출처 2014. 세무사 응용

① 중요성은 개별 기업의 재무보고서 관점에서 해당 정보와 관련된 항목의 성격이나 규모 또는 이 둘 모두에 근거하여 해당 기업의 특유한 측면의 목적적합성을 의미한다.
② 표현충실성을 위해서는 서술이 완전하고, 중립적이며, 오류가 없어야 한다.
③ 보강적 질적 특성은 만일 어떤 두 가지 방법이 현상을 동일하게 목적적합하고 충실하게 표현하는 것이라면 이 두 가지 방법 가운데 어느 방법을 현상의 서술에 사용해야 할지를 결정하는 데 도움을 줄 수 있다.
④ 일관성은 한 보고기업 내에서 기간 간 또는 같은 기간 동안에 기업 간, 동일한 항목에 대해 동일한 방법을 적용하는 것을 의미하므로 비교가능성과 동일한 의미로 사용된다.

06 다음 중 재무제표의 질적 특성에 대한 설명으로 타당하지 않은 것은? 　　　　기출처 2010. 회계사 응용

① 목적적합한 정보란 이용자가 과거, 현재 또는 미래의 사건을 평가하거나 과거의 평가를 확인 또는 수정하도록 도와주어 경제적 의사결정에 영향을 미치는 정보를 의미한다.
② 근본적 질적 특성은 목적적합성과 표현충실성이다.
③ 충실하게 표현된 정보란 그 정보에 중요한 오류나 편의가 없고, 그 정보가 나타내고자 하거나 나타낼 것으로 합리적으로 기대되는 대상을 충실하게 표현하고 있다고 정보이용자가 믿을 수 있는 정보를 의미한다.
④ 적시에 정보를 제공하기 위해서는 특정 거래나 그 밖의 사건의 모든 내용이 확인되기 전에 보고할 필요가 있을 수 있으며, 이로 인해 회계정보의 다른 질적 특성에 비해서 목적적합성이 크게 훼손될 수 있다.

 풀이

05 ④ 일관성은 비교가능성과 관련은 되어 있지만 동일하지는 않다. 일관성은 한 보고기간 내에서 기간 간 또는 같은 기간 동안, 기업 간 동일한 항목에 대해 동일한 방법을 적용하는 것을 말한다. 비교가능성은 목표이고 일관성은 그 목표를 달성하기 위한 수단이다.
06 ④ 정보를 적시에 제공하기 위해 거래나 사건의 모든 내용이 확정되기 전에 보고될 경우, 목적적합성은 향상되나 신뢰성은 훼손될 수 있다.

답　05 ④　06 ④

07 유용한 재무정보의 질적 특성에 관한 설명으로 옳지 않은 것은? 기출처 2020. 세무사 응용

① 하나의 경제적 현상은 여러 가지 방법으로 충실하게 표현될 수 있으나, 동일한 경제적 현상에 대해 대체적인 회계처리방법을 허용하면 비교가능성이 감소한다.
② 목적적합하지 않은 현상에 대한 표현충실성과 목적적합한 현상에 대한 충실하지 못한 표현 모두 이용자들이 좋은 결정을 내리는 데 도움이 되지 않는다.
③ 회계기준위원회는 중요성에 대한 획일적인 계량 임계치를 정하거나 특정한 상황에서 무엇이 중요한 것인지를 미리 결정할 수 없다.
④ 보강적 질적 특성은 정보가 목적적합하지 않거나 나타내고자 하는 바를 충실하게 표현하지 않더라도 그 정보를 유용하게 만들 수 있다.

08 '재무보고를 위한 개념체계'의 인식과 측정에 대한 설명으로 옳지 않은 것은?

① 자산, 부채 또는 자본의 정의를 충족하는 항목만이 재무상태표에 인식되고, 수익이나 비용의 정의를 충족하는 항목만이 재무성과표에 인식이 된다. 그러나 그러한 요소 중 하나의 정의를 충족하는 항목이라고 할지라도 항상 인식되는 것은 아니다.
② 재무제표요소의 정의를 충족하는 항목이 경제적 효익의 유입가능성이나 유출가능성이 낮은 경우에는 재무제표에 절대로 인식될 수 없다.
③ 재무제표요소의 정의를 만족하는 항목이 목적적합한 정보를 제공하면서, 충실한 표현을 제공할 수 있다면, 재무제표에 인식되어야 한다.
④ 개념체계에서는 자산이나 부채의 측정기준으로 역사적 원가, 현행원가, 공정가치와 자산의 사용가치 및 부채의 이행가치로 규정하고 있다.

 풀이

07 ④ 보강적 질적 특성은 정보가 목적적합하지 않거나 나타내고자 하는 바를 충실하게 표현하지 않으면 그 정보를 유용하게 할 수 없다.

08 ② 일반적으로 경제적 효익의 유입가능성이 낮다면 그 자산이나 부채에 대한 가장 목적적합한 정보는 발생가능한 유입이나 유출의 크기, 발생가능한 시기 및 발생가능성에 영향을 미치는 요인에 대한 정보일 수 있다. 이러한 정보는 재무제표에 인식하지 않고 주석에 기재한다. 하지만 경제적 효익의 유입가능성이나 유출가능성이 낮더라도, 자산이나 부채를 인식하는 것이 목적적합한 정보를 제공할 수 있다.

답 07 ④ 08 ②

09
재무보고를 위한 개념체계 중 측정에 관한 다음의 설명 중 옳지 않은 것은?   기출처 2021. 회계사 응용

① 역사적 원가 측정기준을 사용할 경우, 다른 시점에 취득한 동일한 자산이나 발생한 동일한 부채가 재무제표에 다른 금액으로 보고될 수 있다.
② 공정가치는 자산을 취득할 때 발생한 거래원가로 인해 증가하지 않으며, 또한 자산의 궁극적인 처분에서 발생할 거래원가를 반영하지 않는다.
③ 자산의 현행원가는 측정일 현재 동등한 자산의 원가로서 측정일에 지급할 대가와 그날에 발생할 거래원가를 포함한다.
④ 이행가치는 부채가 이행될 경우보다 이전되거나 협상으로 결제될 때 특히 예측가치를 가진다.

10
측정기준에 관한 설명으로 옳지 않은 것은?   기출처 2021. 세무사 응용

① 부채가 발생하거나 인수할 때의 역사적 원가는 발생시키거나 인수하면서 수취한 대가에서 거래원가를 차감한 가치이다.
② 공정가치는 측정일에 시장참여자 사이의 정상거래에서 자산을 매도할 때 받거나 부채를 이전할 때 지급하게 될 가격이다.
③ 사용가치와 이행가치는 자산을 취득하거나 부채를 인수할 때 발생하는 거래원가를 포함한다.
④ 자산의 현행원가는 측정일 현재 동등한 자산의 원가로서 측정일에 지급할 대가와 그 날에 발생할 거래원가를 포함한다.

풀이

09 ④ 이행가치는 부채가 이전되거나 협상으로 결제될 때보다 특히 이행될 때 예측가치를 가질 수 있다.
10 ③ 사용가치와 이행가치는 자산을 취득하거나 부채를 인수할 때 발생하는 거래원가를 포함하지 않는다. 그러나 사용가치와 이행가치에는 기업이 자산을 궁극적으로 처분하거나 부채를 이행할 때 발생할 것으로 기대되는 거래원가의 현재가치가 포함된다.

답 09 ④ 10 ③

11 자산의 인식과 측정에 관한 설명으로 옳지 않은 것은? 기출처 2020. 세무사 응용

① 자산의 정의를 충족하는 항목만이 재무상태표에 자산으로 인식된다.
② 합리적인 추정의 사용은 재무정보 작성의 필수적인 부분이며 추정치를 명확하고 정확하게 기술하고 설명한다면 정보의 유용성을 훼손하지 않는다.
③ 사용가치는 기업이 자산의 사용과 궁극적인 처분으로 얻을 것으로 기대하는 현금흐름 또는 그 밖의 경제적효익의 현재가치이다.
④ 경제적 효익의 유입가능성이 낮으면 자산으로 인식해서는 안 된다.

12 ㈜한국은 20X1년 초 보통주 1,000주(주당 액면금액 ₩1,000)를 주당 ₩1,500에 발행하고 전액을 현금으로 납입받아 설립되었다. 설립과 동시에 영업을 개시한 ㈜한국은 20X1년 초 상품 400개를 개당 ₩3,000에 현금으로 구입하고, 당기에 개당 ₩4,500에 모두 현금으로 판매하여, 20X1년 말 ㈜한국의 자산총계는 현금 ₩2,100,000이다. 20X1년 말 동 상품은 개당 ₩4,000에 구입할 수 있다. 실물자본유지개념 하에서 ㈜한국의 20X1년도 당기순이익은 얼마인가? 기출처 2015. 세무사 응용

① ₩100,000
② ₩200,000
③ ₩250,000
④ ₩350,000

11	④ 경제적 효익의 유입가능성이 낮더라도 자산을 인식하는 것이 목적적합한 정보를 제공하는 것이라면 인식할 수 있다.	
12	기초에 구입 가능한 상품의 수량	(1,000주 × ₩1,500)/@₩3,000 = 500개
	기말 개당 구입가격	@₩4,000
	유지해야 할 자본	₩2,000,000
	기말 자본	₩2,100,000
	당기순이익(자본의 증가)	₩100,000

답 11 ④ 12 ①

05 재무제표

Teacher's Map

❶ 전체 재무제표

구분	내용
재무상태표	일정 시점 회사의 재무상태 보고 : 일정 시점 현재 기업실체가 보유하고 있는 경제적 자원인 자산과 경제적 의무인 부채, 그리고 자본에 대한 정보를 제공하는 재무보고서
포괄손익계산서	일정 기간의 경영성과 보고 : 일정 기간 동안 기업실체의 경영성과에 대한 정보를 제공하는 재무보고서
현금흐름표	일정 기간 현금 유·출입 내역 보고 : 일정 기간의 기업실체에 대한 현금 유입과 현금 유출에 대한 내용을 제공하므로 기업실체의 미래현금 흐름을 전망하는 데 충분한 정보를 제공
자본변동표	일정 기간 자본의 크기와 변동에 관한 정보 보고 : 기업실체에 대한 자본의 크기와 그 변동에 관한 정보를 제공하는 재무보고서로 소유주의 투자와 소유주에 대한 분배, 그리고 포괄이익에 대한 정보를 포함
주석	재무제표상 필요한 추가적인 정보 보고

❷ 재무제표 작성과 표시의 일반원칙

💡 공정한 표시와 한국채택국제회계기준의 준수

① 한국채택국제회계기준에 따라 작성된 재무제표는 공정하게 표시된 재무제표로 봄
② 재무제표가 한국채택국제회계기준의 요구사항을 모두 충족한 경우가 아니라면 한국채택국제회계기준을 준수하여 작성되었다고 기재하여서는 아니 됨
③ 한국채택국제회계기준의 규정과 일치하지 않는 부적절한 회계정책은 이에 대하여 공시나 주석 또는 보충자료를 통해 설명하더라도 정당화될 수 없음

💡 계속기업

① 기업은 청산 또는 중단할 의도가 없다면 계속기업을 전제로 재무제표를 작성함
② 재무제표가 계속기업기준하에 작성되지 않는 경우에는 관련 사항을 주석으로 공시해야 함
③ 계속기업 가정이 적절한지의 여부는 적어도 보고기간 말부터 향후 12개월 기간에 대하여 이용 가능한 모든 정보를 고려함

💡 발생기준회계

기업은 현금흐름정보를 제외하고는 발생기준 회계를 사용하여 재무제표를 작성함
그러므로 모든 재무제표를 발생주의로 작성하는 것은 아님

개념 찾기

❶ 발생기준 ❹ 비교정보
❷ 상계   ❺ 소급재작성
❸ 보고빈도

💡 중요성과 통합표시

상이한 항목	재무제표에 특정 항목을 인식하는 경우 성격이나 기능 면에서 상이한 항목이라면 구분해서 표시함
유사한 항목	① 유사한 항목일지라도 해당 거래의 성격이나 기능이 중요하다면 중요성 분류에 따라 구분하여 표시함 ② 중요하지 않은 항목은 성격이나 기능이 유사한 항목과 통합하여 표시할 수 있음
주석표시	재무제표상에서는 중요하지 않아 구분하여 표시하지 않은 항목이라도 주석에서는 구분 표시해야 할 만큼 충분히 중요할 수 있음

💡 상계

원칙	① 한국채택국제회계기준에서 요구하거나 허용하지 않는 한 자산과 부채 그리고 수익과 비용은 상계하지 않음 ② 재고자산평가충당금과 매출채권에 대한 대손충당금과 같은 평가충당금을 차감하여 관련 자산을 순액으로 측정하는 것은 상계표시에 해당하지 않음
예외	① 비유동자산의 처분손익은 처분대가에서 장부금액과 처분비용을 차감하여 인식 ② 충당부채와 관련된 지출을 제3자와의 계약관계에 따라 보전받는 경우 해당 지출과 보전받는 금액은 상계할 수 있음 ③ 유사거래 집합에서 발생하는 차익과 차손은 순액으로 표시. 단, 손익이 중요한 경우에는 구분하여 표시

💡 보고빈도

원칙	적어도 1년을 보고빈도로 하여 작성함
예외	보고기간 종료일을 변경하여 재무제표의 보고기간이 1년을 초과하거나 미달할 수 있음

💡 비교정보

원칙	당기 재무제표에 보고되는 모든 금액에 대해 전기 비교정보를 표시
서술형정보	당기 재무제표를 이해하는 데 목적적합하다면 서술형 정보의 경우에도 비교정보를 포함함
비교 재무제표	비교정보는 하나 이상의 재무제표로 구성될 수 있지만, 전체 재무제표로 구성될 필요는 없음. 이러한 경우에 해당 추가 재무제표에 관련된 주석정보를 표시함
소급재작성	① 회계정책을 소급하여 적용하거나 재무제표 항목을 소급하여 재작성 또는 재분류하고 이러한 소급적용, 소급재작성 또는 소급재분류가 전기 기초재무상태표의 정보에 중요한 영향을 미치는 경우에는 최소한의 비교재무제표에 추가하여 전기 기초를 기준으로 세 개의 재무상태표(전기초/전기말/당기말)를 표시 ② 전기기초의 개시 재무상태표와 관련된 주석을 표시할 필요는 없음

💡 표시의 계속성

원칙	재무제표 항목의 표시는 계속성을 유지
예외	표시 방법 변경 가능: 변경된 표시 방법이 재무제표 이용자에게 신뢰성 있고 더욱 목적적합한 정보를 제공하며, 변경된 구조가 지속적으로 유지될 가능성이 높아 비교가능성을 저해하지 않을 것으로 판단할 때에만 재무제표의 표시 방법을 변경

💡 재무제표 식별

① 한국채택국제회계기준은 오직 재무제표에만 적용하며, 연차보고서, 감독기구제출서류 또는 다른 문서에 표시되는 그 밖의 정보에 반드시 적용해야 하는 것은 아님
② 표시통화: 금액단위를 공시하고 중요한 정보가 누락되지 않는 경우 천단위나 백만단위도 허용

3 재무상태표

💡 재무상태표 표시 방법

① 순서와 형식
  표시되어야 할 항목의 순서나 형식을 규정하지 아니하며, 단순히 재무상태표에 구분표시를 하기 위해 성격이나 기능면에서 명확하게 상이한 항목명을 제시
② 항목, 제목 및 중간합계
  기업이 재무상태를 이해하는 데 목적적합한 경우 재무상태표에 항목, 제목 및 중간합계를 추가하여 표시
③ 이연법인세 자산과 부채의 표시
  이연법인세자산(부채)은 유동자산(부채)으로 분류하지 않음(비유동으로 표시)

💡 자산과 부채의 배열 방법

유동성·비유동성 구분법	자산과 부채의 실현 예정일에 따라 유동성항목과 비유동성항목을 구분하여 자산과 부채를 표시
유동성 순서 배열법	① 재무상태표상 자산·부채의 과목을 유동성이 높은 것부터 먼저 표시하고 유동성이 낮은 것은 나중에 표시하는 방법 ② 유동성 순서에 따른 표시 방법을 적용할 경우 모든 자산과 부채는 유동성 순서에 따라 표시함
혼합표시방법	자산과 부채의 일부는 유동성·비유동성 배열법으로, 나머지는 유동성 순서에 따른 표시 방법으로 표시

💡 유동자산과 유동부채의 분류

[유동자산]

분류기준	① 정상영업주기: 정상영업주기 내에 실현될 것으로 예상되거나, 판매, 소비될 의도가 있음 ② 단기매매목적: 주로 단기매매 목적으로 보유하고 있음 ③ 12개월 이내 실현: 보고기간 후 12개월 이내에 실현될 것으로 예상됨 ④ 사용의 제한: 현금이나 현금성자산으로서 교환이나 부채 상환 목적으로의 사용에 대한 제한 기간이 보고기간 후 12개월 이상이 아님
영업주기	① 정의: 영업활동을 위한 자산의 취득시점부터 그 자산이 현금이나 현금성자산으로 실현되는 시점까지 소요되는 기간 ② 가정: 정상영업주기를 명확히 식별할 수 없는 경우에는 그 기간이 12개월인 것으로 가정
특례	① 재고자산 및 매출채권과 같이 정상영업주기의 일부로서 판매, 소비 또는 실현되는 자산의 경우에는 보고기간 후 12개월 이내에 실현될 것으로 예상되지 않는 경우에도 유동자산으로 분류 ② 비유동금융자산 중에 유동성 항목으로 대체된 자산도 유동자산으로 분류

> **개념 찾기**
> ❻ 유동성·비유동성 배열법　❾ 영업주기　❿ 특별손익
> ❼ 유동성순서배열법　❿ 유동성대체　⓭ 영업이익 구분표시
> ❽ 혼합표시방법　⓫ 약정위반 장기성 채무

[유동부채]

분류기준	① 정상영업주기: 정상영업주기 내에 결제될 것으로 예상됨 ② 단기매매목적: 주로 단기매매 목적으로 보유하고 있음 ③ 12개월 이내 실현: 보고기간 후 12개월 이내에 결제하기로 되어 있음 ④ 만기 연장: 보고기간 후 12개월 이상 부채의 결제를 연기할 수 있는 무조건적인 권리를 가지고 있지 않음
특례	매입채무 그리고 종업원 및 그 밖의 영업원가에 대한 미지급비용과 같은 유동부채는 보고기간 후 12개월 후에 결제일이 도래한다 하더라도 유동부채로 분류
장기성 채무	① 원칙: 보고기간 후 결제기간이 12개월을 초과하는 금융부채는 비유동부채로 분류 ② 예외 　• 원래의 결제기간이 12개월을 초과하는 경우 금융부채가 보고기간 후 12개월 이내에 결제일이 도래하면 이를 유동성 대체를 통해 유동부채로 분류 　• 보고기간 후 재무제표 발행승인일 전에 장기로 차환하는 약정 또는 지급기일을 장기로 재조정하는 약정이 체결된 경우에도 금융부채가 보고기간 후 12개월 이내에 결제일이 도래하면 유동부채로 분류
단기성 채무	① 원칙: 보고기간 후 12개월 이내에 만기가 도래하는 단기성 채무는 유동부채로 분류 ② 예외 　• 기업이 보고기간말 현재 기존의 대출계약조건에 따라 보고기간 후 적어도 12개월 이상 부채를 연장할 권리가 있다면, 보고기간 후 12개월 이내에 만기가 도래한다 하더라도 비유동부채로 분류 　• 그러한 권리가 없다면, 차환가능성을 고려하지 않고 유동부채로 분류
약정위반 장기성 채무	① 원칙: 보고기간 말 이전에 장기차입약정을 위반했을 때, 대여자가 즉시 상환을 요구할 수 있는 채무라면 유동부채로 분류 ② 예외: 보고기간 말 이전에 보고기간 후 적어도 12개월 이상의 유예기간을 주는 데 합의하여, 그 기간 내에 기업이 위반사항을 해소할 수 있고, 또 그 유예기간 동안에는 채권자가 즉시 상환을 요구할 수 없다면, 비유동부채로 분류

❹ 포괄손익계산서

💡 포괄손익의 구성

포괄손익 = 당기순손익 + 기타포괄손익의 변동(재분류조정을 포함)

💡 포괄손익계산서에 표시되는 정보

형식	기준서 제1001호 '재무제표 표시'는 구체적인 형식을 규정하고 있지 않고, 최소한의 항목만 제시하고 있음
특별손익	수익과 비용의 어느 항목도 포괄손익계산서 또는 주석에 특별손익 항목으로 별도로 표시할 수 없음
영업이익	① 매출액에서 매출원가 및 판매비와관리비를 차감한 영업이익을 포괄손익계산서에 구분하여 표시하도록 규정 ② 영업의 특수성을 고려할 필요가 있는 경우, 영업수익에서 영업비용을 차감한 영업이익을 포괄손익계산서에 구분하여 표시

💡 포괄손익계산서의 표시 방법

단일 포괄손익계산서	당기순손익과 기타포괄손익의 변동을 하나의 포괄손익계산서에 표시
두 개의 보고서	별개의 손익계산서(당기순손익의 구성요소 표시) & 포괄손익계산서(당기순손익에서 시작하여 기타포괄손익의 구성요소 표시)

💡 비용의 분류 방법

원칙	선택 가능 : 비용을 성격별 분류 방법과 기능별 분류 방법 중 신뢰성 있고 더욱 목적적합한 정보를 제공할 수 있는 방법을 적용하여 당기손익으로 인식한 비용의 분석내용을 표시
성격별 분류 방법	① 비용을 발생처별로 구분하는 공시 방법 ② 각 항목의 유형별로 구분 표시한다는 것으로 감가상각비, 원재료구입, 운송비, 종업원급여와 광고비 등으로 분류 ③ 성격별로 분류하는 경우에는 기능별 분류에 대한 추가 공시의무가 없음
기능별 분류 방법	① 비용을 매출원가와 다른 비용을 구분하여 공시하는 방법으로 매출원가법이라고 함 ② 더욱 목적적합한 정보를 제공할 수 있으나 기능별로 분류하는 데 자의가 들어갈 수 있음 ③ 비용의 성격에 대한 정보가 미래현금흐름을 예측하는 데 유용하기 때문에 비용을 기능별로 분류하는 경우에는 성격별 분류에 따른 추가 공시가 필요

💡 기타포괄손익의 성격별 구분 표시

구분 방법	① 성격별로 분류 ② 재분류 조정 여부에 따라 두 가지로 구분
재분류 조정대상 기타포괄손익	① 재분류조정: 당기나 과거 기간에 인식한 기타포괄손익을 당기손익으로 재분류한 금액 ② 항목 • 기타포괄손익 - 공정가치로 측정하는 채무상품에 대한 투자에서 발생하는 손익 • 해외사업장 환산손익 • 파생상품 평가손익 등
재분류조정대상이 아닌 기타포괄손익	① 회계처리 방법: 최초에 기타포괄손익으로 인식하고 후속기간에 당기손익으로 재분류하지 않으며, 이익잉여금으로 직접 대체할 수 있음 ② 항목 • 유·무형자산의 재평가잉여금의 변동손익 • 확정급여제도의 재측정요소 • 기타포괄손익 - 공정가치 측정 항목으로 지정한 지분상품에 대한 투자에서 발생한 손익 • 당기손익 - 공정가치 측정 항목으로 지정한 금융부채의 신용위험 변동으로 인한 공정가치 변동손익
법인세 효과의 표시 방법	① 순액법: 기타포괄손익의 구성요소와 관련된 법인세 효과를 차감한 순액으로 표시 ② 총액법: 기타포괄손익은 관련된 법인세 효과 반영 전 금액으로 표시하고, 각 항목들에 관련된 법인세 효과를 단일 금액으로 합산하여 표시

개념 찾기

- ⑭ 성격별 분류
- ⑮ 기능별 분류
- ⑯ 재분류조정대상
- ⑰ 기타포괄손익의 법인세효과
- ⑱ 중간재무보고
- ⑲ 보고기간 후 사건

5 중간재무보고

한 회계기간보다 짧은 회계기간을 기준으로 회계보고를 하는데, 이를 중간재무보고라고 함

💡 중간재무보고서 내용

형식	① 전체 재무제표를 중간재무보고서에 포함하는 경우, 전체 재무제표의 형식과 내용에 부합해야 함 ② 요약재무제표를 중간재무보고서에 포함하는 경우, 이러한 재무제표는 최소한 직전 연차재무제표에 포함되었던 제목, 소계 및 이 기준서에서 정하는 선별적 주석을 포함해야 함 ③ 별개의 손익계산서에 당기순손익의 구성요소를 표시하는 경우에는 별개의 손익계산서에 기본주당이익과 희석주당이익을 표시함 ④ 직전 연차재무보고서를 연결기준으로 작성하였다면 중간재무보고서도 연결기준으로 작성해야 함
제시되어야 하는 기간	① 재무상태표: 당해 중간보고기간 말과 직전 연차보고기간 말을 비교하는 형식 ② 포괄손익계산서: 당해 중간기간과 당해 회계연도 누적기간을 직전 회계연도의 동일기간과 비교하는 형식 ③ 자본변동표: 당해 회계연도 누적기간을 직전 회계연도의 동일기간과 비교하는 형식 ④ 현금흐름표: 당해 회계연도 누적기간을 직전 회계연도의 동일기간과 비교하는 형식
중요성 기준	중간재무보고서를 작성할 때 인식, 측정, 분류 및 공시와 관련된 중요성의 판단은 해당 중간기간의 재무자료에 근거하여 이루어져야 함

💡 인식과 측정

회계정책	연차재무제표에 적용하는 회계정책과 동일한 회계정책을 적용
수익	계절적, 주기적 또는 일시적으로 발생하는 수익은 연차보고기간 말에 미리 예측하여 인식하거나 이연하는 것이 적절하지 않은 경우 중간보고기간 말에도 미리 예측하여 인식하거나 이연하여서는 안 됨
원가	연중 고르지 않게 발생하는 원가는 연차보고기간 말에 미리 비용으로 예측하여 인식하거나 이연하는 것이 타당한 방법으로 인정되는 경우에 한하여 중간재무보고서에서도 동일하게 처리

6 보고기간 후 사건

💡 의의
보고기간 말과 재무제표 발행승인일 사이에 발생한 유리하거나 불리한 사건으로 수정을 요하는 사건과 수정을 요하지 않는 사건으로 구분

💡 수정을 요하는 보고기간 후 사건

원칙	① 보고기간 말 존재하였던 상황에 대한 증거를 제공하는 사건 ② 이미 재무제표에 인식한 금액은 수정하고, 재무제표에 인식하지 않은 항목은 새로 인식
예시	① 보고기간 말에 존재하였던 현재의무가 보고기간 후에 소송사건의 확정에 의해 확인되는 경우 ② 보고기간 말에 이미 자산손상이 발생되었음을 나타내는 정보를 보고기간 후에 입수하는 경우 ③ 보고기간 말 이전에 구입한 자산의 취득원가나 매각한 자산의 대가를 보고기간 후에 결정하는 경우 ④ 보고기간 말 이전 사건의 결과로서 보고기간 말에 종업원에게 지급하여야 할 법적의무나 의제의무가 있는 이익분배나 상여금지급 금액을 보고기간 후에 확정하는 경우 ⑤ 재무제표가 부정확하다는 것을 보여주는 부정이나 오류를 발견한 경우

💡 수정을 요하지 않는 보고기간 후 사건

원칙	① 보고기간 후에 발생한 상황을 나타내는 사건 ② 재무제표에 인식된 금액을 수정하지 아니함
예시	① 보고기간 후에 발생한 주요 사업결합 또는 주요 종속기업의 처분 ② 영업 중단 계획의 발표 ③ 보고기간 후에 발생한 화재로 인한 주요 생산 설비의 파손 ④ 보고기간 후에 발생한 자산 가격이나 환율의 비정상적 변동 ⑤ 유의적인 지급보증 등에 의한 우발부채의 발생이나 유의적인 약정의 체결

💡 기타 고려사항
① 배당금: 보고기간 후에 지분상품 보유자에 대해 배당을 선언한 경우, 그 배당금을 보고기간 말의 부채로 인식하지 아니함
② 계속기업: 경영진이 보고기간 후에, 기업을 청산하거나 경영활동을 중단할 의도를 가지고 있거나, 청산 또는 경영활동의 중단 외에 다른 현실적 대안이 없다고 판단하는 경우에는 계속기업의 기준에 따라 재무제표를 작성해서는 안 됨

MEMO

- ① 전체 재무제표
- ② 재무제표 작성과 표시의 일반원칙
- ③ 재무상태표
- ④ 포괄손익계산서
- ⑤ 기타재무제표
- ⑥ 중간재무보고
- ⑦ 보고기간 후 사건

① 전체 재무제표

① 전체 재무제표

재무제표는 기업실체의 외부 정보이용자에게 기업실체에 관한 재무정보를 전달하는 주요 재무보고수단이다. 재무보고의 목적을 달성하기 위해서는 다양한 회계정보가 제공되어야 하고, 이를 위해서 다양한 종류의 재무제표가 필요하다.

전체 재무제표(complete set of financial statements)는 다음을 모두 포함하여야 하며, **각각의 재무제표**는 전체 재무제표에서 **동등한 비중으로 표시**한다. 또한 기업들은 기업회계기준서 제 1001호 '재무제표 표시'에서 사용하는 재무제표의 명칭이 아닌 **다른 명칭**[1*]을 사용할 수 있다.

> ① 기말 재무상태표
> ② 기간 포괄손익계산서
> ③ 기간 자본변동표
> ④ 기간 현금흐름표
> ⑤ 주석 (중요한 회계정책 정보와 그 밖의 설명으로 구성)
> ⑥ 회계정책을 소급하여 적용하거나, 재무제표의 항목을 소급하여 재작성 또는 재분류하는 경우 전기 기초 재무상태표

재무제표 중 **재무상태표는 특정시점의 상태**(stock, 저량)를 나타내는 재무제표로 재무제표에 '20X1년 12월 31일 현재'라고 특정시점이 표시된다. 재무상태표를 제외한 **나머지 재무제표들은 특정 기간의 변동**(flow, 유량)을 나타내는 재무제표로 재무제표에 '20X1년 1월 1일부터 12월 31일까지'라고 특정 기간이 표시된다.

또한 주석(notes)은 재무제표상 해당 과목 또는 금액에 기호를 붙이고 난외 또는 별지에 동일한 기호를 표시하여 그 내용을 간결 명료하게 기재하는 것을 말한다. **주석은 재무제표의 본문에 포함되어 있지는 않지만, 재무제표에 포함한다.**

이익잉여금처분계산서는 기업회계기준서 제1001호에서 규정한 재무제표에는 포함되지 않는다. 그러나 **상법 등 관련 법규에서 이익잉여금처분계산서(또는 결손금처리계산서)의 작성을 요구하는 경우에는 재무상태표의 이익잉여금(또는 결손금)에 대한 보충정보로서 이익잉여금처분계산서(또는 결손금처리계산서)를 주석으로 공시한다.**

재무제표

전기기초의 재무제표가 보고되는 상황은 크게 두 가지이다.
① 회계정책의 변경
② 오류의 수정
위 사항의 경우, 재무제표를 소급하여 재작성하므로 당기말과 전기말을 비교하는 기본 비교재무제표에 전기기초(전전기말)의 재무제표를 추가로 공시함으로써 3단 비교가 가능하게 공시하도록 하고 있다.

01. 제조원가명세서는 「한국채택국제회계기준」에서 규정하고 있는 전체 재무제표에 포함되지 않는다.
기출처 2015. 지방직 9급
정답 O

02. 상법 등에서 이익잉여금처분계산서의 작성을 요구하는 경우에는 이익잉여금처분계산서를 주석으로 공시한다.
기출처 2014. 국가직 7급
정답 O

1* 한국채택국제회계기준서 제1001호 '재무제표 표시'의 문단 10에서는 '포괄손익계산서' 대신에 '손익과기타포괄손익계산서'라는 명칭을 사용하고 있으나 문단 10을 제외한 나머지 기준서에서는 '포괄손익계산서'라는 명칭을 사용하고 있다.

[재무제표]

구분	내용
재무상태표	**일정 시점** 회사의 재무상태 보고 : 일정 시점 현재 기업실체가 보유하고 있는 경제적 자원인 자산과 경제적 의무인 부채, 그리고 자본에 대한 정보를 제공하는 재무보고서
포괄손익계산서	**일정 기간**의 경영성과 보고 : 일정기간 동안 기업실제의 경영성과에 대한 정보를 제공하는 재무보고서
현금흐름표	**일정 기간** 현금 유·출입 내역 보고 : 일정기간의 기업실체에 대한 현금 유입과 현금유출에 대한 내용을 제공하므로 기업실체의 미래현금흐름을 전망하는 데 충분한 정보를 제공
자본변동표	**일정 기간** 자본의 크기와 변동에 관한 정보 보고 : 기업실체에 대한 자본의 크기와 그 변동에 관한 정보를 제공하는 재무보고서로 소유주의 투자와 소유주에 대한 분배, 그리고 포괄이익에 대한 정보를 포함
주석	재무제표상 필요한 추가적인 정보 보고

※ 재무제표가 아닌 것: 이익잉여금처분계산서, 사업보고서, 감사보고서, 제조원가명세서

[재무제표의 연관관계]

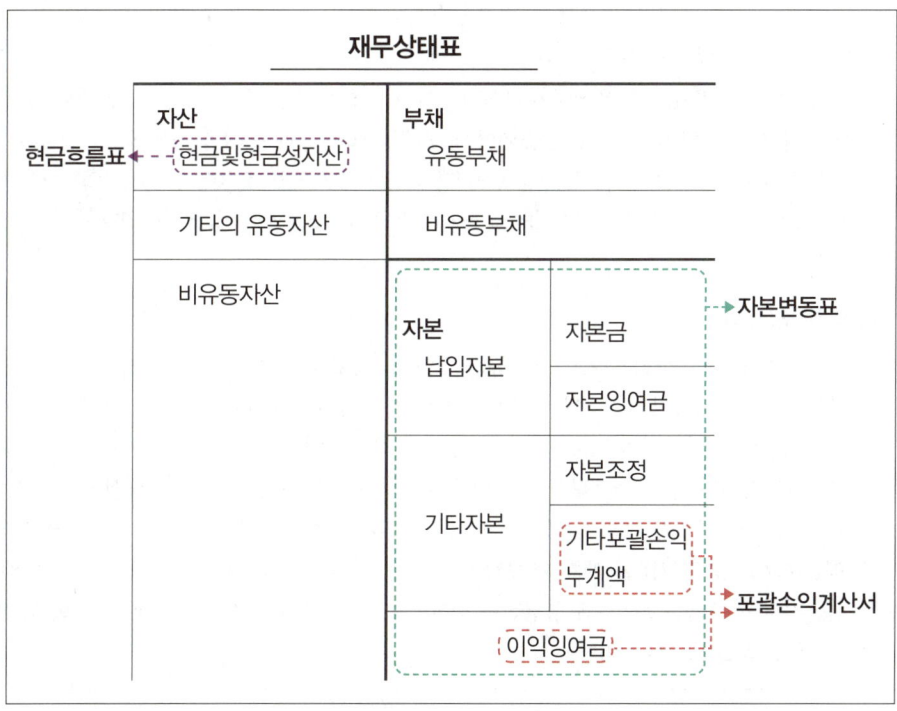

2 재무제표 작성과 표시의 일반원칙

❶ 공정한 표시와 한국채택국제회계기준의 준수

1-1 한국채택국제회계기준의 준수

재무제표는 기업의 재무상태, 경영성과 및 현금흐름을 공정하게 표시해야 하며, 한국채택국제회계기준을 준수하여 작성되어야 한다. 원칙적으로 **한국채택국제회계기준에 따라 작성된 재무제표는 공정하게 표시된 재무제표로 본다.** 따라서 한국채택국제회계기준을 준수하여 재무제표를 작성하는 기업은 그러한 준수 사실을 명시적이고 제한 없이 기재해야 한다. 그러나 **재무제표가 한국채택국제회계기준의 요구사항을 모두 충족한 경우가 아니라면 한국채택국제회계기준을 준수하여 작성되었다고 기재하여서는 아니 된다.**

한국채택국제회계기준을 준수하여 작성된 재무제표는 국제회계기준을 준수하여 작성된 재무제표임을 주석으로 공시할 수 있다.

한국채택국제회계기준의 규정과 일치하지 않는 부적절한 회계정책은 이에 대하여 공시나 주석 또는 보충자료를 통해 설명하더라도 정당화될 수 없다.

1-2 재무제표 목적과의 상충

극히 드문 상황에서 한국채택국제회계기준의 요구사항을 준수하는 것이 오히려 개념체계에서 정한 재무제표 목적과 상충되어 재무제표 이용자의 오해를 유발할 수 있다고 경영진이 결론을 내리는 경우, **관련 감독체계가 이러한 요구사항으로부터의 일탈을 의무화하거나 금지하지 않고 있다면, 이와 관련된 내용을 공시하고 요구사항을 달리 적용할 수 있다.**[2*]

❷ 계속기업

경영진이 기업을 청산하거나 경영활동을 중단할 의도를 가지고 있지 않거나, 청산 또는 경영활동의 중단 외의 다른 현실적인 대안이 없는 경우가 아니면 **계속기업을 전제로 재무제표를 작성한다.** 계속기업으로서의 존속능력에 유의적인 의문이 제기될 수 있는 사건이나 상황과 관련된 중요한 불확실성을 알게 된 경우, 경영진은 그러한 불확실성을 공시하여야 한다. **재무제표가 계속기업의 기준 하에 작성되지 않는 경우에는 그 사실과 함께 재무제표가 작성된 기준 및 그 기업을 계속기업으로 보지 않는 이유를 공시해야 한다.** 계속기업의 가정이 적절한지의 여부를 평가할 때 경영진은 **적어도 보고기간 말로부터 향후 12개월 기간에 대하여 이용 가능한 모든 정보를 고려한다.**

[2*] 〈한국채택국제회계기준을 달리 적용할 경우 공시사항〉
① 재무제표가 기업의 재무상태, 재무성과 및 현금흐름을 공정하게 표시하고 있다고 경영진이 결론을 내렸다는 사실
② 공정한 표시를 위해 특정 요구사항을 달리 적용하는 것을 제외하고는 한국채택국제회계기준을 준수하였다는 사실
③ 기업이 달리 적용하는 해당 한국채택국제회계기준의 제목, 그 한국채택국제회계기준에서 요구하는 회계처리의 방법과 이에 대한 일탈의 내용, 그러한 회계처리가 해당 상황에서 재무제표 이용자의 오해를 유발할 수 있어 '개념체계'에서 정한 재무제표의 목적과 상충되는 이유, 그리고 실제로 적용한 회계처리방법
④ 표시된 각 회계기간에 대해, 한국채택국제회계기준 요구사항으로부터의 일탈이 이를 준수하였다면 보고되었을 재무제표의 각 항목에 미치는 재무적 영향

기출 OX

03. 재무제표는 기업의 재무상태, 재무성과 및 현금흐름을 공정하게 표시해야 한다. 공정한 표시를 위해서는 '재무보고를 위한 개념체계'에서 정한 자산, 부채, 수익 및 비용에 대한 정의와 인식요건에 따라 거래, 그 밖의 사건과 상황의 효과를 충실하게 표현해야 한다.
기출처 2024. 국가직 7급 [최신]
정답 O

확인문제 [최신]

01. 재무제표 표시의 일반사항에 대한 설명으로 옳지 않은 것은? 2023. 국가직 7급
① 「한국채택국제회계기준」에 따라 작성된 재무제표(필요에 따라 추가공시한 경우 포함)는 공정하게 표시된 재무제표로 본다.
② 「한국채택국제회계기준」을 준수하여 재무제표를 작성하는 기업은 그러한 준수 사실을 주석에 명시적으로 기재할 필요는 없다.
③ 거의 모든 상황에서 공정한 표시는 관련 「한국채택국제회계기준」을 준수함으로써 달성된다.
④ 부적절한 회계정책은 이에 대하여 공시나 주석 또는 보충 자료를 통해 설명하더라도 정당화될 수 없다.

정답 ②

확인문제

02. 재무제표 표시에 제시된 계속기업에 대한 설명으로 옳지 않은 것은?
기출처 2020. 지방직 9급
① 경영진은 재무제표를 작성할 때, 계속기업으로서의 존속가능성을 평가하지 않는다.
② 경영진이 기업을 청산하거나 경영활동을 중단할 의도를 가지고 있지 않거나, 청산 또는 경영활동의 중단 외에 다른 현실적 대안이 없는 경우가 아니면 계속기업을 전제로 재무제표를 작성한다.
③ 계속기업으로서의 존속능력에 유의적인 의문이 제기될 수 있는 사건이나 상황과 관련된 중요한 불확실성을 알게 된 경우, 경영진은 그러한 불확실성을 공시하여야 한다.
④ 재무제표가 계속기업의 기준하에 작성되지 않는 경우에는 그 사실과 함께 재무제표가 작성된 기준 및 그 기업을 계속기업으로 보지 않는 이유를 공시하여야 한다.

정답 ①

기업이 상당 기간 계속 사업이익을 보고하였고, 보고기간 말 현재 경영에 필요한 재무자원을 확보하고 있는 경우에는 자세한 분석이 없이도 계속기업을 전제로 한 회계처리가 적절하다는 결론을 내릴 수 있다.

❸ 발생기준회계

기업은 현금흐름 정보를 제외하고는 발생기준 회계를 사용하여 재무제표를 작성한다. 발생기준 회계를 사용하는 경우, 각 항목이 개념체계의 정의와 인식요건을 충족할 때 자산, 부채, 자본, 광의의 수익 및 비용으로 인식한다.

3-1 발생주의

발생주의는 현금의 유입과 유출이 없더라도 수익과 비용의 발생을 거의 확실하게 하는 결정적인 사건이 발생했을 때 수익과 비용을 인식하는 회계원칙이다.

3-2 현금주의

현금주의는 영업활동과 관련된 현금의 유입과 유출이 있을 때 현금의 유입은 수익으로 인식하고 현금의 유출은 비용으로 인식하는 회계원칙이다.

❹ 중요성과 통합표시

유사한 항목은 중요성 분류에 따라 재무제표에 구분하여 표시하며, 상이한 성격이나 기능을 가진 항목은 구분하여 표시한다. 다만 중요하지 않은 항목은 성격이나 기능이 유사한 항목과 통합하여 표시할 수 있다. 재무제표에서 중요하지 않아 구분하여 표시하지 않은 항목이라도 주석에서는 구분 표시해야 할 만큼 충분히 중요할 수 있다.

기업은 중요하지 않은 정보로 중요한 정보가 가려져서 불분명하게 하거나, 다른 성격과 기능을 가진 중요한 항목들을 통합함으로써 기업의 재무제표의 이해가능성을 저하시키지 말아야 한다. 한국채택국제회계기준에 특정 요구사항이 열거되어 있거나 최소한의 요구사항으로 기술되어 있더라도 공시되는 정보가 중요하지 않다면 그 공시를 제공할 필요는 없다.

한국채택국제회계기준의 특정 규정을 준수하는 것만으로 재무제표 이용자가 특정거래, 그 밖의 사건 및 상황이 기업의 재무상태와 재무성과에 미치는 영향을 이해하는 데 충분하지 않은 경우 기업은 추가적인 공시를 제공할지도 고려하여야 한다.

[중요성과 통합표시]

성격이나 기능		표시 방법
상이한 항목		구분 표시
유사한 항목	중요한 경우	구분 표시
	중요하지 않은 경우	통합하여 표시 가능

📝 기출 OX

04. 기업은 현금흐름 정보를 제외하고는 발생기준 회계를 적용하여 재무제표를 작성한다. _{기출처 2025. 관세직 9급} 최신
정답 O

05. 기업은 발생기준 회계를 사용하여 모든 재무제표를 작성한다. _{기출처 2019. 서울시 7급}
정답 X

오쌤 Talk

발생기준 회계
모든 재무제표를 발생기준으로 작성하는 것은 아니다. 현금흐름표는 현금주의로 작성하고 그 외 나머지 모든 재무제표는 발생주의로 작성한다.

💎 확인문제

03. 다음 중 재무제표 작성과 표시의 일반원칙에서 규정하고 있는 내용으로 옳지 않은 것은?
① 재무제표에 특정한 항목을 인식하는 경우 성격이나 기능면에서 상이한 항목은 구분해서 표시해야 한다.
② 개별적으로 중요하지 않은 항목은 상기 재무제표나 주석의 다른 항목과 통합할 수 있다.
③ 재무제표상에서는 중요하지 않아 구분표시하지 않은 항목이라도 주석에서는 구분표시해야 할 만큼 충분히 중요할 수 있다.
④ 한국채택국제회계기준의 요구에 따라 공시되는 정보가 중요하지 않더라도 공시는 제공해야 한다.

정답 ④

📝 기출 OX

06. 유사한 항목은 중요성 분류에 따라 재무제표에 구분하여 표시한다. 상이한 성격이나 기능을 가진 항목은 구분하여 표시한다. 다만 중요하지 않은 항목은 성격이나 기능이 유사한 항목과 통합하여 표시할 수 있다. _{기출처 2024. 국가직 7급} 최신
정답 O

07. 재무제표 표시할 때 상이한 성격이나 기능을 가진 항목은 구분하여 표시하며, 다만 중요하지 않은 항목은 성격이나 기능이 유사한 항목과 통합하여 표시할 수 있다. _{기출처 2021. 국가직 7급}
정답 O

기출 OX

08. 한국채택국제회계기준에서 요구하거나 허용하지 않는 한 자산과 부채 그리고 수익과 비용은 상계하지 아니한다.
기출처 2025. 관세직 9급, 2024. 국가직 7급 (최신)
정답 O

09. 매출채권에 대한 대손충당금과 같은 평가충당금을 차감하여 관련 자산을 순액으로 측정하는 것은 상계표시에 해당하지 아니한다.
기출처 2019. 국가직 7급
정답 O

10. 재고자산에 대한 재고자산평가충당금을 차감하여 관련 자산을 순액으로 상계표시한다.
기출처 2015. 국가직 7급
정답 X

11. 충당부채와 관련된 지출을 제3자와의 계약관계에 따라 보전받는 경우, 당해 지출과 보전받는 금액은 상계하여 표시할 수 있다.
기출처 2015. 국가직 7급
정답 O

12. 투자자산 및 영업용자산을 포함한 비유동자산의 처분손익은 처분대금에서 그 자산의 장부금액과 관련처분비용을 차감하여 표시한다.
기출처 2015. 국가직 7급
정답 O

13. 외환손익 또는 단기매매 금융상품에서 발생하는 손익과 같이 유사한 거래의 집합에서 발생하는 차익과 차손은 중요성을 고려하지 않고 순액으로 표시한다.
기출처 2021. 지방직 9급
정답 X

❺ 상계

5-1 원칙

한국채택국제회계기준에서 요구하거나 허용하지 않는 한 자산과 부채 그리고 수익과 비용은 상계하지 않는다. 그러므로 동일 거래에서 발생하는 수익과 관련 비용의 상계표시가 거래나 그 밖의 사건의 실질을 반영하는 다음의 경우를 제외하고는, 재무상태표와 포괄손익계산서의 상계표시는 원칙적으로 허용되지 않는다. 단, 재고자산에 대한 재고자산평가충당금과 매출채권에 대한 대손충당금과 같은 평가충당금을 차감하여 관련 자산을 순액으로 측정하는 것은 상계표시에 해당하지 아니한다.

5-2 예외

다만, 통상적인 영업활동 과정에서 수익을 창출하지는 않지만 주요 수익 창출 활동에 부수적인 그 밖의 거래를 할 수 있다. 동일 거래에서 발생하는 수익과 관련비용의 상계표시가 거래나 그 밖의 사건의 실질을 반영한다면 그러한 거래의 결과는 상계하여 표시한다. 예를 들면 다음과 같다.

① 투자자산 및 영업용자산을 포함한 비유동자산의 처분손익은 처분대가에서 그 자산의 장부금액과 관련 처분비용을 차감하여 표시한다.
② 기업회계기준서 제 1037호 '충당부채, 우발부채, 우발자산'에 따라 인식한 충당부채와 관련된 지출을 제3자와의 계약관계(ex. 공급자의 보증약정)에 따라 보전 받는 경우, 당해 지출과 보전 받는 금액은 상계하여 표시할 수 있다.
③ 외환손익 또는 단기매매금융상품에서 발생하는 손익과 같이 유사한 거래의 집합에서 발생하는 차익과 차손은 순액으로 표시한다. 그러나 그러한 차익과 차손이 중요한 경우에는 구분하여 표시한다.

❻ 보고빈도

전체 재무제표는 적어도 1년을 보고빈도로 하여 작성한다. 보고기간종료일을 변경하여 재무제표의 보고기간이 1년을 초과하거나 미달하는 경우 재무제표 해당 기간뿐만 아니라 다음 사실을 추가로 공시한다.

① 보고기간이 1년을 초과하거나 미달하게 된 이유
② 재무제표에 표시된 금액이 완전하게 비교 가능하지는 않다는 사실

일반적으로 재무제표는 일관성 있게 1년 단위로 작성한다. 그러나 실무적인 이유로 어떤 기업은 예를 들어 52주의 보고기간을 선호하는데 이러한 보고관행을 금지하지 않는다.

기출 OX

14. 전체 재무제표(비교정보를 포함)는 적어도 1년마다 작성하며, 보고기간종료일을 변경하여 재무제표의 보고기간이 1년을 초과하거나 미달하는 경우 재무제표 해당 기간뿐만 아니라 보고기간이 1년을 초과하거나 미달하게 된 이유와 재무제표에 표시된 금액이 완전하게 비교가능하지는 않다는 사실을 추가로 공시한다.
기출처 2021. 국가직 7급
정답 O

15. 전체 재무제표는 적어도 1년마다 작성한다. 따라서 보고기간 종료일을 변경하는 경우라도 재무제표의 보고기간은 1년을 초과할 수 없다.
기출처 2019. 지방직 9급
정답 X

❼ 비교정보

7-1 최소한의 비교정보
한국채택국제회계기준이 달리 허용하거나 요구하는 경우를 제외하고는 **당기 재무제표에 보고되는 모든 금액에 대해 전기 비교정보를 표시한다. 당기 재무제표를 이해하는 데 목적적합하다면 서술형 정보의 경우에도 비교정보를 포함한다.** 이에 따라 최소한 두개의 재무제표(재무상태표, 포괄손익계산서, 현금흐름표, 자본변동표 그리고 관련 주석)을 표시해야 한다.

7-2 추가 비교정보
한국채택국제회계기준에서 요구하는 최소한의 비교 재무제표에 추가하여 비교정보를 표시할 수 있는데, 그 정보는 한국채택국제회계기준에 따라 작성되어야 한다. 이러한 **비교정보는 하나 이상의 재무제표로 구성될 수 있지만, 전체 재무제표로 구성될 필요는 없다.** 이러한 경우에 해당 추가 재무제표에 관련된 주석정보를 표시한다.

7-3 회계정책의 변경과 소급재작성 또는 소급재분류
회계정책을 소급하여 적용하거나 재무제표 항목을 소급하여 재작성 또는 재분류하고 이러한 소급적용, 소급재작성 또는 소급재분류가 전기 기초 재무상태표의 정보에 중요한 영향을 미치는 경우에는 최소한의 비교재무제표에 추가하여 전기 기초를 기준으로 다음 세 개의 재무상태표를 표시한다. 다만, 다음 각 시점의 세 개의 재무상태표를 표시하되 전기 기초의 개시 재무상태표와 관련된 주석을 표시할 필요는 없다.

① 당기말   ② 전기말   ③ 전기초

재무제표 항목의 표시나 분류를 변경하는 경우 실무적으로 적용할 수 없는 것이 아니라면 비교금액도 재분류해야 한다. 비교금액을 재분류할 때 다음 사항을 공시한다. (전기 기초 포함)

① 재분류의 성격
② 재분류된 개별 항목이나 항목군의 금액
③ 재분류의 이유

확인문제

04. '재무제표의 표시'의 일반사항에 대한 설명으로 옳지 않은 것은?
기출처 2019. 국가직 7급

① 계속기업으로서의 존속능력에 유의적인 의문이 제기될 수 있는 사건이나 상황과 관련한 중요한 불확실성을 알게 된 경우, 경영진은 그러한 불확실성을 공시하여야 한다.
② 매출채권에 대한 대손충당금과 같은 평가충당금을 차감하여 관련 자산을 순액으로 측정하는 것은 상계표시에 해당하지 아니한다.
③ 한국채택국제회계기준이 달리 허용하거나 요구하는 경우를 제외하고는 당기 재무제표에 보고되는 모든 금액에 대해 전기비교정보를 표시하며, 서술형 정보는 당기 정보만 표시한다.
④ 기업은 현금흐름 정보를 제외하고는 발생기준 회계를 사용하여 재무제표를 작성한다.

정답 ③

기출 OX

16. 당기 재무제표를 이해하는 데 목적적합하다면 서술형 정보의 경우에도 비교정보를 포함한다.
기출처 2024.국가직 9급 [최신]

정답 O

17. 재무제표 항목의 표시나 분류를 변경하는 경우 실무적으로 적용할 수 없는 것이 아니라면 비교금액도 재분류해야 하며, 비교금액을 재분류할 때 재분류의 성격, 재분류된 개별 항목이나 항목군의 금액, 재분류의 이유를 공시한다(전기 기초 포함).
기출처 2021. 국가직 7급

정답 O

확인문제

05. 다음 중 재무제표 작성과 표시의 일반원칙에서 규정하고 있는 내용으로 옳지 않은 것은?

① 한국채택국제회계기준이 달리 허용하거나 요구하는 경우를 제외하고는 당기 재무제표에 보고되는 모든 금액에 대해 전기 비교정보를 표시한다.
② 당기 재무제표를 이해하는 데 목적적합하다면 서술형 정보의 경우도 비교정보를 포함한다.
③ 회계정책을 소급해서 작성하는 경우 전기기초를 기준으로 당기말, 전기말, 전기초에 해당하는 세개의 재무상태표를 표시한다.
④ 회계정책을 소급적용하는 경우 당기말, 전기말, 전기초 세개의 재무상태표를 표시하고 각각의 재무상태표와 관련된 주석을 공시한다.

정답 ④

✏️ 기출 OX

18. 회계기준에서 표시방법의 변경을 요구하는 경우에도 재무제표의 표시와 분류는 매기 동일하여야 한다.

기출처 2024.국가직 9급 [최신]

정답 X

오쌤 Talk

재무제표
재무제표는 감사보고서에 포함되어 공시된다. 그러므로 본문에서 기술하고 있는 '동일한 문서에 포함되어 공표되는 그 밖의 정보'는 일반적으로 감사보고서를 의미한다. 이때, 감사보고서 안에 재무제표는 감사보고서의 의견이나 그 밖의 정보들과 명확히 구분되어 표시되어야 한다는 것을 강조하고 있는 것이다. 또한 주권상장법인이나 500인 이상의 주주를 보유한 외부감사대상법인의 경우에는 사업보고서를 발행한다. 본문에서 기술하고 있는 '연차보고서 등'은 이러한 사업보고서를 의미한다.

✏️ 기출 OX

19. 한국채택국제회계기준은 재무제표 및 연차보고서 작성시 반드시 적용되어야 한다.

기출처 2016. 서울시 7급

정답 X

20. 재무제표의 표시통화를 천 단위나 백만 단위로 표시할 때 중립성이 제고될 수 있으며, 이러한 표시는 금액 단위를 공시하고 중요한 정보가 누락되지 않는 경우에 허용될 수 있다.

기출처 2021. 국가직 7급

정답 X

❽ 표시의 계속성

재무제표 항목의 표시와 분류는 매기 동일하여야 비교가능성이 제고되어 회계정보가 유용해진다. 따라서 **재무제표 항목의 표시는 계속성을 유지**해야 한다. 다만 다음의 경우처럼 변경된 표시방법이 재무제표이용자에게 신뢰성 있고 더욱 목적적합한 정보를 제공하며, 변경된 구조가 지속적으로 유지될 가능성이 높아 비교가능성을 저해하지 않을 것으로 판단할 때에만 재무제표의 표시방법을 변경할 수 있다.

> ① 사업환경의 변화: 사업내용의 중요한 변화나 재무제표를 검토한 결과 다른 표시나 분류방법이 더 적절한 것이 명백한 경우
> ② 기준의 요구: 한국채택국제회계기준에서 표시방법의 변경을 요구하는 경우

❾ 재무제표의 식별

재무제표는 동일한 문서에 포함되어 공표되는 그 밖의 정보와 명확하게 구분되고 식별되어야 한다. **한국채택국제회계기준은 오직 재무제표에만 적용하며, 연차보고서, 감독기구제출서류 또는 다른 문서에 표시되는 그 밖의 정보에 반드시 적용해야 하는 것은 아니다.** 즉, 한국채택국제회계기준을 준수하여 작성된 정보와 한국채택국제회계기준에서 요구하지 않지만 유용한 그 밖의 정보를 재무제표 이용자가 구분할 수 있는 것이 중요하다.

각 재무제표와 주석은 명확하게 식별되어야 한다. 또한 다음 정보가 분명하게 드러나야 하며, 정보의 이해를 위해서 필요할 때에는 반복 표시해야 한다.

> ① 보고기업의 명칭 또는 그 밖의 식별 수단과 전기 보고기간 말 이후 그러한 정보의 변경 내용
> ② 개별재무제표가 개별 기업에 대한 것인지 연결실체에 대한 것인지의 여부
> ③ 재무제표나 주석의 작성대상이 되는 보고기간종료일 또는 보고기간
> ④ 기업회계기준서 제1021호(환율변동효과)에 정의된 표시통화
> ⑤ 재무제표 금액표시를 위하여 사용한 금액 단위

흔히 재무제표의 표시통화를 천단위나 백만단위로 표시할 때 더욱 이해가능성이 제고될 수 있다. 이러한 표시는 금액단위를 공시하고 중요한 정보가 누락되지 않는 경우에 허용될 수 있다.

3 재무상태표

❶ 재무상태표 표시방법

1-1 최소한의 구분

최소한 다음의 항목은 재무상태표에 공시가 되어야 하며, 기업의 규모, 성격 등에 따라 추가적인 항목이 더 표시할 수 있다.

[자산]
1. 유형자산
2. 투자자산
3. 무형자산
4. 금융자산(단, 5, 8 및 9를 제외)
5. 지분법에 따라 회계처리하는 투자자산
6. 기업회계기준서 제1041호 '농림어업'의 적용범위에 포함되는 생물자산
7. 재고자산
8. 매출채권 및 기타 채권
9. 현금및현금성자산
10. 매각예정으로 분류된 자산과 매각예정으로 분류된 처분자산집단에 포함된 자산의 총계

[부채]
1. 매입채무 및 기타 채무
2. 충당부채
3. 금융부채(단, 2와 5는 제외)
4. 당기법인세부채 및 당기법인세자산
5. 이연법인세부채 및 이연법인세자산
6. 매각예정으로 분류된 처분자산집단에 포함된 부채

[자본]
1. 자본에 표시된 비지배지분
2. 지배기업의 소유주에게 귀속되는 납입자본과 적립금

기업회계기준서 제1001호 '재무제표 표시'는 표시되어야 할 항목의 순서나 형식을 규정하지 아니하며, 다음과 같이 단순히 재무상태표에 구분표시를 하기 위해 성격이나 기능면에서 명확하게 상이한 항목명을 제시할 뿐이다.

상이하게 분류된 자산에 대해 상이한 측정기준을 사용하는 것은 그 자산의 성격이나 기능이 상이하여 별도 항목으로 구분하여 표시해야 함을 의미한다. 예를 들어, 상이하게 분류된 유형자산에 대해서는 원가 또는 재평가금액을 장부금액으로 할 수 있다.

기업이 재무상태를 이해하는 데 목적적합한 경우 재무상태표에 항목, 제목 및 중간합계를 추가하여 표시한다.

1-2 이연법인세자산과 부채의 표시

기업이 재무상태표에 유동자산과 비유동자산, 그리고 유동부채와 비유동부채로 구분하여 표시하는 경우, **이연법인세자산(부채)는 유동자산(부채)으로 분류하지 아니한다.**

오쌤 Talk

재무상태표에 표시되는 정보

국제회계기준의 특징 중 하나는 규칙중심이 아니라 원칙중심의 기준이라는 것이다. 그러므로 재무제표 표시 방식에 대해 상당부분 자율성을 보장하고 있다. 즉, 표시되어야 할 항목의 순서나 형식을 규정하지 않고 기업의 상황에 맞추어 공시하는 것을 허용하고 있다.

✏️ **기출 OX**

21. 기업의 재무성과를 이해하는 데 목적적합한 경우에는 당기손익과 기타포괄손익을 표시하는 보고서에 항목, 제목 및 중간합계를 추가하여 표시한다.
기출처 2017. 지방직 9급
정답 O

22. 기업이 재무상태표에 유동자산과 비유동자산, 그리고 유동부채와 비유동부채로 구분하여 표시하는 경우, 이연법인세자산(부채)은 유동자산(부채)으로 분류하지 아니한다.
기출처 2024.국가직 9급 (최신)
정답 O

23. 기업이 재무상태표에 유동자산과 비유동자산, 그리고 유동부채와 비유동부채로 구분하여 표시하는 경우, 이연법인세자산(부채)은 유동자산(부채)으로 분류한다.
기출처 2020. 국가직 7급
정답 X

기출 OX

24. 유동성 순서에 따른 표시방법이 신뢰성 있고 더욱 목적적합한 정보를 제공하는 경우를 제외하고는 자산과 부채를 유동항목과 비유동항목으로 구분하여 재무상태표에 표시한다.
기출처 2019. 서울시 7급
정답 O

25. 재무상태표에 자산과 부채는 반드시 유동성 순서에 따라 표시하여야 한다.
기출처 2018. 국가직 9급
정답 X

26. 기업이 명확히 식별 가능한 영업주기 내에서 재화나 용역을 제공하는 경우, 재무상태표에 유동자산과 비유동자산 및 유동부채와 비유동부채를 구분하여 표시한다.
기출처 2023. 지방직 9급 최신
정답 O

27. 금융회사와 같은 일부 기업의 경우에는 오름차순이나 내림차순의 유동성 순서에 따른 표시방법으로 자산과 부채를 표시하는 것이 유동/비유동 구분법보다 신뢰성 있고 더욱 목적적합한 정보를 제공한다.
기출처 2023. 지방직 9급 최신
정답 O

오쌤 Talk

유동과 비유동의 순서
① 한국채택국제회계기준은 유동과 비유동으로 구분하여 표시하는 유동성·비유동성 배열법의 경우에도 유동을 먼저 표시하라고 규정하지 않았다. 그러므로 기업은 자율적으로 '유동과 비유동' 중 기업의 상황에 맞게 먼저 표시하는 순서를 정할 수 있다.
② 업종에 따라 표시방법이 달라지는 것은 아니다. 즉, 금융업만 유동성순서에 따른 방법을 사용하는 것이 아니라, 일반적으로 금융업의 경우 유동성·비유동성 구분법 보다는 유동성순서에 따른 표시방법을 더 많이 사용하고 있기에 예시로 제시된 것 뿐이다

❷ 자산과 부채의 배열 방법

유동성 순서에 따른 표시 방법이 신뢰성 있고 더욱 목적적합한 정보를 제공하는 경우를 제외하고는 **자산과 부채를 유동항목과 비유동항목으로 구분하여 표시**한다. 그러나 유동성 순서에 따른 표시방법을 적용할 경우 모든 자산과 부채는 유동성의 순서에 따라 표시한다.

기업이 명확히 식별 가능한 영업주기 내에서 재화나 용역을 제공하는 경우, 재무상태표에 유동자산과 비유동자산 및 유동부채와 비유동부채를 구분하여 표시한다. 이는 운전자본으로서 계속 순환되는 순자산과 장기 영업활동에서 사용하는 순자산을 구분함으로써 유용한 정보를 제공하기 때문이다. 이는 또한 정상영업주기 내에 실현될 것으로 예상되는 자산과 동 기간 내에 결제 기일이 도래하는 부채를 구분하여 보여준다.

예를 들어, **금융회사와 같은 기업의 경우는 오름차순이나 내림차순의 유동성 순서에 따른 표시방법으로 자산과 부채를 표시하는 것이 유동성·비유동성 구분법보다 신뢰성 있고 더욱 목적적합한 정보를 제공**한다.

또한 신뢰성 있고 더욱 목적적합한 정보를 제공한다면 자산과 부채의 일부는 유동성·비유동성 구분법으로, 나머지는 유동성 순서에 따른 표시방법으로 표시하는 것이 허용된다. 이러한 **혼합표시 방법**은 기업이 다양한 사업을 영위하는 경우에 필요할 수 있다.

유동성·비유동성 구분법	자산과 부채의 실현 예정일에 따라 **유동성항목과 비유동성항목을 구분**하여 자산과 부채를 표시
유동성 순서 배열법	재무상태표상 자산·부채의 과목을 **유동성이 높은 것부터 먼저 표시**하고 유동성이 낮은 것은 나중에 표시하는 방법
혼합표시방법	자산과 부채의 **일부는 유동성·비유동성 배열법으로, 나머지는 유동성 순서**에 따른 표시방법으로 표시

[유동성·비유동성 구분법에 의한 재무상태표]

재무상태표
20X1년 12월 31일

자산		자본	
비유동자산		납입자본	XXX
투자부동산	XXX	이익잉여금	XXX
유형자산	XXX	기타자본구성요소	XXX
영업권	XXX	자본 총계	XXX
기타무형자산	XXX	부채	
		비유동부채	
유동자산		장기차입금	XXX
재고자산	XXX	이연법인세	XXX
매출채권	XXX	장기충당부채	XXX
기타유동자산	XXX		
현금및현금성자산	XXX	유동부채	
		매입채무	XXX
		단기차입금	XXX
		유동성장기차입금	XXX
		당기법인세부채	XXX
		부채 총계	XXX
자산 총계	XXX	자본 및 부채 총계	XXX

③ 유동자산과 유동부채의 분류

3-1 유동자산

자산은 다음의 경우에 유동자산으로 분류하고, 그 밖의 모든 자산은 비유동자산[3*]으로 분류한다.

> ① 정상영업주기: 정상영업주기 내에 실현될 것으로 예상되거나, 판매, 소비될 의도가 있다.
> ② 단기매매목적: 주로 단기매매 목적으로 보유하고 있다.
> ③ 12개월 이내 실현: 보고기간 후 12개월 이내에 실현될 것으로 예상된다.
> ④ 사용의 제한: 현금이나 현금성자산으로서 교환이나 부채 상환목적으로의 사용에 대한 제한 기간이 보고기간 후 12개월 이상이 아니다.

3-1-1 영업주기

영업주기는 영업활동을 위한 자산의 취득시점부터 그 자산이 현금이나 현금성자산으로 실현되는 시점까지 소요되는 기간이다. 정상영업주기를 명확히 식별할 수 없는 경우에는 그 기간이 12개월인 것으로 가정한다.

3-1-2 특례

재고자산 및 매출채권과 같이 정상영업주기의 일부로서 판매, 소비 또는 실현되는 자산의 경우에는 보고기간 후 12개월 이내에 실현될 것으로 예상되지 않는 경우에도 유동자산으로 분류한다. 또한 비유동금융자산 중에 유동성 항목으로 대체된 자산도 유동자산으로 분류한다.

3-2 유동부채

부채는 다음의 경우에 유동부채로 분류하고, 그 밖의 모든 부채는 비유동부채로 분류한다.

> ① 정상영업주기: 정상영업주기 내에 결제될 것으로 예상된다.
> ② 단기매매목적: 주로 단기매매 목적으로 보유하고 있다.
> ③ 12개월 이내 실현: 보고기간 후 12개월 이내에 결제하기로 되어 있다.
> ④ 만기 연장: 보고기간 말 현재 보고기간 후 적어도 12개월 이상 부채의 결제를 연기할 수 있는 권리를 가지고 있지 않다.

3-2-1 특례

매입채무 그리고 종업원 및 그 밖의 영업원가에 대한 미지급비용과 같은 유동부채는 기업의 정상영업주기 내에 사용되는 운전자본의 일부이므로, 이러한 항목은 보고기간 후 12개월 후에 결제일이 도래한다 하더라도 유동부채로 분류한다.

3* 기준서 제1001호에서는 유형자산, 무형자산 및 장기의 성격을 가진 금융자산을 포함하여 '비유동'이라는 용어를 사용하고 있다.

오쌤 Talk

현금성자산의 제한

현금성자산(당좌예금이나 보통예금 등)에 사용의 제한이 걸리면 현금및현금성자산으로 보고할 수 없다. 이때 사용의 제한이 1년 이내이면 단기금융상품으로 보고하고, 1년 이상이면 장기금융상품으로 보고한다. Link-P.222

✏️ 기출 OX

28. 현금및현금성자산은 교환이나 부채 상환 목적으로 사용에 대한 제한기간이 보고기간 후 12개월 이상인 경우에는 유동자산으로 분류하지 않는다.
   기출처 2014. 국가직 7급
   정답 O

29. 유동자산은 주로 단기매매목적으로 보유하고 있는 자산과 비유동금융자산의 유동성 대체 부분을 포함한다.
   기출처 2020. 국가직 7급
   정답 O

30. 기업의 정상영업주기 내에 실현될 것으로 예상하거나, 정상영업주기 내에 판매하거나 소비할 의도가 있는 자산은 유동자산으로 분류한다.
   기출처 2018. 국가직 7급
   정답 O

31. 포괄손익계산서의 영업주기는 영업활동을 위한 자산의 취득시점부터 그 자산이 현금이나 현금성자산으로 실현되는 시점까지 소요되는 기간이다.
   기출처 2024.국가직 9급 최신
   정답 O

오쌤 Talk

영업주기

영업주기 = 재고자산 회전기간 + 매출채권 회전기간
① 재고자산 회전기간: 재고자산을 창고에 입고하여 판매하는 데까지 소요되는 기간
② 매출채권 회전기간: 판매 후 매출채권이 회수되기까지 소요되는 기간

오쌤 Talk

2023년 개정사항

기존의 '부채의 결제를 연기할 수 있는 무조건적인 권리'를 삭제하고, '부채의 결제를 연기할 수 있는 권리'로 개정되었다. 특정조건을 준수해야만 부채의 결제를 연기할 수 있는 대출약정은 채무자가 보고기간말에 해당 조건을 준수한 경우에만 부채의 결제를 연기할 권리가 있음을 명확하게 바꾼 것이다.

기출 OX

32. 보고기간 후 12개월 이상 결제를 연기할 수 있는 권리를 가지고 있지 않으면 유동부채로 분류한다.
기출처 2020. 국가직 7급 수정
정답 O

33. 매입채무와 같이 기업의 정상영업주기 내에 사용되는 운전자본의 일부항목이라도 보고기간 후 12개월 후에 결제일이 도래할 경우 비유동부채로 분류한다.
기출처 2018. 국가직 7급
정답 X

기출 OX

34. 기업이 기존의 대출계약조건에 따라 보고기간 후 적어도 12개월 이상 부채를 차환하거나 연장할 것으로 기대하고 있고, 그런 재량권이 있더라도, 보고기간 후 12개월 이내에 만기가 도래한다면 유동부채로 분류한다.
기출처 2023. 지방직 9급 최신
정답 X

확인문제 최신

06. 유동부채에 대한 설명으로 옳지 않은 것은?
기출처 2024. 국가직 7급

① 매입채무 그리고 종업원 및 그 밖의 영업원가에 대한 미지급비용과 같은 유동부채는 기업의 정상영업주기 내에 사용되는 운전자본의 일부이다. 이러한 항목은 보고기간 후 12개월 후에 결제일이 도래한다 하더라도 유동부채로 분류한다.
② 기업이 보고기간말 현재 기존의 대출계약조건에 따라 보고기간 후 적어도 12개월 이상 부채를 연장할 권리가 있다면, 보고기간 후 12개월 이내에 만기가 도래한다 하더라도 비유동부채로 분류한다. 만약 기업에 그러한 권리가 없다면, 차환가능성을 고려하지 않고 유동부채로 분류한다.
③ 대여자가 보고기간말 이전에 보고기간 후 적어도 12개월 이상의 유예기간을 주는 데 합의하여 그 유예기간 내에 기업이 위반사항을 해소할 수 있고, 또 그 유예기간 동안에는 대여자가 즉시 상환을 요구할 수 없다면 그 부채는 비유동부채로 분류한다.
④ 보고기간말 이전에 장기차입약정을 위반했을 때 대여자가 즉시 상환을 요구할 수 있는 채무는 보고기간 후 재무제표 발행승인일 전에 채권자가 약정위반을 이유로 상환을 요구하지 않기로 합의한다면 비유동부채로 분류한다.

정답 ④

3-2-2 장기성 채무

보고기간 후 결제기간이 12개월을 초과하는 금융부채는 비유동부채로 분류한다. 다만, 다음 두 가지 사항은 유동부채로 분류한다.

① 원래의 결제기간이 12개월을 초과하는 경우 금융부채가 **보고기간 후 12개월 이내에 결제일이 도래**하면 이를 **유동성 대체를 통해 유동부채로 분류**한다.
② **보고기간 후 재무제표 발행승인일 전에 장기로 차환하는 약정 또는 지급기일을 장기로 재조정하는 약정이 체결된 경우에도** 금융부채가 **보고기간 후 12개월 이내에 결제일이 도래하면 유동부채로 분류**한다.

3-2-3 만기연장 가능한 단기성 채무

보고기간 후 12개월 이내에 만기가 도래하는 단기성 채무는 유동부채로 분류한다. 기업이 보고기간말 현재 기존의 대출계약조건에 따라 **보고기간 후 적어도 12개월 이상 부채를 연장할 권리**가 있다면, 보고기간 후 12개월 이내에 만기가 도래한다 하더라도 **비유동부채로 분류**한다. 만약 기업에 그러한 권리가 없다면, **차환가능성을 고려하지 않고 유동부채로 분류**한다.

이때, 보고기간 후 적어도 12개월 이상 부채의 결제를 연기할 수 있는 기업의 권리는 실질적이어야 하고, 보고기간말 현재 존재해야 한다. 만약 특정 조건을 준수해야만 결제를 연기할 수 있는 권리가 있다면, 기업이 보고기간말 현재 해당 조건들을 준수한 경우에만 그 권리가 보고기간말 현재 존재한다. 비록 대여자가 해당 조건의 준수 여부를 보고기간말 후에 확인하더라도 기업은 보고기간말 현재 해당 조건들을 준수해야 한다.

3-2-4 즉시 상환요구가 가능한 약정위반 장기성 채무

보고기간 말 이전에 장기차입약정을 위반했을 때, 대여자가 즉시 상환을 요구할 수 있는 채무라 하더라도 보고기간 말 이전에 보고기간 후 적어도 12개월 이상의 유예기간을 주는 데 합의하여, 그 기간 내에 **기업이 위반사항을 해소할 수 있고, 또 그 유예기간 동안에는 채권자가 즉시 상환을 요구할 수 없다면, 그 부채는 비유동부채로 분류**한다. 그러나 **보고기간 후 재무제표 발행승인일 전에 채권자가 약정위반을 이유로 상환을 요구하지 않기로 합의한 경우에는 그대로 유동부채로 분류**한다.

[부채의 유동성 분류]

판단기준: 보고기간 말 현재
('보고기간 후 재무제표 발행승인일 사이'는 효력 없음)

채무 종류	보고기간 말 현재	유동성 분류
장기채무	12개월 이내 (유동성대체)	유동부채
	12개월 이후	비유동부채
단기채무	연장 불가능	유동부채
	연장 가능(재량권을 보유)	비유동부채
약정 위반한 장기채무	해소 불가능	유동부채
	해소 가능	비유동부채

기본예제 1 보고기간 후 12개월 내에 결제해야 하는 채무

- ㈜한국은 20X1년 12월 31일로 종료되는 회계연도 말 현재 20X2년 3월 31일에 만기가 도래하는 장기금융부채를 부담하고 있다.
- ㈜한국이 부담하고 있는 장기금융부채의 최초 차입기간은 3년으로 다음은 각각의 별개의 상황들이다. ㈜한국의 20X1년 재무제표의 작성승인일은 20X2년 2월 10일이다.

01 ㈜한국은 20X1년 12월 중 장기금융부채의 상환기일을 3년 만기의 장기금융부채로 차환하는 약정을 체결할 경우 20X1년 12월 31일로 종료하는 회계연도의 재무상태표에 장기금융부채를 유동부채와 비유동부채 중 어느 항목으로 분류해야 하는가?

02 ㈜한국은 20X2년 1월 중 장기금융부채의 상환기일을 3년 만기의 장기금융부채로 차환하는 약정을 체결할 경우 20X1년 12월 31일로 종료하는 회계연도의 재무상태표에 장기금융부채를 유동부채와 비유동부채 중 어느 항목으로 분류해야 하는가?

풀이

01 비유동부채로 분류한다.
보고기간 말 이전에 장기로 차환하는 약정을 체결하였으므로 보고기간 후 적어도 12개월 이상 부채를 차환하거나 연장할 것으로 기대하고 있고, 그런 재량권이 있는 경우에 해당하므로 비유동부채로 분류한다.

02 유동부채로 분류한다.
보고기간 말 이후 장기로 차환하는 약정을 체결하였으므로 수정을 요하지 않는 보고기간 후 사건에 해당하므로 유동부채로 분류한다.

 오쌤 Talk

유동과 비유동의 판단 기준

유동과 비유동을 판단하는 사례문제는 다음 두 가지 사항을 중심으로 판단한다.
① 회사는 유동부채와 비유동부채 중 **비유동부채로 표시**하고자 한다.
② 회사가 원하는 비유동부채로 표시하기 위해서는 모든 사안이 **보고기간 말 이전**에 해결되어야 한다.

확인문제

07. 다음 각각의 상황에 따라 유동부채와 비유동부채로 구분 표시하시오.

1. 보고기간 후 결제기간이 12개월을 초과하는 금융부채 (　　　)
2. 원래의 결제기간이 12개월을 초과하는 금융부채가 보고기간 후 12개월 이내에 결제일이 도래하는 경우
(　　　)
3. 보고기간 후 12개월 이내에 결제일이 도래하는 금융부채를 보고기간 말 이전에 장기로 차환하는 약정을 체결한 경우 (　　　)
4. 보고기간 후 12개월 이내에 결제일이 도래하는 금융부채를 보고기간 말 이후 재무제표 발행승인일 사이에 장기로 차환하는 약정을 체결한 경우
(　　　)
5. 보고기간 후 12개월 이내에 만기가 도래하는 단기성 채무에 대해 보고기간 후 12개월 이상 부채를 연장할 것으로 기대하고 있고, 그러한 재량권이 있는 경우 (　　　)
6. 보고기간 말 이전에 장기차입약정을 위반한 장기성 채무 (　　　)
7. 보고기간 말 이전에 장기차입약정을 위반한 장기성 채무에 대해 보고기간 말 이전에 약정 위반사항을 해소하여 상환을 요구하지 않기로 합의한 경우
(　　　)
8. 보고기간 말 이전에 장기차입약정을 위반한 장기성 채무에 대해 보고기간 말 이후 재무제표 발행승인일 이전에 약정 위반사항을 해소하여 상환을 요구하지 않기로 합의한 경우
(　　　)

정답 1. 비유동부채, 2. 유동부채, 3. 비유동부채, 4. 유동부채, 5. 비유동부채, 6. 유동부채, 7. 비유동부채, 8. 유동부채

4 포괄손익계산서

1 포괄손익계산서 의의

포괄손익계산서는 소유주(주주)와의 자본거래에 따른 자본의 변동을 제외한 기업 순자산의 변동을 표시하는 보고서이다. 비상장기업을 위한 회계기준인 일반기업회계기준에서의 손익계산서는 당기손익만을 보여주는 당기손익계산서를 작성한다. 그러나 한국채택국제회계기준에서는 포괄손익을 보여주는 포괄손익계산서를 작성한다. 포괄손익은 일정기간 동안 기업실체의 경영성과에 대한 실현 실적인 당기손익을 보여줌과 동시에 미실현 손익인 기타포괄손익을 보여줌으로써 기업의 미래 현금흐름과 수익창출능력 등의 예측에 유용한 정보를 제공한다. 포괄손익은 당기손익과 기타포괄손익으로 구성된다.

> (총)포괄손익 = 당기순손익 + 기타포괄손익의 변동(재분류조정 포함)

2 포괄손익계산서에 표시되는 정보

한국채택국제회계기준 제1001호 '재무제표 표시'에서는 구체적인 포괄손익계산서의 형식을 규정하지 않고 있다. 다만 포괄손익계산서에 포함할 최소한의 항목을 제시하고 있을 뿐이다. 포괄손익계산서는 최소한 다음에 해당하는 금액을 나타내는 항목을 표시해야 한다.

[당기손익]

① 수익
② 금융원가
③ 지분법 적용대상인 관계기업과 공동기업의 당기순손익에 대한 지분
④ 법인세비용
⑤ 중단영업의 합계를 표시하는 단일금액

[기능별 포괄손익]

① 후속적으로 당기손익으로 **재분류되지 않는 항목**
② 특정 조건을 충족하는 때에 후속적으로 **당기손익으로 재분류되는 항목**

여기서 주의할 점은 수익과 비용의 어느 항목도 포괄손익계산서 또는 주석에 특별손익항목으로 별도로 표시할 수 없다는 것이다.

또한 한 회계기간에 인식되는 모든 수익과 비용 항목은 한국채택국제회계기준이 달리 정하지 않는 한 당기손익으로 인식한다.

오쌤 Talk

손익계산서에 표시되는 정보

㈜아모레퍼시픽의 손익계산서에 표시되는 정보는 다음과 같다.

| Ⅰ. 매출액 |
| Ⅱ. 매출원가 |
| Ⅲ. 매출총이익(= Ⅰ - Ⅱ) |
| Ⅳ. 판매와관리비 |
| ① 급여 및 퇴직급여 |
| ② 복리후생비 |
| ③ 광고선전비, 판매촉진비 |
| ④ 감가상각비, 무형자산상각비 |
| ⑤ 지급수수료 |
| ⑥ 유통수수료 |
| ⑦ 운반비 |
| ⑧ 세금과공과 |
| ⑨ 연구개발비 |
| ⑩ 기타 |
| Ⅴ. 영업이익(= Ⅲ - Ⅳ) |
| Ⅵ. 금융수익 |
| Ⅶ. 금융원가 |
| Ⅷ. 기타영업외손익 |
| Ⅸ. 법인세비용차감전순이익 (= Ⅴ + Ⅵ - Ⅶ + Ⅷ) |
| Ⅹ. 법인세비용 |
| Ⅺ. 당기순이익(= Ⅸ - Ⅹ) |

기출 OX

35. 수익과 비용의 특별손익 항목은 주석에 표시한다. 기출처 2019. 서울시 7급
정답 X

36. 정상적인 영업활동과 구분되는 거래나 사건에서 발생하는 것으로 그 성격이나 미래의 지속성에 차이가 나는 특별손익 항목은 포괄손익계산서에 구분해서 표시하여야 한다. 기출처 2018. 국가직 9급
정답 X

37. 수익과 비용 어느 항목도 포괄손익계산서상에 특별손익으로 구분하여 표시할 수 없으며, 주석으로 표시하는 것도 금지하고 있다. 기출처 2016. 서울시 7급
정답 O

38. 한 기간에 인식되는 모든 수익과 비용 항목은 한국채택국제회계기준이 달리 정하지 않는 한 당기손익으로 인식한다. 기출처 2017. 지방직 9급
정답 O

2-1 영업이익의 구분표시

한국채택국제회계기준이 처음 도입되었던 2011년도에는 영업이익에 대한 구분표시에 대해서 강제하지 않았다. 그 결과 기업들이 자의적으로 영업이익에 포함되는 항목을 결정함으로써 유형자산처분이익 등이 영업이익에 포함되어 이익을 크게 보고하는 착시현상 등 많은 문제를 일으켰다.

때문에 2012년 11월 28일 국제회계기준의 내용을 일부 개정하여 **매출액에서 매출원가 및 판매비와관리비를 차감한 영업이익을 포괄손익계산서에 구분하여 표시하도록 규정하였다.** 다만, **영업의 특수성을 고려할 필요가 있는 경우**, 즉 매출원가를 구분하기가 어려운 경우나 비용을 성격별로 분류하는 경우에는 **영업수익에서 영업비용을 차감한 영업이익을 포괄손익계산서에 구분하여 표시할 수 있다.**

영업이익의 산정에 포함된 항목 이외에 기업의 고유 영업환경을 반영하는 그 밖의 수익 또는 비용 항목이 있다면 이러한 항목을 영업이익에 추가하여 별도의 영업성과 측정치를 산정하고, 이를 포괄손익계산서 본문에 표시되는 영업이익과 명확히 구별되도록 **조정영업이익으로 주석에 공시할 수 있다.**

2-2 금융원가

금융수익(이자수익)이나 금융원가(이자비용)은 금융업이 아닌 이상 영업외수익(비용)으로 인식한다.

❸ 포괄손익계산서의 표시방법

기업의 **당기손익과 기타포괄손익을 하나의 포괄손익계산서에 작성할 수도 있으며, 이를 분리하여 두 개의 포괄손익계산서를 작성할 수 있다.**

당기손익과 기타포괄손익을 하나의 포괄손익계산서에 표시하는 경우, 이 두 부분은 당기손익 부분을 먼저 표시하고 바로 이어서 기타포괄손익 부분을 표시함으로써 함께 표시한다. 두 개의 포괄손익계산서를 작성하는 경우 당기손익 부분을 별개의 손익계산서에 표시한다. 그리고 별개의 손익계산서는 포괄손익을 표시하는 보고서(이 보고서는 당기순손익으로부터 시작한다) 바로 앞에 위치한다.

단일 포괄손익계산서	당기순손익과 기타포괄손익의 변동을 하나의 포괄손익계산서에 표시
두 개의 보고서	별개의 손익계산서(당기순손익의 구성요소 표시) & 포괄손익계산서(당기순손익에서 시작하여 기타포괄손익의 구성요소 표시)

오쌤 Talk

영업이익의 구분표시

대부업인 '러쉬앤캐쉬'로 잘 알려진 '㈜아프로파이낸셜대부'의 경우 매출액과 매출원가 그리고 판매비와관리비로 구분하는 것이 무의미하므로 다음과 같이 구분된다.

| I. 영업수익 |
| II. 영업비용 |
| III. 영업이익(= I - II) |
| IV. 영업외수익 |
| V. 영업외비용 |
| VI. 법인세비용차감전순이익 |
| VII. 법인세비용 |
| VIII. 당기순이익 |

 **기출 OX**

39. 포괄손익계산서 상 영업손익은 영업의 특수성을 고려할 필요가 있는 경우나 비용을 성격별로 분류하는 경우를 제외하고는 영업수익에서 영업비용을 차감하여 산출한다.

기출처 2025. 관세직 9급 [최신]

정답 X

기출 OX

40. 당기손익과 기타포괄손익은 단일의 포괄 손익계산서에 두 부분으로 나누어 표시할 수 있지만 당기손익 부분을 별개의 손익계산서로 표시할 수 없다.

기출처 2023. 국가직 9급 [최신]

정답 X

3-1 단일의 포괄손익계산서

수익과 비용 및 기타포괄손익의 변동을 다음과 같이 하나의 포괄손익계산서에 배열하여 표시하는 방법이다.

포괄손익계산서

당기: 20X1년 1월 1일부터 20X1년 12월 31일까지
전기: 20X0년 1월 1일부터 20X0년 12월 31일까지

㈜한국 (단위: 원)

구분	당기	전기
매출액	XXX	XXX
매출원가	(XXX)	(XXX)
매출총이익	XXX	XXX
판매비와관리비	(XXX)	(XXX)
영업이익	XXX	XXX
영업외수익	XXX	XXX
영업외비용	(XXX)	(XXX)
법인세비용차감전순이익	XXX	XXX
법인세비용	(XXX)	(XXX)
계속영업이익	XXX	XXX
세후중단영업손익	XXX	XXX
당기순이익	XXX	XXX
기타포괄손익		
당기손익으로 재분류되지 않는 세후기타포괄손익	XXX	XXX
당기손익으로 재분류되는 세후기타포괄손익	XXX	XXX
총포괄손익	XXX	XXX

오쌤 Talk

매출원가

본문에 제시된 포괄손익계산서의 매출원가를 표시하는 방법은 비용을 기능별로 분류한 방식이다. Link-P.194

오쌤 Talk

중단영업손익

회사에 중단사업이 있는 경우 당기순이익은 계속영업이익과 중단영업손익으로 구분된다. 이때, 계속영업이익은 법인세효과를 따로 표시하여 법인세비용과 법인세비용차감전순이익으로 구분하여 총액으로 표시한다. 그러나 중단영업손익은 계속사업손익에 비해 상대적으로 덜 중요한 항목이므로 세전과 세후를 구분하지 않고 세후금액으로 법인세효과를 반영한 순액으로 표시한다. Link-P.806

오쌤 Talk

기타포괄손익

① 재분류조정대상과 그렇지 않은 기타포괄손익으로 구분하여 표시한다.
② 기타포괄손익관련 법인세 효과를 차감한 순액표시와 법인세 효과 반영 전 금액을 표시하고 법인세 효과를 단일 금액으로 합산하여 표시하는 방법 중 선택할 수 있다. Link-P.807

3-2 두 개의 보고서

당기순손익의 구성요소를 표시하는 손익계산서와 당기순손익에서 시작하여 기타포괄손익의 구성요소를 표시하는 포괄손익계산서를 별도로 작성한다.

(별개의) 손익계산서

당기: 20X1년 1월 1일부터 20X1년 12월 31일까지
전기: 20X0년 1월 1일부터 20X0년 12월 31일까지

㈜한국 (단위: 원)

구분	당기	전기
매출액	XXX	XXX
매출원가	(XXX)	(XXX)
매출총이익	XXX	XXX
판매비와 관리비	(XXX)	(XXX)
영업이익	XXX	XXX
영업외수익	XXX	XXX
영업외비용	(XXX)	(XXX)
법인세비용차감전순이익	XXX	XXX
법인세비용	(XXX)	(XXX)
계속영업이익	XXX	XXX
세후중단영업손익	XXX	XXX
당기순이익	XXX	XXX

포괄손익계산서

㈜한국 (단위: 원)

구분	당기	전기
당기순이익	XXX	XXX
기타포괄손익		
당기손익으로 재분류되지 않는 세후기타포괄손익	XXX	XXX
당기손익으로 재분류되는 세후기타포괄손익	XXX	XXX
총포괄손익	XXX	XXX

오쌤 Talk

두 개의 보고서

별개의 손익계산서를 표시하는 경우, 포괄손익을 표시하는 보고서에는 당기손익 부분을 표시하지 않는다.

 확인문제

08. 다음 중 포괄손익계산서의 작성에 대한 설명으로 옳지 않은 것은?

① 당기 총포괄손익은 당기손익과 기타포괄손익으로 구분되고, 이때 기타포괄손익에는 재분류조정을 포함한다.
② 수익과 비용의 어느 항목도 포괄손익계산서 또는 주석에 특별손익을 별도로 표시할 수 없다.
③ 당기순손익의 구성요소는 단일 포괄손익계산서의 일부로 표시하거나, 두 개의 손익계산서 중 별개의 손익계산서에 표시할 수 있다.
④ 중단사업손익이 있는 경우 계속사업손익과 중단사업손익은 법인세 효과를 각각 표시한다.

정답 ④

오쌤 Talk

비용의 분류

실무적으로는 대부분의 기업이 비용을 기능별로 분류하여 보고하고 있다. 그러므로 주석에 따로 비용을 성격별로 분류하고 추가 공시한다. 기능별 분류방법과 성격별 분류방법의 가장 큰 차이는 매출원가의 인식유무이다. 기능별 분류방식에서만 매출원가가 보고된다.

 **확인문제**

09. 제조기업인 ㈜한국의 20X1년도 자료를 이용하여 영업손익을 계산하면?

기출처 2019. 국가직 9급

○ 매출액	₩100,000
○ 이자비용	₩5,000
○ 이자수익	₩10,000
○ 매출원가	₩70,000
○ 감가상각비	₩10,000
○ 종업원급여	₩5,000
○ 기타포괄손익 금융자산평가이익	₩10,000
○ 광고선전비	₩5,000

① 영업이익 ₩10,000
② 영업손실 ₩10,000
③ 영업이익 ₩20,000
④ 영업손실 ₩20,000

정답 ①

확인문제

10. ㈜한국은 포괄손익계산서에 표시되는 비용을 매출원가, 물류원가, 관리활동원가 등으로 구분하고 있다. 이는 비용항목의 구분표시 방법 중 무엇에 해당하는가?

기출처 2019. 국가직 9급

① 성격별 분류
② 기능별 분류
③ 증분별 분류
④ 행태별 분류

정답 ②

④ 비용의 분류 방법

기업은 비용을 성격별 또는 기능별 분류방법 중 신뢰성 있고 더욱 목적적합한 정보를 제공할 수 있는 방법을 적용하여 당기손익으로 인식한 비용의 분석내용을 표시한다.

4-1 성격별 분류

성격별 분류란 당기손익에 포함된 비용을 그 성격별로 통합하여 공시하는 방법을 말한다. 즉, 비용을 발생처별로 구분하는 공시 방법이다. 이 방법은 비용을 기능별 분류로 재분배할 필요가 없기 때문에 실무적으로 적용이 간단하다.

비용을 성격별로 분류한다는 것은 각 항목의 유형별로 구분 표시한다는 것으로 감가상각비, 원재료구입, 운송비, 종업원급여와 광고비 등으로 분류한다.

4-2 기능별 분류

기능별 분류란 비용을 매출원가와 다른 비용을 구분하여 공시하는 방법으로 매출원가법이라고 한다. 비용을 사용처별로 분류하여 공시하는 방법이다. 이는 더욱 목적적합한 정보를 제공할 수 있으나 기능별로 분류하는 데 자의가 들어갈 수 있다.

비용의 성격에 대한 정보가 미래현금흐름을 예측하는 데 유용하기 때문에 비용을 기능별로 분류하는 경우에는 성격별 분류에 따른 추가 공시가 필요하다. 반면에 성격별로 분류하는 경우에는 기능별 분류에 대한 추가 공시의무가 없다.

[성격별 분류법에 따른 포괄손익계산서]

포괄손익계산서

㈜한국   20X1년 1월 1일부터 20X1년 12월 21일까지

구분	금액
매출액	XXX
영업비용	(XXX)
원재료와 소모품의 사용액 XXX	
종업원급여비용 XXX	
감가상각비와 기타상각비 XXX	
영업이익(손실)	XXX
영업외수익	XXX
영업외비용	(XXX)
법인세비용차감전순이익	XXX
법인세비용	(XXX)
당기순이익	XXX
기타포괄손익	XXX
총포괄손익	XXX

[기능별 분류법에 의한 포괄손익계산서]

포괄손익계산서

㈜한국　　　　20X1년 1월 1일부터 20X1년 12월 31일까지

구분	금액
매출액	XXX
매출원가	(XXX)
매출총이익	XXX
판매비와관리비	(XXX)
영업이익(손실)	XXX
영업외수익	XXX
영업외비용	(XXX)
법인세비용차감전순이익	XXX
법인세비용	(XXX)
당기순이익	XXX
기타포괄손익	XXX
총포괄손익	XXX

 확인문제

11. 비용의 분류에 대한 설명으로 옳지 않은 것은? 　기출처 2019. 관세직 9급

① 비용은 빈도, 손익의 발생가능성 및 예측가능성의 측면에서 서로 다를 수 있는 재무성과의 구성요소를 강조하기 위해 세분류로 표시한다.
② 비용을 성격별로 분류하면 기능별 분류로 배분할 필요가 없어 적용이 간단하고 배분의 주관적 판단을 배제할 수 있다.
③ 비용을 기능별로 분류하면 재무제표 이용자에게 더욱 목적 적합한 정보를 제공할 수 있지만 비용을 기능별로 배분하는 데에 자의적 판단이 개입될 수 있다.
④ 비용을 성격별로 분류하는 기업은 감가상각비, 종업원급여비용 등을 포함하여 비용의 기능별 분류에 대한 추가 정보를 제공한다.

정답 ④

기출 OX

41. 포괄손익계산서의 비용을 기능별로 분류하는 기업은 감가상각비, 기타상각비와 종업원급여비용을 포함하여 비용의 성격에 대한 추가 정보를 공시한다. 　기출처 2020. 국가직 9급

정답 O

42. 포괄손익계산서상의 비용은 성격별 분류법과 기능별 분류법 중에서 매출원가를 다른 비용과 분리하여 공시하는 기능별 분류법만으로 표시해야 한다. 　기출처 2016. 국가직 9급

정답 X

43. 비용의 기능별 분류는 성격별 분류보다 미래현금흐름을 예측하는 데 더 유용하다. 　기출처 2018. 국가직 7급

정답 X

❺ 기타포괄손익의 성격별 구분 표시

기타포괄손익은 성격별로 분류한다. 또한 기타포괄손익을 후속 처리하는 과정에서 당기손익으로의 재분류조정 여부에 따라 두 가지로 구분할 수 있다.

5-1 재분류조정대상 기타포괄손익

기타포괄손익의 재분류조정은 당기나 과거 기간에 인식한 기타포괄손익을 당기손익으로 재분류한 금액을 말한다. 재분류조정대상 기타포괄손익은 해당 기타포괄손익거래가 실현되는 경우 당기손익으로 재분류조정을 수행한다.

> ① 기타포괄손익 – 공정가치로 측정하는 채무상품에 대한 투자에서 발생하는 손익
> ② 해외사업장 환산손익
> ③ 기타포괄손익 – 공정가치 측정항목으로 지정한 지분상품에 대한 위험회피회계에서 위험회피수단인 파생상품평가손익 중 효과적인 부분과 현금흐름위험회피에서 위험회피수단인 파생상품평가손익 중 효과적인 부분
> ④ 파생상품인 옵션계약의 내재가치와 시간가치를 분리할 때 내재가치의 변동만을 위험회피수단으로 지정할 때 옵션 시간가치의 가치변동
> ⑤ 파생상품인 선도계약의 선도요소와 현물요소를 분리하고 현물요소의 변동만을 위험회피수단으로 지정할 때 선도계약의 선도요소의 가치변동과 금융상품의 외화 베이시스 스프레드 가치 변동을 위험회피수단 지정에서 제외할 때 외화 베이시스 스프레드 가치 변동

5-2 재분류조정 대상이 아닌 기타포괄손익

재분류조정 대상이 아닌 기타포괄손익은 최초에 기타포괄손익으로 인식하고 후속기간에 당기손익으로 재분류하지 않으며, 이익잉여금으로 직접 대체할 수 있다.

> ① 유·무형자산의 재평가잉여금의 변동손익
> ② 확정급여제도의 재측정요소
> ③ 기타포괄손익 – 공정가치 측정항목으로 지정한 지분상품에 대한 투자에서 발생한 손익
> ④ 당기손익 – 공정가치 측정항목으로 지정한 금융부채의 신용위험 변동으로 인한 공정가치 변동손익

5-3 기타포괄손익의 법인세 효과 표시

기타포괄손익의 항목(재분류조정 포함)과 관련된 법인세비용 금액은 포괄손익계산서나 주석에 공시한다.

포괄손익계산서에 기타포괄손익으로 표시하는 경우 다음 두 가지 방법 중 선택할 수 있다.

> ① 순액법: 기타포괄손익의 구성요소와 관련된 법인세 효과를 차감한 순액으로 표시
> ② 총액법: 기타포괄손익은 관련된 법인세 효과 반영 전 금액으로 표시하고, 각 항목들에 관련된 법인세 효과를 단일 금액으로 합산하여 표시

오쌤 Talk

재분류조정대상 기타포괄 손익

2018년도부터 적용되는 기준서 제 1109호 '금융상품'에 따르면 기타포괄손익으로 공정가치를 측정하던 지분상품과 채무상품의 평가손익에 대해 재분류조정을 하도록 규정했던 기준에서 채무상품만 재분류조정을 하도록 기준서를 개정하였다. 지분상품의 경우, 기본적으로 당기손익-공정가치 측정 금융상품으로 분류하되 회사가 선택하여 평가손익을 기타포괄손익으로 인식하는 금융상품으로 분류했다면 후속적으로도 어떠한 손익도(평가손익, 처분손익 모두) 당기손익으로 인식될 수 없도록 규정하고 있다.

확인문제

12. 다음 중 재분류조정대상에 해당하는 기타포괄손익은 무엇인가?
① 기타포괄손익-공정가치 측정 항목으로 지정한 지분상품에 대한 투자에서 발생한 손익
② 유·무형자산의 재평가잉여금의 변동손익
③ 해외사업장환산손익
④ 확정급여제도의 재측정요소

정답 ③

기출 OX

44. 포괄손익계산서에 유형자산 재평가잉여금을 이익잉여금으로 대체하는 경우 그 금액은 당기손익으로 인식하지 않는다.
기출처 2020. 국가직 9급
정답 O

45. 기타포괄손익의 항목(재분류조정 포함)과 관련한 법인세비용 금액은 포괄손익계산서나 주석에 공시한다.
기출처 2022. 지방직 9급
정답 O

예를 들어, 당기말 기타포괄손익인식 금융자산 ₩10,000에 대한 평가이익 ₩1,000이 발생하였고, 이에 대한 법인세효과가 ₩200인 경우, 이를 표시하는 회계처리는 다음과 같다.

오쌤 Talk

기타포괄손익에 대한 법인세 효과 표시
포괄손익계산서상에 법인세 효과를 표시하는 방법은 순액법과 총액법 모두 인정된다.
그러나 어떠한 경우에도 재무상태표에는 관련 법인세효과를 차감한 후의 순액으로 표시한다.

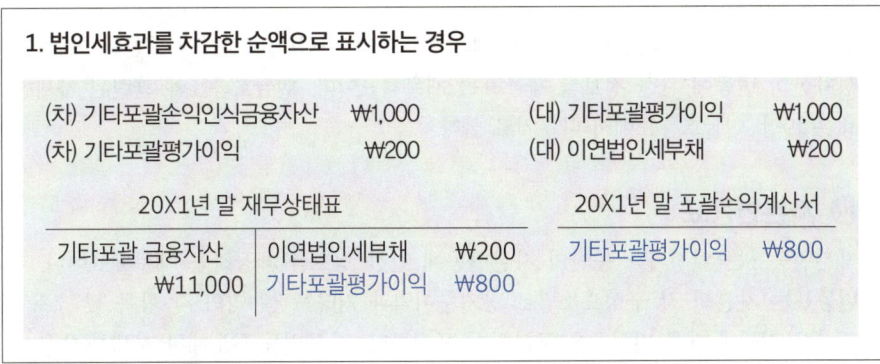

📝 **기출 OX**

46. 재분류조정은 포괄손익계산서나 주석에 표시할 수 있으며, 재분류조정을 주석에 표시하는 경우에는 관련 재분류조정을 반영한 후에 기타포괄손익의 항목을 표시한다. 기출처 2022. 지방직 9급
정답 O

47. 포괄손익계산서에 재분류조정을 주석에 표시하는 경우에는 관련 재분류조정을 반영한 후에 당기손익의 항목을 표시한다. 기출처 2020. 국가직 9급
정답 X

5-4 재분류조정의 공시

재분류조정은 포괄손익계산서나 주석에 표시할 수 있다. **재분류조정을 주석에 표시하는 경우에는 관련 재분류조정을 반영한 후에 기타포괄손익의 항목을 표시한다.**

6 포괄손익계산서 또는 주석에 표시되는 정보

수익과 비용 항목이 중요한 경우, 그 성격과 금액을 별도로 공시한다. 수익과 비용 항목의 별도 공시가 필요한 상황은 다음을 포함한다.

① 재고자산을 순실현가치로 감액하거나 유형자산을 회수가능액으로 감액하는 경우의 그 금액과 그러한 감액의 환입
② 기업 활동에 대한 구조조정과 구조조정 충당부채의 환입
③ 유형자산의 처분
④ 투자자산의 처분
⑤ 중단영업
⑥ 소송사건의 해결
⑦ 기타 충당부채의 환입

📝 **기출 OX**

48. 수익과 비용 항목의 별도 공시가 필요할 수 있는 상황은 유형자산의 취득, 투자자산의 취득, 소송사건의 해결을 포함한다. 기출처 2016. 국가직 7급
정답 X

5 기타재무제표

❶ 현금흐름표
현금흐름표는 영업활동, 투자활동과 재무활동별로 기업의 일정기간 동안의 현금및현금성자산의 변동에 관한 정보를 제공하는 재무제표이다. 현금흐름표와 관련된 자세한 내용은 19장 '현금흐름표'에서 다루기로 한다.

❷ 자본변동표
자본변동표는 일정기간 동안의 자본변동에 관한 정보를 제공하는 재무제표이다. 자본변동표는 자본의 각 구성요소별로 당기순이익과 기타포괄손익의 각 항목 및 소유주와의 자본거래에 따른 변동액을 구분하여 표시한다. 자본변동표에 대한 자세한 내용은 14장 '자본'에서 다루기로 한다.

❸ 주석
주석은 재무상태표, 포괄손익계산서, 별개의 손익계산서, 자본변동표 및 현금흐름표에 표시된 개별항목을 관련 정보와 상호 연결시켜 표시한다. **주석은 실무적으로 적용 가능한 체계적인 방법으로 표시한다.** 체계적인 방법을 결정할 때, **재무제표의 이해가능성과 비교가능성에 미치는 영향을 고려한다.**

3-1 주석에서 제공하는 정보
주석은 다음의 정보를 제공한다.

> ① 재무제표 작성 근거와 사용한 구체적인 회계정책에 대한 정보
> ② 한국채택국제회계기준에서 요구하는 정보이지만 재무제표 어느 곳에도 표시되지 않는 정보
> ③ 재무제표 어느 곳에도 표시되지 않지만 재무제표를 이해하는 데 목적적합한 정보

재무제표의 작성 기준과 구체적 회계정책에 대한 정보를 제공하는 주석은 재무제표의 별도 부분으로 표시할 수 있다.

3-2 회계정책 정보의 공시
중요한 회계정책 정보를 공시한다. 회계정책 정보는 기업의 재무제표에 포함된 다른 정보와 함께 고려할 때 일반목적 재무제표의 주요 이용자가 그 재무제표에 기초하여 내리는 결정에 영향을 줄 것으로 합리적으로 예상할 수 있다면 중요하다.
중요하지 않은 거래, 그 밖의 사건 또는 상황과 관련되는 회계정책 정보는 중요하지 않으며, 이를 공시할 필요는 없다. 금액이 중요하지 않을지라도 관련되는 거래, 그 밖의 사건 또는 상황의 성격 때문에 회계정책 정보가 중요할 수도 있다. 기업의 재무제표 이용자가 그 재무제표에 있는 다른 중요한 정보를 이해하기 위하여 회계정책 정보가 필요하다면 그 회계정책 정보는 중요할 것이다.

주석의 표시 순서
중요한 회계정책 정보보다 한국채택국제회계기준을 준수했다는 사실을 먼저 표시한다.

2023년 개정사항
주석에 '유의적인' 회계정책이 아닌 '중요한' 회계정책을 공시하도록 개정하고 '중요한' 회계정책 정보의 의미를 설명하였다. 즉, 회계정책공시에 대한 기준을 명확히 하여 불필요한 공시를 줄이고, 중요한 회계정책만 공시하도록 한 것이다.

📚 **확인문제**

13. 주석에 대한 설명으로 옳지 않은 것은? *기출처 2020. 관세직 9급*
① 한국채택국제회계기준에서 요구하는 정보이지만 재무제표 어느 곳에도 표시되지 않는 정보를 제공한다.
② 재무제표 어느 곳에도 표시되지 않지만 재무제표를 이해하는 데 목적적합한 정보를 제공한다.
③ 재무제표의 이해가능성과 비교가능성에 미치는 영향을 고려하여 실무적으로 적용 가능한 한 체계적인 방법으로 표시한다.
④ 재무제표에 첨부되는 서류로 주요 계정과목의 변동을 세부적으로 기술한 보조적 명세서이다.

정답 ④

6 중간재무보고

연차재무보고는 1년을 기준으로 작성되므로 기업의 이해관계자가 의사결정을 하는 데 적시성이 부족하다. 따라서 **한 회계기간보다 짧은 회계기간을 기준으로 회계보고를 하는데, 이를 중간재무보고라고 한다.** 보통 6개월(반기)이나 3개월(분기) 단위의 보고가 이루어진다.

거래소 상장법인 및 기타 대통령이 정하는 법인은 반기보고서와 분기보고서를 금융위원회와 증권거래소 등에 제출하도록 의무화하고 있다.

① 중간재무보고서 내용

중간재무보고서는 중간기간에 대한 재무보고서로서 기업회계기준서 제1001호 '재무제표 표시'에 따른 전체 재무제표 또는 기업회계기준서 제1034호 '중간재무보고'에 따른 요약재무제표를 포함한 보고서이다. 중간재무보고서는 최소한 다음의 구성요소를 포함하여야 한다.

> ① 요약재무상태표
> ② 다음 중 하나로 표시되는 요약포괄손익계산서
>   ㉠ 단일 요약포괄손익계산서
>   ㉡ 별개의 요약손익계산서와 요약포괄손익계산서
> ③ 요약자본변동표
> ④ 요약현금흐름표
> ⑤ 선별적 주석

적시성과 재무제표 작성 비용의 관점에서 또한 이미 보고된 정보와의 중복을 방지하기 위하여 중간재무보고서에는 연차재무제표에 비하여 적은 정보를 공시할 수 있다. 이 기준서에서 중간재무보고서의 최소 내용은 요약재무제표와 선별적 주석을 포함하는 것으로 본다. 중간재무보고서는 직전의 전체 연차재무제표를 갱신하는 정보를 제공하기 위하여 작성한 것으로 본다. 따라서 중간재무보고서는 새로운 활동, 사건과 환경에 중점을 두며 이미 보고된 정보를 반복하지 않는다.

1-1 형식과 내용

전체 재무제표를 중간재무보고서에 포함하는 경우, 이러한 재무제표는 기업회계기준서 제1001호에서 정한 전체 재무제표의 형식과 내용에 부합하여야 한다.

요약재무제표를 중간재무보고서에 포함하는 경우, 이러한 재무제표는 최소한 직전 연차재무제표에 포함되었던 제목, 소계 및 이 기준서에서 정하는 선별적 주석을 포함하여야 한다. 단, 추가적인 항목이나 다른 주석들이 생략될 경우 요약중간재무제표가 재무제표이용자의 오해를 유발할 수 있다면 그러한 항목이나 주석은 추가되어야 한다.

확인문제

14. 중간재무보고에 대한 설명으로 옳지 않은 것은? 기출처 2019. 국가직 9급

① 중간재무보고는 6개월, 3개월 등으로 보고기간을 설정할 수 있다.
② 직전 연차 재무보고서를 연결기준으로 작성하였다면 중간재무보고서도 연결기준으로 작성해야 한다.
③ 중간재무보고서는 당해 회계연도 누적기간을 직전 연차보고 기간 말과 비교하는 형식으로 작성한 재무상태표를 포함하여야 한다.
④ 중간재무보고서는 당해 회계연도 누적기간을 직전 회계연도의 동일 기간과 비교하는 형식으로 작성한 현금흐름표를 포함하여야 한다.

정답 ③

기출 OX

49. 적시성과 재무제표 작성 비용의 관점에서 또한 이미 보고된 정보와의 중복을 방지하기 위하여 중간재무보고서에는 연차재무제표에 비하여 적은 정보를 공시할 수 있다. 기출처 2014. 서울시 9급

정답 O

기본주당이익과 희석주당이익은 기업이 기업회계기준서 제1033호 '주당이익'의 적용범위에 해당하는 경우에 중간기간의 당기순손익의 구성요소를 표시하는 재무제표에 표시한다. 따라서 **별개의 손익계산서에 당기순손익의 구성요소를 표시하는 경우에는 별개의 손익계산서에 기본주당이익과 희석주당이익을 표시한다.**

직전 연차재무보고서를 연결기준으로 작성하였다면 중간재무보고서도 연결기준으로 작성해야 한다. 지배기업의 별도재무제표는 직전 연차연결재무제표와 일관되거나 비교가능한 재무제표가 아니다. 연차재무보고서에 연결재무제표 외에 추가적으로 지배기업의 별도재무제표가 포함되어 있더라도, 이 기준서는 중간재무보고서에 지배기업의 별도재무제표를 포함하는 것을 요구하거나 금지하지 않는다.

1-2 유의적인 사건과 거래

중간재무보고서에는 직전 연차보고기간 말 이후 발생한 재무상태와 경영성과의 변동을 이해하는 데 유의적인 거래나 사건에 대한 설명을 포함한다. 이러한 사건과 거래에 관하여 공시된 정보는 직전 연차재무보고서에 표시된 관련 정보를 갱신한다.

중간재무보고서의 이용자는 해당 기업의 직전 연차재무보고서도 이용할 수 있을 것이다. 따라서 **직전 연차재무보고서에 이미 보고된 정보에 대한 갱신사항이 상대적으로 경미하다면 중간재무보고서에 주석으로 보고할 필요는 없다.**

1-3 선별적 주석

다음과 같은 정보가 중요하고 중간재무보고서의 다른 곳에 공시되지 않았다면, 최소한 이러한 정보는 중간재무제표에 대한 주석에 포함하여야 한다. 이러한 정보는 일반적으로 당해 회계연도 누적기준으로 보고한다. 그러나 당해 중간기간을 이해하는 데 중요한 사건이나 거래도 공시한다.

> ① 직전 연차재무제표와 동일한 회계정책과 계산방법을 사용하였다는 사실 또는 회계정책이나 계산방법에 변경이 있는 경우 그 내용과 영향
> ② 중간기간 영업활동의 계절적 또는 주기적 특성에 대한 설명
> ③ 내용, 크기, 또는 발생빈도 때문에 비경상적인 항목으로서 자산, 부채, 자본, 순이익, 현금흐름에 영향을 미치는 항목의 내용과 금액
> ④ 당해 회계연도의 이전 중간기간에 보고된 추정금액에 대한 변경 또는 과거 회계연도에 보고된 추정금액에 대한 변경으로서 그 변경이 당해 중간기간에 중요한 영향을 미치는 경우 그 내용과 금액
> ⑤ 채무증권과 지분증권의 발행, 재매입 및 상환
> ⑥ 보통주식과 기타 주식으로 구분하여 지급된 배당금(배당금 총액 또는 주당배당금)
> ⑦ 부문정보(기업회계기준서 제1108호 '영업부문'에서 연차재무제표에 공시를 요구하는 경우)
> ⑧ 중간보고기간 말 후에 발생하였으나 중간재무제표에 반영되지 않은 중요한 사건
> ⑨ 사업결합, 종속기업 및 장기투자에 대한 지배력의 획득이나 상실, 구조조정, 중단영업 등으로 중간기간 중 기업 구성에 변화가 있는 경우 그 효과
> ⑩ 직전 연차보고기간 말 후에 발생한 우발부채나 우발자산의 변동

기출 OX

50. 직전 연차재무보고서에 이미 보고된 정보에 대한 갱신 사항이 상대적으로 경미하다면 중간재무보고서에 주석으로 보고할 필요는 없다.

기출처 2014. 서울시 9급

정답 O

1-4 중간재무제표가 제시되어야 하는 기간

중간재무보고서는 다음 기간에 대한 중간재무제표(요약 또는 전체)를 포함하여야 한다.

① 당해 중간보고기간 말과 직전 연차보고기간 말을 비교하는 형식으로 작성한 재무상태표
② 당해 중간기간과 당해 회계연도 누적기간을 직전 회계연도의 동일기간과 비교하는 형식으로 작성한 포괄손익계산서
③ 당해 회계연도 누적기간을 직전 회계연도의 동일기간과 비교하는 형식으로 작성한 자본변동표
④ 당해 회계연도 누적기간을 직전 회계연도의 동일기간과 비교하는 형식으로 작성한 현금흐름표

예를 들어, 기업의 20X2년 중간재무제표를 공시하는 경우 다음과 같이 20X1년의 재무제표와 비교 표시한다.

구분	당기(20X2년)	전기(20X1년)
재무상태표	20X2. 6. 30.	20X1. 12. 31.
포괄손익계산서	20X2. 4. 1 ~ 20X2. 6. 30. 20X2. 1. 1 ~ 20X2. 6. 30.	20X1. 4. 1. ~ 20X1. 6. 30. 20X1. 1. 1. ~ 20X1. 6. 30.
자본변동표, 현금흐름표	20X2. 1. 1 ~ 20X2. 6. 30.	20X1. 1. 1. ~ 20X1. 6. 30.

1-5 중요성

중간재무보고서를 작성할 때 인식, 측정, 분류 및 공시와 관련된 중요성의 판단은 해당 중간기간의 재무자료에 근거하여 이루어져야 한다. 중요성을 평가하는 과정에서 중간기간의 측정은 연차재무자료의 측정에 비하여 추정에 의존하는 정도가 크다는 점을 고려하여야 한다.

1-6 연차재무제표 공시

특정 중간기간에 보고된 추정금액이 최종 중간기간에 중요하게 변동하였지만 최종 중간기간에 대하여 별도의 재무보고를 하지 않는 경우, 추정의 변동 성격과 금액을 해당 회계연도의 연차재무제표에 주석으로 공시하여야 한다.

오쌤 Talk

중간재무제표 기간
재무상태표는 항상 직전 말과 보고기간 말을 비교한다. 포괄손익계산서와 자본변동표 그리고 현금흐름표는 일정기간의 변동을 표시하므로 당해 누적기간을 직전 회계연도 동일 기간과 비교하여 작성한다.
다만, 포괄손익계산서의 경우 당해 중간기간의 손익을 추가로 보고해준다.

기출 OX

51. 중간재무제표에서 현금흐름표는 당해 회계연도의 누적기간을 직전 회계연도의 동일기간과 비교하는 형식으로 작성한다. 기출처 2010. 국가직 9급 수정
정답 O

52. 중간재무제표에서 포괄손익계산서는 당해 회계연도 누적기간을 직전 회계연도의 동일기간과 비교하는 형식으로 작성한다. 기출처 2010. 국가직 9급 수정
정답 X

53. 중간재무제표에서 재무상태표는 당해 중간보고기간 말과 직전 회계연도 중간보고기간 말을 비교하는 형식으로 작성한다. 기출처 2010. 국가직 9급 수정
정답 X

54. 중간재무제표에서 자본변동표는 당해 회계연도 중간기간을 직전 회계연도의 누적기간과 비교하는 형식으로 작성한다. 기출처 2010. 국가직 9급 수정
정답 X

기출 OX

55. 중요성을 평가하는 과정에서 중간기간의 측정은 연차재무자료의 측정에 비하여 추정에 의존하는 정도가 크다는 점을 고려해야 한다. 기출처 2014. 서울시 9급
정답 O

❷ 인식과 측정

2-1 연차기준과 동일한 회계정책

중간재무제표는 연차재무제표에 적용하는 회계정책과 동일한 회계정책을 적용하여 작성한다. 직전 연차보고기간 말 후에 회계정책을 변경하여 그 후의 연차재무제표에 반영하는 경우에는 변경된 회계정책을 적용한다. 그러나 연차재무제표의 결과가 보고빈도(연차보고, 반기보고, 분기보고)에 따라 달라지지 않아야 한다. 이러한 목적을 달성하기 위하여 중간재무보고를 위한 측정은 당해 회계연도 누적기간을 기준으로 하여야 한다.

중간재무제표에 대하여 연차재무제표에서와 동일한 회계정책을 적용한다는 것은 개별 중간기간을 독립적인 보고기간으로 간주하라는 의미가 아니다. 기업회계기준서는 중간기간을 회계연도의 부분으로 보기 때문에 누적기간을 기준으로 측정하는 것이다. 당해 회계연도 누적기간의 측정은 당해 회계연도의 이전 중간기간에 보고된 추정금액에 대한 변경을 수반할 수 있다. 그러나 중간기간에 자산, 부채, 수익 및 비용을 인식하는 원칙은 연차재무제표에서의 원칙과 동일하다. 이러한 예는 다음과 같다.

> ① 중간기간에 재고자산의 감액, 구조조정 및 자산손상을 인식하고 측정하는 원칙은 연차재무제표만을 작성할 때 따르는 원칙과 동일하다.
> ② 중간보고기간 말 현재 자산의 정의를 충족하지 못하는 원가는 그 후에 이러한 정의를 충족할 가능성이 있다는 이유로 또는 중간기간의 이익을 유연화하기 위하여 자산으로 계상할 수 없다.
> ③ 법인세비용은 각 중간기간에 전체 회계연도에 대해서 예상되는 최선의 가중평균연간법인세율의 추정에 기초하여 인식한다.

2-2 계절적, 주기적 또는 일시적인 수익

계절적, 주기적 또는 일시적으로 발생하는 수익은 연차보고기간 말에 미리 예측하여 인식하거나 이연하는 것이 적절하지 않은 경우 중간보고기간 말에도 미리 예측하여 인식하거나 이연하여서는 아니된다.

배당수익, 로열티수익 및 정부보조금 등이 위와 같은 예이다. 또한 소매업의 계절적 수익 등과 같이 특정 중간기간마다 다른 중간기간에 비해 지속적으로 더 많이 발생하는 수익도 있다. 이러한 수익은 발생할 때 수익으로 인식한다.

2-3 연중 고르지 않게 발생하는 원가

연중 고르지 않게 발생하는 원가는 연차보고기간 말에 미리 비용으로 예측하여 인식하거나 이연하는 것이 타당한 방법이라고 인정되는 경우에 한하여 중간재무보고서에서도 동일하게 처리한다.

오쌤 Talk

수익과 비용의 인식

수익을 인식하는 경우에는 '미리 예측하여 인식하거나 이연하는 것'을 허락하지 않는다. 그러나 비용의 경우는 '미리 예측하여 인식하거나 이연하는 것'을 허락하고 있다. 이는 앞서 개념체계가 설명한 일종의 정보의 비대칭성에 해당한다.

7 보고기간 후 사건

1 의의

보고기간 후 사건은 보고기간 말과 재무제표 발행승인일 사이에 발생한 유리하거나 불리한 사건을 말한다.

재무제표를 발행하기 위한 승인과정은 경영조직, 법적 요구사항, 재무제표를 작성하고 완성하기 위한 절차 등 여러가지 요건에 따라 다르다. 재무제표 발행승인일은 다음과 같다.

① 재무제표를 발행한 이후에 주주에게 승인을 받기 위하여 제출하는 경우: 재무제표를 발행한 날
② 경영진이 별도의 감독이사회(비집행이사로만 구성)의 승인을 얻기 위하여 재무제표를 발행하는 경우: 경영진이 감독이사회에 재무제표를 제출하기 위하여 승인한 날

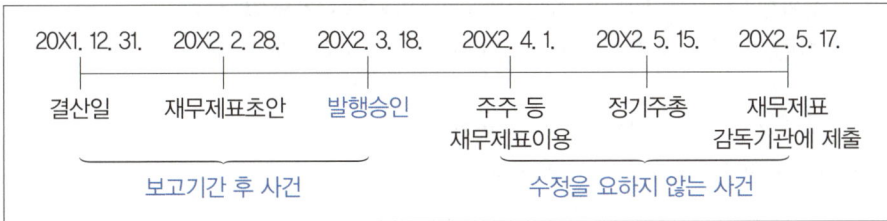

오쌤 Talk
보고기간 후 사건의 판별

보고기간 후 사건이 수정을 요하는 것인지의 판단은 해당 사건이 보고기간 말 이전에 존재하였는지에 달려있다. 이미 존재했던 사건의 영향이나 결과를 보고기간 말 이후에 알게 된 경우 재무제표를 수정한다.

확인문제

15. 보고기간후사건에 대한 설명으로 옳지 않은 것은?
기출처 2022. 국가직 7급

① 재무제표를 발행한 이후에 주주에게 승인을 받기 위하여 제출하는 경우 재무제표 발행승인일은 재무제표를 발행한 날이 아니라 주주가 재무제표를 승인한 날이다.
② 경영진은 별도의 감독이사회(비집행이사로만 구성)의 승인을 얻기 위하여 재무제표를 발행하는 경우가 있다. 그러한 경우, 경영진이 감독이사회에 재무제표를 제출하기 위하여 승인한 날이 재무제표 발행승인일이다.
③ 보고기간후사건은 이익이나 선별된 재무정보를 공표한 후에 발생하였더라도, 재무제표 발행승인일까지 발생한 모든 사건을 포함한다.
④ 보고기간 후에 지분상품 보유자에 대해 배당을 선언한 경우, 그 배당금을 보고기간말의 부채로 인식하지 아니한다.

정답 ①

2 보고기간 후 사건

보고기간 후 사건은 다음과 같이 구분할 수 있다.

유형	회계처리
보고기간 말 존재하였던 상황에 대한 증거를 제공하는 사건	재무제표에 인식된 금액을 수정
보고기간 후에 발생한 상황을 나타내는 사건	재무제표를 수정하지 않음

2-1 수정을 요하는 보고기간 후 사건

수정을 요하는 보고기간 후 사건이 발생하면 이미 재무제표에 인식한 금액은 수정하고, 재무제표에 인식하지 않은 항목은 새로 인식한다. 이러한 예는 다음과 같다.

① 보고기간 말에 존재하였던 현재의무가 보고기간 후에 소송사건의 확정에 의해 확인되는 경우
② 보고기간 말에 이미 자산손상이 발생되었음을 나타내는 정보를 보고기간 후에 입수하는 경우나 이미 손상차손을 인식한 자산에 대하여 손상차손금액의 수정이 필요한 정보를 보고기간 후에 입수하는 경우
  ㉠ 보고기간 후의 매출처 파산은 일반적으로 보고기간 말에 고객의 신용이 손상되었음을 확인해준다.
  ㉡ 보고기간 후의 재고자산 판매는 보고기간 말의 순실현가능가치에 대한 증거를 제공할 수 있다.
③ 보고기간 말 이전에 구입한 자산의 취득원가나 매각한 자산의 대가를 보고기간 후에 결정하는 경우
④ 보고기간 말 이전 사건의 결과로서 보고기간 말에 종업원에게 지급하여야 할 법적의무나 의제의무가 있는 이익분배나 상여금지급 금액을 보고기간 후에 확정하는 경우
⑤ 재무제표가 부정확하다는 것을 보여주는 부정이나 오류를 발견한 경우

오쌤 Talk

보고기간 후 사건의 구분

기준서에 제시된 사례는 수정을 요하는 경우 대부분 '보고기간 이전' 이라는 키워드가 포함된다. 반대로 제시된 사례 중 수정을 요하지 않는 경우 대부분은 '보고기간 후'라는 키워드가 포함된다.

 **기출 OX**

56. 투자자산의 시장가치가 보고기간(2013년) 말과 재무제표 발생 승인일 사이에 하락한 경우, 이를 반영하여 2013년 재무상태표의 투자자산 금액을 수정하지 않는다. 기출처 2014. 국가직 7급
정답 O

2-2 수정을 요하지 않는 보고기간 후 사건

수정을 요하지 않는 보고기간 후 사건을 반영하기 위하여 재무제표에 인식된 금액을 수정하지 아니한다. 이러한 예는 다음과 같다.

① 보고기간 후에 발생한 주요 사업결합 또는 주요 종속기업의 처분
② 영업 중단 계획의 발표
③ 자산의 주요 구입, 기업회계기준서 제1105호 '매각예정비유동자산과 중단영업'에 따라 자산을 매각예정으로 분류, 자산의 기타 처분, 정부에 의한 주요 자산의 수용
④ 보고기간 후에 발생한 화재로 인한 주요 생산 설비의 파손
⑤ 주요한 구조조정계획의 공표나 이행착수
⑥ 보고기간 후에 발생한 주요한 보통주 거래와 잠재적보통주 거래
⑦ 보고기간 후에 발생한 자산 가격이나 환율의 비정상적 변동
⑧ 당기법인세 자산과 부채 및 이연법인세 자산과 부채에 유의적인 영향을 미치는 세법이나 세율에 대한 보고기간 후의 변경 또는 변경 예고
⑨ 유의적인 지급보증 등에 의한 우발부채의 발생이나 유의적인 약정의 체결
⑩ 보고기간 후에 발생한 사건에만 관련되어 제기된 주요한 소송의 개시

이용자의 경제적 의사결정에 영향을 미칠 수 있는 중요한 수정을 요하지 않는 보고기간 후 사건은 범주별로 다음 사항을 공시한다.

① 사건의 성격
② 사건의 재무적 영향에 대한 추정치 또는 그러한 추정을 할 수 없는 경우 이에 대한 설명

오쌤 Talk

배당 선언

배당선언은 보고기간 이전에 존재했던 사건이 아니다. 당기 실적이 있더라도 배당에 대한 정확한 금액과 지출 여부는 주주총회에서 결정되므로 수정을 요하는 보고기간 후 사건이 될 수 없다.

 **확인문제** 최신

16. 보고기간후사건에 대한 설명으로 옳지 않은 것은? 기출처 2023.국가직 7급

① 보고기간 말에 존재하였던 상황에 대한 정보를 보고기간 후에 추가로 입수한 경우에는 그 정보를 반영하여 공시 내용을 수정한다.
② 경영진이 보고기간 후에, 기업을 청산하거나 경영활동을 중단할 의도를 가지고 있거나, 청산 또는 경영활동의 중단 외에 다른 현실적 대안이 없다고 판단하는 경우에는 계속기업의 기준에 따라 재무제표를 작성해서는 아니 된다.
③ 보고기간 후부터 재무제표 발행승인일 전 사이에 배당을 선언한 경우, 보고기간말에 부채로 인식한다.
④ 수정을 요하지 않는 보고기간후사건을 반영하기 위하여 재무제표에 인식된 금액을 수정하지 아니한다.

정답 ③

③ 기타사항

3-1 배당금

보고기간 후에 지분상품 보유자에 대해 배당을 선언한 경우, 그 배당금을 보고기간 말의 부채로 인식하지 아니한다. 이는 보고기간 후부터 재무제표 발행승인일 전 사이에 배당을 선언한 경우, 보고기간 말에 어떠한 의무도 존재하지 않으므로 보고기간 말에 부채로 인식하지 아니하는 것이다.

3-2 계속기업

경영진이 보고기간 후에, 기업을 청산하거나 경영활동을 중단할 의도를 가지고 있거나, 청산 또는 경영활동의 중단 외에 다른 현실적 대안이 없다고 판단하는 경우에는 계속기업의 기준에 따라 재무제표를 작성해서는 안 된다. 만약 계속기업의 가정이 더 이상 적절하지 않다면 그 효과가 광범위하게 미치므로, 단순히 원래의 회계처리방법 내에서 이미 인식한 금액을 조정하는 정도가 아니라 회계처리방법을 근본적으로 변경해야 한다.

MEMO

OX 퀴즈

다음 문장의 경우 올바른 설명에는 O, 틀린 설명에는 ×를 하고 틀린 설명은 수정하시오.

1. 기업의 재무제표는 항상 한국채택국제회계기준의 요구사항을 모두 준수하여 작성해야 공정한 표시가 이루어지는 것으로 보며, 이에 대한 예외는 없다. (　　)

2. 기업은 모든 재무제표를 발생기준 회계를 사용하여 작성한다. (　　)

3. 계속기업 가정이 적절한지의 여부를 평가할 때 기업이 상당 기간 계속 사업이익을 보고하였고, 보고기간 말 현재 경영에 필요한 재무자원을 확보하고 있는 경우에도 자세한 분석을 의무적으로 수행하여야 하며 이용가능한 모든 정보를 고려하여 계속기업을 전제로 한 회계처리가 적절하다는 결론을 내려야 한다. (　　)

4. 한국채택국제회계기준에 따른 재무제표는 재무상태표, 포괄손익계산서, 현금흐름표, 자본변동표, 이익잉여금처분계산서, 주석이다. (　　)

5. 기업이 재무상태표에 유동자산과 비유동자산, 그리고 유동부채와 비유동부채로 구분하여 표시하는 경우, 이연법인세자산(부채)은 유동자산(부채)으로 분류한다. (　　)

6. 한국채택국제회계기준에서 달리 요구하고 있는 경우를 제외하고는 당기 재무제표에 보고되는 금액에 대하여 전기 재무제표를 비교 공시하되, 서술형 정보는 당기 정보만 표시한다. (　　)

7. 재무제표는 동일한 문서에 포함되어 함께 공표되는 그 밖의 정보와 명확하게 구분되고 식별되어야 한다. (　　)

8. 재무제표의 표시방법은 보다 신뢰성 있고 목적적합한 정보의 제공을 위해 유동성·비유동성 구분법과 유동성 순서배열법 중 회사가 선택할 수 있다. (　　)

9. 재무상태표는 유동·비유동 구분법이나 유동성 순서에 따른 표시 중 한 가지를 선택하여 표시해야만 한다. (　　)

10. 기업의 정상영업주기 내에 실현될 것으로 예상하거나, 정상영업주기 내에 판매하거나 소비할 의도가 있는 자산은 12개월 이내에 실현되지 않더라도 유동자산으로 보고한다. (　　)

11. 기존의 대출계약조건에 따라 보고기간 후 적어도 12개월 이상 부채를 차환하거나 연장할 것으로 기대하고 있고, 그러한 재량권이 있다면, 보고기간 후 12개월 이내에 만기가 도래한다 하더라도 비유동부채로 분류한다. (　　)

12. 포괄손익계산서는 일정시점의 기업실체의 경영성과에 대한 정보를 제공하는 재무보고서이다. (　　)

13. 포괄손익계산서는 단일포괄손익계산서 또는 당기순손익의 구성요소를 배열하는 별개의 손익계산서와 당기순손익에서 시작하여 기타포괄손익의 구성요소를 배열하는 포괄손익계산서를 선택하여 작성할 수 있다. (　　)

OX 풀이

❶ ✕ 극히 드문 상황에서 한국채택국제회계기준의 요구사항을 준수하는 것이 오히려 '개념체계'에서 정하고 있는 재무제표의 목적과 상충되어 재무제표 이용자의 오해를 유발할 수 있다고 경영진이 결론을 내리는 경우에는 요구사항을 달리 적용한다. 다만 관련 감독체계가 이러한 요구사항으로부터의 일탈을 의무화하거나 금지하지 않아야 한다.

❷ ✕ 현금흐름의 정보를 제외하고는 발생주의 회계를 적용한다.

❸ ✕ 계속기업 가정이 적절한지의 여부를 평가할 때 기업이 상당 기간 계속 사업이익을 보고하였고, 보고기간 말 현재 경영에 필요한 재무자원을 확보하고 있는 경우에는 자세한 분석이 없이도 계속기업을 전제로 한 회계처리가 적절하다는 결론을 내릴 수 있다.

❹ ✕ 이익잉여금처분계산서는 재무제표에 포함되지 않는다.

❺ ✕ 이연법인세 자산(부채)는 유동자산(부채)로 분류하지 않는다.

❻ ✕ 당기재무제표를 이해하는 데 목적적합하다면 서술형정보의 경우에도 비교정보를 포함한다.

❼ ○

❽ ○

❾ ✕ 자산과 부채의 일부는 유동·비유동 구분법으로, 나머지는 유동성 순서에 따른 표시방법으로 하는 혼합법이 허용된다.

❿ ○

⓫ ○

⓬ ✕ 포괄손익계산서는 일정기간의 기업실체의 경영성과에 대한 정보를 제공하는 재무보고서이다.

⓭ ○

OX 퀴즈

다음 문장의 경우 올바른 설명에는 O, 틀린 설명에는 ×를 하고 틀린 설명은 수정하시오.

⑭ 총포괄손익이란 기업의 일정기간 동안 발생한 모든 순자산의 변동을 의미한다. ( )

⑮ 수익과 비용의 어느 항목도 포괄손익계산서 또는 주석에 특별손익항목으로 별도로 표시할 수 없다. ( )

⑯ 포괄손익계산서는 성격별 분류법과 기능별 분류법 중 선택하여 작성하며, 이 중 기능별 분류법을 사용하는 경우에는 성격별 분류에 따른 추가 공시가 필요하다. ( )

⑰ 재분류조정은 포괄손익계산서나 주석에 표시할 수 있다. 재분류조정을 주석에 표시하는 경우에는 관련 재분류조정을 반영한 후에 기타포괄손익의 항목을 표시한다. ( )

⑱ 수익과 비용 항목의 별도 공시가 필요할 수 있는 상황으로 중단영업과 소송사건의 해결 등이 있다. ( )

⑲ 직전 연차재무보고서를 연결기준으로 작성하였더라도 중간 재무보고서를 연결기준으로 작성할 필요는 없다. ( )

⑳ 중간재무보고서는 당해 중간보고기간 말과 직전 회계연도 동일 회계기간을 비교하는 형식으로 포괄손익계산서를 작성한다. ( )

㉑ 중간 재무보고서는 당해 회계연도 누적기간을 직전 회계연도의 동일기간과 비교하는 형식으로 재무상태표를 작성한다. ( )

㉒ 중간재무보고서를 작성할 때 인식, 측정, 분류 및 공시와 관련된 중요성 판단은 당사의 직전보고기간 말의 재무자료에 근거하여 이루어져야 한다. ( )

㉓ 중간재무제표는 연차재무제표에 적용하는 회계정책과 동일한 회계정책을 적용하여 작성한다. ( )

㉔ 재무제표의 발행승인일은 주주총회에서 주주가 승인한 날을 의미한다. ( )

㉕ 보고기간 말에 존재했던 현재의무가 보고기간 후에 소송사건의 확정에 의해 확인되는 경우에는 수정을 요하는 보고기간 후 사건으로 이미 재무제표에 인식한 금액은 수정하고 재무제표에 인식하지 않은 항목은 새로 인식한다. ( )

㉖ 보고기간 말과 재무제표 발행승인일 사이에 투자자산의 공정가치가 하락한 경우에는 수정을 요하는 보고기간 후 사건으로 이미 재무제표에 인식한 금액은 수정한다. ( )

OX 풀이

⑭ × 회사 소유주와의 자본거래로 인한 순자산의 변동은 제외되어야 한다.

⑮ ○

⑯ ○

⑰ ○

⑱ ○

⑲ × 직전 연차재무보고서를 연결기준으로 작성하였다면 중간재무보고서도 연결기준으로 작성해야 한다.

⑳ × 당해 중간기간과 당해 회계연도 누적기간을 직전 회계연도 동일기간과 비교하는 형식으로 포괄손익계산서를 작성한다.

㉑ × 당해 중간보고기간 말과 직전 연차보고기간 말을 비교하는 형식으로 재무상태표를 작성한다.

㉒ × 중간재무보고서를 작성할 때 인식, 측정, 분류 및 공시와 관련된 중요성 판단은 해당 중간보고기간의 재무자료에 근거하여 이루어져야 한다

㉓ ○

㉔ × 재무제표 발행승인일은 주주총회에서 주주가 승인한 날이 아니라, 주주총회에 제출하기 위한 재무제표를 이사회가 검토하고 발행하도록 승인한 날이다.

㉕ ○

㉖ × 보고기간 말과 재무제표 발행승인일 사이에 투자자산의 공정가치가 하락한 경우는 수정을 요하지 않는 보고기간 후 사건으로 재무제표에 인식된 금액을 수정하지 아니한다.

실전훈련

01 상품매매기업이 비용의 기능별 분류법에 따라 단일의 포괄손익계산서를 작성하는 경우 최소한 표시해야 할 항목이 아닌 것은?

기출처 2014. 국가직 9급

① 법인세비용　　　　　　② 매출원가
③ 금융원가　　　　　　　④ 특별손실

02 당기순손익과 총포괄손익 간의 차이를 발생시키는 항목을 모두 고른 것은?

기출처 2011. 지방직 수탁 9급

> ㄱ. 기타포괄손익-공정가치 측정하는 채무상품평가손익
> ㄴ. 자기주식처분이익
> ㄷ. 관계기업투자이익
> ㄹ. 현금흐름위험회피 파생상품평가손익
> ㅁ. 주식할인발행차금
> ㅂ. 해외사업장외화환산손익

① ㄱ, ㄴ, ㄹ　　　　　　② ㄱ, ㄹ, ㅂ
③ ㄴ, ㄷ, ㅁ　　　　　　④ ㄹ, ㅁ, ㅂ

03 재무제표의 표시에 대한 설명으로 옳지 않은 것은?

기출처 2023. 국가직 9급

① 당기손익과 기타포괄손익은 단일의 포괄손익계산서에 두 부분으로 나누어 표시할 수 있지만 당기손익 부분을 별개의 손익계산서로 표시할 수 없다.
②「한국채택국제회계기준」에 따라 작성된 재무제표(필요에 따라 추가공시한 경우 포함)는 공정하게 표시된 재무제표로 본다.
③「한국채택국제회계기준」에서 요구하거나 허용하지 않는 한 자산과 부채 그리고 수익과 비용은 상계하지 아니한다.
④ 재무제표가 「한국채택국제회계기준」의 요구사항을 모두 충족한 경우가 아니라면 주석에 「한국채택국제회계기준」을 준수하여 작성되었다고 기재하여서는 아니 된다.

01 ④ 수익비용의 어느 항목도 포괄손익계산서 또는 주석에 특별손익항목으로 표시할 수 없다.
02 당기순손익과 총포괄손익의 차이를 발생시키는 항목은 기타포괄손익 항목이다.
　　기타포괄손익항목: 재평가잉여금, 보험수리적손익, 기타포괄손익-공정가치 측정 채무상품 평가손익, 기타포괄손익-공정가치 측정 지분상품 평가손익, 해외사업장외화환산손익, 현금흐름위험회피파생상품평가손익 등
03 ① 당기손익과 기타포괄손익은 단일의 포괄손익계산서에 두 부분으로 나누어 표시할 수도 있고, 당기손익 부분을 별개의 손익계산서로 표시할 수도 있다.

답　01 ④　02 ②　03 ①

04 재무제표 표시에 대한 설명으로 옳지 않은 것은? 기출처 2022. 지방직 9급

① 보고기간말 이전에 장기차입약정을 위반했을 때 대여자가 즉시 상환을 요구할 수 있는 채무는 보고기간 후 재무제표발행승인일 전에 채권자가 약정위반을 이유로 상환을 요구하지 않기로 합의하더라도 유동부채로 분류한다.
② 기타포괄손익의 항목(재분류조정 포함)과 관련한 법인세비용금액은 포괄 손익계산서나 주석에 공시한다.
③ 비용의 성격별 분류는 기능별 분류보다 재무제표이용자에게 더욱 목적적합한 정보를 제공할 수 있지만 비용을 성격별로 배분하는데 자의적인 배분과 상당한 정도의 판단이 개입될 수 있다.
④ 재분류조정은 포괄손익계산서나 주석에 표시할 수 있으며, 재분류조정을 주석에 표시하는 경우에는 관련 재분류조정을 반영한 후에 기타포괄손익의 항목을 표시한다.

05 재무제표 표시에 관한 설명으로 옳지 않은 것을 모두 고른 것은? 기출처 2022. 주택관리사 응용

> ㄱ. 모든 재무제표는 발생기준 회계를 적용하여 작성한다.
> ㄴ. 한국채택국제회계기준이 달리 허용하거나 요구하는 경우를 제외하고는 당기 재무제표에 보고되는 모든 금액에 대해 전기 비교정보를 표시한다.
> ㄷ. 부적절한 회계정책은 이에 대하여 공시나 주석 또는 보충 자료를 통해 설명함으로써 정당화될 수 있다.
> ㄹ. 상이한 성격이나 기능을 가진 항목은 구분하여 표시한다. 다만 중요하지 않은 항목은 성격이나 기능이 유사한 항목과 통합하여 표시할 수 있다.
> ㅁ. 수익과 비용의 어느 항목도 당기손익과 기타포괄손익을 표시하는 보고서에 특별손익 항목으로 표시할 수 없다.

① ㄱ, ㄴ   ② ㄱ, ㄷ   ③ ㄴ, ㅁ   ④ ㄷ, ㄹ

04 ③ 비용의 기능별 분류는 성격별 분류보다 재무제표이용자에게 더욱 목적적합한 정보를 제공할 수 있지만 비용을 기능별로 배분하는데 자의적인 배분과 상당한 정도의 판단이 개입될 수 있다.
05 ㄱ. 현금흐름정보를 제외하고는 발생주의 회계를 적용한다.
ㄷ. 부적절한 회계정책은 이에 대하여 공시나 주석 또는 보충 자료를 통해 설명함으로써 정당화될 수 없다.

답 04 ③   05 ②

06 기업회계기준서 제1001호 '재무제표 표시'에 대한 다음 설명 중 옳지 않은 것은? 기출처 2022. 회계사 응용

① 한국채택국제회계기준에서 요구하거나 허용하지 않는 한 자산과 부채 그리고 수익과 비용은 상계하지 아니한다.
② 계속기업의 가정이 적절한지의 여부를 평가할 때 기업이 상당기간 계속 사업이익을 보고하였고 보고기간 말 현재 경영에 필요한 재무자원을 확보하고 있는 경우에도, 자세한 분석을 의무적으로 수행하여야 하며 이용가능한 모든 정보를 고려하여 계속기업을 전제로 한 회계처리가 적절하다는 결론을 내려야 한다.
③ 유사한 항목은 중요성 분류에 따라 재무제표에 구분하여 표시하고, 상이한 성격이나 기능을 가진 항목은 구분하여 표시한다. 다만 중요하지 않은 항목은 성격이나 기능이 유사한 항목과 통합하여 표시할 수 있다.
④ 재무제표 항목의 표시나 분류를 변경하는 경우 실무적으로 적용할 수 없는 것이 아니라면 비교금액도 재분류해야 한다.

07 재무제표 표시에 관한 설명으로 옳지 않은 것은? 기출처 2022. 세무사 응용

① 비용을 기능별로 분류하는 기업은 감가상각비, 기타 상각비와 종업원급여비용을 포함하여 비용의 성격에 대한 추가 정보를 공시한다.
② 비용의 기능별 분류 정보가 비용의 성격에 대한 정보보다 미래현금흐름을 예측하는데 유용하다.
③ 동일 거래에서 발생하는 수익과 관련비용의 상계표시가 거래나 그 밖의 사건의 실질을 반영한다면 그러한 거래의 결과는 상계하여 표시한다.
④ 기업이 재무상태표에 유동자산과 비유동자산, 그리고 유동부채와 비유동부채로 구분하여 표시하는 경우, 이연법인세자산(부채)은 유동자산(부채)으로 분류하지 아니한다.

08 다음 중 재무상태표와 포괄손익계산서에 대한 설명으로 옳지 않은 것은? 기출처 2014. 세무사 응용

① 자산항목을 재무상태표에 구분표시하기 위해서는 금액의 크기, 성격, 기능 및 유동성을 고려해야 한다.
② 당기손익으로 인식한 비용항목은 기능별 또는 성격별로 분류하여 표시할 수 있다.
③ 수익과 비용의 어느 항목도 포괄손익계산서 또는 주석에 특별손익항목으로 표시할 수 없다.
④ 과거기간에 발생한 중요한 오류를 해당 기간에는 발견하지 못하고 당기에 발견하는 경우, 그 수정효과는 당기손익으로 인식한다.

 풀이

06 ② 계속기업의 가정이 적절한지의 여부를 평가할 때 기업이 상당기간 계속 사업이익을 보고하였고 보고기간 말 현재 경영에 필요한 재무자원을 확보하고 있는 경우에는 자세한 분석이 없어도 계속기업을 전제로 한 회계처리가 적절하다는 결론을 내릴 수 있다.
07 ② 비용의 성격별 분류 정보가 비용의 기능에 대한 정보보다 미래현금흐름을 예측하는데 유용하다.
08 ④ 전기오류는 특정기간에 미치는 오류의 영향이나 오류의 누적효과를 실무적으로 결정할 수 없는 경우를 제외하고는 소급재작성하여 수정한다. 그러므로 해당 기간에 발견하지 못한 중요한 오류를 당기에 발견한 경우, 당기손익이 아닌 전기이월이익잉여금에 반영하여 수정한다.

답 06② 07② 08④

09 다음 중 재무제표 표시에 대한 설명으로 옳지 않은 것은? 기출처 2014. 회계사 응용

① 기업이 재무상태표에 유동자산과 비유동자산, 그리고 유동부채와 비유동부채로 구분하여 표시하는 경우, 이연법인세자산(부채)은 유동자산(부채)으로 분류하지 아니한다.
② 보고기간 말 이전에 장기차입약정을 위반하였을 때 대여자가 즉시 상환을 요구할 수 있는 채무는 보고기간 후 재무제표 발행승인일 전에 채권자가 약정위반을 이유로 상환을 요구하지 않기로 합의하였다면 비유동부채로 분류한다.
③ 기업은 변경된 표시 방법이 재무제표 이용자에게 신뢰성 있고 더욱 목적적합한 정보를 제공하며, 변경된 구조가 지속적으로 유지될 가능성이 높아 비교가능성을 저해하지 않을 것으로 판단될 때만 재무제표 표시 방법을 변경한다.
④ 기업이 기존의 대출계약조건에 따라 보고기간 후 적어도 12개월 이상 부채를 차환하거나 연장할 것으로 기대하고 있고, 그런 재량권이 있다면, 보고기간 후 12개월 이내에 만기가 도래한다 하더라도 비유동부채로 분류한다.

10 재무제표 표시에 대한 다음의 설명 중 옳지 않은 것은? 기출처 2013. 회계사 응용

① 한국채택국제회계기준에서 요구하거나 허용하지 않는 경우 자산과 부채 그리고 수익과 비용은 상계하지 않는다. 따라서 재고자산평가손실충당금을 차감하여 재고자산을 순액으로 표시할 수 없다.
② 기타포괄손익의 항목은 이와 관련된 법인세효과 반영 전 금액으로 표시하고 각 항목들에 관련된 법인세효과는 단일금액으로 합산하여 표시할 수 있다.
③ 영업손익을 포괄손익계산서 본문에 구분하여 표시하여야 한다.
④ 수익과 비용의 어떠한 항목도 포괄손익계산서, 별개의 손익계산서 또는 주석에 특별손익으로 표시할 수 없다.

풀이

09 ② 보고기간 말 이전에 장기차입약정을 위반하였을 때 대여자가 즉시 상환을 요구할 수 있는 채무는 보고기간 후 재무제표 발행승인일 전에 채권자가 약정위반을 이유로 상환을 요구하지 않기로 합의하였다면 유동부채로 분류한다. 만약 보고기간 말 이전에 채권자가 약정위반을 이유로 상환을 요구하지 않기로 합의하였다면 비유동부채로 분류한다.

10 ① 재고자산에 대한 재고자산평가충당금과 매출채권에 대한 대손충당금과 같은 평가충당금을 차감하여 관련 자산을 순액으로 측정하는 것은 상계표시에 해당하지 않는다. 즉, 재고자산평가손실충당금을 차감하여 재고자산을 순액으로 표시할 수는 있고, 이는 상계표시에는 해당되지 않는다.

답 09 ② 10 ①

11
중간재무보고에 관련된 K-IFRS의 설명으로 옳지 않은 것은? 〈기출처 2014. 서울시 9급〉

① 적시성과 재무제표 작성 비용의 관점에서 또한 이미 보고된 정보와의 중복을 방지하기 위하여 중간재무보고서에는 연차재무제표에 비하여 적은 정보를 공시할 수 있다.
② 직전 연차재무보고서를 연결기준으로 작성하였다면 중간 재무보고서도 연결기준으로 작성해야 한다.
③ 직전 연차재무보고서에 이미 보고된 정보에 대한 갱신사항이 상대적으로 경미하다면 중간재무보고서에 주석으로 보고할 필요는 없다.
④ 중요성을 평가하는 과정에서 중간기간의 측정은 연차재무자료의 측정에 비하여 추정에 의존하는 정도가 크다는 점을 고려해야 한다.
⑤ 연차재무보고서 및 중간재무보고서가 한국채택국제회계기준에 따라 작성되었는지 통합하여 평가한다.

12
중간재무제표의 작성과 관련된 기업회계기준의 설명으로 옳지 않은 것은?

① 재무상태표는 당해 중간보고기간 말과 직전 연차보고기간 말을 비교하는 형식으로 작성한다.
② 포괄손익계산서는 당해 중간기간과 당해 회계연도 누적기간을 직전 회계연도의 동일기간과 비교하는 형식으로 작성한다.
③ 현금흐름표는 당해 회계연도의 누적기간을 직전 회계연도의 동일기간과 비교하는 형식으로 작성한다.
④ 자본변동표는 당해 회계연도 중간기간과 직전 회계연도의 누적기간과 비교하는 형식으로 작성한다.

13
중간재무보고에 관한 내용으로 옳은 것은? 〈기출처 2020. 세무사〉

① 한국채택국제회계기준에 따라 중간재무보고서를 작성한 경우, 그 사실을 공시할 필요는 없다.
② 중간재무보고서상의 재무상태표는 당해 중간기간과 직전연도 동일 기간 말을 비교하는 형식으로 작성한다.
③ 중간재무보고서상의 포괄손익계산서는 당해 중간기간과 당해 회계연도 누적기간을 직전 회계연도의 동일 기간과 비교하는 형식으로 작성한다.
④ 중간재무보고서상의 재무제표는 연차재무제표보다 더 많은 정보를 제공하므로 신뢰성은 높고, 적시성은 낮다.

 풀이

11 ⑤ 연차재무보고서 및 중간재무보고서가 한국채택국제회계기준에 따라 작성되었는지를 판단할 때는 각각 **개별적으로 평가**한다. 즉, 중간재무보고를 하지 않았거나 한국채택국제회계기준을 준수하지 아니한 중간재무보고를 하였더라도 연차재무제표는 한국채택국제회계기준에 따라 작성할 수 있다.

12 ④ 자본변동표는 **당해 회계연도 누적기간**을 직전 회계연도 누적기간과 비교하는 형식으로 작성한다.

13 ① 한국채택국제회계기준에 따라 중간재무보고서를 작성한 경우, **그 사실을 공시해야 한다.**
  ② 중간재무보고서상 재무상태표는 **당해 중간보고기간 말**과 **직전 연차보고기간 말**을 비교하는 형식으로 작성한다.
  ④ 중간재무보고서상의 재무제표는 연차재무제표보다 더 적은 양의 정보를 제공하므로 **신뢰성은 낮지만, 적시성은 높다.**

답 11 ⑤ 12 ④ 13 ③

14 다음 보고기간 후 사건에 대한 설명 중 가장 올바르지 않은 것은?

① 보고기간 후 사건이란 보고기간 말과 재무제표 발행승인일 사이에 발생한 유리하거나 불리한 사건을 말한다.
② 보고기간 말에 존재하였던 상황에 대한 정보를 보고기간 후에 추가로 입수한 경우에는 그 정보를 반영하여 공시 내용을 수정한다.
③ 별도의 감독이사회가 없는 경우, 재무제표 발행승인일은 주주총회에 제출하기 위한 재무제표를 이사회가 발행 승인한 날을 의미한다.
④ 영업 중단 계획의 발표는 수정을 요구하는 보고기간 후 사건이다.

15 보고기간 후 사건에 관한 설명으로 옳은 것은? 기출처 2020. 세무사 수정

① 보고기간 후에 발생한 상황을 나타내는 사건을 반영하기 위하여, 재무제표에 인식된 금액을 수정한다.
② 보고기간 말과 재무제표 발행 승인일 사이에 투자자산의 공정가치가 하락한다면, 재무제표에 투자자산으로 인식된 금액을 수정한다.
③ 보고기간 후 지분상품의 보유자에 대한 배당을 선언한 경우 그 배당금을 보고기간 말의 부채로 인식하지 아니한다.
④ 경영진이 보고기간 후, 기업을 청산하거나 경영활동을 중단할 의도를 가지고 있거나, 청산 또는 경영활동의 중단 외에 다른 현실적인 대안이 없다고 판단하는 경우에도 계속기업의 기준에 따라 재무제표를 작성할 수 있다.

14 ④ 영업 중단 계획의 발표는 수정을 요구하지 않는 보고기간후사건이다.
15 ① 보고기간 후에 발생한 상황에 대해 수정을 요하는 사건과 수정을 요하지 않는 사건으로 나누어진다. 그러므로 무조건 재무제표에 인식된 금액을 수정한다고 볼 수는 없다.
② 보고기간 말과 재무제표 발행 승인일 사이에 투자자산의 공정가치가 하락하는 경우에는 재무제표에 인식한 투자자산의 금액을 수정하지 않는다.
④ 경영진이 보고기간 후, 기업을 청산하거나 경영활동을 중단할 의도를 가지고 있거나, 청산 또는 경영활동의 중단 외에 다른 현실적인 대안이 없다고 판단하는 경우에는 계속기업기준에 따라 재무제표를 작성해서는 안 된다.

답 14 ④ 15 ③

06 현금 및 수취채권과 지급채무

Teacher's Map

① 현금및현금성자산

💡 **구분**

현금	통화	지폐와 주화
	통화대용증권	별다른 제약 없이 현금과 동일하게 통용될 수 있는 것 (ex. 타인발행수표, 우편환증서, 배당금통지표, 지급기일도래 공·사채이자표, 만기도래어음, 일람출급어음, 공장·지점 전도금 등)
	요구불예금	① 보통예금 ② 당좌예금(당좌차월: 마이너스 예금으로 단기차입금으로 표시)
현금성자산		① 큰 거래비용 없이 현금으로 전환이 용이 ② 이자율 변동에 따른 가치변동의 위험이 중요하지 않은 금융상품 ③ 취득일로부터 만기(또는 상환일)이 3개월 이내 도래

💡 **금융상품**

단기금융상품	① 보고기간 말로부터 1년 이내에 만기가 도래하는 금융상품 ② 사용이 제한된 금융상품 중 사용제한이 12개월 이내
장기금융상품	① 보고기간 말로부터 1년 이후에 만기가 도래하는 금융상품 ② 사용이 제한된 금융상품 중 사용제한 기간이 12개월 이상

② 현금의 내부통제

소액현금(전도금)제도	당좌예금으로부터 일정한 금액을 인출하여 현금으로 보관하면서, 소액의 지출이 발생하는 경우 당해 현금으로 결제하고, 이에 대한 회계처리를 사후적으로 수행하는 회계처리 시스템
현금과부족	현금과부족은 소액현금제도를 운영하면서 발생하는 오류로 장부상의 현금과 실제 현금시재가 일치하지 않는 경우 사용하는 임시계정

③ 은행계정조정표

목적	회사의 당좌예금 계정을 정확히 맞추기 위해 작성하는 명세서	
원리	은행으로부터 당좌예금 잔액증명서를 발급받아서 회사의 당좌예금 계정과의 차이를 맞추어 정확한 잔액이 얼마인지 산출	
원인	[회사 측] ① 추심완료어음 및 결제된 받을어음 ② 부도어음 및 부도수표 ③ 예금이자수익 ④ 은행수수료와 발생이자 ⑤ 순수한 회사 측 오류	[은행 측] ① 기발행미인출수표 ② 미기입예금 ③ 순수한 은행 측 오류

개념 찾기

- ❶ 현금및현금성자산
- ❷ 통화대용증권
- ❸ 소액현금제도
- ❹ 현금과부족
- ❺ 은행계정조정표
- ❻ 현재가치평가
- ❼ 유효이자율
- ❽ 대손
- ❾ 충당금설정법
- ❿ 기대신용손실
- ⓫ 매출채권 제거
- ⓬ 양도거래의 조건
- ⓭ 어음의 할인
- ⓮ 매출채권 팩토링

4 수취채권과 지급채무

💡 매출채권

구성	외상매출금 + 받을어음
거래할인과 수량할인	판매시점에 거래가격을 결정할 때 반영하므로 매출액과 매출채권에 이미 반영되어 있음(별도의 회계처리 하지 않음)
매출운임	당기비용
매출에누리와 환입	매출에서 차감 ① 매출에누리: 제품의 결함이나 하자 등을 이유로 가격을 깎아주는 것 ② 매출환입: 제품의 하자 등으로 인해 판매한 상품이 반품되는 것
매출할인	매출채권을 신속하게 회수하기 위해 일정기간 내에 대금을 지급한 고객에게 대금의 일부를 깎아주는 것

💡 매입채무

구성	외상매입금 + 지급어음
거래할인과 수량할인	매입시점에서 거래 가격을 결정할 때 반영하므로 매입액과 매입채무에 이미 반영되어 있음(별도의 회계처리 하지 않음)
매입운임	상품의 원가구성
매입에누리와 환출	매입에서 차감 ① 매입에누리: 상품의 결함을 이유로 저렴하게 구매한 것 ② 매입환출: 제품의 하자 등을 이유로 상품이 반품되는 것
매입할인	구매자가 일정 기일 내에 결제할 경우 결제금액에 대해 일정비율로 할인을 받는 금액

💡 기타의 채권·채무

채권	채무
단기대여금	단기차입금
미수금	미지급금
미수수익	미지급비용
선급금	선수금
선급비용	선수수익

5 장기성 채권·채무의 현재가치 평가

대상	장기연불조건의 매매거래, 장기금전대차거래 등
원칙	장기성 채권·채무는 원칙적으로 적절한 할인율로 평가하여 당해 채권·채무가 재무제표상에 공정가치로 인식되도록 함
예외	1년 이내에 회수·상환되는 단기성 채권·채무는 현재가치 평가 생략 가능
이자율	유효이자율(= 내재이자율) : 미래현금흐름과 현재가치를 일치시키는 이자율

6 매출채권의 평가 - 대손회계

💡 개념

대손	채권 중 회수불가능한 금액
충당금설정법	① 보고기간 말에 대손예상액을 추정하여 동 금액을 대손비용(손상차손)으로 인식하고 대손충당금(손실충당금)을 인식하는 방법 ② 한국채택국제회계기준은 충당금설정법만 인정
추정	기대신용손실모형을 적용하여 손실충당금을 설정
재무제표 표시	① 재무상태표: 매출채권의 차감적 평가계정(손실충당금)으로 표시 ② 포괄손익계산서: 매출채권 관련은 '판매비와관리비', 그 외의 채권은 '영업외비용'으로 표시

💡 대손회계처리

대손충당금 설정	(차) 대손상각비	XXX	(대) 대손충당금	XXX
대손 발생	(차) 대손충당금	XXX	(대) 매출채권	XXX
대손채권의 회수	(차) 현금	XXX	(대) 대손충당금	XXX

💡 장기 매출채권의 기대신용손실

신용위험이 유의적으로 증가하지 않는 경우	12개월 기대신용손실 추정(간편법 적용)
신용위험이 유의적으로 증가한 경우	전체기간 기대신용손실 추정

7 매출채권의 제거

💡 제거조건
① 금융자산의 현금흐름에 대한 계약상의 권리가 소멸한 경우
② 금융자산에 대한 양도가 이루어지고, 그 양도가 제거조건을 충족한 경우

💡 금융자산의 양도

구분	담보차입	양도거래
개념	금융자산을 담보로 자금을 차입	금융자산의 현금수령권리를 양수자에게 양도하고 양수자로부터 자금을 조달
조건	① 금융자산의 소유에 따른 위험과 보상을 이전하지 않은 경우 ② 위험과 보상을 보유하지도 이전하지도 않은 상황에서, 양도자가 금융자산을 통제하고 있는 경우	① 금융자산의 소유에 따른 위험과 보상을 이전한 경우 ② 위험과 보상을 보유하지도 이전하지도 않은 상황에서, 양도자가 금융자산을 통제하고 있지 않은 경우
회계처리	금융자산은 제거하지 않고 금융부채 인식	금융자산을 제거

💡 어음할인
① 개념: 금융기관에 받을 어음을 양도하고 할인액을 차감한 금액을 현금으로 수령하는 것
② 할인일의 현금수령액

    어음의 만기가치 : 어음의 액면금액 + 만기 때 수령할 어음의 액면이자
    (−) 어음 할인액   : 어음의 만기가치 × 할인율 × 할인월수/12
    ―――――――――――――――――――――――――――――――
    할인일의 현금수령액

💡 매출채권의 팩토링
① 개념: 외상매출금을 금융기관에 양도하고 할인액을 차감한 금액을 현금으로 수령하는 것
② 양도일의 현금수령액

    어음의 만기가치 : 어음의 액면금액 + 만기 때 수령할 어음의 액면이자
    (−) 어음 할인액   : 어음의 만기가치 × 할인율 × 할인월수/12
    (−) 유보금액   : 매출할인 등에 충당할 금액
    ―――――――――――――――――――――――――――――――
    양도일의 현금수령액

- ① 현금및현금성자산
- ② 현금의 내부통제제도
- ③ 은행계정조정표
- ④ 수취채권과 지급채무
- ⑤ 장기성 채권·채무의 현재가치 평가
- ⑥ 매출채권의 평가 - 대손회계
- ⑦ 매출채권 제거

① 현금및현금성자산

① 현금및현금성자산의 개념

현금은 기업이 보유하고 있는 자산 중 가장 유동성이 높은 자산으로 다른 자산과의 교환의 수단으로 사용된다. 회계상 현금은 중앙은행이 발행한 통화뿐만 아니라 타인발행 수표 등의 통화대용증권까지 포괄하는 개념이다. 현금은 즉시 사용을 위하여 회사가 내부적으로 보유하고 있는 자산으로 재무상태표에는 현금및현금성자산으로 분류한다.

현금성자산은 보고기간 말 현재 즉시 사용가능한 금액으로 금융기관에서 판매하는 금융상품 중 일시적인 예치목적으로 보유하고 있는 상품으로 재무상태표에 현금및현금성자산으로 분류한다.

② 현금

현금(cash)은 통화, 통화대용증권, 요구불예금으로 구성이 된다. 현금은 채무를 상환하거나 재화 및 용역을 구입하는 데 사용되는 지급수단이다.

2-1 통화
유통수단 또는 지불수단인 지폐나 주화를 의미한다.

2-2 통화대용증권
별다른 제약 없이 현금과 동일하게 통용될 수 있는 것으로 타인발행당좌수표, 자기앞수표, 당좌수표 및 가계수표 등 **타인이 발행한 수표와 송금수표[1]**, **우편환증서[2]**, **배당금지급통지표[3]**, **지급일이 도래한 공사채이자표, 만기도래한 어음, 일람출급어음[4]**, **공장·지점전도금[5]** 등을 말한다.

그러나 선일자수표, 차용증서, 수입인지, 우표, 부도수표, 부도어음 등은 현금으로 분류될 수 없다. **선일자수표**는 약속 기일까지 은행에 지불하지 않기로 한 약속어음으로 **매출채권으로 분류**되며, **수입인지, 우표**는 미리 현금을 지불하고 향후 사용할 **소모품이나 선급비용**으로 분류가 된다. **직원가불금과 차용증서는 단기대여금으로 분류된다.**

수표와 어음

구분		통화대용증권에 포함 여부
수표	선일자수표	X(매출채권)
	부도수표	X
	나머지 모든 수표 (타인발행 수표, 자기앞수표, 가계수표 등)	○
어음	일람출급어음	○ (수표와 성질이 유사)
	일반 어음 (받을어음)	X (매출채권)
	지급어음	X (부채: 매입채무)

---

[1] 원격지의 송금에 사용되는 수표로 은행에 송금액과 송금 수수료를 납입하면 송금액 수취은행을 발행인으로 하고, 상대방의 소재지에 있는 은행을 지급인으로 하여 발행하는 수표임

[2] 은행의 송금과 달리 가입계좌 없이 우편을 이용해 현금을 보낼 수 있는 현금의 지급지시서를 말함. 예를 들어, 경조사비를 현금으로 보낼 경우 우편환증서를 이용하는 경우가 많음

[3] 주식발행회사가 주주에게 배당금을 지급하기 위해 보내는 현금지급증서임. 주주는 배당금지급통지서를 수령한 후 통지서에 기재된 금융기관에서 배당금을 수령하게 됨

[4] 지급을 위하여 제시가 있던 날을 만기로 하는 어음으로 수표와 유사한 성격을 갖음

[5] 회사의 사업장이 여러 개 있을 때 사업장의 운영을 위해 본사에서 사업장에 보내주는 경비

2-3 요구불예금[6*]

입·출금이 자유로운 **보통예금**과 **당좌예금**으로 통화와 다르게 은행에 예치해 놓은 현금을 의미한다.

2-3-1 보통예금

보통예금은 거래 대금의 결제를 위해 예금가입자가 자신의 계좌에서 현금을 직접 인출해야 한다. 그러므로 은행의 금고에 보관되어 있다는 점을 제외하고는 현금과 거의 차이가 없다. 보통예금은 기업이 요구할 때마다 언제든지 인출 가능한 요구불예금이므로 보유 현금과 마찬가지로 재무상태표에 현금및현금성자산으로 분류한다.

2-3-2 당좌예금

당좌예금(checking account)이란 거래은행과 당좌계약을 체결한 후 일상의 상거래에서 취득한 현금 및 수표 등의 통화대용증권을 예입하고 그 **예금액 범위 내에서 당좌수표 또는 어음을 발행하여 대금의 지급을 은행에 위임하는 예금**을 말한다. 즉, 회사는 대금 지급 시 현금을 지급하는 대신 어음이나 수표를 발행하게 되며, 거래상대방은 동 수표를 가지고 은행에 가서 지급을 요청하고 은행은 그 대금을 지급하는 것이다. 이때 어음과 수표의 발행금액은 당좌예금의 범위 내에서 하는 것을 원칙으로 한다. 즉, 예금계좌의 잔액을 초과하여 수표를 발행하면 은행은 이를 지급하지 않아도 된다.

[당좌거래의 구조]

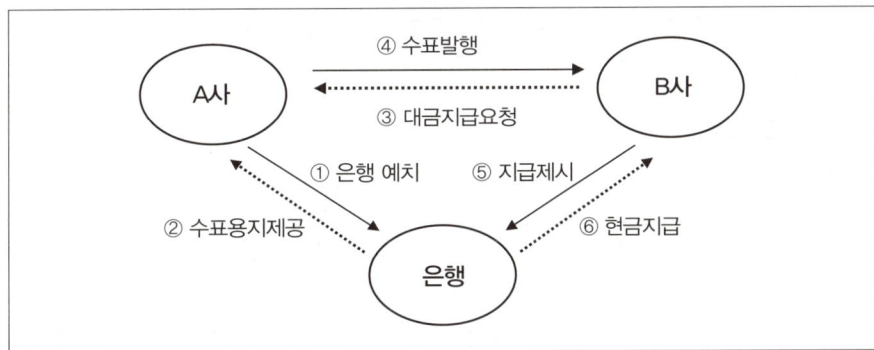

그러나 때로는 기업이 금융기관과 당좌차월계약을 체결하게 되면 일정금액의 한도 내에서 당좌예금을 초과하는 어음이나 수표를 발행하여도 당해 금융기관에서 결제해주게 된다. 이때 당좌예금을 초과하여 결제해준 금액을 당좌차월이라고 한다. 회사는 결산시에 부(-)의 당좌예금은 다른 당좌예금계정의 잔액과 상계시키지 않고 단기차입금으로 대체하여 계상한다. 즉, **당좌예금은 현금및현금성자산으로, 당좌차월은 단기차입금으로 각각 계상한다**. 다만, 해당 당좌차월이 금융회사의 요구에 따라 즉시 상환을 해야 한다면, 단기차입금이 아닌 현금및현금성자산의 금액에서 차감한다.

[6*] '요구불예금'이 아닌 저축성예금은 투자목적의 금융상품이기 때문에 현금및현금성자산으로 분류하지 않고, 투자금융자산으로 분류한다. 다만, 저축성예금이 현금성자산의 정의를 만족할 때는 현금및현금성자산으로 분류한다.

오쌤 Talk

요구불예금

요구불예금은 저축성예금과 달리 유동성이 높은 반면, 이자율이 낮다. 일반적으로 보통예금과 당좌예금의 금리는 1년에 0.1% ~ 0.5%로 아주 낮다.

오쌤 Talk

당좌개설보증금

당좌개설보증금은 당좌예금거래를 개시하면서 거래은행에 납부하는 보증금으로, 당좌어음이나 수표가 부도가 난 경우 발생하는 수수료를 정산하기 위해 당좌거래의 개설자가 거래은행에 납부하는 담보보증금이다. 당좌예금거래를 위해서는 일반적으로 한 계좌당 ₩1,500,000에서 ₩2,000,000정도의 당좌개설보증금을 납부해야 한다. 당좌개설보증금은 당좌예금 해지 시에만 인출할 수 있으므로 현금이 아닌 장기투자금융자산으로 공시한다.

📖 **확인문제**

01. ㈜한국은 우리은행 및 너희은행과 당좌거래를 하고 있으며 20X1년 12월의 당좌거래내역은 다음과 같다. 이 경우 재무상태표상 현금및현금성자산 계정에 포함될 당좌예금잔액은 얼마인가?

(1) 20X1년 12월 1일 현재 당좌예금 잔액:
  - 우리은행: ₩1,000,000
  - 너희은행: ₩2,000,000
(2) 20X1년 12월 중 당좌거래내역:
  - 12월 28일에 ㈜만세에 대해 원재료 매입대금으로 당좌수표(우리은행) ₩3,000,000을 발행해서 지급함
  - 12월 30일에 ㈜민국에 대해 상품 매입대금으로 당좌수표(너희은행) ₩1,500,000을 발행해서 지급함
(3) ㈜한국은 우리은행과 너희은행에 각각 ₩5,000,000을 한도로 당좌차월약정을 맺고 있음
(4) ㈜만세와 ㈜민국은 당좌수표금액을 모두 20X2년 1월 3일에 은행에 지급제시하여 현금으로 인출해 감

① ₩500,000　② ₩1,500,000
③ ₩2,000,000　④ ₩3,000,000

정답 ①

❸ 현금성자산

현금성자산(cash equivalents)은 ① 큰 거래비용 없이 현금으로 전환이 용이하고 ② 이자율의 변동에 따른 가치변동의 위험이 중요하지 않은 금융상품으로서 ③ 취득 당시 만기(또는 상환일)이 3개월 이내에 도래하는 것이다. 즉, 현금성자산은 현금의 단기적 운용을 목적으로 유동성이 높은 유가증권을 의미한다. 한편, 취득 당시 만기가 아닌 보고기간 종료일로부터 만기가 3개월 이내인 경우에는 현금및현금성자산이 될 수 없다는 점을 주의해야 한다. 또한 지분상품은 현금성자산에서 제외된다. 지분상품은 가치변동위험이 중요해질 수도 있으며, 확정된 만기가 없는 금융상품이기 때문이다. 다만, 상환일이 정해져 있고 취득일로부터 상환일까지의 기간이 단기인 상환우선주와 같이 실질적인 현금성자산인 경우에는 예외로 한다.

예를 들어, 20X1년 12월 1일 취득하고 만기가 20X2년 1월 31일인 채권은 취득일로부터 만기까지의 기간이 3개월 이내이므로 현금성자산으로 분류한다. 하지만 20X1년 10월 1일에 취득하고 만기가 20X2년 1월 31일인 채권은 취득일로부터 만기가 4개월이므로 현금성자산으로 분류되지 않는다.

현금성자산의 예는 다음과 같다.

- 취득일로부터 **만기 3개월 이내**에 도래하는 채권
- 취득일로부터 **만기 3개월 이내**에 도래하는 상환우선주
- **3개월 이내**에 환매조건부로 취득한 환매채
- 투자신탁기간을 **3개월 이내**로 계약한 초단기수익증권(MMD, MMF 등)

❹ 금융상품

금융회사가 발행하는 정형화된 금융상품으로 정기예금·정기적금·사용제한이 되어 있는 예금, 환매채(RP), 양도성예금증서(CD) 등 단기적인 자금운용의 목적으로 취득하거나 기한이 **보고기간 말로부터 1년 이내에 도래하는 금융상품**은 **단기금융상품**의 과목으로 하여 **유동자산으로 분류**한다. 단, **금융상품 중 취득일로부터 만기일이 3개월 이내인 경우는 현금성자산으로 분류**한다. 또한 금융상품 중 보고기간 말로부터 **1년 이후에 만기가 도래하는 금융상품**은 **장기금융상품**의 과목으로 하여 **비유동자산으로 분류**한다.

금융상품 중에는 사용이 제한되어 있는 경우가 있는데, **사용이 제한되어 있는 금융상품은 현금성자산으로 분류될 수 없다. 사용제한이 보고기간 후 12개월 이내인 경우에는 현금및현금성자산이 아닌 단기투자금융자산으로 분류하고, 사용제한기간이 12개월 이상인 경우에는 장기투자금융자산으로 분류해야 한다.**

📚 **확인문제**

02. 다음 중 20X1년 12월 31일 ㈜한국의 재무상태표상 현금및현금성자산으로 분류되지 않는 항목은?

① 환매채(취득 당시 3개월 이내의 환매 조건)
② 당좌예금
③ 우편환
④ 20X2년 5월 31일에 만기 도래 예정인 채권

정답 ④

📚 **확인문제**

03. 다음은 ㈜한국의 20X1 회계연도 말의 자료이다. 기말 재무상태표에 보고될 현금및현금성자산, 단기금융상품, 장기금융상품은 각각 얼마인가?

당좌예금	₩80,000
당좌개설보증금	₩50,000
받을어음	₩10,000
만기도래국공채이자표	₩5,000
타행발행수표	₩100,000
우편환증서	₩20,000
정기예금(*)	₩100,000

(*) 계약일: 20X1.1.1.
　　만기일: 20X2.3.31.

	현금및 현금성자산	단기금융 상품	장기금융 상품
①	185,000원	100,000원	50,000원
②	185,000원	10,000원	150,000원
③	205,000원	100,000원	50,000원
④	205,000원	10,000원	150,000원

정답 ③

[현금및현금성자산과 금융상품의 분류]

구분	항목		계정분류
통화 및 통화대용증권, 요구불예금	통화 및 타인발행발행수표, 보통예금, 당좌예금 등 요구불예금, 우편환증서, 송금환, 기일도래공사채이자표, 배당금지급통지표		현금및현금성자산
금융상품	정기예금, 정기적금, 사용 제한된 예금, 환매체(RP), 양도성예금증서(CD) 등 금융상품	취득일로부터 3개월 이내 만기도래	현금및현금성자산
		보고기간 말부터 1년 이내 만기도래	단기금융상품
		보고기간 말부터 1년 이후 만기도래	장기금융상품
기타항목	• 선일자수표, 어음: 매출채권 or 미수금 • 직원가불금, 차용증서: 단기대여금 • 우표, 수입인지: 소모품 or 선급비용 • 당좌개설보증금: 장기금융상품 • 당좌차월: 단기차입금		

기본예제 1 현금및현금성자산

㈜한국은 다음과 같은 자산을 보유하고 있다.

• 지폐 및 주화	₩120,000
• 타인발행 수표	₩180,000
• 우표	₩30,000
• 당좌예금	₩80,000
• 선일자수표	₩50,000
• 20X1년 12월 1일 취득한 우편환	₩25,000
• 20X1년 12월 1일 취득한 수익증권 (만기 20X2. 2. 10.)	₩210,000
• 20X1년 12월 1일 취득한 정기적금 (만기 20X2. 12. 1.)	₩150,000

재무상태표에 공시될 현금및현금성자산의 금액을 계산하시오.

오쌤 Talk

[기본예제 1]
① 우편환은 취득일이 중요하지 않다. 만기가 없기 때문이다.
② 보고기간 종료일(12월 31일)로부터 3개월이 아닌, 취득일로부터 3개월 만기인 상품을 현금및현금성자산으로 분류한다.

풀이
우표는 소모품으로, 선일자수표는 매출채권으로, 정기적금은 단기금융상품으로 분류된다.
현금및현금성자산 = 지폐 및 주화(₩120,000) + 타인발행수표(₩180,000) + 당좌예금(₩80,000) + 우편환(₩25,000) + 수익증권(₩210,000) = ₩615,000

오쌤 Talk

금융상품 용어 정리

① 환매채: 일정 기간이 지난 후에 다시 매입하는 조건으로 채권을 매도함으로써 수요자가 단기자금을 조달하는 금융거래방식의 하나

② 양도성예금증서: 은행이 발행하고 금융시장에서 자유로운 매매가 가능한 무기명의 정기예금증서

③ 우편환증서: 은행의 송금과는 달리 가입계좌 없이 우편을 이용해 현금을 수송하는 제도

④ 일람출급어음: 지급을 위한 제시일을 만기로 하는 어음

심화예제 1 **현금및현금성자산**

20X1년 12월 31일 결산일 현재 ㈜한국이 보유하고 있는 자산들이다. 당좌개설보증금을 제외하고 이하의 항목에 대한 사용의 제한이 없다면, 재무상태표에 계상할 현금및현금성자산은 얼마인가?

• 통화	₩10,000
• 당좌예금	₩25,000
• 수입인지	₩12,000
• 당좌개설보증금	₩50,000
• 배당금지급통지표	₩30,000
• 만기가 도래한 국채이자표	₩100,000
• 상환우선주(취득일로부터 만기가 3개월 이내)	₩150,000
• 취득일로부터 3개월이내 환매조건 환매채	₩250,000
• 종업원가불금	₩200,000
• 양도성예금증서(최초 취득일로부터 60일 만기)	₩130,000
• 우편환증서	₩50,000
• 일람출급어음	₩100,000
• 만기가 1개월 후인 타인발행 약속어음	₩100,000

풀이

현금및현금성자산 = 통화(₩10,000) + 당좌예금(₩25,000) + 배당금지급통지표(₩30,000) + 만기가 도래한 국채이자표(₩100,000) + 상환우선주(₩150,000) + 환매채(₩250,000) + 양도성예금증서(₩130,000) + 우편환증서(₩50,000) + 일람출급어음(₩100,000) = ₩845,000

② 현금의 내부통제제도

현금은 기업의 자산 중 가장 유동성이 높은 자산이므로 현금에 대한 계획 및 내부통제는 기업에 있어 매우 중요한 절차이다. 내부통제(internal control)는 기업의 자산을 보호하려는 차원에서 설계된 조직의 정책 및 절차를 말한다. 즉, 현금과 관련하여 입출금을 관리하기 위한 내부 회계처리 시스템을 말한다.

❶ 소액현금(전도금)제도

현금의 관리상의 복잡성과 도난의 위험 때문에 보통 수령하는 즉시 회사에 보관하지 않고, 은행에 예입한다. 또한 지출이 필요한 경우에는 현금을 직접 인출하여 결제하지 않고, 당좌수표나 어음을 발행하여 거래처가 직접 인출하도록 한다. 하지만 소액의 현금이 지속적으로 인출되는 경우에는 일일이 당좌수표를 발행하여 대금을 지급하는 것이 오히려 비효율적이므로 기업은 이를 위해 소액현금(전도금)제도라는 내부통제제도를 운영하고 있다. **소액현금제도는 당좌예금으로부터 일정한 금액을 인출하여 현금으로 보관하면서, 소액의 지출이 발생하는 경우 당해 현금으로 결제하고, 이에 대한 회계처리를 사후적으로 수행하는 회계처리 시스템을 말한다.**

1-1 소액현금의 설정

기업은 소액현금지출에 사용하기 위해 일정한 금액을 당좌예금 계좌에서 인출하여 회사 금고에 보관한다.

〈소액현금 설정 시〉
(차) 현금   XXX   (대) 당좌예금   XXX

1-2 소액현금으로부터 지출

소액현금지출 시에는 별도의 회계처리가 없다.

1-3 소액현금의 보충

〈소액현금 보충 시〉
(차) 운송비   XXX   (대) 현금   XXX
    교통비   XXX
    소모품비   XXX
(차) 현금   XXX   (대) 당좌예금   XXX

확인문제

04. ㈜한국은 20X1년 12월 1일을 기준으로 현금실사를 실시한 결과 현금잔액이 장부상 잔액보다 ₩100,000이 적은 것을 확인하고 차이금액을 현금과부족 계정을 이용하여 회계처리하였다. ㈜한국은 여비교통비로 20X1년 11월에 ₩120,000을 현금 지급하였으나 장부에 기록하지 않은 것을 결산일에 발견하였으며, 그 밖의 원인을 밝혀내지 못한 현금과부족은 잡이익(잡손실)으로 보고하였다. ㈜한국이 결산일에 할 수정분개는?

기출처 2019. 국가직 7급

차변	대변
① 여비교통비 ₩120,000	현금과부족 ₩120,000
현금과부족 ₩20,000	잡이익 ₩20,000
② 현금과부족 ₩120,000	여비교통비 ₩120,000
잡손실 ₩20,000	현금과부족 ₩20,000
③ 여비교통비 ₩100,000	현금과부족 ₩100,000
현금과부족 ₩20,000	잡이익 ₩20,000
④ 현금과부족 ₩100,000	여비교통비 ₩100,000
잡손실 ₩20,000	현금과부족 ₩20,000

정답 ①

❷ 현금과부족

기업이 소액현금제도를 운영하면서 현금의 감소를 지출시점에 장부에 기록하지 않고, 소액현금을 보충하는 시점에 장부에 기록하는 경우 실제 현금감소액과 증빙에 의한 현금감소액의 합계가 일치하지 않을 수 있다. 이 경우 차액을 조정하기 위해 임시적으로 설정하는 계정과목이 '현금과부족'이다. 즉, **현금과부족은 소액현금제도를 운영하면서 발생하는 오류로 장부상의 현금과 실제 현금시재가 일치하지 않는 경우 사용하는 임시계정이다.** 현금과부족은 지출증빙이 누락되거나 분실되는 경우, 또는 현금이 분실되는 경우에 발생할 수 있다. 현금과부족은 결산시점까지 원인이 밝혀지면 적절한 계정과목으로 대체하고, 그렇지 않은 경우에는 잡손실이나 잡이익으로 처리한다.

2-1 현금과부족이 있는 경우 소액현금 보충의 회계처리

〈현금과부족이 발생한 경우 소액현금보충 회계처리〉

(차)	운송비	XXX	(대)	현금	XXX
	교통비	XXX			
	소모품비	XXX			
	현금과부족	XXX			
(차)	현금	XXX	(대)	당좌예금	XXX

2-2 결산 시 현금과부족의 회계처리

후속적으로 광고비를 추가로 발견한 경우와 그렇지 못한 경우의 회계처리는 각각 다음과 같다.

〈증빙발견 시〉

(차)	광고비	XXX	(대)	현금과부족	XXX

〈증빙누락 시〉

(차)	잡손실	XXX	(대)	현금과부족	XXX

3 은행계정조정표

1 개념

일반적으로 기업은 당해 발생한 모든 거래의 지출을 당좌수표를 발행하여 결제하게 되는데, 일정시점에서 회사 측의 당좌예금 계정 잔액과 거래 은행 측의 회사 당좌예금의 잔액은 원칙적으로는 항상 일치하여야 한다. 그러나 은행으로부터 당좌예금잔액증명서를 발급받아 회사 측 잔액과 비교해보면 여러 가지 이유로 일치하지 않을 수 있다. 이때 두 금액 간의 차이 원인을 밝히는 과정을 은행계정조정이라하며, 은행계정조정을 작성한 명세표를 은행계정조정표(bank reconciliation statement)라고 한다.

2 계정의 불일치 원인

회사 측의 당좌예금계정잔액과 은행 측의 당좌예금잔액의 차이 원인은 은행 측에서는 기록하였으나 회사 측에서 기록하지 않은 항목과, 회사 측에서 기록하였으나 은행 측에서 기록하지 않은 항목으로 나눌 수 있다.

2-1 은행 측 원인

2-1-1 기발행 미지급수표(미인출수표)

회사가 거래처에 당좌수표나 어음을 발행하고 당좌예금계정에서 차감처리를 하였으나, 거래처가 아직 은행에 당좌수표나 어음을 제시하지 않아 당좌예금계정에서 차감하지 못한 경우이다. 이 경우는 회사는 올바르게 처리를 하고 있으나, 은행이 아직 거래를 인식하지 못하고 있는 것이므로 은행 측 잔액에서 거래금액만큼 차감하여야 한다.

2-1-2 미기입예금(마감후 입금)

회사가 현금을 은행에 입금하고 회계처리하였으나, 은행에서는 다음 날 입금 처리한 경우이다. 이 경우는 회사는 올바르게 처리하고 있으나, 은행이 아직 거래를 인식하지 못하고 있는 것으로 은행 측 잔액에서 거래금액만큼 가산하여야 한다.

2-1-3 오류

은행 측에서 당좌예금계정을 기입하는 과정에서 오류가 발생할 수 있다. 예를 들어, 다른 회사가 당좌계정에 입금한 금액을 회사의 당좌계정에 잘못 가산한 경우이다. 이런 경우 은행 측 잔액에서 회사 측 당좌예금잔액 금액에 맞추어 가감하여야 한다.

2-2 회사 측 원인

2-2-1 추심완료어음 및 결제된 받을어음

거래처에서 일정금액을 회사의 당좌예금계정에 입금하였거나, 은행이 만기가 도래한 어음을 추심하여 회사의 당좌예금계좌에 입금 처리하였으나, 회사가 이를 알지 못하여 당좌예금계정잔액에 반영하지 않은 경우이다. 이 경우는 은행은 올바르게 처리하고 있으나, 회사가 아직 거래를 인식하지 못한 것으로 회사 측 잔액에 일정금액만큼 가산하여야 한다.

오쌤 Talk

은행계정조정표
회사 측의 당좌예금 잔액이 정확히 얼마인지를 확인하는 과정이다. 이 과정에서 확인되는 회사 측의 오류는 회사의 장부(분개에 반영)를 수정한다. 그러나 은행 측의 원인은 오류가 아닌 이상 따로 수정하지 않는다. 은행 측에 보관되어 있는 잔액이 12월31일 시점으로 얼마인지를 확인하는 과정이므로 귀속시점을 결정하는 문제라서 은행의 잔액을 수정할 필요는 없다.

오쌤 Talk

회사 측 원인 수정분개

① 추심완료어음
(차) 당좌예금   (대) 매출채권
      XXX   XXX

② 부도어음
(차) 매출채권   (대) 당좌예금
      XXX   XXX

③ 예금이자
(차) 당좌예금   (대) 이자수익
      XXX   XXX

④ 은행수수료
(차) 지급수수료 (대) 당좌예금
   비용 XXX   XXX

📖 확인문제 [최신]

05. 은행계정조정표 작성을 위한 은행 측 조정사항은?
기출처 2025. 관세직 9급

① ㈜한국이 20×1년 12월 30일에 발행한 수표 ₩200,000이 대한은행에서는 아직 인출되지 않았다.

② ㈜한국이 20×1년 12월 31일에 거래처로부터 수취한 수표 ₩300,000을 장부상 입금처리 한 후 대한은행에 입금하였으나 부도수표로 판명되어 은행에서는 입금처리 하지 않았다.

③ 대한은행이 20×1년 12월 28일에 추심한 받을어음 금액 ₩100,000이 있었으나 ㈜한국에 이를 통보하지 않았다.

④ 대한은행이 20×1년의 당좌거래수수료 ₩50,000을 ㈜한국의 계좌에서 출금처리 하였으나 ㈜한국은 장부에 반영하지 않았다.

정답 ①

2-2-2 부도어음 및 부도수표

회사가 은행에 예입을 하였거나 추심 의뢰한 거래처의 당좌수표나 어음이 부도가 발생한 경우로 은행은 당좌예금잔액에서 차감 처리하였으나 회사에서 아직 그 사실을 통보받지 못해서 이를 차감처리하지 않은 상황이다. 이를 인식하지 않은 **회사 측 잔액**에 부도수표 금액만큼 **차감**하여야 한다.

2-2-3 예금이자수익

회사의 당좌예금잔액에 대한 이자수익이 발생하여 은행은 이를 당좌예금잔액에 가산하였으나, 회사는 이를 모르고 계상하지 않은 경우로 동 금액을 **회사 측 잔액**에 **가산**하여야 한다.

2-2-4 은행수수료와 발생이자

은행은 기업에 서비스를 제공하고 그에 대한 수수료를 당좌예금계정에서 차감하는 경우, 회사에서는 아직 통보받지 못함에 따라 이를 차감하지 않은 경우로 **회사 측 잔액**에서 **차감**하여야 한다.

또한 발생이자는 당좌차월이나 차입금에 대한 이자비용을 회사의 당좌예금계정에서 차감하였으나, 회사에서 미인식함에 따라 이를 차감하지 않은 경우로 **회사 측 잔액**에서 **차감**하여야 한다.

2-2-5 오류

회사의 당좌예금계정을 기입하는 과정에서 금액을 잘못 기록하거나 계정과목을 잘못 기록하는 오류 등 다양한 오류가 발생할 수 있다. 이때 회사 측의 잘못 기입한 금액만큼 **회사 측 잔액**에서 **가감**하여야 한다.

따라서 상기에서 살펴본 은행계정조정표의 불일치 원인과 수정 방법을 정리하면 다음과 같다.

조정내역	회사측		은행측
조정전 잔액	XXX	≠	XXX
① 미기입예금			XXX
② 기발행미인출수표			(XXX)
③ 은행측 기록 오류			± XXX
④ 미통지 입금	XXX		
⑤ 부도수표·어음	(XXX)		
⑥ 은행수수료, 이자비용	(XXX)		
⑦ 예금 이자수익	XXX		
⑧ 회사측 기장 오류	± XXX		
조정후 잔액	XXX	=	XXX

기본예제 2 은행계정조정표

㈜한국의 20X1년 12월 31일 현재 당좌예금계정잔액은 ₩200,000이고, 은행의 잔액증명서상 잔액은 ₩295,000으로 그 차이의 원인은 다음과 같다.

- 12월 31일 회사는 현금 ₩50,000을 당좌예입하였으나, 은행에서는 입금처리되지 않았다.
- 12월 20일 발행된 수표 중 지급제시되지 않은 수표 ₩80,000이 있다.
- 12월 30일 거래처인 ㈜민국은 상품 구입대금 ₩120,000을 ㈜한국의 당좌예금계좌에 입금하였으나, 회사에는 통보되지 않았다.
- 12월 31일 은행은 차입금에 대한 이자 ₩30,000을 회사의 당좌예금계좌에서 차감하였지만 회사는 이에 대한 회계처리를 하지 않았다.
- 12월 27일 비품을 처분한 대가로 받은 수표 ₩25,000을 당좌예입하였으나 부도처리되었다.

20X1년 12월 31일 현재 재무상태표에 보고되어야 할 정확한 당좌예금잔액은?

풀이

구분	회사 측	은행 측
조정 전 잔액	₩200,000	₩295,000
미기입예금		+₩50,000
기발행미인출수표		(₩80,000)
추심완료어음	+₩120,000	
차입금이자	(₩30,000)	
부도수표	(₩25,000)	
조정 후 잔액	₩265,000	₩265,000

답 ₩265,000

확인문제

06. ㈜한국은 20X1년 6월 말 주거래 A은행 측 당좌예금 잔액 ₩13,000이 당사의 당좌예금 장부 잔액과 일치하지 않는 것을 확인하였다. 다음과 같은 차이를 조정한 후 ㈜한국과 A은행의 당좌예금 잔액은 ₩12,000으로 일치하였다. ㈜한국의 수정 전 당좌예금 잔액은?

기출처 2021. 지방직 9급

- A은행이 ㈜한국의 당좌예금에서 ₩3,000을 잘못 출금하였다.
- A은행이 ㈜한국의 받을어음을 추심하고 ₩3,000을 당좌예금에 입금하였으나, ㈜한국은 이를 모르고 있었다.
- ㈜한국이 기발행한 ₩4,000의 수표가 A은행에 아직 제시되지 않았다.
- ㈜한국이 ₩3,000의 수표를 발행하면서 장부에는 ₩8,000으로 잘못 기장하였다.
- ㈜한국이 20X1년 6월 12일에 입금한 ₩1,000의 수표가 부도로 판명되었으나, ㈜한국은 이를 모르고 있었다.

① ₩5,000　② ₩8,000
③ ₩9,000　④ ₩10,000

정답 ①

오쌤 Talk

기본예제 2
[회사 측 수정사항 분개]
① 추심완료어음
　(차) 당좌예금　(대) 매출채권
　　₩120,000　　₩120,000
② 차입금이자
　(차) 이자비용　(대) 당좌예금
　　₩30,000　　₩30,000
③ 부도수표
　(차) 매출채권　(대) 당좌예금
　　₩25,000　　₩25,000

심화예제 2 은행계정조정표

㈜한국의 다음 20X1년 12월 31일 은행계정조정표에서 기발행미인출수표 금액은 얼마인가?

(1) 은행계정증명서상의 잔액	₩25,000
(2) ㈜한국의 당좌계정 장부상 잔액	₩32,000
(3) 은행의 예금잔액증명서에는 반영되었으나 ㈜한국의 장부에는 반영되지 않은 차입금 이자	₩5,000
(4) ㈜한국에 통보되지 않은 매출채권 추심액	₩7,000
(5) ㈜한국이 20X1년 12월 31일에 입금하였으나 은행에서는 20X2년 1월 2일에 입금처리된 금액	₩15,000
(6) 부도수표	₩3,000
(7) 은행이 ㈜한국에서 차감할 예금을 ㈜민국에서 차감한 금액	₩5,000
(8) 나머지 잔액차이는 모두 기발행미인출수표에 의한 것임이 확인됨	

확인문제

07. ㈜서울은 11월 말에 다음과 같은 은행계정조정표를 작성하였다.

은행 측 잔액	₩6,000
은행 측 미기입예금	₩1,000
기발행미인출수표	(₩2,400)
회사 측 장부잔액	₩4,600

12월 한 달 동안 은행 측 자료에 따르면 다음 정보가 이용 가능하다.

입금액	₩8,520
출금액	₩12,520

11월 말 은행계정 조정항목은 12월 동안 은행에서 완전히 해결되었다. 12월 말 현재 기발행미인출수표의 합계는 ₩360이고 12월 말 현재 은행 측 미기입예금은 없다. 12월 말 현재 수정 후 회사 측 장부잔액은?   기출처 2017. 서울시 7급

① ₩640   ② ₩1,640
③ ₩2,000   ④ ₩3,360

정답 ②

풀이

구분	회사 측	은행 측
조정 전 잔액	₩32,000	₩25,000
차입금이자	(₩5,000)	
매출채권추심	+₩7,000	
미기입예금		+₩15,000
부도수표	(₩3,000)	
은행오류		(₩5,000)
기발행미인출수표		《(₩4,000)》
조정 후 잔액	₩31,000	₩31,000

답 ₩4,000

4 수취채권과 지급채무

[수취채권과 지급채무]

구분	수취채권	지급채무
일반적인 상거래	매출채권	매입채무
그 이외의 거래	대여금	차입금
	미수금	미지급금
	미수수익	미지급비용
	선급금	선수금
	선급비용	선수수익

오쌤 Talk

회계상 채권과 채무
① 수취채권
  · 돈 받을 권리 (매출채권, 대여금, 미수금, 미수수익)
  · 재화나 서비스를 받을 권리(선급금, 선급비용)
② 지급채무
  · 돈을 갚을 의무(매입채무, 차입금, 미지급금, 미지급비용)
  · 재화나 서비스를 제공해야 할 의무(선수금, 선수수익)

① 구분

수취채권(receivable)이란 기업이 다른 기업이나 개인에게 현금이나 재화 및 용역을 제공하고 향후 현금이나 재화 및 용역을 다시 요구할 수 있는 권리를 말한다. 수취채권은 일반적인 상거래에서 발생하는 매출채권과 그 이외의 거래에서 발생하는 비매출채권으로 구분할 수 있다.

지급채무(payable)는 수취채권과는 반대로 기업이 다른 기업이나 개인으로부터 현금이나 재화 및 용역을 받고 향후 이를 다시 제공해야 하는 의무를 말한다. 지급채무는 일반적인 상거래에서 발생하는 매입채무와 그 이외의 거래에서 발생하는 비매입채무로 구분할 수 있다.

수취채권과 지급채무는 서로 대칭적인 관계가 성립된다. 예를 들어, A사가 B사에 상품을 외상으로 판매하면 A의 경우 B사에 대해 수취채권인 매출채권을 인식하게 되고, B사의 경우 A사에 대해 지급채무인 매입채무를 인식하게 된다.

② 매출채권과 매입채무

2-1 매출채권

매출채권(accounts receivable)은 일반적인 상거래에서 발생한 수취채권으로 '**외상매출금**'과 '**받을어음**'을 의미한다. 여기서 일반적인 상거래는 당해 기업의 사업목적을 위한 경상적인 영업활동에서 발생하는 거래로 주된 영업활동거래를 통해 발생한 거래를 의미한다. 예를 들어, 자동차제조업을 영위하는 기업이 생산한 자동차를 외상으로 판매하였다면 주된 영업활동으로 인한 거래이므로 매출채권 계정으로 인식하나, 사무용으로 사용하던 자동차를 외상으로 판매하였다면 이는 주된 영업활동 이외의 거래이므로 미수금 계정으로 인식하여야 한다.

또한 상기에서 매출채권을 둘로 구분하였는데, 외상매출금은 순수한 신용매출로 인해 발생한 채권을 의미하며, 받을어음은 거래처로부터 미리 약정한 지급기일에 일정금액을 미리 정한 장소에서 지급하기로 한 약속어음을 수령한 것을 의미한다.
실무에서는 총계정원장에 각각 외상매출금과 받을어음을 구분하여 회계처리하지만, 재무상태표에 공시할 때는 두 계정을 하나로 통합하여 매출채권으로 공시한다.

2-1-1 외상매출금과 받을어음

① 외상매출금

당해 재화나 용역이 인도되는 시점에 매출거래가 발생하면 수익의 인식과 더불어 자산의 변화가 발생한다. 이때, 현금이 유입되었다면 현금의 증가와 매출의 증가를 기록하면 되지만, 현금의 유입 대신 수취채권이라는 자산이 증가하였으므로 외상매출금이라는 계정을 통해 수익을 인식한다.

(차) 외상매출금	XXX	(대) 매출	XXX

기업은 외상매출금에 대해 각 거래처별로 매출처원장이라는 보조장부를 통해 관리한다. 이러한 외상매출금은 약정된 결제일에 현금을 수수하여 결제된다.

② 받을어음

실제 상거래에서 기업은 약속어음을 주고받는 경우가 많다. 약속어음이란 미리 정해진 지급기일에 일정금액을 정해진 장소에서 지급하기로 약속한 증서를 의미한다. 일반적으로 기업은 은행에 당좌예금 계좌를 개설하고 은행으로부터 교부 받은 어음용지에 금액을 기록하여 어음을 발행하여 사용한다. 일반적인 상거래의 결과 수령한 어음은 받을어음 계정에 기록하고, 재무상태표에 보고할 때 외상매출금과 합산하여 매출채권으로 보고한다.

상품을 매매하는 과정에서 어음을 수령할 때의 회계처리는 다음과 같다.

(차) 받을어음	XXX	(대) 매출	XXX

③ 외상매출금을 받을어음으로 대체

거래 상대방이 상품을 매매할 때 어음을 발행하지 않고 추후 외상매출금을 결제하기 위하여 발행하는 경우 어음을 수령한 기업은 다음과 같이 회계처리 한다.

(차) 받을어음	XXX	(대) 외상매출금	XXX

④ 받을어음 회수

어음의 만기일이 되면 어음의 수취인은 어음을 거래은행에 제시하고 현금을 수령한다. 어음 대금이 결제되는 경우의 회계처리는 다음과 같다.

(차) 현금	XXX	(대) 받을어음	XXX

오쌤 Talk

외상매출금과 받을어음의 차이

받을어음은 거래당사자간의 채권·채무의 관계를 어음이라는 문서를 통해 주고받는다. 이때 어음은 제3자에게 양도가 가능하므로 자금을 유통하는 수단으로 사용될 수 있다. 그러나 외상매출금은 거래당사자의 서로의 장부상에 기록되어 있을 뿐 형식적으로는 배서양도가 불가능하다.

오쌤 Talk

거래할인과 수량할인

표시가격(소비자권장가격)이 ₩100,000인 상품을 ₩10,000의 거래할인을 적용해서 ₩90,000에 판매했다면 결국 판매자는 ₩90,000의 매출이 발생한 것으로 회계처리한다. 원래 ₩100,000에 판매해야 하는데 10개를 한꺼번에 구매해서 ₩10,000을 할인해 준 경우에도 결국은 매출액 ₩90,000으로 인식한다. 즉, 거래할인과 수량할인은 판매시점에 거래가격을 결정할 때 반영하므로 별도의 회계처리를 하지 않고 거래할인과 수량할인을 차감한 순액을 매출액과 매출채권으로 인식한다.

2-1-2 매출채권의 인식

매출채권은 매출을 인식할 때 인식하므로 매출채권과 매출액(수익)의 인식시점은 동일하다. 즉, 최초의 매출채권은 고객에게 재화나 용역을 이전하고 그 대가로 기업이 받게 될 것으로 예상되는 거래금액으로 측정한다. 그러나 이러한 거래금액은 다음과 같은 상황에 따라 후속적으로 달라질 수 있다.

① 거래할인과 수량할인

거래할인(trade discount)은 특정관계(ex. 도매상, 소매상 등)가 있는 고객에게 표시가격보다 낮은 가격으로 판매하는 경우 표시가격과 판매가격과의 차액을 의미한다. 수량할인(quantity discount)는 주문 수량이 일정수준을 초과하는 경우에 제공하는 할인을 말한다. 거래할인과 수량할인은 판매시점에서 거래 가격을 결정할 때 반영하여 매출액과 매출채권을 인식하므로 별도의 회계처리를 할 필요가 없다.

② 매출운임

판매자는 매출운임을 지불하고 상품을 판매함으로 인해 상품과 관련된 모든 과정이 완료가 되고 드디어 수익을 인식한다. 따라서 수익비용대응의 원칙에 따라 판매자의 매출운임은 당기비용(판매비와관리비)으로 인식한다. 그러므로 매출채권과 매출액을 조정하지 아니한다.

③ 매출에누리와 환입

매출에누리는 판매 이후에 제품의 결함이나 하자 등의 이유로 가격을 깎아주는 것을 의미하고, 매출환입은 제품의 하자 등으로 인해 판매한 상품이 반품되는 것을 의미한다. 매출에누리와 환입은 매출채권에서 직접 차감하고, 매출채권을 감소시키는 동시에 매출액도 감소시킨다. 다만, 내부관리목적으로는 매출에누리와 환입계정을 따로 계상하였다가 결산수정분개를 통해 매출액에서 차감할 수도 있다.

예를 들어, 외상매출이 ₩100,000 발생하였는데, 판매 후 제품의 하자 등을 이유로 ₩10,000을 할인해준 경우의 회계처리는 다음과 같다.

[매출에누리·환입의 회계처리_매출계정에서 직접 차감]

〈매출 발생 시〉
(차) 매출채권 ₩100,000   (대) 매출   ₩100,000
〈매출에누리 · 환입〉
(차) 매출   ₩10,000   (대) 매출채권   ₩10,000
〈결산일〉
회계처리없음

[매출에누리·환입의 회계처리_별도의 계정에서 차감]

⟨매출 발생 시⟩
(차) 매출채권 ₩100,000 (대) 매출 ₩100,000

⟨매출에누리·환입⟩
(차) 매출에누리·환입 ₩10,000 (대) 매출채권 ₩10,000

⟨결산일⟩
(차) 매출 ₩10,000 (대) 매출에누리·환입 ₩10,000

④ 매출할인

매출할인은 매출채권을 신속하게 회수하기 위해 일정기간 내에 대금을 지급한 고객에게 대금의 일부를 깎아주는 것을 의미한다. 매출할인의 조건은 다음과 같은 식으로 표시한다.

2/10, n/30

이때, 2/10은 10일 이내에 대금을 결제하면 2%를 할인해준다는 의미이며, n/30은 늦어도 30일 이내에는 대금을 전액 결제해야 한다는 신용공여기한을 의미한다.

매출할인의 회계처리는 한국채택국제회계기준에서 명확하게 규정하고 있지는 않지만 실무에서는 판매시점에 매출채권과 매출액을 총 판매가격으로 기록하고, 매출할인이 실제로 이루어졌을 때 매출할인을 장부에 기록하는 방법을 채택하여 사용한다. 즉, 매출할인이 이루어지기 전까지는 매출할인이 이루어지지 않을 것을 전제로 회계처리하고 실제로 이루어졌을 때 매출에서 차감하는 방법으로 회계처리 하는 것이다. 이러한 방법을 총액법이라고 한다.

그러나 실제 손익계산서에 매출액을 보고할 때는 매출할인을 매출액에서 직접 차감한 순매출액을 보고한다.

그러므로 매출에누리와 환입, 매출할인을 고려한 순매출액(매출채권인식액)은 다음과 같다.

순매출액(매출채권인식액) = 총매출액 − 매출에누리 − 매출환입 − 매출할인

확인문제

08. 다음은 ㈜한국의 신용거래 및 대금 회수 자료이다. 11월에 유입된 현금은?
기출처 2013. 국가직 9급

- 11월 8일 한국상사에 상품 ₩50,000을 외상판매하였다.
- 11월 10일 대금의 50%가 회수되었다.
- 11월 30일 대금의 20%가 회수되었다.
  (단, 외상매출에 대한 신용조건은 5/10, n/30이다.)

① ₩32,950 ② ₩33,750
③ ₩34,250 ④ ₩34,750

정답 ②

오쌤 Talk

총액과 순액

05 재무제표 - **2** 재무제표 작성과 표시의 일반원칙 - **5** 상계'에서 재무상태표와 손익계산서에 표시되는 자산과 부채, 수익과 비용은 상계하지 않는다는 규정을 설명했다. 이때 기준에서 상계표시가 허용되는 경우를 세 가지 제시하고 있지만 순매출채권에 대한 예외는 언급되지 않고 있다. 이는 기준에서 상계표시의 예로 언급하지 않았지만 중요성 관점에서 상계표시하는 사항으로 기억해두어야 한다. 손익계산서에 보고될 때나 향후 계산문제를 풀어낼 때 항상 순액을 사용한다. Link - P.182

2-2 매입채무

외상매출로 인해 매출채권이 계상하는 거래가 발생하였다면 거래상대방은 매입채무 (accounts payable)를 인식하게 된다. 즉, 일반적인 상거래에서 매입이 이루어진 경우 인식하게 되며 일반적인 상거래 이외의 경우는 미지급금계정으로 계상한다.

매입채무는 매출채권의 인식과 마찬가지로 신용을 바탕으로 한 **외상매입금**과 어음상의 채무인 **지급어음**으로 구분되며, 각각의 계정별로 계상되다가 재무상태표에는 합산하여 보고된다.

2-2-1 외상매입금과 지급어음

① 외상매입금

당해 재화를 인도받거나 용역을 공급받은 시점에 매입거래가 발생하게 되면 매입의 인식과 더불어 자산이나 부채의 변화가 발생한다. 이때, 현금이 유출되었다면 현금의 유출과 매입을 기록하면 되지만, 현금의 유출 대신 지급채무라는 부채가 증가하였으므로 외상매입금이라는 계정을 통해 거래를 인식하게 된다.

| (차) 매입 | XXX | (대) 외상매입금 | XXX |

기업은 외상매입금에 대해 각 거래처별로 매입처원장이라는 보조장부를 통해 관리한다. 이러한 매입처원장은 약정된 결제일에 현금을 지급하여 결제된다.

② 지급어음

앞서 설명한 받을어음의 상대적인 개념으로 일반 상거래의 결과 수령한 어음은 받을어음계정에 기입하고, 지급한 어음은 지급어음계정에 기록한다. 지급어음은 재무제표에 보고할 때 외상매입금과 합산하여 매입채무로 보고한다.

상품을 매매하는 과정에서 어음을 지급할 때의 회계처리는 다음과 같다.

| (차) 매입 | XXX | (대) 지급어음 | XXX |

③ 외상매입금을 지급어음으로 대체

상품을 매입할 때 어음을 발행하지 않고 추후 외상매입금을 결제하기 위하여 발행하는 경우 어음을 발행한 기업은 다음과 같이 회계처리 한다.

| (차) 외상매입금 | XXX | (대) 지급어음 | XXX |

④ 지급어음 상환

어음의 발행인은 어음대금이 일반적으로 당좌예금계정에서 출금되어 결제되므로 당좌예금계정에서 차감된다. 어음대금이 당좌예금계정에서 출금되는 경우 어음 만기일에 어음대금을 결제하는 회계처리는 다음과 같다.

| (차) 지급어음 | XXX | (대) 당좌예금 | XXX |

오쌤 Talk

매입계정

상품 등을 매입했을 때 바로 자산에 상품계정을 사용하는 경우도 있고, 교재에 제시된 대로 '매입'계정을 사용하는 경우도 있다. 이와 관련해서는 '08 재고자산'에서 자세히 다룬다. Link - P. 366

2-2-2 매입채무의 인식

매입채무는 매입할 때 인식하므로 매입과 매입채무의 인식시점은 동일하다. 즉, 최초의 매입채무는 판매자로부터 재화나 용역을 지급받고 그 대가로 기업이 지급하게 될 것으로 예상되는 거래금액으로 측정한다. 그러나 이러한 거래금액은 다음과 같은 상황에 따라 후속적으로 달라질 수 있다.

① 거래할인과 수량할인

매입 시에도 거래할인과 수량할인은 매입시점에서 거래 가격을 결정할 때 반영하여 매입액과 매입채무를 인식하므로 별도의 회계처리를 할 필요가 없다.

② 매입운임

구매자는 상품 구매하고 이에 대해 추가적인 작업을 하여 상품을 완성시킨다. 즉, 매입운임은 일종의 최종단계인 매출을 하기 위한 시발점인 것으로 상품을 완성시키는 과정의 일부이다. 따라서 매입원가는 상품을 완성시키는 과정의 일부이므로 상품의 원가를 구성하여야 한다. 또한 아직 매출이 발생하지 않아 수익이 발생하지 않았는데, 이를 당기비용으로 인식하는 것은 수익비용대응의 원칙에도 어긋난다. 그러므로 매입운임은 상품의 원가를 구성한다.

③ 매입에누리와 환출

매입에누리는 상품의 결함을 이유로 저렴하게 구매한 것이고, 매입환출은 제품의 하자 등을 이유로 상품이 반품되는 것을 의미한다. 매출에누리와 환입의 경우와 마찬가지로, 매입채무에서 직접차감하고, 매입액을 감소시킨다. 다만, 내부관리목적으로는 매입에누리와 환출계정을 따로 계상하였다가 결산수정분개를 통해 매입액에서 차감할 수도 있다. 이와 관련된 분개는 매출인식에서 다룬 내용으로 대체하고 생략한다.

④ 매입할인

매입할인은 구매자가 일정 기일 내에 결제할 경우 결제금액에 대해 일정비율로 할인을 받는 금액으로 매출할인의 회계처리와 동일하다. 즉, 실무에서 분개상으로는 매입액을 할인받기 전 금액으로 계상하고 실제 매입할인이 발생하였을 때 매입액(매입채무)에서 차감하는 것으로 회계처리한다.

그러나 실제 손익계산서에 매입액을 보고할 때는 매입할인을 매입액에서 직접 차감한 순매입액을 보고한다.

그러므로 매입운임과 매입에누리와 환출, 매입할인을 고려한 순매입액(매입채무인식액)은 다음과 같다.

> 순매입액(매입채무인식액) = 총매입액 + 매입운임 − 매입에누리 − 매입환출 − 매입할인

오쌤 Talk

매출운임과 매입운임

매출운임은 당기비용(판매비와관리비)으로 처리한다. 그러나 매입하는 과정에서 발생하는 운임은 상품의 원가(자산)로 처리한다.

회계상에서는 취득(매입)하는 과정에서 발생하는 직접적인 거래부대비용은 취득원가에 가산한다. 이는 대부분의 자산취득에 적용되는 원리이다.

③ 기타의 채권·채무

3-1 단기대여금과 단기차입금

단기대여금(short - term loans)은 금전소비대차계약에 따라 자금을 거래상대방에게 빌려주고 만기가 1년 이내에 자금을 회수하는 것을 의미한다. 즉, 자금을 대여해주고 1년 이내에 회수하면 단기대여금, 회수에 1년 이상이 걸리는 경우에는 장기대여금으로 분류하는 것이다.

단기차입금(short - term borrowings)은 금전소비대차계약에 따라 자금을 차입하고 1년 이내에 자금을 돌려주는 것을 의미한다. 즉, 자금을 차입하고 1년 이내에 상환하면 단기차입금, 상환기간이 1년 이상인 경우는 장기차입금으로 분류한다. 또한 당좌예금이 (-) 부의 잔액이 된 경우 즉 당좌차월은 단기차입금으로 분류가 된다.

3-2 미수금과 미지급금

일반적인 상거래에서 발생하는 수취채권을 매출채권이라 하며, 그 이외의 거래에서 발생하는 수취채권을 미수금(accounts receivable - other)이라고 한다. 그러므로 재화나 용역을 제공한 것이 기업의 사업목적에 부합하면 매출채권으로 구분하며, 부합하지 않는 거래일 경우는 미수금으로 인식을 한다. 예를 들어 토지, 건물, 유가증권 등을 처분하고 대금을 회수하지 못한 경우에 미수금 계정으로 기록한다.

일반적인 상거래에서 발생하는 지급채무를 매입채무라 하며, 그 이외의 거래에서 발생한 지급채무를 미지급금(accounts payable - other)이라고 한다. 즉, 재고자산이 아닌 다른 자산을 매입하고 대금을 지급하지 않고 있는 경우에 미지급금 계정으로 기록한다.

3-3 미수수익과 미지급비용

미수수익(accured incomes)은 현금이 회수되지 않았으나 기간손익을 발생주의에 따라 인식하는 당기수익으로 인식하는 것이다. 즉, 수익이 기간의 경과에 비례하여 발생하였으나 현금을 결산시점에 못 받을 경우 기간경과된 부분만큼 수익으로 인식하는 것이다. 예를 들어 자금을 대여하고 이자수익을 다음 기에 받기로 한 경우 당기에는 기간경과분의 이자수익만큼을 인식하는 것이다.

미지급비용(accured expenses)는 당기에 기간이 경과함에 따라 발생한 비용 중에 아직 현금을 지급하지 아니한 채무를 의미한다. 예를 들어 미지급급여, 미지급이자, 미지급임차료 및 미지급수수료 등이 이에 속한다.

오쌤 Talk

계정의 구분

① 미수금과 미수수익의 차이
미수금과 미수수익은 둘 다 받을 돈이다. 이때, 미수금은 채권 발생 자체가 일회성 거래로 인해 생기는 반면에, 미수수익은 시간이 지날수록 연속적으로 채권이 발생되고 있는 상황에 적용된다.

② 미지급금과 미지급비용의 차이
미지급금과 미지급비용은 둘 다 갚을 돈이다. 이때, 미지급금은 채무 발생 자체가 일회성 거래로 인해 생기는 반면에, 미지급비용은 시간이 지날수록 연속적으로 채무가 발생되고 있는 상황에 적용된다.

3-4 선급금과 선수금

선급금(advance payments)은 상품, 원재료 등 재고자산의 구입을 위해 재화나 용역이 인도되기 전에 대금의 일부를 계약금 명목으로 선지급하는 것을 말한다. 즉, 일반적인 상거래에서 재화나 용역을 구입하는 데 계약금을 지불하면 선급금으로 계상하고, 이후 구매대금을 지급하지 못하면 매입채무로 계상하는 것이다.

선수금(advance receipts)은 일반적인 상거래에서 재화나 용역을 제공하기로 하고 계약금 명목으로 일부의 대금을 미리 선수한 금액이다. 따라서 선수금은 재화나 용역을 제공하는 때 매출로 인식되므로 선수금이 많이 계상되어 있다면 향후 추가적으로 발생할 매출이 많다는 의미로 해석될 수 있다.

3-5 선급비용과 선수수익

선급비용(prepaid expenses)은 계속적인 용역계약을 체결하고 현금을 지불하였으나 관련 효익을 기간의 경과에 따라 획득하는 것을 의미한다. 즉, 미리 현금을 지불하고 일정 기간의 경과에 따라 효익을 득하는 거래로 선급이자, 선급보험료, 선급임차료 등이 이에 해당한다.

선급비용은 차기의 비용을 선급하는 것으로 지출에 대한 반대급부로서의 용역이 결산일 현재 제공되지 않았기 때문에 자산으로 인식을 하나, 선급금은 상품 등의 매입을 위하여 계약금을 지불한 것으로 향후 재고자산의 가격의 구성이 된다.

선수수익(unearned revenues)은 현금은 수령하였으나 기간경과에 따라 당기 중 발생하지 아니한 수익을 이연처리하는 계정이다. 즉, 미리 받은 수익 중에서 당기의 수익이 아니라 차기의 수익으로 선수이자, 선수임대료 등이 있다.

3-6 기타

예수금(reserve receipt)은 일반적 상거래 이외에서 발생한 일시적 현금수령액으로, 잠시 보관하였다가 제3자에게 다시 지급하는 금액이다. 예를 들어 종업원의 급여에 대한 소득세, 건강보험료 등을 일시적으로 보유하였다가 종업원을 대신하여 세무서, 국민건강보험공단 등에 납부하는 것이다. 따라서 일시적으로 해당 금액을 대신 보유하는 것이므로 부채로 계상하며, 해당기관 등에 납부할 때 상계처리한다.

가지급금과 가수금은 현금을 지급하였거나 수령하였으나 어떤 명목에 의해서 지급·수령되었는지를 알 수 없어서 임시적으로 계상해 놓는 것을 의미한다. 따라서 재무상태표에서는 자산이나 부채로 계상될 수 없으며, 반드시 정확한 계정과목을 찾아 계상해야 한다. 예를 들어 사장님이 일정금액의 현금을 가지고 출장을 간 경우, 정산 전까지는 가지급금으로 계상하였다가 사용내역을 확인하여 가지급금에서 정확한 과목으로 계정분류를 하면 된다.

오쌤 Talk

계정의 구분

① 선급금과 선급비용의 차이
선급금과 선급비용은 둘 다 미리 낸 돈으로, 앞으로 받을 재화나 서비스를 의미한다. 즉, 광의에서의 채권이다. 이때, 선급금은 채권 발생 자체가 일회성 거래로 인해 생기는 반면에, 선급비용은 시간이 지날수록 연속적으로 채권이 소멸되고 있는 상황에 적용된다.

② 선수금과 선수수익의 차이
선수금과 선수수익은 둘 다 미리 받은 돈으로, 앞으로 지급하게 될 재화나 서비스를 의미한다. 즉, 광의에서의 채무이다. 이때, 선수금은 채무 발생 자체가 일회성 거래로 인해 생기는 반면에, 선수수익은 시간이 지날수록 연속적으로 채무가 소멸되고 있는 상황에 적용된다.

확인문제

09. 다음은 회계 사건별로 채권자와 채무자 각각의 재무상태표 계정을 연결한 것이다. 가장 옳지 않은 것은?

회계사건	채권자 계정	채무자 계정
① 상품의 인수·인도 전에 상품대금을 지급 또는 수령한 경우	미수금	미지급금
② 1년치 임차료를 선지급 또는 임대료를 선수한 경우	선급비용	선수수익
③ 차용증서에 의해 금전을 빌려주거나 빌려온 경우	대여금	차입금
④ 제품을 판매하거나 매입하고 대가를 나중에 수령 또는 지급한 경우	매출채권	매입채무

정답 ①

5 장기성 채권·채무의 현재가치 평가

❶ 현재가치 평가의 의의

채권의 회수와 채무의 지급이 장기간에 걸쳐 이연이 되는 경우 미래에 회수하거나 지급할 금액에는 일반적으로 금융요소에 대한 대가인 이자가 포함되어 있다. 이 경우 미래현금흐름에 포함된 금융요소는 거래 발생일 이후 대금이 회수되거나 지급되는 기간 동안 이자수익이나 이자비용으로 인식하여야 적절한 기간 손익의 배분이 가능해진다. 만약 화폐의 시간가치를 무시하고 미래에 유입되거나 유출될 현금흐름으로 측정하면 채권과 채무가 과대평가되고, 그 결과 수익과 비용도 과대평가되기 때문이다. 그러므로 장기성 채권과 채무는 현재가치로 평가한다.

❷ 대상

장기연불조건의 매매거래, 장기금전대차거래 또는 이와 유사한 거래에서 발생하는 장기성 채권·채무는 원칙적으로 적절한 할인율로 평가하여 당해 채권·채무가 공정가치로 재무제표에 최초로 인식되도록 한다.

2-1 장기연불조건 매매거래

장기연불조건의 매매거래는 거래의 대상이 재화나 용역인 경우를 의미한다. 즉 일반적인 상거래에서 발생하는 재화의 매매거래, 용역의 수수거래 및 유형자산의 매매거래 등을 포함한다. 장기 연불조건의 매매거래에서는 장기매출채권, 장기미수금, 장기 매입채무 및 장기미지급금 등의 계정들이 나타난다.

2-2 장기금전대차거래

장기금전대차거래는 거래의 대상이 금전인 경우를 말하며, 장기투자채무증권, 장기대여금, 사채 및 장기차입금 등의 계정들이 나타난다.

2-3 단기성 채권·채무

한편 기업회계기준서 제1115호 '고객과의 약속에서 생기는 수익'에서는 기업이 고객에게 약속한 재화나 용역을 이전하는 시점과 고객이 그에 대한 대가를 지급하는 시점 간의 기간이 1년 이내일 것이라고 예상한다면 유의적인 금융요소를 반영하여 약속한 대가를 조정하지 않는 실무적 간편법을 쓸 수 있도록 허용하고 있다. 그러므로 단기성 채권·채무는 금융요소인 이자를 분리하지 않고 송장(invoice)에 있는 원본 금액으로 측정한다.

오쌤 Talk

채권·채무에 대한 현재가치할인

장기성 채권과 채무는 현재가치로 할인한다. 그러나 단기성 채권과 채무는 현재가치할인을 적용하지 않아도 된다. Link-P.693

이때, 현재가치는 채권과 채무로부터 발생될 현금흐름을 적절한 이자율로 할인하여 이자요소를 제거한 금액을 의미한다. 일반적으로 해당 재화나 용역의 공정가치와 일치한다.

미래 현금흐름과 현재가치의 차이는 '현재가치할인차금'이라고 하며, 현재가치할인차금은 채권과 채무에서 차감하는 형식으로 기재하고 유효이자율법을 적용하여 상각한 금액을 이자수익이나 이자비용으로 처리한다.

❸ 현재가치에 적용할 이자율

3-1 내재이자율

장기성 채권·채무에 대한 현재가치는 당해 미래현금흐름의 총 수취(지급)액을 적절한 이자율로 할인하여 측정한다. 이때 적절한 이자율은 당해 거래의 내재이자율을 적용하며, 내재이자율은 다음 둘 중 좀 더 명확하게 결정할 수 있는 것으로 한다.

① 시장이자율: 거래 상대방과 별도 금융거래를 한다면 반영하게 될 할인율
② 내부수익률: 재화나 용역의 대가를 현금으로 결제한다면 지급할 가격으로 약속한 대가의 명목금액을 할인하는 이자율

예를 들어, 현금결제가격이 ₩100,000이지만, 2년 후 결제대금을 회수하는 조건으로 ₩121,000에 판매했다면 ₩121,000/(1 + R)² = ₩100,000의 공식을 이용하면 R = 10%로 계산된다. 여기서 계산된 10%를 내부수익률이라고 하며, 시장이자율을 계산할 수 없는 경우 내부수익률을 사용하면 된다.

[내재이자율]

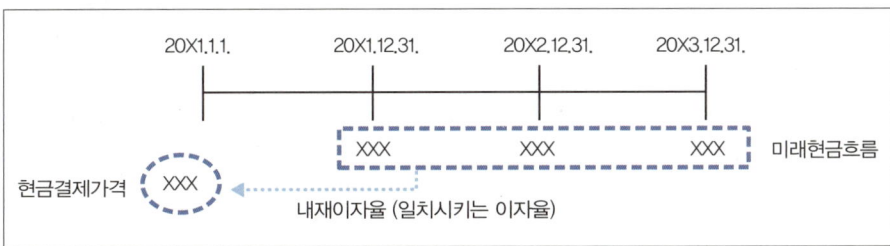

3-2 유효이자율

유효이자율은 채권·채무의 미래의 현금흐름과 현재의 가치를 일치시키는 이자율을 의미한다. 그러므로 재무회계에서는 내재이자율과 유효이자율을 동일한 의미로 사용한다.

[현재가치 평가]

구분	현재가치 평가	대상	계정과목
장기연불조건의 매매거래	○	재화나 용역	장기매출채권, 장기미수금, 장기매입채무, 장기미지급금
장기금전대차거래	○	금전	장기투자채무증권, 장기대여금, 사채, 장기차입금
단기성 채권·채무	X	재화와 용역 (수익인식과 지급시점 간의 차이가 1년 이내)	매출채권, 미수금, 매입채무, 미지급금 등

④ 현재가치 평가의 유형

4-1 사채형

사채형은 매기 일정한 현금흐름이 있고 만기에 액면금액에 대한 현금흐름이 있는 유형이다. 매기 일정액의 표시이자는 연금의 현가계수를 적용하고, 만기 액면금액에 대해서는 단일금액의 현가계수를 적용하여 현재가치를 계상한다. 후속적으로 유효이자율법을 적용하여 이자수익(비용)을 인식한다.

오쌤 Talk

사채형 거래의 이해

① 판매자 입장에서는 매각 후 받을 대금을 장기미수금으로 처리한다. 이때, 실질적인 매각액은 받을 돈의 현재가치이므로 장기미수금의 현재가치(판매가액)와 장부금액의 차이를 유형자산의 처분손익으로 인식한다.

② 구매자의 입장에서는 매입으로 인해 지급하게 될 대금을 장기미지급금으로 처리한다. 이때, 현재시점에서 매입액은 지급할 돈의 현재가치이므로 장기미지급금의 현재가치(구입액)를 유형자산의 취득원가로 인식한다.

기본예제 3 **현재가치 평가 - 사채형**

㈜한국은 20X1년 초에 장부금액이 ₩50,000인 기계장치를 ㈜민국에 매각하고 ㈜민국으로부터 액면금액 ₩100,000, 표시이자 8%, 이자는 매년 말 후급, 만기 3년인 채권을 수령하였다. 당해 거래에 적용된 내재이자율은 10%였다. 10%, 3기간 연금의 현가계수 2.49이고, 3기간 단일금액의 현가계수 0.75이다.

01 ㈜한국의 매년 말 회계처리를 하시오(단, 유동성 대체는 생략한다.)

02 ㈜민국의 매년 말 회계처리를 하시오(단, 유동성 대체는 생략한다.)

풀이

Step 1 그림으로 이해하기

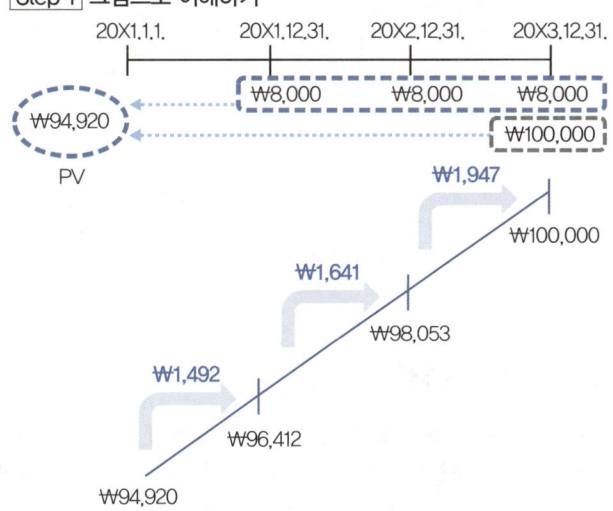

Step 2 유효이자율법 상각표

날짜	① 유효이자(10%)	② 표시이자(8%)	③ 상각액(①−②)	④ 장부금액(④+③)
20X1.1.1.				₩94,920
20X1.12.31.	₩9,492	₩8,000	₩1,492	₩96,412
20X2.12.31.	₩9,641	₩8,000	₩1,641	₩98,053
20X3.12.31.	₩9,947	₩8,000	₩1,947	₩100,000
	₩29,080	₩24,000	₩5,080	

01 ㈜한국 일자별 회계처리

20X1.1.1.	(차) 장기미수금	₩100,000	(대) 기계장치	₩50,000
			현재가치할인차금	₩5,080
			유형자산처분이익	₩44,920
20X1.12.31.	(차) 현금	₩8,000	(대) 이자수익	₩9,492
	현재가치할인차금	₩1,492		
20X2.12.31.	(차) 현금	₩8,000	(대) 이자수익	₩9,641
	현재가치할인차금	₩1,641		
20X3.12.31.	(차) 현금	₩8,000	(대) 이자수익	₩9,947
	현재가치할인차금	₩1,947		
	(차) 현금	₩100,000	(대) 장기미수금	₩100,000

02 ㈜민국 일자별 회계처리

20X1.1.1.	(차) 기계장치	₩94,920	(대) 장기미지급금	₩100,000
	현재가치할인차금	₩5,080		
20X1.12.31.	(차) 이자비용	₩9,492	(대) 현금	₩8,000
			현재가치할인차금	₩1,492
20X2.12.31.	(차) 이자비용	₩9,641	(대) 현금	₩8,000
			현재가치할인차금	₩1,641
20X3.12.31.	(차) 이자비용	₩9,947	(대) 현금	₩8,000
			현재가치할인차금	₩1,947
	(차) 장기미지급금	₩100,000	(대) 현금	₩100,000

오쌤 Talk

이자수익과 이자비용

① 판매자는 판매로 인해 판매시점 기준으로 받을 금액이 ₩94,920이다. 그런데 3년 후 시점에 ₩100,000을 받기로 했다. 더 받게 되는 ₩5,080은 이자 때문이다. 그러므로 ₩5,080을 현재가치할인차금이라는 계정과목으로 인식하고, 향후 3년의 기간에 걸쳐 유효이자율법을 적용하여 이자수익으로 인식한다.

② 구매자는 구매로 인해 구매시점 기준으로 지급할 금액이 ₩94,920이다. 그런데 3년 후 시점에 ₩100,000을 지급하기로 했다. 더 지급하게 되는 ₩5,080은 이자 때문이다. 그러므로 ₩5,080을 현재가치할인차금이라는 계정과목으로 인식하고, 향후 3년의 기간에 걸쳐 유효이자율법을 적용하여 이자비용으로 인식한다.

4-2 할부형

할부판매형은 매기 표시이자와 원금을 포함한 일정액의 현금흐름이 있는데 표시이자와 원금부분은 명시적으로 구분되어 있지 않은 현금흐름을 갖는다. 이 유형은 표시이자가 구분되지 않는다는 특징이 있다. 매년 상환되는 원금 안에 이자와 원금이 합쳐져 있기 때문에 유효이자율법을 적용하여 이를 분리해야 한다.

할부판매형은 매기 일정액의 현금흐름에 대하여 연금현가계수를 적용하여 현재가치를 산정한다. 후속적으로 유효이자율법에 따라 이자수익(이자비용)을 인식한다.

오쌤 Talk

할부판매 거래의 이해

① 할부판매는 판매(인도)시점에 판매자가 수익을 인식한다.
  이때, 판매자가 인식할 수익은 앞으로 받게 될 미래 현금수령액의 현재가치이다. 이때, 매출채권은 향후 유입될 현금의 총액으로 인식하고 현재가치의 차이만큼을 차감해서 순액으로 표시한다.
② 할부판매는 매입시점에 매입자의 자산(재고자산)으로 인식한다.
  이때, 매입자가 인식할 매입가액은 앞으로 지급하게 될 미래 현금지급액의 현재가치이다. 이때, 매입채무는 향후 지급될 현금의 총액으로 인식하고 현재가치의 차이만큼을 차감해서 순액으로 표시한다.

기본예제 4 현재가치 평가 – 할부판매형

20X1년 초 ㈜한국은 3년간 매년 말 ₩100,000씩 3회에 걸쳐 분할하여 회수하는 조건으로 제품을 ㈜민국에 판매하였다. 동 제품의 원가는 ₩200,000이다. 당해 판매거래에 적용된 내재이자율은 10%이며, 10% 3기간 연금의 현가계수는 2.49이다.

01 ㈜한국의 각 시점별로 필요한 회계처리를 하시오(단, 유동성 대체는 생략한다.)

02 ㈜민국의 각 시점별로 필요한 회계처리를 하시오(단, 유동성 대체는 생략한다.)

풀이

Step 1 그림으로 이해하기

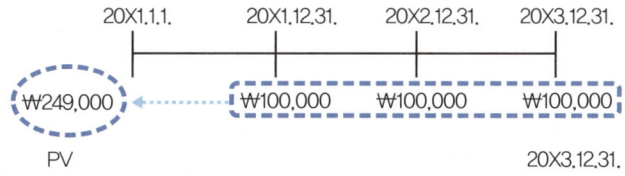

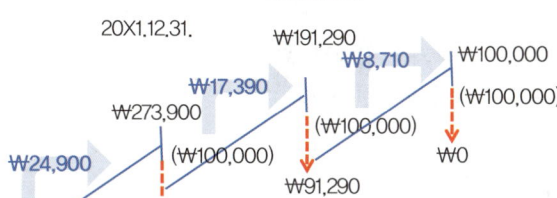

Step 2 장기채권의 현재가치

₩100,000 × 2.49 = ₩249,000

Step 3 유효이자율법 상각표

날짜	① 유효이자(10%)	② 원리금회수	③ 원리금회수액 (②-①)	④ 장부금액 (④-③)
20X1.1.1.				₩249,000
20X1.12.31.	₩24,900	₩100,000	₩75,100	₩173,900
20X2.12.31.	₩17,390	₩100,000	₩82,610	₩91,290
20X3.12.31.	₩8,710	₩100,000	₩91,290	₩0
	₩51,000	₩300,000	₩249,000	

01 ㈜한국 일자별 회계처리

일자		차변			대변	
20X1.1.1.	(차)	장기매출채권	₩300,000	(대)	매출액	₩249,000
					현재가치할인차금	₩51,000
		매출원가	₩200,000		제품	₩200,000
20X1.12.31.	(차)	현재가치할인차금	₩24,900	(대)	이자수익	₩24,900
		현금	₩100,000		장기매출채권	₩100,000
20X2.12.31.	(차)	현재가치할인차금	₩17,390	(대)	이자수익	₩17,390
		현금	₩100,000		장기매출채권	₩100,000
20X3.12.31.	(차)	현재가치할인차금	₩8,710	(대)	이자수익	₩8,710
		현금	₩100,000		장기매출채권	₩100,000

02 ㈜민국 일자별 회계처리

일자		차변			대변	
20X1.1.1.	(차)	매입	₩249,000	(대)	장기매입채무	₩300,000
		현재가치할인차금	₩51,000			
20X1.12.31.	(차)	이자비용	₩24,900	(대)	현재가치할인차금	₩24,900
		장기매입채무	₩100,000		현금	₩100,000
20X2.12.31.	(차)	이자비용	₩17,390	(대)	현재가치할인차금	₩17,390
		장기매입채무	₩100,000		현금	₩100,000
20X3.12.31.	(차)	이자비용	₩8,710	(대)	현재가치할인차금	₩8,710
		장기매입채무	₩100,000		현금	₩100,000

오쌤 Talk

이자수익과 이자비용

① 판매자는 판매로 인해 판매시점 기준으로 받을 금액이 ₩249,000이다. 그런데 3년 동안 총 ₩300,000을 받기로 했다. 더 받게 되는 ₩51,000은 이자 때문이다. 그러므로 ₩51,000을 현재가치할인차금이라는 계정과목으로 인식하고, 향후 3년의 기간에 걸쳐 유효이자율법을 적용하여 이자수익으로 인식한다.

② 구매자는 구매로 인해 구매시점 기준으로 지급할 금액이 ₩249,000이다. 그런데 3년 동안 총 ₩300,000을 지급하기로 했다. 더 지급하게 되는 ₩51,000은 이자 때문이다. 그러므로 ₩51,000을 현재가치할인차금이라는 계정과목으로 인식하고, 향후 3년의 기간에 걸쳐 유효이자율법을 적용하여 이자비용으로 인식한다.

6 매출채권의 평가 – 대손회계

1 대손회계 의의

판매촉진을 위해 외상거래를 하는 경우 매출액은 증가하지만 매출채권 중 회수 불가능한 금액이 발생하게 된다. 이때 **회수 불가능한 금액을 대손(bad debt)**이라고 하며 대손에 해당하는 금액은 미래 경제적 효익의 유입가능성이 불확실해지므로 자산의 인식요건을 만족할 수 없게 된다. 그러므로 매출채권은 대손의 발생가능성이 높고 이에 대한 객관적인 증거가 있는 경우 예상되는 경제적 효익의 감소(대손예상액)을 대손상각비(비용)로 인식하고 매출채권에서 차감해야 한다.

대손상각비를 인식하는 방법은 매출채권을 실제 회수할 수 없게 되었을 때 대손과 관련된 비용을 인식하는 방법인 직접상각법이 있다.

직접상각법으로 인식하면 다음과 같이 회계처리할 수 있다.

(차)	대손상각비	XXX	(대)	매출채권	XXX

즉, 대손이 확정되는 시점에 매출채권을 감소시키고 동 금액만큼 대손상각비로 인식한다. 직접상각법은 객관성이 높고 실무상 적용하기가 쉬우나 매출과 대손이 인식되는 회계기간의 차이가 발생하는 등 수익·비용대응에 부합하지도 않고 기말매출채권의 회수가능금액에 대한 평가가 되지 않는 단점이 있다.

반면에 **충당금설정법은 보고기간 말에 대손예상액을 추정하여 동 금액을 대손비용으로 인식하고 대손충당금을 인식하는 방법**이다.

충당금설정법에 따라 인식하면 다음과 같이 회계처리할 수 있다.

〈대손예상액 추정〉
(차)	대손상각비	XXX	(대)	대손충당금	XXX

〈대손확정〉
(차)	대손충당금	XXX	(대)	매출채권	XXX

즉, 충당금설정법은 대손이 예상되는 회계연도에 대손금액을 추정하여 대손비용과 대손충당금으로 각각 인식한다. 실제로 매출채권이 회수될 수 없다고 판명되었을 때, 회수 불가능한 채권잔액을 대손충당금과 상계한다. 충당금설정법은 대손추정치를 추정하므로 설정기준이 주관적이라는 단점이 있으나, 수익·비용 대응의 법칙에 부합하고 기말매출채권에 대하여 회수 불가능한 금액을 대손충당금으로 설정하므로 순실현가능가치로 평가된다는 장점이 있다.

한국채택국제회계기준에서는 충당금설정법만을 인정하고 있다.

오쌤 Talk

대손충당금의 설정과 수익·비용 대응의 원칙

기업은 판매시점에 현금거래와 외상거래 중에서 선택할 수 있다. 이때 현금거래는 대손의 위험이 없지만 외상거래는 대손의 위험을 안고 거래하게 된다. 그러므로 외상거래가 발생한 시점에 외상거래로 인한 비용(대손비용)을 미리 인식할 수 있다면, 수익을 인식할 때 외상거래와 관련된 부수비용(대손비용)을 맞추어 인식하므로 수익과 비용을 대응시킬 수 있게 된다.

❷ 대손의 추정(예상 시)

2-1 기대신용손실의 측정

매출채권은 기대손실모형을 적용하여 기대신용손실을 손실충당금으로 설정하고 당기손익으로 처리해야 한다. 기대신용손실은 신용위험의 유의적인 증가 여부에 따라 12개월 기대신용손실 또는 전체기간 기대신용손실을 각각 손실충당금으로 측정해야 한다. 이때, 보고기간 말 현재 개별채권을 매출채권으로 인식한 시점부터 경과된 기간 또는 연체기간을 기준으로 몇 개의 집단으로 나누고 각 집단별로 다른 손실예상율을 곱하여 계산하는 연령분석법(aging method)을 적용한다.

[대손의 추정]

연령구분	매출채권금액		손실예상률		손실예상액
30일 이내	XXX	×	1%	=	XXX
31일에서 60일 이내	XXX	×	2%	=	XXX
61일에서 180일 이내	XXX	×	5%	=	XXX
180일 이상	XXX	×	20%	=	XXX
	XXX				XXX

기대신용손실

2-2 재무제표 표시

대손충당금(또는 손실충당금)은 매출채권의 차감적 평가계정으로 재무상태표에는 매출채권에서 차감하는 형식으로 공시한다. 매출채권 기말잔액이 ₩100,000이고 **기대신용손실액**이 ₩5,000인 경우 재무상태표에는 다음과 같이 표시한다.

재무상태표
20X1년 12월 31일 현재

| 매출채권 | ₩100,000 | |
| 대손충당금 | (₩5,000) | ₩95,000 |

위와 같이 표시된 재무상태표상에서 순매출채권은 ₩95,000이다.

또한 기초에 인식한 대손충당금이 없다면 당해 재무상태표상에 대손충당금을 ₩5,000 인식하면서 포괄손익계산서상에 대손상각비를 인식하고 다음과 같이 표시한다. 만약 **매출채권에 대한 대손상각비를 인식하는 경우라면 판매비와관리비에 포함하여 인식하고, 그 외의 채권에 대한 대손상각비를 인식하는 경우에는 영업외손익으로 따로 인식한다.**

포괄손익계산서
20X1년 1월 1일부터 20X1년 12월 31일까지

| 판매비와관리비 | |
| 대손상각비 | ₩5,000 |

확인문제

10. ㈜한국은 고객에게 60일을 신용기간으로 외상매출을 하고 있으며, 연령분석법을 사용하여 기대신용손실을 산정하고 있다. 2017년 말 현재 ㈜한국은 매출채권의 기대신용손실을 산정하기 위해 다음과 같은 충당금설정률표를 작성하였다. 2017년 말 매출채권에 대한 손실충당금(대손충당금) 대변잔액 ₩20,000이 있을 때, 결산 시 인식할 손상차손(대손상각비)은?

기출처 2018. 관세직 9급

구분	매출채권금액	기대신용손실률
신용기간 이내	₩1,000,000	1.0%
1~30일 연체	₩400,000	4.0%
31~60일 연체	₩200,000	20.0%
60일 초과 연체	₩100,000	30.0%

① ₩96,000 ② ₩86,000
③ ₩76,000 ④ ₩66,000

정답 ③

용어

매출채권과 같은 수취채권은 전통적으로 손실충당금이나 매출채권손상차손이라는 계정과목 대신 대손충당금과 대손상각비 또는 대손충당금환입이라는 계정과목을 사용해왔다. 수험목적상 본서에서도 이러한 계정과목을 사용한다.

매출채권의 대손충당금의 인식

매출채권에 대한 대손충당금과 같은 평가충당금을 차감하여 관련 자산을 순액으로 측정하는 것은 상계표시에 해당하지 아니한다. Link - P.182

❸ 대손회계처리

3-1 대손충당금의 설정

대손충당금을 합리적이고 객관적인 기준에 따라 산출한 후 설정할 경우, 대손충당금의 잔액이 없는 경우라면 추정된 대손충당금액 그대로 설정하면 된다. 그러나 기존의 대손충당금의 잔액이 있는 경우라면 새로 추정된 금액과 비교를 하여 추가적으로 설정하거나 초과하는 금액만큼을 환입해주어야 한다. 각 상황별로 대손충당금을 인식하는 회계처리는 다음과 같다.

상황	방법	회계처리	
대손충당금을 추가 설정하는 경우 (기대신용손실 > 기존 대손충당금잔액)	차액만큼 대손상각비 인식	(차) 대손상각비 (대) 대손충당금	XXX XXX
대손충당금을 환입하는 경우 (기대신용손실 < 기존 대손충당금잔액)	차액만큼 대손충당금 환입	(차) 대손충당금 (대) 대손충당금환입	XXX XXX

오쌤 Talk
대손상각비와 대손충당금 환입
① 대손상각비: 비용
　(판매비와관리비 or 기타비용)
② 대손충당금환입: 수익

기본예제 5 대손충당금인식

㈜한국은 20X1년 말 매출채권 잔액 ₩100,000이며 기존에 대손충당금이 ₩1,000 설정되어 있었고 회사는 연령분석법으로 대손충당금을 추정하였다.
다음의 경우로 나누어 대손충당금을 설정하는 분개를 하시오.

01 개별채권의 미래현금흐름을 분석한 결과 보고기간 말 현재 매출채권 ₩2,000이 회수 불확실한 것으로 추정되는 경우

02 개별채권의 미래현금흐름을 분석한 결과 보고기간 말 현재 매출채권 ₩500이 회수 불확실한 것으로 추정되는 경우

오쌤 Talk
기본예제 5
01. 재무상태표에 인식하게 될
　　대손충당금: ₩2,000
02. 재무상태표에 인식하게 될
　　대손충당금: ₩500

[풀이]

01 대손예상액 > 기존대손충당금 잔액
　　추가 설정금액 = (₩100,000 × 2%) - ₩1,000 = ₩1,000
　　(차) 대손상각비　　₩1,000　　(대) 대손충당금　　₩1,000

02 대손예상액 < 기존대손충당금 잔액
　　환입금액 = ₩1,000 - ₩100,000 × 0.5% = ₩500
　　(차) 대손충당금　　₩500　　(대) 대손충당금환입　　₩500

3-2 대손의 발생

실제로 매출채권이 회수 불가능하게 되어 대손이 확정된 경우에는 **해당 매출채권을 대손충당금과 상계**한다. 이때 대손충당금의 잔액이 있는 경우에는 대손충당금과 상계해주고, 만약 **대손충당금이 부족한 경우에는 부족금액만큼 추가적으로 대손상각비를 더 인식**해주어야 한다.

상황(대손이 발생한 경우)	회계처리
대손충당금 잔액이 없는 경우	(차) 대손상각비 XXX (대) 매출채권 XXX
대손충당금 잔액 > 대손채권액	(차) 대손충당금 XXX (대) 매출채권 XXX
대손충당금 잔액 < 대손채권액	(차) 대손충당금 XXX (대) 매출채권 XXX 　　대손상각비 XXX

오쌤 Talk

대손과 손상차손
금융자산의 손상의 인식은 대손과 같은 개념이다. 그러므로 대손상각비는 금융자산의 손상차손의 계정과 같다고 할 수 있다.

기본예제 6 대손의 발생

㈜한국은 현재의 매출채권 잔액 ₩100,000이며 기존의 대손충당금이 ₩1,000 설정되어 있었다.
다음의 경우로 나누어 분개를 하시오.

01 대손이 ₩500 발생한 경우

02 대손이 ₩2,000 발생한 경우

오쌤 Talk

대손충당금과 대손상각비 인식
01. ① 대손충당금: ₩500
　　② 대손상각비: ₩0
02. ① 대손충당금: ₩0
　　② 대손상각비: ₩1,000

[풀이]

01 대손충당금 잔액 > 대손채권액
　　(차) 대손충당금　　₩500　　(대) 매출채권　　₩500

02 대손충당금 잔액 < 대손채권액
　　추가 설정금액 = 대손채권액(₩2,000) − ₩1,000 = ₩1,000
　　(차) 대손충당금　　₩1,000　　(대) 매출채권　　₩2,000
　　　　대손상각비　　₩1,000

3-3 대손채권의 회수

대손으로 확정되어 대손충당금과 상계된 매출채권이 추후에 현금으로 회수가 되는 경우, 회수된 금액을 대손충당금의 대변에 기록한다.

| (차) 현금 | XXX | (대) 대손충당금 | XXX |

이러한 회계처리는 매출채권과 대손충당금을 서로 상계한 기존의 회계처리를 취소하고, 당해 매출채권을 회수한 것으로 회계처리한 것이다.

| (차) 매출채권 | XXX | (대) 대손충당금 | XXX |
| (차) 현금 | XXX | (대) 매출채권 | XXX |

오쌤 Talk

대손충당금의 회수

대손충당금이 회수되었을 때 현금이 유입되면서 대손충당금을 늘리는 분개를 인식한다. 이때 이전에 대손을 인식하는 과정에서 대손충당금이 부족하여 대손충당금을 차감할 수 없어서 대손상각비로 처리했던 경우에도 대손회수에 대한 회계처리는 대손충당금으로 회계처리한다. 왜냐하면, 기말에 부족한 대손충당금을 조정하는 과정에서 대손충당금이 증가된 만큼 대손상각비를 적게 인식하여 비용을 줄이는 결과가 되기 때문이다.

그러므로 대손의 회수는 무조건 대손충당금의 증가로 회계처리한다.

기본예제 7 대손의 회수

㈜한국의 전기말 대손충당금의 잔액은 ₩10,000 이었다. 당기에 대손이 ₩8,000이 발생하여 대손회계처리를 하였는데 이 중 ₩3,000이 회수되었다. 보고기간 말 현재 보유하고 있는 개별채권에 대한 회수가능성을 검토해본 결과 매출채권 잔액 ₩6,000이 회수불가능할 것으로 추정된다.

01 당기에 인식할 대손상각비 잔액은 얼마인가?

02 당기에 인식할 회계처리를 하시오.

[풀이]

01 대손상각비
 ① 보고기간 말 전 대손충당금잔액 = ₩10,000 − ₩8,000 + ₩3,000 = ₩5,000
 ② 보고기간 말 인식할 대손충당금 잔액 = ₩6,000
 ∴ 추가로 인식할 대손충당금 = 대손상각비 = ₩1,000

02 회계처리

대손발생 시	(차) 대손충당금	₩8,000	(대) 매출채권	₩8,000
대손회수 시	(차) 현금	₩3,000	(대) 대손충당금	₩3,000
보고기간 말(대손설정)	(차) 대손상각비	₩1,000	(대) 대손충당금	₩1,000

확인문제

11. 다음 중 매출채권의 대손 회계처리 중 옳지 않은 것은? 기출처 2009. 관세직 9급

① 기말 현재 대손충당금 잔액이 없는 상태에서 매출채권 ₩1,000이 대손 추정되는 경우
 (차) 대손상각비 (대) 대손충당금
  ₩1,000   ₩1,000

② 대손충당금 잔액이 ₩2,000인 상태에서 매출채권 ₩1,000이 회수 불가능한 것으로 확정된 경우
 (차) 대손충당금 (대) 매출채권
  ₩1,000   ₩1,000

③ 대손충당금 잔액이 ₩500인 상태에서 매출채권 ₩1,000이 회수 불가능한 것으로 확정된 경우
 (차) 대손충당금 (대) 매출채권
  ₩500   ₩1,000
  대손상각비
  ₩500

④ 대손으로 확정된 ₩1,000의 매출채권 가운데 ₩500을 현금으로 회수한 경우
 (차) 현 금 (대) 매출채권
  ₩500   ₩500

정답 ④

기본예제 8 대손회계 종합

㈜한국의 대손과 관련된 자료이다.

> (1) ㈜한국은 20X1년 중 설립된 회사로 20X1년 12월 31일 현재 매출채권 잔액은 ₩100,000이다. ㈜한국은 매출채권 잔액의 2%를 대손예상액으로 추정하여 대손충당금을 설정한다.
> (2) 20X2년도 중 거래처의 부도로 매출채권 ₩3,000의 대손이 확정되었다.
> (3) 20X2년 12월 31일 현재 매출채권 잔액은 ₩150,000으로 2%를 대손예상액으로 추정하여 대손충당금을 설정한다.
> (4) 20X3년 중 20X2년에 대손처리한 ₩1,000이 회수되었다.
> (5) 20X3년 12월 31일 현재 매출채권 잔액은 ₩100,000으로 2%를 대손예상액으로 추정하여 대손충당금을 설정한다.

㈜한국이 각 일자에 해야 할 회계처리를 하시오.

풀이

- 20X1년 말 대손충당금잔액 = ₩100,000 × 2% = ₩2,000
- 20X2년 말 대손충당금잔액 = ₩150,000 × 2% = ₩3,000
- 20X3년 말 대손충당금잔액 = ₩100,000 × 2% = ₩2,000

20X1년 12월 31일	(차) 대손상각비	₩2,000	(대) 대손충당금	₩2,000
20X2년 부도발생 시	(차) 대손충당금 　　대손상각비	₩2,000 ₩1,000	(대) 매출채권	₩3,000
20X2년 12월 31일	(차) 대손상각비	₩3,000	(대) 대손충당금	₩3,000
20X3년 채권회수 시	(차) 현금	₩1,000	(대) 대손충당금	₩1,000
20X3년 12월 31일	(차) 대손충당금	₩2,000	(대) 대손충당금환입	₩2,000

확인문제

다음 각 상황별로 알맞은 분개를 채워 넣으시오.

12. 최초 설정: 매출채권 ₩1,000,000에 대해 5% 대손충당금을 설정한다.

(차) ① ₩50,000　(대) ② ₩50,000

13. 대손발생: ₩30,000의 매출채권이 회수 불가능하다고 판명되었다.

(차) ③ ₩30,000　(대) ④ ₩30,000

14. 대손발생: 추가로 ₩40,000의 매출채권이 회수 불가능하다고 판명되었다.

(차) ⑤ ₩20,000　(대) ⑦ ₩40,000
　　 ⑥ ₩20,000

15. 기말 대손설정: 매출채권 ₩1,200,000에 대해 5%의 대손충당금을 설정하였다.

(차) ⑧ ₩60,000　(대) ⑨ ₩60,000

정답 ① 대손상각비 ② 대손충당금
③ 대손충당금 ④ 매출채권 ⑤ 대손충당금
⑥ 대손상각비 ⑦ 매출채권 ⑧ 대손상각비
⑨ 대손충당금

확인문제

16. ㈜한국은 회수불능채권에 대하여 대손충당금을 설정하고 있으며 기말 매출채권 잔액의 1%가 회수 불가능할 것으로 추정하고 있다. 다음 자료를 이용하여 ㈜한국이 20X2년 포괄손익계산서에 인식할 대손상각비는?

기출처 2021. 지방직 9급

○ 매출채권, 대손충당금 장부상 자료

구분	20X1년 말	20X2년 말
매출채권	₩900,000	₩1,000,000
대손충당금	₩9,000	?

○ 20X2년 중 매출채권 대손 및 회수 거래
- 1월 10일: ㈜대한의 매출채권 ₩5,000이 회수불가능한 것으로 판명
- 3월 10일: ㈜민국의 매출채권 ₩2,000이 회수불가능한 것으로 판명
- 6월 10일: 1월 10일에 대손처리되었던 ㈜대한의 매출채권 ₩1,500 회수

① ₩1,000 ② ₩6,500
③ ₩8,000 ④ ₩10,000

정답 ②

확인문제 [최신]

17. ㈜한국의 20X1년 매출채권 관련 자료가 다음과 같을 때, 20×1년에 인식할 손상차손은?

기출처 2023. 지방직 9급

○ 20X1년 초 매출채권에 대한 손실충당금 잔액은 ₩30,000이다.
○ 20X1년 중 매출채권 ₩60,000이 회수불능으로 확정되었다.
○ 20X1년 말 매출채권 잔액은 ₩500,000이며, 동 매출채권에 대하여 추정한 기대신용손실액은 ₩20,000이다.

① ₩20,000 ② ₩30,000
③ ₩50,000 ④ ₩60,000

정답 ③

❹ T계정 접근법

4-1 '대손충당금' T계정 분석

공무원 회계학의 객관식 문제를 풀기 위해서는 다음의 T계정법을 사용하는 것이 가장 효율적이다. 앞서 배웠던 전기의 방식을 응용한 것으로 대손충당금 계정의 증가와 감소를 기록함으로써 양쪽의 대차를 맞추어 원하는 값을 찾아내는 방식이다.

[대손충당금 인식 T계정]

대손충당금			
① 대손확정	xx	기초 대손충당금	xx
		② 대손상각채권회수	xx
③ 기말 대손충당금	xx	④ 당기설정액	xx ⇒ 대손상각비
	xx		xx

기본예제 9 대손상각비

㈜한국은 20X1년 4월 1일 거래처의 파산으로 매출채권 ₩6,000을 회수할 수 없게 되었으며, 대손에 대한 회계처리는 충당금설정법을 적용하고 있다. 20X0년과 20X1년의 매출채권에 대한 자료가 다음과 같을 때, 20X1년 손익계산서에 인식할 대손상각비는 얼마인가? (단, 20X0년 초 대손충당금 잔액은 없으며, 미래현금흐름추정액의 명목금액과 현재가치의 차이는 중요하지 않다)

구분	20X0년 말	20X1년 말
매출채권	₩100,000	₩120,000
추정미래현금흐름	₩96,000	₩80,000

풀이
(1) 20X0년 말 대손충당금 = ₩100,000 − ₩96,000 = ₩4,000
(2) 20X1년 말 대손충당금 = ₩120,000 − ₩80,000 = ₩40,000
(3) T계정 접근법

대손충당금			
대손확정	₩6,000	기초	₩4,000
기말	₩40,000	대손상각비	《₩42,000》
	₩46,000		₩46,000

답 ₩42,000

심화예제 3 대손상각비

다음은 ㈜한국의 매출채권에 대한 자료이다. ㈜한국이 20X1년 말에 포괄손익계산서에 인식해야 할 대손상각비는 얼마인가?

- 20X1년 1월 1일의 대손충당금 잔액은 ₩120,000이다.
- 20X1년 6월에 당기에 판매하였던 외상매출금 ₩30,000과 전기에 판매하였던 외상매출금 ₩50,000이 회수불능채권으로 판명되었다.
- 20X1년 9월에 이미 대손처리되었던 외상매출금 ₩70,000을 회수하였는데, 이 중 ₩30,000은 당기에 대손처리하였던 외상매출금이며, ₩40,000은 전기에 대손처리하였던 외상매출금이다.
- 20X1년 12월 31일 외상매출금 잔액은 ₩3,000,000이며, 이 중에서 ₩100,000이 회수불능으로 판명되었다.
- 20X1년 12월 31일 나머지 외상매출금 잔액에 대하여 3%의 대손을 추정하다.

오쌤 Talk

대손회수

대손을 회수할 때 **당기대손을 회수한 경우**와 **전기 대손을 회수한 경우**를 구분하지 않고 **모두 대손충당금 잔액을 증가시키는 것으로 처리**한다. 또한 대손을 인식할 때 대손충당금을 차감하였는지, 대손상각비(비용)로 처리하였는지 불문하고 대손충당금으로 처리한다. 기말에 부족한 대손충당금 잔액을 맞추는 과정에서 자연스럽게 대손상각비의 금액이 조정되기 때문이다.

[풀이]

	대손충당금		
대손확정	₩30,000 + ₩50,000 ₩100,000	기초 회수	₩120,000 ₩70,000
기말	₩87,000*	대손상각비	《₩77,000》
	₩267,000		₩267,000

*대손추산액 = (₩3,000,000 − ₩100,000) × 3% = ₩87,000

답 ₩77,000

오쌤 Talk

매출채권 + 대손충당금

매출채권과 대손충당금의 T계정을 한꺼번에 반영하는 방법을 일명 저자는 '짬뽕계정'이라고 한다. 매출채권 짬뽕계정은 시험에서 매출채권에 대한 회수가능액(= 추정미래현금흐름), 즉 순매출채권이 주어질 때 유용하다. 그러나 매출채권에 대한 정보가 주어지지 않는다면 매출채권을 따로 구해서 접근해야 하기 때문에 짬뽕계정을 사용할 수 없게 된다.

4-2 '매출채권 + 대손충당금' T계정 분석

매출채권과 대손충당금을 함께 인식하는 T계정은 다음과 같다.

[매출채권과 대손충당금을 함께 인식하는 T계정]

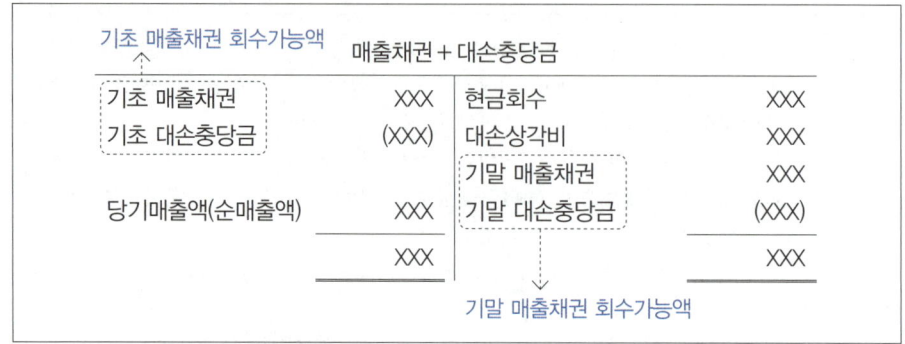

기본예제 10 매출채권 + 대손충당금

당기 매출액은 ₩300,000이고, 대손상각비는 ₩20,000이다. 매출채권과 대손충당금의 기초 및 기말 자료가 다음과 같을 때, 고객으로부터 유입된 현금은 얼마인가? (단, 매출은 모두 외상매출로만 이루어진다)

기출처 2016. 지방직 9급

	기초	기말
매출채권	₩300,000	₩500,000
대손충당금	₩20,000	₩20,000

풀이

매출채권 + 대손충당금

기초 매출채권	₩300,000	현금회수	《₩80,000》
기초 대손충당금	(₩20,000)	대손상각비	₩20,000
		기말 매출채권	₩500,000
매출액	₩300,000	기말 대손충당금	(₩20,000)
	₩580,000		₩580,000

답 ₩80,000

오쌤 Talk

분개법 방식으로 풀이

IS	대손상각비	₩20,000	매출액	₩300,000
BS	매출채권의 증가	₩200,000	대손충당금의 증감	-
CF	고객으로부터 유입된 현금	₩80,000		

> **심화예제 4** 매출채권 + 대손충당금
>
> ㈜한국의 20X1년 초 매출채권은 ₩100,000이며 대손충당금은 ₩10,000이었다. 그리고 ㈜한국의 20X1년도 상품매출은 ₩1,000,000이며 상품의 하자로 인한 매출에누리가 ₩20,000이었다. 또한 20X1년 중 고객으로부터의 판매대금 회수금액은 ₩700,000이었으며, 대손확정액은 ₩5,000이었다. 20X1년 말 매출채권 손상에 대해 평가를 한 결과 미래현금흐름의 현재가치가 ₩290,000으로 추정될 때, ㈜한국이 포괄손익계산서상에 당기비용으로 인식할 대손상각비는 얼마일까?
>
> 기출처 2013. 국가직 7급
>
> **[풀이]**
>
> | 매출채권 + 대손충당금 | | | |
> |---|---|---|---|
> | 기초순매출채권 | ₩100,000 | 현금회수 | ₩700,000 |
> | | (₩10,000) | 대손상각비 | 《₩80,000》 |
> | 당기매출(외상) | ₩1,000,000 | 기말순매출채권* | ₩290,000 |
> | 매출에누리 | (₩20,000) | | |
> | | ₩1,070,000 | | ₩1,070,000 |
>
> *기말순매출채권 = 매출채권의 미래현금흐름의 현재가치(회수가능액)
>
> 답 ₩80,000

오쌤 Talk

매출채권 + 대손충당금

짬뽕계정에서는 대손확정액이 의미가 없다. 왜냐하면 대손충당금 계정에서의 대손확정액과 매출채권 계정에서의 대손확정액이 상계가 되어 짬뽕으로 인식한 T계정에서는 대손확정액을 따로 인식하지 않는다.

오쌤 Talk

분개법 방식으로 풀이

	대손상각비	순매출액*	
IS	《₩80,000》		₩980,000
BS	순매출채권의 증가**	₩200,000	
CF	고객으로부터 유입된 현금	₩700,000	

*순매출액 = 당기매출 ₩1,000,000 - 매출에누리 ₩20,000 = ₩980,000
**기말순매출채권(기말 미래현금흐름의 현재가치) ₩290,000 - 기초순매출채권(기초매출채권 ₩100,000 - 대손충당금 ₩10,000) ₩90,000 = ₩200,000

📖 **확인문제**

18. 다음은 ㈜한국의 당기와 전기 재무제표 중 일부이다. 회사의 당기 대손상각비는 ₩20,000이고 대손확정액은 ₩15,000이며, 매출채권의 회수액은 ₩1,350,000일 때, 당기 매출액은 얼마인가?

	기초	기말
매출채권	₩180,000	₩190,000
대손충당금	₩16,000	₩21,000

정답 ₩1,375,000

오쌤 Talk

장기성 매출채권과 기대신용손실

장기성 매출채권은 상각후원가 측정 금융자산이므로 상각후원가 측정 금융자산의 손상회계처리에 따른다. 해당 내용은 '07 금융자산'을 참고하기 바란다.

Link - P.321

⑤ 장기매출채권의 기대신용손실

채권의 회수가 장기간에 걸쳐 이연이 된다면 현재가치 평가를 통해 매출채권의 공정가치를 재무제표에 인식한다. 다만, 채권의 회수가 1년 이내일 것으로 예상이 되면 현재가치 평가를 반영하지 않는 실무적인 간편법을 사용할 수 있다. 그러므로 앞서 학습한 매출채권의 대손 회계처리는 대부분 상거래 채권이 회수까지 1년 안에 이루어지므로 실무적인 간편법을 사용했을 경우였다.

만약 매출채권이 장기성 채권이라면 미래현금흐름에 대한 현재가치 평가를 통해 정확한 공정가치로 인식할 필요가 있다. 또한 매출채권에 기대신용손실모형을 적용하여 기대신용손실을 손실충당금(대손충당금)으로 설정하고 당기손익으로 처리해야 한다.

기대신용손실은 신용위험이 유의적으로 증가하지 않을 경우에는 12개월 기대신용손실에 해당하는 금액을 손상차손으로 인식하고, 신용위험이 유의적으로 증가할 경우에는 전체기간 기대신용손실에 해당하는 금액을 손상차손으로 인식한다.

구분	기대신용손실
신용위험이 유의적으로 증가하지 않는 경우	12개월 기대신용손실 추정(간편법)
신용위험이 유의적으로 증가한 경우	전체기간 기대신용손실 추정(원칙)

심화예제 5 장기매출채권의 기대신용손실

12월 말이 결산법인인 ㈜한국은 20X1년 1월 1일 보유 중인 상품을 매년 말 ₩100,000씩 3년간 회수하는 조건으로 장기할부판매하였다. 채권에 대한 표시이자율은 없으며, 판매일 현재 내부이자율은 10%이다.

- ㈜한국은 20X1년 말에 ₩100,000은 회수하였지만, 장기매출채권의 신용위험이 증가하였다. ㈜한국은 20X2년 말과 20X3년 말에 각각 ₩80,000과 ₩50,000을 회수할 수 있을 것으로 추정하였다. ㈜한국은 전체기간 기대신용손실을 대손충당금으로 설정한다.
- ㈜한국은 20X2년 12월 31일에 20X1년 말에 추정하였던 현금흐름 중 ₩80,000은 회수하고 나머지 금액인 ₩20,000은 손상이 확정되었다. 20X2년 말 현재 전체 기간 기대신용손실을 추정한 금액은 ₩40,000이다.
- 10% 현재가치 계수는 다음과 같다.

기간	현재가치계수	연금현가계수
1	0.90	0.90
2	0.82	1.72
3	0.76	2.48

01 위 자료를 통해 ㈜한국이 20X1년 말에 인식하게 될 전체기간 기대신용손실은 얼마인가?

02 20X2년 대손상각비(손상차손)는 얼마인가?

03 20X1년 말과 20X2년 말 회계처리를 하시오(단, 장기성 매출채권의 유동성 대체는 생략한다.)

[풀이]

01 전체기간 기대신용손실

① 20X1년 말 이후의 현금부족액

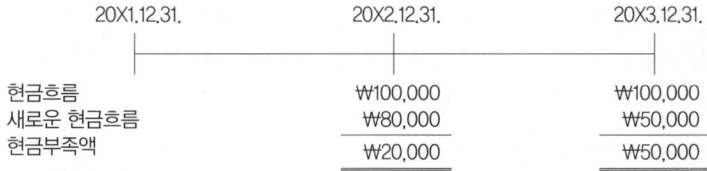

	20X1.12.31.	20X2.12.31.	20X3.12.31.
현금흐름		₩100,000	₩100,000
새로운 현금흐름		₩80,000	₩50,000
현금부족액		₩20,000	₩50,000

② 전체기간 기대신용손실 = ₩20,000 × 0.90 + ₩50,000 × 0.82 = ₩59,000

02 20X2년 손상차손

① 20X1년 초 장기성 매출채권 = ₩100,000 × 2.48 = ₩248,000
② 20X1년 말 현재가치 할인차금 상각액(이자수익) = ₩248,000 × 10% = ₩24,800
③ 20X1년 말 장기성 매출채권 = ₩248,000 + ₩24,800 − ₩100,000 = ₩172,800
④ 20X1년 손실충당금(전체기간 기대신용손실추정액) = ₩59,000

재무상태표

장기매출채권	₩200,000	→ 총장부금액
현재가치할인차금	(₩27,200)	
손실충당금	(₩59,000)	
상각후원가	₩113,800	

⑤ 20X2년 현재가치할인차금 상각액(이자수익) = (₩272,800 − ₩100,000) × 10% = ₩17,280
⑥ 20X2년 말 대손상각비
= 20X2년 전체기간 기대신용손실 추정액 − 20X2년 수정 전 손실충당금 장부금액
= ₩40,000 − (₩59,000 − ₩20,000) = ₩1,000

재무상태표

장기매출채권	₩100,000	→ 총장부금액
현재가치할인차금	(₩9,920)	
손실충당금	(₩40,000)	
상각후원가	₩50,080	

03 회계처리

20X1.1.1.	(차) 장기성 매출채권	₩300,000	(대) 매출	₩248,000
			현재가치할인차금	₩52,000
20X1.12.31.	(차) 현재가치할인차금	₩24,800	(대) 이자수익	₩24,800
	(차) 현금	₩100,000	장기성 매출채권	₩100,000
	(차) 대손상각비	₩59,000	(대) 대손충당금	₩59,000
20X2.12.31.	(차) 현재가치할인차금	₩17,280	(대) 이자수익	₩17,280
	(차) 현금	₩80,000	(대) 장기성 매출채권	₩100,000
	대손충당금	₩20,000		
	(차) 대손상각비	₩1,000	(대) 대손충당금	₩1,000

7 매출채권 제거

① 제거의 개념
매출채권의 제거는 이미 인식된 매출채권을 재무상태표에서 삭제하는 것을 의미한다. 매출채권의 제거와 관련해서는 금융자산의 제거조건을 따른다. 금융자산의 제거 조건은 다음과 같다.

> ① 금융자산의 현금흐름에 대한 계약상의 권리가 소멸한 경우
> ② 금융자산에 대한 양도가 이루어지고, 그 양도가 제거조건을 충족한 경우

② 양도
기업은 자금부족의 어려움 등을 해결하기 위하여 매출채권의 만기 전에 당해 매출채권을 이용하여 운영자금을 조달하기도 한다. 매출채권을 은행 등에 양도하고 자금을 조달하는 경우 경제적 실질에 따라서 두 가지로 구분한다.

2-1 매출채권을 통한 자금의 조달
2-1-1 매출채권의 담보차입
매출채권의 담보차입은 토지나 건물 등을 담보로 제공하는 대신에 매출채권을 담보로 제공하고 금융기관으로부터 자금을 조달하는 형태의 거래를 의미한다. 이 경우 **매출채권은 장부에서 제거되지 않고 금융부채(단기차입금)을 추가로 인식하며 관련 수수료는 이자비용으로 인식한다.**

2-1-2 매출채권의 양도
매출채권 양도 거래는 양도자가 매출채권과 관련된 현금수령권리를 양수자에게 양도하고 양수자로부터 자금을 조달하는 형태의 거래를 의미한다. 이 경우 **매출채권은 장부에서 제거되고 관련 수수료는 매출채권처분손실(비용)로 인식한다.**

2-2 양도거래의 조건
한국채택국제회계기준에서는 매출채권을 포함한 금융자산을 타인에게 양도하는 경우에도 법적 실질이 아닌 경제적 실질에 따라 금융자산의 제거조건을 만족하는 거래와 그렇지 않은 거래로 구분한다.

2-2-1 양도자가 금융자산의 소유에 따른 위험과 보상의 대부분을 이전하는 경우: 매출채권 양도거래
금융자산을 즉시 제거하고 양도로 인해 발생하거나 보유하게 된 권리와 의무를 각각 자산과 부채로 인식한다. 또한 매출채권의 제거에 따른 매출채권처분손실을 인식한다.

오쌤 Talk

제거

금융자산을 장부에서 제거하는 경우는 둘 중 하나이다. 금융자산이 상환되어 돈이 들어오든지, 아니면 금융자산을 외부에 매각하는 경우이다. 현금흐름에 대한 계약상의 권리가 소멸하는 경우가 바로 상환되어 더 이상 돈이 들어오지 않는 경우를 의미한다. 양도가 이루어지고, 이러한 양도가 제거조건을 충족하는 경우가 실질적인 매각을 의미한다.

다음의 경우 양도자가 위험과 보상의 대부분을 이전한 것으로 판단한다.

① **조건 없는 매도**: 금융자산을 아무런 조건 없이 매도한 경우
② **공정가치 재매입조건**: 양도자가 매도한 금융자산을 재매입시점의 공정가치로 재매입할 수 있는 권리를 보유하는 경우

2-2-2 양도자가 금융자산의 소유에 따른 위험과 보상의 대부분을 보유하는 경우: 매출채권 담보차입

금융자산을 제거하지 않고 계속하여 인식하며, 수취한 대가는 금융부채(단기차입금)로 인식한다. 예를 들어, 양도자가 미리 정한 가격으로 양도자산을 재매입하기로 한 경우에는 양도거래를 자산의 매각거래로 볼 수 없다. 이 경우 매출채권은 계속 인식하고, 수취한 대가는 금융부채(단기차입금)로 인식한다.

양도자산을 계속 인식하는 경우 양도자산과 관련 부채는 상계하지 아니한다. 또한 양도자산에서 발생한 수익과 관련 부채에서 발생하는 비용도 상계하지 아니한다.

다음의 경우 양도자가 위험과 보상의 대부분을 보유하는 것으로 판단한다.

① **확정가격 재매입조건**: 양도자가 매도 후에 미리 정한 가격 또는 매도가격에 양도자에게 금전을 대여하였더라면 그 대가로 받았을 이자수익을 더한 금액으로 양도자산을 재매입하는 거래의 경우
② **사용대차계약**: 유가증권대차계약을 체결한 경우
③ **대손의 보증**: 양도자가 양수자에게 발생가능성이 높은 대손의 보상을 보증하면서 단기수취채권을 매도한 경우

2-2-3 양도자가 위험과 보상의 대부분을 보유하지도 않고 이전하지도 않는 경우: 통제권 유무에 따라 판단

① **양도자가 금융자산을 통제하고 있지 않은 경우**: 금융자산을 제거하고 양도하여 보유하거나 생긴 권리와 의무를 각각 자산과 부채로 인식
② **양도자가 금융자산을 통제하고 있는 경우**: 금융자산에 지속적으로 관여하는 정도[7]까지 금융자산을 계속하여 인식하고, 관련 금융부채를 인식

이때, 양수자가 양수한 금융자산을 자유롭게 매도할 수 있는 능력이 있다면 양도자는 양도자산에 대한 통제를 상실한 것으로 본다.

오쌤 Talk

매출채권 양도거래와 담보차입의 손익 효과 비교

매출채권을 양도할 경우 은행에게 지급하는 수수료는 당기비용(매출채권처분손실)로 처리한다. 그러나 매출채권을 담보로 차입하는 경우 은행에게 지급하는 수수료는 이자비용으로 처리한다. 그러므로 계정과목의 성격만 달리할 뿐 둘 다 비용으로 처리되기 때문에 실제 손익으로 인식되는 효과는 동일하다.

---

[7]* 지속적 관여정도는 양도자산의 가치 변동에 대하여 양도자가 부담하는 노출정도를 의미한다.

확인문제

19. 다음 중 매출채권의 양도 시 해당 채권을 장부에서 제거해야 하는 거래에 해당하는 것은? *세무사 기출 수정*

① 위험과 보상의 대부분을 양수자에게 이전하였다.
② 양도자가 금융자산의 소유에 따른 위험과 보상의 대부분을 보유하고 있다.
③ 양도자는 금융자산의 현금흐름을 수취한 계약상의 권리를 보유하고 있으며, 동 금액을 회수하더라도 즉시 인도해야 할 의무가 없다.
④ 양도자가 금융자산을 통제하고 있으며 당해 매출채권에 대해 지속적으로 관여하고 있다.

정답 ①

[양도거래]

⟨받을 어음 할인 시⟩
(차) 현금　　　　　　　XXX　　　(대) 매출채권　　　XXX
　　매출채권처분손실　XXX

⟨어음 만기 시⟩
분개없음

[담보차입거래]

⟨받을 어음 할인 시⟩
(차) 현금　　　XXX　　　(대) 단기차입금　　XXX
　　이자비용　XXX

⟨어음 만기 시⟩
(차) 단기차입금　XXX　　　(대) 매출채권　　XXX

[금융자산의 양도]

위험과 보상		처리
이전		금융자산 제거
이전도 보유도 아닌 경우	통제 불가능	
	통제 가능	금융자산 계속 인식 (& 금융부채 인식)
보유		

③ 어음의 할인

어음을 할인하는 경우 기업은 은행으로부터 어음가액에서 할인료를 차감한 금액을 현금으로 수령한다. 어음 할인료는 은행의 입장에서 대여한 자금에 대한 선이자의 개념이라고 볼 수 있다. 할인료는 어음의 만기가치를 기준으로 산정한다. 따라서 무이자부어음은 액면금액이 만기가치이며, 이자부어음은 액면금액에 만기까지의 표시이자를 가산한 금액을 어음의 만기가치로 한다. 어음할인료는 채권잔액에 이자율과 기간을 적용하여 다음과 같이 구한다.

할인액 = 어음의 만기가치 × 할인율 × 할인월수/12

[어음 할인일의 현금수령액]

```
     어음의 만기가치
  (−) 할인액          ←······ 선이자(은행수령)
     할인일의 현금수령액
```

실제 예를 들어 설명해보기로 하자.

> 10월 1일 ㈜한국은 6개월 만기인 어음상의 매출채권 ₩100,000을 금융회사에 할인하였다.
> • 어음의 발행일은 7월 1일로 무이자부어음
> • 금융회사에서 적용한 어음의 할인율은 연 12%

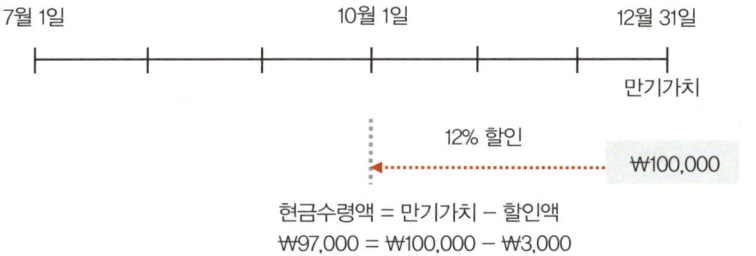

위 사례의 경우, ㈜한국이 6개월간 어음을 보유하고 수령하게 될 만기가치는 무이자부어음이므로 어음의 액면금액 ₩100,000이다. 그런데 이를 ㈜한국은 금융회사에 12% 할인율을 적용하여 매각하였다. 그런데 금융회사는 10월 1일 어음의 만기가치인 ₩100,000을 지급하여 어음을 매입하는 과정에서 12%의 할인율을 적용하여 10월 1일부터 12월 31일까지 3개월의 기간 동안의 이자수익에 해당하는 ₩3,000(₩100,000 × 12% × 3/12)을 선이자의 개념으로 차감하고, 나머지 금액인 ₩97,000만큼을 ㈜한국에게 지급하게 된다.

위 거래를 매각거래로 보고 어음 할인일에 회계처리하면 다음과 같다.

〈받을 어음 할인 시〉
(차) 현금   ₩97,000   (대) 매출채권   ₩100,000
    매출채권처분손실   ₩3,000

오쌤 Talk

할인의 개념

어음할인에서 '할인'은 일상생활에서 사용하는 긍정적인 의미의 할인이 아니다. 은행으로부터 자금을 빌리는 과정에서 은행이 만기가 도래하지 않은 어음을 받고 돈을 내어주는 대신에 떼어가는 이자이다. 그러므로 채권의 매각자에게 불리한 개념이다.

오쌤 Talk

차입거래의 경우

동 사안을 차입거래로 보고 회계처리하면 다음과 같다.

(차) 현금   (대) 단기차입금
  ₩97,000   ₩100,000
  이자비용
  ₩3,000

즉, 매각거래와 차입거래는 둘 다 당기손익으로 ₩3,000의 비용을 인식하게 된다. 다만, 차입거래의 경우 차입금이 늘어나기 때문에 일반적으로 기업은 매각거래로 회계처리를 하고 싶어한다. 과거에는 상환청구권의 유무로 구분했던 것에 반해 원칙 중심인 한국채택국제회계기준은 위험과 보상의 이전 여부를 입증함으로써 차입거래와 매각거래를 구분하게 하고 있다.

확인문제 [최신]

20. 20X1년 초 ㈜한국은 거래처에 상품을 판매하고 액면금액 ₩100,000인 무이자부어음(6개월 만기)을 수취하였다. ㈜한국은 3개월간 해당 어음을 보유한 후 거래은행에 연 10%로 할인받았다. ㈜한국이 받을어음 소유에 따른 위험과 보상의 대부분을 거래은행에 이전하였다면 받을어음 할인 시점에 인식할 매출채권처분손실은? (단, 이자는 월할 계산한다.) <small>기출처 2024. 국가직 9급</small>

① ₩0   ② ₩2,500
③ ₩3,000 ④ ₩5,000

정답 ②

심화예제 6 무이자부어음의 할인

㈜한국은 다음과 같은 거래를 하였다.

> - 20X1년 1월 1일 가구제조업체인 ㈜한국은 책상을 제작하여 ₩100,000에 외상판매하고 어음을 수령하였다. 어음은 만기 6개월의 무이자부 약속어음이다.
> - 20X1년 2월 1일 ㈜한국은 어음을 주거래은행에 가서 연 12% 이자율로 할인을 하였다.
> - 20X1년 6월 30일 어음은 만기가 되어 정상적으로 결제되었다.

다음의 경우로 나누어 분개를 하시오.

01 매출채권에 대한 권리를 이전하고 채권의 소유에 따른 위험과 보상의 대부분이 이전한 경우

02 매출채권에 대한 권리를 양도하였으나 채권 소유에 따른 위험과 보상의 대부분을 보유한 경우

풀이

01 매각거래

1월 1일	(차) 매출채권	₩100,000	(대) 매출	₩100,000
2월 1일	(차) 현금	₩95,000	(대) 매출채권	₩100,000
	매출채권처분손실	₩5,000*		
6월 30일		– N/A –		

* 매출채권 할인액 = ₩100,000 × 12% × 5/12 = ₩5,000

02 차입거래

1월 1일	(차) 매출채권	₩100,000	(대) 매출	₩100,000
2월 1일	(차) 현금	₩95,000	(대) 단기차입금	₩100,000
	이자비용	₩5,000		
6월 30일	(차) 단기차입금	₩100,000	(대) 매출채권	₩100,000

심화예제 7 이자부어음의 할인

㈜한국은 다음과 같은 거래를 하였다.

> • 20X1년 1월 1일 가구제조업체인 ㈜한국은 책상을 제작하여 ₩100,000에 외상판매하고 어음을 수령하였다. 어음은 만기 6개월이며, 어음표시이자율은 연 6% 이다.
> • 20X1년 2월 1일 ㈜한국은 어음을 주거래은행에 가서 연 12% 이자율로 할인을 하였다.
> • 20X1년 6월 30일 어음은 만기가 되어 정상적으로 결제되었다.

다음의 경우로 나누어 분개를 하시오.

01 매출채권에 대한 권리를 이전하고 채권의 소유에 따른 위험과 보상의 대부분이 이전한 경우

02 매출채권에 대한 권리를 양도하였으나 채권 소유에 따른 위험과 보상의 대부분을 보유한 경우

오쌤 Talk

이자부어음할인

이자부어음을 할인하는 경우에는 매출채권의 할인액과 매출채권처분손실이 동일한 금액이 아니다.
무이자부어음을 할인한 경우에는 매출채권 할인액과 매출채권처분손실이 동일하다.

【풀이】
01 매각거래

1월 1일	(차)	매출채권	₩100,000	(대)	매출	₩100,000
2월 1일	(차)	현금	₩97,850*	(대)	매출채권	₩100,000
		매출채권처분손실	₩2,650		이자수익	₩500**
6월 30일			-N/A-			

* 어음의 만기가치 = 액면금액(₩100,000) + 이자(₩3,000) = ₩103,000
　매출채권 할인액 = ₩103,000 × 12% × 5/12 = ₩5,150
　할인의 현금수령액 = 어음의 만기가치(₩103,000) − 매출채권 할인액(₩5,150) = ₩97,850
** 이자수익 = 액면금액(₩100,000) × 이자율(6%) × 경과기간(1/12) = ₩500

02 차입거래

1월 1일	(차)	매출채권	₩100,000	(대)	매출	₩100,000
2월 1일	(차)	현금	₩97,850	(대)	단기차입금	₩100,000
		이자비용	₩2,650		이자수익	₩500
6월 30일	(차)	단기차입금	₩100,000	(대)	매출채권	₩100,000

오쌤 Talk

어음할인의 회계처리

어음할인 시점의 회계처리는 다음 두 가지의 분개가 하나로 분개된 결과이다.
(1)
(차) 미수이자　　(대) 이자수익
　　　₩500　　　　　₩500
(차) 현금　　　　(대) 매출채권
　　　₩97,850　　　　₩100,000
　　매출채권　　　　미수이자
　　처분손실　　　　　₩500
　　₩2,650
(2)
(차) 미수이자　　(대) 이자수익
　　　₩500　　　　　₩500
(차) 현금　　　　(대) 단기차입금
　　　₩97,850　　　　₩100,000
　　이자비용　　　　미수이자
　　₩2,650　　　　　₩500

④ 매출채권의 팩토링

팩토링은 어음상의 채권이 아닌 **외상매출금을 금융회사에 양도**한 것을 말한다. 금융회사의 입장에서 볼 때 팩토링은 매출채권을 담보로 채권자에게 금전을 대여하는 대출채권의 성격을 가지고 있다. 일반적인 금전대여의 경우 금전을 차입한 회사가 원금을 상환하지만, 팩토링에서는 금전을 차입한 회사와 금전을 상환하는 회사가 다르다는 차이점이 있다.

팩토링도 어음할인과 동일하게 선이자를 제외한 금액을 현금으로 수령하는 것이다. 단, 매출할인이나 매출환입 등이 발생할 수 있으므로 확정된 채권은 아니다. 따라서 **매출채권의 금액 중 일부의 자금을 유보하여 미수금으로 계상하였다가, 향후 실질 매출할인 등이 발생하면 동금액을 차감하고 잔액을 수령하게 된다.**

[팩토링의 구조]

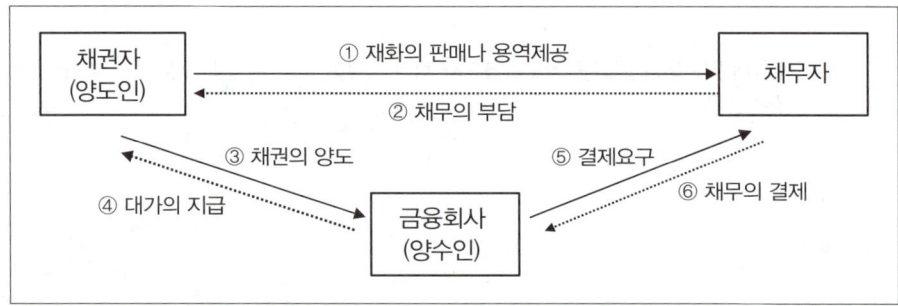

할인액 = 매출채권의 만기가치 × 할인율 × 할인월수/12개월
현금수령액 = 매출채권의 만기가치 − 할인료 − 매출할인 등의 유보액

[팩토링의 현금수령액]

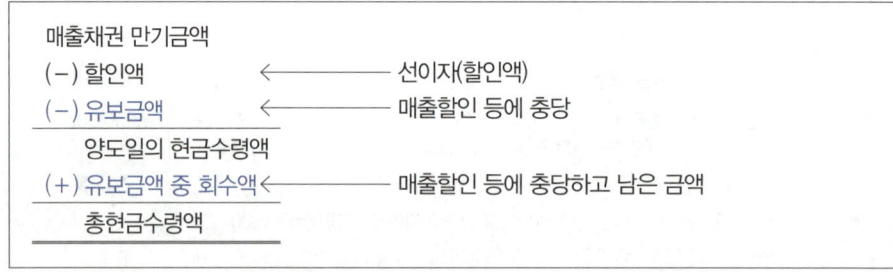

오쌤 Talk

어음할인과 팩토링의 현금수령액

어음할인과 팩토링의 가장 큰 차이는 양도일에 은행으로부터 수령하는 현금에서 일부 유보액을 차감하였느냐이다. 팩토링 거래는 매출가액이 확정되지 않았으므로 향후 발생할 수 있는 매출감소분을 충당하기 위해 일부 유보금액을 차감하고 지급된다. 그러나 어음은 실제 거래에서 매출할인 등이 발생했다고 하더라도 어음 권면에 적힌 액면금액은 확정금액이므로 만기에 상환받을 금액이 달라지지 않는다.

심화예제 8 매출채권의 팩토링

㈜한국은 다음과 같은 거래를 하였다.

> • 20X1년 1월 1일 가구제조업체인 ㈜한국은 책상을 제작하여 ₩100,000에 외상판매하고 매출채권을 즉시 금융회사에 양도하였다. 매출채권의 만기는 거래일로부터 6개월이며, 금융회사는 연 12% 수수료를 부과하였다. 금융회사는 매출할인 등을 대비하여 매출채권 금액의 5%에 대한 지급을 유보하고 만기일에 정산하기로 하였다.
> • 6월 30일에 상기의 매출과 관련하여 매출할인이 ₩3,000 발생하였다.

다음의 경우로 나누어 분개를 하시오.

01 매출채권에 대한 권리를 이전하고 채권의 소유에 따른 위험과 보상의 대부분이 이전한 경우

02 매출채권에 대한 권리를 양도하였으나 채권 소유에 따른 위험과 보상의 대부분을 보유한 경우

풀이

01 매각거래

1월 1일	(차) 매출채권	₩100,000	(대) 매출	₩100,000
	(차) 현금	₩89,000	(대) 매출채권	₩100,000
	미수금	₩5,000		
	매출채권처분손실	₩6,000		
6월 30일	(차) 현금	₩2,000	(대) 미수금	₩5,000
	매출할인	₩3,000		

* 매출채권 할인액 = ₩100,000 × 12% × 6/12 = ₩6,000

02 차입거래

1월 1일	(차) 매출채권	₩100,000	(대) 매출	₩100,000
	(차) 현금	₩89,000	(대) 단기차입금	₩100,000
	미수금	₩5,000		
	이자비용	₩6,000		
6월 30일	(차) 현금	₩2,000	(대) 미수금	₩5,000
	매출할인	₩3,000		
	(차) 단기차입금	₩100,000	(대) 매출채권	₩100,000

> **보론** 화폐의 시간가치

1 현재가치

❶ 화폐의 시간가치 개념

사자성어 중 「조삼모사」라는 말이 있다. 이는 원숭이에게 "도토리를 아침에 세 개, 저녁에 네개 주겠다"고 하니 원숭이가 화를 내어 "도토리를 아침에 네 개, 저녁에 세 개를 주겠다"고 말을 바꾸니 원숭이가 환호를 하며 좋아했다는 말이다. 이는 원숭이의 우매함을 뜻하는 말인데, 실제로 원숭이가 우매했을까? 만약 ₩10,000을 지금 받을 수 있는 권리와 1년 이후에 ₩10,000을 받을 수 있는 권리 중 하나를 선택하라고 하면 어떤 것을 선택하겠는가? 아마도 후자를 선택하는 사람은 별로 없을 것이다.

이것이 바로 화폐의 시간가치이다. 즉, 우리가 지금 ₩10,000을 받는 것은 1년 후에 받는 ₩10,000보다 더 가치가 있기 때문이다. 그러면 이 두 권리의 가치의 차이는 얼마일까? 만약 지금 ₩10,000을 받아 은행의 정기예금(연 이자율 10% 가정)에 넣었을 경우 1년 이후에는 원금 ₩10,000과 이자 ₩1,000을 받을 것이다. 따라서 1년 이후 단순히 ₩10,000 받을 권리와의 차이는 이자만큼인 ₩1,000의 차이가 발생하는 것이다. **이처럼 화폐의 시간가치는 시간차이로 인해 발생한 이자만큼이 된다.**

그럼 만약 지금 ₩10,000을 받을 수 있는 권리와 3년 후에 받을 수 있는 권리를 비교하면 미래시점의 차이는 ₩10,000에 대한 3년치의 이자의 가치만큼의 차이가 발생할 것이다. 즉, ₩10,000에 10%를 3년의 가치만큼 적용하니 ₩3,000의 차이가 발생한다. 단, 이것은 다음의 '❷ 이자계산의 방법'에서 설명할 단리를 기초로 한 것이다.

상기에서 검토한 것은 미래시점을 기준으로 가치를 비교한 것이다. 그럼 현재시점을 기준으로 하면 가치의 차이는 얼마일까? 만약 정기예금에 예치해 놓고 1년 뒤에 ₩10,000을 받기 위해서는 현재 시점에서 얼마를 예금하면 될까? 1년 뒤 ₩10,000은 원금과 이자부분이 합쳐진 잔액이다. 그러므로 원금에 이자를 반영한 '원금 × (1 + 10%)'이 ₩10,000이 될 것이므로 원금은 ₩9,090이 된다. 따라서 현재시점을 기준으로 하면 가치의 차이는 ₩910이 된다.

❷ 이자계산의 방법

이자를 계산하는 방법은 단리와 복리가 있다. 단리는 원금에 대해서만 이자수익이 발생하는 것이며, 복리는 원금에서 발생한 이자수익에 대하여 다시 이자수익이 발생하는 것이다.

2-1 단리의 미래가치

단리의 이자수익은 투자원금을 기준으로 계산한다. 만약 ₩10,000을 정기예금에 3년간 투자하고 연 10% 단리로 이자수익을 받기로 한 경우 다음과 같다.

경과 연도	이자수익 기준금액	이자수익(10%)	기말예금잔액
1차년도	₩10,000	₩1,000	₩11,000
2차년도	₩10,000	₩1,000	₩12,000
3차년도	₩10,000	₩1,000	₩13,000

즉, 3년 동안 연 10% 단리로 이자수익을 받기로 한 경우 3년 뒤 만기 시에 원금 ₩10,000과 이자수익 ₩3,000을 받는 것이다. 따라서 단리를 적용할 경우 만기 시 원리금은 다음과 같다.

> 단리 원리금 = I + (I × r × n)
> I: 투자원금 r: 이자율 n: 투자기간

2-2 복리의 미래가치

복리의 이자수익은 투자원금에 기간경과로 인해 발생한 이자수익을 더한 금액을 기준으로 이자수익을 계산한다. 만약 ₩10,000을 정기예금에 3년간 투자하고 연 10% 복리로 이자수익을 받기로 한 경우 다음과 같다.

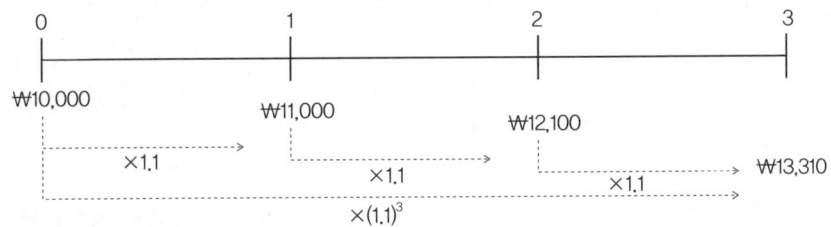

경과 연도	이자수익 기준금액	이자수익(10%)	기말예금잔액(×1.1)
1차년도	₩10,000	₩1,000	₩11,000
2차년도	₩11,000	₩1,100	₩12,100
3차년도	₩12,100	₩1,210	₩13,310

즉, 3년 동안 연 10% 복리로 이자수익을 받기로 한 경우 3년 뒤 만기 시에 원금 ₩10,000과 이자수익 ₩3,310을 합하여 원리금 ₩13,310을 받는 것이다. 이자수익에 대하여 다시 이자가 발생하는 복리는 원금에 대해서만 이자수익이 발생하는 단리보다 추가적으로 이자수익 ₩310만큼을 더 얻을 수 있게 된다. 복리를 적용할 경우 만기 시 원리금은 다음과 같다.

> 복리 원리금 = I × $(1+r)^n$
> I: 투자원금 r: 이자율 n: 투자기간

일반적으로 금융시장에서는 복리를 가정하고 있으므로 본서에서도 특별한 언급이 없는 한 복리를 가정한다.

2-3 복리의 현재가치

상기에서 투자원금에 대하여 복리를 적용하여 미래가치를 평가하는 방법을 검토하였다. 그럼 미래의 가치를 현재가치로 계산할 경우를 검토해보자. 만약 연 10% 이자율 복리 상품에 가입하여 3년 뒤 원리금으로 ₩13,310을 받기를 원하는 경우 투자원금을 얼마로 하여야 하겠는가?

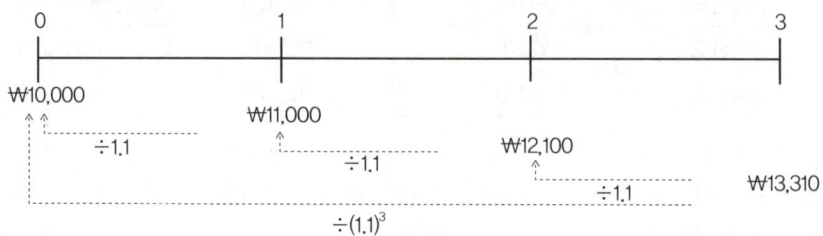

경과 연도	이자수익 기준금액	이자수익(10%)	기말예금잔액(÷1.1)
3차년도	₩13,310	₩1,210	₩12,100
2차년도	₩12,100	₩1,100	₩11,000
1차년도	₩11,000	₩1,000	₩10,000

연 10% 이자율 복리 상품으로 목표금액 ₩13,310을 만들기 위해서는 ₩10,000을 투자하여야 한다는 것을 알 수 있다. 복리를 적용할 경우 만기 시 원리금을 현재가치(투자원금)으로 계산하는 방법은 다음과 같다.

$$I = \text{복리 원리금} \div (1+r)^n$$
$$I: \text{투자원금} \quad r: \text{이자율} \quad n: \text{투자기간}$$

복리 적용 시, 현재가치를 미래가치로 구할 경우 $(1+r)^n$을 곱하였으며, 미래가치를 현재가치로 돌릴 경우는 $(1+r)^n$으로 나누어준다. 이를 각각 미래가치계수, 현재가치계수라고 하며, 이를 정리해 놓은 것이 다음과 같다. 단, 현재가치계수는 $(1+r)^n$으로 나누어주는 대신 $1/(1+r)^n$으로 바꾸어 곱하기로 산정한다.

이자율 기간	미래가치계수			현재가치계수		
	9%	10%	11%	9%	10%	11%
1	1.0900	1.1000	1.1100	0.9174	0.9091	0.9009
2	1.1881	1.2100	1.2321	0.8417	0.8264	0.8116
3	1.2950	1.3310	1.3676	0.7722	0.7513	0.7312

₩10,000을 연 11% 이자율 복리로 3년간 투자하면 미래가치는 ₩13,676(₩10,000 × 1.3676)이 되며, 연 9% 이자율 복리로 금융상품에 3년간 투자하여 ₩10,000을 만들고 싶으면 투자원금을 ₩7,722(₩10,000 × 0.7722)으로 하면 되는 것이다.

기본예제 1) 미래가치의 계산

현금 ₩500,000을 연 9%의 이자가 발생하는 정기예금에 예치하였을 경우, 2년 후에 받게 될 원리금은 얼마인가? 단, 이자계산은 연기준 복리를 적용한다.

풀이
미래가치 = ₩500,000 × (1 + 0.09)² = ₩500,000 × 1.1881(기간 2년, 9%, 미래가치계수)
        = ₩594,050

기본예제 2) 현재가치의 계산

연 11%의 이자가 발생하는 정기예금에 예치하여 3년 뒤 원리금 ₩500,000을 수령하고자 할 경우, 투자원금은 얼마가 되어야 하는가? 단, 이자계산은 연기준 복리를 적용하고 10원 단위에서 반올림한다.

풀이
현재가치 = ₩500,000 ÷ (1 + 0.11)³ = ₩500,000 × 0.7312(기간 3년, 11%, 현재가치계수)
        = ₩365,600

2-4 연금의 미래가치 계산

일정기간 동안 동일 금액을 납입하고 만기에 원리금을 회수하는 경우의 가치를 계산하는 것을 연금의 미래가치라고 한다. 이때 동일 금액을 납입하지만 각 금액은 만기까지 남은 기간의 차이로 적용받는 이자기간의 차이가 발생한다. 예를 들어 ₩10,000씩 3년간 납입하고 납입금에 대하여 연이자율 10%를 적용하였을 경우 1차년도에 납입한 ₩10,000은 3년간 이자수익이 발생하며, 2차년도는 2년, 3차년도는 1년의 이자수익이 발생한다. 이 구조는 다음과 같다.

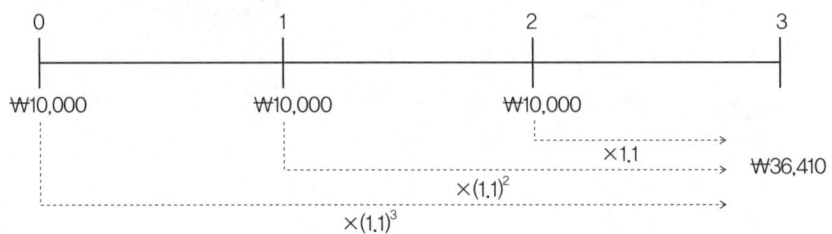

경과연도	납입금액	이자적용 기간	이자수익($\times 1.1)^n$	원리금
1차년도	₩10,000	3년	₩3,310	₩13,310
2차년도	₩10,000	2년	₩2,100	₩12,100
3차년도	₩10,000	1년	₩1,000	₩11,000
합계	₩30,000		₩6,410	₩36,410

즉, 매년마다 ₩10,000씩 납입하여 각각 연 10% 이자율을 3, 2, 1년 동안 적용하면, 만기 시 원리금은 ₩13,310, ₩12,100, ₩11,000으로 이를 합하면 ₩36,410이 되는 것이다. 이와 같이 매년 동일한 금액을 납입하여 만기 시의 가치를 계산하는 것을 정리하면 다음과 같다.

연금의 미래가치 $= I \times (1+r)^n + I \times (1+r)^{n-1} + I \times (1+r)^{n-2} + \cdots\cdots + I \times (1+r)^2 + I \times (1+r)^1$
$= I \times \{(1+r)^n + (1+r)^{n-1} + (1+r)^{n-2} + \cdots\cdots + (1+r)^2 + (1+r)^1\}$

I : 투자원금 r : 이자율 n : 투자기간

2-5 연금의 현재가치 계산

일정기간 동안 매년 동일한 금액을 받는 경우 각각의 금액을 현재의 가치로 계산하는 것을 연금의 현재가치계산이라고 한다. 즉, 매년 말 ₩10,000씩 3년간 받을 수 있는 연금이 있을 경우, 적용이자율이 10%라고 할 때 현재 이 연금을 일시불로 받을 시의 가치를 구하는 것이다.

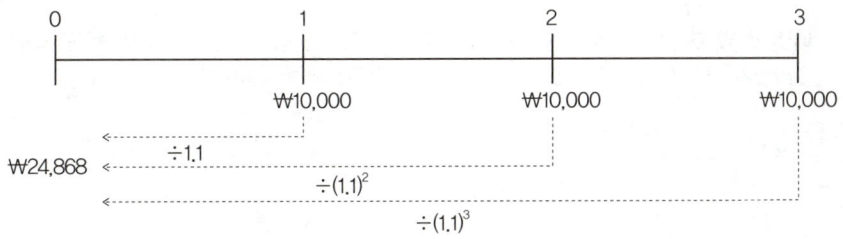

경과 연도	납입금액	이자적용 기간	이자수익($\div 1.1)^n$	원리금
3차년도	₩10,000	3년	₩2,487	₩7,513
2차년도	₩10,000	2년	₩1,736	₩8,264
1차년도	₩10,000	1년	₩909	₩9,091
합계	₩30,000		₩5,132	₩24,868

즉, 매년 말 ₩10,000씩 3년간 수령할 경우 각각의 현재가치는 ₩7,513, ₩8,264, ₩9,091이 되며, 이 합계가 ₩24,868이 되는 것이다. 따라서 이 연금을 일시불로 수령할 경우 ₩24,868을 받아야 한다. 이와 같이 매년 동일한 금액을 수령하는 경우 현재 이 권리의 가치를 계산하는 것을 정리하면 다음과 같다.

연금의 현재가치 = $I \div (1+r)^n + I \div (1+r)^{n-1} + I \div (1+r)^{n-2} + \cdots\cdots + I \div (1+r)^2 + I \div (1+r)^1$
$= I \div \{(1+r)^n + (1+r)^{n-1} + (1+r)^{n-2} + \cdots\cdots + (1+r)^2 + (1+r)^1\}$

I: 투자원금 r: 이자율 n: 투자기간

또한 상기에서 복리의 미래가치와 현재가치를 계수로 정리했듯이, 연금도 연금의 미래가치계수와 연금의 현재가치계수로 정리할 수 있다. 단, 연금의 현재가치계수는 복리의 현재가치계수와 동일하게 $(1+r)^n$으로 나누어주는 대신 $1/(1+r)^n$으로 바꾸어 곱하기로 산정한다.

이자율 기간	연금의 미래가치계수			연금의 현재가치계수		
	9%	10%	11%	9%	10%	11%
1	1.0900	1.1000	1.1100	0.9174	0.9091	0.9009
2	2.2781	2.3100	2.3421	1.7591	1.7355	1.7125
3	3.5731	3.6410	3.7097	2.5313	2.4868	2.4437

3년간 매년 ₩10,000씩 불입하여 11% 이자율로 3년을 투자하면 연금의 미래가치는 ₩37,097(₩10,000 × 3.7097)이 되며, 3년 동안 매년 ₩10,000씩을 받을 수 있는 연금을 9% 이자율을 적용하였을 시 연금의 현재가치는 ₩25,313(₩10,000 × 2.5313)이다.

기본예제 3 연금의 미래가치의 계산

매년 초 ₩500,000씩 예입하는 정기적금에 예치하였을 경우 3년 후에 받게 될 원리금은 얼마인가? 단, 정기적금은 연 9% 이자율 복리가 적용되는 상품이다.

[풀이]
연금의 미래가치 = ₩500,000 × {$(1+0.09)^3 + (1+0.09)^2 + (1+0.09)^1$}
　　　　　　　 = ₩500,000 × 3.5731(기간 3년, 9%, 연금의 미래가치계수)
　　　　　　　 = ₩1,786,550

기본예제 4 연금의 현재가치의 계산

3년간 매년 말 ₩500,000씩 받을 수 있는 연금이 있다. 이 연금을 현재 일시불로 받을 경우 얼마를 수령해야 하는가? 단, 현재 시장이자율은 연 11%이다.

[풀이]
연금의 현재가치 = $\dfrac{₩500,000}{(1+0.11)^3} + \dfrac{₩500,000}{(1+0.11)^2} + \dfrac{₩500,000}{(1+0.11)^1}$
　　　　　　　 = ₩500,000 × 2.4437(기간 3년, 11%, 연금의 현재가치계수)
　　　　　　　 = ₩1,221,850

MEMO

OX 퀴즈

다음 문장의 경우 올바른 설명에는 O, 틀린 설명에는 ×를 하고 틀린 설명은 수정하시오.

1. 현금성자산은 유동성이 매우 높은 단기투자자산으로 확정된 금액의 현금으로 전환이 용이하고 가치변동위험이 중요하지 않은 자산을 말한다. (   )

2. 현금의 내부통제를 위하여 회사는 정기적으로 회사 장부상의 당좌예금 계정잔액과 은행의 예금증명서상의 잔액이 일치하는지 대조해보아야 한다. (   )

3. 당좌차월은 성격상 단기차입금에 해당하므로 부채로 계상하여야 한다. (   )

4. 취득 당시 만기가 재무제표 작성일 기준으로 3개월 이내에 도래하는 금융상품은 현금성자산으로 분류한다. (   )

5. 보고기간 말로부터 1년 이내에 만기가 도래하는 금융상품은 언제나 단기금융상품으로 분류한다. (   )

6. 은행계정조정표를 통해 은행 측 잔액과 정확한 차이가 나는 항목에 대해서는 회사가 수정분개를 통해 재무제표에 반영하여야 한다. (   )

7. 부동산매매를 목적사업으로 하는 회사에서 부동산을 외상으로 매출한 경우 미수금으로 인식한다. (   )

8. 유형자산을 매각하고 회수하지 못한 금액을 미수금으로 분류한다. (   )

9. 매출채권 및 기타채권은 후속적으로 유효이자율법을 적용하여 상각후원가로 측정한다. (   )

10. 장기성 채권·채무 성격의 금융상품은 유효이자율법을 적용하여 상각후원가로 측정하고 이자수익(이자비용)을 인식하며, 이자 효과가 중요하지 않은 경우에는 정액법을 사용할 수도 있다. (   )

OX 풀이

① ○

② ○

③ ○

④ × 취득 당시 만기가 3개월 이내에 도래하고 이자율변동에 따른 가치변동의 위험이 중요하지 않은 금융상품을 현금성자산으로 분류한다.

⑤ × 취득일로부터 만기가 3개월 이내에 도래하는 금융상품은 현금및현금성자산으로 분류한다.

⑥ × 은행 측 잔액이 아닌 회사측 잔액과 정확한 차이를 수정해야 한다.

⑦ × 일반적인 상거래에서 발생한 매출액이므로 매출채권으로 계상한다.

⑧ ○

⑨ ○

⑩ × 장기성 채권·채무 성격의 금융상품은 유효이자율법을 적용하여 상각후원가로 측정한다. 정액법은 사용할 수 없다.

OX 퀴즈

다음 문장의 경우 올바른 설명에는 ○, 틀린 설명에는 ×를 하고 틀린 설명은 수정하시오.

⑪ 매출채권에 대해서 대손이 발생하였을 때 손실을 인식하는 것은 수익·비용대응의 원칙에 부합한다. (   )

⑫ 매출채권에 대한 손상발생의 객관적인 증거가 있는지 매 보고기간 말에 평가하고, 그러한 증거가 있는 경우 손상차손(대손상각비)로 인식한다. (   )

⑬ 대손이 확정되는 경우 매출채권과 대손충당금을 우선 상계하고 매출채권의 잔액이 있으면 추가적으로 대손상각비를 인식한다. (   )

⑭ 대손이 확정되었던 매출채권이 추후 회수되는 경우 회수된 금액을 대손상각비 계정으로 대변에 계상한다. (   )

⑮ 매출채권을 할인하는 경우 할인일의 현금수령액은 매출채권의 액면금액에서 할인료를 차감한 잔액이다. (   )

⑯ 매출채권의 양도자가 매출채권의 소유에 따른 위험과 보상의 대부분을 이전한 경우에는 매출채권은 재무상태표에서 제거하고, 양도함으로써 발생하거나 보유하게 된 권리와 의무를 각각 자산과 부채로 인식한다. (   )

⑰ 매출채권의 양도자가 매출채권의 소유에 따른 위험과 보상의 대부분을 양도하지도 이전하지도 아니한 경우에는 매출채권을 재무상태표에서 제거하고, 양도함으로써 발생하거나 보유하게 된 권리와 의무를 자산과 부채로 인식한다. (   )

⑱ 양수자가 자산 전체를 독립된 제3자에게 매도할 수 있는 실질적인 능력을 가지고 있으며 양도에 대한 추가적인 제약 없이 그 능력을 일방적으로 행사할 수 있다면, 양도자는 양도자산에 대한 통제를 상실한 것이다. (   )

⑲ 어음을 금융기관에 할인한 경우 매출채권처분손실로 처리할 금액은 할인료가 된다. (   )

OX 풀이

⑪ ✗ 직접상각법은 객관성이 높고 실무상 적용하기가 쉬우나 매출과 대손이 인식되는 회계기간의 차이가 발생하는 등 수익·비용대응에 부합하지도 않고 기말매출채권의 회수가능금액에 대한 평가가 되지 않는 단점이 있어 한국채택국제회계기준에서 충당금설정법만 인정하고 있다.

⑫ ○

⑬ ○

⑭ ✗ 대손된 채권이 추후 회수되는 경우는 회수된 금액을 대손충당금 계정으로 대변에 계상한다.

⑮ ✗ 매출채권을 할인하는 경우 할인일의 현금수령액은 매출채권의 만기가치에서 할인료를 차감한 잔액이다.

⑯ ○

⑰ ✗ 매출채권을 통제하고 있는 경우에는 지속적으로 관여하는 정보까지 매출채권을 계속하여 인식해야 한다.

⑱ ○

⑲ ✗ 무이자부어음은 매출채권처분손실과 할인액이 일치하지만 이자부어음은 일치하지 않는다.

실전훈련

01 기말재무상태표에 현금및현금성자산으로 보고될 금액은? 기출처 2022. 관세직 9급

○ 우표	₩4,000	○ 당좌차월	₩50,000
○ 당좌예금	₩10,000	○ 타인발행 수표	₩20,000
○ 지폐와 주화	₩12,000	○ 우편환증서	₩5,000
○ 수입인지	₩8,000	○ 환매채(취득 당시 60일 이내 환매조건)	₩40,000
○ 보통예금	₩16,000		

① ₩98,000 ② ₩103,000
③ ₩116,000 ④ ₩166,000

 풀이

01	당좌예금, 지폐와주화, 보통예금, 타인발행수표, 우편환증서, 환매채(취득당시 60일 이내 환매조건)	현금및현금성자산	₩10,000 + ₩12,000 + ₩16,000 + ₩20,000 + ₩5,000 + ₩40,000 = ₩103,000
	우표, 수입인지	소모품	₩4,000 + ₩8,000 = ₩12,000
	당좌차월	단기차입금	₩50,000

답 01 ②

02 ㈜한국의 2018년 12월 31일 결산일 현재 다음의 현금 및 예금 등의 자료를 이용할 때, 2018년 재무상태표에 보고할 현금및현금성자산 금액은?

기출처 2019. 관세직 9급

현금	₩30,000
우편환증서	₩100,000
우표와 수입인지	₩20,000
은행발행 자기앞수표	₩20,000
보통예금(사용제한 없음)	₩10,000
정기적금(만기 2022년 1월 31일)	₩200,000
당좌차월	₩50,000
당좌개설보증금	₩80,000
환매조건부 채권 (2018년 12월 1일 취득, 만기 2019년 1월 31일)	₩300,000

① ₩360,000 ② ₩440,000
③ ₩460,000 ④ ₩660,000

 풀이

02 구분	금액	비고
현금	₩30,000	현금및현금성자산
우편환증서	₩100,000	현금및현금성자산
우표와 수입인지	—	소모품
은행발행 자기앞수표	₩20,000	현금및현금성자산
보통예금(사용제한 없음)	₩10,000	현금및현금성자산
정기적금(만기 2022년 1월 31일)	—	장기금융상품
당좌차월	—	단기차입금
당좌개설보증금	—	장기금융상품
환매조건부 채권 (2018년 12월 1일 취득, 만기 2019년 1월 31일)	₩300,000	현금및현금성자산 (취득일로부터 만기가 3개월이므로 현금및현금성자산으로 분류)
	₩460,000	

답 02 ③

03 다음 자료를 토대로 계산한 ㈜한국의 정확한 당좌예금 잔액은? 기출처 2016. 국가직 9급

- ㈜한국의 조정 전 당좌예금 계정 잔액   ₩12,200
- 은행 예금잔액증명서상 잔액   ₩12,500
- ㈜한국에서 발행하였으나 은행에서 미인출된 수표   ₩2,000
- ㈜한국에서 입금처리하였으나 은행에서 미기록된 예금 ₩700
- ㈜한국에서 회계처리하지 않은 은행수수료   ₩500
- 타회사가 부담할 수수료를 ㈜한국에 전가한 은행의 오류 ₩200
- ㈜한국에서 회계처리하지 않은 이자비용   ₩300

① ₩10,700
② ₩11,400
③ ₩13,400
④ ₩14,100

04 2013년 12월 31일 은행계정조정 후 ㈜한국의 장부상 정확한 당좌예금계정의 잔액은 ₩300,000이다. 이 금액은 거래은행이 보내온 2013년 12월 31일 은행계정명세서의 잔액과 차이가 있는데, 차이가 나는 원인은 다음과 같다.

- ㈜한국이 발행한 수표 ₩5,000을 거래은행이 실수로 ₩500으로 처리하였다.
- ㈜한국의 기발행미인출수표는 ₩20,000이다.
- 거래은행이 미처 기입하지 못한 ㈜한국의 당좌예금 입금액이 ₩10,000이다.
- ㈜민국이 발행한 수표 ₩4,000을 거래은행이 실수로 ㈜한국의 계정에서 차감하였다.

거래은행이 보내온 2013년 12월 31일 은행계정명세서의 잔액은? 기출처 2014. 국가직 7급

① ₩289,500
② ₩290,500
③ ₩310,500
④ ₩309,500

 풀이

03

구분	회사 측	은행 측
조정 전 잔액	₩12,200	₩12,500
기발행미인출수표		(₩2,000)
미기입예금		₩700
은행수수료	(₩500)	
은행오류		₩200
이자비용	(₩300)	
조정 후 잔액	₩11,400	₩11,400

04

구분	회사 측	은행 측
조정 전 잔액	?	《₩310,500》
은행 측 오류		(₩4,500)
기발행미인출수표		(₩20,000)
미기입예금		₩10,000
은행 측 오류		₩4,000
조정 후 잔액	₩300,000	₩300,000

∴ 은행계정명세서 잔액 = ₩310,500

답 03 ② 04 ③

05 ㈜한국의 당좌예금계정 장부가액은 ₩1,350,000으로 은행의 당좌예금 잔액과 차이가 발생하였다. 이러한 차이의 발생 원인이 다음과 같을 때, ㈜한국의 당좌예금 계정 수정에 관한 설명으로 옳지 않은 것은?

• 추심완료된 어음	₩890,000
• 부도처리 당좌수표	₩450,000
• 수수료	₩15,000
• 기발행 미인출 당좌수표	₩255,000

① 추심완료된 어음에 관련하여 당좌예금 ₩890,000을 증가시키는 수정이 필요하다.
② 부도처리된 당좌수표와 관련하여 당좌예금 ₩450,000을 감소시키는 수정이 필요하다.
③ 기발행 미인출 당좌수표는 은행의 조정사항으로 당좌예금잔액을 ₩255,000 감소시키는 수정이 필요없다.
④ 은행의 당좌예금의 수정 후 잔액은 ₩1,770,000이다.

06 ㈜한국은 20X1년 초에 장부금액 ₩600,000인 기계장치를 매각하고 액면금액 ₩1,000,000, 표시이자율 6%, 이자는 매년 말 후급조건, 만기 3년인 어음을 수령하였다. 처분 당시 시장이자율은 10%였다. 10%, 3기간 현가계수 0.75, 10%, 3기간 연금의 현가계수 2.49이다. 이러한 거래가 ㈜한국의 20X1년 포괄손익계산서상에 미치는 영향은 얼마인가?

① ₩899,400   ② ₩299,400
③ ₩389,340   ④ ₩89,940

풀이

05

구분	회사 측	은행 측
조정 전 잔액	₩1,350,000	₩2,030,000
추심완료된 어음	₩890,000	
부도처리 당좌수표	(₩450,000)	
수수료	(₩15,000)	
기발행 미인출 당좌수표		(₩255,000)
조정 후 잔액	₩1,775,000	₩1,775,000

06 (1) 처분액의 현재가치 = ₩1,000,000 × 6% × 2.49 + ₩1,000,000 × 0.75 = ₩899,400
(2) 처분이익 = ₩899,400 − ₩600,000 = ₩299,400
(3) 이자수익 = ₩899,400 × 10% = ₩89,940
(4) 포괄손익계산서상에 미치는 영향 = ₩299,400 + ₩89,940 = ₩389,340

답 05 ④ 06 ③

07 ㈜한국은 20X1년 1월 1일에 원가 ₩4,500,000인 상품을 판매하면서 대금은 매년 말 ₩2,000,000씩 3회에 걸쳐서 현금을 수취하기로 하였다. 동 거래로 20X1년도 포괄손익계산서상 당기순이익은 얼마나 증가되는가? (단, 유효이자율은 10%이며, 현가계수는 10%, 3기간 단일금액의 현가계수는 0.75, 연금의 현가계수는 2.49임을 가정한다)

① ₩4,980,000
② ₩480,000
③ ₩978,000
④ ₩498,000

08 ㈜한국의 20X8년 손실충당금(대손충당금) 기초잔액은 ₩30이고 20X8년 12월 31일에 매출채권 계정을 연령별로 채무불이행률을 검사하고, 다음의 연령분석표를 작성하였다.

결제일 경과기간	매출채권	채무불이행률
미경과	₩90,000	1%
1일~30일	₩18,000	2%
31일~60일	₩9,000	5%
61일~90일	₩6,000	15%
91일 이상	₩4,000	30%

20X9년 1월 10일에 거래처인 ㈜부도의 파산으로 인해 매출채권 ₩4,500의 회수불능이 확정되었다. ㈜한국이 20X9년 1월 10일 인식할 손상차손(대손상각비)은?

기출처 2019. 국가직 7급

① ₩630
② ₩660
③ ₩690
④ ₩720

풀이

07 (1) 매출액 = ₩2,000,000 × 2.49 = ₩4,980,000
(2) 매출총이익 = ₩4,980,000 − ₩4,500,000 = ₩480,000
(3) 이자수익 = ₩4,980,000 × 10% = ₩498,000
(4) 당기순이익에 미치는 영향 = ₩978,000

08 (1) 20X8년 12월 31일 기대손실추정액(손실충당금) =
₩90,000 × 1% + ₩18,000 × 2% + ₩9,000 × 5% + ₩6,000 × 15% + ₩4,000 × 30% = ₩3,810
(2) 20X9년 1월 10일 손상차손 = ₩3,810 − ₩4,500 = (₩690)

답 07 ③ 08 ③

09 ㈜한국은 대손에 대해 충당금설정법을 적용하고 있으며, 추정미래현금흐름에 대한 자료는 다음과 같다. 회사가 20X2년 당기 중에 ₩2,500의 매출채권을 대손확정으로 처리하였으며, 20X2년 기말에 인식한 대손상각비가 ₩3,700이라고 할 때 회사의 20X1년 매출채권에 대한 추정미래현금흐름은 얼마인가? (단, 미래현금흐름추정액의 명목금액과 현재가치의 차이는 중요하지 않다.)

기출처 2016. 국가직 7급 응용

구분	20X1년 말	20X2년 말
매출채권	₩76,000	₩89,000
추정미래현금흐름	?	₩81,000

① ₩69,200
② ₩73,200
③ ₩74,800
④ ₩75,500

10 ㈜한국은 제조업을 영위하는 기업으로 20X1년 말 ₩3,000,000에 해당하는 매출채권 포트폴리오를 갖고 있으며 한지역에서만 영업한다. ㈜한국의 고객들은 다수의 작은 고객들로 구성되어 있으며 유의적인 금융요소가 없다. 20X1년 초 손실충당금(대손충당금) 잔액은 ₩20,000이다. 20X1년 중 회수가 불가능하게 되어 장부에서 제거한 매출채권은 ₩7,500이고, 20X0년에 회수불능으로 장부에서 제거한 매출채권 ₩3,000을 20X1년 중에 다시 회수하였다. ㈜한국은 매출채권의 기대신용손실을 결정하기 위하여 충당금 설정률표를 이용한 결과 20X1년 말의 손실충당금 잔액을 ₩58,500으로 추정하였다. ㈜한국의 매출채권과 관련한 회계처리가 당기순이익에 미치는 영향은 얼마인가?

기출처 2021. 보험계리사

① ₩15,500 감소
② ₩38,500 감소
③ ₩43,000 감소
④ ₩58,500 감소

🌱 **풀이**

09 (1) 기초 대손충당금

대 손 충 당 금			
대손 확정액	₩2,500	기초	≪₩6,800≫
기말	₩89,000 - ₩81,000 = ₩8,000	대손상각비	₩3,700
	₩10,500		₩10,500

(2) 20X1년 말 매출채권 - 추정미래현금흐름 = 기초대손충당금
∴ 추정미래현금흐름 = 20X1년 말 매출채권 - 기초대손충당금 = ₩76,000 - ₩6,800 = ₩69,200

10

대 손 충 당 금			
대손	₩7,500	기초	₩20,000
		대손회수	₩3,000
기말	₩58,500	대손상각비	≪₩43,000≫
	₩66,000		₩66,000

답 09 ① 10 ③

11 대손충당금이 과소 설정된 경우 재무제표에 미치는 영향으로 가장 옳지 않은 것은?

① 자본 과소평가
② 자산 과대평가
③ 영업이익 과대평가
④ 당기순이익 과대평가

12 ㈜한국은 상품의 취득원가에 30%의 이익을 가산하여 외상으로 판매하며, 신용기간이 경과한 후 현금으로 회수하고 있다. 기초 대손충당금 잔액이 ₩40,000이며 당기 중 ₩25,000의 손상차손이 발생하였다. 기말 매출채권잔액의 손상차손 검사 결과, 매출채권 중 ₩48,000의 자산손상이 발생할 객관적 증거가 존재하는 경우의 적절한 기말 회계처리는?

기출처 2014. 지방직 9급

	차변		대변	
①	대손상각비(손상차손)	₩58,000	대손충당금	₩58,000
②	대손상각비(손상차손)	₩48,000	대손충당금	₩48,000
③	대손상각비(손상차손)	₩33,000	대손충당금	₩33,000
④	대손상각비(손상차손)	₩25,000	대손충당금	₩25,000

13 20X1년 1월 1일 ㈜한국의 매출채권에 대한 손실충당금 잔액은 ₩10,000이다. ㈜한국은 20X1년 중 ₩20,000의 매출채권을 회수불능으로 판단하여 장부에서 제거하였다. 20X1년 말 매출채권 잔액은 ₩700,000이며, 기대신용손실은 ₩40,000으로 추정하였다. ㈜한국이 20X1년도 포괄손익계산서에 인식할 손상차손은?

기출처 2025. 국가직 9급

① ₩10,000
② ₩20,000
③ ₩40,000
④ ₩50,000

풀이

11 대손충당금 과소평가 → 대손상각비 과소평가 → 비용 과소평가 → 영업이익 과대평가 → 당기순이익 과대평가 → 자본 과대평가 → 자산 과대평가

12

대손충당금			
대손확정(손상)	₩25,000	기초	₩40,000
기말	₩48,000	대손상각비	<<₩33,000>>
	₩73,000		₩73,000

(차) 대손상각비 ₩33,000 (대) 대손충당금 ₩33,000

13

손실충당금			
대손(손상)	₩20,000	기초	₩10,000
기말	₩40,000	대손상각비	<<₩50,000>>
	₩60,000		₩60,000

답 11 ① 12 ③ 13 ④

14 다음은 ㈜서울의 재무상태표상 매출채권과 대손충당금에 관한 자료이다. 직접법으로 표시한 영업활동 현금흐름에서 고객으로부터 유입된 현금이 ₩469,000, 2016년도 포괄 손익계산서상 매출액이 ₩500,000이라면 2016년 말 포괄 손익계산서상 대손상각비는 얼마인가? _{기출처 2017. 서울시 9급}

구분	2016년 초	2016년 말
매출채권	₩188,000	₩215,000
대손충당금	₩9,000	₩10,000

① ₩3,000　　　　　　　　　② ₩5,000
③ ₩57,000　　　　　　　　　④ ₩59,000

15 12월 결산법인 ㈜서울의 20X1년 1월 1일 외상매출금은 ₩1,100,000, 대손충당금은 ₩80,000이다. 20X1년 중 ₩3,000,000의 외상매출이 발생하였으며, 이 중 매출환입은 ₩100,000이다. 20X1년 중 외상매출금의 회수액은 ₩2,500,000이며, ₩100,000의 외상매출금이 회수불능으로 대손처리되었고, 대손 처리한 외상매출금 중 ₩50,000이 회수되었다. ㈜서울은 회수불능채권에 대하여 대손충당금을 설정하고 있으며, 매출채권 비율기준에 따라 매출채권의 5%를 회수불능채권으로 추정할 경우 20X1년 대손상각비는 얼마인가? _{기출처 2014. 서울시 9급}

① ₩25,000　　　② ₩40,000　　　③ ₩55,000
④ ₩70,000　　　⑤ ₩100,000

풀이

14　　　　　　　　　매출채권 + 대손충당금

기초순매출채권	₩188,000	현금회수	₩469,000
	(₩9,000)	대손상각비	≪₩5,000≫
당기매출(외상)	₩500,000	기말순매출채권	₩215,000
			(₩10,000)
	₩679,000		₩679,000

[참고 1] 분개법

IS	대손상각비	≪₩5,000≫	(순)매출액	₩500,000
BS	매출채권의 증가	₩27,000	대손충당금의 증가	₩1,000
CF	매출로 인한 현금유입	₩469,000		−

15　　　　　　　　　대손충당금

대손확정(손상)	₩50,000	기초	₩80,000
기말	₩70,000*	대손상각비	≪₩40,000≫
	₩120,000		₩120,000

*(₩1,100,000 + ₩3,000,000 − ₩100,000 − ₩2,500,000 − ₩100,000) × 5% = ₩70,000

답　13 ②　14 ②

16 ㈜한국은 보유 중인 매출채권을 금융기관에 양도하였다. 다음 중 한국채택국제회계기준의 '금융자산의 인식과 측정'에 근거하여 양도한 매출채권을 제거할 수 없는 경우는 무엇인가?

① 양도자가 당해 매출채권을 아무런 조건 없이 매도한 경우
② 양도자가 매도한 매출채권을 미리 정한 가격으로 재매입할 수 있는 권리를 보유하고 있는 경우
③ 매출채권의 소유와 관련된 위험과 보상의 대부분을 이전한 경우
④ 매출채권의 소유와 관련된 위험과 보상의 대부분을 보유하지도 않고 이전하지도 아니하였지만, 당해 매출채권에 대한 통제권을 상실한 경우

17 다음 금융자산 제거의 회계처리에 대한 설명 중 옳지 않은 것은? 　　기출처 2016. 회계사 응용

① 양도자가 금융자산의 소유에 따른 위험과 보상의 대부분을 이전하면, 해당 금융자산을 제거하고 양도함으로써 발생하거나 보유하게 된 권리와 의무를 각각 자산과 부채로 인식한다.
② 양도자가 금융자산의 소유에 따른 위험과 보상의 대부분을 보유하면, 당해 금융자산을 계속하여 인식한다.
③ 양도자가 금융자산의 소유에 따른 위험과 보상의 대부분을 소유하지도 아니하고 이전하지도 아니한 상태여서, 양도자가 금융자산을 통제하고 있다면 당해 금융자산을 제거하고 양도함으로써 발생하거나 보유하게 된 권리와 의무를 각각 자산과 부채로 인식한다.
④ 양도자가 양도자산을 통제하고 있는지 여부는 양수자가 그 자산을 매도할 수 있는 실질적인 능력을 가지고 있는지 여부에 따라 결정한다.

풀이

16 ② 양도자가 매출채권을 미리 정한 가격으로 재매입할 수 있는 권리를 보유한 경우에는 실질적인 위험과 보상이 이전되지 않은 경우로 매출채권의 제거조건을 충족하지 아니한다.

17 ③ 양도자가 금융자산의 소유에 따른 위험과 보상의 대부분을 보유하지도 이전하지도 않은 경우, 양도자가 해당 금융자산을 통제하고 있지 아니하면, 당해 금융자산을 제거하고 양도함으로써 발생하거나 보유하게 된 권리와 의무를 각각 자산과 부채로 인식한다.

답　15 ②　16 ③

18 ㈜한국은 고객에게 상품을 판매하고 그 대가로 액면가액 ₩100,000, 만기 6개월, 무이자 약속어음을 수령하였다. ㈜한국은 이 어음을 2개월간 보유한 후 은행에서 할인율 12%로 할인하였을 시 할인액은 얼마인가? (단, 이자는 월할 계산한다고 가정한다.)

① ₩2,000　　　　　　　　　　② ₩3,000
③ ₩4,000　　　　　　　　　　④ ₩5,000

19 ㈜한국은 2011년 3월 1일에 상품판매대금 ₩400,000을 만기 3개월의 어음(액면이자율 연 9%)으로 수령하였다. ㈜한국은 5월 1일에 대한은행에서 연 12% 이자율로 동 어음을 할인하였다. 이 받을어음의 할인이 금융자산 제거조건을 충족할 때, ㈜한국이 행할 회계처리는? (단, 이자는 월할 계산한다.)

기출처 2013. 국가직 7급

	차변		대변	
①	현금	₩404,910	매출채권	₩400,000
	금융자산처분손실	₩1,090	이자수익	₩6,000
②	현금	₩404,800	매출채권	₩400,000
	금융자산처분손실	₩1,200	이자수익	₩6,000
③	현금	₩406,000	매출채권	₩400,000
	금융자산처분손실	₩3,000	이자수익	₩9,000
④	현금	₩402,000	매출채권	₩400,000
	금융자산처분손실	₩2,000	이자수익	₩4,000

20 ㈜한국은 20X1년 1월 1일 ㈜민국에게 ₩500,000의 상품을 매출하고 ㈜민국으로부터 발행의 약속어음을 받았다. 약속어음의 만기는 20X1년 9월 30일이며, 표시이자율은 6%이다. ㈜한국은 약속어음을 20X1년 9월 1일에 금융기관에 연이자율 12%로 할인하였다. ㈜한국이 약속어음의 할인을 통해 받게 되는 현금 수취액은 얼마인가?

① ₩428,000　　　　　　　　　② ₩496,000
③ ₩503,200　　　　　　　　　④ ₩517,275

풀이

18 할인료: 만기가치(₩100,000) × 할인율(12%) × 4/12 = ₩4,000
19 (1) 만기수령액 = ₩400,000 + ₩400,000 × 9% × 3/12 = ₩409,000
　　(2) 5월1일 할인액 = ₩409,000 × 12% × 1/12 = ₩4,090
　　(3) 현금수령액 = ₩409,000 − ₩4,090 = ₩404,910
20 (1) 만기가치 = 액면금액(₩500,000) + 액면이자(₩500,000 × 6% × 9/12) = ₩522,500
　　(2) 어음할인료 = 어음의 만기가치(₩522,500) × 12% × 1/12 = ₩5,225
　　(3) 현금수령액 = 어음의 만기가치(₩522,500) − 어음할인료(₩5,225) = ₩517,275

답　17 ③　18 ①　19 ④

07 금융자산

Teacher's Map

① 금융자산의 기초

💡 금융상품의 정의

금융상품은 거래 당사자 일방에게는 금융자산을 발생시키고 동시에 다른 거래 상대방에게는 금융부채나 지분상품을 발생시키는 모든 계약을 말함

[금융상품에 해당하지 않는 것]

① 실물자산	재고자산, 생물자산, 유형자산, 무형자산, 투자부동산, 리스자산
② 선급/선수	금융자산·부채로 결제되지 않는 선급금, 선급비용, 선수금, 선수수익
③ 법인세관련	계약에 의하지 않는 법인세부채(당기법인세부채)
④ 충당부채	의제의무에 따른 부채(충당부채)

💡 금융자산의 정의

① 현금
② 주식: 다른 기업의 지분상품
③ 채권: 거래 상대방에게서 현금 등 금융자산을 수취할 수 있는 계약상 권리

💡 금융자산의 분류

구분		기준
원칙	상각후원가 측정 (채무상품)	① 사업모형: 계약상 현금흐름 수취 ② 현금흐름 특성: 원리금 지급
	기타포괄손익 - 공정가치 측정 (채무상품)	① 사업모형: 계약상 현금흐름 수취 + 매도 ② 현금흐름 특성: 원리금 지급
	당기손익 - 공정가치 측정 (채무상품, 지분상품)	나머지 모든 금융자산
선택권 (최초 인식시점)	기타포괄손익 - 공정가치 측정 (지분상품)	① 단기매매항목이 아님 ② 사업결합의 조건부 대가가 아님
	당기손익 - 공정가치 측정	회계불일치 제거 등을 목적으로 지정

💡 최초 인식

인식	금융상품의 계약 당사자가 되는 때에만 인식
측정	공정가치로 측정
거래원가	최초 인식하는 공정가치에 가산(단, 당기손익 - 공정가치 측정 금융자산의 경우만 발생 즉시 비용처리)

개념 찾기

❶ 금융상품　　❹ 상각후원가 측정 금융자산　　❼ 배당수익　　❿ 금융자산 제거
❷ 사업모형　　❺ 당기손익 – 공정가치 측정 금융자산　　❽ 현금배당
❸ 계약상 현금흐름　　❻ 기타포괄손익 – 공정가치 측정 금융자산　　❾ 주식배당

💡 평가(후속측정)

상각후원가 금융자산	① 공정가치 평가하지 않음	② 유효이자율법을 적용하여 상각후원가로 측정
기타포괄손익 금융자산	① 공정가치로 재측정	② 평가손익: 기타포괄손익 인식
당기손익 금융자산	① 공정가치로 재측정	② 평가손익: 당기손익 인식

💡 보유기간 중 배당과 이자의 수령

배당수익: 지분상품	① 현금배당: 배당선언일에 배당수익(당기수익)으로 인식 ② 주식배당: 배당선언일에 주식을 수령하는 것으로 보지만, 주식수의 변화만 기록하고 배당수익으로 인식하지 않음
이자수익: 채무상품	유효이자율법을 적용하여 발생기준에 따라 인식

💡 제거

: 재무상태표상에서 금융자산을 삭제하는 것

상환 등	금융자산의 현금흐름에 대한 계약상 권리가 소멸하는 경우
양도	금융자산을 양도하며 그 양도가 제거조건을 충족하는 경우
처분손익	처분손익(당기손익) = 처분대가 – 장부금액

💡 손상

금융자산의 종류		손상차손 인식 여부
채무상품	상각후원가 금융자산	신용위험 손실을 손상차손(당기손익)으로 인식
	기타포괄손익 금융자산	신용위험 손실을 손상차손(당기손익)으로 인식
	당기손익 금융자산	손상인식하지 않음(평가손실을 당기손익으로 인식하기 때문)
지분상품	당기손익 금융자산	손상인식하지 않음(신용손실위험이 없으므로)
	기타포괄손익 금융자산	손상인식하지 않음(신용손실위험이 없으므로)

❷ 지분상품

💡 분류

구분	당기손익 금융자산	기타포괄손익 금융자산
단기매매 목적	O	×
단기매매 목적 외	O	O (선택한 경우)

💡 취득·평가·처분·손상

구분	당기손익 금융자산	기타포괄손익 금융자산
취득원가	공정가치 (거래원가는 당기비용)	공정가치 + 거래원가
평가	① 방법: 공정가치법 ② 평가손익(당기손익) = 공정가치 - 장부금액	① 방법: 공정가치법 ② 평가손익(기타포괄손익) = 공정가치 - 장부금액
처분	처분손익(당기손익) = 처분금액 - 장부금액	처분손익은 인식하지 않음 (처분 시 공정가액만큼 평가손익을 인식하고, 누적된 평가손익을 이익잉여금으로 직접 대체 가능)
손상	인식하지 않음(손상은 계약상 현금흐름에 대한 신용손실이 발생할 경우에만 인식하므로 지분상품은 해당사항 없음)	

❸ 채무상품

💡 분류

구분		당기손익 금융자산	상각후원가 금융자산	기타포괄손익 금융자산
사업모형	원리금 수취	O (지정)	O	-
	원리금 수취 + 매도	O (지정)	-	O
	매도 등 기타	O	-	-

💡 취득·평가·처분

구분	당기손익 금융자산	상각후원가 금융자산	기타포괄손익 금융자산
취득원가	공정가치 (거래원가는 당기비용)	공정가치 + 거래원가	공정가치 + 거래원가
평가	① 방법: 공정가치법 ② 평가손익(당기손익) = 공정가치 - 장부금액 ③ 이자수익: 액면이자율법	① 방법: 원가법(유효이자율법) ② 이자수익: 상각후원가를 기준으로 유효이자율법	① 방법: 공정가치법 ② 평가손익(기타포괄손익) = 공정가치 - 장부금액 ③ 이자수익: 상각후원가를 기준으로 유효이자율법
처분	처분손익(당기손익) = 처분금액 - 장부금액	처분손익(당기손익) = 처분금액 - 상각후원가	처분손익(당기손익) = 처분금액 - 상각후원가 (누적된 평가손익을 재분류조정* 방식을 통해 처분손익으로 인식)

*재분류조정: 기타포괄손익누계액을 당기의 손익으로 조정하는 방법

> **개념 찾기**
> ⑪ 손상　⑭ 재분류조정
> ⑫ 기대손실모형　⑮ 재분류
> ⑬ 신용손실

💡 손상

신용이 손상되지 않은 경우에도 기대(예상)신용손실을 추정하여 금융자산을 장부금액을 감액하고 이를 손상차손(당기손실)으로 인식함

구분	상각후원가 금융자산		기타포괄손익 금융자산	당기손익 금융자산
기대신용손실	① 신용이 손상되지 않은 경우			손상인식 없음
	신용위험이 유의적으로 증가하지 않은 경우	손상차손 = 12개월 기대신용손실에 해당하는 금액을 인식		
	신용위험이 유의적으로 증가하는 경우	손상차손 = 전체기간 기대신용손실에 해당하는 금액을 인식		
	② 신용이 손상된 경우 손상차손 = 전체기간 기대신용손실에 해당하는 금액을 인식			
손상 이후 이자수익	이자수익 = 상각후원가 × 유효이자율 • 상각후원가 : 신용이 손상된 시점의 장부금액 • 유효이자율 : 채권의 최초 취득 시 유효이자율 적용			

[기타포괄손익 금융자산 손상인식 회계처리]

구분	손상차손	이자수익
신용이 손상되지 않은 경우	① 손상차손 인식하기 전 공정가치 변동손익을 기타포괄손익으로 인식	손상 전 상각후원가인 총장부금액 × 유효이자율
신용이 손상된 경우	② 기타포괄손익 중에서 신용위험으로 인한 손상차손효과를 당기손익으로 대체	손상 후 상각후원가인 순장부금액 × 유효이자율

❹ 재분류

① 사업모형을 변경하는 경우에만 영향받는 모든 금융자산을 재분류
② 지분상품이나 파생상품은 재분류 불가능
③ 재분류일부터 전진적으로 적용

[재분류 적용]

최초인식＼변경	당기손익 금융자산	상각후원가 금융자산	기타포괄손익 금융자산
당기손익 금융자산	n/a	• 재분류일의 공정가치가 새로운 총장부금액 • 유효이자율: 현행시장이자율	• 재분류일의 공정가치가 새로운 총장부금액 • 유효이자율: 현행시장이자율
상각후원가 금융자산	• 재분류일의 공정가치로 측정 • 재분류일의 공정가치평가손익: 당기손익	n/a	• 재분류일의 공정가치로 측정 • 재분류일의 공정가치 평가손익: 기타포괄손익
기타포괄손익 금융자산	• 재분류일의 공정가치로 측정 • 기타포괄손익누계액(평가손익누계액)을 당기손익으로 재분류조정	• 재분류일의 공정가치로 측정 • 기타포괄손익누계액을 자본에서 제거하고 금융자산 공정가치에서 조정	n/a

- ❶ 금융자산의 기초
- ❷ 지분상품
- ❸ 채무상품
- ❹ 재분류

❶ 금융자산의 기초

❶ 금융상품의 정의

금융상품은 거래 당사자 일방에게는 금융자산을 발생시키고 동시에 다른 거래 상대방에게는 금융부채나 지분상품을 발생시키는 모든 계약을 의미한다.

[금융상품의 정의]

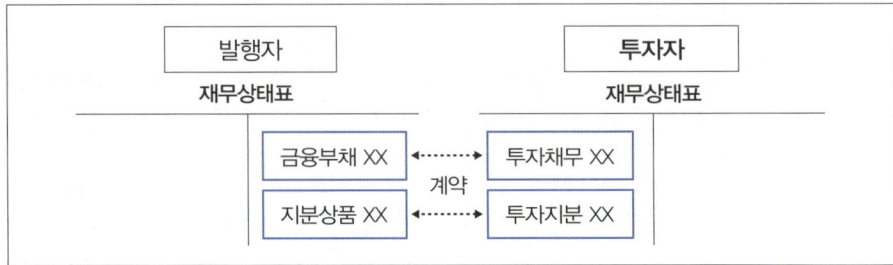

그러므로 다음의 항목은 금융자산과 금융부채로 분류하지 않는다.

① 실물자산인 재고자산, 생물자산, 유형자산, 무형자산, 투자부동산, 리스자산
② 금융자산·부채로 결제되지 않는 선급금, 선급비용, 선수금, 선수수익
③ 계약에 의하지 않는 법인세부채(당기법인세부채)와 의제의무에 따른 부채(충당부채)

재고자산이나 생물자산, 유형자산과 같은 실물자산, 특허권이나 상표권과 같은 무형자산과 리스자산은 현금 등 금융자산을 수취할 현재의 권리를 발생시키지 않으므로 금융자산이 될 수 없다. 또한 선급비용이나 선급금 성격의 자산이나 선수수익이나 선수금과 같은 부채도 반대급부로 현금 등 금융자산을 수취하거나 인도할 계약상의 의무가 아니라 재화나 용역을 수취하거나 인도해야 하므로 금융자산이나 금융부채가 아니다. 법령의 규정에 따라 발생하는 의무인 당기법인세부채나 의제의무에 의하여 발생하는 충당부채는 거래상대방과 계약에 의해 발생한 부채가 아니므로 금융부채로 보지 않는다.

❷ 금융자산의 정의

금융자산은 다음의 자산을 의미한다.

① 현금
② 다른 기업의 지분상품: 기업의 자산에서 모든 부채를 차감한 후의 잔여지분을 나타내는 모든 계약
③ 다음 중 하나에 해당하는 계약상 권리
  • 거래 상대방에게서 현금 등 금융자산을 수취할 수 있는 계약상 권리
  • 잠재적으로 유리한 조건으로 거래 상대방과 금융자산이나 금융부채를 교환하기로 한 계약상의 권리
④ 기업 자신의 지분상품으로 결제되거나 결제될 수 있는 다음 중 하나의 계약
  • 수취할 자기지분상품의 수량이 변동 가능한 비파생상품
  • 확정수량의 자기지분상품에 대하여 확정금액의 현금 등 금융자산을 교환하여 결제하는 방법이 아닌 방법으로 결제되거나 결제될 수 있는 파생상품

 확인문제

01. 다음 중 금융상품에 해당하는 것을 모두 고르시오.

ㄱ. 매출채권	ㄴ. 선급비용
ㄷ. 대여금	ㄹ. 미지급법인세
ㅁ. 선수수익	ㅂ. 충당부채
ㅅ. 특허권	ㅇ. 미수금
ㅈ. 지급어음	ㅊ. 차입금
ㅋ. 사채	ㅌ. 금융리스자산

정답 ㄱ, ㄷ, ㅇ, ㅈ, ㅊ, ㅋ

구분	기준서상 정의	사례
금융자산	현금	현금및현금성자산
	다른 기업의 지분상품	투자주식
	현금 등 금융자산을 수취할 수 있는 계약상 권리	매출채권, 대여금, 투자사채
	현금 등 금융자산을 수취하기로 한 조건부 계약상 권리	금융보증자산
	잠재적으로 유리한 조건으로 금융자산을 수취하기로 한 계약상 권리	투자콜옵션, 투자풋옵션
	수취할 자기지분상품의 수량의 변동 가능한 계약	자기주식결제채권

❸ 금융자산의 분류

3-1 금융자산의 성격에 따른 분류

기업이 보유하고 있는 금융자산은 성격에 따라 투자지분상품과 투자채무상품으로 분류할 수 있다.

3-1-1 투자지분상품

투자지분상품은 다른 회사의 순자산에 대한 소유권을 나타내는 지분상품인 주식에 대한 투자이다. 또한 일정금액으로 소유지분을 취득할 수 있는 권리를 나타내는 지분상품인 지분옵션에 대한 투자를 포함한다. 예를 들어, 전자의 경우 삼성전자가 발행한 보통주 주식과 우선주 주식을 취득하는 경우를 의미한다. 후자의 경우 삼성전자가 발행한 보통주 전환권이나 보통주 인수권을 취득한 경우를 의미한다. 지분상품 투자자는 지분상품의 보유기간 중 피투자회사로부터 수령하는 배당과 투자지분상품의 매각 시 시세차익을 통해 투자원금과 투자이익을 회수한다.

3-1-2 투자채무상품

투자채무상품은 다른 회사에 대해 금전을 청구할 수 있는 권리를 표시하는 상품에 대한 투자이다. 즉, 삼성전자가 발행한 사채를 취득하거나 국공채를 취득한 경우 등을 의미한다. 채무상품 투자자는 보유기간 중 피투자회사로부터 수령하는 이자와 투자채무상품의 매각 시 시세차익을 통하여 투자원금과 투자이익을 회수한다.

오쌤 Talk

투자자와 발행자의 구분

돈을 빌려준 자 (투자자)	돈을 빌린 자 (발행자)
금융자산	금융부채
투자지분상품 (주식)	주식의 발행 (자본금)
투자채무상품 (채권)	사채의 발행 (사채)

[금융자산의 성격에 따른 분류]

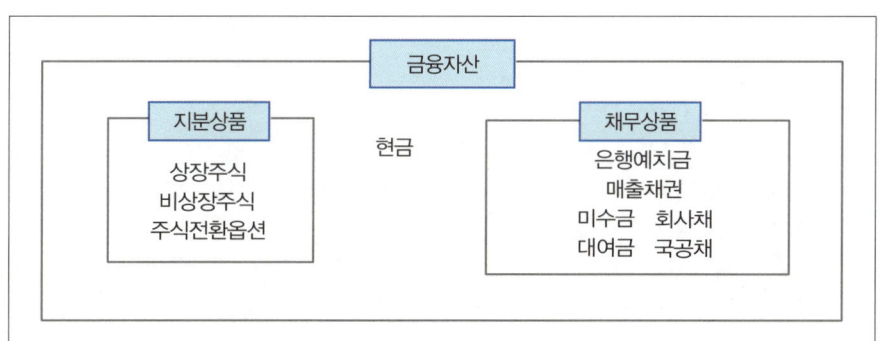

3-2 금융자산의 보유 목적에 따른 분류

금융자산은 보유 목적에 따라 다음 두 가지 사항 모두에 근거하여 후속적으로 상각후원가, 기타포괄손익 - 공정가치, 당기손익 - 공정가치로 측정되도록 분류한다.

① 금융자산의 관리를 위한 사업모형
② 금융자산 계약상 현금흐름 특성

3-2-1 사업모형

금융자산의 관리를 위한 사업모형은 현금흐름을 창출하기 위해 금융자산을 관리하는 방식을 의미한다. 쉽게 말해서 금융자산을 왜 가지고 있는지에 따라 구분된다. 원리금을 받을 목적인지, 매도를 목적으로 하고 있는지에 따라서 구분된다고 할 수 있다.

사업모형은 다음 세 가지 방식으로 구분된다.

① 수취목적 사업모형
  계약상 현금흐름을 수취하기 위해 자산을 보유하는 것이 목적인 사업모형
② 수취와 매도목적 사업모형
  계약상 현금흐름의 수취와 금융자산의 매도 둘 다를 통해 목적을 이루는 사업모형
③ 매도 등 기타목적 사업모형
  매도 등 기타목적을 위해 보유

다만, ①의 '수취목적 사업모형'의 경우에도 금융상품을 만기까지 보유할 필요는 없다. 그러므로 금융자산의 매도가 일어나거나 미래에 일어날 것으로 예상되는 경우에도 사업모형은 계약상 현금흐름을 수취하기 위해 금융자산을 보유하는 것일 수 있다.

②의 '수취와 매도목적 사업모형'에서는 경영진은 계약상 현금흐름의 수취와 금융자산의 매도 둘 다가 사업목적을 이루는 데에 필수적이라고 결정한다. 그러므로 ②의 '수취와 매도목적 사업모형'은 ①의 '수취목적 사업모형'에 비해서 대체로 더 빈번하게 더 많은 금액을 매도할 것이다. 이 사업목적을 이루기 위해서는 금융자산의 매도가 부수적이 아니라 필수적이기 때문이다.

 **오쌤 Talk**

사업모형(business model)에 따른 구분

사업모형에 따른 구분은 궁극적으로 금융자산을 보유한 목적이 무엇인지에 따라 나누는 것이다. 원리금만을 수취할 목적인지 아니면 매도 등 그 외의 목적인지에 따라 구분된다.

이때, 원리금에 대한 구분은 채권에서만 발생할 수 있는 내용이므로 사실상 채무상품 범주에서의 구분이다.

크게 공정가치 평가를 하느냐, 그렇지 않고 상각후원가 측정만 할 것인가를 구분할 때 원리금만을 수취할 목적이라면 공정가치 측정하지 않고 상각후원가 측정을 한다. 그러나 원리금만을 수취할 목적이 아니라면 공정가치로 측정한다.

공정가치로 측정하는 범주 안에서도 원리금 수취와 매도 등의 두 가지 목적으로 동시에 보유하고 있다면 측정의 손익을 당기의 손익으로 인식하기 보다는 기타포괄손익(미실현손익)으로 인식하게 하고 있다. 그 외의 모든 금융자산은 공정가치 측정 손익을 당기의 손익으로 인식한다.

3-2-2 계약상 현금흐름

금융자산의 계약상 현금흐름은 해당 금융자산으로부터 발생하는 현금흐름의 특성을 의미한다. 즉, 금융상품을 통해 기대되는 현금흐름이 기본 대여계약에 해당하는 원리금에만 한정되는지, 그렇지 않으면 주식가격이나 일반 상품 가격의 변동처럼 기본 대여계약과 관련 없는 현금흐름의 변동성이 있는 것인지로 구분된다.

계약상 현금흐름은 다음 두 가지 방식으로 구분된다.

> ① 원리금만으로 구성
>   원금과 원금 잔액에 대한 이자지급만으로 구성된 계약상 현금흐름
> ② 원리금 이외로 구성
>   원리금 지급만으로 구성되지 않은 기타의 계약상 현금흐름

3-2-3 분류

취득한 금융자산은 해당 **금융자산의 사업모형**과 **계약상 현금흐름의 특성**에 따라 세 가지 범주로 구분하여 최초 인식 및 후속측정을 수행한다.

① 상각후원가 측정 금융자산

> • 계약상 현금흐름을 수취하기 위해 보유하는 것이 목적인 사업모형하에 금융자산을 보유한다.
> • 금융자산의 계약조건에 따라 특정일에 원금과 원금잔액에 대한 이자지급만으로 구성되어 있는 현금흐름이 발생한다.

② 기타포괄손익 – 공정가치 측정 금융자산

> • 계약상 현금흐름의 수취와 금융자산의 매도 둘 다를 통해 목적을 이루는 사업모형하에 금융자산을 보유한다.
> • 금융자산의 계약조건에 따라 특정일에 원금과 원금잔액에 대한 이자지급만으로 구성되어 있는 현금흐름이 발생한다.

③ 당기손익 – 공정가치 측정 금융자산

> • 금융자산을 상각후원가 측정이나 기타포괄손익 – 공정가치로 측정하는 경우가 아니라면, 당기손익 – 공정가치로 측정하는 금융자산으로 분류한다.

오쌤 Talk

계약상 현금흐름에 따른 구분

계약상 현금흐름은 원리금만으로 구성된 것과 그렇지 않은 것으로 구분한다. 즉, 일반적으로 채권이냐 주식이냐의 차이로 이해하면 쉽겠다.

채권은 원가 측정방식인 상각후원가 측정도 가능하고, 공정가치 측정방식도 가능하다. 공정가치를 측정할 때 매도목적만 있다면 공정가치 변동분을 당기손익으로 인식하고, 그렇지 않다면 기타포괄손익으로 인식한다.

주식은 기본적으로 공정가치를 측정하고 공정가치 변동분을 당기손익으로 인식한다. 그러나 회사가 취득시점에 공정가치 변동분을 기타포괄손익으로 인식하겠다고 선택했다면 기타포괄손익으로 인식할 수 있다.

확인문제

02. 금융자산에 대한 설명으로 옳은 것은?
기출처 2022. 관세직 9급

① 금융자산은 상각후원가로 측정하거나 기타포괄손익-공정가치로 측정하는 경우가 아니라면, 당기손익 공정가치로 측정한다.
② 계약상 현금흐름을 수취하기 위해 보유하는 것이 목적인 사업모형 하에서 금융자산을 보유하고, 계약 조건에 따라 특정일에 원금과 원금잔액에 대한 이자 지급만으로 구성되어 있는 현금흐름이 발생한다면 금융자산을 기타포괄손익-공정가치로 측정한다.
③ 계약상 현금흐름의 수취와 금융자산의 매도 둘 다를 통해 목적을 이루는 사업모형하에서 금융자산을 보유하고, 계약조건에 따라 특정일에 원리금 지급만으로 구성되어 있는 현금흐름이 발생한다면 금융자산을 상각후원가로 측정한다.
④ 당기손익-공정가치로 측정되는 지분상품에 대한 특정 투자에 대하여는 후속적인 공정가치 변동을 기타포괄손익으로 표시하도록 최초 인식시점에 선택할 수도 있다. 다만, 한번 선택했더라도 이를 취소할 수 있다.

정답 ①

오쌤 Talk

선택(or 지정)
지정은 두 가지의 경우 가능하다.
① 당기손익공정가치 측정 지분상품을 기타포괄손익 금융자산으로 지정
② 기타포괄손익 or 상각후원가 채무상품을 당기손익 금융자산으로 지정

3-3 금융자산의 성격과 보유 목적에 따른 구분

원리금을 수취하는 금융자산인 채무상품은 상각후원가 측정 금융자산, 기타포괄손익 – 공정가치 측정 금융자산과 당기손익 – 공정가치 측정 금융자산으로 분류한다. 그러나 원리금을 수취하지 않는 금융자산인 지분상품은 당기손익 – 공정가치 측정 금융자산으로만 분류하는 것이 원칙이다.

다만, 지분상품의 경우 일정조건[1*]을 만족하는 경우 회사가 최초 인식시점에 기타포괄손익 – 공정가치 측정 금융자산으로 분류하기로 선택했다면, 지분상품의 경우도 기타포괄손익 – 공정가치 측정 금융자산으로 분류할 수 있다. 이러한 선택은 이후에 취소할 수 없다.

또한 서로 다른 기준에 따라 자산이나 부채를 측정하거나 그에 따른 손익을 인식하는 경우에 발생하는 측정이나 인식의 불일치(회계불일치)[2*]를 제거하거나 유의적으로 줄이기 위해서 최초 인식시점에 당기손익 – 공정가치 측정 금융자산으로 선택할 수 있다. 이러한 선택은 마찬가지로 이후에 취소할 수 없다.

[금융자산의 분류]

구분		기준
원칙	상각후원가 측정 (채무상품)	① 사업모형: 계약상 현금흐름 **수취** ② 현금흐름 특성: **원리금 지급**
	기타포괄손익 - 공정가치 측정 (채무상품)	① 사업모형: 계약상 현금흐름 **수취 + 매도** ② 현금흐름 특성: **원리금 지급**
	당기손익 - 공정가치 측정 (채무상품, 지분상품)	나머지 모든 금융자산
선택권 (최초 인식시점)	기타포괄손익 - 공정가치 측정 (지분상품)	① 단기매매항목이 아님 ② 사업결합의 조건부 대가가 아님
	당기손익 - 공정가치 측정	회계불일치 제거 등을 목적으로 지정

[금융상품별 분류]

구분	채무상품[3*]	지분상품
상각후원가 측정	계약상 현금흐름 수취 사업모형	n/a
기타포괄손익 - 공정가치 측정	계약상 현금흐름 수취 + 매도 사업모형	최초 인식시점에 지정[4*]
당기손익 - 공정가치 측정	나머지 모두	원칙

1* ① 단기매매항목이 아니다.
② 사업결합에서 취득자가 인식하는 조건부 대가가 아니다.
2* 기존에 취득한 자산·부채가 당기손익에 미치는 변동성을 줄이기 위해 취득한 자산·부채의 경우(ex. 파생상품), 그러한 금융상품의 공정가치를 인식하는 것이 손익의 변동성을 줄이고자 하는 본래의 취지에 부합하므로 동 금융상품을 당기손익 – 공정가치 측정 금융상품으로 지정하여 회계상의 불일치를 제거한다.
3* 원리금 지급만으로 구성된 현금흐름
4* 단기매매항목이나 사업결합의 조건부 대가는 제외

4 최초 인식

4-1 인식

금융자산은 금융상품의 계약 당사자가 되는 때에만 재무상태표에 인식한다. 다만, 정형화된 매입의 경우에는 매매일이나 결제일에 인식한다.

4-2 측정

금융자산은 최초 인식 시 공정가치로 측정한다. 일반적으로 최초 인식 시 금융자산의 공정가치는 제공한 대가의 공정가치인 거래가격이지만 거래가격과 다르다면 최초 인식시점에 그 차이를 당기손익으로 인식한다.

이때, 공정가치는 측정일에 시장참여자 사이의 정상적인 거래에서 자산을 매도하면서 수취하거나 부채를 이전하면서 지급하게 될 가격을 말하며, 교환 시 발생할 수 있는 거래원가를 차감하지 않은 금액이다.

공정가치에 대한 최선의 추정치는 활성시장에서 공시되는 가격이다. 즉, **활성시장이 있는 금융상품의 공정가치는 활성시장의 공시가격으로 한다.** 그러나 **활성시장이 없는 금융상품은 가치평가기법을 사용하여 공정가치를 추정한다.** 다만, 활성시장이 없어서 이용 가능한 최근 정보를 통해 최선의 추정치를 추정할 수 없는 경우에는 지분상품의 취득원가가 공정가치의 적절한 추정치가 될 수 있다.

[금융상품의 공정가치]

구분			공정가치
지분상품	활성시장 존재		활성시장의 공시가격
	활성시장 부재	공정가치 추정 가능	평가기법을 이용한 측정치
		공정가치 추정 불가능	취득원가
채무상품	활성시장 존재		활성시장의 공시가격
	활성시장 부재		평가기법을 이용한 측정치

4-3 거래원가

금융자산의 취득과 관련하여 거래원가가 발생하는 경우에는 당해 거래원가는 최초 인식하는 공정가치에 가산한다. 즉, 취득원가에 가산한다. 다만, **당기손익 - 공정가치 측정 금융자산의 취득과 직접 관련된 거래원가는 발생 즉시 당기비용으로 인식한다.**

오쌤 Talk

자산의 회계처리

개념	취득	보유	처분
쉬운개념	사거나	시가 평가하거나	팔거나
기준서	인식	평가	제거

오쌤 Talk

자산의 취득(인식)

회계상 대부분의 자산은 '취득 시의 원가'로 취득원가를 인식한다.

일반적으로 기업은 자산을 취득할 때 시가(시세)로 사서 장부에 인식하게 된다. 다만, 시가 100인 자산을 시가 80인 자산을 주고 취득했다면 실제 기업은 그 자산을 취득하는 데 80을 소요한 결과이므로 원가는 80이 된다. 그러므로 '취득 시의 원가'는 '제공한 자산의 공정가치'이다.

만약 취득 시의 원가를 '취득한 자산의 공정가치'로 인식한다면 시가 100인 자산을 사면서 80주고 샀으니, 취득만으로 이득을 보는 결과가 생긴다. 회계는 이를 인정하지 않는다. 그러므로 '취득한 자산의 공정가치'가 아닌 **'제공한 자산의 공정가치'**로 인식하는 것이다.

다만, 유일하게 **금융자산만 취득원가를** '제공한 자산의 공정가치'가 아닌, **'취득한 자산의 공정가치'로 인식**하도록 하고 있다. 예외적으로, 취득 시 손익이 발생할 수 있는 것을 허락하고 있다.

기출 OX

01. 당기손익-공정가치 측정 금융자산은 취득 시 발생하는 거래원가를 공정가치에 가산한다. _{기출처 2022. 서울시 7급}

정답 X

❺ 평가(후속측정)

최초 인식 후 금융자산은 공정가치로 측정하는 것을 원칙으로 한다. 여기서 공정가치는 매도 등에서 발생할 수 있는 거래원가를 차감하지 않은 금액이다.

5-1 상각후원가 측정 금융자산

상각후원가 측정 금융자산은 공정가치법을 적용하지 않으며, 유효이자율법을 적용하여 상각후원가로 측정한다. 상각후원가를 장부금액으로 하는 금융자산의 손익은 당해 금융자산이 제거되거나 손상되었을 때 당기손익으로 인식하거나, 상각과정을 통해서 당기손익으로 인식한다.

5-2 기타포괄손익 - 공정가치 측정 금융자산

기타포괄손익 - 공정가치 측정 금융자산은 최초 인식 후 공정가치로 재측정한다. 이때 공정가치 평가손익은 기타포괄손익으로 인식하며, 당기손익으로 인식하지 않는다.

5-3 당기손익 - 공정가치 측정 금융자산

당기손익 - 공정가치 측정 금융자산은 최초 인식 후 공정가치로 재측정한다. 공정가치 평가손익은 당기손익으로 인식한다.

❻ 보유기간 중 배당과 이자의 수령

지분상품을 투자한 대가로 배당금을 수령하게 되고, 채무상품을 취득한 대가로 이자를 수령하게 된다. 이는 금융자산의 분류 방법과 무관하게 배당금은 배당금수익으로 인식하고, 이자는 이자수익으로 인식한다.

6-1 배당금수익

지분상품에 투자한 경우, 회사의 경영성과에 따라서 배당금수익이 발생할 수 있다. 배당금수익은 일반적으로 현금배당을 받는 경우와 주식배당을 받는 경우로 구분할 수 있다.

지분상품에 대한 배당금수익은 배당금을 받을 권리와 금액이 확정되는 시점인 배당선언일에 인식한다. 우리나라는 상법상 이익잉여금 처분 권한이 주주총회에 있으므로 배당선언일은 각 회사의 주주총회일이다.

6-1-1 현금배당

현금 배당금을 수령하는 경우는 배당선언일에 배당 예정금액만큼 미수배당금(자산)으로 계상하고 실제 배당금을 현금으로 수령하는 날에 미수배당금(자산)과 상계한다.

[현금배당 회계처리]

⟨배당선언일⟩			
(차) 미수배당금	XXX	(대) 배당수익	XXX
⟨배당수령일⟩			
(차) 현금	XXX	(대) 미수배당금	XXX

📝 기출 OX

02. 채무상품 중 기타포괄손익-공정가치 측정 금융자산으로 분류된 경우 후속기간 동안 공정가치로 평가하여 보고한다. 　기출처 2022. 서울시 7급
　　　　　　　　　정답 O

03. 금융기관이 가지고 있는 당기손익인식금융자산은 기말에 공정가치평가손익을 포괄손익계산서에서 기타포괄손익으로 표시한다. 　기출처 2015. 국가직 9급
　　　　　　　　　정답 X

오쌤 Talk

지분상품 발행자
(배당을 지급하는 자)

① 현금배당
⟨배당선언일⟩
(차) 이익잉여금 (대) 미지급배당금
　　 XXX　　　　　　 XXX
⟨배당지급일⟩
(차) 미지급배당금 (대) 현금 XXX
　　 XXX

② 주식배당
⟨배당선언일⟩
(차) 이익잉여금 (대) 미교부주식배당
　　 XXX　　　　　　 XXX
⟨배당지급일⟩
(차) 미교부주식배당 (대) 자본금 XXX
　　 XXX

6-1-2 주식배당

지분상품 발행회사가 **주식배당을 실시하여 발행한 주식을 취득하는 경우 지분상품 투자회사는 주식배당이 실시된 시점에 자산의 증가로 보지 않는다.** 주식배당의 경우 지분상품을 발행한 회사의 자본의 구성내용만 변동되었을 뿐, 발행회사의 순자산에 미치는 영향이 없기 때문에 투자회사의 입장에서도 부의 증가는 없다.

그러므로 주식배당으로 취득하는 신주의 취득금액은 당해 무상증자 등의 권리락이 실시되는 시점에서 신주와 구주의 종류에 관계없이 주식수 비례에 따라 구주의 장부금액을 안분하여 산정한다.

$$\text{주식배당으로 인해 수령한 신주의 취득금액} = \text{구주의 장부금액} \times \frac{\text{신주의 주식수}}{\text{구주의 주식수} + \text{신주의 주식수}}$$

오쌤 Talk

배당률과 배당수익률
① 배당률: 주식의 액면금액을 기준으로 한 액면 배당률을 의미
  (ex. 액면금액 ₩500, 배당률이 10%
  → 주당 배당금 = ₩500 × 10%
           = ₩50)
② 배당수익률: 주가를 기준으로 한 시가 배당률을 의미
  (ex. 주가 ₩2,000, 배당수익률 10%
  → 주당 배당금 = ₩2,000×10%
           = ₩200)

6-2 이자수익

채무상품에 대한 이자수익은 유효이자율을 적용하여 발생기준에 따라 인식한다. 이자는 현금으로 수령한 표시이자 뿐만 아니라, 채무상품의 최초의 장부금액과 만기 액면금액과의 차이에 대한 할인·할증 차금에 대한 상각액을 포함한다.

7 제거

금융자산의 제거는 재무상태표에서 해당 금융자산을 삭제하는 것을 의미한다. 금융자산은 다음 중 하나에 해당하는 경우에만 제거[5*]한다.

① 금융자산의 현금흐름에 대한 계약상 권리가 소멸하는 경우
② 금융자산을 양도하며 그 양도가 제거의 조건을 충족하는 경우

금융자산의 분류에 따른 제거의 회계처리는 각각 ② **지분상품**과 ③ **채무상품**의 각론에서 다루기로 한다.

5* 금융자산의 제거에 대해서는 제6장 '현금 및 수취채권과 지급채무'에서 자세하게 설명하고 있다.

오쌤 Talk

손상
두 가지는 반드시 기억한다.
① 주식은 손상을 인식하지 않는다.
② 당기손익 - 공정가치 측정 금융자산도 손상을 인식하지 않는다.

✏️ 기출 OX

04. 지분상품에 대해서는 신용위험의 유의적 증가여부와 상관없이 손상을 인식하지 않는다.
기출처 2022. 서울시 7급
정답 O

05. 기타포괄손익-공정가치 측정 금융자산으로 분류한 지분상품의 손상차손은 당기손익으로 보고한다.
기출처 2021. 서울시 7급
정답 X

⑧ 손상

금융자산에 대한 손상은 최초 인식 이후 채무불이행 위험이 발생할 가능성이나 그 발생의 위험에 따라 인식한다. 즉, **계약상 현금흐름에 대한 신용손실에 위험이 있는 경우에만 인식하므로 지분상품은 손상차손의 회계처리 대상이 아니다.** 신용손실에 대한 개념은 '8-1 기대손실모형'에서 후술한다.

금융자산은 상각후원가 측정 금융자산과 기타포괄손익 – 공정가치 측정 금융자산(기타포괄손익 – 공정가치 측정 지분상품 제외)의 경우에만 손상차손을 인식한다. 당기손익 – 공정가치 측정 금융자산의 경우 손상의 효과가 이미 해당 금융자산의 평가손실로 당기손익에 반영되어 있으므로 **손상회계처리의 대상이 아니다.**

[금융자산 손상차손 인식 상황]

금융자산의 종류		손상차손 인식 여부
채무상품	상각후원가 측정	신용위험 손실을 손상차손(당기손익)으로 인식
	기타포괄손익 – 공정가치 측정	신용위험 손실을 손상차손(당기손익)으로 인식
	당기손익 - 공정가치 측정	손상인식하지 않음 (평가손실을 당기손익으로 인식하기 때문)
지분상품	당기손익 - 공정가치 측정	손상인식하지 않음 (신용손실위험이 없으므로)
	기타포괄손익 - 공정가치 측정	손상인식하지 않음 (신용손실위험이 없으므로)

8-1 기대손실모형

기업회계기준서 제1109호 '금융상품'에서는 **신용이 손상되지 않은 경우에도 기대신용손실을 추정하여 당기손익으로 조기에 인식하도록 규정하고 있다.** 이러한 모형을 기대손실모형(expected loss model)이라고 한다.

8-1-1 신용손실과 기대신용손실

금융자산의 손상차손을 인식하기 위해서 기대신용손실(expected credit loss)은 다음과 같이 해당 금융자산의 현금부족액(cash shortfall)과 신용손실(credit loss)을 이용하여 추정한다.

[용어정리]

① **현금부족액**: 계약에 따라 수취하기로 한 모든 계약상 현금흐름과 수취할 것으로 예상하는 모든 계약상 현금흐름의 차이
② **신용손실**: 현금부족액을 최초 유효이자율로 할인한 금액[6*]
③ **기대신용손실**: 개별 채무불이행 발생 위험으로 가중평균한 신용손실

오쌤 Talk

기대손실모형 용어의 해석
만약 이자와 원금을 매년 100씩 받기로 했는데, 앞으로 60만 받을 수 있을 것으로 예상된다면 못 받게 될 것으로 예상되는 40이 '현금부족액'이다. 이러한 현금부족액은 장기간 발생하는 것이므로, 현금부족액에 대해 이자요소를 제거하는 현재가치로 할인했을 때 이를 '신용손실'이라고 한다. 다만, 이러한 예측은 어디까지나 예상치이므로 그러한 예상치가 맞을 수도 있고 그렇지 않을 수도 있는 확률들이 존재한다. 그러한 확률을 반영하여 기댓값을 계산한 것이 바로 '기대신용손실'이다.

6* 취득 시 손상되어 있는 금융자산은 신용조정 유효이자율로 할인

신용손실은 모든 현금부족액의 현재가치로 측정하며, 이를 확률로 가중평균한 금액이 기대신용손실이다. **기대신용손실은 금융상품의 기대존속기간 동안 발생할 것으로 예상하는 신용손실의 확률가중추정치**(probability-weighted estimate of credit loss)이다.

> 신용손실 = (계약상 현금흐름 – 수취할 것으로 예상하는 현금흐름)의 현재가치
>   : 현금부족액   : 최초의 유효이자율로 할인

8-1-2 유효이자율(effective interest rate)

유효이자율은 금융자산의 추정 미래현금흐름 수취액의 현재가치를 금융자산의 총장부금액과 일치시키는 이자율을 의미한다. 유효이자율을 계산할 때 해당 **금융상품의 모든 계약조건**[7*]을 고려하여 기대현금흐름을 추정하지만 기대신용손실을 고려하지 않는다.

기업회계기준서 제1109호 '금융상품'에서 금융자산의 총장부금액과 상각후원가를 다음과 같이 정의하고 있다.

> ① 금융자산의 총장부금액: 손실충당금을 조정하기 전 금융자산의 상각후원가
> ② 금융자산의 상각후원가: 최초 인식시점에 측정한 금융자산에서 상환된 원금을 차감하고, 최초 인식금액과 만기금액의 차액에 유효이자율법을 적용하여 계상한 상각누계액을 가감하고 손실충당금을 조정한 금액

> 금융자산의 상각후원가 = 금융자산의 총장부금액 – 손실충당금

[총장부금액과 상각후원가]

금융자산	₩100,000	← 총장부금액
손실충당금	(₩20,000)	
	₩80,000	← 상각후원가

확인문제

03. 다음은 ㈜한국의 20X1년 말 손상차손과 관련한 결산자료이다. ㈜한국이 인식할 손상차손 및 손실충당금에 대한 설명으로 가장 옳지 않은 것은?

<매출채권 잔액 및 추정미래현금흐름>

구분	매출채권	추정미래 현금흐름
20X1년 12월 31일	₩100,000	₩85,000

20X0년 말 손실충당금 잔액은 ₩8,000이고, 당기(20X1.1.1.~20X1.12.31.) 중에 대손이 확정되어 손실충당금과 상계된 매출채권은 ₩9,000이다.

① 20X1년 말 ㈜한국의 상각후원가는 ₩85,000이다.
② 20X1년 매출채권의 총장부가액은 ₩100,000이다.
③ 20X1년 말 ㈜한국이 인식해야 할 손상차손은 ₩15,000이다.
④ 20X1년 말 ㈜한국이 재무상태표에 보고할 손실충당금은 ₩15,000이다.

정답 ③

오쌤 Talk

신용손실과 기대신용손실

채권 ₩100,000을 3년 후 받기로 했는데, 이를 ₩98,000밖에 회수가 안될 것으로 추정이 된다면, ₩2,000은 신용손실이다. 그런데 이렇게 ₩2,000이 회수 불가능할 것으로 추정되는 확률이 80%라면 손실로 추정되는 기댓값은 ₩2,000 × 80% = ₩1,600이다. 이처럼 발생할 것으로 예상되는 신용손실과 확률을 통해 기댓값으로 산정한 것이 기대신용손실이다. 그러나 좀 더 정확히는 3년에 걸쳐 일어나는 일이므로 현재가치에 대한 할인을 적용해야 하고, 이때의 할인율은 최초의 유효이자율을 사용한다.

7* ex. 중도상환옵션, 연장옵션, 콜옵션, 이와 비슷한 옵션

8-2 기대손실모형 적용

8-2-1 신용이 손상되지 않은 경우(신용위험이 발생한 경우)

금융자산의 신용이 손상되거나 채무불이행이 실제로 발생하기에 앞서 사전징후로 신용위험이 발생한 경우에 해당한다.

금융자산의 신용이 손상되지 않았지만 신용위험이 발생한 금융자산은 기대손실을 추정하여 손실충당금을 인식한다.

손실충당금은 매 보고기간 말에 신용위험의 유의적인 증가여부에 따라 다음의 두 가지 방법으로 측정하고 손실충당금을 조정하기 위한 기대신용손실(또는 환입액)으로 당기손익에 인식한다. 다만, 취득 시 신용이 손상되어 있는 금융자산은 전체기간 동안의 기대신용손실의 누적 변동분만 손실충당금으로 인식한다.

① **금융상품의 신용위험이 유의적으로 증가하지 않은 경우**
보고기간 말에 **금융상품의 신용위험이 낮다고 판단된다면** 최초 인식 후에 해당 **금융상품의 위험이 유의적으로 증가하지 않았다고 볼 수 있다.** 이 경우 **12개월 기대신용손실에 해당하는 금액으로 손실충당금을 측정하고, 이를 손상차손으로 당기손익에 인식한다.** 이때, 12개월 기대신용손실은 전체기간 신용손실에 보고기간 말 이후 12개월 이내에 채무불이행위험이 발생할 확률을 적용하여 계산한 금액[8*]이다.

② **금융상품의 신용위험이 유의적으로 증가한 경우**
최초 인식 후 금융상품의 신용위험이 유의적으로 증가한 경우에는 매 보고기간 말에 전체기간 기대신용손실에 해당하는 금액으로 손실충당금을 측정하고, 이를 손상차손으로 당기손익에 인식한다. 여기서 전체기간 기대신용손실은 전체기간 신용손실에 보고기간 말 이후 전체기간의 채무불이행 발생확률을 적용하여 계산한 금액이다.

오쌤 Talk

기대신용손실

기대신용손실은 채권에서 약정한 전체기간으로 통해 산출되어야 한다. 그러나 신용위험이 유의적으로 증가하지 않았다면, 12개월 동안만 기대신용손실을 측정하도록 해줌으로써 전체기간 동안 신용위험의 증가여부를 추정해야 하는 부담을 줄여주고 있다. 즉, 간편법을 허용해주고 있는 것이다.

기출 OX

06. 채무상품의 경우 신용위험이 유의적으로 증가하지 않았다고 판단되는 경우에는 손상을 인식하지 않는다.
기출처 2022. 서울시 7급
정답 X

07. 상각후원가 측정 금융상품의 신용위험이 유의적으로 증가하였다면 전체기간 기대신용손실을 측정한다.
기출처 2021. 서울시 7급
정답 O

[8*] • 10년만기 원리금 분할 상환 조건으로 ₩1,000,000을 대출했을 경우를 가정함
• 최초 인식시점에 대출 채무불이행 발생 확률을 향후 12개월에 0.5%로 추정함
• 보고기간 말 12개월 채무불이행 발생 확률에 변동이 없고, 최초 인식 후 신용위험이 유의적으로 증가하지 않았다고 판단됨
• 대출금에 채무불이행이 발생할 경우 총 장부금액의 25%의 손실을 볼 것으로 판단됨
→ 이러한 상황에서의 기대신용손실 = ₩1,000,000 × 25% × 0.5% = ₩1,250

8-2-2 신용이 손상된 경우

금융자산이 후속적으로 신용이 손상된 경우에는 전체기간 기대신용손실[9*]을 손상차손으로 인식한다. 금융자산의 추정미래현금흐름에 악영향을 미치는 다음 중 하나의 사건이 발생한 경우 자산의 신용이 손상된 것으로 본다.

① 채무자의 재무적 상황: 발행자나 차입자의 유의적인 재무적 어려움
② 계약 위반: 채무불이행이나 연체와 같은 계약 위반
③ 차입조건의 변경: 차입자의 재무적 어려움에 관련된 경제적·계약상의 이유로 당초 차입조건의 불가피한 완화
④ 차입자의 파산가능성: 차입자의 파산가능성이 높아지거나 그 밖의 재무구조조정 가능성이 높아짐
⑤ 활성시장 소멸: 재무적 어려움으로 해당 금융자산에 대한 활성시장의 소멸
⑥ 신용손실의 발생: 이미 발생한 신용손실을 반영하여 크게 할인한 가격으로 금융자산을 매입하거나 창출하는 경우

[기대신용손실의 인식]

구분		내용	취득 시 신용이 손상된 금융자산
신용이 손상 되지 않은 경우	신용위험이 유의적으로 증가하지 않음	12개월 기대신용손실을 손실충당금으로 인식	전체기간 기대신용손실을 손실충당금으로 인식
	신용위험이 유의적으로 증가함	전체기간 기대신용손실을 손실충당금으로 인식	
신용이 손상된 경우		전체기간 기대신용손실을 손실충당금으로 인식	

확인문제

04. 금융자산이 손상되었다는 객관적인 증거에 해당하지 않는 것은?

기출처 2018. 지방직 9급

① 금융자산의 발행자나 지급의무자의 유의적인 재무적 어려움
② 이자지급의 지연과 같은 계약위반
③ 금융자산 관련 무위험이자율이 하락하는 경우
④ 채무자의 파산

정답 ③

오쌤 Talk

손실충당금 회계처리

기대신용손실 추정액을 손실충당금으로 인식하는데, 보고기간 말 현재 손실충당금 잔액이 부족하면 잔액을 조정하여 손상차손(비용)으로 인식하고, 오히려 줄여야 한다면 손상차손환입(수익)으로 인식한다. 손실충당금은 금융자산의 차감적 계정이다. 그러므로 일반적으로 재무상태표에는 손실충당금을 차감한 순액으로 금융자산을 표시한다.
대손충당금(=손실충당금) 회계처리를 떠올리면서 이해하면 쉽게 이해할 수 있겠다.

[9*] 신용이 손상된 금융자산의 기대신용손실은 해당 자산의 총장부금액과 추정미래현금흐름을 최초 유효이자율로 할인한 현재가치의 차이로 측정

② 지분상품

❶ 지분상품의 기초

지분상품은 다른 회사의 순자산에 대한 소유권을 나타내는 지분상품인 주식에 대한 투자와 일정 금액으로 소유지분을 취득할 수 있는 권리를 나타내는 지분상품인 지분옵션에 대한 투자를 말한다.

❷ 지분상품의 분류

투자목적으로 취득한 지분상품은 모두 당기손익 – 공정가치 측정 금융자산으로 분류하는 것이 원칙이다. 다만, 단기매매 이외의 목적으로 취득한 지분상품 중 후속적인 공정가치변동을 기타포괄손익으로 인식하기로 선택한 경우에는 기타포괄손익 – 공정가치 측정 지분상품으로 분류할 수 있다. 이러한 선택은 최초 인식시점에만 가능하며 이후에 취소할 수 없다.

[지분상품의 분류]

구분	당기손익 – 공정가치 측정	기타포괄손익 – 공정가치 측정
단기매매 목적	○	X
단기매매 목적 외	○	○ (선택한 경우)

❸ 당기손익 – 공정가치 측정 지분상품

단기매매 목적으로 취득한 지분상품은 당기손익 - 공정가치 측정 금융자산으로만 분류한다. 또한 단기매매 목적 외의 목적으로 취득한 지분상품 중에서 공정가치의 변동은 기타포괄손익으로 인식하겠다고 선택하지 않은 경우에도 당기손익 - 공정가치 측정 금융자산으로 분류한다.

3-1 최초 인식

당기손익 – 공정가치 측정 금융자산은 최초 인식 시 공정가치로 평가한다. 취득 시 발생하는 거래원가는 당기비용으로 인식한다.

3-2 평가

당기손익 – 공정가치 측정 금융자산은 매 보고기간 말 공정가치로 평가하며, 평가에 따른 미실현 보유손익은 포괄손익계산서에 당기손익으로 인식한다. 당기손익 - 공정가치 측정 금융자산의 평가손익은 매 기말 공정가치에서 평가 직전의 장부금액의 차이이다.

> 당기손익 – 공정가치 측정 금융자산 평가손익 = 기말 공정가치 – 평가 직전 장부금액

[평가손익 인식 회계처리]

장부금액 > 공정가치
(차) 평가손실(당기손익)   XXX   (대) 당기손익 금융자산[10*]   XXX

장부금액 < 공정가치
(차) 당기손익 금융자산   XXX   (대) 평가이익(당기손익)   XXX

[10*] '당기손익 공정가치 측정 금융자산'은 편의상 '당기손익 금융자산'으로 사용함

거래부대비용

회계상 거래의 부대비용은 일반적으로 취득원가에 가산한다. 즉, 취득과정에서 지출되는 부대원가는 직접적인 경우 비용이 아닌 자산(취득원가)으로 인식한다. 물론, 간접비용일 때는 당기비용으로 처리한다.
그러나 유일하게 취득의 부대비용을 발생 즉시 바로 비용으로 처리하는 항목이 바로 당기손익 - 공정가치 측정 금융상품이다. 당기손익 - 공정가치 측정 금융상품은 취득 시 거래부대비용을 전액 비용으로 처리한다.

장부금액

당기손익-공정가치 측정 금융자산은 매 보고기간 말 재무상태표에 보고되는 장부금액이 보고기간 말 공정가치이다. 공정가치를 장부금액으로 인식하기 위해서 공정가치의 변동분을 당기손익(실현손익)으로 인식하고 금융자산을 증가시키거나 감소시키는 것이다.

3-3 제거(처분)

당기손익 - 공정가치 측정 금융자산의 양도가 금융자산의 제거요건을 만족한 경우에는 수취한 대가와 해당 금융자산의 장부금액의 차이를 당기손익으로 인식한다.

> 당기손익 - 공정가치 측정 금융자산 처분손익 = 처분대가 - 처분 직전 장부금액

[처분 시 회계처리]

처분대가 > 장부금액
(차) 현금   XXX   (대) 당기손익 금융자산   XXX
                                     처분이익(당기손익)   XXX

처분대가 < 장부금액
(차) 현금   XXX   (대) 당기손익 금융자산   XXX
    처분손실(당기손익)   XXX

[당기손익 - 공정가치 측정 금융자산의 평가와 처분]

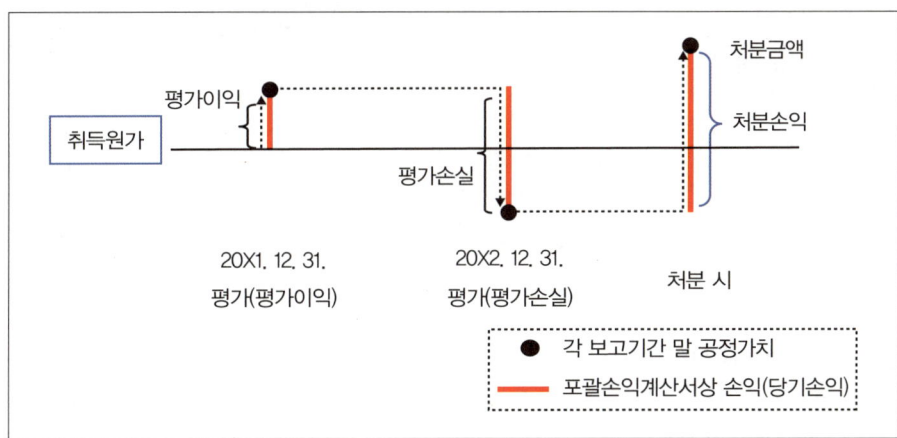

오쌤 Talk

순액보고

여러 가지 종류의 당기손익 - 공정가치 측정 금융자산을 보유하게 될 경우, 일부에서는 평가이익이 발생하고 일부는 평가손실이 발생할 수 있다. 이 경우 평가이익과 평가손실을 각각 보고하지 않고 평가이익과 평가손실을 상계한 후 순액으로 보고한다. 다만, 평가이익과 평가손실이 중요한 경우에는 총액으로 보고한다.

오쌤 Talk

처분

회계상 모든 자산의 처분은 얼마짜리를 얼마에 팔았는지의 개념으로 접근한다. 이때 '얼마짜리'는 장부에 기입된 장부금액이며, '얼마에 팔았느냐'의 개념이 처분대가(금액)이다. 또한 회계상에서 모든 자산의 처분은 실현된 손익(당기손익)으로 인식한다.

오쌤 Talk

취득과 처분 시 거래원가

취득 시의 거래원가는 일반적으로 자산의 취득원가로 처리하지만 유일하게 당기손익 - 공정가치 측정 금융자산의 경우 취득 시 거래원가는 당기비용으로 처리하도록 하고 있다.

그러나 처분 시 발생하는 거래원가는 따로 회계처리하지 않고 수취하게 되는 돈이나 채권 가액에서 조정한다. 즉, 처분대가에서 이미 조정된 금액으로 처분대가를 계산하고 이를 장부금액과의 차이로 처분손익을 인식한다. 모든 자산과 부채가 이러한 로직을 따른다.

> 실제처분대가
> = 처분대가 – 처분 수수료

확인문제

05. ㈜서울은 20X1년 초에 ㈜한국의 주식을 거래원가 ₩10,000을 포함하여 ₩510,000에 취득하고, 당기손익-공정가치 측정 금융자산으로 분류하였다. 20X1년 말과 20X2년 말 공정가치는 각각 ₩530,000과 ₩480,000이고, 20X3년에 ₩490,000에 처분하였을 때, 주식 처분으로 당기손익에 미치는 영향은?
기출처 2019. 서울시 7급

① 손익 영향 없음
② ₩8,000 이익
③ ₩10,000 이익
④ ₩12,000 이익

정답 ③

[기본예제 1] 당기손익 – 공정가치 측정 금융자산의 평가와 처분

12월 말 결산법인인 ㈜한국은 20X0년 12월 31일 단기간의 매매차익을 목적으로 ㈜민국의 주식 100주(주당 액면가액 ₩1,000)를 ₩200,000에 취득하였다. 취득 시 거래원가로 ₩10,000을 현금으로 지급하였다. 동 주식 중 20X1년 7월 1일에 50주를 주당 ₩2,500에 처분하였으며, 처분 수수료로 ₩5,000을 지급하였다. 20X1년 12월 31일 ㈜민국의 1주당 주가는 ₩3,000이다.

01 지분상품과 관련하여 20X1년 인식할 처분손익을 구하시오.

02 지분상품과 관련하여 20X1년 인식할 평가손익을 구하시오.

[풀이]

01 처분손익 = 처분대가 − 장부금액
  = (₩2,500 × 50주 − ₩5,000) − ₩200,000 × 50주/100주 = ₩20,000

02 평가손익 = 기말 공정가치 − 평가 직전 장부금액
  = ₩3,000 × 50주 − ₩200,000 × 50주/100주 = ₩50,000

[참고] 회계처리

구분	회계처리				
20X0. 12. 31.	(차) 당기손익 금융자산	₩200,000	(대)	현금	₩200,000
	거래비용	₩10,000		현금	₩10,000
20X1. 7. 1.	(차) 현금	₩120,000	(대)	당기손익 금융자산	₩100,000
				처분손익	₩20,000
20X1. 12. 31.	(차) 당기손익 금융자산	₩50,000	(대)	평가손익	₩50,000

심화예제 1   당기손익 - 공정가치 측정 금융자산의 평가와 처분, 배당

㈜한국은 단기적인 시세차익을 목적으로 ㈜민국의 주식을 취득하여 다음과 같은 거래가 발생하였을 경우, 20X2년의 법인세비용차감전순손익에 미치는 영향은 얼마인가? (단, 단가산정은 평균법에 의한다.)

- 20X1년에 ㈜민국의 주식 100주(액면금액 주당 ₩5,000)를 ₩500,000에 취득하였으며, 20X1년 말 공정가치는 ₩550,000이다.
- 20X2년 2월에 ㈜민국은 현금배당 10%(액면기준)와 주식배당 10%를 동시에 실시하였으며, ㈜한국은 ㈜민국으로부터 배당금과 주식을 모두 수취하였다.
- 20X2년 10월에 보유 중이던 ㈜민국의 주식 중 55주를 주당 ₩6,000에 처분하였다.
- 20X2년 말 ㈜민국 주식의 주당 공정가치는 ₩7,000이다.

오쌤 Talk

지분상품과 관련하여 당기손익에 미치는 영향

지분상품을 보유하는 중에 당기손익에 영향을 미치는 경우는 다음과 같다.

① 평가(당기손익 - 공정가치 측정 금융자산의 경우)
② 현금배당(주식배당 제외)
③ 처분

[풀이]

단기적인 시세차익을 목적으로 보유한 경우: 당기손익 - 공정가치 측정 금융자산

(1) 20X2년 2월 현금배당 시 배당금수익: ₩5,000 × 100주 × 10% = ₩50,000 배당금수익
(2) 20X2년 10월 주식 처분 시 손익: 55주 × ₩6,000 - ₩550,000 × 55주/110주 = ₩55,000 처분이익
(3) 20X2년 말 주식의 평가 시 손익: 55주 × ₩7,000 - ₩550,000 × 55주/110주 = ₩110,000 평가이익
(4) 20X2년 법인세비용차감전순손익에 미치는 영향
    → ₩50,000(배당금수익) + ₩55,000(처분이익) + ₩110,000(평가이익) = ₩215,000

오쌤 Talk

취소 불가능

만약 평가손익을 기타포괄손익으로 인식하겠다고 선택했던 기업이 이를 취소하여 원래의 규정인 당기손익으로 인식하는 금융자산으로 처리하는 것을 허용한다면, 기타포괄이익을 인식했던 금융자산만 골라서 당기손익-공정가치 측정 금융자산으로 변경하여 당기손익으로 실현시키는 경우가 발생할 수 있다. 그러므로 한번 기타포괄손익으로 인식하겠다고 선택했으면 다시는 그 어떤 경우에서도 당기손익에 영향을 줄 수 없도록 규제하는 조항이다.

오쌤 Talk

기타포괄손익과 기타포괄손익누계액

기타포괄손익은 당기 금융자산의 공정가치 변동분이다. 포괄손익계산서에 당기 금융자산의 공정가치 변동분(기타포괄손익)을 보고함으로써 비록 미실현 실적이기는 하지만 회사의 정확한 실적을 보고하기 위해 실현손익인 당기손익에 추가로 기타포괄손익을 보고한다.

매년 보고되는 기타포괄손익은 재무상태표상에 누적되어 기타포괄손익누계액이 된다. 그러므로 재무제표에 표시된 기타포괄손익누계액은 취득시점부터 현재까지의 공정가치 변화분이 전부 누적된 결과이므로 취득시점과 현재시점의 공정가치 차이가 바로 기타포괄손익누계액이라고 할 수 있다.

> Σ 기타포괄손익
> = 기타포괄손익누계액

기말 재무상태표상의 금융자산의 공정가치에서 기타포괄손익누계액에 보고된 평가손익을 차감하면 취득원가를 확인할 수 있다.

④ 기타포괄손익 – 공정가치 측정 지분상품

단기매매 목적 이외의 목적으로 취득한 지분상품 중 최초 인식시점에 후속적인 공정가치 변동을 기타포괄손익으로 인식하기로 선택한 경우에는 기타포괄손익 – 공정가치 측정 금융자산으로 분류할 수 있다. 다만, 기타포괄손익으로 인식하기로 선택한 경우 취소는 불가능하다.

4-1 최초 인식

기타포괄손익 – 공정가치 측정 금융자산으로 선택한 지분상품은 최초 인식시점에 공정가치로 평가한다. 취득 시 발생한 거래원가는 최초 인식 공정가치에 가산한다. 즉 취득원가에 가산한다.

4-2 평가

기타포괄손익 – 공정가치 측정을 선택한 지분상품은 매 보고기간 말 공정가치로 평가하여 평가에 따른 미실현보유손익을 포괄손익계산서상에 기타포괄손익으로 인식한다. 포괄손익계산서상에 인식된 기타포괄손익은 과거에 평가한 평가손익과 통산하여 자본항목인 기타포괄손익누계액에 누적액으로 인식한다. 그러므로 기타포괄손익 – 공정가치 측정을 선택한 금융자산은 포괄손익계산서와 재무상태표에 다음과 같은 손익을 인식하게 된다.

> • 포괄손익계산서상
>   보고기간의 기타포괄평가손익 = 평가 시 공정가치 – 평가 직전 장부금액
> • 재무상태표상
>   보고기간 말 기타포괄손익누계액 = 평가 시 공정가치 – 최초 취득원가

포괄손익계산서는 특정 회계기간의 손익을 표시하기 때문에 포괄손익계산서상의 기타포괄평가손익은 당 회계기간분만을 의미한다. 그러나 재무상태표는 누적액을 표시하기 때문에 재무상태표의 기타포괄손익 금융자산 평가손익은 당 회계기간까지의 누적분을 의미한다.

[재무상태표에 표시]

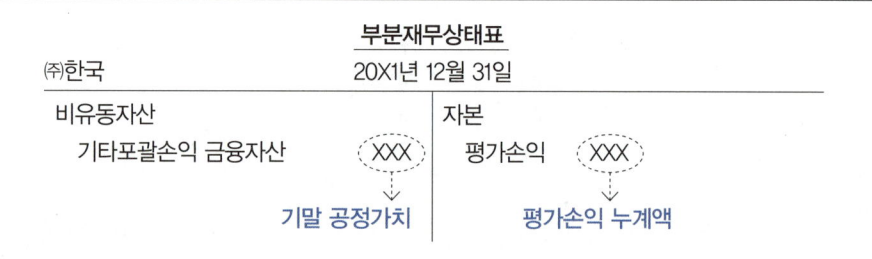

[평가손익 인식 회계처리]

장부금액 > 공정가치
(차) 평가손실(기타포괄손익) XXX   (대) 기타포괄손익 금융자산[11*] XXX

장부금액 < 공정가치
(차) 기타포괄손익 금융자산 XXX   (대) 평가이익(기타포괄손익) XXX

[11*] '기타포괄손익 – 공정가치 측정 금융상품'은 편의상 '기타포괄손익 금융자산'으로 사용함

4-3 제거(처분)

기타포괄손익 – 공정가치 측정 금융자산의 양도가 금융자산의 제거요건을 만족한 경우에는 수취한 대가와 해당 금융자산의 장부금액의 차이를 기타포괄손익으로 인식한다. 이 경우 기타포괄손익누계액은 해당 금융자산을 제거하는 시점에 이익잉여금으로 대체[12*]할 수 있다. 결과적으로 이익잉여금으로 대체하는 기타포괄손익의 누계액은 해당 금융자산의 처분대가와 취득원가의 차액이 된다. 그러므로 당기에 포괄손익계산서에 인식되는 처분손익은 없다.

처분 시 평가손익누계액(이익잉여금 대체액) = 처분 시 공정가치 – 최초 취득원가

[처분 시 회계처리]

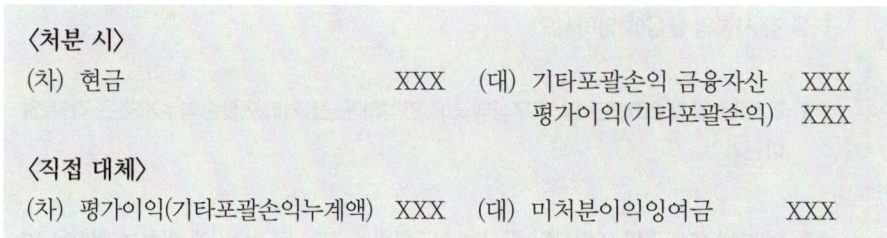

[기타포괄손익 - 공정가치 측정 금융자산의 평가와 처분]

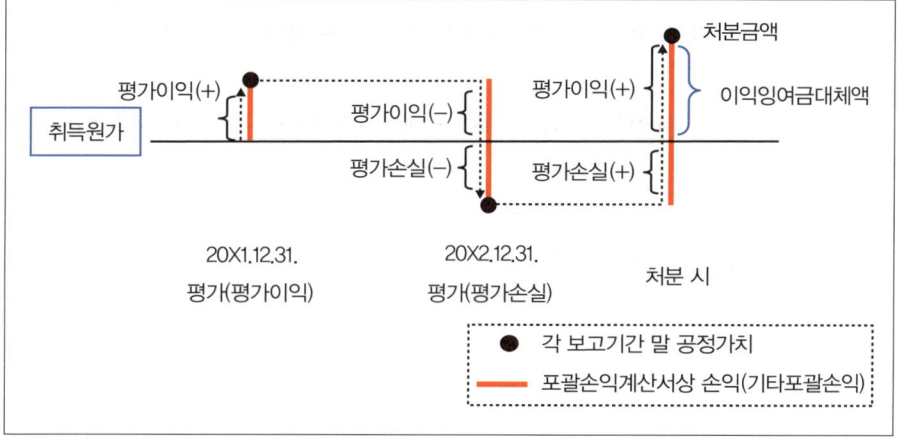

 확인문제 최신

06. ㈜한국은 20X1년 1월 초 A사 지분상품을 ₩10,000에 매입하면서 매입수수료 ₩500을 현금으로 지급하고, 기타포괄손익 - 공정가치 측정 금융자산으로 분류하였다. 20X1년 12월 말 A사 지분상품의 공정가치가 ₩8,000이라면, 20X1년 말 ㈜한국이 인식할 A사 지분상품 관련 평가손익은?

기출처 2023. 지방직 9급

① 금융자산평가손실(당기손익) ₩2,000
② 금융자산평가손실(기타포괄손익) ₩2,000
③ 금융자산평가손실(당기손익) ₩2,500
④ 금융자산평가손실(기타포괄손익) ₩2,500

정답 ④

확인문제

07. ㈜한국은 20X1년 중에 ㈜민국의 지분상품을 ₩80,000에 취득하고, 이를 기타포괄손익 - 공정가치측정금융자산으로 선택분류하였다. 이 지분상품의 20X1년 말, 20X2년 말 공정가치는 각각 ₩70,000, ₩110,000이다. ㈜한국이 20X3년에 이 지분상품을 ₩90,000에 모두 처분하였을 경우 처분손익은? (단, 거래원가는 없다)

기출처 2021. 지방직 9급

① ₩0
② 처분손실 ₩10,000
③ 처분이익 ₩10,000
④ 처분손실 ₩20,000

정답 ①

12* 이 경우, 당기손익으로 인식되었다가 이익잉여금으로 재분류되는 재분류조정 방식을 사용하지 않고, 바로 이익잉여금으로 직접 대체하는 방식을 사용한다.

기본예제 2 기타포괄손익 – 공정가치 측정 지분상품의 평가와 처분

(1) 12월 말 결산법인인 ㈜한국은 20X1년 7월 1일 ㈜민국의 주식 100주를 단기매매 이외의 목적으로 ₩95,000에 취득하였으며, 취득 시 거래원가로 ₩5,000을 지출하였다.
(2) ㈜한국은 ㈜민국의 주식 취득시점 공정가치 변동 손익에 대해 기타포괄손익으로 인식하는 취소 불가능한 선택을 하였다.
(3) ㈜민국 주식의 공정가치는 20X1년 말 ₩80,000이며, 20X2년 말 ₩130,000이다. 이 주식을 20X3년 1월 10일에 ₩150,000에 처분하였다.

다음 각 사항의 물음에 답하시오.

01 20X1년 말과 20X2년 말 재무상태표에 인식하게 될 기타포괄손익누계액은 각각 얼마인가?

02 20X3년 ㈜한국이 ㈜민국의 주식을 처분하였을 경우 당기손익에 미치는 영향은 얼마인가?

03 주식을 처분할 경우 이익잉여금으로 대체할 수 있는 금액은 얼마인가?

04 ㈜한국의 주식 평가와 처분과 관련하여 매 연도별 포괄손익계산서를 작성하시오.

오쌤 Talk

평가손익과 처분손익
① 재무상태표에 인식할 평가손익은 평가손익의 누적액이다. 그러므로 취득원가에서 보고기간 말 시점의 공정가치의 차이를 인식하면 된다.
② 기타포괄손익으로 측정하는 주식(지분상품)의 경우 당기손익으로 인식하는 처분손익은 없다. 왜냐하면 처분시점에 최종 공정가치를 평가하여 기타포괄손익으로 반영하기 때문에 처분액과 장부금액이 일치한다. 이는 추후 이익잉여금에 직접 대체할 수 있다.

[풀이]

01 ① 20X1년 말 기타포괄손익누계액 = 기말 공정가치 − 취득원가
= ₩80,000 − (₩95,000 + ₩5,000) = (₩20,000) ∴ ₩20,000 평가손실
② 20X2년 말 기타포괄손익누계액 = 기말공정가치 − 취득원가
= ₩130,000 − ₩100,000 = ₩30,000 ∴ ₩30,000 평가이익

02 처분손익 = ₩0
(처분 시 공정가치의 변동분을 평가손익(기타포괄손익)으로 인식하고, 추후 이익잉여금에 대체)

03 이익잉여금으로 대체할 수 있는 금액 = 처분대가 − 취득원가
= ₩150,000 − ₩100,000 = ₩50,000

04 연도별 부분포괄손익계산서

과목	20X1년	20X2년	20X3년	합계
[당기손익]				
처분손익	−	−	−	−
[기타포괄손익]				
평가손익	(₩20,000)	+₩50,000	+₩20,000	₩50,000
포괄이익	(₩20,000)	+₩50,000	+₩20,000	₩50,000

[참고] 회계처리

구분	회계처리			
20X1.7.1.	(차) 기타포괄손익 금융자산	₩95,000	(대) 현금	₩95,000
	기타포괄손익 금융자산	₩5,000	현금	₩5,000
20X1.12.31.	(차) 평가손실(기타포괄손익)	₩20,000	(대) 기타포괄손익 금융자산	₩20,000
20X2.12.31.	(차) 기타포괄손익 금융자산	₩50,000	(대) 평가손실(기타포괄손익)	₩20,000
			평가이익(기타포괄손익)	₩30,000
20X3.1.10.	(차) 현금	₩150,000	(대) 기타포괄손익 금융자산	₩130,000
			평가이익(기타포괄손익)	₩20,000

오쌤 Talk

평가이익과 평가손실
기타포괄손익으로 인식하는 금융자산의 평가이익과 평가손실은 상계한다.

오쌤 Talk

거래비용
① 당기손익 - 공정가치 측정 금융자산: 당기비용으로 인식
② 기타포괄손익 - 공정가치 측정 금융자산: 취득원가로 인식

총포괄손익

금융자산을 당기손익인식 금융자산으로 분류하든, 기타포괄손익인식 금융자산으로 분류하든, 총포괄손익에 미치는 영향은 같다.
총포괄손익은 손익거래의 결과 자산과 부채의 변화 값이다. 금융자산과 관련하여 자산의 증감은 결국 모두 총포괄손익에 반영되므로, 자산의 변화 값이 같다면, 그 결과가 당기손익이든 기타포괄손익이든 총포괄손익의 총계 변화는 같다.

심화예제 2 평가손익

㈜한국은 20X1년 7월1일에 액면금액 ₩1,000인 ㈜민국의 주식을 주당 ₩5,000에 10주를 매입하였으며, 매입하는 과정에서 취득 시 직접거래비용이 총 ₩1,000이 발생하였다. 동 주식과 관련하여 다른 추가적인 거래가 없었다고 할 때, 20X1년 말 동 주식의 공정가치는 주당 ₩5,500이고 20X2년 말 주식의 공정가치는 주당 ₩4,000이었다. ㈜한국이 단기적인 시세차익을 목적으로 분류할 경우와 공정가치 평가손익을 기타포괄손익으로 인식할 것을 선택한 경우, 각각 20X2년 재무상태표에 인식하게 될 평가손익과 포괄손익계산서에 인식할 평가손익은 각각 얼마인가?

01 단기적인 시세차익을 목적으로 분류한 경우

02 공정가치 평가손익을 기타포괄손익으로 인식할 것을 선택한 경우

[풀이]

01 단기적인 시세차익을 목적으로 분류한 경우 → 당기손익 - 공정가치 측정 금융자산
재무상태표상에 인식할 평가손익: 평가손익은 재무상태표상에 인식하지 않음(당기손익으로 인식)
포괄손익계산서상에 인식할 평가손익: (₩4,000 − ₩5,500) × 10주 = ₩15,000 평가손실

02 평가손익을 기타포괄손익으로 인식하기로 선택한 경우 → 기타포괄손익 - 공정가치 측정 금융자산
재무상태표상에 인식할 평가손익: ₩4,000 × 10주 − (₩5,000 × 10주 + ₩1,000)
= ₩11,000 평가손실(기타포괄손익누계액)
포괄손익계산서상에 인식할 평가손익: (₩4,000 − ₩5,500) × 10주
= ₩15,000 평가손실(기타포괄손익)

3 채무상품

❶ 채무상품 기초

채무상품은 채권과 같이 일정금액을 투자하고, 만기까지 정기적으로 약정한 이자를 수령하는 약속을 표기한 유가증권을 의미한다. 즉, 채무상품은 국공채, 회사채, CD, 사채 등과 같이 일정금액을 투자하고 일정기간 이후에 이자와 원금을 회수하는 유가증권을 의미한다.

❷ 채무상품 분류

투자목적으로 취득한 채무상품은 계약상 현금흐름이 원금과 이자로 구성되어 있으며, 원리금을 수취할 목적으로 채무상품을 취득하는 경우 상각후원가 측정 금융자산으로 분류한다. 그러나 계약상 현금흐름이 원금과 이자로 구성되어 있으면서, 원리금을 수취함과 동시에 해당 채무상품을 매도할 목적으로 취득하는 경우에는 기타포괄손익-공정가치 측정 금융자산으로 분류한다. 그 외 나머지 모든 채무상품은 당기손익-공정가치 측정 금융자산으로 분류한다.

한편, 서로 다른 기준에 따라 자산과 부채를 측정하거나 그에 따른 손익을 인식하는 경우에 측정이나 인식의 불일치가 생길 수 있다. 이 경우, 금융자산을 당기손익-공정가치 측정 항목으로 지정하여 이러한 불일치를 해소할 수 있다면 최초 인식시점에 해당 금융자산을 당기손익-공정가치 측정 금융자산으로 지정할 수 있다. 다만, 한번 지정하면 취소할 수 없다.

[채무상품의 분류]

구분	기준
상각후원가 측정 금융자산	원리금만을 수취할 목적으로 취득한 경우
기타포괄손익 - 공정가치 측정 금융자산	원리금 수취와 매도목적으로 취득한 경우
당기손익 - 공정가치 측정 금융자산	① 매도 등 기타목적인 경우 ② 당기손익 - 공정가치 측정으로 지정한 경우

오쌤 Talk

분류

상각후원가로 측정하는 금융자산을 개정 전에는 '만기보유금융자산'이라고 분류했었다. 개정사항은 반드시 만기까지 보유할 의도를 묻지 않는다는 것이다. 그러므로 원리금을 수취할 목적이라면 상각후원가로 측정하게 하고 있으나 만기까지 보유해야 하는 것은 아니다.

오쌤 Talk

거래원가

지분상품과 마찬가지이다.
즉, 회계는 취득과 관련된 직접 거래원가를 취득원가에 가산한다. 그런데 유일하게 당기손익-공정가치 측정 금융자산의 경우 당기비용으로 처리하게 하고 있다. 이는 주식과 채권 모두에 적용된다.

❸ 당기손익 – 공정가치 측정 채무상품

채무상품을 원리금을 수취할 목적으로 취득하지 않고, 주로 매도 등 기타의 목적으로 취득한 경우 당기손익 - 공정가치 측정 금융자산으로 분류한다. 또는 최초의 인식시점에 당기손익 - 공정가치 측정 금융자산으로 지정한 경우에도 해당된다.

3-1 최초 인식

당기손익 – 공정가치 측정 금융자산은 최초 인식시점에 공정가치로 측정한다. 취득 시 발생하는 거래원가는 당기 비용으로 인식한다.

3-2 평가

당기손익 – 공정가치 측정 금융자산은 매 보고기간 말 공정가치로 측정하며, 평가에 따른 미실현 보유손익은 포괄손익계산서에 당기손익으로 인식한다.

> 당기손익 금융자산 평가손익 = 금융자산의 공정가치 – 금융자산의 장부가액

[평가손익 인식 회계처리]

장부금액 > 공정가치			
(차) 평가손실(당기손익)	XXX	(대) 당기손익 금융자산	XXX
장부금액 < 공정가치			
(차) 당기손익 금융자산	XXX	(대) 평가이익(당기손익)	XXX

3-3 제거(처분)

당기손익 - 공정가치 측정 채무상품의 양도가 금융자산의 제거요건을 만족하는 경우에는 수취한 순대가와 해당 금융자산의 장부금액의 차이를 처분손익(당기손익)으로 인식한다.

> 당기손익–공정가치 측정 금융자산 처분손익(당기손익) = 처분대가 – 처분 직전 장부금액

[당기손익 - 공정가치 측정 금융자산의 평가와 처분]

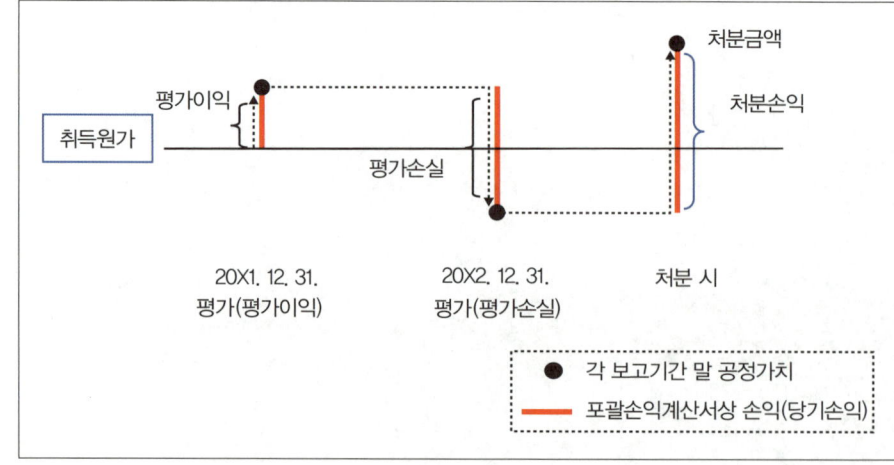

오쌤 Talk

채권의 상각

당기손익-공정가치 측정 금융자산으로 분류되는 채무상품은 유효이자율법을 적용하지 않는다. 왜냐하면 유효이자율법을 통해 이자수익으로 반영하는 경우나 평가를 통해 이자수익으로 반영하는 경우 모두 당기손익으로 처리되기 때문이다. 상각으로 이자수익을 인식하는 만큼 평가손익이 줄어들지만 결국은 이자수익과 평가손익을 합하면 액면이자를 수취하고 공정가치로 평가한 결과가 된다.
그에 반해, 기타포괄손익 - 공정가치 측정 금융자산으로 분류되는 채무상품은 유효이자율법을 적용한다. 상각을 통해 인식하는 이자수익은 당기손익으로 반영되지만, 후속 측정을 통해 인식하는 평가손익은 기타포괄손익으로 인식하기 때문이다.

3-4 채권의 보유이자

일반적으로 채무상품의 보유기간 중에 발생하는 이자수익은 유효이자율법에 따라 인식하는 것이 원칙이다. 그러나 **당기손익인식 채무상품의 경우에는 중요성 측면에서 유효이자가 아닌 표시이자만을 이자수익으로 인식하는 액면이자율법을 적용한다.**

[채권의 보유 이자 관련 회계처리]

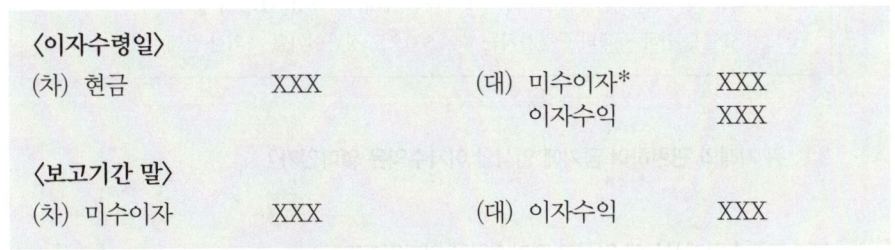

*직전 이자지급일로부터 취득일까지의 경과이자

그러므로 회사는 당기에 현금 이자의 유입과 무관하게 회사가 보유한 기간에 해당하는 이자만큼을 이자수익으로 인식한다.

[채무상품의 이자수익 인식]

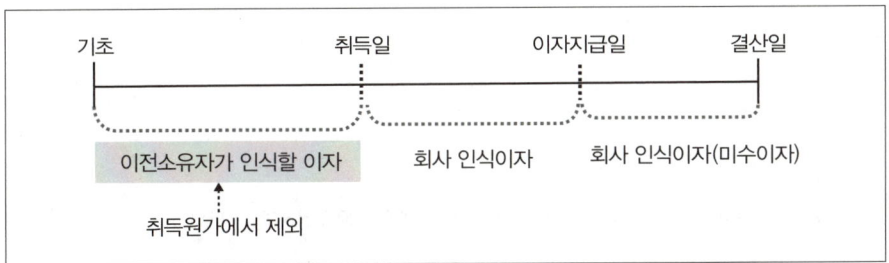

3-5 손상

당기손익-공정가치 측정 금융자산은 손상을 인식하지 않는다. 매 보고기간 말에 공정가치로 측정하기 때문에 따로 손상차손을 인식하지 않아도 평가손실로 장부에 인식되기 때문이다.

그러므로 채무상품을 최초 인식시점에 당기손익-공정가치 측정 금융자산으로 지정한 경우라면 손상을 인식할 필요가 없다.

오쌤 Talk

이자지급일 사이에 채권 구입

채권의 발행시점이나 이자지급일에 채권을 구입한 것이 아니라, 이자지급일 사이에 채권을 구입한 경우는 채권을 취득할 때 기존 보유자가 인식하고 있을 미수이자채권을 함께 구입해야 한다. 그러므로 채권을 취득하는 과정에서 지급하는 금액은 본채권과 미수채권을 함께 취득한 대가이다.

 **기출 OX**

08. 당기손익-공정가치 측정 금융자산으로 지정한 채무상품의 손상차손은 당기손익으로 보고한다.

기출처 2021. 서울시 7급

정답 X

기본예제 3 당기손익 - 공정가치 측정 채무상품

(1) 12월 말 결산법인인 ㈜한국은 7월 1일 액면금액 ₩100,000, 표시이자율 10%인 ㈜민국의 사채를 ₩98,000에 단기매매 목적으로 구입하였다. 구입대금은 직전 이자지급일로부터 취득일까지의 경과이자 ₩7,500이 포함되어 있으며 이자지급일은 매년 9월 30일이다.
(2) ㈜한국은 9월 30일 ㈜민국으로부터 사채에 대한 표시이자 ₩10,000을 수령하였다.
(3) 12월 31일 ㈜민국 사채의 공정가치는 ₩94,500으로 경과이자를 제외한 금액이다.

오쌤 Talk

이자수익

'이자수익 = 보유한 기간 동안의 이자'
채권에 대한 현금이자 수령일자와 무관하게 회사는 발생주의의 원리에 따라 보유기간 동안 이자수익을 인식한다. 그러므로 복잡하게 기중에 거래를 인식하는 분개를 생각하기보다는 회사가 보유한 기간을 측정하고 그 기간 동안의 이자수익을 계산하면 된다. 인식한 이자수익을 돈으로 받았으면 현금으로 유입되었을 것이고, 돈으로 받지 못했다면 미수이자 채권으로 인식하고 있을 것이다.

01 위 거래와 관련하여 당기에 인식할 이자수익은 얼마인가?

02 포괄손익계산서에 인식할 평가손익은 얼마인가?

03 위 사채를 차기연도 10월 1일에 ₩98,000에 처분하였다면 처분손익은 얼마인가?

풀이

01 이자수익 = 보유기간 동안의 액면이자 = ₩100,000 × 10% × 6/12 = ₩5,000

02 평가손익(당기손익) = 기말 공정가치 - 장부금액* = ₩94,500 - ₩90,500 = ₩4,000
  * 취득대금(₩98,000) = 당기손익 채무상품 + 미수채권(₩7,500 = ₩100,000 × 10% × 9/12)
  ∴ 당기손익 채무상품 = ₩90,500

03 처분손익 = 처분대가 - 처분 직전 장부금액 = ₩98,000 - ₩94,500 = ₩3,500

[참고] 회계처리

구분	회계처리				
7월 1일	(차)	당기손익 금융자산 미수이자	₩90,500 ₩7,500	(대) 현금	₩98,000
9월 30일	(차)	현금	₩10,000	(대) 미수이자 이자수익	₩7,500 ₩2,500
12월 31일	(차)	미수이자 당기손익 금융자산	₩2,500 ₩4,000	(대) 이자수익 평가이익(당기손익)*	₩2,500 ₩4,000
	*평가이익 = 기말 공정가치 - 장부금액 = ₩94,500 - ₩90,500 = ₩4,000				
처분 시	(차)	현금	₩98,000	(대) 당기손익 금융자산 처분이익	₩94,500 ₩3,500

심화예제 3 당기손익 – 공정가치 측정 금융자산 평가와 처분

(1) 12월 말 결산법인인 ㈜한국은 4월 1일 단기매매 목적으로 ㈜민국이 발행한 다음과 같은 조건의 사채를 발생이자를 포함하여 ₩1,050,000에 취득하였다.
  사채의 액면금액: ₩1,000,000
  표시이자율: 연 12%, 매년 말 후급조건
  만기: 20X3년 말, 일시상환조건
(2) 12월 1일 ㈜민국 사채 100%를 기간경과이자를 포함하여 ₩1,100,000에 처분하였으며, 처분 수수료로 ₩10,000을 지급하였다.

위 사안에서 ㈜한국이 인식할 금융자산 처분손익은 얼마인가?

오쌤 Talk

처분손익
처분 시에도 이자지급기간 전에 처분한 경우는 처분 시 기간경과이자를 포함해서 처분하게 된다. 이때 처분손익은 본채권의 장부금액과 순수하게 본채권을 처분한 가액의 차이로 계산한다.

[풀이]
① 취득 시 지급한 ₩1,050,000 = 사채 본채권 + 미수채권(₩30,000 = ₩1,000,000 × 12% × 3/12)
  ∴ 사채 본채권 = ₩1,020,000
② 12월 1일 경과이자 = ₩1,000,000 × 12% × 11/12 = ₩110,000
③ 채권 처분 시 채권 순처분액 = 처분가액 − 경과이자 − 처분 수수료
             = ₩1,100,000 − ₩110,000 − ₩10,000 = ₩980,000
④ 처분손익 = ₩980,000 − ₩1,020,000 = (₩40,000)
  ∴ 처분손실 ₩40,000

[참고] 회계처리

구분	회계처리			
20X1. 4. 1.	(차) 당기손익 금융자산 　　　미수이자	₩1,020,000 ₩30,000*	(대) 현금	₩1,050,000
20X1. 12. 1.	(차) 미수이자	₩80,000**	(대) 이자수익	₩80,000
처분 시	(차) 현금 　　　처분손실(당기손익)	₩1,090,000 ₩40,000	(대) 미수이자 　　　당기손익 금융자산	₩110,000 ₩1,020,000

* ₩1,000,000 × 12% × 3/12 = ₩30,000
** ₩1,000,000 × 12% × 8/12 = ₩80,000

기출 OX

09. 만기가 고정된 비파생금융자산인 채무증권을 원리금을 수취할 목적으로 취득한 경우 상각후원가측정 금융자산으로 분류한다.
기출처 2015. 국가직 9급
정답 O

상각후원가 측정

채권에 대해 유효이자율법을 통해 상각후원가 측정을 하는 방식은 이미 앞서 채권과 채무에서 다루었다. Link- P. 241 다만, 앞서 다루었던 사채형 채권 [거래일방은 채권, 상대방은 사채(채무)] 에서는 현재가치할인차금이라는 계정을 사용하여 향후 이자수익과 이자비용으로 인식될 금액으로 처리했었다. 그러나 금융상품에서 다루는 상각후원가 측정 금융자산은 최종적으로 받게 될 만기금액이 아닌 현재 취득시점의 공정가치로 취득원가를 인식한다. 추후 유효이자율법으로 상각되는 금액을 직접 금융자산의 장부금액에 가감하여 인식한다는 점에서 앞서 배운 채권과 차이가 있다.

할인발행과 할증발행

① 할인발행 시: 차변에 인식되는 상각후원가 금융자산은 채권의 증가를 의미한다. 즉, 이자수익을 인식했으나 액면이자에 미달한 부분은 돈을 다 못 받았으므로 받을 돈(채권)이 증가하고, 이를 채권의 장부금액에 직접 가산하여 반영한다.

② 할증발행 시: 대변에 인식되는 상각후원가 금융자산은 채권의 감소를 의미한다. 즉, 이자수익을 인식한 것보다 돈을 더 많이 받았으므로 이자를 지급할 때마다 액면이자를 초과하는 부분은 빚을 갚은 것으로 간주하여 받을 돈(채권)을 차감하고, 이를 채권의 장부금액에 직접 차감하여 반영한다.

❹ 상각후원가 측정 금융자산

채무상품의 현금흐름이 원금과 이자만으로 구성되어 있으며, 원리금만을 수취할 목적으로 취득한 채무상품의 경우에는 상각후원가 측정 금융자산으로 분류한다.

4-1 최초 인식

상각후원가 측정 금융자산으로 분류되는 채무상품은 최초 인식 시 공정가치로 인식한다. 취득 시 발생하는 거래원가는 최초 인식시점에 공정가치에 가산한다. 즉, 취득원가에 가산한다.

4-2 평가

상각후원가 측정 금융자산으로 분류되는 채무상품은 상각후원가로 재무상태표에 표시한다. 상각후원가법에서는 취득원가와 만기액면금액의 차이인 현재가치할인차금을 상환기간에 걸쳐 유효이자율법에 의하여 상각하여 취득원가와 이자수익에 가감한다.

즉, 매각할 목적이 아니라 원리금을 수령할 목적이므로 평가차익을 계상하지 않으며, 장부금액에 유효이자율을 적용하여 이자수익을 인식한다. 이때 액면이자와 유효이자의 차이만큼을 할인발행 시 장부금액에 더하고 할증발행 시에 장부금액에서 차감하여 만기에는 할인·할증발행액을 액면가로 만들어 주는 것이다. 이때 취득원가에 할인 또는 할증차금의 상각누계액을 가감한 가액을 상각후원가라고 하며, 상각후원가로 평가하는 것은 원가법에 해당한다.

- 이자수익 = 기초 장부금액 × 유효이자율
- 할인 및 할증차금 상각액 = 기초 장부금액 × 유효이자율 − 액면금액 × 액면이자율
- 상각후원가 = 기초 장부금액 ± 할인 및 할증차금 상각누계액

[회계처리]

〈할인발행 시 이자수익인식〉
(차) 현금　　　　　　　　　　XXX　　　(대) 이자수익　　　　　　XXX
　　　상각후원가 금융자산[14*]　XXX

〈할증발행 시 이자수익 인식〉
(차) 현금　　　　　　　　　　XXX　　　(대) 이자수익　　　　　　XXX
　　　　　　　　　　　　　　　　　　　　　　상각후원가 금융자산　XXX

[14*] '상각후원가 측정 금융자산'은 편의상 '상각후원가 금융자산'으로 사용함

기본예제 4 상각후원가 측정 금융자산의 평가

㈜한국은 20X1년 초 3년 만기 X채권을 원리금만을 수취할 목적으로 구입하였다. X채권의 액면금액은 ₩100,000이며, 액면이자율은 5%이다. 현재 시장이자율은 10%일 경우 다음 상황에 대하여 대답하시오(단, 채권의 발행가액은 ₩87,450이다.)

01 X채권의 할인차금상각표를 구하시오.

02 채권 보유기간 동안의 회계처리를 하고, 매년도 말의 재무상태표를 작성하시오.

[풀이]

01 상각후원가 측정 금융자산 할인차금상각표

일자	유효이자(10%)	액면이자(5%)	할인발행차금상각액	장부금액
X1년 1월 1일				₩87,450
X1년 12월 31일	₩8,745[*1]	₩5,000	₩3,745[*2]	₩91,195[*3]
X2년 12월 31일	₩9,120	₩5,000	₩4,120	₩95,315
X3년 12월 31일	₩9,685[*4]	₩5,000	₩4,685	₩100,000

[*1] ₩87,450 × 10% = ₩8,745
[*2] ₩8,745 - ₩5,000 = ₩3,745
[*3] ₩87,450 + ₩3,745 = ₩91,195
[*4] 상각 마지막 해에는 상각액 잔액을 모두 제거하기 위해 잔액의 차이가 발생함

02 회계처리 및 재무상태표

X1. 1. 1. (차) 상각후원가 금융자산   ₩87,450   (대) 현금   ₩87,450
X1. 12. 31. (차) 현금   ₩5,000   (대) 이자수익   ₩8,745
              상각후원가 금융자산   ₩3,745

20X1년 말 재무상태표	
자산	
상각후원가 금융자산 ₩91,195	

X2. 12. 31. (차) 현금   ₩5,000   (대) 이자수익   ₩9,120
              상각후원가 금융자산   ₩4,120

20X2년 말 재무상태표	
자산	
상각후원가 금융자산 ₩95,315	

X3. 12. 31. (차) 현금   ₩5,000   (대) 이자수익   ₩9,685
              상각후원가 금융자산   ₩4,685

20X3년 말 재무상태표	
자산	
상각후원가 금융자산 ₩100,000	

오쌤 Talk

채권의 발행
Link-P.332를 참고한다.

확인문제 최신

08. 20X1년 1월 1일 ㈜한국은 채무상품을 ₩952,000에 발행하였다. 채무상품과 관련된 자료는 다음과 같다.

○ 액면금액: ₩1,000,000(만기 3년)
○ 표시이자율: 연 10 %(매년 말 이자지급)

대한은 20X1년 4월 1일 ㈜한국이 발행한 채무상품을 ₩981,000(미수이자 포함)에 취득하여 상각후원가 측정 금융자산으로 분류하였다. ㈜대한이 채무상품의 취득일부터 만기일까지 인식할 총 이자수익은? (단, ㈜대한은 20X3년 말까지 채무상품을 보유하고 있다)

기출처 2023. 국가직 7급

① ₩294,000   ② ₩300,000
③ ₩319,000   ④ ₩348,000

정답 ③

오쌤 Talk

이자수익

큰 틀에서 이해하면 다음과 같이 해석할 수 있다.
채권의 구입은 돈을 빌려주었다는 의미이다. 그러므로 돈을 ₩87,450 빌려주고, 만기 때 ₩100,000을 받는 것은 둘의 차이 ₩12,550만큼을 이자 때문에 더 받는 셈이다.
이때, 채권자(투자자)는 철저히 빌려준 돈(채권의 장부금액)에 유효이자율로 이자수익을 인식한다. 그런데 인식하는 이자수익보다 받은 현금(액면이자)가 더 작기 때문에 나머지를 채권에 가산한다. 다음 해 이자수익을 인식할 때 채권의 장부금액에 비준해서 유효이자율로 이자수익을 인식하고 그 차이를 또 채권의 장부금액에 가산하여 인식한다. 결국, 만기 때 받게 되는 액면금액은 이러한 과정을 통해 처음 빌려준 ₩87,450이 아니라 ₩100,000이 되는 것이다. 그 사이 채권자는 철저히 자신이 빌려준 금액에 대해 유효이자율만큼 이자수익을 인식한 셈이 된다.

오쌤 Talk

처분

회계상 모든 처분손익은 얼마짜리를 얼마에 처분했느냐의 차이이다.
이때 '얼마짜리'의 개념이 자산의 장부금액이고, 상각후원가 측정하는 채권의 경우 상각후원가이다. 다만, 이자수령일 사이에 처분하게 되면 상각후원가를 처분일까지 유효이자율법을 적용하여 상각액을 반영해주어야 한다. 월할 계산을 기본으로 한다.

4-3 제거(처분)

상각후원가 측정 금융자산의 양도가 금융자산의 제거조건을 만족하는 경우에는 **수취한 순대가와 해당 금융자산의 상각후원가와의 차액을 처분손익(당기손익)으로 인식한다.** 다만, 제거일이 이자수령일 사이인 경우에는 제거일까지 발생한 이자수익을 인식한 후 처분손익을 인식한다.

> 상각후원가 측정 금융자산 처분손익 = 처분대가 − 처분 직전 상각후원가

[처분 시 회계처리]

```
처분대가 > 장부금액
(차) 현금              XXX      (대) 상각후원가 금융자산   XXX
                                   처분이익(당기손익)     XXX

처분대가 < 장부금액
(차) 현금              XXX      (대) 상각후원가 금융자산   XXX
    처분손실(당기손익)   XXX
```

[상각후원가측정 금융자산으로 분류된 채무상품의 처분]

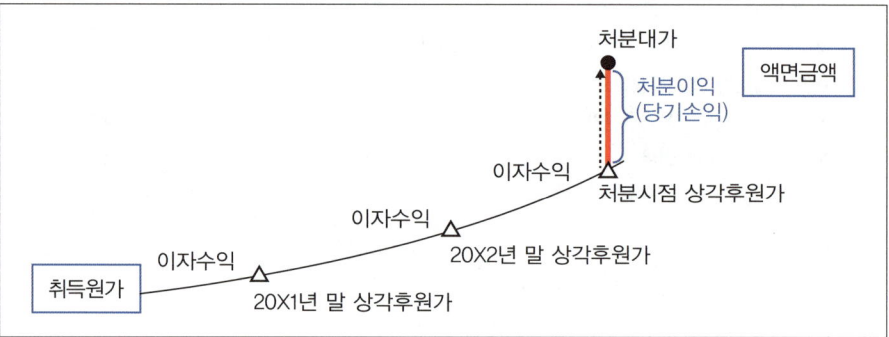

기본예제 5 상각후원가 측정 금융자산의 처분

[기본예제 4]에서 20X3년 1월 1일에 X채권을 ₩120,000에 매각한 경우 처분손익은 얼마인가? (단, 20X2년 12월 31일 X채권의 장부금액은 ₩95,315이다.)

[풀이]

처분손익 = 처분대가 − 20X3년 1월 1일 상각후원가 = ₩120,000 − ₩95,315 = ₩24,685 이익

[참고]

X3. 1. 1.   (차) 현금   ₩120,000   (대) 상각후원가 금융자산   ₩95,315
                                       처분이익(당기손익)   ₩24,685

확인문제

09. ㈜한국은 20X1년 초 채무상품 A를 ₩950,000에 취득하고, 상각후원가 측정 금융자산으로 분류하였다. 채무상품 A로부터 매년 말 ₩80,000의 현금이자를 수령하며, 취득일 현재 유효이자율은 10%이다. 채무상품 A의 20X1년 말 공정가치는 ₩980,000이며, 20X2년 초 해당 채무상품 A의 50%를 ₩490,000에 처분하였을 때 ㈜한국이 인식할 처분손익은? 기출처 2019 지방직 9급

① 처분손실 ₩7,500
② 처분손익 ₩0
③ 처분이익 ₩7,500
④ 처분이익 ₩15,000

정답 ③

4-4 손상

기업회계기준서 제1109호 '금융상품'에서는 **신용이 손상되지 않은 경우에도 기대(예상)신용손실을 추정하여 금융자산의 장부금액을 감액하고 이를 손상차손(당기손익)으로 인식한다.** 금융자산의 손상은 신용이 손상되지 않은 경우(신용위험이 발생한 경우)와 신용이 손상된 경우로 구분하여 다음과 같이 인식한다.

4-4-1 신용이 손상되지 않은 경우(신용위험이 발생한 경우)

금융자산의 **신용위험이 유의적으로 증가하지 않은 경우에는 12개월 기대신용손실에 해당하는 금액을 손상차손으로 인식하며, 신용위험이 유의적으로 증가한 경우에는 전체기간 기대신용손실에 해당하는 금액을 손상차손(당기손익)으로 인식한다.** 신용위험이 발생한 금융자산의 기대신용손실은 신용손실추정액에 채무불이행 발생확률을 적용하여 측정한다.

손상차손 인식 후 이자수익은 손상 전 상각후원가인 총장부금액에 유효이자율을 적용해야 한다. 예를 들어, 상각후원가 측정 금융자산의 장부금액이 ₩800(총장부금액 ₩1,000, 손실충당금 ₩200)이고 유효이자율이 10%라고 할 때 이자수익은 ₩1,000 × 10% = ₩100으로 인식된다.

> 손실충당금 인식 이후 이자수익 = 총장부금액 × 유효이자율

[재무상태표에 표시]

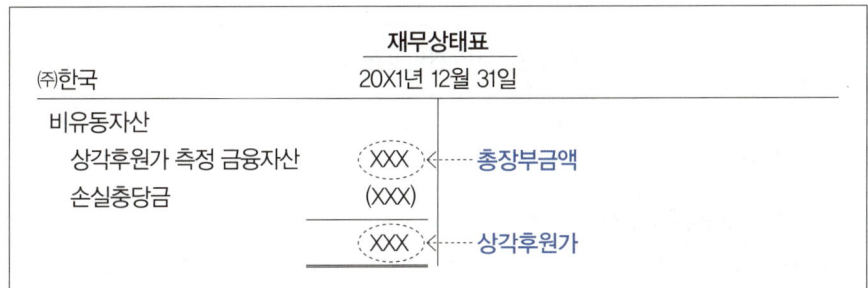

[회계처리]

〈이자수익 인식〉				
(차) 현금	XXX	(대) 이자수익	XXX	
상각후원가 금융자산	XXX			
〈기대신용손실 인식〉				
(차) 손상차손	XXX	(대) 손실충당금	XXX	
〈손상일 이후〉				
(차) 현금	XXX	(대) 이자수익	XXX	
상각후원가 금융자산	XXX			
〈손상의 회복〉				
(차) 손실충당금	XXX	(대) 손상차손환입	XXX	

 오쌤 Talk

기대신용손실

기대신용손실은 원래 채권의 전체기간 동안의 기대신용손실을 산정해야 한다. 그런데 신용위험이 유의적으로 증가하지 않을 것이라고 판단되면 편의상 12개월 기간 동안의 기대신용손실만 추정하여 인식하도록 간편규정을 두고 있는 것이다.

📘 **확인문제**

10. ㈜한국은 20X1년 초 ㈜대한이 발행한 사채를 ₩1,050,000에 취득하고, 상각후원가측정금융자산으로 분류하였다. 사채 관련 자료는 다음과 같다.

- 액면가액: ₩1,000,000(만기 3년)
- 표시이자율: 연 12%(매년 말 지급)
- 발행시 유효이자율: 연 10%
- 취득시 사채의 신용은 손상되어 있지 않음
- 기대신용손실

기대신용 손실	20X1년 말	20X2년 말
12개월	₩2,000	₩4,000
전체기간	₩5,000	₩5,000

㈜한국은 상각후원가측정금융자산의 신용위험에 대해 20X1년 말에는 유의하게 증가하지 않았다고 판단하였으나, 20X2년 말에는 유의하게 증가하였다고 판단하였다. 20X3년 초 상각후원가측정 금융자산을 ₩1,000,000에 처분하였을 경우 처분손익은?

기출처 2022. 국가직 7급

① 처분손실 ₩13,500
② 처분이익 ₩13,500
③ 처분손실 ₩18,500
④ 처분이익 ₩18,500

정답 ①

 오쌤 Talk

손상

대손충당금의 손상인식방법을 떠올리면 쉽게 이해할 수 있다.
즉, 손상되기 전(채권 회수가 불가능 한 것으로 판명되기 전) 기대신용손실을 추정하여(대손추산액) 손상차손(당기비용)으로 인식한다.
이때, 손상차손은 대손상각비이고 손실충당금은 대손충당금의 개념이다. 대손충당금이 매출채권의 차감으로 표시하는 것과 같이, 손실충당금을 상각후원가 측정 금융자산의 차감으로 표시한다.

오쌤 Talk

신용이 손상된 경우

신용이 손상된 경우는 실제 돈을 바로 못 받게 되는 경우(대손 확정)만을 의미하는 것은 아니다.
채권의 미래현금흐름에 악영향을 미치는 하나 이상의 사건이 생기는 경우, 신용이 손상되었다고 판단한다. 예를 들어, 차입자의 유의적인 재무적 어려움이나 채무 불이행이나 연체 같은 계약 위반 등을 포함한다.

오쌤 Talk

이자수익 인식

신용위험이 발생한 경우	이자수익 = 총장부금액 × 유효이자율
신용이 손상된 경우	이자수익 = 상각후원가 × 유효이자율

4-4-2 신용이 손상된 경우

금융자산의 신용이 손상된 경우에는 전체기간 기대신용손실에 해당하는 금액을 손상차손으로 당기손익에 인식한다. 신용손상이 발생한 금융자산의 기대신용손실은 해당 금융자산의 총장부금액과 추정미래현금흐름을 최초 유효이자율로 할인한 현재가치의 차이로 측정한다. 신용이 손상된 경우 인식할 금융자산손상차손도 신용위험이(유의적으로) 증가한 경우와 동일하게 당기말 기대신용손실과 전기말 기대신용손실의 차액으로 인식한다.

> 금융자산손상차손 = 당기말 기대신용손실 − 전기말 기대신용손실
> = (당기말 손실충당금 − 전기말 손실충당금)

손상차손 인식 후 이자수익은 손상 후 상각후원가인 순장부금액에 유효이자율을 적용해야 한다.

> 신용이 손상된 이후 이자수익 = 상각후원가* × 유효이자율

*신용이 손상된 시점의 장부금액, 즉 회수가능액에 유효이자율을 적용한 금액

신용이 손상된 이후 회계기간에 기대신용손실이 감소한 경우에는 금융자산손상차손환입으로 인식한다. **손상차손환입으로 인식할 금액은 현금회복액의 현재가치로 측정하며**, 신용손상 후 상각후원가에 유효이자율법을 적용한 금액과 회복 시 상각후원가의 차액과 동일하다.

> 금융자산손상차손환입 = 현금회복액의 현재가치

[회계처리]

〈기대신용손실 인식〉
(차) 손상차손　　　　　XXX　　(대) 손실충당금　　　　XXX

〈손상일 이후 이자인식〉
(차) 현금　　　　　　　XXX　　(대) 이자수익　　　　　XXX
　　　상각후원가 금융자산 XXX

〈손상의 회복〉
(차) 손실충당금　　　　XXX　　(대) 손상차손환입　　　XXX

심화예제 4 상각후원가 측정 금융자산의 손상

(1) 12월 말 결산 법인인 ㈜한국은 20X1년 1월 1일 액면금액 ₩100,000인 ㈜민국의 사채를 ₩93,000에 취득하고 상각후원가 측정 금융자산으로 분류하였다. ㈜민국 사채의 만기일은 20X4년 말로 취득 시 유효이자율은 10%, 표시이자율은 8%, 이자지급일은 매년 말이다.

(2) 20X1년 말 표시이자는 정상적으로 수령하였으며, ㈜민국 사채의 신용위험은 유의적으로 증가하지 않아 ㈜한국은 20X1년 말 현재 12개월 기대신용손실을 ₩10,000으로 추정하였다.

(3) ㈜민국 사채는 20X2년 말 현재 신용손상이 발생하였으며, 추정미래현금흐름은 다음과 같다. 다만, 20X2년 말에 수령할 표시이자 ₩8,000을 전액 수령하였다.

구분	20X3년 말	20X4년 말
액면금액		₩60,000
액면이자	₩4,000	₩4,000

(4) 10%, 현재가치 계수는 다음과 같다.

기간	현가계수	연금현가계수
1	0.9	0.9
2	0.8	1.7

01 20X2년도 ㈜한국이 포괄손익계산서에 인식할 금융자산손상차손은 얼마인가?

02 20X3년도 ㈜한국이 포괄손익계산서에 인식할 이자수익과 할인차금상각액은 얼마인가?

03 ㈜한국이 취득일로부터 20X3년도 말까지 각 일자별로 수행할 회계처리를 하시오.

오쌤 Talk

장기매출채권의 기대신용 위험 사례와 비교

P. 256의 장기매출채권의 기대신용위험 사례는 신용이 손상되지 않았고, 신용위험만 발생한 경우를 전제로 만들어진 문제이다. 즉, 신용이 손상되거나 채무불이행위험이 발생하기 전에 사전 징후로 신용위험이 발생할 가능성을 추정하여 기대신용손실을 인식한 것이다.

그러나 [심화예제 4]의 경우는 20X2년 말 이전에는 신용이 손상되지 않고 신용위험만 발생한 상황이었지만, 20X2년 말에 신용이 손상된 상황으로 바뀌었다. 즉, 신용이 손상된 객관적인 증거가 발견이 되어 신용이 손상되었으므로, 추정 미래현금흐름을 산정하여 채권의 총장부금액과의 차이로 기대신용손실을 추정해야 한다.

오쌤 Talk

이자수익 인식

[심화예제 4]에서 신용이 손상되기 전인 20X1년과 20X2년의 이자수익은 **총장부금액에 유효이자율을 적용하여 인식**한다. 그러나 20X2년 말 신용이 손상된 후 20X3년 이자수익은 **손상 후 상각후원가인 순장부금액에 유효이자율을 적용하여 인식**한다.

[풀이]

01 금융자산 손상차손

① 20X2년 말 현금부족액

	20X2. 12. 31.	20X3. 12. 31.	20X4. 12. 31.
계약상현금흐름			
액면금액			₩100,000
표시이자		₩8,000	₩8,000
추정현금흐름			
액면금액			₩60,000
표시이자		₩4,000	₩4,000
현금부족액		₩4,000	₩44,000

② 20X2년 기대신용손실 = ₩4,000 × 0.9 + ₩44,000 × 0.8 = ₩38,800

③ 20X2년 말 손상차손 = 20X2년 기대신용손실 − 20X1년 기대신용손실
= ₩38,800 − ₩10,000 = ₩28,800

02 20X3년 이자수익

① 20X2년 말 상각후원가

취득원가	₩93,000
20X1년 할인차금 상각액	+ ₩1,300(= ₩93,000 × 10% − ₩100,000 × 8%)
20X2년 할인차금 상각액	+ ₩1,430(= ₩1,300 × 1.1)
20X2년 말 총장부금액	₩95,730
20X2년 기대신용손실	(₩38,800)
20X2년 말 상각후원가	₩56,930

② 이자수익 = ₩56,930 × 10% = ₩5,693

③ 할인차금 상각액 = ₩5,693 − ₩4,000 = ₩1,693

03 회계처리

20X1. 1. 1.	(차) 상각후원가 금융자산	₩93,000	(대) 현금	₩93,000
20X1. 12. 31.	(차) 현금	₩8,000	(대) 이자수익	₩9,300
	상각후원가 금융자산	₩1,300		
	(차) 손상차손	₩10,000	(대) 손실충당금	₩10,000
20X2. 12. 31.	(차) 현금	₩8,000	(대) 이자수익*	₩9,430
	상각후원가 금융자산	₩1,430		
	(차) 손상차손	₩28,800	(대) 손실충당금	₩28,800
20X3. 12. 31.	(차) 현금	₩4,000	(대) 이자수익**	₩5,693
	상각후원가 금융자산	₩1,693		
	손실충당금	₩4,000	상각후원가 금융자산	₩4,000

*20X2년 말 이자수익 = 20X1년 말 총장부금액 × 유효이자율 = (₩93,000 + ₩1,300) × 10% = ₩9,430

**20X3년 말 이자수익 = 20X2년 상각후원가 × 유효이자율 = ₩56,930 × 10% = ₩5,693

❺ 기타포괄손익 – 공정가치 측정 금융자산

채무상품의 계약상 현금흐름이 원금과 이자로 구성되어 있으며, 원리금을 수취하면서 동시에 해당 채무상품을 매도할 목적으로 취득하는 경우에는 기타포괄손익 – 공정가치 측정 금융자산으로 분류한다.

5-1 최초 인식

기타포괄손익 – 공정가치 측정 금융자산으로 분류되는 채무상품은 최초 인식 시 공정가치로 인식한다. 취득 시 발생하는 거래원가는 최초 인식시점에 공정가치에 가산한다. 즉, 취득원가에 가산한다.

5-2 평가

기타포괄손익 - 공정가치 측정 금융자산으로 분류되는 채무상품은 후속 측정 시 공정가치를 재무상태표가액으로 한다. 이때 다음의 순서로 진행한다.

> ① 상각후원가법을 적용하여 이자수익 인식
> ② ①에서 인식한 상각후원가와 공정가치의 차액인 미실현보유손익을 기타포괄손익으로 인식

당기에 인식된 기타포괄손익은 당기 이전에 인식한 기타포괄손익과 합산하여 재무상태표에 기타포괄손익누계액으로 계상한다. 이때, 채무상품의 유효이자수익 인식 시 기준이 되는 금액은 공정가치 평가를 반영한 장부금액이 아니라 상각후원가이다.

[평가손익 인식 회계처리]

```
〈이자수익 인식〉
(차) 현금                    XXX      (대) 이자수익            XXX
    기타포괄손익 금융자산    XXX

〈평가〉
(차) 기타포괄손익 금융자산  XXX      (대) 평가이익(기타포괄손익) XXX
```

오쌤 Talk

평가손익누계액

평가손익의 누계액은 취득원가와 보고기간 말 공정가치의 차이였다. 그러므로 지분상품의 경우 평가손익 누계액을 산정하기 위해서는 지분상품의 취득원가와 보고기간 말 공정가치 차이를 바로 인식하였다.

채무상품의 경우도 마찬가지이다. 다만, 채무상품의 경우 취득원가는 상각후원가로 이해한다. 채권 본질의 받을 돈(채권의 장부금액)이 취득시점의 받을 돈이 아니라 유효이자율법을 통해 증가한 장부금액이지만 이는 시가평가를 하지 않은 원가의 범주에 있다고 하겠다.

즉, 채무상품의 평가손익누계액(기타포괄손익누계액)은 상각후원가와 보고기간 말 공정가치의 차이이다.

확인문제

11. ㈜서울은 20X1년 초 ㈜한국이 발행한 사채(액면금액 ₩100,000, 표시이자율 연 10%, 매년 말 이자지급)를 ₩90,000에 취득하고, 이를 '기타포괄손익-공정가치 측정 금융자산'으로 분류하였다. ㈜한국이 발행한 사채의 20X1년 말 공정가치가 ₩95,000인 경우, ㈜한국이 발행한 사채와 관련된 회계처리가 ㈜서울의 20X1년도 총포괄손익에 미치는 영향은? *기출처 2020. 서울시 7급*

① ₩10,000 감소
② 영향 없음
③ ₩10,000 증가
④ ₩15,000 증가

정답 ④

오쌤 Talk

공정가치 평가 후 이자수익

유효이자율법에 따른 이자수익은 상각후원가(시가 평가를 하지 않은 본질적인 채권)에 유효이자율만큼 인식한다. 그러므로 기말 공정가치 평가 후 채권의 장부금액이 공정가치로 인식되어 있다고 하더라도 이자수익은 공정가치 평가 전 상각후원가를 기준으로 인식한다.
그러므로 이자수익은 상각후원가 측정 금융자산이나 기타포괄손익 – 공정가치 측정 금융자산 중 어느 것으로 분류하더라도 동일하다.
두 금융자산의 차이는 상각후원가를 기준으로 시가평가를 하느냐, 원가 그대로를 두느냐에 있다.

기본예제 6 기타포괄손익 – 공정가치 측정 금융자산

㈜한국이 20X1년 초 3년 만기 X채권을 공정가치로 구매하고 기타포괄손익 – 공정가치 측정 자산으로 분류하였다. X채권의 액면금액은 ₩100,000이며, 액면이자율은 5%, 현재 시장이자율은 10%이다. 20X1년 말 공정가치는 ₩110,000, 20X2년 말 공정가치는 ₩120,000일 경우 다음 물음에 답하시오. (단, 채권의 발행가격은 ₩87,450이다)

01 20X1년과 20X2년의 채권보유기간 동안 각각 회계처리를 하시오.

02 매년도 말의 재무상태표를 작성하시오.

풀이

01 회계처리

X1. 1. 1.	(차) 기타포괄손익 금융자산	₩87,450	(대) 현금		₩87,450
X1. 12. 31.	(차) 현금	₩5,000	(대) 이자수익		₩8,745
	기타포괄손익 금융자산	₩3,745			
	(차) 기타포괄손익 금융자산	₩18,805*	(대) 평가이익(기타포괄손익)		₩18,805

* 20X1년 말 평가이익 = ₩110,000 − ₩91,195 = ₩18,805

X2. 12. 31.	(차) 현금	₩5,000	(대) 이자수익		₩9,120
	기타포괄손익 금융자산	₩4,120			
	(차) 기타포괄손익 금융자산	₩5,880**	(대) 평가이익(기타포괄손익)		₩5,880

** 20X2년 말 평가이익 = ₩120,000 − (₩110,000 + ₩4,120) = ₩5,880

02

20X1년 말 재무상태표

자산		자본	
		기타포괄손익누계액	
기타포괄손익 금융자산	₩110,000	평가이익	₩18,805

20X2년 말 재무상태표

자산		자본	
		기타포괄손익누계액	
기타포괄손익 금융자산	₩120,000	평가이익	₩24,685

5-3 제거(처분)

기타포괄손익 - 공정가치 측정 금융자산을 처분하고 금융자산 제거요건을 만족하는 경우에는 **처분대가와 상각후원가의 차액을 '금융자산처분손익'으로 하여 당기손익으로 인식한다.** 처분 시에는 다음과 같은 과정을 따른다.

① 처분시점까지의 유효이자율법에 따른 상각후원가 측정(처분일이 이자수취일 사이인 경우)
② 처분시점의 공정가치로 평가손익 인식
③ 처분에 관한 회계처리
④ 누적된 평가손익(기타포괄손익누계액)을 처분손익(당기손익)으로 재분류조정

그러므로 **기타포괄손익 – 공정가치 측정 금융자산의 처분손익은 상각후원가 측정 금융자산의 처분손익과 동일한 금액이 된다.**

[처분 시 재분류조정 회계처리]

〈처분시점 공정가치 측정〉
(차) 기타포괄손익 금융자산　XXX　　(대) 평가이익　　　　　　　XXX
　　　　　　　　　　　　　　　　　　　　　　(기타포괄손익)

〈처분〉
(차) 현금　　　　　　　　　XXX　　(대) 기타포괄손익 금융자산　XXX

〈재분류조정〉
(차) 평가이익　　　　　　　XXX　　(대) 처분이익　　　　　　　XXX
　　　(기타포괄손익누계액)　　　　　　　　(당기손익)

[기타포괄손익 - 공정가치 측정 금융자산으로 분류된 채무상품의 처분]

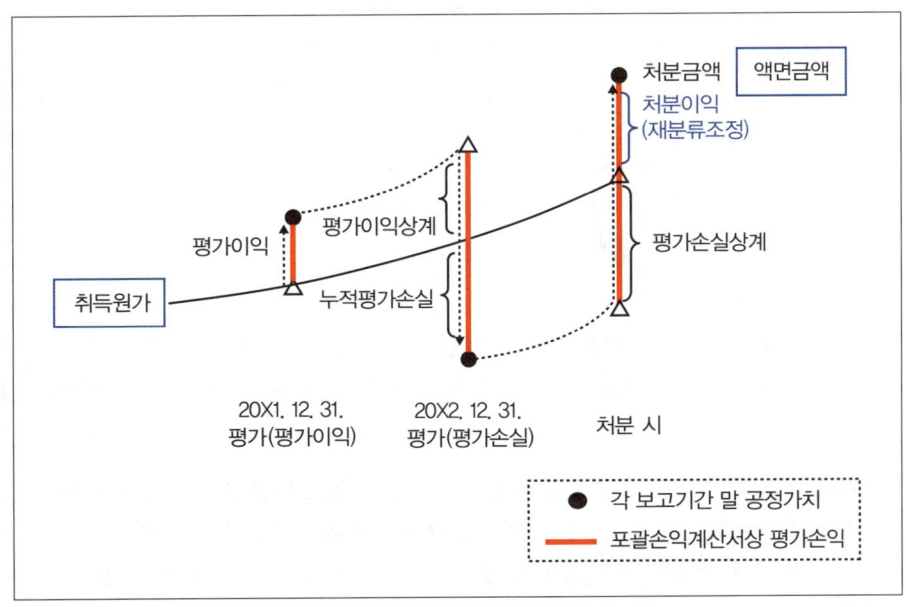

오쌤 Talk

재분류조정

재분류조정은 누적되어 있는 미실현손익(기타포괄손익누계액)을 실현손익(당기손익)으로 조정하는 것을 의미한다. 즉, 기타포괄손익 - 공정가치 측정 금융자산의 경우 상각후원가금액에 대해 공정가치 평가를 해왔지만, 평가의 손익은 미실현손익(기타포괄손익누계액)으로 인식해왔다. 이때, 미실현손익을 채권을 처분했을 때 한꺼번에 당기손익(처분손익)으로 인식하는 과정을 재분류조정이라고 한다.

주식의 경우 이러한 재분류조정이 허용되지 않는다. 즉, 기타포괄손익-공정가치 측정 금융자산으로 인식하는 주식은 처분 시 실현된 것으로 보지 않고, 평가하여 기타포괄손익누계액에 반영한다. 그러므로 처분손익은 인식하지 않는다. 왜냐하면 주식은 채권과 달리 기타포괄손익으로 측정할 것을 선택한 경우라서, 어떠한 경우에도 당기손익에 영향을 주지 않는다.

> **기본예제 7** 기타포괄손익 – 공정가치 측정 금융자산의 처분
>
> [기본예제 6]에서 20X3년 1월 1일에 X채권을 ₩125,000에 매각한 경우 처분손익은 얼마인가? (단, 20X2년 12월 31일 X채권의 상각후원가는 ₩95,315이다)
>
> [풀이]
> 처분손익(당기손익) = 처분대가 − 20X3년 1월 1일 상각후원가 = ₩125,000 − ₩95,315 = ₩29,685 이익
>
> [참고]
> X3. 1. 1. (차) 기타포괄손익 금융자산   ₩5,000   (대) 평가이익(기타포괄손익)   ₩5,000
> 　　　　　　 　현금   ₩125,000   기타포괄손익 금융자산   ₩125,000
> 　　　　　　 　평가이익(기타포괄손익누계액) ₩29,685   처분이익(당기손익)   ₩29,685

5-4 손상

기타포괄손익 – 공정가치 측정 금융자산은 상각후원가 측정 금융자산과 마찬가지로 신용이 손상되지 않은 경우에도 **기대신용손실을 측정**하여 **금융자산손상차손으로 인식**하는 기대신용모형을 적용한다. 기타포괄손익 – 공정가치 측정 금융자산의 손상차손은 기타포괄손익에서 인식하고 재무상태표에서 금융자산의 장부금액을 줄이지 아니한다.

즉, 기타포괄손익 – 공정가치 측정 금융자산의 기대신용손실은 상각후원가측정 금융자산과 동일한 방법으로 계산되므로 손상차손으로 인식되는 금액은 동일하다.

금융자산의 손상은 신용이 손상되지 않은 경우(신용위험이 발생한 경우)와 신용이 손상된 경우로 구분하여 다음과 같이 인식한다.

5-4-1 신용이 손상되지 않은 경우(신용위험이 발생)

기타포괄손익 – 공정가치 측정 금융자산의 경우 손상차손을 인식하기 전에 공정가치 변동손익을 기타포괄손익으로 인식한다. 이후 기타포괄평가손익 중에서 신용위험으로 인한 손상차손의 효과는 당기손익으로 대체한다.

이때 신용위험발생으로 인한 손상의 경우 **손실충당금을 인식한 이후 이자수익은 총장부금액에 유효이자율을 적용해야한다.**

5-4-2 신용이 손상된 경우

기타포괄손익 – 공정가치 측정 금융자산의 경우 손상차손을 인식하기 전에 공정가치 변동손익을 기타포괄손익으로 인식한다. 이후 기타포괄평가손익 중 신용의 손상으로 인한 손상차손 효과는 당기손익으로 대체한다.

이때, 신용위험으로 인한 손상과 달리 신용손상으로 인한 손상의 경우 **손상차손 인식 후 이자수익은 손상 후 상각후원가인 순장부금액에 유효이자율을 적용해야한다.** 그러므로 신용이 손상되지 않은 경우 총장부금액에 유효이자율을 적용하는 것과는 다름을 주의한다.

✏️ **기출 OX**

10. 신용이 손상된 기타포괄손익-공정가치 측정 금융상품은 채무불이행이 발생한 상태이므로 즉시 장부에서 제거한다.
　　　　　　 기출처 2021. 서울시 7급
　　　　　　 정답 X

오쌤 Talk

기타포괄손익 – 공정가치 측정 금융자산 손상

손상차손은 다음의 순서로 인식한다.
① 공정가치 변동을 기타포괄손익으로 인식
② 신용위험으로 인한 손상차손을 당기손익으로 인식(손실충당금을 설정하지 않고 기타포괄손익을 차감하여 인식)

예를 들어, 기말에 기타포괄손익 금융자산의 공정가치가 ₩100만큼 하락하였고, 기대신용손실이 ₩30으로 추정된다면 다음과 같이 회계처리 한다.

① 공정가치 변동 반영
(차) 금융자산　　(대) 기타포괄손익
　　평가손실　　　　금융자산
　　　₩100　　　　　　₩100

② 손상차손을 당기손익으로 재분류조정
(차) 손상차손　　(대) 금융자산
　　　₩30　　　　　평가손실
　　　　　　　　　　　₩30

두 분개를 하나로 처리하면 다음과 같다.
(차) 손상차손　　(대) 기타포괄손익
　　　₩30　　　　　금융자산
　　金융자산　　　　　₩100
　　평가손실
　　　₩70

4 재분류

1 재분류 조건

금융자산은 관리하는 **사업모형을 변경하는 경우에만 영향받는 모든 금융자산을 재분류한다.** 즉, 금융자산의 재분류는 사업모형을 변경하는 경우에만 가능하므로 사업모형이 없는 **지분상품이나 파생상품은 재분류가 불가능하다.**

사업모형의 변경은 외부나 내부의 변화에 따라 기업의 고위 경영진이 결정해야 하고 기업의 영업에 유의적으로 외부 당사자에게 제시할 수 있어야 하므로 매우 드물 것으로 예상된다. 예를 들어, 사업 계열의 취득, 처분, 종결과 같이 영업에 유의적인 활동을 시작하거나 중단하는 경우에만 사업모형의 변경이 생길 것이다. 한편, 특정 금융자산과 관련된 보유 의도의 변경이나 금융자산에 대한 특정 시장의 일시적인 소멸, 기업 내 서로 다른 사업모형을 갖고 있는 부문 간 금융자산의 이전 등의 사유는 사업모형의 변경이 아니다.

금융자산을 재분류 하는 경우에는 금융자산의 재분류를 초래하는 사업모형의 변경 후 첫 번째 보고기간의 첫 번째 날에 수행하며, **재분류일부터 전진적으로 적용한다.** 또한 재분류 전에 인식한 손익(손상차손이나 손상환입을 포함)이나 이자는 수정하지 않는다.

오쌤 Talk

지분상품의 재분류

재분류가 불가능하다.
왜냐하면, 지분상품은 원칙적으로 당기손익 - 공정가치 측정 금융자산으로 분류하기로 하였다. 그러나 최초 취득시에만 기타포괄손익 - 공정가치 측정 금융자산으로 분류할 수 있도록 선택하도록 되어 있다. 이후 선택을 취소할 수 없다고 했으니, 최초에 지정된 대로 분류변경 없이 고정시켜 가겠다는 의미이다.

2 당기손익 – 공정가치 측정 금융자산에서 다른 금융자산으로 재분류

2-1 상각후원가 측정 금융자산으로 재분류

금융자산을 당기손익 - 공정가치 측정 금융자산에서 상각후원가 측정 금융자산으로 재분류 하는 경우 **재분류일의 공정가치가 새로운 총장부금액이 되며, 재분류일은 상각후원가 측정 금융자산의 최초 인식일로 본다.** 그러므로 **유효이자율**은 재분류일의 공정가치(새로운 총장부금액)와 추정미래현금흐름의 현재가치를 일치시키는 이자율로 **재분류일의 현행시장이자율과 같다.**

[재분류 회계처리]

〈재분류 시〉			
(차) 상각후원가 금융자산	××	(대) 당기손익 금융자산	×××

오쌤 Talk

재분류의 원칙

재분류시점의 공정가치로 재분류한다.
재분류 전 금융자산에서 공정가치 평가를 수행하고, 불가능할 경우(상각후원가 측정금융자산) 재분류를 먼저 하고 공정가치 평가를 수행한다.

2-2 기타포괄손익 – 공정가치 측정 금융자산으로 재분류

금융자산을 당기손익 - 공정가치 측정 금융자산에서 기타포괄손익 - 공정가치 측정 금융자산으로 분류하는 경우 계속 공정가치로 측정한다. 이 경우 상각후원가 측정 금융자산으로 재분류하는 경우와 마찬가지로 **재분류일의 공정가치가 새로운 총장부금액이 되며, 유효이자율**은 재분류일의 공정가치(새로운 총장부금액)와 추정미래현금흐름의 현재가치를 일치시키는 이자율로 **재분류일의 현행시장이자율과 같다.**

[재분류 회계처리]

〈재분류 시〉			
(차) 기타포괄손익 금융자산	×××	(대) 당기손익 금융자산	×××

오쌤 Talk

당기손익 - 공정가치 측정 금융자산의 재분류

채무상품을 당기손익 측정 금융자산에서 다른 금융자산으로 재분류할 때 공정가치로 재분류한다. 재분류 시점까지 평가손익을 당기손익으로 인식하고 공정가치로 인식된 장부금액을 변경된 금융자산으로 인식한다.

❸ 기타포괄손익 공정가치 측정 금융자산에서 다른 금융자산으로 재분류

3-1 당기손익 – 공정가치 측정 금융자산으로 재분류

금융자산을 기타포괄손익 - 공정가치 측정 금융자산에서 당기손익 - 공정가치 측정 금융자산으로 분류하는 경우 계속 공정가치로 측정한다. 한편, 재분류일 현재 기타포괄손익 - 공정가치 측정 금융자산의 공정가치 평가로 인한 **기타포괄손익누계액은 재분류일에 재분류조정으로 자본에서 당기손익으로 재분류한다.**

[재분류 회계처리]

〈재분류 시〉
(차) 당기손익 금융자산　　　　XXX　　(대) 기타포괄손익 금융자산　XXX

〈재분류조정〉
(차) 평가이익　　　　　　　　XXX　　(대) 재분류이익(당기손익)　XXX
　　 (기타포괄손익누계액)

3-2 상각후원가 측정 금융자산으로 재분류

금융자산을 기타포괄손익 - 공정가치 측정 금융자산에서 상각후원가 측정 금융자산으로 분류하는 경우 **재분류일의 공정가치로 측정한다. 재분류 전에 인식한 기타포괄손익누계액은 자본에서 제거하고 재분류일의 금융자산 공정가치에서 조정한다.** 즉, 최초 인식시점부터 상각후원가로 측정했던 것처럼 측정할 수 있도록 그동안의 평가손익을 취소하는 것이다. 이러한 조정은 기타포괄손익에 영향을 미치지만 당기손익에는 영향을 미치지 않으므로 재분류조정에 해당하지 않는다.

이때, 재분류시점의 유효이자율이나 기대신용손실 측정치는 조정하지 않는다.

[재분류 회계처리]

〈재분류 시〉
(차) 상각후원가 금융자산　　　XXX　　(대) 기타포괄손익 금융자산　XXX

〈재분류조정〉
(차) 평가이익　　　　　　　　XXX　　(대) 상각후원가 금융자산　　XXX
　　 (기타포괄손익누계액)

오쌤 Talk

기타포괄손익 - 공정가치 측정 금융자산의 재분류

채무상품을 기타포괄손익 측정 금융자산에서 다른 금융자산으로 재분류할 때 공정가치로 재분류한다. 재분류 시점까지 평가손익을 기타포괄손익으로 인식(원래의 기타포괄손익 측정 금융자산의 평가손익 인식 방법)한다.

이때, 당기손익인식 금융자산으로 변경할 때는 미실현손익의 누적분(기타포괄손익누계액)을 재분류조정을 통해 당기손익으로 실현시킨다.

상각후원가 측정 금융자산으로 변경할 때는 미실현손익과 금융자산 장부금액을 취소하고 공정가치 평가 전 장부금액으로 인식한다.

④ 상각후원가 측정 금융자산에서 다른 금융자산으로 재분류

4-1 당기손익 – 공정가치 측정 금융자산으로 재분류

금융자산을 상각후원가 측정 금융자산에서 당기손익 - 공정가치 측정 금융자산으로 재분류하는 경우 **재분류일의 공정가치로 측정한다. 재분류 전 상각후원가와 공정가치의 차이에 따른 손익은 당기손익으로 인식한다.**

[재분류 회계처리]

〈재분류 시〉
(차) 당기손익 금융자산 　　XXX　　(대) 상각후원가 금융자산 　　XXX
　　　　　　　　　　　　　　　　　　재분류이익(당기손익) 　　XXX

4-2 기타포괄손익 – 공정가치 측정 금융자산으로 재분류

금융자산을 상각후원가 측정 금융자산에서 기타포괄손익 - 공정가치 측정 금융자산으로 재분류할 경우 **재분류일의 공정가치로 측정한다. 금융자산의 재분류 전 상각후원가와 공정가치의 차이에 따른 손익은 기타포괄손익으로 인식한다.** 이때 재분류시점에 유효이자율이나 기대신용손실 측정치는 조정되지 않는다.

[금융자산의 분류변경]

변경		재분류일의 회계처리		
전	후	측정	변동손익	적용이자
상각후원가	당기손익	공정가치 측정	당기손익	액면이자수익 인식
기타포괄손익	당기손익		당기손익	액면이자수익 인식
당기손익	상각후원가		당기손익	새로운 유효이자수익 인식
당기손익	기타포괄손익		당기손익	새로운 유효이자수익 인식
상각후원가	기타포괄손익		기타포괄손익	기존 유효이자수익 인식
기타포괄손익	상각후원가	공정가치 평가 취소하고 상각후원가로 환원		기존 유효이자수익 인식

오쌤 Talk

상각후원가 측정 금융자산의 재분류

마찬가지로 재분류시점의 공정가치로 분류된다. 다만, 상각후원가측정 금융자산은 공정가치 평가에 대한 회계처리가 없으므로, 당기손익 - 공정가치 측정 금융자산으로 재분류할 경우에는 당기손익 - 공정가치 측정 금융자산으로 재분류해서 공정가치 평가를 수행한다(평가손익: 당기손익). 마찬가지로 기타포괄손익 - 공정가치 측정 금융자산으로 재분류할 경우에는 기타포괄손익 - 공정가치 측정 금융자산으로 재분류하고 공정가치 평가를 수행한다(평가손익: 기타포괄손익).

확인문제

12. 금융자산의 재분류에 대한 설명으로 옳지 않은 것은? 기출처 2022. 국가직 7급

① 금융자산을 기타포괄손익 - 공정가치 측정 범주에서 당기손익 - 공정가치 측정 범주로 재분류하는 경우에 계속 공정가치로 측정하며, 재분류 전에 인식한 기타포괄손익누계액은 재분류일에 재분류조정으로 자본에서 당기손익으로 분류한다.

② 금융자산을 기타포괄손익 - 공정가치 측정 범주에서 상각후원가 측정 범주로 재분류하는 경우에 재분류일의 공정가치로 측정하며, 재분류 전에 인식한 기타포괄손익누계액은 자본에서 제거하고 재분류일의 금융자산의 공정가치에서 조정한다.

③ 금융자산을 상각후원가 측정 범주에서 기타포괄손익 - 공정가치 측정 범주로 재분류하는 경우에 재분류 전 상각후원가와 공정가치의 차이에 따른 손익은 기타포괄손익으로 인식하며, 유효이자율과 기대신용손실 측정치는 재분류로 인해 조정한다.

④ 금융자산을 당기손익 - 공정가치 측정 범주에서 상각후원가 측정 범주로 재분류하는 경우에 재분류일의 공정가치가 새로운 총장부금액이 된다.

정답 ③

보론 채권의 발행

1 채권의 발행가액의 결정

채권은 미래현금흐름이 정해져 있으므로 미래현금흐름을 현재가치로 평가한 것이 공정가치가 된다. 즉, 20X1년 초에 3년 만기 A채권(액면금액 ₩100,000, 액면이자율 10%)에 투자하면 매년 말 ₩10,000의 이자수익과 3년 후에 ₩100,000 원금을 받을 수 있는 권리가 발행된 채권을 ₩100,000에 구매하면 된다.

그러나 채권의 발행시기에 액면이자와 채권 시장에서의 시장이자율이 차이가 발생할 수 있다. 즉, 동 시점에 타 은행에서 B채권(액면금액 ₩100,000, 액면이자율 11%)을 발행한다면 투자자들은 매년 말 ₩1,000의 이자수익이 더 발생하는 B채권을 구매할 것이다. 이런 경우 A채권을 11%의 이자율로 다시 만들어 발행하거나 액면금액보다 싸게 채권을 판매하여야 할 것이다.

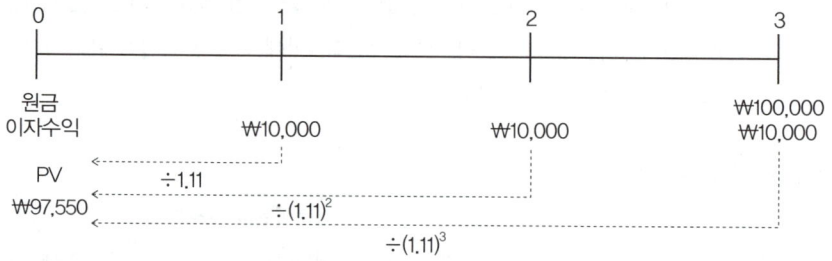

경과연도	이자수익	원금	기준금액	이자적용 기간	현재가치 (÷ 1.11)ⁿ
1차년도	₩10,000		₩10,000	1년	₩9,000
2차년도	₩10,000		₩10,000	2년	₩8,120
3차년도	₩10,000		₩10,000	3년	₩7,310
3차년도		₩100,000	₩100,000	3년	₩73,120
합계	₩30,000	₩100,000	₩130,000		₩97,550

₩10,000의 이자수익에 3년 연금의 현재가치계수와 ₩100,000의 원금에 3년 현재가치계수를 적용하면, 이자수익의 현재가치는 ₩24,430(₩10,000 × 2.443)이고 원금의 현재가치는 ₩73,120(₩100,000 × 0.7321)이다. 이를 합한 금액인 ₩97,550이 A채권의 공정가치가 된다. 즉, 채권자는 A채권이 ₩97,550에 발행을 해야 B채권과 동일한 가치로 인식하고 투자를 할 것이다. 이를 정리하면 다음과 같다.

$$\text{채권의 공정가치} = \frac{\text{액면이자}}{(1+i)} + \frac{\text{액면이자}}{(1+i)^2} + \frac{\text{액면이자}}{(1+i)^3} + \cdots + \frac{\text{액면이자}}{(1+i)^n} + \frac{\text{액면금액}}{(1+i)^n}$$
$$= \text{이자지급액} \times (i, n, \text{연금의 현재가치계수}) + \text{액면금액} \times (i, n, \text{현재가치계수})$$

i: 시장이자율, n: 채무상품의 기간

따라서 액면이자율과 시장이자율의 차이에 의하여 채권의 발행가격이 결정된다. 상기의 예에서는 액면이자율보다 시장이자율이 높은 경우 액면금액으로 발행할 때에는 투자자가 없었다. 따라서 ₩2,450만큼 할인발행을 하며, 이를 할인발행차금이라고 한다. 만약 반대로 액면이자율은 동일한데 유효이자율이 9%일 경우는 채권에 투자하려는 투자자가 많을 것이다. 따라서 일정금액만큼 할증하여 발행을 해야 하며, 이때 할증발행차금이 발생한다.

> 액면이자율 > 시장이자율 → 할증발행
> 액면이자율 = 시장이자율 → 액면발행
> 액면이자율 < 시장이자율 → 할인발행

기본예제 1 채권의 발행가액

㈜한국이 20X1년 초 3년 만기 X채권을 만기까지 보유하여 원리금을 수취할 의도로 구매하였다. X채권의 액면금액은 ₩100,000이며, 액면이자율은 5%이다. 현재 시장이자율은 10%일 경우 X채권의 공정가치를 구하고, 공정가치로 구매 시 분개를 하시오. (단, 3기간 10%, 단일금액의 현재가치 계수는 0.75이고 3기간, 10%, 연금의 현재가치 계수는 2.49임을 가정한다.)

오쌤 Talk

채권의 발행가액

채권자	채무자
채권의 발행가액	사채의 발행가액
빌려준 돈	빌린 돈
채권의 공정가치 (거래비용 없을 시)	사채의 공정가치 (거래비용 없을 시)

[풀이]

X채권 공정가치 = $\frac{₩5,000}{(1+0.1)^1} + \frac{₩5,000}{(1+0.1)^2} + \frac{₩5,000}{(1+0.1)^3} + \frac{₩100,000}{(1+0.1)^3}$

= ₩5,000 × 2.49(3년, 10%, 연금의 현재가치계수) + ₩100,000 × 0.75(3년, 10%, 현재가치계수)

= ₩87,450

| 20X1년 초 | (차) X채권 | ₩87,450 | (대) 현금 | ₩87,450 |

[기본예제1]에서 X채권을 보유한 회사는 X채권을 발행한 회사, 즉 돈을 빌린 회사에게 ₩87,450을 빌려주고 3년에 걸쳐 총 ₩115,000(원금 ₩100,000 + 액면이자 ₩5,000 × 3년)을 수령하게 된다. 결국, ₩87,450을 빌려주고 ₩115,000을 수령하기 때문에 그 둘의 차이 ₩27,550은 이자명목으로 더 받았다고 볼 수 있다. 그러므로 ₩27,550의 이자는 ₩87,450을 빌려주고 매년 10%의 복리를 적용하여 인식하게 되는 이자인 셈이다. 채권의 발행가액은 처음부터 철저히 10% 복리를 계산해서 10%의 수익률을 인식할 계산으로 맞춰서 발행된 결과라고 하겠다.

그렇다면 이자를 인식해야 하는 매년 말 회계처리는 어떻게 될까?

20X1년 말에는 20X1년 초에 빌려주었던 ₩87,450에 대한 10% 이자를 이자수익으로 인식한다. 다만, 액면금액으로 ₩5,000만큼을 받기로 약정되어 있으므로 이자수익은 ₩87,450의 10% ₩8,745를 인식하되, 현금은 ₩5,000을 수령한다. 그 차액 ₩3,745는 결국 못 받은 돈이 될 것이고, 이는 받을 돈, 즉 채권을 증가시키게 된다.

이를 회계처리로 반영하면 다음과 같다.

20X1. 12. 31.	(차) 현금	₩5,000	(대) 이자수익	₩8,745
	X채권	₩3,745		

못 받은 이자수익에 대해 새로운 채권을 인식할 수도 있지만, 이를 X채권의 장부에 가산하게 되면 결과적으로 20X1년 말 받을 채권은 본래의 채권 ₩87,450에 ₩3,745를 합산한 ₩91,195가 된다.

20X2년의 이자수익은 20X1년 말 빌려주었다고 인식한 채권 ₩91,195에 대한 10%의 이자 ₩9,120을 인식한다. 그러나 20X1년의 상황과 마찬가지로 액면에서 약정한 현금의 수령액은 ₩5,000이므로 그 차이 ₩4,120은 다시 채권의 장부금액에 가산한다.

20X2년의 회계처리는 다음과 같다.

20X2. 12. 31.	(차) 현금	₩5,000	(대) 이자수익	₩9,120
	X채권	₩4,120		

위 회계처리의 결과 20X2년 말 받을 돈, 즉 채권의 장부금액은 20X1년 말 장부금액이었던 ₩91,195에 추가로 늘어난 채권 ₩4,120을 합산한 ₩95,315가 된다.

20X3년 마지막 해에는 원래는 채권 ₩95,315에 대해 10%의 이자수익인 ₩9,532를 인식해야 하지만, 현재가치 계수 등의 단수차이 때문에 최종 ₩100,000의 채권의 원금이 되기 위해 부족한 잔액 ₩4,685(= ₩100,000 - ₩95,315)와 액면이자 ₩5,000을 합산한 ₩9,685를 이자수익으로 인식한다.

이는 결국, 20X3년 마지막해에 ₩9,685의 이자수익을 인식하지만 액면에서 수령하기로 약정한 ₩5,000을 차감한 ₩4,685를 채권의 장부에 가산함으로써 20X3년 말 채권의 최종 잔액이 ₩100,000이 된다.

20X3년 말에는 이렇게 해서 불어난 채권 ₩100,000을 상환 받고 채권과 채무관계는 청산되는 것이다.

위 거래를 해석하면 다음과 같다.

처음부터 원금 ₩100,000에 매년 ₩5,000씩 3년간 받을 수 있는 채권은 시장에서 ₩87,450으로 거래되었다. 왜냐하면 시장은 철저히 10%의 수익률을 요구하기 때문이다. ₩87,450은 10%의 수익률로 인식이 될 것이고, 약정금액과의 차이는 매년 채권에 가산되어 결국 ₩87,450을 빌려주었으나 ₩100,000을 상환 받는 결과를 만들어 낼 것이다. 결국 최초에 결정되었던 채권의 공정가치 즉 발행가액은 10% 수익률로 맞추어 복리로 계산된 결과였고, 이를 빌려준 자와 빌리는 자 모두 10%의 금융수익과 비용을 부담하는 조건으로 설계된 것이다.

이때 앞서 이자수익을 인식하는 방법을 유효이자율법이라고 한다. **유효이자율법은 직전 이자지급일의 장부금액에 유효이자율을 곱한 실질이자를 이자수익으로 인식하고, 표시이자와의 차액은 채권에 가산하거나 차감하는 상각액으로 인식하는 방법을** 말한다. 기업회계기준은 채권의 이자수익을 인식하는 방법으로 유효이자율법만 인정한다.

여기서 **유효이자율이란 채권의 발행금액과 미래현금흐름의 현재가치를 일치시키는 이자율을 의미한다.** 채권의 발행금액은 채권의 미래현금흐름을 발행일 현재 시장이자율로 할인한 현재가치이므로 위 사안에서 유효이자율은 시장이자율이 된다.

만약, 실질적인 채권의 발행가액이 시장이자율로 할인한 공정가치보다 높다면 유효이자율은 시장이자율과 같지 않게 된다. 채권의 발행가액은 이자율과 반비례관계이므로 시장이자율로 계산한 공정가치보다 실제 발행가액이 높다면 유효이자율은 시장이자율보다 낮아질 것이다. 예를 들어, 거래의 수수료 등이 발생하여 실제 채권을 취득하는 과정에서 추가로 발생한 거래부대비용이 있었다면 채권의 유효이자율은 시장이자율보다 낮아진다.

그러나 일반적인 상황에서는 시장이자율과 유효이자율은 일치한다.

OX 퀴즈

다음 문장의 경우 올바른 설명에는 ○, 틀린 설명에는 ×를 하고 틀린 설명은 수정하시오.

① 당기손익 - 공정가치로 측정되는 지분상품에 대한 특정 투자에 대해서는 후속적인 공정가치 변동을 기타포괄손익으로 표시하도록 최초 인식시점에 선택할 수도 있으며, 추후 취소 가능하다. ( )

② 원리금 지급만으로 구성되어 있는 현금흐름이 발생하며, 계약상 현금흐름을 수취하는 것을 목적으로 하는 사업모형 하에 금융자산을 보유하는 경우 기타포괄손익 - 공정가치 측정 금융자산으로 분류한다. ( )

③ 원리금 지급만으로 구성되어 있는 현금흐름이 발생하며, 계약상 현금흐름을 수취하면서, 동시에 매도하는 것을 목적으로 하는 사업모형 하에서 해당 금융자산을 보유하는 경우 기타포괄손익 - 공정가치 측정 금융자산으로 분류한다. ( )

④ 단기매매목적으로 취득하는 지분상품의 경우 후속적인 공정가치 변동을 기타포괄손익으로 인식하기로 선택한 경우 기타포괄손익 - 공정가치 측정 금융자산으로 분류할 수 있다. ( )

⑤ 원리금을 수취하지 않는 금융자산인 지분상품은 당기손익 - 공정가치 측정 금융자산, 기타포괄손익-공정가치 측정 금융자산, 상각후원가 측정 금융자산으로 분류할 수 있다. ( )

⑥ 상각후원가 측정 금융자산은 최초 인식 후 공정가치로 재측정하며, 공정가치 평가손익은 기타포괄손익으로 인식한다. ( )

⑦ 기타포괄손익 - 공정가치 측정 금융자산은 최초 인식 후 공정가치로 재측정하고 공정가치 평가손익은 당기손익으로 인식한다. ( )

⑧ 지분상품에 대한 배당금 수익은 배당금을 지급받을 때 인식한다. ( )

⑨ 지분상품을 최초 인식 시 기타포괄손익 - 공정가치 측정 항목으로 선택한 경우에는 해당 금융자산을 제거할 때, 기타포괄손익누계액을 당기손익으로 재분류조정한다. ( )

⑩ 채무상품의 경우에는 해당 금융자산의 제거 시 기타포괄손익누계액을 당기손익으로 재분류조정한다. ( )

⑪ 지분상품과 채무상품 모두 손상회계처리를 인식한다. ( )

⑫ 당기손익 - 공정가치 측정 금융자산의 경우 손상의 객관적인 사유가 인식되면 손상회계처리를 인식한다. ( )

OX 풀이

❶ ✗ 당기손익 - 공정가치로 측정되는 지분상품에 대한 특정 투자에 대해서는 후속적인 공정가치 변동을 기타포괄손익으로 표시하도록 최초 인식시점에 선택할 수도 있으며, 한번 선택하면 이를 취소할 수 없다.

❷ ✗ 원리금 지급만으로 구성되어 있는 현금흐름이 발생하며, 계약상 현금흐름을 수취하는 것을 목적으로 하는 사업모형하에 금융자산을 보유하는 경우 상각후원가 측정 금융자산으로 분류한다.

❸ ○

❹ ✗ 단기매매목적의 지분상품은 당기손익 - 공정가치 측정 금융자산으로만 분류된다. 단기매매목적 외의 지분상품의 경우 선택하면 기타포괄손익 - 공정가치 측정 금융자산으로 분류할 수 있다.

❺ ✗ 원리금을 수취하지 않는 금융자산인 지분상품은 당기손익 - 공정가치 측정 금융자산으로만 분류하는 것이 원칙이다. 다만, 회사가 평가손익을 기타포괄손익으로 인식하기로 선택한 경우에는 기타포괄손익 - 공정가치 측정 금융자산으로 분류할 수 있다. 그러나 현금흐름이 원리금으로 구성되어 있지 않으므로 어떠한 경우에도 상각후원가 측정 금융자산으로 분류는 불가능하다.

❻ ✗ 상각후원가 측정 금융자산은 공정가치로 측정하지 않고 유효이자율법을 사용하여 상각후원가로 측정한다.

❼ ✗ 기타포괄손익 - 공정가치 측정 금융자산은 최초 인식 후 공정가치로 재측정하지만, 공정가치 평가손익은 기타포괄손익으로 인식한다.

❽ ✗ 배당금 수익은 배당금을 받을 권리와 금액이 확정되는 시점인 배당선언일에 인식한다. 우리나라의 경우 상법상 이익잉여금 처분 권한이 주주총회에 있으므로 실질적으로 주주총회일에 해당한다.

❾ ✗ 지분상품을 최초 인식 시 기타포괄손익 - 공정가치 측정 항목으로 선택한 경우에는 해당 금융자산을 제거할 때, 기타포괄손익누계액을 당기손익으로 재분류조정하지 않는다. 다만, 자본의 다른 항목(이익잉여금)으로 대체할 수는 있다.

❿ ○

⓫ ✗ 지분상품의 경우 신용손실위험이 없으므로 손상회계처리의 대상이 아니다.

⓬ ✗ 당기손익 - 공정가치 측정 금융자산의 경우 손상의 효과가 이미 해당 금융자산의 평가손실로 당기손익에 반영되기 때문에 손상회계처리 대상이 아니다.

OX 퀴즈

다음 문장의 경우 올바른 설명에는 ○, 틀린 설명에는 ×를 하고 틀린 설명은 수정하시오.

⑬ 기대신용손실은 모든 현금 부족액의 현재가치로 측정하며, 이를 확률로 가중 평균한 금액이 신용손실이다. (   )

⑭ 기타포괄손익 - 공정가치 측정으로 선택한 지분상품의 경우 처분할 때 당기손익으로 인식할 처분손익이 발생하지 않는다. (   )

⑮ 당기손익인식 채무상품의 경우 유효이자율법에 따라 이자수익을 인식한다. (   )

⑯ 금융자산을 관리하는 사업모형을 변경하는 경우에는 이로 인해 영향받는 모든 금융자산을 재분류해야 한다. 이 경우, 지분상품의 경우도 재분류가 가능하다. (   )

⑰ 당기손익 - 공정가치 측정 금융자산을 포함하여 모든 금융자산의 취득에 직접 관련되는 거래원가는 공정가치에 가산한다. (   )

⑱ 최초 인식 후 금융자산의 신용위험이 유의적으로 증가한 경우에는 매 보고기간 말에 12개월 기대신용손실에 해당하는 금액으로 손실충당금을 측정한다. (   )

⑲ 기타포괄손익 - 공정가치 측정 금융자산이 신용위험 발생으로 손상차손을 인식한 이후 이자수익은 손상 후 장부금액인 공정가치에 유효이자율을 적용한다. (   )

⑳ 금융자산을 재분류하는 경우 그 재분류를 최초 취득일로부터 소급적으로 적용한다. (   )

㉑ 채무상품인 기타포괄손익 - 공정가치 측정 금융자산의 손익은 해당 금융자산을 제거하거나 재분류할 때까지 기타포괄손익으로 인식하고 금융자산을 제거할 때에는 인식한 기타포괄손익누계액을 재분류조정으로 자본에서 당기손익으로 재분류한다. (   )

㉒ 금융자산을 기타포괄손익 - 공정가치 측정 금융자산에서 상각후원가 측정 금융자산으로 재분류하는 경우 재분류일의 장부금액으로 측정한다. (   )

㉓ 금융자산을 당기손익 - 공정가치 측정 금융자산에서 상각후원가 측정 금융자산으로 재분류 하는 경우 재분류일의 공정가치가 새로운 총장부금액이 된다. (   )

OX 풀이

⑬ × 신용손실은 모든 현금 부족액의 현재가치로 측정하며, 이를 확률로 가중 평균한 금액이 기대신용손실이다.

⑭ ○

⑮ × 당기손익인식 채무상품은 중요성 측면에서 유효이자가 아닌 표시이자만을 이자수익으로 인식할 수 있다.

⑯ × 지분상품의 경우 현금흐름이 원금과 이자만으로 구성되어 있지 않기 때문에 사업모형을 선택할 수 없으므로 재분류가 불가능하다.

⑰ × 당기손익 - 공정가치 측정 금융자산의 취득 시 거래원가만 지출 시점에 비용으로 인식하고 그 외의 금융자산에 대한 거래원가는 취득원가에 가산한다.

⑱ × 최초 인식 후 금융상품의 신용위험이 유의적으로 증가한 경우에는 전체기간 기대신용손실을 손실충당금으로 측정한다. 매 보고기간 말에 12개월 기대신용손실을 측정하는 경우는 신용위험이 유의적으로 증가하지 않는 경우이다.

⑲ × 기타포괄손익 - 공정가치 측정 금융자산이 신용위험 발생으로 손상차손을 인식한 이후 이자수익은 손상 후 장부금액인 공정가치에 유효이자율을 적용하는 것이 아니라, 손상 전 상각후원가인 총장부금액에 유효이자율을 적용해야 한다.

⑳ × 금융자산을 재분류하는 경우에 그 재분류를 재분류일부터 전진적으로 적용한다.

㉑ ○

㉒ × 금융자산을 기타포괄손익 - 공정가치 측정 금융자산에서 상각후원가 측정 금융자산으로 재분류하는 경우 재분류일의 공정가치로 측정한다.

㉓ ○

실전훈련

01 다음 중 지분상품에 대한 설명으로 옳지 않은 것은?

① 투자를 목적으로 취득한 지분상품은 당기손익 - 공정가치 측정 금융자산으로 분류하는 것이 원칙이다.
② 단기매매목적으로 취득한 지분상품 중에서 후속적인 공정가치 변동을 기타포괄손익으로 인식하기로 선택한 경우 기타포괄손익 - 공정가치 측정 금융자산으로 분류할 수 있다.
③ 투자지분상품을 기타포괄손익 - 공정가치 측정 금융자산으로 분류할 것을 선택한 경우, 추후 취소할 수 없다.
④ 당기손익 - 공정가치 측정 금융자산은 최초 인식과 후속측정 모두 공정가치로 측정하며, 평가에 따른 미실현보유이익을 포괄손익계산서상에 당기손익으로 인식한다.

02 기업회계 기준서 제1109호 '금융상품'에 대한 설명으로 옳은 것은? 기출처 2018. 회계사

① 회계불일치 상황이 아닌 경우의 금융자산은 금융자산의 관리를 위한 사업모형과 금융자산 계약상 현금흐름 특성 모두에 근거하여 상각후원가, 기타포괄손익 - 공정가치, 당기손익 - 공정가치로 측정되도록 분류한다.
② 당기손익 - 공정가치로 측정되는 지분상품에 대한 특정 투자의 후속적인 공정가치 변동은 최초 인식시점이라도 기타포괄손익으로 표시하는 것을 선택할 수 없다.
③ 금융자산의 전체나 일부의 회수를 합리적으로 예상할 수 없는 경우에도 해당 금융자산을 총장부금액을 직접 줄일 수는 없다.
④ 기타포괄손익 공정가치 측정 금융자산의 손상차손은 당기손실로 인식하고, 손상차손환입은 기타포괄손익으로 인식한다.
⑤ 회계불일치를 제거하거나 유의적으로 줄이는 경우에는 최초 인식 시점에 해당 금융자산을 기타포괄손익 - 공정가치 측정 항목으로 지정할 수 있으며, 지정 후 이를 취소할 수 있다.

 풀이

01 ② 단기매매 이외의 목적으로 취득한 지분상품 중에서 공정가치 변동을 기타포괄손익으로 인식하기로 선택한 경우는 기타포괄손익 - 공정가치 측정 금융자산으로 분류할 수 있다. 단기매매목적인 경우에는 당기손익 - 공정가치 측정 금융자산으로만 분류 가능하다.
02 ② 지분상품에 대한 투자로서 단기매매항목이 아닌 지분상품에 대한 투자의 후속적인 공정가치 변동은 기타포괄손익으로 표시할 수 있다.
③ 금융자산 전체나 일부의 회수를 합리적으로 예상할 수 없는 경우에는 해당 금융자산의 총장부금액을 직접 줄인다.
④ 기타포괄손익 - 공정가치 측정 금융자산의 손상차손은 당기손실로 인식하고, 손상차손환입은 당기손익으로 인식한다.
⑤ 회계불일치를 제거하거나 유의적으로 줄이는 경우에는 최초 인식 시점에 해당 금융자산을 당기손익 - 공정가치 측정 항목으로 지정할 수 있으며, 지정 후 이를 취소할 수 없다.

답 01 ② 02 ①

03 금융자산의 회계처리에 대한 설명으로 타당한 것을 〈보기〉에서 모두 고른 것은? 기출처 2022. 서울시 7급

〈보기〉
ㄱ. 지분상품에 대해서는 신용위험의 유의적 증가여부와 상관없이 손상을 인식하지 않는다.
ㄴ. 당기손익 - 공정가치 측정 금융자산은 취득 시 발생하는 거래원가를 공정가치에 가산한다.
ㄷ. 채무상품의 경우 신용위험이 유의적으로 증가하지 않았다고 판단되는 경우에는 손상을 인식하지 않는다.
ㄹ. 채무상품 중 기타포괄손익-공정가치 측정 금융자산으로 분류된 경우 후속기간 동안 공정가치로 평가하여 보고한다.

① ㄱ, ㄴ ② ㄱ, ㄹ ③ ㄴ, ㄷ ④ ㄷ, ㄹ

04 ㈜한국은 20X1년 중 ㈜민국의 주식을 매매수수료 ₩1,000을 포함하여 총 ₩11,000을 지급하고 취득하였으며, 기타포괄손익 - 공정가치 측정 금융자산으로 분류하였다. 동 주식의 20X1년 말 공정가치는 ₩12,000이었으며, 20X2년 중에 동 주식을 ₩11,500에 모두 처분하였을 경우, 동 금융자산과 관련한 설명 중 옳은 것은? 기출처 2021. 관세직 9급

① 취득금액은 ₩10,000이다.
② 20X1년 당기순이익을 증가시키는 평가이익은 ₩1,000이다.
③ 20X2년 당기순이익을 감소시키는 처분손실은 ₩500이다.
④ 20X2년 처분손익은 ₩0이다.

풀이

03 ㄴ. 당기손익-공정가치 측정 금융자산은 취득 시 발생하는 거래원가는 당기손익에 반영한다.
　　ㄷ. 채무상품의 경우 신용위험이 유의적으로 증가하지 않았다고 판단되는 경우에는 12개월 기간의 기대신용손실을 반영하여 손상차손을 인식한다.

04 (1) 취득금액 = 주식 취득가액 + 매매수수료 = ₩11,000
　　(2) 20X1년 평가이익 = ₩12,000 - ₩11,000 = ₩1,000(기타포괄손익)
　　(3) 20X2년 처분손익 = ₩0
　　　(처분시점에 처분가액 ₩11,500만큼 공정가치 평가를 먼저 하고, 공정가치로 기록된 장부금액 ₩11,500의 금융자산을 ₩11,500에 처분하였으므로 처분손익은 ₩0이 됨)

답 03 ②　04 ④

05 다음 자료를 이용하여 20X1년 포괄손익계산서의 당기손익과 총포괄손익에 반영할 금액은 각각 얼마인가?

구분	20X1년 초 취득원가	20X1년 말 공정가치
당기손익 - 공정가치 측정 금융자산	₩150,000	₩280,000
기타포괄손익 - 공정가치 측정 금융자산	₩250,000	₩320,000

	당기손익	총포괄이익		당기손익	총포괄이익
①	₩130,000	₩70,000	②	₩70,000	₩130,000
③	₩130,000	₩200,000	④	₩200,000	₩200,000

06 다음은 ㈜한국이 20X1년과 20X2년에 ㈜대한의 지분상품을 거래한 내용이다.

20X1년			20X2년
취득금액	매입수수료	기말 공정가치	처분금액
₩1,000	₩50	₩1,100	₩1,080

동 지분상품을 당기손익-공정가치 측정 금융자산 또는 기타포괄손익-공정가치 측정 금융자산으로 분류하였을 경우, 옳지 않은 것은?
기출처 2022. 국가직 9급

① 당기손익-공정가치 측정 금융자산으로 분류할 경우, 20X1년 당기이익이 ₩50 증가한다.
② 기타포괄손익-공정가치 측정 금융자산으로 분류할 경우, 20X1년 기타포괄손익누계액이 ₩50 증가한다.
③ 당기손익-공정가치 측정 금융자산으로 분류할 경우, 20X2년 당기이익이 ₩20 감소한다.
④ 기타포괄손익-공정가치 측정 금융자산으로 분류할 경우, 20X2년 기타포괄손익누계액이 ₩30 감소한다.

> **풀이**
>
> **05** 당기손익: 당기손익 - 공정가치 측정 금융자산 평가손익 = ₩280,000 - ₩150,000 = ₩130,000
> 총포괄손익: 당기손익 + 기타포괄손익(평가손익) = ₩130,000 + (₩320,000 - ₩250,000) = ₩200,000
>
> **06** [당기손익 - 공정가치 측정 금융자산으로 분류]
> (1) 20X1년 당기손익 = 매입수수료비용 (₩50) + 공정가치 평가손익 ₩100(₩1,100 - ₩1,000) = ₩50
> (2) 20X2년 당기손익 = 처분손익 = 처분대가 - 20X1년 말 장부금액
> = ₩1,080 - ₩1,100 = (₩20)
>
> [기타포괄손익 - 공정가치 측정 금융자산]
> (1) 20X1년 평가손익 = 20X1년 말 공정가치 - 20X1년 초 취득원가
> = ₩1,100 - (₩1,000 + ₩50) = ₩50
> (2) 20X2년 기타포괄손익누계액의 변화 = 처분 시 공정가치 평가손익
> = 처분대가 - 기말공정가치 = ₩1,080 - ₩1,100 = (₩20)
>
> 답 05 ③ 06 ④

07 다음의 ㈜민국 주식에 대한 ㈜한국의 회계처리로 옳지 않은 것은?   기출처 2013. 국가직 9급 수정

- ㈜한국은 2010년 1월 15일 ㈜민국의 주식을 ₩1,000,000에 취득하면서 기타포괄손익 - 공정가치 측정 금융자산으로 분류할 것을 선택하였다.
- ㈜민국 주식의 공정가치는 2010년 12월 31일 ₩900,000이고 2011년 12월 31일 ₩1,200,000이다.
- 2012년 1월 10일에 ㈜민국 주식을 ₩1,200,000에 처분하였다.

① 2010년 12월 31일 금융자산 평가손실이 ₩100,000 계상된다.
② 2011년 12월 31일 금융자산 평가이익이 ₩200,000 계상된다.
③ 2011년 12월 31일 기타포괄손익 - 공정가치 측정 금융자산의 장부가액은 ₩1,200,000이다.
④ 2012년 1월 10일 당기손익으로 인식하게 될 기타포괄손익 - 공정가치 측정 금융자산의 처분손익은 ₩200,000이다.

08 ㈜세무는 ㈜한국의 주식 A를 취득하고, 이를 기타포괄손익 - 공정가치 측정 금융자산으로 선택(이하 "FVOCI") 지정분류하였다. 동 주식 A의 거래와 관련된 자료가 다음과 같고, 다른 거래가 없을 경우 설명으로 옳은 것은? (단, 동 FVOCI 취득과 처분은 공정가치로 한다.)   기출처 2020. 세무사 수정

구분	20X1년 기중	20X1년 기말	20X2년 기말	20X3년 기중
회계처리	취득	후속평가	후속평가	처분
공정가치	₩100,000	₩110,000	₩98,000	₩99,000
거래원가	₩500	-	-	₩200

① 20X1년 기중 기타포괄손익 금융자산의 취득원가는 ₩100,000이다.
② 20X2년 기말 기타포괄손익 금융자산 평가손실은 ₩3,000이다.
③ 20X3년 처분 직전 기타포괄손익 금융자산 평가손실 잔액은 ₩2,000이다.
④ 20X3년 처분 시 당기손실 ₩200이 발생된다.

  풀이

07 (1) 2010년 12월 31일 (차) 평가손실   ₩100,000   (대) 기타포괄손익 - 공정가치 측정 금융자산   ₩100,000
   (2) 2011년 12월 31일 (차) 기타포괄손익 - 공정가치 측정 금융자산   ₩300,000   (대) 평가손실   ₩100,000
                                                                                    평가이익   ₩200,000
   (3) 2012년 1월 10일 처분 (차) 현금   ₩1,200,000 (대) 기타포괄손익 - 공정가치 측정 금융자산 ₩1,200,000

   누적으로 인식되어 있는 기타포괄손익누계액(평가이익)₩200,000은 이익잉여금에 대체할 수 있다. 다만, 당기손익으로 인식되는 처분손익은 없다.

08 (1) 20X1년 기중 취득원가는 취득 시 금융자산의 공정가치에 거래원가를 합한 ₩100,500(= ₩100,000 + ₩500)이다.
   (2) 20X2년 기말 기타포괄손익 금융자산 평가손실(평가손익누계액)= ₩98,000 - ₩100,500 = (₩2,500)
   (3) 20X3년 처분 직전 기타포괄손익 금융자산 평가손실(누계액) = ₩99,000 - ₩100,500 = (₩1,500)
   (4) 20X3년 처분 시 당기손실 = 처분대가 - 장부금액= (₩99,000 - ₩200) - ₩99,000 = (₩200)

[참고] 처분 시 회계처리
   (차) 기타포괄손익 금융자산   ₩1,000   (대) 기타포괄손익 금융자산 평가손실   ₩1,000
   (차) 현금   ₩98,800   (대) 기타포괄손익 금융자산   ₩99,000
        처분손실   ₩200

답 07 ④   08 ④

09 ㈜한국은 2013년 10월 초에 주식 10주를 주당 ₩2,000에 취득하고 수수료로 ₩1,000의 현금을 지급하였다. 2013년 12월31일 주식의 공정가치는 주당 ₩2,200이었다. 2014년 1월 2일에 ㈜한국은 동 주식을 주당 ₩2,150에 모두 처분하였다. ㈜한국은 취득한 주식을 기타포괄손익 - 공정가치 측정 금융자산으로 분류한다. 다음 중 옳지 않은 것은? (단, 법인세는 무시한다)   기출처 2015. 국가직 9급 수정

① 당기손익금융자산으로 분류하여도 주식처분손익은 동일하다.
② 처분 시 기타포괄손익누계액을 이익잉여금으로 대체한다면 당기손익금융자산으로 분류하여도 2014년 12월 31일의 이익잉여금에 미치는 영향은 동일하다.
③ 당기손익금융자산으로 분류하면 2013년도의 당기순이익은 동 주식 취득으로 인해 ₩1,000 증가한다.
④ 2014년 1월 2일 주식 처분 시에 주식처분이익은 ₩0이다.

10 12월 결산법인 ㈜서울은 20X1년 2월 20일 ㈜경기의 주식 100주를 취득하고 당기손익 - 공정가치 측정 범주로 분류하였다. 20X1년 12월 31일 ㈜경기의 1주당 공정 가치는 ₩1,200이다. 20X2년 3월 1일 ㈜경기는 무상 증자 20%를 실시하였으며, ㈜서울은 무상신주 20주를 수령하였다. 20X2년 7월 1일 ㈜경기 주식 60주를 ₩81,000에 처분하고 거래원가 ₩1,000을 차감한 금액을 수령하였을 경우 동 거래가 20X2년 ㈜서울의 법인세 차감전순이익에 미치는 영향은?   기출처 2020. 서울시 7급

① ₩21,000 증가   ② ₩20,000 증가
③ ₩9,000 증가   ④ ₩8,000 증가

풀이

09 당기손익 금융자산으로 분류하면 해당 처분손익*을 당기손익으로 인식하지만, 기타포괄손익 - 공정가치 측정 금융자산으로 분류하면 처분손익**을 인식하지 않기 때문에 처분손익은 다르다.
  * 당기손익 금융자산의 처분손익 = 처분가액 - 장부가액
    = ₩2,150 × 10주 - ₩2,200 × 10주 = ₩500 처분손실
  ** 기타포괄손익 금융자산의 처분손익 = ₩0

10 (1) 무상증자 시 총 주식수 = 100주 + 무상증자 수령주식 20주 = 120주
  (2) 순처분대가 = ₩81,000 - ₩1,000 = ₩80,000
  (3) 20X2년 처분손익 = 순처분대가 - 장부금액
    = ₩80,000 - ₩1,200×100주 × 60주/120주 = ₩20,000

답 09 ①   10 ②

11 ㈜한국은 20X1년 7월 1일 ㈜민국의 보통주식을 ₩300,000에 취득하고, 취득에 따른 거래비용을 ₩3,000 지급하였다. 20X1년 말 ㈜민국의 보통주식의 공정가치는 ₩350,000이었다. ㈜한국은 20X2년 1월 10일에 ㈜민국의 보통주식을 ₩340,000에 매도하였으며, 매도와 관련하여 부대비용 ₩5,000을 지급하였다. ㈜민국의 보통주식을 당기손익 - 공정가치측정 금융자산 혹은 기타포괄손익 - 공정가치 측정 금융자산으로 분류한 경우, ㈜한국의 회계처리에 대한 설명으로 옳은 것은?

① 당기손익 - 공정가치 측정 금융자산으로 분류한 경우나 기타포괄손익 - 공정가치 측정 금융자산으로 분류한 경우 취득원가는 동일하다.
② 기타포괄손익 - 공정가치 측정 금융자산으로 분류한 경우나 당기손익 - 공정가치 측정 금융자산으로 분류한 경우 20X1년 말 공정가치 변화가 당기손익에 미치는 영향은 동일하다.
③ 당기손익 - 공정가치 측정 금융자산으로 분류한 경우 20X1년 총포괄손익은 기타포괄손익 - 공정가치 측정 금융자산으로 분류한 경우와 같다.
④ 당기손익 - 공정가치 측정 금융자산으로 분류한 경우 20X2년도 처분손실은 ₩10,000이다.

12 다음 중 채무상품에 대한 설명으로 옳지 않은 것은?

① 채무상품은 상각후원가 측정 금융자산, 기타포괄손익 - 공정가치 측정 금융자산, 당기손익 - 공정가치 측정 금융자산으로 분류할 수 있다.
② 당기손익 - 공정가치 측정 금융자산을 취득하면서 발생한 수수료는 당기비용으로 인식한다.
③ 기타포괄손익 - 공정가치 측정 금융자산은 공정가치로 평가하며, 평가차익에 대해서는 기타포괄손익으로 계상한다.
④ 당기손익 - 공정가치 측정 금융자산은 유효이자율법에 따라 이자수익을 인식한다.

11 ① 취득 시 거래 부대비용과 관련하여 당기손익 - 공정가치 측정금융자산의 경우 당기비용으로 처리하고 기타포괄손익 - 공정가치 측정 금융자산의 경우 취득원가에 가산하기 때문에 취득원가는 다르다.
② 공정가치 변화에 대해 기타포괄손익 - 공정가치 측정 금융자산은 평가손익을 기타포괄손익으로 인식하고 당기손익 - 공정가치 측정금융자산의 경우 당기손익으로 인식한다.
③ 20X1년 말 총포괄손익의 변화는 현금이 ₩303,000이 유출되었고 기말에 ₩350,000으로 자산이 증가하므로 무엇으로 분류하든지 총포괄손익은₩47,000으로 동일하다.
④ 단기매매금융자산의 처분손익 = (처분대가 - 처분부대비용) - 장부금액
= ₩340,000 - ₩5,000 - ₩350,000 = (₩15,000) 즉, 처분손실 ₩15,000

12 ④ 당기손익 - 공정가치 측정 금융자산은 액면이자율법에 따라 이자수익을 인식한다.

답 11 ③ 12 ④

13 ㈜한국은 20X1년 1월 1일 액면금액이 ₩100,000(액면이자율은 10%이고 유효이자율이 12%이며 매년 말 이자 지급)이고 만기가 3년인 시장성 있는 사채를 원리금의 수취목적으로 취득하였다. 이 사채를 보유한 3년간 ㈜한국이 인식할 이자수익은 얼마인가?

[현재가치 이자 요소]

기간	이자율(10%)	이자율(12%)
1년	0.91	0.89
2년	0.83	0.80
3년	0.75	0.71
합계	2.49	2.40

① ₩5,000
② ₩30,000
③ ₩35,000
④ ₩45,000

14 ㈜한국은 20X1년 7월 1일에 발행된 사채(액면금액 ₩100,000, 표시이자율 연 12%, 이자지급일 매년 6월 말과 12월 말)를 ₩100,000에 단기매매목적으로 발행일에 구입하였다. 이러한 사채를 ㈜민국은 20X1년 11월 1일 ₩104,000(발행일로부터 구입일까지의 미수이자를 포함한 금액임)에 단기매매목적으로 ㈜한국으로부터 구입하였다. 해당 사채와 관련하여 20X1년 11월 1일 ㈜한국의 당기손익 - 공정가치 측정 금융자산의 처분이익과 20X1년 12월 31일 ㈜민국이 인식할 이자수익은 얼마인가?

	㈜한국의 처분이익	㈜민국의 이자수익
①	₩0	₩2,000
②	₩0	₩6,000
③	₩4,000	₩2,000
④	₩4,000	₩6,000

풀이

13 (1) 원리금만을 수취할 목적으로 보유하므로 상각후원가 측정 금융자산으로 분류한다.
(2) 상각후원가 측정 금융자산의 취득원가
= ₩100,000 × 0.71 + ₩100,000 × 10% × 2.40 = ₩95,000
(3) 3년간 인식할 총 이자수익 = 3년간 수령할 원리금 − 취득원가
= (₩100,000 + ₩100,000 × 10% × 3년) − ₩95,000 = ₩35,000

14 (1) 당기손익 - 공정가치 측정 금융자산의 처분이익
처분금액   ₩104,000 − ₩100,000 × 12% × 4/12 = ₩100,000
장부금액   (₩100,000)
처분이익   ₩0
(2) 이자수익 = ₩100,000 × 12% × 2/12 = ₩2,000

답 13 ③ 14 ①

15 ㈜한국은 20X1년 초 ㈜민국이 발행한 5년 만기 회사채를 ₩850,000에 취득하였다. 회사채의 액면금액은 ₩1,000,000이고 표시이자율은 5%(매년 말 지급조건), 취득 당시 유효이자율은 10%이다. 20X1년 말과 20X2년 말의 공정가치가 다음과 같을 때, 회사가 동 사채를 상각후원가 측정 금융자산으로 분류한 경우와 당기손익인식 - 공정가치 측정 금융자산으로 분류한 경우, 기타포괄손익 - 공정가치 측정 금융자산으로 분류한 경우로 구분하여 20X2년 말 재무상태표에 보고하게 될 금액으로 옳은 것은?

구분	20X1년 말	20X2년 말
공정가치	₩860,000	₩880,000

	상각후원가 측정 금융자산	당기손익 - 공정가치 측정 금융자산	기타포괄손익 - 공정가치 측정 금융자산
①	₩923,500	₩860,000	₩860,000
②	₩923,500	₩880,000	₩880,000
③	₩885,000	₩860,000	₩860,000
④	₩885,000	₩880,000	₩880,000

16 ㈜한국은 20X1년 1월 1일 ㈜민국이 발행한 사채를 ₩952,000에 취득하여 기타포괄손익 - 공정가치 측정 금융자산으로 분류하였다. ㈜민국이 발행한 사채는 액면금액 ₩1,000,000, 만기 3년, 액면이자율 연 8%, 이자는 매년 말 지급조건이다. ㈜한국은 사채의 가치가 하락할 것을 우려하여 20X2년 1월 1일에 해당 사채를 ₩920,000에 처분하였다. 위 거래가 ㈜한국의 20X1년과 20X2년 당기손익에 미치는 영향으로 옳은 것은? (단, 발행 당시 해당 사채의 유효이자율은 10%이며 법인세효과는 없다고 가정한다.)

	20X1년	20X2년
①	₩76,160	₩47,200 증가
②	₩80,000	₩47,200 감소
③	₩95,200	₩47,200 감소
④	₩95,200	₩47,200 증가

풀이

15 상각후원가 측정 금융자산을 제외하고는 당기손익-공정가치 측정 금융자산과 기타포괄손익 - 공정가치 측정 금융자산은 모두 공정가치로 평가하여 공정가치를 장부금액으로 인식한다.
(1) 상각후원가 측정 금융자산의 20X2년 상각후원가

취득원가	₩850,000
20X1년 할인차금상각액	₩850,000 × 10% - ₩1,000,000 × 5% = ₩35,000
20X2년 할인차금상각액	₩35,000 × (1 + 10%) = ₩38,500
20X2년 말 상각후원가	₩923,500

16 (1) 20X1년 당기손익에 미치는 영향 = 20X1년 이자수익 = ₩952,000 × 10% = ₩95,200
(2) 20X2년 당기손익에 미치는 영향 = 처분손익 = 처분대가 − 상각후원가
 • 20X1년 상각후원가 = ₩952,000 + ₩952,000 × 10% − ₩1,000,000 × 8% = ₩967,200
 • 처분대가 = ₩920,000
 • 처분손익 = ₩920,000 − ₩967,200 = (₩47,200)
 ∴ ₩47,200 감소

답 15 ② 16 ③

17 다음 중 손상차손을 인식하는 금융자산은 무엇인가?

① 당기손익 - 공정가치 측정 지분상품
② 기타포괄손익 - 공정가치 측정 선택 금융자산
③ 상각후원가 측정 금융자산
④ 당기손익 - 공정가치 측정 채무상품

18 ㈜한국은 20X1년 1월 1일에 액면금액 ₩1,000,000(액면이자율 연 8%, 유효이자율 연 10%, 이자지급일 매년 12월 31일, 만기 3년)의 사채를 ₩950,258에 발행하였다. ㈜민국은 이 사채를 발행과 동시에 전액 매입하여 상각후원가 측정 금융자산으로 분류하였다. 다음 설명 중 옳지 않은 것은? (단, 거래비용은 없고 유효이자율법을 적용하며, 소수점 발생 시 소수점 아래 첫째 자리에서 반올림한다.)

기출처 2019. 관세직 9급

① ㈜한국의 20X1년 12월 31일 재무상태표상 사채할인발행차금 잔액은 ₩34,716이다.
② ㈜민국이 20X2년 1월 1일에 현금 ₩970,000에 동 사채 전부를 처분할 경우 금융자산 처분이익 ₩19,742을 인식한다.
③ ㈜민국은 20X1년 12월 31일 인식할 이자수익 중 ₩15,026을 상각후원가 측정 금융자산으로 인식한다.
④ ㈜한국이 20X1년 12월 31일 인식할 이자비용은 ₩95,026이다.

17 손상차손을 인식하는 금융자산은 다음과 같다.

금융자산의 종류		손상차손 인식 여부
채무상품	상각후원가 측정	신용위험 손실을 손상차손(당기손익)으로 인식
	기타포괄손익 - 공정가치 측정	신용위험 손실을 손상차손(당기손익)으로 인식
	당기손익 - 공정가치 측정	손상인식하지 않음 (평가손실을 당기손익으로 인식하기 때문)
지분상품	당기손익 - 공정가치 측정	손상인식하지 않음 (신용손실위험이 없으므로)
	기타포괄손익 - 공정가치 측정	손상인식하지 않음 (신용손실위험이 없으므로)

∴ 주어진 조건에서 손상차손을 인식하는 금융자산은 상각후원가 측정 금융자산이 유일하다.

18 (1) 20X1년 사채할인발행차금상각액(= 이자수익 중 금융자산인식분)
= ₩950,258 × 10% - ₩1,000,000 × 8% = ₩15,026
(2) 20X1년 할인발행차금 잔액 = (₩1,000,000 - ₩950,258) - ₩15,026 = ₩34,716
(3) 20X1년 이자수익 = ₩950,258 × 10% = ₩95,026
(4) 20X2년 처분이익 = 처분대가 - 상각후원가 = ₩970,000 - (₩950,258 + ₩15,026) = ₩4,716

답 17 ③ 18 ②

19 20X1년 1월 1일에 ㈜한국은 ㈜민국이 동 일자에 발행한 액면가액 ₩1,000,000, 표시이자율 연 8%(이자는 매년 말 후급 조건)의 3년 만기 사채를 ₩950,000에 취득하였다. 취득 당시 유효이자율은 연 10%이다. 동 사채의 20X1년 공정가치는 ₩970,000이었으며, 20X2년 초에 ₩980,000에 처분하였다. ㈜한국의 사채에 대한 회계처리로 옳지 않은 것은?

① 당기손익 - 공정가치 측정 금융자산으로 분류되었다면, 20X1년도 당기순이익은 ₩100,000이다.
② 기타포괄손익 - 공정가치 측정 금융자산으로 분류되었다면, 20X1년 당기순이익은 ₩95,000 증가한다.
③ 상각후원가 측정 금융자산으로 분류되었다면 20X1년도 당기순이익은 ₩95,000 증가한다.
④ 기타포괄손익 - 공정가치 측정 금융자산으로 분류되었다면 20X2년도 처분손익은 인식하지 않는다.

20 ㈜한국은 20X1년 1월 1일 원리금만을 수취할 목적으로 ₩960,000에 회사채를 취득하였다. 동 회사채는 액면가액 ₩1,000,000에 만기가 20X3년 12월 31일이며, 액면이자율은 8%이고, 매년 말 이자지급 조건이다. 이 회사채의 취득당시 유효이자율은 10%이다. 20X1년 12월 31일 현재 최초 인식 후 신용위험은 유의적으로 증가하지 않는 것으로 판단된다. 20X1년 12월 31일 현재 이 회사채의 12개월 기대신용손실금액은 ₩20,000이고, 전체기간 기대신용손실금액은 ₩30,000이다. ㈜한국이 보유하고 있는 동 회사채에 대한 설명으로 옳지 않은 것은?

① 20X1년 손실충당금은 ₩20,000이다.
② 20X1년 보고하게 될 총장부금액은 ₩976,000이다.
③ 20X1년 보고하게 될 상각후원가는 ₩956,000이다.
④ 20X2년 이자수익은 ₩95,600이다.

풀이

19 ① 당기손익 - 공정가치 측정 금융자산의 경우 이자수익(액면이자)과 평가손익을 인식한다.
이자수익 = ₩1,000,000 × 8% = ₩80,000
평가손익 = ₩970,000 - ₩950,000 = ₩20,000
∴ 당기손익에 미치는 영향은 ₩100,000이다.
② 기타포괄손익 - 공정가치 측정 금융자산의 경우 유효이자율법에 따라 이자수익을 인식한다.
이자수익 = ₩950,000 × 10% = ₩95,000
③ 상각후원가 측정 금융자산의 경우에도 유효이자율법에 따라 이자수익을 인식한다. 그러므로 기타포괄손익-공정가치 측정 금융자산의 이자수익과 동일하다.
④ 지분상품의 경우 기타포괄손익 - 공정가치 측정 금융자산은 처분손익을 인식하지 않는다. 그러나 채무상품의 경우에는 처분 시 처분가액과 장부금액(= 상각후원가)의 차이만큼 처분손익을 인식한다.
즉, 20X1년 말 장부금액(= 상각후원가) = ₩950,000 + ₩95,000 - ₩80,000 = ₩965,000
처분손익 = ₩980,000 - ₩965,000 = ₩15,000 처분이익

20 ① 20X1년 12월 31일 현재 신용위험이 유의적으로 증가하지 않는 것으로 판단되므로 전체기간 기대신용손실금액이 아닌 12개월 기대신용손실금액을 손실충당금으로 인식하고 해당 금액 ₩20,000은 손상차손으로 인식한다.
② 20X1년 총장부금액 = ₩960,000 + ₩960,000 × 10% - ₩1,000,000 × 8% = ₩976,000
③ 20X1년 상각후원가 = 20X1년 총장부금액 - 손실충당금 = ₩976,000 - ₩20,000 = ₩956,000
④ 20X2년 이자수익 = 20X1년 말 총장부금액 × 유효이자율 = ₩976,000 × 10% = ₩97,600

답 19 ④ 20 ④

21 20X1년 1월 1일 ㈜감평은 ㈜한국이 동 일자에 발행한 사채(액면금액 ₩1,000,000, 액면이자율 연 4%, 이자는 매년 말 지급)를 ₩895,000에 취득하였다. 취득 당시 유효이자율은 연 8%이다. 20X1년 말 동 사채의 이자수취 후 공정가치는 ₩925,000이며, 20X2년 초 ₩940,000에 처분하였다. ㈜감평의 동 사채 관련 회계처리에 관한 설명으로 옳지 않은 것은? (단, 계산금액은 소수점 첫째자리에서 반올림하며, 단수차이로 인한 오차가 있으면 가장 근사치를 선택한다.)

기출처 2020. 감정평가사 응용

① 당기손익 - 공정가치(FVPL) 측정 금융자산으로 분류하였을 경우, 20X1년 당기순이익은 ₩70,000 증가한다.
② 상각후원가(AC) 측정 금융자산으로 분류하였을 경우, 20X1년 당기순이익은 ₩71,600 증가한다.
③ 기타포괄손익 - 공정가치(FVOCI) 측정 금융자산으로 분류하였을 경우, 20X1년 당기순이익은 ₩71,600 증가한다.
④ 상각후원가(AC) 측정 금융자산으로 분류하였을 경우, 20X2년 당기순이익은 ₩13,400 증가한다.
⑤ 기타포괄손익 - 공정가치(FVOCI) 측정 금융자산으로 분류하였을 경우, 20X2년 당기순이익은 ₩15,000 증가한다.

21 (1) 당기손익 - 공정가치 측정 금융자산의 경우 20X1년 당기순이익에 미치는 영향은 '이자수익 + 평가손익'이다.
　　이자수익 = ₩1,000,000 × 4% = ₩40,000
　　평가손익 = ₩925,000 - ₩895,000 = ₩30,000
　　∴ 당기손익 = 이자수익 + 평가손익 = ₩40,000 + ₩30,000 = ₩70,000 증가
(2) 상각후원가 측정 금융자산으로 분류하였을 경우, 20X1년 당기손익에 미치는 영향은 유효이자율법을 적용한 이자수익 뿐이다.
　　∴ 이자수익 = ₩895,000 × 8% = ₩71,600
(3) 기타포괄손익 - 공정가치 측정 금융자산의 경우 유효이자율법을 적용한 이자수익과 평가손익을 인식한다. 이때 유효이자율법의 이자수익은 당기손익으로 인식하고, 평가손익은 기타포괄손익으로 인식한다. 이자수익은 상각후원가를 기준으로 인식하므로 상각후원가 측정 금융자산의 이자수익과 동일한다.
　　∴ 당기손익에 미치는 영향 = 이자수익 = ₩71,600
(4) 상각후원가 측정 금융자산으로 분류하였을 경우 20X2년 당기손익에 미치는 영향은 처분손익이다.
　　∴ 처분손익 = 처분대가 - 20X1년 12월 31일 장부금액
　　　　　　 = ₩940,000 - {₩895,000 + (₩895,000 × 8% - ₩1,000,000 × 4%)} = ₩13,400 이익
(5) 기타포괄손익 - 공정가치 측정 금융자산으로 분류하였을 경우 당기손익에 미치는 영향은 처분손익으로 상각후원가 측정 금융자산의 처분손익과 동일하다.

답 21 ⑤

22 ㈜한국은 ㈜민국이 20X1년 1월 1일에 발행한 액면금액 ₩100,000(만기 3년(일시상환), 표시이자율 10%, 매년 말 이자지급)의 사채를 동 일자에 ₩95,000(유효이자율 연 12%)을 지급하고 취득하였다. 동 금융자산의 20X1년 말과 20X2년 말의 이자수령 후 공정가치는 각각 ₩93,000, ₩99,000이며, ㈜한국은 20X3년 초 ₩99,000에 동 금융자산을 처분하였다. 동 금융자산과 관련한 다음 설명 중 옳지 않은 것은?

① 금융자산을 상각후원가로 측정하는 금융자산으로 분류한 경우에 기타포괄손익-공정가치로 측정하는 금융자산으로 분류한 경우보다 ㈜한국의 20X1년 말 자본총액은 더 크게 계상된다.
② 금융자산을 상각후원가로 측정하는 금융자산으로 분류한 경우 ㈜한국이 금융자산과 관련하여 20X1년 이자수익으로 인식할 금액은 ₩11,400이다.
③ 금융자산을 상각후원가로 측정하는 금융자산으로 분류한 경우와 기타포괄손익-공정가치로 측정하는 금융자산으로 분류한 경우를 비교하였을 때, 금융자산이 ㈜한국의 20X2년 당기손익에 미치는 영향은 차이가 없다.
④ 금융자산을 상각후원가로 측정하는 금융자산으로 분류한 경우에 기타포괄손익-공정가치로 측정하는 금융자산으로 분류한 경우보다 ㈜한국이 20X3년 초 금융자산 처분 시 처분이익을 많이 인식한다.

22 (1) 20X1년

상각후원가 측정 금융자산	기타포괄손익 - 공정가치 측정 금융자산
• 이자수익 = ₩95,000 × 12% = ₩11,400	• 이자수익 = ₩95,000 × 12% = ₩11,400
	• 평가손실 = ₩93,000 - (₩95,000 + ₩95,000 × 12% - ₩100,000 × 10%) = (₩3,400)
∴ 자본총액에 미치는 영향 ₩11,400	∴ 자본총액에 미치는 영향 ₩8,000

∴ 20X1년 상각후원가 측정 금융자산으로 분류한 경우가 기타포괄손익-공정가치 측정 금융자산으로 분류한 경우보다 자본총액에 미치는 영향이 더 크다.

(2) 20X2년

상각후원가 측정 금융자산	기타포괄손익 - 공정가치 측정 금융자산
• 20X1년 말 상각후원가 　= ₩95,000 + ₩95,000 × 12% 　－ ₩100,000 × 10% = ₩96,400 • 이자수익 = ₩96,400 × 12% = ₩11,568	• 20X1년 말 상각후원가 　= ₩95,000 + ₩95,000 × 12% 　－ ₩100,000 × 10% = ₩96,400 • 이자수익 = ₩96,400 × 12% = ₩11,568

∴ 20X2년 당기손익에 미치는 영향은 이자수익으로 같다.
(3) 20X3년 처분손익 = 처분대가 - 장부금액(20X2년 말 상각후원가)
　　　　　　　　 = ₩99,000 - (₩96,400 + ₩11,568 - ₩10,000) = ₩1,032
∴ 20X3년 처분손익도 동일하다.

답 22 ④

23 ㈜한국은 ㈜민국이 다음과 같이 발행한 사채를 20X1년 1월 1일에 발행가액으로 현금취득(취득 시 신용이 손상되어 있지 않음)하고, 기타포괄손익 - 공정가치로 측정하는 금융자산(FVOCI 금융자산)으로 분류하였다.

- 사채발행일: 20X1년 1월 1일
- 액면금액: ₩1,000,000
- 만기일: 20X3년 12월 31일(일시상환)
- 표시이자율: 연 8%(매년 12월 31일에 지급)
- 사채발행시점의 유효이자율: 연 10%
- 20X1년 1월 1일 발행가액: ₩949,200

20X1년 말 ㈜한국은 동 금융자산의 이자를 정상적으로 수취하였으나, ㈜민국의 신용이 손상되어 만기일에 원금은 회수가능하지만 20X2년부터는 연 5%(표시이자율)의 이자만 매년 말 수령할 것으로 추정하였다. 20X1년 말 현재 동 금융자산의 공정가치가 ₩800,000인 경우, ㈜한국의 20X1년도 포괄손익계산서의 당기순이익과 기타포괄이익에 미치는 영향은 각각 얼마인가?

기출처 2020. 회계사 수정

기간	할인율	단일금액 ₩1의 현재가치			정상연금 ₩1의 현재가치		
		5%	8%	10%	5%	8%	10%
1년		0.95	0.92	0.90	0.95	0.92	0.90
2년		0.90	0.85	0.82	1.86	1.78	1.73
3년		0.89	0.79	0.75	2.72	2.56	2.49

	당기손익에 미치는 영향	기타포괄손익에 미치는 영향
①	₩86,000 감소	₩78,120 감소
②	₩86,000 감소	₩78,120 증가
③	₩43,020 증가	₩112,220 감소
④	₩43,020 증가	₩112,220 증가

23 (1) 20X1년 12월 31일 이자수익 = ₩94,920
(2) 20X1년 12월 31일 손실충당금(손상차손) = ₩1,000,000 × (8% − 5%) × 1.73 = ₩51,900
(3) 20X1년 12월 31일 총장부금액 = ₩949,200 + (₩949,200 × 10% − ₩1,000,000 × 8%) = ₩964,120
(4) 20X1년 12월 31일 기타포괄손실 = ₩964,120 − ₩800,000 − ₩51,900 = ₩112,220
(5) 20X1년 당기손익에 미치는 영향 = 이자수익 − 손상차손 = ₩94,920 − ₩51,900 = ₩43,020

답 23 ③

24 다음 중 금융자산의 재분류에 대한 설명으로 옳지 않은 것은? 기출처 2018. 세무사

① 상각후원가 측정 금융자산을 당기손익 - 공정가치 측정 금융자산으로 재분류할 경우 재분류일의 공정가치로 측정하고, 재분류 전 상각후원가와 공정가치 차이를 당기손익으로 인식한다.
② 상각후원가 측정 금융자산을 기타포괄손익 공정가치 측정 금융자산으로 재분류할 경우 재분류일의 공정가치로 측정하고, 재분류 전 상각후원가와 공정가치 차이를 기타포괄손익으로 인식하며, 재분류에 따라 유효이자율과 기대신용손실 측정치는 조정하지 않는다.
③ 기타포괄손익 - 공정가치 측정 금융자산을 당기손익 - 공정가치 측정 금융자산으로 재분류할 경우 계속 공정가치로 측정하고, 재분류 전에 인식한 기타포괄손익누계액은 재분류일에 이익잉여금으로 대체한다.
④ 기타포괄손익 - 공정가치 측정 금융자산을 상각후원가 측정 금융자산으로 재분류할 경우 재분류일의 공정가치로 측정하고, 재분류 전에 인식한 기타포괄손익누계액은 자본에서 제거하고 재분류일의 금융자산의 공정가치에서 조정하며, 재분류에 따라 유효이자율과 기대신용손실 측정치는 조정하지 않는다.
⑤ 당기손익 - 공정가치 측정 금융자산을 기타포괄손익 - 공정가치 측정 금융자산으로 재분류할 경우 계속 공정가치로 측정하고, 재분류일의 공정가치에 기초하여 유효이자율을 다시 계산한다.

> **풀이**
>
> 24 ③ 금융자산을 기타포괄손익 - 공정가치 측정 범주에서 당기손익 - 공정가치 측정 범주로 재분류하는 경우에 계속 공정가치로 측정한다. 재분류 전에 인식한 기타포괄손익누계액은 재분류일에 재분류조정으로 자본에서 당기손익으로 재분류한다.
>
> 답 24 ③

08 재고자산

Teacher's Map

1. 재고자산의 종류

정의	정상적인 영업활동과정에서 판매하기 위해 보유하고 있는 자산이나 제품의 생산 또는 서비스 과정 중에 있거나 생산을 위해 보유 중인 자산
구분	① 상품: 정상적인 영업활동과정에서 판매를 목적으로 구입한 재고자산 ② 제품: 판매를 목적으로 제조한 생산품 ③ 반제품: 미완성품으로 언제든지 판매가 가능한 자산 ④ 재공품: 제품의 제조를 위하여 제조과정에 있는 자산 ⑤ 원재료: 제품을 제조할 목적으로 구입한 원료, 재료 등 ⑥ 저장품: 소모품, 수선용 부분품 및 기타 저장품

2. 재고자산의 취득원가의 결정

기본개념	매입가액은 물론 현재의 장소에 현재의 상태에 이르게 하는 데 발생한 모든 지출이 재고자산의 취득원가에 포함
상품	① 취득원가: 매입가액 + 부대비용 ② 부대비용: 매입운임과 하역료, 운송보험료, 매입수수료, 매입 관련 제세공과금 ③ 매입에누리 등: 매입과정에서 발생한 매입에누리·환출 및 매입할인, 리베이트는 매입가액에서 차감
제품	① 취득원가: 원재료의 매입원가 + 전환원가 ② 변동제조간접원가: 생산설비의 실제 사용에 기초하여 재고자산의 원가에 배부 ③ 고정제조간접원가: 생산설비의 정상조업도에 기초하여 재고자산의 원가로 배부되는 것을 원칙 단, 실제조업도가 정상조업도와 유사한 경우에는 실제조업도를 사용할 수도 있음 ④ 연산품 및 주산물과 부산물 원가의 배분: 전환원가를 합리적인 방법으로 각 제품에 배분 ⑤ 표준원가법의 적용: 표준원가에 의해 재고자산을 평가한 결과가 실제 원가와 유사하다면 편의상 사용 가능
용역제공기업의 재고자산	취득원가: 용역에 직접적으로 관여한 인원의 노무비 + 추가적으로 발생하는 직·간접원가 포함

💡 당기비용으로 인식하는 재고자산 관련 원가

낭비된 부분	재료원가, 노무원가 및 기타 제조원가 중 비정상적으로 낭비된 부분
생산 외의 보관원가	후속 생산단계에 투입하기 전에 보관이 필요한 경우 이외의 보관원가
관리간접원가	재고자산을 현재의 장소에 현재의 상태로 이르게 하는 데 기여하지 않은 관리간접원가
판매비용	판매 관련 원가

💡 기타 원가

적송운임	위탁판매에서 위탁자가 수탁자에게 판매 대행을 위탁하는 경우 재고자산을 적송하면서 발생하는 적송운임은 취득원가로 처리
차입원가	재고자산을 의도된 용도로 사용하거나 판매 가능한 상태에 이르게 하는 데 상당한 기간을 필요로 하는 경우 이와 직접 관련된 차입원가는 재고자산의 취득원가에 산입

개념 찾기

1. 전환원가
2. 적송운임
3. 차입원가
4. 3분법
5. 계속기록법
6. 실지재고조사법

❸ 상품매매업의 회계처리

3분법	① 구입: 매입계정 ② 판매: 매출계정 ③ 기말 현재 남은 재고: 상품계정
기말수정분개	① 상품계정(기초재고)을 매출원가 계정으로 대체 ② 매입계정(당기상품매입)을 매출원가 계정으로 대체 ③ 기말상품재고액을 매출원가에서 상품계정으로 대체

❹ 기말재고자산의 평가

기말재고자산 = 수량 × 단가

수량: 계속기록법, 실지재고조사법
단가: 개별법, 선입선출법, 후입선출법, 총평균법, 이동평균법

💡 수량 결정

① 계속기록법

개념	상품이 입고(매입) 또는 출고될 때마다 상품계정을 증가 또는 감소시키는 기록을 하는 방법
기말재고수량 결정	기초재고수량 + 당기매입수량 - 당기판매수량 = 장부상 기말재고수량 판매가능수량 기중장부기록
장점	특정 시점의 상품 잔액과 일정기간 동안 발생한 매출원가를 쉽게 파악할 수 있음
단점	도난, 파손 등의 이유로 실제 재고수량과 장부상의 재고수량의 차이가 발생하는 감모수량에 대하여 재무제표에 계상할 수 없음

② 실지재고조사법

개념	결산일에 보유하고 있는 재고자산을 실사를 통해 보유 중인 재고자산의 수량을 확인하는 방법
당기판매수량 결정	기초재고수량 + 당기매입수량 - 장부상 기말재고수량 = 당기판매수량 판매가능수량 기말재고실사
장점	㉠ 매출 시 재고자산을 관리를 하지 않아도 됨 ㉡ 장부기록이 간편 ㉢ 재무상태표에 실재 재고수량을 기준으로 평가한 재고자산이 공시되므로 외부보고목적에 충실
단점	㉠ 매출원가를 산정하기 위해서는 반드시 결산조정분개를 해야 함 ㉡ 도난, 파손 등의 이유로 발생한 감모수량에 대해서는 확인이 불가하여 감모수량을 판매된 것으로 계상할 수도 있음

💡 단가산정

개별법	① 구입시점마다 각각의 상품에 원가를 확인할 수 있는 태그를 부착하여 판매 시점 또는 기말 시점에 재고자산 각각의 원가를 검사하여 가장 정확한 방법으로 매출원가와 재고자산을 계산할 수 있는 방법 ② 개별법은 통상적으로 상호 교환이 불가능하거나 특정 프로젝트별로 생산되고 분리되는 재화를 판매하는 기업에 적합
선입선출법	① 먼저 구입한 재고자산이 먼저 판매되는 것으로 가정하는 방법 ② 실제원가흐름과 가장 비슷한 방법으로 가장 마지막에 구입한 상품이 기말재고를 구성하므로 기말재고자산은 가장 최근에 구입한 상품의 원가로 계상
후입선출법	① 나중에 구입한 재고자산이 먼저 판매되는 것을 가정하는 방법 ② 한국채택국제회계기준에서는 후입선출법을 인정하지 않음
평균법	① 상품판매 시 과거에 매입하였던 상품이 골고루 섞여 판매가 되는 것을 가정하는 방법 ② 이동평균법: 계속기록법 + 평균법 ③ 총평균법: 실지재고조사법 + 평균법

💡 재고자산 평가방법의 비교

물가가 지속적으로 상승하고, 재고청산이 없는 경우를 가정

구분	크기비교
기말재고자산	선입선출법 > 이동평균법 > 총평균법 > 후입선출법
매출원가	선입선출법 < 이동평균법 < 총평균법 < 후입선출법
당기순이익	선입선출법 > 이동평균법 > 총평균법 > 후입선출법
법인세	선입선출법 > 이동평균법 > 총평균법 > 후입선출법
현금흐름	선입선출법 < 이동평균법 < 총평균법 < 후입선출법

💡 기타고려사항

구분		기말재고에 포함여부	
미착상품	도착지 인도조건	**판매자: 포함**	구매자: 제외
	선적지 인도조건	**판매자: 제외**	구매자: 포함
시송품	매입의사 표시	**판매자: 제외**	
	매입의사 표시 전	**판매자: 포함**	
적송품	수탁자 보관분	수탁자가 제3자에게 판매하기 전까지는 판매자의 재고자산에 포함	
저당재고자산	저당권 행사로 소유권 이전되기 전	담보제공자의 재고자산: 포함	
반품가능 판매상품	반품가능성을 추정할 수 있는 지와 무관	포함하지 않음	
할부판매상품 (장·단기)	매입자에게 이미 인도되었고 대금 지급방식만 할부인 경우, 이미 판매된 것으로 보고 수익인식	포함하지 않음	

개념 찾기

- ❼ 개별법
- ❽ 선입선출법
- ❾ 후입선출법
- ❿ 평균법
- ⓫ 이동평균법
- ⓬ 총평균법
- ⓭ 미착상품
- ⓮ 적송품
- ⓯ 시송품
- ⓰ 저당상품
- ⓱ 반품권이 있는 재고자산
- ⓲ 할부판매
- ⓳ 감모손실
- ⓴ 평가손실
- ㉑ 순실현가능가치
- ㉒ 저가법
- ㉓ 확정판매계약

5 재고자산감모손실과 평가손실

감모손실을 먼저 인식하여 수량을 확정하고, 평가손실을 인식함

💡 감모손실

발생요건	실지재고 수량 < 장부상 재고 수량	
재고자산감모손실	장부재고액 − 실지재고액 = (장부재고량 − 실지재고량) × @원가	
처리	일반기업회계기준	정상분: 매출원가에 가산 비정상: 영업외비용 처리
	한국채택국제회계기준	구체적 분류 없음(문제에서 처리방법이 주어짐)
상각방법	직접상각법(재고자산의 장부금액을 직접 감소)	

💡 평가손실(저가평가)

측정	MIN[취득원가, 순실현가능가치] 다만, 원재료의 경우 완성 제품이 저가평가 대상인 경우에는 현행대체원가와 취득원가를 평가하여 저가평가
확정판매계약	① 순실현가능가치: 계약가격 ② 확정판매 이행에 필요한 수량 초과분: 일반판매가격에 기초하여 순실현가능가치 측정
적용	항목별(항목별) 적용 → 총계기준 적용 불가 단, 유사하거나 관련 있는 항목들을 통합하여(조별) 적용
재고자산평가손실	실지재고수량 × (장부상원가 − 순실현가능가치)
상각방법	간접법(재고자산평가손실 충당금을 통해 장부금액에서 차감)
환입	평가손실 환입 인정(매출원가에서 차감) 단, 최초의 장부금액을 초과하지 않는 범위에서 환입

> 개념 찾기
>
> ㉔ 매출총이익률법
> ㉕ 소매재고법

6 재고자산의 추정

💡 매출총이익률법

원리	매출총이익률을 사용하여 재고자산을 추정하는 방법
사용	천재, 지변, 도난, 화재 등으로 재고자산 손실이 발생하는 경우 추정하기 위해 사용
매입액	순매입액을 의미 : 매입에누리, 매입환출, 매입할인 등을 차감한 후의 금액. 단, 매입운임은 매입액에 가산함
매출액	순매출액을 의미 : 매출에누리, 매출환입, 매출할인 등을 차감한 후의 금액. 판매운임은 판매비와관리비이므로 매출액과 무관
원가율	① 매출총이익률 = 매출총이익/매출액 ② 매출원가대이익률 = 매출총이익/매출원가

💡 소매재고법

원리	매가의 재고자산에 원가율을 적용하여 원가의 재고자산을 산정하는 방법
사용	① 백화점이나 대형마트와 같이 각각의 재고자산 가액을 파악하기 어려운 유통업의 경우 재고자산을 추정하는 방법으로 사용 ② 한국채택국제회계기준에서 인정하는 방법
적용순서	① 기말재고자산 매가 산정 ② 원가율 산정 ③ 기말재고자산 원가 산정 (기말재고자산 원가 = 기말재고자산 매가 × 원가율) ④ 매출원가 산정
평균원가 소매재고법	① 기초재고자산과 당기매입 재고자산이 동일하게 판매되었을 것으로 가정하므로 원가율 산정 시 이를 다 합산하여 계산 ② 가격 인상액, 인하액도 동일하게 적용
저가주의 평균원가 소매재고법	① 판매가격의 하락으로 인해 재고자산 금액을 낮춰주는 방법 ② 원가율의 계산 시 순인하액을 포함시키지 않으면 원가율이 하락하고, 이는 기말재고자산을 낮게 평가할 것이므로 저가기준을 적용한 것과 동일한 효과를 가져옴
선입선출 소매재고법	① 기초재고자산이 먼저 판매가 되고, 당기매입분이 나중에 판매되는 것을 가정 ② 원가율을 계산할 때 기초재고분과 당기매입분으로 재고층을 나누어 원가율을 각각 계산하고, 이 중 기초재고분이 먼저 판매된 것으로 가정

MEMO

- ① 재고자산의 종류
- ② 재고자산의 취득원가 결정
- ③ 상품매매업의 회계처리
- ④ 기말재고자산의 평가
- ⑤ 재고자산 감모손실과 평가손실
- ⑥ 재고자산의 추정

오쌤 Talk

재고자산의 범위
- 판매를 위해 보유: 상품, 제품
- 판매를 위해 생산 중: 재공품
- 생산이나 용역제공을 위해 사용될 원재료나 소모품

확인문제

01. 다음 중 재고자산에 대한 설명으로 가장 옳지 않은 것은? 기출처. 회계관리2급
① 재고자산이란 영업활동 과정에서 판매목적으로 보유하고 있는 자산이다.
② 재고자산의 종류에는 상품, 제품, 재공품뿐만 아니라 아직 생산에 투입하지 않은 원재료도 포함된다.
③ 부동산 매매업이 판매를 목적으로 보유한 토지와 건물은 유형자산으로 인식한다.
④ 재고자산의 취득원가에는 매입가액뿐만 아니라 매입부대비용까지 포함된다.

정답 ③

확인문제 [최신]

02. 재고자산에 대한 설명으로 옳지 않은 것은? 기출처 2025. 국가직 9급
① 통상적인 영업과정에서 판매를 위하여 보유 중이거나 생산 중인 자산은 재고자산에 해당한다.
② 생산이나 용역제공에 사용될 원재료나 소모품은 재고자산에 해당한다.
③ 외부에서 매입하여 재판매하기 위해 보유하는 상품은 재고자산에 해당하지 않는다.
④ 토지도 기업의 주된 영업활동에 따라 재고자산에 해당될 수 있다.

정답 ③

1 재고자산의 종류

❶ 재고자산의 범위

재고자산(inventories)은 기업이 **정상적인 영업활동과정에서 판매하기 위해 보유하고 있는 자산이나 제품의 생산 또는 서비스 과정 중에 있거나 생산을 위해 보유 중인 자산**을 말한다.

따라서 재고자산은 기업의 영업활동에 따라서 우선적으로 분류된다. 예를 들어 컴퓨터를 만드는 회사가 판매를 목적으로 보유하고 있는 컴퓨터는 재고자산으로 분류되지만, 사무실에 사용하는 컴퓨터는 재고자산이 아닌 유형자산으로 분류가 되어야 한다. 또한 부동산 회사가 판매를 위해 보유하고 있는 건물, 토지 등은 재고자산으로 분류되지만, 본사 사무실로 사용하는 건물은 유형자산으로 분류된다. 또한 금융기관이 보유하고 있는 유가증권은 재고자산으로 분류되지만, 제조기업이 보유하고 있는 유가증권은 당기손익 - 공정가치 측정 금융자산, 기타포괄손익 - 공정가치 측정 금융자산, 상각후원가 측정 금융자산으로 분류된다.

완성품을 만들기 위한 모든 중간과정의 자산이 재고자산으로 분류되므로, 생산 공정 중에 있는 재공품도 재고자산이며, 바로 판매가 가능한 제품도 재고자산이다.

❷ 재고자산의 구분

① 상품
상품은 기업이 정상적인 영업활동과정에서 판매를 목적으로 구입한 재고자산을 의미한다.

② 제품
제품은 판매목적으로 제조한 생산품을 의미하며, 원재료, 재공품의 공정을 거쳐서 완성된 제품 외에도 제품을 생산하는 과정에서 부수적으로 만들어진 부산물 등도 포함이 된다.

③ 반제품
반제품은 제품으로 완성시켜가는 과정에서 완성까지 한 공정 정도만 남아 있는 미완성품으로 언제든지 판매가 가능한 자산을 의미한다. 즉, 완성품은 아니나 판매 가능한 재공품이다.

④ 재공품
재공품은 제품 또는 반제품의 제조를 위하여 제조과정에 있는 것을 의미한다. 따라서 추가적인 가공이 더 들어가야 판매가 가능한 재고자산이 되는 것이다.

⑤ 원재료
제품을 제조하기 위하여 구입한 원료, 재료 등을 의미한다.

⑥ 저장품
저장품은 소모품, 수선용 부분품 및 기타 저장품으로 기말 결산일 현재 미사용액을 말한다. 즉, 포장재료, 유류, 소액의 공구 등과 같이 소액의 상품으로 비용처리하지 않은 재고자산을 의미한다.

2 재고자산의 취득원가 결정

재고자산의 취득원가는 매입가액은 물론 현재의 장소에 현재의 상태에 이르게 하는 데 발생한 모든 비용이 원가에 포함된다. 원가는 당연히 재고자산 생산과 관련된 범위 내에서 발생한 원가를 의미한다.

① 상품의 취득원가

재고자산의 취득원가는 매입가액과 매입을 하는 데 필요한 모든 부대비용을 포함한다. 여기서 부대비용이란 매입운임과 하역료, 운송보험료, 매입수수료, 매입관련 제세공과금(추후 환급 받는 금액[1*]은 제외) 등을 의미한다. 이러한 취득부대비용을 발생 즉시 비용으로 인식하지 않고 취득원가에 포함시키는 이유는 수익·비용대응의 원칙에 따라 수익이 실현될 때 비용(매출원가)으로 인식하기 위해서다.

또한 앞서 설명한 바와 같이 **매입과정에서 발생한 매입에누리·환출 및 매입할인, 리베이트는 매입가액에서 차감해야 한다.**

재고자산 순매입액 = 매입가액 + 모든 매입부대비용 − 매입에누리·환출 − 매입할인 − 리베이트

다만, 매입운임은 거래 조건에 따라 다음과 같이 처리한다.

① 선적지 인도조건
: 선적지 인도조건(F.O.B shipping point)은 선적시점에 재화의 소유권이 매입자에게 이전되기 때문에 매입자가 운임을 부담한다. 이 경우 **운임은 매입자의 재고자산 가액에 포함되어야 한다.**

② 도착지 인도조건
: 도착지 인도조건(F.O.B destination)은 도착시점에 재화의 소유권이 매입자에게 이전되기 때문에 판매자가 운임을 부담한다. 이 경우 운임은 **판매자의 판매비용으로 처리한다.**

1* 관세환급금이나 매입부가가치세와 같이 과세당국으로부터 추후 환급 받을 수 있는 금액

기출 OX

01. 재고자산의 취득 시 구매자가 인수운임, 하역비, 운송기간 동안의 보험료 등을 지불하였다면, 이는 구매자의 재고자산의 취득원가에 포함된다.

기출처 2018. 지방직 9급

정답 O

오쌤 Talk

선적지 인도조건과 도착지 인도조건

일반적으로 배를 통해 상품을 수입하는 상황에서 판매자와 매입자 간에 인도시점을 언제로 인식할지를 정한 계약내용이다.
상품은 일반적으로 인도시점에 수익을 인식한다. 그러므로 인도시점을 배를 띄운 시점(선적 시)으로 볼 것인지 창고에 도착한 시점으로 볼 것인지의 차이이다. 판매자가 수익을 인식한다면 매입자는 구입한 것이므로 재고자산으로 인식해야 한다.
수익인식과 연결해서 판단한다.

기출 OX

02. 도착지 인도기준에 의해서 매입이 이루어질 경우, 발생하는 운임은 매입자의 취득원가에 산입하여야 한다.

기출처 2017. 국가직 9급

정답 X

오쌤 Talk

원재료 매입원가와 전환원가

재무회계	원가회계
원재료의 매입 원가	직접재료비
전환원가	가공원가 (직접노무비 + 제조간접비)

❷ 제품의 취득원가

자가제조하는 재고자산인 제품, 반제품과 재공품의 취득원가는 <u>원재료의 매입원가와 전환원가의 합계</u>이다. 전환원가(cost of conversion)는 직접노무원가처럼 생산량과 직접 관련된 원가와 원재료를 완제품으로 전환하는 데 발생하는 변동제조간접원가 및 고정제조간접원가의 체계적인 배부액을 포함한다.

2-1 변동제조간접원가의 배분

<u>변동제조간접원가는 생산설비의 실제 사용에 기초하여 재고자산의 원가에 배부한다.</u> 그러므로 변동제조간접원가는 재고자산에 배부된 원가가 실제발생원가와 차이가 나지 않는다.

2-2 고정제조간접원가의 배분

<u>고정제조간접원가를 생산설비의 정상조업도[2*]에 기초하여 재고자산의 원가로 배부되는 것을 원칙으로 한다.</u> 고정제조간접원가를 변동원가처럼 실제조업도에 따라 배부하게 되는 경우에는 비정상적인 실제조업도에 따라 완성된 제품의 단위당 원가가 중요하게 변동되고 왜곡될 수 있기 때문에 이를 방지하기 위함이다. 다만, 실제조업도가 정상조업도와 유사한 경우에는 실제조업도를 사용할 수도 있다.

> 재고자산 제조원가 = 직접재료원가 + 직접노무비 + 변동제조간접원가 + 고정제조간접원가

2-3 연산품 및 주산물과 부산물 원가의 배분

하나의 생산과정을 통해 동시에 둘 이상의 제품이 생산되어 제품별 전환원가를 분리하여 식별할 수 없는 경우가 있다. 이처럼 하나의 생산과정에서 연산품(joint products)이 생산되거나 주산물(main product)과 부산물(by-product)이 생산되는 경우에는 전환원가를 합리적인 방법으로 각 제품에 배분한다. 예를 들어, <u>각 제품을 분리하여 식별 가능한 시점이나 완성시점에 상대적인 판매가치를 기준으로 배부할 수 있다. 또한 부산물이 중요하지 않은 경우에는 부산물을 흔히 순실현가능가치로 측정하여 주산물의 원가에서 차감한다.</u>

2-4 표준원가법의 적용

표준원가(standard cost)는 정상적이고 효율적인 영업상황에서 발생할 것으로 예상되는 원가이다. 표준원가를 적용함으로써 특정 작업의 효율적인 수행 여부를 판단할 수 있는 기준이 될 수 있다. 기업이 원가시스템으로 표준원가를 채택하고 있는 경우 <u>표준원가에 의해 재고자산을 평가한 결과가 실제원가와 유사하다면 편의상 사용 가능하다.</u>

확인문제

03. 다음 중 재고자산의 취득원가와 관련된 내용으로 옳지 않은 것은?

① 선적지 인도조건으로 매입하는 경우 매입운임은 재고자산의 취득원가에 포함한다.
② 자가제조하는 경우 제품의 취득원가는 원재료의 매입원가와 전환원가의 합이다.
③ 제품을 자가제조하는 경우 변동제조간접원가는 정상조업도에 기초하여 재고자산의 원가에 배부한다.
④ 제품의 원가를 산정할 때 기업의 원가시스템이 표준원가를 채택하고 있다면 표준원가와 실제원가가 유사할 경우 표준원가를 사용할 수 있다.

정답 ③

2* 정상적인 상황에서 상당한 기간 동안 평균적으로 달성할 수 있을 것으로 예상되는 생산량을 의미

❸ 용역제공기업의 취득원가

용역제공기업은 재고자산을 제공하는 것이 아닌 무형의 서비스를 제공하는 것이므로 제품의 취득원가를 측정하는 것과는 다른 방법을 적용한다. 즉, 용역 제공이 주요 업무이므로 용역에 직접적으로 관여한 인원의 노무비가 주요 원가가 되며, 이에 추가적으로 발생하는 직·간접원가가 포함된다.

> 서비스업 제조원가 = 용역제공에 직접 관련된 인원의 노무비 및 기타원가 + 관련 직·간접원가

❹ 기타원가

매입원가와 전환원가를 제외한 기타원가는 재고자산을 현재의 장소에 현재의 상태로 이르게 하는 데 발생한 범위 내에서만 취득원가에 포함될 수 있다. 그러므로 다음의 원가는 재고자산의 취득원가에 포함할 수 없으며, **발생기간의 비용으로 인식**해야 한다.

> ① **낭비된 부분**: 재료원가, 노무원가 및 기타 제조원가 중 비정상적으로 낭비된 부분
> ② **생산 외의 보관원가**: 후속 생산단계에 투입하기 전에 보관이 필요한 경우 이외의 보관원가
> ③ **관리간접원가**: 재고자산을 현재의 장소에 현재의 상태로 이르게 하는 데 기여하지 않은 관리간접원가
> ④ **판매비용**

다만, 위탁판매에서 위탁자가 수탁자에게 판매 대행을 위탁하는 경우 재고자산을 적송하면서 운임이 발생할 수 있다. 이를 **적송운임**이라고 하며, 한국채택국제회계기준에서는 적송운임에 대한 명확한 규정은 없지만, 재고자산을 정상적인 판매상태에 이르게 하는 데 발생한 기타원가이므로 **취득원가에 포함해서 인식한다.**

❺ 취득과정에서 발생한 차입원가

재고자산을 의도된 용도로 사용하거나 판매 가능한 상태에 이르게 하는 데 상당한 기간을 필요로 하는 경우 이와 직접 관련된 차입원가는 재고자산의 취득원가에 산입해야 한다. 반면에 단기간 내에 생산되거나 제조되는 재고자산에 대한 차입원가는 취득원가에 산입하지 않고 즉시 금융비용으로 인식한다.

오쌤 Talk

취득원가로 인식할 수 없는 원가

본질은 취득하는 과정에서 이미 돈이 지출이 되어 나간 상황이다. 회사는 돈이 나간 상황을 비용보다는 자산으로 인식하고 싶어하고, 외부에 정보를 보고하기 위한 기업회계기준은 보수적으로 비용으로 인식하고 싶어한다. 간단하게 구분하자면 다음과 같다.

자산(취득원가) 인식	비용 인식
① 정상적	① 비정상적
② 직접적	② 간접적
③ 매입 관련	③ 판매 관련

📕 확인문제

04. 다음 중 재고자산의 취득원가에 대한 설명으로 옳지 않은 것은?

① 상품을 취득하는 과정에서 발생하는 매입운임이나 하역료는 재고자산의 취득원가에 포함한다.
② 자가제조하는 과정에서 후속 생산단계에 투입하기 전에 보관이 필요한 경우 이외의 보관원가는 취득원가에 포함한다.
③ 재료원가, 노무원가 및 기타제조원가 중 비정상적으로 낭비된 부분은 당기 비용으로 인식한다.
④ 위탁판매를 위해 적송하는 과정에서 발생하는 적송운임은 취득원가에 포함한다.

정답 ②

기본예제 1 재고자산의 취득원가

다음은 ㈜한국의 20X1년 중 매입한 상품에 대한 자료이다.

당기매입(부가가치세 ₩100,000 포함)	₩1,100,000
매입운임	₩20,000
운송보험료	₩50,000
하역료	₩100,000
매입에누리	₩30,000
창고보관료*	₩20,000
관세납부금	₩60,000
관세환급금	₩50,000

*후속 생산단계에 투입하기 전에 보관이 필요한 경우가 아님

㈜한국이 부가가치세 과세업종이라면, 20X1년 중 매입한 상품의 매입원가는 얼마인가?

> **오쌤 Talk**
>
> **매입부가세**
>
> 주어진 조건이 부가가치세 과세업종이므로 매입시 포함된 부가세 ₩100,000은 매입세액공제로 환급받는다.

풀이

당기매입(부가가치세 제외) ₩1,100,000 − ₩100,000 =	₩1,000,000
매입운임	₩20,000
운송보험료	₩50,000
하역료	₩100,000
매입에누리	(₩30,000)
창고보관료	−
관세납부금	₩60,000
관세환급금	(₩50,000)
	₩1,150,000

3 상품매매업의 회계처리

상품매매업은 이미 완성된 재화를 구매하여, 해당 재화를 판매하는 거래를 주된 영업으로 수행하는 기업을 의미한다. 상품매매업의 재화의 구매와 판매는 다음 세 가지 방법을 통해 기록된다.

❶ 순액법

순액법은 구매한 재화의 원가와 판매한 재화의 판매가의 차액인 거래이익을 순액으로 표시하는 방법이다. 예를 들어, ₩10,000에 현금 매입한 재화를 ₩12,000에 현금으로 판매한 경우 순액법에 의한 회계처리는 다음과 같다.

```
<구입 시>
(차) 상품        ₩10,000      (대) 현금        ₩10,000
<판매 시>
(차) 현금        ₩12,000      (대) 상품        ₩10,000
                                   처분이익     ₩2,000
```

오쌤 Talk

순액법

유형자산의 처분과 관련된 회계처리는 순액법을 사용한다. 즉, 장부금액이 ₩100,000인 토지를 ₩120,000에 처분한 경우 수익과 비용을 각각 인식하지 않고 처분손익(수익) ₩20,000을 인식한다. 중요성 관점에서 주된 영업활동과 관련된 처분은 처분대가를 수익으로 그에 대한 장부금액을 비용으로 각각 인식하지만, 그 외의 활동에서 발생하는 처분은 순액기준으로 처분의 손익만 인식한다.

이러한 방법으로 처리하게 되면 상품을 매매하기 위해 취득한 원가인 매출원가와 판매가인 매출액을 손익계산서에 각각 구분하여 표시할 수 없게 된다. 즉, 회계기간 동안 판매한 총금액이 얼마인지, 구입한 총금액이 얼마인지 파악할 수 없게 된다. 그러므로 순액법은 재고자산 외의 매매거래에서 적용한다.

❷ 총액법

총액법은 구매한 재화의 원가와 판매한 재화의 판매가를 총액으로 표시하는 방법이다. 예를 들어, ₩10,000에 현금 매입한 재화를 ₩12,000에 현금으로 판매한 경우 총액법 회계처리는 다음과 같다.

```
<구입 시>
(차) 상품        ₩10,000      (대) 현금        ₩10,000
<판매 시>
(차) 현금        ₩12,000      (대) 매출        ₩12,000
    매출원가    ₩10,000           상품        ₩10,000
```

오쌤 Talk

총액법

총액법은 2분법이라고도 한다. 즉, 상품이 판매될 때마다 기록하는 계속기록법으로 수량을 산정하는 경우 판매단가만 알 수 있다면 2분법 기록도 가능하다.

이렇게 분개하게 되면, 최종적인 손익계산서에 다음과 같이 보고될 수 있다.

손익계산서	
매출액	₩12,000
매출원가	(₩10,000)
매출총이익	₩2,000

다만, 처분되는 시점에 판매된 자산의 원가를 산정할 수 있다면 총액법의 방법이 유용하다. 즉, 매입 단가의 변동이 심하고 실제 판매될 때마다 판매된 재고의 단가를 일일이 파악할 수 없다면 총액법은 현실적으로 사용하기 어렵다.

그러므로 총액법의 방법은 재고자산 매매거래에서 사용하되, 단가 산정이 비교적 용이한 경우에 사용하거나, 판매될 때마다 기록하는 시점에서 단가에 대한 가정[3*]을 통해 간편하게 기록하기 위해 사용된다.

❸ 3분법

3-1 3분법의 의의

기중에 판매된 상품의 원가를 측정하는 것은 단가 산정의 문제가 발생할 수 있다. 그러므로 기중에는 상품의 구입내역과 상품의 판매내역을 별도로 각각 구분하여 계정을 설정한다면 위 문제들을 해결할 수 있다. 즉, 상품 중에 판매된 부분에 해당하는 매출원가와 남아 있는 상품의 잔액을 구분하는 문제를 기중에 다루지 않고 기말에 일괄해서 다루는 방법이다.

상품의 구입과 판매를 각각 별도의 계정을 설정해서 기입하는 것을 상품계정의 분할이라고 한다. 상품계정을 분할하는 경우 가장 일반적인 방식이 3분법이다. 3분법은 상품계정을 구입에 해당하는 매입계정과 판매에 해당하는 매출계정, 그리고 기말 현재 재고자산으로 남아 있는 상품계정으로 구분한다. 상품계정은 기초상품과 기말상품만을 기록하고 회계연도 중 상품을 구입하는 경우에는 매입계정을, 상품을 판매하는 경우에는 매출계정을 각각 기입한다.

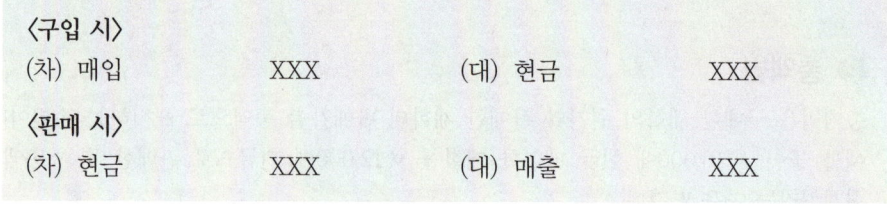

오쌤 Talk

매출과 매입계정

매출계정은 바로 손익계산서에 매출(수익)로 보고된다. 그러나 매입계정은 임시계정이다. 즉, 기중에 구입한 재고자산을 '매입'으로 처리했다가, 매출원가로 대체되므로 결국 최종 보고되는 손익계산서에는 '매입' 계정은 보고되지 않는다.
참고로, 매입계정은 정확히는 '매입상품'을 말한다. 즉, 굳이 성분을 따지자면 자산계정인 것이다.

3* 한국채택국제회계기준은 선입선출법, 평균법을 인정하고 있다.

3-2 기말수정분개

상품 계정을 3분법으로 분할하여 회계처리하면 회계연도 중에 발생한 매출액과 매입액은 매출계정과 매입계정을 확인하여 파악할 수 있다. 그런데 3분법의 경우 회계연도 중 판매한 상품의 총 판매금액은 매출계정에 기록하였지만 판매한 상품의 구입가격은 기록되지 않았다. 다만 상품을 구입한 경우 총 구입가격만 매입계정에 기록되어 있다.

그러므로 상품계정을 3분법으로 분할한 경우에는 회계연도 중에 판매한 상품의 구입가격을 별도로 계산하는 기말수정분개가 필요하다. 이때, 당해 판매된 상품의 구입가격을 **매출원가**라고 한다.

기업실체가 회계연도 중에 고객에게 판매할 수 있는 상품은 전기 말 이월되어 넘어온 상품과 당기에 추가로 매입한 상품의 합이다. 이 중에서 회계연도 말에 미판매되어 보유하고 있는 상품의 구입가격을 제외하면 회계연도 중에 판매한 상품의 구입가격을 확인할 수 있다. 이때 기초에 보유하고 있는 상품(전기에 이월되어 넘어온 상품)을 **기초재고액**이라고 하고, 기말에 보유하고 있는 상품을 **기말재고액**이라고 한다. 당기에 판매된 상품인 매출원가는 다음과 같이 구할 수 있다.

> 매출원가 = 기초상품재고 + 당기상품매입 − 기말상품재고

매출원가는 기말수정분개를 통해 다음과 같이 분개장에 기록하여 산출한다.

① 상품계정(기초재고)을 매출원가 계정으로 대체한다.
    (차) 매출원가   XXX   (대) 상품   XXX
② 매입계정(당기상품매입액)을 매출원가 계정으로 대체한다.
    (차) 매출원가   XXX   (대) 매입   XXX

상품계정과 매입계정의 기말잔액을 매출원가계정으로 대체하고 나면 매출원가계정의 차변에는 기초상품재고액과 당기상품매입액의 합계금액이 기록된다. 매출원가는 이들 합계금액에서 기말상품재고액을 차감한 금액이므로 기말상품재고액을 매출원가계정의 대변에 기록하여 차감하고, 동 금액을 상품계정으로 대체한다.

③ 기말상품 재고액을 매출원가계정에서 상품계정으로 대체한다.
    (차) 상품   XXX   (대) 매출원가   XXX

기말수정분개를 하고 나면 매출원가계정의 차변에는 기초상품재고액과 당기상품매입액의 합계액이 기록되고 대변에는 기말상품재고액이 각각 기록된다. 그러므로 차변합계 금액에서 대변합계 금액을 차감하면 매출원가계정의 기말잔액은 당기에 판매한 상품의 구입가격인 매출원가가 된다.

오쌤 Talk

기말수정분개

본문에서 제시된 방법이 원칙이기는 하지만, 다음과 같이 간편법도 가능하다.

[간편법]
① 기초재고와 기말재고의 차액만큼을 분개의 차/대변에 반영한다.
② 대변에 매입(상품)계정을 기록하여 매입계정을 제거한다.
③ 나머지 대차의 차액은 '매출원가'로 기록한다.

위 방법은 결국 3분법으로 나누어 기록한 분개의 금액과 일치하게 된다. 오히려 단축법이 공무원시험의 분개문제로 출제된 경우가 있으므로 본문을 이해했다면 단축법을 사용하여 답을 구해야 한다.

확인문제 최신

05. 다음은 상품매매기업인 ㈜한국의 재고자산에 대한 자료이다. 실지재고조사법에 따른 결산수정분개로 옳은 것은?   기출처 2023. 국가직 9급

○ 기초상품재고액: ₩1,000
○ 당기상품매입액: ₩6,000
○ 기말상품재고액: ₩2,000

① (차) 상품   ₩2,000 (대) 매입   ₩7,000
    매출원가 ₩5,000
② (차) 매입   ₩5,000 (대) 매출원가 ₩5,000
③ (차) 매입   ₩6,000 (대) 매출원가 ₩7,000
    상품   ₩1,000
④ (차) 상품   ₩2,000 (대) 상품   ₩1,000
    매출원가 ₩5,000   매입   ₩6,000

정답 ④

오쌤 Talk

매입

매입은 임시계정이다. 즉, 손익계산서의 기본 항목으로 표시되지 않는다. 그러나 기업이 선택한 경우 '3-3 포괄손익계산서 표시'에서 제시하는 것처럼 매출원가를 자세히 설명해주기 위해 매입액을 따로 표시하는 경우도 있다. 이때 매입액은 매입할인이나 매입환출, 매입에누리 등을 모두 차감한 순액으로 공시한다.

3-3 포괄손익계산서 표시

포괄손익계산서에 표시되는 매출원가는 일반적으로 기초상품재고액과 당기상품매입액을 가산한 합계액에 기말상품재고액을 차감하는 형식으로 보고한다.

포괄손익계산서

㈜한국　　　　20X1년 1월 1일부터 12월 31일까지　　　　(단위: 원)

매출액		XXX
매출원가		
기초상품재고액	XXX	
당기상품매입액	XXX	
계	XXX	
기말상품재고액	(XXX)	(XXX)
매출총이익		XXX

기본예제 2 상품매매기업의 기말수정분개

(1) 20X1년 중 ㈜한국의 총계정원장의 상품과 관련된 계정들이다.

현금
| 2월 1일 매출 | ₩50,000 | 5월 2일 매입 | ₩50,000 |

매출
| | | 2월 1일 현금 | ₩50,000 |
| | | 11월 10일 매출채권 | ₩40,000 |

상품
| 전기이월 | ₩10,000 | | |

매입채무
| | | 6월 10일 매입 | ₩30,000 |

매입
| 5월 2일 현금 | ₩50,000 | | |
| 6월 10일 매입채무 | ₩30,000 | | |

매출채권
| 11월 10일 매출 | ₩40,000 | | |

(2) 20X1년 12월 31일 현재 ㈜한국이 보유하고 있는 기말재고자산은 ₩30,000이다.

오쌤 Talk

3분법 기말수정분개

재고자산과 관련된 기말수정분개는 기중에 상품의 매입액을 '매입'계정을 통해 인식하였을 경우 3분법을 통해 수정한다. 이때 필요한 정보는 기초상품의 재고액, 당기매입액, 그리고 실사를 통해 확인한 기말상품의 재고액이다.

01 ㈜한국의 20X1년 매출원가를 산정하기 위해 해야 할 기말수정분개를 하시오.

02 ㈜한국의 20X1년도 포괄손익계산서상의 매출원가를 표시하시오(단, 매출원가를 기초재고액, 당기상품매입액, 기말상품재고액을 각각 구분하여 표시).

> **오쌤 Talk**
>
> **간편법**
> 기말수정분개는 분개를 넣어줌으로써 최종 보고하고 싶은 숫자를 맞추는 과정이다.
> [기본예제 2]를 간편법으로 접근하면 다음과 같다.
> ① 상품의 기말 - 기초
>   (₩30,000 - ₩10,000)
>   = ₩20,000을 상품 증가로 인식
> ② 매입계정 제거 ₩80,000
> ③ 대차차액이 매출원가 ₩60,000
>
> | ① 상품 | ② 매입 |
> |---|---|
> | ₩20,000 | ₩80,000 |
> | ③ 매출원가 | |
> | ₩60,000 | |
>
> 위 분개는 3분법 분개와 일치한다.

[풀이]

01
기초상품액	(차) 매출원가	₩10,000	(대) 상품	₩10,000
당기매입액	(차) 매출원가	₩80,000	(대) 매입	₩80,000
기말상품액	(차) 상품	₩30,000	(대) 매출원가	₩30,000

02 포괄손익계산서

포괄손익계산서
㈜한국　　20X1년 1월 1일부터 12월 31일까지　　(단위: ₩)

매출액		90,000
매출원가		
기초상품재고액	10,000	
당기상품매입액	80,000	
계	90,000	
기말상품재고액	(30,000)	(60,000)
매출총이익		30,000

4 기말재고자산의 평가

기업은 한 회계기간 중 빈번하게 재고자산을 취득하거나 판매하여 목적사업을 수행한다. 기중에 매입한 재고자산 중 당기에 판매되지 않은 재고자산은 다음 해로 이월된다. 그러므로 당기에 설립된 회사가 아니라면 일반적으로 전기이월재고자산(기초재고자산)과 당기에 매입한 재고자산을 합한 판매가능재고자산 중에서 일부는 외부로 판매를 하고 나머지는 기말재고자산으로 남는다.

이 때 당기 중 외부로 판매된 재고자산의 취득원가가 포괄손익계산서의 매출원가로 계상되고, 기말 현재 회사가 보유하고 있는 재고자산을 재무상태표의 기말재고자산으로 계상하게 된다. 이러한 과정을 재고자산의 원가배분이라고 한다.

[판매가능재고자산]

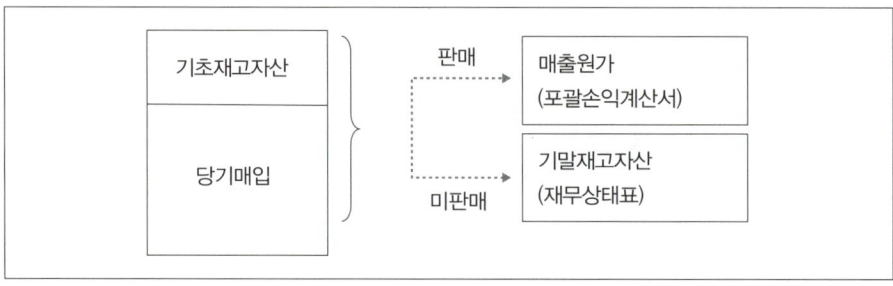

기말재고자산의 평가는 매출원가로 인식할 금액을 결정하는 것과 같으며 이는 바로 당기순이익에 영향을 미친다. 기말재고자산은 기말 현재 회사가 보유하고 있는 재고자산의 수량을 계산하고 동 수량에 일정한 방법으로 결정된 단가를 곱한 금액으로 평가한다.

기말재고자산의 수량을 계산하는 방법에는 계속기록법과 실지재고조사법이 있다. 계속기록법은 출고할 때마다 판매가능재고자산에서 차감하여 현재 보유하고 있는 재고자산 수량을 추정하는 방법이고 실지재고조사법은 기말에 보유하고 있는 재고자산을 실사하여 기말재고자산 수량을 확정하는 방법이다.

또한 판매되는 재고자산의 가격에 대해서 확인이 필요한데, 판매되는 재고자산을 일일이 확인하여 매출원가에 계상하는 개별법이 가장 정확할 것이다. 그러나 개별적으로 체크하는 데 어려움이 따르므로 취득원가를 산정하는 데에는 가정이 필요하다. 단가를 산정하는 가정에는 선입선출법, 후입선출법, 총평균법, 이동평균법이 있다.

[기말재고자산의 평가]

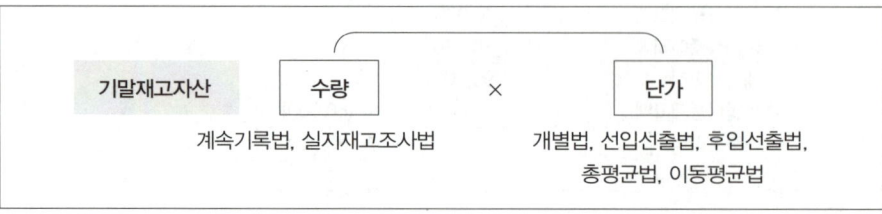

판매가능재고

기초재고자산과 당기매입액을 합하여 '판매가능재고'라고 한다. 판매가능재고는 팔리거나(매출원가), 남아서(기말재고자산) 재무제표에 보고된다.

기말재고자산의 평가

기말재고자산의 평가는 금융자산의 경우처럼 자산에 대한 원가나 시가의 평가를 의미하는 것이 아니다. 시가평가를 반영하지 않는 원가평가를 전제로 하고, 취득원가 기준으로 재고자산이 얼마나 있는지를 확인하는 과정이다.

재고자산은 사왔을 때(돈이 나갈 때) 비용으로 인식하지 않고, 팔았을 때(수익을 인식할 때) 비용으로 인식하기 때문에 판매가능재고 중에서 얼마나 팔리고 남았는지를 통해 손익을 결정하므로 기업에게 가장 중요한 문제이다.

① 수량결정

기업이 재고자산의 수량을 결정하는 방법은 판매가능재고자산에서 판매된 또는 미판매된 재고자산 중 하나를 차감하여 나머지 재고자산을 확정하는 것이다. 전자를 확인하는 방법이 계속기록법이며, 후자를 확인하는 방법이 실지재고조사법이다.

1-1 계속기록법

계속기록법은 상품이 입고(매입) 또는 출고될 때마다 상품계정을 증가 또는 감소시키는 기록을 하는 방법이다. 이 방법을 적용하면 상품을 매입할 때 취득원가로 상품계정을 증가시키고, 상품을 매출할 때 매출(수익)을 인식하는 동시에 판매된 상품의 취득원가만큼 상품을 매출원가(비용)로 대체한다.

① 계속기록법에 의하면 다음과 같은 방법으로 기말재고수량이 결정된다.

> 기초재고 수량 + 당기매입 수량 − 당기판매 수량 = 장부상 기말재고 수량
> 　　　판매가능 수량　　　　　　　기중장부기록

② 수량이 파악되면 적절한 단가를 산정하여 당기매출원가를 산정하고, 이를 근거로 기말재고금액을 결정한다.

재고자산			
기초재고자산	XX	매출원가	XX ⇐ 1st 판매 시 매출원가 기록
당기매입	XX	기말재고자산	XX ⇐ 2nd 대차차액으로 산정
	XX		XX

상품의 매매거래가 발생할 때마다 상품계정의 변동을 기록하기 때문에 특정 시점의 상품 잔액과 일정기간 동안 발생한 매출원가를 쉽게 파악할 수 있다. 그러므로 회계기간 중에 보유재고에 대해서 확인이 가능하다는 장점이 있으나 도난, 파손 등의 이유로 실제 재고수량과 장부상의 재고수량의 차이가 발생하는 감모수량에 대하여 재무제표에 계상을 못하는 단점이 있다.

또한 일일이 수량을 기록·관리하기 위해서는 ERP와 같은 고가의 시스템이 필요하며, 재고자산을 구매하거나 판매할 때마다 수량을 기록·관리해야 하므로 번거로움이 많아 계속기록법을 적용하는 데는 어려움이 많다.

③ 관련 회계처리는 다음과 같다.

> 〈판매 시〉
> (차) 매출채권　　XXX　　(대) 매출　　　　XXX
> 　　 매출원가　　XXX　　　　 재고자산　　XXX

오쌤 Talk

매입계정

계속기록법은 상품 입고와 출고를 모두 상품계정으로 기록한다. 즉, 매입계정을 사용할 필요가 없다. 그러므로 기말에 3분법으로 수정분개를 할 필요가 없다.

오쌤 Talk

계속기록법

계속기록법은 당기 판매량을 통해 남아있는 기말재고를 결정한다. 그러므로 판매되지 않았지만 기말에 남아 있지도 않은 재고(감모)의 경우는 남아있는 것으로 과대평가된다. 즉, 매출원가는 정확하게 인식되지만 기말재고자산은 과대평가될 수 있다.

🔖 확인문제

06. ㈜한국의 재고수불상황은 다음과 같다. 계속기록법을 적용한다고 할 때, 단가가 ₩100으로 일정하다면 매출원가와 기말재고는 각각 얼마인가? (단, 기말 창고의 재고는 1,500개인 것으로 확인이 되었다.)

적요	수량	금액
기초재고	1,000개	₩100,000
매입	2,000개	₩200,000
매출	(2,000개)	(₩200,000)
매입	1,000개	₩100,000

정답 ① 매출원가: 2,000개 × ₩100
　　　　　　　= ₩200,000
② 기말재고: 2,000개 × ₩100 = ₩200,000

✏️ 기출 OX

03. 계속기록법을 적용할 경우, 기중에도 재고자산의 수량과 단가를 상시적으로 파악할 수 있다.
　　　　　　기출처 2025. 관세직 9급
　　　　　　　　　　　　　　　　정답 O

04. 계속기록법을 적용할 경우, 재고자산 관련 기말 수정분개는 필요 없다.
　　　　　　기출처 2025. 관세직 9급 최신
　　　　　　　　　　　　　　　　정답 O

1-2 실지재고조사법

실지재고조사법은 결산일에 보유하고 있는 재고자산을 실사를 통해 보유 중인 재고자산의 수량을 확인하는 방법이다. 따라서 당기매입한 상품을 기록하여 기초재고자산에 가산하면 판매가능재고자산의 수량이 되고, 판매가능한 재고자산과 기말에 보유하고 있는 재고자산의 수량과의 차이를 당기판매 수량으로 간주하는 것이다.

① 실지재고조사법에 의하면 다음과 같은 방법으로 당기판매수량이 결정된다.

> 기초재고 수량 + 당기매입 수량 − 기말재고 수량 = 당기판매 수량
> 　　판매가능 수량　　　　　　　기말재고실사

② 수량이 파악되면 적절한 단가를 적용하여 기말재고금액을 산정하고, 이를 근거로 당기매출원가를 결정한다. 단, 실지재고조사법에 의해 매출원가를 산정하기 위해서는 반드시 기말수정분개를 해야 한다.

재고자산			
기초재고자산	XX	매출원가	XX ⇐ 2nd 대차차액으로 산정
당기매입	XX	기말재고자산	XX ⇐ 1st 실사를 통해 파악
	XX		XX

실지재고조사법은 매출 시 재고자산을 관리를 하지 않아도 되는 장점이 있으나, 결산일이 되어야만 매출원가를 파악할 수 있고 도난, 파손 등의 이유로 발생한 감모수량에 대해서는 확인이 불가하며, 감모수량을 단순히 판매된 것으로 계상할 수밖에 없는 문제점이 있다.

그러나 **장부기록이 간편하고 재무상태표에 실재 재고수량을 기준으로 평가한 재고자산이 공시되므로 외부보고목적에 충실**하다.

③ 관련회계처리는 다음과 같다.

〈판매 시〉			
(차) 매출채권	XXX	(대) 매출	XXX
〈결산 시〉			
(차) 매출원가	XXX	(대) 재고자산	XXX

오쌤 Talk

실지재고조사법

실지재고조사법은 판매가능 수량에서 창고상에 실제 재고를 제외한 나머지 재고를 판매된 것으로 인식한다. 그러므로 창고에 보관되어 있지는 않지만 판매되지 않은 재고, 예를 들어, 감모손실분에 대해서 판매된 것으로 과대평가될 수 있다. 즉, 기말재고는 정확하게 인식이 되지만, 매출원가는 과대평가될 수 있다.

📝 기출 OX

05. 실지재고조사법을 적용하면 기록유지가 복잡하고 번거롭지만 특정 시점의 재고자산 잔액과 그 시점까지 발생한 매출원가를 적시에 파악할 수 있는 장점이 있다.
　　　　　　기출처 2017. 국가직 9급
　　　　　　　　　　　정답 X

06. 실지재고조사법을 적용할 경우, 수정전시산표상 재고자산 금액은 재무상태표상 기초 재고자산 금액과 동일하다.
　　　　　　기출처 2025. 관세직 9급 최신
　　　　　　　　　　　정답 O

07. 실지재고조사법을 적용할 경우, 매입계정을 재고자산 취득 시 차변에 기록하고 재고자산 판매 시 대변에 기록한다.
　　　　　　기출처 2025. 관세직 9급 최신
　　　　　　　　　　　정답 X

📖 확인문제

07. ㈜한국의 재고수불상황은 다음과 같다. 실지재고조사법을 적용한다고 할 때, 단가가 ₩100으로 일정하다면 매출원가와 기말재고는 각각 얼마인가? (단, 기말 창고의 재고는 1,500개인 것으로 확인이 되었다.)

적요	수량	금액
기초재고	1,000개	₩100,000
매입	2,000개	₩200,000
매출	(2,000개)	(₩200,000)
매입	1,000개	₩100,000

정답 ① 매출원가: 2,500개 × ₩100
　　　　　 = ₩250,000
　　② 기말재고: 1,500개 × ₩100
　　　　　 = ₩150,000

그러나 **실무에서는 두 방법을 병행하여 사용**한다. 실지재고조사법을 근간으로 하되 감모손실 등을 파악할 수 있도록 기중에 재고자산의 입·출고 수량을 계속 기록하는 방법이다. 계속기록법에 의해 기록된 장부상의 수량과 실사를 통해 파악된 수량을 비교하여 감모수량을 파악하고 이에 따라 회계처리를 하게 된다.

〈결산 시〉
(차) 재고자산감모손실　　　XXX　　　　(대) 재고자산　　　XXX

[계속기록법과 실지재고조사법]

구분	계속기록법	실지재고조사법
목표	내부관리목적	외부보고목적
결과값	기말재고자산	매출원가
상품계정의 분할	불필요함	필요함

오쌤 Talk

순매입액
당기매입액에서 매입환출을 차감한 순매입액을 사용한다. 계속기록법과 실지재고조사법 모두 마찬가지이다.

기본예제 3 계속기록법과 실지재고조사법

다음은 ㈜한국의 20X1년 중 상품에 대한 자료이며, 당기 매출액은 ₩50,000이다.

적요	수량	원가
기초재고	100개	₩100
당기매입	250개	₩100
매입환출	30개	₩100

계속기록법에 의한 상품의 출고수량은 200개이며, 실지재고조사법에 의한 기말재고 실사수량은 110개이다. 상품의 부족은 비정상적인 것으로 본다.

01 계속기록법에 따른 회계처리를 하시오.

02 계속기록법에 따라 재무상태표에 계상될 기말재고자산과 포괄손익계산서상의 매출원가를 구하시오.

03 실지재고조사법에 따른 회계처리를 하시오.

04 실지재고조사법에 따라 재무상태표에 계상될 기말재고자산과 포괄손익계산서상의 매출원가를 구하시오.

풀이							
01	매입	(차)	재고자산	₩25,000	(대)	매입채무	₩25,000
	환출	(차)	매입채무	₩3,000	(대)	재고자산	₩3,000
	판매	(차)	매출채권	₩50,000	(대)	매출	₩50,000
			매출원가	₩20,000		재고자산	₩20,000
	결산			회계처리 없음			

02

재고자산

기초재고수량	100개	매출수량	200개
당기순매입수량	220개	기말재고수량	120개
	320개		320개

기말재고자산: 120개 × ₩100 = ₩12,000
매출원가: 200개 × ₩100 = ₩20,000

03	매입	(차)	매입	₩25,000	(대)	매입채무	₩25,000
	환출	(차)	매입채무	₩3,000	(대)	매입	₩3,000
	판매	(차)	매출채권	₩50,000	(대)	매출	₩50,000
	결산	(차)	매출원가	₩10,000	(대)	재고자산(기초)	₩10,000
			매출원가	₩22,000		매입	₩22,000
			재고자산(기말)	₩11,000		매출원가	₩11,000

04

재고자산

기초재고수량	100개	매출수량	210개
당기순매입수량	220개	기말재고수량	110개
	320개		320개

기말재고자산: 110개 × ₩100 = ₩11,000
매출원가: 210개 × ₩100 = ₩21,000

오쌤 Talk

계속기록법과 실지재고조사법

문제에서 주어진 사안처럼 장부상의 재고는 120개인데, 실제 재고가 110개로 10개가 부족한 상황에서 계속기록법은 부족분이 기말재고자산으로 인식하고 (① 매출원가인식 → ② 기말재고인식), 실지재고조사법은 부족분을 매출원가로 인식한다(① 기말재고인식 → ② 매출원가 인식).

오쌤 Talk

재고자산 평가방법의 변경
재고자산의 평가방법은 특별한 사유가 없는 한 변경할 수 없다. 이때, 특별한 사유는 두 가지에 해당한다.
① 한국채택국제회계기준이 변경을 요구하는 경우
② 변경하는 것이 좀더 목적적합하고 신뢰성 있는 정보를 제공하는 경우
이때, 회계의 변경은 '정책의 변경'으로 보고, 소급적용한다. Link-P.757

평가방법의 결정
① 개별법: 특정 프로젝트별로 생산되고 분리되는 재화
② 그 외: 원가흐름의 가정(선입선출법 or 평균법)

성격이나 용도면에서 유사한 재고자산은 동일한 단위원가결정방법을 사용하고, 성격이나 용도 면에서 차이가 있는 재고자산은 서로 다른 단위원가 결정방법을 사용한다.
단, 재고자산의 지역별 위치나 과세방식이 다르다는 이유로 동일한 재고자산에 다른 평가방법을 적용할 수는 없다.

확인문제

08. ㈜한국의 2012년도 거래는 다음과 같다. 계속기록법을 적용하였을 경우 매출원가는? (단, 개별법을 적용한다.)
기출처 2013. 국가직 9급

- 1월 1일 전기이월된 상품은 ₩3,000이다.
- 2월 9일 ㈜대한으로부터 상품을 현금으로 구입하였는데, 매입대금 ₩8,000에는 매입운임 ₩1,000이 포함되어 있지 않다.
- 3월 8일 기초상품을 ㈜민국에 현금으로 ₩4,000에 판매하였다.
- 7월 9일 ㈜대한으로부터 구입한 상품 중 절반을 ㈜민국에 외상으로 ₩5,000에 판매하였다.

① ₩7,500 ② ₩7,000
③ ₩4,500 ④ ₩4,000

정답 ①

기출 OX

08. 선입선출법은 기말에 재고로 남아 있는 항목은 가장 최근에 매입 또는 생산된 항목이라고 가정하는 방법이다.
기출처 2017. 국가직 9급

정답 O

❷ 원가흐름의 가정

기말재고자산의 수량이 확인되었으면, 재고자산의 단위당 원가를 산정하고 이를 재고자산 수량에 곱하면 기말재고자산의 금액이 산정된다. 그러나 실무상 기초재고자산과 매입한 재고자산이 창고에 섞여 있어 어떤 물건이 먼저 판매되었는지 혹은 나중에 판매되었는지를 정확하게 파악하는 것은 어렵다. 즉, 각각 다른 원가의 재고자산이 어느 순서대로 판매되는지에 대해서 정확히 파악하는 것도 어렵고, 파악하고 있다면 관리비용이 많이 발생할 것이다. 따라서 원가의 흐름에 대하여 가정이 필요하다.

실제 원가를 확인하여 단가를 결정하는 방법으로는 개별법이 있고, 원가흐름의 가정으로는 선입선출법, 후입선출법, 총평균법, 이동평균법이 있다. 이 방법들 중 기업이 합리적인 방법을 결정하여 적용하면 된다. 다만, 한번 결정하였을 경우 특별한 사유가 없는 한 이를 변경할 수 없다. 그러나 한국채택국제회계기준에서는 나중에 구입한 재고자산이 먼저 판매되는 것으로 가정하는 후입선출법은 인정하지 않고 있다.

2-1 개별법

개별법은 구입시점마다 각각의 상품의 원가를 확인할 수 있는 태그를 부착하여 판매 시점 또는 기말 시점에 재고자산 각각의 원가를 검사하는 가장 정확한 방법으로 매출원가와 재고자산을 계산할 수 있는 방법이다.

예를 들어, 고가의 자동차를 수입하여 판매하는 수입차 판매처에서는 수입차 각각의 매입원가를 적어놨다가 나중에 판매 시 구입가를 확인하여 원가를 매칭시킬 수 있도록 할 것이다. 따라서 자동차가 한 대 팔릴 때마다 정확한 매출액과 매출원가를 확정 지을 수 있으며, 가정의 원가흐름과 실제의 원가흐름이 정확히 일치하므로 가장 합리적으로 매출원가를 산정할 수 있다.

그러나 과자나 껌같이 소액의 제품을 대량 판매할 경우 개별적으로 태그를 부착하여 원가를 매칭시키는 것은 효율적이지도 않고 관리 비용이 많이 발생하여 실질적으로 적용이 불가능하다. 그러므로 개별법은 통상적으로 상호 교환이 불가능하거나 특정 프로젝트별로 생산되고 분리되는 재화를 판매하는 기업에 적합하다.

2-2 선입선출법

선입선출법(FIFO, first-in first-out method)은 먼저 구입한 재고자산이 먼저 판매되는 것으로 가정하는 방법이다. 실제원가흐름과 가장 비슷한 방법으로 가장 마지막에 구입한 상품이 기말재고를 구성하므로 기말재고자산은 가장 최근에 구입한 상품의 원가로 계상된다.

그러나 인플레이션으로 구입원가가 계속 상승하는 경우, 선입선출법 가정하에서는 최근에 상대적으로 비싸게 구입한 재고자산이 기말재고자산을 구성하게 되므로 기말재고자산이 과대계상되고 매출원가는 과거의 매입원가를 기준으로 계상되므로 과소 계상된다. 그러므로 매출총이익이 과대계상되는 경향이 있다.

기본예제 4 선입선출법

다음은 ㈜한국의 20X1년 중 재고자산 거래에 관한 자료이다.

일자	구분	수량	단가
1월 1일	기초재고	100개	@₩100
3월 1일	판매	60개	
5월 1일	매입	300개	@₩120
7월 1일	판매	200개	
12월 31일	기말재고	140개	

㈜한국이 원가흐름의 가정으로 선입선출법을 적용할 경우, 다음의 각각의 방법에 의한 20X1년 말의 매출원가와 재고자산금액을 계산하시오.

01 계속기록법

02 실지재고조사법

[풀이]

01 계속기록법

재고자산
기초재고	₩10,000	매출원가	₩29,200 ⇨ (60개 × @₩100) + (40개 × @₩100) + (160개 × @₩120) = ₩29,200
당기매입	₩36,000	기말재고	₩16,800 ⇨ 대차차액
	₩46,000		₩46,000

02 실지재고조사법

재고자산
기초재고	₩10,000	매출원가	₩29,200 ⇨ 대차차액
당기매입	₩36,000	기말재고	₩16,800 ⇨ 140개 × @₩120 = ₩16,800
	₩46,000		₩46,000

오쌤 Talk

선입선출법

선입선출법하에서는 감모손실이 없다면, 기말재고자산은 계속기록법에 의한 재고금액과 실지재고조사법에 의한 재고금액이 일치한다.

오쌤 Talk

기말재고자산

선입선출법하에서의 기말재고는 최근 구입한 재고자산이 기록된다.
그러므로 기말재고자산이 현행원가의 근사치로 기록될 수 있다.

확인문제

09. 다음은 ㈜한국의 20X1년 상품 매입 및 매출 관련 자료이다. 선입선출법을 적용할 경우, 20X1년도 기말재고자산과 매출총이익을 바르게 연결한 것은? (단, 재고자산 감모 및 평가손실은 발생하지 않았으며, 재고자산 수량결정은 계속기록법에 의한다)

기출처 2022. 국가직 9급

일자	구분	수량	단가
1월 1일	기초재고	20개	₩150
5월 1일	매입	30개	₩200
7월 1일	매출	25개	₩300
9월 1일	매입	20개	₩180
11월 1일	매출	25개	₩320

	기말재고자산	매출총이익
①	₩3,000	₩5,900
②	₩3,000	₩6,500
③	₩3,600	₩5,900
④	₩3,600	₩6,500

정답 ④

2-3 후입선출법

후입선출법(LIFO, last-in first-out method)은 선입선출법과 반대로 나중에 구입한 재고자산이 먼저 판매되는 것을 가정하는 방법이다. 예를 들어, 석탄이나 모래 등이 판매되는 상황을 가정해보면 실제 판매되어 출고될 때 야적되어 있는 재고자산 순서로 판매되어 나가므로 실제 물량의 흐름은 나중에 구입한 것이 먼저 판매된다. 그러나 대부분의 상기업에서는 실물 경제의 흐름과 맞지 않다.

또한 인플레이션으로 구입원가가 계속 상승하는 경우 기말재고자산을 과소계상하여 매출원가가 과대평가되고 매출총이익이 과소계상되는 경향이 있다.

후입선출법은 물가가 상승하는 경우 물가상승의 영향을 완화시키기 때문에 정유업처럼 유가가 꾸준히 오르는 상황에 이익의 보고에 부담을 느끼는 기업들에게 각광받는 방법이었지만 한국채택국제회계기준에서는 후입선출법을 인정하지 않고 있다.

후입선출청산현상(Lifo-liquidation)

물가가 지속적으로 상승하고 기말재고수량이 기초재고수량보다 적은 경우에 발생할 수 있다. 후입선출법을 적용하는 기업의 판매량이 급증하는 경우 과거 가격으로 평가된 기초 재고층이 매출원가로 계상되므로 낮은 원가가 계상되어 매출총이익은 급증하게 된다.

기본예제 5 후입선출법

다음은 ㈜한국의 20X1년 중 재고자산 거래에 관한 자료이다.

일자	구분	수량	단가
1월 1일	기초재고	100개	@₩100
3월 1일	판매	60개	
5월 1일	매입	300개	@₩120
7월 1일	판매	200개	
12월 31일	기말재고	140개	

㈜한국이 원가흐름의 가정으로 후입선출법을 적용할 경우, 다음의 각각의 방법에 의한 20X1년 말의 매출원가와 재고자산금액을 계산하시오.

01 계속기록법

02 실지재고조사법

> **오쌤 Talk**
>
> **후입선출법**
> 후입선출법을 통해 산정한 기말재고자산은 계속기록법에 의한 금액과 실지재고조사법에 의한 금액이 일치하지 않는다. 왜냐하면 계속기록법에서는 기중 판매시에 기초재고 중 일부가 판매될 수 있으나 실지재고조사법에서는 기초재고부터 누적되어 남은 것으로 가정하기 때문이다.

풀이

01 계속기록법

재고자산
기초재고	₩10,000	매출원가	₩30,000 ⇨ (60개 × @₩100) + (200개 × @₩120) = ₩30,000
당기매입	₩36,000	기말재고	₩16,000 ⇨ 대차차액
	₩46,000		₩46,000

02 실지재고조사법

재고자산
기초재고	₩10,000	매출원가	₩31,200 ⇨ 대차차액
당기매입	₩36,000	기말재고	₩14,800 ⇨ (100개 × @₩100) + (40개 × @₩120) = ₩14,800
	₩46,000		₩46,000

2-4 평균법

평균법(average method)은 상품판매 시 과거에 매입하였던 상품이 골고루 섞여 판매가 되는 것을 가정하는 방법이다. 따라서 상품판매 시 상품의 판매의 순서가 정해져 있지 않고 무작위로 판매가 된다는 것이다.

평균법은 계속기록법과 실지재고조사법 중 어떤 방법에 따라 기말재고자산을 결정하느냐에 따라 두 가지의 방법이 있다. 계속적으로 판매되는 재고자산을 확인하는 계속기록법의 경우에는 재고자산을 구입할 때마다 구입 당시까지 재고자산 취득단가와 새로 구입한 재고자산의 구입금액을 가산하고 이를 판매가능수량으로 나누어 평균취득단가를 산출하므로 이동평균법을 적용한다. 이동평균법은 재고자산을 구입할 때마다 평균취득단가를 산정해야 한다. 이에 반해 기말에 한번 실사를 하는 실지재고조사법은 이월된 재고자산과 구매한 재고자산이 무작위로 판매되는 것을 가정하여 결산일에 일괄하여 평균취득단가를 계산하는 총평균법을 적용한다.

오쌤 Talk

평균법

수량	단가	평균법의 구분
계속기록법	+ 평균법	⇢ 이동평균법
실지재고조사법	+ 평균법	⇢ 총평균법

2-4-1 이동평균법

이동평균법은 상품이 판매될 때마다 판매가능재고자산을 확인하여 평균단가를 산정하는 방법이다. 따라서 판매될 때마다 판매 가능한 재고자산을 계속적으로 확인하여야 하는 것이다.

$$\text{이동평균단가} = \frac{\text{직전 재고액} + \text{추가 매입액}}{\text{직전 재고 수량} + \text{추가 매입 수량}} = \frac{\text{판매가능 총원가}}{\text{판매가능 총수량}}$$

2-4-2 총평균법

총평균법은 기초재고자산과 당기매입재고자산이 골고루 판매되므로 판매가능 전체 재고자산의 가격을 전체 수량으로 나누어 평균단가를 산정하는 방법이다. 산정된 평균단가를 기말재고자산과 판매 수량에 곱하면 기말재고자산금액과 매출원가가 산정되는 것이다.

$$\text{총평균단가} = \frac{\text{기초재고자산} + \text{당기매입액}}{\text{기초재고수량} + \text{당기매입 수량}} = \frac{\text{판매가능 총원가}}{\text{판매가능 총수량}}$$

기본예제 6 평균법

다음은 ㈜한국의 20X1년 중 재고자산 거래에 관한 자료이다.

일자	구분	수량	단가
1월 1일	기초재고	100개	@₩100
3월 1일	판매	60개	
5월 1일	매입	300개	@₩120
7월 1일	판매	200개	
12월 31일	기말재고	140개	

㈜한국이 원가흐름의 가정으로 평균법을 적용할 경우, 다음의 각각의 방법에 의한 20X1년 말의 매출원가와 재고자산금액을 계산하시오(단, 소수점 이하는 절사한다.)

01 계속기록법(이동평균법)

02 실지재고조사법(총평균법)

풀이

01 계속기록법(이동평균법)

재고자산

기초재고	₩10,000	매출원가	₩29,400	⇨ (60개 × @₩100) + (200 × @₩117*) = 29,400
당기매입	₩36,000	기말재고	₩16,600	⇨ 대차차액
	₩46,000		₩46,000	

* (40개 × @₩100 + 300개 × @₩120)/340개 = @₩117

02 실지재고조사법(총평균법)

재고자산

기초재고	₩10,000	매출원가	₩29,900	⇨ 대차차액
당기매입	₩36,000	기말재고	₩16,100	⇨ 140개 × @₩115* = 16,100
	₩46,000		₩46,000	

* (100개 × @₩100 + 300개 × @₩120)/400개 = @₩115

확인문제

10. 보기는 ㈜서울의 재고자산과 관련된 자료이다. 재고자산에 대한 원가흐름의 가정으로 선입선출법을 적용하는 경우 평균법을 적용하는 경우 대비 매출원가의 감소액은? (단, 재고자산과 관련된 감모손실이나 평가손실 등 다른 원가는 없으며, ㈜서울은 재고자산 매매거래에 대해 계속기록법을 적용한다.)

기출처 2020. 서울시 7급

|보기|

일자	구분	수량	매입단가
1월1일	기초재고	100개	₩10
5월8일	매입	50개	₩13
8월23일	매출	80개	
11월15일	매입	30개	₩14

① ₩80
② ₩120
③ ₩200
④ ₩240

정답 ①

❸ 재고자산 평가방법 비교

물가가 지속적으로 상승하고, 재고청산[4*]이 없는 경우를 가정할 때 원가흐름의 가정에 따른 기말재고자산과 당기순이익 및 현금흐름의 크기는 다음과 같다.

구분	크기 비교
기말재고자산	선입선출법 > 이동평균법 > 총평균법 > 후입선출법
매출원가	선입선출법 < 이동평균법 < 총평균법 < 후입선출법
당기순이익	선입선출법 > 이동평균법 > 총평균법 > 후입선출법
법인세	선입선출법 > 이동평균법 > 총평균법 > 후입선출법
현금흐름	선입선출법 < 이동평균법 < 총평균법 < 후입선출법

원가흐름의 가정과 현금흐름은 무관하다. 현금의 유입은 판매에 의해 결정되고, 현금의 유출은 당해 매입에 의해 결정되므로 판매된 재고에 대한 단가산정의 가정은 현금흐름에 영향을 주지 않는다. 그러나 법인세가 있는 경우에는 당기순이익이 크다면 실질적인 법인세 부담액이 증가하므로 현금흐름은 감소한다.

기본예제 7 재고자산의 평가방법

다음은 20X1년 1월 1일에 설립한 ㈜한국의 20X1년도 매출원가와 기말상품재고액에 대한 자료이다. 이 경우 평균법의 매출원가는?

- 선입선출법의 매출원가 ₩98,000
- 선입선출법의 기말상품재고액 ₩234,000
- 평균법의 기말상품재고액 ₩175,000

[풀이]

재고자산 평가방법이 다르다고 하더라도 '매출원가 + 기말상품재고액 = 판매가능원가'는 달라지지 않는다. 그러므로 '선입선출법의 판매가능재고 = 평균법의 판매가능재고'이다.

선입선출 매출원가	+	선입선출 기말상품재고	=	평균법 매출원가	+	평균법 기말상품재고
₩98,000	+	₩234,000	=	⟪₩157,000⟫	+	₩175,000

답 ₩157,000

오쌤 Talk

법인세 없는 경우 현금흐름
선입선출법 = 이동평균법 = 총평균법 = 후입선출법

✎ 기출 OX

09. 재고자산의 매입단가가 지속적으로 하락하는 경우, 선입선출법을 적용하였을 경우의 매출총이익이 평균법을 적용하였을 경우의 매출총이익보다 더 높게 보고된다.
기출처 2018. 지방직 9급
정답 X

10. 재고자산의 매입단가가 지속적으로 상승하는 경우, 계속기록법하에서 선입선출법을 사용할 경우와 실지재고조사법하에서 선입선출법을 사용할 경우의 매출원가는 동일하다.
기출처 2018. 지방직 9급
정답 O

📎 확인문제

11. ㈜한국은 상품을 매매하는 기업으로 기말재고자산을 기초재고자산에 비해 늘리는 정책을 취하고 있다. 물가가 지속적으로 상승하는 상황일 때, ㈜한국은 원가흐름의 가정으로 선입선출법과 가중평균법 중 무엇을 적용할지 고민 중이다. 각각의 가정에 따라 재무제표에 미치는 영향으로 옳지 않은 것은?

① 기말재고자산:
  선입선출법 > 가중평균법
② 매출원가:
  선입선출법 < 가중평균법
③ 법인세비용:
  선입선출법 > 가중평균법
④ 당기순이익:
  선입선출법 < 가중평균법

정답 ④

[4*] 기말재고자산보다 기초재고자산이 더 많은 경우, 즉 기초의 재고분이 당기에 판매되는 경우를 의미함

심화예제 1 재고자산의 평가방법의 변경

다음은 20X1년에 개업한 ㈜한국의 2년간의 자료이다. ㈜한국은 지난 2개년 동안 재고자산을 선입선출법으로 평가해왔다. 만약 ㈜한국이 20X1년부터 평균법을 사용해왔다면 20X2년도 당기순이익은 얼마일까?

	20X1년	20X2년
• 선입선출법 당기순이익	₩30,000	₩120,000
• 선입선출법 기말재고액	₩200,000	₩300,000
• 평균법 기말재고액	₩100,000	₩250,000

오쌤 Talk

재고자산 오류수정과 정책의 변경

재고자산에 관한 오류를 수정하는 것과 정책변경으로 인해 손익을 수정하는 것은 결국 '원인'의 차이를 제외하고는 '수정'한다는 측면에서는 분개에 반영하는 금액과 방식이 동일하다.

이때, 재고자산과 관련하여 두 가지 사항을 명심하자.

① 재고자산과 이익은 같은 방향으로 움직인다!
② 재고자산의 오류는 자동조정오류사항이다!

풀이

오류수정의 방법을 응용하여 풀이한다.

즉, 재고자산 평가방법의 변경이 오류는 아니지만 수정한다면 손익에 미치는 영향을 17장에서 다루는 '회계변경과 오류수정'편을 응용하여 계산하면 다음과 같다.

구분	20X1년	20X2년
수정 전 손익	₩30,000	₩120,000
재고자산의 증감	(₩100,000)	+₩100,000
		(₩50,000)
수정 후 손익	(₩70,000)	《₩170,000》

∴ 20X2년도 당기순이익은 ₩170,000이다.

❹ 기타 고려사항

회사의 재고자산은 실질적인 소유권에 따라 판단해야 한다. 즉, 회사 창고에 보관되어 있는지 없는지에 따라 계상하는 것이 아니라 회사가 실질적인 소유권이 있을 시에만 재무상태표에 재고자산으로 계상할 수 있는 것이다.

예를 들어, 홈쇼핑에서 물건을 구입하여 배송 중일 때 구매자는 비용을 지불하였으므로 구매자에게 실질적인 소유권이 있다고 말할 수 있다. 따라서 구매자는 재고자산 실사 시에 창고에 없지만 이를 재고자산으로 계상해야 한다.

계속기록법에서 재고자산의 감모손실 금액을 계산하거나 실지재고조사법을 적용하는 경우에는 기말재고수량을 실제로 파악해야 한다. 기말재고수량은 회사의 창고에 보관되어 있는 재고수량을 실제로 세어봄으로써 파악할 수 있다. 그러나 회사 소유의 재고자산이 모두 회사 창고에 보관되어 있는 것은 아니며, 또한 회사 창고에 보관되어 있더라도 회사 소유의 재고 자산이 아닌 경우도 있다. 따라서 회사 창고에 보관되어 있더라도 회사 소유의 재고자산이 아니라면 기말재고수량에서 제외하여야 한다. 또한 회사 창고가 아닌 다른 장소에 보관되어 있는 재고자산은 회사의 기말재고수량에 포함시켜야 한다.

기말재고자산의 계상을 상황별로 분류하면 다음과 같다.

4-1 미착상품

미착상품이란 결산일 현재의 운송 중인 상품을 의미한다. 만약 회사가 해외에서 상품을 구매하여 현재 배로 운송 중에 있다고 가정하자. 이 경우 운송 중인 상품을 누구의 재고자산으로 계상할지는 판매자와 구매자 중 실질적인 소유권을 가지고 있는지 여부에 따라 결정된다.

이때, 실질적인 소유권은 판매자와 구매자가 체결한 거래조건에 따라서 결정이 된다. 거래조건에는 F.O.B 선적지 인도조건(free on board shipping point)과 F.O.B 도착지 인도조건(free on board destination)이 있다.

선적지 인도기준은 상품에 대한 소유권이 상품을 선적함과 동시에 구매자에게 생기는 것을 의미한다. 즉, 상품이 선적됨에 따라 판매자는 권한과 의무를 구매자에게 이전시키고 판매자의 재고자산 목록에서는 제외하여야 한다. 반대로 구매자는 상품에 대한 실질적인 소유권을 가지게 되었으므로 창고에 보관되어 있지는 않지만 재무상태표에 재고자산으로 계상을 해야 한다.

도착지 인도기준은 상품이 구매자에게 도착하였을 시 구매자에게 상품에 대한 권한과 의무가 생기는 것을 의미한다. 즉, 상품이 구매자의 창고에 도착하기 전까지는 실질적인 소유권은 판매자에게 있으며, 판매자의 재고자산으로 분류를 해야 한다.

📎 **확인문제**

12. 다음 수정사항들을 반영하여 올바른 기말재고자산은 얼마인가? (단, 해당 사항들은 12월 31일 현재 창고에 보관되지 않은 것으로 가정함)

12월 31일 기말 창고상 재고	₩100,000
선적지 인도조건으로 매입한 미착 재고	₩20,000
도착지 인도조건으로 매입한 미착 재고	₩10,000
선적지 인도조건으로 판매한 재고	₩10,000
도착지 인도조건으로 판매한 재고	₩30,000

정답 ₩150,000

[미착상품의 기말재고자산 포함여부]

구분	매입거래	매출거래
선적지 인도조건	포함	불포함
도착지 인도조건	불포함	포함

4-2 적송품

적송품이란 상품의 위탁판매를 위해 위탁자가 수탁자에게 상품을 보낸 것을 의미한다. 즉, 위탁자가 직접 상품을 판매하는 대신 수탁자가 상품을 판매하는 것으로 판매 전까지는 상품을 수탁자의 창고에 보관한다. 판매되기 전까지 상품의 실질적인 소유권은 위탁자가 가지므로 위탁자의 재고자산으로 계상하고 있다가, 판매하여 소유권이 구매자에게 이전되었을 경우 위탁자는 수익과 비용을 인식하고 재무상태표에서 재고자산을 제외하면 된다.

또한 수탁자는 재고자산에 대해 장부상 계상하지 않으며, 판매했을 때 수수료만을 수익으로 인식하면 된다.

구분	위탁자	수탁자
판매 전	재고자산 포함	N/A
판매 후	재고자산 제외	N/A

4-3 시송품

시송품은 고객에게 상품을 일단 사용해보고 구매를 결정할 수 있도록 고객에게 보내놓은 상품을 의미한다. 따라서 고객이 구매를 요청하기 전까지 실질적인 소유권이 있는 판매자가 재고자산으로 계상을 해놓고, 구매 의사를 밝혔을 때 매출을 인식하며 재고자산에서 제외하면 된다.

구분	판매자	구매자
구매 요청 전	재고자산 포함	N/A
구매 요청 후	재고자산 제외	재고자산 포함

4-4 저당상품

저당상품이란 회사가 차입을 하면서 담보로 제공한 상품을 의미한다. 즉, 저당상품의 실질적인 권리와 의무를 대여자에게 제공한 것이 아니므로 차입자의 재고자산으로 계상해야 한다. 그러므로 대여자는 재고자산을 재무상태표에 계상할 수 없다.

구분	차입자	대여자
저당상품	재고자산 포함	N/A

오쌤 Talk

적송운임
적송운임은 재고자산의 취득원가에 가산한다. Link-P. 363

💠 **확인문제**

13. ㈜한국은 ㈜민국에 TV를 위탁하여 판매하고 있다. 2016년 초 ㈜한국은 TV 10대(대당 판매가격 ₩1,000,000, 대당 원가 ₩800,000)를 ㈜민국에 발송하였으며, 운송업체에 발송비 ₩100,000을 지급하였다. ㈜민국은 ㈜한국으로부터 2016년 초 수탁한 TV 10대 중 8대를 2016년도에 판매하였다. ㈜민국의 위탁판매와 관련하여 ㈜한국이 2016년도에 인식할 매출원가는? 기출처 2016. 국가직 7급

① ₩6,400,000 ② ₩6,480,000
③ ₩6,500,000 ④ ₩8,100,000

정답 ②

💠 **확인문제**

14. ㈜한국의 20X1년 상품 관련 자료가 다음과 같을 때, 20X1년 매출총이익과 기말상품재고액을 바르게 연결한 것은? 기출처 2022. 국가직 7급

○ 기초상품재고액: ₩100,000
○ 4월 8일: 상품 ₩900,000을 현금 매입
○ 7월 7일: 원가 ₩700,000(판매가 ₩910,000)인 상품을 시용판매
○ 12월 8일: 고객으로부터 시용 상품(판매가 ₩650,000)에 대해 구매 의사표시 받음

	매출총이익	기말상품재고액
①	₩150,000	₩350,000
②	₩150,000	₩500,000
③	₩210,000	₩350,000
④	₩210,000	₩500,000

정답 ②

오쌤 Talk

반품권이 있는 재고자산의 판매

2018년 수익인식 기준이 재정되면서 재고자산에서의 인식도 달라졌다. 결론은 반품권이 있는 상태로 판매한 경우에도 실제 반품이 들어오기 전까지는 재고자산은 판매된 것으로 보고 제거된다. 다만, 반품가능성을 예측할 수 없는 경우와 반품이 될 것으로 예상되는 부분은 수익과 비용을 취소하여 취소된 비용이 자산으로 인식된다. 이때 취소된 비용은 재고자산이 아닌 '반환제품회수권'이라는 자산으로 인식되므로 다시 재고자산으로 인식되지는 않는다. Link-P.706

4-5 반품권이 있는 재고자산

반품권이 있는 판매에서는 반품가능성의 예측 여부에 따라서 매출로 인식하는 금액이 달라지고 이에 따른 매출원가도 달라진다. 즉, 반품이 예상되는 부분은 매출을 취소하여 환불부채로 인식하고, 이에 따른 매출원가를 취소하여 자산(반환제품회수권)으로 인식한다. 그러나 반품이 예상된다고 하더라도 기말재고자산으로 인식하는 금액은 항상 '0'이다.

4-5-1 반품가능성을 합리적으로 예측할 수 있는 경우

반품가능성을 합리적으로 예측할 수 있는 경우 반품이 예상되지 않는 부분은 그대로 수익으로 인식하고 관련 원가를 매출원가로 인식한다. 그러나 반품이 예상되는 부분은 수익(매출)을 취소하고 부채(환불부채)로 인식하고, 관련 비용(매출원가)를 취소하여 자산(반환제품회수권)으로 인식한다. 그러나 반품이 예상이 되는 부분과 그렇지 않은 부분 모두 재고자산은 판매된 것으로 보아 장부에서 제거한다.

4-5-2 반품가능성을 합리적으로 예측할 수 없는 경우

구매자가 상품의 인수를 수락하거나 반품기간이 종료된 시점까지는 수익을 인식하지 않는다. 즉, 수익(매출)을 인식하지 않으며, 관련 비용(매출원가)도 인식하지 않는다. 그러나 재고자산은 전액 제거하며, 재고자산은 반환제품회수권으로 계정대체한다.

4-6 할부판매

할부판매는 재고자산을 고객에게 인도하고 대금을 미래에 분할하여 회수하기로 한 경우를 말한다. 할부판매는 대금이 모두 회수되지 않았다고 하더라도 상품의 인도시점에서 수익을 인식하므로 판매자의 재고자산에서 제외한다.

[기말재고자산의 포함여부]

구분	기말재고자산 포함항목
미착상품	선적지 인도조건으로 매입한 상품 도착지 인도조건으로 판매한 상품
시송품	매입의사를 표시하지 않은 상품
적송품	수탁자의 미판매 상품
저당상품	저당권이 실행되지 않은 상품
반품가능 판매상품	반품가능성과 관계없이 재고자산에서 제외
할부판매 상품(장·단기 포함)	인도되었다면 재고자산에 포함하지 않음

 **확인문제**

15. 다음은 ㈜한국의 20X1년 1월 1일부터 12월 31일까지 재고자산 관련 자료이다. 20X1년 ㈜한국의 매출원가는?

기출처 2020. 국가직 7급

- 기초 재고자산 ₩200,000
- 당기 매입액 ₩1,000,000
- 기말 재고자산 ₩100,000 (창고보관분 실사 금액)
- 미착상품 ₩60,000 (도착지 인도조건으로 매입하여 12월 31일 현재 운송 중)
- 적송품 ₩200,000 (이 중 12월 31일 현재 80% 판매 완료)
- 시송품 ₩60,000 (이 중 12월 31일 현재 고객이 매입의사표시를 한 금액 ₩20,000)

① ₩780,000
② ₩820,000
③ ₩920,000
④ ₩1,020,000

정답 ④

기본예제 8 기말재고수량에 포함할 항목

㈜한국은 결산일인 20X1년 12월 31일 현재 창고에 ₩100,000의 재고자산을 보유하고 있음을 실사를 통해 확인했다. 다음은 기말재고자산 수량과 관련된 자료들이다.

> (1) 선적지 인도조건으로 외국으로부터 매입한 상품 ₩20,000이 결산일 현재 운송중에 있다.
> (2) 선적지 인도조건으로 외국에 판매한 상품 ₩30,000이 결산일 현재 운송 중에 있다.
> (3) 도착지 인도조건으로 외국으로부터 매입한 상품 ₩15,000이 결산일 현재 운송 중에 있다.
> (4) 도착지 인도조건으로 외국에 판매한 상품 ₩25,000이 결산일 현재 운송 중에 있다.
> (5) 위탁판매를 하여 수탁자에게 발송한 상품 ₩30,000 중에서 결산일 현재 수탁자가 보관하고 있는 상품은 ₩10,000이다.
> (6) 시용판매를 위하여 고객에게 발송한 상품 ₩15,000 중에서 결산일 현재 구매자가 매입의사를 표시하지 않은 상품이 ₩5,000이다.
> (7) 거래처로부터 현금을 차입하고 담보로 제공한 저당상품이 결산일 현재 ₩5,000이며, 동 저당상품은 거래처에 보관되어 있다.
> (8) 반품조건부로 판매한 재고자산 ₩10,000은 반품가능성을 합리적으로 예측할 수 있다.

위 사항을 고려하여 ㈜한국이 보고할 20X1년 말 기말재고자산금액을 계산하시오.

오쌤 Talk

미착상품에 대한 판단기준
① 선적지 인도조건
: 판매하였고, 매입하였다 → 판매자는 수익인식, 매입자는 재고인식
② 도착지 인도조건
: 도착해야 판매한 것이다. 즉, 판매도 아니고, 매입도 아니다 → 판매자는 재고인식, 매입자는 회계처리하지 않음

[풀이]

창고에 보관 중인 재고자산	₩100,000
선적지 인도조건으로 매입한 운송상품	20,000
선적지 인도조건으로 판매한 운송상품	–
도착지 인도조건으로 매입한 운송상품	–
도착지 인도조건으로 판매한 운송상품	25,000
위탁상품 중 수탁자보관 상품	10,000
시송품 중 구입의사를 표시하지 않은 상품	5,000
담보제공 저당상품	5,000
	₩165,000

*반품가능성을 합리적으로 예측할 수 있는 상품은 판매한 것으로 보고 수익을 인식한다. 그러나 반품가능성의 예측 여부와 무관하게 재고자산은 포함하지 않는다.

5 재고자산감모손실과 평가손실

1 재고자산감모손실

계속기록법으로 계속 판매분을 기록하다가 기말에 실지재고조사법으로 재고자산을 실사해보면 장부상의 수량과 실사한 수량의 차이가 발생할 수 있다. 이러한 **장부상의 수량과 실제의 수량의 차이를 재고자산감모손실이라고 하며, 이를 당기비용으로 인식해야 한다.**

> 재고자산감모손실 = (장부상 수량 − 실제 수량) × 장부상 단가
> = 장부상 수량에 대한 취득원가 − 실제 수량에 대한 취득원가

이에 대한 회계처리는 다음과 같다.

(차) 재고자산감모손실	XXX	(대) 재고자산	XXX
(또는 매출원가)			

재고자산감모손실은 실제 수량이 부족한 것이므로 재고자산에서 직접 차감한다. 또한 재고자산감모손실에 대하여 한국채택국제회계기준에서는 구체적 분류는 없이 당기비용으로 처리하라고 되어 있으나, 일반적으로 기업회계기준에 의거하여 **재고자산감모손실 중 정상적으로 발생한 감모손실은 원가성이 인정되므로 매출원가로 분류하고 비정상적으로 발생한 감모손실은 원가성이 인정되지 않으므로 영업외비용으로 분류하는 것이** 타당하다.

2 재고자산평가손실

재고자산의 물리적 손상, 진부화, 판매가격하락, 완성하는 데 필요한 원가 상승 등으로 인해 보유 중인 재고자산의 가치가 하락할 수 있다. 이런 경우 저가법으로 하락한 금액만큼을 손실로 인식하여야 한다. 즉, 재고자산은 취득원가와 순실현가능액 중 낮은 금액으로 측정하여 하락한 금액만큼을 평가손실로 인식한다.

2-1 순실현가능가치

저가법 평가를 위해서 보유하고 있는 재고자산의 순실현가능가치를 측정해야 한다. 순실현가능가치를 추정할 때에는 재고자산으로부터 실현가능한 금액에 대하여 추정일 현재 사용가능한 가장 신뢰성 있는 증거에 기초하여야 한다.
순실현가능가치(net realizable value: NRV)는 통상적인 영업과정의 예상 판매가격에서 예상되는 추가 완성원가와 판매비용을 차감한 금액으로 측정한다.

> 순실현가능가치 = 예상판매가격 − 예상추가완성원가 − 예상판매비용

이에 반해 공정가치는 측정일에 시장 참여자 사이의 정상적인 거래에서 자산을 매도할 때 받거나 부채를 이전할 때 지급하는 가격을 의미한다. 그러므로 순실현가능가치는 기업특유의 가치이지만 공정가치는 거래상의 가치이므로 재고자산의 순실현가능가치가 순공정가치와 일치하는 것은 아니다.

확인문제

16. 20X1년 말 재고실사를 수행한 결과 ㈜한국의 재고자산 현황이 아래와 같은 경우 ㈜한국이 20X1년의 재고자산감모손실로 인식할 금액은 얼마인가?

<재고실사 결과>

	장부수량	장부금액	실사수량	실사수량에 따른 기말 재고자산 금액
상품	1,100개	₩3,300,000	1,000개	₩3,000,000
제품	1,000개	₩2,000,000	1,000개	₩2,000,000
제품	1,200개	₩4,800,000	1,100개	₩4,400,000

① ₩300,000 ② ₩400,000
③ ₩700,000 ④ ₩900,000

정답 ③

확인문제

17. 다음은 ㈜한국의 재고자산 관련 자료로서 재고자산감모손실은 장부상 수량과 실지재고 수량과의 차이에 의해 발생한다. 기말상품의 실지재고 수량은?

기출처 2020. 지방직 9급

- 기초상품재고액   ₩120,000
- 당기매입액   ₩900,000
- 장부상 기말상품재고액(단위당 원가 ₩1,000) ₩200,000
- 재고자산감모손실   ₩30,000

① 100개 ② 140개
③ 170개 ④ 200개

정답 ③

기출 OX

11. 순실현가능가치를 추정할 때에는 재고자산으로부터 실현가능한 금액에 대하여 추정일 현재 사용가능한 가장 신뢰성 있는 증거에 기초하여야 한다.

기출처 2022. 국가직 7급
정답 O

12. 순실현가능가치를 추정할 때 재고자산의 보유 목적도 고려하여야 하는데, 예를 들어 확정판매계약 또는 용역 계약을 이행하기 위하여 보유하는 재고자산의 순실현가능가치는 계약가격에 기초한다.

기출처 2022. 국가직 7급
정답 O

재고자산을 저가법으로 평가하는 경우 순실현가능가치는 재고자산의 보유목적을 고려하여 측정한다. 예를 들어, **확정판매계약이나 용역계약을 이행하기 위하여 보유하는 재고자산의 순실현가능가치는 계약가격에 기초한다.** 만일 보유하고 있는 재고자산의 수량이 확정판매계약의 이행에 필요한 수량을 초과하였다면 그 초과수량의 순실현가능가치는 일반 판매가격에 기초한다.

상품, 제품, 재공품은 순실현가능액을 기준으로 저가평가한다. 완성될 제품이 원가 이상으로 판매될 것으로 예상하는 경우에는 그 생산에 투입하기 위해 보유하는 원재료 및 기타소모품은 감액하지 아니한다. 그러나 원재료 가격이 하락하여 제품의 원가가 순실현가능가치를 초과할 것으로 예상[5*]된다면 해당 원재료를 순실현가능가치로 감액한다.

한편, **사용목적으로 보유하는 재고자산인 원재료의 경우 순실현가치에 대한 최선의 이용가능한 측정치로 현행대체원가를 사용한다.** 이때 현행대체원가는 현재시점에서 매입하거나 재생산하는 데 소요되는 금액을 의미한다. 원재료의 경우 추가 공정과정이 많이 남아 있어서 예상 추가원가 등을 통해 순실현가능가치를 측정하는 것이 무리가 될 수 있기 때문에 현행대체원가를 사용하는 것이다.

[재고자산의 순실현가능액]

보유목적	사례	순실현가능액
판매	상품·제품·재공품	예상판매금액 - 추가예상원가&판매비용
사용	원재료·기타소모품	현행대체원가
확정판매계약		• 계약수량분: 계약가격 • 계약수량 초과분: 일반판매가격

완성될 제품이 원가 이상으로 판매되는 경우 감액하지 않음

2-2 회계처리

재고자산평가손실은 재고자산에서 직접 차감하였던 재고자산감모손실과는 달리 **재고자산평가손실충당금의 과목**으로 하여 **재고자산의 차감계정**으로 표시한다.

| (차) 재고자산평가손실 | XXX | (대) 재고자산평가충당금 | XXX |

또한 재고자산평가손실에 대하여 한국채택국제회계기준에서는 구체적 분류는 없이 **당기비용으로 처리**하라고 되어 있으나, 일반적으로 기업회계기준에 의거하여 매출원가로 계상하면 될 것이다.

5* 원재료 가격이 하락하면, 제품의 판매가격이 하락하면서 제품의 순실현가능가치가 떨어지는 상황에서 제품의 원가가 순실현가능가치를 초과하게 된다는 의미이다.

오쌤 Talk

저가평가 순서

저가평가의 여부를 결정할 때, 원재료는 제품의 상황에 영향을 받는다. 그러므로 제품, 재공품, 원재료가 주어지면 제품의 저가평가를 먼저 판단한다.
제품이 저가평가 대상이면 원재료도 저가평가 대상인지 확인한다. 그러나 제품이 저가평가 대상이 아니라면 원재료는 저가평가를 수행하지 않는다.

기출 OX

13. 완성될 제품이 원가 이상으로 판매될 것으로 예상하는 경우에는 그 생산에 투입하기 위해 보유하는 원재료 및 기타소모품을 감액하지 아니하며, 원재료 가격이 하락하여 제품의 원가가 순실현가능가치를 초과할 것으로 예상되더라도 해당 원재료를 순실현가능가치로 감액하지 않는다. 기출처 2022. 국가직 7급

정답 X

확인문제

18. ㈜한국의 20X1년 기말재고 관련 자료는 다음과 같으며 품목별로 저가법을 적용한다.

품목	수량	취득원가	예상판매가격	예상판매비용
상품 a	2	@₩5,000	@₩7,000	@₩1,500
상품 b	3	@₩8,000	@₩9,000	@₩2,000
상품 c	2	@₩2,500	@₩3,000	@₩1,000

기초상품재고액은 ₩50,000, 당기총매입액은 ₩1,000,000, 매입할인은 ₩50,000이며, ㈜한국은 재고자산평가손실을 매출원가에 포함한다. ㈜한국의 20X1년 포괄손익계산서상 매출원가는? 기출처 2019 국가직 7급

① ₩962,000 ② ₩964,000
③ ₩965,000 ④ ₩1,050,000

정답 ③

오쌤 Talk

평가손실의 환입
회계상에서 손상과 환입에 대한 로직은 일관성이 있다.
재고자산의 평가손실환입은 일종의 손상차손환입이다.
이때, 원가평가 자산의 환입은 손상을 인식하기 전 장부를 초과할 수 없다. 그러나 공정가치평가(재평가 포함) 자산의 환입은 공정가치까지 회복된다. 다만, 이전에 인식한 손상차손만큼을 손상차손환입(수익)으로 인식하고, 초과되는 부분은 기타포괄손익으로 인식한다.

✏️ 기출 OX

14. 매 후속기간에 순실현가능가치를 재평가하며, 재고자산의 감액을 초래했던 상황이 해소되거나 경제상황의 변동으로 순실현가능가치가 상승한 명백한 증거가 있는 경우에는 최초의 장부금액을 초과하지 않는 범위 내에서 평가손실을 환입한다. 　기출처 2022. 국가직 7급

정답 O

📗 확인문제 최신

19. 재고자산에 대한 설명으로 옳지 않은 것은? 　기출처 2024. 국가직 9급
① 재고자산은 취득원가와 순실현가능가치 중 낮은 금액으로 측정하고, 취득원가는 매입원가, 전환원가 및 재고자산을 현재의 장소에 현재의 상태로 이르게 하는 데 발생한 기타 원가 모두를 포함한다.
② 재고자산을 순실현가능가치로 감액하는 저가법은 항목별로 적용한다. 그러나 경우에 따라서는 서로 비슷하거나 관련된 항목들을 통합하여 적용하는 것이 적절할 수 있다.
③ 재고자산의 순실현가능가치가 상승한 증거가 명백한 경우 최초의 장부금액을 초과하지 않는 범위 내에서 평가손실을 환입한다. 그 결과 새로운 장부금액은 취득원가와 수정된 순실현가능가치 중 큰 금액이 된다.
④ 순실현가능가치의 상승으로 인한 재고자산 평가손실의 환입은 환입이 발생한 기간의 비용으로 인식된 재고자산 금액의 차감액으로 인식한다.

정답 ③

[재무제표 표시]

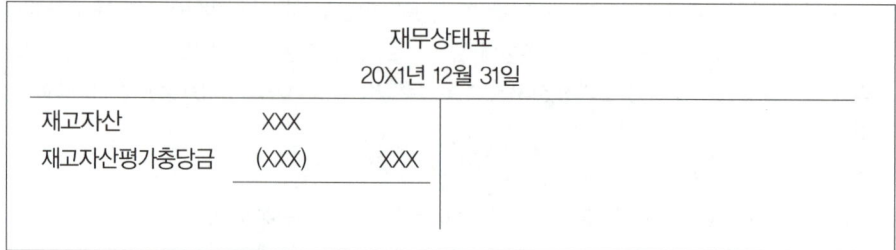

재고자산의 감액을 초래했던 상황이 해소되거나 경제상황의 변동으로 순실현가능가치가 상승한 명백한 증거가 있는 경우에는 **최초의 장부금액을 초과하지 않는 범위 내에서 평가손실을 환입**한다. 그 결과 새로운 장부금액은 취득원가와 수정된 순실현가능가치 중 작은 금액이 된다. 재고자산평가손실의 환입은 환입이 발생한 기간에 비용으로 인식된 매출원가의 차감액으로 인식한다.

[순실현가능가치 회복]

(차) 재고자산평가충당금	XXX	(대) 매출원가 (평가손실환입)	XXX

2-3 평가단위

재고자산 평가손실은 **항목별로 적용하는 것을 원칙**으로 하나 **서로 유사한 재고자산별로 묶어서 조별로 적용할 수도 있다**. 그러나 재고자산을 전체를 묶어서 인식하는 **총계기준을 적용할 수는 없다**.

2-4 평가손실과 감액손실의 순서

회사는 우선적으로 기말재고자산의 수량을 확정하여야 한다. 따라서 **감모손실에 대해서 먼저 인식을 하여야 하고, 그 다음으로 재고자산의 순실현가능가치를 구하여 평가손실을 인식해야 한다.**

[재고자산의 감모와 평가인식]

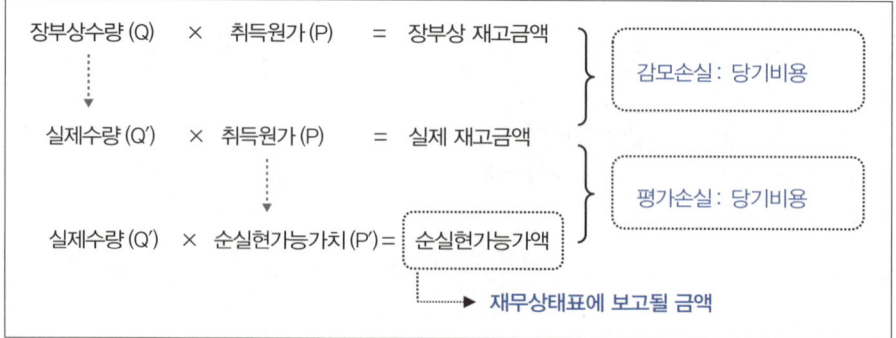

기본예제 9 재고자산 평가

다음은 20X1년 기말 ㈜한국의 기말재고자산이다. 그러나 실사한 결과 다음과 같은 차이가 발생하였다.

구분	수량	단가
장부상	200개	@₩15
재고실사 시	100개	@₩10

㈜한국이 인식할 재고자산감모손실과 재고자산평가손실을 계산하고, 회계처리를 하시오.

【풀이】
1. 재고자산감모손실과 재고자산평가손실
   재고자산감모손실 = {장부재고량(200개) − 실지재고량(100개)} × @원가(₩15) = ₩1,500
   재고자산평가손실 = 실지재고량(100개) × {취득원가(₩15) − 순실현가능가치(₩10)} = ₩500
2. 회계처리
   감모손실 (차) 재고자산감모손실   ₩1,500   (대) 재고자산   ₩1,500
   평가손실 (차) 재고자산평가손실   ₩500   (대) 재고자산평가충당금 ₩500

오쌤 Talk

인식순서

감모손실을 먼저 인식하고, 평가손실을 인식한다. 즉, 평가손실은 실제 수량에 대해 장부상의 단가와 순실현가능가치를 비교하여 인식한다.

확인문제

20. ㈜한국의 20X1년 12월 31일 재고자산 관련 자료는 다음과 같다.

- 장부상 재고수량 5,000개
- 실지재고 조사수량 4,500개
- 재고자산 단위당 취득원가 ₩500/개
- 재고자산 단위당 순실현가능가치 ₩350/개

㈜한국이 20X1년 12월 31일에 인식해야 할 재고자산감모손실과 재고자산평가손실을 바르게 연결한 것은?

기출처 2022. 관세직 9급

	재고자산감모손실	재고자산평가손실
①	₩175,000	₩175,000
②	₩175,000	₩750,000
③	₩250,000	₩675,000
④	₩250,000	₩750,000

정답 ③

오쌤 Talk

확정판매계약

[심화예제 2]의 제품과 관련한 확정판매에서의 순실현가능가치는 계약가격(₩480)이다. 계약 이행 수량(100개)을 초과한 경우에는 일반판매가격(₩530)에 기초한다.

심화예제 2 확정판매계약이 있는 경우의 저가법

다음은 12월 말 결산법인인 ㈜한국의 20X1년 말 현재 재고자산의 내역이다.

구분	수량	단위당		
		취득원가	현행대체원가	순실현가능가치
제품	200개	₩500	₩510	₩530
재공품	50개	₩300	₩250	₩280
원재료	100개	₩100	₩80	₩120

㈜한국은 20X1년 12월 1일 주요 거래처와 제품 100개를 개당 ₩480에 판매하는 확정계약을 체결하였다. 거래처와의 판매에 따른 부대비용은 없는 것으로 가정할 때 ㈜한국이 20X1년 12월 31일에 인식할 재고자산 평가손실을 재고자산 종류별로 계산하면 얼마인가?

풀이

(1) 제품
　실제수량 × 취득원가　　　　　　　　200개 × ₩500 = ₩100,000 ⎫ 평가손실 ₩2,000
　실제수량 × 순실현가능가치 (100개 × ₩480) + (100개 × ₩500) = ₩98,000 ⎭

(2) 재공품
　실제수량 × 취득원가　　　　　　　　50개 × ₩300 = ₩15,000 ⎫ 평가손실 ₩1,000
　실제수량 × 순실현가능가치　　　　　50개 × ₩280 = ₩14,000 ⎭

(3) 원재료
　평가손실 없음
　(완성될 제품의 순실현가능가치가 장부금액을 초과하기 때문에 저가평가 대상이 아니다.)

심화예제 3 재고자산 평가

㈜한국은 A와 B 제품을 생산하고 있으며 20X1년 말에 이들 두 제품과 관련된 자료는 다음과 같다. 기업회계기준서의 저가법을 적용할 경우 20X1년 말 재무상태표에 계상할 재고자산 장부가액의 총액을 구하시오.

제품	재고자산	취득원가	순실현가능액	현행대체원가
A	원재료	₩1,000	-	₩800
	재공품	₩2,000	₩1,900	₩1,800
	제품	₩5,000	₩6,000	₩5,500
B	원재료	₩1,000	-	₩800
	재공품	₩2,500	₩3,000	₩2,700
	제품	₩3,500	₩3,300	₩3,400

오쌤 Talk

재고자산 평가손실

문제에서 원재료, 재공품, 제품이 주어질 때 원재료부터 평가하지 않는다. 원재료는 제품의 영향을 받으므로 제품의 저가평가를 확인하고, 원재료를 저가평가할지를 결정한다.
즉, 다음의 순서로 한다.

① 제품
② 원재료
③ 재공품

풀이

제품	재고자산	취득원가	순실현가능액	현행대체원가	장부가액(저가법)
A	원재료	₩1,000	–	₩800	₩1,000*
	재공품	₩2,000	₩1,900	₩1,800	₩1,900
	제품	₩5,000	₩6,000	₩5,500	₩5,000
B	원재료	₩1,000	–	₩800	₩800
	재공품	₩2,500	₩3,000	₩2,700	₩2,500
	제품	₩3,500	₩3,300	₩3,400	₩3,300
합계					₩14,500

*A 원재료는 완성할 제품의 순실현가능가치가 장부금액을 초과하므로 저가평가 대상이 아니다.

6 재고자산의 추정

❶ 매출총이익률법

매출총이익률법은 매출총이익률을 사용하여 재고자산을 추정하는 방법이므로 취득원가주의에 위배되어 **기업회계기준서에서 규정하고 있는 재고자산의 평가방법은 아니다.** 그러나 천재, 지변, 도난, 화재 등으로 인해 재고자산 손실이 발생한 경우 기말재고자산가액을 추정하기 위해서 사용하는 방법이다.

매출총이익률법에서는 다음과 같은 과정에 따라 기말재고액을 산정한다.

① 당기매출액에 과거의 매출원가율(1 − 매출총이익률)을 적용하여 매출원가를 산정한다.
② 판매가능재고액(기초재고 + 당기매입)에서 ①에서 구한 매출원가를 차감하여 기말재고금액을 추정한다.

재고자산			
기초재고	XX	매출원가	①
당기매입	XX	기말재고	②
판매가능재고	XX		XX

① × 매출원가율 ← 매출액 XX

1-1 당기매입액의 계산

매입액은 순매입액을 의미하므로 매입에누리, 매입환출, 매입할인 등을 차감한 후의 금액이며, 매입운임은 매입액에 가산한다. 만약 매입액에 대한 자료가 없고, 매입채무 증감과 매입채무 현금지급액이 제시되는 경우에는 매입채무 계정의 분석을 통해 순매입액을 산정한다.

매입채무	
매입채무 현금지급액	기초매입채무
기말매입채무	순매입액

1-2 당기매출액의 계산

매출액은 순매출액을 의미하므로 매출에누리, 매출환입, 매출할인 등을 차감한 후의 금액이며, 판매운임은 판매비와관리비이므로 매출액과 무관하다. 만약 매출액에 대한 자료가 없고, 매출채권 증감과 매출채권 현금회수액이 제시되는 경우에는 매출채권 계정의 분석을 통해 순매출액을 산정한다.

매출채권	
기초매출채권	매출채권 현금회수액
순매출액	기말매출채권

확인문제

21. 다음 자료를 통해 매출원가를 구하면 얼마인가?

기초매입채무	₩100,000
기말매입채무	₩150,000
매입채무 현금지급액	₩120,000
매입할인	₩20,000
매입운임	₩10,000
기초재고자산	₩30,000
기말재고자산	₩50,000

정답 ₩150,000

1-3 매출원가의 계산

매출총이익률법은 당기매출원가를 파악할 수 있다는 가정에서 시작한다. 그러나 기말재고자산 가액을 확인할 수 없으므로 매출원가율을 추정하여 매출액에 적용하는 방법으로 매출원가를 계산하는 것이다.

매출원가율은 '1 - 매출총이익률'을 의미하며, 매출총이익률은 매출총이익을 매출액으로 나눈 것이다. 이와 같은 사항을 정리하면 다음과 같다.

> 매출총이익률 = 매출총이익 ÷ 매출액
> 매출원가율 = 매출원가 ÷ 매출액
> 매출총이익률 = 1 − 매출원가율

예를 들어, 매출액이 ₩1,000이고 매출원가가 ₩800인 경우, 매출총이익율은 20%가 되며 매출원가율은 80%가 되는 것이다.

그런데 '매출원가대이익률'이 제시되는 경우에는 먼저 매출총이익률로 환산한 다음 매출원가금액을 계산한다. 예를 들어, 매출액 ₩1,000이고 매출원가 ₩800인 경우, 매출원가대이익률은 25%(= ₩200/₩800)이다. 매출원가대이익률이 25%로 주어진 상황이라면 매출총이익율 20%는 25%/(1 + 25%)로 계산된다. 그러므로 매출원가대이익률과 매출총이익률은 다음과 같은 관계가 있다.

$$매출총이익률 = \frac{매출원가대이익률}{1 + 매출원가대이익률}$$

이를 통해서 계산한 매출원가는 다음과 같다.

> 매출원가 = 당기매출액 × (1 − 매출총이익률)
> 매출원가 = 당기매출액 ÷ (1 + 매출원가대이익률)

확인문제

22. 다음 자료를 통해 매출원가를 구하면 얼마인가?

기초매출채권	₩100,000
기말매출채권	₩50,000
매출채권 현금회수액	₩300,000
매출할인	₩20,000
판매운임	₩10,000
매출총이익률	20%

정답 ₩200,000

확인문제

23. 다음은 ㈜한국의 20X1년 상품매매와 관련한 자료이다.

○ 매출액 ₩7,500
○ 기초상품재고액 ₩2,000
○ 기초매입채무 ₩500
○ 기말상품재고액 ₩1,000
○ 기말매입채무 ₩3,000

㈜한국이 매출원가의 50 %를 이익으로 가산하여 상품을 판매할 경우, 20×1년 상품매입을 위한 현금 유출액은?

기출처 2022. 지방직 9급

① ₩1,500 ② ₩2,500
③ ₩3,000 ④ ₩5,000

정답 ①

확인문제

24. ㈜한국의 20X1년의 상품매출액은 ₩1,000,000이며, 매출총이익률은 20%이다. 20X1년의 기초상품재고액이 ₩50,000이고 당기의 상품 매입액이 ₩900,000이라고 할 때, 20X1년 말의 재무상태표에 표시될 기말상품재고액은?

기출처 2019. 국가직 9급

① ₩70,000
② ₩100,000
③ ₩150,000
④ ₩180,000

정답 ③

1-4 재고자산 손실액

화재 등으로 인해 손실된 재고자산은 앞서 추정된 기말재고자산가액과 화재 이후 확인한 결과 남아 있는 재고자산과의 가치 차이를 인식하면 된다. 단, 남아 있는 재고자산이 처분가치가 있는 경우 이를 가산하여야 한다. 또한 다른 장소에 보관되어 있는 회사소유의 재고자산과 회사의 재고에 포함되어 운송 중인 재고자산도 손실액에서 차감해야 한다. 즉, 선적지 인도조건으로 매입 중인 운송 중인 재고자산과 도착지 인도조건으로 판매 중인 운송 중인 재고자산은 손실액에서 차감한다.

또한 회사가 보험에 가입한 경우 수령한 보험금을 재고자산 손실액에서 차감하여야 하며, 만일 보험 수령액이 재고손실액을 초과하는 경우 초과금액만큼을 보험차익으로 계상하여야 한다.

추정 재고자산			XXX
화재 발생 후 재고자산 가액			(XXX)
+	손상되지 않은 재고의 취득원가	(XXX)	
+	손상된 재고자산 처분가치	(XXX)	
+	타처보관 재고자산	(XXX)	
+	보험금 수령액	(XXX)	(XXX)
재고자산 손실액 또는 보험차익			XXX

오쌤 Talk

추정재고자산

추정재고자산은 장부상의 자료들을 이용하여 산정한 장부상의 재고이다. 그러므로 회사의 재고자산으로 인식되어있어야 할 장부상의 재고는 창고 안에 있는 재고와 창고 밖의 재고로 나뉘어 진다.

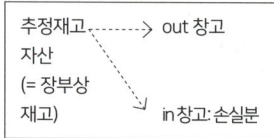

확인문제

25. 20X9년 7월 1일에 화재로 인하여 ㈜한국의 창고에 보관 중이던 재고자산의 30%가 소실되었다. 20X9년 1월 1일부터 20X9년 7월 1일까지 발생한 관련 회계 기록은 <보기>와 같다. 화재로 인한 ㈜한국의 재고자산 손실액은?

기출처 2019. 서울시 7급

<보기>
- 20X9년 기초재고자산 ₩1,500
- 20X9년 7월 1일까지의 매입액 ₩700
- 20X9년 7월 1일까지의 매출액 ₩2,000
- 매출총이익률 20%

① ₩160   ② ₩180
③ ₩200   ④ ₩220

정답 ②

심화예제 4 매출총이익률법

㈜한국은 20X2년 12월 31일에 일부 상품을 도난당하였다. 가장 최근의 재고자산실사는 20X1년 12월 31일에 있었으며, 20X2년 동안의 상품거래에 관한 정보는 다음과 같다.

• 기초재고액	₩10,000
• 매입액	₩70,000
• 매출액	₩80,000

㈜한국의 매출총이익률은 30%로 예상되며, 적송품 ₩5,000이 남아 있는 경우, 도난으로 인한 손실액을 구하시오.

[풀이]

재고자산

기초재고	₩10,000	매출원가	₩56,000	⇐ ₩80,000×(1-30%)
당기매입	₩70,000	기말재고	《₩24,000》	
	₩80,000		₩80,000	

∴ 도난으로 인한 손실액 = 추정 기말재고(₩24,000) - 적송품(₩5,000) = ₩19,000

오쌤 Talk

매출총이익률법 순서

① 매출원가 산정
  (= 매출액 × 매출원가율*)
  *매출원가율 = 1 - 매출총이익률
② 장부상 기말재고
  (= 기초재고 + 당기매입 - 매출원가)
③ 손실액
  (= 장부상 재고 - 창고 out 재고)

심화예제 5 매출총이익률법

㈜한국은 20X1년 4월 19일 창고에 화재가 발생하여 재고자산의 대부분이 소실되었다. 화재로 인해 손상된 재고를 처분하면 ₩10,000을 회수할 수 있을 것으로 평가된다. 회사 장부를 검토한 결과 다음과 같은 자료를 입수하였다. 주어진 자료를 통해 화재손실액을 구하시오.

• 매출채권 현금회수액	₩450,000
• 매출에누리	₩20,000
• 매출운임	₩18,000
• 매출채권증가액	₩50,000
• 당기총매입액	₩380,000
• 기초상품재고액	₩100,000
• 매입운임	₩40,000
• 매입할인	₩10,000
• 매출원가대이익률	25%
• 선적지 인도조건으로 매입 중인 재고	₩30,000

풀이
(1) 순매출액*: 매출채권 현금회수액 + 매출채권 증가액 = ₩450,000 + ₩50,000 = ₩500,000
(2) 매출원가추정: ₩500,000 ÷ (1 + 25%) = ₩400,000
(3) 순매입액: 총매입액(₩380,000) + 매입운임(₩40,000) − 매입할인(₩10,000) = ₩410,000
(4) 기말재고자산추정

재고자산

기초재고	₩100,000	매출원가	₩400,000
당기순매입	₩410,000	기말재고	₩110,000
	₩510,000		₩510,000

(5) 화재손실액 = ₩110,000 − ₩30,000 − ₩10,000 = ₩70,000

매출채권

순매출액*	⟪₩500,000⟫	매출채권 현금회수액	₩450,000
		매출채권 증가액	₩50,000
	₩500,000		₩500,000

[참고] 매출채권 현금회수액과 매출채권 증가액을 통해 산출되는 매출액은 총매출액이 아니라 순매출액(= 총매출액 − 매출에누리)이다. 그러므로 위 T계정에서 매출에누리를 따로 반영하지 않는다. 또한 매출운임은 당기 판매비와관리비로 처리하기 때문에 위 식에 반영하지 않는다.

오쌤 Talk

매출총이익률법 순서

① 순매출액 산정
순매출액 = 기말매출채권 + 현금회수액 − 기초매출채권
= 매출채권증가액(= 기말매출채권 − 기초매출채권) + 현금회수액
[참고]
매출에누리는 이미 반영된 금액으로 산정되어 나온다. 매출운임은 당기비용으로 처리하므로 따로 반영하지 않는다.

② 매출원가추정
매출액 × 매출원가율* = 매출원가
*매출원가대이익률을 통해 매출원가율산정

③ 순매입액 산정
순매입액 = 총매입액 + 매입운임 − 매입할인

④ 기말재고자산추정(장부상재고)
기초상품재고액 + 순매입액 − 매출원가 = 기말재고자산

⑤ 화재손실액추정
장부상재고 − out 창고 재고 = 손실액

확인문제 [최신]

26. 다음은 ㈜한국의 20X1년 12월 31일 수정전시산표의 일부이다. 20X1년 12월 31일 ㈜한국의 창고에 화재가 발생하여 보관 중인 재고자산이 전부 소실되었다. ㈜한국의 매출총이익률이 40%인 경우 화재로 인해 소실된 기말재고자산은? (단, ㈜한국은 재고자산을 실지재고조사법으로 기록하고 있다)

기출처 2023. 국가직 7급

수정전시산표

재고자산	₩100,000	매출	₩510,000
매입	₩390,000	매입에누리와 환출	₩6,000
매입운임	₩30,000		
매입할인	₩10,000	매입할인	₩14,000

① ₩100,000 ② ₩120,000
③ ₩180,000 ④ ₩200,000

정답 ④

오쌤 Talk

소매재고법
소매재고법은 매출총이익률법과 달리 한국채택국제회계기준에서 인정해주는 재고자산 추정방법이다.

❷ 소매재고법

소매재고법은 백화점에서 저가인 물건을 다량으로 판매할 경우 거래가 빈번하게 이루어지므로 각각의 원가를 계산하는 방법을 적용하였을 때의 효익이 크지 않다. 따라서 판매가능자산 즉, 기초재고자산과 당기매입액의 **판매가와 원가를 비교하여 산정한 원가율을 판매가 기준으로 산정한 기말재고자산 금액에 적용하여 기말재고자산 가액을 추정**하는 것이다.

소매재고법은 원가 흐름의 가정 즉, 선입선출법, 총평균법, 이동평균법 등에 의하여 기말재고자산의 추정 방법이 달라질 수 있다. 왜냐하면 기초재고자산의 판매여부에 따라서 원가율의 산정이 달라지기 때문이다.

가격의 인상, 인하, 인상취소 또는 인하취소 등에 의하여도 원가율이 달라진다. 이는 판매가격의 변동을 야기시켜 원가율이 달라지기 때문이다. 이의 전체적 논리는 다음과 같이 정리할 수 있다.

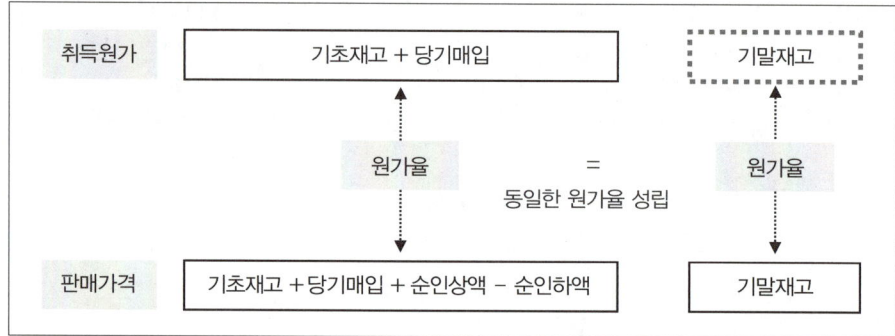

따라서 기말재고자산의 판매가를 산정하여 각각 원가흐름의 가정에 따라 원가율을 적용하면 기말재고자산가액을 계산할 수 있다.

2-1 적용순서

① 기말재고자산을 매가로 산정한다.

매가를 기준으로 기초와 당기매입분(인상, 인하 등을 모두 반영)에서 당기에 판매된 매출액을 차감하면 매가 기준의 기말재고자산을 산정할 수 있다.

② 원가율을 산정한다.

매가에 대해 원가가 차지하는 비율을 원가율이라고 한다. 이때 기초재고자산이 있는 경우에는 원가흐름의 가정에 따라 다양한 원가율을 산정할 수 있다. 원가율의 산정 방식에 따라 소매재고법의 계산방법이 달라진다.

③ 기말재고자산의 원가를 산정한다.

①에서 산정한 기말재고자산 매가에 ②에서 산정한 원가율을 적용하여 기말재고자산의 원가를 산정한다.

> 기말재고(매가) × 원가율 (평균법, 선입선출법, 저가기준) = 기말재고(원가)

오쌤 Talk

적용순서
① 기말재고(매가)
  = 기초재고(매가) + 당기매입(매가) + (순인상액 − 순인하액) − 당기매출액
② 원가율
  = $\dfrac{\text{기초재고(원가)} + \text{당기매입(원가)}}{\text{기초재고(매가)} + \text{당기매입(매가)} + \text{순인상액} - \text{순인하액}}$
③ 기말재고(원가)
  = ① 기말재고(매가) × ② 원가율

④ 매출원가를 산정한다.

원가기준의 기초재고자산과 당기매입분의 합계, 즉 판매가능재고액에서 ③에서 산정한 기말재고자산 원가를 차감하여 매출원가를 산정한다.

> 기초재고 + 당기매입 – 기말재고(원가) = 매출원가

2-2 원가율

2-2-1 평균원가 소매재고법

평균원가 소매재고법은 기초재고자산과 당기매입 재고자산이 동일하게 판매되었을 것으로 가정하므로 원가율 산정 시 이를 다 합산하여 계산하여야 한다. 또한 **가격 인상액, 인하액도 동일하게 적용**하여 계산한다. 이를 계산식으로 정리하면 다음과 같다.

> - 원가: 기초재고 + 당기매입 = 매출원가 + 기말재고
>
> - 매가: 기초재고 + 매입액 + 순인상액 – 순인하액 = 당기매출 + 기말재고
>
> - 원가율 = $\dfrac{\text{기초재고(원가)} + \text{당기매입(원가)}}{\text{기초재고(매가)} + \text{당기매입(매가)} + \text{순인상액} - \text{순인하액}}$

2-2-2 저가주의 평균원가(전통적) 소매재고법

기말재고자산의 장부금액은 취득원가와 순실현가능가치 중 낮은 금액으로 측정하는 저가법을 적용하도록 규정하고 있다. 이와 같이 **판매가격의 하락으로 인해 재고자산 금액을 낮춰주는 것을 저가주의 평균원가 소매재고법**이라고 한다.

이는 판매가격의 하락을 원가율을 통해서 낮추게 된다. 원가율을 낮추기 위해서는 원가율의 산식에서 분자를 줄이거나 분모를 증가시켜야 하는데, 분자는 취득원가라서 수정할 수 없으므로 분모에서 순인하액을 제외시켜 원가율을 낮추게 된다. 즉, **원가율의 계산시 순인하액을 포함시키지 않으면 원가율이 하락**하고, 이는 기말재고자산을 낮게 평가할 것이므로 저가기준을 적용한 것과 동일한 효과가 된다.

> - 원가: 기초재고 + 당기매입 = 매출원가 + 기말재고
>
> - 매가: 기초재고 + 매입액 + 순인상액 = 순인하액 + 당기매출 + 기말재고
>
> - 원가율 = $\dfrac{\text{기초재고(원가)} + \text{당기매입(원가)}}{\text{기초재고(매가)} + \text{당기매입(매가)} + \text{순인상액}}$

오쌤 Talk

원가율

원가율 산정방법은 원가흐름의 가정에 따라 평균법, 선입선출법, 후입선출법 등이 있다. 각각의 방법에 저가법의 논리를 적용하여 원가율을 산정할 수도 있다. 그러므로 '저가주의 평균원가 소매재고법(= 평균법 + 저가법)'과 '저가주의 선입선출 소매재고법(= 선입선출 + 저가법)'으로 원가율을 산정할 수 있다.

2-2-3 선입선출법 소매재고법

선입선출법은 기초재고자산이 먼저 판매가 되고, 당기매입분이 나중에 판매되는 것을 가정한 것이다. 그러므로 원가율을 계산할 때 **기초재고분과 당기매입분으로 재고층을 나누어 원가율을 각각 계산**하고, 이 중 기초재고분이 먼저 판매된 것으로 가정한다. 따라서 먼저 완성된 기초재고자산이 모두 판매되었다면, 원가율 계산에 고려할 필요가 없다. 즉, 기말재고자산은 모두 당기매입분이므로 당기매입분의 원가율을 판매가기준 기말재고자산금액에 적용하면 된다. 또한 판매가의 순인상액 또는 순인하액은 당기매입분에서 발생한 것으로 가정한다.

저가주의 선입선출법 소매재고법을 계산할 시는 동일하게 순인하액을 원가율 산정에서 제외하여 원가율을 낮춰준다. 이때, **순인상액과 순인하액은 당기매입분에서만 발생한 것으로 가정**한다.

- 기초재고원가율 = $\dfrac{\text{기초재고(원가)}}{\text{기초재고(매가)}}$
- 당기매입원가율 = $\dfrac{\text{당기매입(원가)}}{\text{당기매입(매가)} + \text{순인상액} - \text{순인하액}}$

심화예제 6 평균원가 소매재고법

㈜한국의 20X1년 재고자산과 관련된 자료가 다음과 같다.

	원가	매가
기초재고	₩100,000	₩200,000
당기매입	₩800,000	₩1,000,000
매출액		₩900,000

다음의 원가흐름 가정에 따라 기말재고자산 장부금액 및 매출원가를 계산하시오.

01 평균법

02 선입선출법

📖 **확인문제**

27. 선입선출소매재고법을 적용하여 추정한 기말재고자산은?

기출처 2013. 지방직 9급

	원가	판매가격
기초재고	₩30,000	₩40,000
당기매입	₩50,000	₩60,000
매출액		₩70,000

① ₩24,000 ② ₩25,000
③ ₩30,000 ④ ₩35,000

정답 ②

[풀이]

01 평균법

(1) 매가기준 기말재고액 = 기초재고(₩200,000) + 당기매입(₩1,000,000) − 매출액(₩900,000)
= ₩300,000

(2) 원가율 = $\dfrac{\text{기초재고원가}(₩100,000) + \text{당기매입원가}(₩800,000)}{\text{기초재고매가}(₩200,000) + \text{당기매입매가}(₩1,000,000)}$ = 75%

(3) 기말재고액(원가) = ₩300,000 × 75% = ₩225,000

(4) 매출원가 = 기초재고(₩100,000) + 당기매입(₩800,000) − 기말재고(₩225,000)
= ₩675,000

02 선입선출법

(1) 매가기준 기말재고액 = 기초재고(₩200,000) + 당기매입(₩1,000,000) − 매출액(₩900,000)
= ₩300,000

(2) 원가율 = $\dfrac{\text{당기매입원가}(₩800,000)}{\text{당기매입매가}(₩1,000,000)}$ = 80%

(3) 기말재고액(원가) = ₩300,000 × 80% = ₩240,000

(4) 매출원가 = 기초재고(₩100,000) + 당기매입(₩800,000) − 기말재고(₩240,000)
= ₩660,000

심화예제 7 저가기준 평균원가 소매재고법

㈜한국의 20X1년 재고자산과 관련된 자료가 다음과 같다.

	원가	매가
기초재고액	₩3,000	₩5,000
당기매입액	₩27,000	₩43,000
순인상액		₩2,000
순인하액		₩2,000
매출액		₩38,000

저가기준 평균원가 소매재고법에 따라 기말재고자산 장부금액 및 매출원가를 계산하시오.

[풀이]

(1) 매가기준에 의한 기말재고액: ₩5,000 + ₩43,000 + ₩2,000 − ₩2,000 − ₩38,000 = ₩10,000

(2) 저가기준 평균원가율: (₩3,000 + ₩27,000)/(₩5,000 + ₩43,000 + ₩2,000) = 60%*
*저가기준에 의한 평균원가율 계산시에는 순인하액을 고려하지 않음

∴ 기말재고액 = ₩10,000 × 60% = ₩6,000, 매출원가 = ₩3,000 + ₩27,000 − ₩6,000 = ₩24,000

오쌤 Talk

특수항목 정리

① 순인상액과 순인하액
: 판매하는 과정에서 가격의 인상과 인하를 의미한다. 그러므로 판매가능재고의 매가를 산정하는데 가산하거나 차감한다.

② 정상파손과 비정상파손
: 파손은 판매가 불가능하므로 판매가능재고에서 차감한다. 다만, 비정상파손은 판매가능재고(원가와 매가 둘 다)에서 차감하지만, 정상파손은 마치 정상감모손실의 개념처럼 판매된 것으로 보고 매출로 처리한다. 그러나 진짜 매출액과는 구분하여 따로 표시한다. 다만 개념상으로는 매출액의 일부라고 생각하면 되겠다.

③ 종업원할인
: 종업원할인은 판매하는 과정에서 종업원에게 할인해준 만큼 매출액이 줄어든다. 그러나 이미 매출액은 이러한 부분을 따로 처리하고 난 순이므로 매출액에서 차감하지 않고 매출계정 아래에 구분하여 따로 표시한다. 다만 개념상으로는 매출액의 일부라고 생각하면 되겠다.

2-3 특수항목

매입의 가감항목이나 매출의 차감항목이 있는 특수한 경우에는 소매재고법 적용을 위한 원가율 산정 시 이를 고려해야 한다. 고려해야 할 항목을 정리하면 다음과 같다.

과목	원가	매가	과목	원가	매가
기초재고	XXX	XXX			
당기매입	XXX	XXX	매출액		XXX
매입운임	XXX		매출에누리		(XXX)
매입에누리	(XXX)		매출할인		(XXX)
매입할인	(XXX)		매출환입		(XXX)
매입환출	(XXX)	(XXX)	종업원할인		XXX
순인상액		XXX	정상파손		XXX
순인하액		(XXX)			
비정상파손	(XXX)	(XXX)	기말재고	XXX	XXX
	XXX	XXX		XXX	XXX

2-3-1 매입에서 고려할 항목

① 매입운임, 매입환출, 매입에누리 및 매입할인

이들 항목은 매입의 가산 또는 차감항목이므로 원가에 가산하거나 차감한다. 다만, 매입환출의 경우에는 환출하면 상품 자체가 반품이 되어 나가므로 원가와 매가 모두에서 차감한다. 다만, 문제에서 매입환출에 대한 매가 자료가 주어지지 않는다면 원가에서만 차감한다.

② 순인상액과 순인하액

순인상액(인상액 - 인상취소액)과 순인하액(인하액 - 인하취소액)은 원래 정했던 판매가격보다 더 높거나 낮은 가격으로 조정된 판매가격을 의미한다. 이러한 조정액은 매가의 변동을 의미하므로 매입(매가)에서 차·가감 조정을 한다.

③ 비정상파손

비정상파손은 비정상적으로 발생한 파손, 감손, 도난 등을 의미하는 것으로 정상적인 영업활동과 무관하게 발생하는 것을 의미한다. 그러므로 영업외비용으로 처리해야 하므로 처음부터 구입하지 않은 것처럼 원가와 매가에서 각각 차감한다.

2-3-2 매출에서 고려할 항목

① 매출환입, 매출에누리 및 매출할인

이들 항목은 매출의 차감항목이므로 매출액에서 차감한다. 다만, 매출과 관련된 항목들이므로 원가에는 영향을 미치지 않는다.

② 매출운임

매출운임은 매출의 차감계정이 아니므로 기말재고 매가를 계산할 때도 고려하지 않는다.

오쌤 Talk

특수항목이 있는 경우 기말재고(매가)

기말재고매가
= 판매가능재고(매가) − 판매 등
= {기초재고 + 당기매입 − 비정상파손 + 순인상액 − 순인하액}
　− {매출액 + 정상파손 + 종업원할인}

오쌤 Talk

특수항목이 있는 경우 원가율(평균원가율)

기초매입 + 당기순매입 − 비정상파손　　원가
─────────────────────────────
기초매입 + 당기순매입 − 비정상파손　　매가
　+순인상액 − 순인하액

오쌤 Talk

계산 로직

① 기말재고(매가)
② 원가율
③ 기말재고(원가)
　= 기말재고(매가) × 원가율

③ 종업원할인 및 정상파손

종업원할인이나 정상파손은 정상적인 영업활동에서 발생한 것으로 매출원가로 처리해야 한다. 이 금액을 조정하지 않으면 기말재고 매가가 과대평가된다. 그러므로 기말재고 매가를 산정하는 과정에서 이를 **매출액에 가산**하는 형식으로 표시한다. 다만, 이들 항목의 원가는 고려하지 않는다. 매출원가의 계산과정을 통해 이들의 원가는 매출원가에 자동적으로 포함된다.

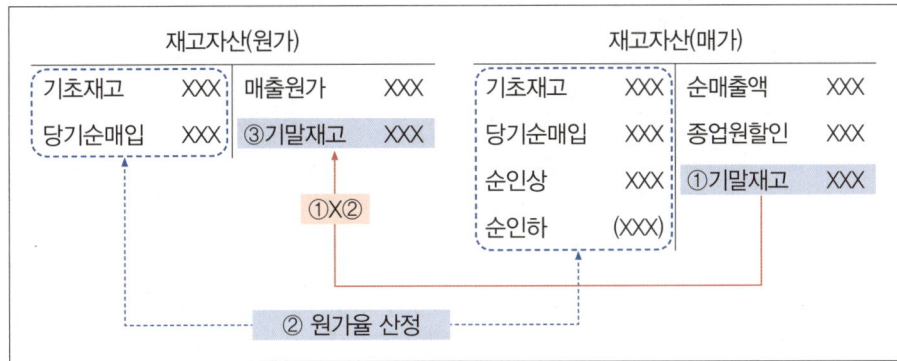

확인문제

28. ㈜한국은 선입선출법에 의한 원가기준 소매재고법을 사용하고 있다. 기말재고액(원가)은 ₩1,600이고, 당기매입원가율이 80%인 경우 순인상액과 종업원할인은?

기출처 2021. 국가직 7급

구분	원가	매가
기초재고	₩2,000	₩4,000
당기매입액	₩16,000	₩18,000
매출액		₩20,000
순인상액		㉠
순인하액		₩1,000
종업원할인		㉡

	순인상액(㉠)	종업원할인(㉡)
①	₩1,500	₩1,500
②	₩1,500	₩2,000
③	₩3,000	₩1,500
④	₩3,000	₩2,000

정답 ④

오쌤 Talk

특수항목

[심화예제 8]과 같이 다양한 특수항목이 주어지면 '원가'와 '매가' 각각의 'T계정'을 작성하여 푸는 것을 추천한다.

```
          재고자산(원가)
기초재고    ₩8,000    매출원가    XXX
당기매입    ₩180,000
매입운임    ₩4,000    기말재고    XXX
매입환출    (₩8,000)
비정상파손  (₩4,000)
            ₩180,000              ₩180,000

          재고자산(매가)
기초재고    ₩9,000     매출액     ₩200,000
당기매입    ₩300,000   종업원할인  ₩8,000
순인상액    ₩4,000     정상파손   ₩2,000
순인하액    (₩8,000)
비정상파손  (₩5,000)   기말재고   XXX
            ₩300,000              ₩300,000
```

심화예제 8 — 소매재고법의 특수항목

㈜한국의 재고자산과 관련된 자료는 다음과 같다.

구분	원가	판매가
기초재고	₩8,000	₩9,000
당기매입액	₩180,000	₩300,000
매입운임	₩4,000	
매입환출	₩8,000	
순인상액		₩4,000
순인하액		₩8,000
정상파손	₩1,000	₩2,000
비정상파손	₩4,000	₩5,000
종업원할인		₩8,000
매출액		₩200,000

위 자료를 통해 평균원가 소매재고법으로 계상한 재고자산과 매출원가를 각각 구하시오.

풀이

1. 재고자산
   ① 기말재고(매가)
      : 판매가능재고(매가) − 매출액 − 종업원할인 − 정상파손
      = ₩300,000 − ₩200,000 − ₩8,000 − ₩2,000 = ₩90,000
   ② 원가율(평균법)
      원가/매가 = ₩180,000/₩300,000 = 60%
   ③ 기말재고(원가)
      : ₩90,000 × 60% = ₩54,000
2. 매출원가
   : 판매가능재고(원가) − 기말재고(원가) = ₩180,000 − ₩54,000 = ₩126,000

확인문제 〔최신〕

29. ㈜한국은 재고자산에 대해 저가기준 선입선출 소매재고법을 사용하고 있다. 재고자산 관련 자료가 다음과 같을 경우 기말재고자산은?

기출처 2023. 국가직 7급

구분	원가	판매가
기초재고	₩10,000	₩20,000
순매입	₩180,000	₩300,000
순인상액		₩60,000
순인하액		₩10,000
순매출		₩250,000

① ₩60,000
② ₩70,000
③ ₩75,000
④ ₩80,000

정답 ①

보론 | 농림어업자산

농림어업활동은 '판매목적 또는 수확물이나 추가적인 생물자산으로의 전환목적으로 생물자산의 생물적 변환과 수확을 관리하는 활동'을 의미한다. 즉, 길러서 내다 파는 활동을 의미한다. 예를 들어, 목축, 조림, 곡물 재배, 과수재배, 농원경작, 양식, 양어 등 다양한 활동을 포함한다. 동물원에서 관람용으로 사육중인 동물과 식물원에서 관람용으로 재배하고 있는 식물은 농림어업활동의 대상이 아니므로 유형자산으로 분류 후 감가상각을 수행한다.

1 적용범위

기업회계기준서 제 1041호 '농림어업'은 농림어업활동과 관련된 생산용식물을 제외한 생물자산과 생물자산에서 수확한 생산물인 수확시점의 수확물에 대한 회계처리를 적용한다.

농림어업활동과 관련은 되더라도 '생산용식물'은 생물자산이 아닌 유형자산으로 인식한다. 생산용식물은 다음 모두에 해당하는 살아있는 식물을 의미한다.

① 수확물을 생산하거나 공급하는데 사용한다.
② 한 회계기간을 초과하여 생산물을 생산할 것으로 예상한다.
③ 수확물로 판매될 가능성이 희박하다(단, 부수적인 폐물로 판매하는 경우는 제외).

예를 들어, 과일나무가 대표적인 생산용식물이다. 과일나무는 기르고 관리하는 과정이 필요하지만 목적 자체가 나무를 판매하려는 것이 아니라 수확물인 과일을 얻기 위해 기르고 관리한다고 볼 수 있다. 그러므로 과일나무는 생산용식물로 유형자산으로 분류 후 성숙되기 전에는 자가건설 유형자산과 동일한 방법으로 측정하며, 성숙한 후에는 유형자산으로 처리하고 원가모형이나 재평가 모형을 적용한다.

오쌤 Talk

생물자산과 수확물
① 생물자산
 : 살아있는 동물이나 식물
② 수확물
 : 생물자산에서 수확한 생산물

[생물자산과 수확물에 적용되는 기준]

구분	농림어업활동			
	생물자산		수확물	수확 후 가공품
	생산용식물	기타 생물자산		
대상자산		양	양모	모사, 양탄자
		조림지의 나무	벌목된 나무	원목, 목재
		젖소	우유	치즈
		돼지	돈육	소시지, 햄
	포도나무		수확한 포도	포도주
	과수		수확한 과일	과일 가공품
	고무나무		수확한 유액	고무제품
적용기준	유형자산	농림어업		재고자산

2 인식과 측정

농림어업의 결과 획득하게 되는 생물자산이나 수확물은 다음의 조건이 모두 충족되는 경우에 한하여 자산으로 인식한다.

① 과거사건의 결과로 자산을 통제한다.
② 자산과 관련된 미래 경제적 효익의 유입가능성이 높다.
③ 자산의 공정가치나 원가를 신뢰성 있게 측정할 수 있다.

생물자산은 최초 인식시점과 매 보고기간말에 순공정가치로 측정한다. 다만, 공정가치를 신뢰성 있게 측정할 수 없는 경우는 제외한다. 또한 생물자산에서 수확된 수확물의 경우에도 수확시점에 순공정가치로 측정해야 한다. 여기서 **순공정가치란 공정가치에서 추정매각부대원가를 차감한 금액으로 결정된다.**

한편, 생물자산의 **공정가치를 신뢰성 있게 측정할 수 없는 경우**에는 생물자산은 **취득원가에서 감가상각누계액과 손상차손누계액을 차감한 금액으로 측정한다.** 이후 그러한 생물자산의 공정가치를 신뢰성 있게 측정할 수 있게 되면 순공정가치로 측정한다. 다만, 생물자산의 공정가치를 신뢰성있게 측정할 수 없다는 가정은 최초 인식시점에만 적용된다. 따라서 생물자산을 이전에 순공정가치로 측정한 경우에는 처분시점까지 계속하여 순공정가치로 측정한다.

수확시점의 수확물은 항상 순공정가치로 측정한다. 수확시점의 수확물의 공정가치는 항상 신뢰성 있게 측정가능하기 때문이다.

3 평가손익인식방법

생물자산을 최초 인식시점에 순공정가치로 인식하여 발생하는 평가손익과 생물자산의 순공정가치 변동으로 발생하는 평가손익은 발생한 기간의 당기손익에 반영한다. 또한 수확물을 최초 인식시점에 순공정가치로 인식하여 발생하는 평가손익은 발생한 기간의 당기손익에 반영하며, 수확의 결과로 수확물의 최초 인식시점에 평가손익이 발생할 수 있다.

다만, 생물자산의 순공정가치를 산정할 때에 추정 매각부대원가를 차감하기 때문에 **생물자산의 최초 인식시점에 손실이 발생할 수 있다.**

[생물자산의 측정]

구분	측정	인식과 측정 시점
생물자산	순공정가치 단, 공정가치를 신뢰성 있게 측정할 수 없는 경우(최초 인식시점에만 가능)에는 원가법 즉, 원가에서 감가상각누계액과 손상차손누계액을 차감한 금액으로 측정	최초 인식시점과 매 보고기간 말 **(평가손익: 당기손익)**
수확물	순공정가치	수확시점 **(평가손익: 당기손익)**

오쌤 Talk

공정가치 측정

생물자산의 공정가치를 신뢰성 있게 측정할 수 없다는 가정은 최초 인식시점에만 적용된다.
최초 인식 시점에 생물자산의 공정가치를 신뢰성 있게 측정할 수 있었다면, 그 후 처분 시까지 계속해서 순공정가치로 측정해야 한다.

 확인문제

30. 생물자산과 수확물의 인식과 측정에 대한 설명으로 옳지 않은 것은?

기출처 2022. 지방직 9급

① 생물자산에서 수확된 수확물은 수확시점에 공정가치에서 처분부대원가를 뺀 금액으로 측정하여야 한다.
② 생물자산의 공정가치에서 처분부대원가를 뺀 금액을 산정할 때에 추정 매각부대원가를 차감하기 때문에 생물자산의 최초인식시점에 손실이 발생할 수 있다.
③ 생물자산을 최초에 원가에서 감가상각누계액과 손상차손누계액을 차감한 금액으로 측정하고, 그 이후 그러한 생물자산의 공정가치를 신뢰성 있게 측정할 수 있더라도 최초 적용한 측정방법을 변경하지 않는다.
④ 공정가치에서 처분부대원가를 뺀 금액으로 측정하는 생물자산과 관련된 정부보조금에 다른 조건이 없는 경우에는 이를 수취할 수 있게 되는 시점에만 당기손익으로 인식한다.

정답 ③

기본예제 1

㈜한국은 20X1년 1월 1일에 1년 된 돼지 5마리를 보유하고 있다. ㈜한국은 20X1년 7월 1일에 1년 6개월 된 돼지 2마리와 새로 태어난 돼지 3마리를 매입하였다. 돼지의 일자별 마리당 순공정가치가 다음과 같을 때, ㈜한국이 동 생물자산과 관련하여 20X1년도 기말 재무상태표상에 표시할 생물자산은? (단, 20X1년 중 매각 등 감소된 돼지는 없다)

기출처 2016. 관세직 9급

일자	내용	마리당 순공정가치
20X1년 1월 1일	1년 된 돼지	₩8,000
20X1년 7월 1일	1년 6개월 된 돼지	₩12,000
20X1년 7월 1일	새로 태어난 돼지	₩3,000
20X1년 12월 31일	6개월 된 돼지	₩5,000
20X1년 12월 31일	2년 된 돼지	₩15,000

풀이

생산용식물을 제외한 생물자산은 최초 인식시점과 매 보고기간 말에 순공정가치로 측정한다.
그러므로 문제에서 20X1년 12월 31일 시점에 6개월 된 돼지 3마리(7월 1일 시점에 매입)와 2년 된 돼지 7마리(기초에 1년 된 돼지 5마리 보유 + 7월 1일 시점 1년 6개월 된 돼지 2마리 취득)를 보유하고 있으므로 생물자산 = ₩5,000 × 3마리 + ₩15,000 × 7마리 = ₩120,000

4 정부보조금

순공정가치로 측정하는 생물자산과 관련된 정부보조금은 다른 조건이 없는 경우 이를 수취할 수 있게 되는 시점에만 당기손익으로 인식한다. 그러나 특정 농림어업활동에 종사하지 못하게 요구하는 경우를 포함하여 순공정가치로 측정하는 생물자산과 관련된 **정부보조금에 부수되는 조건이 있는 경우에는 그 조건이 충족하는 시점에만 당기손익으로 인식**한다.
다만, 원가로 측정하는 경우라면 유형자산의 정부보조금 회계처리를 적용한다.

[생물자산과 정부보조금]

구분		회계처리
순공정가치로 측정하는 경우	조건이 없는 경우	수취할 수 있는 시점에만 당기손익 인식
	조건이 있는 경우	조건을 충족하는 경우에만 당기손익 인식
원가로 측정하는 경우		유형자산의 정부보조금과 동일하게 회계처리

OX 퀴즈

다음 문장의 경우 올바른 설명에는 O, 틀린 설명에는 ×를 하고 틀린 설명은 수정하시오.

① 재고자산은 취득원가와 순실현가능가치 중 낮은 금액으로 측정한다. ( )

② 재고자산의 매입원가는 매입가격에 수입관세와 제세금, 매입운임, 하역료 등을 가산하고 매입할인, 리베이트 등을 가산한다. ( )

③ 고정제조간접원가는 생산설비의 정상조업도에 기초하여 재고자산에 배부한다. ( )

④ 순실현가능가치는 통상적인 영업과정에서 재고자산의 판매를 통해 실현될 것으로 기대되는 순매각금액이므로 순공정가치와 일치한다. ( )

⑤ 확정판매계약을 이행하기 위해 보유하는 재고자산의 순실현가능가치는 계약가격에 기초한다. ( )

⑥ 재고자산을 후불조건으로 취득하는 경우 계약이 실질적인 금융요소를 포함하고 있다면, 해당 금융요소는 금융이 이루어지는 기간 동안 재고자산의 취득원가에 가산한다. ( )

⑦ 표준원가법이나 소매재고법 등의 원가측정방법은 그러한 방법으로 평가한 결과가 실제 원가와 유사한 경우에 편의상 사용할 수 있다. ( )

⑧ 미착상품은 법률적인 소유권의 유무에 따라 재고자산의 포함여부를 결정하므로 F.O.B 선적지 인도조건의 경우에는 판매자의 재고자산에 포함된다. ( )

⑨ 통상적으로 상호 교환될 수 없는 제품이나 특정 프로젝트별로 생산되는 제품 또는 서비스는 개별법을 사용하여 원가를 결정한다. ( )

⑩ 물가가 지속적으로 상승하고 기말재고수량이 기초재고수량보다 많은 경우 당기순이익의 크기는 후입선출법 > 총평균법 > 이동평균법 > 선입선출법의 순서가 된다. ( )

OX 풀이

1 ○

2 × 매입할인, 리베이트는 차감한다.

3 ○

4 × 순실현가능가치는 기업 특유의 가치이지만 공정가치는 시장에서 거래되는 가치이므로 순실현가능가치와 공정가치는 일치하지 않을 수도 있다.

5 ○

6 × 재고자산을 후불조건으로 취득하는 경우 계약이 실질적으로 금융요소를 포함하고 있다면, 해당 금융요소는 금융이 이루어지는 기간 동안 이자비용으로 인식한다.

7 ○

8 × F.O.B 선적지 인도조건의 경우에는 판매자의 재고자산에 포함하지 않고 구매자의 재고자산에 포함한다.

9 ○

10 × 물가가 지속적으로 상승하고 기말재고수량이 기초재고수량보다 많은 경우 당기순이익의 크기는 후입선출법 < 총평균법 < 이동평균 < 선입선출법의 순서가 된다.

OX 퀴즈

다음 문장의 경우 올바른 설명에는 O, 틀린 설명에는 ×를 하고 틀린 설명은 수정하시오.

⑪ 저가법은 재고자산의 항목별로 적용하여야 하며 조별기준이나 총계기준은 적용할 수 없다. ( )

⑫ 재고자산의 순실현가능가치가 취득원가에 미달하는 경우 동 미달액은 손익계산서에 당기비용으로 인식하고 재고자산평가충당금의 과목으로 하여 재고자산의 차감계정으로 표시한다. ( )

⑬ 완성될 제품이 원가 이상으로 판매될 것으로 예상되는 경우에는 생산에 투입하기 위해 보유하는 원재료 및 기타 소모품은 감액하지 아니하며, 원재료 가격이 하락하여 제품의 원가가 순실현가능가치를 초과할 것으로 예상되더라도 해당 원재료를 순실현가능가치로 감액하지 않는다. ( )

⑭ 재고자산의 저가법 평가 시 상품이나 제품, 재공품, 원재료는 예상판매금액에서 추가예상원가와 판매비용을 차감한 순실현가능가액으로 평가한다. ( )

⑮ 기말재고자산의 실제 수량이 장부상 수량과 일치하지 않은 경우, 수량 부족분에 대한 취득원가는 당기비용으로 인식하고 재고자산에서 직접 차감한다. ( )

⑯ 재고자산의 감액을 초래했던 상황이 해소되거나 경제상황의 변동으로 순실현가능가치가 상승한 명백한 증거가 있는 경우에는 최초의 장부금액을 초과하지 않는 범위 내에서 평가손실을 환입한다. ( )

⑰ 확정판매계약이나 용역계약을 이행하기 위하여 보유하는 재고자산의 순실현가능가치는 일반판매가격에 기초한다. ( )

⑱ 소매재고법은 취득원가주의에 기초한 방법이 아니므로 한국채택국제회계기준에서 인정하지 않는다. ( )

⑲ 저가주의평균원가 소매재고법의 경우 원가율 계산에서 순인상액은 포함시키지 않는다. ( )

⑳ 생물자산의 공정가치에서 처분부대원가를 뺀 금액을 산정할때 추정 매각부대원가를 차감하기 때문에 생물자산의 최초 인식시점에 손실이 발생할 수 있다. ( )

㉑ 생물자산을 최초에 원가에서 감가상각누계액과 손상차손누계액을 차감한 금액으로 측정하고, 그 이후 그러한 생물자산의 공정가치를 신뢰성있게 측정할 수 있더라도 최초 적용한 측정 방법을 변경하지 않는다. ( )

OX 풀이

⑪ ✕ 저가법은 재고자산의 종목별, 조별기준으로 적용하여야 하며 총계기준은 적용할 수 없다.

⑫ ○

⑬ ✕ 완성될 제품이 원가 이상으로 판매될 것으로 예상되는 경우에는 생산에 투입하기 위해 보유하는 원재료 및 기타 소모품은 감액하지 않는다. 그러나 원재료 가격이 하락하여 제품의 원가가 순실현가능가치를 초과할 것으로 예상되면 원재료를 감액한다.

⑭ ✕ 재고자산의 저가법 평가 시 상품이나 제품, 재공품은 예상판매금액에서 추가예상원가와 판매비용을 차감한 순실현가능가액으로 평가하고 원재료는 현행대체원가로 평가한다.

⑮ ○

⑯ ○

⑰ ✕ 확정판매계약이나 용역계약을 이행하기 위하여 보유하는 재고자산의 순실현가능가치는 계약가격에 기초한다.

⑱ ✕ 한국채택국제회계기준에서 인정한다.

⑲ ✕ 저가주의평균원가 소매재고법의 경우 원가율 계산에서 순인하액은 포함시키지 않는다.

⑳ ○

㉑ ✕ 생물자산을 최초에 원가에서 감가상각누계액과 손상차손누계액을 차감한 금액으로 측정한다. 그러나 그 이후 그러한 생물자산의 공정가치를 신뢰성있게 측정할 수 있다면 순공정가치로 측정한다.

실전훈련

01 다음은 ㈜한국의 2016년 거래 자료이다. 2016년 말 재무상태표 상 매입채무 잔액은? (단, 매입거래는 모두 외상거래이다)

기출처 2016. 국가직 9급

• 기초매입채무	₩8,000
• 당기 중 매입채무 현금지급액	₩35,000
• 기초상품재고	₩12,000
• 기말상품재고	₩11,000
• 당기매출액	₩50,000
• 매출총이익	₩10,000

① ₩12,000 ② ₩13,000
③ ₩14,000 ④ ₩15,000

01 (1) 매출원가 = 매출액 - 매출총이익 = ₩50,000 - ₩10,000 = ₩40,000
 (2) 당기매입액 = 기말상품재고 + 매출원가 - 기초상품재고
  = ₩11,000 + ₩40,000 - ₩12,000 = ₩39,000
 (3) 기말매입채무 = 기초매입채무 + 당기매입액 - 매입채무현금지급액
  = ₩8,000 + ₩39,000 - ₩35,000 = ₩12,000

답 01 ①

02 ㈜한국은 실지재고조사법을 적용하고 있으며, 20X1년 12월 31일 화재로 인해 창고에 보관하고 있던 재고자산 일부가 소실되었다. ㈜한국의 과거 매출 총이익률은 25 %이고, 20X1년 중 재고자산거래 내역이 다음과 같을 때, 기말재고자산 추정액은?

기출처 2022. 지방직 9급

○ 총매출액	₩215,000	○ 총매입액	₩140,000
○ 매입환출	₩5,000	○ 기초재고자산	₩18,000
○ 매출에누리	₩20,000	○ 매입할인	₩13,000
○ 매입운임	₩10,000	○ 매출환입	₩15,000

① ₩5,000
② ₩8,000
③ ₩15,000
④ ₩20,000

03 다음은 ㈜한국의 기말 회계자료 중 일부이다. 포괄손익계산서에 보고될 매출액은?

기출처 2013. 국가직 9급

• 기초상품재고액	₩240	• 당기상품매입액	₩400
• 기말상품재고액	₩220	• 당기현금매출액	₩100
• 매출총이익	₩180	• 기초매출채권	₩160
• 매출채권회수액	₩520		

① ₩500
② ₩600
③ ₩700
④ ₩800

풀이

02 (1) 순매출액 = 총매출액 - 매출에누리 - 매출환입 = ₩215,000 - ₩20,000 - ₩15,000 = ₩180,000
(2) 매출원가율 = 1 - 매출총이익률 = 1 - 0.25 = 0.75
(3) 매출원가 = 순매출액 × 매출원가율 = ₩180,000 × 0.75 = ₩135,000
(4) 기말재고자산 추정액

재고자산

기초	₩18,000	매출원가	₩135,000
당기매입	₩140,000		
매입운임	₩10,000	기말재고자산	≪₩15,000≫
매입환출	(₩5,000)		
매입할인	(₩13,000)		
계	₩150,000	계	₩150,000

03 (1) 매출원가 = 기초상품재고액(₩240) + 당기상품매입액(₩400) - 기말상품재고액(₩220) = ₩420
(2) 매출액 = 매출원가 + 매출총이익 = ₩420 + ₩180 = ₩600

답 02 ③ 03 ②

04 다음은 ㈜한국의 상품 매입 및 매출 관련 자료이다. 매출총이익은? (단, 상품의 매입과 매출은 신용으로만 이루어진다.)

기출처 2013. 국가직 7급

• 기초매출채권	₩120,000	• 기말매출채권	₩80,000
• 당기매출관련 현금회수액	₩890,000	• 기초매입채무	₩80,000
• 기말매입채무	₩130,000	• 당기매입관련 현금지급액	₩570,000
• 기초상품재고	₩70,000	• 기말상품재고	₩90,000

① ₩210,000 ② ₩250,000
③ ₩340,000 ④ ₩400,000

05 물가가 계속 상승하고 재고수량도 증가할 경우 각 항목의 재고자산평가방법에 따른 금액의 크기를 옳게 나타낸 것은?

① 기말재고자산: 선입선출법 < 이동평균법 < 후입선출법
② 법인세효과를 고려하지 않을 경우 순현금흐름: 후입선출법 > 선입선출법 > 이동평균법
③ 당기순이익: 선입선출법 > 후입선출법 > 이동평균법
④ 법인세비용: 후입선출법 < 이동평균법 < 선입선출법

풀이

04 분개법을 적용하기를 추천한다.

IS			매출총이익	<<₩250,000>>
BS	재고자산의 증가	₩20,000	매출채권의 감소	₩40,000
			매입채무의 증가	₩50,000
CF	매출관련 현금회수액	₩890,000	매입관련 현금지급액	₩570,000

[별해]

매출채권

기초매출채권	₩120,000	현금회수액	₩890,000
*당기매출액	<<₩850,000>>	기말매출채권	₩80,000
	₩970,000		₩970,000

매입채무

현금지급	₩570,000	기초매입채무	₩80,000
기말매입채무	₩130,000	당기매입	<<₩620,000>>
	₩700,000		₩700,000

재고자산

기초재고자산	₩70,000	**매출원가	<<₩600,000>>
당기매입	₩620,000	기말재고자산	₩90,000
	₩690,000		₩690,000

∴ 매출총이익 = 매출액* - 매출원가** = ₩850,000 - ₩600,000 = ₩250,000

05 기말재고자산이 과대평가되면, 상대적으로 매출원가는 과소평가가 되며, 당기순이익, 법인세비용은 과대평가가 된다. 또한 물가가 상승할 경우, 기말재고자산은 선입선출법, 이동평균법, 후입선출법 순으로 과대평가가 된다.

답 04 ② 05 ④

06 20X1년 12월 21일 ㈜한국은 ㈜민국에 상품을 위탁하고 외상매출로 회계처리하였다. 이러한 회계처리가 ㈜한국의 20X1년 재무제표에 미치는 영향으로 옳지 않은 것은? (단, 상품매매거래는 계속기록법을 적용한다.)

기출처 2011. 지방직 수탁 9급

① 재고자산 과소계상
② 매출 과대계상
③ 매출채권 과대계상
④ 매출원가 과소계상

07 12월 결산법인인 ㈜서울은 실지재고조사법으로 회계처리하는 회사이다. ㈜서울은 상품을 20X1년 12월 28일 선적지 인도조건(FOB shipping point)으로 외상 매입하였으며, 12월 31일 현재 운송중이다. ㈜서울은 해당 매입분에 대한 매입기록을 하지 않았으며, 기말재고자산에 누락하였다. 이에 대한 20X1년 말 자산, 부채, 자본, 당기순이익에 미치는 영향으로 올바른 것은?

기출처 2014. 서울시 9급

	자산	부채	자본	당기순이익
①	영향 없음	과소 계상	과대 계상	과대 계상
②	영향 없음	과대 계상	과소 계상	과소 계상
③	과소 계상	과소 계상	영향 없음	영향 없음
④	과소 계상	영향 없음	과소 계상	과소 계상
⑤	과소 계상	과대 계상	과소 계상	영향 없음

풀이

06 위탁매출(적송품)을 외상매출로 처리 시
: 재고자산 과소계상, 매출 과대계상, 매출채권 과대계상, 매출원가 과대계상

07 (1) 자산에 미치는 영향
 = 기말재고자산 과소계상
(2) 부채에 미치는 영향
 = 매입채무 과소계상
(3) 자본에 미치는 영향
 = 영향 없음(자본계정이 아니고, 당기순이익 변화 없으므로)
(4) 당기순이익에 미치는 영향
 = 영향 없음(매입과 기말재고 모두 미계상되어 있으므로, 매출원가는 불변)

답 06 ④ 07 ③

08 ㈜한국의 2015년 기초상품은 ₩2,000이고 당기상품매입액은 ₩15,000이다. 상품에 대해 실지재고조사법을 적용하고 있으며 다음의 자료를 고려하지 않은 기말상품은 ₩2,000이다. ㈜한국의 2015년 매출원가는? (단, 상품과 관련된 평가손실과 감모손실은 없다고 가정한다.) 기출처 2017. 지방직 9급 수정

- 반품조건부로 판매한 상품 ₩3,000 중 ₩1,000은 반품률을 합리적으로 추정할 수 있다.
- 2015년 12월 24일에 FOB 선적지 인도조건으로 매입한 상품 ₩1,000이 2016년 1월 2일에 입고되었다.
- 시용판매한 상품 중 2015년 말 현재 고객이 구입의사를 표시하지 않은 금액은 ₩1,000(판매가)이며 시용매출의 경우 매출총이익률은 10%이다.
- 위탁판매를 하기 위해 발송한 상품 중 기말 현재 수탁자가 보관 중인 적송품은 ₩3,000이다.

① ₩7,100 ② ₩8,100
③ ₩9,100 ④ ₩10,100

09 ㈜한국의 20X1년 12월 31일 현재 실지재고조사법에 의한 재고금액은 ₩100,000이다. 실지재고조사법에 의한 재고자산에는 다음과 같은 사항이 반영되지 않았으며, 주어진 금액은 모두 원가이다.

- 20X1년 12월 29일 FOB 선적지 인도조건으로 구입한 상품 ₩20,000이 12월 31일 현재 운송 중에 있다.
- 20X1년 12월 26일 FOB 도착지 인도조건으로 판매한 상품 ₩30,000이 12월 31일 현재 운송중에 있다.
- 위탁판매분 중 수탁자가 12월 31일까지 판매하지 못한 위탁품 ₩15,000이 있다.
- 시용판매분 중 고객이 12월 31일까지 매입의사를 표시하지 않은 시송품 ₩10,000이 있다.

위 사항을 모두 반영할 경우 20X1년 12월 31일 올바른 재고자산은?

① ₩155,000 ② ₩165,000
③ ₩175,000 ④ ₩185,000

풀이

08 (1) 판매가능재고 = 기초상품 + 당기매입액 = ₩2,000 + ₩15,000 = ₩17,000
    (2) 기말재고자산 = 창고보관(₩2,000) + 선적지 인도조건 매입분(₩1,000) + 시용판매분(₩1,000 × 90%) + 적송품(₩3,000)
        = ₩6,900
    (3) 매출원가 = 판매가능재고 - 기말재고자산 - 반품가능성 있는 상품의 매출원가 취소분 = ₩17,000 - ₩6,900 - ₩2,000
        = ₩8,100
    *반품률을 합리적으로 추정할 수 있는지와 무관하게 반품가능성이 있는 상품의 판매는 재고자산을 장부에서 전액 제거한다. 그러므로 위 재고자산에 포함되지 않는다. 다만, 반품가능성이 있는 상품은 매출원가를 취소한다.
09 기말재고자산 = 실지재고조사액(₩100,000) + FOB 선적지 인도조건(₩20,000) + FOB 도착지 인도조건(₩30,000)
        + 위탁품(₩15,000) + 시송품(₩10,000) = ₩175,000

답 08 ② 09 ③

10 재고자산을 실사한 결과, ㈜한국은 20X1년 12월 31일 현재 원가 ₩600,000의 상품을 창고에 보관하고 있다. 다음의 추가 자료를 반영한 경우 정확한 재고자산의 가액은 얼마인가? 기출처 2016. 회계사 응용

> (1) ㈜한국은 판매자로부터 원가 ₩10,000의 상품을 매입한 후 대금을 완불하였으나 보관창고가 부족하여 20X1년 12월 31일 현재 동 상품을 판매자가 보유하고 있다.
>
> (2) ㈜한국은 위탁판매거래를 위해 20X1년 11월 중 수탁자에게 원가 ₩20,000의 상품을 적송하였고, 적송과정에서 운임 ₩10,000이 발생하였으나 20X1년 12월 31일 현재까지 상품이 판매되지 않고 있다.
>
> (3) ㈜한국은 20X1년 12월 25일에 원가 ₩40,000의 상품을 1개월 후에 확정가격에 재구매하겠다는 조건으로 고객에게 판매하여 인도하였다.
>
> (4) ㈜한국은 20X1년 12월 28일 중개업자를 통해 인도결제판매조건으로 원가 ₩30,000의 상품을 판매하여 인도가 완료되었다. 중개업자는 판매대금을 회수하고 대행수수료 ₩5,000을 차감한 후 ㈜한국에 지급한다. ㈜한국 및 중개업자는 20X1년 12월 31일 현재 판매대금의 전액을 현금으로 수취하지 못하고 있다.

① ₩630,000   ② ₩670,000
③ ₩680,000   ④ ₩710,000

11 재고자산의 회계처리에 대한 설명으로 옳지 않은 것은? 기출처 2018. 지방직 9급

① 재고자산의 취득 시 구매자가 인수운임, 하역비, 운송기간 동안의 보험료 등을 지불하였다면, 이는 구매자의 재고자산의 취득원가에 포함된다.
② 위탁상품은 수탁기업의 판매시점에서 위탁기업이 수익으로 인식한다.
③ 재고자산의 매입단가가 지속적으로 하락하는 경우, 선입선출법을 적용하였을 경우의 매출총이익이 평균법을 적용하였을 경우의 매출총이익 보다 더 높게 보고된다.
④ 재고자산의 매입단가가 지속적으로 상승하는 경우, 계속기록법하에서 선입선출법을 사용할 경우 실지재고조사법하에서 선입선출법을 사용할 경우의 매출원가는 동일하다.

🍀 풀이

10
창고보관재고	₩600,000
미인도청구판매	₩10,000
위탁재고	₩30,000 (= ₩20,000 + ₩10,000)
재매입조건 판매	₩40,000
인도결제판매	₩30,000
기말재고자산 가액	₩710,000

11 (1) 재고자산의 매입단가가 지속적으로 상승하는 경우 재고자산의 크기와 이익
  선입선출법 > 평균법
(2) 재고자산의 매입단가가 지속적으로 하락하는 경우 재고자산의 크기와 이익
  선입선출법 < 평균법
(3) 재고자산의 매입단가가 지속적으로 상승하거나 하락할 경우 재고자산이나 이익의 크기를 비교할 수 있는 것은 원가흐름의 가정뿐이다. 수량을 측정하는 방식은 가정을 통해 산출되는 방식이 아니므로 단가의 상승 하락과 무관하게 매출원가는 동일하게 측정된다.

답 10 ④ 11 ③

최신 12 다음은 ㈜한국의 20X1년 상품과 관련된 자료이다. ㈜한국이 선입선출법을 적용할 경우, 20X1년 기말 재고자산 금액은? (단, 재고자산에 대한 감모 및 평가손실은 발생하지 않았다) <small>기출처 2023. 국가직 9급</small>

> ○ 기초상품재고액은 ₩5,000(개당 취득원가 ₩500)이다.
> ○ 기중에 상품 100개(개당 매입가격 ₩500)를 매입하였으며, 매입운임으로 개당 ₩50이 지출되었다.
> ○ 기중에 매입한 상품 중 하자가 있어 개당 ₩50의 할인(매입에누리)을 받았다.
> ○ 기중에 상품 50개를 판매하였다.

① ₩25,000　　② ₩30,000
③ ₩35,000　　④ ₩40,000

13 다음은 ㈜한국의 재고자산과 관련된 자료이다. 선입선출법으로 평가할 경우 매출총이익은? (단, 재고자산과 관련된 감모손실이나 평가손실 등 다른 원가는 없다.) <small>기출처 2014. 국가직 7급</small>

일자	구분	수량	단가
10월 1일	기초재고	10개	₩100
10월 8일	매입	30개	₩110
10월 15일	매출	25개	₩140
10월 30일	매입	15개	₩120

① ₩850　　② ₩950
③ ₩1,050　　④ ₩1,150

12 (1) 당기 순매입액 = 100개 × (매입가격 ₩500 + 매입운임 ₩50 - 매입에누리 ₩50) = ₩50,000
　　　∴ 당기매입재고의 개당 매입가격 = ₩500
　(2) 기초재고자산의 수량 = ₩5,000 / ₩500 = 10개
　(3) 기말 남은 재고수량 = 10개 + 100개 - 50개 = 60개
　(4) 기말재고자산 = 60개 × ₩500 = ₩30,000
　[참고]
　(1) 매출원가 = (기초재고자산 10개 + 당기매입액 40개) × ₩500 = ₩25,000
　(2) 기말재고자산

재고자산

기초 재고자산	₩5,000	매출원가	₩25,000
당기 순매입액	₩50,000	기말재고자산	<<₩30,000>>
	₩55,000		₩55,000

13 (1) 매출: 25개 × ₩140 = ₩3,500
　(2) 매출원가: (10개 × ₩100) + (15개 × ₩110) = ₩2,650
　(3) 매출총이익: ₩3,500 - ₩2,650 = ₩850

답　12 ②　13 ①

14 다음은 ㈜한국의 20X1년 6월 중 재고자산의 매입 및 매출과 관련된 자료이다. 선입선출법과 가중평균법을 적용한 매출원가는? (단, 재고수량 결정은 실지재고조사법에 따른다) 기출처 2021. 지방직 9급

구분	수량	×	단가	=	금액
기초재고(6월 1일)	12		₩100		₩1,200
당기매입:					
6월 10일	20		₩110		₩2,200
6월 15일	20		₩130		₩2,600
6월 26일	8		₩150		₩1,200
판매가능액	60				₩7,200
당기매출:					
6월 12일	24				
6월 25일	20				
기말재고(6월 30일)	16				

	선입선출법	가중평균법
①	₩4,960	₩5,014
②	₩4,960	₩5,280
③	₩5,560	₩5,014
④	₩5,560	₩5,280

 풀이

14 (1) 매입단가가 계속 오르는 상황에서 선입선출법 방식이 총평균법(= 기말실지재고조사법 + 가중평균법)보다 기말재고자산을 높게 보고하고, 매출원가는 낮게 보고한다. 그러므로 선입선출법의 매출원가가 높게 기록된 ③, ④는 오답이므로 선입선출법하의 매출원가는 ₩4,960이다.

(2) 총평균법하의 평균단가 = ₩7,200/60개 = ₩120/개

(3) 총평균법하의 매출원가 = ₩120 × (24개 + 20개) = ₩5,280

답 14 ②

15 재고자산의 순실현가능가치에 대한 설명으로 옳지 않은 것은? _{기출처 2022. 국가직 7급}

① 순실현가능가치를 추정할 때에는 재고자산으로부터 실현가능한 금액에 대하여 추정일 현재 사용가능한 가장 신뢰성 있는 증거에 기초하여야 한다.
② 순실현가능가치를 추정할 때 재고자산의 보유 목적도 고려하여야 하는데, 예를 들어 확정판매계약 또는 용역계약을 이행하기 위하여 보유하는 재고자산의 순실현가능가치는 계약가격에 기초한다.
③ 완성될 제품이 원가 이상으로 판매될 것으로 예상하는 경우에는 그 생산에 투입하기 위해 보유하는 원재료 및 기타 소모품을 감액하지 아니하며, 원재료 가격이 하락하여 제품의 원가가 순실현가능가치를 초과할 것으로 예상되더라도 해당 원재료를 순실현가능가치로 감액하지 않는다.
④ 매 후속기간에 순실현가능가치를 재평가하며, 재고자산의 감액을 초래했던 상황이 해소되거나 경제상황의 변동으로 순실현가능가치가 상승한 명백한 증거가 있는 경우에는 최초의 장부금액을 초과하지 않는 범위 내에서 평가손실을 환입한다.

16 재고자산평가손실과 정상적 원인에 의한 재고감모손실은 매출원가로, 비정상적인 감모손실은 기타비용으로 보고하는 경우 다음 자료를 토대로 계산한 매출원가는? _{기출처 2014. 국가직 9급}

- 판매가능원가(= 기초재고원가 + 당기매입원가): ₩78,000
- 계속기록법에 의한 장부상 수량: 100개
- 실지재고조사에 의해 파악된 기말재고 수량: 90개
- 재고부족수량: 40%는 비정상적 원인, 나머지는 정상적 원인에 의해 발생됨
- 기말재고자산의 원가: @₩100
- 기말재고자산의 순실현가능가치: @₩90

① ₩69,500
② ₩69,300
③ ₩68,400
④ ₩68,600

풀이

15 ③ 완성될 제품이 원가 이상으로 판매될 것으로 예상하는 경우에는 그 생산에 투입하기 위해 보유하는 원재료 및 기타 소모품을 감액하지 아니하며, 원재료 가격이 하락하여 제품의 원가가 순실현가능가치를 초과할 것으로 예상된다면 원재료를 순실현가능가치로 감액한다.

16

재고자산

기초재고자산		매출원가	<<₩69,500>>
당기매입		기타비용 = 10개 × 40% × ₩100	₩400
		기말재고 = 90개 × ₩90	₩8,100
판매가능원가	₩78,000		₩78,000

답 15 ③ 16 ①

17 상품매매기업인 ㈜감평은 계속기록법과 실지재고조사법을 병행하고 있다. ㈜감평의 20X1년 기초재고는 ₩10,000(단가 ₩100)이고, 당기매입액은 ₩30,000(단가 ₩100), 20X1년 말 현재 장부상 재고수량은 70개이다. ㈜감평이 보유하고 있는 재고자산은 진부화로 인해 단위당 순실현가능가치가 ₩80으로 하락하였다. ㈜감평이 포괄손익계산서에 매출원가로 ₩36,000을 인식하였다면, ㈜감평의 20X1년 말 현재 실제재고수량은? (단, 재고자산감모손실과 재고자산평가손실은 모두 매출원가에 포함한다.)

기출처 2020. 감정평가사 응용

① 40개 ② 50개
③ 65개 ④ 80개

풀이

17	재고자산			
기초재고	₩10,000	매출원가		₩36,000
당기매입	₩30,000	기말재고		<<₩4,000>>
		실제재고수량(Q) × 단위당순실현가치(P)		50개 × ₩80
판매가능원가	₩40,000			₩40,000

∴ 실제재고수량 = 50개

답 17 ②

18 유통업을 영위하고 있는 ㈜한국은 확정판매계약(취소불능계약)에 따른 판매와 시장을 통한 일반 판매를 동시에 수행하고 있다. ㈜한국이 20X1년 말 보유하고 있는 상품재고 관련 자료는 다음과 같다.

[기말재고 내역]

항목	수량	단위당 취득원가	단위당 일반판매가격	단위당 확정판매 계약가격
상품A	300개	₩500	₩600	-
상품B	200개	₩300	₩350	₩280
상품C	160개	₩200	₩250	₩180
상품D	150개	₩250	₩300	-
상품E	50개	₩300	₩350	₩290

- 재고자산 각 항목은 성격과 용도가 유사하지 않으며, ㈜한국은 저가법을 사용하고 있고, 저가법 적용 시 항목기준을 사용한다.
- 확정판매계약(취소불능계약)에 따른 판매 시에는 단위당 추정 판매비용이 발생하지 않을 것으로 예상되며, 일반 판매 시에는 단위당 ₩20의 추정 판매비용이 발생할 것으로 예상된다.
- 재고자산 중 상품 B, 상품 C, 상품 E는 모두 확정판매계약(취소불능계약) 이행을 위해 보유 중이다.
- 모든 상품에 대해 재고자산 감모는 발생하지 않았으며, 기초의 재고자산평가충당금은 없다.

㈜한국의 재고자산 평가와 관련된 회계처리가 20X1년도 포괄손익계산서의 당기순이익에 미치는 영향은 얼마인가?

기출처 2020. 회계사

① ₩10,800 감소 ② ₩9,800 감소
③ ₩8,700 감소 ④ ₩7,700 감소

18 확정판매계약 또는 용역계약을 이행하기 위하여 보유하는 재고자산의 순실현가능가치는 계약가격에 기초한다. 만일 보유하고 있는 재고자산의 수량이 확정판매계약의 이행에 필요한 수량을 초과하는 경우에는 그 초과 수량의 순실현가능가치는 일반판매가격에 기초한다.

수량	취득원가	순실현가능액	평가손실
상품 A(300개)	₩500	₩580(= ₩600 - ₩20)	-
상품 B(200개)	₩300	₩280	200개 × ₩20 = ₩4,000
상품 C(160개)	₩200	₩180	160개 × ₩20 = ₩3,200
상품 D(150개)	₩250	₩280(= ₩300 - ₩20)	-
상품 E(50개)	₩300	₩290	50개 × ₩10 = ₩500
평가손실 계			₩7,700

답 18 ④

19 ㈜한국의 2018년 재고자산 관련 자료는 다음과 같다.

• 기초재고액	₩10,000
• 재고자산당기순매입액	₩100,000
• 기말재고자산(장부수량)	100개
• 장부상취득단가	₩500/개
• 기말재고자산(실사수량)	90개
• 추정판매가액	₩450/개
• 현행대체원가	₩380/개
• 추정판매수수료	₩50/개

㈜한국은 재고자산감모손실 중 40%를 정상적인 감모로 간주하며, 재고자산평가손실과 정상적 재고자산감모손실을 매출원가에 포함한다. ㈜한국이 2018년 포괄손익계산서에 보고할 매출원가는? (단, 재고자산은 계속기록법을 적용하며 기초재고자산의 재고자산 평가충당금은 ₩0이다.) 기출처 2019. 관세직9급

① ₩60,000　　② ₩71,000
③ ₩75,000　　④ ₩79,000

🔖 **풀이**

19 (1) 재고자산감모수량 = 장부수량 − 실사수량 = 100개 − 90개 = 10개
(2) 재고자산 순실현가능가치 = 추정판매가격 − 추정판매수수료 = ₩450 − ₩50 = ₩400
(3) 매출원가

재고자산			
기초재고자산 ₩10,000	감모와 평가 전 매출원가		≪₩60,000≫
	재고자산 정상 감모손실	= 10개 × 40% × ₩500/개	= ₩2,000
	재고자산 평가손실	= 90개 × (₩500 − ₩400)/개	= ₩9,000
	재고자산 감모손실(비정상적)	= 10개 × 60% × ₩500/개	= ₩3,000
당기매입 ₩100,000	기말재고자산 순실현가능가치	= 90개 × ₩400/개	= ₩36,000
판매가능재고 ₩110,000			₩110,000

→ 매출원가 ≪₩71,000≫

답 19 ②

20 ㈜한국의 20X1년도 재고자산(상품 A)와 관련된 자료가 다음과 같을 때, 20X1년도에 매출원가, 감모손실, 평가손실로 인식할 비용의 합계액은 얼마인가?

기출처 2013. 세무사

- 기초재고 ₩700,000(재고자산평가충당금 ₩0)
- 매출액 ₩8,000,000
- 매입액 ₩6,000,000
- 기말재고: 장부상 수량 3,000개, 개당 취득원가 ₩200
  실사수량 2,500개, 개당 순실현가능가치 ₩240
  (재고자산 감모분 중 50%는 정상적인 것으로 판단함)

① ₩6,000,000　　② ₩6,100,000
③ ₩6,200,000　　④ ₩6,300,000

21 ㈜한국의 재고자산과 관련한 자료가 다음과 같을 때, 홍수로 소실된 상품의 추정원가는?

기출처 2021. 국가직 9급

- 20X1년 1월 1일 기초상품재고액은 ₩250,000이다.
- 20X1년 7월 31일 홍수가 발생하여 ₩150,000의 상품만 남고 모두 소실되었다.
- 20X1년 7월 31일까지 당기상품매입액은 ₩1,300,000이다.
- 20X1년 7월 31일까지 당기매출액은 ₩1,200,000이다.
- ㈜한국의 매출총이익률은 20%이다.

① ₩200,000　　② ₩260,000
③ ₩440,000　　④ ₩590,000

풀이

20

재고자산			
기초재고	₩700,000	비용	<<₩6,200,000>>
당기매입	₩6,000,000	기말재고	2,500개 × ₩200 = ₩500,000
판매가능재고	₩6,700,000		₩6,700,000

21 (1) 장부상의 재고 추정액

재고자산			
기초재고자산	₩250,000	매출원가	₩960,000 ←······ ₩1,200,000 × (1 − 20%)
당기상품 매입액	₩1,300,000	기말재고자산	<<₩590,000>>　　　= ₩960,000
	₩1,550,000		₩1,550,000

(2) 소실 재고 추정액
기말재고자산 − 홍수 후 남은 재고
= ₩590,000 − ₩150,000 = ₩440,000

답　20 ③　21 ③

22 재고자산과 관련된 다음의 설명으로 옳지 않은 것은? 기출처 2014. 회계사 응용

① 회사가 실지재고조사법만 사용하더라도 재고자산의 평가손실을 파악할 수 있다.
② 물가가 지속적으로 상승하는 경우 선입선출법하의 기말재고자산 금액은 평균법하의 기말재고자산 금액보다 작지 않다.
③ 보유하고 있는 재고자산의 순실현가능가치 총 합계액이 취득원가 총 합계액을 초과한 경우 평가손실을 인식할 수 없다.
④ 보유하고 있는 재고자산이 확정판매계약의 이행을 위한 것이라면 동 재고자산의 순실현가능가치는 그 계약가격을 기초로 한다.

23 다음은 ㈜한국의 재고자산과 관련된 자료이다. 기말재고자산액은? (단, 평균원가소매재고법을 적용한다) 기출처 2013. 국가직 9급

구분	매출가격기준	원가기준
기초재고	₩200,000	₩150,000
당기매입액	₩1,000,000	₩750,000
당기매출액	₩900,000	

① ₩200,000
② ₩210,000
③ ₩225,000
④ ₩250,000

22 ③ 재고자산은 저가평가를 적용할 때 종목별, 조별 기준은 인정되지만 총계기준은 인정되지 않는다. 그러므로 보유하고 있는 재고자산의 순실현가능가치의 총 합계액이 취득원가의 총 합계액을 초과하는 경우라도 각 종목별 내지는 조별 기준상에서 평가손실을 인식할 수 있다.

23 (1) 매가기준기말재고자산 = 매출가격기준 기초재고 + 매출가격기준 당기매입 - 매출가격기준 당기매출액
= ₩200,000 + ₩1,000,000 - ₩900,000
= ₩300,000
(2) 평균원가 소매재고법 원가율 = 원가기준(기초재고 + 당기매입액)/매출가격기준(기초재고 + 당기매입액)
= (₩150,000 + ₩750,000)/(₩200,000 + ₩1,000,000) = 75%
(3) 원가기준 기말재고자산 = 매가기준기말재고자산 × 원가율 = ₩300,000 × 75% = ₩225,000

답 22 ③ 23 ③

24 ㈜한국은 평균원가소매재고법으로 재고자산을 평가하고 있으며, 모든 상품에 대하여 동일한 이익률을 적용하고 있다. 최근 도난 사건이 빈발하자, 재고관리 차원에서 재고조사를 실시한 결과 기말재고는 판매가격기준으로 ₩12,000이었다. 다음 자료를 이용할 때, 당기 도난 상품의 원가 추정액은?

기출처 2017. 지방직 9급

구분	원가기준	매출가격기준 or 판매가격
기초재고	₩4,000	₩5,000
당기매입	₩32,000	₩40,000
당기매출		₩30,000

① ₩2,400　② ₩2,600　③ ₩2,800　④ ₩3,000

25 ㈜한국은 원가기준 소매재고법을 사용하고 있으며, 원가흐름은 선입선출법을 가정하고 있다. 다음 자료를 근거로 한 기말재고자산 원가는?

기출처 2018. 국가직 9급

구분	원가기준	매출가격기준 or 판매가격
기초재고	₩1,200	₩3,000
당기매입액	₩14,900	₩19,900
매출액		₩20,000
인상액		₩270
인상취소액		₩50
인하액		₩180
인하취소액		₩60
종업원할인		₩200

① ₩1,890　② ₩1,960
③ ₩2,086　④ ₩2,235

24 (1) 원가율 = ₩32,000/₩40,000 = ₩4,000/₩5,000 = 80%
(2) 도난 전 기말재고(원가) = ₩4,000 + ₩32,000 − ₩30,000 × 80% = ₩12,000
(3) 도난 상품의 원가 추정액 = ₩12,000 − ₩12,000 × 80% = ₩2,400

25 (1) 기말재고(판매가)
= 기초재고(판매가) + 당기매입액(판매가) + 인상액 − 인상취소액 − 인하액 + 인하취소액 − (매출액 + 종업원할인)
= ₩2,800
(2) 선입선출법에 따른 원가율
= 원가/매가
= 당기매입/(당기매입 + 인상액 − 인상취소액 − 인하액 + 인하취소액)
= ₩14,900/(₩19,900 + ₩270 − ₩50 − ₩180 + ₩60) = 74.5%
(3) 기말재고(원가)
= ₩2,800 × 74.5% = ₩2,086

답　24 ①　25 ③

26 농림어업기준서의 내용으로 옳지 않은 것은?   기출처 2013. 세무사 응용

① 생물자산은 공정가치를 신뢰성 있게 측정할 수 없는 경우를 제외하고는 최초 인식시점과 매 보고기간 말에 순공정가치를 측정한다.
② 최초로 인식하는 생물자산을 공정가치로 신뢰성 있게 측정할 수 없는 경우에는 원가에서 감가상각누계액과 손상차손누계액을 차감한 금액으로 측정한다.
③ 생물자산을 최초 인식시점에 순공정가치로 인식하여 발생하는 평가손익과 생물자산의 순공정가치 변동으로 발생하는 평가손익은 발생한 기간의 당기손익에 반영한다.
④ 수확물의 최초 인식시점에 순공정가치로 인식하여 발생하는 평가손익은 발생한 기간의 기타포괄손익에 반영한다.

풀이

26 ④ 수확물의 최초 인식시점에 순공정가치로 인식하여 발생하는 평가손익은 발생한 기간의 당기손익에 반영한다.

답 **26** ④

09 유형자산

Teacher's Map

1 유형자산의 특징과 분류

💡 **유형자산의 특징**

① 물리적 실체가 있음
② 영업활동에 사용할 목적으로 취득
③ 장기간에 걸쳐 영업활동에 사용

💡 **상각자산과 비상각자산**

상각자산	시간의 경과나 사용으로 인해 자산의 가치가 감소하는 자산 (ex. 건물, 기계장치, 구축물 등)
비상각자산	토지와 같이 시간의 경과나 사용으로 인해 자산의 가치가 감소되지 않은 자산
건설중인자산	아직 완성이 안된 유형자산으로 사용 전이므로 감가상각을 하지 않음

💡 **최초인식**

인식요건		① 정의를 만족 ② 미래 경제적 효익의 유입가능성이 높음 ③ 원가를 신뢰성 있게 측정할 수 있어야 함
특수항목	① 예비부품과 수선용구의 인식	일반적으로 한 회계기간 내에 사용되므로 재고자산으로 인식하고, 사용되는 시점에 당기손익으로 인식 단, 한 회계기간 이상 사용될 것으로 예상되면서 유형자산의 정의를 충족한다면 유형자산으로 인식
	② 항목의 통합	금형, 공구 및 틀 등과 같이 개별적으로 경미한 항목은 통합하여 그 전체 가치에 대해 인식기준을 적용
	③ 규제상 취득하는 자산의 인식	안전 또는 환경상의 이유로 취득하는 유형자산은 자산으로 인식할 수 있음

개념 찾기

❶ 상각자산   ❹ 자본적 지출
❷ 비상각자산   ❺ 수익적 지출
❸ 건설중인자산

❷ 유형자산의 취득

💡 원가

취득 시 발생하는 원가	유형자산의 매입가격 + 취득 관련 직접원가
취득 후 발생하는 원가	자산성을 만족하는지의 조건에 따라 취득원가에 가산하거나 비용으로 처리

💡 유형자산의 취득원가

취득원가에 포함되는 항목	유형자산을 취득하기 위해 제공한 모든 자산의 공정가치 ① 관세 및 환급 불가능한 취득관련 세금가산, 매입할인과 리베이트 차감 ② 유형자산의 매입 또는 건설과 직접적으로 관련되어 발생한 종업원급여 ③ 설치장소 준비 원가 ④ 최초의 운송 및 취득 관련 원가 ⑤ 설치원가 및 조립원가 ⑥ 유형자산이 정상적으로 작동되는지 여부를 시험하는 과정에서 발생한 원가. 단, 시험과정에서 생산한 재화(ex. 장비의 시험과정에서 생산된 시제품)의 순매각금액은 당해 손익으로 처리 ⑦ 전문가에게 지급하는 수수료 ⑧ 자산을 해체, 제거하거나 부지를 복구하는 데 소요될 것으로 최초에 추정되는 원가
취득원가에 포함되지 않는 항목	① 다른 활동의 원가: 새로운 시설을 개설하는 데 소요되는 원가 ② 광고원가: 새로운 상품과 서비스를 소개하는 데 소요되는 원가 (ex. 광고 및 판촉활동관련 원가) ③ 영업원가: 새로운 지역이나 고객층을 상대로 영업하는 데 소요되는 원가 (ex. 직원 교육훈련비) ④ 간접원가: 관리 및 기타 일반 간접원가
취득완료 후 발생되는 원가	취득이 완료되어 유형자산이 경영진이 의도하는 방식으로 가동할 수 있는 장소와 상태에 이른 후 발생하는 원가도 유형자산의 원가에 포함하지 않음 ① 유형자산이 경영진이 의도하는 방식으로 가동될 수 있으나 아직 실제로 사용되지 않고 있는 경우 또는 가동수준이 완전조업도 수준에 미치지 못하는 경우에 발생하는 원가 ② 유형자산과 관련된 산출물에 대한 수요가 형성되는 과정에서 발생하는 초기 가동손실 ③ 기업의 영업 전부 또는 일부를 재배치하거나 재편성하는 과정에서 발생하는 손실
기타의 취득원가	유형자산의 건설 또는 개발과 관련하여 부수적인 영업활동이 이루어 지는 경우: 발생한 수익과 관련 비용은 당기손익으로 인식 (ex. 건설이 시작되기 전에 건설용지를 주차장 용도로 사용함에 따라 수익과 비용은 발생 즉시 당기손익으로 인식)

💡 취득 후 발생 지출

자산의 인식요건을 충족하는 후속원가(자본적 지출) : 관련 자산의 장부금액에 가산하고, 지출이 발생한 날부터 감가상각하여 비용으로 배분	① 정기적 교체를 위한 지출 ② 정기적인 종합검사를 위한 지출
자산의 인식요건을 충족하지 않는 후속원가(수익적 지출) : 발생시점에 당기손익으로 인식	① 노무비, 소모품비, 사소한 부품원가 등 ② 단순한 수선과 유지를 위해 지출되는 비용

③ 유형자산의 유형별 취득원가

취득 관련 상황		취득원가
외부 구입	토지	① 구입가격 + 취득부대비용* 　*취득부대비용: 중개수수료, 취득세, 등록세, 법률비용 등 ② 구획정리비용과 토지정지비, 개발부담금, 하수종말처리장분담금 등 직접관련원가도 취득원가에 포함 ③ 토지구입 후 진입도로개설, 도로포장, 조경공사 등 추가 지출 　• 토지: 회사의 유지·보수 책임이 없는 경우 　• 구축물: 회사의 유지·보수 책임이 있는 경우
	건물	① 기존건물 구입: 구입가격 + 재세공과금 ② 외부에 위탁하여 신축: 도급금액 + 부대비용 ③ 차입원가: 유형자산의 취득, 건설과 직접 관련되는 차입원가인 금융비용은 자본화하여 당해 건물 원가로 구성
일괄 구입	토지와 건물 모두 사용	① 일괄구입가격을 공정가치 비율로 안분 ② 토지, 건물 어느 하나만 신뢰성 있게 산정할 수 있는 경우: 　당해 자산은 공정가치를 원가로, 나머지 자산은 잔액을 원가로 ③ 취득부대비용(취득세, 등록세)은 토지, 건물에 개별적으로 배분
	토지만 사용	① 토지원가: 일괄구입원가 　(건물의 철거비용·폐자재 처분비용: 원가가산, 폐자재 처분수입: 원가차감) ② 건물원가: 없음
자가건설		건설중인자산으로 계상했다가 완성 시에 해당 유형자산 계정으로 대체 [유의점] ① 자가건설에 따른 내부이익은 자가건설 원가에 포함하지 않음 ② 자가건설 과정에서 원재료, 인력 및 기타 자원의 낭비로 인한 비정상적인 원가는 자가건설 원가에 포함하지 않음 ③ 고정제조간접원가의 배부액도 자가건설 원가에 포함 ④ 건물 신축을 위한 토지 굴착비용도 자가건설 원가에 포함
저가구입, 고가구입, 무상취득		① 요건: 거래 상대방과 특수관계에 있거나 법률상 특권이 있는 경우 ② 유형자산이 공정가치를 취득원가로 결정하고, 차액은 자산수증이익이나 기부금으로 처리
주식발행에 의해 취득한 자산(현물출자)		취득한 자산의 **공정가치** (단, 발행주식의 공정가치가 더 명확한 경우에는 발행주식의 공정가치)
장기연불구입		취득원가 = 인식시점의 현금가격 상당액 즉, 현금구입가격에 상당하는 장기성 채무의 현재가치
유형자산 취득에 수반되는 국·공채의 의무매입		국·공채의 취득손실 : 유가증권의 현재가치와 취득가액의 차이는 유형자산의 원가에 가산
교환 취득	상업적 실질이 있는 경우	① 제공한 자산의 공정가치 (취득한 자산의 공정가치가 더 명백한 경우 취득한 자산의 공정가치) ② 처분손익 = 제공한 자산의 공정가치 - 제공한 자산의 장부가치
	상업적 실질이 없는 경우	① 제공한 자산의 장부금액 ② 처분손익 인식하지 않음

개념 찾기

- ❻ 일괄구입
- ❼ 자가건설
- ❽ 저가구입
- ❾ 고가구입
- ❿ 무상취득
- ⓫ 현물출자
- ⓬ 장기연불구입
- ⓭ 국·공채 의무매입
- ⓮ 교환취득
- ⓯ 상업적 실질
- ⓰ 원가모형
- ⓱ 재평가모형
- ⓲ 감가상각
- ⓳ 감가상각대상금액
- ⓴ 잔존가치
- ㉑ 내용연수
- ㉒ 감가상각방법
- ㉓ 정액법
- ㉔ 정률법
- ㉕ 연수합계법

④ 원가모형

💡 원칙

① 원가모형과 재평가모형 중 하나를 회계정책으로 선택할 수 있도록 규정
② 일부 항목에 대하여만 원가모형이나 재평가모형을 쓸 수 없으며, 전체를 하나의 모형으로 적용해야 함
③ 원가모형을 적용할 경우는 감가상각과 손상차손에 대하여 인식해야 함

💡 감가상각

정의	유형자산의 가치감소분을 사용기간 동안에 합리적인 방법으로 배분하여 주는 것을 의미
분리상각	구성하는 일부의 원가가 당해 유형자산의 전체 원가에 비교적 유의적이라면, 해당 유형자산 감가상각할 때, 그 부분은 별도로 구분하여 감가상각함
토지	일반적으로 토지와 같은 유형자산은 사용으로 인해 자산의 가치가 감소되지 않으므로 감가상각의 대상이 아님 [예외] ① 토지의 원가에 해체, 제거 및 복구원가가 포함된 경우에는 그러한 원가를 관련 경제적 효익이 유입되는 기간에 감가상각 ② 채석장이나 매립지 등을 취득하여 토지의 내용연수가 유한한 경우에도 관련 경제적 효익이 유입되는 형태를 반영하는 방법으로 토지를 감가상각함

💡 감가상각의 결정요소

감가상각 대상금액	유형자산의 취득원가 - 잔존가치	
	① 잔존가치란 유형자산을 내용연수 동안 사용 후 유형자산을 처분하였을 경우 처분대가로 받을 수 있는 금액을 말함 ② 잔존가치는 매 회계연도 말에 재검토하고 재검토결과 추정치가 종전의 추정치와 다르다면 그 차이는 회계추정의 변경으로 회계처리 ③ 유형자산의 공정가치는 장부금액을 초과하더라도 잔존가치가 장부금액을 초과하지 않는 한 감가상각액을 계속 인식	
내용연수	① 합리적으로 유형자산을 사용할 수 있을 것으로 기대되는 기간 ② 내용연수도 매 회계연도 말에 재검토하고 재검토결과 추정치가 종전의 추정치와 다르다면 그 차이는 회계추정의 변경으로 회계처리	
감가상각 방법	① 자산이 사용되는 방법에 따라 합리적으로 선택하여 적용 ② 감가상각방법의 적정성에 대해서는 매년 재검토하고 감가상각방법의 변경은 회계추정의 변경으로 처리 ③ 감가상각비는 다른 자산의 제조와 관련된 경우에는 관련 자산의 제조원가로, 그 밖의 경우에는 당기비용으로 인식	
	정액법	① **유형자산이 내용연수 기간 동안 동일한 감가상각비가 발생하는 것으로 가정** ② 감가상각비 = 감가상각대상금액(취득원가 - 잔존가치)/내용연수
	정률법	① **기초장부금액에서 일정한 상각률을 곱하여 감가상각비를 계산하는 방법** ② 감가상각비 = 기초장부금액 × 상각률
	연수합계법	① **취득원가에서 잔존가치를 차감한 감가상각대상금액에서 매 회계연도마다 다른 상각률*을 곱하여 감가상각비를 계산** ***상각률**: 전체 내용연수기간에 가중치를 주는 방법 ② 감가상각비 = 감가상각대상금액(취득가액 - 잔존가치) × 해당연도 상각률

	이중체감법	① 정률법과 동일하게 기초장부금액에 상각률을 곱하여 감가상각비를 계산하는 방법 (단, 상각률 = 2/내용연수) ② 감가상각비 = 기초장부금액 × 상각률
	생산량비례법	① 유형자산을 통해 생산 가능한 자산을 기준으로 해당 회계연도에 생산된 자산만큼만 감가상각을 해주는 방법 ② 감가상각비 = (취득원가 - 잔존가치) × 당기실제생산량/추정총생산량

💡 감가상각기타사항

표시방법	간접법 : 유형자산의 취득가액에서 감가상각누계액을 차감하는 형식으로 표시
기중취득하는 자산의 감가상각	취득시점부터 기말까지의 기간 동안 월할 상각으로 감가상각
감가상각의 시작	자산이 사용 가능한 때부터 시작
감가상각의 중단	감가상각은 당해 유형자산이 재무제표에서 제거되지 않는 한, 운휴 중이거나 적극적인 사용 상태가 아니라도 감가상각이 완전히 이루어지기 전까지는 중단하지 않음
자본적 지출	자본적 지출이 발생한 시점부터 해당 자산의 잔존내용연수에 걸쳐 감가상각비를 계상함 즉, 기초로 소급하지 않음

💡 처분

처분손익(당기손익)	처분가액 - 장부금액
기중 처분 시	① 처분 시까지 감가상각 진행(월할 상각) ② 처분손익인식

💡 손상

손상사유	회사 내·외부적인 상황으로 유형자산의 가치가 중요하게 하락한 경우
손상검토	① 매 보고기간 말마다 자산손상을 시사하는 징후가 있는지 검토 ② 손상징후가 있다면 해당자산의 회수가능액을 추정하여 손상검사를 수행
회수가능액	① 개념: 유형자산을 사용하거나 처분했을 때의 가치 ② MAX[사용가치, 순공정가치]
회계처리	① 감가상각을 먼저 인식 ② 손상차손 = 장부금액 - 회수가능액 ③ 손상차손누계액을 유형자산의 차감항목으로 인식
손상인식 후 감가상각	회수가능액을 기준으로 잔존내용연수에 걸쳐 감가상각 인식
환입	① 손상차손환입 = 회수가능액 - 장부금액 ② 한도: 손상을 인식하지 않았을 경우의 장부금액을 한도

개념 찾기

- ㉖ 이중체감법
- ㉗ 생산량비례법
- ㉘ 손상
- ㉙ 회수가능액
- ㉚ 손상차손환입
- ㉛ 재평가잉여금
- ㉜ 재평가이익
- ㉝ 재평가손실
- ㉞ 비례수정법
- ㉟ 감가상각누계액전액제거법
- ㊱ 이익잉여금 대체

5 재평가모형

💡 원리

유형자산 재평가모형의 의미	① 재평가일의 공정가치로 유형자산 금액을 수정 ② 재평가일 후: 유형자산장부금액 = 공정가치 - 감가상각누계액 - 손상차손누계액
재평가 시기	주기적으로 재평가(보고기간 말 아님)
재평가 범위	동일한 분류 전체를 재평가

💡 재평가손익의 회계처리

최초평가 시	구분	이후 재평가
평가이익	전기 인식 평가이익 범위 내 평가손실	전기 재평가잉여금과 우선 상계
	전기 인식 평가이익 범위 초과 평가손실	전기 재평가잉여금 초과분 평가손실(당기손실)로 계상
평가손실	전기 인식 범위 내 평가이익	전기 재평가손실과 우선 상계 (당기손익)
	전기 인식 범위 초과 평가이익	전기 재평가손실 초과분 평가이익(기타포괄손익)으로 계상
재평가잉여금 회계처리 방법		당해 자산을 제거할 때 일괄적으로 이익잉여금에 대체하거나, 자산을 사용하면서 재평가잉여금의 일부를 이익잉여금에 대체 가능
재평가 시 상각가능자산의 장부금액 수정법		① 비례수정법 ② 감가상각누계액 전액제거법

💡 제거

처분손익(당기손익)	순매각금액 - 장부금액
재평가잉여금 처리	재평가잉여금을 이익잉여금으로 대체 가능 (임의규정)

💡 손상

인식요건	손상에 대한 객관적인 사유가 발생하고, 장부금액(감가상각과 재평가를 반영한 후 장부금액)이 회수가능액에 미달한 경우 인식
순서	① 감가상각 ② 재평가 ③ 손상인식
손상 회계처리	① 재평가잉여금에 해당하는 금액까지는 재평가잉여금과 우선상계(기타포괄손실 인식) ② 재평가잉여금을 초과하는 손상차손에 대해 당기손실로 인식

💡 손상회복

인식요건	손상회복에 대한 객관적인 사유가 발생하였을 때 인식
순서	① 감가상각 ② 손상회복 ③ 재평가
손상 회계처리	① 당기손실로 인식했던 손상차손 금액까지는 손상차손환입(당기손익)으로 인식 ② 손상차손환입을 초과하는 부분은 재평가잉여금(기타포괄손익)으로 인식

6 복구충당부채

인식요건	자산을 해체, 제거하거나 부지를 복구하는 데 소요될 것으로 최초에 추정되는 원가를 복구충당부채로 인식하고 유형자산의 취득원가에 가산
복구충당부채 가액	내용연수종료시점에 예상되는 추정비용을 현재가치로 할인한 금액
이자비용	복구충당부채의 기초장부금액 × 유효이자율
복구공사시점	복구충당부채와 실제 지불액을 비교하여 차액을 복구공사손익으로 인식

7 정부보조금

인식요건		정부보조금에 부수되는 조건의 준수와 보조금 수취에 대한 합리적인 확신이 있는 경우에만 인식
자산관련 보조금	자산차감법	① 정부보조금을 자산의 차감계정으로 인식 ② 자산의 내용연수에 걸쳐 감가상각비에서 정부보조금을 상계
	이연수익법	① 부채로 인식 ② 자산의 내용연수에 걸쳐 당기수익으로 인식

개념 찾기

- ③⑦ 복구충당부채
- ③⑧ 정부보조금
- ③⑨ 자산차감법
- ④⓪ 이연수익법
- ④① 차입원가의 자본화
- ④② 적격자산
- ④③ 자본화기간
- ④④ 자본화중단
- ④⑤ 특정차입금의 자본화
- ④⑥ 일반차입금의 자본화

8 차입원가의 자본화

개념	자금의 차입과 관련하여 발생한 이자(차입원가)를 발생 즉시 기간비용으로 처리하지 않고, 적격자산의 취득과 관련하여 발생한 차입원가 중 일정 금액을 자산의 원가로 인식하는 것
적격자산	① 취득·건설하는 데 장기간이 필요한 자산 ② 적격자산에 해당하는 경우: 재고자산, 제조설비자산, 전력생산자산, 무형자산, 투자부동산, 생산용식물 등 ③ 적격자산에 해당하지 않는 경우: 금융자산, 생물자산, 단기간 내 생산되는 재고자산 등
한국채택국제회계기준	일정한 요건을 만족하는 적격자산의 취득, 건설 또는 제조와 관련된 차입원가는 해당 자산 원가의 일부로 자본화하도록 규정 (적격자산과 관련이 없는 기타 차입원가는 당기비용으로 인식)
자본화기간	① 정의: 적격자산의 취득에 사용한 차입금에 대한 차입원가를 당해 자산의 원가로 처리하는 기간 ② 자본화 개시 　: 적격자산에 대한 지출 & 차입원가의 발생 & 적격자산을 의도된 용도로 사용하거나 판매 가능한 상태에 이르게 하는 데 필요한 활동을 수행 ③ 자본화 중단 　: 적격자산에 대한 적극적인 개발활동을 중단한 기간에는 자본화를 중단 ④ 자본화 종료 　: 의도된 용도로 사용하거나 판매 가능한 상태에 이르게 하는 데 필요한 대부분의 활동이 완료된 시점에서 차입원가의 자본화를 종료
자본화대상 차입원가	① 유효이자율법을 사용하여 계산된 이자비용 ② 리스부채 관련 이자 ③ 외화차입금과 관련되는 외환차이 중 이자원가의 조정으로 볼 수 있는 부분
산정방법	① 특정차입금에서 발생한 차입원가 산정(일시투자수익 제외) ② 연평균지출액 계산 ③ 일반차입금에서 발생한 차입원가 산정(한도 적용)

- ① 유형자산의 특징과 분류
- ② 유형자산의 취득
- ③ 유형자산의 유형별 취득원가
- ④ 원가모형
- ⑤ 재평가모형
- ⑥ 유형자산의 기타사항

① 유형자산의 특징과 분류

❶ 유형자산의 특징

유형자산(tangible assets)은 기업이 재화나 용역의 생산이나 제공, 타인에 대한 임대 또는 관리활동에 사용할 목적으로 보유하는 물리적 형태가 있는 자산으로서 한 회계기간을 초과하여 사용할 것이 예상되는 자산을 의미한다. 또한 유형자산은 판매목적이 아닌 영업활동목적으로 소유하고 있는 자산을 의미한다. 이를 정리하면 유형자산은 세 가지의 특징을 가진다.

> ① 유형자산은 물리적 실체를 가지고 있는 자산이다. 이는 무형자산과 구분되는 기준으로 물리적 실체가 없는 영업권은 무형자산으로 분류가 될 것이다.
> ② 유형자산은 영업활동에 사용할 목적으로 취득한 자산이다. 따라서 자산을 영업목적상 구매하여 판매를 할 예정이라면 재고자산으로, 시세차익을 목적으로 취득한 자산이라면 투자자산으로 분류를 하여야 한다. 예를 들어 부동산 투자회사가 판매목적으로 보유하고 있는 토지, 건물은 재고자산이며, 사무실로 사용하는 건물은 유형자산이 될 것이다.
> ③ 유형자산은 장기간에 걸쳐 영업활동에 사용하여야 한다. 따라서 유형자산을 취득 시에 바로 비용으로 처리하는 것이 아니라 감가상각을 통해 사용기간 동안 비용을 배분해야 한다.

오쌤 Talk

토지와 건물의 보유목적에 따른 분류
① 영업활동에 사용 목적: 유형자산
② 판매목적: 재고자산
③ 임대수익이나 시세차익을 위한 목적: 투자부동산

 **기출 OX**

01. 자동차 회사가 제조한 자동차를 운송하기 위하여 보유하는 차량은 유형자산이고 감가상각을 한다.

기출처 2017. 국가직 7급
정답 O

02. 자체 사용목적으로 건설 중인 건물은 비유동자산이고 감가상각을 한다.

기출처 2017. 국가직 7급
정답 X

❷ 상각자산과 비상각자산

유형자산은 상각자산과 비상각자산으로 구분된다. 상각자산이란 시간의 경과나 사용으로 인해 자산의 가치가 감소하는 자산을 의미하고, 비상각자산은 토지와 같이 시간의 경과나 사용으로 인해 자산의 가치가 감소되지 않은 자산을 의미한다. 상각자산은 자산의 가치 감소분만큼 시간의 경과에 따라 감가상각비를 인식해야 한다. 그런데 유형자산의 종류 중에서 건설중인자산은 아직 완성이 안된 유형자산을 의미한다. 따라서 지금까지 발생한 재료비, 노무비 및 제조간접비 등을 건설중인자산으로 계상하며, 아직 사용되는 것이 아니므로 완성될 때까지 감가상각을 하지 않는다.

 **확인문제**

01. 다음 중 유형자산으로 분류하기 위해 충족해야 할 조건으로 가장 적합하지 않은 것은?
① 물리적 실체를 가져야 한다.
② 영업활동에 사용할 목적으로 취득하는 자산이다.
③ 장기간 사용할 것을 전제로 취득한 자산이다.
④ 판매를 목적으로 취득한 자산이다.

정답 ④

[유형자산의 종류]

사용중인 자산	토지	토지, 임야 등 영업활동에 사용할 목적으로 취득한 유형자산
	건물	건물, 냉난방, 전기 통신 등의 건물 부속설비 등
	구축물	보조적 역할을 하는 도로, 제방, 상하수도 등과 같은 자산
	기계장치	기계장치를 제조하는 데 직·간접적으로 필요한 설비로 기중기, 컨베이어벨트 등
	기타자산	위 항목 외의 차량운반구, 항공기, 선박, 사무용비품 등
건설중인자산		유형자산의 건설을 위한 재료비, 노무비, 경비 및 지출한 도급금액

❸ 최초 인식

유형자산으로 인식하기 위해서는 유형자산의 정의를 충족해야 하며, 추가로 다음의 인식조건을 모두 충족해야 한다.

> ① **효익의 유입가능성**: 자산으로부터 발생하는 미래 경제적 효익이 기업에 유입될 가능성이 높다.
> ② **측정가능성**: 자산의 원가를 신뢰성 있게 측정할 수 있다.

유형자산을 인식할 때 다음의 특수항목을 고려한다.

3-1 예비부품과 수선용구의 인식

예비부품, 대기성 장비 및 수선용구와 같은 항목은 일반적으로 한 회계기간 이내에 사용되므로 재고자산으로 인식하고, 사용되는 시점에 당기손익으로 인식한다. 하지만 한 회계기간 이상 사용할 것으로 예상되면서 유형자산의 정의를 충족한다면 이를 유형자산으로 인식한다.

3-2 유형자산 항목의 통합

유형자산 항목을 구성하는 범위에 대한 인식기준을 적용할 때는 해당 기업의 특수한 상황을 고려해야 한다. 금형, 공구 및 틀 등과 같이 개별적으로 경미한 항목은 통합하여 그 전체가치에 대하여 인식기준을 적용하는 것이 적절하다.

3-3 규제상 취득하는 자산의 인식

안전 또는 환경상의 이유로 취득하는 유형자산은 그 자체로는 직접적인 미래 경제적 효익을 얻을 수 없지만, 다른 자산에서 미래 경제적 효익을 얻기 위하여 필요할 수 있다. 이러한 유형자산은 당해 유형자산을 취득하지 않았을 경우보다 관련 자산으로부터 미래 경제적 효익을 더 많이 얻을 수 있게 해주기 때문에 자산으로 인식할 수 있다.

예를 들어, 화학약품 제조업체가 위험한 화학물질의 생산과 저장에 관한 환경규제요건을 충족하기 위하여 새로운 화학처리 공장설비를 설치하는 경우가 있다. 이때 이러한 설비 없이는 화학약품을 제조 및 판매할 수 없기 때문에 관련 증설원가를 자산으로 인식한다.

오쌤 Talk

인식기준

2018년에 '재무보고를 위한 개념체계'가 개정되기 전에는 자산의 인식기준은 K-IFRS 제1016호 '유형자산'에서 기술된 내용과 같았다. 그러나 개념체계는 개정이 되었으나, 기준서는 아직 개정되지 않아서 개념체계의 '자산의 인식요건'은 기준과 다르다.

<자산의 인식요건>

현행 개념체계	현행 기준서
① 재무제표 요소의 정의를 만족 ② 인식하는 것이 유용한 정보(목적적합하고 충실하게 표현된 정보)를 제공하는 경우	① 경제적 효익의 유입가능성이 높음 ② 자산의 원가를 신뢰성 있게 측정할 수 있음

✏️ **기출 OX**

03. 유형자산으로 인식되기 위해서는 자산으로부터 발생하는 미래경제적 효익이 기업에 유입될 가능성이 높아야 한다. 기출처 2024. 국가직 9급 [최신]
정답 O

04. 유형자산으로 인식되기 위해서는 자산의 원가를 신뢰성 있게 측정할 수 있어야 한다. 기출처 2024. 국가직 9급 [최신]
정답 O

05. 안전 또는 환경상의 이유로 취득하는 유형자산은 다른 자산에서 미래경제적 효익을 얻기 위해 필요한 경우에도 그 자체로는 미래 경제적 효익을 얻을 수 없으므로 자산으로 인식하지 아니한다. 기출처 2024. 국가직 9급 [최신]
정답 X

📝 기출 OX

06. 취득한 기계장치에 대한 취득세와 등록세 및 보유기간 중 발생된 화재보험료는 기계장치의 취득원가에 포함하여 감가상각한다.

<small>기출처 2014. 국가직 9급</small>

정답 X

④ 재무제표 공시

유형자산은 취득원가에서 감가상각누계액과 손상차손누계액을 차감하는 형식으로 재무상태표에 표시한다. 만약 정부보조금이 존재한다면, 정부보조금은 취득원가에서 차감하는 형식으로 표시할 수도 있다. 감가상각누계액과 손상차손누계액, 정부보조금 등은 뒤에서 자세히 설명된다.

재무상태표

㈜한국	20X1년 12월 31일	(단위: ₩)
기계장치	XXX	
감가상각누계액	(XXX)	
손상차손누계액	(XXX)	
정부보조금	(XXX)	
	XXX	

2 유형자산의 취득

① 원가의 개요

유형자산은 취득 시 발생하는 원가와 취득 후 즉, 사용가능시점 이후 발생하는 원가로 구분된다.

취득 시 발생하는 원가는 유형자산의 매입가격과 취득관련 직접관련원가를 포함한다. 취득 후 발생하는 원가는 자산성을 만족하는지의 조건에 따라서 유형자산의 취득원가에 가산하기도 하고 당해 비용으로 인식하기도 한다.

```
                   사용가능시점
     before              |              after
─────────────────────────|─────────────────────────→
  ① 운반비, 설치비, 시운전비  |  ① 수선유지비, 증설비용 등
  ② 취득세, 등록세           |  ② 재산세
```

❷ 유형자산의 취득원가

2-1 취득원가에 포함되는 항목

유형자산을 취득하기 위하여 제공한 모든 자산의 공정가치를 유형자산의 취득원가로 한다. 따라서 유형자산의 취득 또는 사용 가능한 상태로 준비하는 과정과 직접 관련된 지출이 모두 취득원가에 포함된다. 취득원가는 다음과 같이 구성된다.

> ① 관세 및 환급 불가능한 취득 관련 세금 가산, 매입할인과 리베이트 차감
> ② 유형자산의 매입 또는 건설과 직접적으로 관련되어 발생한 종업원급여
> ③ 설치장소 준비원가
> ④ 최초의 운송 및 취득 관련 원가
> ⑤ 설치원가 및 조립원가
> ⑥ 유형자산이 정상적으로 작동되는지 여부를 시험하는 과정에서 발생한 원가, 단 시험과정에서 생산한 재화(ex. 장비의 시험과정에서 생산된 시제품)의 순매각금액은 당기손익으로 인식
> ⑦ 전문가에게 지급하는 수수료
> ⑧ 자산을 해체, 제거하거나 부지를 복구하는 데 소요될 것으로 측정되는 원가

2-2 취득원가에 포함되지 않는 항목

다음의 항목은 취득원가를 구성하지 않는다. 즉, 취득원가를 구성하지 않으므로 당기에 즉시 비용으로 처리한다.

> ① **다른 활동의 원가**: 새로운 시설을 개설하는 데 소요되는 원가
> ② **광고원가**: 새로운 상품과 서비스를 소개하는 데 소요되는 원가 (ex. 광고 및 판촉활동관련 원가)
> ③ **영업원가**: 새로운 지역이나 고객층을 상대로 영업하는 데 소요되는 원가 (ex. 직원 교육훈련비)
> ④ **간접원가**: 관리 및 기타 일반 간접원가

또한 **취득이 완료되어 유형자산이 경영진이 의도하는 방식으로 가동할 수 있는 장소와 상태에 이른 후 발생하는 원가도 유형자산의 원가에 포함하지 않는다.** 그러한 예는 다음과 같다.

> ① **사용 가능일 이후 발생원가**: 유형자산이 경영진이 의도하는 방식으로 가동될 수 있으나 아직 실제로 사용되지 않고 있는 경우 또는 가동수준이 완전조업도 수준에 미치지 못하는 경우에 발생하는 원가
> ② **초기 가동손실**: 유형자산과 관련된 산출물에 대한 수요가 형성되는 과정에서 발생하는 초기 가동손실
> ③ **재설치 관련 원가**: 기업의 영업 전부 또는 일부를 재배치하거나 재편성하는 과정에서 발생하는 손실

오쌤 Talk

취득 시 발생하는 세금

구분	취득원가 포함 여부
취득세	포함
등록세	포함
관세	환급 불가능한 경우 포함
부가가치세	환급 가능한 경우 포함하지 않음
재산세	포함하지 않음

오쌤 Talk

취득원가에 포함하지 않는 경우

항목	회계처리
다른 활동의 원가	자산성 여부에 따라 자산 or 당기비용
광고원가	비용 (판매비와관리비)
영업원가	비용 (판매비와관리비)
간접원가	비용 (판매비와관리비)

📗 **확인문제**

02. 유형자산의 원가를 구성하는 것은?

기출처 2022. 지방직 9급

① 새로운 시설을 개설하는 데 소요되는 원가
② 경영진이 의도한 방식으로 유형자산을 가동할 수 있는 장소와 상태에 이르게 하는 동안에 재화가 생산된다면 그러한 재화를 판매하여 얻은 매각금액과 그 재화의 원가
③ 유형자산이 경영진이 의도하는 방식으로 가동될 수 있으나 아직 실제로 사용되지는 않고 있는 경우 또는 가동수준이 완전조업도 수준에 미치지 못하는 경우에 발생하는 원가
④ 자산을 해체, 제거하거나 부지를 복구하는 데 소요될 것으로 최초에 추정되는 원가

정답 ④

2-3 기타의 취득원가

유형자산을 경영진이 의도하는 방식으로 가동하는 데 필요한 장소와 상태에 이르게 하기 위해 필요한 활동은 아니지만, **유형자산의 건설 또는 개발과 관련하여 부수적인 영업활동이 이루어질 수도 있다.** 이 경우 **발생한 수익과 관련 비용은 당기손익으로 인식한다.** 예를 들어, 건설이 시작되기 전에 건설용지를 주차장 용도로 사용함에 따라 수익이 획득될 수 있다. 주차장 용도로 사용하는 활동은 경영진이 의도하는 방식으로 가동하기 위한 필수 활동이 아니므로 이 경우 발생한 수익과 관련 비용은 당해 유형자산의 원가에 가감하지 않고 즉시 당기손익으로 인식한다.

[취득과정 중 발생하는 관련원가]

경영진이 의도하는 사업목적과의 관련성	회계처리
의도하는 방식으로 사용 가능하게 하기 위해 발생한 원가	순지출을 유형자산 원가에서 차·가감
의도하는 방식과 상관없이 부수적인 영업에서 발생하는 원가	순지출을 당기손익으로 인식

확인문제

03. 다음 자료의 토지 취득원가는?
_{기출처 2017. 국가직 9급}

- 토지구입비 ₩500,000, 취득세 ₩20,000을 지급하였다. 토지구입을 위한 조사비용 ₩15,000, 감정평가 비용 ₩20,000을 지급하였다.
- 토지 정지작업 중에 발견된 폐기물을 몰래 투기하여 범칙금 ₩5,000을 지급하였다.

① ₩500,000
② ₩530,000
③ ₩555,000
④ ₩560,000

정답 ③

기본예제 1 취득원가

㈜한국은 다음 자료와 같이 기계장치를 취득하였다. 기계장치의 취득원가는 얼마인가?

• 기계장치의 구입대금	₩20,000
• 운반비	₩1,000
• 설치비	₩3,000
• 시운전비	₩2,000
• 유형자산 매입과 관련된 종업원 급여	₩1,000
• 구입 후 수선비	₩2,000

풀이

기계장치 취득원가 = 기계장치 구입대금(₩20,000) + 운반비(₩1,000) + 설치비(₩3,000) + 시운전비(₩2,000) + 종업원급여(₩1,000) = ₩27,000

❸ 취득 후 발생 지출

유형자산을 취득하여 사용하는 과정에서 유형자산을 증설하거나 수선, 보수, 유지가 필요한 상황이 있을 수 있다. 즉, 유형자산을 사용하는 과정에서 자산과 관련하여 후속적으로 발생하는 지출을 후속원가(subsequent costs)라고 하고, 후속원가는 유형자산의 최초 취득원가를 자산으로 인식하는 경우와 동일한 인식기준을 적용한다.

[유형자산의 인식요건]
① 자산으로 발생하는 미래 경제적 효익이 기업에 유입될 가능성이 높다.
② 자산의 원가를 신뢰성 있게 측정할 수 있다.

3-1 자산의 인식요건을 충족하는 후속원가(자본적 지출)[1*]

자산의 인식요건을 충족하는 후속원가는 관련 자산의 장부금액에 가산하며, 당해 지출이 발생한 날부터 감가상각하여 비용으로 배분한다.

3-1-1 정기적인 교체를 위한 지출

일부 유형자산의 경우 주요 부품이나 구성요소의 정기적인 교체가 필요할 수 있다. 유형자산을 증설하는 경우는 기존 유형자산의 가치 증대가 발생할 수 있는 것으로 상대적으로 큰 비용이 발생할 것이다. 예를 들어, 항공기의 엔진을 교체한 경우, 엔진의 교체로 항공기의 가치는 증대했으므로 이를 **해당 유형자산의 장부금액에 포함하여 인식하고 교체된 부분의 장부금액은 재무상태표상에서 제거해야 한다.** 또한 교체된 엔진은 항공기 자체의 **잔여 사용기간 동안 감가상각해야 한다.**

| (차) 유형자산 | XXX | (대) 현금 | XXX |

3-1-2 정기적인 종합검사를 위한 지출

항공기와 같은 유형자산을 계속적으로 가동하기 위해서는 당해 유형자산의 일부가 대체되는지 여부와 관계없이 결함에 대해 정기적으로 종합검사가 필요할 수 있다.

정기적인 종합검사과정에서 발생하는 원가가 인식기준을 충족하는 경우에는 유형자산의 일부가 대체되는 것으로 보아 해당 유형자산의 장부금액에 포함하여 인식한다. 이 경우 직전에 이루어진 종합검사에서의 원가와 관련하여 남아 있는 장부금액을 제거한다.

1* 한국채택국제회계기준에서는 '자본적 지출'이라는 용어를 별도로 사용하지 않고, 최초 취득 시 원가를 자산으로 인식하는 경우와 동일한 인식기준을 적용하도록 하고 있다. 반면, 일반기업회계기준에서는 '자본적 지출'이라는 용어를 사용한다.

오쌤 Talk

수익적 지출과 자본적 지출

둘의 구분은 추가로 지출된 결과가 가치를 제로에서 (+) 상태로 만들어주면 자본적 지출로, 그렇지 않고 (-) 상태에서 원래의 제로베이스 상태로 만들어 준다면 수익적 지출로 판단한다.

[자본적 지출의 예시]
① 용광로의 일정기간 후 내화벽돌의 교체
② 항공기의 좌석이나 취사실 등의 내부설비 교체
③ 건물의 엘리베이터 증설
④ 건물의 냉·난방 시설 증설
⑤ 건물의 증축

[수익적 지출의 예시]
① 건물 외벽의 도장
② 건물 전구 등 소모품의 교체
③ 일상적인 시설 유지와 보수를 위한 인건비 등

📚 **확인문제**

04. 다음 중 건물의 취득원가를 증가시키는 지출로 가장 타당한 것은?
① 외벽의 도장
② 파손된 유리의 대체
③ 관리비의 지급
④ 엘리베이터 설치

정답 ④

 **기출 OX**

07. 정기적인 종합검사과정에서 발생하는 원가가 인식기준을 충족하는 경우에는 유형자산의 일부가 대체되는 것으로 보아 해당 유형자산의 장부금액에 포함하여 인식한다. 기출처 2022. 국가직 9급

정답 O

📚 **확인문제**

05. ㈜한국은 20X1년 한 해 동안 영업사업부 건물의 일상적인 수선 및 유지를 위해 ₩5,300을 지출하였다. 이 중 ₩3,000은 도색비용이고 ₩2,300은 소모품 교체 비용이다. 또한, 해당 건물의 승강기 설치에 ₩6,400을 지출하였으며 새로운 비품을 ₩9,300에 구입하였다. 위의 거래 중 20X1년 12월 31일 재무상태표에 자산으로 기록할 수 있는 지출의 총액은? 기출처 2020. 국가직 9급

① ₩11,700　② ₩15,700
③ ₩18,000　④ ₩21,000

정답 ②

3-2 자산인식요건을 충족하지 아니하는 후속원가(수익적 지출)

일상적인 수선·유지와 관련하여 발생하는 원가는 해당 유형자산의 장부금액에 포함하여 인식하지 아니하고 발생시점에 당기손익으로 인식한다. 일상적인 수선·유지과정에서 발생하는 원가는 주로 노무비와 소모품비로 구성되며 사소한 부품원가가 포함될 수 있다. 이는 유형자산의 가치를 증가시키기 위함이 아니라 단순한 수선과 유지를 위해서 지출되기 때문이다.

| (차) 수선유지비 | XXX | (대) 현금 | XXX |

[후속원가처리방법]

구분		인식방법
자산인식요건 충족	교체원가	교체원가를 해당 자산의 장부금액에 포함하며, 교체된 부분의 장부금액은 장부금액에서 제거
	검사원가	검사원가를 해당 유형자산의 장부금액에 포함하며, 직전의 검사원가와 관련된 장부금액은 제거
자산인식요건 미충족		지출시점에 당기손익으로 인식

3 유형자산의 유형별 취득원가

❶ 외부구입

가장 일반적인 상황으로 유형자산을 외부에서 구입하는 경우는 **매입가격에 유형자산을 가동하기 위해 부수적으로 발생한 모든 비용을 가산**한다.

> 유형자산 취득원가 = 매입가격 + 부대비용 – 매입할인 등

매입 부대비용은 유형자산을 구매하여 가동하는 데 발생하는 비용으로 수수료, 취득세, 등록세, 운반비, 하역비 등을 의미하며, 이외에 정상적인 가동을 위해 발생한 설치비, 시운전비 등도 포함된다.

1-1 토지의 외부구입

토지의 취득원가는 구입가격에 취득 부대비용을 가산하여 결정한다. 취득 부대비용에는 취득세, 등록세 등 취득과 직접 관련된 제세공과금과 중개수수료 및 법률비용이 포함된다. 그리고 토지를 사용 가능한 상태에 이르게 하기 위해 발생하는 **구획정리비용과 토지정지비, 개발부담금, 하수종말처리장 분담금 등의 직접관련원가도 취득원가에 포함**한다.

또한 체납된 토지를 구입하면서 이전 소유자가 체납한 재산세를 대신 납부하기로 한 경우 **대납한 체납 재산세는 토지의 원가에 포함**한다.

확인문제 [최신]

06. 유형자산에 대한 후속 원가의 예로 그 성격이 다른 것은? (단, 후속원가는 신뢰성 있게 측정할 수 있다)

기출처 2023. 관세직 9급

① 기계장치의 생산량을 증가시킬 것으로 기대되는 부품의 부착
② 내용연수를 연장시킬 것으로 기대되는 기존 부품의 교체
③ 기계설비의 성능을 증가시킬 것으로 기대되는 핵심 부품의 교체
④ 자동차의 성능을 유지시킬 것으로 기대되는 윤활유의 교체

정답 ④

기출 OX

08. 유형자산의 일상적인 수선·유지와 관련하여 발생하는 원가는 해당 유형자산의 장부금액에 포함하여 인식하지 아니한다.

기출처 2024. 국가직 9급 [최신]

정답 O

오쌤 Talk

용어해설

① 구획정리비용
   토지의 소유권을 명확하게 하기 위해 구획을 정리한 비용
② 토지 정지비
   의도하는 용도로 토지를 사용할 수 있도록 고루 펴는 과정(정지과정)에서 발생하는 비용
③ 개발부담금
   토지의 형질변경이나 용도변경을 통해 발생하는 개발 이익 중 일정한 비율을 징수하는 부담금 형태의 공과금을 의미한다.
④ 하수종말처리장 분담금
   생활하수를 처리하기 위해 종말 처리장을 설립하고 이러한 설립비용을 토지 소유자들에게 부담시킨 분담금

기출 OX

09. 토지의 취득 시 중개수수료, 취득세, 등록세와 같은 소유권 이전비용은 토지의 취득원가에 포함한다.

기출처 2016. 국가직 9급

정답 O

토지를 취득한 이후에 이루어지는 진입도로개설, 도로포장, 조경공사 등으로 인한 추가지출은 내용연수와 유지·보수책임에 따라 판단한다. 즉, 내용연수가 영구적이거나 유지·보수 책임이 없으면(지방자치단체의 책임) 토지원가에 가산하고, 내용연수가 한정되어 있거나 유지·보수 책임이 있는 경우(회사의 책임)에는 구축물로 계상 후 감가상각한다.

구분	처리
회사의 유지·보수책임 없는 경우 (영구적인 지출)	토지원가에 가산
회사의 유지·보수책임 있는 경우	구축물로 계상 → 감가상각

1-2 건물의 외부구입

기존 건물을 구입하는 경우에는 구입가격과 제세공과금 등의 취득 부대비용이 건물의 취득원가가 되고, 건물을 외부에 위탁하여 신축하는 경우에는 도급금액과 관련 부대비용이 취득원가가 된다. 관련 부대비용에는 인·허가비용, 설계비용, 감리비용 및 취득세와 등록세 등 취득과 관련하여 직접 발생하는 제세공과금 등이 있다. 또한 건설기간 중에 발생하는 건물 관련 보험료나 담당직원 급여도 취득원가에 포함하며, **유형자산의 취득, 건설과 직접 관련되는 차입원가인 금융비용은 자본화하여 당해 건물 원가의 일부를 구성**한다.

❷ 일괄구입

일괄구입은 여러 성질의 유형자산을 일괄 취득하는 것을 의미한다. 일괄구입비용은 각각의 유형자산을 하나씩 구매하는 것보다는 저렴하게 구매하게 될 것이다. 그러나 일괄구입비용에 각각의 유형자산이 구성하는 부분이 있을 것이므로 **총원가를 각 유형자산의 공정가치를 기준으로 배분해주면 된다.**

2-1 토지와 건물을 모두 사용할 목적

토지와 건물은 분리 가능한 자산이므로 일괄구입원가를 각 자산의 공정가치를 기준으로 배분한 후 각각의 취득원가로 인식한다. 그런데 구입자산들의 공정가치 중 **일부 자산들의 공정가치만 알 수 있는 경우에는 공정가치를 알 수 있는 자산의 공정가치를 먼저 배분하고, 잔액은 나머지 유형자산에 배분한다.**

이때 토지는 비상각자산이고, 건물은 상각자산이므로 일괄구입원가를 배분 후 건물로 배분된 원가는 감가상각을 수행한다.

2-2 토지만 사용할 목적

토지와 건물을 일괄구입한 후 건물을 철거하면 건물의 취득원가는 토지 취득을 위한 직접 관련원가로 인식할 수 있다. 그러므로 일괄구입원가 전액을 토지에 배분하고, 건물의 철거원가도 토지원가에 가산한다. 이때, **건물을 철거하는 과정에서 발생하는 폐자재 처분수입은 토지원가에서 차감한다.**

다만, 건물을 신축하기 위해 사용하고 있던 기존 건물을 철거하는 경우에는 기존 건물의 잔여 장부금액과 순철거원가를 모두 유형자산처분손실(당기비용)에 반영해야 한다.

🔷 **확인문제**

07. 다음 중 토지의 취득원가에 포함할 수 없는 항목은?
① 토지의 정지비
② 하수종말처리장 분담금
③ 토지의 재산세
④ 회사의 유지보수 책임이 없는 도로포장공사비

정답 ③

오쌤 Talk

자본화
자본화의 개념은 이자비용을 비용으로 처리하지 않고 자산의 취득원가로 인식한다는 것으로 ❸ 차입원가의 자본화에서 자세히 설명한다. Link-P.488

🔷 **확인문제**

08. 토지의 취득원가에 포함되어야 할 항목을 모두 고른 것은?
기출처 2020. 감정평가사

> ㉠ 토지 중개수수료 및 취득세
> ㉡ 직전 소유자의 체납재산세를 대납한 경우, 체납 재산세
> ㉢ 회사가 유지·관리하는 상하수도 공사비
> ㉣ 내용연수가 영구적이지 않은 배수공사비용 및 조경공사비용
> ㉤ 토지의 개발이익에 대한 개발부담금

① ㉠, ㉡, ㉢
② ㉠, ㉡, ㉤
③ ㉠, ㉢, ㉣
④ ㉠, ㉢, ㉤
⑤ ㉡, ㉣, ㉤

정답 ②

✏️ **기출 OX**

10. 지상 건물이 있는 토지를 일괄취득하여 구건물을 계속 사용할 경우 일괄구입가격을 토지와 건물의 공정가액에 따라 배분한다. 기출처 2016. 국가직 9급

정답 O

11. 건물 신축을 목적으로 건물이 있는 토지를 일괄취득한 경우, 구 건물의 철거비용은 신축 건물의 취득원가에 가산한다. 기출처 2016. 국가직 9급

정답 X

오쌤 Talk

건물의 철거
① 토지를 취득하는 과정에서 건물을 철거하는 경우에는 건물의 원가 및 철거비용 모두를 토지의 취득원가로 인식한다.
② 사용 중이던 건물을 철거하는 경우에는 철거된 건물의 장부금액을 비용으로 처리한다.

확인문제

09. ㈜한국은 20X1년 초에 토지를 새로 구입한 후, 토지 위에 새로운 사옥을 건설하기로 하였다. 이를 위해 토지 취득 후 토지 위에 있는 창고건물을 철거하였다. 토지의 취득 후 바로 공사를 시작하였으며, 토지 취득 및 신축 공사와 관련된 지출내역은 다음과 같다. 20X1년 12월 31일 현재 사옥 신축공사가 계속 진행 중이라면 건설중인자산으로 계상할 금액은? *기출처 2021. 국가직 9급*

- 토지의 구입가격 ₩20,000
- 토지의 구입에 소요된 부대비용 ₩1,300
- 토지 위의 창고 철거비용 ₩900
- 새로운 사옥의 설계비 ₩2,000
- 기초공사를 위한 땅 굴착비용 ₩500
- 건설자재 구입비용 ₩4,000
- 건설자재 구입과 직접 관련된 차입금에서 발생한 이자 ₩150
- 건설 근로자 인건비 ₩1,700

① ₩8,200   ② ₩8,350
③ ₩9,100   ④ ₩9,250

정답 ②

기본예제 2 **토지와 건물의 취득원가**

㈜한국은 20X1년 1월 5일 상가건물을 구입하여, 그 토지에 있는 구건물을 철거하고 당해 7월 1일에 새로운 건물을 준공하여 영업을 개시하였다. 토지와 구건물의 구입대금으로 ₩5,000,000을 지급하였다. 취득 이후 자료는 다음과 같다.

- 2월 1일 구건물의 철거비용 ₩300,000
- 3월 1일 폐자재 판매로 인한 수익 ₩100,000
- 4월 1일 토지의 취득세와 등록세 ₩50,000
- 5월 1일 새건물 취득과 관련한 법률비용 ₩100,000
- 5월 1일 건물 공사비 중도금 ₩1,000,000
- 6월 1일 건물 공사비 잔금 ₩2,000,000

01 토지의 취득원가는 얼마인가?

02 건물의 취득원가는 얼마인가?

풀이

01 토지의 취득원가
₩5,000,000 + ₩300,000 − ₩100,000 + ₩50,000 = ₩5,250,000

02 건물의 취득원가
₩100,000 + ₩1,000,000 + ₩2,000,000 = ₩3,100,000

기본예제 3 토지와 건물의 일괄구입

20X1년 초 ㈜한국은 건물이 있는 토지를 ₩4,500,000에 일괄구입하였다. 취득 당시 건물의 공정가치는 ₩2,000,000이고 토지의 공정가치는 ₩3,000,000이었다. 토지와 건물을 취득하는 데 추가적으로 소유권이전등기비용 ₩100,000과 취·등록세로 ₩200,000을 지출하였다.

01 토지와 건물을 모두 사용할 목적으로 취득한 경우 토지와 건물 각각의 취득원가는 얼마인가?

02 토지만 사용할 목적으로 취득하여 구 건물을 즉시 철거할 경우, 철거비로 ₩100,000, 토지정지비로 ₩50,0000이 지출되었고 철거한 부산물을 ₩30,000에 처분하였다. 토지와 건물 각각의 취득원가는 얼마인가?

오쌤 Talk

일괄구입원가
① 일괄구입 시 취득원가에 포함할 수 있는 원가를 먼저 산정한다.
② 자산의 공정가치를 기준으로 안분한다.

[풀이]

01 모두 사용할 목적인 경우
일괄구입원가 = ₩4,500,000 + ₩100,000 + ₩200,000 = ₩4,800,000
토지: ₩4,800,000 × ₩3,000,000/(₩2,000,000 + ₩3,000,000) = ₩2,880,000
건물: ₩4,800,000 × ₩2,000,000/(₩2,000,000 + ₩3,000,000) = ₩1,920,000

02 토지만 사용할 목적인 경우
토지 = ₩4,800,000 + ₩100,000 + ₩50,000 − ₩30,000 = ₩4,920,000
건물 = ₩0

❸ 자가건설

자가건설은 유형자산을 외부에서 구입하지 않고 기업이 직접 건설 또는 제조하는 것이다. 자가건설 취득원가는 건설과정에서 투입된 직접재료원가, 직접노무원가 및 제조간접원가의 합계액으로 **건설중인자산으로 계상**하였다가 **완성 시에 해당 유형자산 계정**으로 대체한다.

[회계처리]

〈자가건설 중〉			
(차) 건설중인자산	XXX	(대) 현금	XXX
〈완공 시〉			
(차) 건물	XXX	(대) 건설중인자산	XXX

다만, 자가건설 시 유의할 점은 다음과 같다.

① 자가건설에 따른 **내부이익**은 자가건설 원가에 포함하지 않는다.
② 자가건설 과정에서 원재료, 인력 및 기타 자원의 낭비로 인한 **비정상적인 원가**는 자가건설 원가에 포함하지 않는다.
③ 고정제조간접원가의 배부액도 자가건설 원가에 **포함**된다.
④ 건물 신축을 위한 **토지 굴착비용**도 자가건설 원가에 **포함**한다.

❹ 저가구입, 고가구입, 무상취득

일반적으로 거래 상대방과 공정가치로 거래가 이루어진다. 이때 공정가치란 합리적인 판단력과 거래의사가 있는 독립된 당사자간에 교환될 수 있는 교환가격을 의미한다. 그러나 **거래 상대방과 특수관계에 있거나 법률상의 특권 등으로 인해 공정가치보다 현저하게 낮은 가격이나 높은 가격 또는 무상으로 자산을 취득하는 경우**가 있다. 유형자산의 취득원가는 당해 자산의 현금가격상당액이어야 하므로 당해 **유형자산의 공정가치를 취득원가로 결정하고, 차액은 자산수증이익이나 기부금으로 처리**하는 것이 타당하다.

[회계처리]

〈저가구입 시〉			
(차) 유형자산(공정가치)	XXX	(대) 현금	XXX
		자산수증이익	XXX
〈고가구입 시〉			
(차) 유형자산(공정가치)	XXX	(대) 현금	XXX
기부금	XXX		
〈무상취득 시〉			
(차) 유형자산(공정가치)	XXX	(대) 자산수증이익	XXX

자가건설에 따른 내부이익

자가건설에 따른 내부이익을 자산의 취득원가에 가산하게 되면 기업이 자의적으로 자산의 규모를 조정할 수 있게 되므로 금지하고 있다.

특수관계자 외의 취득거래

특수관계자로부터의 취득거래는 '취득한 자산의 공정가치'를 취득의 원가로 인식한다. 그러나 특수관계자 외의 거래에서는 원래대로 취득한 자산의 공정가치가 아닌 '제공한 자산의 공정가치'로 취득원가를 인식한다. 즉, 시가 ₩100을 특수관계자에게 ₩80에 취득한 경우에 취득의 원가는 ₩100이지만, 특수관계가 아닌 경우에는 ₩80이 취득원가로 기록된다.

❺ 현물출자에 의한 취득

기업이 자산을 취득하면서 그 대가로 지분증권인 주식을 발행해 주는 것을 현물출자라고 한다. 현물출자로 취득한 유형자산은 증여나 무상으로 취득한 유형자산과 마찬가지로 **취득하는 당시 자산의 공정가치를 원가로 측정**한다. 그러나 취득하는 자산의 공정가치가 명확하지 않은 경우에는 예외적으로 발행하는 주식의 공정가치를 주식의 발행가액으로 한다.

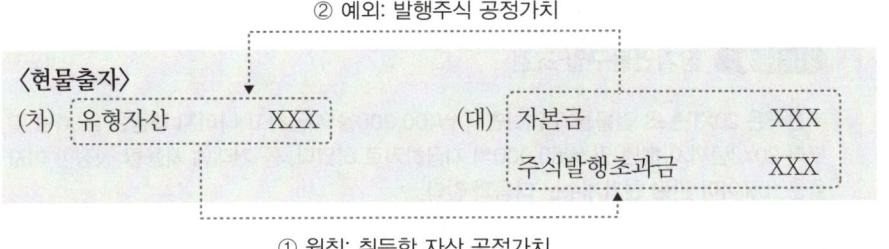

기출 OX

12. 주식을 발행하여 유형자산을 취득하는 경우 해당 주식의 발행가액이 액면가액 이상이면 액면가액에 해당되는 금액은 자본금으로, 액면가액을 초과하는 금액은 주식발행초과금으로 계상한다.

기출처 2014. 국가직 9급

정답 O

기본예제 4 현물출자에 의한 취득

㈜한국은 20X1년 초 토지를 취득하면서 액면금액 ₩5,000인 주식 100주를 발행해주었다.

01 취득한 토지의 공정가치가 ₩600,000인 경우, 토지 취득과 관련된 회계처리를 하시오.

02 취득한 토지의 공정가치가 명확하지 않으나, 발행한 주식의 공정가치가 ₩580,000인 경우 토지의 취득에 대한 회계처리를 하시오.

[풀이]

01 토지의 공정가치가 명확한 경우

(차) 토지   ₩600,000   (대) 자본금   ₩500,000*
                              주식발행초과금   ₩100,000

*자본금 = 발행주식수 × 액면금액 = 100주 × ₩5,000 = ₩500,000

02 토지의 공정가치가 명확하지 않은 경우

(차) 토지   ₩580,000   (대) 자본금   ₩500,000
                              주식발행초과금   ₩80,000

확인문제

10. ㈜한국이 다음과 같은 상황에서 유형자산을 취득했다면, 유형자산의 취득원가는 얼마인가? (단, 제시된 모든 거래는 거래 상대방과 특수관계에 있음을 전제로 함)

(1) 공정가치 ₩1,000,000의 기계장치 A를 거래처로부터 ₩500,000에 취득하였다.
(2) 특수관계자가 보유하고 있는 토지를 ₩2,000,000에 구입하였는데, 취득 당시 토지의 공정가치는 ₩1,800,000이었다.
(3) 대주주로부터 ₩400,000의 기계장치 B를 무상으로 증여받았다.
(4) 주주로부터 공정가치 ₩800,000의 건물을 출자 받고, 출자 당시 공정가치 ₩900,000의 ㈜한국 주식(액면가액 기준 ₩500,000)을 교부해주었다.

정답 (1) 기계장치 A: ₩1,000,000
(2) 토지: ₩1,800,000
(3) 기계장치 B: ₩400,000
(4) 건물: ₩800,000

오쌤 Talk

용어정리
① 현금가격상당액 = 현재가치
② 명목상 현금지출액 ≠ 현재가치

거래의 이해
① 실제 지급되는 총 현금유출액(= 명목상 현금 지출액)은 ₩250,000이다.
② 기계장치의 공정가치는 지급되는 총 현금액의 현재가치(₩224,500)이다.
③ 취득 당시 ₩100,000이 지급되었고 앞으로 지급될 총 현금지급액은 ₩150,000이다. 취득시점에서 순수한 빚은 ₩124,500이다. 그러나 이를 향후 ₩150,000만큼 지급하게 되는 것은 화폐의 시간가치 차이로 ₩25,500(= ₩150,000 - ₩124,500)을 이자비용으로 더 지급하기 때문이다.
그러므로 취득 시 인식하게 되는 현재가치할인차금 ₩25,500은 향후 이자비용으로 인식될 금액이다.

⑥ 장기연불구입

장기연불구입 조건의 경우 유형자산의 원가는 **인식시점의 현금가격 상당액**이다. 따라서 유형자산을 장기연불조건으로 구입하거나, 대금지급기간이 일반적인 신용기간보다 긴 경우 원가는 인식시점의 현금가격 상당액으로 한다. 즉, **현금구입가격에 상당하는 장기성 채무의 현재가치만을 자산의 취득원가로 인식한다.**

기본예제 5 장기연불구입 조건

㈜한국은 20X1년 초 건물을 구입하면서 ₩100,000을 지급하고 나머지 대금은 20X1년 말부터 20X3년까지 매년 말 ₩50,000씩 지급하기로 하였다. 동 거래에 사용될 적정한 이자율은 10%이며 관련 현가계수는 다음과 같다.

- 10%, 3기간, 단일금액현가계수: 0.75
- 10%, 3기간, 연금현가계수: 2.49

20X1년 초와 20X1년 말의 회계처리를 하시오. (단, 감가상각비 인식은 생략한다)

풀이

20X1.1.1.	(차) 건물	₩224,500*	(대) 현금	₩100,000
	현재가치할인차금	₩25,500**	장기미지급금	₩150,000
20X1.12.31.	(차) 이자비용	₩12,450***	(대) 현재가치할인차금	₩12,450
	장기미지급금	₩50,000	현금	₩50,000

* ₩100,000 + (₩50,000 × 2.49) = ₩224,500
** ₩100,000 + ₩150,000 - ₩224,500 = ₩25,500
*** (₩224,500 - ₩100,000) × 10% = ₩12,450

❼ 국·공채 등의 의무매입

유형자산의 취득과 관련하여 기업은 국·공채 등을 공정가치보다 높은 가격으로 불가피하게 매입하는 경우가 발생한다. 따라서 **국·공채의 매입가격과 국·공채의 공정가치의 차액**은 환불이 불가능한 취득 관련 세금으로 보아 **유형자산의 원가에 가산**해야 한다. 즉, 유형자산을 취득하기 위하여 국·공채를 공정가치를 초과하는 금액으로 취득하였으므로 국·공채의 취득원가는 공정가치로 하고, 공정가치를 초과하여 지급한 금액은 당해 유형자산의 원가에 가산한다.

❽ 교환취득

교환취득이란 유형자산과 비화폐성자산의 교환을 의미한다. 즉, 유형자산과 유형자산의 교환을 의미하며, 일부 화폐성 자산이 포함될 수는 있으나 전체적으로 많은 부분을 차지하지 않는 경우를 의미한다.

이러한 교환취득은 상업적 실질에 따라 회계처리가 달라진다. 상업적 실질은 유형자산의 교환으로 기업에 실질적인 차이가 발생하였거나 유형자산 간의 공정가치의 차이가 많이 나는 경우를 의미한다.

상업적 실질이 있는 경우는 자산의 교환으로 인해 기업의 현금흐름 등의 변화나 기업의 가치의 변동이 있었으므로 **제공한 자산의 공정가치를 기준으로 취득원가를 구하고 처분손익을 인식한다.** 단, **취득한 자산의 공정가치가 더 명백한 경우는 취득한 자산의 공정가치를 기준**으로 한다.

[상업적 실질이 있는 경우(A)]

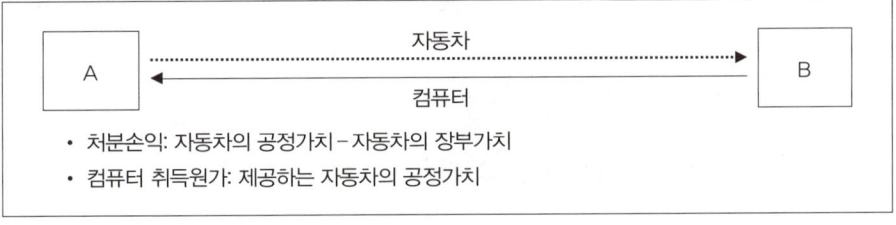

상업적 실질이 없는 경우라면 회사의 실질에는 변화가 없으므로 **제공한 자산의 장부가액을 기준으로 취득원가를 구하고 처분손익을 인식하지 않는다.**

물론 두 경우 모두 현금의 유입 또는 유출이 되었다면 그 부분만큼을 고려하여 회계처리를 하면 된다.

[상업적 실질이 없는 경우(A)]

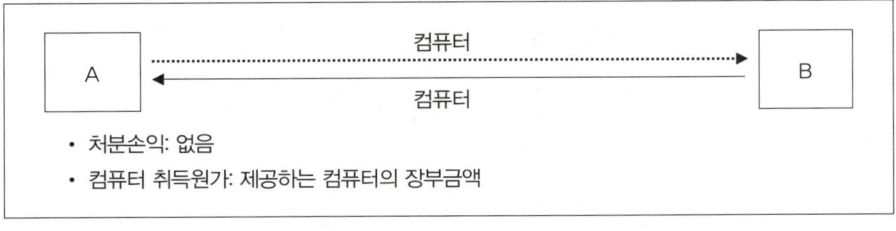

🔎 확인문제

11. 매년 말 결산일인 ㈜한국은 20X1년 1월 1일 차량운반구를 취득하면서 차량가액으로 ₩1,000,000을 지출하였다. 또한 차량운반구 취득시 지역개발공채를 액면 취득하였으며, 해당 지역개발공채의 액면금액은 ₩100,000(표시이자율 5%, 만기 3년, 매년 말 이자지급조건)이다. 지역개발공채에 적용될 이자율은 10%이고, ㈜한국은 보유하고 있는 모든 유형자산에 대해 10년 동안 잔존가치 없이 정액법으로 감가상각을 적용하고 있다. 20X1년 감가상각비와 이자수익은 각각 얼마인가? (단, 지역개발공채의 발행 당시 공정가치는 ₩85,450이다.)

정답 감가상각비 = ₩101,455
　　　이자수익 = ₩8,545

 **오쌤 Talk**

상업적 실질

기업회계기준은 자산의 교환으로 기업에 유입되는 현금흐름 등의 변화가 있을 경우 '상업적 실질이 있다' 라고 판단한다. 이는 과거에 이종자산과 동종자산으로 구분되던 방식에서 연결된 개념으로 이해한다. 다만, 이종과 동종의 구분이 모호한데 반해, 대부분의 기업이 교환으로 인해 상업적 실질이 있을 것이므로, 상업적 실질이 없는 경우는 이를 적극적으로 입증하게 함으로써 회계처리 방식의 차이로 손익을 조작하는 문제를 방지하고 있다.

 **오쌤 Talk**

공정가치 측정이 불가한 경우

취득한 자산과 제공한 자산 모두의 공정가치를 신뢰성 있게 측정할 수 없는 경우에는 취득한 유형자산의 원가를 **제공한 자산의 장부금액으로 측정**한다. 즉, 상업적 실질이 없는 교환거래와 동일하게 처리한다. 이때, 취득한 자산의 장부금액이 아님을 주의하자!

오쌤 Talk

교환거래 계산문제 접근 point

① 교환 거래의 원칙

구분	교환기준	처분손익 인식 여부
상업적 실질이 있다	자산*의 공정가치	처분손익 인식함
상업적 실질이 없다	자산*의 장부가치	처분손익 인식하지 않음

*이때 자산은 회계처리하는 당사 입장에서의 제공한 자산을 의미한다. 즉, 제공한 자산(나의 것)의 공정가치와 장부가치를 기준으로 교환한다.

② 처분손익 : 처분손익을 인식하는 경우, 처분손익은 처분하는 자산에 대한 장부가치와 공정가치의 차이이다. 그러므로 취득하는 자산이나 현금수령액은 처분손익에 영향을 주지 않는다.

다만, 처분하는 자산보다 취득하는 자산의 공정가치가 명백한 경우, 취득하는 자산을 통해 처분하는 자산(나의 것)의 공정가치가 결정되므로 이 경우에는 취득하는 자산의 공정가치와 현금의 유·출입액을 반영해주어야 한다.

📗 확인문제

12. 다음 중 손익에 미치는 효과가 큰 거래대로 순서를 나열하시오.

① 공정가치 ₩100,000 인 기계장치(취득원가 ₩150,000, 감가상각누계액 ₩70,000)를 공정가치 ₩120,000인 기계장치와 교환하고 현금으로 ₩20,000을 추가 지급하였다. 동 거래는 상업적 실질이 있는 것으로 가정한다.

② 공정가치 ₩100,000인 기계장치(취득원가 ₩150,000, 감가상각누계액 ₩70,000)을 공정가치 ₩120,000인 기계장치와 교환하고 현금으로 ₩20,000을 추가 지급하였다. 동 거래는 상업적 실질이 없는 것으로 가정한다.

③ 공정가치 ₩100,000인 기계장치(취득원가 ₩150,000, 감가상각누계액 ₩70,000)를 공정가치 ₩130,000인 기계장치와 교환하고 현금으로 ₩20,000을 추가 지급하였다. 동 거래는 상업적 실질이 있으며, 제공한 자산의 공정가치보다 취득한 자산의 공정가치가 더 신뢰성 있는 것으로 가정한다.

정답 ③, ①, ②

이를 각각 회계처리하면 다음과 같다.

〈상업적 실질이 있는 경우〉
(차) 감가상각누계액   XXX   (대) 제공한 유형자산   XXX
   취득한 유형자산   XXX   현금   XXX
   유형자산처분손실   XXX

〈상업적 실질이 없는 경우〉
(차) 감가상각누계액   XXX   (대) 제공한 유형자산   XXX
   취득한 유형자산   XXX   현금   XXX

따라서 취득원가를 계산식으로 하면 다음과 같다.

상업적 실질이 있는 경우	제공한 자산의 공정가치 + 현금지급액 - 현금수령액 취득한 자산의 공정가치 (제공자산보다 취득자산의 공정가치가 더 명백한 경우)
상업적 실질이 없는 경우	제공한 자산의 장부금액 + 현금지급액 - 현금수령액

기본예제 6 교환취득

㈜한국은 사용하던 기계장치를 ㈜민국의 기계장치와 교환하였다. 제공한 유형자산의 취득원가는 ₩10,000이며 감가상각누계액이 ₩5,000인 경우 다음 각각의 경우의 물음에 답하시오. (단, 제공한 자산의 공정가치는 ₩6,000이며, ㈜민국으로부터 ₩1,000을 수령하였다.)

01 상업적 실질이 있는 경우의 취득원가는 얼마인가?

02 상업적 실질이 있는 경우의 처분손익은 얼마인가?

03 상업적 실질이 없는 경우의 취득원가는 얼마인가?

04 상업적 실질이 없는 경우의 처분손익은 얼마인가?

풀이

01 상업적 실질이 있는 경우 취득원가

㈜한국	=	㈜민국
₩6,000(공정가치)		《《취득원가(= ₩5,000)》》+ ₩1,000

∴ 취득원가 = ₩5,000

02 상업적 실질이 있는 경우 처분손익

처분손익 = ㈜한국 기계의 공정가치 − ㈜한국 기계의 장부금액
= ₩6,000 − (₩10,000 − ₩5,000) = ₩1,000

03 상업적 실질이 없는 경우 취득원가

㈜한국	=	㈜민국
₩5,000(장부금액)		《《취득원가(= ₩4,000)》》+ ₩1,000

∴ 취득원가 = ₩4,000

04 상업적 실질이 없는 경우 처분손익

처분손익 = ₩0

확인문제

13. ㈜한국은 사용 중인 기계장치 A(장부금액 ₩300,000, 공정가치 ₩150,000)를 ㈜민국의 사용 중인 기계장치 B(장부금액 ₩350,000, 공정가치 ₩250,000)와 교환하였으며 공정가치 차액에 대하여 현금 ₩100,000을 지급하였다. 해당 교환거래가 상업적 실질이 존재하는 경우, ㈜한국과 ㈜민국이 각각 인식할 유형자산처분손실은?

기출처 2020. 국가직 7급

	㈜한국	㈜민국
①	₩100,000	₩100,000
②	₩100,000	₩150,000
③	₩150,000	₩100,000
④	₩150,000	₩150,000

정답 ③

심화예제 1 교환취득

㈜한국은 사용하던 기계장치를 ㈜민국의 기계장치와 교환하였다. 제공한 유형자산의 취득원가는 ₩10,000이며 감가상각누계액이 ₩5,000이다. 제공한 자산의 공정가치는 ₩7,000이며, 취득한 자산의 공정가치는 ₩9,000이다. 취득한 자산의 공정가치가 더 명백하다고 가정할 때, 다음 각각의 경우의 물음에 답하시오. (단, 동거래와 관련하여 ㈜민국은 ₩1,000의 현금을 수령하였다.)

01 상업적 실질이 있는 경우의 취득원가는 얼마인가?

02 상업적 실질이 있는 경우의 처분손익은 얼마인가?

오쌤 Talk

취득한 자산의 공정가치가 더 명백한 경우

상업적 실질이 있는 거래는 공정가치를 기준으로 교환한다.
이때, 취득한 자산의 공정가치가 더 명백한 경우는 취득한 자산의 공정가치를 사용한다. 그러므로 취득한 자산의 공정가치는 고민하지 않아도 바로 취득원가로 인식할 금액이 된다. 그러나 처분손익은 제공한 자산의 공정가치와 장부금액의 차이이므로, 취득한 자산의 공정가치를 통해 인식된 제공한 자산의 공정가치를 산출해야 처분손익을 구할 수 있다.

풀이

01 상업적 실질이 있는 경우 취득원가

㈜한국	=	㈜민국
₩8,000(공정가치) + ₩1,000		₩9,000

∴ 취득원가 = ₩9,000
(취득한 자산의 공정가치가 더 맹백하므로, 동 거래를 통해서 ㈜민국의 기계장치의 공정가치는 ₩8,000으로 인식됨)

02 상업적 실질이 있는 경우 처분손익

처분손익 = ㈜한국 기계의 공정가치 − ㈜한국 기계의 장부금액
= ₩8,000 − (₩10,000 − ₩5,000) = ₩3,000

오쌤 Talk

재평가의 범주

특정 유형자산을 재평가할 때는 해당 유형자산이 포함되는 유형자산의 항목별 분류 전체를 동시에 재평가한다. 이는 유형자산별로 선택적 재평가를 하거나 서로 다른 기준일의 평가금액이 혼재된 재무보고를 하는 문제를 방지하기 위함이다.

오쌤 Talk

감가상각비 회계처리

각 기간의 감가상각비는 일반적으로 당기손익으로 인식한다. 그러나 제조설비(공장건물)의 감가상각비는 재고자산의 가공원가로 제조원가를 구성하여 재고자산의 원가를 구성하였다가 판매되었을 때 비용(매출원가)으로 처리한다. 개발활동에 사용하는 유형자산의 감가상각액은 해당 무형자산의 원가에 포함될 수 있다.

🖉 기출 OX

13. 건설회사가 보유하고 있는 중장비의 주요 구성부품 (예를 들면 궤도, 엔진, 굴삭기에 부착된 삽 등)의 내용연수와 경제적 효익의 소비행태가 다르다면, 해당 구성부품은 별도의 자산으로 계상하고 감가상각할 수 있다.

기출처 2014. 국가직 9급
정답 O

14. 유형자산을 구성하는 일부의 원가가 당해 유형자산의 전체 원가에 비교하여 유의적이라면, 해당 유형자산을 감가상각할 때 그 부분은 별도로 구분하여 감가상각한다.
기출처 2019. 관세직 9급
정답 O

4 원가모형

한국채택국제회계기준에서는 기업이 **원가모형과 재평가모형 중 하나를 회계정책으로 선택할 수 있도록 규정**하고 있다. 단, **일부 항목에 대하여만 원가모형이나 재평가모형을 쓸 수 없으며, 전체를 하나의 모형으로 적용**해야 한다.

원가모형을 적용할 경우는 **감가상각과 손상차손에 대하여 인식**을 하여야 한다.

❶ 감가상각

회사는 유형자산을 통한 영업활동으로 수익을 창출한다. 이렇게 유형자산이 사용되면서 자산가치는 점점 감소하게 된다. 자산가치의 감소만큼 비용으로 인식해야 하지만 계속적으로 유형자산의 가치를 정확히 평가한다는 것도 어렵고 효익도 높지 않을 것이다.

따라서 회사는 유형자산의 사용기간 동안 합리적인 방법을 이용하여 유형자산의 가치감소분을 배분하여 비용으로 인식하는데, 이를 감가상각이라고 한다. 즉, **감가상각이란 유형자산의 가치감소분을 사용기간 동안에 합리적인 방법으로 배분하여 주는 것을 의미**하며, 이는 자산의 가치를 평가하는 과정이 아니라 원가의 배분 과정이다.

유형자산을 구성하는 일부의 원가가 당해 유형자산의 **전체 원가에 비교적 유의적이라면**, 해당 유형자산 감가상각할 때, 그 부분은 **별도로 구분하여 감가상각**한다. 즉, 항공기의 동체와 엔진을 별도로 분리하여 감가상각할 수 있다.

그러나 **토지**와 같은 유형자산은 사용으로 인해 자산의 가치가 감소되지 않으므로 감가상각의 대상이 아니며, **건설중인자산도** 완공되기 전에는 사용을 하지 못하므로 **감가상각 대상이 아니다.**

다만, **토지의 원가에 해체, 제거 및 복구원가가 포함된 경우**에는 그러한 원가를 관련 경제적 효익이 유입되는 기간에 **감가상각한다**. 또한 **채석장이나 매립지 등을 취득하여 토지의 내용연수가 유한한 경우**에도 관련 경제적 효익이 유입되는 형태를 반영하는 방법으로 토지를 **감가상각한다.**

1-1 감가상각의 결정요소

감가상각은 유형자산의 ① 가치의 감소분을 ② 사용기간 동안 ③ 합리적인 방법으로 배분해주는 것이므로, 다음 세 가지에 대하여 결정을 해야 한다. 즉, 가치감소분인 **감가상각대상금액, 사용기간인 내용연수, 합리적인 방법인 감가상각방법**을 결정해야 한다.

1-2 감가상각대상금액

감가상각대상금액은 유형자산을 사용하는 기간 동안에 비용으로 인식할 총 금액을 의미한다. 즉, 매 회계기간마다 인식한 감가상각비의 총합을 의미한다.

> 감가상각대상금액 = 유형자산 취득금액 – 잔존가치

토지와 건물을 동시에 취득하는 경우에도 이들은 분리가능한 자산이므로 별개의 자산으로 회계처리한다. 건물이 위치한 토지의 가치가 증가하더라도 건물의 감가상각대상금액에는 영향을 미치지 않는다.

잔존가치란 유형자산을 내용연수 동안 사용 후 유형자산을 처분하였을 경우 처분대가로 받을 수 있는 금액이다. 따라서 일반적으로 기업이 추정한 금액을 적용하나, 실무적으로 금액의 중요성이 적어 '₩0'을 많이 사용한다.
잔존가치는 매 회계연도 말에 재검토하고 재검토결과 추정치가 종전의 추정치와 다르다면 그 차이는 회계추정의 변경으로 회계처리 한다.

유형자산의 잔존가치가 해당 자산의 장부금액과 같거나 큰 금액으로 증가하는 경우에는 자산의 잔존가치가 장부금액보다 작은 금액으로 감소될 때까지 유형자산의 감가상각액은 영(0)이 된다. 유형자산의 공정가치는 장부금액을 초과하더라도 잔존가치가 장부금액을 초과하지 않는 한 감가상각액을 계속 인식한다.

1-3 내용연수

내용연수는 합리적으로 유형자산을 사용할 수 있을 것으로 기대되는 기간을 의미한다. 그러나 유형자산의 물리적 사용연수를 의미하는 것은 아니며, 기업의 경제적 요건을 고려하여 유형자산을 사용하려고 의도하는 기간을 의미하는 것이다. 이러한 내용연수는 다음과 같은 사항을 고려해야 한다.

> ① 자산의 예상생산능력이나 물리적 생산량을 토대로 한 자산의 예상사용수준
> ② 자산을 교대로 사용하는 빈도, 수선·유지계획과 운휴 중 유지보수 등과 같은 가동요소를 고려한 자산의 예상 물리적 마모나 손상
> ③ 생산방법의 변화, 개선 또는 해당 자산에서 생산되는 제품 및 용역에 대한 시장수요의 변화로 인한 기술적 또는 상업적 진부화

내용연수도 매 회계연도 말에 재검토하고 재검토결과 추정치가 종전의 추정치와 다르다면 그 차이는 회계추정의 변경으로 회계처리한다.

오쌤 Talk

잔존가치
① 잔존가치 = 내용연수 종료시점에 처분으로 획득할 금액 - 추정 처분부대원가
② 현재가치로 할인하지 않음
③ 잔존가치는 매 보고기간 말에 재검토
④ 잔존가치 추정치의 변동은 회계추정의 변경으로 처리 Link-P. 760

오쌤 Talk

세법상 법정내용연수

구분	법정기준 내용연수
건물과 구축물 (철골구조 외)	40년(20년)
선박과 항공기	12년
기계장치	7년
차량운반구	5년
공구와 각종 비품	5년

실무에서는 일반적으로 세법상 기준내용연수를 통해 내용연수를 결정한다. 세무조정에 대한 편의 때문이다.

 **확인문제**

14. 다음 중 유형자산의 감가상각에 대한 설명으로 옳지 않은 것은?
① 감가상각은 유형자산의 가치의 감소분을 사용기간 동안에 합리적인 방법으로 배분하여 주는 것을 의미한다.
② 건설중인자산은 완공되기 전에 사용하지 못하므로 감가상각대상이 아니다.
③ 내용연수와 잔존가치는 매 보고기간 말에 재추정하고, 추정치의 변경이 있을 경우 회계추정의 변경으로 전진 적용한다.
④ 모든 경우에 감가상각비는 당기 유형자산의 상각분을 당기비용으로 인식한다.

정답 ④

기출 OX

15. 감가상각방법은 자산의 미래 경제적 효익이 소비될 것으로 예상되는 형태를 반영한다. 기출처 2017. 국가직 9급
정답 O

16. 각 기간의 감가상각액은 다른 자산의 장부금액에 포함되는 경우가 아니라면 당기손익으로 인식한다. 기출처 2017. 국가직 9급
정답 O

17. 잔존가치, 내용연수, 감가상각방법은 적어도 매 회계연도 말에 재검토한다. 기출처 2017. 국가직 9급
정답 O

1-4 감가상각방법

유형자산을 사용하면서 가치가 감소되는 패턴은 기업마다 다를 것이다. 즉, 기계장치를 구입하여 사용할 경우 사용 초기에 가치가 많이 감소하고 후기로 갈수록 가치 감소폭이 줄어들 것이다. 또한 건물의 경우는 가치의 감소폭이 내용연수 동안 거의 일정하게 나타날 것이다. 이러한 경제적 효익이 감소되는 패턴을 감가상각방법을 통해서 반영해야 한다.

감가상각방법에는 다음과 같은 방법들이 있다.

정액법	• 감가상각비 매 기간 균등
연수합계법	• 내용연수 초기에 감가상각비 많이 계상, 후기로 갈수록 적게 계상(가속상각법) • 매 회계연도 마다 다른 상각률을 적용하여 계상
정률법	• 내용연수 초기에 감가상각비 많이 계상, 후기로 갈수록 적게 계상(가속상각법)
이중체감법	• 정률법과 유사하나 상각률이 정액법 상각률의 2배 적용(가속상각법)
생산량비례법	• 생산량에 비례하여 감가상각

따라서 기계장치의 감가상각방법은 처음에 감가상각을 많이 하는 가속상각법을 적용하는 것이 적정할 것이며, 건물은 정액법을 적용해야 할 것이다. 기업의 감가상각방법의 적정성에 대해서는 매년 재검토한다. 재검토 결과 자산에 내재된 미래 경제적 효익에 예상되는 소비형태가 유의적으로 달라졌다면, 달라진 소비형태를 반영하기 위하여 감가상각방법을 변경한다. 그러한 변경은 회계추정의 변경으로 회계처리 한다.

감가상각비는 다른 자산의 제조와 관련된 경우에는 관련 자산의 제조원가로, 그 밖의 경우에는 당기비용으로 인식한다. 예를 들어, 공장건물의 감가상각비는 재고자산의 가공비로서 제조원가를 구성하고, 본사 건물의 감가상각비는 판매비와관리비로 집계하여 당기비용으로 처리한다.

1-4-1 정액법

정액법은 유형자산이 내용연수 기간 동안 동일한 감가상각비가 발생하는 것으로 가정하는 것이다. 즉, 유형자산의 가치의 감소분이 매년 동일하게 발생한다는 것으로 판단되는 상황에서 적용한다. 이때 감가상각대상금액은 취득원가에서 잔존가치를 차감한 잔액이다.

> 감가상각비 = (취득원가 − 잔존가치) ÷ 내용연수

정액법은 매년 동일한 감가상각비가 발생하므로 계산과 관리가 편하다. 또한 세법에서 건물은 감가상각법을 적용하도록 되어 있다.

기본예제 7 정액법

㈜한국은 20X1년 1월 1일 유형자산 ₩100,000을 구입하였다. 유형자산은 4년간 사용이 가능하며 4년 후의 잔존가치는 ₩20,000으로 추정된다. 회사는 정액법을 적용하였을 경우 매년 인식할 감가상각비와 기말장부금액을 구하시오.

오쌤 Talk

정액법
정액법은 '취득원가 - 잔존가치'인 감가상각대상금액을 기준으로 상각한다.

확인문제 최신

15. ㈜한국은 20X1년 1월 1일 건물을 ₩110에 취득하였다. 건물의 잔존가치는 ₩10이며, 내용연수는 10년이고, 정액법으로 감가상각을 하기로 하였다. 해당 건물에 대한 감가상각과 관련한 설명으로 옳지 않은 것은?

기출처 2023. 국가직 9급

① 감가상각대상금액 ₩110이 내용연수 10년에 걸쳐 배분된다.
② 20X1년에 인식되는 감가상각비는 ₩10이다.
③ 20X2년 말 해당 건물의 감가상각누계액은 ₩20으로 보고된다.
④ 20X3년 말 해당 건물의 장부금액은 ₩80으로 보고된다

정답 ①

[풀이]

감가상각비 = {취득금액(₩100,000) - 잔존가치(₩20,000)} ÷ 내용연수(4년) = ₩20,000
감가상각대상금액 = 취득원가(₩100,000) - 잔존가치(₩20,000) = ₩80,000

연도	상각대상금액	감가상각비	감가상각누계액	기말장부금액
20X1년	₩80,000	₩20,000	₩20,000	₩80,000
20X2년	₩80,000	₩20,000	₩40,000	₩60,000
20X3년	₩80,000	₩20,000	₩60,000	₩40,000
20X4년	₩80,000	₩20,000	₩80,000	₩20,000

1-4-2 정률법

정률법은 기초장부금액에서 일정한 상각률을 곱하여 감가상각비를 계산하는 방법이다. 즉, 취득연도에는 취득금액에 일정률을 곱하여 감가상각비로 인식하며, 시간이 지남에 따라 취득가액에서 감가상각비를 차감한 금액(기초장부금액)에 일정률을 곱하므로 감가상각비는 계속적으로 줄어든다. 즉, 내용연수 초기에는 감가상각비를 많이 계상하지만 내용연수가 경과함에 따라 감가상각비가 점차 감소하므로 이를 가속상각법이라고 한다.

> 감가상각비 = 기초장부금액 × 상각률 = (취득가액 − 감가상각누계액) × 상각률

정률법에서의 상각률은 정률이라고 하는데 내용연수가 n이라고 할 때 다음과 같이 계산된다.

> 상각률 = $1 - \sqrt[n]{잔존가치/취득원가}$

정률법
정률법은 장부금액을 기준으로 상각한다. 그러므로 매 연도별로 상각되고 남은 장부금액을 기준으로 상각하기 때문에 감가상각비는 시간이 갈수록 줄어든다.

기본예제 8 정률법

㈜한국은 20X1년 1월 1일 유형자산 ₩100,000을 구입하였다. 유형자산은 4년간 사용이 가능하며 4년 후의 잔존가치는 ₩20,000으로 추정된다. 회사는 정률법을 적용하였을 경우 매년 인식할 감가상각비와 기말장부금액을 구하시오. (단, 상각률은 40%라고 가정한다.)

풀이

연도	기초장부금액	감가상각비	감가상각누계액	기말장부금액
20X1년	₩100,000	₩40,000	₩40,000	₩60,000
20X2년	₩60,000	₩24,000	₩64,000	₩36,000
20X3년	₩36,000	₩14,400	₩78,400	₩21,600
20X4년	₩21,600	₩1,600*	₩80,000	₩20,000

*20X4년은 잔존가치를 맞춰 주기 위해 ₩1,600을 계상함

1-4-3 연수합계법

연수합계법은 취득원가에서 잔존가치를 차감한 감가상각대상금액에서 매 회계연도마다 다른 상각률을 곱하여 감가상각비를 계산한다. 이때 상각률은 전체 내용연수기간에 가중치를 주는 방법이다. 만약 내용연수가 10년인 유형자산의 경우 첫 해에는 10의 가중치를 5년째는 6의 가중치 마지막은 1의 가중치를 주어 감가상각을 하는 방법이다.

> 특정연도상각률 = 특정연도 초의 잔존내용연수 ÷ 내용연수 합계(1 + 2 + 3 … + n)

예를 들어, 20X1년 1월 1일 취득한 내용연수 3년의 기계장치의 경우를 가정해보자. 상각률 분모는 언제나 1에서부터 내용연수 3까지를 단순 합계한 1 + 2 + 3 = 6으로 계산된다. 분자의 경우 각 회계연도의 잔여 내용연수를 적용하는데 20X1년의 경우 20X1년 초 현재 잔여내용연수가 3년이므로 분자는 3이 되고 상각률은 3/6이 된다. 20X2년 초의 경우 잔여 내용연수가 2년이므로 20X2년 연수합계법의 상각률은 2/6가 된다.

따라서 연수합계법은 초반에는 가중치만큼 감가상각비가 더 발생하며, 시간이 지남에 따라 감가상각비는 감소하게 되는 가속상각방법이다.

> 감가상각비 = (취득가액 − 잔존가치) × 해당연도 상각률

기본예제 9 연수합계법

㈜한국은 20X1년 1월 1일 유형자산 ₩100,000을 구입하였다. 유형자산은 4년간 사용이 가능하며 4년 후의 공정가치는 ₩20,000으로 추정된다. 회사가 연수합계법을 적용하였을 경우 매년 인식할 감가상각비와 기말장부금액을 구하시오.

오쌤 Talk

연수합계법

연수합계법은 '취득원가 − 잔존가치'인 감가상각대상금액을 기준으로 상각한다. 정액법의 방식에 정률법을 가미한 방식이다.

[풀이]

해당 연도 상각률 = 해당 연도 초 기준 잔여내용연수 ÷ 내용연수합계(10 = 4 + 3 + 2 + 1)
상각대상금액 = 취득원가(₩100,000) − 잔존가치(₩20,000) = ₩80,000

연도	상각대상금액	상각률	감가상각비	감가상각누계액	기말장부금액
20X1년	₩80,000	4/10	₩32,000	₩32,000	₩68,000
20X2년	₩80,000	3/10	₩24,000	₩56,000	₩44,000
20X3년	₩80,000	2/10	₩16,000	₩72,000	₩28,000
20X4년	₩80,000	1/10	₩8,000	₩80,000	₩20,000

1-4-4 이중체감법

이중체감법은 정률법과 동일하게 기초장부금액에 상각률을 곱하여 감가상각비를 계산하는 방법이다. 그러나 정률법은 상각률을 계산할 시 내용연수만큼 루트를 시켜 정교하게 계산하였으나, 이중체감법에서의 상각률은 단순히 정액법의 내용연수 즉, (1/내용연수)에 두 배를 해준 것이다.

> 상각률 = 2 ÷ 추정내용연수

이렇게 계산된 상각률을 기초장부금액에 적용하면 되는 것이다. 그러나 이중체감법은 정률법처럼 정교한 방법이 아니므로 상기와 같은 방식으로 감가상각을 하면 추정잔존가치와 차이가 발생한다. 이는 마지막 해에 처음에 추정한 잔존가치에 맞게끔 조정해주어야 한다.

> 감가상각비 = 기초장부금액 × 상각률 = (취득가액 − 감가상각누계액) × 상각률

오쌤 Talk

이중체감법
이중체감법은 장부금액을 기준으로 상각한다. 이때 정률법의 상각률을 좀더 간편하게 개량한 방식이다.

기본예제 10 이중체감법

㈜한국은 20X1년 1월 1일 유형자산 ₩100,000을 구입하였다. 유형자산은 4년간 사용이 가능하며 4년 후의 공정가치는 ₩10,000으로 추정된다. 회사가 이중체감법을 적용하였을 경우 매년 인식할 감가상각비와 기말장부금액을 구하시오.

풀이

상각률 = 2 ÷ 내용연수(4년) = 50%

연도	상각대상금액	상각률	감가상각비	감가상각누계액	기말장부금액
20X1년	₩100,000	50%	₩50,000	₩50,000	₩50,000
20X2년	₩50,000	50%	₩25,000	₩75,000	₩25,000
20X3년	₩25,000	50%	₩12,500	₩87,500	₩12,500
20X4년	₩12,500	50%	₩2,500*	₩90,000	₩10,000

*20X4년은 잔존가치를 맞춰주기 위해 ₩2,500을 계상함

1-4-5 생산량비례법

생산량비례법은 유형자산을 통해 생산 가능한 자산을 기준으로 해당 회계연도에 생산된 자산만큼만 감가상각을 해주는 방법이다. 주로 석탄과 같이 채굴을 하는 기업에서 사용을 하는 방법으로 전체 매장량을 추정하여 채굴되어 나오는 만큼 유형자산을 감가상각해주는 것이다.

$$감가상각비 = (취득원가 - 잔존가치) \times \frac{당기실제생산량}{추정총생산량}$$

따라서 가장 합리적으로 감가상각비를 추정하는 방법이나 제품이 동일해야 하며, 추정총생산량에 대한 추정이 정확해야 적용이 가능할 수 있다.

기본예제 11 **생산량비례법**

㈜한국은 20X1년 1월 1일 유형자산 ₩100,000을 구입하였다. 유형자산은 4년간 사용이 가능하며 4년 후의 공정가치는 ₩10,000으로 추정된다. 회사가 생산량비례법을 적용하였을 경우 매년 인식할 감가상각비와 기말장부금액을 구하시오. 단, 유형자산을 통해 총 1,000톤을 채굴할 예정이며, 1, 2, 3차년도에 각각 300톤씩, 그리고 4년도에 100톤을 채굴하였다.

오쌤 Talk

생산량비례법
생산량 비례법은 '취득원가 - 잔존가치'인 감가상각대상금액을 기준으로 상각한다.

[풀이]

연도	상각대상금액	상각률	감가상각비	감가상각누계액	기말장부금액
20X1년	₩90,000	300톤/1,000톤	₩27,000	₩27,000	₩73,000
20X2년	₩90,000	300톤/1,000톤	₩27,000	₩54,000	₩46,000
20X3년	₩90,000	300톤/1,000톤	₩27,000	₩81,000	₩19,000
20X4년	₩90,000	100톤/1,000톤	₩9,000	₩90,000	₩10,000

❷ 감가상각비 표시 방법

유형자산의 감가상각비를 계산하면 이를 재무제표에 계상하여야 한다. 계상하는 방법에는 직접법과 간접법이 있다. 우선 직접법은 감가상각비만큼을 유형자산에서 직접 차감하는 방법이다.

(차) 감가상각비	XXX	(대) 유형자산	XXX

직접법을 상기와 같이 적용하였을 경우 유형자산의 취득원가에 대하여 검토가 안되며, 지금까지의 감가상각비 총액이 얼마인지 알 수가 없다. 간접법은 감가상각비만큼 유형자산에서 차감하는 방식으로 재무상태표에 표시하는 방법이다. 기간이 지남에 따라 유형자산의 감가상각비만큼 계속 누적이 되는데 이를 감가상각누계액이라고 한다.

(차) 감가상각비	XXX	(대) 감가상각누계액	XXX

재무제표에는 유형자산의 취득가액에서 감가상각누계액을 차감하는 형식으로 표시된다.

오쌤 Talk

자산의 차감적 평가계정

우리가 배운 자산계정에서 차감적 평가계정은 다음과 같다.

① 금융자산 손실충당금(대손충당금)
② 재고자산 평가손실 충당금
③ 감가상각누계액
④ 손상차손누계액

[재무제표 표시]

```
            재무상태표
          20X1년 12월 31일
유형자산              XXX
감가상각누계액        (XXX)    XXX
```

❸ 감가상각 관련 기타

3-1 기중 취득하는 감가상각

실무에서 대부분의 유형자산은 기중에 취득하는 것이 일반적이다. 유형자산을 기중에 취득하는 경우 1년치의 감가상각비를 다 인식하기보다는 취득시점부터 기말까지의 기간 동안만 감가상각비를 인식하는 것이 합리적이다. 즉, 1년치 감가상각비를 구한 후 두 연도에서 차지하는 각각의 비율에 따라 안분하여 해당 연도의 감가상각비를 각각 인식해야 한다. 이때 특별한 언급이 없는 한 **월할 계산**한다.

기본예제 12 기중 취득한 유형자산의 감가상각비 인식

㈜한국은 20X1년 4월 1일 기계장치 1대(내용연수 3년, 잔존가치 10%)를 ₩100,000에 구입하였다. 다음 각 방법으로 감가상각할 경우 20X1년과 20X2년 감가상각비를 구하시오.

01 정액법

02 연수합계법

풀이

01 정액법
  (1) 감가상각대상금액 = ₩100,000 − ₩100,000 × 10% = ₩90,000
  (2) 20X1년 = ₩90,000 × 1/3 × 9/12 = ₩22,500
  (3) 20X2년 = ₩90,000 × 1/3 × 3/12 + ₩90,000 × 1/3 × 9/12 = ₩30,000

02 연수합계법
  (1) 감가상각대상금액 = ₩100,000 − ₩100,000 × 10% = ₩90,000
  (2) 20X1년 = ₩90,000 × 3/6 × 9/12 = ₩33,750
  (3) 20X2년 = ₩90,000 × 3/6 × 3/12 + ₩90,000 × 2/6 × 9/12 = ₩33,750

오쌤 Talk
감가상각의 월할 계산
① 정액법의 경우 전체 내용연수를 월수로 계산하고, 감가상각 해당 월수만큼을 계산하는 방식이 가장 효율적이다.
② 연수합계법의 경우 상각률이 매년 다르다. 그러므로 상각률의 지배를 받는 1년을 기준으로 구분하고, 해당 상각률에 따라 월할로 계산하는 방식이 가장 효율적이다.

확인문제

16. ㈜한국은 20X1년 7월 1일 생산에 필요한 기계장치를 ₩1,200,000에 취득(내용연수 4년, 잔존가치 ₩200,000)하였다. 동 기계장치를 연수합계법을 적용하여 감가상각할 때, 20X4년 손익계산서에 보고할 감가상각비는? (단, 원가모형을 적용하고 손상차손은 없으며, 감가상각은 월할 계산한다.) 2021. 국가직 9급

① ₩50,000 ② ₩150,000
③ ₩180,000 ④ ₩250,000

정답 ②

심화예제 2 기중 취득한 유형자산의 감가상각비 인식

㈜한국은 20X1년 7월 1일 토지와 건물을 ₩2,000,000에 일괄 취득하였으며, 취득 당시 토지의 공정가치는 ₩1,000,000, 건물의 공정가치는 ₩1,500,000이었다. 건물의 경우 원가모형을 적용하며, 연수합계법(내용연수 3년, 잔존가치 ₩0)으로 상각한다. 건물에 대해 20X2년에 인식할 감가상각비는 얼마인가? (단, 감가상각비는 월할 상각한다.)

기출처 2017. 국가직 9급

풀이
  (1) 건물의 취득원가 = ₩2,000,000 × ₩1,500,000/(₩1,000,000 + ₩1,500,000) = ₩1,200,000
  (2) 20X2년 감가상각비 = ₩1,200,000 × 3/6 × 6/12 + ₩1,200,000 × 2/6 × 6/12 = ₩500,000

오쌤 Talk
일괄취득 + 기중취득 감가상각자산
① 일괄취득한 자산은 공정가치로 안분한다.
② 기중 취득한 자산은 월할 상각을 기본으로 계산한다.
③ 연수합계법의 경우, 상각률이 매년 다르다. 그러므로 상각률을 기준으로 구분하고 해당 상각월수만큼을 상각하는 방식으로 계산한다.

오쌤 Talk

감가상각의 시작

감가상각을 '사용을 시작한 시점부터'가 아니라 '사용 가능한 때'라고 규정하고 있다. 즉, 사용 가능한 상태임에도 불구하고 자산을 사용하지 않고 있는 경우에는 적극적으로 자산을 사용할 수 없음을 입증해야 한다. 기업이 손익을 조작하기 위해 감가상각비를 인식하지 않으려는 상황을 봉쇄한 것으로 이해하면 좋겠다.

 기출 OX

18. 정액법을 적용하여 상각하던 기계장치가 운휴상태가 되면 감가상각비를 인식하지 않는다. 기출처 2019. 관세직 9급

정답 X

3-2 감가상각의 시작

유형자산의 감가상각은 자산이 사용 가능한 때부터 시작한다. 즉, 경영진이 의도하는 방식으로 자산을 가동하는 데 필요한 장소와 상태에 이른 때부터 시작한다.

3-3 감가상각의 중단

유형자산에 대한 감가상각은 당해 유형자산이 재무제표에서 제거되지 않는 한, 운휴중이거나 적극적인 사용 상태가 아니라도 감가상각이 완전히 이루어지기 전까지는 중단하지 않는다.

그러나 유형자산에 대한 감가상각은 해당 자산이 매각예정자산으로 분류되는 경우에는 감가상각을 중지한다. 즉, 내용연수 도중 사용을 중단하고, 매각할 예정이며 당해 유형자산의 장부금액이 계속 사용이 아닌 매각거래를 통해 주로 회수될 것이라면 감가상각을 중단하고, 이를 매각예정유동자산으로 분류하여 재무제표에 별도로 표시한다.

심화예제 3 감가상각

㈜한국은 20X1년 5월 1일에 기계장치를 취득하였다. 이 기계장치는 20X1년 7월 1일부터 사용 가능하였고, 정액법으로 감가상각한다. 기계장치의 내용연수는 5년이고 잔존가치는 취득원가의 10%이다. 20X2년 말 감가상각누계액이 ₩810,000일 때, 동 기계의 취득원가는 얼마인가? (단, 기계장치는 월할 상각한다.)

풀이

감가상각은 사용 가능한 시점부터이므로 감가상각은 20X1년 7월 1일부터 시작한다.
20X2년 감가상각누계액 = 취득원가 × (1 – 10%) × (6개월 + 12개월)/(5년 × 12개월)
= ₩810,000
∴ 취득원가 = ₩3,000,000

 확인문제 최신

17. ㈜한국은 20X1년 초에 취득한 기계장치를 원가모형을 적용하여 연수합계법으로 감가상각하고 있다. ㈜한국은 동 기계장치의 내용연수를 4년, 잔존가치는 ₩50,000으로 추정하였다. ㈜한국이 20X3년도에 인식한 감가상각비가 ₩10,000인 경우, 동 기계장치의 취득원가는? (단, 취득 이후 기계장치에 대한 손상은 없다) 기출처 2025. 국가직 9급

① ₩100,000
② ₩200,000
③ ₩300,000
④ ₩400,000

정답 ①

3-4 자본적 지출

회계연도 중에 유형자산의 자본적 지출이 발생한 경우에는 **자본적 지출이 발생한 시점부터 해당 자산의 잔존내용연수에 걸쳐 감가상각비를 계상**한다. 즉 **기초로 소급하지 않는다.**

심화예제 4 사용 중 자본적 지출의 발생

12월 말 결산법인인 ㈜한국은 20X1년 1월 1일, 기계장치를 ₩100,000에 취득하고 원가모형을 적용하기로 했다. 기계장치의 경제적 내용연수는 3년, 잔존가치는 ₩10,000, 정액법으로 감가상각하며, 감가상각은 월할 상각하는 것을 원칙으로 한다. ㈜한국은 20X2년 7월 1일 기계장치에 대해 ₩15,000을 지출하였으며, 이러한 지출은 기계장치의 성능을 향상시키는 자본적 지출에 해당한다.
㈜한국이 20X2년 포괄손익계산서에 인식하게 될 감가상각비는 얼마인가?

풀이

감가상각비 = (₩100,000 − ₩10,000)/3년 + ₩15,000/1.5년 × 0.5 = ₩35,000

오쌤 Talk

사용 중 자본적 지출

자본적 지출이 발생하면 자산의 장부금액에 가산하고 기존 자산과 동일한 방법으로 감가상각한다. 만약 기초에 자본적 지출이 발생하였다면 기존 자산의 장부금액에 가산하여 기존 내용연수 그대로 감가상각을 하면 된다. 그러나 [심화예제 4]의 경우처럼 기중에 자본적 지출이 발생하게 되면 기존 자산의 장부금액에 가산하되, 감가상각은 상각 월수가 다르므로 자본적 지출 발생 해에는 기존자산과 자본적 지출자산을 구분해서 감가상각해야 한다.

❹ 유형자산의 처분

유형자산을 처분하는 경우는 처분금액과 장부금액의 차이를 유형자산처분손익으로 계상하고 이를 당기손익에 반영하면 된다. 즉, 처분금액이 취득가액에서 감가상각누계액을 차감한 금액 보다 크다면 유형자산처분이익이 되고 작다면 유형자산처분손실로 인식하면 된다.

> 유형자산처분손익 = 처분금액 − 처분 전 장부금액
> = 처분금액 − (취득원가 − 감가상각누계액)

만약 유형자산을 기중에 처분한다면 기초부터 처분 시까지의 감가상각을 계산하여 인식하고 나서 유형자산처분손익을 계상해주어야 한다.

| (차) 현금 | XXX | (대) 유형자산 | XXX |
| 감가상각누계액 | XXX | 유형자산처분이익 | XXX |

오쌤 Talk

처분

회계상 처분은 처분가액과 장부금액의 차이이다. 쉽게 말해서, 얼마짜리를(장부금액) 얼마에 팔았느냐(처분금액)의 차이로 처분손익을 인식한다.

감가상각하는 자산은 처분하는 시점까지 가치의 감소분을 인식하여 감가상각하고, 상각후 장부가액을 기준으로 처분대금과의 차이를 처분손익으로 인식한다.

기본예제 13 유형자산의 처분

㈜한국은 20X1년 1월 1일 자동차를 ₩100,000에 구입하였다. 유형자산은 4년간 사용이 가능하며 4년 후의 잔존가치는 ₩20,000으로 추정된다. 회사는 정액법을 적용하여 감가상각을 하던 중 20X2년 7월 1일 유형자산을 ₩80,000에 처분하였다. ㈜한국이 인식할 처분손익은 얼마인가?

풀이

20X2년 7월 1일 장부금액 = 취득금액(₩100,000) − 감가상각누계액(₩30,000)* = ₩70,000
처분손익 = 처분대가 − 장부금액 = ₩80,000 − ₩70,000 = ₩10,000
* 감가상각누계액 = (취득원가 ₩100,000 − 잔존가치 ₩20,000) × (18개월/48개월) = ₩30,000

[참고]

20X1년 초	(차)	차량운반구	₩100,000	(대)	현금	₩100,000
20X1년 말	(차)	감가상각비	₩20,000	(대)	감가상각누계액	₩20,000
처분 시	(차)	감가상각비	₩10,000	(대)	감가상각누계액	₩10,000
	(차)	현금	₩80,000	(대)	차량운반구	₩100,000
		감가상각누계액	₩30,000		유형자산처분이익	₩10,000

심화예제 5 유형자산의 처분

㈜한국은 20X1년 4월 1일 기계장치를 ₩80,000에 취득하였다. 이 기계장치는 내용연수가 5년이고 잔존가치가 ₩5,000이며, 연수합계법에 의해 월할로 감가상각을 한다.
㈜한국은 이 기계장치를 20X2년 10월 1일 처분하였고, 처분이익이 ₩3,000이었다면 기계장치의 매각 대금은 얼마인가?

풀이

(1) 20X2년 10월 1일 장부금액 = ₩80,000 − (₩80,000 − ₩5,000) × 7/15*
　　　　　　　　　　　　 = ₩45,000
*(5/15 × 12/12) + (4/15 × 6/12) = 7/15
(2) 매각대금 = 장부금액 + 처분이익 = ₩45,000 + ₩3,000 = ₩48,000

오쌤 Talk

매각대금을 물어보는 경우

처분손익이 주어지고 매각대금을 물어보는 경우는 매각을 통해 이익인지 손해인지를 판단한다. 매각을 통해 이익이라면 장부금액보다 웃돈을 더 받은 셈이고, 매각을 통해 손해라면 장부금액보다 돈을 덜 받은 셈이다.
공식으로 접근하기보다는 원리를 통해 판단하는 것이 좋다.

심화예제 6 유형자산의 처분

㈜한국은 원가모형을 적용하던 기계장치를 20X1년 1월 1일에 매각하고 처분대금은 2년 후 일시불로 ₩100,000을 받기로 하였다. 매각 당시 기계장치의 취득원가는 ₩100,000, 감가상각누계액은 ₩80,000이다. 기계장치 처분대금의 명목금액과 현재가치의 차이는 중요하며, 본 거래에 적용할 유효이자율은 6%이다. 본 거래가 20X1년 ㈜한국의 당기순이익에 미치는 영향은? (단, 2기간 6% 단일금액 ₩1의 현재가치 계수는 0.89이며, 법인세효과는 고려하지 않는다.)

기출처 2017. 하반기 관세직 9급

풀이

(1) 처분대가(받을 채권의 공정가치) = ₩100,000 × 0.89 = ₩89,000
(2) 20X1년 처분손익 = 처분대가 − 장부금액 = ₩89,000 − (₩100,000 − ₩80,000) = ₩69,000
(3) 미수금에 대한 이자수익 = ₩89,000 × 6% = ₩5,340
　　∴ 20X1년 당기손익에 미치는 영향 = 처분손익 + 이자수익
　　　　　　　　　　　　　　　　　 = ₩69,000 + ₩5,340 = ₩74,340

오쌤 Talk

받을 대가

처분한 대가로 받을 채권 즉 미수금의 현재가치 ₩89,000이 처분대가이다. 처분 시 처분대가와 장부금액의 차이로 처분손익은 인식하고, 2년 일시불로 ₩100,000을 받는 것은 ₩11,000(₩100,000 − ₩89,000)만큼 이자수익을 더 받는 것이다.

❺ 유형자산의 손상

유형자산이 가치가 중요하게 하락한 경우 회수가능금액을 한도로 손상차손을 인식해야 한다. 손상차손은 다음과 같은 상황이 발생한 경우를 의미한다.

외부정보	① 시장가치가 중요하게 하락한 경우 ② 기업에 불리한 영향을 미치는 중요한 변화가 발생할 것으로 예상되는 경우 ③ 시장이자율이 급격히 상승하여 좋지 않은 영향을 주는 경우 ④ 순자산 장부금액이 시가총액을 중요하게 초과하는 경우
내부정보	① 진부화와 물리적 손상이 발생하여 유형자산 가치가 하락한 경우 ② 기업에 불리한 영향을 미치는 중요한 변화가 발생할 것으로 예상되는 경우 ③ 경제적 성과가 기대에 미달하는 경우

즉, 회사에 내·외부적 상황에 의하여 유형자산의 사용가치나 공정가치가 중요하게 하락한 경우이다.

유형자산은 매 보고기간 말마다 자산손상을 시사하는 징후가 있는지를 검토한다. 만약 손상징후가 있다면 해당 자산의 회수가능액을 추정하여 손상검사를 수행한다.

5-1 회수가능금액

회수가능금액은 유형자산을 사용하거나 처분했을 때의 가치이다. 즉, 유형자산을 계속 사용하므로 인해서 발생할 미래 경제적 효익의 가치와 지금 당장 처분하였을 때의 가치를 비교하여 큰 금액이 회수가능금액이 된다. 큰 금액인 이유는 기업이 둘 중 큰 금액을 창출할 것으로 생각되는 것을 선택하는 합리적인 의사결정을 할 것으로 가정하기 때문이다.

> 유형자산의 회수가능금액 = MAX[사용가치, 순공정가치]

사용가치는 유형자산을 통해 발생할 미래 경제적 효익이므로, **유형자산의 사용으로 발생할 미래 현금흐름의 현재가치**이다. 또한 **순공정가치**는 합리적인 판단력과 거래의사가 있는 독립된 당사자 사이의 거래에서 자산의 매각으로부터 수취할 수 있는 금액에서 처분부대원가를 차감한 금액을 말한다.

5-2 손상차손의 회계처리

유형자산의 **손상차손은 장부금액에서 회수가능금액의 차이만큼을 인식해야 한다.** 단, **처분과 동일하게 감가상각을 먼저 인식하고, 이를 차감한 장부금액과 회수가능금액을 비교해야 한다.**

> 유형자산의 손상차손 = 장부금액 − 회수가능금액

(차) 유형자산손상차손 (당기비용)	XXX	(대) 손상차손누계액	XXX

손상차손누계액은 유형자산의 차감항목으로 재무상태표에 계상이 된다.

오쌤 Talk

회수가능액

① 순공정가치와 순실현가능가치 : 순공정가치는 현재시점에 판매하였을 경우 수취할 수 있는 금액에서 처분부대원가를 차감한 금액이다. 이에 반해, 순실현가능가치는 미래의 예상판매가치에서 예상 처분부대원가를 차감한 금액이다. 순공정가치와 순실현가치는 현재시점에서의 실현이냐 미래시점의 실현이냐의 차이로 이해한다. 유형자산의 회수가능액은 지금 당장 사용할지, 처분할지를 결정하므로 순실현가능가치가 아닌 순공정가치로 판단한다.

② 사용가치 : 사용가치는 자산의 계속적인 사용과 최종 처분에서 기대되는 미래 현금흐름을 추정하고 현행시장의 평가를 반영한 할인율로 할인한 현재가치이다.

오쌤 Talk

손상과 감가상각

감가상각하는 유형자산은 다음과 같은 경우 감가상각을 먼저 수행한다.

① 처분할 때
② 손상을 인식할 때
③ 재평가를 할 때

투자부동산의 경우 원가모형은 유형자산과 동일하게 감가상각을 수행한다. 그러나 유일하게 감가상각하는 자산임에도 불구하고 감가상각을 수행하지 않는 경우는 투자부동산을 공정가치모형으로 평가하는 경우이다. Link-P. 526

[재무제표 표시]

	재무상태표	
	20X1년 12월 31일	
유형자산	XXX	
감가상각누계액	(XXX)	
손상차손누계액	(XXX)	XXX

기본예제 14 유형자산의 손상차손

㈜한국은 20X1년 1월 1일 자동차를 ₩100,000에 구입하였다. 유형자산은 4년간 사용이 가능하며 4년 후의 잔존가치는 ₩20,000으로 추정된다. 회사는 정액법을 적용하여 감가상각을 하던 중 20X2년 말 자동차가 침수되어 사용가치가 감소하였다. 사용가치는 ₩25,000이고 중고차로 매매하였을 시 ₩30,000을 받을 수 있다고 한다. ㈜한국이 20X2년에 인식하게 될 손상차손은 얼마인가?

[풀이]
유형자산의 회수가능금액 = MAX[사용가치(₩25,000), 공정가치(₩30,000)] = ₩30,000
20X2년 말 유형자산 장부금액 = 취득원가(₩100,000) - 감가상각누계액(₩40,000) = ₩60,000
유형자산 손상차손 = 장부금액(₩60,000) - 회수가능금액(₩30,000) = ₩30,000

[참고]
1. 회계처리

| 20X2년 말 | (차) | 감가상각비 | ₩20,000 | (대) | 감가상각누계액 | ₩20,000 |
| 손상차손 | (차) | 유형자산손상차손 | ₩30,000 | (대) | 유형자산손상차손누계액 | ₩30,000 |

2. 재무상태표 작성

	재무상태표	
	20X2년 12월 31일	
유형자산	₩100,000	
감가상각누계액	(₩40,000)	
손상차손누계액	(₩30,000)	₩30,000

확인문제

18. ㈜한국은 20X1년 1월 1일에 기계장치를 취득하고 원가모형을 적용하여 감가상각하고 있다. 기계장치와 관련된 자료는 다음과 같다.

- 취득원가 ₩2,000,000
- 잔존가치 ₩200,000
- 내용연수 6년
- 감가상각방법: 정액법

20X3년 말 기계장치에 대해 손상이 발생하였으며 손상시점의 순공정가치는 ₩600,000이고 사용가치는 ₩550,000이다. 20X3년 말 손상차손 인식 후 장부금액은? 기출처 2020. 국가직 9급
① ₩550,000   ② ₩600,000
③ ₩650,000   ④ ₩700,000

정답 ②

확인문제

19. ㈜한국은 2015년 초에 취득원가 ₩850,000의 기계장치를 구입하고, 원가모형을 적용하였다. 내용연수는 4년(잔존가액 ₩50,000)이며, 감가상각은 정액법에 의한다. 2016년 말에 처음으로 손상징후가 있었으며, 기계장치의 순공정가치와 사용가치는 각각 ₩300,000과 ₩350,000이었다. 2016년 말에 인식해야 할 손상차손은?
기출처 2016. 지방직 9급
① ₩ 0   ② ₩ 50,000
③ ₩ 100,000   ④ ₩ 150,000

정답 ③

5-3 손상차손인식 이후 감가상각

손상차손을 인식한 유형자산은 회수가능액으로 추정된 장부금액을 기준으로 **잔존내용연수**에 걸쳐 감가상각비를 인식한다.

5-4 손상차손환입

자산에 대하여 과거기간에 인식한 손상차손은 직전 손상차손의 인식시점 이후 회수가능액을 결정하는 데 사용된 추정치의 변화가 있는 경우에만 환입한다. 이에 따라 손상차손을 인식한 이후 회수가능가액이 당해 장부금액을 초과하는 경우에는 그 초과액을 **유형자산손상차손환입**으로 **당기손익을 인식**한다. 그러나 **손상차손환입액은 유형자산이 손상되지 않았을 경우의 장부금액을 초과할 수 없다.** 이는 원가모형이므로 취득금액에서 감가상각을 한 금액을 초과할 수 없기 때문이다.

> 유형자산손상차손환입
> = MIN[손상되지 않았을 경우 장부금액, 회수가능액] - 유형자산 장부금액

오쌤 Talk

원가모형에서의 손상의 환입

회계상 원가모형의 경우와 공정가치모형(재평가모형 포함)의 경우 손상회복의 규정은 일관성이 있다. 원가모형을 적용하는 경우 손상의 회복은 원가를 초과할 수 없다. 즉, 손상을 인식하지 않았다면 인식하게 될 원가를 초과할 수 없다.

그러나 공정가치모형(재평가모형)은 공정가치만큼 회복할 수 있다. 다만, 이전에 인식한 손상차손(비용)만큼을 손상차손환입(수익)으로 인식하고 초과분은 공정가치변동분(자산에 따라서 처리)으로 인식한다.
① 재고자산 Link-P. 390
② 유형자산 Link-P. 480

| (차) 손상차손누계액 | XXX | (대) 유형자산손상차손환입 | XXX |

[원가모형 손상인식과 손상환입인식]

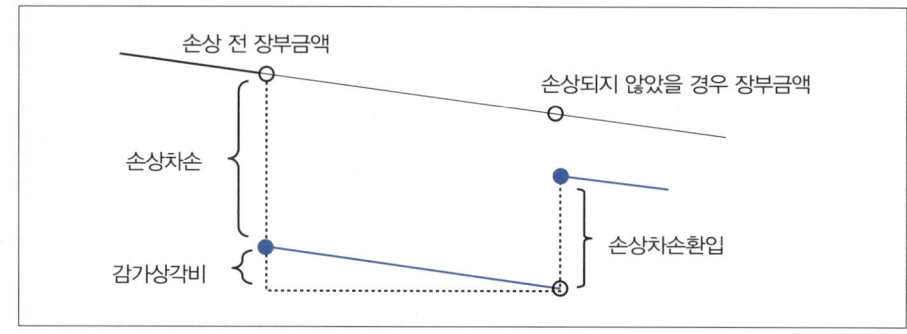

기본예제 15 유형자산의 손상차손 환입

㈜한국은 20X1년 1월 1일 자동차를 ₩100,000에 구입하였다. 유형자산은 4년간 사용이 가능하며 4년 후의 잔존가치는 없는 것으로 추정된다. 회사는 정액법을 적용하여 감가상각을 하던 중 20X2년 말 자동차가 침수되어 사용가치 ₩20,000으로 손상차손을 인식하였다. 다음 각각의 상황에 따라 ㈜한국이 인식하게 될 손상차손 환입액은 얼마인가?

01 20X3년도에 자동차를 정비하여 회수가능액이 ₩20,000일 경우

02 20X3년도에 자동차를 정비하여 회수가능액이 ₩40,000일 경우

풀이

01 손상차손환입
(1) 20X3년 감가상각비 = 장부금액(₩20,000) ÷ 내용연수(2년) = ₩10,000
(2) 감가상각인식 후 장부금액 = ₩20,000 − ₩10,000 = ₩10,000
(3) 유형자산손상차손환입 = MIN[손상되지 않았을 경우 장부금액*(₩25,000), 회수가능액(₩20,000)] − ₩10,000 = ₩10,000
* ₩100,000 − (₩100,000 × 3/4) = ₩25,000

[참고]
| 20X3년 말 | (차) 감가상각비 | ₩10,000 | (대) 감가상각누계액 | ₩10,000 |
| | (차) 손상차손누계액 | ₩10,000 | (대) 유형자산손상차손환입 | ₩10,000 |

02 손상차손환입
(1) 20X3년 감가상각비 = 장부금액(₩20,000) ÷ 내용연수(2년) = ₩10,000
(2) 감가상각인식 후 장부금액 = ₩20,000 − ₩10,000 = ₩10,000
(3) 유형자산손상차손환입
= MIN[손상되지 않았을 경우 장부금액(₩25,000), 회수가능액(₩40,000)] − ₩10,000 = ₩15,000

[참고]
| 20X3년 말 | (차) 감가상각비 | ₩10,000 | (대) 감가상각누계액 | ₩10,000 |
| | (차) 손상차손누계액 | ₩15,000 | (대) 유형자산손상차손환입 | ₩15,000 |

확인문제

20. ㈜한국은 2014년 초에 기계장치(잔존가치 ₩0, 내용연수 5년, 정액법 상각)를 ₩5,000에 취득하고, 원가모형을 사용하여 측정하고 있다. 2014년 말에 손상징후가 있어 손상검사를 실시한 결과, 기계장치의 순공정가치는 ₩2,500, 사용가치는 ₩2,800으로 판명되었다. 이후 2015년 말에 손상이 회복되어 기계장치의 회수가능액이 ₩4,000이 된 경우 기계장치의 장부금액은?

기출처. 2015. 지방직 9급

① ₩2,100   ② ₩3,000
③ ₩3,300   ④ ₩4,000

정답 ②

5 재평가모형

최초인식 후에 공정가치를 신뢰성 있게 측정할 수 있는 유형자산은 재평가일의 공정가치에서 이후의 감가상각누계액과 손상차손누계액을 차감한 재평가금액을 장부금액으로 한다. 재평가는 보고기간말에 자산의 장부금액이 공정가치와 중요하게 차이가 나지 않도록 주기적으로 수행한다. 즉, 재평가모형을 적용하였다고 하여 **반드시 매년마다 재평가를 해야 하는 것은 아니**고 3년에서 5년 마다 **주기적으로 신뢰성 있게 평가**하면 된다.

특정 유형자산을 평가할 때에는 해당 자산이 포함되는 유형자산 항목별 분류 전체를 동시에 재평가한다. 이는 유형자산별로 선택적 재평가를 하거나 서로 다른 기준일의 평가금액이 혼재된 재무보고를 하는 것을 방지하기 위함이다.

재평가모형에서 공정가치는 토지와 건물은 시장에 근거한 증거를 기초로 수행된 평가 즉, 감정평가사 등과 같은 전문적 자격이 있는 평가인에 의해 결정하며, 설비와 기계장치는 감정에 의한 시장가치에 따라 평가한다.

1 감가상각하지 않는 자산의 재평가

1-1 재평가모형 최초 적용

유형자산을 재평가함으로써 공정가치와 장부금액의 차이가 발생하는데 차액에 대하여 다음과 같이 재평가손익을 인식한다.

구분		회계처리
재평가이익	공정가치 > 장부금액	재평가잉여금으로 **기타포괄이익** 인식
재평가손실	공정가치 < 장부금액	재평가손실로 **당기손실** 인식

장부금액을 초과하는 공정가치는 재평가이익으로 자본의 기타포괄이익으로 인식한다. 이는 유형자산을 바로 처분할 것이 아니므로 이익을 이연하는 것이다. 그러나 재평가손실은 보수적 관점에서 유형자산의 가치가 하락하였으므로 이를 바로 손실로 인식해야 한다.

〈재평가이익 발생 시〉
(차) 유형자산(순액)   XXX   (대) 재평가이익잉여금   XXX
                                        (기타포괄손익)

〈재평가손실 발생 시〉
(차) 재평가손실(당기손실)   XXX   (대) 유형자산(순액)   XXX

오쌤 Talk

재평가모형

공정가치모형이 아닌 재평가모형이다. 즉, 투자부동산의 경우 매년 가치의 변동이 크기 때문에 공정가치를 반영하는 경우는 공정가치모형이라는 개념이 더 적합할 것이다. 그러나 유형자산의 경우 가치변동이 빈번하지 않아서 매년 평가할 필요가 없는 경우가 더 많으므로 재평가모형이라는 개념을 사용한다.

기출 OX

19. 최초 인식 후에 공정가치를 신뢰성 있게 측정할 수 있는 유형자산은 재평가일의 공정가치에서 이후의 감가상각누계액과 손상차손누계액을 차감한 재평가금액을 장부금액으로 한다.
기출처 2022. 국가직 9급
정답 O

20. 특정 유형자산을 재평가할 때, 해당 자산이 포함되는 유형자산의 유형 전체를 재평가한다.
기출처 2022. 국가직 9급
정답 O

오쌤 Talk

재평가모형

유형자산의 재평가모형은 취득원가를 기준으로 평가이익이 발생하면 미실현손익인 기타포괄손익으로 인식하고, 평가손실이 발생하면 실현손익인 당기손익으로 인식한다.
이는 금융자산(기타포괄손익 - 공정가치 측정)과는 다르다. 기타포괄손익 - 공정가치 측정 금융자산은 평가이익과 평가손실 모두를 미실현손익인 기타포괄손익으로 인식한다.

1-2 재평가 이후 재평가

재평가를 최초 인식한 이후 주기적으로 **재평가를 하여 재평가손익을 추가적으로 검토**하여야 한다. 재평가이익은 동일하게 기타포괄손익으로 인식하고 재평가손실은 당기손실로 인식한다. 그러나 기존의 재평가이익이 있었다면 우선 상계하여 주고 추가적인 손실 부분에 대해서 당기손실로 인식하여야 한다. 또한 **전기에 재평가손실을 인식하였으나 당기에 재평가이익이 발생한 경우는 재평가손실을 인식한 부분 우선 상계하여 당기손익으로 인식하고 초과되는 부분에서 재평가잉여금(기타포괄손익)으로 계상한다.** 이를 정리하면 다음과 같다.

최초평가 시	구분	이후 재평가
평가이익	전기 인식 평가이익 범위 내 평가손실	전기 재평가잉여금과 우선 상계
	전기 인식 평가이익 범위 초과 평가손실	전기 재평가잉여금 초과분 평가손실 (당기손실)로 계상
평가손실	전기 인식 범위 내 평가이익	전기 재평가손실과 우선 상계 (당기손익)
	전기 인식 범위 초과 평가이익	전기 재평가손실 초과분 평가이익 (기타포괄손익)으로 계상

[후속평가에서 재평가손실이 발생한 경우(감가상각하지 않는 경우)]

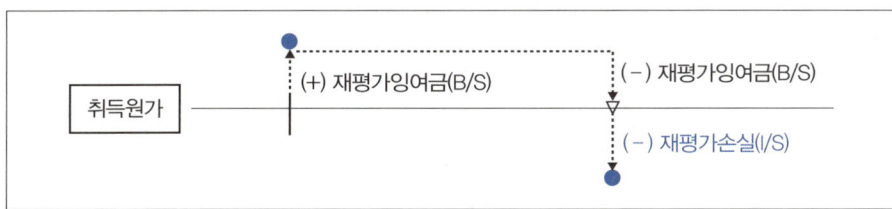

[후속평가에서 재평가이익이 발생한 경우(감가상각하지 않는 경우)]

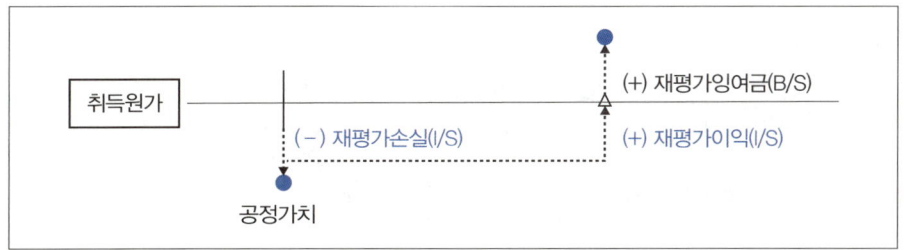

오쌤 Talk

재평가 이후의 재평가

유형자산의 재평가 이후도 마찬가지 로직이다. 취득원가를 기점으로 취득원가보다 높게 평가된 경우는 미실현손익인 기타포괄손익으로 인식하고, 취득원가보다 낮게 평가되면 당기손익으로 인식한다. 이때 취득원가보다 낮은 금액이 회복될 때는 취득원가까지 당기수익으로 인식하고 취득원가보다 높은 금액은 기타포괄손익으로 인식한다.

기출 OX

21. 자산의 장부금액이 재평가로 인하여 증가된 경우에 그 증가액은 기타포괄손익으로 인식하고 재평가잉여금의 과목으로 자본에 가산한다. 그러나 동일한 자산에 대하여 이전에 당기손익으로 인식한 재평가감소액이 있다면, 그 금액을 한도로 재평가 증가액만큼 당기손익으로 인식한다. 기출처 2022. 국가직 9급

정답 O

22. 자산의 장부금액이 재평가로 인하여 감소된 경우에 그 감소액은 기타포괄손익으로 인식한다. 그러나 그 자산에 대한 재평가잉여금의 잔액이 있다면 그 금액을 한도로 재평가감소액을 당기손익으로 인식한다. 기출처 2022. 국가직 9급

정답 X

확인문제

21. 20X1년 1월 1일에 설립된 ㈜한국은 유형자산에 대해 재평가모형을 사용하여 공정가치로 후속측정을 하고 있다. 20X1년 1월 1일 취득한 토지 A와 토지 B의 공정가치 변동내역은 아래와 같다. ㈜한국의 토지와 관련된 회계처리로 인해 20X2년도의 당기순이익에 미치는 영향은 얼마인가?

구분	20X1년 1월 1일	20X1년 12월 31일	20X2년 12월 31일
토지 A	₩5,000,000	₩5,500,000	₩4,800,000
토지 B	₩3,000,000	₩2,000,000	₩2,100,000

① ₩100,000 손실
② ₩100,000 이익
③ ₩200,000 손실
④ ₩300,000 손실

정답 ①

오쌤 Talk

재평가손익인식

취득원가 —— + 기타포괄손익
       —— - 당기손익

확인문제

22. ㈜한국은 유형자산에 대하여 재평가모형을 사용하고 있으며, 토지를 20X1년 초 ₩1,000,000에 취득하였다. 20X1년 말 재평가 결과 토지의 공정가치는 ₩900,000이었고, 20X2년 말 재평가 결과 토지의 공정가치가 ₩1,050,000인 경우, 20X2년 말 당기손익에 포함될 자산재평가이익과 자본항목에 표시될 재평가잉여금은?

기출처 2021. 국가직 9급

	자산재평가이익	재평가잉여금
①	₩0	₩50,000
②	₩50,000	₩100,000
③	₩100,000	₩50,000
④	₩150,000	₩150,000

정답 ③

기본예제 16 감가상각하지 않는 유형자산의 재평가모형

㈜한국은 20X1년 초 토지를 ₩100,000에 구입하였다. ㈜한국은 토지에 대하여 재평가모형을 적용하여 회계처리하고 있으며, 매 연도말 토지의 공정가치는 다음과 같다.

20X1.12.31.	20X2.12.31.	20X3.12.31.
₩80,000	₩120,000	₩130,000

01 재평가모형을 적용하여 20X1년부터 20X3년까지 회계처리하시오.

02 연도별 포괄손익계산서를 작성하시오.

풀이

01 회계처리

일자		차변			대변	
20X1.1.1.	(차)	토지	₩100,000	(대)	현금	₩100,000
20X1.12.31.	(차)	재평가손실	₩20,000	(대)	토지	₩20,000
20X2.12.31.	(차)	토지	₩40,000	(대)	재평가이익(당기이익)	₩20,000
					재평가잉여금	₩20,000
20X3.12.31.	(차)	토지	₩10,000	(대)	재평가잉여금	₩10,000

02 연도별 포괄손익계산서

과목	20X1년	20X2년	20X3년
〈당기손익〉			
재평가이익(손실)	(₩20,000)	₩20,000	
〈기타포괄손익〉			
재평가잉여금		₩20,000	₩10,000
〈총포괄손익〉	(₩20,000)	₩40,000	₩10,000

❷ 감가상각하는 자산의 재평가

2-1 재평가손익 회계처리

감가상각을 하지 않는 토지와 같은 유형자산은 평가 증감이 되는 만큼 장부금액을 증감하여주고 재평가이익잉여금 또는 재평가손실을 인식하면 된다. 그러나 감가상각을 하는 유형자산은 감가상각누계액이 발생하므로 장부금액을 단순히 가감하면 안되다. 한국채택국제회계기준에 따르면 감가상각자산에 대하여 **재평가모형을 적용하는 경우 장부금액을 조정하는 방법은 비례수정법과 감가상각누계액제거법 중 한 가지 방법을 선택**하여야 한다.

비례수정법	재평가 후 자산의 금액이 재평가금액과 일치하도록 감가상각누계액과 총장부금액을 비례적으로 수정하는 방법
감가상각누계액제거법	총장부금액에서 기존의 감가상각누계액을 전액 제거하여 자산의 순장부금액이 재평가 금액이 되도록 수정하는 방법

예를 들어, 비례수정법은 취득금액이 ₩150,000이고 감가상각누계액이 ₩100,000으로 계상되어 장부금액이 ₩50,000인 건물의 공정가치가 ₩100,000인 경우는 비례수정법은 공정가치가 장부금액의 두 배이므로, 취득금액과 감가상각누계액에 각각 두 배를 인식하여 장부금액을 ₩100,000으로 계상해주는 것이다.

	재평가 전		재평가 후
취득금액	₩150,000	× 2	₩300,000
감가상각누계액	(₩100,000)	× 2	(₩200,000)
장부금액	₩50,000	→	₩100,000

(차) 유형자산	₩150,000	(대) 감가상각누계액	₩100,000
		재평가잉여금	₩50,000
		(기타포괄손익누계액)	

감가상각누계액제거법은 감가상각누계액을 우선적으로 전액 제거하여 자산의 순장부금액이 재평가금액이 되도록 맞추어주는 것이므로 감가상각누계액 ₩100,000을 제거해주면 된다.

	재평가 전		재평가 후
취득금액	₩150,000		₩100,000
감가상각누계액	(₩100,000)		-
장부금액	₩50,000	→	₩100,000

(차) 감가상각누계액	₩100,000	(대) 유형자산	₩50,000
		재평가잉여금	₩50,000
		(기타포괄손익누계액)	

위의 방식으로 인식한 **재평가잉여금은 당해 자산의 제거 시 일괄적으로 이익잉여금으로 대체하거나, 당해 자산을 사용하면서 재평가잉여금의 일부를 이익잉여금으로 대체** 가능하다.

오쌤 Talk

재평가 회계처리

감가상각하는 자산의 재평가 회계처리를 비례수정법으로 하거나 감가상각누계액 전액제거법으로 하는 경우 둘 다, 재평가 이후의 감가상각은 재평가된 공정가치를 기준으로 상각한다.

그러므로 회계처리가 아닌 재평가 이후의 계산문제는 두 가지 방법을 불문하고 공정가치를 기준으로 감가상각을 바로 진행하는 것이 효율적이다.

오쌤 Talk

감가상각누계액 전액제거법

감가상각을 수행하지 않은 것처럼 장부금액을 공정가치로 인식하는 방법이다.
그러므로 보고되는 감가상각누계액이 전액 제거되어 기말장부금액은 해당 공정가치로 인식된다.

 확인문제

23. 매년 말 결산일인 ㈜한국은 20X1년 1월1일에 기계장치(내용연수 5년, 잔존가치 없이 정액법 상각)를 ₩200,000에 취득하여 사용하고 있으며, 재평가모형을 적용하고 있다. ㈜한국은 재평가모형 적용시 감가상각누계액을 전액 제거하는 방법을 사용한다. 20X1년 말과 20X2년 말 기계장치의 공정가치가 ₩180,000과 ₩60,000이었다. 20X2년 포괄손익계산서에 감가상각비로 인식할 금액은 얼마인가?

정답 ₩45,000

 확인문제

24. 위 23에서 20X2년 포괄손익계산서에 인식하게 될 재평가손실은 얼마인가?

정답 ₩55,000

오쌤 Talk

재평가잉여금의 처리

①처분 시 이익잉여금에 직접 대체한다 (재분류조정이 아님).
②그냥 둔다 (처분했음에도 불구하고 재평가이익이 남아있을 수 있다.)
③감가상각하는 자산의 경우 감가상각을 수행하는 기간 동안 이익잉여금에 대체한다.

심화예제 7 유형자산의 재평가 모형

㈜한국은 20X1년 1월 1일 건물을 ₩100,000에 구입하였다. 유형자산은 4년간 사용이 가능하며 4년 후의 잔존가치는 없는 것으로 추정된다. 회사는 정액법을 적용하여 감가상각을 하던 중 20X1년 말 회사는 재평가모형을 적용하기로 한다. 20X1년 말 건물의 공정가치는 ₩150,000인 경우 비례수정법과 감가상각누계액제거법에 의한 회계처리를 하고 재무상태표를 작성하시오.

풀이

01 비례수정법

	재평가 전		재평가 후
취득금액	₩100,000	× 2	₩200,000
감가상각누계액	(₩25,000)	× 2	(₩50,000)
장부금액	₩75,000	→	₩150,000

20X1년 말	(차)	감가상각비	₩25,000	(대)	감가상각누계액	₩25,000
재평가	(차)	건물	₩100,000	(대)	감가상각누계액	₩25,000
					재평가잉여금	₩75,000
					(기타포괄손익)	

〈재무제표 표시〉

재무상태표
20X1년 12월 31일

유형자산	₩200,000		재평가잉여금	₩75,000
감가상각누계액	(₩50,000)	₩150,000		

02 감가상각누계액제거법

	재평가 전		재평가 후
취득금액	₩100,000	+₩50,000	₩150,000
감가상각누계액	(₩25,000)	(−)₩25,000	
장부금액	₩75,000	→	₩150,000

20X1년 말	(차)	감가상각비	₩25,000	(대)	감가상각누계액	₩25,000
재평가	(차)	건물	₩50,000	(대)	재평가잉여금	₩75,000
		감가상각누계액	₩25,000		(기타포괄손익)	

〈재무제표 표시〉

재무상태표
20X1년 12월 31일

유형자산	₩150,000		재평가잉여금	₩75,000
감가상각누계액	−	₩150,000		

2-2 재평가손익 감가상각

재평가모형을 선택하여 공정가치로 재평가를 한 이후에도 감가상각을 인식하여야 한다. 즉, 재평가금액을 기초로 하여 잔존가치, 내용연수와 감가상각방법을 고려하여 원가모형과 동일하게 감가상각을 하면 된다.

재평가잉여금은 감가상각을 통해서 이익잉여금으로 대체할 수 있다. 그러나 이는 임의조항이므로 반드시 대체해야만 하는 것은 아니다. 대체하는 것을 선택하였다면, 감가상각을 통하여 이익잉여금으로 대체가 된다. 감가상각을 통해 이익잉여금으로 대체하지 않는 경우는 자산을 처분할 때 일괄적으로 이익잉여금에 대체할 수 있다.

'심화예제 7'의 경우 재평가를 한 경우에서 잔존가치 없이 향후 3년간 감가상각을 한다고 하면 매 해 인식될 감가상각비는 ₩50,000이 된다. 그러나 원가모형을 적용하였을 경우는 장부금액이 ₩75,000이므로 3년간 각각 ₩25,000씩 감가상각비를 인식할 것이다. 따라서 ₩25,000만큼 매해 감가상각비를 더 인식해주는 것이며 이를 재평가잉여금에서 차감해주는 것이다.

재평가모형 감가상각비	₩50,000
원가모형 감가상각비	(₩25,000)
이익잉여금으로 대체될 재평가이익잉여금	₩25,000

이에 대한 회계처리는 다음과 같다.

(차) 감가상각비	₩50,000	(대) 감가상각누계액	₩50,000
재평가잉여금	₩25,000	이월이익잉여금	₩25,000

재평가잉여금이 이월이익잉여금으로 대체가 되었으므로 대체분은 포괄손익계산서에 계상되지는 않는다. 대신 자본변동표에는 표시가 된다.

오쌤 Talk

이익잉여금으로 대체를 선택한 경우

① 재평가잉여금이 상각되어 잔존 내용연수 동안 이익잉여금으로 대체된다. 그러므로 다음 해 평가손실이 발생할 경우 상계할 재평가잉여금이 대체를 선택하지 않을 경우보다 작아지므로 평가손실이 달라질 수 있다.

② 이익잉여금으로 대체를 선택했다고 하더라도 다음 해 평가이익이 발생하는 경우 당기손익이나 기타포괄손익에 미치는 효과는 없다. 그러므로 포괄손익계산서에 인식하는 금액은 대체를 선택하지 않아도 달라지지 않는다.

❸ 재평가 유형자산의 제거

재평가 모형을 적용하는 유형자산의 장부금액도 원가모형을 적용하는 경우와 동일하게 처분하는 때 또는 사용이나 처분을 통해 미래 경제적 효익이 기대되지 않을 때 제거한다. 유형자산의 제거로 발생하는 손익은 원가모형의 경우와 마찬가지로 순매각금액과 장부금액의 차이로 결정하며, 당기손익으로 인식한다.

> 처분손익(당기손익) = 순매각금액 − 장부금액

이때, 인식한 재평가잉여금은 자산이 제거될 때 이익잉여금으로 대체할 수 있다. 즉, 자산을 매각, 폐기 등으로 인해 처분하는 경우 자본항목에 계상되어 있던 재평가잉여금은 이익잉여금으로 대체할 수 있다. 그러나 임의규정이므로 재평가잉여금을 이익잉여금으로 대체하지 않을 수도 있다. 그러므로 자산이 처분되었으나 기타포괄손익누계액에 처분된 유형자산의 재평가잉여금이 남아있을 수도 있다.

그러나 재평가잉여금은 기타포괄손익임에도 불구하고 어떠한 경우에도 당기손익으로 재분류하는 재분류조정의 회계처리는 없다.

오쌤 Talk

평가손익 대체
① 재분류조정대상인 기타포괄손익 - 공정가치 측정 채무상품은 처분 시 반드시 누적된 기타포괄손익(평가손익)을 당기손익(처분손익)으로 대체한다.
② 재분류조정대상이 아닌 유형자산의 재평가손익은 이익잉여금으로 대체할 수도 있고, 임의조항이므로 대체하지 않을 수도 있다.

심화예제 8 재평가 유형자산의 제거

㈜한국은 20X1년 7월 1일, 재평가모형을 적용하는 기계장치를 ₩10,000에 처분하였다. 동 기계장치는 20X0년 초에 ₩20,000에 취득하여 잔존가치 ₩4,000에 내용연수 4년, 정액법으로 감가상각한다. ㈜한국은 동 기계장치에 대해 재평가모형을 선택하였으며, 20X0년 말의 공정가치는 ₩22,000이었다. 20X1년 ㈜한국이 인식하게 될 기계장치 처분손익은 얼마인가? (단, ㈜한국은 당해자산을 사용하는 기간 동안 재평가잉여금을 이익잉여금에 대체하는 정책을 채택하지 않았음을 가정하고, 재평가잉여금에 대한 회계처리는 감가상각누계액전액제거법을 사용한다)

[풀이]

처분손익 = 처분대가 − 장부금액*
          = ₩10,000 − ₩19,000 = (₩9,000)
∴ 처분손실 ₩9,000

* 20X1년 7월 1일 장부금액 = 20X0년 말 장부금액 − 20X1년 7월 1일 감가상각비
                  = ₩22,000 − (₩22,000 − ₩4,000)/3 × 6/12 = ₩19,000

[참고] 회계처리

일자	구분		차변			대변	
20X0.12.31.	감가상각	(차)	감가상각비	₩4,000	(대)	감가상각누계액	₩4,000
20X0.12.31.	재평가	(차)	감가상각누계액	₩4,000	(대)	재평가잉여금	₩6,000
			기계장치	₩2,000			
20X1.7.1.	감가상각	(차)	감가상각비	₩3,000	(대)	감가상각누계액	₩3,000
20X1.7.1.	처분	(차)	감가상각누계액	₩3,000	(대)	기계장치	₩22,000
			현금	₩10,000			
			처분손실	₩9,000			

확인문제

25. ㈜한국이 20X1년 초 건물을 사용할 목적으로 토지와 건물을 ₩150,000에 일괄 취득하였다. 취득일 현재 토지와 건물의 공정가치는 각각 ₩100,000이다. ㈜한국은 매년 말 토지를 재평가하며, 토지의 공정가치는 다음과 같다.

구분	20X1년 말	20X2년 말	20X3년 말
공정가치	₩80,000	₩70,000	₩90,000

㈜한국은 20X4년 초 토지를 ₩90,000에 처분하였으며, 처분시점에 재평가잉여금을 이익잉여금으로 대체하였다. ㈜한국의 토지와 관련된 회계처리의 영향으로 옳지 않은 것은?

기출처 2023. 관세직 9급

① 20X1년도 당기손익의 증감은 없고 기타포괄이익 ₩5,000이 증가한다.
② 20X2년도 당기손실 ₩5,000이 발생하고 기타포괄이익 ₩5,000이 감소한다.
③ 20X3년도 당기손익의 증감은 없고 기타포괄이익 ₩20,000이 증가한다.
④ 20X4년도 자본 총계에 미치는 영향은 없다.

정답 ③

오쌤 Talk

재평가모형 자산의 손상

재평가모형의 평가손익 방식을 그대로 적용한다.
① 취득원가를 기점으로 취득원가 이상은 평가이익(기타포괄손익)을 인식한다.
② 취득원가를 기점으로 취득원가 이하는 평가손실(당기손익)을 인식한다.

그러므로 취득원가까지 평가이익을 상계하여 없애주고, 취득원가 이하의 손상을 당기손익(손상차손)으로 인식한다. 이때, 손상을 인식하기 전에도 감가상각은 반드시 수행한다.

오쌤 Talk

재평가모형의 자산의 손상회복

① 손상차손환입(수익) 먼저 인식
  : 손상차손을 인식한 금액까지만
② 손상차손을 인식한 금액을 초과하는 부분은 재평가잉여금(기타포괄손익)으로 인식
→ 기타포괄손익 - 공정가치 측정 금융자산(채권)의 손상과 회복의 논리와 같음

❹ 재평가 유형자산의 손상

4-1 감가상각하지 않는 재평가 자산의 손상

원가모형과 동일하게 유형자산의 손상차손에 대해서는 검토하여야 한다. **손상차손이 발생한 경우, 우선 재평가모형을 적용하고 손상차손을 인식한다.** 따라서 재평가모형을 적용하는 자산의 **손상차손**은 당해 자산에서 발생한 **재평가잉여금에 해당하는 금액까지는 재평가잉여금과 우선 상계하여 기타포괄손실로 인식**하며, 당해 **재평가잉여금을 초과하는 손상차손에 대하여만 당기손실로 인식**한다.

〈재평가모형 적용〉
(차) 재평가잉여금　　　XXX　　(대) 유형자산(순액)　　　XXX

〈손상차손 인식〉
(차) 재평가잉여금　　　XXX　　(대) 손상차손누계액　　　XXX
　　 유형자산손상차손　XXX

손상차손을 인식한 후에 손상차손환입을 인식하는 경우에는 손상차손환입을 우선 인식하고, 재평가를 적용한다. 따라서 회복액 중 당기손익으로 인식한 손상차손 금액까지는 손상차손환입(당기손익)으로 인식하고 초과분에 대하여 재평가잉여금으로 인식한다.

만약 공정가치가 기존의 공정가치보다 더 증가하였다면 재평가모형을 적용한다.

〈손상차손환입 인식〉
(차) 손상차손누계액　　XXX　　(대) 유형자산손상차손환입　XXX
　　　　　　　　　　　　　　　　　 재평가잉여금(기타포괄손익)　XXX

〈재평가모형의 적용〉
(차) 유형자산(순액)　　XXX　　(대) 재평가잉여금(기타포괄손익)　XXX

[재평가 자산(감가상각하지 않는 자산)의 손상]

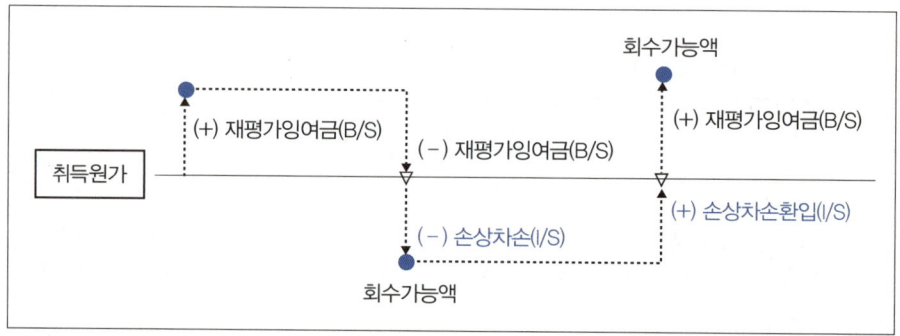

기본예제 17 재평가모형을 적용하는 경우 손상

㈜한국은 20X1년 1월 1일 토지를 ₩100,000에 구입하였다. ㈜한국은 토지에 대하여 재평가모형을 적용하여 회계처리하고 있다. 20X3년 말 당해 토지의 회수가능액이 하락하여 손상차손을 인식하였으며, 20X4년 말에는 회수가능액이 회복하여 손상차손환입을 인식하였다. 토지의 공정가치와 회수가능액은 다음과 같다.

20X1.12.31. 공정가치	20X2.12.31. 공정가치	20X3.12.31. 회수가능액	20X4.12.31. 회수가능액
₩120,000	₩115,000	₩60,000	₩110,000

재평가모형을 적용하여 20X1년부터 20X4년에 필요한 회계처리를 하시오.

 **오쌤 Talk**

기본예제 17 당기손익에 미치는 효과

① 20X3년
  손상차손 = 취득원가 − 회수가능액
  = ₩100,000 − ₩60,000
  = ₩40,000 손실(비용)

② 20X4년
  손상차손환입
  = 회수가능액(20X4년 말)
   − 장부금액(20X3년 말)
  (단, 회수가능액이 취득원가를 초과하면 취득원가까지만)
  = ₩100,000 − ₩60,000
  = ₩40,000 환입(수익)

[풀이]

20X1.1.1.	(차)	토지	₩100,000	(대)	현금	₩100,000
20X1.12.31.	(차)	토지	₩20,000*	(대)	재평가잉여금	₩20,000
		* ₩120,000 − ₩100,000				
20X2.12.31.	(차)	재평가잉여금	₩5,000*	(대)	토지	₩5,000
		* ₩115,000 − ₩120,000				
20X3.12.31.	(차)	재평가잉여금	₩15,000	(대)	손상차손누계액	₩55,000*
		유형자산손상차손	₩40,000			
		* ₩60,000 − ₩115,000				
20X4.12.31.	(차)	손상차손누계액	₩50,000	(대)	손상차손환입	₩40,000*
					재평가잉여금	₩10,000
		* ₩100,000 − ₩60,000				

4-2 감가상각하는 재평가 자산의 손상

원가모형을 적용하는 자산의 경우 감가상각 후 손상차손의 인식여부를 판단한다. 재평가모형을 적용하는 자산의 경우 **감가상각과 공정가치 재평가를 수행한 후 손상차손 인식여부를 판단한다.** 만약에 처분부대원가가 무시할 수 없는 정도인 경우라면 재평가된 자산의 순공정가치는 당연히 그 자산의 공정가치보다 적을 것이다. 따라서 **자산의 사용가치가 재평가금액보다 적다면 재평가된 자산은 손상된 것이다.** 이때, 재평가 규정을 적용한 다음에 손상이 되었는지를 판단한다.

감가상각하는 재평가 자산의 손상차손의 인식방법은 감가상각 후 재평가를 진행한다는 점을 제외하고는 감가상각하지 않는 재평가 자산의 손상차손 인식방법과 동일하다. 즉, **자산의 손상차손은 자산의 감가상각 후 장부금액과 회수가능가액의 차이만큼 인식한다.** 이때, **자산의 손상차손은** 당해 자산에서 발생한 **재평가잉여금에 해당하는 금액까지는 재평가잉여금과 우선 상계하여 기타포괄손실로 인식**하고, 당해 **재평가잉여금을 초과하는 손상차손에 대해서는 당기손실로 인식**한다.

회수가능액을 회복한 경우에도 감가상각하지 않는 재평가 자산의 회복 규정과 동일하다. 다만, 손상차손 환입을 인식하기 전에도 감가상각을 먼저 수행하고, 손상차손 환입을 인식한 후 재평가를 적용한다. 따라서 회복액 중 당기손익으로 인식한 손상차손 금액까지는 손상차손환입(당기손익)으로 인식하고 초과분에 대하여 재평가잉여금으로 인식한다.

[재평가 모형의 손상과 회복]

구분	손상차손	손상차손 환입
적용순서	① 감가상각 ② 공정가치 측정(재평가인식) ③ 회수가능액 측정(손상인식)	① 감가상각 ② 회수가능액 측정 ③ 공정가치 측정(회복된 경우)
손익인식	① 재평가잉여금과 우선 상계 ② 초과 금액: 당기손익	① 과거에 당기손익으로 인식한 손상차손: 당기손익 ② 초과 금액: 재평가잉여금

> **심화예제 9** 재평가모형을 적용하는 감가상각자산의 손상
>
> ㈜한국은 20X1년 1월 1일에 건물을 ₩100,000에 취득하고 재평가모형을 적용하기로 하였다. 건물의 경제적 내용연수는 5년, 잔존가치는 없이 정액법으로 감가상각한다. 20X2년 말 현재 건물은 손상징후를 보였으며, 20X3년에는 회수가능액이 회복되었다. 각 보고기간의 공정가치와 회수가능액은 다음과 같다.
>
> | 구분 | 공정가치 | 회수가능액 |
> |---|---|---|
> | 20X1년 말 | ₩88,000 | ₩90,000 |
> | 20X2년 말 | ₩60,000 | ₩48,000 |
> | 20X3년 말 | ₩45,000 | ₩44,000 |

재평가잉여금에 대해서는 감가상각누계액을 전액 제거하는 방법을 사용하며, 재평가잉여금은 사용 중에 이익잉여금으로 대체하지 않는다.

01 20X2년 말 인식하게 될 손상차손은 얼마인가?
02 20X3년 말에 인식하게 될 재평가잉여금은 얼마인가?

오쌤 Talk

공정가치와 회수가능액 비교

유형자산은 감가상각 후 공정가치를 통해 재평가를 반영한다. 이때 재평가를 반영한 장부금액을 회수가능액과 비교한다. 회수가능액이 장부금액에 미달한 경우에만 손상을 인식한다. 심화예제 9는 감가상각과 재평가를 반영한 20X1년 말 장부금액이 ₩88,000이고, 회수가능액이 ₩90,000이므로 손상을 인식하지 않는다. 그러므로 20X1년 장부금액은 재평가까지만 반영한 ₩88,000이 된다.

[풀이]

01 20X2년 인식할 손상차손
① 20X1년 말 감가상각후 장부금액 = ₩100,000 − ₩100,000/5년 = ₩80,000
② 20X1년 재평가잉여금 = 20X1년 말 공정가치 − 20X1년 말 감가상각 후 장부금액
  = ₩88,000 − ₩80,000 = ₩8,000
③ 20X2년 말 감가상각후 장부금액 = ₩88,000 − ₩88,000/4년 = ₩66,000
④ 20X2년 재평가로 인한 장부금액 감소
  = 20X2년 말 공정가치 − 20X2년 말 감가상각 후 장부금액
  = ₩60,000 − ₩66,000 = (₩6,000)
  ∴ 재평가잉여금을 ₩6,000만큼 감소 (재평가잉여금 잔액 ₩2,000)
⑤ 20X2년 손상차손 = 20X2년 말 회수가능액 − 20X2년 말 장부금액 + 재평가잉여금잔액
  = ₩48,000 − ₩60,000 + ₩2,000 = (₩10,000)
  ∴ 손상차손 = ₩10,000

02 20X3년 인식할 손상차손환입
① 20X3년 감가상각후 장부금액 = ₩48,000 − ₩48,000/3년 = ₩32,000
② 20X3년 손상차손환입 = 20X3년 말 회수가능액 − 20X3년 말 장부금액
  = ₩44,000 − ₩32,000 = ₩12,000
  (이때, 당기손익으로 인식한 손상차손과 동일한 ₩10,000은 손상차손환입(당기손익)으로 인식하고, 나머지 ₩2,000은 기타포괄손익으로 인식)
③ 20X3년 말 재평가잉여금 = ₩2,000 + 20X3년 말 공정가치 − 20X3년 말 회수가능액
  = ₩2,000 + ₩45,000 − ₩44,000 = ₩3,000

[참고] 회계처리

일자	구분	차변		대변	
20X1.1.1.	취득	(차) 건물	₩100,000	(대) 현금	₩100,000
20X1.12.31.	감가상각	(차) 감가상각비	₩20,000	(대) 감가상각누계액	₩20,000
	재평가	(차) 감가상각누계액	₩20,000	(대) 재평가잉여금	₩8,000
				건물	₩12,000
20X2.12.31.	감가상각	(차) 감가상각비	₩22,000	(대) 감가상각누계액	₩22,000
	재평가	(차) 재평가잉여금	₩6,000	(대) 건물	₩28,000
		감가상각누계액	₩22,000		
	손상	(차) 재평가잉여금	₩2,000	(대) 손상차손누계액	₩12,000
		유형자산손상차손	₩10,000		
20X3.12.31.	감가상각	(차) 감가상각비	₩16,000	(대) 감가상각누계액	₩16,000
	손상차손환입	(차) 손상차손누계액	₩12,000	(대) 손상차손환입	₩10,000
				재평가잉여금	₩2,000
	재평가	(차) 감가상각누계액	₩16,000	(대) 재평가잉여금	₩1,000
				건물	₩15,000

6 유형자산의 기타사항

1 복구비용

태평양에 원유를 시추하기 위해 기계장치를 설치해 놓은 경우, 시추가 완료되면 이 기계장치를 잘 해체하여 처리해야 할 것이다. 이와 같이 유형자산을 사용하고 사용이 완료되면 해체, 제거하는 것을 복구비용이라고 한다.

복구비용은 유형자산의 취득을 위해서 발생할 비용이므로 취득원가에 가산을 하여야 한다. 단, 일정기간 이후에 발생할 비용이므로 **내용연수종료시점의 추정비용을 현재가치 할인한 금액을 복구충당부채로 계산하고 취득원가에 가산한다.**

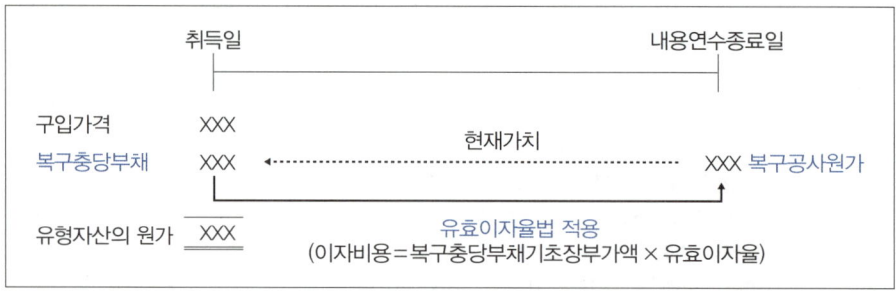

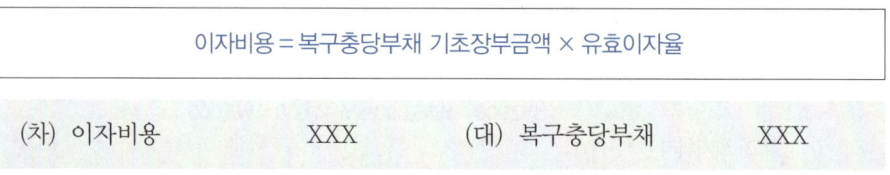

복구비용충당부채를 미래에 발생할 총 비용을 추정하여 현재가치로 할인하였으므로, 기간의 경과에 따라 할인된 부분을 유효이자율에 따라 이자비용으로 인식하여야 한다.

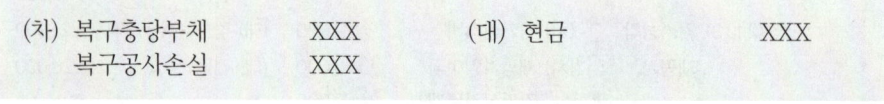

내용연수가 종료되어 실제 복구공사를 하는 경우, 복구충당부채와 실제 지불액을 비교하여 차액을 복구공사손익으로 인식하여야 한다.

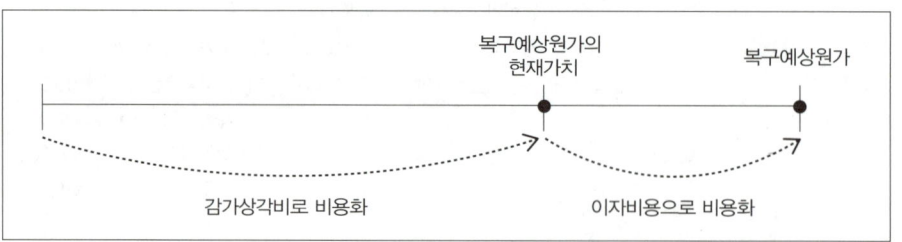

[복구의무를 부담한 유형자산의 비용배분]

오쌤 Talk

충당부채

기준서 제1037호 '충당부채, 우발부채 및 우발자산'에서는 충당부채를 보고기간 말의 최선의 추정치를 반영하여 재측정하도록 규정하고 있다. 그러므로 복구의무를 이행하기 위해 필요한 경제적 효익이 내재된 자원의 유출 시기나 유출금액 추정의 변경 또는 할인율의 변경에 따라 기존 사후처리 및 복구관련 충당부채 측정이 변경될 수 있다. 이로 인해 유형자산의 취득원가가 후속적으로 수정될 수도 있으며, 이는 회계추정의 변경으로 보아 전진적으로 인식한다.

기출 OX

23. 유형자산의 내용연수가 경과되어 철거하거나 해체하게 될 경우 원상태로 회복시키는 데 소요될 복구비용 (현재가치로 할인한 금액)은 유형자산의 취득원가에 포함된다. 기출처 2014. 국가직 9급

정답 O

확인문제

26. 다음 중 유형자산의 복구비용에 대한 설명으로 옳지 않은 것은?

① 유형자산을 사용하고 사용이 완료되면 해체, 제거하는 복구비용은 취득원가에 가산한다.
② 유형자산의 내용연수 종료시점의 복구에 대한 추정비용을 현재가치로 할인한 금액을 복구충당부채로 인식한다.
③ 복구충당부채는 유효이자율에 따라 이자비용을 인식한다.
④ 내용연수가 종료되어 실제 복구공사를 하는 경우, 예상액보다 실제 지출액이 많다면 추가 지출액을 유형자산의 취득원가에 가산한다.

정답 ④

기본예제 18 복구비용

㈜한국은 20X1년 1월 1일 석유 플랫폼을 ₩300,000을 구입하였다. 이 시설장치는 5년간 사용이 가능하며 잔존가치는 없는 것으로 추정하며, 정액법으로 감가상각을 한다. 또한 회사는 5년 후 시설장치를 해체하여 제거할 법적 의무가 있고, 이를 제거할 경우 ₩100,000의 복구비용이 발생할 것으로 예상된다. 복구비용 산정 시 적용할 할인율은 10%이다. 20X1년의 회계처리를 하시오. (단, 10%, 5기간 1원에 대한 현가계수는 0.62 이며 할인율은 변동하지 않는다.)

오쌤 Talk

복구충당부채와 이자비용

미래 복구비용으로 지출될 예상액은 ₩100,000이다. 이때 현재의 의무(복구충당부채)로 ₩62,000을 인식한다. 결국, ₩62,000의 부채를 상환하기 위해 5년 후 ₩100,000을 지급하는 상황이므로 그 차이 ₩38,000은 5년에 걸쳐 이자비용으로 인식한다.

[풀이]

회계처리

20X1년 초	(차)	기계장치	₩362,000	(대)	현금	₩300,000
					복구충당부채*1	₩62,000
20X1년 말	(차)	감가상각비*2	₩72,400	(대)	감가상각누계액	₩72,400
		이자비용	₩6,200		복구충당부채	₩6,200

*1 복구충당부채 = ₩100,000 × 0.62 = ₩62,000
*2 감가상각비 = ₩362,000 ÷ 5년 = ₩72,400

오쌤 Talk

당기손익에 미치는 영향 (기본예제 18)

당기손익에 미치는 영향은 유형자산의 감가상각비와 복구충당부채를 통한 이자비용이다.
① 유형자산의 감가상각비
 : (유형자산 취득액 ₩300,000 + 복구충당부채 ₩62,000) ÷ 5년 = ₩72,400
② 복구충당부채의 이자비용
 : 복구충당부채 ₩62,000 × 유효이자율 10% = ₩6,200

❷ 정부보조금

정부보조금이란 국가 또는 지방자치단체가 산업정책적 견지에서 기업설비의 근대화, 시험연구의 촉진, 기술개발 및 향상 등의 목적으로 시설자금이나 운영자금으로서 국고금에서 교부하는 금액을 말한다. 정부보조금은 기업의 영업활동과 관련하여 과거에 일정한 요건을 충족한 경우나 미래에 일정한 요건을 충족하는 경우 해당 기업에게 자원을 이전하는 형식의 정부지원을 의미하며 통상적인 보상금, 조성금, 장려금 등이다.

2-1 정부보조금의 수취

정부보조금은 정부보조금에 부수되는 조건의 준수와 보조금 수취에 대한 합리적인 확신이 있을 경우에만 인식한다. 그러므로 단순히 보조금을 수취하였다는 사실만으로 정부보조금을 인식할 수 있는 것은 아니다. 보조금의 수취 자체가 보조금에 부수되는 조건이 이행되었거나 이행될 것이라는 결정적인 증거를 제공하지는 않는다
보조금에 부수되는 조건이 이행되었거나 이행될 것이라는 합리적인 확신이 없다면 보조금을 수취한 경우에도 정부보조금을 인식할 수 없다.

보조금을 수취하는 방법은 보조금에 적용되는 회계처리방법에 영향을 미치지 않는다. 따라서 보조금을 현금으로 수취하는지 또는 정부에 대한 부채를 감소시키는지에 관계없이 동일한 방법으로 회계처리한다.

2-2 비화폐성 정부보조금

정부보조금은 토지나 그 밖의 자원과 같은 비화폐성자산을 기업이 사용하도록 이전하는 형식을 취할 수 있다. 이러한 상황에서는 일반적으로 비화폐성자산의 공정가치를 평가하여 보조금과 자산 모두를 그 공정가치로 회계처리한다.

2-3 회계처리

정부보조금 회계처리는 자산관련보조금과 수익관련보조금으로 구분하여 당기손익으로 인식하는 회계처리를 한다.

① **수익관련 보조금**: 자산관련 보조금 이외의 정부보조금으로 비용 보전목적의 정부보조금
② **자산관련 보조금**: 정부지원의 요건을 충족하는 기업이 장기성 자산을 매입, 건설하거나 다른 방법으로 취득해야 하는 일차적 조건이 있는 정부보조금

2-4 수익관련 보조금의 회계처리

비용보전목적의 수익관련 보조금은 관련원가를 비용으로 인식하는 기간에 보조금을 수익으로 인식하면 된다. 한편, 이미 발생한 비용이나 손실에 대한 보전 또는 향후 관련원가 없이 기업에 제공되는 즉각적인 금융지원으로 수취하는 정부보조금은 정부보조금을 수취할 권리가 발생하는 기간에 당기손익으로 인식한다.

오쌤 Talk

정부보조금의 형태

정부보조금은 현금제공이나 부채감소(ex. 상환면제가능대출)등 다양한 형태로 제공될 수 있다.
즉, 현금 제공이 아닌 토지나 그 밖의 자원과 같은 비화폐성자산을 기업이 사용하도록 이전하는 형식을 취할 수도 있다. 이 경우 원칙적으로 비화폐성자산의 공정가치를 평가하여 보조금과 자산 모두를 그 공정가치로 인식한다.

🖊 기출 OX

24. 정부보조금에 부수되는 조건의 준수와 보조금 수취에 대한 합리적인 확신이 있을 경우에만 정부보조금을 인식하며, 보조금의 수취 자체가 보조금에 부수되는 조건이 이행되었거나 이행될 것이라는 결정적인 증거를 제공하지는 않는다.
기출처 2022. 국가직 7급
정답 O

25. 정부보조금의 회계처리는 보조금을 당기손익 이외의 항목으로 인식하는 수익접근법과 보조금을 하나 이상의 회계기간에 걸쳐 당기손익으로 인식하는 자본접근법이 있다.
기출처 2022. 국가직 7급
정답 X

26. 이미 발생한 비용이나 손실에 대한 보전으로 수취하는 정부보조금은 정부보조금을 수취할 권리가 발생하는 기간에 기타포괄손익으로 인식한다.
기출처 2022. 국가직 7급
정답 X

📑 확인문제

27. 정부보조금의 회계처리와 정부지원의 공시에 관한 설명으로 옳지 않은 것은?
기출처 2017. 서울시 7급

① 이미 발생한 비용이나 손실에 대한 보전 또는 향후 관련 원가가 없는 정부보조금은 보조금을 수취할 권리가 발생하는 기간에 수익으로 인식한다.
② 수익관련 정부보조금은 수익으로 계상할 수도 있고 관련 비용에서 차감할 수도 있다.
③ 관련원가와 대응되는 정부보조금은 주주지분에 인식하는 방법과 수익으로 인식하는 방법 중에서 선택할 수 있다.
④ 비화폐성 자산을 정부보조금으로 받는 경우 당해 비화폐성 자산의 공정가치 또는 명목금액으로 자산과 보조금을 기록할 수 있다.

정답 ③

수익관련 보조금은 보조금과 관련된 수익을 인식하는 논리에 따라 다음 두 가지 방법으로 구분된다.

2-4-1 수익인식법

수익인식법은 정부보조금을 관련 원가에 대응하여 포괄손익계산서에 별로도 수익을 인식하는 방법이다.

2-4-2 비용차감법

비용차감법은 정부보조금을 관련 원가에 대응하여 비용을 차감하는 방법으로 포괄손익계산서에 수익으로 인식하는 방법이다.

2-5 자산관련 보조금의 회계처리

감가상각자산과 관련된 자산관련보조금은 당해 자산이 감가상각 되는 기간과 비율에 따라 수익으로 인식한다. 자산의 취득과 관련된 보조금의 수취는 기업의 현금흐름에 중요한 변동을 일으키므로 재무상태표에 보조금이 관련 자산에서 차감하여 표시되는지와 관계없이 자산의 총투자를 보여주기 위해 이러한 변동을 현금흐름표에 별도 항목으로 표시한다.

이 경우 보조금과 관련된 수익을 인식하는 논리에 따라 두 가지 방법으로 구분된다.

구분	정부보조금의 표시	추후 인식
자산차감법	자산의 차감계정	자산의 내용연수에 걸쳐 감가상각비에서 차감
이연수익법	부채	자산의 내용연수에 걸쳐 합리적인 기준으로 당기손익 인식

2-5-1 자산차감법

자산차감법은 자산의 차감계정으로 계상을 하였다가 회사에서 감가상각비를 인식하는 금액에서 정부보조금의 금액만큼을 감가상각비에서 상계하는 방법이다. 따라서 정부보조금을 내용연수 내에서 감가상각방법에 따라서 비용의 차감(수익과 같은 손익 효과)으로 인식하는 것이다. 단, 정부보조금의 상계금액은 당기의 감가상각비를 초과할 수는 없다.

$$\text{감가상각비와 상계될 정부보조금} = \text{정부보조금 수령액} \times \frac{\text{감가상각비}}{\text{취득원가} - \text{잔존가치}}$$

〈회계처리〉

| (차) 감가상각비 | XXX | (대) 감가상각누계액 | XXX |
| 정부보조금(자산차감) | XXX | 감가상각비 | XXX |

[재무상태표 표시]

재무상태표
20X1년 12월 31일

유형자산	XXX		
감가상각누계액	(XXX)		
정부보조금	(XXX)	XXX	

기출 OX

27. 자산의 취득과 관련된 보조금의 수취는 기업의 현금흐름에 중요한 변동을 일으키므로 재무상태표에 보조금이 관련 자산에서 차감하여 표시되는지와 관계없이 자산의 총투자를 보여주기 위해 이러한 변동을 주석에 별도 항목으로 표시한다. 기출처 2022. 국가직 7급

정답 X

확인문제

28. 12월 말 결산일은 ㈜한국은 20X1년 초에 기계장치를 ₩10,000,000에 취득하며, 정부보조금을 40%수취하였다. 해당 기계장치는 5년간 정액법으로 상각하며, 잔존가치는 ₩1,000,000이다. 해당 정부보조금은 자산관련 보조금에 해당하며, 유형자산의 취득원가에 차감하는 형식으로 보고한다. 20X2년 감가상각비와 장부금액은 얼마인가?

정답 감가상각비 = ₩1,000,000
장부금액 = ₩4,000,000

📖 확인문제

29. 12월 말 결산일은 ㈜한국은 20X1년 초에 기계장치를 ₩10,000,000에 취득하며, 정부보조금을 40% 수취하였다. 해당 기계장치는 5년간 정액법으로 상각하며, 잔존가치는 ₩1,000,000이다. 해당 정부보조금은 자산관련 보조금에 해당하며, 이연수익법으로 인식한다. 기계장치와 관련하여 20X2년도 당기손익에 미치는 영향은 얼마인가?

정답 ₩1,000,000 손실

오쌤 Talk

자산차감법과 이연수익법의 비교

자산차감법과 이연수익법 중 어떠한 방법을 선택하든지 간에 재무상태표의 순자산에 미치는 효과는 같다.
자산차감법과 이연수익법은 둘 다 자산을 사용하는 기간 동안 정부보조금을 손익에 (+) 효과로 인식한다. 자산차감법은 비용을 줄임으로써 (+) 효과를 인식하고, 이연수익법은 직접적으로 수익을 인식함으로써 (+) 효과를 인식한다.
두 가지 방법의 비교 문제가 나오면 다음 사항을 주의한다.
① 감가상각비의 차이:
 정부보조금 상각액만큼이 두 가지 방법의 감가상각비 차이이다.
② 감가상각누계액:
 두 방법 모두 감가상각누계액은 일치한다.
③ 자산차감법에서의 장부금액
 = 순유형자산(유형자산취득원가 - 정부보조금) - Σ감가상각비
④ 이연수익법에서의 장부금액
 = 유형자산취득원가 - 감가상각누계액

2-5-2 이연수익법

이연수익법은 부채로 계상하고 내용연수에 걸쳐 체계적이고 합리적인 방법으로 당기손익을 인식하는 방법이다. 따라서 자산차감법과는 재무제표에 인식하는 방법에 차이가 있을 뿐이며, 감가상각비만큼 부채로 인식한 이연정부보조금을 상계하여 당기 정부보조금수익으로 인식하므로 당기손익에 미치는 영향은 같다.

$$\text{수익인식과 상계될 정부보조금} = \text{정부보조금 수령액} \times \frac{\text{감가상각비}}{\text{취득원가} - \text{잔존가치}}$$

〈회계처리〉

(차) 감가상각비	XXX	(대) 감가상각누계액	XXX
이연정부보조금수익 (부채)	XXX	정부보조금수익	XXX

[재무상태표 표시]

	재무상태표 20X1년 12월 31일		
유형자산	XXX	이연정부보조금수익	XXX
감가상각누계액	(XXX)		

기본예제 19 정부보조금

㈜한국은 20X1년 1월 1일 기계장치 ₩100,000을 구입하였다. 이 기계장치는 5년간 사용이 가능하며 잔존가치는 ₩10,000으로 추정하며, 정액법으로 감가상각을 한다. 또한 회사는 기계장치 관련하여 ₩40,000의 정부보조금을 수령하였다. 자산차감법과 이연수익법을 적용하였을 경우 20X1년의 회계처리를 하고 재무상태표를 작성하시오.

> **오쌤 Talk**
>
> **자산차감법의 유형자산 장부금액**
>
> 자산차감법에서 유형자산의 장부금액은 간편법으로 접근한다.
> ① 유형자산의 상각가능액(유형자산 취득원가 – 정부보조금 – 잔존가치)를 기준으로 주어진 감가상각 방법(내용연수, 감가상각방법)에 따라 상각한다.
> ② 상각후 장부금액은 '유형자산 취득원가 – 정부보조금'에서 앞서 인식한 상각액(감가상각비)의 누적액을 바로 차감하여 인식한다.

[풀이]

1. 자산차감법

20X1년 초	(차)	기계장치	₩100,000	(대)	현금	₩100,000
		현금	₩40,000		정부보조금	₩40,000
20X1년 말	(차)	감가상각비	₩18,000	(대)	감가상각누계액	₩18,000
		정부보조금	₩8,000		감가상각비	₩8,000

재무상태표
20X1년 12월 31일

유형자산	₩100,000	
감가상각누계액	(₩18,000)	
정부보조금	(₩32,000)	₩50,000

2. 이연수익법

20X1년 초	(차)	기계장치	₩100,000	(대)	현금	₩100,000
		현금	₩40,000		이연정부보조금수익	₩40,000
20X1년 말	(차)	감가상각비	₩18,000	(대)	감가상각누계액	₩18,000
		이연정부보조금수익	₩8,000		정부보조금수익	₩8,000

재무상태표
20X1년 12월 31일

유형자산	₩100,000		이연정부보조금수익	₩32,000
감가상각누계액	(₩18,000)	₩82,000		

용어정리

차입원가 = 금융원가 = 이자비용
각 개념은 엄밀히 말해서는 각각의 다른 상황에서 적용하는 다른 개념이다. 그러나 결과적으로 은행에서 자금을 조달하고 지급하게 되는 이자비용이라는 측면에서는 다 같은 개념이다. 수험생들이 문제를 접근할 때는 같은 개념으로 놓고 접근해도 무방하다.

적격자산

금융자산이나 생물자산, 단기성 재고자산은 차입원가를 자본화하지 않는다.
① 금융자산이나 생물자산은 최초인식 시 원가로 측정하지 않고 각각 공정가치나 순공정가치로 인식하므로 자본화의 의미가 없다.
② 재고자산은 판매를 목적으로 하므로 당기에 취득하여 당기에 판매한다면 차입원가의 자본화의 실익은 없다.

❸ 차입원가의 자본화

3-1 개념

차입원가는 자금의 차입과 관련하여 발생하는 이자를 말한다. 차입원가는 발생연도에 즉시 기간비용으로 처리하는 것이 원칙이다. 그런데 자산의 취득과정에서 발생하는 차입원가를 발생연도 기간비용으로 처리하면 자산의 사용을 통하여 수익이 창출되기 이전에 비용을 먼저 인식하는 결과가 되어 수익비용대응의 원칙에 위배된다.

차입원가의 자본화는 적격자산의 취득기간 중에 발생한 차입원가 중에서 일정금액을 자산의 원가로 인식하는 것을 말한다.

3-2 적격자산

취득·건설하는 데 장기간이 필요한 자산을 적격자산이라고 한다. 즉, 적격자산은 의도된 용도로 사용하거나 판매 가능한 상태에 이르게 하는 데 상당한 기간을 필요로 하는 자산을 의미하며, 이러한 자산에는 다음과 같은 자산이 포함된다.[2]

① 재고자산
② 제조설비자산
③ 전력생산자산
④ 무형자산
⑤ 투자부동산
⑥ 생산용 식물[2*]

금융자산이나 생물자산과 같이 최초 인식시점에 공정가치나 순공정가치로 측정하는 자산은 적격자산에 해당하지 않는다. 한편, 단기간 내에 제조되거나 다른 방법으로 생산되는 재고자산은 적격자산에 해당하지 아니한다. 취득시점에 의도된 용도로 사용할 수 있거나 판매 가능한 상태에 있는 자산인 경우에도 적격자산에 해당하지 아니한다.

[차입원가의 자본화]

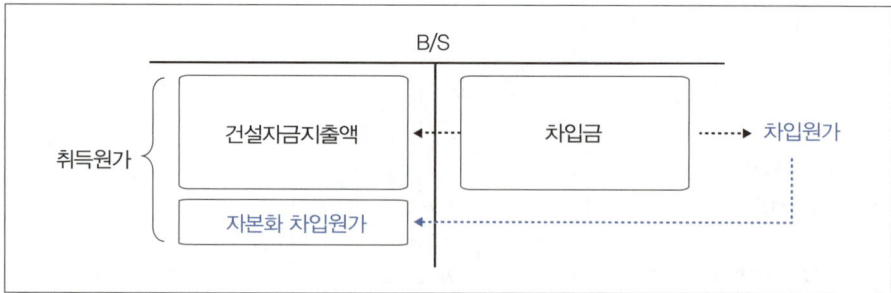

한국채택국제회계기준은 일정한 요건을 만족하는 적격자산의 취득, 건설 또는 제조와 관련된 차입원가는 당해 자산 원가의 일부로 자본화하도록 규정하고 있으며, 적격자산과 관련이 없는 기타 차입원가는 발생기간 비용으로 인식하도록 규정하고 있다.

[2*] 생산용 식물은 생물자산이 아닌 유형자산을 의미

3-3 자본화 기간

자본화 기간은 적격자산의 취득에 사용한 차입금에 대한 차입원가를 당해 자산의 원가로 처리하는 기간을 의미하며, 건설기간 또는 취득기간이라고 한다. **자산취득에 사용된 자금에서 발생한 차입원가는 자본화 기간 동안 발생한 금액을 자본화(자산으로 인식)하며, 자본화 중단기간에 있는 경우 동 기간에 해당하는 차입원가는 당기비용으로 인식한다.**

3-3-1 자본화의 개시

차입원가의 자본화는 다음의 조건을 모두 충족시키는 날에 개시된다.

① **취득활동 개시**: 적격자산에 대하여 지출하고 있다.
② **이자의 발생**: 차입원가를 발생시키고 있다.
③ **취득과정 수행**: 적격자산을 의도된 용도로 사용하거나 판매가능한 상태에 이르게 하는 데 필요한 활동을 수행하고 있다.

적격자산에 대한 지출액은 현금의 지급, 다른 자산의 제공 또는 이자부 부채의 발생 등에 따른 지출액을 의미한다. 적격자산과 관련하여 수취하는 정부보조금과 건설 등의 진행에 따라 수취하는 금액은 적격자산에 대한 지출액에서 차감한다.

적격자산을 의도된 용도로 사용하거나 판매 가능한 상태에 이르게 하는데 필요한 활동은 당해 자산의 물리적인 제작 이전단계에서 이루어진 기술 및 관리상의 활동도 포함한다. 즉, 적격자산의 인·허가를 얻기 위한 활동도 자본화 시작단계로 인정을 해주고 있다. 그러나 자산의 상태에 변화를 가져오는 생산 또는 개발이 이루어지지 아니하는 상황에서 단지 당해 자산의 보유는 필요한 활동으로 보지 아니한다.

3-3-2 자본화의 중단과 종료

적격자산에 대한 적극적인 개발활동을 중단한 기간에는 자본화를 중단하여야 하며, 의도된 용도로 사용하거나 판매가능한 상태에 이르게 하는 데 필요한 **대부분의 활동이 완료된 시점에서 차입원가의 자본화를 종료한다.** 즉, 수익창출활동 개시시점이 차입원가 자본화의 종료시점이 된다.

다만, **적격자산이 물리적으로 완성된 경우라면 일상적인 건설 관련 후속 관리업무 등이 진행되고 있더라도 당해 자산을 의도된 용도로 사용할 수 있거나 판매할 수 있기 때문에 자본화를 종료한다.** 또한 구입자 또는 사용자의 요청에 따른 내장공사 등의 추가작업만 진행되는 경우라면 실질적으로 모든 건설활동이 종료된 것으로 본다.

적격자산의 건설활동을 여러 부분으로 나누어 순차적으로 완성하는 경우, 부분의 건설활동을 계속 진행하고 있더라도 이미 완성된 부분이 사용 가능하다면(ex. 복합업무시설) 자본화를 종료하여야 하며, 자산전체가 완성되어야 만 사용이 가능한 경우는 자산 전체가 사용 가능할 때 자본화를 종료한다.

오쌤 Talk

주의사항

① 자본화할 수 있다가 아니라 자본화하도록 규정하고 있다.
: 일정요건을 만족하는 경우, 과거에는 자본화를 선택할 수 있도록 허용하였다. 그러나 현행 기준에서는 일정요건을 만족하는 경우 자본화하도록 의무화시키고 있다.

② 본질이 이자비용이므로, 자본화 할 수 없는 경우 이자비용으로 인식한다.
: 자본화(자산의 취득원가로 인식) 여부와 무관하게 은행으로부터 차입한 이자비용은 계속 발생하고 있다. 그러므로 자본화를 중단하거나 자본화 기간 안에 포함되지 않는 경우도 발생되는 이자비용은 당기비용으로 인식한다.

확인문제 최신

30. 차입원가에 대한 설명으로 옳지 않은 것은? 기출처 2023. 지방직 9급

① 적격자산이 물리적으로 완성된 경우라면 일상적인 건설 관련 후속관리업무 등이 진행되고 있더라도 일반적으로 당해 자산을 의도된 용도로 사용(또는 판매) 가능한 것으로 본다.
② 적격자산을 의도된 용도로 사용(또는 판매) 가능하게 하는 데 필요한 활동은 당해 자산의 물리적인 제작활동을 포함하나 그 이전단계에서 이루어진 기술 및 관리상의 활동은 포함하지 않는다.
③ 적격자산의 건설활동을 여러 부분으로 나누어 완성하고, 남아있는 부분의 건설활동을 계속 진행하고 있더라도 이미 완성된 부분이 사용 가능하다면, 당해 부분을 의도된 용도로 사용(또는 판매) 가능하게 하는 데 필요한 대부분의 활동을 완료한 시점에 차입원가의 자본화를 종료한다.
④ 적격자산에 대한 지출은 현금의 지급, 다른 자산의 제공 또는 이자부 부채의 발생 등에 따른 지출액을 의미한다. 적격자산과 관련하여 수취하는 정부보조금과 건설 등의 진행에 따라 수취하는 금액은 적격자산에 대한 지출액에서 차감한다.

정답 ②

확인문제 (최신)

31. 차입원가에 대한 설명으로 옳지 않은 것은?
기출처 2024. 관세직 9급

① 물리적인 제작 전에 각종 인허가를 얻기 위한 활동은 적격자산을 의도된 용도로 사용가능하게 하는 데 필요한 활동에 포함된다.
② 건설목적으로 취득한 토지를 개발활동 없이 보유하는 동안 발생한 차입원가는 자본화 대상에 해당한다.
③ 적격자산이 물리적으로 완성된 경우라면 일상적인 건설 관련 후속 관리 업무 등이 진행되고 있더라도 일반적으로 당해 자산을 의도된 용도로 사용가능한 것으로 본다.
④ 회계기간 중 자본화된 차입원가의 금액과 자본화가능 차입원가를 산정하기 위하여 사용된 자본화이자율을 재무제표의 주석으로 공시한다.

정답 ②

확인문제

32. 다음 중 차입원가에 대한 설명으로 옳지 않은 것은?
① 한국채택국제회계기준은 적격자산의 취득, 건설 또는 제조와 관련된 차입원가는 당해 자산 원가의 일부로 자본화하도록 규정하고 있다.
② 적격자산에 대한 적극적인 개발활동을 중단한 기간에는 자본화를 중단해야 한다.
③ 금융자산이나 생물자산, 그리고 단기에 완성되는 재고자산에 대한 차입원가는 자본화할 수 없다.
④ 외화차입금과 관련하여 외환차이 중 이자원가의 조정으로 볼 수 있는 부분은 자본화시킬 수 없다.

정답 ④

3-3-3 토지의 자본화 기간

토지가 개발되고 있는 경우 개발과 관련된 활동이 진행되고 있는 기간 동안 발생한 차입원가는 자본화 대상에 해당한다.

예를 들어, 건물을 신축하기 위해 취득한 토지는 토지의 취득이 완료된 이후에도 건물을 완성할 때까지는 수익이 창출되지 않기 때문에 건물이 완성될 때까지는 관련된 차입원가를 자본화해야하므로, 차입원가를 건물의 취득원가에 가산하다.

그러나 **건설목적으로 취득한 토지를 별다른 개발활동 없이 보유하는 동안 발생한 차입원가는** 자본화 조건을 충족하지 못하며, 관련 차입원가는 **즉시 비용으로 인식**해야 한다.

3-4 자본화 대상 차입원가

자본화 대상이 되는 차입원가는 다음과 같다.

① 유효이자율법을 사용하여 계산된 이자비용
② 리스부채 관련 이자
③ 외화차입금과 관련되는 외환차이 중 이자원가의 조정으로 볼 수 있는 부분

자본화가 가능한 차입원가는 적격자산의 취득, 건설 또는 제조와 관련되어 당해 자산과 관련된 지출이 발생하지 아니하였다면 부담하지 않았을 모든 차입원가이다. 다만, **복구충당부채에서 인식한 이자비용은 당기비용으로 인식하며 자본화하지 않는다.** 복구충당부채는 적격자산의 취득을 위해 차입한 자금에 해당하지 않기 때문이다.

3-5 자본화 가능 차입원가의 산정방식

자본화 가능 차입원가는 차입원가 중 당해 적격자산과 관련된 지출이 발생하지 않았다면 부담하지 않았을 차입원가를 말한다. 자본화 가능 차입원가는 **특정차입금과 일반차입금**으로 구분한다. **특정차입금이란 적격자산을 취득할 목적으로 직접 차입한 자금**이며, **일반차입금은 일반적인 목적으로 차입한 차입금 중 적격자산의 취득에 소요되었다고 볼 수 있는 자금**을 의미한다. 즉, 적격자산에 취득을 위하여 직접적으로 관련이 있으면 특정차입금이라고 하고 간접적으로 관련이 있으면 일반차입금이라고 한다.

따라서 자본화할 차입원가는 직접 관련 있는 **특정차입금에서 발생한 차입원가를 우선 자본화**하고 **일반차입금에서 발생한 차입원가를 다음으로 자본화**한다.

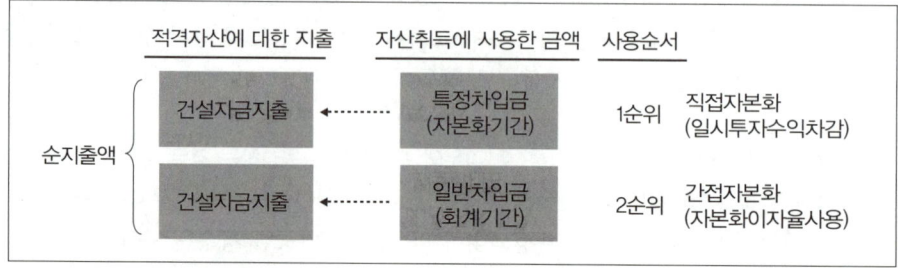

3-5-1 적격자산에 대한 연평균지출액

평균지출액은 지출액을 연초에 한번 지출된 것으로 가정할 경우 연평균지출액으로 환산한 금액을 의미한다. 평균지출액을 산정하면 이자율을 통해 자본화할 차입원가를 산정할 수 있다. 예를 들어, 다음과 같이 자금을 지출하여 12월 31일에 공사를 완료했다고 가정해보자.

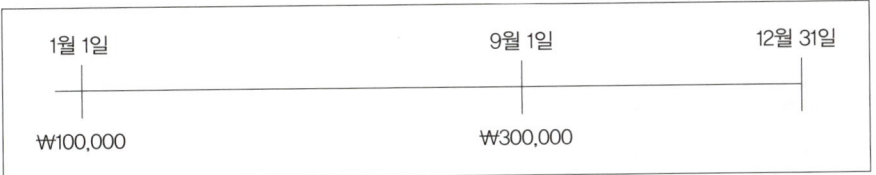

모든 공사대금은 차입금에서 지출되었고 이자율이 모두 연 10%라면 적격자산에 대해 발생한 차입원가는 다음 두 가지 방법으로 산정할 수 있다.

1안: 지출액을 이용	₩100,000 × 10% × 12/12 + ₩300,000 × 10% × 4/12 = ₩20,000
2안: 연평균지출액을 이용	(₩100,000 × 12/12 + ₩300,000 × 4/12) × 10% = ₩20,000

한국채택국제회계기준은 2안으로 자본화할 차입원가를 산정하도록 규정하고 있다.

차입원가에 대한 연평균지출액을 계산하는 데 다음 두 가지 사항을 주의하도록 한다.

① 공사기간
당기 중 공사가 완료된 경우에는 그 기간까지만 평균지출액 계산에 포함시킨다. 예를 들어, 2월 초에 공사비용으로 ₩100,000을 지출하고 공사가 10월 말에 완료가 되었다면 평균지출액은 ₩100,000 × 9/12 = ₩75,000이다.

② 당기 이전 지출액
공사기간이 여러 기간에 걸쳐 있는 경우에는 당기 이전 지출액에 대해서도 당기에 차입원가가 발생하므로 당기 초에 지출된 것으로 가정하여 평균지출액을 산정한다.

> **심화예제 10** 연평균지출액
>
> ㈜한국은 20X1년 4월 1일 건물 준공을 시작하여 20X1년 말 현재 공사가 진행 중이다. 건설공사에 지출된 금액은 다음과 같다.
>
> | 날짜 | 지출액 |
> |---|---|
> | 20X1년 4월 1일 | ₩400,000 |
> | 20X1년 10월 1일 | ₩200,000 |
> | 20X1년 12월 31일 | ₩200,000 |
>
> 20X1년 적격자산에 대한 연평균지출액을 구하시오(단, 월할 계산함).
>
> 풀이
> 20X1년 연평균지출액
> = ₩400,000 × 9/12 + ₩200,000 × 3/12 + ₩200,000 × 0/12 = ₩350,000

오쌤 Talk

연평균지출액을 구하는 이유

자본화 가능 차입원가는 특정차입금과 일반차입금 두 가지가 있다. 만약 자산을 취득하는 데 발생되는 지출액이 특정차입금을 통해 모두 지출된다면 일반차입금에 대한 차입액을 산정할 필요가 없다. 연평균지출액은 특정차입금을 제외한 일반차입금이 얼마인지 산정하기 위해 계산한다.

오쌤 Talk

연평균지출액의 의미

20X1년 실제 공사를 위해 지출된 금액은 ₩800,000이다. 그러나 이러한 지출액 전액에 대한 이자비용을 자본화할 수 있는 것은 아니다. 실제 지출이 일어난 시점이 자본화 개시시점이므로 자본화 개시시점부터의 지출에 대한 이자만 산정해야 한다.
연평균지출액은 간접적으로 산정하게 되는 일반차입금을 연간 평균이자율로 접근하여 간접 산정하므로 '평균 연지출액 × 평균 연이자율'을 통해 산정하기 위한 과정이다.
즉, 실제 지출액은 ₩800,000이지만, 자본화 대상 연평균 지출액은 ₩350,000이다.

3-5-2 특정차입금

특정차입금은 자본화기간 중에 발생한 차입원가만을 자본화하며, 회계기간 동안 그 차입금으로부터 실제 발생한 차입원가에서 **당해 차입금의 일시적 운용에서 생긴 투자 수익을 차감한 금액**을 자본화 한다.

> 특정차입금의 자본화할 차입원가 = 자본화 기간 중 발생한 차입원가 − 일시투자수익

특정차입금의 자본화기간 동안 발생한 차입원가만을 자본화하여야 하므로 연평균 지출액을 구하여야 한다. 예를 들어, ₩1,200의 차입금이 20X1년 1월 초에 차입하여 보유하고 있다가 자본화가 시작되는 7월 1일에 지출하였다면, 20X1년 자본화 대상 차입금은 전체 1년 중 자본화가 시작되는 7월부터 6개월만 자본화대상 기간이다. 따라서 연평균 지출액은 ₩600(= ₩1,200 × 6/12)이 되는 것이다. 이를 식으로 나타내면 다음과 같다.

$$\text{연평균 지출액} = \text{지출액} \times \frac{\text{지출일부터 자본화 종료시점까지의 기간}}{12}$$

상기와 같은 절차를 식으로 요약하면 다음과 같다.

> 특정차입금의 자본화 할 차입원가
> = 자본화 기간 중 발생한 차입원가 − 일시투자수익
> = 특정차입금 차입액 × 연이자율 × $\frac{\text{자본화기간}}{12}$ − 일시투자액 × 연이자율 × $\frac{\text{자본화기간 중 일시투자한 기간}}{12}$

3-5-3 일반차입금

일반차입금은 적격자산을 취득하기 위한 목적으로 차입한 것이 아니므로 상이한 이자율의 다양한 차입금으로 구성이 되어 있다. 그러나 적격자산을 위한 간접적 차입원가를 산정하는 것이므로 자본화 이자율을 회계기간 동안 **일반차입금에서 발생한 차입원가를 가중평균하여 적용**한다.

$$\text{가중평균 이자율} = \frac{\text{일반차입금에 대한 회계기간 중 발생한 차입원가}}{\text{일반차입금의 연평균차입액}}$$

또한 적격자산의 취득에 사용되었다고 직접적으로 투자된 것이 아니므로 일정한 금액 내에서 자본화를 인식하여야 한다. 즉, 자본화 대상금액은 적격자산의 취득을 위하여 지출한 금액의 범위 내에서 인식을 하여야 한다. 따라서 일반차입금관련 자본화 대상금액은 적격자산의 연평균지출액에서 특정차입금 지출액을 차감한 금액을 대상으로 하여야 한다.

📑 **확인문제**

33. 차입원가와 관련한 설명으로 가장 옳지 않은 것은? 기출처 2019 서울시 9급

① 적격자산에 대한 적극적인 개발활동을 중단한 기간에는 차입원가의 자본화를 중단한다.
② 적격자산의 취득, 건설 또는 생산과 직접 관련된 차입원가는 당해 자산원가의 일부로 자본화하여야 한다.
③ 적격자산을 취득하기 위한 목적으로 특정하여 차입한 자금에 한하여, 회계기간 동안 그 차입금으로부터 실제 발생한 차입원가에서 당해 차입금의 일시적 운용에서 생긴 투자수익을 차감한 금액을 자본화가능차입원가로 결정한다.
④ 적격자산이란 의도된 용도로 사용(또는 판매)가능하게 하는 데 상당한 기간을 필요로 하는 자산으로, 재고자산·금융자산·유형자산 등이 해당된다.

정답 ④

단, 일반차입금의 자본화 할 차입원가는 회계기간 동안 실제 발생한 차입원가를 초과할 수 없으며, 일시적으로 운용으로 발생한 수익은 자본화 할 차입원가에서 차감하지 아니한다.

일반차입금의 자본화 할 차입원가
= MIN [(적격자산에 대한 연평균지출액 − 특정차입금) × 자본화이자율
       해당 회계기간에 발생한 일반차입금의 차입원가

오쌤 Talk

일반차입금의 자본화할 차입원가

일반차입금과 관련해서는 한도 내 금액만 자본화(자산)가능하다. 즉, 한도를 넘어선 이자비용은 자산이 아닌 그냥 이자비용으로 처리한다는 의미이다.

심화예제 11 차입원가의 자본화

㈜한국은 건물을 신축하기로 하였다. 20X1년 7월에 신축을 시작하였으며, 20X2년 9월 30일에 완공하였다. 건축과 관련하여 다음과 같은 비용을 지출하였다.

일자	금액	성격
20X1년 7월 1일	₩10,000	계약금
20X1년 10월 31일	₩15,000	중도금 및 잔금

㈜한국은 건설과 관련하여 다음과 같은 금액을 차입하였다.

차입금 종류	금액	기간	연이자율	비고
A	₩10,000	20X1. 3. 1. ~ 20X3. 2. 28.	10%	건설과 직접관련

회사는 차입원가에 대하여 자본화를 하기로 한 경우 20X1년 자본화시킬 차입원가를 계산하시오.(단, ㈜한국의 일반차입금에 대한 자본화이자율은 8%이며, 20X1년 일반차입금에 대한 이자비용은 ₩1,000이다)

[풀이]

20X1년 차입원가의 자본화

① 적격자산에 대한 연평균지출액

구분	차입액	기간	연평균차입액
20X1. 7. 1.	₩10,000	6/12	₩5,000
20X1. 10. 31.	₩15,000	2/12	₩2,500
합계	₩25,000		₩7,500

② 특정차입금
특정차입금의 자본화할 차입원가 = 차입금(₩10,000) × 이자율(10%) × 자본화기간(6/12) = ₩500

③ 일반차입금
일반차입금의 자본화할 차입원가 = {적격자산에 대한 연평균지출액(₩7,500) − 특정차입금(₩5,000)} × 자본화이자율(8%) = ₩200 (한도: ₩1,000)

④ 자본화시킬 차입원가
자본화시킬 차입원가 = 특정차입금(₩500) + 일반차입금(₩200) = ₩700

오쌤 Talk

차입원가 자본화 순서
① 연평균지출액 산정
② 특정차입금 자본화
  • 자본화 기간에 해당하는 금액만 산정
  • 일시투자수익은 차감
③ 일반차입금 자본화
  • 연평균지출액에서 특정차입금의 연평균지출액 차감한 잔액이 일반차입금
  • 한도(실제 발생액) 내에서 인식

확인문제

34. ㈜한국은 20X1년 7월 1일부터 공장건물 신축공사를 시작하여 20X2년 4월 30일에 완공하였다. ㈜한국이 공장건물의 차입원가를 자본화하는 경우 20X1년도 포괄손익계산서상 당기손익으로 인식할 이자비용은? (단, 이자비용은 월할 계산한다.) 기출처 2019. 국가직 9급

[공사대금 지출]

20X1. 7. 1.	20X1. 10. 1.
₩50,000	₩40,000

[차입금 현황]

구분	특정 차입금	일반 차입금
금액	₩50,000	₩25,000
차입일	20X1. 7. 1.	20X1. 1. 1.
상환 (예정)일	20X2. 4. 30.	20X2. 6. 30.
연이자율	8%	10%

① ₩1,000 ② ₩1,500
③ ₩2,000 ④ ₩2,500

정답 ②

보론 환율변동효과

1 환율변동효과의 기초

❶ 기능통화와 표시통화

재무보고는 기업 실체 내에서 발생한 사건이나 거래들을 화폐단위로 측정하고 보고한다. 재무보고를 위해서는 먼저 어느 국가의 통화로 측정하고 보고할 것인지를 결정해야 한다. 통화와 관련해서는 다음과 같이 구분된다.

> ① 기능통화: 영업활동이 이루어지는 주된 경제 환경의 통화
> ② 표시통화: 재무제표를 표시할 때 사용하는 통화

국내 기업은 주된 영업활동이 국내에서 이루어지는 경우 일반적으로 원화가 기능통화가 된다. 그러나 기능통화는 해당 기업의 주된 영업활동에서 결제되는 통화에 따라 미국 달러화나 유로화 등 타국의 통화가 될 수도 있다.

또한 보고기업은 어느 통화든지 표시통화로 사용할 수도 있다. 국내기업들은 국내에서 재무보고를 하는 경우 재무제표는 일반적으로 원화로 표시되어야 하므로 해당 기업의 표시통화는 원화가 된다. 그러나 외국에서 재무보고를 하는 경우 재무제표는 원화가 아닌 다른 통화로 표시되어야 한다. 예를 들어, 주된 경제 환경에서 ㈜외국은 달러가 사용되고 있고, ㈜한국은 원화가 사용된다고 가정하자. 이 경우, ㈜외국의 기능통화는 달러, 표시통화는 원화가 되며, ㈜한국의 기능통화와 표시통화는 모두 원화가 된다.

다만, 기능통화가 분명하지 않은 경우에는 경영진은 판단하여 실제 거래, 사건과 상황의 경제적 효과를 가장 충실하게 표현하는 기능통화를 결정한다.

❷ 환율

환율은 두 통화사이의 교환비율을 말한다. 현물환율은 즉시 인도가 이루어지는 거래에서 사용하는 환율을 말하며, 이 중 보고기간 말의 현물환율을 마감환율이라고 한다.

❸ 화폐성 항목과 비화폐성 항목

화폐성 항목은 보유하는 화폐단위들과 확정되었거나 결정가능한 화폐단위 수량으로 회수하거나 지급하는 자산·부채를 의미한다. 화폐성 항목의 본질적인 특징은 확정되었거나 결정가능한 화폐단위의 수량으로 받을 권리나 지급할 의무라는 것이다. 예를 들어, 매출채권과 매입채무, 미수금, 미지급금, 미수수익, 미지급비용 등의 채권·채무가 해당된다.

반면에 비화폐성 항목은 본질적인 특징이 확정되었거나 결정가능한 화폐단위 수량으로 받을 권리나 지급할 의무가 없다는 것이다. 예를 들어, 재화나 용역에 대한 선급금, 영업권, 무형자산, 재고자산, 유형자산 및 선수금 등이 해당한다.

화폐성 항목	매출채권, 매입채무, 미수금, 미지급금, 미수수익, 미지급비용 등
비화폐성 항목	선급금, 선수금, 영업권, 유·무형자산, 재고자산 등

② 화폐성 외화항목

❶ 최초 인식

외화거래는 외화로 표시되어 있거나 외화로 결제되어야 하는 거래를 말하며, 다음을 포함한다.

① 외화로 가격이 표시되어 있는 재화와 용역의 매매
② 지급하거나 수취할 금액이 외화로 표시된 자금의 차입이나 대여
③ 외화로 표시된 자산의 취득이나 처분, 외화로 표시된 부채의 발생이나 상환

기능통화로 외화거래를 최초로 인식하는 경우에는 거래일의 외화와 기능통화 사이의 현물환율을 외화금액에 적용하여 기록한다. 이때, 거래일은 한국채택국제회계기준에 따라 거래의 인식을 최초로 충족한 날이다.

예를 들어, 기능통화가 원화인 ㈜한국이 20X1년 11월 1일 뉴욕 은행으로부터 $100를 차입한 경우를 가정해보자. 거래발생일인 20X1년 11월 1일의 현물환율이 ₩1,000/$라면 장부에 최초로 인식할 금액은 다음과 같다.

$100(외화금액) × ₩1,000/$ = ₩100,000 (기능통화 금액)

(차) 현금　　　₩100,000　　　(대) 외화차입금　　₩100,000

❷ 보고기간 말 환산

매 보고기간 말에 화폐성 외화항목은 마감환율로 환산한다. 마감환율이 회계기간 중 최초로 인식한 시점과 전기의 재무제표 환산시점의 환율과 다른 경우에는 외환차이가 발생한다. 외환차이는 특정 통화로 표시된 금액을 변동된 환율을 사용하여 다른 통화로 환산할 때 생기는 차이이다. 외화환산차이는 그 외환차이가 발생한 회계기간의 당기손익으로 인식한다.

앞서 제시했던 사례에서, ㈜한국이 뉴욕 은행으로부터 차입한 외화차입금은 화폐성 외화항목이므로 보고기간 말의 마감환율로 환산한다. 20X1년 말의 마감환율이 ₩1,100/$이라면 장부금액과 마감환율로 환산한 금액과의 차이인 외환차이는 다음과 같이 계산된다.

$100(외화금액) × (₩1,100/$ − ₩1,000/$) = ₩10,000(외환손실)

[기말 외환차이]

화폐성 외화항목의 기말환산에 따른 외환차이 = 외화금액 × 마감환율 − 환산 전 장부금액
　　　　　　　　　　　　　　　　　　　　 = 외화금액 × (마감환율 − 장부표시환율)

확인문제

01. 환율변동효과 중 기능통화에 의한 외화거래 보고에 대한 다음 설명 중 가장 옳지 않은 것은? 기출처 2016. 서울시 7급

① 매 보고기간 말에 화폐성 외화항목은 마감환율로 환산하고, 이때 발생하는 외환차이는 별도의 자본항목인 기타포괄손익으로 보고한다.
② 외화거래를 기능통화로 최초 인식하는 경우 그 거래일의 외화와 기능통화 사이의 현물환율을 외화금액에 적용하여 기록한다. 여기서 거래일은 거래의 인식요건을 최초로 충족하는 날이다.
③ 매 보고기간 말에 역사적 원가로 측정하는 비화폐성 외화항목은 거래일의 환율로 환산하며, 이때 외환차이는 발생하지 않는다.
④ 매 보고기간 말에 공정가치로 측정하는 비화폐성 외화항목은 공정가치가 결정된 날의 환율로 환산하며, 해당 비화폐성 항목에서 생기는 손익을 기타포괄손익으로 인식하는 경우에 그 손익에 포함된 환율변동효과도 기타포괄손익으로 인식한다.

정답 ①

보고기간 말의 환산으로 외화차입금의 장부금액은 최초 인식금액인 ₩100,000에서 마감환율로 환산한 금액인 ₩110,000으로 수정하여 보고되어야 한다. 이때, 외화차입금에서 발생한 외환차이[3*] ₩10,000은 당기손익으로 인식한다.

(차) 외환손실	₩10,000	(대) 외화차입금	₩10,000

❸ 결제일의 환산

화폐성 외화항목이 결제되는 경우 결제시점에 수수한 외화금액과 장부금액의 차액도 외환차이이므로 당기손익으로 인식한다. 앞서 제시된 예시에서, ㈜한국이 뉴욕은행으로부터 차입한 $100를 20X2년 3월 1일 상환하는 경우, 상환일의 환율이 ₩1,200/$라고 가정하면 장부금액과 상환일의 환율로 환산한 차입금의 차액인 외환차이는 다음과 같다.

$$\$100 \times ₩1,200/\$(\text{상환일의 환율}) - ₩110,000(\text{장부표시금액}) = ₩10,000(\text{외환손실})$$

[결제일 외환차이]

> 화폐성 외화항목 결제 시 외환차이 = 외화금액 × 상환 시 환율 − 환산 전 장부금액
> = 외화금액 × (상환 시 환율 − 장부표시환율)

(차) 외화차입금	₩110,000	(대) 현금	₩120,000
외환손실	₩10,000		

[화폐성 외화항목의 외환차이]

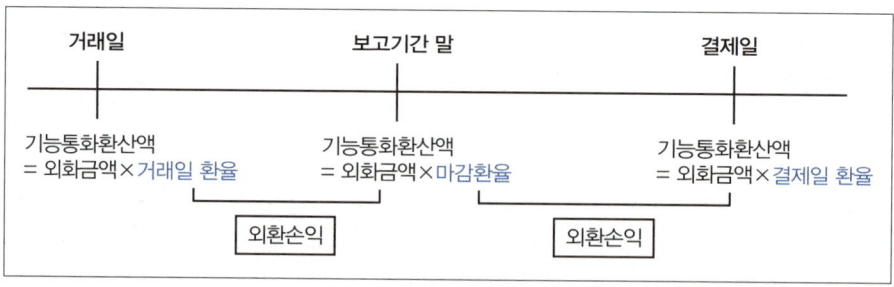

[3*] 일반기업회계기준에서는 보고기간 말의 마감환율로 환산할 때 생기는 외환차이를 '외화환산손익'이라고 하고, 결제일에 생기는 외환차이를 '외환차손익'으로 각각 구분한다. 그러나 한국채택국제회계기준서 제1021호 '환율변동효과'에서는 이를 구분하지 않는다.

심화예제 1 화폐성 외화항목의 환산

(1) 12월 말 결산법인인 ㈜한국은 20X1년 9월 1일 상품을 $100에 수출하고, 수출대금은 20X2년 1월 31일에 수령하였다.

(2) ㈜한국의 기능통화는 원화이며, 환율과 관련된 자료는 다음과 같다.

20X1년 9월 1일	20X1년 12월 31일	20X2년 1월 31일
₩1,200	₩1,150	₩1,180

01 ㈜한국이 20X1년 말과 결제일인 20X2년 1월 31일에 인식할 외환손익은 각각 얼마인가?

02 ㈜한국이 외화매출채권과 관련하여 해야 할 각 일자별 회계처리를 하시오.

풀이

01 기능통화금액

20X1년 9월 1일	20X1년 12월 31일	20X2년 1월 31일
₩120,000	₩115,000	₩118,000
= $100 × ₩1,200/$	= $100 × ₩1,150/$	= $100 × ₩1,180/$

외환손실 ₩5,000   외환이익 ₩3,000

02 회계처리

20X1.9.1.	(차) 외화매출채권	₩120,000	(대) 매출	₩120,000
20X1.12.31.	(차) 외환손실	₩5,000	(대) 외화매출채권	₩5,000
20X2.1.31.	(차) 현금	₩118,000	(대) 외화매출채권	₩115,000
			외환이익	₩3,000

3 비화폐성 외화항목

1 최초 인식
비화폐성 외화항목을 최초 인식하는 외화거래의 경우에도 화폐성 외화항목과 같이 거래일의 현물환율을 외화금액에 적용하여 기록한다.

2 보고기간 말의 환산
비화폐성 외화항목은 해당 항목을 역사적 원가로 측정하는지 아니면 공정가치로 측정하는지에 따라 적용하는 환율이 달라진다. 비화폐성 외화항목의 경우 측정기준에 따라 적용하는 환율은 다음과 같다.

> ① 역사적 원가로 측정하는 경우: 거래일의 환율
> ② 공정가치로 측정하는 경우: 공정가치가 결정된 날의 환율

역사적 원가로 측정하는 비화폐성 외화항목은 거래일의 환율을 적용하기 때문에 환율변동효과가 발생하지 않는다. 그러나 공정가치로 측정하는 비화폐성 외화항목은 공정가치가 결정된 날의 환율을 적용하므로 환율변동효과가 발생한다.

비화폐성 외화항목에서 발생하는 환율변동효과는 비화폐성 항목에서 생긴 손익을 기타포괄손익으로 인식하는 경우 기타포괄손익으로 인식하고, 비화폐성 항목에서 생긴 손익을 당기손익으로 인식하는 경우 당기손익으로 인식한다.

3 유형자산의 외화환산
유형자산은 공정가치나 역사적 원가로 측정할 수 있다. 공정가치로 측정하는 재평가모형의 경우에는 공정가치가 결정된 날의 환율을 적용하여 기능통화로 환산하고, 발생하는 환율 변동의 효과는 재평가손익에 포함하여 당기손익이나 기타포괄손익으로 인식한다. 그러나 역사적 원가로 측정하는 원가모형의 경우에는 해당 자산 취득일의 환율을 적용하여 기능통화로 환산하므로 환율변동효과가 발생하지 않는다.

[유형자산의 외화환산]

구분	적용환율	환율변동효과
원가모형	취득일의 환율	없음
재평가모형	공정가치가 결정된 날의 환율	재평가손익과 합산하여 당기손익 또는 기타포괄손익으로 인식

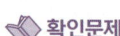

확인문제

02. ㈜한국의 기능통화는 원화이며, 달러화 대비 원화의 환율은 다음과 같다.

일자	20X1. 10. 1.	20X1. 12. 31.	20X2. 3. 1.
환율	₩1,000	₩1,040	₩1,020

㈜한국은 20X1년 10월 1일 캐나다에 소재하는 사업목적의 토지를 $10,000에 취득하였고, 20X1년 12월 31일 현재 토지의 공정가치는 $12,000이다. ㈜한국은 재평가모형을 적용하고 있으며 매년 재평가를 실시한다. 20X2년 3월 1일에 토지를 $15,000에 판매한 경우 인식해야 하는 유형자산처분이익은?
기출처 2020. 지방직 9급

① ₩5,300,000
② ₩5,100,000
③ ₩2,820,000
④ ₩2,480,000

정답 ③

확인문제

03. 환율변동효과에 대한 설명으로 옳지 않은 것은?   기출처 2022. 국가직 7급
① 기능통화가 분명하지 않은 경우에는 경영진이 판단하여 실제거래, 사건과 상황의 경제적 효과를 가장 충실하게 표현하는 기능통화를 결정한다.
② 비화폐성항목에서 생긴 손익을 기타포괄손익 또는 당기손익으로 인식하는 경우 그 손익에 포함된 환율변동효과는 기타포괄손익으로 인식한다.
③ 기능통화로 외화거래를 최초로 인식하는 경우에 거래일의 외화와 기능통화 사이의 현물환율을 외화금액에 적용하여 기록한다.
④ 매 보고기간말의 외화환산방법 중 역사적원가로 측정하는 비화폐성 외화항목은 거래일의 환율로 환산한다.

정답 ②

심화예제 2 유형자산의 외화환산

(1) 12월 말이 결산법인인 ㈜한국은 20X1년 10월 1일에 미국에 지사를 설립하기 위해 토지를 $1,000에 매입하였다. ㈜한국은 토지에 대해 원가모형을 적용한다.

(2) ㈜한국은 20X2년 4월 1일에 토지를 $1,500에 처분하였다.

(3) 기능통화는 원화이며, 각 일자별 환율은 다음과 같다.

20X1년 10월 1일	20X1년 12월 31일	20X2년 4월 1일
₩1,100	₩1,200	₩1,000

01 ㈜한국이 토지와 관련하여 각 일자별로 해야 할 회계처리를 하시오.

02 ㈜한국이 토지에 대해 재평가모형을 적용하며, 취득한 토지의 기말 공정가치가 $1,200라고 가정할 경우, ㈜한국이 각 일자별로 해야 할 회계처리를 하시오. (단, 재평가잉여금은 이익잉여금으로 대체하지 않는다)

풀이

01 원가모형을 적용하는 경우

20X1.10.1.	(차) 외화토지	₩1,100,000	(대) 현금	₩1,100,000
20X1.12.31.			분개없음	
20X2.4.1.	(차) 현금	₩1,500,000*	(대) 외화토지	₩1,100,000
			유형자산처분이익	₩400,000

* $1,500 × ₩1,000/$ = ₩1,500,000

02 재평가모형을 적용하는 경우

20X1.10.1.	(차) 외화토지	₩1,100,000	(대) 현금	₩1,100,000
20X1.12.31.	(차) 외화토지	₩340,000*	(대) 재평가잉여금	₩340,000

* $1,200 × ₩1,200/$ − ₩1,100,000 = ₩340,000

20X2.4.1.	(차) 현금	₩1,500,000*	(대) 외화토지	₩1,440,000
			유형자산처분이익	₩60,000

* $1,500 × ₩1,000/$ = ₩1,500,000

 확인문제

04. ㈜감평은 20X1년 1월 1일 미국에 있는 건물(취득원가 $5,000, 내용연수 5년, 잔존가치 $0, 정액법 상각)을 취득하였다. ㈜감평은 건물에 대하여 재평가모형을 적용하고 있으며, 20X1년 12월 31일 현재 동 건물의 공정가치는 $6,000로 장부금액과의 차이는 중요하다. ㈜감평의 기능통화는 원화이며, 20X1년 1월 1일과 20X1년 12월 31일의 환율은 각각 ₩1,800/$과 ₩1,500/$이고, 20X1년 평균환율은 ₩1,650/$이다. ㈜감평이 20X1년 말 재무상태표에 인식해야 할 건물에 대한 재평가잉여금은?

기출처 2020. 감정평가사

① ₩1,500,000
② ₩1,650,000
③ ₩1,800,000
④ ₩3,000,000
⑤ ₩3,300,000

정답 ③

OX 퀴즈

다음 문장의 경우 올바른 설명에는 O, 틀린 설명에는 ×를 하고 틀린 설명은 수정하시오.

❶ 유형자산을 직접 제작·건설하는 경우에는 당해 유형자산의 제작·건설에 사용된 재료원가, 노무원가, 제조간접원가를 합한 금액을 원가로 하되, 고정제조간접원가 배부액은 제외한다. (   )

❷ 토지만을 사용할 목적으로 토지와 건물을 일괄구입하는 경우 일괄구입대가는 모두 토지의 취득원가로 처리하며, 건물의 철거비용은 당기비용으로 처리한다. (   )

❸ 유형자산이 손상된 경우 장부금액과 회수가능액의 차액은 유형자산손상차손의 과목으로 하여 당기손익으로 처리하고 유형자산에서 직접 차감한다. (   )

❹ 유형자산의 잔존가치는 내용연수 종료 시 자산의 처분으로부터 현재 획득할 금액에서 추정 처분부대비용을 차감한 금액의 추정치, 즉 순실현가능가치를 말한다. (   )

❺ 유형자산을 연수합계법으로 감가상각할 때 감가상각대상자산은 기초 장부금액이다. (   )

❻ 유형자산의 회수가능액은 사용가치와 순공정가치 중 작은 금액이다. (   )

❼ 유형자산을 정률법으로 감가상각할 때 감가상각대상자산은 취득원가에서 잔존가치를 차감한 잔액이다. (   )

❽ 유형자산의 취득과 관련된 정부보조금은 자산에서 차감하는 방법과 이연수익으로 처리하는 방법을 선택적으로 적용할 수 있다. (   )

❾ 재평가모형을 적용하는 경우 재평가이익과 재평가손실은 모두 기타포괄손익으로 인식하고 자본에 가감한다. (   )

❿ 유형자산을 재평가모형으로 평가하는 경우에는 감가상각을 하지 않고 보고기간 말 공정가치를 재무상태표에 보고한다. (   )

⓫ 유형자산의 원가모형에서 손상차손을 환입하는 경우 환입한도는 취득원가이다. (   )

⓬ 유형자산의 재평가모형을 적용하는 기업은 매 보고기간 말에 재평가한다. (   )

⓭ 차입원가를 자본화하는 적격자산에는 재고자산이 포함되지 않는다. (   )

⓮ 적격자산 취득에 직접 관련되는 차입금 등의 금융비용은 당해 자산의 원가에 포함시킬 수도 있고 당기비용으로 처리할 수도 있다. (   )

⓯ 일반적인 목적으로 차입한 자금도 적격자산 취득을 위해 사용하였다면 관련 차입원가를 자본화하되, 차입금의 일시적 운용으로 인한 투자수익은 자본화 차입원가에서 차감한다. (   )

OX 풀이

❶ × 유형자산을 직접 제작·건설하는 경우에는 당해 유형자산의 제작·건설에 사용된 재료원가, 노무원가, 제조간접원가를 합한 금액을 원가로 하고, 고정제조간접원가 배부액도 포함한다.

❷ × 토지만을 사용할 목적으로 토지와 건물을 일괄구입하는 경우 일괄구입대가는 모두 토지의 취득원가로 처리하며, 건물의 철거비용도 토지의 취득원가로 처리한다.

❸ × 유형자산이 손상된 경우 장부금액과 회수가능액의 차액은 유형자산손상차손의 과목으로 하여 당기손익으로 처리하고 유형자산에서 직접 차감하지 않고 손상차손누계액으로 유형자산의 차감계정으로 표시한다.

❹ ○

❺ × 유형자산을 연수합계법으로 감가상각할 때 감가상각대상자산은 취득원가에서 잔존가치를 차감한 잔액이다.

❻ × 유형자산의 회수가능액은 사용가치와 순공정가치 중 큰 금액이다.

❼ × 유형자산을 정률법으로 감가상각할 때 감가상각대상자산은 취득원가에서 감가상각누계액을 차감한 금액이다.

❽ ○

❾ × 평가모형을 적용하는 경우 재평가손실은 당기손실에 반영한다.

❿ × 유형자산을 재평가모형으로 평가하는 경우에도 감가상각을 한다.

⓫ × 유형자산의 원가모형에서 손상차손을 환입하는 경우 환입한도는 손상을 인식하기 전 감가상각 후 장부금액을 초과할 수 없다.

⓬ × 유형자산의 재평가모형을 적용하는 기업은 보고기간 말이 아닌 주기적으로 재평가한다.

⓭ × 단기간 내에 제조되거나 다른 방법으로 생산되는 재고자산이 아니라면 적격자산이 될 수 있다.

⓮ × 적격자산 취득에 직접 관련되는 차입금 등의 금융비용은 당해 자산의 원가의 일부로 자본화해야 한다.

⓯ × 일반적인 목적으로 차입한 자금도 적격자산 취득을 위해 사용하였다면 관련 차입원가를 자본화하되, 차입금의 일시적 운용으로 인한 투자수익은 자본화 차입원가에서 차감하지 않는다.

실전훈련

01 다음 중 유형자산에 해당하지 않는 것은? 기출처 2011. 국가직 7급

① 주택시장의 침체로 인하여 건설회사가 소유하고 있는 미분양 상태의 아파트
② 남해안에서 참치를 기르기 위해 설치된 양식장
③ 해양 천연가스를 발굴하기 위하여 설치한 대형 해양탐사 구조물
④ 가구 가공업체에서 사용중인 사장님 책상

02 유형자산의 취득원가에 대한 설명으로 옳지 않은 것은? 기출처 2016. 국가직 9급

① 지상 건물이 있는 토지를 일괄취득하여 구 건물을 계속 사용할 경우 일괄구입가격을 토지와 건물의 공정가액에 따라 배분한다.
② 토지의 취득 시 중개수수료, 취득세, 등록세와 같은 소유권 이전비용은 토지의 취득원가에 포함한다.
③ 기계장치를 취득하여 기계장치를 의도한 용도로 사용하기 적합한 상태로 만들기 위해서 지출한 시운전비는 기계장치의 취득원가에 포함한다.
④ 건물 신축을 목적으로 건물이 있는 토지를 일괄취득한 경우, 구 건물의 철거비용은 신축 건물의 취득원가에 가산한다.

03 유형자산 취득원가를 인식할 때 경영진이 의도하는 방식으로 자산을 가동하기 위해 필요한 장소와 상태에 이르게 하는 데 직접 관련되는 원가의 예로 옳지 않은 것은? 기출처 2013. 국가직 7급

① 설치장소 준비 원가
② 최초의 운송 및 취급 관련 원가
③ 새로운 시설을 개설하는 데 소요되는 원가
④ 전문가에게 지급하는 수수료

 풀이

01 ① 건설회사가 보유하고 있는 미분양아파트는 재고자산으로 분류한다.
02 ④ 건물 신축을 목적으로 건물이 있는 토지를 일괄취득한 경우, 구건물의 철거비용은 토지의 취득원가에 가산한다.
03 새로운 시설을 개설하는 데 소요되는 원가는 취득원가에 해당하지 않는다.

답 01 ① 02 ④ 03 ③

04 20X1년 ㈜한국의 사옥건설을 위해 매입한 토지와 건물신축과 관련된 금액이 다음과 같을 때, 토지의 취득원가는? (단, 토지 진입로는 영구적이나 울타리는 내용연수가 5년이다) 기출처 2018. 지방직 9급

내역	금액(₩)
구건물 포함 토지 매입대금	3,000
구건물 철거비	500
구건물 철거 시 발생한 고철 매각대금	300
울타리 공사비	1,000
건물을 신축한 건설회사에 지급한 건설원가	6,000
토지진입로 공사비	1,000
건물 건설 계약금	500
토지 취득 시 부담하기로 한 미지급 재산세	50
토지 취득 중개수수료	100
건축설계비	500
신축건물 지정차입금의 건설기간 이자비용	100
취득 후 토지분재산세	200

① ₩4,350 ② ₩4,500 ③ ₩4,550 ④ ₩5,500

풀이

04 토지의 취득원가는 다음과 같다.

내역	금액(₩)	비고
구건물 포함 토지 매입대금	3,000	
구건물 철거비	500	
구건물 철거 시 발생한 고철 매각대금	(300)	
울타리 공사비	-	구축물
건물을 신축한 건설회사에 지급한 건설원가	-	건물
토지진입로 공사비	1,000	
건물 건설 계약금	-	건물
토지 취득 시 부담하기로 한 미지급 재산세	50	
토지 취득 중개수수료	100	
건축설계비	-	건물
신축건물 지정차입금의 건설기간 이자비용	-	건물
취득 후 토지분재산세	-	당기비용
토지의 취득원가	**4,350**	

답 04 ①

05 ㈜한국은 철강제조공장을 신축하기 위해 토지를 취득하였는데, 이 토지에는 철거 예정인 창고가 있다. 다음 자료를 고려하여 토지의 취득원가를 계산하면 얼마인가?

기출처 2014. 세무사

• 토지 취득가격	₩700,000
• 토지 취득세와 등기비용	₩50,000
• 토지 중개수수료	₩10,000
• 공장 신축 전 토지를 임시주차장으로 운영함에 따른 수입	₩40,000
• 창고 철거비용	₩30,000
• 창고 철거 시 발생한 폐자재 처분수입	₩20,000
• 영구적으로 사용가능한 하수도 공사비	₩15,000
• 토지의 구획정리비용	₩10,000

① ₩775,500 ② ₩780,000
③ ₩795,000 ④ ₩815,000

05 (1) 공장 신축 전 토지를 임시주차장으로 운영함에 따른 수입은 당기손익으로 처리하고, 영구적으로 사용 가능한 하수도 공사비는 토지의 원가에 가산한다. 만일 영구적으로 사용 가능하지 않은 하수도 공사비라면 구축물로 처리하고 감가상각한다.

(2)

토지의 취득가격	₩700,000
토지의 취득세와 등록세	₩50,000
토지 중개수수료	₩10,000
창고 철거비용	₩30,000
폐자재 처분수입	(₩20,000)
영구적으로 사용 가능한 하수도 공사비	₩15,000
구획정리비용	₩10,000
토지의 원가	<<₩795,000>>

답 **05** ③

06 ㈜한국은 20X1년 1월 1일에 토지와 토지 위의 건물을 일괄하여 ₩1,000,000에 취득하고 토지와 건물을 계속 사용하였다. 취득시점 토지의 공정가치는 ₩750,000이며 건물의 공정가치는 ₩500,000이다. 건물의 내용연수는 5년, 잔존가치는 ₩100,000이며, 정액법을 적용하여 건물을 감가상각한다(월할 상각, 원가모형 적용). 20X3년 1월 1일 ㈜한국은 더 이상 건물을 사용할 수 없어 해당 건물을 철거하였다. 건물의 철거와 관련하여 철거비용이 발생하지 않았을 경우, 20X3년 1월 1일에 인식하는 손실은?

기출처 2022. 관세직 9급

① ₩120,000　　　　　② ₩280,000
③ ₩360,000　　　　　④ ₩400,000

07 ㈜한국은 보유 중인 유형자산을 ㈜민국의 유형자산과 교환하였다. 교환일에 ㈜한국이 보유하고 있는 유형자산의 장부금액은 ₩600,000(취득원가 ₩800,000, 감가상각누계액 ₩200,000)이고, 공정가치는 ₩650,000이다. ㈜한국은 ㈜민국에게 현금 ₩100,000을 추가로 지급하였으며, 동 교환거래는 상업적 실질이 있다. ㈜한국이 교환으로 취득한 유형자산의 취득원가는?

기출처 2014. 국가직 7급

① ₩600,000　　　　　② ₩650,000
③ ₩700,000　　　　　④ ₩750,000

풀이

06 (1) 토지와 건물을 각각 사용하기로 하였으므로 공정가치로 안분
　　토지 = ₩1,000,000 × 750/1,250 = ₩600,000
　　건물 = ₩1,000,000 × 500/1,250 = ₩400,000
(2) 20X2년 말 건물의 장부금액 = ₩400,000 − (₩400,000 − ₩100,000) × 2/5 = ₩280,000
(3) 20X3년 1월 1일 건물의 폐기손실 = 20X3년 1월 1일 건물의 장부금액 = ₩280,000

07 상업적 실질이 있고, 취득한 자산의 공정가치가 더 명백하지 않으므로 ㈜한국이 제공한 유형자산의 공정가치에 현금지급액을 더한 금액이 교환으로 새로 얻게 되는 유형자산의 취득원가가 된다.
∴ ₩650,000 + ₩100,000 = ₩750,000

답　06 ②　07 ④

08 ㈜민국은 취득원가 ₩500,000, 감가상각누계액 ₩300,000인 기계장치를 보유하고 있다. ㈜민국은 해당 기계장치를 제공함과 동시에 현금 ₩50,000을 수취하고 새로운 기계장치와 교환하였다. ㈜민국이 보유하고 있던 기계장치의 공정가치가 ₩300,000으로 추정될 때, 교환에 의한 회계처리로 옳지 않은 것은?

기출처 2014. 지방직 9급

① 상업적 실질이 있는 경우 새로운 기계장치의 취득원가는 ₩250,000으로 인식한다.
② 상업적 실질이 있는 경우 제공한 기계장치의 처분이익은 ₩50,000으로 인식한다.
③ 상업적 실질이 결여된 경우 새로운 기계장치의 취득원가는 ₩150,000으로 인식한다.
④ 상업적 실질이 결여된 경우 제공한 기계장치의 처분손익은 인식하지 않는다.

09 ㈜한국과 ㈜민국은 사용하고 있는 기계장치를 서로 교환하였으며 이 교환은 상업적 실질이 있다. 교환시점에서 기계장치와 관련된 자료는 다음과 같다.

구분	㈜한국	㈜민국
취득가액	₩700,000	₩600,000
장부가액	₩550,000	₩350,000

기계장치의 교환시점에서 ㈜한국의 공정가치가 ㈜민국의 공정가치보다 더 명백하다. 이 교환거래로 ㈜한국은 ₩100,000의 손실을, ㈜민국은 ₩50,000의 손실을 인식하였다. 동 교환거래는 공정가치 차이만큼 현금을 수수하는 조건이다. ㈜한국이 ㈜민국으로부터 현금을 수령하였다고 가정할 경우, ㈜한국이 수령한 현금액은? (단, 교환거래로 발생한 손익은 제시된 손익 이외에는 없다.)

기출처 2018. 국가직 7급

① ₩100,000
② ₩150,000
③ ₩400,000
④ ₩450,000

풀이

08 ① 상업적 실질이 있는 경우,
민국의 기계장치(공정가치) = ₩300,000 = 새로운 기계장치 + ₩50,000
∴ 새로운 기계장치 = ₩250,000
② 상업적 실질이 있는 경우,
처분손익 = ₩300,000 - ₩200,000 = ₩100,000
③ 상업적 실질이 결여된 경우,
민국의 기계장치(장부가액) = ₩200,000 = 새로운 기계장치 + ₩50,000
∴ 새로운 기계장치 = ₩150,000
④ 상업적 실질이 결여된 경우 처분손익은 인식하지 않는다.

09 ㈜한국의 처분손익 = 공정가치 - 장부가액 = (₩100,000) = 공정가치 - ₩550,000
∴ ㈜한국의 공정가치 = ₩450,000
㈜민국의 처분손익 = 공정가치 - 장부금액 = (₩50,000) = 공정가치 - ₩350,000
∴ ㈜민국의 공정가치 = ₩300,000
거래

준 것	=	받은 것
₩450,000	=	₩300,000 + 현금

∴ 현금 = ₩150,000

답 08 ② 09 ②

10 유형자산의 감가상각에 대한 설명 중 옳지 않은 것은?

① 유형자산의 기말 공정가치 변동을 반영하기 위해 감가상각한다.
② 감가상각방법은 자산의 미래 경제적 효익이 소비될 것으로 예상되는 형태를 반영한다.
③ 각 기간의 감가상각액은 다른 자산의 장부금액에 포함되는 경우가 아니라면 당기손익으로 인식한다.
④ 잔존가치, 내용연수, 감가상각방법은 적어도 매 회계연도 말에 재검토한다.

11 ㈜한국은 20X1년도 초에 내용연수가 4년이고 잔존가치는 없는 기계장치를 구입하였다. 회사는 감가상각방법으로 정액법, 정률법, 연수합계법을 고려하고 있다. 이 기계장치를 구입한 후 4년째 되는 마지막 회계연도에 보고할 감가상각비가 큰 순으로 감가상각방법을 바르게 나열한 것은?

① 정액법 > 연수합계법 > 정률법
② 정액법 > 정률법 > 연수합계법
③ 정률법 > 정액법 > 연수합계법
④ 정률법 > 연수합계법 > 정액법

 풀이

10 ① 유형자산의 감가상각은 자산의 합리적인 소비형태를 반영하기 위해 계산하는 방법이다.
11 감가상각 초기에 감가상각비가 가장 크게 인식되는 방법은 정률법 > 연수합계법 > 정액법 순서이며, 마지막 회계연도에는 정반대의 결과, 즉 감가상각비가 큰 순서는 정률법 < 연수합계법 < 정액법이 된다.

답 10 ① 11 ①

12 ㈜한국은 20X1년 10월 1일 기계장치를 ₩80,000(내용연수 5년, 잔존가치 ₩5,000, 연수합계법, 월할 상각)에 취득하였다. 동 기계장치를 20X3년 3월 31일 ₩40,000에 처분할 경우, 처분시점의 장부금액과 처분손익을 바르게 연결한 것은? (단, 기계장치는 원가모형을 적용하고 손상차손은 발생하지 않았다)

기출처 2022. 국가직 9급

	장부금액	처분손익
①	₩35,000	손실 ₩5,000
②	₩35,000	이익 ₩5,000
③	₩45,000	손실 ₩5,000
④	₩45,000	이익 ₩5,000

13 ㈜한국은 20X1년 초 기계장치(내용연수 3년, 잔존가치 A , 연수합계법, 월할 상각, 원가모형 적용)를 ₩20,000에 취득하였다. 20X1년 말 기계장치의 순공정가치 ₩5,000, 사용가치 ₩4,000, 손상차손 인식액 ₩6,000이다. 20X1년 초 기계장치 취득시의 잔존가치 'A'는? (단, 잔존가치의 변동은 없다)

기출처 2022. 국가직 7급

① ₩1,000 ② ₩2,000
③ ₩3,000 ④ ₩4,000

풀이

12 (1) 처분 시(20X3년 3월 31일) 장부금액 = ₩80,000 - (₩80,000 - ₩5,000) × (5/15 + 4/15 × 6/12) = ₩45,000
　　(2) 처분손익 = 처분대가 - 장부금액 = ₩40,000 - ₩45,000 = (₩5,000)
　　　∴ 처분손실 = ₩5,000
13 (1) 20X1년 감가상각후 장부금액 = ₩20,000 - (₩20,000 - A) × 3/6
　　(2) 20X1년 말 회수가능가액 = max[₩5,000, ₩4,000] = ₩5,000
　　(3) 20X1년 말 손상차손 인식액 = ₩20,000 - (₩20,000 - A) × 3/6 - ₩5,000 = ₩6,000
　　　∴ A = ₩2,000

답　12 ③　13 ②

14 ㈜한국은 20X1년 초 기계를 ₩480,000(내용연수 5년, 잔존가치 ₩0, 정액법 상각)에 구입하고 원가모형을 채택하였다. 20X2년 말 그 기계에 손상 징후가 있었으며, 이때 기계의 순공정가치는 ₩180,000, 사용가치는 ₩186,000으로 추정되었다. 20X3년 말 회수가능액이 ₩195,000으로 회복되었다면 옳지 않은 것은?

기출처 2018. 국가직 9급

① 20X2년 말 손상차손 인식 전 장부금액은 ₩288,000이다.
② 20X2년 말 손상차손으로 인식할 금액은 ₩102,000이다.
③ 20X3년 말 감가상각비로 인식할 금액은 ₩62,000이다.
④ 20X3년 말 손상차손환입액으로 인식할 금액은 ₩71,000이다.

15 ㈜한국은 20X1년 7월 1일 기계장치(정액법 상각, 내용연수 3년, 잔존가치 ₩0)를 ₩36,000에 취득하여 원가모형을 적용하고 있다. 기계장치의 순공정가치와 사용가치는 다음과 같다.

구분	20X1년 말	20X2년 말
순공정가치	₩25,000	₩17,000
사용가치	₩24,000	₩19,000

㈜한국이 20X2년 말에 인식해야 할 손상차손환입액은? (단, 자산의 회수가능액 변동은 기계장치의 손상 혹은 그 회복에 따른 것이라고 가정하며, 감가상각은 월할 계산한다)

기출처 2023. 국가직 9급

① ₩2,000
② ₩3,000
③ ₩4,000
④ ₩5,000

> **풀이**
>
> **14** (1) 20X2년 말 손상인식 전 장부금액 = ₩480,000 - ₩480,000/5년 × 2년 = ₩288,000
> (2) 20X2년 손상차손으로 인식할 금액 = ₩288,000 - max[₩180,000, ₩186,000] = ₩102,000
> (3) 20X3년 감가상각비 = ₩186,000/3년 = ₩62,000
> (4) 20X3년 말 손상차손환입 = min[₩195,000, ₩192,000*] - (₩186,000 - ₩62,000) = ₩68,000
>   *손상을 인식하지 않을 경우 인식했을 장부금액 = ₩480,000 - ₩480,000/5년 × 3년 = ₩192,000
>
> **15** (1) 20X1년 2년 말 손상을 인식하지 않았다면 인식하였을 장부금액 = ₩36,000 - ₩36,000/36개월 × 18개월 = ₩18,000
> (2) 20X1년 말 회수가능가액 = max[₩25,000, ₩24,000] = ₩25,000
> (3) 20X2년 말 감가상각후 장부금액 = ₩25,000 - ₩25,000/2.5년 × 1년 = ₩15,000
> (4) 20X2년 말 회수가능액 = max[₩17,000, ₩19,000] = ₩19,000
> (5) 20X2년 말 손상차손환입액 = min[₩18,000, ₩19,000] - ₩15,000 = ₩3,000
>
> 답 14 ④ 15 ②

16 ㈜한국은 20×1년 1월 1일에 기계장치를 ₩4,000,000(정액법 상각, 내용연수 5년, 잔존가치 ₩0, 원가모형 적용)에 취득하였다. 각 회계연도 말 기계장치에 대한 회수가능액은 다음과 같다.

> ○ 20×1년 말 ₩3,200,000
> ○ 20×2년 말 ₩1,800,000
> ○ 20×3년 말 ₩1,200,000
> ○ 20×4년 말 ₩2,000,000

㈜한국은 20×2년 말에 기계장치에 대해 손상차손이 발생하였고, 20×4년 말에 손상차손환입이 발생하였다고 판단하였다. 20×4년에 계상될 손상차손환입액은? 기출처 2021. 국가직 7급

① ₩200,000　　　　　　　② ₩600,000
③ ₩800,000　　　　　　　④ ₩1,400,000

풀이

16 (1) 20X2년 말 감가상각후 장부금액 = ₩4,000,000 - ₩4,000,000/5년 × 2년 = ₩2,400,000
　　(2) 20X2년 손상차손 = 20X2년 말 회수가능액 - 20X2년 말 감가상각후 장부금액
　　　　　　　　　　　 = ₩1,800,000 - ₩2,400,000 = (₩600,000)
　　(3) 20X3년 말 감가상각후 장부금액 = ₩1,800,000 - ₩1,800,000/3년 = ₩1,200,000
　　(4) 20X4년 말 감가상각후 장부금액 = ₩1,200,000 - ₩1,200,000/2년 = ₩600,000
　　(5) 20X4년 말 손상을 인식하지 않았다면 인식하였을 장부금액* = ₩4,000,000 - ₩4,000,000/5년 × 4년 = ₩800,000
　　(6) 20X4년 말 손상차손환입 = MIN[₩800,000*, 회수가능액 ₩2,000,000] - ₩600,000 = ₩200,000

답 16 ①

17 ㈜감평은 20X1년 초 기계장치(취득원가 ₩800,000, 내용연수 4년, 잔존가치 ₩0, 정액법 상각)를 취득하였다. ㈜감평은 기계장치에 대해 원가모형을 적용한다. 20X1년 말 동 기계장치에 손상징후가 존재하여 회수가능액을 결정하기 위해 다음과 같은 정보를 수집하였다.

- 20X1년 말 현재 기계장치를 처분할 경우, 처분금액은 ₩250,000이고, 처분관련 부대원가는 ₩50,000이 발생할 것으로 추정된다.
- ㈜감평이 동 기계장치를 계속하여 사용할 경우, 20X2년 말부터 내용연수 종료시점까지 매년 말 ₩100,000의 현금유입과, 내용연수 종료시점에 ₩10,000의 기계 철거 관련 지출이 발생할 것으로 예상된다.
- 현재가치 측정에 사용할 할인율은 연 12%이다.

기간	단일금액 ₩1의 현재가치 (할인율 = 12%)	정상연금 ₩1의 현재가치 (할인율 = 12%)
3	0.7	2.4

㈜감평이 20X1년 유형자산(기계장치) 손상차손으로 인식할 금액은 얼마인가?

기출처 2020. 감정평가사 응용

① ₩240,000 ② ₩360,000
③ ₩367,000 ④ ₩400,000

풀이

17 (1) 20X1년 감가상각 후 장부금액 = ₩800,000 − ₩800,000/4년 = ₩600,000
(2) 20X1년 말 사용가치 = ₩100,000 × 2.4 − ₩10,000 × 0.7 = ₩233,000
(3) 20X1년 말 순공정가치 = ₩250,000 − ₩50,000 = ₩200,000
(4) 20X1년 말 회수가능액 = MAX[₩233,000, ₩200,000] = ₩233,000
(5) 20X1년 손상차손 = 장부금액 − 회수가능액 = ₩600,000 − ₩233,000 = ₩367,000

답 17 ③

18 유형자산 재평가모형에 대한 설명으로 옳지 않은 것은?   기출처 2022. 국가직 9급

① 최초 인식 후에 공정가치를 신뢰성 있게 측정할 수 있는 유형자산은 재평가일의 공정가치에서 이후의 감가상각누계액과 손상차손누계액을 차감한 재평가금액을 장부금액으로 한다.
② 자산의 장부금액이 재평가로 인하여 증가된 경우에 그 증가액은 기타포괄손익으로 인식하고 재평가잉여금의 과목으로 자본에 가산한다. 그러나 동일한 자산에 대하여 이전에 당기손익으로 인식한 재평가감소액이 있다면, 그 금액을 한도로 재평가증가액만큼 당기손익으로 인식한다.
③ 자산의 장부금액이 재평가로 인하여 감소된 경우에 그 감소액은 기타포괄손익으로 인식한다. 그러나 그 자산에 대한 재평가잉여금의 잔액이 있다면 그 금액을 한도로 재평가감소액을 당기손익으로 인식한다.
④ 특정 유형자산을 재평가할 때, 해당 자산이 포함되는 유형자산의 유형 전체를 재평가한다.

19 ㈜지방은 20X1년 중에 토지를 ₩100,000에 취득하였으며, 매 보고기간마다 재평가모형을 적용하기로 하였다. 20X1년 말과 20X2년 말 현재 토지의 공정가치가 각각 ₩120,000과 ₩90,000이라고 할 때, 다음 설명 중 옳은 것은?   기출처 2014. 지방직 9급

① 20X1년에 당기순이익이 ₩20,000 증가한다.
② 20X2년에 당기순이익이 ₩10,000 감소한다.
③ 20X2년 말 현재 재평가잉여금 잔액은 ₩10,000이다.
④ 20X2년 말 재무상태표에 보고되는 토지 금액은 ₩100,000이다.

풀이

18 ③ 자산의 장부금액이 재평가로 인하여 감소된 경우에 그 감소액은 당기손익으로 인식한다. 그러나 그 자산에 대한 재평가잉여금 잔액이 있다면 그 금액을 한도로 재평가 잉여금의 감소액으로 인식하고, 이를 초과하는 감소액은 당기손익으로 인식한다.
19 ① 20X1년 재평가이익 ₩20,000을 인식하고 기타포괄손익으로 인식하므로 당기손익에 미치는 영향은 없다.
② 20X2년 재평가이익 ₩20,000을 차감하고 재평가손실 ₩10,000을 당기손익으로 인식한다.
③ 20X2년 말 재평가이익의 잔액은 없다.
④ 20X2년 말 보고되는 토지의 금액은 ₩90,000이다.

답 18 ③   19 ②

20 ㈜한국은 20X1년 초에 ₩15,000을 지급하고 항공기를 구입하였다. 20X1년 말 항공기의 감가상각누계액은 ₩1,000이며, 공정가치는 ₩16,000이다. 감가상각누계액을 전액 제거하는 방법인 재평가모형을 적용하고 있으며 매년 말 재평가를 실시하고 있다. 20X2년 말 항공기의 감가상각누계액은 ₩2,000이며, 공정가치는 ₩11,000이다. 상기의 자료만을 근거로 도출된 설명으로 옳지 않은 것은? (단, 재평가잉여금을 당해 자산을 사용하면서 이익잉여금으로 대체하는 방법은 선택하고 있지 않다.)

기출처 2020. 지방직 9급

① 20X1년 말 재평가잉여금은 ₩2,000이다.
② 20X1년 말 항공기의 장부금액은 ₩16,000이다.
③ 20X2년에 인식하는 재평가손실은 ₩3,000이다.
④ 20X2년에 인식하는 재평가손실은 포괄손익계산서의 비용항목으로 당기순이익에 영향을 준다.

21 ㈜한국은 20X1년 1월 1일 기계장치(내용연수 5년, 잔존가치 ₩0, 정액법 상각)를 ₩100,000에 취득하여 사용하고 있으며, 재평가모형을 적용하고 있다. ㈜한국은 재평가모형적용 시 기계장치를 사용함에 따라 재평가잉여금의 일부를 이익잉여금에 대체하는 방법을 채택하고 있다. 동 기계장치의 20X1년 말 공정가치는 ₩88,000이며, 20X2년 말 공정가치는 ₩69,300이다. ㈜한국이 20X2년 말 재무상태표에 인식하게 될 재평가잉여금은 얼마인가?

기출처 2014. 세무사

① ₩5,500
② ₩8,000
③ ₩9,300
④ ₩11,500

 풀이

20 (1) 20X1년 말 재평가잉여금 = 공정가치 - 감가상각후장부금액*
   = ₩16,000 - (₩15,000 - ₩1,000) = ₩2,000
   *감가상각 후 장부금액 = 취득원가 - 감가상각누계액
(2) 20X1년 말 항공기의 장부금액 = 20X1년 말 재평가 후 공정가치 = ₩16,000
(3) 20X2년 말 감가상각 후 장부금액
   = 20X1년 말 장부금액 - 감가상각누계액 = ₩16,000 - ₩2,000 = ₩14,000
(4) 20X2년 말 재평가손실 = 20X2년 말 감가상각후 장부금액 - 20X2년 공정가치 - 재평가잉여금
   = ₩14,000 - ₩11,000 - ₩2,000 = ₩1,000
(5) 20X2년 인식하는 재평가손실 ₩1,000은 포괄손익계산서상에 당기의 비용으로 인식한다.

21 (1) 20X1년 말 감가상각 후 장부금액 = ₩100,000 - ₩100,000/5 = ₩80,000
(2) 20X1년 재평가잉여금 = ₩88,000 - ₩80,000 = ₩8,000
(3) 20X2년 감가상각 후 장부금액 = ₩88,000 - ₩88,000/4 = ₩66,000
(4) 20X1년 재평가잉여금 상각분 = ₩8,000/4 = ₩2,000
(5) 20X2년 말 재평가잉여금 추가 인식액 = ₩69,300 - ₩66,000 = ₩3,300
(6) 20X2년 말 재평가잉여금 잔액 = ₩8,000 - ₩2,000 + ₩3,300 = ₩9,300

답 20 ③   21 ③

22 ㈜한국은 20X1년 1월 1일 기계장치 ₩1,000,000에 취득하고 재평가모형을 적용하기로 하였다. 동 기계장치의 내용연수는 5년, 잔존가치는 ₩0, 정액법으로 감가상각한다. 기계장치의 20X1년 말 공정가치는 ₩780,000이며, 20X2년 말 공정가치는 ₩650,000이다. 동 기계장치와 관련하여 20X2년도 포괄손익계산서상의 당기순이익과 기타포괄손익에 미치는 영향은 각각 얼마인가? (단, 재평가잉여금은 이익잉여금에 대체하지 않으며, 감가상각비 중 자본화한 금액은 없다. 또한 법인세 효과는 고려하지 않는다.)

기출처 2013. 회계사

	당기순이익	기타포괄손익
①	₩195,000 감소	₩65,000 증가
②	₩175,000 감소	₩45,000 증가
③	₩20,000 증가	₩65,000 감소
④	₩180,000 감소	₩50,000 증가

23 ㈜한국은 20×1년 초 기계장치를 ₩10,000(정액법 상각, 내용연수 4년, 잔존가치 ₩2,000, 원가모형 적용)에 취득하였다. 기계장치 관련 자료가 다음과 같을 때 옳은 것은?

기출처 2021. 국가직 7급

○ 20×2년 중 최초로 기계장치에 대해 재평가모형으로 변경하였으며, 재평가 시 기존의 감가상각누계액은 전액 제거한 후 공정가치로 평가한다. (상각방법, 내용연수, 잔존가치의 변동은 없다)
○ 20×2년 말 기계장치의 공정가치는 ₩12,000이다.
○ 20×3년 말 기계장치를 현금 ₩8,000을 받고 처분하였다.

① 20×1년 감가상각비는 ₩2,500이다.
② 20×2년 재평가잉여금은 ₩4,000이다.
③ 20×3년 감가상각비는 ₩5,000이다.
④ 20×3년 기계장치 처분이익은 ₩2,000이다.

 풀이

22 (1) 20X1년 말 감가상각 후 장부금액 = ₩1,000,000 - ₩1,000,000/5년 = ₩800,000
(2) 20X1년 재평가손실 = ₩780,000 - ₩800,000 = (₩20,000)
(3) 20X2년 감가상각비 = ₩780,000/4년 = ₩195,000
(4) 20X2년 말 감가상각 후 장부금액 = ₩780,000 - ₩195,000 = ₩585,000
(5) 20X2년 재평가이익 = ₩20,000
  20X2년 재평가잉여금 = ₩650,000 - ₩585,000 - ₩20,000 = ₩45,000
  ∴ 당기손익 = 감가상각비 + 재평가이익 = (₩195,000) + ₩20,000 = (₩175,000)
  기타포괄손익 = 재평가이익 = ₩45,000

23 (1) 20X1년 감가상각비 = (₩10,000 - ₩2,000)/4년 = ₩2,000
(2) 20X2년 감가상각 후 장부금액 = ₩10,000 - ₩2,000 × 2년 = ₩6,000
(3) 20X2년 재평가잉여금 = ₩12,000 - ₩6,000 = ₩6,000
(4) 20X3년 감가상각비 = (20X2년 말 장부금액 ₩12,000 - 잔존가치 ₩2,000)/2년 = ₩5,000
(5) 20X3년말 장부금액 = ₩12,000 - ₩5,000 = ₩7,000
(6) 20X3년 말 처분손익 = ₩8,000 - ₩7,000 = ₩1,000

답 22 ② 23 ③

24 ㈜한국은 취득원가가 ₩10,000이고 내용연수는 10년이며 잔존 가액이 ₩0인 기계장치를 1차연도 1월 1일 취득하여 정액법으로 감가상각하였다. 다음의 사항을 회계처리한 결과로 옳지 않은 것은?

기출처 2012. 국가직 7급

- 2차연도 1월 1일에 재평가모형을 선택하고, 이 기계장치를 ₩13,500으로 재평가하였다.
- 2차연도 결산일에 감가상각비를 인식한 후 회수가능액 ₩6,400을 기준으로 손상차손을 인식하였다.
- 4차연도 결산일에 감가상각비를 인식한 후 유형자산의 회수가능가액이 ₩7,000으로 회복되었다.

① 2차연도 결산일에 계상될 감가상각비는 ₩1,500이다.
② 2차연도에 인식할 손상차손은 ₩1,100이다.
③ 3차연도 결산일에 계상될 감가상각비는 ₩800이다.
④ 4차연도 결산일에는 종전에 인식한 손상차손 금액만큼 기계장치의 장부금액이 조정된다.

풀이

24 감가상각자산의 손상회복 시 '과거에 인식한 손상차손만큼 조정'하는 것이 아니라 기계장치는 회수 가능액이 모두 반영된다. 다만, 재평가모형을 적용한 자산의 경우 회수가능액 중 기 인식한 손상차손 부분은 당기손익으로 인식하고 이를 초과하는 회수가능액은 다시 재평가한 것으로 인식하여 재평가잉여금에 반영한다.

	감가상각비	손상차손(환입)	재평가잉여금	순장부금액
1차연도 말	₩1,000	-	-	₩9,000
	-	-	₩4,500	₩13,500
2차연도 말	₩1,500	-	-	₩12,000
	-	₩1,100	(₩4,500)	₩6,400
3차연도 말	₩800	-	-	₩5,600
4차연도 말	₩800	(₩1,100)	₩1,100	₩7,000

답 24 ④

25 ㈜감평은 20X1년 1월 1일 기계장치(내용연수 4년, 잔존가치 ₩0, 정액법 상각)를 ₩800,000에 취득하여 사용개시하였다. ㈜감평은 동 기계장치에 재평가모형을 적용하여 20X2년 말 손상차손 ₩20,000을 인식하였다. 다음은 기계장치에 대한 재평가 및 손상관련 자료이다.

구분	공정가치	순공정가치	사용가치
20X1년 말	₩630,000	₩700,000	₩650,000
20X2년 말	₩400,000	₩350,000	?

20X2년 말 기계장치의 사용가치는 얼마인가? 　　　　　　　　　　　　　　　　기출처 2020. 감평사 응용

① ₩350,000
② ₩370,000
③ ₩400,000
④ ₩420,000

26 ㈜한국은 당국의 허가를 받아서 자연보호구역 내의 소유토지에 주차장을 설치하였다. 이때 당국의 주차장 설치 허가조건은 3년 후 주차장을 철거하고 토지를 원상복구하는 것이다. 주차장은 2017년 1월 1일 ₩5,000,000에 설치가 완료되어 사용하기 시작하였으며, 동일자에 3년 후 복구비용으로 지출될 것으로 예상되는 금액은 ₩1,000,000으로 추정되었다. 이런 복구의무는 충당부채에 해당한다. 주차장(구축물)은 원가모형을 적용하며, 내용연수 3년, 잔존가치 ₩0, 정액법으로 감가상각한다. 2017년도 주차장(구축물)의 감가상각비는? (단, 복구공사 소요액의 현재가치 계산에 적용할 유효이자율은 연 10%이며, 3년 후 ₩1의 현재가치는 0.7513이다) 　　　기출처 2018. 국가직 9급

① ₩1,917,100
② ₩1,932,100
③ ₩1,992,230
④ ₩2,000,000

> **25** (1) 20X1년 말 감가상각 후 장부금액 = ₩800,000 − ₩800,000/4년 = ₩600,000
> (2) 20X1년 말 재평가잉여금 = ₩630,000 − ₩600,000 = ₩30,000
> (3) 20X1년 말 회수가능액 = MAX[₩700,000, ₩650,000] = ₩700,000
> (4) 20X1년 말 재평가 후 장부금액은 ₩630,000이고, 회수가능액이 ₩700,000으로 회수가능액이 장부금액보다 크기 때문에 손상을 인식할 필요가 없다. 그러므로 20X1년 말 장부금액은 ₩630,000이다.
> (5) 20X2년 말 감가상각 후 장부금액 = ₩630,000 − ₩630,000/3년 = ₩420,000
> (6) 20X2년 말 손상차손 ₩20,000 = 20X2년 말 장부금액−회수가능액 − 재평가잉여금
> 　　　　　　　　　　　= ₩420,000 − 회수가능액 − ₩30,000
> 　∴ 회수가능액 = ₩370,000
> (7) 20X2년 말 회수가능액 = MAX[순공정가치, 사용가치] = MAX[₩350,000, 사용가치] = ₩370,000
> 　∴ 사용가치 = ₩370,000
> **26** 주차장 시설의 취득원가 = ₩5,000,000 + ₩1,000,000 × 0.7513 = ₩5,751,300
> 2017년 감가상각비 = ₩5,751,300 ÷ 3년 = ₩1,917,100

답　25 ②　26 ①

27 ㈜한국은 2011년 7월 1일에 기계설비(내용연수5년, 잔존가치 ₩2,000)를 ₩20,000에 취득하면서, '산업시설 및 기계 등의 설치 및 구입'으로 사용목적이 제한된 상환의무가 없는 정부보조금 ₩7,000을 받았다. 2013년 12월 31일 당해 기계설비의 장부금액(순액)은? (단, ㈜한국은 당해 설비에 대하여 정액법을 사용하여 월할 기준으로 감가상각하며, 정부보조금은 관련된 유형자산의 차감계정으로 표시하는 회계정책을 적용하고 있다.)

기출처 2014. 국가직 7급

① ₩7,500
② ₩8,600
③ ₩11,000
④ ₩13,000

28 ㈜한국은 20X1년 10월 1일 ₩100,000의 정부보조금을 받아 ₩1,000,000의 설비자산을 취득(내용연수 5년, 잔존가치 ₩0, 정액법 상각)하였다. 정부보조금은 설비자산을 6개월 이상 사용한다면 정부에 상환할 의무가 없다. 20X3년 4월 1일 동 자산을 ₩620,000에 처분한다면 이때 처분손익은? (단, 원가모형을 적용하며 손상차손은 없는 것으로 가정한다.)

기출처 2018. 국가직 9급

① 처분손실 ₩10,000
② 처분이익 ₩10,000
③ 처분손실 ₩80,000
④ 처분이익 ₩80,000

풀이

27 (1) 정부보조금을 제외한 실제 회사구입분의 상각대상금액 = ₩20,000 − ₩7,000 − ₩2,000 = ₩11,000
  (2) 취득 시부터 2013년 12월31일까지 총 상각 년수 = 2.5년
  (3) 상각액 = ₩11,000/5년 × 2.5년 = ₩5,500
  (4) 기계설비의 순장부금액 = 취득원가 − 정부보조금 − 상각액 = ₩20,000 − ₩7,000 − ₩5,500 = ₩7,500
  <별해>
  (1) 취득 시부터 2013년 12월 31일까지 감가상각비(감가상각누계액)
    = (₩20,000 − ₩2,000) × 2.5년/5년 = ₩9,000
  (2) 취득 시부터 2013년 12월 31일까지 감가상각비와 상계될 정부보조금
    = ₩7,000 × ₩9,000/(₩20,000 − ₩2,000) = ₩3,500
  (3) 2013년 12월 31일 기계설비의 장부금액(순액)
    = ₩20,000(취득원가) − ₩3,500(정부보조금) − ₩9,000(감가상각누계액) = ₩7,500

28 (1) 20X3년 4월 1일 장부금액
    = (₩1,000,000 − ₩100,000) − (₩900,000/60개월 × 18개월*) = ₩630,000
    * 20X1년 10월1일~20X3년 4월1일까지 총 18개월
  (2) 처분손익 = 처분가액 − 장부금액 = ₩620,000 − ₩630,000 = ₩10,000 손실

답 27 ① 28 ①

29 ㈜한국은 20X1년 1월 1일부터 적격자산인 공장건물을 신축하기 시작하였으며, 20X2년 10월 31일 완공하였다. 공사대금 지출 및 신축공사와 관련되는 차입금의 자료는 다음과 같다.

구분	지출일·차입일	금액	상환일	연 이자율
공사대금 지출액	20x1년 1월 1일	₩100,000	-	-
특정목적 차입금	20x1년 1월 1일	₩80,000	20x1년 12월 31일	5%
일반목적 차입금	20x1년 1월 1일	₩20,000	20x2년 12월 31일	10%

㈜한국이 20×1년 공장건물 신축과 관련하여 자본화한 차입원가는? (단, 이자비용은 월할 계산한다)

기출처 2021. 국가직 7급

① ₩4,000　　　　　　　　② ₩6,000
③ ₩20,000　　　　　　　　④ ₩24,000

30 ㈜한국은 20X1년 1월 1일에 자가사용 목적으로 공장을 착공하여 20X2년 9월 30일 완공하였다. 공사 관련 지출과 차입금에 대한 자료는 다음과 같다. ㈜한국이 20X1년에 자본화 할 차입원가는? (단, 차입금의 일시적 운용수익은 없으며, 기간은 월할 계산한다.)

기출처 2018. 국가직 7급

[공사 관련 지출]

일자	금액
20X1. 1. 1.	₩3,000
20X1. 10. 1.	₩2,000

[차입금 내역]

구분	금액	이자율(연)	기간
특정차입금	₩1,000	4%	20X0. 12. 1. ~ 20X3. 12. 31.
일반차입금 A	₩1,000	5%	20X1. 1. 1. ~ 20X2. 11. 30.
일반차입급 B	₩2,000	8%	20X0. 7. 1. ~ 20X3. 6. 30.

① ₩40　　　　　　　　② ₩175
③ ₩215　　　　　　　　④ ₩280

풀이

29 (1) 특정차입금의 차입가 자본화 = ₩80,000 × 5% × 12/12 = ₩4,000
　　(2) 일반차입금의 차입가 자본화 = (연평균지출액 − 특정차입금) × 일반차입금 자본화이자율
　　　　　　　　　　　　　　　= (₩100,000 − ₩80,000) × 10% = ₩2,000
　　∴ 자본화 차입원가 = ₩4,000 + ₩2,000 = ₩6,000

30 (1) 특정차입금에 대한 이자비용 = ₩1,000 × 4% × 12/12 = ₩40
　　(2) 연평균지출액 = ₩3,000 × 12/12 + ₩2,000 × 3/12 = ₩3,500
　　(3) 일반차입금의 가중평균차입이자율 = (₩1,000 × 5% + ₩2,000 × 8%)/(₩1,000 + ₩2,000) = 7%
　　(4) 일반차입금에 대한 이자비용 = (₩3,500 − ₩1,000) × 7% = ₩175 [한도: ₩210]
　　(5) 자본화 할 차입원가 = ₩40 + ₩175 = ₩215

답　29 ②　30 ③

31 다음 중 기능통화에 의한 외화거래의 인식 및 측정으로 옳지 않은 것은?
기출처 2011. 감정평가사 수정

① 기능통화로 외화거래를 최초로 인식하는 경우에 거래일의 외화와 기능통화 사이의 현물환율을 외화금액에 적용하여 기록한다.
② 거래일은 거래의 인식조건을 최초로 충족하는 날이다. 실무적으로는 거래일의 실제 환율에 근접한 환율을 자주 사용한다.
③ 공정가치로 측정하는 비화폐성 외화항목은 평균환율로 환산한다.
④ 비화폐성항목에서 생긴 손익을 기타포괄손익으로 인식하는 경우에 그 손익에 포함된 환율변동효과도 기타포괄손익으로 인식한다.

32 20X1년 12월 1일 원화가 기능통화인 ㈜서울은 해외 거래처에 US $5,000의 상품을 판매하고 판매대금은 2개월 후인 20X2년 1월 31일에 회수하였다. 이 기간 중 US $ 대비의 환율은 아래와 같으며, 회사는 회계기준에 준거하여 외화거래 관련 회계처리를 적절하게 수행하였다.

20X1년 12월 1일	US $1 = ₩1,030
20X1년 12월 31일	US $1 = ₩1,060
20X2년 1월 31일	US $1 = ₩1,050

대금 결제일인 20X2년 1월 31일에 ㈜서울이 인식할 외환차익 혹은 외환차손은 얼마인가?

기출처 2014. 감정평가사 응용

① 외환차손 ₩50,000 ② 외환차손 ₩100,000
③ 외환차손 ₩100,000 ④ 외환차손 ₩150,000

풀이

31 ③ 공정가치로 측정하는 비화폐성 외화항목은 공정가치가 측정된 날의 환율로 환산한다.
32 외환차손익 = $5,000 × (₩1,050/$ - ₩1,060/$) = (-)₩50,000

답 31 ③ 32 ①

10 투자부동산

Teacher's Map

❶ 투자부동산의 의의

정의	기업이 임대수익이나 시세차익 또는 두 가지 모두를 얻기 위하여 보유하고 있는 부동산
자가사용 부동산과의 차이	기업이 보유하고 있는 다른 자산과는 거의 독립적으로 현금흐름을 창출함

💡 분류

투자부동산	① 장기 시세차익을 얻기 위하여 보유하고 있는 토지 ② 장래 사용목적을 결정하지 못한 채로 보유하고 있는 토지 ③ 직접 소유 또는 금융리스를 통해 보유하고 운용리스로 제공하고 있는 건물 ④ 운용리스로 제공하기 위하여 보유하고 있는 미사용 건물 ⑤ 미래에 투자부동산으로 사용하기 위하여 건설 또는 개발 중인 부동산	
그 외	재고자산	통상적인 영업과정에서 판매하기 위한 부동산이나 이를 위하여 건설 또는 개발 중인 부동산
	미성공사	제3자를 위하여 건설 또는 개발 중인 부동산
	자가사용부동산	• 미래에 자가사용하기 위한 부동산 • 미래에 개발 후 자가사용할 부동산 • 종업원이 사용하고 있는 부동산 • 처분예정인 자가사용부동산
	금융리스자산	리스로 제공하고 있는 자산

💡 특수한 경우

상황		회계처리
임대 + 자가사용	부분별로 분리매각 가능	유형자산과 투자부동산으로 분할하여 인식
	부분별로 분리매각 불가능	유형자산이 중요하지 않으면 투자부동산으로 인식
부동산 소유자가 부수적인 용역을 제공하는 경우	부수적인 용역이 경미	투자부동산
	부수적인 용역이 유의적	자가사용부동산
연결실체 간의 부동산 임대	연결재무제표	유형자산으로 인식
	개별재무제표	투자부동산으로 인식

개념 찾기

❶ 투자부동산
❷ 원가모형
❸ 공정가치모형
❹ 투자부동산 대체
❺ 원가모형을 적용하는 경우 대체
❻ 공정가치모형을 적용하는 경우 대체

❷ 인식과 측정

💡 최초 인식

취득원가	취득하기 위하여 제공한 모든 자산의 공정가치
취득원가에 해당하지 않는 경우	① 경영진이 의도하는 방식으로 부동산을 운영하는 데 필요한 상태에 이르게 하는 데 직접 관련이 없는 초기원가 ② 계획된 사용수준에 도달하기 전에 발생하는 부동산의 운영손실 ③ 건설이나 개발 과정에서 발생한 비정상적인 원재료, 인력 및 기타 자원의 낭비금액

💡 인식 후 측정

원칙	최초로 인식한 후 당해 자산에 대하여 공정가치모형과 원가모형 중 하나를 선택해 모든 투자부동산에 적용. 즉, 보고기간 말에 보유하고 있는 일부 투자부동산에 대하여는 공정가치모형을 적용하고, 일부 투자부동산에 대하여는 원가모형을 적용할 수는 없음
예외	부동산의 특이성으로 공정가치를 신뢰성 있게 평가할 수 없는 경우 이 투자부동산만 원가모형을 적용할 수 있고, 그 외 부동산에는 공정가치모형을 적용할 수 있음
원가모형	① 내용연수에 걸쳐 감가상각 ② 공정가치 평가하지 않음(단, 주석에 공시)
공정가치모형	① 감가상각 하지 않음 ② 공정가치로 평가하고 평가의 손익을 당기손익으로 인식

❸ 제거

요건	① 부동산을 처분하는 경우 ② 사용을 영구히 중지하고 처분으로도 더 이상의 경제적 효익을 기대할 수 없는 경우
처분손익	처분손익(당기손익) = 순처분가액 - 장부금액

❹ 대체

💡 사용목적에 따른 계정재분류

구분	계정대체
자가사용의 개시나 자가사용 목적의 개발 시작	투자부동산에서 자가사용부동산으로 대체
자가사용의 종료	자가사용부동산을 투자부동산으로 대체
통상적인 영업과정에서 판매 시작	투자부동산을 재고자산으로 대체
판매목적의 자산을 제3자에게 운용리스 제공의 약정	재고자산을 투자부동산으로 대체

💡 원가모형을 적용하는 경우 대체

구분	대체금액
투자부동산 → 자가사용부동산, 재고자산	투자부동산 장부금액
자가사용부동산, 재고자산 → 투자부동산	자가사용부동산, 재고자산의 장부금액

💡 공정가치모형을 적용하는 경우 대체

구분	대체금액
투자부동산 → 자가사용부동산, 재고자산	당기손익
재고자산 → 투자부동산	
건설중인자산 → 투자부동산	
자가사용부동산 → 투자부동산	유형자산의 재평가모형 방법 적용

MEMO

- ① 투자부동산의 의의
- ② 인식과 측정
- ③ 제거
- ④ 투자부동산 대체

1 투자부동산의 의의

투자부동산은 기업이 임대수익이나 시세차익 또는 두 가지 모두를 얻기 위하여 보유하고 있는 부동산이다. 즉, 기업이 부동산을 재화의 생산이나 용역의 제공 또는 관리목적으로 사용한다면 유형자산, 통상적인 영업활동과정에서 판매목적으로 보유한다면 재고자산으로 분류하고, 이와는 다르게 단순 임대료를 취득 또는 매매차익을 얻는 것을 목적으로 한다면 이를 투자부동산으로 분류하는 것이다.

투자부동산은 기업이 보유하고 있는 다른 자산과는 거의 독립적으로 현금흐름을 창출한다는 점에서 자가사용부동산과는 구별된다.

① 투자부동산의 분류

투자부동산에 해당하는 예는 다음과 같다.

> ① 장기 시세차익을 얻기 위하여 보유하고 있는 토지
> ② 장래 사용목적을 결정하지 못한 채로 보유하고 있는 토지
> ③ 직접 소유 또는 금융리스를 통해 보유하고 운용리스로 제공하고 있는 건물
> ④ 운용리스로 제공하기 위하여 보유하고 있는 미사용 건물
> ⑤ 미래에 투자부동산으로 사용하기 위하여 건설 또는 개발 중인 부동산

정상적인 영업과정에서 단기간에 판매하기 위하여 보유하는 토지는 재고자산으로 분류되어야 한다.

그 외 다음과 같은 항목은 투자부동산에 해당하지 않는다.

> ① 통상적인 영업과정에서 판매하기 위한 부동산이나 이를 위하여 건설 또는 개발 중인 부동산
> ② 제3자를 위하여 건설 또는 개발 중인 부동산
> ③ 자가사용부동산
>   • 미래에 자가사용하기 위한 부동산
>   • 미래에 개발 후 자가사용할 부동산
>   • 종업원이 사용하고 있는 부동산(종업원이 시장요율로 임차료를 지급하고 있는지와 무관)
>   • 처분예정인 자가사용부동산
> ④ 금융리스로 제공한 부동산

오쌤 Talk

건설 중인 투자부동산

일반적으로 건설중인자산은 유형자산으로 분류한다. 이때의 건설중인자산은 향후 판매목적으로 결정되면 재고자산, 자가사용목적이면 유형자산, 투자목적이면 투자부동산으로 계정대체를 한다. 다만, 건설 중에는 사용목적을 결정하지 못했다가 완성 후 투자목적으로 사용하기로 한 경우 유형자산에 포함되는 건설중인자산에서 투자부동산으로 대체하는 것이다.
만약, 건설을 시작하면서부터 투자부동산으로 사용할 목적이었다면 비록 건설중인자산이라고 하더라도 투자부동산으로 분류한다.

오쌤 Talk

리스자산

운용리스자산으로 제공한 부동산은 투자부동산으로 인식되지만, 금융리스로 제공한 부동산은 리스제공자의 재무제표에서 금융리스채권으로 인식되므로 투자부동산으로 인식될 수 없다.

기출 OX

01. 장기 시세차익을 얻기 위하여 보유하고 있는 토지는 투자부동산으로 분류되나, 통상적인 영업과정에서 단기간에 판매하기 위하여 보유하는 토지는 투자부동산에서 제외한다.

기출처 2022. 관세직 9급
정답 O

❷ 특수한 경우

2-1 임대용 부동산의 일부분을 자가사용하는 경우
부동산 중 일부분은 임대수익이나 시세차익을 얻기 위하여 보유하고, 일부분은 재화의 생산이나 용역의 제공 또는 관리목적에 사용하기 위하여 보유할 수 있다. **부문별로 분리하여 매각할 수 있으면 각 부분을 분리하여 회계처리 한다.** 부문별로 분리하여 매각할 수 없다면 재화나 용역의 생산이나 제공 또는 관리목적에 사용하기 위해 보유하는 부분이 경미한 경우에만 해당 부동산 전체를 투자부동산으로 분류한다.

2-2 임대용 부동산에 대하여 관리용역을 제공하는 경우
부동산 소유자가 부동산 사용자에게 **부수적인 용역을 제공하는 경우**가 있다. **전체 계약에서 그러한 용역의 비중이 경미하다면 부동산 소유자는 당해 부동산을 투자부동산으로 분류한다.** 예를 들어 사무실 건물의 소유주가 건물을 사용하는 리스이용자에게 관리용역을 제공하는 경우이다.
그러나 **부동산 사용자에게 제공하는 용역이 유의적인 경우**가 있을 수 있다. 예를 들어, 호텔을 소유하고 직접 경영하는 경우, 소유자가 직접 경영하는 호텔은 **투자부동산이 아니며 자가사용부동산인 유형자산이다.**

2-3 연결실체 간에 부동산임대를 제공하는 경우
지배기업 또는 다른 종속기업에게 부동산을 리스하는 경우가 있다. 이러한 부동산은 연결재무제표에 투자부동산으로 분류할 수 없으며, 유형자산으로 분류한다. 경제적 실체 관점에서 당해 부동산은 자가사용부동산이기 때문이다. 그러나 부동산을 소유하고 있는 개별기업의 재무제표에서는 투자부동산으로 분류한다.

[투자부동산의 구분]

상황		회계처리
임대 + 자가사용	부분별로 분리매각 가능	유형자산과 투자부동산으로 분할하여 인식
	부분별로 분리매각 불가능	유형자산의 부분이 중요하지 않으면 투자부동산으로 인식
부동산 소유자가 부수적인 용역을 제공하는 경우	부수적인 용역이 경미	투자부동산
	부수적인 용역이 유의적	자가사용부동산
연결실체 간의 부동산 임대	연결재무제표	유형자산으로 인식
	개별재무제표	투자부동산으로 인식

📝 기출 OX

02. 부동산 보유자가 부동산 사용자에게 부수적인 용역을 제공하는 경우가 있다. 전체 계약에서 그러한 용역의 비중이 경미하다면 부동산 보유자는 당해 부동산을 자가사용부동산으로 분류한다.

기출처 2022. 국가직 9급

정답 X

🔖 확인문제

01. 투자부동산에 대한 설명으로 가장 옳지 않은 것은? 기출처 2020. 서울시 7급
① 장기 시세차익을 얻기 위하여 보유하고 있는 토지는 투자부동산으로 분류한다.
② 장래 자가사용할지, 통상적인 영업과정에서 단기간에 판매할지를 결정하지 못한 토지는 시세차익을 얻기 위하여 보유한다고 보아 투자부동산으로 분류한다.
③ 투자부동산은 기업이 보유하고 있는 다른 자산과는 거의 독립적으로 현금흐름을 창출한다는 점에서 자가사용부동산과 구별된다.
④ 부동산 중 일부분은 임대수익이나 시세차익을 얻기 위하여 보유하고, 일부분은 재화나 용역의 생산 또는 제공이나 관리목적에 사용하기 위하여 보유하는 경우 동 부동산은 모두 투자부동산으로 분류한다.

정답 ④

오쌤 Talk

투자부동산 원가에 포함되지 않는 항목
유형자산의 원가에 포함되지 않는 항목의 제시와 유사하다.
Link-P. 439

오쌤 Talk

유형자산과 비교
① 원가모형
- 원가모형은 동일하다.
- 투자부동산의 원가모형과 유형자산의 원가모형은 둘 다 감가상각자산에 대해 감가상각을 수행한다.

② 공정가치모형

구분	투자부동산	유형자산
공정가치 평가	보고기간 말마다	주기적으로 (3년~5년)
감가상각비	인식하지 않는다.	인식한다.
평가손익	당기손익	재평가잉여금(기타포괄손익), 재평가손익(당기손익)

오쌤 Talk

당기손익에 미치는 효과
공정가치모형의 경우 감가상각을 수행하지 않고 공정가치 평가손익만 당기손익으로 인식한다. 그러므로 당기손익에 미치는 효과는 당해 공정가치 변동분이다.

✏️ **기출 OX**

03. 투자부동산의 취득원가는 투자부동산의 구입금액과 취득에 직접적으로 관련된 지출을 포함한다.
기출처 2019. 서울시 7급
정답 O

04. 원칙적으로 공정가치모형과 원가모형 중 하나를 선택할 수 있으므로 투자부동산인 토지는 공정가치모형을 적용하고, 투자부동산인 건물은 원가모형을 적용할 수도 있다. 기출처 2018. 서울시 9급
정답 X

05. 투자부동산에 대하여 공정가치모형을 선택한 경우 감가상각하지 않으며, 공정가치 변동으로 발생하는 손익은 기타포괄손익으로 분류한다.
기출처 2022. 관세직 9급
정답 X

06. 투자부동산의 후속측정방법으로 공정가치모형을 선택할 경우, 변동된 공정가치 모형을 적용하여 감가상각비를 인식한다. 기출처 2019. 서울시 7급
정답 X

② 인식과 측정

❶ 최초 인식

투자부동산은 유형자산과 동일하게 다음의 인식요건을 모두 충족한 경우에 자산으로 인식한다.

> ① 투자부동산에서 발생하는 미래경제적 효익의 유입가능성이 높다.
> ② 투자부동산의 원가를 신뢰성 있게 측정할 수 있다.

투자부동산은 최초 인식시점에 원가로 측정한다. 따라서 투자부동산의 취득 또는 사용 가능한 상태로 준비하는 과정과 직접 관련된 지출이 모두 취득원가를 구성한다. 직접 관련이 있는 지출을 예로 들면, 법률 용역의 대가로 전문가에게 지급하는 수수료, 부동산 구입과 관련된 세금 및 그 밖의 거래원가 등이다.

그러나 다음 항목은 투자부동산의 원가에 포함하지 않는다.

> ① **운영초기원가**: 경영진이 의도하는 방식으로 부동산을 운영하는 데 필요한 상태에 이르게 하는 데 **직접 관련이 없는 초기원가**
> ② **운영손실**: 계획된 사용수준에 도달하기 전에 발생하는 부동산의 운영손실
> ③ **낭비원가**: 건설이나 개발 과정에서 발생한 **비정상적인 원재료, 인력 및 기타 자원의 낭비** 금액

❷ 인식 후 측정

투자부동산을 최초로 인식한 후 당해 자산에 대하여 **공정가치모형과 원가모형 중 하나를 선택하여 모든 투자부동산에 적용**한다. 따라서 보고기간 말에 보유하고 있는 일부 투자부동산에 대하여는 공정가치모형을 적용하고, 일부 투자부동산에 대하여는 원가모형을 적용할 수는 없다. 단, 부동산의 특이성으로 공정가치를 신뢰성 있게 평가할 수 없는 경우 이 투자부동산만 원가모형을 적용할 수 있고, 그 외 부동산에는 공정가치모형을 적용할 수 있다. 이 때 원가모형을 적용하는 투자부동산의 잔존가치는 없는 것으로 하며, 처분할 때까지 기업회계기준서 제1016호 '유형자산'을 적용한다.

2-1 원가모형

원가모형을 적용할 경우 내용연수에 걸쳐 감가상각을 하여야 한다. 또한 주석에 부동산의 공정가치를 공시하여야 한다.

2-2 공정가치모형

공정가치모형을 적용할 경우 모든 투자부동산에 대하여 **감가상각을 수행하지 않고 공정가치로 평가하여 측정**한다. 이는 감가상각을 수행하여 감가상각비를 당기손익에 반영하더라도 공정가치 평가를 통해 감가상각비효과가 상쇄되기 때문이다.

투자부동산의 공정가치 변동으로 발생하는 손익은 발생한 기간의 당기손익에 반영한다. 부동산을 공정가치로 평가한다는 측면에서 유형자산의 재평가모형과 유사하지만, 유형자산의 재평가모형의 경우에는 평가이익은 기타포괄손익으로 인식하고 재평가손실은 당기손익으로 인식한다는 점에서 차이가 있다.

기본예제 1 투자부동산

㈜한국은 20X1년 1월 1일 ₩100,000의 투자부동산을 구입하였다. 투자부동산은 5년간 사용이 가능하며 잔존가치는 없는 것으로 추정된다. 다음 상황에 따라 회사의 20X1년, 20X2년 회계처리를 하시오.

구분	20X1년 말	20X2년 말
공정가치	₩150,000	₩120,000

01 원가모형을 적용한 경우(정액법)

02 공정가치모형을 적용한 경우

풀이

01 원가모형

20X1년 초	(차) 투자부동산	₩100,000	(대) 현금	₩100,000
20X1년 말	(차) 감가상각비	₩20,000*	(대) 감가상각누계액	₩20,000
20X2년 말	(차) 감가상각비	₩20,000	(대) 감가상각누계액	₩20,000

* 감가상각비 = 취득금액(₩100,000) ÷ 내용연수(5년) = ₩20,000

02 공정가치모형

20X1년 초	(차) 투자부동산	₩100,000	(대) 현금	₩100,000
20X1년 말	(차) 투자부동산	₩50,000	(대) 투자부동산평가이익	₩50,000*
20X2년 말	(차) 투자부동산평가손실	₩30,000**	(대) 투자부동산	₩30,000

* 투자부동산평가이익 = 공정가치(₩150,000) − 장부금액(₩100,000) = ₩50,000
** 투자부동산평가손실 = 공정가치(₩120,000) − 장부금액(₩150,000) = (₩30,000)

확인문제

02. <보기>는 토지의 공정가치 변동 자료이다. ㈜서울은 토지를 20X0년 7월 중에 취득하고 계속 보유 중이다. 동 토지가 투자부동산으로 분류되는 경우와 유형자산으로 분류되는 경우 각각 기말 재무상태표상의 이익잉여금에 미치는 영향은? (단, ㈜서울은 토지 회계처리 시 투자부동산의 경우 공정가치 모형을, 유형자산의 경우 재평가모형을 적용하고 있다) 기출처 2020. 서울시 7급

<보기>
- 20X0년 7월 중 취득 시 공정가치: ₩100,000
- 20X0년 12월 31일 공정가치: ₩150,000

	투자부동산으로 분류	유형자산으로 분류
①	변화없음	변화없음
②	변화없음	₩50,000 증가
③	₩50,000 증가	변화없음
④	₩50,000 증가	₩50,000 증가

정답 ③

03. ㈜한국이 20X1년 초 투자목적으로 취득한 건물과 관련된 자료는 다음과 같다.

- 취득원가: ₩50,000
- 내용연수: 5년
- 잔존가치: ₩0
- 감가상각방법: 정액법
- 20X1년 말 공정가치: ₩60,000

㈜한국이 해당 건물에 대하여 원가모형과 공정가치모형을 각각 적용하였을 경우, 20X1년도 당기순이익에 미치는 영향을 바르게 연결한 것은?
기출처 2023. 국가직 9급

	원가모형	공정가치모형
①	₩0	₩0
②	₩10,000 감소	₩20,000 증가
③	₩10,000 감소	₩10,000 증가
④	₩20,000 증가	₩20,000 감소

정답 ③

3 제거

투자부동산을 처분하거나, 사용을 영구히 중지하고 처분으로도 더 이상의 경제적 효익을 기대할 수 없는 경우에는 재무상태표에서 제거한다. 또한 **투자부동산의 순처분금액과 장부금액의 차이를 처분이 발생한 기간에 당기손익으로 인식한다.**

4 투자부동산 대체

부동산의 사용목적이 변경되는 경우 즉, 투자부동산이 자가사용부동산 또는 재고자산으로 분류되거나 또는 반대의 경우로 계정간의 대체를 할 수 있다.

투자부동산에 대하여 자가사용을 개시하는 경우에는 투자부동산을 자가사용부동산(유형자산)으로 대체한다. 자가사용이 종료되는 경우에는 자가사용부동산(유형자산)을 투자부동산으로 대체한다. 또한 통상적인 영업과정에서 판매하기 위하여 개발하고 있는 경우에는 투자부동산을 재고자산으로 대체한다. 그런데 판매목적으로 보유하고 있던 자산을 제3자에게 운용리스로 제공하는 경우에는 재고자산을 투자부동산으로 대체한다.

[투자부동산의 사용목적에 따른 계정재분류]

구분	계정대체
자가사용의 개시나 자가사용 목적의 개발 시작	투자부동산에서 자가사용부동산으로 대체
자가사용의 종료	자가사용부동산을 투자부동산으로 대체
통상적인 영업과정에서 판매 시작	투자부동산을 재고자산으로 대체
판매목적의 자산을 제3자에게 운용리스 제공의 약정	재고자산을 투자부동산으로 대체

1 원가모형을 적용하는 경우 대체

투자부동산에 대하여 원가모형을 적용하는 경우에는 대체가 이루어지기 전 장부금액을 자가사용부동산, 재고자산, 투자부동산으로 승계한다. 즉, 측정이나 주석공시 목적으로 자산의 원가를 변경하지 않는다.

구분	대체금액
투자부동산 → 자가사용부동산, 재고자산	투자부동산 장부금액
자가사용부동산, 재고자산 → 투자부동산	자가사용부동산, 재고자산의 장부금액

기출 OX

07. 재고자산을 공정가치로 평가하는 투자부동산으로 대체하는 경우, 재고자산의 장부금액과 대체시점의 공정가치의 차액은 당기손익으로 인식한다.
기출처 2022. 관세직 9급
정답 O

08. 자가사용부동산을 공정가치로 평가하는 투자부동산으로 대체하는 경우, 대체하는 시점까지 그 부동산을 감가상각하고, 발생한 손상차손을 인식한다.
기출처 2018. 서울시 9급
정답 O

❷ 공정가치모형을 적용하는 경우 대체

투자부동산에 대하여 공정가치모형을 적용하는 경우 사용목적 변경시점의 공정가치로 분류변경한다.

2-1 투자부동산에서 다른 자산으로 분류변경
사용목적의 변경으로 공정가치로 평가한 투자부동산을 자가사용부동산(유형자산)이나 재고자산으로 대체하는 경우, 사용목적 변경시점의 공정가치로 분류변경한다. 분류변경에 따른 손익은 투자부동산에서 발생한 손익이므로 당기손익으로 반영한다.

2-2 유형자산에서 투자부동산으로 변경
자가사용부동산(유형자산)을 공정가치로 평가하는 투자부동산으로 대체하는 경우, 사용목적 변경시점까지 감가상각한 후 유형자산의 장부금액과 공정가치의 차액은 유형자산에서 발생한 손익이므로 유형자산의 재평가모형의 방법을 그대로 적용한다.

또한 건설이나 개발이 완료되어 건설중인자산을 공정가치로 평가하는 투자부동산으로 대체하는 경우에도 부동산의 장부금액과 대체시점의 공정가치 차액은 당기손익으로 인식한다.

2-3 재고자산에서 투자부동산으로 변경
재고자산을 공정가치로 평가하는 투자부동산으로 대체하는 경우, 재고자산의 장부금액과 대체시점의 공정가치의 차액은 재고자산에서 발생한 손익이므로 재고자산을 매각하는 경우와 동일하게 당기손익으로 인식한다.

[공정가치모형을 적용하는 경우 분류변경 대체금액]

구분	대체금액
투자부동산 → 자가사용부동산, 재고자산	당기손익
재고자산 → 투자부동산	
건설중인자산 → 투자부동산	
자가사용부동산 → 투자부동산	유형자산의 재평가모형 방법 적용

오쌤 Talk

자가사용부동산을 투자부동산으로 대체

'유형자산의 재평가모형을 사용하다'의 의미는 분류변경에 따라 공정가치 평가이익이 발생하는 경우 재평가잉여금으로 하여 기타포괄손익으로 인식하고 재평가잉여금을 증가시킨다는 것이다.
재평가잉여금은 투자부동산 처분 시 이익잉여금으로 대체할 수 있다.
다만, 분류변경에 따른 공정가치 평가손실이 발생하는 경우 부동산 장부금액의 감소분은 당기손익으로 인식한다.

📌 확인문제

04. 다음 자료에 따른 건물 관련 손익이 20X2년 ㈜한국의 당기순이익에 미치는 영향은? (단, 감가상각은 월할 상각한다.)

기출처 2020. 국가직 7급

- 20X1년 1월 1일 투자목적으로 건물(취득원가 ₩1,000, 잔존가치 ₩0, 내용연수 4년, 정액법 상각)을 취득한 후 공정가치모형을 적용하였다.
- 20X2년 7월 1일 ㈜한국은 동 건물을 공장용 건물(잔존가치 ₩0, 내용연수 2.5년, 정액법 상각)로 대체하여 자가사용하기 시작하였으며 재평가모형을 적용하였다.
- 일자별 건물 공정가치

20X1년 말	20X2년 7월 1일	20X2년 말
₩1,200	₩1,400	₩1,500

① ₩300 증가 ② ₩280 감소
③ ₩180 증가 ④ ₩80 감소

정답 ④

OX 퀴즈

다음 문장의 경우 올바른 설명에는 O, 틀린 설명에는 ×를 하고 틀린 설명은 수정하시오.

① 투자부동산에 대하여 공정가치모형을 적용한 경우 감가상각을 하지 않는다. (   )

② 직접 소유 또는 운용리스를 통해 보유하고 금융리스로 제공하고 있는 건물은 투자부동산으로 분류한다. (   )

③ 부동산 소유자가 부동산 사용자에게 부수적인 용역을 제공하고 있고 사용자에게 제공하는 용역이 유의적이라면 이는 투자부동산으로 분류한다. (   )

④ 재고자산을 공정가치로 평가하는 투자부동산으로 대체하는 경우 재고자산의 장부금액과 대체시점의 공정가치 차액은 재평가이익으로 처리한다. (   )

⑤ 투자부동산의 경우 공정가치모형과 원가모형 중 하나를 선택할 때 일부는 공정가치모형을 적용하고 일부는 원가모형을 적용할 수 있다. (   )

⑥ 투자부동산의 공정가치모형을 최초로 적용하는 경우에는 유형자산의 경우와 같이 예외 규정에 따라 비교표시되는 과거 기간의 재무제표를 소급하여 재작성하지 않는다. (   )

⑦ 장래 사용목적을 결정하지 못한 채로 보유하고 있는 토지는 투자부동산으로 계상한다. (   )

⑧ 자가사용부동산을 투자부동산으로 대체하여 공정가치를 적용하는 경우 장부금액과 공정가치의 차이는 자본항목으로 계상한다. (   )

OX 풀이

❶ O

❷ X 직접 소유 또는 금융리스를 통해 보유하고 운용리스로 제공하고 있는 건물은 투자부동산으로 분류한다. 운용리스를 통해 보유한 건물을 금융리스로 제공하는 것은 불가능하다.

❸ X 부동산 소유자가 부동산 사용자에게 부수적인 용역을 제공하고 있고 사용자에게 제공하는 용역이 유의적이라면 투자부동산이 아니라 자가사용부동산으로 분류한다.

❹ X 재고자산의 장부금액과 대체시점의 공정가치 차액은 당기손익으로 처리한다.

❺ X 보고기간 말에 보유하고 있는 일부 투자부동산에 대하여는 공정가치모형을 적용하고, 일부 투자부동산에 대하여는 원가모형을 적용할 수는 없다. 단, 부동산의 특이성으로 공정가치를 신뢰성 있게 평가할 수 없는 경우 이 투자부동산만 원가모형을 적용할 수 있고, 그 외 부동산에는 공정가치모형을 적용할 수 있다.

❻ X 자산을 재평가하는 정책을 최초로 적용할 때 소급 적용하지 않고 전진법이 허용되는 경우는 기준서 제1016호 '유형자산'과 기준서 제1038호 '무형자산'의 경우만 그러하다. 그러므로 투자부동산의 경우 공정가치모형을 최초로 적용할 때는 정책변경으로 하여 비교 표시되는 과거기간의 재무제표를 재작성해야 한다.

❼ O

❽ X 유형자산의 재평가모형의 방법을 적용하여 평가이익에 대해서는 자본으로 평가손실에 대해서는 당기손익으로 계상한다.

실전훈련

01 다음 중 투자부동산으로 분류되는 것은?

① 자가사용부동산
② 정상적인 영업과정에서 판매하기 위한 부동산이나 이를 위하여 건설 또는 개발 중인 부동산
③ 장래 사용목적을 결정하지 못한 채로 보유하고 있는 토지
④ 제3자를 위하여 건설 또는 개발 중인 부동산

02 투자부동산에 대한 설명으로 옳지 않은 것은?

① 장기 시세차익을 얻기 위하여 보유하고 있는 토지는 투자부동산으로 분류되나, 통상적인 영업과정에서 단기간에 판매하기 위하여 보유하는 토지는 투자부동산에서 제외한다.
② 재고자산을 공정가치로 평가하는 투자부동산으로 대체하는 경우, 재고자산의 장부금액과 대체시점의 공정가치의 차액은 당기손익으로 인식한다.
③ 투자부동산에 대하여 공정가치모형을 선택한 경우 감가상각하지 않으며, 공정가치 변동으로 발생하는 손익은 기타포괄손익으로 분류한다.
④ 장래 용도를 결정하지 못한 채로 보유하고 있는 토지는 투자부동산으로 분류한다.

풀이

01 ③ 자가사용부동산은 유형자산으로 분류하며, 정상적인 영업과정에서 판매하기 위한 부동산이나 이를 위하여 건설 또는 개발 중인 부동산, 제3자를 위하여 건설 또는 개발 중인 부동산은 재고자산으로 분류한다.
02 ③ 투자부동산에 대해 공정가치 모형을 선택한 경우 감가상각하지 않는다. 공정가치 변동으로 인한 손익은 당기손익으로 분류한다.

답 01 ③ 02 ③

03 투자부동산 회계처리 방법에 대한 설명으로 가장 옳은 것은? 기출처 2018. 서울시 9급

① 원칙적으로 공정가치모형과 원가모형 중 하나를 선택할 수 있으므로 투자부동산인 토지는 공정가치모형을 적용하고, 투자부동산인 건물은 원가모형을 적용할 수도 있다.
② 공정가치모형을 선택한 경우에는 공정가치 변동으로 발생하는 손익은 발생한 기간의 기타포괄손익에 반영한다.
③ 자가사용부동산을 공정가치로 평가하는 투자부동산으로 대체하는 경우, 대체하는 시점까지 그 부동산을 감가상각하고, 발생한 손상차손을 인식한다.
④ 공정가치모형을 최초 적용할 경우에는 유형자산의 경우와 같이 예외 규정에 따라 비교표시되는 과거 기간의 재무제표를 소급하여 재작성하지 않는다.

04 ㈜한국이 2018년 1월 초 건물을 취득하여 투자부동산으로 분류하였을 때, 다음 자료의 거래가 ㈜한국의 2018년 당기손익에 미치는 영향은? (단, 투자부동산에 대하여 공정가치모형을 적용하며, 감가상각비는 정액법으로 월할 계산한다.) 기출처 2019. 관세직 9급

○ 건물(내용연수 5년, 잔존가치 ₩0) 취득가액은 ₩2,000,000이며, 이와 별도로 취득세 ₩100,000을 납부하였다.
○ 2018년 6월 말 건물의 리모델링을 위해 ₩1,000,000을 지출하였으며, 이로 인해 건물의 내용연수가 2년 증가하였다.
○ 2018년 12월 말 건물의 공정가치는 ₩4,000,000이다.

① ₩900,000
② ₩1,000,000
③ ₩1,900,000
④ ₩2,000,000

  풀이

03 ① 보고기간 말에 보유하고 있는 일부 투자부동산에 대하여는 공정가치모형을 적용하고, 일부 투자부동산에 대하여는 원가모형을 적용할 수는 없다. 다만, 부동산의 특이성으로 공정가치를 신뢰성 있게 평가할 수 없는 경우 이 투자부동산만 원가모형을 적용할 수 있고, 그 외 부동산에는 공정가치모형을 적용할 수 있다.
② 공정가치모형을 선택한 경우에는 공정가치 변동으로 발생하는 손익은 발생한 기간의 당기손익에 반영한다.
④ 측정기준의 변경은 정책변경이고 정책변경은 비교표시되는 과거기간의 재무제표를 소급하여 재작성한다. 최초 적용시 소급재작성하지 않아도 되는 예외 규정은 유형자산과 무형자산에만 해당된다.

04 (1) 투자부동산의 취득원가 = 건물의 취득가액 ₩2,000,000 + 취득세 ₩100,000 + 리모델링지출 ₩1,000,000
= ₩3,100,000
(2) 2018년 공정가치 평가손익 = 2018년 공정가치 − 취득원가
= ₩4,000,000 − ₩3,100,000 = ₩900,000

답 03 ③ 04 ①

05 ㈜감평은 20X1년 초 임대수익을 얻고자 건물(취득원가 ₩1,000,000, 내용연수 5년, 잔존가치 ₩100,000, 정액법 상각)을 취득하고, 이를 투자부동산으로 분류하였다. 한편, 부동산 경기의 불황으로 20X1년 말 동 건물의 공정가치는 ₩800,000으로 하락하였다. 동 건물에 대하여 공정가치모형을 적용할 경우에 비해 원가모형을 적용할 경우 ㈜감평의 20X1년도 당기순이익은 얼마나 증가 혹은 감소하는가? (단, 동 건물은 투자부동산의 분류요건을 충족하며, ㈜감평은 동 건물을 향후 5년 이내 매각할 생각이 없다.)

기출처 2020. 감정평가사

① ₩20,000 증가 ② ₩20,000 감소
③ ₩0 ④ ₩180,000 증가
⑤ ₩180,000 감소

06 ㈜한국은 20X1년 초 건물을 ₩1,000,000에 취득하고 그 건물을 유형자산 또는 투자부동산으로 분류하고자 한다. 유형자산은 재평가모형을 적용하며 내용연수 10년, 잔존가치 ₩0, 정액법 상각하고, 투자부동산은 공정가치모형을 적용한다. 20X1년과 20X2년 기말 공정가치가 각각 ₩990,000, ₩750,000일 경우, 다음 설명 중 옳지 않은 것은? (단, 건물은 유형자산 또는 투자부동산의 분류요건을 충족하며, 내용연수 동안 재평가잉여금의 이익잉여금 대체는 없는 것으로 가정한다.)

기출처 2018. 국가직 7급

① 건물을 유형자산으로 분류한다면, 20X1년 말 재평가잉여금(기타포괄손익)이 계상된다.
② 건물을 유형자산으로 분류한다면, 20X2년 말 재평가손실(당기손익)이 계상된다.
③ 건물을 투자부동산으로 분류한다면, 20X1년 말 투자부동산 평가이익(기타포괄손익)이 계상된다.
④ 건물을 투자부동산으로 분류한다면, 20X2년 말 투자부동산 평가손실(당기손익)이 계상된다.

  풀이

05 (1) 원가모형
  감가상각비 = (₩1,000,000 - ₩100,000)/5년 = ₩180,000
(2) 공정가치모형
  평가손익 = ₩800,000 - ₩1,000,000 = ₩200,000 손실
∴ 원가모형을 적용할 경우 비용이 ₩20,000이 적게 인식되므로, 이익이 ₩20,000 증가한다.

06 투자부동산의 모든 평가손익은 당기손익으로 인식한다. 그러므로 평가이익을 기타포괄손익으로 처리하는 ③번이 오답이다.
① (1) 20X1년 건물의 재평가 전 장부금액 = ₩1,000,000 - ₩1,000,000 × 1/10 = ₩900,000
  (2) 20X1년 건물의 재평가잉여금 = 공정가치 - 평가 전 장부금액
    = ₩990,000 - ₩900,000 = ₩90,000
② (1) 20X2년 건물의 재평가 전 장부금액 = ₩990,000 - ₩990,000/9년 = ₩880,000
  (2) 20X2년 건물의 재평가손실 = ₩880,000 - ₩750,000 - ₩90,000 = ₩40,000
③ 건물을 투자부동산으로 분류하면 매년 공정가치 평가손익을 당기손익으로 인식한다.
  20X1년 말 평가손익 = ₩990,000 - ₩1,000,000 = ₩10,000 손실
④ 20X2년 말 투자부동산의 공정가치 평가손실 = ₩750,000 - ₩990,000 = ₩240,000 손실

답 05 ① 06 ③

07 ㈜한국은 20X1년 1월 1일 건물을 ₩500,000에 취득하고 공정가치모형을 적용하는 투자부동산으로 분류하였다. ㈜한국은 20X2년 7월 1일 동 건물을 유형자산(내용연수 10년, 잔존가치 ₩0, 정액법, 월할상각)으로 분류를 변경하여 공장으로 사용하기 시작하였다. 각 시점별 공정가치가 다음과 같을 때 옳은 것은?

기출처 2022. 국가직 7급

○ 20X1년 12월 31일	₩550,000
○ 20X2년 7월 1일	₩600,000
○ 20X2년 12월 31일	₩580,000

① 20X1년 건물의 공정가치변동으로 인해 기타포괄이익이 ₩50,000 증가한다.
② 20X2년 유형자산(건물)에 대해 원가모형을 적용한다면, 건물로 인해 20X2년 당기순이익이 ₩30,000 증가한다.
③ 20X2년 유형자산(건물)에 대해 재평가모형을 적용한다면, 건물로 인해 20X2년 기타포괄이익이 ₩10,000 증가한다.
④ 20X2년 유형자산(건물)에 대해 재평가모형을 적용한다면, 건물로 인해 20X2년 당기순이익이 ₩50,000 증가한다.

07 (1) 20X1년 말 투자부동산의 평가이익(당기순이익) = ₩550,000 - ₩500,000 = ₩50,000
(2) 20X2년 7월 1일 투자부동산을 원가모형을 적용하는 유형자산으로 계정을 대체하면,
20X2년 7월 1일 투자부동산 평가이익 = ₩600,000 - ₩550,000 = ₩50,000
20X2년 12월 31일 감가상각비 = ₩600,000/10년 × 6/12 = ₩30,000
∴ 당기순이익 = 평가이익 ₩50,000 - 감가상각비 ₩30,000 = ₩20,000
(3) 20X2년 7월 1일 투자부동산을 재평가모형을 적용하는 유형자산으로 계정을 대체하면,
20X2년 7월 1일 투자부동산 평가이익 = ₩50,000
20X2년 12월 31일 감가상각비 = ₩30,000
20X2년 말 감가상각 후 장부가액 = ₩600,000 - ₩30,000 = ₩570,000
20X2년 말 재평가잉여금(기타포괄손익) = ₩580,000 - ₩570,000 = ₩10,000
∴ 기타포괄손익은 ₩10,000 증가, 당기손익은 ₩20,000 증가

답 07 ③

08 상품매매기업인 ㈜감평은 20X0년 말 취득한 건물(취득원가 ₩2,400,000, 내용연수 10년, 잔존가치 ₩0, 정액법 상각)을 유형자산으로 분류하여 즉시 사용개시하고, 동 건물에 대해 재평가모형을 적용하기로 하였다. 20X1년 10월 1일 ㈜감평은 동 건물을 투자부동산으로 계정 대체하고 공정가치모형을 적용하기로 하였다. 시점별 건물의 공정가치는 다음과 같다.

20X0년 말	20X1년 10월 1일	20X1년 말
₩2,400,000	₩2,300,000	₩2,050,000

동 건물 관련 회계처리가 20X1년 당기순이익과 기타포괄손익에 미치는 영향은 각각 얼마인가? (단, 재평가잉여금은 이익잉여금으로 대체하지 않으며, 감가상각은 월할 상각한다.) 기출처 2020. 감정평가사

	당기순이익	기타포괄손익
①	₩180,000 감소	₩80,000 증가
②	₩430,000 감소	₩80,000 증가
③	₩430,000 감소	₩350,000 증가
④	₩180,000 감소	₩350,000 증가

08 (1) 20X1년 10월 1일까지의 감가상각비 = ₩2,400,000 / 10년 × 9/12 = ₩180,000
(2) 20X1년 10월 1일 유형자산의 감가상각후 장부금액 = ₩2,400,000 − ₩180,000 = ₩2,220,000
(3) 20X1년 10월 1일 유형자산의 재평가잉여금 = ₩2,300,000 − ₩2,220,000 = ₩80,000 증가
(4) 20X1년 12월 31일 투자부동산의 평가손익 = ₩2,050,000 − ₩2,300,000 = ₩250,000 손실
∴ 당기손익에 미치는 영향 = ₩180,000 손실 + ₩250,000 손실 = ₩430,000 감소

답 08 ②

MEMO

11 무형자산

Teacher's Map

① 무형자산의 정의

💡 **분류**

일반적인 분류	① 영업권 ② 브랜드명, 제호와 출판표제 ③ 컴퓨터소프트웨어, 라이선스와 프랜차이즈 ④ 저작권, 특허권, 기타 산업재산권, 용역운영권 ⑤ 기법, 방식, 모형, 설계 및 시제품과 개발 중인 무형자산
유형과 무형의 요소를 모두 갖춘 경우	① 컴퓨터로 제어되는 기계장치가 특정 컴퓨터소프트웨어가 없으면 가동이 불가능한 경우: 유형자산 ② 관련된 하드웨어의 일부가 아닌 소프트웨어: 무형자산
무형자산 창출과정에서 만들어진 유형의 자산	무형자산의 창출 과정에서 물리적 형체(ex. 시제품)가 있는 자산이 만들어지더라도, 그 자산의 물리적 요소는 무형자산 요소로 봄

💡 **정의**

식별가능성	특정 무형자산을 다른 자산과 구분하여 별도로 인식할 수 있음을 의미 ① 자산이 분리 가능 ② 자산이 계약상 권리 또는 기타 법적 권리로부터 발생
통제가능성	무형자산의 미래 경제적 효익을 확보할 수 있어야 하고 그 효익에 대하여 타인의 접근을 제한할 수 있어야 함 ① 숙련된 종업원: 숙련된 종업원이나 교육 훈련을 통해 습득된 기술 향상 등은 무형자산을 인식하기에 충분한 통제를 가지고 있다고 볼 수 없으므로 무형자산의 정의를 충족할 수 없음 ② 고객관계와 고객충성도: 고객관계나 고객충성도를 지속할 수 있는 법적 권리나 그것을 통제할 기타 방법이 없다면 무형자산의 정의를 충족하기에 기업이 충분한 통제를 가지고 있지 않음
미래 경제적 효익	기업이 추가적인 매출이나 용역수익을 얻을 수 있거나 원가절감 등의 효익을 얻을 수 있는 경우를 의미함

② 무형자산의 취득원가

💡 **개별취득**

최초 인식	무형자산을 최초로 인식할 때는 **원가로 측정함**
원가의 구성항목	① 구입가격(매입할인과 리베이트 차감하고 수입관세와 환급받을 수 없는 제세금을 포함) ② 직접관련원가 • 그 자산을 사용 가능한 상태로 만드는 데 직접적으로 발생하는 종업원급여 • 그 자산을 사용 가능한 상태로 만드는 데 직접적으로 발생하는 전문가 수수료 • 그 자산이 적절하게 기능을 발휘하는지 검사하는 데 발생하는 원가
비용으로 인식하는 경우	① 자산을 의도된 용도로 사용할 수 있도록 준비하는 데 직접 관련된 원가가 아닌 경우 ② 경영자가 의도하는 방식으로 운영될 수 있는 상태에 이르도록 하는 데 필수적으로 발생하는 활동과 관련된 원가가 아닌 경우

> **개념 찾기**
> ❶ 식별가능성
> ❷ 통제가능성
> ❸ 비한정내용연수 자산

💡 사업결합으로 인한 취득

취득원가	취득일의 공정가치
피취득자가 인식하지 않은 무형자산	사업결합으로 취득한 무형자산이 인식요건을 충족한다면, 사업결합 전에 그 자산을 피취득자가 인식하였는지 여부와 관계없이, 취득자는 취득일에 무형자산을 영업권과 분리하여 인식함

③ 무형자산의 상각

💡 내용연수가 유한한 경우

상각대상금액	① 무형자산을 사용하는 기간 동안 비용으로 인식할 총 금액 ② 상각대상금액 = 취득원가 - 잔존가치(일반적으로 ₩0) ③ 잔존가치: 내용연수 종료시점 구입약정이 있거나 잔존가치에 대한 활성시장이 형성되어 가치를 결정할 수 있을 경우 잔존가치를 인정하여 반영하나, 일반적으로 무형자산의 활성시장이 없고 물리적 실체가 없어 잔존가치가 없는 것으로 함 ④ 잔존가치가 장부금액보다 큰 경우에는 상각하지 않음
내용연수	① 무형자산의 상각금액은 내용연수 동안 체계적인 방법으로 배분하고, 일반적으로 상각액은 당기손익으로 인식 ② 내용연수는 법률상의 내용연수와 경제적 내용연수 중 짧은 기간을 기준으로 함
상각방법	① 경제적 효익이 감소하는 패턴을 고려하여 합리적인 방법으로 상각 ② 합리적인 방법을 신뢰성 있게 결정할 수 없는 경우 정액법 사용 ③ 시작: 자산이 사용가능한 때 ④ 중단: 불가능. 매각예정으로 분류되는 날과 재무상태표상에서 제거되는 날 중 이른 날 중지
회계처리	직접상각법과 간접법에 대한 규정이 따로 없음

💡 내용연수가 비한정인 경우

상각	① 상각하지 않음 ② 매년 손상되었는지 여부를 검토하여 손상차손을 인식 (매년 회수가능액을 반드시 산정)
손상인식	다음 각각의 경우에 회수가능액과 장부금액을 비교하여 손상검사를 수행 ① 매년 ② 무형자산의 손상을 시사하는 징후가 있을 때
비한정 → 유한으로 변경	① 회계추정의 변경으로 처리 ② 비한정 내용연수 자산을 유한 내용연수 자산으로 재평가하는 것은 그 자산의 손상을 시사하는 하나의 징후가 됨

❹ 무형자산의 손상과 환입

	유한 내용연수 자산	비한정 내용연수 자산
손상검사	매 보고기간 말마다 자산손상을 시사하는 징후가 있는지 검토 → 징후가 있다면 회수가능가액을 추정하여 손상검사	자산손상을 시사하는 징후가 있는지에 관계없이 매년 회수가능액을 추정하여 손상검사
무형자산손상차손 (당기손익)	손상차손 = 장부금액 - 회수가능액* 회수가능액* = max[순공정가치, 사용가치]	
손상차손환입 (당기손익) 단, 원가모형을 전제로 함	손상차손환입 = min[회수가능액, 손상되지 않았을 경우의 장부금액] - 환입 전 장부금액 (즉, 손상차손환입으로 증가된 장부금액은 과거에 손상차손을 인식하기 전 장부금액의 상각후 잔액을 초과할 수 없음)	

❺ 무형자산의 제거

요건	① 유상으로 처분하는 경우 ② 사용이나 처분으로부터 발생한 미래 경제적 효익이 기대되지 않을 때
제거손익	제거손익(처분손익) = 순매각금액 - 장부금액

❻ 무형자산의 재평가

원칙	유형자산과 마찬가지로 원가모형과 재평가모형을 선택할 수 있음 유형자산의 재평가 모형과 동일
예외	활성거래시장이 없는 경우 원가모형을 적용

❼ 내부적으로 창출한 무형자산

① 내부적으로 창출한 무형자산: 개발비 인정
② 상황별 회계처리

구분	회계처리
연구단계	즉시비용처리(연구비)
개발단계	자산성 만족: 자산(개발비)
	자산성 만족하지 않음: 즉시비용(경상개발비)
단계의 구분이 어려운 경우	즉시비용처리(연구비)
이미 비용으로 인식한 지출	무형자산의 취득원가로 인식할 수 없음 (인식기준 만족 후 원가만 자산으로 인식가능)

③ 내부적으로 창출한 브랜드, 제호, 출판표제, 고객목록과 이와 실질이 유사한 항목: 무형자산 인식 불가

개념 찾기

❹ 내부적으로 창출한 무형자산
❺ 연구단계
❻ 개발단계
❼ 연구비
❽ 개발비
❾ 영업권

❽ 영업권

의미	다른 기업 대비 초과수익력
인식	개별적으로 식별하여 별도로 인식할 수 없고, 사업결합 등으로 유상취득하는 경우에만 인식 (내부적으로 창출한 영업권은 인정되지 않음)
산정	영업권 = 이전대가 - 순자산의 공정가치
손상	① 비한정 내용연수 자산으로 상각은 하지 않고 대신 매 회계연도 말마다 손상검사 ② 회복: 손상인식 후 회복불가(손상차손환입 인식 불가)
염가매수차익의 산출	염가매수차익 = 순자산의 공정가치 - 이전대가 염가매수차익은 취득일에 당기손익으로 인식

취득 관련 원가	취득 관련 원가	중개 수수료, 컨설팅 수수료	당기비용
		내부 취득부서의 유지원가 등	
	지분증권 등록·발행원가, 채무증권의 경우 사채할인발행차금		지분증권과 채무증권의 발행금액에서 차감
	유형자산 등 특정 자산의 취득에 따른 부대원가 (ex.취득세와 등록세 등)		유형자산의 취득원가

- ❶ 무형자산의 정의
- ❷ 무형자산의 취득원가
- ❸ 무형자산의 상각
- ❹ 무형자산의 손상
- ❺ 무형자산의 제거
- ❻ 무형자산의 재평가
- ❼ 내부적으로 창출한 무형자산

01. 무형자산이란 물리적 실체는 없지만 식별할 수 있는 비화폐성자산이다.
기출처 2020. 지방직 9급
정답 ○

01. 다음 중 무형자산에 대한 설명으로 옳지 않은 것은?
① 무형자산은 식별가능하고 기업이 통제하고 있으며, 미래 경제적 효익이 있는 비화폐성 자산이어야 한다.
② 무형자산은 재무제표 이용자에게 더 목적적합한 정보를 제공할 수 있다면 더 큰 단위로 통합하거나 더 작은 단위로 구분하여 분류할 수 있다.
③ 콤팩트 디스크나 필름과 같은 물리적 형체에 담긴 자산으로 유형의 요소와 무형의 요소를 모두 갖추고 있는 자산을 유형자산으로 회계처리할지 무형자산으로 회계처리할지를 결정할 때에는 어떤 요소가 더 유의적인지 판단해야 한다.
④ 컴퓨터로 제어되는 기계장치가 특정 컴퓨터소프트웨어가 없으면 가동이 불가능한 경우 관련 소프트웨어는 무형자산으로 구분하여 처리한다.

정답 ④

무형자산 창출과정에서의 시제품
연구와 개발활동 과정에서 물리적 형체가 있는 자산이 시제품으로 만들어진다면 이는 유형자산이 아닌 무형자산으로 처리한다. 연구 및 개발과정의 목적은 무형의 가치의 개발에 있다. 연구 및 개발과정에서의 시제품은 그러한 지식활동의 부수적인 산물로 보기 때문에 무형자산으로 처리한다.

📝 **기출 OX**

02. 무형자산에는 특허권, 상표권, 저작권 등이 있다.
기출처 2018. 관세직 9급
정답 ○

03. 무형자산으로 정의되기 위해서는 식별가능성, 자원에 대한 통제 및 미래 경제적 효익의 존재라는 조건을 모두 충족하여야 한다.
기출처 2018. 관세직 9급
정답 ○

❶ 무형자산의 정의

무형자산(intangible assets)은 물리적 실체가 없지만 식별가능한 자산을 말한다. 즉, 물리적 형체는 없지만 기업의 경제적 자원인 미래 경제적 효익을 창출하는 자산으로 컴퓨터소프트웨어, 특허권, 저작권, 어업권, 프랜차이즈, 고객충성도, 시장점유율 등이 이에 속한다. 하지만 이와 같은 무형의 자산들이 모두 무형자산으로 인식되는 것은 아니다.

❶ 무형자산의 분류

무형자산의 분류는 다음과 같으며 재무제표 이용자에게 더 목적적합한 정보를 제공할 수 있다면 더 큰 단위로 통합하거나 더 작은 단위로 구분하여 분류할 수 있다.

① 영업권
② 브랜드명, 제호와 출판표제
③ 컴퓨터소프트웨어, 라이선스와 프랜차이즈
④ 저작권, 특허권, 기타 산업재산권, 용역운영권
⑤ 기법, 방식, 모형, 설계 및 시제품과 개발 중인 무형자산

일부 무형자산은 콤팩트디스크(ex. 컴퓨터소프트웨어), 법적서류(ex. 라이선스나 특허권)나 필름과 같은 물리적 형체에 담겨 있을 수 있다. 이렇게 유형의 요소와 무형의 요소를 모두 갖추고 있는 자산을 유형자산으로 회계처리하는지 아니면 무형자산으로 회계처리하는지를 결정해야 할 때에는, 어떤 요소가 더 유의적인지 판단해야 한다.

예를 들어, 컴퓨터로 제어되는 기계장치가 특정 컴퓨터소프트웨어가 없으면 가동이 불가능한 경우에는 그 소프트웨어를 관련된 하드웨어의 일부로 보아 유형자산으로 처리한다. 이는 컴퓨터 운영시스템에도 동일하게 적용한다. 그러나 관련된 하드웨어의 일부가 아닌 소프트웨어는 무형자산으로 회계처리 한다. 또한 무형자산의 창출 과정에서 물리적 형체(ex. 시제품)가 있는 자산이 만들어지더라도, 그 자산의 물리적 요소는 무형자산요소로 본다.

❷ 무형자산의 정의

무형의 자원에 대한 지출은 물리적인 실체가 없기 때문에 자산을 인정하는 것에 대해 보다 엄격한 기준이 필요하다. 즉, 무형의 자원에 대한 지출은 무형자산의 일정의 정의를 충족하지 않는다면 그것을 취득하거나 내부적으로 창출하기 위해 발생한 지출은 발생시점에 비용으로 인식해야 한다. 기준서 제1038호 '무형자산'에서는 무형자산의 정의를 만족하기 위해 3가지 요건을 제시하고 있다.

무형자산은 ① 식별가능하고 ② 기업이 통제하고 있으며, ③ 미래 경제적 효익이 있는 비화폐성 자산이어야 한다.

2-1 식별가능성

식별가능성은 특정 무형자산을 다른 자산과 구분하여 별도로 인식할 수 있음을 의미한다. 무형자산이 식별가능성 조건을 충족하기 위해서는 당해 자산이 분리가능하거나, 당해 자산이 계약상 권리 또는 기타 법적권리로부터 발생해야 한다.

2-1-1 분리가능성

자산이 분리가능하다는 것은 기업에서 분리하거나 분할할 수 있고, 개별적으로 또는 관련된 계약, 자산이나 부채와 함께 매각, 이전, 라이선스, 임대, 교환할 수 있다는 의미이다.

2-1-2 계약상 또는 법적권리의 존재

자산이 계약상 권리 또는 기타 법적 권리로부터 발생하는 경우에는 그러한 권리가 이전가능한지 여부 또는 기업이나 기타 권리와 의무에서 분리가능한지 여부는 고려하지 않고 식별가능성이 있는 것으로 본다. 예를 들어, 제조설비를 제조공정에 대한 특허권과 함께 일괄 취득하는 경우에는 그 특허권은 분리가능하지는 않지만 법적권리를 갖기 때문에 식별가능하다.

2-2 통제가능성

통제가능성이란 무형자산의 미래 경제적 효익을 확보할 수 있어야 하고 그 효익에 대하여 타인의 접근을 제한할 수 있어야 한다. 예를 들어, 시장에 대한 지식이나 기술적 지식 등은 계약상의 제약이나 법적 권리에 의해 보호된다면 통제가능성이 있다고 할 수 있다. 그러나 꼭 통제가능성이 법적 권리에 의해 보호되어야 하는 것을 의미하는 것은 아니다.

2-2-1 숙련된 종업원

숙련된 종업원이나 교육 훈련을 통해 습득된 기술 향상 등은 무형자산을 인식하기에 충분한 통제를 가지고 있다고 볼 수 없으므로 무형자산의 정의를 충족할 수 없다.

2-2-2 고객관계와 고객충성도

기업은 고객구성이나 시장 점유율에 근거하여 고객관계와 고객충성도를 잘 유지함으로써 고객이 계속하여 거래할 것이라고 기대할 수 있다. 그러나 그러한 고객관계나 고객충성도를 지속할 수 있는 법적 권리나 그것을 통제할 기타 방법이 없다면 일반적으로 고객관계나 고객충성도에서 창출될 미래 경제적 효익에 대해서는 그러한 항목이 무형자산의 정의를 충족하기에 기업이 충분한 통제를 가지고 있지 않다.

2-3 미래 경제적 효익의 존재

미래 경제적 효익은 무형자산을 통해 기업이 추가적인 매출이나 용역수익을 얻을 수 있거나 원가절감 등의 효익을 얻을 수 있는 경우를 의미한다.

오쌤 Talk

식별가능성

영업권(goodwill)은 개별적으로 식별하여 별도로 인식할 수 없으나, 사업결합에서 취득한 그 밖의 자산에서 발생하는 미래 경제적 효익을 나타내는 자산이다. 영업권은 개별적으로 식별할 수 없기 때문에 기준서 제1038호 '무형자산'기준서가 아닌, 기준서 제1103호 '사업결합'의 규정에 따라 자산으로 인식한다.

확인문제

02. 다음 중 무형자산에 대한 설명으로 옳지 않은 것은?

① 무형자산이 계약상 권리 또는 기타 법적 권리로부터 발생하는 경우 그러한 권리가 이전가능한지 또는 분리가능한지의 여부와 무관하게 식별가능한 것으로 본다.
② 숙련된 종업원이나 교육 훈련을 통해 습득된 기술 향상 등은 무형자산을 인식하기에 충분한 통제를 가지고 있다고 볼 수 없으므로 무형자산의 정의를 충족할 수 없다.
③ 고객관계나 고객충성도를 지속할 수 있는 법적 권리나 그것을 통제할 기타 방법이 없더라도 무형자산의 정의를 만족할 수 있다.
④ 무형자산의 요건에서 미래 경제적 효익이란 무형자산을 통해 기업이 추가적인 매출이나 용역수익을 얻을 수 있거나 원가 절감 등의 효익을 얻을 수 있는 경우를 의미한다.

정답 ③

2 무형자산의 취득원가

1 개별취득

무형자산을 최초로 인식할 때는 원가로 측정한다. 개별 취득하는 무형자산은 미래 경제적 효익이 기업에 유입될 시기나 금액이 불확실하더라도 미래 경제적 효익이 기업에 유입될 가능성이 높다는 기준을 항상 충족하는 것으로 본다. 또한 개별취득하는 무형자산은 현금이나 기타 화폐성자산으로 구입대가를 지급하므로 원가를 신뢰성 있게 측정할 수도 있다.

무형자산의 원가는 다음 항목으로 구성된다.

① 구입가격(매입할인과 리베이트 차감하고 수입관세와 환급받을 수 없는 제세금을 포함)
② 직접관련원가
 • 그 자산을 사용 가능한 상태로 만드는 데 직접적으로 발생하는 종업원급여
 • 그 자산을 사용 가능한 상태로 만드는 데 직접적으로 발생하는 전문가 수수료
 • 그 자산이 적절하게 기능을 발휘하는지 검사하는 데 발생하는 원가

자산을 의도된 용도로 사용할 수 있도록 준비하는 데 직접 관련된 원가가 아니거나, 경영자가 의도하는 방식으로 운영될 수 있는 상태에 이르도록 하는 데 필수적으로 발생하는 활동과 관련된 원가가 아니라면 무형자산의 원가에 포함하지 않고 지출시점에 비용으로 인식한다.

다음의 항목은 무형자산의 장부금액에 포함하지 않는다.

① 무형자산을 사용하거나 재배치하는 데 발생하는 원가
② 새로운 지역에서 또는 새로운 계층의 고객을 대상으로 사업을 수행하는 데 발생하는 원가(교육훈련비 포함)
③ 관리원가와 기타 일반경비원가
④ 경영자가 의도하는 방식으로 운용될 수 있으나 아직 사용하지 않고 있는 기간에 발생한 원가
⑤ 자산의 산출물에 대한 수요가 확립되기 전까지 발생하는 손실과 같은 초기 영업손실

2 사업결합으로 인한 취득

사업결합으로 취득하는 무형자산의 취득원가는 취득일의 공정가치로 한다. 무형자산의 공정가치는 그 자산이 갖는 미래 경제적 효익이 기업에 유입될 확률에 대한 기대를 반영한 것이다. 따라서 사업결합으로 취득하는 무형자산은 미래 경제적 효익의 유입가능성이 항상 높은 것으로 본다. 또한 사업결합으로 취득하는 자산이 분리가능하거나 계약상 또는 기타 법적권리에서 발생한다면, 그 자산의 공정가치를 신뢰성 있게 측정하기에 충분한 정보가 존재하므로 사업결합으로 취득하는 무형자산은 항상 신뢰성 있는 측정이 가능한 것으로 본다.

확인문제

03. 기업회계기준서 제1038호 '무형자산'에 관한 다음 설명 중 옳지 않은 것은? *기출처 2021. 회계사 응용*

① 개별취득하는 무형자산의 원가는 그 자산을 경영자가 의도하는 방식으로 운용될 수 있는 상태에 이를 때까지 인식하므로 무형자산을 사용하거나 재배치하는 데 발생하는 원가도 자산의 장부금액에 포함한다.
② 미래 경제적 효익이 기업에 유입될 가능성은 무형자산의 내용연수 동안의 경제적 상황에 대한 경영자의 추정치를 반영하는 합리적이고 객관적인 가정에 근거하여 평가하여야 한다.
③ 무형자산의 미래 경제적 효익은 제품의 매출, 용역수익, 원가절감 또는 자산의 사용에 따른 기타 효익의 형태로 발생할 수 있다.
④ 내부적으로 창출한 영업권은 원가를 신뢰성 있게 측정할 수 없고 기업이 통제하고 있는 식별가능한 자원이 아니기 때문에 자산으로 인식하지 아니한다.

정답 ①

기출 OX

04. 무형자산을 최초로 인식할 때에는 원가로 측정한다. *기출처 2020. 지방직 9급*
정답 O

05. 새로운 제품이나 용역의 홍보원가 그리고 새로운 계층의 고객을 대상으로 사업을 수행하는 데서 발생하는 원가는 무형자산의 원가에 포함하지 않는 지출이다. *기출처 2022. 관세직 9급*
정답 O

06. 사업결합으로 취득한 식별가능 무형자산의 취득원가는 취득일의 공정가치로 평가한다. *기출처 2018. 관세직 9급*
정답 O

사업결합으로 취득한 무형자산이 인식요건을 충족하는 경우, **사업결합에 따라 자산의 공정가치를 신뢰성 있게 측정할 수 있다면, 사업결합 전에 그 자산을 피취득자가 인식하였는지 여부와 관계없이, 취득자는 취득일에 무형자산을 영업권과 분리하여 인식한다.** 예를 들어, 피취득자가 진행하고 있는 연구·개발 프로젝트가 무형자산의 정의를 충족하고 공정가치를 신뢰성 있게 측정할 수 있다면 취득자가 영업권과 분리하여 별도로 인식할 수 있다는 것을 의미한다.

3 무형자산의 상각

회사는 무형자산을 통한 영업활동으로 수익을 창출한다. 따라서 유형자산과 동일하게 무형자산도 사용되면서 자산가치가 점점 감소하는 만큼 상각을 해주어야 한다. 단, 유형자산과 다르게 무형자산은 감가상각이 아닌 상각이라고 표현을 한다.

무형자산은 우선적으로 당해 무형자산의 내용연수가 유한한지 또는 비한정인지를 결정해야 하며, 이에 따라 비용의 인식방법이 다르다.

상각은 무형자산의 ① 사용기간 동안 ② 가치의 감소분 ③ 합리적인 방법으로 배분해주는 것이므로, 다음 세 가지에 대하여 결정을 해야 한다. 즉, 가치감소분인 상각대상금액, 사용기간인 내용연수, 합리적인 방법인 상각방법을 결정해야 한다.

❶ 상각대상금액

상각대상금액은 무형자산을 사용하는 기간 동안 비용으로 인식할 총 금액을 의미한다. 즉, 매 회계기간마다 인식한 상각비의 총합을 의미한다.

> 상각대상금액 = 무형자산 취득금액 – 잔존가치(일반적으로 '₩0')

내용연수 종료시점 구입약정이 있거나 잔존가치에 대한 활성시장이 형성되어 가치를 결정할 수 있을 경우 잔존가치를 인정하여 반영하나, 일반적으로 무형자산의 활성시장이 없고 물리적 실체가 없어 잔존가치가 없는 것으로 한다.

한편, 무형자산의 특성상 **잔존가치가 해당 무형자산의 장부금액과 같거나 큰 금액으로 증가할 수도 있다.** 이 경우에는 자산의 잔존가치가 이후에 장부금액보다 작은 금액으로 감소될 때까지 **무형자산의 상각을 수행하지 않는다.**

기출 OX

07. 제조과정에서 사용된 무형자산의 상각액은 당기손익으로 인식한다.

기출처 2019. 서울시 7급

정답 X

오쌤 Talk

잔존가치

유형자산의 잔존가치는 사용 후 처분하였을 경우 회수하게 될 금액으로 추정치를 사용한다. 그러나 무형자산은 일반적으로 '₩0'으로 인식하고, 잔존가치를 결정할 수 있는 경우에만 인정하여 반영하는 것으로 하여 적용 방식이 다르다.
① 유형자산 Link-P. 453
② 무형자산 Link-P. 545

❷ 내용연수

2-1 내용연수가 유한한 경우

내용연수가 유한한 경우 무형자산의 상각금액은 내용연수동안 체계적인 방법으로 배분하고, 일반적으로 상각액은 당기손익으로 인식한다. 그러나 자산에 내재된 미래 경제적 효익이 다른 자산의 생산에 소모되는 경우, 그 자산의 상각비용은 다른 자산의 원가를 구성하여 장부금액에 포함한다. 예를 들어, 전기차 제조 과정에서 사용된 특허권의 상각은 재고자산의 장부금액에 포함한다. 이는 유형자산의 경우와 동일하다.

내용연수는 합리적으로 무형자산을 사용할 수 있을 것으로 기대되는 기간을 의미한다. 그러나 무형자산은 물리적 실체가 없으므로 법률상의 권리 보장 기간 안에서 무형자산을 통해 수익 창출이 가능한 경제적 내용연수를 고려하여 정해야 할 것이다. 즉, **법률상의 내용연수와 경제적 내용연수 중 짧은 기간을 기준으로 한다.**

> 무형자산 내용연수 = min[경제적 내용연수, 법적 내용연수]

2-2 내용연수가 비한정인 경우

무형자산은 유형자산과 달리 실체가 없으므로 무형자산이 순현금의 유입을 창출할 것으로 기대되는 기간에 대해 예측 가능한 제한이 없을 수도 있다. 이처럼 **사용 기간에 대한 예측 가능한 제한이 없다면 무형자산의 내용연수를 비한정적인 것으로 판단한다.**

그러나 예측가능한 제한이 없다는 의미는 무한(infinite)을 의미하지는 않는다. 무형자산의 내용연수는 자산의 내용연수를 추정하는 시점에 평가된 표준적인 성능수준을 유지하기 위한 미래 유지비용과 그 수준의 비용을 부담할 수 있는 기업의 능력과 의도만을 반영한다. **자산의 내용연수를 추정하는 시점에 평가된 표준적인 성능수준을 유지하기 위하여 필요한 지출을 초과하는 계획된 미래지출에 근거하여 무형자산의 내용연수가 비한정이라는 결론을 내려서는 안 된다.**

내용연수가 비한정인 무형자산은 상각하지 아니한다. 다만 **상각을 하지 않는 대신 매년 가치의 감소가 손상되었는지 여부를 검토하여 손상차손으로 인식한다.**

비한정내용연수의 무형자산에 대하여 다음 각각의 경우에 회수가능액과 장부금액을 비교하여 손상검사를 수행한다.

> ① 매년
> ② 무형자산의 손상을 시사하는 징후가 있을 때

상각하지 않는 무형자산에 대해서는 사건과 상황이 그 자산의 내용연수가 비한정이라는 평가를 계속하여 정당화하는지를 매 회계기간에 검토한다. 사건과 상황이 그러한 평가를 정당화하지 않는 경우에 **비한정 내용연수를 유한으로 변경하는 것은 회계 추정의 변경으로 회계처리 한다.** 이때 비한정 내용연수를 유한 내용연수로 재평가하는 것은 그 자산의 손상을 시사하는 하나의 징후가 된다.

📝 기출 OX

08. 무형자산의 회계처리는 내용연수에 따라 다르다. 내용연수가 유한한 무형자산은 상각하고, 내용연수가 비한정인 무형자산은 상각하지 아니한다.
기출처 2024. 국가직 9급 [최신]
정답 O

09. 내용연수가 유한한 무형자산의 상각기간과 상각방법은 적어도 매 회계연도 말에 검토한다. 기출처 2019. 관세직 9급
정답 O

10. 계약상 권리 또는 기타 법적 권리로부터 발생하는 무형자산의 내용연수는 그러한 계약상 권리 또는 기타 법적 권리의 기간을 초과할 수는 없지만, 자산의 예상 사용기간에 따라 더 짧을 수는 있다. 기출처 2022. 관세직 9급
정답 O

11. 무형자산의 내용연수는 자산의 내용연수를 추정하는 시점에 평가된 표준적인 성능수준을 유지하기 위하여 필요한 지출을 초과하는 계획된 미래지출이 예상되는 경우 비한정으로 판단된다.
기출처 2024. 국가직 9급 [최신]
정답 X

12. 내용연수가 비한정인 무형자산을 처음 인식한 경우에는 해당 회계연도 말 전에 손상검사를 하며, 이후 회계기간에는 손상징후와 관계없이 손상검사를 하지 않는다. 기출처 2024. 국가직 7급 [최신]
정답 X

📖 확인문제

04. 무형자산에 대한 설명으로 옳지 않은 것은? 기출처 2018. 국가직 9급
① 무형자산으로 정의되기 위해서는 식별가능성, 자원에 대한 통제 및 미래 경제적 효익의 존재라는 조건을 모두 충족하여야 한다.
② 무형자산에는 특허권, 상표권, 저작권 등이 있다.
③ 사업결합으로 취득한 식별가능 무형자산의 취득원가는 취득일의 공정가치로 평가한다.
④ 비한정내용연수를 가지는 것으로 분류되던 무형자산이 이후에 유한한 내용연수를 가지는 것으로 변경된 경우에도 상각을 하지 않는다.

정답 ④

❸ 상각방법

무형자산을 사용하면서 경제적 효익이 감소되는 패턴을 고려하여 **합리적인 방법으로 상각**하면 된다. 즉, 정액법, 정률법, 연수합계법, 이중체감법, 생산량비례법 등 중 하나를 합리적으로 선택하여 적용하면 된다. 그러나 **합리적인 방법을 신뢰성 있게 정할 수 없는 경우는 정액법을 사용**하여야 한다.

무형자산의 **상각은 자산이 사용가능한 때부터 시작**하며, 당해 자산이 **매각예정으로 분류되는 날과 재무상태표에서 제거되는 날 중 이른 날에 중지**한다.

❹ 회계처리

무형자산 상각 시 회계처리는 일반적으로 취득원가에서 직접 차감하는 방식인 직접법을 적용하고 있다. 한국채택국제회계기준에서는 이와 관련하여 직접법과 간접법에 대한 구체적인 규정을 명시하지 않고 있다.

(차) 무형자산상각비	XXX	(대) 무형자산	XXX

4 무형자산의 손상

❶ 손상차손

매 보고기간 말마다 자산손상을 시사하는 징후가 있는지 검토하고 만약 그러한 징후가 있다면 당해 무형자산의 회수가능액을 추정하여 손상검사를 한다. 다만, **내용연수가 비한정인 무형자산 또는 아직 사용할 수 없는 무형자산**에 대해서는 **자산손상을 시사하는 징후가 있는지에 관계없이 매년 회수가능액을 추정하여 손상검사**를 한다. 또한 사업결합으로 취득한 영업권은 일년에 한번은 손상검사를 수행해야 한다.

무형자산손상차손 = 장부금액 - 회수가능액*
회수가능액* = max[순공정가치, 사용가치]

〈회계처리〉
(차) 손상차손	XXX	(대) 무형자산	XXX

❷ 손상차손환입

매 보고기간 말마다 자산에 대해 과거에 인식한 손상차손이 더 이상 존재하지 않거나 감소된 것을 시사하는 징후가 있는지를 검토하고 징후가 있는 경우 당해 **자산의 회수가능액과 장부금액의 차이를 손상차손환입으로 처리**한다. 다만, 원가모형의 경우 자산의 **손상차손환입으로 증가된 장부금액은 과거에 손상차손을 인식하기 전 장부금액인 상각후원가를 초과할 수 없다.**

📝 기출 OX

13. 무형자산의 상각방법은 자산의 경제적 효익이 소비될 것으로 예상되는 형태를 반영한 방법이어야 한다. 다만, 그 형태를 신뢰성 있게 결정할 수 없는 경우에는 정액법을 사용한다.
기출처 2022. 국가직 9급, 2022. 서울시 7급
정답 O

14. 내용연수가 유한한 무형자산은 그 자산을 더 이상 사용하지 않을 때에는 상각을 중지한다.
기출처 2024. 국가직 9급 최신
정답 X

15. 상각기간과 상각방법은 적어도 매 회계연도 말에 검토하고, 자산의 예상 내용연수가 과거의 추정치와 다르다면 상각기간을 이에 따라 변경한다.
기출처 2019. 서울시 7급
정답 O

16. 상각은 무형자산이 매각예정 비유동자산으로 분류되는 날과 재무상태표에서 제거되는 날 중 이른 날에 중지한다.
기출처 2019. 서울시 7급
정답 O

📒 확인문제

05. 다음 중 개별 자산의 손상 회계에 대한 설명으로 옳지 않은 것은?
기출처 2017. 서울시 9급
① 보고기간 말마다 자산손상 징후가 있는지를 검토하고, 그러한 징후가 있다면 해당 자산의 회수가능액을 추정한다.
② 자산의 회수가능액이 장부금액에 못 미치는 경우에 자산의 장부금액을 회수가능액으로 감액하고 손상차손을 인식한다.
③ 내용연수가 한정되어 있는 무형자산은 자산손상 징후가 있는지에 관계없이 일 년에 한 번은 손상검사를 한다.
④ 재평가모형에 따라 재평가금액을 장부금액으로 하는 경우에는 재평가자산의 손상차손은 재평가감소액으로 처리한다.

정답 ③

5 무형자산의 제거

무형자산은 다음의 각 경우에 재무상태표에서 제거하고, **제거로 인하여 발생하는 손익은 당해 자산을 제거할 때 당기의 손익으로 인식**한다. 제거로 인한 손익은 제거대가와 장부금액의 차이이다.

① 처분하는 때
② 사용이나 처분으로부터 미래 경제적 효익이 기대되지 않을 때

(차) 현금	XXX	(대) 무형자산	XXX
		(대) 무형자산처분이익	XXX

6 무형자산의 재평가

무형자산은 유형자산과 마찬가지로 회계정책으로 원가모형이나 재평가모형을 선택할 수 있다. 재평가모형을 적용하는 경우 같은 분류의 기타 모든 자산도 그에 대한 **활성거래시장이 없는 경우를 제외하고는 유형자산과 동일한 방법을 적용**하여 회계처리한다. **재평가 목적상 공정가치는 활성시장을 기초로 하여 측정**한다.

재평가한 무형자산과 같은 분류 내의 무형자산을 그 자산에 대한 **활성시장이 없어서 재평가할 수 없는 경우에는 원가에서 상각누계액과 손상차손누계액을 차감한 금액을 표시**한다. 또한 재평가한 무형자산의 공정가치를 더 이상 활성시장을 기초로 하여 결정할 수 없는 경우에는 자산의 장부금액은 활성시장을 기초로 한 최종 재평가일의 재평가금액에서 이후 상각누계액과 손상차손 누계액을 차감한 금액으로 한다.

 **기출 OX**

17. 무형자산의 회계정책으로 원가모형이나 재평가모형을 선택할 수 있다.
기출처 2019. 서울시 9급
정답 O

18. 무형자산은 유형자산과 달리 재평가모형을 사용할 수 없다.
기출처 2018. 지방직 9급
정답 X

19. 무형자산의 회계정책으로 원가모형이나 재평가모형을 선택할 수 있으며, 재평가모형을 적용하는 경우 공정가치는 활성시장을 기초로 하여 결정한다.
기출처 2017. 하반기 지방직 9급
정답 O

20. 무형자산의 재평가모형에서 활성시장이 없는 경우 전문가의 감정가액을 재평가금액으로 할 수 있다.
기출처 2019. 지방직 9급
정답 X

심화예제 1 무형자산의 재평가

㈜한국은 20X1년 1월 1일에 무형자산인 특허권을 ₩5,000,000에 취득하여 사용하기 시작하였다. 특허권의 잔존가치는 없으며, 내용연수는 5년, 정액법을 사용하여 상각하기로 하였다. 또한 특허권에 대한 활성시장이 존재하여 ㈜한국은 매 회계연도 말에 공정가치로 재평가하기로 하였다. 단, 재평가잉여금의 일부를 이익잉여금으로 대체하는 회계처리는 하지 않기로 하였다. 각 연도별 공정가치는 〈보기〉와 같을 때, 이 특허권과 관련하여 ㈜한국의 20X2년 포괄손익계산서에 보고될 당기손익은 얼마인가?   기출처 2018. 서울시 9급 응용

〈보기〉

20X1.12.31.	20X2.12.31.
₩3,600,000	₩3,100,000

오쌤 Talk

무형자산의 재평가

무형자산의 재평가는 유형자산과 동일하게 처리한다. 그러므로 취득원가보다 높게 인식되는 평가액은 기타포괄손익(재평가잉여금)으로 처리하고, 취득원가보다 낮게 인식되는 평가액은 당기손실(재평가손실)로 처리한다.

확인문제

06. ㈜한국은 20X1년 초에 무형자산인 라이선스를 ₩500,000(정액법 상각, 내용연수 10년, 잔존가치 ₩0, 재평가모형 적용)에 취득하였다. 20X1년 말 라이선스의 공정가치가 ₩450,000, 20X2년 말 라이선스의 공정가치가 ₩525,000 이라면, 20×2년 말 인식할 재평가잉여금(재평가이익)은?   기출처 2021. 국가직 7급

① ₩25,000   ② ₩50,000
③ ₩75,000   ④ ₩125,000

정답 ④

[풀이]
(1) 20X1년 말 감가상각누계액 = ₩5,000,000 ÷ 5년 = ₩1,000,000
(2) 20X1년 말 장부금액 = ₩5,000,000 − ₩1,000,000 = ₩4,000,000
(3) 20X1년 말 재평가손실 = ₩4,000,000 − ₩3,600,000 = ₩400,000
(4) 20X2년 감가상각비 = ₩3,600,000 ÷ 4년 = ₩900,000
(5) 20X2년 재평가이익 = ₩3,100,000 − (₩3,600,000 − ₩900,000) = ₩400,000
∴ 당기손익으로 인식할 금액 = 감가상각비 (₩900,000) + 재평가이익 ₩400,000 = (₩500,000)

7 내부적으로 창출한 무형자산

기업이 신제품·신기술의 개발과 관련하여 발생한 비용이 개별적으로 식별가능하고 미래 경제적 효익을 발생시킬 수 있을 것으로 판단되면, 무형자산으로 인식해야 한다. 이와 같은 것 중 대표적인 것이 **개발비**이며, 이를 연구단계와 개발단계로 구분하여 인식하여야 한다.

연구단계와 개발단계는 다음과 같이 구분된다.

① 연구단계
새로운 과학적, 기술적 지식이나 이해를 얻기 위해 수행하는 독창적이고 계획적인 탐구활동을 의미한다. 연구활동의 사례는 다음과 같다.

- 새로운 지식을 얻고자 하는 활동
- 연구결과나 기타지식을 탐색, 평가, 최종선택, 응용하는 활동
- 재료, 장치, 제품, 공정, 시스템이나 용역에 대한 여러가지 대체안을 탐색하는 활동
- 새롭거나 개선된 재료, 장치, 제품, 공정, 시스템이나 용역에 대한 여러 가지 대체안을 제안, 설계, 평가, 최종 선택하는 활동

② 개발단계
개발단계는 상업적인 생산이나 사용 전에 연구결과나 관련 지식을 새롭거나 현저히 개량된 재료, 장치, 제품, 공정, 시스템이나 용역의 생산을 위한 계획이나 설계에 적용하는 활동을 의미한다. 개발단계는 연구단계보다 훨씬 더 진전되어 있는 상태이다. 개발활동의 사례는 다음과 같다.

- 생산이나 사용 전의 시제품과 모형을 설계, 제작, 시험하는 활동
- 새로운 기술과 관련된 공구, 지그, 주형, 금형 등을 설계하는 활동
- 상업적 생산 목적으로 실현 가능한 경제적 규모가 아닌 시험공장을 설계, 건설, 가동하는 활동
- 신규 또는 개선된 재료, 장치, 제품, 공정, 시스템이나 용역에 대하여 최종적으로 선정된 안을 설계, 제작, 시험하는 활동

확인문제 최신

07. 내부적으로 창출한 무형자산의 개발활동이 아닌 것은? 기출처 2023. 국가직 7급

① 생산이나 사용 전의 시제품과 모형을 설계, 제작, 시험하는 활동
② 새로운 기술과 관련된 공구, 지그, 주형, 금형 등을 설계하는 활동
③ 상업적 생산 목적으로 실현가능한 경제적 규모가 아닌 시험공장을 설계, 건설, 가동하는 활동
④ 새롭거나 개선된 재료, 장치, 제품, 공정, 시스템이나 용역에 대한 여러 가지 대체안을 제안, 설계, 평가, 최종 선택하는 활동

정답 ④

❸ 연구단계와 개발단계의 회계처리

내부 프로젝트의 연구단계에서는 미래 경제적 효익을 창출할 수 있는 무형자산이 존재한다는 것을 제시할 수 없다. 따라서 내부 프로젝트의 **연구단계에서 발생한 지출은 발생시점에 비용으로 인식한다.**

개발단계에서 발생한 지출은 자산인식요건을 모두 충족한 경우에만 개발비의 과목으로 하여 무형자산으로 인식하고, 그 외의 경우에는 발생한 기간의 비용(경상개발비)으로 인식한다.

무형자산을 창출하기 위한 내부 프로젝트를 연구단계와 개발단계로 구분할 수 없는 경우에는 발생 지출을 모두 연구단계에서 발생한 것으로 본다.

최초에 비용으로 인식한 무형항목에 대한 지출은 그 이후에 무형자산의 원가로 인식할 수 없다. 그러므로 내부적으로 창출한 무형자산의 원가는 인식기준을 최초로 충족시킨 이후에 발생한 지출금액으로 한다.

[연구단계와 개발단계에서 발생한 지출]

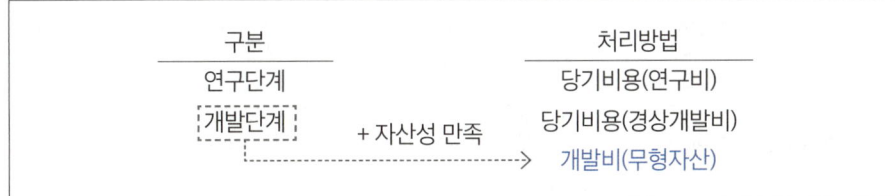

기본예제 1 개발비

㈜한국이 연구하는 세 가지 프로젝트가 있다. 각 프로젝트의 인건비가 다음과 같이 발생한 경우 당기비용으로 인식할 금액은 얼마인가? (단, 개발비상각은 고려하지 않음)

구분	금액	내용
A	₩100,000	새로운 지식을 얻고자 하는 연구단계
B	₩50,000	연구와 개발의 중간단계
C	₩150,000	최종적으로 선정된 안을 설계하는 개발단계 (자산성을 만족함을 가정함)

[풀이]
A 연구비 ₩100,000 + B 연구비 ₩50,000 = ₩150,000

🖉 기출 OX

21. 연구개발과 관련하여 연구단계에서 발생한 지출은 당기비용으로 회계처리하고, 개발단계에서 발생한 지출은 무형자산의 인식기준을 모두 충족할 경우 무형자산으로 인식하고 그 외에는 당기비용으로 회계처리한다.
기출처 2015. 지방직 9급
정답 O

📖 확인문제 [최신]

08. 무형자산에 대한 설명으로 옳지 않은 것은?
기출처 2023. 관세직 9급
① 생산이나 사용 전의 시제품과 모형을 설계, 제작, 시험하는 활동과 같은 개발단계의 지출은 일정요건을 충족하면 무형자산으로 인식한다.
② 새로운 지식을 얻고자 하는 활동과 같은 연구단계의 지출은 발생시점에 비용으로 인식한다.
③ 내부적으로 창출된 영업권은 원가를 신뢰성 있게 측정할 수 없고 기업이 통제하고 있는 식별가능한 자원이 아니기 때문에 자산으로 인식하지 아니한다.
④ 무형자산을 창출하기 위한 내부 프로젝트를 연구단계와 개발단계로 구분할 수 없는 경우에는 모두 개발단계에서 발생한 것으로 본다.

정답 ④

기본예제 1
A (차) 연구비　₩100,000 (대) 현금　₩100,000
B (차) 경상개발비 ₩50,000 (대) 현금　₩50,000
C (차) 개발비　₩150,000 (대) 현금　₩150,000

📋 확인문제

09. 12월 결산법인인 ㈜서울은 20X1년 중 개발 중인 애플리케이션 S를 위해 ₩600,000을 지출하였다. 애플리케이션 S는 20X2년 5월 1일까지 ₩100,000을 추가지출하고 개발을 완료하였다. ㈜서울은 애플리케이션 S와 관련하여 20X1년 9월 1일 특허권을 취득하였으며, 특허권 취득과 관련하여 법적비용 ₩100,000과 특허권의 성공적인 방어를 위한 법적비용 ₩200,000을 지출하였다. 취득한 특허권은 관련 법률에 따라 10년간 배타적인 권리가 보장되지만 경제적효익이 발생하는 기간은 5년으로 추정된다. 무형자산을 정액법으로 감가상각할 경우 20X1년 특허권의 상각비는 얼마인가?
기출처 2014. 서울시 9급

① ₩10,000 ② ₩20,000
③ ₩30,000 ④ ₩50,000
⑤ ₩60,000

정답 ②

✏️ 기출 OX

22. 내부적으로 창출한 브랜드, 제호, 출판표제, 고객 목록과 이와 실질이 유사한 항목은 무형자산으로 인식한다.
기출처 2022. 관세직 9급
정답 X

23. 내부적으로 창출한 상호·상표와 같은 브랜드 네임은 그 경제적 가치를 측정하여 재무제표에 자산으로 기록하여 상각한다.
기출처 2018. 지방직 9급
정답 X

24. 내부적으로 창출된 영업권은 원가를 신뢰성 있게 측정할 수 없고 기업이 통제하고 있는 식별가능한 자원이 아니기 때문에 자산으로 인식하지 아니한다.
기출처 2023. 관세직 9급 [최신]
정답 O

25. 영업권은 내용연수가 비한정이므로 상각하지 않는다.
기출처 2018. 지방직 9급
정답 O

26. 영업권에 인식한 손상차손은 후속기간에 환입하지 아니한다.
기출처 2024. 국가직 7급 [최신]
정답 O

---

❹ 내부적으로 창출한 브랜드

내부적으로 창출한 브랜드, 제호, 출판표제, 고객목록과 이와 실질이 유사한 항목은 사업을 전체적으로 개발하는 데 발생한 원가와 구별할 수 없으므로 무형자산으로 인식하지 않는다.

❺ 개발활동 결과 산업재산권의 취득

개발활동의 결과 산업재산권을 취득한 경우에는 산업재산권의 취득을 위하여 직접 지출된 금액만을 산업재산권의 원가로 인식한다. 그러므로 개발비 미상각잔액은 산업재산권으로 대체할 수 없다.

❻ 영업권

영업권(goodwill)은 기업이 가진 영업비밀, 브랜드가치 등으로 다른 기업 대비 초과수익력을 가지고 있는 경우를 의미한다. 영업권은 개별적으로 식별하여 별도로 인식할 수 없으나, 사업결합에서 획득한 그 밖의 자산에서 발생하는 미래 경제적 효익을 나타내는 자산이다.

6-1 영업권의 분류

① 내부적으로 창출한 영업권	내부적으로 창출한 영업권은 원가를 신뢰성 있게 측정할 수 없고 기업이 통제하고 있는 식별할 수 있는 자원이 아니기 때문에 자산으로 인식하지 아니한다.
② 외부구입 영업권	사업결합의 결과 기업실체 외부에서 유상으로 취득한 영업권을 말한다. 외부구입 영업권은 신뢰성 있는 측정이 가능하기 때문에 무형자산으로 인식한다.

6-2 영업권의 산출

취득자는 취득일 현재 이전대가가 취득일 현재 피취득자의 식별할 수 있는 순자산의 공정가치를 초과하는 경우 동 초과금액을 영업권으로 인식한다.

> 영업권 = 이전대가 − 순자산의 공정가치

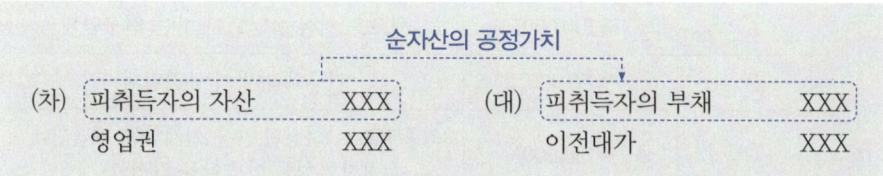

즉, 순자산의 공정가치에 포함되어 있지 않다고 판단하고 추가적으로 지불하는 금액을 영업권으로 계상하는 것이다. 영업권은 내용연수가 정해져 있지 않으므로 상각을 하지 않는다. 대신 영업권의 손상여부를 판단하기 위하여 매 회계연도마다 손상검사를 하여야 한다. 다만, 손상을 인식한 영업권은 향후 손상차손환입을 인식하지 않는다.

다만, 피취득자의 자산 중 취득일 이전의 사업결합에서 인식한 영업권이 있는 경우 당해 영업권은 피취득자의 식별할 수 있는 순자산이 아니기 때문에 승계하지 않는다.

6-3 염가매수차익의 산출

염가매수는 취득일 현재 피취득자의 식별할 수 있는 순자산 공정가치가 이전대가를 초과하는 사업결합을 의미한다. 염가매수차익을 인식하기 전에, 취득자는 모든 취득 자산과 인수 부채를 정확하게 식별하였는지 재검토하고, 이러한 재검토에서 식별한 추가 자산이나 부채가 있다면 이를 인식한다. **염가매수차익은 취득일에 당기손익으로 인식한다.**

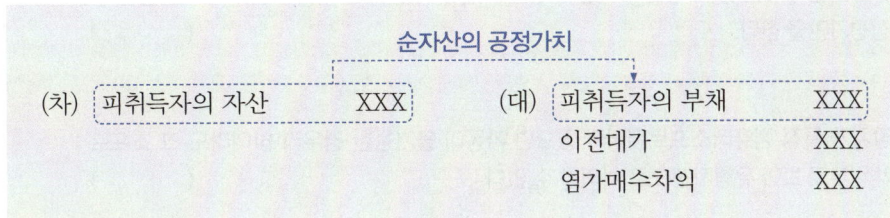

6-4 취득 관련 원가

취득 관련 원가는 취득자가 사업결합을 이루기 위해 사용한 원가를 말한다. 그러한 원가에는 중개수수료, 자문·법률·회계·가치평가·그 밖의 전문가나 컨설팅 수수료, 내부 취득부서의 유지 원가 등 일반관리원가, 채무증권과 지분증권의 등록·발행 원가 등이 있다. 취득관련 원가 등은 다음과 같이 처리한다.

취득 관련 원가	중개 수수료, 컨설팅 수수료	당기비용
	내부 취득부서의 유지원가 등	
	지분증권 등록·발행원가, 채무증권의 경우 사채할인발행차금	지분증권과 채무증권의 발행금액에서 차감
	유형자산 등 특정 자산의 취득에 따른 부대원가 (ex.취득세와 등록세 등)	유형자산의 취득원가

기본예제 2 영업권

㈜한국은 20X1년에 ㈜민국을 ₩120,000에 인수하였다. 합병일 현재의 장부금액과 공정가치는 다음과 같다. 영업권을 구하시오.

㈜민국   20X1년 12월 31일

	장부금액	공정가치		장부금액	공정가치
현금및현금성자산	₩20,000	₩25,000	매입채무	₩20,000	₩20,000
재고자산	30,000	45,000	장기차입금	30,000	30,000
유형자산	40,000	60,000	자본금	50,000	
무형자산	10,000	10,000			
계	₩100,000		계	₩100,000	

풀이
(1) 인수기업의 공정가치 = 자산의 공정가치(₩25,000 + ₩45,000 + ₩60,000 + ₩10,000)
    − 부채의 공정가치(₩20,000 + ₩30,000) = ₩90,000
(2) 영업권 = 취득대가(₩120,000) − 순자산의 공정가치(₩90,000) = ₩30,000

 **확인문제**

10. ㈜대한은 20X1년 7월 1일 ㈜한국의 모든 자산과 부채를 취득, 인수하는 사업결합을 하였다. 사업결합과 관련된 자료가 다음과 같을 때, 20X1년 7월 1일 ㈜대한이 인식해야 할 영업권은?

기출처 2021. 국가직 7급

○ 사업결합시점에 식별할 수 있는 ㈜한국의 순자산 장부금액은 ₩1,000,000이며, 순자산 공정가치는 ₩1,200,000이다.
○ ㈜대한은 사업결합의 이전대가로 ㈜한국의 주주들에게 ㈜대한의 보통주 100주(주당 액면금액 ₩7,000, 주당 공정가치 ₩14,000)를 발행하고 교부하였다.
○ ㈜대한은 사업결합과 관련하여 보통주 발행과 직접 관련된 비용 ₩10,000과 기타 수수료 ₩10,000을 현금으로 지급하였다.

① ₩180,000   ② ₩190,000
③ ₩200,000   ④ ₩400,000

정답 ③

OX 퀴즈

다음 문장의 경우 올바른 설명에는 O, 틀린 설명에는 ×를 하고 틀린 설명은 수정하시오.

① 무형자산의 내용연수가 유한한 경우에는 당해 자산이 사용 가능한 시점부터 상각하며, 내용연수가 비한정인 경우에는 상각하지 않고 손상평가만을 한다. ( )

② 컴퓨터로 제어되는 기계장치가 특정 컴퓨터소프트웨어가 없으면 가동이 불가능한 경우라 하더라도 그 소프트웨어를 관련된 하드웨어의 일부로 보아 유형자산으로 처리할 수 없다. ( )

③ 개별 취득하는 무형자산은 미래 경제적 효익이 기업에 유입될 시기나 금액이 불확실하더라도 미래 경제적 효익이 기업에 유입될 가능성이 높다는 기준을 항상 충족하는 것으로 본다. ( )

④ 내용연수가 유한한 무형자산의 상각방법은 정액법, 생산량비례법 등 합리적인 방법을 선택하고, 소비형태를 신뢰성 있게 결정할 수 없는 경우에는 정액법을 사용한다. ( )

⑤ 숙련된 종업원, 교육훈련, 특정 경영능력이나 기술적 재능으로부터 발생하는 미래 경제적 효익을 기대할 수 있다. 그러나 이는 일반적으로 무형자산의 정의를 만족하기에는 충분한 통제를 가지고 있지 않기 때문에 무형자산으로 인식할 수 없다. ( )

⑥ 내부 프로젝트의 연구단계에서 발생한 지출은 무형자산으로 계상할 수 없고 연구비의 과목으로 하여 발생한 기간의 비용으로 인식한다. ( )

⑦ 무형자산은 형태가 없고 일반적으로 잔존가치의 회수가 곤란하므로 통상 잔존가액을 "₩0"으로 한다. ( )

⑧ 무형자산을 창출하기 위한 내부프로젝트를 연구단계와 개발단계로 구분할 수 없는 경우 당해 프로젝트에서 발생한 지출은 모두 연구단계에서 발생한 것으로 한다. ( )

⑨ 최초에 비용으로 인식한 무형항목에 대한 지출은 그 이후에 내부적으로 창출한 무형자산이 무형자산의 정의에 충족하는 경우에는 무형자산의 원가로 인식할 수 있다. ( )

⑩ 내부적으로 창출한 브랜드, 제호, 출판표제, 고객목록과 이와 실질이 유사한 항목은 미래 경제적 효익이 기대되고 통제 가능하므로 일반적으로 무형자산으로 인식한다. ( )

OX 풀이

1 ○

2 ✕ 컴퓨터로 제어되는 기계장치가 특정 컴퓨터소프트웨어가 없으면 가동이 불가능한 경우에는 그 소프트웨어를 관련된 하드웨어의 일부로 보아 유형자산으로 처리한다.

3 ○

4 ○

5 ○

6 ○

7 ○

8 ○

9 ✕ 최초에 비용으로 인식한 무형항목에 대한 지출은 그 이후에 무형자산의 원가로 인식할 수 없다.

10 ✕ 이러한 항목은 사업을 전체적으로 개발하는 데 발생한 원가와 구별할 수 없기 때문에 무형자산으로 인식하지 않는다.

실전훈련

01 무형자산의 정의 및 인식기준에 관한 설명으로 옳지 않은 것은?   기출처 2014. 세무사

① 무형자산을 최초로 인식할 때에는 원가로 측정한다.
② 무형자산의 미래 경제적 효익에 대한 통제 능력은 일반적으로 법원에서 강제할 수 있는 법적 권리에서 나오나, 권리의 법적 집행가능성은 통제의 필요요건이 아니다.
③ 계약상 권리 또는 기타 법적 권리는 그러한 권리가 이전 가능하거나 또는 기업에서 분리 가능한 경우 무형자산의 정의의 식별가능성 조건을 충족한 것으로 본다.
④ 미래 경제적 효익이 기업에 유입될 가능성은 무형자산의 내용연수 동안의 경제적 상황에 대한 경영자의 최선의 추정치를 반영하는 합리적이고 객관적인 가정에 근거하여 평가하여야 한다.
⑤ 무형자산으로부터 미래 경제적 효익은 제품의 매출, 용역수익, 원가절감 또는 자산의 사용에 따른 기타 효익의 형태로 발생할 수 있다.

02 무형자산의 회계처리에 대한 설명으로 옳지 않은 것은?   기출처 2020. 지방직 9급

① 무형자산을 최초로 인식할 때에는 원가로 측정한다.
② 무형자산이란 물리적 실체는 없지만 식별할 수 있는 비화폐성자산이다.
③ 내부적으로 창출한 영업권은 자산으로 인식하지 아니한다.
④ 연구(또는 내부 프로젝트의 연구단계)에 대한 지출은 무형자산으로 인식한다.

 풀이

01 자산은 다음 중 하나에 해당하는 경우 식별가능하다.
  ① 자산이 분리가능하다. 즉, 기업의 의도와는 무관하게 기업에서 분리하거나 분할할 수 있고, 개별적으로 또는 관련된 계약, 식별가능한 자산이나 부채와 함께 매각, 이전, 라이선스, 임대, 교환할 수 있다.
  ③ 자산이 계약상 권리 또는 기타 법적권리로부터 발생한다. 이 경우 그러한 권리가 이전가능한지 여부 또는 기업이나 기타 권리와 의무에서 분리가능한지 여부는 고려하지 않는다.
02 ④ 연구(또는 내부 프로젝트의 연구단계)에 대한 지출은 발생시점에 비용(연구비)으로 인식한다.

답   01 ③   02 ④

03 무형자산에 대한 설명으로 옳은 것은? 　　　　　　　　　　　　　　　　　기출처 2018. 지방직 9급

① 무형자산은 유형자산과 달리 재평가모형을 사용할 수 없다.
② 라이선스는 특정 기술이나 지식을 일정지역 내에서 이용하기로 한 권리를 말하며, 취득원가로 인식하고 일정기간 동안 상각한다.
③ 내부적으로 창출한 상호, 상표와 같은 브랜드 네임은 그 경제적 가치를 측정하여 재무제표에 자산으로 기록하여 상각한다.
④ 영업권은 내용연수가 비한정이므로 상각하지 않는다.

04 무형자산에 대한 설명으로 옳지 않은 것은? 　　　　　　　　　　　　　　　　　기출처 2022. 관세직 9급

① 내부적으로 창출한 브랜드, 제호, 출판표제, 고객 목록과 이와 실질이 유사한 항목은 무형자산으로 인식한다.
② 계약상 권리 또는 기타 법적 권리로부터 발생하는 무형자산의 내용연수는 그러한 계약상 권리 또는 기타 법적 권리의 기간을 초과할 수는 없지만, 자산의 예상사용기간에 따라 더 짧을 수는 있다.
③ 무형자산의 상각방법은 자산의 경제적 효익이 소비될 것으로 예상되는 형태를 반영한 방법이어야 한다. 다만, 그 형태를 신뢰성 있게 결정할 수 없는 경우에는 정액법을 사용한다.
④ 새로운 제품이나 용역의 홍보원가 그리고 새로운 계층의 고객을 대상으로 사업을 수행하는 데서 발생하는 원가는 무형자산의 원가에 포함하지 않는 지출이다.

 풀이

03 ① 무형자산도 유형자산과 마찬가지로 재평가 규정을 적용한다.
　② 라이선스라고 해서 무조건 일정기간 동안 상각하는 것이 아니라, 자산의 내용연수를 한정할 수 있다면 일정기간 동안 상각하지만, 내용연수를 한정할 수 없다면 비한정인 것으로 보고 상각하지 않는다. 다만, 비한정 내용연수 자산의 경우 손상검사를 수행하여야 한다.
　③ 내부적으로 창출한 상호, 상표 등과 같은 브랜드는 경제적가치를 합리적으로 측정할 수 없는 것으로 판단되어 재무제표에 자산으로 기록하지 않는다.
04 ① 내부적으로 창출한 브랜드, 제호, 출판표제, 고객 목록과 이와 실질이 유사한 항목은 무형자산으로 인식할 수 없다.

답　03 ④　04 ①

05 무형자산과 관련된 기업회계기준서의 설명 중 옳지 않은 것은? 기출처 2015. 국가직 9급

① 연구단계에서 발생한 지출은 모두 발생한 기간의 비용으로 인식하고, 개발단계에서 발생한 지출은 무형자산의 인식기준을 모두 충족할 경우에만 무형자산으로 인식하고 그 외에는 발생한 기간의 비용으로 인식한다.
② 무형자산은 정액법, 체감잔액법, 연수합계법, 생산량비례법 등을 사용하여 상각하며, 합리적인 상각방법을 정할 수 없는 경우에는 정액법을 사용한다.
③ 프로젝트를 연구단계와 개발단계로 구분할 수 없는 경우, 당해 프로젝트에서 발생한 지출은 개발단계에서 발생한 것으로 본다.
④ 무형자산은 산업재산권, 라이선스와 프랜차이즈, 저작권, 어업권, 컴퓨터소프트웨어 등으로 분류할 수 있으며, 더 큰 단위로 통합하거나 더 작은 단위로 구분할 수 있다.

06 무형자산의 회계처리에 대한 설명으로 옳지 않은 것은? 기출처 2017. 지방직 9급

① 무형자산의 회계정책으로 원가모형이나 재평가모형을 선택할 수 있으며, 재평가모형을 적용하는 경우 공정가치는 활성시장을 기초로 하여 결정한다.
② 내부적으로 창출한 영업권은 원가를 신뢰성 있게 측정할 수 없고 기업이 통제하고 있는 식별가능한 자원이 아니기 때문에 자산으로 인식하지 아니한다.
③ 내부 프로젝트의 연구단계에서는 미래 경제적 효익을 창출할 무형자산이 존재한다는 것을 제시할 수 있기 때문에, 내부 프로젝트의 연구단계에서 발생한 지출은 무형자산으로 인식할 수 있다.
④ 내용연수가 유한한 무형자산의 상각은 자산을 사용할 수 있는 때부터 시작하며, 상각대상금액은 내용연수 동안 체계적인 방법으로 배분하여야 한다.

05 ③ 프로젝트를 연구단계와 개발단계로 구분할 수 없는 경우, 당해 프로젝트에서 발생한 지출은 연구단계에서 발생한 것으로 본다.
06 ③ 내부 프로젝트의 연구단계에서 발생한 지출은 발생시점에 비용으로 인식한다.

답 05 ③   06 ③

07 <보기>는 ㈜서울의 연구, 개발과 관련된 자료이다. <보기>와 관련하여 ㈜서울이 당기손익으로 인식할 연구비는? (단, 개발비로 분류되는 지출의 경우 개발비 자산인식요건을 충족한다고 가정한다.)

기출처 2018. 서울시 7급

<보기>
- ○ 새로운 지식을 얻고자 하는 활동의 지출 ₩10,000
- ○ 새롭거나 개선된 재료 장치, 제품, 공정, 시스템이나 용역에 대한 여러가지 대체안을 제안, 설계, 평가, 최종 선택하는 활동의 지출 ₩10,000
- ○ 생산이나 사용 전의 시제품과 모형을 설계, 제작, 시험하는 활동의 지출 ₩10,000
- ○ 상업적 생산 목적으로 실현 가능한 경제적 규모가 아닌 시험 공장을 설계, 제작, 시험하는 활동의 지출 ₩10,000
- ○ 무형자산을 창출하기 위한 내부 프로젝트를 연구단계와 개발단계로 구분할 수 없는 경우 그 프로젝트에서 발생한 지출 ₩10,000

① ₩20,000
② ₩30,000
③ ₩40,000
④ ₩50,000

풀이

07	구분	활동	금액
(1)	새로운 지식을 얻고자 하는 활동의 지출	연구활동	₩10,000
(2)	새롭거나 개선된 재료 장치, 제품, 공정, 시스템이나 용역에 대한 여러가지 대체안을 제안, 설계, 평가, 최종 선택하는 활동의 지출	연구활동	₩10,000
(3)	생산이나 사용 전의 시제품과 모형을 설계, 제작, 시험하는 활동의 지출	개발활동	
(4)	상업적 생산 목적으로 실현 가능한 경제적 규모가 아닌 시험 공장을 설계, 제작, 시험하는 활동의 지출	개발활동	
(5)	무형자산을 창출하기 위한 내부 프로젝트를 연구단계와 개발단계로 구분할 수 없는 경우 그 프로젝트에서 발생한 지출	연구활동	₩10,000
	연구비(당기손익) 계		₩30,000

답 07 ②

08 ㈜감평은 신약개발을 위해 20X1년 중에 연구활동 관련 ₩500,000, 개발활동 관련 ₩800,000을 지출하였다. 개발활동에 소요된 ₩800,000 중 ₩300,000은 20X1년 3월 1일부터 동년 9월 30일까지 지출되었으며, 나머지 금액은 10월 1일 이후에 지출되었다. ㈜감평은 개발활동이 무형자산 인식기준을 충족한 것은 20X1년 10월 1일부터이며, ㈜감평은 20X2년 초부터 20X2년 말까지 ₩400,000을 추가로 지출하고 신약개발을 완료하였다. 무형자산으로 인식한 개발비는 20X3년 1월 1일부터 사용이 가능하며, 내용연수 4년, 잔존가치 ₩0, 정액법으로 상각하고, 원가모형을 적용한다. ㈜감평의 20X3년 개발비 상각액은?

기출처 2020. 감정평가사

① ₩225,000 ② ₩250,000 ③ ₩300,000
④ ₩325,000 ⑤ ₩350,000

09 ㈜한국의 20X1년 연구개발 관련 자료는 다음과 같다.

> ○ 1월 31일 종료된 연구단계에서 발생한 비용 ₩300,000
> ○ 3월 31일 종료된 개발단계에서 발생한 비용 ₩1,000,000
> - 이 중 ₩400,000은 무형자산의 개발비 인식요건을 충족하여 개발비로 계상함
> - 개발비의 사용가능 시점은 4월 1일, 내용연수 10년, 잔존가액 없음, 정액법, 월할 상각, 활성시장이 존재하지 않음

㈜한국이 20X1년 포괄손익계산서상 인식할 비용은?

기출처 2024. 지방직 9급

① ₩700,000 ② ₩730,000 ③ ₩900,000 ④ ₩930,000

08 (1) 연구비와 개발비 구분

	연구비	개발비
20X1년 연구활동 지출	₩500,000	
20X1년 3월 1일부터 동년 9월 30일까지	₩300,000	
20X1년 10월 1일부터 동년 12월 31일까지		₩500,000
20X2년 초부터 20X2년 말까지		₩400,000
개발비 합계		₩900,000

(2) 개발비 상각 = ₩900,000/4년 = ₩225,000

09

내용	포괄손익계산서상 인식할 비용
1월 31일 종료된 연구단계에서 발생한 비용	₩300,000
3월 31일 종료된 개발단계에서 발생한 비용 중 개발비 인식요건 충족하지 않은 비용	₩600,000
개발비 상각액	₩30,000*
합계	₩930,000

*₩400,000/10년 × 9/12 = ₩30,000

답 08 ① 09 ④

10 ㈜한국은 20X1년 1월 1일 무형자산 요건을 충족하는 특허권을 취득(취득원가 ₩10,000, 내용연수 5년, 잔존가치 ₩0, 정액법 상각)하고 재평가모형을 적용하고 있다. 특허권은 활성시장이 존재하며, 20X2년 말 손상이 발생하였고, 20X3년 말 손상이 회복되었다. 연도별 특허권의 공정가치와 회수가능액이 다음과 같을 경우, 20X3년 말 손상차손환입액과 재평가잉여금 증가액은? (단, 내용연수 동안 재평가잉여금의 이익잉여금 대체는 없는 것으로 가정한다.)

기출처 2018. 국가직 7급

구분	20X1년 말	20X2년 말	20X3년 말
공정가치	₩8,400	₩5,900	₩4,200
회수가능액	₩8,500	₩5,400	₩4,100

① 손상차손환입액 ₩500, 재평가잉여금 증가액 ₩0
② 손상차손환입액 ₩500, 재평가잉여금 증가액 ₩100
③ 손상차손환입액 ₩600, 재평가잉여금 증가액 ₩0
④ 손상차손환입액 ₩600, 재평가잉여금 증가액 ₩100

11 ㈜한국은 20X1년 1월 1일 ㈜민국의 지분 100%를 취득하여 흡수합병하면서, 주당 공정가치 ₩10,000, 액면금액 ₩5,000의 ㈜한국 주식 100주를 발행하여 이전대가로 ㈜민국의 주주에게 지급하였다. 취득일 현재 ㈜민국의 식별가능한 자산과 부채의 장부금액과 공정가치가 다음과 같을 때, ㈜한국이 인식할 영업권은?

기출처 2017. 지방직 9급

재무상태표

㈜민국   20X1. 1. 1. 현재

	장부금액	공정가치		장부금액	공정가치
현금	₩100,000	₩100,000	단기차입금	₩50,000	₩50,000
재고자산	₩100,000	₩150,000	자본금 (주당 ₩5,000)	₩130,000	
비유동자산	₩100,000	₩200,000	이익잉여금	₩120,000	

① ₩0   ② ₩100,000   ③ ₩250,000   ④ ₩600,000

10 (1) 20X1년 말 감가상각 후 장부금액 = ₩10,000 − ₩10,000/5년 = ₩8,000
(2) 20X1년 말 재평가잉여금 = ₩8,400 − ₩8,000 = ₩400
(3) 20X2년 감가상각 후 장부금액 = ₩8,400 − ₩8,400/4년 = ₩6,300
(4) 20X2년 손상차손 = ₩6,300 − ₩5,400 − ₩400 = ₩500
(5) 20X3년 감가상각 후 장부금액 = ₩5,400 − ₩5,400/3년 = ₩3,600
(6) 20X3년 손상차손환입액 = min[₩4,200 − ₩3,600, ₩500] = ₩500
     재평가모형을 적용하는 감가상각자산의 손상차손환입은 과거에 인식했던 손상차손까지만 환입을 당기수익으로 인식하고, 이를 초과하는 환입액은 재평가잉여금으로 인식한다.
     ∴ 손상차손환입액 = ₩500, 재평가잉여금 증가액 = ₩4,200 − ₩3,600 − ₩500 = ₩100

11 (1) 순자산 공정가치 = ₩450,000 − ₩50,000 = ₩400,000
(2) 이전대가 = ₩10,000×100주 = ₩1,000,000
(3) 영업권 = ₩1,000,000 − ₩400,000 = ₩600,000

답 10 ② 11 ④

12 금융부채

Teacher's Map

1 금융부채의 기초

분류

당기손익 - 공정가치 측정 금융부채	단기매매항목으로 분류되거나 최초인식시점에 당기손익인식 항목으로 지정한 경우
상각후원가 측정 금융부채	당기손익 - 공정가치 측정 금융부채가 아닌 경우

인식과 측정

구분	최초인식	거래원가	후속측정
당기손익 - 공정가치 측정 금융부채	공정가치	당기손익처리	공정가치 (변동분은 당기손익처리)
상각후원가 측정 금융부채	공정가치	원가에서 차감	상각후원가 (유효이자율법)

2 사채

사채발행을 위한 요소

액면금액	사채의 표면에 표시된 금액으로 만기에 사채 발행자가 채권자에게 지급할 금액
기간	사채의 발행일로부터 상환일까지의 기간
액면이자율(표시이자율)	발행자가 사채의 구매자에게 지불하기로 약정한 이자율
시장이자율	사채의 구매자가 일반적으로 다른 곳에 투자할 경우 받을 수 있는 이자율
유효이자율	사채의 미래현금흐름과 발행가액을 일치시키는 이자율 일반적으로 시장이자율과 동일함

발행금액의 결정

구분	이자율 간의 관계	액면금액과 발행금액의 관계
액면발행	표시이자율 = 시장이자율	액면금액 = 발행금액
할인발행	표시이자율 < 시장이자율	액면금액 > 발행금액
할증발행	표시이자율 > 시장이자율	액면금액 < 발행금액

개념 찾기

❶ 당기손익-공정가치 측정 금융부채 ❹ 액면이자율 ❼ 할인발행 ❿ 사채발행비
❷ 상각후원가 측정 금융부채 ❺ 시장이자율 ❽ 할증발행
❸ 액면금액 ❻ 유효이자율 ❾ 액면발행

💡 사채발행의 비교

구분	할인발행	할증발행	액면발행
기간경과에 따른 장부금액의 증감	증가	감소	일정
기간경과에 따른 이자비용의 증감	증가	감소	일정
액면이자와 유효이자의 비교	유효이자 > 액면이자	유효이자 < 액면이자	유효이자 = 액면이자
기간 경과에 따른 사채할인(할증) 발행차금 상각액	증가	증가	n/a
사채발행비가 발생했을 때의 시장이자율과 유효이자율 비교	유효이자율 > 시장이자율	유효이자율 > 시장이자율	유효이자율 > 시장이자율

💡 사채발행비

개념	사채를 발행하는 데 직접적으로 발생하는 발행수수료 및 기타 지급수수료
한국채택국제회계기준	사채발행금액 − 사채발행비
할인발행	사채발행금액 감소, 사채할인발행차금 증가
할증발행	사채발행금액 감소, 사채할증발행차금 감소

💡 사채의 이자비용

이자비용	사채의 이자계산 시점의 기초 장부금액 × 유효이자율
유효이자와 액면이자의 차이	할인발행: 사채의 장부금액에 가산(채무의 증가) 할증발행: 사채의 장부금액에서 차감(채무의 상환)
3개년간 이자비용	상환가액(액면금액 + 3개년간 액면이자) − 발행가액 ['갚은 돈 − 빌린 돈'의 차이에 해당] 할인발행 = 3개년 액면이자 + 사채할인발행차금상각액 할증발행 = 3개년 액면이자 − 사채할증발행차금상각액

> **개념 찾기**
> ⓫ 만기상환
> ⓬ 조기상환

❸ 사채의 상환

💡 상환

만기상환	액면금액만큼 현금지불 ∴ 상환손익 발생하지 않음
조기상환	상환가액과 사채의 장부금액의 차이만큼 사채 상환손익(당기손익) 발생

💡 시장이자율에 따른 상환손익

시장이자율의 관계	상환가액과 장부금액의 관계	손익의 구분
발행 시 = 상환 시	상환가액 = 장부금액	손익 없음
발행 시 > 상환 시	상환가액 > 장부금액	사채상환손실
발행 시 < 상환 시	상환가액 < 장부금액	사채상환이익

❹ 사채와 관련된 기타의 고려사항

💡 이자지급일 사이에 사채발행

개념	사채권에 표시된 명목상의 발행일과 사채의 실제 발행일이 일치하지 않는 경우
발행가액	사채의 미래현금흐름을 실제 발행일의 시장이자율로 할인한 현재가치 금액
발행가액의 계산방법	(할인발행) 명목상 발행일의 발행가액 + 실제 발행일까지의 유효이자

💡 이자지급이 연 2회 이상인 경우

개념	사채의 표시이자가 1년 단위가 아니라, 3개월 단위, 6개월 단위로 지급하는 경우
발행가액	현금흐름이 가장 짧은 기간의 시장이자율을 사용
유효이자율	연이자 × 1/n (연간 이자지급횟수가 n번인 경우)
기간	n × 만기까지의 기간 (연간 이자지급횟수가 n번인 경우)

💡 이자지급일과 보고기간 말이 다른 경우

이자비용	① 안분계산 ② 직전 이자지급일로부터 보고기간 말까지 발생한 실질이자를 이자비용으로 인식
경과이자	미지급이자로 인식

MEMO

- ① 금융부채의 기초
- ② 사채

오쌤 Talk

금융부채에 해당하지 않는 부채
① 선수금, 선수수익
② 법인세 관련 부채(당기법인세부채, 이연법인세부채)
③ 충당부채

📚 **확인문제**

01. 다음 중 ㈜관세의 금융부채를 발생시키는 거래를 모두 고른 것은?
기출처 2020. 관세사

> (가) ㈜관세는 거래처로부터 ₩500을 차입하였다.
> (나) ㈜관세는 제품을 판매하기로 하고 선금 ₩500을 받았다.
> (다) ㈜관세는 ₩500의 비품을 구입하고 그 대가로 거래 상대방에게 자기지분상품 5주(주당 액면가액 ₩100)를 인도하기로 하였다.
> (라) ㈜관세는 보유자가 확정된 금액으로 상환을 청구할 수 있는 권리가 부여된 상환우선주 10주(주당 액면금액 ₩500)를 주당 ₩700에 발행하였다.

① (가), (다) ② (가), (라)
③ (나), (다) ④ (나), (라)
⑤ (다), (라)

정답 ②

오쌤 Talk

금융부채의 거래원가

금융자산에서의 거래원가는 금융자산 취득원가에 가산한다. 즉, 공정가치에 가산한다.
그러나 금융부채의 거래원가는 금융부채의 공정가치에서 차감한다. 즉, 장부상 인식되는 취득원가(빌린 돈)가 줄어든다. 거래원가가 발생하면서 실제로 기업에 유입된 현금은 줄어들기 때문에 장부에 인식하는 채무의 가액도 줄어드는 것으로 이해하면 된다. 적은 금액을 빌리고, 약정금액을 상환하므로 발행자 입장에서의 유효이자율은 거래원가 발생 전보다 높아진다.

1 금융부채의 기초

❶ 분류

금융상품은 거래당사자 일방에게 금융자산을 발생시키고 동시에 다른 거래상대방에게 금융부채나 지분상품을 발생시키는 모든 계약을 의미한다.

금융부채는 계약에 기초한다. 따라서 매입채무, 미지급금, 차입금, 사채 등은 계약에 기초하여 미래에 거래상대방에게 현금 등 금융자산을 인도해야 할 의무이므로 금융부채에 해당한다. 그러나 **과세당국에 납부할 미지급법인세와 의제의무에 의한 충당부채는 계약에 의한 의무가 아니므로 금융부채에 해당하지 않는다.**

금융부채는 **당기손익 - 공정가치 측정 금융부채**와 **기타부채**로 분류하며, 주로 단기간 내에 매각하거나 재매입할 목적으로 취득하거나 부담한 경우 당기손익 - 공정가치 측정 금융부채로 구분하며, 이외의 금융부채는 **상각후원가로 측정**한다.

구분	분류 조건	사례
당기손익 - 공정가치 측정 금융부채	단기매매항목으로 분류되거나 최초 인식시점에 당기손익인식 항목으로 지정한 경우	• 단기매매목적: 공매도주식, 단기재매입부채 • 당기손익인식지정: 공정가치위험회피수단인 파생상품 부채
상각후원가 측정 금융부채	당기손익인식금융부채가 아닌 경우	매입채무, 미지급금, 차입금, 사채

❷ 인식과 측정

2-1 최초 인식

금융부채는 금융상품의 계약당사자가 되는 때에만 재무상태표에 인식한다. 이때 금융자산과 마찬가지로 **공정가치로 측정**하되, 당해 **금융부채의 발행과 직접 관련되는 거래원가는 공정가치에서 차감**한다. 그러나 **당기손익인식금융부채와 관련된 거래원가는 당기손익으로 인식**한다.

2-2 후속 측정

금융부채는 당기손익인식금융부채와 기타부채로 나누어 **당기손익인식금융부채는 공정가치로 측정하고 공정가치 측정으로 발생하는 손익은 당기손익으로 인식**한다. 그 외의 **기타부채는 상각후원가로 측정**한다.

2-3 제거

금융부채는 계약상 의무가 이행, 취소 또는 만료된 경우에 소멸되며, 소멸한 경우에만 재무상태표에서 제거한다. 기존 차입자와 대여자가 실질적으로 다른 조건으로 채무상품을 교환하는 경우, 최초의 금융부채를 제거하고 새로운 금융부채를 인식한다. **금융부채가 제거되는 경우에 금융부채의 장부금액과 지급한 대가의 차액을 당기손익으로 인식한다.**

 사채

❶ 사채의 의의

사채(bonds)는 발행자가 비교적 장기간 자금을 차입하기 위하여 발행한 채무상품으로, 약정에 따라 일정기간 동안 표시이자를 지급하고 만기일에 원금을 상환한다. 따라서 사채의 발행가격은 표시이자와 만기일의 원금의 현재가치가 된다.

사채의 발행에 대해서는 유가증권 중 채무증권에서 검토하였다. 즉, **금융자산**에서 회사가 채무증권을 취득한 경우 보유목적과 의도에 따라 당기손익 - 공정가치 측정 금융자산, 기타포괄손익 - 공정가치 측정 금융자산, 상각후원가 측정 금융자산 중 하나로 계상하고, 취득증권의 발행가액은 액면이자와 원금을 유효이자율로 할인한 금액이라고 하였다. 채무증권의 발행자가 사채를 발행하는 주체가 되는 것이다.

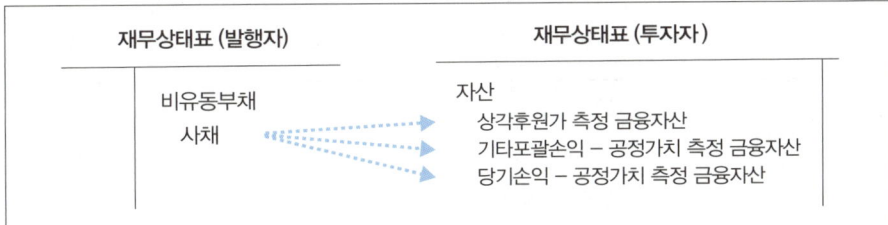

사채의 발행가격과 관련된 사항은 다음과 같다.

1-1 액면금액

액면금액은 사채의 표면에 표시된 금액으로 **만기에 사채 발행자가 채권자에게 지급할 금액**을 의미한다.

1-2 액면이자율

액면이자율은 **발행자가 사채의 구매자에게 지불하기로 약정한 이자율**로, 액면금액에 액면이자율을 곱하여 약정 기일마다 채권자에게 지불한다. 표면이자율과 액면이자율은 같은 의미이다.

1-3 시장이자율

시장이자율은 **사채의 구매자가 일반적으로 다른 곳에 투자할 경우 받을 수 있는 이자율**을 의미한다. 따라서 시장이자율보다 액면이자율이 낮을 경우 구매자들은 다른 곳에 투자할 것이며, 반대의 경우는 해당 사채를 투자하기 위해 일정금액까지의 웃돈을 지불하고도 투자하려고 할 것이다.

자금조달방법으로의 사채발행

기업은 주주와 채권자로부터 자금을 조달한다.
신주발행 등의 방법을 통해 주주로부터 자금을 조달할 경우 장기자금을 가장 좋은 조건으로 조달할 수 있는 방법이지만, 기존 주주의 의결권이 침해될 수 있다.
채권자로부터 자금을 조달하는 방법도 크게 두 가지가 있다. 개별적인 차입의 방식을 통해 조달하는 방법과 사채를 발행하는 방법이다. 개별적인 차입은 기관으로부터 차입하는 방식으로 그 액수와 기간을 정함에 있어서 한계가 있다. 그러나 사채의 발행은 1좌당 발행가액을 설정하고 원하는 만큼 발행할 수 있으므로, 거액의 장기자금(일반 대중의 여유자금)을 시장에서 안정적으로 조달할 수 있는 방법이다.

사채의 발행자와 투자자

쉽게 말해서 사채의 발행자는 '돈을 빌린 자'를 의미하고, 사채의 투자자는 '돈을 빌려준 자'를 의미한다.

❷ 사채의 발행금액

사채의 발행금액은 사채의 미래 현금흐름을 현재가치로 할인시킨 금액이다. 즉, **액면이자와 액면금액을 현재가치로 할인한 금액**이 사채의 발행가격이 되는데, 이때 할인율은 다른 곳에 투자하였더라도 얻을 수 있는 시장이자율을 적용하여야 할 것이다. 따라서 사채 투자자들은 사채의 액면이자율이 크고 작음과 상관없이 시장이자율의 수익을 얻을 수 있게 된다.

> 사채의 발행금액 = 액면이자의 현재가치 + 액면금액의 현재가치
> = 액면이자 × (n기간, 시장이자율, 연금현재가치계수)
> + 액면금액 × (n기간, 시장이자율, 단일금액현재가치계수)

이를 표로 나타내면 다음과 같다.

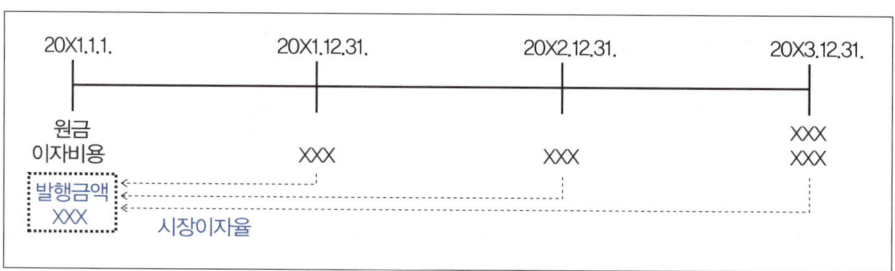

예를 들어, 회사가 20X1년 1월 1일에 액면금액 ₩100,000인 사채(액면이자율 10%, 만기 3년)를 발행하였다고 해보자. 사채 투자자가 채권을 구입할 당시 시장이자율이 10%라면, 동 사채에 투자하여도 10%의 수익률을 얻을 수 있고 다른 곳에 투자하여도 10%를 얻을 수 있을 것이다. 따라서 액면이자 ₩10,000의 3년 10% 연금현재가치와 액면금액 ₩100,000의 3년 10% 단일금액의 현재가치를 합한 금액인 ₩100,000이 사채의 발행가격이 된다.

만약 시장이자율이 12%일 경우, 사채 구매자는 매년 2%의 이자율만큼 손실이 발생하므로 발행가격을 낮추기를 요구할 것이다. 즉, 액면이자 ₩10,000의 3년 12% 연금현재가치와 액면금액 ₩100,000의 3년 12% 단일금액의 현재가치를 합한 금액인 ₩95,190이 사채의 발행가격이다. 이를 사채 할인발행이라고 한다.

반대로 시장이자율이 8%라면 사채 구매자는 매년 2%의 이자율만큼 수익이 발생하므로 사채에 대해 초과수요가 발생한다. 따라서 사채의 발행가격을 높여도 투자자가 있는 만큼 액면이자 ₩10,000의 3년 8% 연금현재가치와 액면금액 ₩100,000의 3년 8% 단일금액의 현재가치를 합한 금액인 ₩105,150가 발행가격이 되며, 이를 사채할증발행이라고 한다.

오쌤 Talk

사채의 발행 (본문 사례 참고)

① 액면발행: 액면발행은 액면금액(₩100,000)만큼 조달하고, 액면금액(₩100,000)으로 상환한다.
해당 기간의 이자비용은 액면에서 약속한 액면이자율 10%의 3년간 지급액(₩10,000 × 3년)이다.

② 할인발행: 할인발행은 할인된 금액(₩95,190)만큼 조달하고, 액면금액(₩100,000)으로 상환한다.
적게 빌리고 원금을 갚는 상황이고, 둘의 차이(₩4,810)은 이자비용이다.
이때, 해당기간의 이자비용은 액면에서 약속한 3년간의 액면이자 ₩30,000과 앞서 할인발행하면서 발생된 이자비용 ₩4,810의 합 ₩34,810이다.

③ 할증발행: 할증발행은 할증된 금액(₩105,150)만큼 조달하고, 액면금액(₩100,000)으로 상환한다.
즉, 많이 빌리고 더 적은 원금을 갚는 상황이고, 둘의 차이(₩5,150)는 액면에서 약속한 이자를 상환하면서 원금을 갚는 형식으로 차감된다. 즉, 매년 갚은 액면이자에는 원래 채권의 유효이자비용과 더불어 원금상환이 포함되어 있다. 그러므로 해당 기간의 이자비용은 3년간 액면이자 지급액 ₩30,000에서 원금을 상환하는 부분(액면금액과 할증금액의 차이 ₩5,150)을 차감한 나머지이다.

구분	이자율간의 관계	액면금액과 발행금액의 관계
액면발행	표시이자율 = 시장이자율	액면금액 = 발행금액
할인발행	표시이자율 < 시장이자율	액면금액 > 발행금액
할증발행	표시이자율 > 시장이자율	액면금액 < 발행금액

기본예제 1 사채의 발행가액

㈜한국은 20X1년 초 3년 만기 사채를 발행하였다. 사채의 액면금액은 ₩100,000이며, 액면이자율은 5%이다. 현재 시장이자율은 9% 일 경우 사채의 발행금액을 구하시오(단, 3기간, 9%, 단일금액의 현가계수는 0.77이고, 3기간 9%, 연금의 현가계수는 2.53이다.)

오쌤 Talk

사채의 발행가액

일반적으로 사채의 발행가액은 다양한 개념으로 표현될 수 있다(단, 거래비용이 발생하지 않음을 가정).
① 자금 조달액: 가장 쉬운 개념으로, 사채의 발행가액은 사채의 발행으로 기업이 빌린 돈, 자금의 조달액이다.
② 사채의 공정가치: 사채의 발행가액은 발행 당시의 공정가치이다.
③ 미래 현금흐름의 현재가치: 사채의 발행가액은 미래 유출될 현금흐름의 현재가치로 측정된다.
④ 상각후원가 금융자산의 공정가치: 투자자 입장에서의 투자사채의 공정가치는 사채의 발행가액을 의미한다.

[풀이]

사채의 발행금액 = $\dfrac{₩5,000}{(1+0.09)^1} + \dfrac{₩5,000}{(1+0.09)^2} + \dfrac{₩5,000}{(1+0.09)^3} + \dfrac{₩100,000}{(1+0.09)^3}$

= ₩5,000 × 2.53(3기간, 9%, 연금의 현재가치계수)
 + ₩100,000 × 0.77(3기간, 9%, 단일금액의 현재가치계수)
= ₩89,650

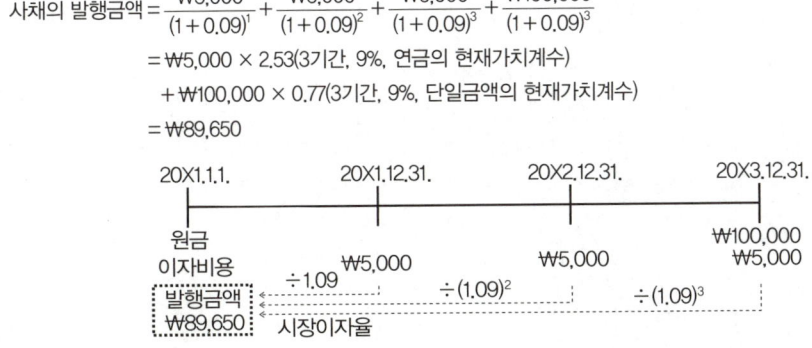

기출 OX

01. 사채가 액면발행된다면 매년 사채의 유효이자는 액면이자와 같지 않다. (단, 이자율은 0보다 크다.)

기출처 2017. 하반기 관세직 9급

정답 X

오쌤 Talk

3년간 이자비용 [기본예제 2]
3년간 인식할 이자비용
= 갚은 돈 - 빌린 돈
= 3년간 총 유출된 현금흐름 - 사채의 발행금액
= ₩130,000 - ₩100,000
= ₩30,000
[참고]
액면발행 시 3년간의 이자비용
= 액면이자 × 3년
= ₩100,000 × 10% × 3년
= ₩30,000

2-1 액면발행

사채의 액면이자율과 시장이자율이 동일한 경우 액면금액으로 발행이 된다. 이후 이자지급은 액면금액에 액면이자율(= 시장이자율)을 곱하여 지불하고 만기가 되면 액면금액을 상환한다.

〈사채발행일〉
(차) 현금   XXX   (대) 사채   XXX
〈이자지급일〉
(차) 이자비용   XXX   (대) 현금   XXX
〈사채상환일〉
(차) 사채   XXX   (대) 현금   XXX

기본예제 2 사채의 액면발행

㈜한국은 20X1년 초 3년 만기 사채를 발행하였다. 사채의 액면금액은 ₩100,000이며, 액면이자율은 10%이다. 사채발행 시의 시장이자율은 10%이다. (단, 3기간 10% 단일금액의 현재가치 계수는 0.75이고, 3기간 10% 연금의 현재가치 계수는 2.49이다.)

01 사채의 발행금액을 구하시오.

02 사채 보유기간 동안의 회계처리를 하고 20X1년, 20X2년 말의 재무상태표를 작성하시오.

[풀이]

01 사채의 발행금액 = $\dfrac{₩10,000}{(1+0.1)^1} + \dfrac{₩10,000}{(1+0.1)^2} + \dfrac{₩10,000}{(1+0.1)^3} + \dfrac{₩100,000}{(1+0.1)^3}$

= ₩10,000 × 2.49(3년, 10%, 연금의 현재가치계수)

+ ₩100,000 × 0.75(3년, 10%, 단일금액의 현재가치계수)

= ₩100,000

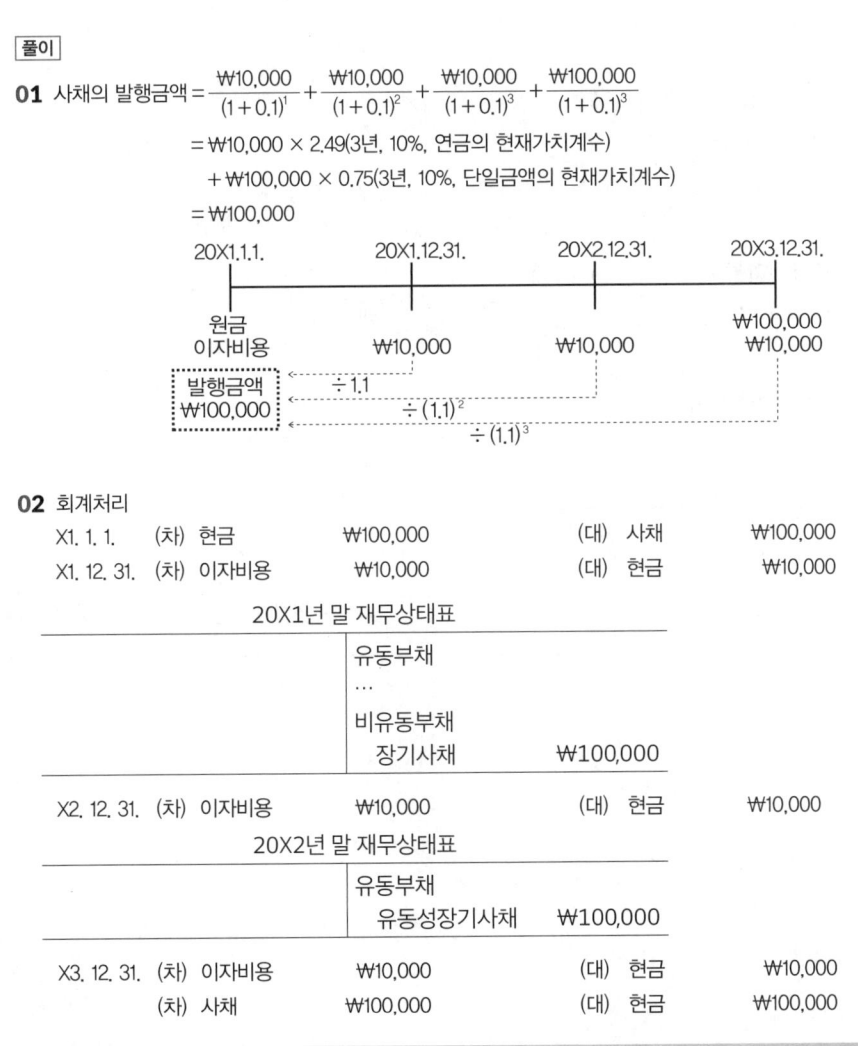

02 회계처리

X1. 1. 1.	(차) 현금	₩100,000	(대) 사채	₩100,000
X1. 12. 31.	(차) 이자비용	₩10,000	(대) 현금	₩10,000

20X1년 말 재무상태표

	유동부채
	…
	비유동부채
	장기사채　₩100,000

X2. 12. 31.	(차) 이자비용	₩10,000	(대) 현금	₩10,000

20X2년 말 재무상태표

	유동부채
	유동성장기사채　₩100,000

X3. 12. 31.	(차) 이자비용	₩10,000	(대) 현금	₩10,000
	(차) 사채	₩100,000	(대) 현금	₩100,000

기출 OX

02. 상각후원가측정금융부채로 분류하는 사채의 회계처리에서 사채의 액면이자율이 시장이자율보다 낮은 경우 사채를 할인발행하게 된다.
기출처 2021. 국가직 9급
정답 O

03. 상각후원가측정금융부채로 분류하는 사채의 회계처리에서 사채를 할증발행한 경우 사채의 장부금액은 시간이 흐를수록 감소한다.
기출처 2021. 국가직 9급
정답 O

04. 사채를 할인발행할 경우, 사채할인발행차금 상각액은 점차 감소한다.
기출처 2020. 관세직 9급
정답 X

05. 사채가 할인발행된다면 만기에 가까워질수록 매년 사채의 유효이자는 감소한다. (단, 이자율은 0보다 크다.)
기출처 2017. 하반기 관세직 9급
정답 X

확인문제

02. 다음 중 사채의 할인발행에 대한 설명으로 옳지 않은 것은?
① 사채의 장부금액은 시간이 경과할수록 증가한다.
② 사채의 이자비용은 시간이 경과할수록 감소한다.
③ 사채할인발행차금 상각액은 시간이 경과할수록 증가한다.
④ 사채의 현금으로 지급되는 이자보다 포괄손익계산서에 인식되는 이자가 더 크다.

정답 ②

2-2 할인발행

액면이자율이 시장이자율보다 낮은 경우 사채 구매자의 수익률을 시장이자율로 맞춰주기 위하여 사채를 할인발행한다. 즉, **사채의 발행금액이 액면금액보다 낮게 발행하고, 이 차액을 사채할인발행차금으로 계상한다.**

사채할인발행차금은 사채 발행자가 구매자에게 시장이자율을 보장해주기 위해서 액면금액보다 낮은 가액으로 발행한 금액이며, 이는 기간의 경과에 따라 이자비용으로 인식한다. 이때 이자비용은 유효이자율법에 따라 계상하도록 되어 있으며, **유효이자율은 사채의 발행금액과 사채의 미래 현금흐름을 일치시켜주는 이자율을 말한다.** 따라서 유효이자율은 사채발행 시 발생하는 부대비용이 없다면 시장이자율과 동일하며, 이자비용은 사채의 기초장부금액에 유효이자율을 곱한 것이다.

- 사채 이자비용 = 기초장부금액 × 유효이자율
- 사채할인발행차금상각액 = 이자비용 − 액면이자

⟨사채발행일⟩
(차) 현금　　　　　　　　XXX　　(대) 사채　　　　　　XXX
　　 사채할인발행차금　　XXX

⟨이자지급일⟩
(차) 이자비용　　　　　　XXX　　(대) 현금　　　　　　XXX
　　　　　　　　　　　　　　　　　　　사채할인발행차금　XXX

⟨사채상환일⟩
(차) 사채　　　　　　　　XXX　　(대) 현금　　　　　　XXX

[재무상태표 표시]

20X1년 재무상태표

비유동부채		
사채	XXX	
사채할인발행차금	(XXX)	XXX

기본예제 3 사채의 할인발행

㈜한국은 20X1년 초 3년 만기 사채를 발행하였다. 사채의 액면금액은 ₩100,000이며, 액면이자율은 8%이다. 사채발행 시의 시장이자율은 10%이다. (단, 3기간 10% 단일금액의 현재가치계수는 0.75이고 3기간 10% 연금의 현재가치 계수는 2.49이다.)

01 사채의 발행금액을 구하고, 사채할인발행차금 상각표를 작성하시오(단, 소수점 이하는 절사).

02 사채 보유기간 동안의 회계처리를 하고 20X1년과 20X2년 말의 재무상태표를 작성하시오.

[풀이]

01 사채의 발행금액 = $\dfrac{₩8,000}{(1+0.1)^1} + \dfrac{₩8,000}{(1+0.1)^2} + \dfrac{₩8,000}{(1+0.1)^3} + \dfrac{₩100,000}{(1+0.1)^3}$

= ₩8,000 × 2.49(3년, 10%, 연금의 현재가치계수)
+ ₩100,000 × 0.75(3년, 10%, 단일금액의 현재가치계수)
= ₩94,920

〈사채할인발행차금 상각표〉

일자	①유효이자 (④ × 10%)	②액면이자 (8%)	③할인발행차금 상각액(① - ②)	④장부금액 (④ + ③)
X1년 1월 1일				₩94,920
X1년 12월 31일	₩9,492	₩8,000	₩1,492	₩96,412
X2년 12월 31일	₩9,641	₩8,000	₩1,641	₩98,053
X3년 12월 31일	₩9,947	₩8,000	₩1,947*	₩100,000
합계	₩29,080	₩24,000	₩5,080	

*단수차이조정

02 회계처리

X1. 1. 1.	(차) 현금	₩94,920	(대) 사채	₩100,000
	사채할인발행차금	₩5,080		
X1. 12. 31.	(차) 이자비용	₩9,492	(대) 현금	₩8,000
			사채할인발행차금	₩1,492

20X1년 말 재무상태표

	유동부채		
	비유동부채		
	사채	₩100,000	
	사채할인발행차금	(₩3,588)	₩96,412

X2. 12. 31.	(차) 이자비용	₩9,641	(대) 현금	₩8,000
			사채할인발행차금	₩1,641

20X2년 말 재무상태표

	유동부채		
	사채	₩100,000	
	사채할인발행차금	(₩1,947)	₩98,053

X3. 12. 31.	(차) 이자비용	₩9,947	(대) 현금	₩8,000
			사채할인발행차금	₩1,947
	(차) 사채	₩100,000	(대) 현금	₩100,000

확인문제

03. ㈜한국은 20X1년 1월 1일에 액면금액 ₩100,000, 액면이자율 연 8%, 5년 만기의 사채를 ₩92,416에 발행하였다. 이자는 매년 12월 31일에 지급하기로 되어 있고 20X1년 1월 1일 시장이자율은 연 10%이다. 동 사채의 회계처리에 대한 설명으로 옳지 않은 것은? (단, 계산결과는 소수점 아래 첫째 자리에서 반올림한다.)
기출처 2020. 지방직 9급

① 사채발행 시 차변에 현금 ₩92,416과 사채할인발행차금 ₩7,584을 기록하고, 대변에 사채 ₩100,000을 기록한다.
② 20X1년 12월 31일 이자지급 시 차변에 사채이자비용 ₩9,242을 기록하고 대변에 현금 ₩8,000과 사채할인발행차금 ₩1,242을 기록한다.
③ 20X1년 12월 31일 사채의 장부금액은 ₩91,174이다.
④ 사채만기까지 인식할 총 사채이자비용은 액면이자 합계액과 사채할인발행차금을 합한 금액이다.

정답 ③

오쌤 Talk

3년간 이자비용 [기본예제 3]

3년간 인식할 이자비용 = 빌린돈 - 갚은돈
= 사채의 발행금액 - 3년간 총 유출된 현금흐름
= ₩94,920 - ₩124,000
= (₩29,080)

[참고]
3년간 인식할 이자비용
= 할인발행차금 상각액 + 3년간의 액면이자
= ₩5,080 + ₩24,000 = ₩29,080

확인문제

04. ㈜한국은 20X1년 1월 1일에 사채(표시이자율 10%, 만기 3년, 액면금액 ₩100,000, 이자 후급)를 ₩95,200에 발행하였다. 20X1년 이자비용이 ₩11,400 발생하였을 경우, 20X1년 말 사채의 장부금액은?
기출처 2021. 지방직 9급

① ₩95,200 ② ₩96,600
③ ₩98,600 ④ ₩101,400

정답 ②

확인문제

05. 다음 중 사채의 할증발행에 대한 설명으로 옳지 않은 것은?
① 사채의 장부금액은 시간이 경과할수록 감소한다.
② 사채의 이자비용은 시간이 경과할수록 감소한다.
③ 사채할증발행차금 상각액은 시간이 경과할수록 감소한다.
④ 사채의 현금으로 지급되는 이자보다 포괄손익계산서에 인식되는 이자가 더 작다.

정답 ③

기출 OX

06. 사채를 할증발행할 경우, 인식하게 될 이자비용은 사채할증발행차금에서 현금이자 지급액을 차감한 금액이다.
기출처 2020. 관세직 9급
정답 X

07. 사채를 할증발행한 경우 사채이자비용은 현금이자지급액에 사채할증발행차금 상각액을 가산하여 인식한다.
기출처 2014. 국가직 7급
정답 X

08. 사채가 할증발행된다면 만기에 가까워질수록 매년 사채의 유효이자는 증가한다. (단, 이자율은 0보다 크다.)
기출처 2017. 하반기 관세직 9급
정답 X

09. 사채가 할증발행된다면 매년 사채의 유효이자는 액면이자보다 적다. (단, 이자율은 0보다 크다.)
기출처 2017. 하반기 관세직 9급
정답 O

10. 사채발행차금을 유효이자율법에 따라 상각할 때 할증발행 시 상각액은 매기 감소한다.
기출처 2016. 국가직 9급
정답 X

확인문제 최신

06. ㈜한국은 20X1년 초 액면금액 ₩1,000,000의 사채(액면이자율 연 12%, 유효이자율 연 10%, 만기 3년)를 발행하였으며, 발행 시부터 만기까지 인식한 총이자비용은 ₩310,263이다. 20X1년 초 이 사채의 발행가액은? (단, 액면이자는 매년 말 지급하고, 원금은 만기에 일시상환한다)
기출처 2023. 지방직 9급

① ₩1,049,737   ② ₩1,310,163
③ ₩1,360,000   ④ ₩1,670,263

정답 ①

2-3 할증발행

액면이자율이 시장이자율보다 높은 경우 사채 구매자의 수익률을 시장이자율로 맞춰주기 위하여 사채를 할증발행한다. 즉, **사채의 발행금액이 액면금액보다 높게 발행하고 이 차액을 사채할증발행차금으로 계상한다.**

사채할증발행차금은 사채 발행자가 구매자에게 시장이자율로 이자비용을 지불하기 위해 액면금액보다 높은 가액으로 발행한 금액이며, 이는 기간의 경과에 따라 이자비용에서 차감한다. 이때 이자비용에서 차감하는 사채할증발행차금상각은 유효이자율법에 따라 인식한다. 사채할인발행과 마찬가지로 이자비용은 사채의 기초장부금액에 유효이자율을 곱한 것이다.

따라서 유효이자율은 사채발행 시 발생하는 부대비용이 없다면 시장이자율과 동일하며, 이자비용은 사채의 기초장부금액에 유효이자율을 곱한 것이다.

- 사채 이자비용 = 기초장부금액 × 유효이자율
- 사채할증발행차금상각액 = 액면이자 − 이자비용

〈사채발행일〉
(차) 현금   XXX   (대) 사채   XXX
                                사채할증발행차금   XXX

〈이자지급일〉
(차) 이자비용   XXX   (대) 현금   XXX
    사채할증발행차금 XXX

〈사채상환일〉
(차) 사채   XXX   (대) 현금   XXX

[재무상태표 표시]

20X1년 재무상태표		
비유동부채		
사채	XXX	
사채할증발행차금	XXX	XXX

기본예제 4 사채의 할증발행

㈜한국이 20X1년 초 3년 만기 사채를 발행하였다. 사채의 액면금액은 ₩100,000이며, 액면이자율은 12%이다. 사채발행 시의 시장이자율은 10%이다. (단, 3기간 10% 단일금액의 현재가치계수는 0.75이고 3기간 10% 연금의 현재가치 계수는 2.49이다.)

01 사채의 발행금액을 구하고, 사채할증발행차금 상각표를 작성하시오(단, 소수점 이하는 절사).

02 사채 보유기간 동안의 회계처리를 하고 20X1년, 20X2년 말의 재무상태표를 작성하시오.

[풀이]

01 사채의 발행금액 $= \dfrac{₩12,000}{(1+0.1)^1} + \dfrac{₩12,000}{(1+0.1)^2} + \dfrac{₩12,000}{(1+0.1)^3} + \dfrac{₩100,000}{(1+0.1)^3}$

$= ₩12,000 \times 2.49$(3년, 10%, 연금의 현재가치계수)
$+ ₩100,000 \times 0.75$(3년, 10%, 단일금액의 현재가치계수)
$= ₩104,880$

〈사채할증발행차금 상각표〉

일자	①유효이자 (④ × 10%)	②액면이자 (12%)	③할증발행차금 상각액(① − ②)	④장부금액 (④ − ③)
X1년 1월 1일				₩104,880
X1년 12월 31일	₩10,488	₩12,000	₩1,512	₩103,368
X2년 12월 31일	₩10,336	₩12,000	₩1,664	₩101,704
X3년 12월 31일	₩10,296	₩12,000	₩1,704*	₩100,000
합계	₩31,120	₩36,000	₩4,880	

*단수차이조정

02 회계처리

X1. 1. 1.	(차) 현금	₩104,880	(대) 사채	₩100,000
			사채할증발행차금	₩4,880

X1. 12. 31.	(차) 이자비용	₩10,488	(대) 현금	₩12,000
	사채할증발행차금	₩1,512		

20X1년 말 재무상태표

	비유동부채		
	사채	₩100,000	
	사채할증발행차금	₩3,368	₩103,368

X2. 12. 31.	(차) 이자비용	₩10,336	(대) 현금	₩12,000
	사채할증발행차금	₩1,664		

20X2년 말 재무상태표

	유동부채		
	사채	₩100,000	
	사채할증발행차금	₩1,704	₩101,704

X3. 12. 31.	(차) 이자비용	₩10,296	(대) 현금	₩12,000
	사채할증발행차금	₩1,704		
	(차) 사채	₩100,000	(대) 현금	₩100,000

오쌤 Talk

3년간 이자비용 [기본예제 4]

3년간 인식할 이자비용 = 갚은 돈 − 빌린 돈
= 3년간 총 유출된 현금흐름 − 사채의 발행금액
= ₩136,000 − ₩104,880
= ₩31,120

[참고]
3년간 인식할 이자비용
= 3년간의 액면이자 − 할증발행차금 상각액
= ₩36,000 − ₩4,880 = ₩31,120

오쌤 Talk

유효이자율법

구분	할인발행	할증발행
사채의 장부금액	증가	감소
이자비용	증가	감소
표시이자	일정	일정
사채발행차금상각액	증가	증가

📋 **확인문제**

07. 사채의 회계처리와 관련하여 사채할인발행차금을 유효이자율법에 따라 상각할 때 재무상태에 미치는 영향으로 옳은 것은? (단, 유효이자율은 0보다 크다)
기출처 2025. 국가직 9급 최신

① 자본의 증가, 부채의 증가
② 자본의 증가, 부채의 감소
③ 자본의 감소, 부채의 증가
④ 자본의 감소, 부채의 감소

정답 ③

08. 다음 중 사채에 대한 설명으로 옳지 않은 것은?

① 사채의 할인발행 시 기간이 경과할수록 이자비용은 증가한다.
② 사채의 할증발행 시 기간이 경과할수록 할증발행차금상각액은 증가한다.
③ 사채의 할인발행 시 기간이 경과할수록 할인발행차금상각액은 감소한다.
④ 사채의 할증발행 시 기간이 경과할수록 장부금액은 감소한다.

정답 ③

 **기출 OX**

11. 상각후원가측정금융부채로 분류하는 사채의 회계처리에서 사채발행시 사채발행비가 발생한 경우의 유효이자율은 사채발행비가 발생하지 않는 경우보다 높다.
기출처 2021. 국가직 9급

정답 O

오쌤 Talk

사채발행비

사채발행비가 발생하면 실제 발행가액이 낮아진다. 즉, 기업이 빌려온 돈(조달한 자금)이 더 적어진다. 더 적은 금액을 빌리고 액면에서 약속한 금액을 갚아나가기 때문에 기업 입장에서는 부담이 늘어난다. 그러므로 시장이자율보다 실제로 부담하게 되는 유효이자율은 증가하는 셈이다. 하여 사채발행비가 발생하면 사채의 할인발행과 할증발행 모두 시장이자율보다 유효이자율이 늘어난다.

❸ 유효이자율법과 정액법

유효이자율은 사채의 발행금액과 미래현금흐름을 일치시켜주는 이자율로 액면이자율과 차이가 발생할 경우 할인발행 또는 할증발행을 하게 된다. 예를 들어, 할인발행을 할 경우 발행금액과 액면금액과의 차이만큼 사채할인발행차금으로 계상하고, 직전 이자 지급일의 장부금액에 유효이자율을 곱하고 액면이자와의 차이만큼 사채할인발행차금과 상계한다.

그러나 정액법은 사채할인발행차금을 사채의 상환기간에 걸쳐 균등하게 상각하여 이자비용에 가산하는 방법이다. 그러므로 정액법은 총 할인발행차금을 사채기간으로 나누고 경과한 기간만큼을 이자비용에 가산한다. 정액법은 간편하다는 장점이 있으나 실질 이자비용을 정확하게 반영 못한다는 단점이 있다. 그러므로 한국채택국제회계기준에서는 **유효이자율법만 인정**하고 있다.

❹ 사채발행비

사채를 발행할 경우 사채와 관련하여 사채발행수수료나 사채권인쇄비 등 부수 비용이 발생한다. 사채발행비는 사채의 발행에 필수적으로 들어가는 비용으로, 사채발행을 통해 모집한 금액을 감소시키는 효과가 있다. 따라서 사채발행비는 사채를 발행하면서 조달되는 자금에서 차감되고, 조달된 자금이 줄어드는 만큼 사채할인발행차금에 가산하거나 사채할증발행차금에 차감하는 방식으로 계상한다.

〈사채할인발행 시〉
(차) 현금　　　　　　　　XXX　　(대) 사채　　　　　　　　XXX
　　　사채할인발행차금　XXX
(차) 사채할인발행차금　　XXX　　(대) 현금(사채발행비)　　XXX

〈사채할증발행 시〉
(차) 현금　　　　　　　　XXX　　(대) 사채　　　　　　　　XXX
　　　　　　　　　　　　　　　　　　사채할증발행차금　　XXX
(차) 사채할증발행차금　　XXX　　(대) 현금(사채발행비)　　XXX

사채발행비가 발생하면 사채의 발행금액이 감소하므로 시장이자율보다 유효이자율이 높아진다. 즉, 사채발행비가 없으면 시장이자율과 유효이자율이 동일하나, 사채발행비가 발생하면 사채발행비만큼 사채의 발행금액이 낮아져, 유효이자율이 높아지게 된다.

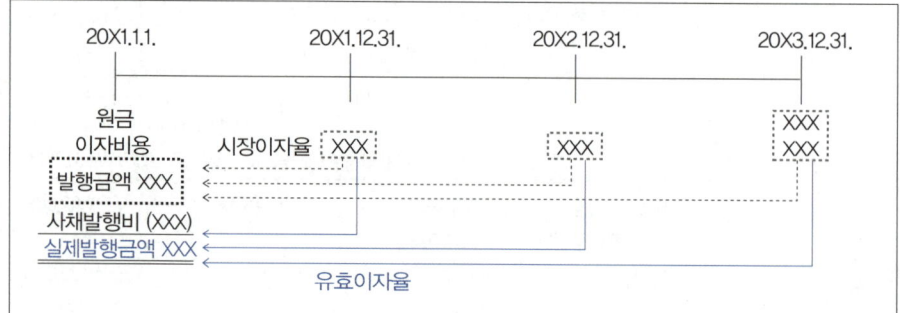

기본예제 5 사채발행비

㈜한국은 20X1년 초 3년 만기 사채를 발행하였다. 사채의 액면금액은 ₩100,000이며, 액면이자율은 10%이다. 사채발행 시의 시장이자율은 12%이다. (단, ㈜한국이 발행한 사채와 동일한 조건으로 20X1년 초 시장이자율로 발행했을 때의 발행가액은 ₩95,200임을 가정한다.)

01 사채의 발행비로 ₩4,484이 발생한 경우 유효이자율은 얼마인지 구하시오.

02 사채발행 시의 회계처리를 하시오.

[풀이]

01 사채 발행금액 = 사채의 발행금액 − 사채발행비 = ₩95,200 − ₩4,484 = ₩90,716

$$= \frac{\text{₩}10,000}{(1+X)^1} + \frac{\text{₩}10,000}{(1+X)^2} + \frac{\text{₩}10,000}{(1+X)^3} + \frac{\text{₩}100,000}{(1+X)^3}$$

= ₩10,000 × 2.3216(3년, 14%, 연금의 현재가치계수) + ₩100,000 × 0.6750 (3년, 14%, 현재가치계수)

→ 유효이자율은 14%이다.

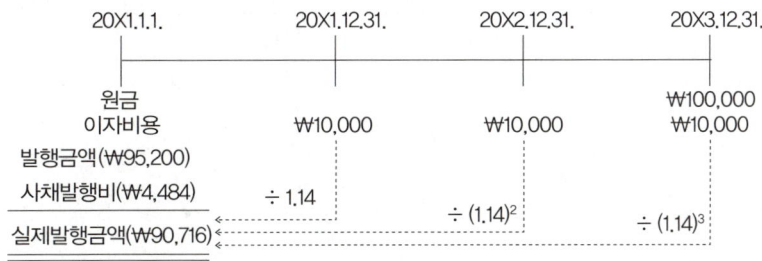

02 회계처리

X1. 1. 1.	(차) 현금	₩95,200	(대) 사채	₩100,000
	사채할인발행차금	₩4,800		
	(차) 사채할인발행차금	₩4,484	(대) 현금	₩4,484

확인문제

09. ㈜한국은 20X1년 초 3년만기 사채를 발행하였다. 사채의 액면금액은 ₩100,000이고, 액면이자율이 12%이다. 사채의 발행 시의 시장이자율은 10%이다. 이때, 사채발행비가 ₩4,880만큼 발생하였다면, 20X1년 인식하게 될 이자비용은 얼마인가? (단, 사채의 발행비가 발생하기 전 사채의 발행가액은 ₩104,880임을 가정한다.)

정답 ₩12,000

❺ 사채의 상환

사채의 구매자는 일반적으로 만기 전에 상환을 요청할 수가 없다. 그러나 사채 발행자는 자금에 여력이 생겨 조기 상환할 경우가 있다.

5-1 만기상환

사채 발행자는 만기가 되면 액면발행, 할인발행, 할증발행 여부와 상관없이 구매자에게 액면금액만큼 현금을 지불하면 된다. 그리고 사채와 상계해주면 된다.

(차) 사채	XXX	(대) 현금	XXX

5-2 조기상환

사채 발행자가 사채를 만기 전에 상환하는 경우 일반적으로 장부금액과 상환액이 다르다. 이는 시장이자율이 달라져서 사채의 공정가치가 달라지기 때문이다. 따라서 **장부금액**과 **사채 상환금액의 차이**를 **사채상환손익으로 계상**하면 된다.

> 사채상환손익 = 상환 전 장부금액 − 사채상환금액

⟨사채상환일⟩

(차) 사채	XXX	(대) 현금	XXX
사채상환손실	XXX	사채할인발행차금	XXX

단, 사채상환일 전까지의 이자비용을 계산하여 사채할인(할증)발행차금을 가감해주어야 한다.

시장이자율의 관계	상환가액과 장부금액의 관계	손익의 구분
발행 시 = 상환 시	상환가액 = 장부금액	손익 없음
발행 시 > 상환 시	상환가액 > 장부금액	사채상환손실
발행 시 < 상환 시	상환가액 < 장부금액	사채상환이익

오쌤 Talk

사채상환손익

사채상환손익이 발생하는 이유는 시장이자율이 달라짐으로써 사채의 공정가치가 달라지기 때문이다. 사채를 상환(처분)할 때는 그 시점의 시장에서의 사채의 공정가치를 상환금액으로 인식한다.
시장의 이자율과 사채의 공정가치는 반비례 관계이다.
그러므로 상환 당시 시장의 이자율이 사채 발생시보다 높아지면, 사채의 공정가치가 낮아지므로 적은 금액으로 사채를 상환할 수 있어서 사채상환이익(수익)이 발생한다. 반대로 상환 당시 시장의 이자율이 사채발행 시보다 낮아지면, 사채의 공정가치가 높아지므로 많은 금액으로 사채를 상환하게 되어 사채상환손실(비용)이 발생한다.

기본예제 6 사채의 조기상환(1)

㈜한국은 20X1년 초 3년 만기 사채를 발행하였다. 사채의 액면금액은 ₩100,000이며, 액면이자율은 8%이다. 사채발행 시의 시장이자율은 10%이다.

01 20X2년 초에 사채를 ₩110,000에 상환하였다. 사채상환손익을 구하시오.
(단, 20X1년 초 사채의 발행가액은 ₩94,920이다.)

02 사채 상환과 관련된 회계처리를 하시오.

오쌤 Talk

사채상환손익

사채상환손익은 사채상환가액과 사채의 장부금액의 차이이다.
이때, 사채의 장부금액은 사채를 상환하는 시점까지의 유효이자율법을 통해 인식한 상각후원가의 장부금액이다.

확인문제

10. ㈜서울은 액면금액이 ₩100,000, 표시이자율 연 10%(1년에 1회 이자지급)인 사채를 이자지급일에 현금 ₩113,000을 지급하고 조기상환하였다. 이때 사채상환손실이 ₩8,000이었다면, 상환시점의 사채할인발행차금은?

기출처 2018. 서울시 7급

① ₩8,000 ② ₩5,000
③ ₩3,000 ④ ₩2,000

정답 ②

[풀이]

01 사채상환손익 = 상환 전 장부금액(₩96,412)* − 사채상환금액(₩110,000)
= 사채상환손실 ₩13,588
* 상환 전 장부금액 = 사채의 발행가액 + 20X1년 사채할인발행차금상각액
= ₩94,920 + (₩94,920 × 10% − ₩100,000 × 8%) = ₩96,412

02 회계처리
X2. 1. 1. (차) 사채   ₩100,000   (대) 현금   ₩110,000
              사채상환손실   ₩13,588   사채할인발행차금   ₩3,588*
* 상환 시 사채할인발행차금잔액 = 20X1년 말 장부에 계상된 사채할인발행차금잔액
= 총 사채할인발행차금잔액 − 20X1년 말 사채할인발행차금상각액
= ₩5,080 − ₩1,492 = ₩3,588

5-3 이자지급일 사이에 사채 상환

사채를 이자지급일 사이에 상환하는 경우 사채의 장부금액은 직전 이자지급일의 사채 장부금액에서 직전 이자지급일부터 상환일까지의 사채할인발행차금을 가산하거나 사채할증발행차금을 차감한 금액을 의미한다. 또한 기간경과분에 대한 액면이자를 사채상환의 금액에 포함되었는지 여부를 고려하여 사채상환손익을 계산해야 한다.

이자지급일 사이의 사채 상환

사채의 상환손익은 경과이자 부분(미지급이자)을 제외하고 순수하게 사채만의 상환에 대한 손익이다.
이자지급일 사이에 사채를 상환하는 경우 상환시점의 상각후원가를 계산한다. 즉, 직전이자지급일로부터 상환일까지 유효이자율법을 이용하여 정확한 사채의 장부금액을 산정해야 한다.
이때 상환금액에 경과이자가 포함되어 있다면, 경과이자를 산정하여 제거하고 순수하게 사채의 장부금액이 얼마인지 구해야 한다.

> **[심화예제 1] 사채의 조기상환(2)**
>
> ㈜한국은 20X1년 초 3년 만기 사채를 매년 말 이자지급 조건으로 발행하였다. 사채의 액면금액은 ₩100,000이며, 액면이자율은 8%이다. 사채발행 시의 시장이자율은 10%이다.
>
> **01** 20X2년 7월 1일에 사채를 ₩110,000에 상환하였다. 사채상환손익을 구하시오.
> (단, 20X1년 초 사채의 발행가액은 ₩94,920이며, 상환금액 ₩110,000은 경과이자를 포함한 금액이다.)
>
> **02** 사채 상환과 관련된 회계처리를 하시오.

사채의 상환으로 인해 20X2년 당기손익에 미치는 영향 [심화예제 1]

　20X2년 기초의 사채의 장부금액
　　= ₩96,412
　(-) 사채상환으로 인한 현금상환액
　　= ₩110,000
　　　(₩13,588)

> **풀이**
>
> **01** 사채상환손익 = 상환 전 장부금액(₩97,233)* + 미지급이자(₩4,000)** − 사채상환금액(₩110,000) = 사채상환손실 ₩8,767
> * 상환 전 장부금액 = 20X1년 말 장부금액 + 20X2년 6개월분 사채할인발행차금 상각액
> 　　= ₩96,412 + (₩96,412 × 10% − ₩100,000 × 8%) × 6/12 = ₩97,233
> ** 미지급이자 = ₩100,000 × 8% × 6/12 = ₩4,000
>
> **02** 회계처리
>
> | X2. 7. 1. | (차) 이자비용 | ₩4,821 | (대) 미지급이자 | ₩4,000 |
> |---|---|---|---|---|
> | | | | 사채할인발행차금 | ₩821 |
> | | (차) 사채 | ₩100,000 | (대) 현금 | ₩110,000 |
> | | 　미지급이자 | ₩4,000 | 　사채할인발행차금 | ₩2,767* |
> | | 　사채상환손실 | ₩8,767 | | |
>
> * 상환 시 사채할인발행차금잔액 = 20X2년 7월 1일 장부에 계상된 사채할인발행차금잔액
> 　　= 총 사채할인발행차금잔액 − 20X2년 7월 1일까지 사채할인발행차금상각액
> 　　= ₩5,080 − (₩1,492 + ₩821) = ₩2,767

심화예제 2 사채의 조기상환(3)

㈜한국은 20X1년 1월1일 3년 만기, 액면금액 ₩100,000인 사채를 발행하였다. 이 사채의 액면이자율은 5%, 유효이자율은 10% 그리고 이자지급일은 매년 12월 31일이다. ㈜한국이 20X3년 7월 1일 경과이자를 포함하여 현금 ₩95,000을 지급하고 동 사채를 조기상환하였을 때, 사채의 상환손익은 얼마인가? (단, 20X2년 12월 31일 현재 사채할인발행차금 미상각잔액은 ₩4,000으로 가정한다.)

오쌤 Talk

상환손익 [심화예제 2]

(1) 사채의 상환으로 인해 20X3년 당기손익에 미치는 영향
   = 이자비용 + 사채상환손익
   = 20X3년 초 사채의 장부금액 - 현금상환액
   = (₩100,000 - ₩4,000) - ₩95,000
   = ₩1,000 이익

(2) 이자비용
   = ₩96,000 × 10% × 6/12
   = ₩4,800
   ∴ 사채상환손익
   = ₩4,800 + ₩1,000 = ₩5,800

[풀이]

(차)	사채	₩100,000	(대)	현금	₩95,000
	이자비용	₩4,800*		사채할인발행차금	₩4,000
				사채상환이익	₩5,800

* 실질유효이자 = 20X2년 말 사채장부가액 × 유효이자율 × 6/12
  = (₩100,000 − ₩4,000) × 10% × 6/12 = ₩4,800

오쌤 Talk

현금수령액

명목상 발행일보다 늦은 날 사채를 발행하게 되더라도 사채의 이자는 원본에 표시된 날 지급된다. 그러므로 사채를 취득한 자(돈을 빌려준 자)는 사채를 보유한 기간이 1년이 안되어도 1년치 이자를 받게 된다. 그러므로 실제 발행일에 사채를 취득할 때 사채 원본의 공정가치를 지급함과 동시에 실제 보유하지 않아도 받게 되는 현금이자를 함께 지급해야 한다.

그러므로 사채의 현금수령액(= 사채 취득자가 지급한 금액) = 사채 원본의 발행가액 + 발행일까지의 액면이자

∴ 사채의 발행가액 = 사채로 인한 현금수령액 - 발행일까지의 액면이자

6 기타의 고려사항

6-1 이자지급일 사이의 사채발행

이자지급일 사이의 사채의 발행은 사채권에 표시된 명목상의 발행일과 사채의 실제 발행일이 일치하지 않는 경우를 의미한다.

사채의 발행금액은 발행일의 공정가치이다. 즉, 사채의 미래현금흐름을 발행 당시의 시장이자율로 할인한 현재가치와 동일하다. 그러므로 **이자지급일 사이에 사채를 발행하는 경우에도 사채의 발행금액은 사채의 미래현금흐름을 실제 발행일의 시장이자율로 할인한 현재가치 금액이 된다.**

예를 들어, 다음과 같은 조건으로 사채권을 발행했다고 가정하자.

- 사채의 액면금액 ₩100,000, 액면이자율 10%, 만기 3년, 매년 말 이자지급조건
- 명목상 발행일은 20X1년 1월 1일이고, 실제 발행일은 20X1년 4월 1일
- 20X1년 1월 1일 시장이자율은 10%, 20X1년 4월 1일 시장이자율은 12%

이 경우 사채의 발행금액은 실제 발행일의 시장이자율 12%를 적용하여 다음과 같이 계산할 수 있다.

$$\text{사채의 발행금액} = \frac{\text{₩}10,000 \times 9/12}{1.12^{9/12}} + \frac{\text{₩}10,000}{1.12^{21/12}} + \frac{\text{₩}10,000}{1.12^{33/12}} + \frac{\text{₩}100,000}{1.12^{33/12}}$$

그러나, 이러한 계산값을 구하는 것은 수험목적상 불가능하므로 이자지급일 사이에서의 사채발행은 일반적으로 명목상 발행일의 발행금액에 실제 발행일까지의 유효이자를 가산하는 방식으로 계산한다. 다만, 발행자가 보유한 기간에 해당하는 표시이자는 사채의 발행금액이 아니므로 이를 차감해야 발행금액을 구할 수 있다. 여기서 주의할 점은 **명목상 발행일에 발행된 것으로 가정한다고 하더라도** 실제 사채가 발행된 시점의 공정가치가 발행금액이므로 **실제 발행된 시점의 시장이자율을 적용해야 한다는 점**이다.

심화예제 3 이자지급일 사이의 사채발행

㈜한국은 20X1년 4월 1일 액면금액 ₩100,000 (동 사채의 이자의 이자기산일은 20X1년 초, 3년만기, 액면이자율 10%로 매년 말 후급조건)을 발행하였다. 20X1년 1월 1일 시장이자율은 10%이고, 20X1년 4월 1일 발행당시의 시장이자율은 12%이다. (단, 시장이자율 12%, 3기간 단일금액의 현가계수는 0.7이고, 연금의 현가계수는 2.4 임을 가정함)

01 사채의 발행금액은 얼마인가?

02 위 사채와 관련된 20X1년도 회계처리를 하시오.

오쌤 Talk

이자지급일 사이의 사채의 발행

발행 시 현금 수령액	20X1년 1월 1일 발행가액 + 실제 발행일까지의 유효이자
사채의 발행 가액	20X1년 1월 1일 발행가액 + 실제 발행일까지의 할인발행차금 상각액 = 발행 시 현금수령액 − 실제 발행일까지의 액면이자

[풀이]

01 20X1년 1월 1일의 시장이자율은 10%이지만, 실제 발행일의 시장이자율 12%를 사용해야 한다. 사채의 발행가액은 실제 발행일의 공정가치로 측정하기 때문이다.

(1) 20X1년 1월 1일 사채의 발행가액 = ₩10,000 × 2.4 + ₩100,000 × 0.7 = ₩94,000
(2) 실제 발행일까지의 유효이자 = ₩94,000 × 12% × 3개월/12개월 = ₩2,820
(3) 발행 시 현금수령액 = ₩94,000 + ₩2,820 = ₩96,820
(4) 사채의 발행금액 = ₩96,820 − ₩100,000 × 10% × 3개월/12개월 = ₩94,320

02 회계처리

(1) 20X1년 4월 1일
(차) 현금	₩94,320	(대) 사채	₩100,000
사채할인발행차금	₩5,680		
(차) 현금	₩2,500	(대) 미지급이자	₩2,500

(2) 20X1년 12월 31일
| (차) 미지급이자 | ₩2,500 | (대) 현금 | ₩10,000 |
| 이자비용 | ₩8,460* | 사채할인발행차금 | ₩960 |

*이자비용 = ₩94,000 × 12% × 9개월/12개월 = ₩8,460

6-2 이자지급이 연 2회 이상인 경우

사채의 표시이자를 1년 단위가 아니라, 3개월 단위, 6개월 단위로 지급하는 경우도 있다. 이러한 경우에는 **사채의 발행금액을 계산할 때, 현금흐름이 가장 짧은 기간의 시장이자율을 사용해야 한다.** 즉, 6개월 단위로 이자를 지급한다면 현금흐름이 발생하는 가장 짧은 기간이 6개월이므로 연이자율이 아닌 6개월 이자율을 사용한다. 시장이자율은 언제나 연이자율로만 제시가 되기 때문에 6개월 이자율은 제시된 연 시장이자율에 6/12를 곱하여 사용한다. 그러므로 연 시장이자율이 10%라면, 현재가치 평가에 사용할 이자율은 5%(= 10% × 6/12)가 된다.

결국, 1년 중 이자지급 횟수가 n회라면 유효이자율은 '연이자 × 1/n'이 되고, 기간은 'n × 만기까지의 기간'이 된다.

오쌤 Talk

현가계수표

기간	5% 현가계수	5% 연금현가계수	10% 현가계수	10% 연금현가계수
1	0.95	0.95	0.90	0.90
2	0.90	1.85	0.83	1.73
3	0.86	2.71	0.75	2.48
4	0.83	3.54	0.68	3.16
5	0.78	4.32	0.62	3.78
6	0.75	5.06	0.56	4.34

심화예제 4 이자지급이 연 2회 이상인 경우

㈜한국은 20X1년 1월 1일 액면금액 ₩100,000의 사채를 발행하였다. 사채의 액면이자율은 연 8%이고, 매년 6월 30일과 12월 31일에 나누어 지급된다. ㈜한국이 발행한 사채의 만기일은 20X3년 12월 31일이며, 발행일의 시장이자율은 10%이다.

01 ㈜한국이 발행한 사채의 발행금액은 얼마인가?

02 ㈜한국의 20X1년도 회계처리를 하시오. (단, 소수점 이하 반올림)

풀이

01 사채의 발행금액
(1) 연 2회 지급조건의 발행이므로 적용할 유효이자율은 = 연이자 10% × 1/2 = 5%, 기간은 '3년 × 2 = 6기간'이다.
(2) 발행금액 = ₩100,000 × 0.75 + ₩100,000 × 8% × 6/12 × 5.06 = ₩95,240

02 회계처리
(1) 20X1년 1월 1일 발행 시
(차) 현금　　　　　　₩95,240　　(대) 사채　　　　　₩100,000
　　사채할인발행차금　₩4,760
(2) 20X1년 6월 30일 이자지급 시
(차) 이자비용　　　　₩4,762*　　(대) 현금　　　　　₩4,000
　　　　　　　　　　　　　　　　　사채할인발행차금　₩762

*이자비용 = ₩95,240 × 5% = ₩4,762

(3) 20X1년 12월 31일 이자지급 시
(차) 이자비용　　　　₩4,800**　　(대) 현금　　　　　₩4,000
　　　　　　　　　　　　　　　　　사채할인발행차금　₩800

**이자비용 = (₩95,240 + ₩762) × 5% = ₩4,800

6-3 이자지급일과 보고기간 말이 다른 경우

회계기간 중 사채를 발행하게 되면 이자지급일이 보고기간 말과 달라지게 된다. 이런 경우 유효이자율 상각표를 해당 기간으로 안분해주면 된다. **직전 이자지급일로부터 보고기간 말까지 발생한 실질이자를 이자비용으로 인식하고, 경과이자는 미지급이자로 인식한다.**

심화예제 5 이자지급일과 보고기간 말이 다른 경우

12월 말 결산법인인 ㈜한국은 20X1년 4월 1일 액면금액 ₩100,000의 사채를 ₩95,000에 발행하였으며, 발행일의 시장이자율은 10%이다. ㈜한국이 발행한 사채의 액면이자율은 8%로 매년 3월 31일 지급되며, 만기는 20X4년 3월 31일이다.

01 ㈜한국이 20X1년 인식할 이자비용은 얼마인가?

02 동사채와 관련하여 사채의 발행일부터 20X2년 3월 31일까지 회계처리를 하시오.

[풀이]

01 이자비용 = 발행금액 × 유효이자율 × 발행일부터 보고기간 말까지의 기간
= ₩95,000 × 10% × 9/12 = ₩7,125

02 회계처리

(1) 20X1년 4월 1일
(차) 현금	₩95,000	(대) 사채		₩100,000
사채할인발행차금	₩5,000			

(2) 20X1년 12월 31일
(차) 이자비용	₩7,125	(대) 미지급이자		₩6,000
		사채할인발행차금		₩1,125

(3) 20X2년 3월 31일
(차) 미지급이자	₩6,000	(대) 현금		₩8,000
이자비용	₩2,375	사채할인발행차금		₩375

OX 퀴즈

다음 문장의 경우 올바른 설명에는 O, 틀린 설명에는 ×를 하고 틀린 설명은 수정하시오.

① 당기손익 - 공정가치 측정 금융부채를 제외하고 모든 금융부채의 발행과 직접 관련되는 거래원가는 공정가치에서 차감한다. (　　　)

② 당기손익 - 공정가치 측정 금융부채는 공정가치로 측정하고 그 외의 기타부채는 상각후원가로 측정한다. (　　　)

③ 사채의 표시이자율이 발행일의 시장이자율보다 낮은 경우 당해 사채는 할인발행된다. (　　　)

④ 유효이자율법을 적용하는 경우 사채할인발행차금 상각액은 시간의 경과에 따라 증가하지만, 사채할증발행차금 상각액은 시간의 경과에 따라 감소한다. (　　　)

⑤ 사채발행으로 인한 부대비용은 사채의 발행금액에서 차감한다. (　　　)

⑥ 사채발행비가 발생하는 경우 유효이자율은 시장이자율보다 작다. (　　　)

⑦ 사채의 중도상환 시 상환일의 시장이자율이 발행일의 시장이자율보다 상승하게 되면 사채 상환으로 손실이 발생한다. (　　　)

⑧ 한국채택국제회계기준에서는 사채의 발행비가 발생하는 경우 할인발행은 사채할인발행차금이 감소하고 할증발행의 경우는 사채할증발행차금이 증가한다. (　　　)

⑨ 사채의 이자비용은 사채의 이자계산기간의 기초 장부가액에 유효이자율을 적용하여 산정한다. (　　　)

⑩ 사채발행 시 할증발행은 재무상태표의 사채가액에서 차감된다. (　　　)

⑪ 사채할인발행차금을 유효이자율법으로 상각할 경우 이자비용은 기간경과와 함께 증가한다. (　　　)

⑫ 이자지급일 사이에 사채를 발행하는 경우 적용하게 될 이자율은 실제 발행일의 시장이자율이 아니라 명목상 발행일의 시장이자율이다. (　　　)

OX 풀이

1 ○

2 ○

3 ○

4 × 유효이자율법을 적용하는 경우 사채할인발행차금 상각액과 사채할증발행차금 상각액은 시간의 경과에 따라 증가한다.

5 ○

6 × 사채발행비가 발생하는 경우 유효이자율은 시장이자율보다 크다.

7 × 사채의 중도상환 시 상환일의 시장이자율이 발행일의 시장이자율보다 상승하게 되면 사채 상환으로 이익이 발생한다.

8 × 한국채택국제회계기준에서는 사채의 발행비가 발생하는 경우에 할인발행은 사채할인발행차금이 증가하고 할증발행은 사채할증발행차금이 감소한다.

9 ○

10 × 사채발행 시 할증발행은 재무상태표의 사채가액에 가산된다.

11 ○

12 × 이자지급일 사이에 사채를 발행하는 경우 적용하게 될 이자율은 명목상 발행일의 시장이자율이 아니라 실제 발행일의 시장이자율이다.

실전훈련

01 상각후원가측정금융부채로 분류하는 사채의 회계처리에 대한 설명으로 옳지 않은 것은?

기출처 2021. 국가직 9급

① 사채발행 시 사채발행비가 발생한 경우의 유효이자율은 사채발행비가 발생하지 않는 경우보다 높다.
② 사채의 액면이자율이 시장이자율보다 낮은 경우 사채를 할인발행하게 된다.
③ 사채를 할증발행한 경우 사채의 장부금액은 시간이 흐를수록 감소한다.
④ 사채의 할인발행과 할증발행의 경우 사채발행차금상각액이 모두 점차 감소한다.

02 사채 이자비용에 대한 설명으로 옳은 것은? (단, 이자율은 0보다 크다.)

기출처 2017. 국가직 9급

① 사채가 할증발행된다면 만기에 가까워질수록 매년 사채의 유효이자는 증가한다.
② 사채가 할인발행된다면 만기에 가까워질수록 매년 사채의 유효이자는 감소한다.
③ 사채가 할증발행된다면 매년 사채의 유효이자는 액면이자 보다 적다.
④ 사채가 액면발행된다면 매년 사채의 유효이자는 액면이자와 같지 않다.

03 사채의 발행 및 발행 후 회계처리에 대한 설명으로 옳지 않은 것은?

기출처 2014. 국가직 7급

① 상각후원가로 측정하는 사채의 경우 사채발행비가 발생한다면 액면발행, 할인발행, 할증발행 등 모든 상황에서 유효이자율은 사채발행비가 발생하지 않는 경우보다 높다.
② 사채를 할증발행한 경우 사채이자비용은 현금이자지급액에 사채할증발행차금 상각액을 가산하여 인식한다.
③ 사채의 할증발행 시 유효이자율법에 의해 상각하는 경우 기간경과에 따라 매기 인식하는 할증발행차금의 상각액은 증가한다.
④ 사채의 할인발행 시 유효이자율법에 의해 상각하는 경우 기간경과에 따라 매기 인식하는 할인발행차금의 상각액은 증가한다.

 풀이

01 ④ 사채의 할인발행과 할증발행의 경우 사채할인발행차금 상각액은 모두 점차 증가한다.
02 ① 사채가 할증발행된다면 만기에 가까워질수록 매년 사채의 유효이자는 감소한다.
② 사채가 할인발행된다면 만기에 가까워질수록 매년 사채의 유효이자는 증가한다.
④ 사채가 액면발행된다면 매년 사채의 유효이자는 액면이자와 같다.
03 ② 사채이자비용은 현금이자지급액에 사채할증발행차금상각액을 차감하여 인식한다. (사채이자비용은 기초 장부가액에 유효이자율을 곱하여 구한다.)

답 01 ④ 02 ③ 03 ②

04 ㈜한국은 20X1년 1월 1일 액면금액 ₩1,000,000, 액면이자율 연 10%, 만기 3년, 매년말 이자지급조건의 사채를 ₩951,980에 발행하였다. 사채의 발행차금에 대한 회계처리는 유효이자율법을 적용하고 있으며, 사채발행일의 시장이자율은 연 12%이다. 사채발행일의 시장이자율과 유효이자율이 일치한다고 할 때, ㈜한국이 사채의 만기일까지 3년간 인식할 총 이자비용은? 기출처 2022. 국가직 9급

① ₩300,000
② ₩348,020
③ ₩360,000
④ ₩368,020

05 ㈜한국은 20X7년 1월 1일에 다음과 같은 조건으로 3년 만기 사채를 발행하였다.

- 발행일: 20X7년 1월 1일
- 액면금액: ₩100,000
- 이자지급: 매년 12월 31일에 액면금액의 연 8% 이자 지급
- 발행가액: ₩105,344

발행일 현재 유효이자율은 6%이며, 유효이자율법에 따라 이자를 인식하고 이자는 매년 12월 31일에 지급한다. 연도별 상각액은 20X7년도 ₩1,679, 20X8년도 ₩1,780, 20X9년도 ₩1,885이며, 상각액 합계액은 ₩5,344이다. 이 사채발행 시부터 만기까지 인식할 총 이자비용은? (단, 사채발행비는 발생하지 않았다.) 기출처 2019. 국가직 7급

① ₩5,344
② ₩18,656
③ ₩24,000
④ ₩42,656

풀이

04 3년간 인식할 총 이자비용 = 3년간 현금지급액 - 사채의 발행가액
= (액면금액 + 액면이자비용) - 사채의 발행가액
= (₩1,000,000 + ₩100,000 × 3년) - ₩951,980 = ₩348,020

05 발행 시부터 만기까지 인식할 총 이자비용 = 갚은 돈 - 빌린 돈
= 액면금액 + 액면이자 - 사채의 발행가액
= ₩100,000 + ₩100,000 × 8% × 3년 - ₩105,344 = ₩18,656

[별해]
3년간 총 이자비용 = 3년간의 액면이자 - 사채할증발행차금
= ₩100,000 × 8% × 3년 - ₩5,344 = ₩18,656

답 04 ② 05 ②

06

㈜한국은 사채할인발행차금을 액면이자를 지급하는 매년 말 유효이자율법에 의하여 상각한다. 20X1년 말 ㈜한국의 회계처리가 다음과 같고, 분개 후 사채의 장부가액은 ₩105,000일 때, 사채의 유효이자율은?

(차)	이자비용	₩30,000	(대)	현금	₩25,000
				사채할인발행차금	₩5,000

① 10% ② 20%
③ 30% ④ 40%

07

㈜한국은 2016년 1월 1일 액면금액 ₩1,000,000 만기 3년의 사채를 유효이자율 연 10%를 적용하여 ₩925,390에 발행하였다. 2016년 12월 31일 장부금액이 ₩947,929이라면 이 사채의 표시이자율은?

기출처 2017. 국가직 9급

① 7% ② 8%
③ 9% ④ 10%

풀이

06 기초 장부금액 = 상각 후 장부금액(₩105,000) - 사채할인발행차금(₩5,000) = ₩100,000
유효이자율 = 이자비용(₩30,000) ÷ 기초 장부금액(₩100,000) = 30%

07 (1) 2016년 12월 31일 유효이자비용 = ₩925,390 × 10% = ₩92,539
(2) 기초와 기말 장부금액의 차이 = ₩947,929 - ₩925,390 = ₩22,539
(3) 유효이자비용 - 액면이자비용 = ₩92,539 - ₩1,000,000 × 액면이자율 = ₩22,539
∴ 표시(액면)이자율 = 7%

답 06 ③ 07 ①

08 ㈜서울이 20X1년 1월 1일에 액면금액 ₩500,000, 매년 말 액면이자 8%, 3년 만기인 사채를 할인발행하였다. 사채할인발행차금은 유효이자율법에 따라 상각한다. 20X1년 말과 20X2년 말 사채 장부금액이 <보기>와 같고, 해당 사채가 만기상환 되었다고 할 때, ㈜서울이 20X2년부터 20X3년까지 2년간 사채와 관련하여 인식한 총 이자비용은?

기출처 2020. 서울시 7급

─〈보기〉─
- 20X1년 말 사채 장부금액 = ₩482,600
- 20X2년 말 사채 장부금액 = ₩490,900

① ₩86,500 ② ₩89,100
③ ₩97,400 ④ ₩106,500

09 ㈜한국은 20X1년 1월 1일 액면금액이 ₩1,000,000인 사채(액면이자율 8%, 만기 3년)를 ₩950,263에 발행하였다. ㈜한국이 발행한 사채와 관련한 설명으로 옳지 않은 것은? (단, 액면이자는 매년 말 지급하고, 원금은 만기에 일시 상환한다)

기출처 2023. 국가직 9급

① 사채발행 시 액면이자율이 시장이자율보다 낮다.
② 매년 인식해야 할 이자비용은 증가한다.
③ 만기까지 인식해야 할 이자비용의 총액은 ₩240,000이다.
④ 이자비용으로 지출하는 현금은 매년 ₩80,000으로 일정하다.

풀이

08 20X2년과 20X3년의 사채의 이자비용
= (20X2년 사채할인발행차금 상각액 + 20X2년 액면이자) + (20X3년 사채할인발행차금상각액 + 20X3년 액면이자)
= 20X2년 사채할인발행차금 상각액 + 20X3년 사채할인발행차금상각액 + 20X2년 액면이자 + 20X3년 액면이자
= 액면금액 - 20X1년 말 사채의 장부금액 + 20X2년과 20X3년의 액면이자
= ₩500,000 - ₩482,600 + ₩500,000 × 8% × 2 = ₩97,400

09 (1) 할인발행이므로 사채 발생시 액면이자율이 시장이자율보다 낮고, 매년 인식할 이자비용은 증가한다. 또한 이자비용으로 지출하는 현금은 매년 액면이자인 ₩80,000(= ₩1,000,000 × 8%)이다.
(2) 만기까지 인식해야 할 이자비용
갚은 돈 - 빌린 돈 = (₩1,000,000 + ₩80,000 × 3년) - ₩950,263 = ₩289,737

답 08 ③ 09 ③

10 ㈜한국은 20X1년 1월 1일에 액면금액 ₩1,000,000, 표시이자율 연 8%, 이자지급일 매년 12월 31일, 만기 3년인 사채를 할인발행하였다. 만기까지 상각되는 연도별 사채할인발행차금 상각액은 다음과 같다.

20X1. 12. 31.	20X2. 12. 31.	20X3. 12. 31.
₩15,025	₩16,528	₩18,195

이에 대한 설명으로 옳지 않은 것은?   기출처 2020. 국가직 7급

① 20X2년 12월 31일에 인식할 이자비용은 ₩96,528이다.
② 20X1년 1월 1일 사채의 발행금액은 ₩950,252이다.
③ 이 사채의 표시이자율은 유효이자율보다 낮다.
④ 이 사채의 발행 기간에 매년 인식하는 이자비용은 동일한 금액이다.

11 ㈜지방은 20X3년 1월 1일에 액면금액 ₩1,000, 표시이자율 연 7%, 만기 2년, 매년 말에 이자를 지급하는 사채를 발행하였다. 다음은 ㈜지방이 작성한 사채상각표의 일부를 나타낸 것이다.

일자	유효이자	표시이자	사채할인발행차금상각	장부금액
20X3. 1. 1.				?
20X3. 12. 31.	?	?	₩25	?
20X4. 12. 31.	?	?	₩27	₩1,000

위의 자료를 이용한 사채에 대한 설명으로 옳지 않은 것은?   기출처 2014. 지방직 9급

① 2년간 이자비용으로 인식할 총금액은 ₩140이다.
② 사채의 발행가액은 ₩948이다.
③ 20X4년 1월 1일에 사채를 ₩1,000에 조기상환할 경우 사채상환손실은 ₩27이다.
④ 사채의 이자비용은 매년 증가한다.

풀이

10 ① 20X2년 12월 31일 이자비용 = 액면이자 + 상각액 = ₩1,000,000 × 8% + ₩16,528
　　　　　　　　　　　　　　= ₩96,528
　② 3년간 사채할인발행차금 상각액의 합계 = ₩15,025 + ₩16,528 + ₩18,195 = ₩49,748
　　∴ 사채의 발행금액 = ₩1,000,000 - ₩49,748 = ₩950,252
　③ 할인발행이므로 사채의 표시이자율은 유효이자율보다 낮다.
　④ 매년 인식하는 이자비용은 액면이자 + 할인발행차금상각액인데 매년 할인발행차금 상각액이 증가하므로 이자비용은 매년 증가한다.

11 2년간 이자비용 = 사채할인발행차금 + 액면이자 = ₩25 + ₩27 + ₩1,000 × 7% × 2년 = ₩192

답 10 ④   11 ①

12 ㈜한국은 20X1년 1월 1일에 액면가 ₩10,000, 만기 3년, 표시이자율 8%, 이자지급일이 매년 12월 31일인 사채를 ₩9,503에 할인발행하였다. 이 사채를 20X2년 1월 1일에 ₩9,800을 지급하고 조기상환할 때, 사채상환손익은? (단, 발행일의 유효이자율은 10%이고, 금액은 소수점 첫째자리에서 반올림한다.)

기출처 2021. 관세직 9급

① 사채상환손실 ₩18
② 사채상환손실 ₩147
③ 사채상환이익 ₩18
④ 사채상환이익 ₩147

13 ㈜한국은 20X1년 1월 1일에 사채(액면금액 ₩1,000,000, 표시이자율 연 10%, 매년 말 이자지급조건, 만기 3년)를 ₩900,000에 발행하였다. ㈜한국은 동 사채를 20X3년 1월 1일 전액 상환하였다. 발행시점부터 상환직전까지 인식한 이자비용이 ₩245,300이었다. 사채상환 시 사채상환이익이 ₩300이었다면 ㈜한국이 지급한 현금액은 얼마인가?

① ₩945,000
② ₩945,300
③ ₩945,600
④ ₩945,900

풀이

12 (1) 20X1년 사채의 장부금액 = ₩9,503 + ₩9,503 × 10% − ₩10,000 × 8% = ₩9,653
(2) 20X2년 1월 1일 사채의 상환손익 = 사채의 장부금액 − 상환가액
= ₩9,653 − ₩9,800 = (₩147)
∴ 사채상환손실 ₩147

13 (1) 상환당시의 장부금액 = 발행가액 + 이자비용 − 현금지급이자
= ₩900,000 + ₩245,300 − ₩1,000,000 × 10% × 2년 = ₩945,300
(2) 상환손익 = 상환당시장부금액 − 현금지급액 = ₩945,300 − 현금지급액 = ₩300 이익
∴ 현금지급액 = ₩945,000

답 12 ② 13 ①

14 ㈜12월 말 결산법인 ㈜서울은 액면금액 ₩1,000,000(표시이자율 5%, 만기 3년)의 사채를 20X1년 1월 1일 발행하였으며, 사채발행일 유효이자율은 10%이다. 20X2년 1월 1일 현재 사채의 장부금액은 ₩913,200이다. ㈜서울은 20X2년 1월 1일 사채 액면금액 가운데 ₩500,000을 ₩450,000에 조기상환하였다. 해당 사채와 관련된 회계처리가 20X2년 12월 말 법인세차감전순이익에 미치는 영향은? (단, 이자지급일은 매년 12월 31일이다.)

기출처 2022. 서울시 7급

① ₩6,600 증가
② ₩6,600 감소
③ ₩39,060 감소
④ ₩52,260 감소

15 ㈜한국은 1월 1일 액면금액 ₩50,000(액면이자율 연 8%, 이자 매년 말 후급)의 사채를 발행하고자 하였으나, 실제로 같은 해 4월 1일에 발행하였다. 1월 1일과 4월 1일의 유효이자율은 10%로 동일한 것으로 가정하며, 1월 1일 사채의 현재가치는 ₩47,513이다. 다음 설명 중 옳지 않은 것은? (단, 사채발행비는 발생되지 않았고, 사채이자는 월단위로 계산하며, 소수점 발생 시 소수점 이하 첫째 자리에서 반올림한다.)

기출처 2018. 국가직 7급

① 4월 1일의 사채액면이자 미지급액은 ₩1,000이다.
② 4월 1일의 사채장부금액은 ₩47,701이다.
③ 4월 1일의 현금수령액은 ₩48,701이다.
④ 4월 1일의 사채할인발행차금은 ₩2,487이다.

> **풀이**
>
> **14** ⑴ 20X2년 1월 1일 상환이익 = ₩913,200 × 50%* - ₩450,000 = ₩6,600 이익
>   *₩500,000/₩1,000,000 = ₩50%
> ⑵ 20X2년 12월 31일 이자비용 = ₩913,200 × 10% × 50% = ₩45,660
> ∴ 법인세차감전순이익에 미치는 영향
> = 상환이익 ₩6,600 - 이자비용 ₩45,660 = ₩39,060 감소
>
> **15** 해당 문제는 명목상 발행일의 시장이자율과 실제 발행일의 시장이자율이 동일한 경우로 주어졌다. 그러므로 실제 발행일의 유효이자율 10%로 명목상 발행일인 1월 1일에 발행했을 경우의 발행가액에서 실제 발행일까지의 유효이자를 가산한 금액이 현금수령액이다.
> ② 4월 1일 사채의 장부금액 = ₩47,513 + (₩47,513 × 10% - ₩50,000 × 8%) × 3/12 = ₩47,701
> ③ 4월 1일 현금수령액 = 사채 원본의 가치 + 미지급이자액
>   = ₩47,701 + ₩1,000 = ₩48,701
> ④ 4월 1일 사채할인발행차금 = ₩50,000 - ₩47,701 = ₩2,299

답 14 ③ 15 ④

MEMO

13 충당부채와 종업원급여

Teacher's Map

1 충당부채와 우발부채, 우발자산

💡 부채의 구분

일반 부채의 정의	과거사건에 의해서 발생하였으며 경제적 효익을 갖는 자원이 기업으로부터 유출됨으로써 이행될 것으로 기대되는 현재의무
충당부채	과거 사건에 의해서 발생한 현재의 의무로 지출의 시기나 금액이 불확실한 부채
충당부채의 요건	① 과거사건의 결과로 현재의무 (법적의무 또는 의제의무)가 존재함 ② 해당 의무를 이행하기 위하여 경제적 효익이 있는 자원을 유출할 가능성이 높음 ③ 해당 의무를 이행하기 위하여 필요한 금액을 신뢰성 있게 추정할 수 있음
우발부채	① 충당부채와 성격이 비슷하지만 부채의 인식조건을 충족하지 못하여 재무상태표에 인식하지 못하는 의무 ② 충당부채의 요건 중 어느 하나라도 충족하지 못하는 경우 주석에 우발부채로 공시

💡 충당부채의 인식기준

현재의무	① 충당부채를 인식하기 위해서는 현재의무를 부담하고 있어야 함 ② 현재의무는 법적의무와 의제의무를 말하며, 의무를 이행하는 것 외에는 실질적인 대안이 없어야 함 ③ 미래 영업을 위해 발생하게 될 비용은 충당부채가 아님 ④ 불법적인 환경오염으로 인해 부과된 범칙금은 충당부채 인식대상임 ⑤ 환경기준을 충족하기 위해 환경오염방지장치를 설치 등의 공장운영방식을 바꾸는 경우에는 충당부채 대상이 아님 ⑥ 입법 예고된 법률의 세부사항이 아직 확정되지 않은 경우에는 해당 법안대로 제정될 것이 거의 확실한 때에만 의무가 생기는 것으로 봄 ⑦ 현재의무를 판단할때는 보고기간 후 사건이 제공하는 추가적인 증거도 고려
자원의 유출가능성	① 현재의무의 이행을 위하여 경제적 효익이 있는 자원의 유출가능성이 높아야 함 ② 높다는 발생가능성이 50% 초과임을 의미
신뢰성 있는 추정	① 충당부채는 반드시 신뢰성 있는 추정이 필수적임 ② 만약 금액의 추정이 불가능한 경우에는 재무제표 본문에 부채로 인식할 수 없으며, 주석에 우발부채로 공시함

💡 충당부채의 측정

최선의 추정치	충당부채로 인식하는 금액은 현재의무를 보고기간 말에 이행하기 위하여 소요되는 지출에 대한 최선의 추정치여야 함
위험과 불확실성 고려	관련된 여러 사건과 상황에 따르는 불가피한 위험과 불확실성을 고려해야 함
현재가치	① 미래의 예상되는 지출이므로 화폐의 시간가치가 중요한 경우에는 충당부채를 예상되는 지출액의 현재가치로 평가함 ② 현재가치 평가 시 적용할 할인율은 부채의 특유 위험과 화폐의 시간가치에 대한 현행시장의 평가를 반영한 세전 이자율임
미래사건	현재의무를 이행하기 위하여 소요되는 지출금액에 영향을 미치는 미래사건이 발생할 것이라는 충분하고 객관적인 증거가 있는 경우에는 그러한 미래사건을 고려하여 충당부채 금액을 추정함
관련자산의 처분	관련된 의무의 이행과 관련하여 자산처분이 예상되는 경우 자산의 예상 처분이익은 충당부채를 측정하는데 고려하지 않음. 실제 처분시 별도의 손익으로 인식

개념 찾기

❶ 충당부채　　❹ 의제의무　　❼ 우발부채
❷ 현재의무　　❺ 충당부채의 변제
❸ 법적의무　　❻ 충당부채의 변동

💡 충당부채의 변제와 변동

① 충당부채의 변제

제3자의 변제	변제 예상금액	회계처리
거의 확실	별도의 자산으로 인식(대리변제자산)	관련비용과 상계하거나 수익으로 처리
거의 확실하지 않음	자산으로 인식할 수 없음	공시

② 충당부채의 변동

검토	보고기간 말마다 잔액을 검토하고, 보고기간 말 현재 최선의 추정치를 반영하여 조정
회계처리	충당부채를 현재가치로 평가하여 표시한 경우에는 장부금액을 기간 경과에 따라 증가시키고 해당 증가액은 차입원가(이자비용)로 인식함
충당부채의 사용	충당부채는 최초 인식과 관련이 있는 지출에 대해서만 사용함

💡 충당부채의 종류

미래 예상 영업손실	부채의 정의에 부합하지 못할 뿐만 아니라 충당부채의 인식기준을 충족시키지 못하므로 충당부채로 인식하지 않음
손실부담계약	① 개념: 계약상의 의무이행에서 발생하는 회피 불가능한 원가가 그 계약에 의하여 받을 것으로 기대되는 경제적 효익을 초과하는 계약 ② 충당부채 = min[계약 이행 시의 손실, 계약 불이행 시의 손실]
구조조정	① 기업이 구조조정에 대한 구체적인 공식계획을 가지고 있으며, 관련 내용들을 모두 확인할 수 있는 경우 인식할 수 있음 ② 기업이 구조조정에 착수하였거나 구조조정의 주요 내용을 공표함으로써 구조조정에 영향받을 당사자가 기업이 구조조정을 실행할 것이라는 정당한 기대를 가지고 있는 경우에 인식할 수 있음

💡 우발부채

정의	충당부채와 성격이 비슷하지만, 부채의 인식기준을 충족하지 못하여 재무상태표에 인식하지 못하는 의무
인식요건	① 과거사건에 의하여 발생하였으나, 기업이 전적으로 통제할 수는 없는 하나 이상의 불확실한 미래 사건의 발생여부에 의해서만 그 존재가 확인되는 잠재적 의무 ② 과거사건에 의하여 발생하였으나 다음 ⊙ 또는 ⓒ의 경우에 해당하여 인식하지 않는 현재 의무 　⊙ 당해 의무를 이행하기 위하여 경제적 효익이 내재된 자원이 유출될 가능성이 높지 않은 경우 　ⓒ 당해 의무를 이행하여야 할 금액을 신뢰성 있게 추정할 수 없는 경우
공시	① 경제적 효익의 유출 가능성이 높지 않으므로 주석으로 공시 ② 경제적 효익의 유출 가능성이 희박한 경우에는 공시하지 않음
우발부채 → 충당부채	과거에 우발부채로 처리하였더라도 이후 충당부채의 인식조건을 충족하였다면 재무상태표에 충당부채를 인식함
제3자와의 연대	제3자와 연대하여 의무를 지는 경우에는 이행할 전체 의무 중 제3자가 이행할 것으로 예상되는 부분은 우발부채로 처리

💡 우발자산

정의	과거사건에 의하여 발생하였으나 기업이 전적으로 통제할 수 없는 하나 이상의 불확실한 미래사건의 발생여부에 의하여서만 그 존재가 확인되는 잠재적 자산
인식	① 우발자산은 미래에 전혀 실현되지 않을 수 있으므로 재무상태표에 인식하지 않고 주석으로 공시함 ② 수익의 실현이 거의 확실하다면 이는 더 이상 우발자산이 아니며, 일반적인 자산의 인식으로 처리 ③ 우발자산은 관련 상황변화가 적절하게 재무제표에 반영될 수 있도록 지속적으로 검토하고 경제적 효익의 유입 가능성이 높아진 경우에 우발자산으로 공시

❷ 종업원급여

정의	종업원이 제공한 근무용역과 교환하거나 해고하면서 기업이 제공하는 모든 종류의 대가를 의미함
구분	① 단기종업원급여 ② 해고급여 ③ 기타장기종업원급여 ④ 퇴직급여

💡 단기종업원급여

의미	종업원이 관련 근무용역을 제공하는 연차보고기간 말 이후 12개월 이전에 전부 결제될 것으로 예상되는 종업원급여를 의미함
범위	① 임금, 사회보장분담금 ② 유급연차휴가와 유급병가 ③ 이익분배금과 상여금 ④ 현직종업원을 위한 비화폐성급여(예: 의료, 주택, 자동차, 무상 또는 일부 보조로 제공되는 재화나 용역)
현재가치 할인	회계기간에 근무용역을 제공할 때 그 대가로 지급이 예상되는 단기종업원급여를 할인하지 않은 금액으로 인식
유급휴가	① 누적유급휴가: 종업원이 미래 유급휴가 권리를 증가시키는 근무용역을 제공한 때에 보상원가를 인식 ② 비누적유급휴가: 종업원이 휴가를 실제 사용할 때 실제원가를 인식

💡 해고급여

의미	기업의 결정이나 제안에 의하여 종업원이 해고하는 대가로 제공되는 종업원급여를 의미
구분	종업원의 요청에 의하여 퇴직을 하는 경우는 해고급여가 아닌 퇴직급여로 인식

💡 기타 장기종업원급여

의미	종업원이 관련 근무용역을 제공하는 연차보고기간 말 이후 12개월 이전에 전부 결제될 것으로 예상되지 않는 경우에 한정
범위	① 장기근속휴가나 안식년휴가와 같은 장기유급휴가 ② 그 밖의 장기근속급여 ③ 장기장애급여 ④ 이익분배금과 상여금 ⑤ 이연된 보상

개념 찾기

- ⑧ 우발자산
- ⑨ 단기종업원급여
- ⑩ 누적유급휴가
- ⑪ 비누적유급휴가
- ⑫ 해고급여
- ⑬ 기타장기종업원급여
- ⑭ 퇴직급여
- ⑮ 확정기여제도
- ⑯ 확정급여제도
- ⑰ 순확정급여부채(자산)
- ⑱ 확정급여채무의 현재가치
- ⑲ 사외적립자산
- ⑳ 자산인식상한효과
- ㉑ 순확정급여부채(자산)의 재측정요소
- ㉒ 과거근무원가

💡 퇴직급여

의미	종업원의 퇴직으로 지급하는 종업원급여를 의미
퇴직급여제도	① 확정기여제도 ② 확정급여제도

💡 확정기여제도

제도의 특징	① 종업원이 받을 퇴직급여액은 기업과 종업원이 퇴직급여제도나 보험회사에 출연하는 기여금과 그 기여금에서 발생하는 투자수익에 따라 결정되므로 보험수리적 위험과 투자위험은 종업원이 부담하게 됨 ② 기업은 기여금을 납부함으로써 퇴직급여와 관련된 모든 의무가 종료
비용인식	① 당해 회계기간과 관련된 근무용역을 제공할 때 납부할 기여금을 비용으로 인식 ② 보고기업이 부담하는 채무가 당해 기간의 기여금으로 결정되므로 채무나 비용을 측정하기 위해 보험수리적인 가정을 적용할 필요가 없음

💡 확정급여제도

제도의 특징	① 일반적으로 기업과의 별개 실체나 기금에 기여금을 납부함으로써 기금을 적립하고 이후 종업원이 퇴직하면 기금에서 종업원에게 일시금 또는 연금형태로 직접 지급함 ② 기업이 실질적으로 제도와 관련된 보험수리적위험과 투자위험을 부담하므로, 기금이 모든 종업원급여를 지급할 수 있을 정도로 충분한 자산을 보유하지 못하는 경우 기업에서 추가로 기여금을 납부해야 하는 의무가 발생함
비용인식	① 당기근무원가 ② 확정급여채무에 대한 이자원가 등
재무제표 표시	순확정급여부채(자산) = 확정급여채무의 현재가치 − 사외적립자산의 공정가치
확정급여채무의 현재가치산정	① 종업원이 당기와 과거 기간의 근무용역을 제공하여 발생한 급여채무를 기업이 결제하는 데 필요할 것으로 예상되는 미래 지급액을 확정급여채무라고 함 ② 확정급여채무는 장기성 채무이므로 현재가치로 측정해야 함 ③ 현재가치를 측정하는 방식으로 보험수리적 가정을 적용하여 예측단위적립방식을 사용함
사외적립자산	① 퇴직급여의 지급을 위해 사외에 적립된 기금을 의미함 ② 공정가치로 측정하며, 재무상태표에 인식되는 확정급여채무를 결정할 때 차감하여 순확정급여부채(자산)을 공시
순확정급여자산과 자산인식상한효과	① 순확정급여자산: 사외적립자산의 공정가치가 확정급여채무의 현재가치를 초과하는 경우 순확정급여자산 인식 ② 순확정급여자산의 자산인식상한효과: 확정급여자산은 제도에서 환급받는 형태로 또는 제도에 납부할 미래기여금을 절감하는 형태로 얻을 수 있는 경제적 효익의 현재가치를 한도로 인식 ③ 자산인식상한을 초과하는 금액으로, 순확정급여부채(자산)의 재측정요소로 보아 기타포괄손익으로 인식
순확정급여부채 (자산)의 재측정요소	① 종업원의 이직, 조기퇴직 등으로 확정급여채무나 사외적립자산이 변동하게 되는데 이를 순확정급여부채(자산)의 재측정요소라고 함 ② 기타포괄손익으로 인식 ③ 후속기간에 당기손익으로 재분류되지 않고, 자본 내에서 이익잉여금으로 대체 가능
과거근무원가	제도개정이나 축소 등으로 인해 종업원의 과거 근무용역에 대한 확정급여채무 현재가치가 변동되는 경우 그 변동액

- ① 충당부채와 우발부채, 우발자산
- ② 종업원급여

오쌤 Talk

부채의 구분
① 확정부채
② 충당부채
③ 우발부채
확정부채와 충당부채는 재무제표 본문에 인식한다.
그러나 우발부채는 주석에 공시한다.

확정부채는 계약이나 법에 의해 측정일 현재 지출의 시기와 금액이 확정되어 있는 부채를 의미한다. 충당부채는 부채의 인식요건을 충족하지만 측정일 현재 지출의 시기 또는 금액이 불확실한 부채를 의미한다. 즉, 매입채무나 사채는 확정부채이고, 판매보증이나 계류 중인 소송사건으로 인한 의무는 충당부채이다.

기출 OX

01. 충당부채는 결제에 필요한 미래 지출의 시기 또는 금액에 불확실성이 있다는 점에서 매입채무와 미지급비용과 같은 그 밖의 부채와 구별된다.
기출처 2024. 관세직 9급 **최신**
정답 O

02. 과거사건에 의하여 발생하였으나, 기업이 전적으로 통제할 수 없는 하나 이상의 불확실한 미래사건의 발생 여부에 의하여서만 그 존재가 확인되는 잠재적 의무는 충당부채로 처리한다.
기출처 2024. 관세직 9급 **최신**
정답 X

03. 충당부채와 우발부채 모두 재무상태표에 인식하지 않고 주석으로 공시한다.
기출처 2016. 지방직 9급
정답 X

04. 충당부채로 인식하기 위해서는 현재 의무가 존재하여야 할 뿐만 아니라 당해 의무를 이행하기 위해 경제적 효익이 내재된 자원의 유출가능성이 높아야 한다.
기출처 2016. 지방직 9급
정답 O

05. 현재 의무를 이행하기 위한 자원의 유출가능성은 높으나 신뢰성 있는 금액의 추정이 불가능한 경우에는 우발부채로 공시한다.
기출처 2016. 지방직 9급
정답 O

① 충당부채와 우발부채, 우발자산

① 충당부채

1-1 부채의 구분

부채는 과거사건에 의해서 발생하였으며 경제적 효익을 갖는 자원이 기업으로부터 유출됨으로써 이행될 것으로 기대되는 현재의무이다. 그러나 경제적 효익의 유출될 시기나 금액이 확정되지 않았더라도 기업으로부터 경제적 효익의 유출이 확실하다면 이를 부채로 인식하여야 한다. 이를 **충당부채**라고 하며 과거 사건에 의해서 발생한 현재의 의무로 지출의 시기나 금액이 불확실한 부채를 의미한다.

충당부채는 다음의 세 가지 요건을 모두 충족할 경우에 인식한다.

① 과거사건의 결과로 현재의무 (법적의무 또는 의제의무)가 존재한다.
② 해당 의무를 이행하기 위하여 경제적 효익이 있는 자원을 유출할 가능성이 높다.
③ 해당 의무를 이행하기 위하여 필요한 금액을 신뢰성 있게 추정할 수 있다.

우발부채는 충당부채와 성격이 비슷하지만 부채의 인식조건을 충족하지 못하여 재무상태표에 인식하지 못하는 의무이다. 우발부채는 상기의 세 가지 요건 중 어느 하나라도 충족하지 못하는 경우에 해당한다.

충당부채와 우발부채를 비교하면 다음과 같다.

요건	충당부채	우발부채
과거사건의 결과	현재의무	잠재적 의무
자원의 유출가능성	높음(50% 초과)	높지 않음
금액의 측정	신뢰성 있는 추정 가능	신뢰성 있는 추정 불가능
회계처리	재무제표에 인식	주석공시. 단, 자원의 유출가능성이 희박하다면 주석공시 불필요

1-2 충당부채의 인식기준

1-2-1 현재의무

충당부채를 인식하기 위해서는 현재의무를 부담하고 있어야 한다. 현재의무는 법적의무와 의제의무를 의미하며, 이러한 의무를 이행하는 것 외에는 실질적인 대안이 없어야 한다.

> ① **법적의무**: 명시적 또는 묵시적 조항에 따른 계약, 법률, 기타 법적 효력에 의하여 발생하는 의무이다.
> ② **의제의무**: 과거의 실무관행, 발표된 경영방침 또는 구체적이고 유효한 약속 등을 통하여 기업이 특정 책임을 부담하겠다는 것을 상대방에게 표명하고, 그 결과 기업이 당해 책임을 이행할 것이라는 정당한 기대를 상대방이 가지게 되었을 때 발생하는 의무이다.

충당부채로 인식하기 위해서는 과거사건으로 인한 의무가 기업의 미래행위와 독립적이어야 한다.

재무제표는 미래 시점의 예상재무제표가 아니라 보고기간 말의 재무상태표를 표시하는 것이므로 **미래 영업을 위하여 발생하게 될 비용에 대하여는 충당부채를 인식하지 않는다. 또한 불법적 환경오염으로 인한 범칙금은** 기업의 미래 행위에 관계없이 당해 의무를 이행하기 위하여 경제적 효익이 내재된 자원의 유출이 수반되므로 **충당부채를 인식할 대상이다.** 그러나 **환경기준을 충족하기 위하여 환경오염방지장치의 설치 등의 공장운영방식을 바꾸는 경우에는** 미래의 지출을 피할 수 있으므로 **충당부채 인식대상이 아니다.**

어떤 사건은 발생 당시에는 현재의무를 생기게 하지 않지만 나중에 의무를 생기게 할 수도 있다. 법률이 제정·개정되면서 의무가 생기거나 기업의 행위에 따라 나중에 의제의무가 생기는 경우도 있기 때문이다. **입법 예고된 법률의 세부 사항이 아직 확정되지 않은 경우에는 해당 법안대로 제정될 것이 거의 확실한 때에만 의무가 생긴 것으로 본다.**

대부분의 경우에 과거사건이 현재의무를 생기게 하는지는 분명하다. 드물지만 진행 중인 소송과 같이 어떤 사건이 실제로 일어났는지 또는 해당 사건으로 현재의무가 생겼는지 분명하지 않은 경우가 있다. 이러한 경우에는 사용할 수 있는 증거(ex. 전문가의 의견)를 모두 고려하여 보고기간 말에 현재 의무가 존재하는지를 판단한다. 이때, **보고기간후사건이 제공하는 추가적인 증거도 고려한다.** 보고기간 말에 현재의무가 존재할 가능성이 존재하지 않을 가능성보다 높고 인식기준을 충족하는 경우에는 충당부채를 인식한다.

📝 기출 OX

06. 충당부채의 인식요건인 현재의 의무는 법적의무 뿐만 아니라 의제의무도 포함한다.
기출처 2024. 관세직 9급 **최신**
정답 O

07. 충당부채를 인식하기 위해서는 과거 사건으로 인한 의무가 기업의 미래행위와 독립적이어야 한다.
기출처 2017. 국가직 9급
정답 O

08. 불법적인 환경오염으로 인한 환경정화비용의 경우에는 기업의 미래행위에 관계없이 그 의무의 이행에 경제적 효익을 갖는 자원의 유출이 수반되므로 충당부채로 인식한다.
기출처 2016. 서울시 7급
정답 O

09. 입법 예고된 법규의 세부사항이 아직 확정되지 않은 경우에는 당해 법규안대로 제정될 것이 거의 확실한 때에만 의무가 발생한 것으로 본다.
기출처 2014. 국가직 7급
정답 O

📖 확인문제 최신

01. 충당부채의 인식에 대한 설명으로 옳지 않은 것은? 기출처 2025. 국가직 9급
① 과거 사건의 결과로 현재 의무가 존재하여야 하며, 현재 의무에는 법적 의무뿐만 아니라 의제 의무도 포함한다.
② 기업의 미래 행위(미래 사업행위)와 관련하여 존재하는 과거사건에서 생긴 의무만을 충당부채로 인식한다.
③ 해당 의무를 이행하기 위하여 경제적 효익이 있는 자원의 유출가능성이 높다.
④ 해당 의무를 이행하기 위하여 필요한 금액을 신뢰성 있게 추정할 수 있다.

정답 ②

오쌤 Talk

보고기간 후 사건
보고기간 후 사건은 보고기간 후 재무제표 발행·승인일 이전에 발생한 사건을 의미한다. Link - P.203

기본예제 1 현재의무

다음의 각 물음은 독립적이며, 각 보고기간 말은 매년 12월 31일이다. 예상되는 유출금액은 신뢰성 있게 측정할 수 있음을 가정한다.

기업회계기준서 제시 사례

01 20X1년 중 제정된 새로운 법률에 따라 기업은 20X2년 6월까지 매연 여과장치를 공장에 설치하여야 한다. 기업은 20X2년 말까지 매연 여과장치를 설치하지 않았다. 20X1년 말과 20X2년 말 현재 충당부채를 인식해야 하는지 여부를 판단하시오.

02 기술적인 이유로 5년마다 대체할 필요가 있는 내벽을 갖춘 용광로가 있다. 보고기간 말에 이 내벽은 3년 동안 사용되었다고 할 경우 충당부채를 인식하여야 하는지를 판단하시오.

03 항공사는 법률에 따라 항공기를 3년에 한 번씩 정밀하게 정비하여야 한다. 보고기간 말 현재 충당부채를 인식하여야 하는지를 판단하시오.

[풀이]

01 매연여과장치 설치

① 20X1년 말

근거	결론
법률에 따른 매연 여과장치의 설치원가나 벌금에 대한 의무발생사건이 없으므로, 현재의무는 존재하지 않는다.	충당부채를 인식하지 않음

② 20X2년 말

근거	결론
매연여과장치 설치원가: 여과장치 설치에 대한 현재의무가 없으므로 여과장치 설치원가는 충당부채를 인식할 수 없다.	충당부채 인식하지 않음
벌과금: 여과장치를 설치하지 않았으므로 공장에서 법률을 위반한 사건이 발생할 가능성이 있고 법률에 따라 벌과금을 내야하는 의무가 생길 수 있다. 벌과금이 부과될 가능성이 그렇지 않을 가능성보다 높은 경우에는 최선의 추정치로 충당부채를 인식한다.	발생 가능성에 따라 충당부채 인식할 수도 있음

02 법률적인 요구가 없는 수선원가

근거	결론
보고기간 말에는 내벽을 교체할 의무가 기업의 미래 행위와 관계없이 존재하지 않기 때문에 내벽의 교체원가를 인식하지 않음	충당부채를 인식하지 않음

03 법률적인 요구가 있는 수선원가

근거	결론
정밀 정비를 하도록 한 법률의 규정이 있다고 해서 기업이 현재의무를 지는 것은 아니다. 즉 기업의 미래행위와 상관없이 항공기의 정밀 정비 의무를 지는 것은 아니다. 예를 들어, 기업이 항공기를 팔아버리면 그러한 지출을 하지 않아도 될 것이다.	충당부채를 인식하지 않음

오쌤 Talk

주기적인 수선원가

법률적인 요구가 없는 수선원가는 충당부채를 인식할 수 없다. 즉 미리 관련 원가를 비용으로 인식할뿐 자산으로 인식할 순 없다는 것을 의미한다. 그러나 이는 자본적 지출로 자산성을 만족하는 경우 실제 지출되었을 때 비용이 아닌 자산으로 인식하고 해당 내용연수동안 비용(감가상각비)으로 인식할 수 있다.
Link - P.441

기출 OX

10. 충당부채의 인식요건 중 경제적 효익이 있는 자원의 유출 가능성이 높다는 것은 발생할 가능성이 발생하지 않을 가능성보다 더 높다는 것을 의미한다.
기출처 2017. 국가직 9급
정답 O

11. 보고기간 말마다 충당부채의 잔액을 검토하고, 보고기간 말 현재 최선의 추정치를 반영하여 조정한다.
기출처 2020. 서울시 7급
정답 O

12. 다수의 항목과 관련되는 충당부채를 측정하는 경우에 해당 의무는 가능한 모든 결과에 관련된 확률 중 최댓값으로 추정한다.
기출처 2020. 국가직 7급
정답 X

13. 신뢰성 있는 금액의 추정이 불가능한 경우에도 부채로 인식해 재무상태표의 본문에 표시한다.
기출처 2014. 국가직 7급
정답 X

확인문제

02. 충당부채에 대한 설명으로 옳지 않은 것은?
기출처 2022. 국가직 9급
① 충당부채로 인식하는 금액은 현재의무를 보고기간 말에 이행하기 위하여 필요한 지출에 대한 최선의 추정치이어야 한다.
② 미래의 예상 영업손실은 충당부채로 인식하지 아니한다.
③ 현재의무를 이행하기 위하여 필요한 지출 금액에 영향을 미치는 미래 사건이 일어날 것이라는 충분하고 객관적인 증거가 있는 경우에도, 그 미래 사건을 고려하여 충당부채 금액을 추정하지 않는다.
④ 화폐의 시간가치 영향이 중요한 경우에 충당부채는 의무를 이행하기 위하여 예상되는 지출액의 현재가치로 평가한다.

정답 ③

1-2-2 경제적 효익이 있는 자원의 유출가능성

현재의무의 이행을 위하여 경제적 효익이 있는 자원의 유출가능성이 높아야 한다. 이때 유출가능성이 높다(probable)는 의미는 발생할 가능성이 발생하지 않을 가능성보다 더 높음을 의미한다. 확률적으로 50%를 초과하는 경우이다.

제품보증 또는 이와 유사한 계약 등 다수의 유사한 의무가 있는 경우 의무이행에 필요한 자원의 유출가능성은 당해 유사한 의무 전체를 고려하여 결정한다. 즉, 개별 항목별로 자원의 유출 가능성이 낮더라도 전체적인 관점에서 보았을 때 자원의 유출가능성이 높을 경우에는 충당부채를 인식한다.

1-2-3 신뢰성 있는 추정

충당부채를 재무제표에 인식하기 위해서는 신뢰성 있는 추정이 필요하다. 추정치를 사용하는 것 자체는 재무제표의 신뢰성을 손상시키지는 않으므로 충당부채는 반드시 신뢰성 있는 추정이 필수적이다. 만약 금액의 추정이 불가능한 경우에는 재무제표 본문에 부채로 인식할 수 없으며, 주석에 우발부채로 공시한다.

1-3 충당부채의 측정

1-3-1 최선의 추정치

충당부채로 인식하는 금액은 현재의무를 보고기간 말에 이행하기 위하여 소요되는 지출에 대한 최선의 추정치(best estimate)이어야 한다. 이 최선의 추정치란 보고기간 말에 의무를 이행하거나 제3자에게 이전시키는 경우에 합리적으로 지급해야 하는 금액이다.

충당부채로 인식하여야 하는 금액과 관련된 불확실성은 상황에 따라 판단한다. 측정하고자 하는 충당부채가 다수의 항목과 관련된 경우에는 의무는 모든 가능한 결과와 그와 관련된 확률을 가중평균하여 추정하며, 이러한 통계적 추정방법을 기대가치라고 한다. 그러나 모든 가능한 결과 연속적 범위 내에서 분포하고 각각의 발생확률이 동일할 경우에는 당해 범위의 중간 값을 사용한다.

1-3-2 위험과 불확실성

충당부채에 대한 최선의 추정치를 산출할 때에는 관련된 여러 사건과 상황에 따르는 불가피한 위험과 불확실성을 고려한다. 그러나 불확실성을 이유로 과도한 충당부채를 계상하거나, 부채를 고의적으로 과대표시하는 것은 정당화되지 않는다.

> **기본예제 2** 최선의 추정치

㈜한국은 제품을 구입 후 6개월 이내에 제조상 결함으로 인하여 발생하는 수선비용을 보증하는 제품 보증제도를 실시하고 있다. 20X1년에 판매된 제품에 대하여 수선비용이 다음과 같이 발생할 것으로 예상된다.

구분	수선비용	확률
제품에 하자가 없을 것으로 예상	-	80%
중요하지 않은 하자가 발생할 것으로 예상	₩10,000	15%
중요한 하자가 발생할 것으로 예상	₩50,000	5%

회사가 제품보증 관련 충당부채를 인식할 때 최선의 추정치를 구하고 회계처리하시오.

[풀이]
최선의 추정치 = (₩0 × 80%) + (₩10,000 × 15%) + (₩50,000 × 5%) = ₩4,000
20X1. 12. 31. (차) 제품보증비   ₩4,000   (대) 제품보증충당부채   ₩4,000

오쌤 Talk

최선의 추정치
기본예제 2번처럼 충당부채에 대한 최선의 추정치를 산정하는 데 있어서 확률변수가 주어진 경우에는 기댓값을 산정한다.

1-3-3 현재가치

미래의 예상되는 지출이므로 화폐의 시간가치가 중요한 경우에는 충당부채를 예상되는 지출액의 현재가치로 평가한다.

현재가치 평가 시 적용할 할인율은 부채의 특유 위험과 화폐의 시간가치에 대한 현행시장의 평가를 반영한 세전 이자율이다. 이 할인율에 반영되는 위험에는 미래 현금흐름을 추정할 때 고려된 위험은 반영하지 않는다.

또한 충당부채를 현재가치로 평가하여 표시하는 경우에는 장부금액을 기간 경과에 따라 증가시키고 해당 증가 금액은 차입원가(이자비용)로 인식한다.

1-3-4 미래사건

현재의무를 이행하기 위하여 소요되는 지출금액에 영향을 미치는 미래사건이 발생할 것이라는 충분하고 객관적인 증거가 있는 경우에는 그러한 미래사건을 고려하여 충당부채 금액을 추정한다.

예를 들어, 내용연수가 종료한 후에 부담할 환경오염정화에 필요한 원가는 미래의 기술변화에 따라 감소할 수 있으므로 자격을 갖춘 독립적인 전문가의 합리적인 기술변화에 대한 예측을 반영하여 충당부채를 추정하여야 한다.

1-3-5 관련된 자산의 처분

충당부채와 관련된 의무의 이행과 관련하여 자산처분이 예상되는 경우 **자산의 예상처분이익은 충당부채를 측정하는 데 고려하지 않는다.** 자산의 처분이익은 미래에 실제 발생하는 시점에 별도로 인식한다.

기출 OX

14. 화폐의 시간가치가 중요한 경우, 충당부채는 의무를 이행하기 위해 예상되는 지출액의 현재가치로 평가한다. 현재가치 평가 시 적용할 할인율은 부채의 특유 위험과 화폐의 시간가치에 대한 현행시장의 평가를 반영한 세전 이자율이다.
기출처 2016. 서울시 7급
정답 O

15. 현재 의무를 이행하기 위하여 필요한 지출 금액에 영향을 미치는 미래 사건이 일어날 것이라는 충분하고 객관적인 증거가 있는 경우에는 그 미래 사건을 고려하여 충당부채 금액을 추정한다.
기출처 2021. 국가직 7급
정답 O

16. 예상되는 자산 처분이 충당부채를 생기게 한 사건과 밀접하게 관련되어 있다면, 예상되는 자산 처분이익은 충당부채를 측정하는데 고려한다.
기출처 2023. 국가직 9급 최신
정답 X

오쌤 Talk

상계표시의 예외

기업회계기준서 제1037호 '충당부채, 우발부채, 우발자산'에 따라 인식한 충당부채와 관련된 지출을 제3자와의 계약관계(ex. 공급자의 보증약정)에 따라 보전 받는 경우, 당해 지출과 보전 받는 금액은 상계하여 표시할 수 있다. Link - P.182

✏️ 기출 OX

17. 충당부채와 관련하여 포괄손익계산서에 인식한 비용은 제삼자의 변제와 관련하여 인식한 금액과 상계하여 표시할 수 없다.
   기출처 2020. 서울시 7급
   정답 X

📖 확인문제

03. 다음 중 충당부채의 변제와 변동에 대한 기준서의 설명으로 옳지 않은 것은?
① 충당부채를 결제하기 위해 필요한 지출액의 일부나 전부를 제3자가 변제할 것으로 예상되는 경우에는 기업이 의무를 이행한다면 변제 받을 것이 거의 확실한 경우 변제금을 충당부채와 상계할 수 있다.
② 충당부채는 보고기간 말마다 잔액을 검토하고, 보고기간 말 현재 최선의 추정치를 반영하여 조정한다.
③ 기업의 의무를 이행하기 위해 경제적 효익을 갖는 자원의 유출가능성이 더 이상 높지 않은 경우에는 관련 충당부채를 환입한다.
④ 충당부채는 최초 인식과 관련된 지출에 대해서만 사용한다.

정답 ①

✏️ 기출 OX

18. 충당부채를 현재가치로 평가하여 표시하는 경우에는 장부금액을 기간 경과에 따라 증액하고 해당 증가금액은 차입원가로 인식한다.
   기출처 2020. 서울시 7급
   정답 O

1-4 충당부채의 변제와 변동

1-4-1 충당부채의 변제

충당부채를 결제하기 위해 필요한 지출액의 일부나 전부를 **제3자가 변제할 것으로 예상되는 경우에는 기업이 의무를 이행한다면 변제를 받을 것이 거의 확실하게 되는 때에만 변제금을 별도의 자산으로 인식**하고 회계처리한다. 다만, 자산으로 인식하는 금액은 관련 충당부채를 초과할 수 없다. 이 경우, **충당부채와 관련하여 포괄손익계산서에 인식된 비용은 제3자의 변제와 관련하여 인식한 금액과 상계하여 표시할 수 있다.**

예를 들어, ㈜삼성전자가 갤럭시 핸드폰에 대해 제품보증 충당부채를 설정하고, 제품보증과 관련하여 ㈜삼성화재로부터 변제받을 수 있는 보험계약을 체결한 경우, 갤럭시 핸드폰에 대한 보증비용이 발생하여 이를 보험사로부터 변제받을 것이 거의 확실해지는 경우에 변제받을 금액에 대해 자산으로 인식한다. 다만, 대리변제자산을 인식할 때 수익으로 인식하지 않고 충당부채를 인식할 때 인식했던 비용과 상계할 수 있다.

[제3자의 변제에 의한 회계처리]

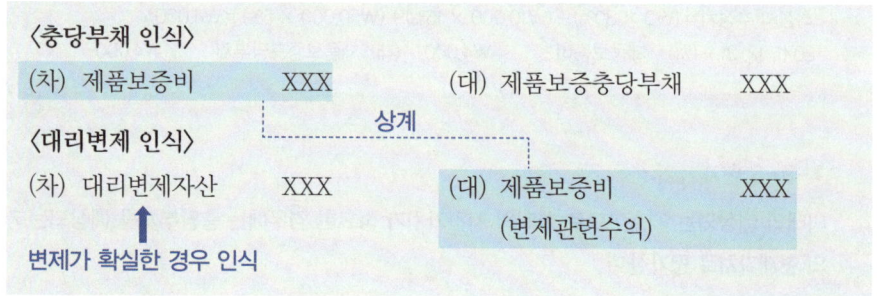

[충당부채의 변제]

제3자의 변제	변제 예상금액	회계처리
거의 확실	별도의 자산으로 인식	관련비용과 상계하거나 수익으로 처리
거의 확실하지 않음	자산으로 인식할 수 없음	공시

1-4-2 충당부채의 변동

충당부채는 보고기간 말마다 잔액을 검토하고, 보고기간 말 현재 최선의 추정치를 반영하여 조정한다. 의무이행을 위해 경제적 효익을 갖는 자원을 유출할 가능성이 더 이상 높지 않은 경우에는 관련 충당부채를 환입한다.

충당부채를 현재가치로 평가하여 표시한 경우에는 장부금액을 기간 경과에 따라 증가시키고 해당 증가액은 차입원가(이자비용)로 인식한다. 이때 차입원가는 유효이자율법을 적용하여 인식한다.

1-4-3 충당부채의 사용

충당부채는 최초 인식과 관련이 있는 지출에 대해서만 사용한다. 다른 목적으로 인식된 충당부채를 어떤 지출에 대해 함께 사용하면 다른 두 사건의 영향이 적절하게 표시되지 않기 때문이다.

1-5 충당부채의 종류

1-5-1 미래의 예상 영업손실

미래의 예상 영업손실은 부채의 정의에 부합하지 못할 뿐만 아니라 충당부채의 인식기준을 충족시키지 못하므로 **충당부채로 인식하지 않는다.** 그러나 미래에 영업손실이 예상되는 경우 영업과 관련된 자산에 손상이 발생하였을 가능성이 있으므로 손상검사를 수행한다.

1-5-2 손실부담계약

손실부담계약이란 **계약상의 의무이행에서 발생하는 회피 불가능한 원가가 그 계약에 의하여 받을 것으로 기대되는 경제적 효익을 초과하는 계약**을 말한다. 이와 관련된 현재의무를 충당부채로 인식하여야 하며, 회피 불가능한 원가는 계약을 종료하기 위한 최소 순원가로 다음 중 작은 금액을 말한다.

> 회피 불가능한 원가 = MIN[①, ②]
> ① 계약 이행 시의 손실
> ② 계약 불이행 시의 손실

일상적인 구매주문과 같이 상대방에게 보상 없이 해약할 수 있는 계약은 아무런 의무도 발생하지 않으므로 손실부담계약이 아니다. 그러나 계약의 회피가 불가능한 확정매입계약, 확정판매계약, 기계에 대한 해지 불능 운용리스계약 등은 손실부담계약으로 충당부채를 계상하여야 한다.

한편, 손실부담계약에 대한 충당부채를 인식하기 전에 해당 손실부담계약을 이행하기 위하여 사용하는 자산에서 생긴 손상차손을 먼저 인식한다.

1-5-3 구조조정

구조조정은 일부사업부의 매각이나 폐쇄 또는 관련 사업체의 이전 등을 의미한다. **구조조정과 관련된 충당부채는 기업의 구조조정에 대한 구체적인 공식계획을 가지고 있으며, 관련 내용들을 모두 확인할 수 있는 경우 인식할 수 있다.** 또한 기업이 구조조정에 착수하였거나 구조조정의 주요 내용을 공표함으로써 구조조정의 영향을 받을 당사자가 기업이 구조조정을 실행할 것이라는 정당한 기대를 가지고 있는 경우에 인식할 수 있다.

📗 확인문제

04. 다음 중 충당부채와 관련된 설명으로 옳지 않은 것은?

① 미래의 예상되는 영업손실은 충당부채로 인식하지 않는다.
② 손실부담계약과 관련하여 회피 불가능한 원가를 충당부채로 인식한다.
③ 구조조정을 완료하는 날까지 발생할 것으로 예상되는 영업손실은 충당부채로 인식한다.
④ 구조조정의 일환으로 관련자산을 매각할 때 예상처분이익은 구조조정 충당부채를 측정하는 데 반영하지 않는다.

정답 ③

✏️ 기출 OX

19. 미래의 예상 영업손실에 대하여 충당부채로 인식한다. 기출처 2020. 국가직 7급
정답 X

20. 손실부담계약을 체결하고 있는 경우에는 관련된 현재 의무를 우발부채로 인식하고 측정한다. 기출처 2023. 국가직 9급 [최신]
정답 X

21. 구조조정충당부채로 인식할 수 있는 지출은 구조조정에서 발생하는 직접비용과 간접비용을 포함하되, 구조조정 때문에 반드시 생기는 지출이며, 기업의 계속적인 활동과 관련 있는 지출이어야 한다. 기출처 2021. 국가직 7급
정답 X

충당부채 인식가능 지출

[구조조정 충당부채로 인식 지출]
① 구조조정과 관련하여 필수로 발생하는 지출
② 기업의 계속적인 활동과 관련 없는 지출

[구조조정 충당부채 제외 지출]
① 계속 근무하는 직원에 대한 교육 훈련과 재배치
② 마케팅
③ 새로운 제도와 물류체계의 구축에 대한 투자

❷ 우발부채와 우발자산

2-1 우발부채의 인식기준

우발부채는 충당부채와 성격이 비슷하지만, 부채의 인식기준을 충족하지 못하여 재무상태표에 인식하지 못하는 의무이다. 우발부채는 충당부채의 인식기준 중 하나 이상의 조건을 충족하지 못하는 잠재적 의무로, 다음에 해당하는 의무를 말한다.

> ① 과거사건에 의하여 발생하였으나, 기업이 전적으로 통제할 수는 없는 하나 이상의 불확실한 미래사건의 발생여부에 의하여서만 그 존재가 확인되는 잠재적 의무
> ② 과거사건에 의하여 발생하였으나 다음 ㉠ 또는 ㉡의 경우에 해당하여 인식하지 않는 현재의무
>   ㉠ 당해 의무를 이행하기 위하여 경제적 효익이 내재된 자원이 유출될 가능성이 높지 않은 경우
>   ㉡ 당해 의무를 이행하여야 할 금액을 신뢰성 있게 추정할 수 없는 경우

우발부채는 경제적 효익의 유출 가능성이 높지 않으므로 주석으로 공시하여야 하나, 경제적 효익의 유출 가능성이 희박한 경우에는 주석으로도 공시하지 않는다. 공시를 할 경우, 다음의 내용을 공시하여야 한다.

> ① 재무적 영향의 추정금액
> ② 경제적 효익의 유출 금액 및 시기와 관련된 불확실성 정도
> ③ 변제의 가능성

우발부채는 당초 예상하지 못한 상황에 따라 변할 수 있으므로 경제적 효익이 있는 자원의 유출가능성이 높아졌는지의 여부를 결정하기 위하여 지속적으로 검토한다. 따라서 과거에 우발부채로 처리하였더라도 이후 충당부채의 인식조건을 충족하였다면 재무상태표에 충당부채를 인식한다.

자원의 유출가능성	금액 추정 가능	금액 추정 불가능
높음	충당부채	우발부채
높지 않음	우발부채	우발부채
희박함	공시하지 않음	공시하지 않음

제3자와 연대하여 의무를 부담하는 경우에는 이행할 전체의무 중 경제적 효익을 갖는 자원의 유출가능성이 높은 부분에 대하여는 충당부채를 인식한다. 그러나 제3자가 이행할 것으로 기대되는 부분은 우발부채로 인식한다. 왜냐하면 제3자가 이행할 것으로 기대되는 부분은 제3자가 이행하지 않는다면, 회사가 이행할 부분이므로 회사가 전적으로 통제할 수 없는 잠재적인 의무이기 때문이다.

🖊 기출 OX

22. 의무를 이행하기 위하여 경제적 효익이 있는 자원을 유출할 가능성이 높지 않은 경우 우발부채를 주석으로 공시한다.
기출처 2017. 지방직 9급
정답 O

23. 의무를 이행하기 위하여 경제적 효익이 있는 자원을 유출할 가능성이 희박하지 않다면, 우발부채를 재무제표에 인식한다.
기출처 2023. 국가직 9급 [최신]
정답 X

24. 우발부채는 자원의 유출가능성을 최초 인식시점에 판단하며 지속적으로 평가하지 않는다.
기출처 2020. 국가직 7급
정답 X

25. 제삼자와 연대하여 의무를 지는 경우에는 이행할 전체 의무 중 제삼자가 이행할 것으로 예상되는 부분을 우발부채로 처리한다.
기출처 2021.2020. 국가직 7급
정답 O

오쌤 Talk
우발부채 → 충당부채

과거에 우발부채로 처리했던 내용이 당해 충당부채의 인식요건을 만족하면 충당부채로 인식할 수 있다. 그러나 이는 회계변경이나 오류의 수정은 아니다. 우발부채를 인식할 당시에 기준에 따라 판단할 때, 우발부채가 적합하다고 판단했었다면 이는 회계의 변경이나 오류의 수정으로 처리하지 않는다. 그러나 당시에 충당부채로 처리했어야 할 사안을 우발부채로 처리한 것이라면 오류수정으로 처리하고 소급법을 적용한다.

오쌤 Talk
제3자와의 연대의무

제3자와 연대하여 지는 의무는 제3자의 채무 불이행이 확실해지기 전까지는 나의 부채가 아닌 제3자의 부채로 인식한다. 다만, 제3자가 의무를 이행하지 않았을 경우 연대책임으로 나의 의무로 될 가능성이 있으므로 이를 미리 우발부채로 주석에 공시한다. 주의할 점은 제3자가 이행하지 않아서 나의 연대 채무가 확실하게 인식되기 전까지는 충당부채가 아닌 우발부채로 주석 공시한다는 사실이다.

2-2 우발자산의 인식기준

우발자산은 과거사건에 의하여 발생하였으나 기업이 전적으로 통제할 수 없는 하나 이상의 불확실한 미래사건의 발생여부에 의해서만 그 존재가 확인되는 잠재적 자산이다.

우발자산은 미래에 전혀 실현되지 않을 수 있으므로 재무상태표에 인식하지 않는다. 그러나 수익의 실현이 거의 확실하다면 이를 더 이상 우발자산이 아니며, 일반적인 자산의 인식의 회계처리를 하는 것이 타당하다. 또한 경제적 효익의 유입가능성이 높지 않다면 주석으로도 공시하지 않는다. 즉, 우발자산을 주석에라도 공시하기 위해서는 최소한 경제적 효익의 유입가능성이 높아야 한다.

우발자산은 관련 상황변화가 적절하게 재무제표에 반영될 수 있도록 지속적으로 검토하고 경제적 효익의 유입가능성이 높아진 경우에 우발자산으로 공시한다.

자원의 유입가능성	금액의 신뢰성 있는 추정가능성	
	가능	불가능
높음	우발자산으로 주석공시	우발자산으로 주석공시
높지 않음	공시하지 않음	공시하지 않음

기출 OX

26. 우발자산은 경제적 효익의 유입가능성이 높지 않은 경우에 주석으로 공시한다. 기출처 2017. 지방직 9급
정답 X

27. 우발자산은 미래에 전혀 실현되지 않을 수도 있는 수익을 인식하는 결과를 가져올 수 있기 때문에 재무제표에 인식하지 아니한다. 기출처 2024. 관세직 9급 최신
정답 O

28. 수익의 실현이 거의 확실하다면, 관련 자산은 우발자산이 아니므로 해당 자산을 재무제표에 인식하는 것이 타당하다. 기출처 2023. 국가직 9급 최신
정답 O

29. 관련 상황의 변화가 적절하게 재무제표에 반영될 수 있도록 우발자산을 지속적으로 평가하며, 상황 변화로 경제적 효익의 유입이 거의 확실하게 되는 경우에는 그러한 상황변화가 일어난 기간의 재무제표에 그 자산과 관련 이익을 인식한다. 기출처 2021. 국가직 7급
정답 O

❸ 충당부채의 유형

3-1 제품보증충당부채

제품보증은 일정기간 이내에 판매한 제품 등의 품질이나 성능에 결함이 있는 경우 무상으로 수리 또는 교환해 주는 것을 말한다. 일반적으로 제품 판매일로부터 1년, 2년 등 일정기간을 보증해주므로 2회계연도 이상에 영향을 주게 된다.

제품판매가격에 제품보증용역에 대한 대가를 식별할 수 없는 경우에는 전체 판매가격을 재화 판매에 대한 대가로 보고 판매시점에 전액 수익으로 인식하여야 한다. 또한 **향후 제품보증 예상 비용을 추정하여 제품보증충당부채로 계상하고**, 향후 **보증비용이 발생하면 제품보증충당부채와 상계하는 방법**을 사용한다.

〈제품보증비 인식〉
(차) 제품보증비　　　　　XXX　　(대) 제품보증충당부채　XXX

〈보증비용 발생 시〉
(차) 제품보증충당부채　　XXX　　(대) 현금　　　　　　　XXX
　　 제품보증비　　　　　XXX

기본예제 3 제품보증충당부채

㈜한국은 전자제품을 판매한 후 2년간 결함에 대하여 무상으로 수리를 해주고 있다. 제품보증비용은 매출액의 10%만큼 발생할 것으로 예상한다. 각 회계연도의 매출액은 다음과 같을 경우 다음 물음에 답하시오. (단, 거래는 현금으로 하였다.)

구분	20X1년	20X2년
매출액	₩10,000	₩15,000
제품보증비 발생액		
20X1년	₩200	₩700
20X2년		₩300

01 각 회계연도의 재무제표상 제품보증충당부채로 계상할 금액을 계산하시오.

02 각 회계연도에 제품보증과 관련하여 회계처리를 하시오.

오쌤 Talk
충당부채와 보증비용

충당부채의 기본 개념은 실제 현금 등이 지출될 때 비용으로 처리하는 것이 아니라 미리 비용으로 처리하고, 관련 비용만큼을 충당부채로 충당해 놓겠다는 개념이다.

이때, 충당부채는 매 보고기간 말마다 앞으로 지출이 예상되는 부분이다. 그러나 관련 비용은 당기와 향후 기간 동안 지출이 예상되는 전체 부분을 인식한다.

그러므로 기본예제 3번에서 20X1년에 인식할 보증비는 당해 매출액 ₩10,000에 예상되는 10% 인 ₩1,000이고, 20X2년에 인식할 보증비는 당해 매출액 ₩15,000에 예상되는 10%인 ₩1,500이다.

풀이

01 제품보증충당부채 계상액
(1) 20X1년 충당부채 = (₩10,000 × 10%) − ₩200 = ₩800
(2) 20X2년 충당부채 = (₩10,000 + ₩15,000) × 10% − (₩200 + ₩700 + ₩300) = ₩1,300

02 회계처리
① 20X1년
매출발생 시	(차)	현금	₩10,000	(대)	매출	₩10,000
보증발생 시	(차)	제품보증비	₩200	(대)	현금	₩200
결산 시	(차)	제품보증비	₩800	(대)	제품보증충당부채	₩800

② 20X2년
매출발생 시	(차)	현금	₩15,000	(대)	매출	₩15,000
보증발생 시	(차)	제품보증충당부채	₩800	(대)	현금	₩1,000
		제품보증비	₩200			
결산 시	(차)	제품보증비	₩1,300	(대)	제품보증충당부채	₩1,300

확인문제

05. 20X1년 초에 영업을 개시한 ㈜한국은 품질보증 기간을 1년으로 하여 에어컨을 판매하고 있다. 20X1년 에어컨 판매 수량은 500대이고, 대당 판매가격은 ₩1,000이며, 동종업계의 과거 경험에 따르면 제품보증비용은 대당 ₩50이 발생할 것으로 추정된다. 20X1년 중 실제 제품보증비 지출이 ₩10,000이면, ㈜한국의 20X1년 말 재무상태표에 표시될 제품보증충당부채는?

기출처 2022. 지방직 9급

① ₩5,000 ② ₩15,000
③ ₩25,000 ④ ₩40,000

정답 ②

② 종업원급여

❶ 종업원급여의 기초

종업원급여는 종업원이 제공한 근무용역과 교환하거나 해고하면서 기업이 제공하는 모든 종류의 대가를 의미한다. 종업원은 전일제, 시간제, 정규직, 임시직으로 임원을 포함한다.

종업원급여에는 일반적으로 급여, 상여, 제수당, 퇴직급여 등이 포함되는데, 기준서에서는 종업원급여를 단기종업원급여, 기타장기종업원급여, 해고급여 및 퇴직급여로 구분한다.

> ① 단기종업원급여: 임금, 사회보장분담금, 유급연차휴가·유급병가, 이익분배금·상여금, 현직종업원을 위한 비화폐성급여(예: 의료, 주택, 자동차 등) 등
> ② 해고급여
> ③ 기타장기종업원급여: 장기유급휴가, 그 밖의 장기근속급여, 장기장애급여 등
> ④ 퇴직급여: 퇴직연금과 퇴직일시금, 그 밖의 퇴직급여(예: 퇴직후생명보험, 퇴직후의료급여)

[종업원급여의 유형]

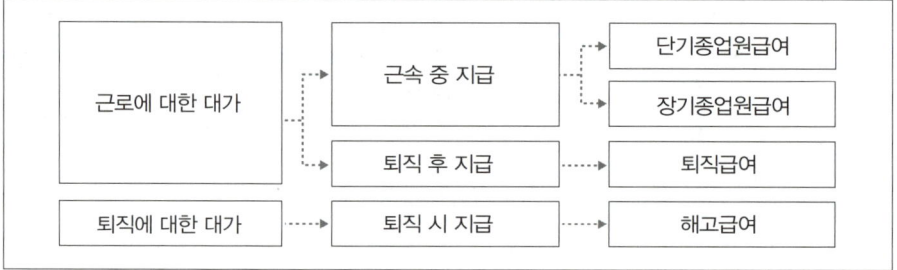

1-1 단기종업원급여

1-1-1 단기종업원급여의 범위

단기종업원급여는 종업원이 관련 근무용역을 제공하는 연차 보고기간 말 이후 12개월 이전에 전부 결제될 것으로 예상되는 종업원급여를 의미한다.

> ① 임금, 사회보장분담금
> ② 유급연차휴가와 유급병가
> ③ 이익분배금과 상여금
> ④ 현직종업원을 위한 비화폐성급여(예: 의료, 주택, 자동차, 무상이나 일부 보조로 제공하는 재화·용역))

📝 **확인문제**

06. 다음 중 종업원급여에 대한 설명으로 옳지 않은 것은?

① 종업원급여는 종업원이 근로 용역을 제공하여 기업이 제공한 모든 대가를 의미한다.
② 종업원급여는 단기종업원급여, 기타장기종업원급여, 해고급여, 퇴직급여로 구분된다.
③ 단기종업원급여는 종업원이 관련 근무용역을 제공하는 연차보고기간말 이후 12개월 이전에 전부 결제될 것으로 예상되는 종업원급여를 의미한다.
④ 종업원이 근로 용역을 제공한 대가에는 화폐성급여를 포함하고 비화폐성급여는 포함하지 않는다.

정답 ④

 **기출 OX**

30. 이익분배제도와 상여금제도와 관련된 원가는 이익분배가 아닌 당기비용으로 인식한다. 〈기출처 2017. 서울시 7급〉

정답 O

1-1-2 단기종업원급여의 인식과 측정

단기종업원급여는 종업원이 회계기간에 근무용역을 제공할 때, 그 대가로 지급이 예상되는 단기종업원급여를 할인하지 않은 금액으로 인식한다. 종업원급여는 근무용역을 제공한 때 비용으로 인식한다. 당기말 현재 근무용역은 제공하였으나 아직 지급하지 못한 급여가 있다면 비용으로 인식하고 미지급비용 계정으로 부채를 인식한다. 다만, 생산직 직원의 급여와 같이 전환원가로서 재고자산의 취득원가를 구성하는 경우에는 당기비용으로 바로 인식되지 않고 자산의 원가를 구성하여 자산이 판매가 되었을 때 비용으로 인식된다.

1-1-3 단기유급휴가

유급휴가는 일정한 조건을 갖춘 근로자가 임금을 받으면서 쉴 수 있는 휴가를 의미하며 월차 휴가, 생리 휴가, 산전후 휴가 등이 있다. 현행 근로기준법상 사용자는 1년간 80%이상을 근무한 근로자에게 15일의 연차휴가를 주도록 되어 있으며, 종업원은 자신이 보유한 유급휴가를 1년간 행사하지 않으면 소멸하도록 규정하고 있다.

유급휴가는 다음의 두 가지 형태로 구분된다.

> ① **누적유급휴가**: 당기에 사용하지 않으면 이월되어 차기 이후에 사용할 수 있는 경우
> ② **비누적유급휴가**: 당기에 사용하지 않으면 차기 이후에 사용할 수 없는 경우

① 누적유급휴가

누적유급휴가는 **종업원이 미래 유급휴가 권리를 확대하는 근무용역을 제공한 때에 보상원가를 인식한다.** 그러므로 당기에 미사용유급휴가로 인해 **향후 지급할 것으로 예상되는 유급휴가금액을 부채와 비용으로 인식한다.** 이때 누적유급휴가는 가득되지 않은 경우[1*]에도 관련 채무가 존재하는 것으로 보고 이를 인식해야 한다.

② 비누적유급휴가

비누적유급휴가는 종업원이 휴가를 실제 사용할 때 실제원가를 인식한다. 비누적유급휴가는 이월되지 않으므로 당기에 사용되지 않은 유급휴가는 소멸되어 미사용 유급휴가에 대해 현금을 수령할 자격이 없다. 그러므로 비누적유급휴가는 종업원이 근무용역을 제공하더라도 관련 급여를 증가시키지 않기 때문에 실제로 유급휴가를 사용하기 전에는 비용으로 인식하지 않는다.

누적유급휴가	가득여부와 상관없이 보고기간 말 사용이 예상되는 금액을 부채와 비용(급여)으로 인식
비누적유급휴가	실제 사용될 때 인식(사용되기 전에는 부채와 비용으로 인식하지 않음)

1* 가득된다는 것은 종업원이 퇴사하면 미사용유급휴가에 상응하는 현금을 받을 수 있는 자격이 있는 것을 말함. 그러므로 가득되지 않는다는 것은 그러한 자격이 없는 것을 의미함.

📝 **기출 OX**

31. 종업원이 회계기간에 근무용역을 제공할 때, 그 대가로 지급이 예상되는 단기종업원급여는 할인하지 않은 금액으로 인식한다. 기출처 2017. 서울시 7급

정답 O

📝 **기출 OX**

32. 누적 유급휴가는 종업원이 실제로 유급휴가를 사용하기 전에는 부채나 비용으로 인식하지 않는다. 기출처 2017. 서울시 7급

정답 X

1-1-4 이익분배제도와 상여금제도

이익분배금 및 상여금은 과거 사건의 결과로 현재의 지급의무가 생기고 채무금액을 신뢰성 있게 추정할 수 있는 경우 예상원가를 인식한다. 이익분배제도와 상여금제도는 종업원이 근무용역을 제공하기 때문에 생기는 것이지, 주주와의 거래로 인해 생기는 것은 아니다. 따라서 이익분배제도와 상여금제도와 관련된 원가는 이익분배가 아닌 당기비용으로 인식한다.

1-2 해고급여

해고급여는 기업의 결정이나 제안에 의하여 종업원이 해고하는 대가로 제공되는 종업원급여를 말한다. 따라서 종업원의 요청에 의하여 퇴직을 하는 경우는 해고급여가 아닌 퇴직급여로 인식된다. 이러한 해고급여는 종업원 요청에 의하여 해고로 지급하는 금액을 초과하여 기업의 요청에 의한 해고로 지급한 급여로 측정한다.

> 해고급여 = 기업의 요청에 의한 해고로 지급한 급여 − 종업원의 요청에 의한 해고로 지급한 급여

해고급여는 그 종업원급여의 성격에 따라 최초인식시점에 측정하고, 후속적 변동을 측정 및 인식한다. 해고급여가 퇴직급여를 증액시키는 것이라면 퇴직급여에 대한 규정을 적용한다.

1-3 기타장기종업원급여

기타장기종업원급여는 종업원이 관련 근무용역을 제공하는 연차보고기간 말 이후 12개월 이전에 전부 결제될 것으로 예상되지 않는 경우에 한정되며, 다음과 같은 급여가 포함된다.

> ① 장기근속휴가나 안식년휴가와 같은 장기유급휴가
> ② 그 밖의 장기근속급여
> ③ 장기장애급여
> ④ 이익분배금과 상여금
> ⑤ 이연된 보상

기타장기종업원급여는 퇴직급여의 인식과 측정방법에 따른다. 그러나 일반적으로 기타장기종업원급여를 측정할 때 나타나는 불확실성은 퇴직급여를 측정할 때 나타나는 불확실성에 비하여 크지 않으므로 재측정요소를 기타포괄손익으로 인식하지 않는다.

📝 **기출 OX**

33. 기업의 제안이 아닌 종업원의 요청에 따른 해고에 따라 생기는 종업원급여는 해고급여에 포함하지 않는다.
기출처 2017. 서울시 7급
정답 O

❷ 퇴직급여

퇴직급여는 종업원의 퇴직으로 지급하는 종업원급여를 의미한다. 퇴직급여제도는 퇴직급여를 지급하는 근거가 되는 공식 또는 협약을 의미하며, **확정기여제도와 확정급여제도로 구분**된다.

확정기여제도는 기업이 별개의 실체(기금)에 고정 기여금을 납부하고, 기여금을 납부할 법적의무와 의제의무가 더는 없는 퇴직급여제도를 의미한다. 확정기여제도에서 기업의 법적의무와 의제의무는 기업이 기금에 출연하기로 약정한 금액에 한정된다. 따라서 종업원이 받을 퇴직급여액은 기업과 종업원이 퇴직급여제도나 보험회사에 출연하는 기여금과 그 기여금에서 발생하는 투자수익에 따라 결정된다. 그 결과 **종업원이 보험수리적위험과 투자위험을 실질적으로 부담**한다.

확정급여제도는 확정기여제도 외의 모든 퇴직급여를 의미한다. 확정급여제도에서 기업의 의무는 약정한 급여를 전직·현직 종업원에게 지급하는 것이다. 따라서 종업원이 받을 퇴직급여액은 기업과 종업원이 퇴직급여제도나 보험회사에 출연하는 기여금과 그 기여금에서 발생하는 투자수익과 관련없이 결정된다. 그 결과 **기업이 보험수리적위험과 투자위험을 실질적으로 부담**하므로 보험수리적 실적과 투자실적이 예상보다 저조할 경우 기업의 의무는 늘어날 수도 있다.

구분	정의	위험부담	종업원수령액
확정기여제도	기업의 법적의무나 의제의무는 기업이 기금에 출연하기로 약정한 금액으로 한정	종업원	불확정
확정급여제도	기업의 의무는 약정한 급여를 전·현직 종업원에게 지급	기업	확정

2-1 확정기여제도

확정기여제도는 기업이 각 기간에 부담하는 채무를 해당 기간의 기여금으로 결정하므로 채무나 비용을 측정하기 위해 보험수리적 가정을 할 필요가 없다. 그러므로 기업은 종업원이 일정기간 근무용역을 제공하면 그 대가로 납부할 기여금을 비용과 부채로 인식한다.

만약, 이미 납부한 기여금이 납부해야 할 기여금에 미달하게 납부된 경우에는 미지급비용 계정으로 부채로 인식하고, 초과하여 납부된 경우에는 그 차액을 선급비용의 계정으로 자산으로 인식한다.

〈부족하게 납부한 경우〉
(차) 퇴직급여 　　　　XXX　　　(대) 현금　　　　　XXX
　　　　　　　　　　　　　　　　　　　미지급비용　　XXX

〈초과하여 납부한 경우〉
(차) 퇴직급여 　　　　XXX　　　(대) 현금　　　　　XXX
　　　선급비용　　　　XXX

 확인문제

07. 다음 중 퇴직급여제도에 대한 설명으로 옳지 않은 것은?
① 퇴직급여는 종업원의 퇴직에 의해 지급하는 종업원급여로 종업원의 요청에 따라 퇴직하는 경우 지급하는 급여도 포함한다.
② 퇴직급여는 확정기여제도와 확정급여제도로 구분된다.
③ 확정기여제도는 종업원이 받을 퇴직급여액을 기여금과 투자수익에 따라 결정하므로 보험수리적인 위험과 투자위험은 기업이 부담하게 된다.
④ 확정기여제도 기업은 기여금을 납부함으로써 퇴직급여와 관련된 모든 의무가 종료되므로 관련부채를 인식하지 않아도 된다.

정답 ③

✏️ **기출 OX**

34. 확정기여제도에서 기업이 보험수리적 위험(급여가 예상에 미치지 못할 위험)과 투자 위험(투자한 자산이 예상 급여액을 지급하는 데 충분하지 못할 위험)을 실질적으로 부담한다.

기출처 2018. 서울시 7급

정답 X

2-2 확정급여제도

2-2-1 확정급여제도의 개요

기업이 확정급여제도를 도입한 경우는 일반적으로 기업과의 별개 실체나 기금에 기여금을 납부함으로써 기금을 적립하고 이후 종업원이 퇴직하면 기금에서 종업원에게 일시금 또는 연금형태로 직접 지급한다.

확정급여제도는 **기업**이 실질적으로 제도와 관련된 **보험수리적위험과 투자위험을 부담**하므로, 기금이 모든 종업원급여를 지급할 수 있을 정도로 충분한 자산을 보유하지 못하는 경우 **기업에서 추가로 기여금을 납부해야하는 의무가 발생**하게 된다. 따라서 **기업이 확정급여제도와 관련하여 인식하는 비용은 반드시 당해 기간에 지급기일이 도래한 기여금만을 의미하는 것은 아니다.**

2-2-2 재무제표 표시

확정급여제도에서는 확정급여채무의 현재가치에서 사외적립자산의 공정가치를 차감한 금액을 재무상태표에 순확정급여부채(자산)로 보고한다. 이때 사외적립자산이 확정급여채무를 초과하는 초과적립액이 있는 경우 순확정급여자산은 자산인식상한을 한도로 한다. 자산인식상한은 제도에서 환급 받는 형태로 또는 제도에 납부할 미래기여금을 절감하는 형태로 얻을 수 있는 경제적 효익의 현재가치를 말한다.

또한 국제회계기준에서는 **순확정급여부채의 유동성분류와 관련**하여 유동부분과 비유동부분으로 구분하여야 하는지에 대해 **특별히 규정하지 않고 있다.**

확정급여제도에서 부채로 인식할 확정급여채무는 재무상태표에 표시할 때 다음과 같이 순액으로 표시한다.

[재무상태표]

	확정급여채무의 현재가치	XXX
(−)	사외적립자산의 공정가치	(XXX)
(+)	보고기간 말 현재 자산인식상한 조정충당금	XXX
=	재무상태표에 보고할 금액	XXX

또한 포괄손익계산서에 당기손익인 퇴직급여와 기타포괄손익인 재측정요소로 인식할 금액은 다음과 같다.

[포괄손익계산서]

	당기근무원가 + 확정급여채무에 대한 이자원가	XXX
(−)	사외적립자산에 대한 이자수익	(XXX)
(±)	과거근무원가와 정산제도로 인한 손익	XXX
=	당기손익에 인식할 퇴직급여	XXX
	확정급여채무의 재측정요소	XXX
(−)	사외적립자산의 재측정요소	(XXX)
(±)	자산인식상한효과의 재측정요소	XXX
=	기타포괄손익으로 인식할 퇴직급여	XXX

확인문제

08. 다음 중 퇴직급여제도에 대한 설명으로 옳지 않은 것은?

① 확정기여제도는 보고기업이 부담하는 채무가 당해 기간의 기여금으로 결정되므로 채무나 비용을 측정하기 위해 보험수리적인 가정을 적용할 필요가 없다.
② 확정급여제도의 경우 기업이 실질적으로 제도와 관련된 보험수리적인 위험과 투자위험을 부담하기 때문에 기금이 충분하지 않은 경우 기업에서 추가로 납부해야하는 의무가 발생된다.
③ 기업에서 확정급여제도와 관련하여 당해 인식하는 비용은 당해 기간에 지급기일이 도래한 기여금이다.
④ 확정급여제도에서는 확정급여채무의 현재가치에서 사외적립자산의 공정가치를 차감한 금액을 재무상태표에 순확정급여부채(자산)로 보고한다.

정답 ③

오쌤 Talk

재무제표 표시

기금의 자산인 사외적립자산을 재무상태표에 표시하는 방법은 총액접근법과 순액접근법 두 가지 방법이 있다. 국제회계기준은 두가지 방법 중 순액접근법을 원칙으로 한다. 그러나 실무적으로는 총액접근법으로 회계처리하고, 이를 보고할 때 순액으로 보고한다.

2-2-3 확정급여채무의 현재가치

확정급여채무의 현재가치는 종업원이 당기와 과거기간에 근무용역을 제공하여 생긴 채무를 결제하기 위해 필요한 예상 미래지급액의 현재가치를 의미한다. 확정급여채무의 현재가치는 사외적립자산의 공정가치를 차감하기 전 총 채무액을 말한다.

확정급여채무는 현재가치를 측정하는 방식으로 예측단위적립방식을 사용한다. 예측단위적립방식은 퇴직 시 지급받을 예상 급여를 정액법 방식으로 하여 각 연도별로 분할하여 납입하는 방식을 의미한다. 이때 종업원의 퇴직률, 예상근속기간, 사망률과 할인율 등을 반영한 보험수리적 가정을 적용한다.

예측단위적립방식을 적용하는 절차는 다음과 같다.

> ① 종업원이 퇴직하는 시점에 퇴직급여를 보험수리적평가방법을 적용하여 추정한다.
> ② 퇴직급여액을 종업원의 근무기간에 걸쳐 배분한다.
> ③ 각 근무기간에 배분된 금액을 보고기간 말 현재 우량회사채의 시장수익률[2*]을 참조하여 결정한 할인율로 현재가치 평가를 한다.

기업은 매 보고기간 말 확정급여채무의 증가분을 당기비용으로 인식한다. 확정급여채무의 증가분은 **당기 근무원가와 이자원가**로 구성된다.

당기 근무원가는 당기에 종업원이 근로용역을 제공함에 따라 발생하는 확정급여채무 현재가치의 증가액으로 다른 자산의 원가에 포함하는 경우를 제외하고는 당기손익으로 인식한다.

이자원가는 기초 확정급여채무에 대한 이자효과로 확정급여의 결제일이 한 기간 가까워짐에 따라 발생하는 한 기간 동안 확정급여채무의 현재가치 증가를 의미한다. 이자원가는 유효이자율법을 적용하여 인식하며, 사외적립자산에서 발생하는 이자수익과 상계한 이후의 순이자를 당기손익으로 인식한다.

2-2-4 사외적립자산

확정급여제도하에서 기업은 미래에 종업원에게 지급할 퇴직급여의 수급권을 보장하기 위해서 사외적립금 제도를 이용한다. **사외적립자산은 퇴직급여의 지급을 위해 사외에 적립된 기금**이다. 기금은 기여금을 받아 이를 운용하여 투자수익을 얻으며, 종업원이 퇴직하면 이 기금에서 종업원에게 퇴직급여를 지급하게 된다.

사외적립자산은 공정가치로 측정하며, 재무상태표에 인식되는 확정급여채무를 결정할 때 차감하여 순확정급여부채(자산)를 공시한다. 만약, 사외적립자산을 운용하여 투자수익이 발생하면 사외적립자산이 증가하게 되고, 그 결과 퇴직급여채무에 대한 부담이 감소하게 되므로 **당기손익에 반영되는 퇴직급여를 산정할 때 사외적립자산에서 발생한 투자수익을 차감한다.**

```
<사외적립자산 적립>
(차) 사외적립자산      XXX    (대) 현금                XXX
<사외적립자산의 이자수익 인식>
(차) 사외적립자산      XXX    (대) 퇴직급여(이자수익)   XXX
```

2* 우량회사채의 시장수익률이 없는 경우에는 보고기간 말 현재 그 통화로 표시된 국·공채의 시장수익률을 사용한다.

오쌤 Talk

보험수리적 가정

보험수리적 가정은 퇴직급여의 궁극적인 원가를 결정하는 확정급여채무와 사외적립자산에 대한 최선의 추정치를 추정하기 위해 필요한 가정이다. 이러한 가정으로는 급여 수급권이 있는 전·현직 종업원의 퇴직후 사망률, 이직률 및 조기퇴직률 등과 같은 인구 통계학적 가정과 할인율, 미래의 임금과 급여수준 등과 같은 재무적 가정으로 구성된다.

확인문제

09. 종업원급여의 회계처리에 대한 설명으로 옳지 않은 것은?

기출처 2020. 지방직 9급

① 확정급여채무의 현재가치란 종업원이 당기와 미래 기간에 근무용역을 제공하여 생긴 채무를 결제하기 위해 필요한 예상 미래지급액의 현재가치를 의미한다.
② 퇴직급여채무를 할인하기 위해 사용하는 할인율은 보고기간 말 현재 우량회사채의 시장수익률을 참조하여 결정한다.
③ 확정급여제도의 초과적립액이 있는 경우 순확정급여자산은 초과적립액과 자산인식상한 중에서 작은 금액으로 측정한다.
④ 기타포괄손익에 인식되는 순확정급여부채 또는 순확정급여자산의 재측정요소는 후속 기간에 당기손익으로 재분류하지 않는다.

정답 ①

2-2-5 순확정급여자산과 자산인식상한효과

기업의 자금부담으로 확정급여채무가 사외적립자산의 공정가치보다 더 많은 것이 일반적이다. 그러나 **사외적립자산의 공정가치가 확정급여채무의 현재가치를 초과하는 경우**가 발생할 수 있는데 이를 **순확정급여자산**으로 표시한다.

확정급여자산은 제도에서 환급받는 형태로 또는 제도에 납부할 미래기여금을 절감하는 형태로 얻을 수 있는 경제적 효익의 현재가치를 한도로 인식하여야 하며, 이를 **순확정급여자산의 자산인식상한**이라 한다. 이는 기업이 이용 가능한 경제적 효익보다 더 많은 자산을 인식하지 못하도록 하기 위한 규정이다. 즉, **자산인식상한효과는 자산인식상한을 초과하는 금액**을 말하며, **순확정급여부채(자산)의 재측정요소로 보아 기타포괄손익으로 인식**한다.

(차) 재측정요소(기타포괄손익)   XXX   (대) 자산인식상환효과   XXX

그러나 **자산인식상한효과의 기초금액**에 확정급여채무의 현재가치 측정에 사용한 **할인율을 곱한 금액**은 퇴직급여 또는 순확정급여부채의 과목으로 하여 **당기손익으로 인식**한다.

2-2-6 순확정급여부채(자산)의 재측정요소

순확정급여부채의 재측정요소는 확정급여채무나 사외적립자산의 예상치 못한 변동을 말한다. 예를 들어, 확정급여채무는 당기근무원가와 이자원가 및 퇴직급여의 지급으로 인해 변경되고, 사외적립자산은 이자수익과 퇴직급여의 지급 및 추가 적립으로 변경된다. 확정급여채무와 사외적립자산에 이러한 기중의 변동분을 반영하면 기말금액과 일치해야 하는데, 실제 기말금액과 다르다면 확정급여채무와 사외적립자산을 재측정해서 발생한 것이다.

순확정급여부채(자산)의 재측정요소는 기타포괄손익으로 인식한다. 기타포괄손익에 인식되는 **순확정급여부채(자산)의 재측정요소는 후속기간에 당기손익으로 재분류되지 아니한다.** 그러나 **기타포괄손익으로 인식된 금액을 자본 내에서 대체할 수 있다.**

[순확정급여부채의 변동]

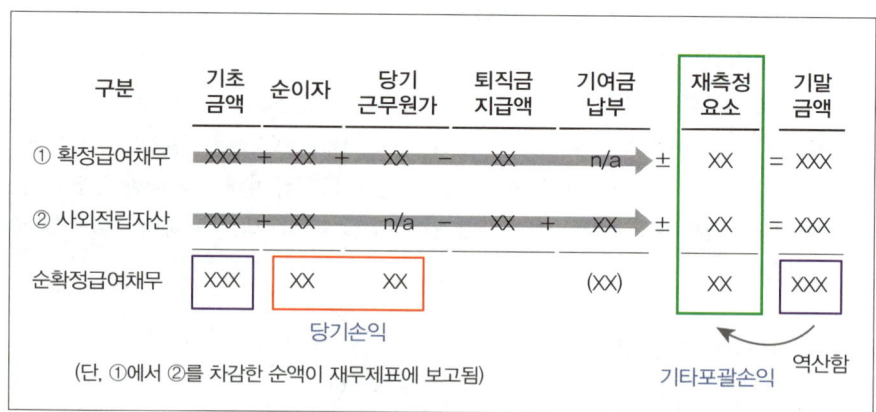

2-2-7 과거근무원가

과거근무원가는 제도 개정이나 축소 등으로 인해 종업원의 과거 근무용역에 대한 확정급여채무의 현재가치가 변동되는 경우 그 변동액을 말한다. 즉, 제도의 개정이나 축소로 인해 확정급여채무의 현재가치가 증가하거나 감소하는 것을 의미한다.

확인문제

10. 다음 중 확정급여제도에 대한 설명으로 옳지 않은 것은?
① 사외적립자산은 퇴직급여의 지급을 위해 사외에 적립된 기금으로 원가로 평가한다.
② 확정급여자산은 제도에서 환급받는 형태로 또는 제도에 납부할 미래기여금을 절감하는 형태로 얻을 수 있는 경제적 효익의 현재가치를 한도로 인식해야 하며, 이를 순확정급여자산의 자산인식상한이라고 한다.
③ 순확정급여부채(자산)의 재측정요소는 기타포괄손익으로 인식한다.
④ 과거근무원가는 제도의 개정이나 축소 등으로 인해 종업원의 과거 근무용역에 대한 확정급여채무의 현재가치가 변동되는 경우 그 변동액을 말한다.

정답 ①

기출 OX

35. 기타포괄손익에 인식되는 순확정급여부채(자산)의 재측정요소는 후속 기간에 당기손익으로 재분류하며, 기타포괄손익에 인식된 금액은 자본 내에서 대체할 수 없다.
기출처 2018. 서울시 7급
정답 X

심화예제 1 확정급여제도

㈜한국은 20X1년 1월 1일 현재 확정급여채무의 현재가치가 ₩15,000이며, 사외적립자산의 공정가치는 ₩12,000이다. ㈜한국의 20X1년 1월 1일 현재 순확정급여부채에 적용되는 할인율은 10%이다. 확정급여제도와 관련된 자료는 다음과 같다.

- ㈜한국이 20X1년 말에 사외적립자산에 추가로 기여한 금액은 ₩5,000이고, 종업원에게 지급한 금액은 ₩4,000이다.
- 20X1년에 확정급여채무와 관련하여 발생하는 당기근무원가는 ₩3,000이다. 사외적립자산의 실제 수익률은 20%로 ₩2,400의 투자수익이 발생하였다.
- 20X1년 12월 31일 예측단위적립방식에 의하여 재측정된 확정급여채무의 현재가치는 ₩20,000이다.

01 20X1년 재무상태표에 인식할 순확정급여부채와 포괄손익계산서에 인식할 퇴직급여 및 재측정 손익은 얼마인가?

02 20X1년 수행할 회계처리를 하시오.

확인문제 최신

11. ㈜서울은 20X1년에 설립되면서 확정급여제도를 도입하였다. <보기>의 자료를 이용하여 20X2년 말 ㈜서울의 재무상태표에 계상될 순확정급여부채는? (단, 기간은 월할계산한다.)

기출처 2023. 서울시 7급

〈보기〉

20X1년	• 연초 할인율은 연 3% • 연간 근무원가는 ₩1,200 • 연말 사외적립자산에 ₩800 현금 적립
20X2년	• 연초 할인율은 연 10% • 6월 말 퇴직종업원에게 ₩200의 현금을 사외적립자산에서 지급 • 6월 말 사외적립자산에 ₩1,000 현금 적립 • 연간 근무원가는 ₩1,200

① ₩590 ② ₩1,720
③ ₩2,310 ④ ₩4,000

정답 ①

풀이

01 재무제표에 미치는 영향 분석

구분	기초	당기손익		퇴직금 지급	기여금 납부	기타 포괄손익 재측정 손익	기말
		이자수익 (비용)	당기 근무원가				
확정급여채무	₩15,000 +	₩1,500* +	₩3,000 −	₩4,000	n/a	+ ₩4,500	= ₩20,000
(−)사외적립자산	₩12,000 +	₩1,200**	n/a	− ₩4,000 +	₩5,000 +	₩1,200***	= ₩15,400
순확정급여채무	₩3,000	₩300	₩3,000		(₩5,000)	₩3,300	₩4,600

*이자비용 = 20X1년 1월 1일 확정급여채무 현재가치 × 할인율 = ₩15,000 × 10% = ₩1,500
**이자수익 = 20X1년 1월 1일 사외적립자산의 공정가치 × 할인율 = ₩12,000 × 10% = ₩1,200
***재측정손익 = 사외적립자산의 실제 수익률 − 이자수익 = ₩2,400 − ₩1,200 = ₩1,200

02 회계처리

① 기여금 납부 (차) 사외적립자산 ₩5,000 (대) 현금 ₩5,000
② 급여 지급 (차) 확정급여채무 ₩4,000 (대) 사외적립자산 ₩4,000
③ 결산일 (차) 퇴직급여(이자원가) ₩1,500 (대) 확정급여채무 ₩1,500
　　　　　　퇴직급여(근무원가) ₩3,000　　　 확정급여채무 ₩3,000
　　　　　　재측정손실 ₩4,500　　　　　　　　확정급여채무 ₩4,500
　　　　(차) 사외적립자산 ₩1,200 (대) 퇴직급여(이자수익) ₩1,200
　　　　　　사외적립자산 ₩1,200　　　　 재측정이익 ₩1,200

OX 퀴즈

다음 문장의 경우 올바른 설명에는 O, 틀린 설명에는 ×를 하고 틀린 설명은 수정하시오.

① 충당부채는 지출의 시기와 금액이 모두 불확실한 부채이다. ( )

② 우발자산은 자원의 유입가능성이 높고, 그 금액을 신뢰성 있게 측정할 수 있는 경우에만 주석으로 공시한다. ( )

③ 매 보고기간 말마다 충당부채 잔액을 검토하고, 보고기간 말 현재 최선의 추정치를 반영하여 조정한다. 의무이행을 위해 경제적 효익을 갖는 자원이 유출될 가능성이 더 이상 높지 아니한 경우에는 관련 충당부채를 환입한다. ( )

④ 예상되는 자산의 처분이 충당부채를 발생시킨 사건과 밀접하게 관련이 있다면 그 자산의 예상처분이익은 충당부채에서 차감한다. ( )

⑤ 현재의무를 이행하기 위하여 소요되는 지출금액에 영향을 미치는 미래사건이 발생할 것이라는 충분하고 객관적인 증거가 있는 경우에는 그러한 미래사건을 감안하여 충당부채 금액을 추정한다. ( )

⑥ 충당부채를 결제하기 위하여 필요한 지출액의 일부 또는 전부를 제3자가 변제할 것이 예상되는 경우 기업이 의무를 이행한다면 변제받을 것이 거의 확실하게 되는 때에는 변제받을 금액을 충당부채에서 차감한다. ( )

⑦ 미래의 예상 영업손실도 발생가능성이 높고 그 금액을 신뢰성 있게 추정할 수 있다면 충당부채로 인식할 수 있다. ( )

⑧ 손실부담계약은 미이행계약에 해당하므로 충당부채로 인식하지 않는다. ( )

⑨ 화폐의 시간가치가 중요한 경우 충당부채는 의무를 이행하기 위해 예상되는 지출액의 현재가치로 평가한다. ( )

⑩ 충당부채로 인식되기 위해서는 과거사건으로 인한 의무가 기업의 미래행위와 연관되어 있어야 하며, 이로 인하여 미래 경제적 효익의 유출가능성이 높아야 한다. ( )

⑪ 과거에 우발부채로 처리하였으나 미래 경제적 효익의 유출가능성이 높아진 경우에는 우발부채로 처리한 회계연도의 재무제표에 소급하여 수정한다. ( )

OX 풀이

❶ ✕ 충당부채는 지출의 시기 또는 금액이 불확실한 부채이다.

❷ ✕ 우발자산은 자원의 유입가능성이 높은 경우에만 주석으로 공시한다. 신뢰성 있는 측정은 우발자산을 공시하기 위한 필요조건이 아니다.

❸ ○

❹ ✕ 예상되는 자산 처분이 충당부채를 생기게 한 사건과 밀접하게 관련되어 있더라도 자산의 처분이익은 충당부채를 측정하는 데 고려하지 않는다.

❺ ○

❻ ✕ 변제받을 금액을 별도의 자산으로 인식한다.

❼ ✕ 미래의 예상 영업손실은 과거 사건의 결과 현재의 의무가 아니므로 충당부채로 인식할 수 없다.

❽ ✕ 일반적인 미이행계약은 거래에 해당하지 않으나 손실부담계약은 충당부채를 인식하기 위한 요건을 충족하기 때문에 부채로 인식한다.

❾ ○

❿ ✕ 충당부채로 인식되기 위해서는 과거사건으로 인한 의무가 기업의 미래행위와 독립적이어야 한다.

⓫ ✕ 과거에 우발부채로 처리하였으나 미래 경제적 효익의 유출가능성이 높아진 경우에는 그러한 가능성의 변화가 생긴 기간의 재무제표에 충당부채로 인식한다. 즉, 소급 적용하지 않는다.

OX 퀴즈

다음 문장의 경우 올바른 설명에는 O, 틀린 설명에는 ×를 하고 틀린 설명은 수정하시오.

12 구조조정을 완료하는 날까지 생길 것으로 예상되는 영업손실은 구조조정충당부채로 인식하지 않지만, 구조조정과 관련하여 예상되는 자산의 처분이익은 구조조정충당부채를 측정하는 데 고려한다. (　　　)

13 충당부채의 인식요건 중 자원의 유출가능성이 높다는 것은 발생확률이 50%를 초과하는 경우이다. (　　　)

14 당해 의무의 이행을 위하여 경제적 효익이 내재된 자원의 유출가능성이 아주 낮은 경우라 하더라도 지급보증이나 계류중인 소송사건은 주석으로 공시한다. (　　　)

15 우발자산은 주석으로 공시될 수 없다. (　　　)

16 충당부채에 대한 화폐의 시간가치가 중요한 경우에는 현재가치로 평가하고, 충당부채의 장부금액을 기간경과에 따라 증가시키는 금액은 차입원가로 인식한다. (　　　)

17 단기종업원급여는 종업원이 관련 근무용역을 제공하는 연차보고기간 말 이후 12개월 이전에 전부 또는 일부 결제될 것으로 예상되는 급여를 말한다. (　　　)

18 미사용 유급휴가는 차기이후의 이월여부에 상관없이 채무로 인식한다. (　　　)

19 확정기여제도에서는 보험수리적위험과 투자위험을 모두 종업원이 부담한다. (　　　)

20 확정급여채무의 이자원가는 기타포괄손익으로 계상한다. (　　　)

21 종업원의 요청으로 인한 해고나 의무적인 퇴직규정으로 인하여 발생하는 종업원급여는 해고급여에 포함한다. (　　　)

OX 풀이

⑫ × 구조조정과 관련하여 예상되는 자산 처분이익은 구조조정충당부채를 측정하는 데 고려하지 아니한다.

⑬ ○

⑭ × 당해 의무의 이행을 위하여 경제적 효익이 내재된 자원의 유출가능성이 낮은 경우에는 공시하지 않는다.

⑮ × 우발자산은 경제적 효익의 유입가능성이 높은 경우에만 공시한다.

⑯ ○

⑰ × 단기종업원급여는 종업원이 관련 근무용역을 제공하는 연차 보고기간 말 이후 12개월 이전에 전부 결제될 것으로 예상되는 급여를 말한다.

⑱ × 비누적유급휴가는 사용하기 전에 부채나 비용으로 인식하지 못한다.

⑲ ○

⑳ × 확정급여채무의 이자원가와 당기근무원가는 다른 자산의 원가가 아니라면 당기손익으로 인식한다.

㉑ × 기업의 제안이 아닌 종업원의 요청이므로 퇴직급여에 해당한다.

13 충당부채와 종업원급여 **623**

실전훈련

01 충당부채에 대한 설명으로 옳지 않은 것은? 기출처 2017. 국가직 9급

① 충당부채를 인식하기 위해서는 과거 사건으로 인한 의무가 기업의 미래 행위와 독립적이어야 한다.
② 충당부채의 인식요건 중 경제적 효익이 있는 자원의 유출 가능성이 높다는 것은 발생할 가능성이 발생하지 않을 가능성보다 더 높다는 것을 의미한다.
③ 충당부채를 인식하기 위한 현재의 의무는 법적 의무로서 의제의무는 제외된다.
④ 충당부채를 인식하기 위해서는 과거사건의 결과로 현재 의무가 존재하여야 한다.

02 충당부채, 우발부채, 우발자산에 대한 설명으로 옳지 않은 것은? 기출처 2017. 지방직 9급

① 우발자산은 경제적 효익의 유입가능성이 높지 않은 경우에 주석으로 공시한다.
② 의무를 이행하기 위하여 경제적 효익이 있는 자원을 유출할 가능성이 높지 않은 경우 우발부채를 주석으로 공시한다.
③ 우발부채와 우발자산은 재무제표에 인식하지 아니한다.
④ 현재의무를 이행하기 위하여 해당 금액을 신뢰성 있게 추정할 수 있고 경제적 효익이 있는 자원을 유출할 가능성이 높은 경우 충당부채로 인식한다.

03 2015년에 제품의 결함으로 인하여 피해를 입었다고 주장하는 고객이 ㈜한국을 상대로 손해배상청구 소송을 제기하였다. 법률전문가는 2015년 재무제표가 승인되는 시점까지는 회사의 책임이 밝혀지지 않을 가능성이 높다고 조언하였다. 그러나 2016년 말 현재 ㈜한국에 소송이 불리하게 진행 중이며, 법률전문가는 ㈜한국이 배상금을 지급하게 될 가능성이 높다고 조언하였다. ㈜한국의 충당부채 또는 우발부채 인식과 관련된 설명으로 옳지 않은 것은? 기출처 2016. 국가직 9급

① 충당부채는 현재의 의무가 존재하고, 경제적 효익을 갖는 자원이 유출될 가능성이 높으며, 당해 금액을 신뢰성 있게 추정할 수 있을 경우에 인식한다.
② 2015년의 경우 현재의 의무가 없고, 배상금을 지급할 가능성이 아주 낮다고 하더라도 우발부채로 공시할 의무는 있다.
③ 2016년 말에는 현재 의무가 존재하고 배상금에 대한 지급 가능성이 높으므로, 배상금을 신뢰성 있게 추정할 수 있다면 충당부채를 인식해야 한다.
④ 만약 2016년 말에 배상금을 신뢰성 있게 추정할 수 없다면 이를 충당부채로 인식하지 않고 우발부채로 공시한다.

 풀이

01 ③ 현재의무는 법적의무와 의제의무를 포함한다.
02 ① 우발자산은 경제적 효익의 유입가능성이 높지 않은 경우에 주석으로도 공시하지 않는다.
03 ② 2015년 현재의 의무가 없고, 배상금을 지급할 가능성이 아주 낮다면 우발부채로 공시할 필요도 없다.

답 01 ③ 02 ① 03 ②

04 충당부채와 우발부채에 대한 설명으로 옳은 것은?   기출처 2020. 국가직 7급

① 미래의 예상 영업손실에 대하여 충당부채로 인식한다.
② 우발부채는 자원의 유출가능성을 최초 인식시점에 판단하며 지속적으로 평가하지 않는다.
③ 제삼자와 연대하여 의무를 지는 경우에는 이행할 전체 의무 중 제삼자가 이행할 것으로 예상되는 부분을 우발부채로 처리한다.
④ 다수의 항목과 관련되는 충당부채를 측정하는 경우에 해당 의무는 가능한 모든 결과에 관련된 확률 중 최댓값으로 추정한다.

05 충당부채, 우발부채, 우발자산에 대한 설명으로 옳지 않은 것은?   기출처 2021. 국가직 7급

① 제삼자와 연대하여 의무를 지는 경우에는 이행할 전체 의무 중 제삼자가 이행할 것으로 예상되는 부분을 우발부채로 처리한다.
② 관련 상황의 변화가 적절하게 재무제표에 반영될 수 있도록 우발자산을 지속적으로 평가하며, 상황변화로 경제적 효익의 유입이 거의 확실하게 되는 경우에는 그러한 상황변화가 일어난 기간의 재무제표에 그 자산과 관련 이익을 인식한다.
③ 현재 의무를 이행하기 위하여 필요한 지출 금액에 영향을 미치는 미래 사건이 일어날 것이라는 충분하고 객관적인 증거가 있는 경우에는 그 미래 사건을 고려하여 충당부채 금액을 추정한다.
④ 구조조정충당부채로 인식할 수 있는 지출은 구조조정에서 발생하는 직접비용과 간접비용을 포함하되, 구조조정 때문에 반드시 생기는 지출이며, 기업의 계속적인 활동과 관련 있는 지출이어야 한다.

 풀이

04 충당부채로 인식되기 위해서는 다음 세 가지 요건을 모두 갖추어야 한다.

- 과거 사건의 결과 현재의무가 존재한다.
- 해당 의무를 이행하기 위해 경제적 효익이 있는 자원을 유출할 가능성이 높다.
- 해당 의무의 이행에 소요되는 금액을 신뢰성 있게 추정할 수 있다.

① 미래의 예상 영업손실은 과거 사건의 결과 현재의무의 조건을 만족하지 않는다. 그러므로 충당부채로 인식하지 않는다.
② 우발부채는 자원의 유출가능성을 최초 인식시점에 판단하고, 경제적 효익의 유출가능성이 높아졌는지 여부를 결정하기 위하여 지속적으로 검토하여야 한다.
④ 추정하고자 하는 충당부채가 다수의 항목과 관련된 경우에는 의무는 모든 가능한 결과와 그와 관련된 확률을 가중평균하여 추정하며, 이러한 통계적 추정방법을 기대가치라고 한다.

05 ④ 구조조정충당부채로 인식할 수 있는 지출은 구조조정에서 생기는 직접비용만 포함해야 하며 다음의 요건을 모두 충족하여야 한다. (1) 구조조정 때문에 반드시 생기는 지출 (2) 기업의 계속적인 활동과 관련 없는 지출[기준서 1037호 문단 80] 그러므로 기업의 계속적인 활동과 관련있는 지출은 충당부채에 포함하지 않는다.

답   04 ③   05 ④

06 충당부채에 대한 설명으로 가장 옳지 않은 것은? 기출처 2020. 서울시 7급

① 보고기간 말마다 충당부채의 잔액을 검토하고, 보고기간 말 현재 최선의 추정치를 반영하여 조정한다.
② 충당부채와 관련하여 포괄손익계산서에 인식한 비용은 제삼자의 변제와 관련하여 인식한 금액과 상계하여 표시할 수 없다.
③ 제삼자가 지급하지 않더라도 기업이 해당 금액을 지급할 의무가 없는 경우에는 이를 충당부채에 포함 하지 아니한다.
④ 충당부채를 현재가치로 평가하여 표시하는 경우에는 장부금액을 기간 경과에 따라 증액하고 해당 증가 금액은 차입원가로 인식한다.

07 다음 중 충당부채 및 우발부채에 대한 회계처리 내용으로 옳지 않은 것은? 기출처 2012. 관세사

① 충당부채로 인식되기 위해서는 과거사건으로 인한 의무가 기업의 미래행위와 관련되어야 한다.
② 충당부채에 대한 화폐의 시간가치가 중요한 경우에는 현재가치로 평가하고, 장부금액을 기간 경과에 따라 증가시키고 해당 증가 금액은 차입원가로 인식한다.
③ 어떤 의무에 대하여 제3자와 연대하여 의무를 지는 경우에 이행하여야 하는 전체 의무 중에서 제3자가 이행할 것으로 기대되는 부분에 한하여 우발부채로 인식한다.
④ 손실부담계약을 체결하고 있는 경우에는 관련된 현재의무를 충당부채로 인식하고 측정한다.
⑤ 충당부채를 결제하기 위하여 필요한 지출액의 일부 또는 전부를 제3자가 변제할 것이 예상되는 경우 기업이 의무를 이행한다면 변제를 받을 것이 거의 확실하게 되는 때에 한하여 변제금액을 인식하고 별도의 자산으로 회계처리 한다.

풀이

06 ② 충당부채와 관련하여 포괄손익계산서에 인식한 비용은 제삼자와의 변제와 관련하여 인식한 금액과 상계 표시할 수 있다.
07 ① 충당부채로 인식되기 위해서 기업의 미래행위와는 관련이 없어야 한다. 충당부채는 과거사건의 결과 발생한 현재의무인 경우만 가능하다.

답 06 ② 07 ①

08 ㈜한국은 20X1년 말 현재 다음과 같은 사항에 대해 재무상태표에 인식해야 할 충당부채 금액은 얼마인가? (단, 제시된 금액은 모두 신뢰성 있게 측정되었다.)

기출처 2014. 회계사 응용

> (ㄱ) 20X1년 12월 15일 이사회에서 회사의 조직구조 개편을 포함한 구조조정계획이 수립되었으며, 이를 수행하는 데 ₩250,000의 비용이 발생할 것으로 추정하였다. 그러나 20X1년 말까지 회사는 동 구조조정 계획에 착수하지 않았다.
> (ㄴ) 회사는 경쟁업체가 제기한 특허권 무단 사용에 대한 소송에 제소되었다. 만약 동 소송에서 패소한다면 ㈜한국이 배상하여야 하는 손해배상금액은 ₩100,000으로 추정된다. ㈜한국의 자문 변호사는 이러한 손해배상이 발생할 가능성이 높지 않다고 한다.
> (ㄷ) 회사가 사용 중인 공장 구축물의 내용연수가 종료되면 이를 철거하고 구축물로 정착되어 있던 토지를 원상으로 회복해야 한다. 복구비용은 ₩200,000으로 추정되며, 복구비용의 현재가치는 ₩140,000이다.
> (ㄹ) 회사가 판매한 제품의 제조상 결함이 발견되어 이에 대한 보증비용이 ₩200,000으로 예상되고, 그 지출 가능성이 높다. 한편, 회사는 동 예상비용을 보험사에 청구하였으며 50%만큼 변제받기로 했다.

① ₩240,000
② ₩340,000
③ ₩590,000
④ ₩690,000

풀이

08	(ㄱ) 구조조정(계획만 수립하였으므로 충당부채 인식하지 않음)	-
	(ㄴ) 소송사건 (발생가능성이 높지 않으므로 인식하지 않음)	-
	(ㄷ) 복구비용(현재가치로 인식)	₩140,000
	(ㄹ) 보증비용(제3자의 변제는 별도의 자산으로 인식)	₩200,000
	충당부채 인식금액	₩340,000

답 08 ②

09 ㈜세무는 20X1년부터 제품을 판매하기 시작하고 3년간 품질을 보증하며, 품질보증기간이 지나면 보증의무는 사라진다. 과거의 경험에 의하면 제품 1단위당 ₩200의 제품보증비가 발생하며, 판매량의 5%에 대하여 품질보증요청이 있을 것으로 추정된다. 20X3년 말 현재 20X1년에 판매한 제품 중 4%만 실제 제품보증활동을 수행하였다. 20X1년부터 20X3년까지의 판매량과 보증비용 지출액 자료는 다음과 같다.

연도	판매량(대)	보증비용 지출액
20X1년	2,000	₩20,000
20X2년	4,000	₩30,000
20X3년	6,000	₩40,000

㈜세무가 제품보증과 관련하여 충당부채를 설정한다고 할 때, 20X3년 말 제품보증충당부채는?
(단, 모든 보증활동은 현금지출로 이루어진다.)

기출처 2020. 세무사 응용

① ₩10,000　　② ₩20,000
③ ₩30,000　　④ ₩40,000

10 2011년부터 커피체인인 ㈜한국은 판촉활동을 위해 커피 1잔에 쿠폰을 1매씩 지급하고, 고객이 쿠폰 10매를 모아오면 머그컵 1개를 무료로 제공한다. 제공되는 컵의 원가는 ₩1,000이다. ㈜한국은 쿠폰의 60%가 상환될 것으로 추정하고 있다. 2011년 회계기간 동안 판매된 커피는 10,000잔이었으며 쿠폰은 5,000매가 교환되었다. 2011년에 인식해야 할 쿠폰관련 경품비와 경품충당부채의 기말잔액은?

기출처 2012.지방직 9급

	경품비	경품충당부채
①	₩600,000	₩100,000
②	₩600,000	₩0
③	₩500,000	₩100,000
④	₩500,000	₩0

 풀이

09 (1) 3개년간의 판매량 = 2,000 + 4,000 + 6,000 = 12,000대
(2) 보증 추정 수량 = 12,000대 × 5% = 600대
(3) 3년간 전체 추정보증비용 = 600대 × ₩200 = ₩120,000
(4) 20X3년 보증충당부채 = ₩120,000 -(₩20,000 + ₩30,000 + ₩40,000) = ₩30,000
[참고]
제품을 판매하고 3년간 품질을 보증하므로, 20X1년에 판매한 제품의 경우에도 20X4년까지 보증이 이루어진다. 20X3년 말 보증충당부채는 20X3년 말 이후 보증이 이루어질 것으로 예상되는 부분을 인식한다. 그러므로 전체 보증비로 추정되는 금액 ₩120,000 중 현재까지 보증된 ₩90,000을 제외한 나머지 ₩30,000을 충당부채로 인식하면 된다.

10 (1) 경품비 추정액: 10,000잔 × 1매 × 1/10매 × 60% × ₩1,000 = ₩600,000
(2) 경품충당부채: ₩600,000 - (5,000매 × 1/10 × ₩1,000) = ₩100,000

답　09 ③　10 ①

11 다음 중 종업원급여에 대한 설명으로 가장 올바르지 않은 것은?

① 확정급여채무의 현재가치란 종업원이 당기와 과거기간에 근무용역을 제공하여 발생한 채무를 기업이 결제하는 데 필요한 예상 미래 지급액의 현재가치(사외적립자산 차감 전)를 의미한다.
② 종업원급여는 단기종업원급여, 퇴직급여, 기타장기종업원급여, 해고급여의 네 가지 범주를 포함한다.
③ 단기종업원급여는 종업원이 관련 근무용역을 제공한 회계기간의 말부터 12개월 이내에 결제될 종업원급여로 해고급여는 제외한다.
④ 확정급여제도는 기업이 종업원 퇴직 시 약정된 퇴직급여의 지급을 약속한 것으로 그 운용과 위험을 종업원이 부담한다.

12 종업원급여에 대한 내용 중 퇴직급여에 대한 설명으로 가장 옳은 것은? 기출처 2018. 서울시 7급

① 확정기여제도에서 기업이 보험수리적위험(급여가 예상에 미치지 못할 위험)과 투자 위험(투자한 자산이 예상급여액을 지급하는 데 충분하지 못할 위험)을 실질적으로 부담한다.
② 지배기업과 종속기업처럼 동일 지배 아래에 있는 기업들이 위험을 공유하는 확정급여제도는 복수사용자제도에 해당한다
③ 확정급여제도에서는 종업원이 근무용역을 제공함에 따라 채무가 생기며, 그 급여가 미래의 근무용역 제공을 조건으로 지급되는지와 관계없이, 즉 급여가 가득되었는지와 관계없이 생긴다.
④ 기타포괄손익에 인식되는 순확정급여부채(자산)의 재측정요소는 후속 기간에 당기손익으로 재분류하며, 기타포괄 손익에 인식된 금액은 자본 내에서 대체할 수 없다.

 풀이

11 ④ 확정급여제도는 기업이 종업원 퇴직 시 약정된 퇴직급여의 지급을 약속한 것으로 그 운용과 위험을 기업이 부담한다.
12 ① 기업이 보험수리적위험과 투자 위험을 실질적으로 부담하는 제도는 확정급여제도이다. 확정기여제도는 기업이 기여금을 납입하고 더 이상의 부담을 지지 않는 제도이다.
② 동일 지배하에 있다고 하더라도 확정급여제도를 획일적으로 도입할 필요는 없다. 지배기업과 종속기업 각각 확정기여제도와 확정급여제도를 선택할 수 있다.
④ 기타포괄손익에 인식되는 순확정급여부채(자산)의 재측정요소는 후속 기간에 당기손익으로 재분류할 수 없으며, 기타포괄손익에 인식된 금액은 자본내에서 대체할 수 있다.

답 11 ④ 12 ③

13 ㈜대한은 퇴직급여제도로 확정급여제도를 채택하고 있다. 20X1년 초 확정급여채무의 장부금액은 ₩15,000이며, 사외적립자산의 공정가치는 ₩12,000이다. 20X1년의 확정급여제도와 관련하여 발생한 재측정요소는 확정급여채무 재측정손실 ₩2,500, 사외적립자산 재측정이익 ₩600이다. 다음의 자료를 이용할 때, 20X1년 말 순확정급여부채는? (단, 자산인식상한은 고려하지 않는다)

기출처 2021.국가직 7급

- 20X1년 순확정급여부채 계산 시 적용되는 할인율은 연 10%이다.
- 20X1년 당기근무원가는 ₩4,000이다.
- 20X1년 말 퇴직종업원에게 ₩3,000의 현금이 사외적립자산에서 지급되었다.
- 20X1년 말 사외적립자산에 ₩5,000을 현금으로 출연하였다.

① ₩4,200
② ₩4,400
③ ₩4,600
④ ₩4,800

13 [순확정급여채무]

구분	기초	순이자	당기근무원가	지급	사외적립 자산에 출연	재측정손익	계
확정급여채무	₩15,000					₩2,500	
(-)사외적립자산 공정가치	(₩12,000)					₩600	
순확정급여채무	₩3,000	₩300	₩4,000	-	(₩5,000)	₩1,900	₩4,200

답 13 ①

14 ㈜감평의 20X2년 퇴직급여 관련 정보가 다음과 같을 때 이로 인해 20X2년도 기타포괄손익에 미치는 영향은? (단, 기여금의 출연과 퇴직금의 지급은 연도 말에 발생하였다고 가정한다.)   기출처 2016. 감평사

• 기초 확정급여채무 현재가치	₩24,000	• 기말 확정급여채무 현재가치	₩25,000
• 기초 사외적립자산 공정가치	₩20,000	• 기말 사외적립자산 공정가치	₩22,000
• 당기 근무원가	₩3,600	• 퇴직금 지급	₩2,300
• 기여금 출연	₩4,200	• 확정급여채무 계산 시 적용할 할인율	연 5%

① ₩1,500 감소
② ₩900 감소
③ ₩0
④ ₩600 증가
⑤ ₩2,400 증가

풀이

14 (1) 기초 순확정급여채무 = 기초 확정급여채무의 현재가치 ₩24,000 - 기초 사외적립자산의 공정가치 ₩20,000
  = ₩4,000
 (2) 기말 순확정급여채무 = 기말 확정급여채무의 현재가치 ₩25,000 - 기말 사외적립자산의 공정가치 ₩22,000
  = ₩3,000
 (3) 재측정요소

기초순확정급여채무	₩4,000
당기근무원가	₩3,600
기여금출연	(₩4,200)
재측정요소	(₩600)
이자비용 ₩24,000 × 5% = ₩1,200	₩1,200
이자수익 ₩20,000 × 5% = ₩1,000	(₩1,000)
기말 순확정급여채무	₩3,000

∴ 재측정요소(기타포괄손익)이 ₩600 증가함
[참고] 공정가치 변동으로 인해 부채가 감소하면 자본항목은 증가함

답 14 ④

15 ㈜감평은 확정급여제도를 채택하고 있으며, 20X1년 초 순확정급여부채는 ₩20,000이다. ㈜감평의 20X1년도 확정급여제도와 관련된 자료는 다음과 같다.

> • 순확정급여부채(자산) 계산 시 적용한 할인율은 연 6%이다.
> • 20X1년 당기근무원가 ₩85,000이고, 20X1년 말 퇴직종업원들에게 ₩38,000의 현금이 사외적립자산에서 지급되었다.
> • 20X1년 말 사외적립자산에 ₩60,000을 현금으로 출연하였다.
> • 20X1년에 발생한 확정급여채무의 재측정요소(손실)는 ₩5,000이고, 사외적립자산의 재측정요소(이익)는 ₩2,200이다.

㈜감평이 20X1년 말 재무상태표에 순확정급여부채로 인식할 금액과 20X1년도 포괄손익계산서상 당기손익으로 인식할 퇴직급여 관련 비용은?

기출처 2020. 감평사

	순확정급여채무	퇴직급여 관련 비용
①	₩11,000	₩85,000
②	₩11,000	₩86,200
③	₩43,400	₩86,200
④	₩49,000	₩85,000
⑤	₩49,000	₩86,200

15 (1) 순확정급여부채

기초 순확정급여채무	₩20,000
당기근무원가	₩85,000
기여금출연	(₩60,000)
재측정요소	+ ₩5,000 − ₩2,200
이자비용 − 이자수익(기초순확정채무 × 6%)	₩1,200(= ₩20,000 × 6%)
기말 순확정급여채무	₩49,000

(2) 퇴직급여 관련 비용

이자비용 − 이자수익	₩1,200
당기근무원가	₩85,000
퇴직급여 관련 비용	₩86,200

답 15 ⑤

14 자본

Teacher's Map

1 자본의 의의

정의 및 측정

정의	① 기업이 소유하고 있는 총자산에서 타인에게 갚아야 할 총부채를 차감한 잔여지분 ② 순자산, 주주지분, 자기자본
자본의 측정	① 자본의 장부금액은 자산의 장부금액에서 부채의 장부금액을 차감하여 측정함 ② 자본의 공정가치는 자산의 공정가치에서 부채의 공정가치를 차감하여 측정함 ③ 자본의 총액은 일반적으로 해당 기업이 발행한 주식의 시가 총액과 일치하지 않음

구분

한국채택국제회계기준	거래의 구분	일반기업회계기준	항목
납입자본	자본거래	자본금	보통주자본금, 우선주자본금
		자본잉여금	주식발행초과금, 감자차익, 자기주식처분이익
기타자본구성요소		자본조정항목	자기주식, 주식할인발행차금, 감자차손, 자기주식처분손실
	손익거래	기타포괄손익누계액	기타포괄손익 - 공정가치 측정 금융자산평가손익 등
이익잉여금		이익잉여금	이익준비금, 임의적립금 등

2 자본거래

주식의 종류

보통주		이익의 배당과 잔여재산배분에 있어 다른 종류의 주식에 대해 기준이 되는 주식을 의미함
우선주	이익배당우선주	이익배당우선주는 의결권이 없는 대신 이익의 배당이나 잔여재산배분에 있어 보통주보다 우선적인 권리를 가진 주식을 의미함 ① 누적적 우선주와 비누적적 우선주: 특정회계연도에 회사의 사정으로 배당을 지불하지 못한 경우 차후 이를 소급하여 우선적으로 지급받을 수 있는지 여부에 따라 누적적 우선주와 비누적적 우선주로 구분 ② 참가적 우선주와 비참가적 우선주: 회사가 배당의 재원으로 우선주, 보통주 순으로 배당을 하고도 추가적인 배당의 재원이 있는 경우 보통주와 같이 추가적으로 배당에 참여할 수 있는 권한이 주어진 우선주를 참가적 우선주라고 함
	전환우선주	사전에 정해진 요건을 충족하였을 시 우선주를 보통주로 전환할 수 있는 권리가 주어진 우선주
	상환우선주	상환우선주는 의결권이 없는 대신 기업이 일정기간 후에 약정된 가격으로 재매입할 것을 전제로 발행한 우선주

개념 찾기

① 보통주　　　　　　　④ 참가적 우선주/　　　⑥ 상환우선주　　⑨ 출자전환　　⑫ 무상감자
② 우선주　　　　　　　　비참가적 우선주　　　⑦ 유상증자　　⑩ 무상증자　　⑬ 자기주식
③ 누적적 우선주/비누적적 우선주　⑤ 전환우선주　　　⑧ 현물출자　　⑪ 유상감자　　⑭ 자기주식 소각

💡 자본의 증가

증자	자본금을 증가시키는 것(자본금 = 액면금액 × 발행주식수)
유상증자	① 추가적인 주식을 발행하면서 주주가 현금 등을 납입하는 것 ② 발행 <table><tr><td>액면발행</td><td>발행금액 = 액면금액(액면금액 전액을 자본금 처리)</td></tr><tr><td>할증발행</td><td>발행금액 > 액면금액(액면금액: 자본금, 초과금액: 주식발행초과금)</td></tr><tr><td>할인발행</td><td>발행금액 < 액면금액(액면금액: 자본금, 미달금액: 주식할인발행차금)</td></tr></table> ③ 주식발행초과금과 주식할인발행차금은 발생순서와 상관없이 서로 상계 ④ 신주발행비 　• 직접비용: 자본에서 차감 　• 간접비용: 당기비용
현물출자	① 투자자가 현금이 아닌 부동산, 주식 등의 자산을 제공하고 주식을 받는 것을 의미 ② 현물출자되는 자산의 공정가치를 주식의 발행금액으로 함 　단, 주식의 공정가치가 현물출자자산의 공정가치보다 더 신뢰성 있게 측정할 수 있는 경우에는 주식의 　공정가치를 주식의 발행금액으로 함
출자전환	① 채무자가 채권자에게 지분상품을 발행하여 금융부채의 전부 또는 일부를 소멸하기 위하여 채무자와 　채권자가 금융부채의 조건을 재협상하는 것을 의미 ② 지분상품의 공정가치를 금융부채의 지불대가로 봄 ③ 금융부채 상환이익 = 지분상품의 공정가치 - 금융부채의 장부금액 ④ 지분상품의 공정가치를 신뢰성 있게 측정할 수 없다면 소멸된 금융부채의 공정가치로 지분상품을 측정
무상증자	자본잉여금이나 이익잉여금 중 법정적립금을 자본에 전입하고 주식을 발행하는 것을 의미

💡 자본의 감소

감자	자본금을 감소시키는 것
유상감자	① 유상으로 주식을 취득하여 소각 ② 감자차익 = 소각하는 자본금 - 현금지불액 　• 감자차익 = 주식의 액면금액 - 주식의 취득금액 > 0 　• 감자차손 = 주식의 액면금액 - 주식의 취득금액 < 0 ③ 감자차익과 감자차손은 우선적으로 서로 상계하고, 감자차손이 더 많은 경우에는 회사의 이익잉여금과 상계함
무상감자	① 주주들에게 대가를 지급하지 않고 주당 액면금액을 감소시키거나 주식수를 일정 비율로 감소시키는 것을 의미 ② 형식적 감자: 현금의 유출입이 없고, 자본이 감소하지도 않음 ③ 감자차익만 발생하고 감자차손은 발생할 수 없음
자기주식	① 취득: 취득원가로 기록(자본의 차감계정 → 자본조정) ② 처분 　• 자기주식처분이익 = 처분금액 - 취득금액 > 0 　• 자기주식처분손실 = 처분금액 - 취득금액 < 0 ③ 자기주식처분이익과 자기주식처분손실을 우선적으로 서로 상계. 자기주식 처분손실이 더 많은 경우에는 　회사의 이익잉여금과 상계함 ④ 자기주식 소각: 유상감자와 동일

💡 주식분할과 주식병합

주식분할	주식을 여러 개로 나누는 것 주식의 액면금액이 작아지고, 주식수가 늘어나지만 자본금이나 자본의 변화는 없음
주식병합	여러 개의 주식을 하나로 합치는 것 주식의 액면금액이 커지고, 주식수가 적어지지만 자본금이나 자본의 변화는 없음

❸ 손익거래

💡 정의
순자산을 변동시키는 거래의 상대방이 주주 이외의 자인 경우의 거래

💡 기타포괄손익누계액

재분류조정대상인 경우	① 개념	차후 자산과 부채가 제거되면서 실현되어 당기손익에 영향을 주는 대체 항목
	② 관련 손익	• 기타포괄손익 - 공정가치로 측정하는 채무상품에 대한 투자에서 발생하는 손익 • 해외사업장 환산손익 • 기타포괄손익 - 공정가치 측정항목으로 지정한 지분상품에 대한 위험회피회계에서 위험회피수단인 파생상품평가손익 중 효과적인 부분과 현금흐름위험회피에서 위험회피수단인 파생상품평가손익 중 효과적인 부분 • 파생상품인 옵션계약의 내재가치와 시간가치를 분리하고 내재가치의 변동만을 위험회피수단으로 지정할 때 옵션 시간가치의 가치변동 • 파생상품인 선도계약의 선도요소와 현물요소를 분리하고 현물요소의 변동만을 위험회피수단으로 지정할 때 선도계약의 선도요소의 가치변동과 금융상품의 외화 베이시스 스프레드 가치 변동을 위험회피수단 지정에 제외할 때 외화 베이시스 스프레드 가치 변동
재분류조정 대상이 아닌 경우	① 개념	기타포괄손익이 소멸하여 바로 이익잉여금으로 실현되면서 당기손익에 영향을 주지 않는 대체 항목
	② 관련 손익	• 유·무형자산의 재평가잉여금의 변동손익 • 확정급여제도의 재측정요소 • 기타포괄손익 - 공정가치 측정항목으로 지정한 지분상품에 대한 투자에서 발생한 손익 • 당기손익 - 공정가치 측정항목으로 지정한 금융부채의 신용위험 변동으로 인한 공정가치 변동손익

개념 찾기

- ⑮ 주식분할
- ⑯ 주식병합
- ⑰ 기타포괄손익누계액
- ⑱ 재분류조정
- ⑲ 법정적립금
- ⑳ 임의적립금
- ㉑ 이익준비금
- ㉒ 미처분이익잉여금
- ㉓ 현금배당
- ㉔ 주식배당
- ㉕ 배당기준일
- ㉖ 배당선언일

💡 이익잉여금

분류	① 법정적립금: 회사의 다른 이해관계자들을 보호하기 위하여 법률에 의해 강제적으로 적립이 되어 현금배당이 제한되는 이익잉여금 (ex. 이익준비금) ② 이익준비금의 적립: 상법은 이익준비금을 자본금의 1/2에 달할 때까지 현금이나 현물배당액의 10% 이상을 의무적으로 적립하도록 규정 ③ 임의적립금: 회사의 선택에 따라 임의적으로 적립된 이익잉여금 ④ 미처분이익잉여금: 배당이나 적립금 등의 특정목적에 사용하도록 처분되지 않고 남아 있는 유보이익
이익잉여금의 처분	① 처분가능한 이익잉여금을 상법에 따라 주주의 동의를 얻어 다른 항목으로 대체하거나 배당하는 과정 ② 이익잉여금의 처분은 주주총회의 결의일에 이루어짐(기말시점이 아님) ③ 처분사항: 이익준비금, 임의적립금, 배당금 및 자본조정항목과의 상계

💡 배당

용어	① 배당기준일: 배당받을 권리가 결정된 날 ② 배당선언일: 배당금을 얼마로 지불하기로 하였는지 주주총회에서 결의한 날 ③ 배당지급일: 배당금을 주주에게 실제 지급한 날
현금배당	배당선언일에 확정되면 주주는 미수배당금을, 회사는 미지급배당금(부채)을 계상
주식배당	배당선언일에 확정되면 주주는 주식수를 비망기록으로 증가시키고, 회사는 미교부주식배당금(자본조정)을 계상

- ① 자본의 의의
- ② 자본거래
- ③ 손익거래
- ④ 자본변동 종합
- ⑤ 자본변동표

용어 정리

회계상	부채	자본(순자산)
지분관점	채권자지분	주주지분
자본관점	타인자본	자기자본

① 자본의 의의

① 자본의 정의

회사의 소유주인 주주들만의 자산, 즉 **순자산**을 회계용어로 자본(equity)이라고 부른다. 자본은 **기업이 소유하고 있는 총자산에서 타인에게 갚아야 할 총부채를 차감한 잔여지분**[1*]이라고 할 수 있다. 자본은 그 자체를 직접적으로 측정할 수 있는 것이 아니라 자산과 부채를 각각 측정한 결과 동 금액의 차액으로 계산된다.

> 소유주지분　　　　＝　　총자산　　－　　총부채
> (순자산, 잔여지분, 주주지분)　　　　　　　　　(채권자지분)

즉, 자본은 기업의 경영성과에 따라 귀속되는 지분이 달라지는 특성이 있어, 확정되어 있는 총자산과 총부채를 통해서 간접적으로 측정하며 순자산(net asset)이라고도 한다.

또한 자본은 기업이 보유하고 있는 경제적 자원 중 소유주인 주주에게 귀속되는 지분을 의미하는 것으로 주주지분(shareholder's equity)라고도 하며, 타인자본(borrowed capital)인 부채와 구분하여 자기자본(owner's capital)이라고도 한다.

② 자본의 측정

자본의 장부금액은 자산의 장부금액에서 부채의 장부금액을 차감하여 측정한다. 만약 **자본의 공정가치를 측정하고자 한다면 자산의 공정가치에서 부채의 공정가치를 차감하여 측정한다.** 그런데 이렇게 측정된 **자본의 총액은 일반적으로 해당 기업이 발행한 주식의 시가 총액과 일치하지 않는다.** 재무상태표상의 모든 자산과 부채항목이 최초인식일 이후 공정가치로 후속측정되는 것이 아니고, 발행주식의 시가총액에는 개별적으로는 식별 불가능한 영업권 등이 포함될 수 있기 때문이다.

장부상가치와 시가총액

2021년 12월 31일 기준 삼성전자의 장부상의 가치는 (자본의 장부금액 193조 = 자산의 장부금액 251조 - 부채의 장부금액 58조) 193조이다. 그러나 동 일자 시가총액은 당시 주당 종가 ₩78,300을 기준으로 465조이다. 시가총액은 주가와 발행주식수의 곱으로 산정된다.

[1*] 상법상 회사가 해산할 경우, 주주보다 채권자가 먼저 채무를 보전받도록 규정되어 있다. 그러므로 주주는 채권자가 보전 받은 후 잔여지분을 보전받기 때문에 '잔여지분에 대한 청구권' 이라는 개념으로 설명된다.

❸ 자본의 구분

자본은 실체가 있는 자산과 상환해야 할 실질이 있는 부채와 달리 숫자상의 개념이다. 다만, 이를 세분화시켜 구분하는 것은 주주의 지분 중에서 배당가능이익과 그 외의 이익을 구분하기 위함이다. 또한 주주와의 자본거래의 결과를 세분화시켜 구분해둠으로써 향후 자본거래의 결과, 자본의 변화를 비교해볼 수 있도록 하는 데 의의가 있겠다.

한국채택국제회계기준에서 자본은 납입자본과 이익잉여금 및 기타자본구성요소로 구분이 된다. 그런데 한국채택국제회계기준에서는 기존의 기업회계기준과는 달리 재무상태표에 공시되는 자본을 크게 세 가지로 분류할 뿐 개별 항목과 회계처리에 대해서는 구체적으로 예시하지 않고 있다.

납입자본은 주주가 출자한 금액을 의미하며, 이익잉여금은 손익거래를 통해 기업이 얻은 순이익의 합에서 주주에게 배당한 금액을 차감한 금액이다. 기타자본구성요소는 기타포괄손익-공정가치 측정 금융자산 평가손익과 같이 손익의 인식을 유보한 손익거래와 주주와의 자본 거래로 자본의 증감이 발생하는 것을 의미한다.

그러나 자본은 거래의 성격에 따라 다섯 가지 항목으로 구분될 수도 있다. 자본을 크게 **자본거래 자본**(equity due to capital transaction)과 **손익거래자본**(equity due to income transaction)으로 구분하고 **자본거래자본은 자본금과 자본잉여금, 그리고 자본조정항목으로 구분한다. 손익거래자본은 기타포괄손익누계액과 이익잉여금으로 구분**될 수 있다. 본서는 거래의 성격에 따른 다섯 가지 분류로 자본거래를 설명하고자 한다.

이를 정리하면 다음과 같다. 구체적인 항목은 각각의 자본거래를 통해 설명하겠다.

한국채택 국제회계기준	거래의 구분	일반기업회계기준	항목
납입자본	자본거래	자본금	보통주자본금, 우선주자본금
		자본잉여금	주식발행초과금, 감자차익, 자기주식처분이익
기타자본구성요소		자본조정항목	주식할인발행차금, 감자차손, 자기주식처분손실, 자기주식, 미교부주식배당
	손익거래	기타포괄손익누계액	기타포괄손익 - 공정가치 측정 금융자산 평가손익 등
이익잉여금[2*]		이익잉여금	이익준비금, 임의적립금 등

2* 당기순이익의 누적액을 이익잉여금으로 표시하고, 당기순손실의 누적액은 결손금으로 표시한다.

오쌤 Talk
자본구분의 실익

자산의 경우에 실물이 존재하고 부채의 경우도 갚을 돈이나 의무이므로 실제값이 존재한다고 볼 수 있다. 그러나 자본의 경우 숫자일 뿐이다. 다만, 자본은 상법상 구분되는 구성항목을 그대로 따른다.

상법에서는 채권자의 보호를 위해서 기업의 의사결정권을 가지고 있는 주주가 자본 전체를 현금으로 유출해가는 문제를 방지하기 위해 배당가능한 한도를 정하고 있다. 상법상 배당은 이익잉여금에 구분된 금액만 배당으로 유출해갈 수 있다. 그러나 이익잉여금 중에서도 법적으로 적립(법정적립금 - 이익준비금)하도록 하여 일부 금액은 배당으로 유출해갈 수 없도록 규정하고 있다.

오쌤 Talk
자본의 구분

한국채택국제회계기준에서 구분한 자본요소와 일반기업회계기준에서 구분한 자본요소의 차이는 큰 의미가 없다. 기준서는 한국채택국제회계기준의 구분에 따라 항목들을 설명하고 있지만, 실무에서 기업들은 기존에 구분하던 방식인 일반기업회계기준의 분류방식을 더 선호한다. 실제 시험에서도 일반기업회계기준에 따른 다섯 가지 분류를 바탕으로 출제되고 있다.

오쌤 Talk
상장사 자본분류 예시

① ㈜삼성전자
- 자본금
- 주식발행초과금
- 이익잉여금
- 기타자본항목

② ㈜네이버
- 자본금
- 자본잉여금
- 기타자본구성요소
- 이익잉여금

③ ㈜셀트리온
- 자본금
- 주식발행초과금
- 이익잉여금
- 기타포괄손익누계액
- 기타자본

오쌤 Talk

거래에 따른 구분
(1) 자본거래의 결과
① 자본금: 액면가액 기준 납입자본
② 자본잉여금: 주주와의 자본거래를 통해 얻은 기업의 이익
③ 자본조정: 자본거래의 결과 자본금과 자본잉여금에 반영되지 않은 나머지 항목
(2) 손익거래의 결과
① 이익잉여금: 실현손익(당기손익의 누적액)
② 기타포괄손익누계액: 미실현손익(기타포괄손익의 누적액)

오쌤 Talk

자본조정
자본조정은 강의 중에 '쓰레기통'과 같은 것이라는 비유로 강조해왔다. 즉, 자본거래의 결과는 자본금, 자본잉여금, 자본조정에 들어가는데, 자본금과 자본잉여금에 들어갈 수 없는 모든 항목을 '자본조정'에 담기 때문에 그렇게 표현한 것이다. 다만, 자본조정의 항목이 대부분 자본의 차감항목으로 구성되지만, '미교부주식배당'과 같은 항목은 자본의 가산항목이므로 무조건 자본의 차감적성격을 가지고 있다고 볼 수는 없다.

④ 거래에 따른 구분

자산과 부채는 유동성에 따라 재무상태표에 표시하지만, 자본은 순자산의 변동원천에 따라 크게 자본거래와 손익거래로 구분된다.

자본거래는 회사와 현재 또는 잠재적 주주와의 거래를 의미하며, 자본거래를 통한 손익은 회사의 주인인 주주와의 거래를 통해서 발생한 손익이므로 당기손익으로 인식하여 배당의 재원이 되어서는 안 된다. 자본거래의 결과를 배당하는 것은 주주가 납입한 금액을 다시 돌려주는 것이 되며, 배당으로 주주에게 환급시키면 채권자의 권리를 보호해 줄 수 없어 법적으로도 제한을 두고 있다. 따라서 **자본거래를 통해서 얻은 이익은 자본전입이나 결손보전 이외의 목적에는 사용할 수 없다.**

손익거래는 기업의 영업활동 또는 투자활동을 통하여 얻은 손익으로 당기순이익의 누적액에서 배당액을 차감한 금액으로 향후 배당의 재원인 **이익잉여금과 미실현된 손익으로 판단하는 기타포괄손익누계액으로 구성**된다.

[순자산변동거래의 분류방법]

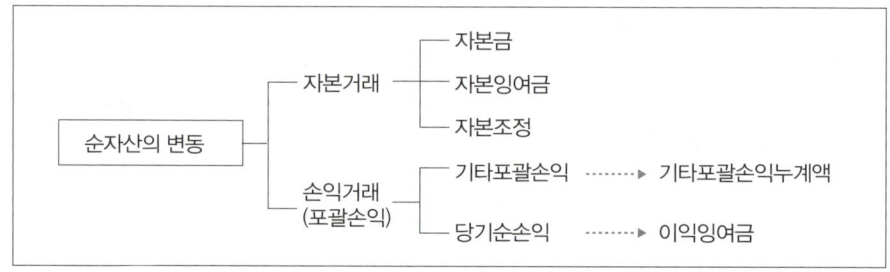

② 자본거래

❶ 주식의 종류

회사가 발행하는 주식에는 의결권의 존재여부와 이익에 대한 배당을 보장하는 기준으로 보통주식과 우선주식으로 구분된다. 보통주는 이익 및 잔여재산분배 등의 재산적 내용에서 표준이 되는 주식으로 주주총회에서 의결권을 행사하는 기준이 된다. 우선주는 이익배당이나 잔여재산 배분에서 보통주보다 우선적 권리를 갖는 주식을 의미한다. 기본적으로 우선주에 특별한 권한이 더하여 다음과 같은 우선주가 발행되기도 한다.

1-1 보통주

보통주는 이익의 배당과 잔여재산배분에 있어 다른 종류의 주식에 대해 기준이 되는 주식을 의미한다. 일반적으로 주식이라고 할 때는 보통주를 의미하며, 회사가 단일종류의 주식만을 발행하는 경우에는 특별히 보통주라는 명칭을 붙일 필요는 없다.

1-2 이익배당우선주

이익배당우선주는 의결권이 없는 대신 이익의 배당이나 잔여재산배분에 있어 보통주보다 우선적인 권리를 가진 주식을 의미한다.

1-2-1 누적적 우선주와 비누적적 우선주

우선주는 일반적으로 일정한 수익률을 보장받는다. 그러나 특정회계연도에 회사의 사정으로 배당을 지불하지 못한 경우 차후 이를 소급하여 우선적으로 지급받을 수 있는지 여부에 따라 누적적 우선주와 비누적적 우선주로 구분한다. 따라서 일시적으로 회사가 배당을 못한 경우 누적적 우선주는 차후 미수령배당금을 받을 수 있고 비누적적 우선주는 권리가 없다.

다만, 누적적 우선주의 배당금은 기업이 반드시 지급해야 한다는 점에서 사채의 표시이자와 성격이 유사하다. 그러나 누적적 우선주도 지분상품이므로 배당이 선언된 경우에만 배당금 지급의무가 발생한다. 그러므로 배당을 선언하지 않은 경우에는 미지급한 배당금을 부채로 계상해서는 안 된다.

> 누적적 우선주 배당금 = 우선주 자본금 × 최소배당률 × 배당금을 수령하지 못한 기간(당기 포함)

1-2-2 참가적 우선주와 비참가적 우선주

회사가 배당의 재원으로 우선주, 보통주 순으로 배당을 하고도 추가적인 배당의 재원이 있는 경우 보통주와 같이 추가적으로 배당에 참여할 수 있는 권한이 주어진 우선주를 참가적 우선주라고 한다. 또한 참가적 우선주는 완전참가와 부분참가로 구분된다. 완전참가적 우선주는 보통주와 동일한 권한으로 배당을 받는 우선주이며, 부분참가적 우선주는 배당금의 한도 내에서 참가할 수 있는 우선주이다.

비참가적 우선주는 약정 수익 이외의 추가적인 배당이 없는 우선주이다.

> - 완전참가적 우선주 배당금*
>   = MAX [우선주자본금 × 최소배당률, 총 배당금을 자본금비율로 안분한 금액]
> - 부분참가적 우선주 배당금*
>   = MIN [우선주 자본금 × 최대배당률, 완전 참가적 우선주 배당금]

*배당선언된 총액을 한도로 함

1-3 전환우선주

사전에 정해진 요건을 충족하였을 시 우선주를 보통주로 전환할 수 있는 권리가 주어진 우선주이다.

1-4 상환우선주

상환우선주는 의결권이 없는 대신 기업이 일정기간 후에 약정된 가격으로 재매입할 것을 전제로 발행한 우선주를 말한다.

다만, 다음 중 어느 하나에 해당하는 경우 계약상 의무를 포함하고 있으므로 금융부채로 분류한다.

① 보유자가 상환을 청구할 수 있는 경우. 단, 발행자가 상환을 청구할 수 있는 경우는 제외
② 발행자가 의무적으로 상환을 해야 하는 경우

확인문제

01. ㈜한국은 20X1년 초에 사업을 시작하여 계속되는 적자로 설립 이후 배당을 지급하지 못했다. 그런데 20X4년 말 실적이 크게 향상되어 배당을 하기로 결정하고 20X5년 2월 주주총회에서 배당을 결정하였다. ㈜한국의 주주는 보통주와 누적적 우선주(10%)로 구성이 되어있다. 이때, 20X5년 2월 주주총회에서 지급하기로 결정한 배당액이 ₩1,000,000이고, 누적적 우선주 자본금이 ₩100,000일때, 누적적 우선주가 받게 되는 배당액은 누적분과 당기분이 각각 얼마인가?

정답 누적분 ₩100,000 × 10% × 3회
= ₩30,000,
당기분 ₩100,000 × 10%
= ₩10,000

오쌤 Talk

참가적 우선주

①완전참가적 우선주: 일반적으로 시험에서 간편법으로 계산한다. 즉, 완전참가적 우선주와 보통주가 잔여 배당액에 참여하고 있으므로 둘의 자본금비율로 안분해서 당기부분과 참여부분을 한꺼번에 산정한다. 다만, 배당가액이 충분하지 않을 때 한도에 걸릴 수는 있으나, 대부분의 시험에서 배당액이 충분히 주어지므로 간편법을 사용하여 계산한다.

②부분참가적 우선주: 일반적으로 시험에서 간편법으로 계산한다. 즉, 부분참가적 우선주는 당기부분과 참여부분을 한번에 최대배당률까지 인식한다. 다만, 배당가액이 충분하지 않을 때 한도에 걸릴 수는 있으나, 대부분의 시험에서 배당액이 충분히 주어지므로 간편법을 사용하여 계산한다.

기본예제 1 우선주배당

(1) ㈜한국은 20X1년 1월 1일에 설립된 회사로 보통주와 우선주 모두 발행하였다. 설립 이후 자본금의 변동은 없었으며, 보통주자본금과 우선주자본금은 다음과 같다.

- 보통주자본금 ₩10,000,000
- 우선주자본금 ₩5,000,000

(2) ㈜한국은 설립한 회계연도부터 20X2년 12월 31일로 종료되는 회계연도까지 어떠한 배당도 하지 않았다. 20X2년 12월 31일로 종료되는 회계연도의 정기주주총회는 20X3년 3월 31일에 개최될 예정이며, 총 ₩3,000,000의 현금배당을 선언할 예정이다.

우선주가 각각 다음과 같을 때 ㈜한국의 보통주와 우선주가 각각 배분 받을 배당금은 얼마인가?

01 6%, 누적 · 비참가적 우선주

02 6%, 비누적 · 완전참가적 우선주

03 6%, 누적 · 부분참가적(10%) 우선주

04 6%, 누적 · 완전참가적 우선주

오쌤 Talk

계산순서(누적적·완전 참가적 우선주를 가정)
① 누적적 우선주 누적부분
② 누적적 우선주 당기부분
③ 보통주 당기부분
④ 완전참가적 우선주와 보통주의 잔여배당에 대한 참여

[풀이]

01 6%, 누적·비참가적 우선주
① 누적적 우선주 배당금(과거 누적분과 당기분) = ₩5,000,000 × 6% × 2 = ₩600,000
② 보통주 배당금 = ₩3,000,000 − ₩600,000 = ₩2,400,000

02 6%, 비누적·완전참가적 우선주
① 우선주 최소배당금 = ₩5,000,000 × 6% = ₩300,000
② 자본금비율 안분액 = ₩3,000,000 × ₩5,000,000/₩15,000,000 = ₩1,000,000
③ 우선주배당금 = max[①, ②] = ₩1,000,000
④ 보통주배당금 = ₩3,000,000 − ₩1,000,000 = ₩2,000,000

03 6%, 누적·부분참가적(10%) 우선주
① 누적적 우선주 배당금(과거 누적분) = ₩5,000,000 × 6% = ₩300,000
② 누적적 우선주 부분참가부분 = ₩5,000,000 × 10% = ₩500,000
③ 보통주 배당금 = ₩3,000,000 − (₩300,000 + ₩500,000) = ₩2,200,000

04 6%, 누적·완전참가적 우선주
① 우선주 과거기간 누적부분 = ₩5,000,000 × 6% = ₩300,000
② 우선주 당기 최소배당금 = ₩5,000,000 × 6% = ₩300,000
③ 자본금비율 안분액 = (₩3,000,000 − ₩300,000) × ₩5,000,000/₩15,000,000
    = ₩900,000
④ 당기 우선주 배당금 = max[②, ③] = ₩900,000
⑤ 우선주배당금 = ① + ④ = ₩300,000 + ₩900,000 = ₩1,200,000
⑥ 보통주배당금 = ₩3,000,000 − ₩1,200,000 = ₩1,800,000

 오쌤 Talk

배당이 충분한 경우의 간편법 풀이

기본예제 1 - 04의 6%, 누적·완전참가적 우선주의 경우 배당이 충분하다면 우선주 배당의 경우 다음과 같이 계산한다.
① 누적분 지급
② 당기 + 참가부분에 대해서는 보통주와 자본금 비율로 안분하여 지급

확인문제

02. ㈜한국은 20X1년 초 영업을 개시하였으며, 이후 자본금의 변동은 없었다. 20X3년 말 발행주식에 대한 자료는 다음과 같다.

보통주	주당 액면금액 ₩1,000, 발행주식 수 3,500주
우선주	주당 액면금액 ₩1,000, 발행주식 수 1,500주 (연 배당율 5%, 누적적, 완전참가적)

㈜한국은 20X1년과 20X2년에 배당가능이익이 부족하여 배당금을 지급하지 못하였으나, 20X3년 이익배당을 위해 20X4년 3월 주주총회에서 보통주에 대한 5%의 배당율과 ₩1,000,000의 현금배당을 결의하였다. 보통주와 우선주에 배분되는 배당금을 바르게 연결한 것은?
기출처 2022. 국가직 7급

	보통주 배당금	우선주 배당금
①	₩355,000	₩645,000
②	₩405,000	₩595,000
③	₩595,000	₩405,000
④	₩645,000	₩355,000

정답 ③

❷ 자본의 증가

회사는 수권주식수 내에서 추가적인 주식을 발행할 수 있다. 이때 자본금의 계정은 반드시 액면금액으로 기재하도록 되어 있어 **자본금은 액면금액과 발행주식수의 곱**이 된다.

> 자본금 = 액면금액 × 발행주식수

액면주식의 금액은 균일해야 하며, 1주의 금액은 ₩100이상으로 하여야 한다. 단, 정관에 정한 경우 주식의 전부를 무액면주식으로 발행할 수 있으나 무액면주식을 발행하는 경우에는 액면주식을 발행할 수 없다.

2-1 유상증자

2-1-1 주식의 발행

유상증자는 추가적인 주식을 발행하면서 주주가 현금 등을 납입하는 것이다. 일반적으로 회사가 신주발행을 공고하면 잠재 투자자들이 구매의사를 밝히고 청약을 한다. 이때 약간의 증거금을 납입하고 잔금은 약속기일 이전까지 납입하게 된다.

일반적으로 유상증자 시 액면금액 이상을 납입하게 되는데, 아주 드물게 액면금액보다 낮게 발행하는 경우도 있다. **액면금액과 발행금액이 동일하면 액면발행**이라고 하고 **이를 초과하면 할증발행, 낮게 발행하면 할인발행**[3]이라고 한다.

할증발행 시는 액면금액과 발행금액의 차이를 **주식발행초과금으로 자본항목으로 분류**하고, 반대의 경우는 **주식할인발행차금으로 부(−)의 자본항목으로 표시**한다. **주식할인발행차금은 이익잉여금의 처분으로 처리**한다.

구분	개념	회계처리
할증발행	발행금액 > 액면금액	액면금액 → 자본금 초과금액 → 주식발행초과금
액면발행	발행금액 = 액면금액	액면금 전액을 자본금처리
할인발행	발행금액 < 액면금액	액면금액 → 자본금 미달금액 → 주식할인발행차금

주식할인발행차금과 주식발행초과금은 발생 순서에 관계없이 서로 상계한다.

따라서 회사는 두 계정과목이 재무상태표에 같이 계상될 수 없으며, 주식할인발행차금이 더 많은 경우 회사의 이익잉여금과 상계해 나간다.

---

[3]* 주식의 할인발행은 주주총회의 결의와 법원의 인가를 받는 경우에만 가능하다.

오쌤 Talk

유상증자

'유상'으로 '증자'(자본금의 증가)를 의미한다. 이때 유상은 일반적으로 현금이 유입됨을 의미하므로 유상증자의 결과 자본총계는 증가한다. 실제 주식이 증가하면서 순자산이 늘어나므로 실질적 증자라고도 한다.

확인문제

03. ㈜한국은 액면금액 ₩5,000인 주식을 100주 발행하였다. 주식을 발행하기 전 주식할인발행차금이 ₩100,000만큼 계상되어 있었고 신규주식발행 후 주식발행초과금이 ₩500,000이라고 할 때, 신규로 발행한 주식의 주당 발행금액은 얼마인가?

정답 ₩11,000

유상증자와 관련된 회계처리는 다음과 같다.

〈할증발행〉
(차) 현금　　　　　　　　XXX　　(대) 자본금　　　　　　XXX
　　　　　　　　　　　　　　　　　　주식발행초과금　　XXX

〈액면발행〉
(차) 현금　　　　　　　　XXX　　(대) 자본금　　　　　　XXX

〈할인발행〉
(차) 현금　　　　　　　　XXX　　(대) 자본금　　　　　　XXX
　　　주식할인발행차금　XXX

기본예제 2 유상증자

㈜한국은 20X1년 초 주당 액면금액이 ₩1,000인 보통주를 100주 발행하였다.

01 발행금액이 주당 ₩1,000인 경우 회계처리를 하시오.

02 발행금액이 주당 ₩1,300인 경우 회계처리를 하시오.

03 발행금액이 주당 ₩700인 경우 회계처리를 하시오.

[풀이]
01 액면발행
　　X1. 1. 1.　(차) 현금　　　　　　₩100,000　　(대) 자본금　　　　　　₩100,000

02 할증발행
　　X1. 1. 1.　(차) 현금　　　　　　₩130,000　　(대) 자본금　　　　　　₩100,000
　　　　　　　　　　　　　　　　　　　　　　　　　　　주식발행초과금　　₩30,000

03 할인발행
　　X1. 1. 1.　(차) 현금　　　　　　　₩70,000　　(대) 자본금　　　　　　₩100,000
　　　　　　　　　주식할인발행차금　₩30,000

오쌤 Talk

자본총계에 미치는 영향 (기본예제 2)

자본총계에 미치는 영향은 순자산의 변동으로 인식한다. 즉, 현금이 유입된 금액만큼 자본총계는 증가한다.

01. 액면발행의 경우
: 주당 ₩1,000 × 100주
= ₩100,000 증가

02. 할증발행의 경우
: 주당 ₩1,300 × 100주
= ₩130,000 증가

03. 할인발행의 경우
: 주당 ₩700 × 100주
= ₩70,000 증가

확인문제

04. ㈜한국은 2016년 초 보통주 200주(주당 액면금액 ₩5,000, 주당 발행금액 ₩6,000)를 발행하였으며, 주식 발행과 관련된 직접원가 ₩80,000과 간접원가 ₩10,000이 발생하였다. ㈜한국의 주식발행에 대한 설명으로 옳은 것은? (단, 기초 주식할인발행차금은 없다고 가정한다.) _{기출처 2017. 국가직 9급}

① 주식발행과 관련된 직·간접원가 ₩90,000은 비용으로 인식한다
② 주식발행초과금의 증가는 ₩110,000이다.
③ 자본잉여금의 증가는 ₩120,000 이다.
④ 자본의 증가는 ₩1,200,000이다.

정답 ③

2-1-2 신주발행비

신주발행비는 신주를 발행하면서 발생하는 발행수수료, 증자등기비용, 발행공고비용, 증권인쇄비 등의 직접관련 비용을 의미한다. 신주발행비로 회사에 납입되는 현금이 감소하고 증자와 직접관련 비용이므로 자본에서 차감해주어야 한다. 이는 주식할인발행차금과 동일한 효과를 나타낸다. 따라서 주식할인발행차금이 발생하면 이에 가산하고, 주식발행초과금이 있으면 상계해주어야 한다. 주식과 관련하여 직접 관련된 비용이 아닌 간접적인 발행비는 당기비용으로 인식한다.

신주발행비가 발생하였을 시 다음과 같이 회계처리한다.

〈액면발행 시〉
(차) 주식할인발행차금   XXX   (대) 현금   XXX

〈할증발행 시〉
(차) 주식발행초과금   XXX   (대) 현금   XXX

〈할인발행 시〉
(차) 주식할인발행차금   XXX   (대) 현금   XXX

기본예제 3 신주발행비

㈜한국이 20X1년 초 주당 액면금액이 ₩1,000인 보통주를 100주 발행하였다. 단, 신주발행비가 ₩20,000이 발생하였다. 다음 각 상황에 따라 주식발행초과금이나 주식할인발행차금을 계상하고 자본의 증감에 미치는 영향을 구하시오.

01 발행금액이 주당 ₩1,000인 경우

02 발행금액이 주당 ₩1,300인 경우

03 발행금액이 주당 ₩700인 경우

풀이

01 (1) 주식할인발행차금 = (₩1,000 − ₩1,000) × 100주 − ₩20,000 = (₩20,000)
∴ 주식할인발행차금 ₩20,000
(2) 자본의 증감 = 현금유입 = ₩1,000 × 100주 − ₩20,000 = ₩80,000 증가

02 (1) 주식발행초과금 = (₩1,300 − ₩1,000) × 100주 − ₩20,000 = ₩10,000
∴ 주식발행초과금 ₩10,000
(2) 자본의 증감 = 현금유입 = ₩1,300 × 100주 − ₩20,000 = ₩110,000 증가

03 (1) 주식할인발행차금 = (₩700 − ₩1,000) × 100주 − ₩20,000 = (₩50,000)
∴ 주식할인발행차금 ₩50,000
(2) 자본의 증감 = 현금의 유입 = ₩700 × 100주 − ₩20,000 = ₩50,000 증가

확인문제

05. ㈜서울은 2018년 12월 말에 주당 액면금액 ₩5,000인 보통주 1,000주를 주당 ₩10,000에 발행(유상증자)하였으며, 주식인쇄비 등 주식발행과 관련된 비용이 ₩1,000,000 발생하였다. 유상증자 직전에 ㈜서울의 자본에는 주식할인발행차금의 미상각잔액이 ₩1,500,000 존재하였다. 이 거래와 관련하여 ㈜서울이 2018년 말에 보고할 주식발행초과금은? _{기출처 2018. 서울시 9급}

① ₩2,500,000
② ₩4,000,000
③ ₩9,000,000
④ ₩10,000,000

정답 ①

[참고] 회계처리
1. 액면발행
X1. 1. 1. (차) 현금 ₩80,000 (대) 자본금 ₩100,000
주식할인발행차금 ₩20,000

2. 할증발행
X1. 1. 1. (차) 현금 ₩110,000 (대) 자본금 ₩100,000
주식발행초과금 ₩10,000

3. 할인발행
X1. 1. 1. (차) 현금 ₩50,000 (대) 자본금 ₩100,000
주식할인발행차금 ₩50,000

> **오쌤 Talk**
>
> **신주발행비가 발생했을 경우 회계처리 방법**
>
> 신주발행비는 실제 기업에 유입되어 들어오는 현금을 줄인다. 즉, 신주발행비를 차감한 현금액을 기준으로 자본금과의 차이를 주식발행초과금이나 주식할인발행차금으로 기록하면 된다. 즉, 따로 신주발행비를 구분하여 처리하지 않고 일괄적으로 현금유입액을 순액으로 접근하는 방식이 효율적이다.
> 이처럼, 거래비용이 발생하는 경우 현금유입이나 유출액에서 차·가감하여 순액으로 인식하는 경우는 다음과 같다.
> ① 주식의 발행
> ② 사채의 발행
> ③ 자산의 처분 시 처분거래비용이 발생하면 거래비용을 차감한 순액과 장부금액을 기준으로 처분손익 인식

2-1-3 현물출자

현물출자는 투자자가 현금이 아닌 부동산, 주식 등의 자산을 제공하고 주식을 받는 것을 의미한다. 주주가 유형자산, 투자자산 등을 제공하므로 공정가치의 평가에 문제가 있을 수 있으며, 공정가치를 과대평가한 경우 회사의 자본이 과대 계상되고 혼수주식 상태가 발생한다. 따라서 상법에서는 현물출자에 대해 엄격한 규제를 하고 있다.

(차) 자산 XXX (대) 자본금 XXX
주식발행초과금 XXX

현물출자는 출자되는 자산의 공정가치를 주식의 발행금액으로 한다. 그러므로 현물출자를 받았을 때 회사는 자산의 공정가치를 차변에 자산의 취득원가로 계상한다. 자본금은 증가하는 주식수에 액면금액을 곱하여 주고 차액만큼을 주식발행초과금 또는 주식할인발행차금으로 계상한다.

다만, **주식의 공정가치가 현물출자자산의 공정가치보다 더 신뢰성 있게 측정할 수 있는 경우에는 주식의 공정가치를 주식의 발행금액으로 한다.**

혼수주식과 비밀적립금
① 현물출자되는 자산의 과대계상 → 자본의 과대계상 → 혼수주식
② 현물출자되는 자산의 과소계상 → 자본의 과소계상 → 비밀적립금

기본예제 4 현물출자

㈜한국이 20X1년 초 공정가치가 ₩150,000인 건물을 출자받고, 주당 액면금액이 ₩1,000인 보통주를 100주 발행하였다. 자본잉여금의 증감은 얼마인가?

[풀이]
주식발행초과금 = 건물의 공정가치 − 자본금 = ₩150,000 − ₩1,000 × 100주 = ₩50,000

[참고] 회계처리
X1. 1. 1. (차) 건물 ₩150,000 (대) 자본금 ₩100,000
주식발행초과금 ₩50,000

2-1-4 출자전환

출자전환(debt for equity swaps)이란 채무자가 채권자에게 지분상품을 발행하여 금융부채의 전부 또는 일부를 소멸하기 위하여 채무자와 채권자가 금융부채의 조건을 재협상하는 것을 의미한다. 출자전환을 통해 발행된 지분상품은 금융부채가 소멸된 날에 최초로 인식한다.

금융부채의 소멸을 위해 발행한 지분상품은 금융부채의 지불 대가로 본다. 그러므로 **금융부채의 장부금액과 지분상품의 공정가치 차액은 당기손익으로 인식한다.** 지분상품의 공정가치를 신뢰성 있게 측정할 수 없다면 소멸된 금융부채의 공정가치로 지분상품을 측정한다.

[금융부채의 출자전환 회계처리]

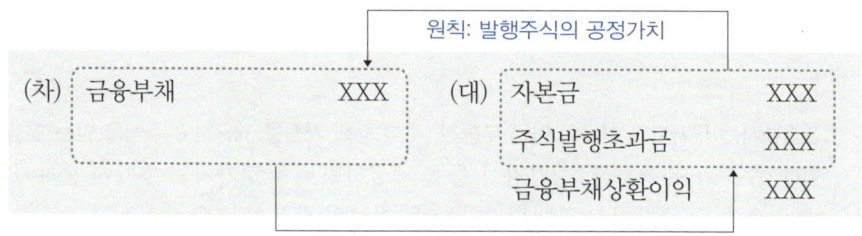

기본예제 5 출자전환

12월 말 결산법인인 ㈜한국은 영업부진으로 인해 주 거래은행과의 협상을 통해 워크아웃에 들어가기로 했다. 20X1년 12월 1일 워크아웃의 일환으로 장부금액 ₩100,000의 금융부채를 출자전환하기로 합의했다. ㈜한국은 20X2년 1월 10일 출자전환과 관련하여 보통주식 100주를 발행하였으며, 금융부채는 소멸되었다. 보통주식의 주당 액면가액은 ₩100 이며, 각 일자별 공정가치는 다음과 같다.

구분	20X1년 12월 1일	20X1년 12월 31일	20X2년 1월 10일
보통주 주당 공정가치	₩450	₩500	₩600
금융부채 공정가치	₩50,000	₩60,000	₩70,000

이때 ㈜한국이 출자전환으로 인식하게 될 손익은 얼마인가?

풀이

금융부채의 장부금액	₩100,000
지분상품의 공정가치	(₩600 × 100주 = ₩60,000)
출자전환이익	₩40,000

오쌤 Talk

회계처리 [기본예제 5]

20X1년 12월 1일
분개없음

20X1년 12월 31일
분개없음

20X2년 1월 10일
(차) 금융부채   (대) 자본금
  ₩100,000   ₩10,000*
            주식발행초과금
                ₩50,000**
            금융부채상환
              이익 ₩40,000

*100주 × ₩100 = ₩10,000
**100주 × (₩600 - ₩100)
   = ₩50,000

2-2 무상증자

무상증자는 자본잉여금이나 이익잉여금 중 법정적립금을 자본에 전입하고 주식을 발행하는 것을 의미한다. 그러나 유상증자와 다르게 현금의 유입이 없으므로 실질적인 회사의 가치가 증가하는 것은 아니다. 단지 자본 안에서 계정의 분류가 이루어지는 것이다. 그러므로 형식적인 증자라고도 한다.

주주는 보유지분에 비례하여 주식수가 증가하나 그만큼 주당 가치는 떨어지므로 주주 보유의 총 가치는 변함이 없다. 따라서 회사는 자본 내의 계정 대체를 위한 회계처리를 해주지만, 무상으로 증자 받은 주주는 추가적인 회계처리를 할 필요가 없다.

(차) 법정적립금	XXX	(대) 자본금	XXX

오쌤 Talk

무상증자
'무상'으로 '증자(자본금의 증가)'한다는 의미이다. 증자이므로 주식수가 늘어나서 자본금은 증가하지만, 무상이라서 순자산 총계의 변동은 없다.
일반적으로 주식의 수를 늘리기 위해 배당이 불가능한 이익(자본잉여금과 이익준비금)을 전입하여 자본금으로 늘려주는 방법이다.

기본예제 6 무상증자

㈜한국이 20X1년 초 이익준비금을 재원으로 무상증자를 하였다. 무상증자로 자본에 전입된 금액이 ₩100,000인 경우 자본의 증감은 얼마인가?

[풀이]
현금의 유·출입이 없으므로 자본의 증감은 없다.

[참고] 회계처리
X1. 1. 1.　(차) 이익준비금　₩100,000　　(대) 자본금　₩100,000

감자

감자는 자본금의 감소를 의미한다. 자본금의 증가를 의미하는 증자와 정반대의 상황이다.

감자는 소각(주식을 불에 태워 소각)이라는 절차를 통해 발행주식의 수를 감소시킨다.

주식은 주주의 권리증임과 동시에 회사실체의 입장에서는 주주에게 수익률을 만족시켜주어야 하므로 '부담의 증서'일 것이다. 이를 소각하기 위해 회사는 대가를 치르기도 하고(유상), 때로는 결손의 보전 등을 위해 대가 없이(무상) 주주의 결정으로 주식을 소각하는 경우도 있다.

증자와 구분되는 점은, 유상증자의 경우 대가를 받기 때문에 순자산이 증가한다면 유상감자의 경우 대가를 지불하기 때문에 순자산이 감소한다. 그러나 무상인 경우 증자나 감자 모두 순자산의 증감이 없다.

유상감자

감자의 결과 주주의 권리증(주권)은 소각되어 없어진다. 그러므로 실제 권리증에 기록된 액면금액(재산적 가치)을 소각하는 대가로 회사가 얼마를 치렀는지 관점에서 차익과 차손을 인식한다.

다만, 자본거래의 결과이므로 감자차익은 자본잉여금으로 감자차손은 자본조정으로 기록하고 둘은 상계한다.

📔 확인문제

06. 다음 중 자본거래의 결과로 옳지 않은 것은?

	주식수	자본금	자본총계
① 유상증자	증가	증가	증가
② 유상감자	감소	감소	감소
③ 무상증자	증가	불변	불변
④ 무상감자	감소	감소	불변

정답 ③

❸ 자본의 감소

감자는 유통발행주식수를 감소시켜 자본금을 감소시키는 것이다. 감자의 방법에는 주주에게 현금 등을 지불하고 주식을 취득하여 소각하는 유상감자와 외부로 자원의 유출 없이 명목상 주식을 소각하는 무상감자가 있다. 유상감자는 실질적으로 회사의 자원이 유출되므로 실질적 감자라고 하고, 무상감자는 명목상 감자시키는 것이므로 형식적 감자라고 한다.

3-1 유상감자

유상감자는 유상으로 주식을 취득하여 소각함에 따라, 소각하는 자본금과 현금 지불액의 차이만큼 손익이 발생한다. 즉, 주식의 취득금액이 액면금액보다 클 경우는 자원의 유출이 더 크므로 차손이 발생하고 반대의 경우는 차익이 발생한다. 그러나 이는 회사와 주주의 거래로 자본거래이다. 따라서 감자차익이 발생하는 경우는 자본항목으로 분류하고, 감자차손은 부(-)의 자본항목으로 계상한다.

> 감자차손 = 주식의 취득금액 - 주식의 액면금액 > 0
> 감자차익 = 주식의 취득금액 - 주식의 액면금액 < 0

〈취득금액 < 자본금〉

(차) 자본금	XXX	(대) 현금	XXX
		감자차익	XXX

〈취득금액 > 자본금〉

(차) 자본금	XXX	(대) 현금	XXX
감자차손	XXX		

감자차익과 감자차손은 우선적으로 서로 상계하고 감자차손이 더 많은 경우 회사의 이익잉여금과 상계해 나간다.

3-2 무상감자

무상감자는 주주들에게 대가를 지급하지 않고 주당 액면금액을 감액시키거나 주식수를 일정 비율로 감소시키는 것을 의미한다. 무상감자는 현금의 유출도 없고, 자본이 감소하지도 않으므로 형식적 감자라고 한다.

일반적으로 무상감자는 이월결손금이 많은 회사가 이월결손금을 줄이기 위해 실시하는 경우가 많다. 무상감자는 누적된 결손금을 보전한 후 남은 차액은 감자차익으로 인식한다. 무상감자는 감자의 대가가 없으므로 감자차익만 발생할 수 있고, 감자차손은 발생할 수 없다.

(차) 자본금	XXX	(대) 이월결손금	XXX
		감자차익	XXX

기본예제 7 자본의 감소

㈜한국의 20X1년 초에 다음과 같은 상황이 발생한 경우 감자차·손익과 자본 총계의 증감은 얼마인가? (단, 회사의 주식 액면금액은 주당 ₩1,000이다.)

> (1) 20X1년 1월 15일 유통 중인 회사주식 150주를 주당 ₩800에 매입하여 바로 소각하였다.
> (2) 20X1년 1월 19일 이월결손금 ₩50,000을 보전할 목적으로 100주를 무상감자하였다.
> (3) 20X1년 1월 25일 유통 중인 회사주식 200주를 주당 ₩2,000에 매입하여 바로 소각하였다.

01 감자차·손익

02 자본총계의 증감

오쌤 Talk

감자차손익

'감자차손익 = 감자대가 - 액면가액'
즉, 주주에 대한 빚 증서인 액면가액을 소각하는 대가로 얼마를 지급했느냐의 개념이다.
회사가 더 많이 주고 빚을 소각했다면 손실(감자차손)을 인식하고, 적게 주고 빚을 소각했다면 이익(감자차익)을 인식한다. 이때, 소각하는 주식이 얼마에 발행되었던 주식이었는지는 의미가 없다. 시험에서 정보가 주어지더라도 감자를 판단하는 데 있어서는 의미없는 정보이다.

[풀이]

01 감자차·손익
  (1) 감자차익 = (₩1,000 − ₩800) × 150주 = ₩30,000
  (2) 감자차익 = ₩1,000 × 100주 − ₩50,000 = ₩50,000
  (3) 감자차손 = (₩2,000 − ₩1,000) × 200주 = ₩200,000
  ∴ 감자차손 = ₩200,000 − ₩30,000 − ₩50,000 = ₩120,000

02 자본총계의 증감 = 현금의 유·출입 = (150주 × ₩800) + (200주 × ₩2,000) = (₩520,000)

[참고] 회계처리

X1. 1. 15.	(차)	자본금	₩150,000	(대)	현금	₩120,000
					감자차익	₩30,000
X1. 1. 19.	(차)	자본금	₩100,000	(대)	이월결손금	₩50,000
					감자차익	₩50,000
X1. 1. 25.	(차)	자본금	₩200,000	(대)	현금	₩400,000
		감자차익	₩80,000			
		감자차손	₩120,000			

④ 자기주식

자기주식은 회사가 동 회사의 주식을 보유하고 있는 것이다. 즉, 회사가 발행한 주식을 다시 재취득한 것이다. 상법에서는 원칙적으로 자기주식의 보유를 금지하고 있으나, 주식 소각을 목적으로 취득하였거나, 합병, 영업양수도 등을 위해서 취득한 경우는 예외적으로 자기주식 취득을 허용하고 있다. 그러나 빠른 시일 내에 취득목적에 맞게 처분해야 하며, 자기주식은 배당이나 의결권에 대한 권리를 상실한다.

4-1 자기주식의 취득

자기주식은 자기가 자신을 보유하는 것이고, 여러 권리에 제한이 있으므로 자산으로 분류하지 않고 부(-)의 금액으로 하여 자본항목으로 분류하고, 취득원가를 재무상태표 가액으로 한다.

[자기주식 취득 회계처리]

| (차) 자기주식 | XXX | (대) 현금 | XXX |

다만, 무상으로 취득한 자기주식은 따로 회계처리를 하지 않는다. 자기주식을 무상으로 취득하는 경우 회사는 자산의 유출이나 부채의 부담이 발생하지 않는다. 자산이나 부채의 변동이 없는 자기주식의 무상수증은 수증 받은 자기주식을 비망기록으로 기록하고, 향후 처분 시 처분금액을 자기주식처분이익으로 인식한다.

4-2 자기주식의 처분

자기주식을 다시 타인에게 유통시키기 위해 처분하는 것은 주식을 재발행하는 것과 실질적인 차이는 없다. 또한 자기주식을 처분하면서 수령하게 되는 현금과는 차이가 발생할 수 있는데, 취득가액보다 처분금액이 많으면 처분이익을 계상하고, 반대의 경우에는 처분손실을 계상하면 된다. 단, 이는 회사와 주주가 거래하는 자본거래이므로 당기손익으로 계상하는 것이 아니고 자기주식처분이익이 발생하면 자본항목으로, 자기주식처분손실이 발생하면 부(-)의 자본항목으로 분류한다.

[자기주식 처분 회계처리]

〈취득금액 < 처분금액〉
| (차) 현금 | XXX | (대) 자기주식 | XXX |
| | | 자기주식처분이익 | XXX |

〈취득금액 > 처분금액〉
| (차) 현금 | XXX | (대) 자기주식 | XXX |
| 자기주식처분손실 | XXX | | |

자기주식처분이익과 자기주식처분손실은 우선적으로 서로 상계하고 자기주식처분손실이 더 많은 경우는 회사의 이익잉여금과 상계해 나간다.

오쌤 Talk

자기주식의 취득

자기주식은 회사가 자기 회사의 주식을 취득하는 것이다. 회사가 타 회사의 주식을 취득하는 경우는 투자목적으로 금융자산으로 회계처리한다.

자신의 주식을 취득했다고 하더라도 타 회사의 주식을 취득하는 것처럼 현금이 빠져나가고 주식이 들어온다. 다만, 자기주식을 자산으로 처리하기에는 자기가 자신을 소유하는 경우가 되어 모순에 빠지게 되고, 상법상 자기주식에 대해서는 배당이나 의결권이 제한되므로 미래 경제적 효익에도 제한이 생긴다. 그러므로 자기주식을 자산이 아닌 자본으로 인식할 때, 자본의 감소로 처리가 된다. 즉, 회사가 주식을 발행하는 것이 자본의 증가에 해당하는 것과 상대적으로 다시 자기 회사의 주식을 사들이는 것은 자본의 감소로 볼 수 있다.

일반기업회계기준에서는 자기주식을 자본의 감소항목으로 '자본조정'에 분류한다.

오쌤 Talk

자기주식의 처분

'자기주식의 처분손익 = 처분가액 - 취득원가'

즉, 얼마 주고 사 와서 얼마에 팔았는지의 차이이다.

이때, 액면가액과 처음 주식을 발행했을 때의 발행가액은 의미가 없다. 투자주식을 취득한 것과 비슷하게 얼마에 사와서 얼마에 팔았는지를 계산한다. 다만, 투자주식과의 차이는 자기회사의 주식에 대해 공정가치 평가를 하지 않는다는 점과 자본거래의 결과이므로 처분손익을 이익잉여금이 아닌 자본잉여금(처분손실은 자본조정)에 반영한다는 점이다.

4-3 자기주식의 소각

회사가 취득한 자기주식을 소각시킬 경우, 자본금을 감소시키는 자본거래와 동일하다. 그러므로 소각되는 주식의 **자본금을 감소시키고, 자기주식의 장부금액인 취득원가와의 차이만큼 감자차익 또는 감자차손을 인식**한다.

[자기주식 소각 회계처리]

〈액면금액 > 자기주식 취득금액〉

(차) 자본금	XXX	(대) 자기주식	XXX
		감자차익	XXX

〈액면금액 < 자기주식 취득금액〉

(차) 자본금	XXX	(대) 자기주식	XXX
감자차손	XXX		

오쌤 Talk

자기주식의 소각

자기주식의 소각은 감자와 동일하다. 비록 자기주식의 소각이 소각을 목적으로 바로 취득해서 소각한 감자와 시간의 차이가 생길 수는 있지만, 궁극적으로 주주에게 대가를 치르고 받은 주식에 대해 소각하였다는 면에서는 일반적인 자본의 감소(감자)와 동일하다.

기출 OX

01. 자기주식을 취득원가보다 낮은 금액으로 매각한 경우 자기주식처분손실이 발생하며 포괄손익계산서에 비용으로 계상한다.
기출처 2019. 국가직 7급
정답 X

기본예제 8 자기주식

㈜한국이 20X1년 초에 다음과 같은 상황이 발생한 경우 각각 자본총계의 증감은 얼마인가? 단, 회사의 주식 액면금액은 주당 ₩1,000이다.

01 20X1년 1월 15일 유통 중인 회사주식 150주를 주당 ₩800에 매입하였다.

02 20X1년 1월 19일 자기주식 80주를 주당 ₩1,200에 처분하였다.

03 20X1년 1월 25일 자기주식 40주를 주당 ₩500에 처분하였다.

04 20X1년 1월 30일 자기주식 10주를 소각하였다.

[풀이]

[Point] 자본총계의 증감 = 현금의 유·출입 (단, 미지급 거래가 발생한 경우를 제외)

01 자본 총계의 변화 = 현금으로 매입 = (150주 × ₩800) = ₩120,000 감소

02 자본 총계의 변화 = 현금으로 처분 = 80주 × ₩1,200 = ₩96,000 증가

03 자본 총계의 변화 = 현금으로 처분 = 40주 × ₩500 = ₩20,000 증가

04 자본 총계의 변화 = 현금의 유·출입이 없음 ∴ ₩0

[참고] 회계처리

X1. 1. 15.	(차) 자기주식	₩120,000	(대) 현금	₩120,000
X1. 1. 19.	(차) 현금	₩96,000	(대) 자기주식	₩64,000
			자기주식처분이익	₩32,000
X1. 1. 25.	(차) 현금	₩20,000	(대) 자기주식	₩32,000
	자기주식처분이익	₩12,000		
X1. 1. 30.	(차) 자본금	₩10,000	(대) 자기주식	₩8,000
			감자차익	₩2,000

확인문제

07. 20X1년 초 설립한 ㈜한국의 자본거래는 다음과 같다. ㈜한국의 20X1년 말 자본총액은?
기출처 2020. 국가직 7급

- 20X1년 1월: 보통주 1,000주 (주당 액면가 ₩5,000)를 액면발행하였다.
- 20X1년 3월: 자기주식 200주를 주당 ₩6,000에 매입하였다.
- 20X1년 4월: 자기주식 200주를 주당 ₩7,000에 매입하였다.
- 20X1년 5월: 3월에 구입한 자기주식 100주를 주당 ₩8,000에 처분하였다.
- 20X1년 9월: 3월에 구입한 자기주식 100주를 주당 ₩9,000에 처분하였다.

① ₩3,600,000 ② ₩4,100,000
③ ₩5,000,000 ④ ₩5,500,000

정답 ②

오쌤 Talk

자본총계에 미치는 영향

자본거래의 결과 순자산의 증감이 발생하는지를 검토한다. 자기주식의 경우 현금의 유·출입(순자산의 증감)을 따진다.
① 자기주식의 취득: 현금의 유출
　→ 자본총계의 감소
② 자기주식의 처분: 현금의 유입
　→ 자본총계의 증가
③ 자기주식의 소각: 현금의 유·출입이 없음 → 자본총계의 변화 없음

확인문제

08. 다음 거래로 인한 당기총자본의 증가 금액은 얼마인가?

기출처 2017. 서울시 9급

- 주식 100주를 주당 ₩10,000에 현금 발행하였다.
- 자기주식 10주를 주당 ₩9,000에 현금 취득하였다.
- 위 자기주식 가운데 5주를 주당 ₩10,000에 현금 재발행하고 나머지는 전부 소각하였다.
- 주식발행초과금 ₩100,000을 자본금으로 전입하고 주식을 발행하였다.

① ₩910,000　② ₩960,000
③ ₩1,010,000　④ ₩1,060,000

정답 ②

오쌤 Talk

주식분할과 주식병합

자본거래 중 유일하게 액면금액의 변화를 일으키는 자본거래이다.

구분	주식분할	주식병합
자본금	불변	불변
주식수	증가	감소
액면금액	감소	증가
자본총계	불변	불변

심화예제 1 자기주식거래

㈜한국은 20X1년 1월1일 액면가액이 ₩5,000인 보통주 100주를 주당 ₩6,000에 발행하여 회사는 설립하였다. ㈜한국 주식의 12월 31일 주당 공정가치는 ₩10,000이다. 20X1년 다음과 같은 자본거래를 하였다.

- 20X1년 1월 10일 자기주식 20주를 주당 ₩7,000에 취득
- 20X1년 2월 10일 자기주식 10주를 주당 ₩8,000에 처분
- 20X1년 3월 10일 자기주식 5주를 소각

위 거래로 인해 20X1년 자본잉여금과 자본조정에 미치는 영향은 얼마인가?

풀이

(1) 처분거래로 인해 자기주식 처분이익 = (₩8,000 − ₩7,000) × 10주 = ₩10,000 자기주식 처분이익
(2) 소각거래로 인해 감자차손 = (₩7,000 − ₩5,000) × 5주 = ₩10,000
(3) 자본조정에 남아 있는 자기주식 = 5주 × ₩7,000 = ₩35,000
　∴ 자본잉여금 = 자기주식 처분이익 = ₩10,000
　　자본조정 = 자기주식 ₩35,000 + 감자차손 ₩10,000 = ₩45,000

❺ 주식분할과 주식병합

주식분할은 주식을 여러 개로 나누는 것이고 주식병합은 여러 개의 주식을 하나로 합치는 것이다. 즉, 액면금액이 ₩1,000인 주식을 액면금액 ₩100인 주식 10개로 나누는 것을 주식분할이라고 하고 반대로 액면금액 ₩100인 주식 10개를 액면금액 ₩1,000인 주식 한 개로 합치는 것을 주식병합이라고 한다.

주식분할이나 주식병합은 주식의 액면금액만 변하는 것이며 자본금의 총계의 변화는 없다. 따라서 추가적으로 회계처리는 하지 않는다.

3 손익거래

손익거래는 순자산을 변동시키는 거래의 상대방이 주주 이외의 자인 경우의 거래를 말한다. **손익거래로 인한 순자산변동은 이익잉여금과 기타포괄손익누계액에 반영**되어 나타난다.

이익잉여금은 유보이익이라고도 하는데, 회사가 주주 이외의 자와 여러가지 거래를 통해 얻은 이익으로 배당을 하고 남은 재원의 합이다. 이는 향후 배당의 재원이 되기도 하는데, 만약 회사가 배당을 과하게 하는 경우 회사의 재정이 악화되어 차입자 등에게 불이익이 가해질 수 있어 상법은 배당에 대한 제한을 두고 있다.

① 기타포괄손익누계액

손익거래의 결과 실현손익은 이익잉여금으로 집계되고, 미실현손익은 기타포괄손익누계액으로 집계된다. 즉, 재무상태표에 표시되는 기타포괄손익누계액은 포괄손익계산서상의 기타포괄손익의 누적효과이다. **기타포괄손익누계액은 차후 자산과 부채가 제거되면서 실현되어 당기손익에 영향을 주는 재분류조정대상**이 있고, **기타포괄손익이 소멸하여 바로 이익잉여금으로 실현되면서 당기손익에 영향을 주지 않는 대체항목**이 있다.

[재분류조정 대상]

① 기타포괄손익 – 공정가치로 측정하는 채무상품에 대한 투자에서 발생하는 손익
② 해외사업장 환산손익
③ 기타포괄손익 – 공정가치 측정항목으로 지정한 지분상품에 대한 위험회피회계에서 위험회피수단인 파생상품평가손익 중 효과적인 부분과 현금흐름위험회피에서 위험회피수단인 파생상품평가손익 중 효과적인 부분
④ 파생상품인 옵션계약의 내재가치와 시간가치를 분리할 때 내재가치의 변동만을 위험회피수단으로 지정할 때 옵션 시간가치의 가치변동
⑤ 파생상품인 선도계약의 선도요소와 현물요소를 분리하고 현물요소의 변동만을 위험회피수단으로 지정할 때 선도계약의 선도요소의 가치변동과 금융상품의 외화 베이시스 스프레드 가치 변동을 위험회피수단 지정에서 제외할 때 외화 베이시스 스프레드 가치 변동

[재분류조정 대상이 아닌 경우]

① 유·무형자산의 재평가잉여금의 변동손익
② 확정급여제도의 재측정요소
③ 기타포괄손익 – 공정가치 측정항목으로 지정한 지분상품에 대한 투자에서 발생한 손익
④ 당기손익 – 공정가치 측정항목으로 지정한 금융부채의 신용위험 변동으로 인한 공정가치 변동손익

재분류조정을 하지 않는 항목의 경우 실현손익이 당기손익으로 보고되지는 않지만, 누적된 기타포괄손익누계액을 이익잉여금으로 대체함으로써 배당이 가능하도록 허용하고 있다.

확인문제

09. 자본총액에 영향을 주지 않는 거래는?
기출처 2018. 서울시 9급

① 당기손익인식금융자산에 대하여 평가손실이 발생하다.
② 이익준비금을 자본금으로 전입하다.
③ 주주로부터 자산을 기부받다.
④ 자기주식을 재발행하다.

정답 ②

확인문제

10. 다음 중 자본에 대한 설명으로 옳지 않은 것은?

① 자본항목 중 손익거래로 인한 순자산의 변동은 이익잉여금과 기타포괄손익누계액에 반영되어 나타난다.
② 법정적립금은 자본전입이나 결손보전 이외의 목적에는 사용할 수 없다.
③ 이익준비금은 회사 자본의 2분의 1에 달할 때까지 이익배당액의 10분의 1 이상을 매 결산기마다 적립하도록 하고 있다.
④ 이익준비금을 적립할 때 기준이 되는 이익배당액에는 주식배당은 포함되지 않는다.

정답 ③

이익준비금의 적립

상법상 현금배당의 10%를 이익준비금에 적립하도록 규정하고 있다. 다만, 자본금의 2분의 1에 달할때까지만 적립하면 된다. 그러므로 현금배당을 하기 위해서는 배당가능이익이 '목표현금배당 × 1.1' 만큼 있어야 목표로 하는 금액을 배당 가능하다.

확인문제

11. ㈜서울의 전기이월미처분이익잉여금은 ₩350,000이다. 2017년도에 ㈜서울은 임의적립금을 ₩50,000, 기타 법정적립금을 ₩60,000 적립할 예정이다. 이익준비금 적립을 제외한 배당가능이익이 ₩330,000이라면 2017년도 당기순이익과 배당 최대금액은 얼마인가? (단, ㈜서울의 이익준비금은 자본금의 1/2에 미달되며 법정 최소금액을 이익준비금으로 적립한다.)

기출처 2017. 서울시 7급

	당기순이익	배당 최대금액
①	₩90,000	₩300,000
②	₩90,000	₩330,000
③	₩130,000	₩300,000
④	₩130,000	₩330,000

정답 ①

❷ 이익잉여금

2-1 이익잉여금의 분류

이익잉여금은 손익거래를 통해 실현한 이익으로 상법상 배당으로 지급가능한지 여부에 따라서 다음과 같이 분류할 수 있다.

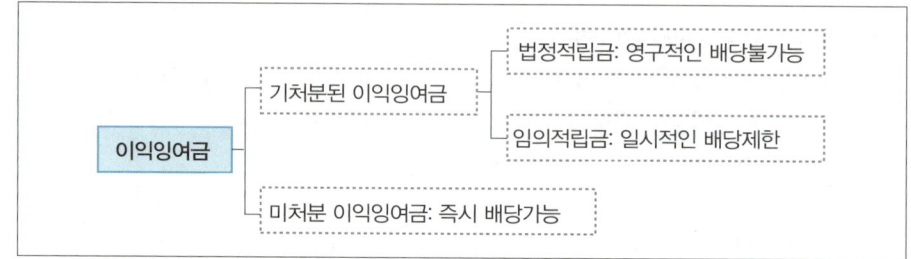

2-1-1 법정적립금

주식회사의 주주는 의결권과 배당권을 포함하여 여러 가지 주주로서의 권리를 보유하고 있지만, 회사에 대해 출자한 납입자본 이외의 어떠한 책임도 부담하지 않는 유한책임제도에 의해 보호받고 있다. 그러므로 이익잉여금에 대한 처분 결정이 주주에게 있으므로 주주는 배당가능한 이익잉여금이 발생할 경우 과도한 현금 배당을 통해 회사의 다른 이해관계자들의 이익에 반하는 결정을 할 수도 있다. **법정적립금은 회사의 다른 이해관계자들을 보호하기 위하여 법률에 의해 강제적으로 적립이 되어 현금배당이 제한되는 이익잉여금**을 의미한다. 이러한 법정적립금은 자본잉여금과 마찬가지로 자본금전입 또는 결손보전의 목적 이외에는 사용이 제한된다.

현재 **법정적립금**은 상법의 규정에 따라 강제적으로 적립하는 **이익준비금이 유일하다. 상법은 이익준비금을 자본금의 1/2에 달할 때까지 현금이나 현물배당액의 10% 이상을 의무적으로 적립하도록 규정**[4*]하고 있다. 다만, 주식배당의 경우는 이익준비금을 적립하지 않아도 된다.

(차) 미처분이익잉여금	XXX	(대) 이익준비금	XXX

2-1-2 임의적립금

임의적립금은 회사의 선택에 따라 임의적으로 적립된 이익잉여금을 의미한다. 이는 과다한 현금배당으로 재무상태가 악화되는 것을 방지하기 위한 목적 등으로 주주들의 동의하에 자율적으로 적립되며 일시적으로만 현금 배당이 제한되는 효과를 가지게 된다. 이러한 임의적립금은 주주총회의 승인을 통해 언제든지 미처분이익잉여금으로 다시 이입하여 배당의 재원 등으로 사용할 수 있다.

(차) 미처분이익잉여금	XXX	(대) 임의적립금	XXX

[4*] 상법 제458조 [이익준비금]
회사는 그 자본금의 2분의 1이 될 때까지 매 결산기 이익배당액의 10분의 1이상을 이익준비금으로 적립하여야 한다. 다만, 주식배당의 경우에는 그러하지 아니하다.

2-1-3 미처분이익잉여금

미처분이익잉여금은 배당이나 적립금 등의 특정목적에 사용하도록 처분되지 않고 남아 있는 유보이익을 말한다. 따라서 미처분이익잉여금은 전기에서 미처분되어 당기로 이월되어 온 이월이익잉여금에 당기순이익을 가산하고 중간배당을 차감한 금액이 된다. 이때, 추가로 기타포괄손익누계액 중에서 재분류조정을 하지 않는 항목이 실현된 경우, 누적된 기타포괄손익누계액을 이익잉여금에 직접 대체할 수 있다. 따라서 이 경우에는 **당기순이익을 거치지 않고 이익잉여금이 증가할 수 있다.**

> 미처분이익잉여금 = 전기이월미처분이익잉여금 + 재평가잉여금 중 이익잉여금 대체 + 당기순이익 − 중간배당액

미처분이익잉여금을 계산하는 내용은 보고기간 말에 회계처리하고, 보고기간 말 현재 재무상태표의 자본에는 미처분이익잉여금이 보고된다.

2-2 이익잉여금의 처분

이익잉여금의 처분은 처분가능한 이익잉여금을 상법에 따라 주주의 동의를 얻어 다른 항목으로 대체하거나 배당하는 과정이다. 이익잉여금의 처분은 기말시점이 아닌 주주총회의 결의일에 이루어진다.

보고기간 말에 보고된 미처분이익잉여금과 남아 있는 임의적립금을 이입한 처분가능한 이익잉여금 잔액을 기초로 이익잉여금의 처분이 이루어진다. 회사는 주주총회에서 상법상의 원칙에 따라 처분가능이익잉여금을 이익준비금, 임의적립금, 배당금 등으로 처분한다. 즉, 회사가 회계기간 동안의 당기순이익을 배당을 통해 사외유출을 하거나 적립금을 통해서 사내 유보할 것인지 등을 결정하게 된다.

[이익잉여금의 처분과정]

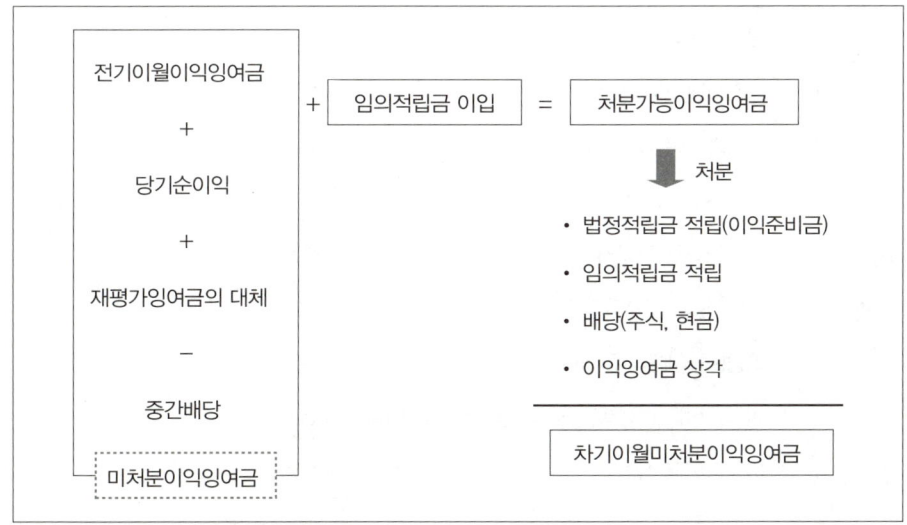

오쌤 Talk

이익잉여금의 증가

2014년 국가직 9급에서 '이익잉여금은 당기순이익의 발생으로 증가하고, 다른 요인으로는 증가하지 않는다'라는 문장의 진위를 묻는 문제가 출제되었다. 당기순이익의 증가 외에 기타포괄손익이 이익잉여금으로 대체됨으로써 늘어날 수 있으므로 해당 문장은 옳지 않은 문장이다.

오쌤 Talk

이월이익잉여금

전기이월이익잉여금은 전기 주주총회에서 처분되고 남은 차기이월이익잉여금이다. 이와 마찬가지로 당기 주주총회에서 처분되고 남은 차기이월이익잉여금은 내년도 말 미처분 이익잉여금을 계산할 때 전기이월이익잉여금으로 인식하여 출발한다.

2-2-1 임의적립금 이입

이전에 회사에서 목적을 정하여 임의적립금을 설정해 놓은 경우, 이를 환원하여 다른 목적으로 처분할 수 있다. 이를 임의적립금이입이라고 하며, 주주총회에서 결의한다.

| (차) 임의적립금 | XXX | (대) 미처분이익잉여금 | XXX |

2-2-2 처분가능이익잉여금의 처분

미처분이익잉여금에 임의적립금이입액을 합하면 처분가능이익잉여금이 산출된다. 이를 회사의 목적에 따라 처분할 수 있는데, 회사의 재무건전성을 위하여 다음의 순서로 처분하고, 남은 금액은 이월이익잉여금으로 계상하여 차기로 이월한다.

① 이익준비금 적립(법정적립금)
② 이익잉여금 상각액(주식할인발행차금상각액, 자기주식처분손실, 감자차손)
③ 배당금(현금배당, 주식배당)
④ 임의적립금 적립

(차) 미처분이익잉여금	XXX	(대) 이익준비금	XXX
		주식할인발행차금	XXX
		미지급배당금	XXX
		감채적립금	XXX
		이월이익잉여금	XXX

[이익잉여금의 변동]

	전기이월이익잉여금	XXX	
(+)	당기순이익	XXX	
(−)	중간배당(현금배당)	(XXX)	
(+)	재평가잉여금의 대체	XXX	
	미처분이익잉여금	XXX	←······ 보고기간 말 재무상태표 기말금액
(+)	임의적립금 이입액	XXX	
	처분가능이익잉여금	XXX	
(−)	배당(현금배당, 주식배당)	(XXX)	
(−)	이익준비금(법정적립금) 및 임의적립금 적립	(XXX)	
(−)	이익잉여금 상각	(XXX)	
	차기이월이익잉여금	XXX	←······ 차기 이월액

📎 **확인문제**

12. ㈜한국의 20X1년 12월 31일 재무상태표에 표시된 이익잉여금은 ₩500,000이다. 이익잉여금의 세부 항목은 다음과 같다.

• 이익준비금	₩150,000
• 임의적립금	₩80,000
• 미처분이익잉여금	₩270,000

㈜한국은 20X2년 2월 20일 주주총회에서 20X1년도 재무제표에 대해 다음과 같이 결산승인하였다.

• 임의적립금 적립	₩100,000
• 이익준비금 적립	₩10,000
• 감자차손 상각액	₩50,000
• 현금배당액	₩100,000

㈜한국이 20X2년 2월 20일 결산승인 사항을 반영한 후의 이익잉여금은 얼마인가? (단, 이익준비금은 자본금의 1/2에 미달한다고 가정한다.)

정답 ₩350,000

✏️ **기출 OX**

02. 이익잉여금은 당기순이익의 발생으로 증가하고 다른 요인으로는 증가하지 않는다.
기출처 2014. 국가직 9급
정답 X

2-3 배당

회사가 경영활동을 통하여 얻은 수익을 주주에게 분배하는 것을 배당이라고 한다. **배당은 현금을 지급하는 현금배당과 주식을 지급하는 주식배당이 있다.** 또한 현금배당은 일반적으로 연말에 수익을 정산하여 다음해 초에 배당하는 방법을 사용하는데, 이사회 결의로 영업연도 중 1회에 한하여 중간배당을 할 수 있다. 단, 중간배당으로 주식배당을 할 수 없다.

배당은 기준일과 선언일, 지급일로 구분이 되어 회계처리가 된다. 배당기준일은 배당 받을 권리가 결정되는 날로 당일 주주로 있어야 배당금을 받을 수가 있다. 배당선언일은 배당금을 얼마를 지불하기로 하였는지를 주주총회에서 결의한 날로, 주주가 실제 받을 수 있는 금액이 이날 결정된다. 마지막으로 지급일은 결의한 배당금을 주주에게 실제 지급하는 날이다.

오쌤 Talk

자기주식에 대한 배당

자기주식은 배당대상주식에서 제외한다. 배당은 주주에게 돌려주는 보상이다. 자기주식은 당사가 자기의 주식을 보유하고 있으므로 보상을 줄 필요가 없다.

[배당과 회계처리 시점]

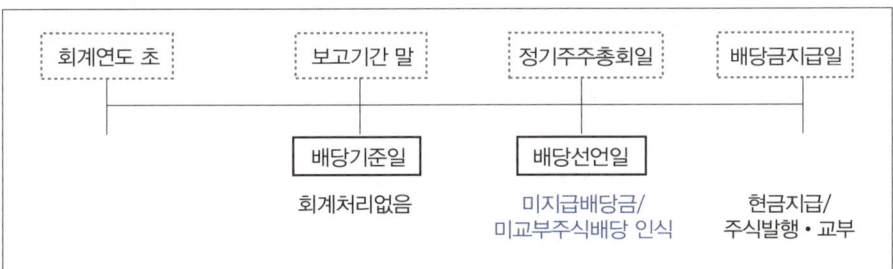

일반적으로 배당기준일에 배당락이라고 하여 주가가 떨어지는데, 이 날까지의 주주는 배당금을 받을 수 있으며 새로운 주주는 배당금을 못 받는 만큼 주식을 싸게 구입하는 것이다. 따라서 이날 배당에 대한 권리를 확정 짓게 되는 것이다. 그러나 배당기준일에 배당금이 확정 된 것은 아니므로 회계처리는 없다.

배당금은 배당선언일에 확정이 되어 주주는 미수배당금을 회사는 미지급배당금을 계상하는 것이다. 이후 배당금지급일에 미수배당금이나 미지급배당금을 상계하여 주면 된다.

2-3-1 현금배당

현금배당은 배당금을 현금으로 지급하는 것이다. 중간배당은 이사회의 결의로 한다는 면에서만 차이가 있고 이익준비금을 적립하는 등 현금배당과 동일 절차를 거친다.

〈배당기준일〉
- 회계처리 없음 -

〈배당선언일〉
(차) 미처분이익잉여금　　　XXX　　　(대) 미지급배당금　　　XXX

〈배당지급일〉
(차) 미지급배당금　　　XXX　　　(대) 현금　　　XXX

현금배당과 주식배당

① 현금배당의 결과 미지급배당금(부채)이 증가하고 자본총액은 감소(이익잉여금의 감소)한다.
② 주식배당의 결과 미교부주식배당(자본)이 증가하고 자본총액은 변화하지 않는다. 이익잉여금이 줄면서 동일한 금액이 미교부주식배당으로 인식되기 때문이다. 실질적으로 현금이 유출되어 순자산이 감소되는 현금거래와 구분된다.

투자주식 투자자의 배당인식

투자주식을 보유하고 있는 자 입장에서는 지급자가 회계처리하는 시점(배당선언일)에 '배당수익'을 인식한다. 즉, 주식의 투자자와 발행자 모두 배당선언일에 권리와 의무가 확정된다. 다만, 현금배당의 경우 배당수익을 인식하지만, 주식배당을 받는 경우에는 회계처리를 하지 않고 늘어난 주식의 수만 비망기록한다.
Link - P.299

📚 **확인문제**

13. 소유주에 대한 비현금자산의 분배에 대한 설명으로 옳지 않은 것은?
　　　　　기출처 2022. 지방직 9급

① 기업은 분배를 선언하고 소유주에게 관련 자산을 분배할 의무를 부담할 때, 미지급배당을 부채로 인식하여야 한다.
② 소유주에게 배당으로 비현금자산을 분배해야하는 부채는 분배될 자산의 공정가치로 측정한다.
③ 각 보고기간말과 결제일에, 기업은 미지급배당의 장부금액을 검토하고 조정하며, 이 경우 미지급배당의 장부금액 변동은 분배금액에 대한 조정으로 자본에서 인식한다.
④ 기업이 미지급배당을 결제할 때, 분배된 자산의 장부금액과 미지급배당의 장부금액이 차이가 있다면 이를 당기손익으로 인식하지 않는다.

정답 ④

기본예제 9 현금배당

㈜한국은 20X1년과 20X2년에 다음과 같은 상황이 발생한 경우 이를 회계처리를 하시오.

1. 20X1년 12월 30일 현재의 주주에게 현금배당을 하기로 하였다.
2. 20X2년 2월 28일 주주총회에서 총 ₩10,000의 현금배당을 하기로 결정하였다.
3. 20X2년 4월 15일 현금배당결의액 전부를 배당하였다.

풀이

현금배당
X1. 12. 30.	- 회계처리 없음 -			
X2. 2. 28.	(차) 미처분이익잉여금	₩10,000	(대) 미지급배당금	₩10,000
X2. 4. 15.	(차) 미지급배당금	₩10,000	(대) 현금	₩10,000

 참고

현물배당

현물배당은 비현금자산으로 배당하는 것으로, 소유주에게 배당으로 비현금자산을 분배해야 하는 부채는 분배될 자산의 공정가치로 측정한다. 각 보고기간 말과 결제일에 기업은 미지급배당의 장부금액을 검토하여(공정가치로 측정) 조정하며, 이 경우 미지급배당의 장부금액의 변동은 분배금액에 대한 조정으로 자본에서 인식한다. 기업이 미지급배당을 결제할 때 분배된 자산의 장부금액과 미지급배당의 장부금액이 다르다면 동 차액은 당기손익 등으로 인식한다.

2-3-2 주식배당

주식배당은 회사가 현금 대신 주식으로 배당을 하는 것이다. 상법에서는 주주총회 결의에 의하여야 하며, 발행가액은 주식의 액면금액으로 한다. 또한 이익배당총액의 2분의 1을 초과하지 않아야 한다고 규정하고 있다.

그러나 주식배당은 실질적으로 회사의 자원이 유출되는 것이 아니며, 주주 역시 주식배당을 받는 만큼 주식수가 늘어나나 그만큼 주식의 가치는 하락하여 총 주식가치의 차이가 없게 된다.

회사에서는 현금의 유출 없이 배당을 하였다는 효과를 주기 위해 주식배당을 하는 경우도 있다.

〈배당기준일〉
- 회계처리 없음 -

〈배당선언일〉
(차) 미처분이익잉여금   XXX   (대) 미교부주식배당금   XXX

〈배당지급일〉
(차) 미교부주식배당금   XXX   (대) 자본금   XXX

오쌤 Talk

주식배당

주식배당을 선언하는 날 바로 주식을 교부할 수 없으므로 '미교부주식배당'이라는 항목으로 기록한다. 미교부주식배당은 자본조정에 기록되는데, 본서에서 다루는 자본거래의 결과 중 유일하게 자본조정에 (+)로 기록되는 항목이다.

기본예제 10 주식배당

㈜한국의 20X1년과 20X2년에 다음과 같은 상황이 발생한 경우 이를 회계처리하시오.

1. 20X1년 12월 30일 현재의 주주에게 주식배당을 하기로 하였다.
2. 20X2년 2월 28일 주주총회에서 액면금액 ₩100인 보통주식을 총 100주 주식배당 하기로 결정하였다.
3. 20X2년 4월 15일 주식배당 전부를 교부하였다.

풀이

현금배당
X1. 12. 30.   - 회계처리 없음 -
X2. 2. 28.   (차) 미처분이익잉여금   ₩10,000   (대) 미교부주식배당금   ₩10,000
X2. 4. 15.   (차) 미교부주식배당금   ₩10,000   (대) 자본금   ₩10,000

4 자본변동 종합

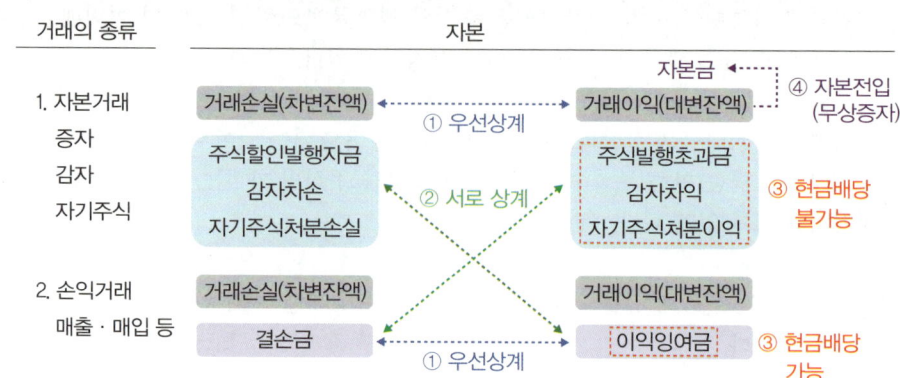

앞서 다루었던 모든 거래별 자본총계의 효과를 정리하면 다음과 같다.

구분	자본금	자본잉여금	자본조정	이익잉여금	자본총계
유상증자	증가	주식발행초과금 or 주식할인발행차금	-		증가
현물출자	증가	주식발행초과금 or 주식할인발행차금	-		증가
무상증자	증가	자본잉여금 or 이익잉여금(이익준비금) 감소			불변
유상감자	감소	감자차익 or 감자차손	-		감소
무상감자	감소	자본잉여금 or 결손금 보전			불변
자기주식 취득	-	-	감소		감소
자기주식 처분	-	증가	-		증가
자기주식 소각	감소	증가		-	불변
현금배당	-	-	-	감소	감소
주식배당	증가	-	-	감소	불변
이익준비금적립	-	-	-	-	불변
임의적립금적립	-	-	-	-	불변
자본거래 손실 상각	-	-	증가	감소	불변

확인문제

14. 자본에 관한 설명으로 옳은 것만을 모두 고른 것은?

ㄱ. 주식분할을 실시하면 자본 총액은 변동하지 않고 자본금은 증가한다.
ㄴ. 주식배당을 실시하면 자본 총액은 변동하지 않고 자본금은 증가한다.
ㄷ. 유상증자를 실시하면 자본 총액은 변동하지 않고 자본금은 증가한다.
ㄹ. 무상증자를 실시하면 자본 총액은 변동하지 않고 자본금은 증가한다.

① ㄱ, ㄴ   ② ㄱ, ㄷ
③ ㄴ, ㄹ   ④ ㄷ, ㄹ

정답 ③

5 자본변동표

자본변동표(statement of changes in equity)란 기업의 재무상태표에 표시되어 있는 자본의 변화내역을 자본구성요소별로 보여주는 재무보고서이다. 자본은 자산에서 부채를 차감한 기업의 잔여지분을 의미하므로 주주에게는 매우 유용한 재무정보이다. 따라서 이러한 자본이 전기와 당기에 어떻게 변화되었는지를 자세하게 보여주는 재무제표가 자본변동표이다.

자본변동표

㈜서울 20X1년 1월 1일부터 12월 31일까지

구분	납입자본	이익잉여금	기타자본구성요소	총계
20X1년 1월 1일 잔액	XXX	XXX	XXX	XXX
연차배당		(XXX)		(XXX)
기타이익잉여금 처분액			XXX	XXX
중간배당		(XXX)		(XXX)
유상증자	XXX			XXX
자기주식 취득			(XXX)	(XXX)
총포괄이익		XXX	XXX	XXX
20X1년 12월 31일 잔액	XXX	XXX	XXX	XXX

오쌤 Talk

자본변동표의 자본의 구분

본문에 제시된 자본의 구분은 한국채택국제회계기준에 의해 작성된 자본변동표이다. 일반적으로 자본은 자본금, 자본잉여금, 자본조정, 이익잉여금, 기타포괄손익누계액의 5가지로 구분된다. 실무에서는 자본변동표로 위 5가지 방식으로 구분하여 자본의 변동내역을 보여주는 형식으로 작성하는 경우가 많다.

이러한 자본변동표가 보여주는 기업실체의 자본변동에 관한 정보는 일정 기간 동안에 발생한 기업실체와 소유주(주주)의 거래내용을 이해하고 소유주에게 귀속될 수 있는 이익 및 배당가능이익을 파악하는 데 유용하다.

OX 퀴즈

다음 문장의 경우 올바른 설명에는 ○, 틀린 설명에는 ×를 하고 틀린 설명은 수정하시오.

① 신주발행비는 주식의 발행금액의 일부로 처리하므로 주식발행초과금에서 차감하거나 주식할인발행차금으로 처리된다. (   )

② 유상감자 시 감자차손익은 주식의 최초 발행금액과 취득금액을 비교하여 계산한다. (   )

③ 이익준비금은 매 결산기에 주식배당을 제외한 이익배당액의 10분의 1 이상을 자본금의 2분의 1에 달할 때까지 적립한다. (   )

④ 재무상태표에 보고될 자본금은 주식을 발행하고 실제 입수한 주식의 취득가액으로 표시한다. (   )

⑤ 주식발행초과금과 주식할인발행차금은 서로 상계하지 않는다. (   )

⑥ 주식의 발행금액보다 액면금액이 큰 경우에는 할증발행된다. (   )

⑦ 주식을 할인발행하는 경우 신주발행비는 주식할인발행차금에서 차감한다. (   )

⑧ 무상증자는 자본거래의 결과로 발생한 잉여금이나 이익잉여금 중 배당 가능한 잉여금을 자본에 전입하여 주식을 발행·교부하는 것을 말한다. (   )

OX 풀이

① ○

② × 유상감자 시 감자차손익은 주식의 액면금액과 취득금액을 비교하여 계산한다.

③ ○

④ × 재무상태표에 보고될 자본금은 주식을 발행하고 실제 발행된 액면총액으로 표시한다.

⑤ × 주식발행초과금과 주식할인발행차금은 서로 상계한다.

⑥ × 주식의 발행금액보다 액면금액이 더 큰 경우에는 할인발행된다.

⑦ × 주식을 할인발행하는 경우 신주발행비는 주식할인발행차금에 가산한다.

⑧ × 무상증자는 자본거래의 결과로 발생한 잉여금이나 이익잉여금 중 배당불가능한 잉여금을 자본에 전입하여 주식을 발행·교부하는 것을 말한다.

OX 퀴즈

다음 문장의 경우 올바른 설명에는 O, 틀린 설명에는 ×를 하고 틀린 설명은 수정하시오.

9 감자차익과 감자차손은 서로 상계하지 않는다. ( )

10 무상감자는 현금 유출입이 없으나 자본총계가 감소한다. ( )

11 자기주식을 처분하는 경우 처분금액이 장부금액을 초과하는 경우 동 초과액은 자기주식 처분이익으로 하여 자본항목으로 처리한다. ( )

12 자기주식은 부(-)의 금액으로 하여 자본항목으로 분류한다. ( )

13 자기주식처분이익과 자기주식처분손실은 서로 상계하여 표시한다. ( )

14 임의적립금은 기업이 임의로 적립한 것으로 다시 처분 전의 상태로 이입하여 배당재원으로 사용할 수 있다. ( )

15 배당기준일은 연차배당의 경우 정기주주총회일로 배당으로 이익잉여금을 처분한 날부터 주식발행회사는 배당금 지급에 대한 채무를 실질적으로 부담하게 된다. ( )

16 회사는 배당선언일에 미지급배당금을 인식하는 회계처리를 하고 장부상에 부채를 인식한다. ( )

17 주식배당은 주식을 발행하여 배당하는 것으로, 회사의 순자산이 외부로 유출되지 않으므로 무상증자와 비슷하다. ( )

OX 풀이

9 ✗ 감자차익과 감자차손은 서로 상계한다.

10 ✗ 무상감자는 현금 유출입이 없으므로 자본총계에 변화가 없다.

11 ○

12 ○

13 ○

14 ○

15 ✗ 배당선언일은 연차배당의 경우 정기주주총회일로 배당으로 이익잉여금을 처분한 날부터 주식발행회사는 배당금 지급에 대한 채무를 실질적으로 부담하게 된다.

16 ○

17 ○

실전훈련

01 자본에 관한 설명 중 옳지 않은 것은? 기출처 2021. 국가직 9급

① 자본조정은 당해 항목의 성격상 자본거래에 해당하지만, 자본의 차감 성격을 가지는 것으로 자본금이나 자본잉여금으로 처리할 수 없는 누적적 적립금의 성격을 갖는 계정이다.
② 상환우선주의 보유자가 발행자에게 상환을 청구할 수 있는 권리를 보유하고 있는 경우, 이 상환우선주는 자본으로 분류하지 않는다.
③ 자본잉여금은 납입된 자본 중에서 액면금액을 초과하는 금액 또는 주주와의 자본거래에서 발생하는 잉여금을 처리하는 계정이다.
④ 기타포괄손익누계액 중 일부는 당기손익으로의 재분류조정 과정을 거치지 않고 직접 이익잉여금으로 대체할 수 있다.

02 ㈜한국의 자산과 부채에 대한 자료는 다음과 같으며, ㈜한국은 기중에 ₩2,000의 주식배당을 실시하였다. ㈜한국의 당기순이익이 ₩5,000인 경우, 당기의 기타포괄손익은? 기출처 2025. 관세직 9급

구분	기초잔액	기말잔액
자산	₩30,000	₩40,000
부채	₩15,000	₩20,000

① ₩0
② ₩2,000
③ ₩3,000
④ ₩5,000

풀이

01 ① 자본조정은 자본거래의 결과 자본금이나 자본잉여금으로 처리할 수 없는 항목들을 포함하는 계정이다. 그러나 **자본의 차감적 성격을 가진다고 볼 수는 없다.** 대부분의 자본조정항목이 자본의 차감적 성격을 가지는 항목들(주식할인발행차금, 자기주식처분손실, 감자차손, 자기주식)이 들어가지만, '미교부주식배당'과 같은 항목은 자본에 가산적 성격임에도 불구하고 자본조정에 포함된다.

02 (1) 기초 자본 = 기초 자산 – 기초 부채 = ₩30,000 – ₩15,000 = ₩15,000
(2) 기말 자본 = 기말 자산 – 기말 부채 = ₩40,000 – ₩20,000 = ₩20,000

기초 자본	₩15,000
당기순이익	+ ₩5,000
기타포괄손익	≪₩0≫
기말 자본	₩20,000

* 주식배당은 자본총계에 영향을 주지 않는 항목이다.

답 01 ① 02 ①

03 다음은 2011년 12월 31일 ㈜한국의 자본계정에 관한 정보이다. 보통주 1주당 배당액은?

기출처 2013. 국가직 9급

- 자본금내역
  - 보통주   ₩10,000,000
  - 우선주 A(배당률 5%, 비누적적, 비참가적)   ₩5,000,000
  - 우선주 B(배당률 5%, 누적적, 완전참가적)   ₩5,000,000
- 모든 주식은 개업시 발행하였으며 발행한 모든 주식의 주당 액면금액은 ₩5,000이다.
- 우선주에 대한 1년분 배당이 연체되었다.
- 정관에 의하여 이사회는 ₩1,550,000의 현금배당을 결의하였다.

① ₩400　　　　　　　　　　　　② ₩350
③ ₩300　　　　　　　　　　　　④ ₩250

풀이

03

구분	배당액
우선주 A	1) ₩250,000 = ₩250,000
우선주 B	2) ₩250,000 + 3) ₩350,000 = ₩600,000
보통주	₩1,550,000 - ₩250,000 - ₩600,000 = ₩700,000
총계	₩1,550,000

1) 우선주 A 배당 = ₩5,000,000 × 5% = ₩250,000
2) 우선주 B 누적적 우선주이므로 전기 연체분 배당 = ₩5,000,000 × 5% = ₩250,000
3) 우선주 B 완전참가적 우선주이므로 max(①, ②) = ₩350,000
   ① 우선주 당기 최소배당금 = ₩5,000,000 × 5% = ₩250,000
   ② 자본금 비율 안분 = (₩1,550,000 - ₩500,000) × ₩5,000,000/₩15,000,000 = ₩350,000
4) 보통주 총 발행주식수 = ₩10,000,000/₩5,000 = 2,000주
5) 1주당 배당액 = ₩700,000/2,000주 = ₩350

답 03 ②

04 ㈜한국은 20X1년 1월 1일 영업을 시작하였으며, 20X2년 말 현재 자본금 계정은 다음과 같다.

> • 보통주(주당액면가액 ₩5,000, 발행주식수 80주) ₩400,000
> • 우선주 A(배당률 10 %, 비누적적·비참가적, 주당 액면가액 ₩5,000, 발행주식수 40주) ₩200,000
> • 우선주 B(배당률 5 %, 누적적·완전참가적, 주당 액면가액 ₩5,000, 발행주식수 80주) ₩400,000

모든 주식은 영업개시와 동시에 발행하였으며, 그 이후 아직 배당을 한 적이 없다. 20X3년 초 ₩100,000의 배당을 선언하였다면 배당금 배분과 관련하여 옳은 것은?

기출처 2018. 국가직 9급

① 우선주 B 소유주에게 배당금 ₩50,000 지급
② 우선주 A 소유주에게 배당금 ₩30,000 지급
③ 보통주 소유주에게 배당금 우선 지급 후 우선주 A 소유주에게 배당금 지급
④ 보통주 소유주에게 배당금 ₩20,000 지급

05 ㈜한국의 2016년 자본 관련 거래가 다음과 같을 때, 2016년에 증가한 주식발행초과금은? (단, 기초 주식할인발행차금은 없다고 가정한다.)

기출처 2017. 국가직 9급

> • 3월 2일: 보통주 100주(주당 액면금액 ₩500)를 주당 ₩700에 발행하였다.
> • 5월 10일: 우선주 200주(주당 액면금액 ₩500)를 주당 ₩600에 발행하였다.
> • 9월 25일: 보통주 50주(주당 액면금액 ₩500)를 발행하면서 그 대가로 건물을 취득하였다. 취득 당시 보통주 주당 공정가치는 ₩1,000이었다.

① ₩65,000
② ₩45,000
③ ₩40,000
④ ₩20,000

04 (1) 우선주 A
　　　₩200,000 × 10% = ₩20,000
　(2) 우선주 B
　　　누적분: ₩400,000 × 5% × 1회 = ₩20,000
　　　당기분 + 참가분 = (₩100,000 - ₩20,000 - ₩20,000) × ₩400,000/(₩400,000 + ₩400,000) = ₩30,000
　(3) 보통주
　　　당기분 + 참가분 = (₩100,000 - ₩20,000 - ₩20,000) × ₩400,000/(₩400,000 + ₩400,000) = ₩30,000

05 (1) 보통주 발행으로 인한 주식발행초과금 = (₩700 - ₩500) × 100주 = ₩20,000
　(2) 우선주 발행으로 인한 주식발행초과금 = (₩600 - ₩500) × 200주 = ₩20,000
　(3) 현물출자로 인한 주식발행초과금 = (₩1,000 - ₩500) × 50주 = ₩25,000

답　04 ①　05 ①

06 20X1년 1월 1일 설립한 ㈜한국의 자본관련 거래는 다음과 같다.

일자	거래 내역
1월 1일	보통주 1,000주를 주당 ₩120(액면금액 ₩100)에 발행하고, 주식발행과 관련된 직접비용 ₩700을 현금 지급하였다.
7월 1일	보통주 1,000주를 주당 ₩90(액면금액 ₩100)에 발행하고, 주식발행과 관련된 직접비용은 발생하지 않았다.

이와 관련된 설명으로 옳은 것은?   기출처 2022. 국가직 9급

① 1월 1일 현금 ₩120,000이 증가한다.
② 1월 1일 주식발행과 관련된 직접비용 ₩700을 비용으로 계상한다.
③ 7월 1일 자본금 ₩90,000이 증가한다.
④ 12월 31일 재무상태표에 주식발행초과금으로 표시될 금액은 ₩9,300이다.

07 자본에 대한 설명으로 옳지 않은 것은? (자기주식의 회계처리는 원가법을 따른다.)   기출처 2019. 국가직 7급

① 자기주식을 취득원가보다 낮은 금액으로 매각한 경우 자기주식처분손실이 발생하며 포괄손익계산서에 비용으로 계상한다.
② 감자 시 주주에게 지급하는 대가가 감소하는 주식의 액면금액보다 적을 때에는 차액을 감자차익으로 기록한다.
③ 실질적 감자의 경우 자본금과 자산이 감소하며, 감자차익 또는 감자차손이 발생할 수 있다.
④ 결손을 보전하기 위한 목적으로 형식적 감자를 실시하는 경우 자본금 감소가 이월결손금보다 큰 경우에는 감자차익이 발생한다.

08 ㈜한국은 설립시 액면가액 ₩5,000인 주식 10,000주를 발행하였다. 20X1년에 1,000주를 소각하기로 하고 주당 ₩4,000에 매입한 후 바로 소각했다. 회사가 20X1년에 인식할 감자차손은?

① 감자차익 ₩5,000,000   ② 감자차손 ₩1,000,000
③ 감자차손 ₩5,000,000   ④ 감자차익 ₩1,000,000

 풀이

06 (1) 1월 1일 현금의 증가액 = 1,000주 × ₩120 - ₩700 = ₩119,300
(2) 1월 1일 주식발행과 관련된 직접비용은 주식발행초과금에서 차감한다. 주식발행과 관련된 간접비용이라면 당기비용으로 처리한다.
(3) 7월 1일 자본금 = 액면가액 × 발행주식수 = ₩100 × 1,000주 = ₩100,000
(4) 12월 31일 주식발행초과금으로 표시될 금액 = 1월 1일의 주식발행초과금 - 7월 1일 주식할인발행차금
  = (₩120 - ₩100) × 1,000주 - ₩700 - (₩100 - ₩90) × 1,000주
  = ₩9,300

07 ① 자기주식을 취득원가보다 낮은 금액으로 매각한 경우 자기주식 처분손실이 발생한다. 다만, 자기주식 처분 거래는 손익거래가 아닌 자본거래이므로 포괄손익계산서의 비용으로 표시할 수 없다. 즉, 자본항목의 차감(자본조정)으로 표시한다.

08 감자차익 = {액면금액 (₩5,000) - 매입금액 (₩4,000)} × 1,000주 = 감자차익 ₩1,000,000

답 06 ④ 07 ① 08 ④

09 ㈜한국의 20X1년 12월 31일의 재무상태표상의 자본은 보통주 자본금 ₩100,000(주식수 100주, 주당 액면금액 ₩1,000), 주식발행초과금 ₩30,000, 이익잉여금 ₩50,000으로 구성되어 있다. 20X2년의 자본과 관련된 거래내역이 다음과 같을 때, 자본 변동에 대한 설명으로 옳지 않은 것은? (단, 자기주식에 대하여 원가법을 적용하고, 기초 자기주식처분손익은 없다.)

기출처 2019. 국가직 9급

- 3월 10일: 주주에게 보통주 한 주당 0.1주의 주식배당을 결의하였다.
- 3월 31일: 3월 10일에 결의한 주식배당을 실시하였다.
- 4월 9일: 자기주식 10주를 주당 ₩2,100에 취득하였다.
- 6월 13일: 4월 9일 취득한 자기주식 4주를 주당 ₩2,200에 매각하였다.
- 8월 24일: 4월 9일 취득한 자기주식 6주를 주당 ₩1,700에 매각하였다.
- 11월 20일: 보통주 1주를 2주로 하는 주식분할을 의결하고 시행하였다.

① 자본과 관련된 거래로 인해 이익잉여금은 ₩8,000 감소한다.
② 자기주식처분손실은 ₩2,000이다.
③ 20X2년 12월 31일의 보통주자본금은 ₩110,000이다.
④ 20X2년 12월 31일의 보통주 주식수는 220주이다.

풀이

09 (1) 이익잉여금에 영향을 주는 자본거래는 주식배당뿐이다.
즉, 주식배당을 통해 주식수 100주 × 주식배당비율 0.1주 × 액면금액 ₩1,000 = ₩10,000이 감소한다.
(2) 자기주식처분손익 = (₩2,200 - ₩2,100) × 4주 + (₩1,700 - ₩2,100) × 6주 = (₩2,000)
∴ 자기주식처분손실 ₩2,000
(3) 보통주주식수 = (100주 + 100주 × 0.1) × 2 = 220주
(4) 보통주자본금 = 액면금액 × 발행주식수 = ₩500 × (100주 + 100주 × 0.1) × 2 = ₩110,000

 09 ①

10 ㈜감평은 20X1년 초 액면가 ₩5,000인 보통주 200주를 주당 ₩15,000에 발행하여 설립되었다. 다음은 ㈜감평의 20X1년 중 자본거래이다.

- 20X1년 10월 1일 주가 안정을 위해 보통주 100주를 주당 ₩10,000에 취득
- 20X1년 당기순이익 ₩1,000,000

경영진은 20X2년 초 부채비율(총부채 ÷ 주주지분) 200%를 160%로 낮추기 위한 방안을 실행하였다. 20X2년 초 실행된 방안으로 옳은 것은?

기출처 2020. 감평사

① 자기주식 50주를 소각
② 자기주식 50주를 주당 ₩15,000에 처분
③ 보통주 50주를 주당 ₩10,000에 유상증자
④ 이익잉여금 ₩750,000을 재원으로 주식배당
⑤ 주식발행초과금 ₩750,000을 재원으로 무상증자

11 자본에 관한 다음 설명으로 옳은 것을 모두 고르면?

기출처 2014. 국가직 9급

ㄱ. 이익잉여금은 당기순이익의 발생으로 증가하고 다른 요인으로는 증가하지 않는다.
ㄴ. 주식배당을 실시하면 자본금은 증가하지만 이익잉여금은 감소한다.
ㄷ. 무상증자를 실시하면 발행주식수는 증가하지만 자본총액은 변동하지 않는다.
ㄹ. 주식분할을 실시하면 발행주식수는 증가하지만 이익잉여금과 자본금은 변동하지 않는다.

① ㄱ, ㄴ, ㄷ
② ㄱ, ㄴ, ㄹ
③ ㄱ, ㄷ, ㄹ
④ ㄴ, ㄷ, ㄹ

풀이

10 (1) 20X2년 초 자본총계 = 설립시 자본 − 20X1년 자기주식취득 + 당기순이익
= 200주 × ₩15,000 − 100주 × ₩10,000 + ₩1,000,000 = ₩3,000,000
(2) 부채비율이 200%인 경우 부채가액 = 자본 × 200% = ₩3,000,000 × 200% = ₩6,000,000
(3) 부채비율이 160%인 경우 자본가액 = 부채 ÷ 160% = ₩6,000,000 ÷ 160% = ₩3,750,000
(4) 해당 거래 중에서 자본이 ₩750,000 증가하는 거래를 찾으면 된다.

구분	거래	자본총계에 미치는 영향
①	자기주식 소각거래	총계 영향 없음
②	자기주식 처분거래	₩750,000 증가 (= 50주 × ₩15,000)
③	유상증자	₩500,000 증가 (= 50주 × ₩10,000)
④	주식배당	총계에 미치는 영향 없음
⑤	무상증자	총계에 미치는 영향 없음

∴ 자본총계가 ₩750,000 증가하는 거래는 ② 자기주식 처분거래

11 ㄱ. 이익잉여금은 당기순이익의 발생으로 증가하고, 자산재평가차익이 대체되어 증가될 수도 있다.

답 10 ② 11 ④

12 주식배당, 무상증자 및 주식분할에 대한 설명으로 옳지 않은 것은?

① 주식분할의 경우 발행주식수가 증가하나 자본금은 변화가 없다.
② 무상증자의 경우 자본총계는 증가이다.
③ 무상증자의 경우 주당 액면가액은 불변이지만, 주식분할의 경우는 주당 액면가액이 감소한다.
④ 주식배당의 경우 이익잉여금은 감소하지만, 주식분할의 경우 이익잉여금이 불변이다.

13 ㈜관세의 20X1년 자본거래내역이다. 20X1년 초 ㈜관세의 자본총계가 ₩290,000일 경우 20X1년 말 자본총계는? (단, ㈜관세는 주당액면금액 ₩500인 보통주만 발행하고 있으며, 20X1년 배당 시 이익준비금 설정은 고려하지 않는다.)

기출처 2020. 관세사

일자	내역
3.30	이익잉여금을 재원으로 ₩100,000의 현금배당과 100주의 주식배당을 결의하고 실시하였다.
6.9	자기주식 50주를 주당 ₩800에 취득하였다.
7.13	6월 9일 취득한 자기주식 중 20주를 ₩900에 재발행하였다.
12.31	유상증자를 실시하고, 보통주 50주를 주당 ₩1,000에 발행하였다.

① ₩166,000
② ₩168,000
③ ₩202,000
④ ₩216,000
⑤ ₩218,000

풀이

12 ② 무상증자의 경우 자본총계는 변화가 없다.

13

기초 자본총계	₩290,000
현금배당	(₩100,000)
자기주식 취득	(₩40,000)
자기주식 재발행	₩18,000
유상증자	₩50,000
기말 자본총계	₩218,000

답 12 ② 13 ⑤

14 ㈜한국은 20X1년 1월 1일 자산과 부채의 총계는 각각 ₩3,000,000과 ₩1,000,000이었으며, ㈜한국의 20X1년 중 발생한 모든 자본거래는 다음과 같다. 다음에서 주어진 자료를 제외하고는 20X1년 포괄손익계산서상 당기순이익과 총포괄손익으로 ₩130,000과 ₩50,000을 보고하였다면, ㈜한국이 20X1년 말 재무상태표상에 자본의 총계로 보고할 금액은 얼마인가?

기출처 2011. 회계사 응용

> (1) 3월 10일: 20X0년 정기주주총회(2월 28일)개최에서 결의한 배당을 지급하였다. 구체적으로 현금배당 ₩130,000을 지급하였으며, 주식배당으로 보통주 100주(주당 액면가액 ₩100, 주당 공정가치 ₩400)을 발행하였다. ㈜한국은 현금배당의 10%를 상법상의 이익준비금으로 적립하였다.
>
> (2) 5월 10일: 보통주 200주(주당 액면가액₩100)를 주당 ₩300에 발행하였으며, 이와 관련하여 직접적인 주식의 발행비용이 ₩30,000이 발생하였고, 간접적인 발행비용이 ₩10,000이 발생하였다.
>
> (3) 10월 1일: 20X0년 취득한 자기주식 (취득원가 ₩50,000)을 ₩80,000에 재발행하였다.

① ₩2,000,000 ② ₩2,020,000
③ ₩2,030,000 ④ ₩2,100,000

풀이

14 (1) 주식배당이나 이익준비금의 적립은 자본의 구성 내역만 변동하고 총액은 변동하지 않는다. 또한 자기주식을 처분하는 경우 자본총계는 처분금액만큼 증가한다.

(2)

기초자본	₩2,000,000(= ₩3,000,000 - ₩1,000,000)
총포괄이익	₩50,000
현금배당	(₩130,000)
유상증자	₩20,000(= 200주 × ₩300 - ₩30,000 - ₩10,000)
자기주식 처분액	₩80,000
기말자본	₩2,020,000

답 14 ②

15 다음은 20X1년 중 발생한 ㈜한국의 자본거래 내역이다. 이 자본거래로 인하여 결산일의 자본총액에 미치는 영향은 얼마인가?

> (1) 주당 액면금액 ₩100의 자기주식 200주를 주당 ₩200에 취득
> (2) 위 주식 중 50주를 주당 ₩300에 매각
> (3) 위 주식 중 나머지를 모두 소각
> (4) 주당 액면금액 ₩100인 보통주 100주를 주당 ₩300에 발행함
> (5) 이익준비금 ₩10,000을 자본금에 전입
> (6) 공정가치 ₩100,000인 건물을 출자받고 액면가액 ₩100인 주식 500주를 발행
> (7) 액면가액 ₩100이며 발행 시 주당 ₩200에 발행하였던 보통주 100주를 주당 ₩150에 매입하여 소각
> (8) 당기순이익 ₩10,000 보고

① ₩99,000 ② ₩100,000
③ ₩105,000 ④ ₩110,000

 풀이

15 거래	자본총계에 미치는 영향
자기주식취득	(₩200 × 200주) = (₩40,000)
자기주식매각	50주 × ₩300 = ₩15,000
자기주식소각	-
주식발행	100주 × ₩300 = ₩30,000
이익준비금 자본전입	-
현물출자	₩100,000
매입소각	(100주 × ₩150) = (₩15,000)
당기순이익 보고	₩10,000
계	₩100,000

답 15 ②

16 20X2년 2월 개최된 주주총회 결의일 직후 작성된 ㈜한국의 자본은 다음과 같다.

• 보통주자본금	₩10,000,000
• 이익준비금	₩1,000,000
• 사업확장적립금	₩500,000
• 감채기금적립금	₩600,000
• 미처분이익잉여금	₩800,000

㈜한국의 20X2년도 당기순이익은 ₩1,200,000이고, 당기 이익잉여금 처분 예정금액은 다음과 같다.

• 감채기금적립금 이입액	₩300,000
• 현금배당	₩500,000
• 주식배당	₩100,000
• 사업확장적립금 적립	₩200,000
• 이익준비금 적립	법정 최소액 적립

위 사항들이 20X3년 주주총회에서 원안대로 승인이 되었을 때, 20X3년 이익잉여금처분계산서상의 차기이월미처분이익잉여금은 얼마인가?

기출처 2014. 회계사 응용

① ₩1,250,000 ② ₩1,450,000
③ ₩1,750,000 ④ ₩1,800,000

풀이

16	미처분 이월이익잉여금		₩800,000
	+ 당기순이익		+ ₩1,200,000
	+ 감채기금적립금 이입		+ ₩300,000
	처분가능 이익잉여금		₩2,300,000
	처분	(-)현금배당	(₩500,000)
		(-)주식배당	(₩100,000)
		(-)사업확장적립금 적립	(₩200,000)
		(-)이익준비금 적립	(₩50,000)
	차기이월미처분이익잉여금		₩1,450,000

답 16 ②

15 수익인식

Teacher's Map

❶ 수익인식 일반론

정의	지분참여자의 출자관련 증가분을 제외한 자본의 증가를 수반하는 것으로서 회계기간의 정상적인 활동에서 발생하는 경제적 효익의 총유입
광의의 수익	차익을 포함

❷ 수익인식 5단계

① 계약의 식별	② 수행의무의 식별	③ 거래 가격의 산정
④ 거래 가격의 배분	⑤ 수익의 인식	

💡 계약상대방

고객	① 계약상대방이 고객인 경우만 제1115호 '고객과의 계약에서 생기는 수익'의 기준서 적용 ② 고객이란 기업의 통상적인 활동의 산출물인 재화나 용역을 대가와 교환하여 획득하기로 기업과 계약한 당사자를 의미
동업자	계약 상대방이 기업의 통상적인 산출물을 획득하기 위해서가 아니라 어떤 활동이나 과정에 참여하기 위해 기업과 계약하였고, 그 계약 당사자들이 그 활동이나 과정에서 생기는 위험과 효익을 공유한다면 고객이 아닌 동업자에 해당

💡 계약의 식별

계약의 정의	둘 이상의 당사자 사이에 집행 가능한 권리와 의무가 생기게 하는 합의
계약의 체결	① 계약은 서면으로, 구두로, 기업의 사업 관행에 따라서 암묵적으로 체결할 수 있음 ② 계약의 각 당사자가 전혀 수행되지 않은 계약에 대해 상대방에게 보상하지 않고 종료할 수 있는 일방적이고 집행 가능한 권리를 갖는다면, 그 계약은 존재하지 않는다고 봄
식별기준	① 의무의 확약: 계약 당사자들이 계약을 서면으로, 구두로 또는 기업의 사업관행에 따라 암묵적으로 승인하고 각자의 의무를 수행하기로 확약함 ② 권리의 식별: 이전할 재화나 용역과 관련된 각 당사자의 권리를 식별할 수 있음 ③ 지급조건의 식별: 이전할 재화나 용역의 지급조건을 식별할 수 있음 ④ 상업적 실질: 계약에 상업적 실질이 있음 ⑤ 대가의 회수가능성: 고객에게 이전할 재화나 용역에 대하여 받을 권리를 갖게 될 대가의 회수가능성이 높음
계약의 식별기준 충족에 대한 재검토	① 고객과의 계약이 개시시점에 이러한 계약의 식별기준을 모두 충족하였다면 사실과 상황에 유의적인 변동 징후가 없는 한 이러한 기준의 재검토는 하지 않음 ② 유의적인 변동의 징후가 있다면 재검토를 해야 함
식별기준을 충족하지 못한 경우	① 대가를 미리 받은 경우: 부채로 인식 → 추후 식별기준 충족하면 수익 인식 ② 대가를 미리 받은 경우 다음에 해당하면 수익인식 • 고객에서 재화나 용역을 이전해야 하는 의무가 남아 있지 않고, 고객이 약속한 대가를 모두(또는 대부분) 받았으며, 그 대가가 환불되지 않는 경우 • 계약이 종료되고, 고객에서 받은 대가가 환불되지 않은 경우

개념 찾기

❶ 계약의 식별기준   ❹ 의제의무   ❼ 변동대가   ❿ 고객에게 지급할 대가
❷ 계약의 변경   ❺ 환불부채   ❽ 변동대가의 추정치의 제약
❸ 수행의무   ❻ 비현금대가   ❾ 계약에 유의적인 금융 요소

💡 수행의무의 식별

수행의무의 정의	고객과의 계약에서 재화나 용역을 이전하기로 한 약속
구별되는 재화와 용역	재화와 용역 각각을 별개의 수행의무로 각각 수익을 인식
수행의무의 구분	① 수행의무는 계약에 기재된 재화나 용역에만 한정되지 않을 수 있음. 즉, 의제의무도 수행의무로 간주함 ② 계약을 이행하기 위해 수행해야 하지만 고객에게 재화나 용역을 이전하는 활동이 아니라면 수행의무에 포함하지 않음. 즉, 계약준비활동은 수행의무가 아님
일련의 거래	기간에 걸친 수행의무이면서 진행률을 사용하여 측정할 수 있다면, 단일의 수행의무로 보고 기간에 걸쳐 수익을 인식함

💡 거래가격의 산정

거래가격	① 정의: 고객에게 약속한 재화나 용역을 이전하고 그 대가로 기업이 받을 권리를 갖게 될 것으로 예상하는 금액 ② 제외: 제3자를 대신하여 회수하는 금액(ex. 부가가치세)은 제외
환불부채	① 인식: 고객에게서 받은 대가의 일부나 전부를 고객에게 환불할 것으로 예상하는 경우에는 환불부채를 인식 ② 매 보고기간 말 추정: 보고기간 말마다 상황의 변동을 반영하여 새로 수정
비현금대가 : 교환거래	① 공정가치 측정: 고객이 현금 외의 형태로 대가를 약속한 계약의 경우에 거래가격을 산정하기 위하여 비현금 대가를 공정가치로 측정함 ② 간접측정: 비현금 대가의 공정가치를 합리적으로 추정할 수 없는 경우에는, 그 대가와 교환하여 고객에게 약속한 재화나 용역의 개별 판매가액을 참조하여 간접적으로 그 대가를 측정 ③ 상업적 실질이 없는 경우: 수익이 발생하는 거래가 아님
변동대가	① 개념: 기업이 대가를 받을 권리는 할인, 리베이트, 환불, 공제, 가격할인, 장려금, 성과보너스, 위약금 등과 같은 항목들이 발생하여 변동될 수 있음 ② 추정: 계약에서 약속한 대가에 변동금액이 포함된 경우에 고객에게 약속한 재화나 용역을 이전하고 그 대가로 받을 권리를 갖게 될 금액을 추정함 ③ 기댓값: 특성이 비슷한 계약이 많은 경우에 기댓값은 변동대가의 적절한 추정치일 수 있음 ④ 가능성이 가장 높은 금액: 계약에서 가능한 결과치가 두 가지뿐일 경우, 가능성이 가장 높은 금액이 변동대가의 적절한 추정치가 될 수 있음 ⑤ 변동대가 추정치의 제약: 변동대가의 추정치가 너무 불확실하고, 기업이 고객에게 재화나 용역을 이전하고 그 대가로 받을 권리를 갖게 될 금액을 충실하게 나타내지 못하는 경우에는 해당 변동 대가의 추정치는 거래가격에 포함시키지 않음
계약에 유의적인 금융 요소	① 화폐의 시간가치 반영: 거래 당사자들 간에 합의한 지급시기 때문에 고객에게 재화나 용역을 이전하면서 유의적인 금융효익이 고객이나 기업에 제공되는 경우에는 화폐의 시간가치가 미치는 영향을 반영하여 약속된 대가를 조정함 ② 간편법 사용: 기업이 고객에게 약속한 재화나 용역을 이전하는 시점과 고객이 그에 대한 대가를 지급한 시점 간의 기간이 1년 이내일 것이라고 예상한다면 유의적인 금융 요소의 영향을 조정하지 않는 실무적 간편법을 쓸 수 있음 ③ 유의적인 금융 요소가 없는 경우: 고객과의 계약에 다음 중 어느 하나라도 존재하는 경우 • 고객이 재화나 용역의 대가 선급 + 재화·용역의 이전 시점은 고객의 재량 • 고객이 약속한 대가의 상당 금액이 변동 가능 + 변동 금액과 시기가 통제할 수 없는 미래사건 발생 여부에 따라 달라짐 • 약속한 대가와 재화·용역의 현금 판매 가격 간의 차이가 고객이나 기업에 대한 금융 제공 외의 이유로 발생 + 금액 차이는 그 차이가 나는 이유에 따라 달라짐

고객에게 지급할 대가	① 고객이 기업에게 이전하는 재화와 용역의 대가가 아닌 경우: 수익에서 차감 ② 고객이 기업에게 이전하는 재화와 용역의 대가인 경우 　• 원칙: 다른 공급자에게 구매한 경우와 같이 자산 혹은 비용처리 　• 재화나 용역의 공정가치를 초과하는 경우: 초과액은 거래가격에서 차감 　• 재화나 용역의 공정가치를 추정할 수 없는 경우: 전액을 거래가격에서 차감

💡 거래가격의 배분

개별 판매가격에 기초한 배분	① 계약 개시시점에 계약상 수행의무의 대상인 구별되는 재화와 용역의 개별 판매가격을 산정하고, 이 개별 판매가격에 비례하여 거래가격을 배분함 ② 개별 가격 직접 관측이 불가능한 경우: 배분 목적에 맞게 거래가격이 배분되도록 합리적인 방법을 통해 개별 판매가격을 추정하여 적용
할인액 배분	① 할인액이 계약상 모든 수행의무와 관련된 경우 　: 할인액을 계약상 모든 수행의무에 비례하여 배분 ② 할인액이 계약상 일부 수행의무에만 관련된 경우 　: 할인액을 계약상 일부 수행의무에만 배분
변동대가 배분	다음 기준을 모두 충족하면 변동금액을 전부 하나의 수행의무에 배분하거나 단일 수행의무의 일부를 구성하는 구별되는 재화나 용역에 배분 • 대가 관련성: 수행의무를 이행하거나 구별되는 재화나 용역을 이전하는 기업의 노력 또는 그에 따른 특정 성과와 변동 지급조건이 명백하게 관련되어 있음 • 목적적합성: 계약상 모든 수행의무와 지급조건을 고려할 때, 변동대가를 전부 그 수행의무나 구별되는 재화 또는 용역에 배분하는 것이 배분 목적에 맞음
거래가격의 후속 변동	계약 개시시점과 같은 기준으로 계약상 수행의무에 배분함 즉, 계약을 개시한 후의 개별 판매가격의 변동을 반영하기 위해 거래가격을 다시 배분하지 않음
계약의 변경	① 의미: 계약 당사자들이 승인한 계약의 범위나 계약가격 또는 이 둘 모두의 변경을 의미 ② 별도의 계약으로 처리하는 경우 (둘 다 만족) 　• 계약범위의 확장: 구별되는 약속한 재화와 용역이 추가되어 계약의 범위가 확장 　• 개별판매가격을 반영하여 계약가격이 상승: 계약가격이 추가로 약속한 재화나 용역의 개별 판매가격에 특정 계약 상황을 반영하여 적절히 조정한 대가(금액)만큼 상승 ③ 기존 계약을 종료하고 새로운 계약을 체결한 것으로 회계처리 　: 별도의 계약이 아니면서 나머지 재화나 용역이 이전한 재화나 용역과 구별되는 경우 ④ 기존 계약의 일부인 것처럼 회계처리 　: 별도의 계약이 아니면서 나머지 재화와 용역이 구별되지 않는 경우

개념 찾기

- ⑪ 기간에 걸쳐 이행되는 수행의무
- ⑫ 한 시점에 이행되는 수행의무
- ⑬ 진행률
- ⑭ 계약자산
- ⑮ 계약부채
- ⑯ 수취채권

💡 수익의 인식

수익인식 개념	고객에게 약속한 재화나 용역, 즉 자산을 이전하여 통제권이 고객에게 있다면 기업은 수익을 인식할 수 있음
기간에 걸쳐 이행되는 수행의무	① 다음 중 하나를 충족하면 기간에 걸쳐 진행기준으로 수익을 인식함 • 일반용역제공: 고객은 기업이 수행하는 대로 제공된 효익을 동시에 얻고 소비함 • 고객소유자산 제작: 기업이 수행하여 만들어지거나 가치가 높아지는 대로 고객이 통제하는 자산(ex. 재공품)을 기업이 만들거나 그 자산 가치를 높임 • 고객 전용 주문제작: 기업이 수행하여 만든 자산이 기업 자체에는 대체용도가 없고, 지금까지 수행을 완료한 부분에 대해 집행 가능한 지급청구권이 기업에 있음 ② 진행률은 매 보고기간 말마다 다시 측정함 ③ 진행률의 변동은 기업회계기준서 제1008호 '회계정책, 회계추정치 변경과 오류'에 따라 회계추정의 변경으로 회계처리함 ④ 진행률의 측정방법은 산출법과 투입법 중 합리적인 방법으로 산정 ⑤ 수행의무의 진행률을 합리적으로 측정할 수 없다면 수행의무의 산출물을 합리적으로 측정할 수 있을 때까지 발생원가 범위에서만 수익을 인식함
한 시점에 이행되는 수행의무	① 한 시점에 해당되는 수행의무는 고객이 약속된 자산을 통제하고 기업이 수행의무를 이행하는 시점에 인도기준으로 수익을 인식함 ② 통제지표 • 지급청구권: 기업은 제공한 자산에 대해 현재 지급 청구권 있음 • 법적 소유권: 고객에게 제공한 자산의 법적 소유권이 이전되었음 • 물리적 점유: 기업이 자산의 물리적 점유를 이전하였음 • 위험과 보상: 자산의 소유에 따른 유의적인 위험과 보상이 고객에게 있음 • 인수여부: 고객이 자산을 인수하였음

❸ 계약 관련 자산·부채의 재무제표 표시

💡 구분

손익	수행의무를 이행하면서 거래가격을 계약에 따른 수익으로 인식하며, 이를 포괄손익계산서에 당기손익으로 인식함
자산·부채	수행정도와 고객의 지급과의 관계에 따라 그 계약을 계약자산이나 계약부채로 재무상태에 표시 단, 계약자산은 수취채권과 구분하여 표시 ① 계약자산 : 기업이 고객에게 이전한 재화나 용역에 대하여 그 대가를 받을 기업의 권리로 그 권리에 시간의 경과 외의 조건에 있는 자산 ② 계약부채 : 기업이 고객에게서 이미 받은 대가 또는 지급기일이 된 대가에 상응하여 고객에게 재화나 용역을 이전하여야 하는 기업의 의무 ③ 수취채권 : 기업이 고객에게 대가를 받을 무조건적인 권리

💡 표시

계약자산 인식	고객이 대가를 지급하기 전이나 지급기일 전에 기업이 고객에게 용역의 이전을 수행하는 경우 기업은 계약자산을 인식함
수취채권 표시	계약자산 중 대가를 받을 무조건적인 권리를 갖게 된 금액을 수취채권으로 별도 표시
계약부채	① 기업이 고객에게 재화나 용역을 이전하기 전에 고객이 대가를 지급한 경우 기업은 지급받은 때 계약부채를 인식 ② 기업이 대가를 받을 무조건적인 권리(수취채권)를 갖고 있는 경우 지급받기로 한 때 계약부채를 인식

> **개념 찾기**
> - ⑰ 위탁판매
> - ⑱ 시용판매
> - ⑲ 반품권이 있는 판매
> - ⑳ 상품권 회계처리
> - ㉑ 보증의 제공
> - ㉒ 미인도청구판매
> - ㉓ 검사조건부판매
> - ㉔ 인도결제판매
> - ㉕ 회원가입수수료

4 형태별 수익인식

구분	수익인식기준		
위탁판매	수탁자가 제3자에게 재화를 판매한 시점		
시용판매	고객이 매입의사를 표시한 시점		
반품권이 있는 판매	① 반품가능성을 예측할 수 있는 경우 　• 반품이 예상되지 않은 부분: 수익인식 　• 반품이 예상되는 부분: 환불부채 인식 ② 반품가능성을 예측할 수 없는 경우 　불확실성으로 인해 고객에게 제품에 대한 통제를 이전하는 경우에도 수익을 인식할 수 없음. 　반품권이 소멸되는 시점에 수익을 인식함		
상품권	상품 등을 고객에게 제공한 날		
보증의 제공		보증의 구분	회계처리
	별도로 구매할 수 있는 선택권이 없는 경우	확신유형의 보증	충당부채로 회계처리
		용역유형의 보증	별도의 수행의무에 해당하므로 거래가격의 배분
	별도로 구매할 수 있는 선택권이 있는 경우		
미인도청구판매	일정한 요건 충족 시 구매자가 소유권을 가지는 시점		
검사 조건부 판매	① 재화나 용역이 합의된 규격에 부합하는지 객관적으로 판단할 수 있는 경우 　: 고객의 인수는 형식적인 것이므로 고객의 인수여부와 관계없이 수익을 인식 ② 재화나 용역이 합의된 규격에 부합하는지 객관적으로 판단할 수 없는 경우 　: 고객이 인수하는 시점에 수익을 인식		
인도결제판매	인도가 완료되고 판매자나 판매자의 대리인이 현금을 수취할 때		
회원가입수수료	선수수수료는 미래 재화나 용역에 대한 선수금이므로 그 미래 재화나 용역을 제공할 때 수익으로 인식		

MEMO

수익인식의 일반론
 수익인식의 5단계
 계약관련 자산·부채의 재무제표 표시
 형태별 수익인식

1 수익인식의 일반론

수익은 **지분참여자의 출자관련 증가분을 제외한 자본의 증가를 수반하는 것으로서 회계기간의 정상적인 활동에서 발생하는 경제적 효익의 총유입**으로 정의한다. 따라서 주주의 납입을 수반하지 않는 자산의 증가 또는 부채의 감소의 형태로 경제적 효익의 증가를 의미한다.

[수익의 발생]

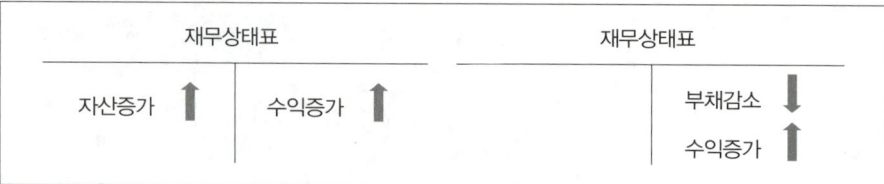

수익은 기업의 통상적인 영업활동에서 발생하는 매출액에 수수료수익, 이자수익, 배당수익 등의 **차익을 포함한다**. 한편, 차익은 기업의 통상적인 활동 이외에서 생기는 순자산의 증가를 말한다. 수익과 차익을 구분공시하면 손익계산서의 미래현금흐름의 예측 능력이 증가되어 보다 유용한 정보를 제공할 수 있다.

2 수익인식의 5단계

기업이 수익을 인식하는 경우 한국채택국제회계기준서 제1115호 '고객과의 계약에서 생기는 수익'의 규정을 따라야 한다. 기준서에 따르면 **계약상대방이 고객인 경우만 이 기준서를 적용할 수 있다. 고객이란 기업의 통상적인 활동의 산출물인 재화나 용역을 대가와 교환하여 획득하기로 기업과 계약한 당사자**[1*]를 의미한다.

고객과의 계약에서 생기는 수익을 인식할 때는 다음의 5단계를 거쳐야 한다.

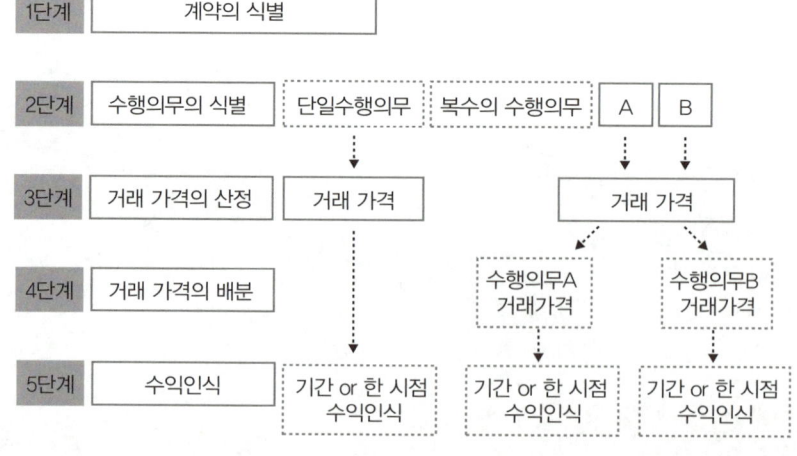

오쌤 Talk

고객

계약 상대방이 기업의 통상적인 활동의 산출물을 획득하기 위해서가 아니라 어떤 활동과정에 참여하기 위해 기업과 계약하였고, 그 계약 당사자들이 그 활동이나 과정에서 생기는 위험과 효익을 공유한다면 사실상 이는 동업관계에 해당한다.

즉, 메가와 메가에서 강의하는 강사는 회사와 고객이 아니라 서로 동업관계에 있다고 할 수 있다. 그러므로 메가와의 관계에서 고객은 '수험생'이고, '강사'는 고객 관계가 아님을 강조하는 것이다.

오쌤 Talk

수익인식
① 재화: 인도(판매)기준
② 용역: 진행기준

 **기출 OX**

01. 수익인식 5단계 순서는 '수행의무 식별 → 계약식별 → 거래가격 산정 → 거래가격 배분 → 수행의무별 수익인식' 이다.
　　　　　　　　　기출처 2019. 관세직 9급
　　　　　　　　　　　　　정답 X

1* 계약 상대방이 기업의 통상적인 산출물을 획득하기 위해서가 아니라 어떤 활동이나 과정에 참여하기 위해 기업과 계약하였고, 그 계약 당사자들이 그 활동이나 과정에서 생기는 위험과 효익을 공유한다면, 그 계약 상대방은 고객이 아니다. 이러한 계약은 기준서 제1115호를 적용하지 아니한다.

위 다섯 가지 단계를 사례를 통해 설명하면 다음과 같다.

> ㈜한국은 통상적인 경우 학생들에게 온라인을 통해 1년간 무제한 수강할 수 있는 강의서비스를 ₩2,000,000에 판매하고, 강의에 필요한 관련교재를 ₩500,000에 판매하여 총 ₩2,500,000을 총수익으로 회계처리하고 있다. ㈜한국은 1년간 무제한 수강할 수 있는 온라인 강의와 관련 교재를 묶어서 할인된 가격 ₩1,500,000에 학생들에게 결합상품으로 판매하기로 하였다.

이를 수익인식단계별로 적용하면 다음과 같다.

① **계약의 식별**
  : ㈜한국은 통상적인 활동의 산출물인 강의서비스(용역)와 관련교재(재화)를 제공하기로 하고 이를 제공받는 학생은 이러한 대가로 ₩1,500,000을 지급하기로 하였으므로 고객과의 계약이다.

② **수행의무의 식별**
  : 1년간 온라인상으로 무제한 강의 서비스를 제공해야 하고, 관련 교재로 제공해야 한다.

③ **거래가격의 산정**
  : ₩1,500,000

④ **거래가격의 배분**

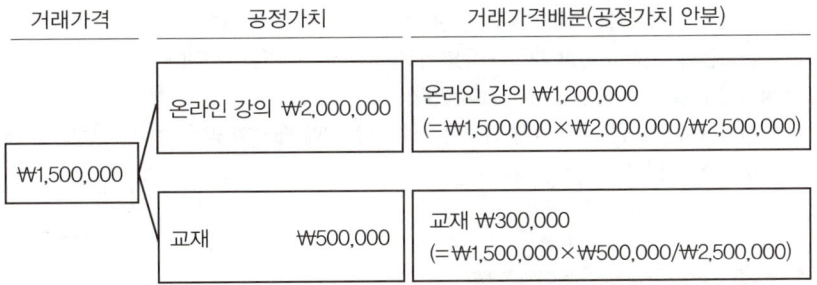

⑤ **수익인식**
  - 온라인강의: 기간에 걸쳐 수익인식(진행기준), 즉 ₩1,200,000에 대해 12개월간 수익인식
    ∴ ₩1,200,000 ÷ 12개월 = ₩100,000/1개월
  - 교재: 한시점에 수익인식(인도기준), 즉 교재가 인도되었다면 ₩300,000 전액 수익인식

오쌤 Talk

수행의무

주어진 사례는 강의서비스(용역)의 제공과 교재(재화)의 제공이라는 복수의 수행의무를 이행해야 하는 계약이다. 그러므로 가격 배분의 단계를 거치지만, 단순히 강의만 제공하거나 교재만 판매하는 단일의 수행의무였다면 가격배분 단계를 거칠 필요가 없는 것이다.

오쌤 Talk

수익인식 5단계

계수산배수		
1	계약식별	수익인식을 위한 전제조건
2	수행의무식별	수행해야할 의무가 무엇인지 결정
3	거래가격산정	금액결정
4	거래가격배분	
5	수익인식	수익인식 시기 결정

기출 OX

02. 계약당사자들이 계약을 서면으로만 승인해야 하며, 각자의 의무를 수행하기로 확약한다.
기출처 2019. 국가직 9급
정답 X

03. 이전할 재화나 용역에 대한 각 당사자의 권리를 식별할 수 있다면, 재화나 용역의 대가로 받는 지급조건은 식별할 수 없어도 된다.
기출처 2019. 국가직 9급
정답 X

04. 계약에 상업적 실질 없이 재화나 용역을 서로 주고받을 수 있다.
기출처 2019. 국가직 9급
정답 X

05. 고객에게 이전할 재화나 용역에 대하여 받을 권리를 갖게 될 대가의 회수가능성이 높다.
기출처 2019. 국가직 9급
정답 O

06. 계약 당사자들이 계약을 승인하고 각자의 의무를 수행하기로 확약하거나, 이전할 재화나 용역과 관련된 각 당사자의 권리를 식별할 수만 있으면 계약을 식별할 수 있다.
기출처 2019. 관세직 9급
정답 X

07. 고객에게 이전할 재화나 용역에 대하여 받을 권리를 갖게 될 대가의 회수가능성이 높지 않더라도, 계약에 상업적 실질이 존재하고 이전할 재화나 용역의 지급조건을 식별할 수 있으면 고객과의 계약으로 회계처리한다.
기출처 2019. 지방직 9급
정답 X

08. 계약의 각 당사자가 전혀 수행되지 않은 계약에 대해 상대방(들)에게 보상하지 않고 종료할 수 있는 일방적이고 집행 가능한 권리를 갖는다면, 그 계약은 존재하지 않는다고 본다.
기출처 2024. 국가직 7급 [최신]
정답 O

1 계약의 식별

1-1 계약의 식별 기준

1-1-1 계약의 정의 및 체결

계약은 둘 이상의 당사자 사이에 집행 가능한 권리와 의무가 생기게 하는 합의를 의미한다. 계약의 존재는 법률적인 판단의 문제일 수 있는데, 국제회계기준을 적용하는 나라의 법률은 각기 다를 수 있으므로 기준서에서는 계약에 대한 구체적인 정의를 내리지 않았다. 다만, 계약의 과정에서 각자의 의무가 무엇인지를 확인하고 이를 승인하는 과정에 대해서는 명확히 제시하고 있다.

계약은 서면으로, 구두로, 기업의 사업 관행에 따라서 암묵적으로 체결할 수 있다. 즉, 반드시 문서가 아니라도 가능하며, 구두상의 약속도 법적 구속력을 가질 수 있다는 것을 의미한다.

계약에 대해 양 당사자가 아무런 보상이나 이행이 없이 언제든지 취소할 수 있다면 계약이 존재한다고 볼 수는 없다. 그러므로 **계약의 각 당사자가 전혀 수행되지 않은 계약에 대해 상대방에게 보상하지 않고 종료할 수 있는 일방적이고 집행 가능한 권리를 갖는다면, 그 계약은 존재하지 않는다고 본다.**

기업회계기준 제1115호 '고객과의 계약에서 생기는 수익'에서는 **다음 계약의 식별기준을 모두 충족하는 경우에만** 고객과의 계약으로 회계처리한다.

> ① **의무의 확약**: 계약 당사자들이 계약을 서면으로, 구두로 또는 기업의 사업관행에 따라 암묵적으로 승인하고 각자의 의무를 수행하기로 확약한다.
> ② **권리의 식별**: 이전할 재화나 용역과 관련된 각 당사자의 권리를 식별할 수 있다.
> ③ **지급조건의 식별**: 이전할 재화나 용역의 지급조건을 식별할 수 있다.
> ④ **상업적 실질**: 계약에 상업적 실질이 있다.
> ⑤ **대가의 회수가능성**: 고객에게 이전할 재화나 용역에 대하여 받을 권리를 갖게 될 대가의 회수가능성이 높다.

1-1-2 계약의 식별 기준의 재검토

고객과의 계약이 개시시점에 이러한 계약의 식별기준을 모두 충족하였다면 사실과 상황에 유의적인 변동 징후가 없는 한 이러한 기준의 재검토는 하지 않는다. 그러나 유의적인 변동의 징후가 있다면 재검토를 해야 한다. 예를 들어, 고객이 대가를 지급할 능력이 유의적으로 악화된다면 고객에게 이전할 나머지 재화와 용역에 대하여 받을 권리를 갖게 될 대가의 회수가능성이 높은지를 재검토해야 한다.

만약, 계약의 개시시점에 이러한 계약의 식별기준을 모두 충족하지 못하였다면, 나중에 충족되는지 판단하기 위하여 그 계약을 지속적으로 검토해야 한다.

1-1-3 계약의 식별 기준 미충족 시 고객에게서 받은 대가

고객과의 계약이 이러한 기준을 충족하지 못하지만, 고객에게서 대가를 미리 받았다면 이는 부채로 인식한다. 추후 계약의 식별기준을 충족한 경우에 수익으로 인식할 수 있다.

한편, 계약의 식별기준을 충족하지 못하였지만, 고객에게서 대가를 받은 경우에는 다음 사안 중 어느 하나가 일어난 경우에만 받은 대가를 수익으로 인식한다.

① 의무소멸
: 고객에게서 재화나 용역을 이전해야 하는 의무가 남아있지 않고, 고객이 약속한 대가를 모두(또는 대부분) 받았으며, 그 대가는 환불되지 않는다.
② 계약종료
: 계약이 종료되었고 고객에게서 받은 대가는 환불되지 않는다.

[계약의 식별가능성]

구분		수익인식 가능여부
수행하지 않은 계약에 대해 보상 없이 종료가 가능한 경우		계약으로 식별하지 않음 → 수익인식 불가
최초 계약 시 식별 가능한 경우	일반원칙	수익인식
	향후 유의적인 변화가 있는 경우	추후에 식별가능성 재검토
최초 계약 시 식별 불가능한 경우	미리 대가를 수령한 경우	수령액을 부채로 인식
	추후에 식별가능해진 경우	부채를 수익으로 인식
	추후에 의무가 소멸하는 경우	부채를 수익으로 인식

1-2 계약의 결합

일반적으로 수익인식은 식별된 계약별로 적용하는 것이 원칙이지만, 여러 계약을 결합하여 하나의 계약으로 결합하여 식별한 후 회계처리하는 경우도 있다. 다음 기준 중 하나 이상을 충족한다면, 같은 고객과 동시에 또는 가까운 시기에 체결한 둘 이상의 계약을 결합하여 단일 계약으로 회계처리한다.

① 복수의 계약을 하나의 상업적 목적으로 일괄 협상한다.
② 한 계약에서 지급하는 대가(금액)는 다른 계약의 가격이나 수행에 따라 달라진다.
③ 복수의 계약에서 약속한 재화나 용역은 단일 수행의무에 해당한다.

오쌤 Talk

수행의무의 식별

수행의무의 식별은 '해주어야 할 의무가 몇 가지인지 따지는 과정'이다.
즉, 재화의 판매뿐인지, 용역을 제공하는 계약이 포함되어 있는지를 구분하고, 이를 하나로 인식할지 구분하여 각각 인식할지 식별하는 과정이다.

📝 기출 OX

09. 계약 개시시점에 고객과의 계약에서 약속한 재화나 용역을 검토하여 고객에게 구별되는 재화나 용역을 이전하기로 한 약속을 하나의 수행의무로 식별한다.
기출처 2019. 관세직 9급
정답 O

10. 일반적으로 고객과의 계약에는 기업이 고객에게 이전하기로 약속하는 재화나 용역을 분명히 기재한다. 그러나 고객과의 계약에서 식별되는 수행의무는 계약에 분명히 기재한 재화나 용역에만 한정되지 않을 수 있다.
기출처 2024. 국가직 7급 〔최신〕
정답 O

11. 하나의 계약은 고객에게 재화나 용역을 이전하는 여러 약속을 포함한다. 그 재화나 용역들이 구별된다면 약속은 수행의무이고 별도로 회계처리한다.
기출처 2024. 국가직 7급 〔최신〕
정답 O

📕 확인문제

01. 다음 중 수익인식에 대한 설명으로 옳지 않은 것은?
① 수익은 계약의 식별, 수행의무의 식별, 거래가격의 산정, 거래 가격의 배분, 수익의 인식 5가지로 구분하여 단계적으로 적용해야 한다.
② 수행의무란 고객과의 계약에서 재화나 용역을 이전하기로 한 약속을 의미한다.
③ 고객과의 계약에서 식별되는 수행의무는 계약에 기재된 재화나 용역에 한정되므로 의제의무는 포함하지 않는다.
④ 수행의무를 재화와 용역의 각각 별개의 거래로 구분할 수 있다면, 재화는 한 시점에 수익을 인식하는 인도기준을 적용하고, 용역의 경우는 기간에 걸쳐 수익을 인식하는 진행기준을 적용한다.

정답 ③

② 수행의무의 식별

수행의무란 고객과의 계약에서 재화나 용역을 이전하기로 한 약속을 의미한다. 기업이 수행의무를 이행하여야 수익을 인식할 수 있기 때문에 기업이 이행할 수행의무가 무엇인지 식별하는 것은 중요하다. 이때, 기업이 고객에게 이전하기로 한 재화나 용역이 여러가지일 경우, 이를 하나의 수행의무로 인식할지 여러 개의 수행의무로 구분하여 인식할지를 판단해야 한다. 왜냐하면 여러 개의 수행의무일 경우 다음에 이어지는 단계에서 거래가격을 각 수행의무에 배분해야 하기 때문이다.

기업은 계약시점에 고객과의 계약에서 약속한 재화나 용역을 검토하여 고객에게 다음 중 어느 하나를 이전하기로 한 각각의 약속을 하나의 수행의무로 식별한다.

> ① 구별되는 재화나 용역
> ② 일련의 거래: 실질적으로 서로 같고 고객에게 이전하는 방식도 같은 일련의 구별되는 재화나 용역

2-1 구별되는 재화나 용역

재화나 용역을 각각 구별할 수 있다면, 재화나 용역 각각을 별개의 수행의무로 인식하여 각각 수익을 인식한다. 일반적으로 재화는 한 시점에 수익을 인식하는 인도기준을 적용하고, 용역의 경우는 기간에 걸쳐 수익을 인식하는 진행기준을 적용하게 된다.

다만, **고객과의 계약에서 식별되는 수행의무는 계약에 기재된 재화나 용역에만 한정되지 않을 수 있다.** 예를 들어, 계약 체결일에 기업의 사업관행, 공개한 경영방침, 특정 성명서에서 암시되는 약속이 기업의 재화나 용역을 고객에게 이전할 것이라는 정당한 기대를 갖도록 한다면, 이러한 약속도 고객과의 계약에 포함될 수 있다. 즉 **의제의무도 고객에게 약속한 수행의무로 간주할 수 있다.**

그러나 계약을 이행하기 위해 수행해야 하지만 고객에게 재화나 용역을 이전하는 활동이 아니라면 그 활동은 수행의무에 포함하지 않는다. 예를 들어, 용역 제공자는 계약을 준비하기 위한 다양한 관리업무를 수행할 필요가 있을 때 관리업무를 수행한다 하더라도, 그 업무를 수행함에 따라 고객에게 용역이 이전되지는 않는다. 그러므로 **계약준비활동은 수행의무가 아니다.**

[수행의무인지 여부]

구분	수행의무
계약상 기재된 이전의무	수행의무에 포함
계약상 기재되지 않은 이전의무 (의제의무)	수행의무에 포함
계약을 준비하기 위한 관리업무	수행의무에 포함되지 않음

2-2 일련의 거래

기업은 일정 기간에 같은 재화나 용역을 연속적으로 제공하는 상황(ex.건설계약)처럼 실질적으로 서로 같고 고객에게 이전하는 방식도 같은 일련의 구별되는 재화와 용역을 이전하는 약속을 체결할 수도 있다. 이 경우 **다음의 요건을 충족하면 구별되는 재화나 용역임에도 불구하고 하나의 수행의무로 본다. 단일 수행의무를 기간에 걸쳐 이행하는 것이므로 기간에 걸쳐 수익을 인식한다.**

① **기간에 걸친 수행의무**: 재화나 용역에 대한 수행의무를 기간에 걸쳐 이행한다.
② **진행률 사용**: 재화나 용역을 고객에게 이전하는 수행의무의 진행률을 같은 방법을 사용하여 측정한다.

 참고

일련의 구별되는 재화나 용역의 이전

기업이 실질적으로 같은 일련의 구별되는 재화나 용역을 공급하는 경우 원칙적으로는 복수의 구별되는 재화나 용역을 식별하고 그에 따른 각각의 수행의무에 개별 판매가격을 기준으로 거래가격을 배분해야 한다. 이렇게 거래 가격이 배분된 각각의 수행의무는 각 수행의무가 이행되었을 때 수익인식 기준에 맞추어 수익을 인식하면 된다.

예를 들어, 청소 계약과 같은 반복적인 용역 계약에서 기업은 총 거래가격을 여러 개의 구별되는 수행의무로 배분해야 할 것이다. 그러나 이 방법으로 모형을 적용하는 것은 비용에 비해 효율적이지 않다.

그러므로 해당 계약이 기간에 걸친 수행의무이면서 진행률을 적용하여 수익을 인식하는 경우에는 반복적인 용역계약을 단일의 수행의무로 식별하고, 총 거래가격을 단일의 수행의무에 배분하여 하나의 진행률을 적용하여 수익인식을 하는 것이 효율적이다.

 확인문제

02. 다음 중 수익인식에 대한 설명으로 옳지 않은 것은?

① 수행의무를 식별하는 과정에서 계약상 기재된 이전의무는 수행의무에 포함한다.
② 수행의무를 식별하는 과정에서 계약상 기재되지 않았더라도 의제의무는 수행의무에 포함된다.
③ 계약을 준비하기 위한 관리활동은 수행의무에 포함된다.
④ 일정기간 같은 재화와 용역을 연속적으로 제공하는 상황은 기간에 걸쳐 수행되며 진행률을 추정할 수 있다면 진행기준에 따라 수익을 인식한다.

정답 ③

오쌤 Talk

제3자를 대신해서 회수한 금액

재고자산을 판매하고 부가가치세를 포함하여 ₩110,000을 회수한 경우, 수익인식을 할 수 있는 거래가격은 ₩100,000이다. 제3자(과세관청)을 대신하여 회수한 ₩10,000(매출세액)은 거래가격에서 제외한다.

 기출 OX

12. 거래가격을 산정하기 위해서는 계약 조건과 기업의 사업 관행을 참고한다.
기출처 2020. 국가직 9급
정답 O

13. 거래가격은 고객에게 약속한 재화나 용역을 이전하고 그 대가로 기업이 받을 권리를 갖게 될 것으로 예상하는 금액이며, 제삼자를 대신해서 회수한 금액도 포함된다.
기출처 2024. 국가직 7급, 2022. 국가직 9급 [최신]
정답 X

14. 거래가격을 산정하기 위하여 기업은 재화나 용역을 현행 계약에 따라 약속대로 고객에게 이전할 것이고 이 계약은 취소·갱신·변경되지 않을 것이라고 가정한다.
기출처 2022. 국가직 9급
정답 O

15. 거래가격 산정 시 제삼자를 대신해서 회수한 금액은 제외하며 변동대가, 비현금대가, 고객에게 지급할 대가 등이 미치는 영향을 고려한다.
기출처 2019. 지방직 9급
정답 O

16. 고객에게서 받은 대가의 일부나 전부를 고객에게 환불할 것으로 예상하는 경우에는 환불부채를 인식한다.
기출처 2023. 국가직 7급 [최신]
정답 O

환불부채

④ 형태별 수익인식에서 다루는 '반품권이 있는 판매'가 바로 그 예이다.
Link-P.706

교환거래

유형자산의 교환거래와 논리가 같다. 즉, 상업적 실질이 있는 경우 공정가치를 통해 거래되고 장부금액과의 차이를 처분손익으로 인식한다. 상업적 실질이 없다면 장부금액을 통한 단순교환으로 처분손익을 인식하지 않는다. 즉, 상업적 실질이 없는 경우는 수익이 발생하는 거래로 보지 않는다.

❸ 거래가격의 산정

거래가격을 산정하기 위해서는 계약 조건과 기업의 사업 관행을 참고한다.

거래가격은 고객에게 약속한 재화나 용역을 이전하고 그 대가로 기업이 받을 권리를 갖게 될 것으로 예상하는 금액이며, 제3자를 대신하여 회수하는 금액(ex.부가가치세)은 제외한다. 즉, 거래가격은 기업이 수익으로 인식할 금액인데 다음 사항을 모두 고려하여 거래가격을 산정한다.

① 환불부채
② 비현금대가: 교환거래
③ 변동대가
④ 계약에 있는 유의적인 금융요소
⑤ 고객에게 지급할 대가

거래가격을 산정하기 위하여 기업은 재화나 용역을 현행 계약에 따라 약속대로 고객에게 이전할 것이고 이 계약은 취소·갱신·변경되지 않을 것이라고 가정한다.

3-1 환불부채

고객에게서 받은 대가의 일부나 전부를 고객에게 환불할 것으로 예상하는 경우에는 환불부채(refund liability)를 인식한다. 기업이 받았거나 받을 대가 중에서 권리를 갖게 될 것으로 예상하지 않는 금액은 거래가격에서 차감한다. 환불부채는 보고기간 말마다 상황의 변동을 반영하여 새로 수정한다.

3-2 비현금 대가: 교환거래

고객이 현금 외의 형태로 대가를 약속한 계약의 경우에 거래가격을 산정하기 위하여 비현금 대가를 공정가치로 측정한다. 예를 들어, 개별 판매가격이 ₩100,000인 재고자산을 판매하고, 고객으로부터 현금 ₩50,000과 공정가치 ₩80,000의 주식을 수령한 경우 거래가격은 ₩130,000(= 현금 ₩50,000 + 주식의 공정가치 ₩80,000)이다.

비현금 대가의 공정가치를 합리적으로 추정할 수 없는 경우에는, 그 대가와 교환하여 고객에게 약속한 재화나 용역의 개별 판매가격을 참조하여 간접적으로 그 대가를 측정한다. 이때, 상업적 실질이 없는 성격과 가치가 유사한 재화나 용역의 교환은 계약으로 식별할 수 없으므로, 수익이 발생하는 거래로 보지 아니한다는 점을 주의해야 한다.

비현금 대가의 공정가치는 대가의 형태(ex.기업이 고객에게서 받을 권리가 있는 주식의 가격 변동) 때문에 변동될 수 있다. 고객이 약속한 비현금 대가의 공정가치가 대가의 형태만이 아닌 이유로 변동된다면 '변동대가 추정치의 제약' 규정을 적용한다.

[교환거래]

구분		수익인식금액
상업적 실질이 없는 동종자산 간의 교환		수익인식 금지
상업적 실질이 있는 이종자산의 교환	제공받은 비현금대가의 공정가치 측정 가능	제공받은 대가의 공정가치 ± 현금수령(지급)
	제공받은 비현금대가의 공정가치 측정 불가능	제공한 대가의 공정가치

3-3 변동대가

기업이 대가를 받을 권리는 할인, 리베이트, 환불, 공제, 가격할인, 장려금, 성과보너스, 위약금 등과 같은 항목들이 발생하여 변동될 수 있다. 또한 **기업이 대가를 받을 권리가 미래사건의 발생여부에 달려있는 경우에도 약속한 대가는 변동될 수 있다.** 예를 들어, 반품권을 부여한 제품을 판매한 경우나, 특정 단계에 도달해야 고정금액의 성과보너스를 주기로 약속한 경우에 대가는 변동될 수 있다.

만약 계약에서 약속한 대가에 변동금액이 포함된 경우에 고객에게 약속한 재화나 용역을 이전하고 그 대가로 받을 권리를 갖게 될 금액을 추정한다. 변동 대가는 다음 중 기업이 받을 권리를 갖게 될 대가를 더 잘 예측할 것으로 예상하는 방법을 사용하여 추정한다.

> ① 기댓값
> ② 가능성이 가장 높은 금액

특성이 비슷한 계약이 많은 경우에 기댓값은 변동대가의 적절한 추정치일 수 있다. 그러나 계약에서 가능한 결과치가 두 가지뿐일 경우, 가능성이 가장 높은 금액[2*]이 변동대가의 적절한 추정치가 될 수 있다.

기업이 받을 권리를 갖게 될 변동대가(금액)에 미치는 불확실성의 영향을 추정할 때에는 그 계약 전체에 하나의 방법을 일관되게 적용한다. 또 합리적인 범위에서 구할 수 있는 모든 정보(과거, 현재, 예측 정보)를 참고하고 합리적인 수에 해당하는 가능한 대가들을 식별한다.

여기서 유의할 점은 **변동대가의 추정치가 너무 불확실하고, 기업이 고객에게 재화나 용역을 이전하고 그 대가로 받을 권리를 갖게 될 금액을 충실하게 나타내지 못하는 경우에는 해당 변동대가의 추정치는 거래가격에 포함시키지 않으며, 수익으로 인식하지 않는다.** 이를 **변동대가 추정치의 제약**(constraining estimates of variable consideration)[3*]이라고 한다. 이를 평가할 때는 추정의 변경으로 인한 수익의 환원 가능성 및 크기를 모두 고려해야 한다.

그러나 **변동대가와 관련된 불확실성이 나중에 해소될 때, 이미 인식한 누적 수익 금액 중 유의적인 부분을 되돌리지 않을 가능성이 매우 높은 정도까지만 추정된 변동대가의 일부나 전부를 거래가격에 포함한다.**

[변동대가의 추정]

구분		추정
변동대가 추정이 가능	특성이 비슷한 계약이 많은 경우	기댓값
	가능한 결과치가 두 가지뿐	가능성이 가장 높은 금액을 거래가격에 반영
변동대가 추정이 불가능	금액을 충실히 나타낼 수 없음	추정치는 거래가격에 반영 금지
	불확실성이 해소	거래가격에 추정치 반영

2* 가능성이 가장 높은 금액 전액을 인식함
3* 변동대가 추정치 제약의 대표적인 예가 '반품권이 있는 판매'이다.

기출 OX

17. 고객이 현금 외의 형태로 대가를 약속한 계약의 경우에 거래가격을 산정하기 위하여 비현금 대가를 공정가치로 측정한다. _{기출 2019. 국가직 7급}
정답 O

18. 비현금 대가의 공정가치를 합리적으로 추정할 수 없는 경우에는, 그 대가와 교환하여 고객에게 약속한 재화나 용역의 개별 판매 가격을 참조하여 간접적으로 그 대가를 측정한다. _{기출 2018. 국가직 7급}
정답 O

19. 비현금대가의 공정가치가 대가의 형태만이 아닌 이유로 변동된다면, 변동대가 추정치의 제약규정을 적용하지 않는다. _{기출처 2020. 국가직 9급}
정답 X

기출 OX

20. 고객과의 계약에서 약속한 대가는 고정금액, 변동금액 또는 둘 다를 포함할 수 있다. _{기출처 2020. 국가직 9급}
정답 O

21. 계약에서 약속한 대가에 변동금액이 포함된 경우에 고객에게 약속한 재화나 용역을 이전하고 그 대가로 받을 권리를 갖게 될 금액을 추정한다. _{기출처 2022. 국가직 9급, 2017. 국가직 7급}
정답 O

22. 기업이 받을 권리를 갖게 될 변동대가(금액)에 미치는 불확실성의 영향을 추정할 때에는 그 계약 전체에 하나의 방법을 일관되게 적용한다. _{기출처 2022. 국가직 9급}
정답 O

23. 기업에 특성이 비슷한 계약이 많은 경우에 '기댓값'은 변동대가(금액)의 적절한 추정치일 수 있다. _{기출처 2020. 국가직 9급}
정답 O

24. 기댓값으로 변동대가를 추정하는 경우 가능한 대가의 범위에서 가능성이 가장 높은 단일금액으로 추정한다. _{기출처 2018. 국가직 7급}
정답 X

25. 변동대가와 관련된 불확실성이 나중에 해소될 때, 이미 인식한 누적 수익 금액 중 유의적인 부분을 되돌리지 않을 가능성이 매우 높을지를 평가할 때는 수익의 환원 가능성 및 크기를 모두 고려한다. _{기출처 2018. 국가직 7급}
정답 O

확인문제

03. 건설회사인 ㈜서울은 20X1년 초 ㈜대한과 ₩1,000,000의 공장건설 계약을 체결하였다. 동 계약은 기간에 걸쳐서 이행하는 수행의무로, 계약조건에 〈보기〉와 같이 공사기간 경과에 따른 위약금이 포함된다. ㈜서울이 기댓값에 의해 거래가격을 산정할 때, 동 건설 계약의 거래가격은?   기출처 2022. 서울시 7급

〈보기〉

구분	발생확률	변동대가
기간준수	50%	₩0
1달 경과	30%	₩100,000
2달 경과	20%	₩200,000

① ₩930,000 ② ₩970,000
③ ₩990,000 ④ ₩1,000,000

정답 ①

오쌤 Talk

변동대가로 인한 거래가격 산정 (기본예제 1)

① 조기완성과 지연완성에 대해 각각 받기로 한 기댓값을 산정한다.
② (2) 장려금 수령은 가능한 결과치가 두 가지 인 경우로, 확률이 높은 경우의 거래가격을 인식한다. 즉, 기댓값을 계산하지 않고 확률이 높은 경우(80%) ₩100,000의 추가 수령액을 전액 인식한다.

기본예제 1 변동대가로 인한 거래가격산정 – 기준서 사례 수정

㈜한국은 20X1년 1월 1일 주문제작 자산을 건설하기로 고객과 계약을 체결하였다. 자산을 이전하기로 한 약속은 기간에 걸쳐 이행하는 수행의무이다. 약속된 대가는 ₩1,000,000이지만, 자산의 완성시기에 따라 증감될 것이다.

(1) 20X1년 6월 30일까지 자산이 완성되지 않는다면, 약속된 대가는 그 다음 날부터 매일 ₩10,000씩 감소한다. 20X1년 6월 30일 이전에 자산이 완성되면, 약속된 대가는 그 전날부터 매일 ₩10,000씩 증가한다. ㈜한국이 예상하는 자산의 완성시기와 확률은 다음과 같다.

조기완성		20X1년 6월 30일	지연완성	
(-) 10일	(-) 5일		(+) 5일	(+) 10일
10%	30%	30%	20%	10%

(2) 자산이 완성되면, 제3자가 그 자산을 검사하고 계약에 규정된 척도에 기초하여 평점을 매길 것이다. 자산이 특정 평점을 받으면 기업은 장려금을 ₩100,000 추가로 수령한다. ㈜한국이 장려금을 수령할 확률은 80%이며, 수령하지 못할 확률은 20%이다.

㈜한국이 20X1년 초에 건설계약과 관련하여 거래가격으로 산정할 금액은 얼마인가?

풀이
(1) 공사완성관련 장려금
: (10일 × 10% + 5일 × 30% + 0일 × 30% − 5일 × 20% − 10일 × 10%) × ₩10,000
= ₩5,000
(2) 평점관련 장려금: ₩100,000*
(3) 총 거래가격 추정치 = ₩1,000,000 + ₩5,000 + ₩100,000 = ₩1,105,000
*평점장려금과 같이 가능한 대가가 두 가지뿐일 경우는 가능성이 가장 높은 금액을 사용한다.

3-4 계약에 유의적인 금융요소

3-4-1 원칙

거래가격을 산정할 때, 거래 당사자들 간에 합의한 **지급시기 때문에** 고객에게 재화나 용역을 이전하면서 **유의적인 금융효익이 고객이나 기업에 제공되는 경우에는 화폐의 시간가치가 미치는 영향을 반영하여 약속된 대가를 조정한다.** 이는 고객이 그 재화나 용역을 현금으로 결제했다면 지급하였을 가격을 반영하는 금액(현금판매가격)으로 수익을 인식하기 위해서이다.

예를 들어, 현금판매가격이 ₩10,000인 상품을 판매하면서 고객과의 합의에 따라 판매대금으로 총 ₩12,000을 24개월 할부로 매월 ₩500씩 회수하기로 했다면 재화의 판매로 인해 수익으로 인식할 금액은 재화의 인도시점에 ₩10,000을 인식하고, 재화의 현금판매가격인 ₩10,000과 명목상 지급금액인 ₩12,000의 차이 ₩2,000은 이자수익(금융수익)로 24개월의 기간에 걸쳐 인식한다.

3-4-2 예외: 실무적인 간편법

다만, 계약을 개시할 때 **기업이 고객에게 약속한 재화나 용역을 이전하는 시점과 고객이 그에 대한 대가를 지급한 시점 간의 기간이 1년 이내일 것이라고 예상한다면 유의적인 금융요소의 영향을 조정하지 않는 실무적 간편법을 쓸 수 있다.**

이때, 적용하는 이자율은 당해 거래의 내재이자율을 적용하며, 내재이자율은 다음 중 더 명확하게 적용할 수 있는 것을 사용한다.

> ① 시장이자율: 기업과 고객이 별도로 거래를 한다면 반영하게 될 이자율
> ② 내부수익률: 재화나 용역의 대가를 현금으로 결제한다면 지급할 가격으로 약속한 대가의 명목금액을 할인하는 이자율

계약 개시 후에는 이자율이나 그 밖의 상황이 달라져도 그 할인율을 새로 수정하지 않는다.

3-4-3 유의적인 금융요소가 없는 경우

고객과의 계약에 다음 요인 중 어느 하나라도 존재한다면 유의적인 금융요소는 없을 것이다.

> ① 대가 선수 + 수행의무 이전 시점이 불확정
> 고객이 재화나 용역의 대가를 선급하였고, 그 재화나 용역의 이전 시점은 고객의 재량에 따른다.
> ② 변동대가 발생
> **고객이 약속한 대가 중 상당한 금액이 변동될 수 있으며 그 대가의 금액과 시기는 고객이나 기업이 실질적으로 통제할 수 없는 미래 사건의 발생 여부에 따라 달라진다.**
> (ex. 대가가 판매기준 로열티인 경우)
> ③ 유의적인 금융요소 외의 차이 발생
> 약속한 대가와 재화나 용역의 현금판매가격 간의 차이가 고객이나 기업에 대한 금융제공 외의 이유로 생기며, 그 금액 차이는 그 차이가 나는 이유에 따라 달라진다.

오쌤 Talk

계약에 유의적인 금융요소
이는 앞서 '장기성 채권·채무의 현재가치 평가'를 통해 학습한 적이 있다.
Link-P. 240

기출 OX

26. 유의적인 금융요소를 반영하여 약속한 대가를 조정할 때에는 계약 개시시점에 기업과 고객이 별도 금융거래를 한다면 반영하게 될 할인율을 사용한다.
기출처 2023. 국가직 7급 [최신]
정답 O

27. 유의적인 금융요소를 반영한 계약의 개시 후에 이자율이나 그 밖의 상황이 달라지는 경우, 할인율을 새로 수정한다.
기출처 2023. 국가직 7급 [최신]
정답 X

오쌤 Talk

계약에 유의적인 금융요소

당기손익에 미치는 영향은 총 세 가지이다.
① 매출액: 장기성 매출채권의 현재가치
② 매출원가: 상품의 원가
③ 장기성 매출채권의 이자수익

기본예제 2 계약에 유의적인 금융요소

㈜한국은 20X1년 1월 1일 ㈜민국에 ₩200,000인 상품을 판매하였다. 판매대금 ₩300,000은 매년 말 ₩100,000씩 3회에 걸쳐 분할하여 회수하기로 하였다. 상품의 판매 당시 시장이자율은 10%이며, 3기 연금의 현가계수(10%, 3년)는 2.49이다. 본 거래와 관련하여 인식하게 될 20X1년 당기손익은 얼마인가? (단, 유동성대체는 생략한다.)

[풀이]

(1) 매출액 = ₩100,000 × 2.49(10%, 3기간 연금현가계수) = ₩249,000

(2) 매출원가 = ₩200,000

(3) 이자수익 = ₩249,000 × 10% = ₩24,900

∴ 당기손익에 미치는 영향 = ₩249,000 − ₩200,000 + ₩24,900 = ₩73,900

[참고] 회계처리

X1. 1. 1.	(차)	장기매출채권	₩300,000	(대)	매출	₩249,000*
					현재가치할인차금	₩51,000
	(차)	매출원가	₩200,000	(대)	재고자산	₩200,000
X1. 12. 31.	(차)	현재가치할인차금	₩24,900	(대)	이자수익	₩24,900
		현금	₩100,000		장기매출채권	₩100,000
X2. 12. 31.	(차)	현재가치할인차금	₩17,390	(대)	이자수익	₩17,390
		현금	₩100,000		장기매출채권	₩100,000
X3. 12. 31.	(차)	현재가치할인차금	₩8,710	(대)	이자수익	₩8,710
	(차)	현금	₩100,000	(대)	매출채권	₩100,000

*장기매출채권 현재가치 = ₩100,000 × 2.49(10%, 3기간 연금현가계수) = ₩249,000

[참고]

날짜	유효이자	원리금회수액	원금회수액	장부금액
20X1. 1. 1.				₩249,000
20X1. 12. 31.	₩24,900	(₩100,000)	(₩75,100)	₩173,900
20X2. 12. 31.	₩17,390	(₩100,000)	(₩82,610)	₩91,290
20X3. 12. 31.	₩8,710*	(₩100,000)	(₩91,290)	−
	₩51,000	(₩300,000)	(₩249,000)	

*단수조정

3-5 고객에게 지급할 대가

기업이 고객에게 현금 등의 대가를 별도로 지급하는 경우가 있다. 고객에게 지급한 대가는 고객에게 제공한 재화나 용역의 할인 또는 환불의 형태이거나, 고객에게서 제공받을 재화나 용역의 대가를 지급하는 형태, 또는 두 형태가 통합된 형태일 수 있다. **고객에게 지급할 대가가 고객에게서 제공받을 재화나 용역에 대한 대가가 아닌 경우 거래가격인 수익에서 차감하여 회계처리한다.**

그러나 **고객에게 지급할 대가가 고객에게서 제공받을 구별되는 재화나 용역에 대한 대가라면, 다른 공급자에게 구매한 경우와 같은 방법으로 회계처리한다.** 한편, 고객에게 지급할 대가 금액이 고객에게서 받은 구별되는 재화나 용역의 공정가치를 초과한다면, 그 초과액을 거래가격에서 차감하여 회계처리한다. 고객에게서 받은 재화나 용역의 공정가치를 합리적으로 추정할 수 없다면, 고객에게 지급할 대가 전액을 거래가격에서 차감하여 회계처리한다.

[고객에게 지급할 대가]

구분	회계처리	
고객이 기업에게 이전하는 재화나 용역의 대가가 아닌 경우	거래가격에서 차감(수익에서 차감, 매출할인)	
고객이 기업에게 이전하는 재화나 용역의 대가인 경우	원칙	별도의 구매거래로 인식
	공정가치 초과지급 시	초과 지급액은 거래가격에서 차감
	공정가치 추정 불가능	거래가격에서 전액 차감

오쌤 Talk

고객에게 지급할 대가
고객에게 재화와 용역에 대한 대가와 별도로 대가를 지급하는 경우, 별도의 수수료비용으로 인식할 것인지 아니면 수익에서 차감할 것인지의 문제이다.
기준은 별도의 비용이 아닌 수익에서 차감하는 것(매출할인)으로 규정하고 있다.

확인문제

04. 다음 중 기준서 제1115호 '고객과의 계약에서 생기는 수익'의 기준서에서 규정하고 있는 고객에게 지급할 대가에 대한 설명으로 옳지 않은 것은?

① 고객에게 지급할 대가가 고객으로부터 받은 재화나 용역에 대한 대가가 아닌 경우에는 거래가격인 수익에서 차감하여 회계처리한다.
② 고객에게 지급할 대가가 고객으로부터 받은 재화나 용역의 공정가치를 초과하여 지급한 경우에는 초과액은 거래가격에서 차감한다.
③ 고객에게서 받은 재화나 용역의 공정가치를 합리적으로 추정할 수 없다면, 고객에게 지급할 대가 전액을 비용으로 인식한다.
④ 고객에게 지급할 대가가 고객에게서 제공받을 구별되는 재화나 용역에 대한 대가라면 다른 공급자에게 구매한 경우와 마찬가지로 별도 비용으로 처리한다.

정답 ③

기출 OX

28. 고객에게 지급할 대가에는 기업이 고객에게 지급하거나 지급할 것으로 예상하는 현금 금액을 포함한다.

기출처 2019. 국가직 7급

정답 O

29. 고객에게 지급할 대가가 고객에게서 받은 구별되는 재화나 용역에 대한 지급이라면, 다른 공급자에게서 구매한 경우와 같은 방법으로 회계처리한다.

기출처 2023. 국가직 7급 최신

정답 O

기출 OX

30. 거래가격을 배분하는 목적은 기업이 고객에게 약속한 재화나 용역을 이전하고 그 대가로 받을 권리를 갖게 될 금액을 나타내는 금액으로 각 수행의무에 거래가격을 배분하는 것이다.
기출처 2020. 국가직 7급
정답 O

31. 할인액 전체가 계약상 하나 이상의 일부 수행의무에만 관련된다는 관측 가능한 증거가 있을 때 외에는, 할인액을 계약상 모든 수행의무에 비례하여 배분한다.
기출처 2020. 국가직 7급
정답 O

32. 개별 판매가격을 추정하기 위해 시장평가 조정 접근법을 적용하는 경우 개별 판매가격은 총 거래가격에서 계약에서 약속한 그 밖의 재화나 용역의 관측 가능한 개별판매가격의 합계를 차감하여 추정한다.
기출처 2020. 국가직 7급
정답 X

오쌤 Talk

변동대가의 배분

변동대가가 모든 수행의무와 관련되었다면 모든 수행의무에 배분을 해주고, 일부 수행의무에만 관련되었다면 일부 수행의무에만 배분해주라는 의미이다. 이때, 각 수행의무의 대가 관련성이나 배분 목적에 맞는지의 적합성을 따져서 어떤 수행의무에 배분하면 좋을지를 결정해야 한다.

❹ 거래가격의 배분

수익을 인식하기 위해 4단계로 수행할 절차는 거래가격을 수행의무에 배분하는 것이다. **거래가격을 배분하는 목적은 기업이 고객에게 약속한 재화나 용역을 이전하고 그 대가로 받을 권리를 갖게 될 금액을 나타내는 금액으로 각 수행의무(또는 구별되는 재화나 용역)에 거래가격을 배분하는 것이다.** 계약에 포함된 수행의무가 하나인 경우에는 거래가격의 배분문제가 발생하지 않는다. 하지만 계약에 포함된 수행의무가 둘 이상인 경우에는 거래가격을 각 수행의무에 배분해야 한다.

4-1 개별 판매가격에 기초한 배분

계약 개시시점에 계약상 수행의무의 대상인 구별되는 재화와 용역의 개별 판매가격을 산정하고, 이 개별 판매가격에 비례하여 거래가격을 배분한다. 이때, 개별 판매가격이란 기업이 고객에게 약속한 재화나 용역을 별도로 판매할 경우의 가격을 의미한다. 만약 개별 판매가격을 직접 관측할 수 없다면, 배분 목적에 맞게 거래가격이 배분되도록 합리적인 방법을 통해 개별 판매가격을 추정[4]하여 적용한다.

4-2 할인액의 배분

계약에서 약속한 재화나 용역의 개별 판매가격 합계가 계약에서 약속한 대가를 초과하면, 고객은 재화나 용역의 묶음을 구매하면서 할인을 받은 것이다. 예를 들어, 제품 X와 Y는 개별 판매가격이 각각 ₩100,000과 ₩50,000이다. 그런데 이를 묶어 판매하는 계약을 체결하면서 대가를 ₩130,000으로 정하였다면, 고객은 ₩20,000만큼 할인을 받은 것이다. 이때, 할인액은 다음과 같이 배부한다.

[할인액의 배분]

조건	배분
① 할인액이 계약상 **모든 수행의무와 관련된 경우**	할인액을 계약상 **모든 수행의무에 비례하여 배분**
② 할인액이 계약상 **일부 수행의무에만 관련된 경우**	할인액을 계약상 **일부 수행의무에만 배분**

4-3 변동대가의 배분

계약에서 약속한 변동대가는 계약 전체에 기인할 수도 있고, 계약의 특정 부분에 기인할 수도 있다. 다음 기준을 모두 충족하면 변동금액을 전부 하나의 수행의무에 배분하거나 단일 수행의무의 일부를 구성하는 구별되는 재화나 용역에 배분한다.

① 대가관련성: 수행의무를 이행하거나 구별되는 재화나 용역을 이전하는 기업의 노력 또는 그에 따른 특정 성과와 변동 지급조건이 명백하게 관련되어 있다.
② 목적적합성: 계약상 모든 수행의무와 지급조건을 고려할 때, 변동대가를 전부 그 수행의무나 구별되는 재화 또는 용역에 배분하는 것이 배분 목적에 맞다.

4* [개별판매가격을 추정하는 방법]
① 시장평가 조정접근법: 재화와 용역을 판매하는 시장을 평가하여 그 시장에서 고객이 그 재화나 용역에 대해 지급하려는 가격을 추정
② 예상원가 이윤 가산 접근법: 수행의무를 이행하기 위한 예상원가를 예측하고, 적정 이윤을 더하는 방법
③ 잔여접근법: 총 거래가격에서 계약에서 약속한 그 밖의 재화나 용역의 관측 가능한 개별 판매가격의 합계를 차감하여 추정. 단, 이에 한정하지는 않는다. 즉, 다른 합리적인 방법을 통해 추정 가능하다.

기본예제 3   거래가격의 배분 – 기준서 사례 수정

12월말이 결산법인인 ㈜한국은 복사기를 판매하며, 동시에 3년간의 잉크교체서비스도 함께 제공하는 대가로 ₩120,000을 수령하였다. 다음 각각의 경우 물음에 답하시오(단, 각 사안은 독립적임)

(1) 복사기의 개별 판매가격은 ₩100,000이고, 잉크교체서비스의 개별판매가격은 ₩50,000일 경우, 제품판매와 서비스 제공에 배분되는 거래가격은 각각 얼마인가?

(2) 복사기와 잉크교체서비스의 개별판매가격은 존재하지 않으나, 시장에서는 각각에 대하여 ₩90,000과 ₩60,000을 지급하여는 경우 시장평가조정접근법에 따라 각각 배분되는 거래가격은 얼마인가?

(3) 복사기의 개별판매가격은 ₩100,000이지만, 잉크교체서비스의 개별판매가격은 존재하지 않으며, 잉크교체서비스의 원가는 ₩10,000이고, 적절한 이윤은 100%일 경우, 예상원가이윤 가산 접근법에 따라 각각 배분되는 거래가격은 얼마인가?

(4) 복사기의 개별판매가격은 ₩100,000이지만, 잉크교체서비스의 개별 판매가격은 존재하지 않으며, 잉크교체서비스에 대하여 잔여 접근법을 사용한다고 할 경우, 각각 배분되는 거래가격은 얼마인가?

풀이

	복사기	잉크교체서비스	비고
(1) 개별 판매가격에 비례	₩80,000 (= ₩120,000 × ₩100,000/₩150,000)	₩40,000 (= ₩120,000 × ₩50,000/₩150,000)	복사기와 서비스의 개별 상대가격의 비로 배분
(2) 시장평가 조정접근법	₩72,000 (= ₩120,000 × ₩90,000/₩150,000)	₩48,000 (= ₩120,000 × ₩60,000/₩150,000)	복사기와 서비스의 시장에서의 평가의 비로 배분
(3) 예상 원가이윤 가산 접근법	₩100,000 (= ₩120,000 × ₩100,000/₩120,000)	₩20,000 (= ₩120,000 × ₩20,000/₩120,000)	서비스의 판매가격 추정액은 원가 ₩10,000에 이윤 100% 가산한 ₩20,000임
(4) 잔여 접근법	₩100,000	₩20,000 (= ₩120,000 − ₩100,000)	관측가능한 복사기의 판매가격을 먼저 배분하고 나머지 잔여를 서비스에 배분

기출 OX

33. 거래가격의 후속 변동은 계약 개시시점과 같은 기준으로 계약상 수행의무에 배분하므로, 계약을 개시한 후의 개별 판매가격 변동을 반영하기 위해 거래가격을 다시 배분하지 않는다.

기출처 2020. 국가직 7급

정답 O

4-4 거래가격의 후속변동

계약을 개시한 다음에 거래가격은 여러 가지 이유로 변동될 수 있고, 그 이유에는 약속한 재화나 용역의 대가로 받을 권리를 갖게 될 것으로 예상하는 금액을 바뀌게 하는 불확실한 사건의 해소나 그 밖의 상황 변화가 포함된다. **거래가격의 후속 변동은 계약 개시시점과 같은 기준으로 계약상 수행의무에 배분한다. 따라서 계약을 개시한 후의 개별 판매가격의 변동을 반영하기 위해 거래가격을 다시 배분하지는 않는다.** 이행된 수행의무에 배분되는 금액은 거래가격이 변동되는 기간에 수익으로 인식하거나 수익에서 차감한다.

오쌤 Talk

거래가격의 후속변동

[거래가격의 배분]

구분	배분방법	비고
거래가격	계약 개시시점에 개별 판매가격에 비례해서 배분	개별 판매가격을 직접 관측할 수 없다면 추정
할인액	① 모든 수행의무와 관련: 모든 수행의무에 비례하여 배분 ② 일부 수행의무에만 관련: 일부 수행의무에만 배분	
변동대가	일정 기준을 충족하는 경우 하나의 수행의무에 배분하거나 단일 수행의무의 일부를 구성하는 구별되는 재화와 용역에 배분	
거래가격의 후속변동	계약 개시시점과 같은 기준으로 배분	개별 판매가격 변동을 반영하기 위해 거래가격을 다시 배분하지 않음

4-5 계약의 변경으로 인한 거래가격의 변동

계약의 변경은 계약 당사자들이 승인한 계약의 범위나 계약가격 또는 이 둘 모두의 변경을 의미한다. 계약 당사자가 집행 가능한 권리와 의무를 새로 설정하거나 기존의 집행 가능한 권리와 의무를 변경하기로 승인할 때 계약 변경이 존재한다. 계약 변경은 서면으로, 구두 합의로, 기업의 사업 관행에서 암묵적으로 승인될 수 있다. 계약 당사자들이 계약 변경을 승인하지 않았다면, 계약변경의 승인을 받을 때까지는 기존의 계약에 따라 수익을 인식한다. 계약의 변경으로 인해 거래 가격이 변동된 경우 다음 두 조건을 모두 충족하는 경우에 계약변경은 별도 계약으로 회계처리한다. 즉, 기존의 계약은 기존 계약대로 회계처리하고, 변경된 계약은 새로운 계약으로 보고 회계처리한다.

> ① 계약범위의 확장: 구별되는 약속한 재화와 용역이 추가되어 계약의 범위가 확장된다.
> ② 가격상승의 조정: 계약가격이 추가로 약속한 재화나 용역의 개별 판매가격에 특정 계약 상황을 반영하여 적절히 조정한 대가(금액)만큼 상승한다.

그러나 계약 변경이 위의 두 가지 요건을 만족하지 않아서 별도 계약으로 회계처리하는 계약 변경이 아니라면, 계약변경일에 아직 이전되지 않은 약속한 재화나 용역을 다음 중 하나의 방법으로 회계처리한다.

> ① 나머지 재화나 용역이 이전한 재화나 용역과 구별되는 경우
>   : 계약변경은 기존 계약을 종료하고 새로운 계약을 체결한 것처럼 회계처리한다. 나머지 수행의무에 배분하는 대가 금액은 고객이 약속한 대가 중 거래가격 추정치에는 포함되었으나 아직 수익으로 인식되지 않은 금액과 계약 변경의 일부로 약속한 대가의 합계금액으로 한다.
> ② 나머지 재화나 용역이 이전한 재화나 용역과 구별되지 않은 경우
>   : 재화와 용역이 구별되지 않아서 계약 변경일에 부분적으로 이행된 단일 수행의무의 일부를 구성한다면, 그 계약 변경은 기존 계약의 일부인 것처럼 회계처리한다. 계약 변경이 거래가격과 수행의무의 진행률에 미치는 영향은 계약변경일에 수익을 조정하여 인식한다.

확인문제

05. 다음 중 기준서 제1115호 '고객과의 계약에서 생기는 수익'에서 규정하고 있는 '계약의 변경'에 대한 내용으로 옳은 것은?

① 계약의 변경은 계약 당사자들이 승인한 계약의 범위와 계약가격 이 둘 모두가 변경할 경우만을 의미한다.
② 계약의 범위만을 확장하는 경우에도 별도의 계약 변경으로 처리하여 기존의 계약은 기존 계약대로 회계처리하고, 변경된 계약은 새로운 계약으로 보고 회계처리한다.
③ 별도의 계약으로 회계처리하는 계약 변경이 아니라면, 나머지 재화와 용역이 이전한 재화와 용역과 구별되는 경우에는 기존 계약의 일부인 것처럼 회계처리한다.
④ 별도의 계약으로 회계처리하는 계약 변경이 아니라면, 나머지 재화와 용역이 이전한 재화와 용역과 구별되지 않은 경우 기존 계약의 일부인 것처럼 회계처리한다.

정답 ④

[계약변경의 회계처리]

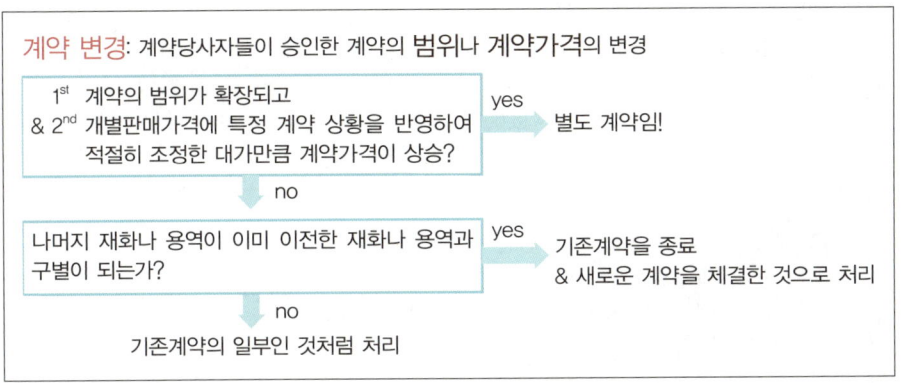

오쌤 Talk

거래가격의 배분

거래가격을 각 거래별로 배분한다. 이때, 개별판매가격을 기준으로 배분한다. 개별판매가격을 직접 관측(제품 A: ₩600)할 수 있다면 바로 사용하고 직접 관측할 수 없다면 추정(제품 B: ₩300, 제품 C: ₩700)하여 사용한다.

기본예제 4 계약변경

(1) 12월 말 결산법인이 ㈜한국은 20X1년 중 제품 100개를 고객A에게 개당 ₩10,000에 판매하기로 계약하였다. ㈜한국은 기업이 제품 50개에 대한 통제를 고객A에게 이전하고 추가로 제품A 50개를 개당 ₩16,000에 납품하기로 계약을 변경하였다.

(2) ㈜한국은 계약을 변경한 이후 제품 30개의 통제를 고객A에게 이전하였으며, 제품 30개 중 20개는 기존계약, 10개는 추가계약을 따른 것이다.

01 추가로 납품하기로 한 제품A 50개의 대가가 제품의 개별판매가격을 반영한다고 할 경우, ㈜한국이 20X1년도에 인식할 수익은 얼마인가?

02 추가로 납품하기로 한 제품 A 50개의 대가가 제품의 개별판매가격을 반영하지 못한다고 할 경우 ㈜한국이 20X1년도에 인식할 수익은 얼마인가? (단, 계약변경 이전에 고객A에게 이전한 재화는 나중에 이전할 재화와 구별된다)

03 추가로 납품하기로 한 제품 A 50개의 대가가 제품의 개별판매가격을 반영하지 못하고, 이전한 재화와 나중에 이전할 재화가 구별되지 않는다고 할 경우 ㈜한국이 20X1년도에 인식할 수익은 얼마인가?

[풀이]

01 개별판매가격을 반영하는 경우

기존 계약분	(50개 + 20개) × @₩10,000 = ₩700,000
추가 계약분	10개 × @₩16,000 = ₩160,000
인식할 수익	₩860,000

02 개별 판매가격을 반영하지 못한 경우

(1) 추가로 공급할 제품의 개당 단가
   (50개 × @₩10,000 + 50개 × @₩16,000)/100개 = @₩13,000

(2) 20X1년도 인식할 수익

기존 이전분	50개 × @ ₩10,000 = ₩500,000
추가 이전분	30개 × @₩13,000 = ₩390,000
인식할 수익	₩890,000

03 기존에 이전한 재화와 나중에 이전할 재화가 구별되지 않는 경우

(1) 공급할 제품의 개당 단가
   (100개 × @₩10,000 + 50개 × @₩16,000)/150개 = @₩12,000

(2) 20X1년도 인식할 수익
   (50개 + 30개) × @₩12,000 = ₩960,000

정답: 01. ₩860,000
      02. ₩890,000
      03. ₩960,000

❺ 수익의 인식

수익을 인식하는 마지막 단계는 **수행의무에 배분된 거래가격을 수익으로 인식**하는 것이다. 수행의무는 고객에게 약속한 재화나 용역, 즉 **자산을 이전함으로써 인식**된다. **자산은 고객이 그 자산을 통제할 때 이전**되므로, 고객이 기업에게 제공받은 자산을 통제[5*]할 수 있다면 기업은 수행의무를 이행한 것이며, 이 시점에 기업은 수익을 인식하게 된다.

수행의무를 기간에 걸쳐 이행하는 경우(ex.용역의 제공)에는 기간에 걸쳐 수익을 인식하고, 수행의무를 한 시점에 이행하는 경우(ex.재화의 판매)에는 한 시점에 수익을 인식한다.

각각의 수행의무가 기간에 걸쳐 이행되는 수행의무인지 또는 한시점에 이행되는 수행의무인지를 계약의 개시시점에 판단한다. **수행의무가 기간에 걸쳐 이행되지 않는다면, 그 수행의무는 한 시점에 이행되는 것이다.**

5-1 기간에 걸쳐 이행되는 수행의무: 진행기준

다음 기준 중 어느 하나를 충족하면 기업은 재화나 용역에 대한 통제를 기간에 걸쳐 이전하므로 **기간에 걸쳐 진행기준으로 수익을 인식한다.**

[5*] 통제(control of an asset)는 자산을 사용하도록 지시하고, 자산의 나머지 효익의 대부분을 획득할 수 있는 능력을 의미함

✏️ **기출 OX**

34. 고객에게 약속한 자산을 이전하여 수행의무를 이행할 때 수익을 인식하며, 자산은 고객이 그 자산을 통제할 때 이전된다.
   기출처 2019. 지방직 9급
   정답 O

오쌤 Talk

진행기준
① 일반용역제공: 순수용역
② 고객소유자산 제작: 건설계약
③ 고객전용 주문제작: 특별주문품

① **일반용역제공**: 고객은 기업이 수행하는 대로 제공된 효익을 동시에 얻고 소비한다.
② **고객소유자산 제작**: 기업이 수행하여 만들어지거나 가치가 높아지는 대로 고객이 통제하는 자산(ex. 재공품)을 기업이 만들거나 그 자산 가치를 높인다.
③ **고객 전용 주문제작**: 기업이 수행하여 만든 자산이 기업 자체에는 대체용도가 없고, 지금까지 수행을 완료한 부분에 대해 집행 가능한 지급청구권이 기업에 있다.

수행의무가 기간에 걸쳐 이행되는 것으로 판단되면 수행의무 각각에 대해 그 수행의무 완료까지 진행률을 측정하여 기간에 걸쳐 수익을 인식한다. 진행률을 측정하는 목적은 고객에게 약속한 재화나 용역에 대한 통제를 이전하는 과정에서 기업의 수행 정도를 나타내기 위함이다. 수행의무 진행률은 매 보고기간 말마다 다시 측정하며, 진행률의 변동은 기업회계기준서 제1008호 '회계정책, 회계추정치 변경과 오류'에 따라 회계추정의 변경으로 회계처리한다.

진행률 측정 방법은 다음 두 가지 방법이 있다.

① **산출법**
계약에서 약속한 재화나 용역의 나머지 부분의 가치와 비교하여 지금까지 이전한 재화나 용역이 고객에게 주는 가치의 직접 측정에 기초하여 진행률을 측정하는 방법이다. 다만, 기업이 지금까지 수행을 완료한 정도가 고객에게 주는 가치에 상응하는 금액을 고객에게서 받을 권리가 있다면 기업은 청구권이 있는 금액으로 수익을 인식하는 실무적 간편법을 사용할 수 있다.
② **투입법**
투입법은 해당 수행의무의 이행에 예상되는 총 투입물 대비 수행의무를 이행하기 위한 기업의 노력이나 투입물(ex. 소비한 자원, 사용한 노동시간, 발생원가, 경과한 시간, 사용한 기계시간)에 기초하여 수익을 인식하는 방법이다. 다만, 기업의 노력이나 투입물을 수행기간에 걸쳐 균등하게 소비한다면, 정액법으로 수익을 인식하는 것이 적절할 수 있다.

이때, 주의할 점은 수행의무의 진행률을 합리적으로 측정할 수 있는 경우에만, 기간에 걸쳐 이행하는 수행의무에 대한 수익을 인식한다. 만일, 수행의무의 진행률을 합리적으로 측정할 수 없다면 수행의무의 산출물을 합리적으로 측정할 수 있을 때까지 발생원가 범위에서만 수익을 인식한다.

5-2 한 시점에서 이행되는 수행의무: 인도기준

한 시점에 해당되는 수행의무는 고객이 약속된 자산을 통제하고 기업이 수행의무를 이행하는 시점에 인도기준으로 수익을 인식한다. 수행의무가 한 시점에 이행되었는지 판단하기 위해서는 다음과 같은 통제의 지표를 참고하여야 한다.

① **지급청구권**: 기업은 제공한 자산에 대해 현재 지급청구권이 있다.
② **법적 소유권**: 고객에게 제공한 자산의 법적 소유권이 이전되었다.
③ **물리적 점유**: 기업이 자산의 물리적 점유를 이전하였다.
④ **위험과 보상**: 자산의 소유에 따른 유의적인 위험과 보상이 고객에게 있다.
⑤ **인수여부**: 고객이 자산을 인수하였다.

확인문제 최신

06. 고객과의 계약에서 생기는 수익에서 수행의무의 이행에 대한 설명으로 옳지 않은 것은?
기출처 2025. 국가직 9급

① 고객에게 약속한 재화나 용역, 즉 자산을 이전하여 수행의무를 이행할 때(또는 기간에 걸쳐 이행하는 대로) 수익을 인식한다.
② 고객이 자산을 통제하는지를 판단할 때, 그 자산을 재매입하는 약정을 고려하지 않는다.
③ 수행의무가 기간에 걸쳐 이행되지 않는다면, 그 수행의무는 한 시점에 이행되는 것이다.
④ 수행의무의 진행률을 합리적으로 측정할 수 있는 경우에만, 기간에 걸쳐 이행하는 수행의무에 대한 수익을 인식한다.

정답 ②

오쌤 Talk

산출법과 투입법
① 산출법은 택시영업을 예로 들 수 있다. 즉, 약속된 장소에 도달하기까지 총 운행거리 대비 실제 운행한 거리만큼에 해당하는 산출물(운행거리)을 통해 진행률을 추정한다.
② 투입법은 건설계약을 예로 들 수 있다. 즉, 총 예정된 공사원가 대비 실제 투입된 공사원가만큼 공사가 진행된 것으로 보고 진행률을 추정한다.

확인문제

07. 다음 중 기준서 제1115호 '고객과의 계약에서 생기는 수익'의 마지막 단계인 수익인식에서 규정하고 있는 내용으로 옳지 않은 것은?

① 고객이 기업에게 제공받은 자산을 통제할 수 있다면 기업은 수행의무를 이행한 것이며, 이 시점에 수익을 인식하게 된다.
② 고객소유의 자산을 제작하여 제공하는 경우에는 진행률을 산정하여 기간에 걸쳐서 수익을 인식한다.
③ 수행의무의 진행률은 매 보고기간말마다 다시 측정하고, 진행률의 변동은 회계추정의 변동으로 변동사항을 전진 적용한다.
④ 수행의무의 진행률을 합리적으로 측정할 수 없다면 수행의무의 산출물을 합리적으로 측정할 수 있을 때까지 수익을 인식하지 않는다.

정답 ④

3 계약관련 자산·부채의 재무제표 표시

❶ 구분
기업은 수행의무를 이행하면서 **거래가격을 계약에 따른 수익으로 인식하며**, 이를 **포괄손익계산서에 당기손익으로 인식**한다. 수익의 인식과 관련하여 계약 당사자 중 어느 한 편이 계약을 수행했을 때, 기업은 **수행정도와 고객의 지급과의 관계에 따라 그 계약을 계약자산이나 계약부채로 재무상태표에 표시**한다. 특히 **계약자산은 수취채권과 구분하여 표시**한다.

1-1 계약자산
기업이 고객에게 이전한 재화나 용역에 대하여 그 대가를 받을 기업의 권리로 그 권리에 시간의 경과 외의 조건(ex.기업의 미래 수행)이 있는 자산을 의미한다. 즉, **계약자산은 수행의무 이행 시 수익을 인식하면서 증가하고, 고객에게 대금청구를 하면서 감소하는 자산으로 미청구상태를 표시하는 항목**이다.

1-2 계약부채
기업이 고객에게서 이미 받은 대가 또는 지급기일이 된 대가에 상응하여 고객에게 재화나 용역을 이전하여야 하는 기업의 의무이다. 즉, **계약부채는 수행의무를 이행하지 않은 상태에서 고객에게 대금을 청구하여 (−)의 계약자산인 경우에 발생하는 부채로 초과청구상태를 표시하는 항목**이다.

1-3 수취채권
기업이 고객에게 대가를 받을 무조건적인 권리이다. 수취채권은 대금을 청구하면서 증가하고, 대금을 회수하면 감소하는 항목이다.

❷ 표시
고객이 대가를 지급하기 전이나 지급기일 전에 기업이 고객에게 용역의 이전을 수행하는 경우 기업은 계약자산을 인식한다. 계약자산 중 대가를 받을 무조건적인 권리를 갖게 된 금액을 수취채권으로 별도 표시한다. 한편, 기업이 고객에게 재화나 용역을 이전하기 전에 고객이 대가를 지급하거나 기업이 대가를 받을 무조건적인 권리(수취채권)를 갖고 있는 경우에는 기업은 지급받은 때나 지급받기로 한 때에 그 계약을 계약부채로 인식한다.

[재무상태표 표시 구분]

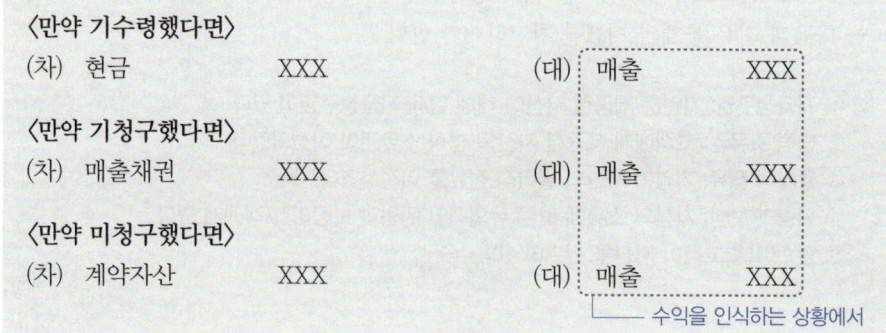

오쌤 Talk

계약자산과 수취채권

일반적으로 계약자산은 수취채권과 동일한 금액이다. 대부분 수행의무의 이행일과 고객에게 대금을 청구하는 날짜가 동일하기 때문이다. 그러나 수행의무를 이행하더라도 대가를 무조건적으로 받을 권리(수취채권)가 발생하지 않을 수 있다. 계약상 다른 수행의무를 마저 이행해야 대가를 받을 권리가 생기는 경우가 있을 수 있다. 즉, 기업은 수행의무를 이행했지만 대가를 받을 무조건적인 권리가 없는 경우에는 계약자산을 인식해야 한다.

확인문제

08. 다음 중 수익인식과 관련하여 재무제표 표시에 대한 방법으로 옳지 않은 것은?

① 기업은 수행의무를 이행하면 거래가격을 계약에 따른 수익으로 인식하며, 이를 포괄손익계산서상에 당기손익으로 인식한다.
② 기업은 수행정도와 고객의 지급과의 관계에 따라 그 계약을 계약자산이나 계약부채로 재무상태표에 표시한다.
③ 계약자산과 수취채권은 일치한다.
④ 기업이 고객에게 재화를 이전하기 전에 고객이 대가를 지불하지 않았지만 지불 받을 무조건적인 권리가 있다면 기업은 지급받기로 한 때 그 계약을 계약부채로 인식한다.

정답 ③

⟨만약 기수령했다면⟩
(차) 현금   XXX   (대) 선수금(계약부채)   XXX

현금을 선수령하는 경우뿐만 아니라 청구로 인해 채권을 인식한 경우도 계약부채 인식

⟨만약 기청구했다면⟩
(차) 매출채권   XXX   (대) 선수금(계약부채)   XXX

오쌤 Talk

계약부채와 수취채권

① 계약이 취소할 수 있는 계약이라면 대가를 수령했을 때 계약부채를 인식한다.
② 계약이 취소할 수 없는 계약이라면 대가를 받을 무조건적인 권리를 갖고 있는 경우에도 계약부채를 인식한다.

기본예제 5 계약부채와 수취채권

(1) 12월 말 결산법인인 ㈜한국은 20X1년 1월 1일에 ㈜민국에게 3월 31일까지 제품을 이전하는 계약을 체결하였다.
(2) ㈜민국은 계약에 따라 20X1년 1월 31일 대가 ₩1,000을 미리 지급하여야 한다. 그런데 ㈜민국은 20X1년 3월1일에 대가를 지급하였다. ㈜한국은 20X1년 3월 31일에 제품을 이전하는 의무를 이행하였다.

01 ㈜한국은 ㈜민국과 체결한 계약이 취소할 수 있는 계약이라고 한다면 각 일자에 해야 할 회계처리를 하시오.

02 ㈜한국이 ㈜민국과 체결한 계약이 취소할 수 없는 계약이라고 한다면 각 일자에 해야 할 회계처리를 하시오.

확인문제

09. ㈜한국은 20X1년 11월 1일 고객에게 상품을 20X2년 3월 1일에 인도하는 취소가 불가능한 확정계약을 체결하였다. 계약에 따르면 고객은 20X1년 12월 31일 대가 ₩2,000을 미리 지급하여야 하지만, 당일 ₩500을 지급하였다. ㈜한국의 20X1년 말 재무상태표에 인식될 계약부채는 얼마인가?

기출처 2020. 보험계리사

① ₩500   ② ₩1,500
③ ₩2,000   ④ ₩2,500

정답 ③

풀이

01 취소할 수 있는 계약인 경우

구분	회계처리				
20X1년 1월 1일	분개없음				
20X1년 1월 31일	분개없음				
20X1년 3월 1일	(차) 현금	₩1,000	(대) 계약부채	₩1,000
20X1년 3월 31일	(차) 계약부채	₩1,000	(대) 수익	₩1,000

02 취소할 수 없는 계약인 경우

구분	회계처리				
20X1년 1월 1일	분개없음				
20X1년 1월 31일	(차) 수취채권	₩1,000	(대) 계약부채	₩1,000
20X1년 3월 1일	(차) 현금	₩1,000	(대) 수취채권	₩1,000
20X1년 3월 31일	(차) 계약부채	₩1,000	(대) 수익	₩1,000

4 형태별 수익인식

❶ 위탁판매

1-1 위탁판매 구분
위탁판매는 상품의 판매를 다른 기업에게 위탁하고 그 대가로 수수료를 지급하는 형태의 판매이다. 이때 상품의 판매를 위탁한 기업을 위탁자, 상품의 판매를 위탁받은 기업을 수탁자라고 한다.

고객에게 재화나 용역을 제공하면서 다른 당사자가 관여하는 경우, 기업은 약속의 성격이 정해진 **재화나 용역 자체를 제공하는 본인으로서의 수행의무인지** 아니면 **다른 당사자가 재화나 용역을 제공하도록 주선하는 대리인으로서의 수행의무인지**를 판단한다.

> ① 다른 당사자가 제품을 통제하는 경우
>   : 제품의 통제가 다른 당사자에게 이전되었으므로 수익을 인식
> ② 다른 당사자가 제품을 통제하지 못한 경우(위탁판매)
>   : 제품의 통제가 다른 당사자에게 이전되지 않았으므로 다른 당사자가 제3자에게 제품에 대한 통제를 이전할 때 수익을 인식

1-2 위탁판매 회계처리
위탁판매의 경우 상품의 실질 소유권은 위탁자가 보유하고 있으며, 수탁자는 재화에 대한 유의적인 부담을 하지 않고 단순 판매를 하는 것이다. 위탁자는 상품을 수탁자에게 발송하고 적송품계정으로 대체하여 관리한다. 위탁자가 수탁자에게 적송품을 발송하는 경우에는 운임이 발생하는데, 이를 적송운임이라고 한다. **적송운임은 적송품을 판매가능한 상태로 만들기 위해 발생한 지출이므로 적송품의 원가로 처리한다.**

이후 **수탁자가 상품을 판매한 경우 위탁자는 이와 관련된 수익을 인식하며 관련 원가인 매출원가와 수수료를 인식한다.** 또한 **수탁자도 판매와 관련된 수수료를 수익으로 인식한다.**

[위탁판매]

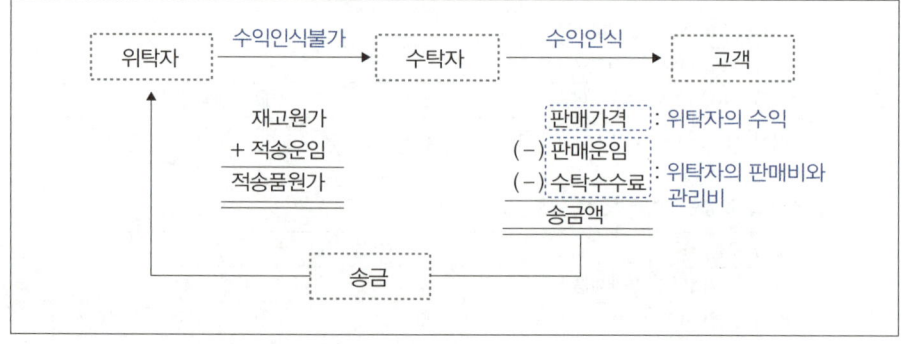

 기출 OX

35. 위탁판매의 경우, 위탁자는 수탁자가 제3자에게 재화를 판매한 시점에 수익을 인식한다. 기출처 2017. 국가직 9급 수정
정답 O

 오쌤 Talk

위탁판매의 매출인식
위탁자가 수탁자로부터 지급수수료를 차감하고 현금을 수령하더라도 지급수수료를 차감하기 전 총액을 수익으로 인식하고, 지급수수료는 따로 비용으로 인식한다.

기본예제 6 위탁판매

㈜한국은 ㈜민국과 위탁판매계약을 체결하고 20X1년 초에 ₩10,000의 상품 10개를 송부하면서 적송운임 ₩10,000을 지급하였다. 20X1년에 위탁상품 5개를 ₩15,000에 판매하였다. 판매수수료는 개당 ₩1,000인 경우 다음 물음에 답하시오.

01 위 상황에 대해 ㈜한국이 해야 할 회계처리를 하시오.

02 ㈜한국의 매출총이익은 얼마인가?

03 위 상황에 대해 ㈜민국이 해야 할 회계처리를 하시오.

확인문제

10. 다음은 ㈜한국의 거래내역이다. 20X2년 포괄손익계산서에 매출로 계상될 금액은 얼마인가?

> (1) 20X1년 12월 10일에 ㈜민국에 제품을 판매하여 인도하고 인도시점에 현금 ₩200,000을 수령하고, 나머지 잔금 ₩100,000은 20X2년 1월 10일에 수령하였다.
> (2) 20X2년 1월 20일 ㈜민국에게 제품 200개를 위탁판매하였다. ㈜민국은 20X2년 말까지 수탁품 120개를 개당 ₩1,000에 판매하고 개당 수수료 ₩100을 차감한 금액을 ㈜한국에게 지급하였다. 나머지 80개는 미판매된 상태이다.

정답 ₩120,000

오쌤 Talk

위탁판매 계산 시 주의사항
① 적송운임: 재고자산 가액에 가산 → 매출원가 계산과 기말재고자산에 포함될 재고 계산 시 인식
② 매출: 판매자의 수수료도 합산한 총 매출액을 인식
  (매출할인, 에누리, 환입은 차감, 위탁판매수수료만 가산하여 인식)

풀이

01 위탁자

상품발송 시	(차) 적송품	₩110,000	(대) 상품	₩100,000
			현금	₩10,000
상품판매 및 대금수령 시	(차) 현금	₩70,000	(대) 매출	₩75,000
	수수료	₩5,000		
	(차) 매출원가	₩55,000*	(대) 적송품	₩55,000

*₩110,000 × 5개/10개 = ₩55,000

02 매출총이익

₩75,000 − ₩55,000 = ₩20,000
(수수료 ₩5,000은 당기 판매비와관리비로 처리한다.)

03 수탁자

상품수령 시	− 분개없음 −			
상품판매 및 대금수령 시	(차) 현금	₩5,000	(대) 수탁판매수익	₩5,000

❷ 시용판매

시용판매는 고객이 상품을 일정기간 사용한 이후 구입여부를 결정하는 형식의 판매이다. 시용판매의 경우 고객이 매입의사표시를 해야 상품에 대한 통제가 이전되며, 수행의무가 이행된다. 따라서 구입의사를 나타내기 전까지는 수익을 인식할 수 없으며, **고객이 판매자에게 구입의사를 전달하였을 시 수익으로 인식한다.** 그러므로 기말에 **고객의 매입의사 표시가 없는 부분은 기업이 직접 창고에 보관하고 있지 않더라도 해당 기업의 재고자산으로 인식한다.**

❸ 반품권이 있는 판매

일부계약에서는 기업이 고객에게 제품에 대한 통제를 이전하고, 다양한 이유로 반품할 권리를 부여한다. **반품기간에 언제라도 반품을 받기로 하는 기업의 약속은 환불할 의무에 더하여 별도의 수행의무로 회계처리하지 않는다.** 반품권이 있는 판매는 반품가능성을 예측할 수 있는 경우와 없는 경우로 구분하여 다음과 같이 회계처리한다.

3-1 반품가능성을 예측할 수 있는 경우

반품가능성을 예측할 수 있는 경우 **반품이 예상되지 않는 부분에 대하여는 고객에게 수행의무를 이행한 것으로 볼 수 있으므로, 반품이 예상되지 않는 부분은 수익과 비용으로 인식한다.** 그러나 **반품이 예상되는 제품에 대해서는** 고객에게 수행의무를 이행한 것으로 볼 수 없으므로, 고객에게 제품을 이전할 때 **수익으로 인식하지 않고 환불부채로 인식한다.** 수익을 인식하지 않았으므로 관련 **매출원가도 인식하지 않고**, 제품을 회수할 권리에 대해 별도의 자산인 반환제품회수권으로 인식한다.

이때, 매 보고기간 말마다 반품 예상량의 변동에 따라 환불부채의 측정치를 새로 추정하며, 이에 따른 조정액은 수익인식에서 가감한다.

또한 환불부채를 결제할 때 고객에게서 제품을 회수할 기업의 권리인 반환제품회수권은 반환되는 제품의 장부금액에서 제품 회수에 예상되는 원가와 반품된 제품이 기업에 주는 가치의 잠재적 감소를 차감하여 측정한다. 보고기간 말마다 반품될 제품에 대한 예상의 변동을 반영하여 자산의 측정치를 새로 수정한다. 반환제품 회수권은 환불부채에서 차감하지 않으므로, 환불부채와는 구분하여 표시한다.

> 반환제품회수권
> = 반품예상제품의 장부가액 − 제품회수 시 예상 수수료 − 제품의 예상 손상차손

3-2 반품가능성을 예측할 수 없는 경우

반품가능성을 예측할 수 없는 경우 불확실성으로 인해 고객에게 제품에 대한 통제를 이전하는 경우에도 수익을 인식할 수 없다. 이 경우 **수익은 반품권이 소멸되는 시점에 인식한다.**

오쌤 Talk

반품가능 판매 시 재고자산 인식

기준이 개정되기 전에는 반품권이 있는 판매의 경우 반품가능성을 예측할 수 없거나 예측할 수 있는 경우에 반품이 예상되는 부분은 수익을 인식할 수 없기 때문에 다시 판매자의 재고자산으로 인식하였다.
개정으로 반품가능성을 예측할 수 없거나 예측할 수 있는 경우에 반품이 예상되는 부분은 재고자산으로 인식하지 않고 반환제품회수권(자산)으로 인식한다. 그러므로 반품권이 부여된 판매에서 재고자산을 다시 인식하는 경우는 없다.

✏️ **기출 OX**

36. 제한적인 반품권이 부여된 판매의 경우, 반품가능성을 예측하기 어렵다면, 구매자가 공식적으로 재화의 선적을 수락한 시점이나 재화를 인도받은 후 반품 기간이 종료된 시점에 수익을 인식한다.

기출처 2017 국가직 9급 수정

정답 O

[반품권이 있는 판매]

구분		회계처리	
반품가능성 예측 가능	판매예상분	판매가	매출인식
		원가	매출원가 인식
	반품예상분	판매가	환불부채 인식
		원가	반환제품회수권으로 인식
반품가능성 예측 불가		판매가	환불부채 인식
		원가	반환제품회수권으로 인식

기본예제 7 반품권이 있는 판매

12월 말이 결산법인인 ㈜한국은 20X1년 10월 1일 신상품을 출시하면서 2개월 이내에 반품가능성 조건으로 상품을 현금으로 판매하였다. 12월 31일 현재 반품기간이 미경과된 금액은 판매가 기준으로 ₩1,000,000이다. 제품의 원가율은 80%이다. 다음 물음에 답하시오.

01 반품가능성을 예측할 수 있는 경우, 반품률이 10%라고 할 때 20X1년도 매출로 인식할 금액은 얼마인가?

02 01의 물음에서 20X2년에 20X1년의 예상과 동일하게 10% 반품이 이루어진 경우 관련된 모든 회계처리를 하시오. (단, 매출원가의 인식은 계속기록법을 사용하고 있음)

03 반품률을 신뢰성 있게 측정할 수 없는 경우 신상품과 관련하여 20X1년에 매출로 인식할 금액은 얼마인가?

오쌤 Talk

반품권이 있는 판매
① 반품률을 측정할 수 있을 경우: 반품률을 제외한 나머지만 수익(매출)으로 인식
② 반품률 추정이 불가능한 경우: 수익을 인식할 수 없음

[풀이]

01 매출액 = 반품기간 미경과분 ₩1,000,000 × (1 − 10%) = ₩900,000

02 관련 회계처리

20X1년 판매	(차) 현금	₩1,000,000	(대) 매출	₩1,000,000
	매출원가	₩800,000	재고자산	₩800,000
20X1년 12월 31일	(차) 매출	₩100,000*	(대) 환불부채	₩100,000
	반환제품회수권	₩80,000	매출원가	₩80,000
20X2년 반품	(차) 환불부채	₩100,000	(대) 현금	₩100,000
	재고자산	₩80,000	반환제품회수권	₩80,000

*₩1,000,000 × 10%(반품률) = ₩100,000

03 매출액 = ₩0
(반품가능성을 예측할 수 없으므로 수익을 인식하지 않는다.)

④ 상품권

상품권은 권면에 적혀 있는 금액에 해당하는 상품이나, 권면에 적혀 있는 물품으로 교환할 수 있는 유가증권이다. 상품권을 발행한 기업이 수행할 의무는 상품권을 구매한 고객에게 상품에 대한 통제를 이전하는 것이다. 따라서 상품에 대한 통제를 이전하는 시점에 수익을 인식해야 한다.

4-1 고객이 행사한 권리

기업은 고객에게 상품권을 발행한 때에 현금수령액을 계약부채(선수금)로 인식하고, 향후 재화나 용역을 고객에게 이전하고 상품권을 회수하는 시점에 수익을 인식한다. 만일 상품권을 할인 발행하는 경우에는 상품권의 액면금액과 수령한 현금의 차액을 상품권할인액의 과목으로 인식하고, 계약부채의 차감계정으로 재무상태표에 공시한다.

[발행 시 재무상태표에 표시]

재무상태표		
	선수금	XX
	상품권할인액	(XX) XX

기업은 상품을 고객에게 인도하는 시점에 상품권의 액면금액은 수익으로 인식하고 상품권할인액은 매출에누리로 처리하여 수익에서 차감한다.

[회계처리]

〈상품권 발행 시〉
(차) 현금　　　　　　XXX　　(대) 선수금　　　　　　XXX
　　 상품권할인액　　XXX

〈재화 인도 시〉
(차) 선수금　　　　　XXX　　(대) 매출　　　　　　　XXX
(차) 매출에누리　　　XXX　　(대) 상품권할인액　　　XXX

4-2 고객이 행사하지 않은 권리

고객은 상품권을 사용하지 않고 상품권에 명시된 유효기간 등이 경과하거나, 상법상 소멸시효의 기간까지 행사하지 않게 되는 경우 등 계약상의 권리를 모두 행사하지 않을 수 있다. 기업은 계약부채(선수금) 중 **미행사될 것으로 예상되는 금액을 수익으로 인식**한다.

[상품권 인식]

구분	회계처리	참고
상품권 발행 시	수익으로 인식하지 않음	수행의무를 이행하지 않음
재무제표 표시	상품권의 액면금액을 계약부채(선수금)로 인식	액면금액과 발생금액의 차액(상품권할인액)은 계약부채에서 차감하는 형식으로 표시
수익인식시점	고객이 상품권을 사용하여 수행의무를 이행할 때	사용한 상품권에 대해 받은 총 현금을 수익으로 인식

📌 **확인문제**

11. ㈜한국은 20X1년 10월 1일 액면금액 ₩100,000인 상품권 10매를 한 매당 ₩90,000에 발행하였다. 상품권은 액면금액 80% 이상을 사용하면 잔액을 현금으로 돌려받을 수 있다. 20X1년 12월까지 회수된 상품권은 3매이며, 현금으로 돌려준 잔액은 ₩20,000이다. 20X1년 ㈜한국이 상품권과 관련하여 수익으로 인식할 금액은 얼마인가?

정답 ₩250,000

기본예제 8 상품권

㈜한국은 20X1년 초에 액면금액 ₩10,000의 상품권 10매를 10% 할인하여 고객에게 발행하였다. 20X1년 12월 1일에 고객이 상품권 8매를 제시하고 ₩75,000의 상품을 구매하였다. 차액은 현금으로 환불하였다.

01 이와 관련하여 20X1년 ㈜한국이 포괄손익계산서에 매출로 인식할 금액(순매출액)과 20X1년 말 재무상태표에 부채로 인식할 금액은 각각 얼마인가?

02 잔여 상품권의 유효기간 경과시점인 20X2년에 ㈜한국이 인식할 수익은 얼마인가? (단, 고객에게 유효기간 종료일에 액면금액의 40%를 모두 환급해주었다.)

오쌤 Talk

상품권 판매

①매출액 인식: 상품권을 통해 구입한 제품의 공정가치가 순 매출액이다. 다만, 상품권 할인액이 있는 경우 사용된 상품권의 할인액을 매출에누리로 계산하여 차감한 순액을 순매출액으로 인식한다.
이를 상품권으로 계산하면 '매출액= 사용된 상품권 – 매출에누리(사용분) – 현금지급액'으로 계산된다.
②부채의 인식: 발행된 상품권 금액이 바로 부채이다. 다만, 상품권할인액이 있는 경우 이를 제외한 순액을 부채로 인식한다.

풀이

01 고객이 행사한 권리

매출 = 8매 × (₩10,000 − ₩10,000 × 10%) − ₩5,000 = ₩67,000
부채(계약부채) = 2매 × ₩10,000 × (1 − 10%) = ₩18,000

02 고객이 행사하지 않은 권리

20X2년 수익으로 인식할 금액 = 2매 × ₩10,000 × 90% − 2매 × ₩10,000 × 40%
 = ₩10,000

[참고] 회계처리

일자		차변		대변	
20X1. 1. 1.	(차)	현금	₩90,000	(대) 계약부채(선수금)	₩100,000
		상품권할인액	₩10,000		
20X1. 12. 1.	(차)	계약부채(선수금)	₩80,000	(대) 매출	₩75,000
				현금	₩5,000
	(차)	매출에누리	₩8,000	(대) 상품권할인액	₩8,000
20X2. 유효기간 경과 시	(차)	계약부채(선수금)	₩20,000	(대) 현금	₩8,000
				상품권할인액	₩2,000
				상품권경과이익	₩10,000

❺ 보증의 제공: 제품보증조건부 판매

기업은 재화와 용역의 판매와 관련하여 계약, 법률, 기업의 사업 관행에 따라 보증을 제공하는 것이 일반적이다. 재화와 용역을 판매하면서 보증을 제공한 경우 고객이 보증을 별도로 구매할 수 있는 선택권이 있는지에 따라 인식의 방법이 달라진다.

보증의 구분		회계처리
별도로 구매할 수 있는 선택권이 없는 경우	확신유형의 보증	충당부채로 회계처리
	용역유형의 보증	별도의 수행의무에 해당하므로 거래가격의 배분
별도로 구매할 수 있는 선택권이 있는 경우		

5-1 보증에 대한 별도구매선택권이 있는 경우

보증에 대하여 가격이 별도로 정해져 있고 협상이 가능한 경우에는 고객에게 보증을 별도로 구매할 수 있는 선택권이 있는 것이다. 이 경우 보증은 구별되는 용역으로 수행의무이다. 따라서 약속한 보증을 별도의 수행의무로 회계처리하고, 보증제공의무에 총거래가격의 일부를 배분한다.

5-2 보증에 대한 별도구매선택권이 없는 경우

고객에게 보증을 별도로 구매할 수 있는 선택권이 없는 경우에는 보증의 유형에 따라 회계처리가 달라진다. 보증의 특성은 산업과 계약에 따라 상당히 다를 수 있지만, 다음 두 가지 유형으로 구분된다.

① 확신유형의 보증: 고객에게 관련 제품이 합의된 규격에 부합하므로 당사자들이 의도한 대로 작동할 것이라는 확신을 주는 유형의 보증
② 용역유형의 보증: 고객에게 제품이 합의된 규격에 부합한다는 확신에 더하여 별도의 용역을 제공하는 유형의 보증

5-2-1 확신유형의 보증

기업은 제품의 판매와 관련하여 일반적인 보증을 제공한다. 정상적으로 작동하지 않고 하자가 있는 제품이라면 수리나 교체, 환불을 해 주는 것은 제품 판매와 관련하여 당연히 수반되는 의무이다. 이처럼 제품이 합의된 규격에 부합한다는 확신에 따른 보증을 '확신유형의 보증'이라고 하고, 확신유형의 보증은 별도의 수행의무로 보지 않고 예상원가를 충당부채로 회계처리한다.

5-2-2 용역유형의 보증

제품이 합의된 규격에 부합한다는 확신에 더하여 고객에게 추가적인 보증을 제공한다면, 해당 보증은 별도의 수행의무이므로 거래가격을 제품판매거래와 용역제공거래에 배분한다.

📝 **기출 OX**

37. 제품이 합의된 규격에 부합한다는 확신에 따른 보증인 '확신유형의 보증'은 별도의 수행의무로 보지 않고 예상원가를 충당부채로 회계처리 한다.

기출처 2017 국가직 9급 수정

정답 O

오쌤 Talk

확신유형의 보증
일반적인 보증의 범주 내에 있을 때를 의미하며, P. 610 '3-1 제품보증충당부채'가 바로 확신유형의 보증을 인식하는 방법이다.

⑥ 미인도청구판매

미인도청구약정은 기업이 고객에게 제품의 대가를 청구하지만 미래 한 시점에 고객에게 이전할 때까지 기업이 제품을 물리적으로 점유하는 계약이다. 그러나 이러한 계약에서는 기업이 제품을 물리적으로 점유하고 있더라도 고객이 제품을 통제할 수 있다. 그러므로 **고객이 제품을 통제하는 경우에는 기업은 수행의무를 이행한 것으로 보고 수익을 인식한다.** 이때 기업은 제품을 통제하지 않는 대신에 고객자산을 보관하는 용역을 고객에게 제공한다.

오쌤 Talk

미인도청구판매

수익인식기준에 따르면 일반적으로 재화의 판매는 인도시점에 수익을 인식한다. 그러나 '미인도'를 고객이 청구한 경우는 미인도 상태라도 수익을 인식할 수 있다는 규정이다.

⑦ 검사조건부판매

고객이 자산을 인수하는 것은 고객이 자산을 통제하게 됨을 나타내는 것이다. 그런데 **고객의 인수 조항에 재화나 용역이 합의한 규격에 부합하지 않는 경우에 고객의 계약 취소를 허용하거나 기업의 개선 조치를 요구하는 경우**가 있다. 이러한 경우를 **검사조건부판매**라고 한다.

검사조건부 판매는 다음 두 가지로 구분하여 회계처리한다.

> ① 재화나 용역이 합의된 규격에 부합하는지 객관적으로 판단할 수 있는 경우
>   : 고객의 인수는 형식적인 것이므로 고객의 인수여부와 관계없이 수익을 인식
> ② 재화나 용역이 합의된 규격에 부합하는지 객관적으로 판단할 수 없는 경우
>   : 고객이 인수하는 시점에 수익을 인식

시험·평가 목적으로 제품을 고객에게 인도하고 **고객이 시험기간이 경과할 때까지 어떠한 대가도 지급하지 않기로 확약한 경우에 고객이 제품을 인수할 때나 시험기간이 경과할 때까지 제품에 대한 통제는 고객에게 이전되지 않은 것으로 수익을 인식할 수 없다.**

오쌤 Talk

검사조건부판매

①검사가 단순하여 객관적으로 판단할 수 있을 때: (불확실성이 제거) 바로 수익인식
②검사를 통해 인수여부 결정: (불확실성이 남아 있으므로) 수익인식할 수 없고, 인수시점에 수익인식

⑧ 기타의 수익인식

8-1 인도결제판매

인도결제판매는 인도가 완료되고 판매자나 판매자의 대리인이 현금을 수취할 때 수익을 인식한다.

8-2 환불되지 않은 선수수수료: 회원가입수수료

어떤 계약에서는 기업이 환불되지 않는 선수수수료(ex. 헬스클럽 회원계약 가입수수료, 통신계약의 가입수수료 등)를 계약 개시 시점이나 그와 가까운 시기에 고객에게 부과한다. 이러한 계약에서 수행의무를 식별하기 위해 수수료가 약속한 재화나 용역의 이전에 관련되는지를 판단한다.

많은 경우에 환불되지 않은 선수수수료가 계약 개시 시점이나 그와 가까운 시기에 기업이 계약을 이행하기 위하여 착수해야 하는 활동에 관련되더라도, 그 활동으로 고객에게 약속한 재화나 용역이 이전되지는 않는다. 이러한 경우 선수수수료는 미래 재화나 용역에 대한 선수금(ex. 계약의 착수금)이므로, 그 미래 재화나 용역을 제공할 때 수익으로 인식한다.

OX 퀴즈

다음 문장의 경우 올바른 설명에는 ○, 틀린 설명에는 ×를 하고 틀린 설명은 수정하시오.

1. 수익인식의 5단계는 계약의 식별, 수행의무의 식별, 거래가격의 산정, 거래가격의 배분과 수익의 인식이다. ( )

2. 고객에게 약속한 재화나 용역, 즉 자산을 이전하여 수행의무를 이행할 때 또는 기간에 걸쳐 이행하는 대로 수익을 인식한다. 자산은 고객이 그 자산을 통제할 때 또는 기간에 걸쳐 통제하게 되는 대로 이전한다. ( )

3. 고객과의 계약이 식별가능성 기준을 충족하지는 못하지만, 고객에게 대가를 미리 받은 경우에는 수익을 인식할 수 있다. ( )

4. 최초 계약 시 식별이 불가능하여 부채로 인식했지만 추후 식별 가능해진 경우에도 장부상에 부채를 제거하지 않는다. ( )

5. 고객과의 계약에서 식별되는 의무는 계약에 기재한 재화나 용역에만 한정된다. ( )

6. 고객에게 재화나 용역을 이전하는 활동은 아니지만 계약을 이행하기 위해 준비해야 하는 계약준비활동도 수행의무에 포함한다. ( )

7. 수익을 인식하기 위해 거래가격을 산정할 때 제3자를 대신해서 회수한 금액은 거래가격에 포함된다. ( )

8. 거래가격을 산정할 때 계약에서 가능한 결과치가 두 개뿐일 경우 변동대가의 적절한 추정치를 기댓값으로 사용한다. ( )

9. 거래가격이 후속적으로 변동할 때 계약 개시시점과 같은 기준으로 계약상 수행의무에 배분한다. ( )

10. 변동대가의 추정치가 너무 불확실하고, 금액을 충실하게 표현할 수 없을 경우에는 변동대가의 추정치를 거래가격에 포함하지 않는다. ( )

11. 고객에게서 대가의 일부나 전부를 환불할 것으로 예상되는 경우에는 거래가격에서 차감하지 않고 환불부채를 인식한다. ( )

12. 계약의 유의적인 금융요소가 포함되어 있는 경우, 계약 개시 이후에 이자율이나 그 밖의 상황이 달라지면 할인율을 수정한다. ( )

13. 계약을 개시할 때 기업이 고객에게 약속한 재화나 용역을 이전하는 시점과 고객이 그에 대한 대가를 지급하는 시점 간에 기간이 1년 이내일 것이라고 예상한다면 유의적인 금융요소의 영향을 반영하여 약속한 대가를 조정하지 않는 실무적인 간편법이 허용된다. ( )

14. 고객이 현금 외의 형태로 대가를 약속한 계약의 경우에는 거래가격을 산정하기 위하여 제공받은 비현금대가를 장부금액으로 측정한다. ( )

OX 풀이

1 ○

2 ○

3 × 고객과의 계약이 식별가능성 기준을 충족하지는 못하지만, 고객에게 대가를 미리 받은 경우에는 수익을 인식하지 않고 미리 받은 대가를 부채로 인식한다.

4 × 최초 계약 시 식별이 불가능하여 부채로 인식했지만 추후 식별 가능해진 경우에는 장부상의 부채를 수익으로 대체한다.

5 × 고객과의 계약에서 식별되는 의무는 계약에 기재한 재화나 용역에만 한정되지 않을 수 있다. 계약에 기재된 내용뿐만 아니라 정당한 기대를 포함한 의제의무도 수행의무에 포함한다.

6 × 계약을 준비하기 위한 관리업무는 수행의무에 포함하지 않는다.

7 × 제3자를 대신해서 회수한 금액은 거래가격에 포함되지 않는다.

8 × 계약에서 가능한 결과치가 두 가지뿐일 경우에는 가능성이 가장 높은 금액이 변동대가의 적절한 추정치가 될 수 있다.

9 ○

10 ○

11 × 고객에게서 대가의 일부나 전부를 환불할 것으로 예상되는 경우에는 환불부채를 인식한다. 환불부채는 기업이 받았거나 받을 대가 중에서 권리를 갖게 될 것으로 예상하지 않은 금액으로 거래가격에서 차감한다.

12 × 계약의 유의적인 금융요소가 포함되어 있는 경우, 계약 개시 이후에 이자율이나 그 밖의 상황이 달라지더라도 할인율을 새로 수정하지 않는다.

13 ○

14 × 고객이 현금 외의 형태로 대가를 약속한 계약의 경우에는 거래가격을 산정하기 위하여 제공받은 비현금대가를 공정가치로 측정한다.

OX 퀴즈

다음 문장의 경우 올바른 설명에는 ○, 틀린 설명에는 ×를 하고 틀린 설명은 수정하시오.

⑮ 상업적 실질이 없는 성격과 가치가 유사한 재화나 용역의 교환이나 스왑거래의 경우에도 현금의 유출입이 있다면 수익이 발생하는 계약으로 본다. (　　)

⑯ 고객에게 지급할 대가가 고객에서 제공받을 재화나 용역에 대한 대가인 경우에는 거래 가격인 수익에서 차감하여 회계처리한다. (　　)

⑰ 계약에서 식별될 각 수행의무에 거래가격을 배분하는 경우 상대적 개별 판매가격을 기준으로 배분하는 것이 원칙이다. (　　)

⑱ 수익을 인식할 때 각 수행의무에는 하나의 진행률 측정방법을 적용하며 비슷한 상황에서의 비슷한 수행의무는 방법을 일관되게 적용한다. (　　)

⑲ 수행의무의 진행률을 산정할 때 진행률은 보고기간 말마다 다시 측정하며, 진행률의 변동은 회계정책의 변경으로 회계처리 한다. (　　)

⑳ 기업의 수행정도와 고객의 지급과의 관계에 따라 계약을 계약자산이나 계약부채로 재무상태표에 표시할 때 계약자산은 수취채권을 포함하여 표시한다. (　　)

㉑ 기업이 고객에게 재화나 용역을 이전하기 전에 고객이 대가를 지급하거나 기업이 대가를 받을 무조건적인 권리를 갖고 있는 경우 기업은 지급을 받은 때나 지급을 받기로 한 때에 그 계약을 계약자산으로 표시한다.
(　　)

㉒ 위탁판매에서 위탁자가 수탁자에게 보내는 과정에서 발생하는 적송운임은 당기비용으로 처리한다. (　　)

㉓ 시용판매의 경우 고객에게 발송한 시점에 수익을 인식한다. (　　)

㉔ 반품권이 있는 판매의 경우 반품가능성을 예측할 수 있다면 반품이 예상되는 제품은 판매자의 재고자산에 포함한다. (　　)

㉕ 반품권이 있는 판매의 경우 반품 가능성을 예측할 수 없다 하더라도 제품의 통제를 이전한 경우에는 수익을 인식할 수 있다. (　　)

㉖ 상품권을 발행한 기업은 상품권의 발행시점에 수익을 인식한다. (　　)

㉗ 고객에게 제공하는 보증용역이 선택가능한 별도의 거래가 아니고 제품이 합의된 규격에 부합한다는 확신에 더하여 별도의 용역을 제공하는 경우 수행의무가 아니므로 충당부채로 인식한다. (　　)

㉘ 미인도청구약정으로 제품을 판매했을 경우, 기업이 제품을 물리적으로 점유하고 있기 때문에 수익을 인식할 수 없다. (　　)

㉙ 검사조건부 계약의 판매에서 재화나 용역이 합의한 규격에 따른 것인지를 객관적으로 판단할 수 있다면 고객이 인수를 수락한 시점에 수익을 인식한다. (　　)

OX 풀이

⑮ × 현금의 유·출입과 무관하게 수익이 발생하는 거래로 보지 않는다.

⑯ × 고객에게 지급할 대가가 고객에게서 제공받을 재화나 용역에 대한 대가가 아닌 경우에는 거래가격인 수익에서 차감하여 회계처리한다.

⑰ ○

⑱ ○

⑲ × 수행의무의 진행률을 산정할 때 진행률은 보고기간 말마다 다시 측정하며, 진행률의 변동은 회계추정의 변경으로 회계처리 한다.

⑳ × 계약자산과 수취채권은 구분하여 표시한다.

㉑ × 기업이 고객에게 재화나 용역을 이전하기 전에 고객이 대가를 지급하거나 기업이 대가를 받을 무조건적인 권리를 갖고 있는 경우 기업은 지급을 받은 때나 지급을 받기로 한 때에 그 계약을 계약부채로 표시한다.

㉒ × 적송운임은 적송품 원가의 일부로 인식한다.

㉓ × 시용판매는 고객이 매입의사표시를 한 시점에서 수익을 인식한다.

㉔ × 반품가능성이 완전히 소멸되기 전 까지는 재고자산이 아닌 별도의 자산인 반환제품회수권이라는 계정으로 인식한다.

㉕ × 반품권이 있는 판매의 경우 반품 가능성을 예측할 수 없다면 제품의 통제를 이전한 경우라 하더라도 수익을 인식할 수 없다.

㉖ × 상품권을 발행할 때에는 현금 수령액을 계약부채로 인식하고, 향후 지정된 재화나 용역을 고객에게 이전하고 상품권을 회수하는 시점에 수익을 인식한다.

㉗ × 고객에게 제품이 규격에 부합한다는 확신에 더하여 별도의 용역을 제공하는 유형의 보증은 용역유형의 보증으로 해당 보증은 별도의 수행의무이므로, 거래가격을 배분하여 인식한다.

㉘ × 기업이 제품을 물리적으로 점유하고 있다고 하더라도 고객이 제품을 통제할 수 있으므로, 기업은 수익을 인식한다.

㉙ × 검사조건부 계약의 판매에서 재화나 용역이 합의한 규격에 따른 것인지를 객관적으로 판단할 수 있다면 고객의 인수수락여부와 관계없이 재화나 용역이 이전되는 시점에 수익을 인식한다.

실전훈련

01 기업회계기준서 제1115호 '고객과의 계약에서 생기는 수익'에 대한 다음 설명 중 옳지 않은 것은?

기출처 2022. 회계사

① 일반적으로 고객과의 계약에는 기업이 고객에게 이전하기로 약속하는 재화나 용역을 분명히 기재한다. 그러나 고객과의 계약에서 식별되는 수행의무는 계약에 분명히 기재한 재화나 용역에만 한정되지 않을 수 있다.
② 계약을 이행하기 위해 해야 하지만 고객에게 재화나 용역을 이전하는 활동이 아니라면 그 활동은 수행의무에 포함되지 않는다.
③ 고객이 약속한 대가(판매대가) 중 상당한 금액이 변동될 수 있으며 그 대가의 금액과 시기가 고객이나 기업이 실질적으로 통제할 수 없는 미래 사건의 발생 여부에 따라 달라진다면 판매대가에 유의적인 금융요소는 없는 것으로 본다.
④ 적절한 진행률 측정방법에는 산출법과 투입법이 포함된다. 진행률 측정방법을 적용할 때, 고객에게 통제를 이전하지 않은 재화나 용역은 진행률 측정에서 제외하는 반면, 수행의무를 이행할 때 고객에게 통제를 이전하는 재화나 용역은 모두 진행률 측정에 포함한다.
⑤ 수익은 한 시점에 이행하는 수행의무 또는 기간에 걸쳐 이행하는 수행의무로 구분한다. 이러한 구분을 위해 먼저 통제 이전 지표에 의해 한 시점에 이행하는 수행의무인지를 판단하고, 이에 해당하지 않는다면 그 수행의무는 기간에 걸쳐 이행되는 것으로 본다.

 풀이

01 ⑤ 수행의무가 기간에 걸쳐 이행되지 않는다면, 그 수행의무는 한시점에 이행되는 것으로 본다. 이때, 수행의무가 한시점에 이행되었는지 판단하기 위해서 통제 이전 지표에 의해 판단해야 한다.

답 01 ⑤

02 기업회계기준서 제1115호 '고객과의 계약에서 생기는 수익'에 대한 다음 설명 중 옳지 않은 것은?

기출처 2021. 회계사

① 유형자산의 처분은 계약상대방이 기업회계기준서 제1115호에서 정의하고 있는 고객에 해당되지 않기 때문에 유형자산 처분손익에 포함되는 대가(금액)를 산정함에 있어 처분유형에 관계없이 동 기준서의 거래가격 산정에 관한 요구사항을 적용할 수 없다.
② 기업이 수행하여 만든 자산이 기업 자체에는 대체 용도가 없고, 지금까지 수행을 완료한 부분에 대해 집행가능한 지급청구권이 기업에 있다면, 기업은 재화나 용역에 대해 통제를 기간에 걸쳐 이전하므로, 기간에 걸쳐 수행의무를 이행하는 것이고 기간에 걸쳐 수익을 인식한다.
③ 고객이 약속한 대가 중 상당한 금액이 변동될 수 있으며 그 대가의 금액과 시기는 고객이나 기업이 실질적으로 통제할 수 없는 미래 사건의 발생 여부에 따라 달라진다면, 그 계약에는 유의적인 금융요소가 없을 것이다.
④ 고객이 현금 외의 형태로 대가를 약속한 계약의 경우에 거래 가격을 산정하기 위하여 비현금대가(또는 비현금대가의 약속)를 공정가치로 측정한다.
⑤ 고객에게 지급할 대가가 고객에게서 받은 구별되는 재화나 용역의 공정가치를 초과한다면, 그 초과액은 거래가격에서 차감하여 회계처리한다.

> **풀이**
>
> **02** ① 유형자산의 처분도 고객과의 거래에 해당한다. 그러므로 유형자산의 처분과 관련하여 '유형자산처분손익'이라는 수익을 인식할 수 있다. 다만, 교환거래의 경우 상업적 실질이 없다면 수익을 인식할 수 없다. 그 외의 처분거래는 수익을 인식할 수 있고, 기준서의 거래가격 산정에 관한 요구사항을 적용할 수 있다.
>
> 답 02 ①

03 기업회계기준서 제1115호 '고객과의 계약에서 생기는 수익'의 측정에 대한 다음 설명 중 옳은 것은?

기출처 2020. 회계사

① 거래가격의 후속변동은 계약 개시시점과 같은 기준으로 계약상 수행의무에 배분한다. 따라서 계약을 개시한 후의 개별 판매 가격 변동을 반영하기 위해 거래가격을 다시 배분해야 한다. 이행된 수행의무에 배분되는 금액은 거래가격이 변동되는 기간에 수익으로 인식하거나 수익에서 차감한다.
② 계약을 개시할 때 기업이 고객에게 약속한 재화나 용역을 이전하는 시점과 고객이 그에 대한 대가를 지급하는 시점 간의 기간이 1년 이내일 것이라고 예상한다면 유의적인 금융 요소의 영향을 반영하여 약속한 대가를 조정하지 않는 실무적 간편법을 쓸 수 있다.
③ 고객이 현금 외의 형태의 대가를 약속한 계약의 경우, 거래 가격은 그 대가와 교환하여 고객에게 약속한 재화나 용역의 개별판매가격으로 측정하는 것을 원칙으로 한다.
④ 변동대가는 가능한 대가의 범위 중 가능성이 가장 높은 금액으로 측정하며 기댓값 방식은 적용할 수 없다.
⑤ 기업이 고객에게 대가를 지급하는 경우, 고객에게 지급할 대가가 고객에게서 받은 구별되는 재화나 용역에 대한 지급이 아니라면 그 대가는 판매비로 회계처리한다.

04 기업회계기준서 제1115호 '고객과의 계약에서 생기는 수익'에 대한 다음 설명 중 옳은 것은?

기출처 2019. 회계사

① 일반적으로 고객과의 계약에는 기업이 고객에게 이전하기로 약속하는 재화나 용역을 분명히 기재한다. 따라서 고객과의 계약에서 식별되는 수행의무는 계약에 분명히 기재한 재화나 용역에만 한정한다.
② 고객에게 재화나 용역을 이전하는 활동은 아니지만 계약을 이행하기 위해 수행해야 한다면, 그 활동은 수행의무에 포함된다.
③ 수행의무를 이행할 때 (또는 이행하는 대로), 그 수행의무에 배분된 거래가격(변동대가 추정치 중 제약받는 금액을 포함)을 수익으로 인식한다.
④ 거래가격은 고객에게 약속한 재화나 용역을 이전하고 그 대가로 기업이 받을 권리를 갖게 될 것으로 예상하는 금액이며, 제3자를 대신해서 회수한 금액도 포함한다.
⑤ 거래가격의 후속 변동은 계약 개시시점과 같은 기준으로 계약상 수행의무에 배분한다. 따라서 계약을 개시한 후의 개별 판매가격 변동을 반영하기 위해 거래가격을 다시 배분하지는 않는다.

풀이

03 ① 거래가격의 후속변동은 계약 개시 시점과 같은 기준으로 계약상 수행의무에 배분한다. 따라서 계약을 개시한 후의 개별 판매가격의 변동을 반영하기 위해 거래가격을 다시 배분하지는 않는다. 이행된 수행의무에 배분되는 금액은 거래가격이 변동되는 기간에 수익으로 인식하거나 수익에서 차감한다.
③ 고객이 현금 외의 형태로 대가를 약속한 계약의 경우에 거래가격을 산정하기 위하여 비현금대가를 공정가치로 측정한다.
④ 특성이 비슷한 계약이 많은 경우 기댓값은 변동대가의 적절한 추정치일 수 있다. 그러나 계약에서 가능한 결과치가 두 개 뿐일 경우, 가능성이 가장 높은 금액이 변동대가의 적절한 추정치가 될 수 있다.
⑤ 기업이 고객에게 대가를 지급하는 경우, 고객에게 지급할 대가가 고객에게서 받은 구별되는 재화와 용역에 대한 지급이 아니라면, 거래가격인 수익에서 차감한다.

04 ① 고객과의 계약에서 식별되는 수행의무는 계약에 분명히 기재된 재화나 용역에만 한정되지 않는다. 의제의무도 고객에게 약속한 수행의무로 간주할 수 있다.
② 계약을 이행하기 위해 수행해야 하지만, 고객에게 재화나 용역을 이전하는 활동이 아니라면 그 활동은 수행의무에 포함하지 않는다.
③ 변동대가의 추정치의 제약을 받는 금액은 거래가격에 포함하지 않는다.
④ 거래가격을 산정할 때, 제3자를 대신해서 회수하는 금액은 포함하지 않는다.

답 03 ② 04 ⑤

05 ㈜한국은 대형 옥외전광판을 단위당 ₩30,000,000에 판매하고, 옥외전광판에 대한 연간 유지서비스를 단위당 ₩20,000,000에 제공하고 있다. 옥외전광판의 매출원가는 단위당 ₩20,000,000이며, 연간 유지서비스 원가는 단위당 ₩10,000,000이 발생한다. ㈜한국은 20X1년 7월 1일에 옥외전광판 1 단위와 이에 대한 1년간 유지 서비스를 묶어서 ₩40,000,000에 판매하고 설치완료하였다. 이와 관련한 설명으로 옳지 않은 것은? (단, 기간은 월할 계산한다)

기출처 2021. 국가직 7급

① 20×1년 7월 1일에 인식한 매출액은 ₩24,000,000이다.
② 20×1년의 매출액은 ₩32,000,000이다.
③ 20×1년의 매출총이익은 ₩7,000,000이다.
④ 20×2년의 매출총이익은 ₩6,000,000이다.

06 ㈜한국은 2013년 6월 1일에 원가 ₩300,000의 상품을 ₩500,000에 판매하였다. 판매대금은 2013년 6월 말부터 매월 말 ₩50,000씩 10회에 걸쳐 회수하기로 하였다. 당해 거래에서 할부매출의 명목 금액과 현재가치의 차이가 중요하지 않은 경우, 2013년의 매출총이익은? (단, 당해 거래 이외의 매출거래는 없다.)

기출처 2014. 국가직 7급

① ₩140,000   ② ₩200,000
③ ₩250,000   ④ ₩350,000

 풀이

05 (1) 재화(옥외전광판)과 용역(유지서비스)의 거래가격 배분

구분	개별판매가격	가격배분
재화	₩30,000,000	₩40,000,000 × 3/5 = ₩24,000,000
용역	₩20,000,000	₩40,000,000 × 2/5 = ₩16,000,000

(2) 수익인식

20X1년 7월	재화	수익 ₩24,000,000 비용 ₩20,000,000	20X1년 매출총이익 ₩7,000,000
20X1년 12월 31일	용역(진행기준 - 월할계산)	수익 ₩16,000,000 × 6/12 = ₩8,000,000 비용 ₩10,000,000 × 6/12 = ₩5,000,000	
20X2년 6월 30일	용역(진행기준 - 월할계산)	수익 ₩16,000,000 × 6/12 = ₩8,000,000 비용 ₩10,000,000 × 6/12 = ₩5,000,000	20X2년 매출총이익 ₩3,000,000

06 (1) 매출 = ₩500,000
(2) 매출원가 = ₩300,000
(3) 매출총이익 = ₩500,000 − ₩300,000 = ₩200,000

답 05 ④ 06 ②

07 ㈜한국은 20X1년 12월 초 위탁판매를 위해 ㈜민국에게 단위당 원가 ₩1,200인 상품 500개를 적송하면서 운임 ₩30,000을 현금 지급하였다. 20X2년 1월 초 위탁판매와 관련하여 ㈜한국은 ㈜민국에서 다음과 같은 판매현황을 보고받았다.

매출액	400개 × @₩1,500 =	₩600,000
판매수수료	₩18,000	
운임 및 보관료	₩12,000	(₩30,000)
㈜한국에게 송금한 금액		₩570,000

㈜한국이 위탁판매와 관련하여 20X1년 재무제표에 인식할 매출액과 적송품 금액은? (단, ㈜한국은 계속기록법을 채택하고 있다.)

기출처 2018. 국가직 7급

	매출액	적송품 금액
①	₩570,000	₩120,000
②	₩570,000	₩126,000
③	₩600,000	₩120,000
④	₩600,000	₩126,000

08 ㈜한국은 20X3년 2월 1일 액면금액 ₩50,000인 상품권 2,000매를 1매당 ₩48,000에 최초로 발행하였다. 고객은 상품권의 액면금액의 60% 이상을 사용하면 잔액을 현금으로 돌려받을 수 있으며, 상품권의 만기는 발행일로부터 3년이다. ㈜한국은 20X3년 12월 31일까지 회수된 상품권 400매에 대해 상품인도와 더불어 잔액 ₩1,200,000을 현금으로 지급하였다. ㈜한국이 상품권과 관련하여 20X3년도 포괄손익계산서에 인식하게 될 수익은 얼마인가?

기출처 2014. 세무사

① ₩9,600,000　　② ₩10,800,000
③ ₩18,000,000　　④ ₩18,800,000
⑤ ₩19,200,000

07 ⑴ 매출액은 ₩600,000을 전액 인식하고, 판매수수료와 운임 및 보관료 등은 판매비와관리비로 인식한다.
⑵ 적송품 = (₩1,200 × 500개 + ₩30,000) × 100개/500개 = ₩126,000

08

회수된 상품권 판매액 400매 × ₩48,000	₩19,200,000
현금 환불액	(₩1,200,000)
수익인식액	₩18,000,000

답　07 ④　08 ③

09 ㈜감평은 20X1년 1월 1일 제품을 판매하기로 ㈜한국과 계약을 체결하였다. 동 제품에 대한 통제는 20X2년 말에 ㈜한국으로 이전된다. 계약에 의하면 ㈜한국은 ㉠계약을 체결할 때 ₩100,000을 지급하거나 ㉡제품을 통제하는 20X2년 말에 ₩125,440을 지급하는 방법 중 하나를 선택할 수 있다. 이 중 ㈜한국은 ㉠을 선택함으로써 계약체결일에 현금 ₩100,000을 ㈜감평에게 지급하였다. ㈜감평은 자산 이전시점과 고객 지급시점 사이의 기간을 고려하여 유의적인 금융요소가 포함되어 있다고 판단하고 있으며, ㈜한국과 별도 금융거래를 한다면 사용하게 될 증분차입이자율 연 10%를 적절한 할인율로 판단한다. 동 거래와 관련하여 ㈜감평이 20X1년 말 재무상태표에 계상할 계약부채의 장부금액(A)과 20X2년도 포괄손익계산서에 인식할 매출수익(B)은?

기출처 2020. 감정평가사

	(A)	(B)
①	₩100,000	₩100,000
②	₩110,000	₩121,000
③	₩110,000	₩125,440
④	₩112,000	₩121,000
⑤	₩112,000	₩125,440

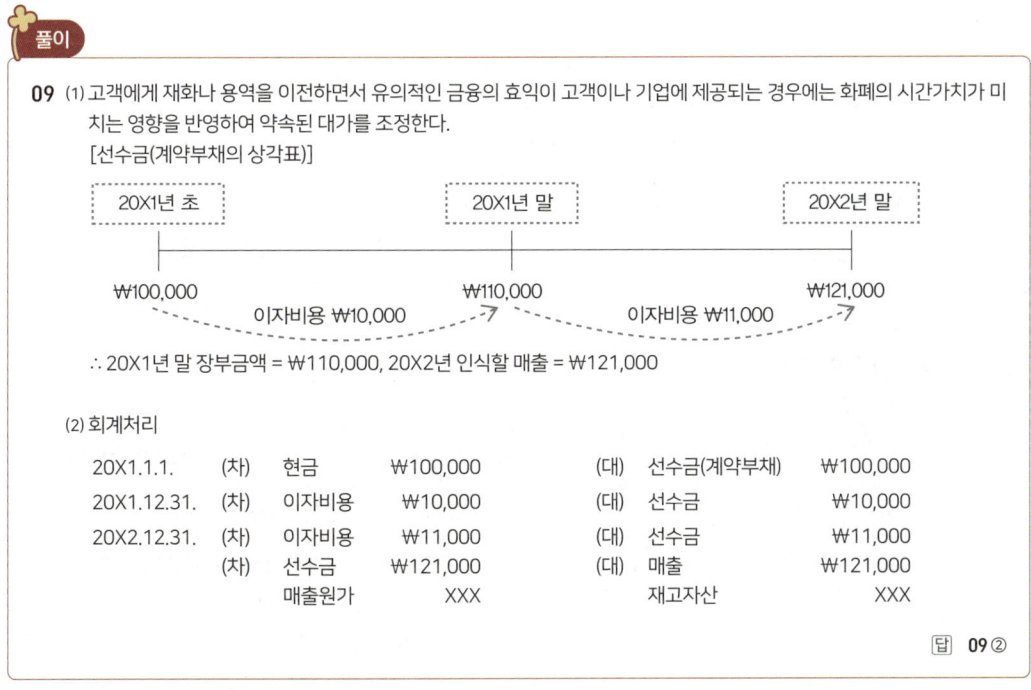

풀이

09 (1) 고객에게 재화나 용역을 이전하면서 유의적인 금융의 효익이 고객이나 기업에 제공되는 경우에는 화폐의 시간가치가 미치는 영향을 반영하여 약속된 대가를 조정한다.

[선수금(계약부채의 상각표)]

20X1년 초 ₩100,000 — 이자비용 ₩10,000 → 20X1년 말 ₩110,000 — 이자비용 ₩11,000 → 20X2년 말 ₩121,000

∴ 20X1년 말 장부금액 = ₩110,000, 20X2년 인식할 매출 = ₩121,000

(2) 회계처리

20X1.1.1.	(차) 현금 ₩100,000	(대) 선수금(계약부채) ₩100,000
20X1.12.31.	(차) 이자비용 ₩10,000	(대) 선수금 ₩10,000
20X2.12.31.	(차) 이자비용 ₩11,000	(대) 선수금 ₩11,000
	(차) 선수금 ₩121,000	(대) 매출 ₩121,000
	매출원가 XXX	재고자산 XXX

답 09 ②

16 건설계약

Teacher's Map

❶ 건설계약의 기초

💡 계약수익
건설업자와 발주자간의 건설계약금액에 근거하여 받았거나 받을 대가의 공정가치로 측정함

💡 계약원가

계약체결 증분원가	① 정의: 고객과의 계약을 체결하기 위해 발생한 원가로 계약을 체결하지 않았다면 발생하지 않았을 원가 ② 자산인식: 계약체결 증분원가가 회수될 것으로 예상된다면 이를 자산으로 인식함 ③ 간편법: 자산으로 인식하더라도 상각기간이 1년 이하라면 그 계약체결 증분원가는 발생시점에 비용으로 인식하는 실무적 간편법을 사용할 수 있음

계약이행원가	세 가지 요건을 모두 만족하는 경우 자산으로 인식
	① 직접관련원가
	  • 직접 노무원가와 직접 재료원가
	  • 계약이나 계약활동에 직접 관련되는 원가 배분 (ex. 계약의 관리 감독원가, 보험료, 계약의 이행에 사용되는 기기나 장비의 감가상각비)
	  • 계약에 따라 고객에게 명백하게 청구할 수 있는 원가
	  • 기업이 계약을 체결하였기 때문에 드는 그 밖의 원가 (ex. 하도급자에게 지급하는 금액)
	② 미래 효익의 존재: 원가가 미래의 수행의무를 이행할 때 사용할 기업의 자원을 창출하거나 가치를 높임
	③ 원가는 회수될 것으로 예상됨

발생시점 즉시 비용처리	① 계약에 보상이 명시되지 않은 일반 관리원가 ② 계약을 이행하는 과정에서 낭비된 재료원가, 노무원가, 그 밖의 자원의 원가로 계약가격에 반영되지 않은 원가 ③ 이미 이행한 계약상 수행의무와 관련된 원가 ④ 이행하지 않은 수행의무와 관련된 원가인지 이미 이행한 수행의무와 관련된 원가인지 구분할 수 없는 원가

❷ 건설계약의 수익인식

💡 수익인식 방법

진행률	수익인식방법	계약수익의 인식금액
합리적으로 측정 가능	진행기준	건설계약금액 × 진행률
합리적으로 측정 불가능	회수기준	발생한 계약원가의 범위 내에서 회수가능한 금액

개념 찾기

① 계약수익　　　④ 계약이행원가　　　⑦ 미청구공사
② 계약원가　　　⑤ 미성공사　　　　　⑧ 초과청구공사
③ 계약체결증분원가　⑥ 진행청구액　　⑨ 계약손실충당부채

💡 계약의 진행률

적용	각 수행의무에는 하나의 진행률 측정방법을 적용하며 비슷한 상황에서 비슷한 수행의무에는 그 방법을 일관되게 적용함
방법	① 산출법 　: 계약에서 약속한 재화나 용역의 나머지 부분의 가치와 비교하여 지금까지 이전한 재화나 용역이 고객에게 주는 가치의 직접 측정에 기초하여 진행률을 측정하는 방법 ② 투입법 　: 해당 수행의무 이행에 예상되는 총 투입물 대비 수행의무를 이행하기 위한 기업의 노력이나 투입물에 기초하여 진행률을 측정하는 방법

❸ 건설계약 회계처리

계약원가 발생 시	(차)	미성공사	×××	(대)	현금	×××
계약대금 청구 시	(차)	계약미수금	×××	(대)	진행청구액	×××
계약대금 수령 시	(차)	현금	×××	(대)	계약미수금	×××
계약수익과 계약원가 인식	① 계약수익 인식: 건설계약금액을 진행률에 따라 각 회계기간에 배분한 금액을 수익으로 인식 ② 계약원가 인식: 당기 발생 계약원가 ③ 계약이익: 당기 계약수익에서 당기계약원가를 차감한 금액 ④ 회계처리: 계약수익이 계약원가보다 크거나 작은 금액을 미성공사로 인식					
공사완공 시	(차)	진행청구액	×××	(대)	미성공사	×××
재무상태표 공시	① 미성공사잔액 > 진행청구액 　: 차액은 미청구공사(계약자산) 과목으로 하여 자산으로 표시 (유동자산) ② 미성공사잔액 < 진행청구액 　: 차액은 초과청구공사(계약부채) 과목으로 하여 부채로 표시 (유동부채)					

❹ 손실이 예상되는 경우 수익인식

손실이 예상되는 회계연도	① 손실이 예상되는 경우 예상되는 손실을 계약원가로 인식 (예상손실 = 총 계약손실 × 잔여진행률) ② 동 금액을 계약손실충당부채로 인식 ③ 손실이 예상되는 해의 계약손실 = 총계약금액을 초과하는 총계약원가와 전기까지 인식한 누적손실 합한 금액
손실이 예상되는 다음 회계연도	① 당기계약원가 = 당기발생계약원가 - 전기 인식 예상손실 ② 계약손실 인식액 = 건설계약금액이나 총계약원가가 변동하지 않는 이상 추가적으로 인식할 계약손익은 없음 　단, 추정 총계약원가가 변동하면 추가적인 계약손실을 인식할 수 있음

> **개념 찾기**
> ❿ 수주원가
> ⓫ 건설장비 회계처리
> ⓬ 차입원가 회계처리
> ⓭ 하자보수예상액 회계처리

❺ 진행률을 합리적으로 측정할 수 없는 경우

진행률	회계처리
진행률을 측정할 수 없는 경우	계약수익은 발생원가 범위 내에서 회수가능성이 높은 금액만 인식하고, 계약원가는 발생한 기간에 비용으로 인식
추후 회수가능성이 불확실해지는 경우	이미 인식한 수익금액 조정하지 않음. 별도의 비용(손실)으로 인식
불확실성이 해소되는 경우	건설계약과 관련된 수익과 비용을 다시 진행기준에 따라 인식

❻ 특수한 계약원가

구분	진행률	회계처리
수주원가	불포함	요건 충족 시 진행률에 따라 계약원가로 대체
차입원가	불포함	발생기간에 즉시 계약원가로 대체
건설장비의 감가상각비	포함	• 특정공사에만 사용: 공사기간과 내용연수 중 짧은 기간 동안 상각 • 여러 공사에 사용: 내용연수 동안 상각
하자보수예상원가	불포함	진행률에 따라 연도별로 계약원가로 대체

- ① 건설계약의 기초
- ② 건설계약의 수익인식
- ③ 건설계약의 회계처리
- ④ 손실이 예상되는 경우 수익인식
- ⑤ 진행률을 합리적으로 측정할 수 없는 경우
- ⑥ 특수한 계약원가

① 건설계약의 기초

❶ 의의

건설계약은 단일 자산의 건설이나 설계, 기술 및 기능 또는 그 최종 목적이나 용도에 있어서 밀접하게 상호연관 되거나 상호 의존적인 복수 자산의 건설을 위해 구체적으로 협의된 계약을 의미한다.

건설계약은 교량, 건물, 댐, 파이프라인, 도로, 선박 또는 터널과 같은 단일 자산을 건설하기 위하여 체결할 수 있다. 또한 설계, 기술 및 기능 또는 그 최종 목적이나 용도에 있어서 밀접하게 상호 연관되거나 상호 의존적인 복수자산을 대상으로 할 수 있으며, 이러한 계약의 예로 정제시설과 기타 복합생산설비나 기계장치의 건설이 있다.

❷ 계약수익

계약수익은 건설업자와 발주자간의 건설계약금액에 근거하여 받았거나 받을 대가의 공정가치로 측정한다. 그러나 계약금액은 미래사건의 결과와 관련된 다양한 불확실성에 의해 영향을 받기 때문에 증가 또는 감소할 수 있다. 따라서 계약수익은 최초에 합의된 계약금액에 공사변경, 보상금 및 장려금에 따라 추가될 수 있으며, 위약금에 의해 감소할 수 있다.

❸ 계약원가

3-1 계약원가의 구성

계약원가는 계약체결 증분원가와 계약이행원가로 구분한다. 계약체결 증분원가는 고객과의 계약을 체결하기 위해 들인 원가로 계약을 체결하지 않았다면 들지 않았을 원가이다. 계약을 체결한 영업사원에게 지급한 판매수수료 등이 그 예이다. 또한 계약 이행원가는 고객과의 계약을 체결한 이후 계약을 이행하는 데 발생하는 원가를 의미한다.

3-1-1 계약체결 증분원가

계약체결 증분원가가 회수될 것으로 예상된다면 이를 자산으로 인식한다. 그러나 자산으로 인식하더라도 상각기간이 1년 이하라면 그 계약체결 증분원가는 발생시점에 비용으로 인식하는 실무적 간편법을 사용할 수 있다.

계약의 체결과 무관하게 발생하는 원가는 계약체결 증분원가가 아니다. 그러한 원가는 계약체결 여부와 관계없이 고객에게 그 원가를 명백히 청구할 수 있는 경우가 아니라서 발생시점에 비용으로 인식한다. 계약체결 담당부서의 업무추진비 등의 수주원가가 그 예이다.

용어정리

수익	공사수익	계약수익
(-) 비용	(-) 공사원가	(-) 계약원가
이익	공사이익	계약이익

계약원가
① 계약체결 증분원가: 계약을 체결하느라 발생한 원가로 향후 그 원가가 회수될 것으로 예상되면 자산(계약원가)으로 인식하고, 그렇지 않은 경우 당기비용으로 인식
② 계약이행원가: 계약을 이행하느라 발생한 원가로 자산의 인식요건을 만족하는 경우만 계약원가로 인식하고, 그 외는 당기비용으로 인식

3-1-2 계약이행원가

계약이행원가는 다른 기업회계기준서의 **적용범위**(ex. 기업회계 기준서 제1002호 '재고자산', 제1016호 '유형자산, 제1038호 '무형자산')에 포함되지 않는다면, 그 원가는 다음 기준을 모두 충족해야만 미성공사라는 계정의 자산으로 인식한다.

① **직접 관련원가**: 원가가 계약이나 구체적으로 식별할 수 있는 예상 계약에 직접 관련된다. (기존 계약의 갱신에 따라 제공할 용역관련 원가, 아직 승인되지 않은 특정 계약에 따라 이전할 자산의 설계원가)
  - 직접 노무원가와 직접 재료원가
  - 계약이나 계약활동에 직접 관련되는 원가 배분 (ex. 계약의 관리 감독원가, 보험료, 계약의 이행에 사용되는 기기나 장비의 감가상각비)
  - 계약에 따라 고객에게 명백하게 청구할 수 있는 원가
  - 기업이 계약을 체결하였기 때문에 드는 그 밖의 원가 (ex. 하도급자에게 지급하는 금액)

② **미래 효익의 존재**: 원가가 미래의 수행의무를 이행(또는 계속 이행)할때 사용할 기업의 자원을 창출하거나 가치를 높인다.

③ **회수가능성**: 원가는 회수될 것으로 예상된다.

그러나 **다음은 발생시점에 비용으로 처리**한다.

① 계약에 보상이 명시되지 않은 일반 관리원가
② 계약을 이행하는 과정에서 낭비된 재료원가, 노무원가, 그 밖의 자원의 원가로 계약가격에 반영되지 않은 원가
③ 이미 이행한 계약상 수행의무와 관련된 원가
④ 이행하지 않은 수행의무와 관련된 원가인지 이미 이행한 수행의무와 관련된 원가인지 구분할 수 없는 원가

확인문제

01. 다음 중 계약수익과 계약원가에 대한 설명으로 옳지 않은 것은?

① 계약수익은 건설업자와 발주자 간에 건설계약금액에 근거하여 수령하였거나 수령할 대가의 공정가치로 측정한다.
② 계약수익은 최초로 합의된 계약금액에 공사변경, 보상금 및 장려금에 따라 추가될 수 있으며, 위약금에 의해 감소될 수 있다.
③ 계약에 따라 명백하게 청구할 수 있는 원가는 발생시점에 비용으로 처리하지 않고 자산으로 인식한다.
④ 계약에 보상이 명시되지 않은 일반 관리원가도 회수가능성이 높다면 비용으로 처리하지 않고 자산으로 인식한다.

정답 ④

2 건설계약의 수익인식

❶ 수익인식 방법

건설계약은 진행률을 합리적으로 측정할 수 있는 경우 건설계약과 관련한 계약수익과 계약원가는 보고기간 말 현재 계약활동의 진행률을 기준으로 각각 수익과 비용으로 인식한다. 이러한 기준을 진행기준이라고 한다.

그러나 건설계약의 진행률을 합리적으로 측정할 수 없는 경우에는 진행기준을 적용할 수 없으며, 발생한 계약원가의 범위 내에서 회수가능한 금액을 수익으로 인식하고 계약원가는 발생한 기간에 비용으로 인식한다.

진행률	수익인식방법	계약수익의 인식금액
합리적으로 측정 가능	진행기준	계약금액 × 진행률
합리적으로 측정 불가능	회수기준	발생원가 범위 내에서 회수가능한 금액

❷ 계약의 진행률

기간에 걸쳐 수행의무를 이행하는 경우 수행의무의 완료까지 진행률을 측정하여 기간에 걸쳐 수익을 인식한다. 각 수행의무에는 하나의 진행률 측정방법을 적용하며 비슷한 상황에서 비슷한 수행의무에는 그 방법을 일관되게 적용한다. 수행의무의 진행률은 보고기간 말마다 다시 측정하며, 진행률의 변동은 회계추정의 변동으로 회계처리 한다.

진행률의 측정은 ' 수익인식'에서 설명한 바와 같이 산출법과 투입법 중 수행의무의 이행 비율을 적절하게 측정할 수 있는 방법을 선택하여 적용한다.

① 산출법

산출법(output method)은 계약에서 약속한 재화나 용역의 나머지 부분의 가치와 비교하여 지금까지 이전한 재화나 용역이 고객에게 주는 가치의 직접 측정에 기초하여 진행률을 측정하는 방법이다.

② 투입법

투입법(input method)은 해당 수행의무 이행에 예상되는 총 투입물 대비 수행의무를 이행하기 위한 기업의 노력이나 투입물에 기초하여 진행률을 측정하는 방법이다.

일반적으로 진행률을 원가 비율법에 의하여 산정하는 것이 원칙이며, 이 경우 누적 발생계약원가 기준에 의한 진행률은 다음과 같이 산정한다.

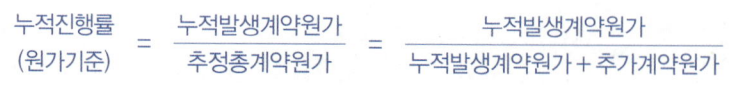

누적기준으로 진행률을 추정하는 것은 추정총계약원가가 확정되지 않고 계속 증감할 수 있기 때문이다.

오쌤 Talk

진행률산정

진행률을 원가 기준으로 산정하는 경우, 누적발생계약원가에는 수행한 공사를 반영하는 계약원가만 포함된다. 즉, 실제 공사에 투입하였으나 예상밖으로 낭비된 원가나 비효율에 의해 발생한 원가 등은 계약의 진행정도를 나타내지 못한다면 진행률 산정에 포함하지 않는다.

3 건설계약의 회계처리

건설계약은 발주자가 건설사업자에게 건설계약을 약정하고 계약에 따라 건설사업자는 건설용역을 제공한다. 이럴 경우 건설사업자는 진행률을 신뢰성 있게 추정할 수 있는 경우 진행기준에 따라 계약수익을 인식하는 것이다.

건설이 진행되면서 건설사업자는 건설계약대금을 청구하고 발주자는 건설계약을 기초로 진행기준에 따라 건설계약대금을 지급하는 것이다. 이러한 과정을 그림으로 나타내면 다음과 같다.

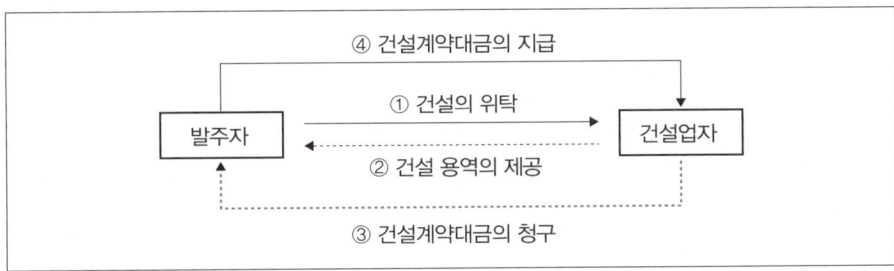

❶ 계약원가 발생 시

착공에 들어가면서 재료원가, 노무원가 등의 계약직접원가와 계약공통원가가 발생하면 이를 **미성공사**라는 자산 계정으로 회계처리 한다. 단, 계약공통원가는 체계적이고 합리적인 방법으로 배분하여야 한다.

오쌤 Talk

미성공사
미성공사는 미완성공사라는 의미로 제조기업의 재공품과 유사한 성격을 갖는다.

❷ 계약대금 청구

건설계약에서 합의한 내용에 따라 **공사대금을 청구**하게 되는데, 이를 **계약미수금**의 과목으로 인식하고 상대계정은 **진행청구액으로 계상**한다.

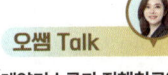

오쌤 Talk

계약미수금과 진행청구액
① 계약미수금은 건설업자가 발주자로부터 수령할 수취채권이므로 자산으로 분류한다.
② 진행청구액은 건설업자가 발주자에게 청구한 금액으로 청구한 만큼 건설사가 수행할 건설의무를 의미하므로 부채로 분류한다.

❸ 계약대금 수령

건설사업자가 발주자에게 건설계약대금을 청구하면 건설사업자는 발주자로부터 건설계약대금을 수령하게 된다. 따라서 수령한 자산의 공정가치와 계약미수금을 상계해주면 된다.

오쌤 Talk

계약수익의 인식

본문에 주어진 방식은 건설계약금액이 변동할 경우 계산하는 방식이다.
만약, 건설계약금액이 변동하지 않는다면, 즉 발주자로부터 받기로 한 건설계약금액의 총액이 달라지지 않는다면 당기계약수익은 당기 진행한 정도 (당기진행률 - 전기진행률)만큼 인식하면 된다.

> 당기계약수익
> = 건설계약금액 × (당기진행률 - 전기진행률)

❹ 계약수익과 계약원가 인식

4-1 계약수익 인식

건설사업자는 건설계약금액을 진행률에 따라 각 회계기간에 배분한 금액을 수익으로 인식한다. 상기에서 언급하였듯이 추정총계약원가와 건설계약금액이 변동할 수 있으므로 당기계약수익은 당기 말 건설계약금액에서 당기진행률을 곱하여 당기누적계약수익을 계산한 후 전기누적계약수익을 차감하여 산출한다.

> 당기계약수익 = 당기누적계약수익 - 전기누적계약수익
> = 당기말 건설계약금액 × 당기진행률 - 전기말 건설계약금액 × 전기진행률

4-2 계약원가 인식

계약수익뿐만 아니라 계약원가도 진행기준을 적용하도록 되어 있다. 그러나 실제 당기발생계약원가와 진행률에 따라 계산된 당기계약원가는 동일하므로 **당기에 계약원가로 인식할 금액은 당기발생계약원가이다.**

> 당기계약원가 = 당기말 추정총계약원가 × 당기진행률 - 전기말 추정총계약원가 × 전기진행률
> = 당기누적발생계약원가 - 전기누적발생계약원가 = 당기발생계약원가

오쌤 Talk

계약이익

계약이익은 계약수익과 계약원가의 차이이다.
계약수익을 산정할 때 진행률을 기준으로 산정하였고, 계약원가를 진행률을 기준으로 산정하였다면, 계약이익은 매 연도별로 진행률로 산정할 수 있다.
매년 예상되는 총 계약이익에서 진행률을 기준으로 당해 계약이익을 산정하면 된다.

4-3 계약이익

진행기준에 따라 인식할 계약수익은 상기에서 검토한 **당기계약수익에서 당기계약원가를 차감**한 금액이다. 이는 **총계약이익을 진행기준에 따라 인식한 금액과 동일**하다.

> 당기계약이익 = 당기계약수익 - 당기계약원가
> = 당기총계약이익 × 당기진행률 - 전기총계약이익 × 전기진행률

4-4 회계처리

일반적으로 **계약수익이 계약원가보다 크므로 그 차이금액을 미성공사로 인식한다.** 그러나 반대의 경우라면 **계약원가가 계약수익을 초과한 차이금액을 미성공사계정으로 감소시킨다.**

> 미성공사 = 누적발생계약원가 + 누적계약이익인식액
> = 누적수익 인식액

(차) 계약원가	XXX	(대) 계약수익	XXX
미성공사	XXX		

오쌤 Talk

미성공사

건설계약의 회계처리는 실제 원가가 발생했을 때 계약원가로 바로 인식하지 않고, 기말에 일괄적으로 계약수익과 계약원가를 인식한다. 이를 인식하는 과정에서 발생하는 계약손익을 미성공사로 인식한다. 앞서 발생한 계약원가들을 모두 미성공사에 반영하고, 매년 계약이익을 미성공사에 반영하므로 결국 미성공사의 잔액은 누적 계약수익이 된다.

❺ 공사완공시

공사가 진행되면서 미성공사와 진행청구액을 비교하여 미성공사가 많으면 자산으로 계상되고 진행청구액이 많다면 부채로 계상이 된다. 이후 공사가 완공되면 미성공사계정과 진행청구액 계정의 장부금액은 건설계약금액과 일치하게 된다. 따라서 완공시 미성공사 금액과 진행청구액 계정은 서로 상계가 되어 재무상태표에서 제거가 된다.

(차) 진행청구액	XXX	(대) 미성공사	XXX

❻ 재무상태표 공시

계약원가는 회계기간 중에 당해 **계약원가가 발생할 때 미성공사계정으로 차변에 기록**하며, **계약이익은 계약수익과 계약원가를 인식할 때 미성공사 계정으로 차변에 기록**한다. 따라서 미성공사계정은 상기에서 언급한 바와 같다.

> 미성공사 = 누적발생계약원가 + 누적계약이익인식액
> = 누적 계약수익 인식액

한편, <u>보고기간 말 현재 진행청구액 계정의 장부금액</u>은 건설사업자가 발주자에게 건설계약대금을 지급하여 달라고 **청구한 총건설계약금액**이 된다.

미성공사 계정과 진행청구액 계정은 재무상태표 각각 별도로 표시하지 않고 상대계정에서 차감하여 표시한다. 이때 미성공사의 계정 잔액이 더 크다면 계약자산(미청구공사)의 과목으로 하여 자산으로 표시하고, 진행청구액 계정의 잔액이 더 크다면 계약부채(초과청구공사)의 과목으로 하여 부채로 표시한다.

상황	재무상태표 표시
① 미성공사잔액 > 진행청구액	차액은 **계약자산(미청구공사)** 과목으로 하여 **자산**으로 표시 (유동자산)
② 미성공사잔액 < 진행청구액	차액은 **계약부채(초과청구공사)** 과목으로 하여 **부채**로 표시(유동부채)

[재무제표 표시]

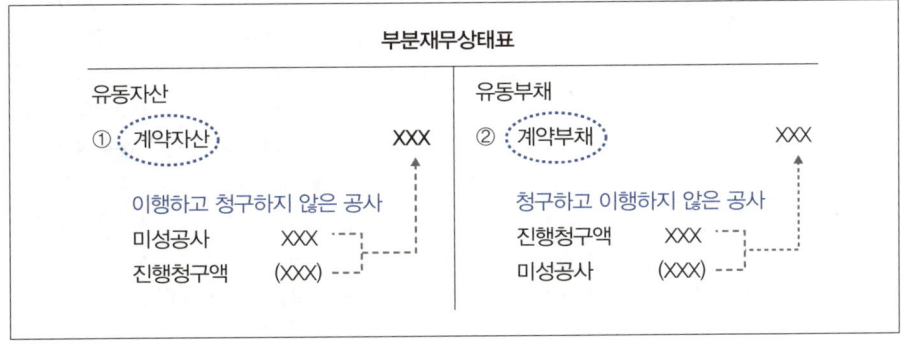

오쌤 Talk

미성공사

미성공사를 '회계상 한 일(금액)' 이라고 보고, 진행청구액을 '청구한 금액'이라고 이해하자. 이때 회계상 한 일이 청구한 금액보다 많다면 추가로 더 청구할 수 있는데 아직 청구하지 않은 것으로 '미청구공사(자산)'으로 인식하고, 회계상 한 일이 청구한 금액보다 적다면 초과해서 청구한 것으로 앞으로 공사를 수행해주어야 하므로 '초과청구공사(부채)'로 인식한다.

오쌤 Talk

건설계약 문제를 접근할 때 체크사항

(1) 총 계약원가가 달라지는지
  ① 달라진다면, 누적진행률 기준으로 접근
  ② 달라지지 않으면, 당해 총 계약원가 중 당해 원가만 가지고 당해 진행률 산정
(2) 총 계약수익이 달라지는지
  ① 달라진다면, 누적계약수익을 기준으로 접근
  ② 달라지지 않으면, 당해 진행한 진행률을 기준으로 당해 수익을 접근
(3) 손실공사인지
  손실공사라면, 예상손실을 미리 인식해야 함.

확인문제 최신

02. 다음은 ㈜한국의 건설계약 관련 자료이다. ㈜한국이 20X1년도에 인식할 공사수익은? 기출처 2025. 관세직 9급

○ 20X1년 1월 1일 건설공사 시작
○ 건설계약 기간: 3년
○ 공사계약금액: ₩100억
○ 총예상원가: ₩80억
○ 20X1년 당기 발생원가: ₩40억
○ 진행률(투입법)에 따라 수익과 비용 인식

① ₩10억   ② ₩20억
③ ₩50억   ④ ₩60억

정답 ③

심화예제 1 건설계약 – 계약금액이 일정

20X1년 1월 1일 ㈜한국은 ㈜민국과 총 ₩100,000의 건설계약을 체결하고 다음과 같이 총 3년에 걸쳐 공사하였다. 다음 물음에 답하시오.

구분	20X1년	20X2년	20X3년
누적발생계약원가	₩20,000	₩51,000	₩90,000
추정총계약원가	₩80,000	₩85,000	₩90,000
계약대금청구액	₩30,000	₩25,000	₩45,000
계약대금수령액	₩28,000	₩24,000	₩48,000

01 각 회계연도에 인식할 계약이익을 계산하시오.

02 상기 거래와 관련하여 회계처리를 하고, 재무상태표를 작성하시오.

[풀이]

01 계약이익

구분	20X1년	20X2년	20X3년
① 누적발생계약원가	₩20,000	₩51,000	₩90,000
② 추정총계약원가	₩80,000	₩85,000	₩90,000
③ 진행률(① ÷ ②)	25%	60%	100%
④ 누적계약수익(건설계약금액 × ③)	₩25,000	₩60,000	₩100,000
⑤ 전기누적계약수익	–	₩25,000	₩60,000
⑥ 계약수익(④ − ⑤)	₩25,000	₩35,000	₩40,000
⑦ 계약원가	₩20,000	₩31,000*	₩39,000**
⑧ 계약이익(⑥ − ⑦)	₩5,000	₩4,000	₩1,000

* 20X2년 계약원가 = 누적발생계약원가(₩51,000) − 전기 누적발생계약원가(₩20,000)
** 20X3년 계약원가 = 누적발생계약원가(₩90,000) − 전기 누적발생계약원가(₩51,000)

[별해]
① 20X1년도 계약이익 = 총 계약이익 × 진행률 = (총계약수익 − 추정총계약원가) × 진행률
   = (₩100,000 − ₩80,000) × 25% = ₩5,000
② 20X2년도 계약이익 = (총계약수익 − 추정총계약원가) × 누적진행률 − 20X1년 계약이익
   = (₩100,000 − ₩85,000) × 60% − ₩5,000 = ₩4,000
③ 20X3년도 계약이익 = (총계약수익 − 총계약원가) × 100% − 20X2년도까지 누적계약이익
   = (₩100,000 − ₩90,000) × 100% − 20X2년도까지 누적계약이익
   = ₩10,000 − (₩5,000 + ₩4,000) = ₩1,000

02 회계처리

① 20X1년

계약원가발생	(차) 미성공사	₩20,000	(대) 현금	₩20,000
계약대금청구	(차) 계약미수금	₩30,000	(대) 진행청구액	₩30,000
계약대금수령	(차) 현금	₩28,000	(대) 계약미수금	₩28,000
결산 시	(차) 계약원가	₩20,000	(대) 계약수익	₩25,000
	미성공사	₩5,000		

20X1년 말 재무상태표

유동자산		유동부채	
계약미수금	₩2,000	계약부채	₩5,000
		진행청구액 ₩30,000	
		미성공사 (₩25,000)	

② 20X2년

계약원가발생	(차) 미성공사	₩31,000	(대) 현금	₩31,000
계약대금청구	(차) 계약미수금	₩25,000	(대) 진행청구액	₩25,000
계약대금수령	(차) 현금	₩24,000	(대) 계약미수금	₩24,000
결산 시	(차) 계약원가	₩31,000	(대) 계약수익	₩35,000
	미성공사	₩4,000		

20X2년 말 재무상태표

유동자산		유동부채
계약미수금	₩3,000	
계약자산	₩5,000	
미성공사 ₩60,000		
진행청구액 (₩55,000)		

③ 20X3년

계약원가발생	(차) 미성공사	₩39,000	(대) 현금	₩39,000
계약대금청구	(차) 계약미수금	₩45,000	(대) 진행청구액	₩45,000
계약대금수령	(차) 현금	₩48,000	(대) 계약미수금	₩48,000
결산 시	(차) 계약원가	₩39,000	(대) 계약수익	₩40,000
	미성공사	₩1,000		
	(차) 진행청구액	₩100,000	(대) 미성공사	₩100,000

오쌤 Talk

계약미수금과 초과청구액
(1) 계약미수금(누기기준)
   = 청구한 금액(누적기준) − 수령액(누적기준)
(2) 미성공사(손실공사가 아닌 경우만)
   = 계약수익 × 누적진행률

확인문제

03. ㈜한국은 20X1년 초 건설계약을 체결하고 공사(기간: 3년, 계약금액: ₩2,000,000)를 진행하고 있으며, 진행률은 발생원가에 기초한 투입법으로 추정하고 있다. 20X1년 공사원가가 ₩300,000발생하였고, 완성시까지 추가소요원가는 ₩900,000이다. 20X1년 공사대금으로 ₩350,000을 청구하였다면, 재무상태표에 표시될 계약자산(미청구공사) 금액은? (단, ㈜한국은 건설용역에 대한 통제가 기간에 걸쳐 이전한 것으로 판단한다) 기출처 2022. 국가직 7급

① ₩110,000 ② ₩150,000
③ ₩200,000 ④ ₩500,000

정답 ②

심화예제 2
① 총계약원가가 변동(누적 진행률 사용)
② 총계약수익이 변동되는 경우(누적 계약수익으로 접근)
③ 이익공사

심화예제 2 건설계약 – 계약금액이 변동

20X1년 1월 1일 ㈜한국은 ㈜민국과 총 ₩100,000의 건설계약을 체결하고 다음과 같이 총 3년에 걸쳐 건설하였다. 그러나 공사가 진행하면서 계약금액이 다음과 같이 변동하였다. 다음 물음에 답하시오.

구분	20X1년	20X2년	20X3년
계약금액	₩100,000	₩120,000	₩130,000
누적발생계약원가	₩20,000	₩51,000	₩90,000
추정총계약원가	₩80,000	₩85,000	₩90,000
계약대금청구액	₩30,000	₩40,000	₩60,000
계약대금수령액	₩28,000	₩35,000	₩67,000

01 각 회계연도에 인식할 계약이익을 계산하시오.

02 상기 거래와 관련하여 회계처리를 하고, 재무상태표를 작성하시오.

풀이

01 계약이익

구분	20X1년	20X2년	20X3년
① 누적발생계약원가	₩20,000	₩51,000	₩90,000
② 추정총계약원가	₩80,000	₩85,000	₩90,000
③ 진행률(① ÷ ②)	25%	60%	100%
④ 누적계약수익(건설계약금액 × ③)	₩25,000 *	₩72,000 **	₩130,000 ***
⑤ 전기누적계약수익	–	₩25,000	₩72,000
⑥ 계약수익(④ – ⑤)	₩25,000	₩47,000	₩58,000
⑦ 계약원가	₩20,000	₩31,000	₩39,000
⑧ 계약이익(⑥ – ⑦)	₩5,000	₩16,000	₩19,000

* 누적계약수익 = 20X1년 말 건설계약금액(₩100,000) × 25% = ₩25,000
** 누적계약수익 = 20X2년 말 건설계약금액(₩120,000) × 60% = ₩72,000
*** 누적계약수익 = 20X3년 말 건설계약금액(₩130,000) × 100% = ₩130,000

[별해]
① 20X1년 계약이익 = (총계약수익 − 추정총계약원가) × 진행률
        = (₩100,000 − ₩80,000) × 25%
        = ₩5,000
② 20X2년 계약이익 = (총계약수익 − 추정총계약원가) × 누적진행률 − 20X1년 계약이익
        = (₩120,000 − ₩85,000) × 60% − ₩5,000
        = ₩16,000
③ 20X3년 계약이익 = (총계약수익 − 총계약원가) × 100% − 20X2년 누적계약이익
        = (₩130,000 − ₩90,000) × 100% − (₩5,000 + ₩16,000)
        = ₩19,000

02 회계처리

① 20X1년

계약원가발생	(차)	미성공사	₩20,000	(대) 현금	₩20,000
계약대금청구	(차)	계약미수금	₩30,000	(대) 진행청구액	₩30,000
계약대금수령	(차)	현금	₩28,000	(대) 계약미수금	₩28,000
결산 시	(차)	계약원가	₩20,000	(대) 계약수익	₩25,000
		미성공사	₩5,000		

20X1년 말 재무상태표			
유동자산		유동부채	
계약미수금	₩2,000	계약부채	₩5,000
		진행청구액	₩30,000
		미성공사	(₩25,000)

② 20X2년

계약원가발생	(차)	미성공사	₩31,000	(대) 현금	₩31,000
계약대금청구	(차)	계약미수금	₩40,000	(대) 진행청구액	₩40,000
계약대금수령	(차)	현금	₩35,000	(대) 계약미수금	₩35,000
결산 시	(차)	계약원가	₩31,000	(대) 계약수익	₩47,000
		미성공사	₩16,000		

20X2년 말 재무상태표			
유동자산		유동부채	
계약미수금	₩7,000		
계약자산	₩2,000		
미성공사	₩72,000		
진행청구액	(₩70,000)		

③ 20X3년

계약원가발생	(차)	미성공사	₩39,000	(대) 현금	₩39,000
계약대금청구	(차)	계약미수금	₩60,000	(대) 진행청구액	₩60,000
계약대금수령	(차)	현금	₩67,000	(대) 계약미수금	₩67,000
결산 시	(차)	계약원가	₩39,000	(대) 계약수익	₩58,000
		미성공사	₩19,000		
	(차)	진행청구액	₩130,000	(대) 미성공사	₩130,000

오쌤 Talk

계약이익의 인식

[심화예제 2]는 총계약원가와 총계약수익이 변동하므로 매 연도별로 예상되는 총 계약이익이 달라진다.
이때 전체이익과 진행률을 기준으로 이익을 산정할 때는 매 연도별 예상 총이익을 기준으로 누적 기준을 적용한다.
만약, 총계약원가와 총계약수익이 일정하여 매 연도별 예상 총이익이 달라지지 않았다면, 누적기준이 아닌 당해 진행된 진행률을 기준으로 간단하게 인식할 수 있다.

확인문제

04. ㈜서울은 20X1년 중 ㈜대한의 기숙사를 건설하는 계약을 체결하였으며 총 계약금액은 ₩20,000이다. 20X1년에 발생한 공사원가는 ₩2,000이고, 향후 예상 투입원가는 ₩8,000이다. 20X2년에 설계변경이 있었고, 이로 인한 원가상승을 반영하여 계약금액을 ₩22,000으로 변경하였다. 20X2년에 발생한 공사원가는 ₩4,000이고, 향후 예상 투입원가는 ₩6,000이다. 이 기숙사는 20X3년 중에 완공되었다. 원가기준 투입법으로 진행률을 측정할 때, ㈜서울이 동 계약과 관련하여 20X2년에 인식할 공사이익은? 기출처 2022. 서울시 7급

① ₩2,000   ② ₩3,000
③ ₩7,000   ④ ₩11,000

정답 ②

4 손실이 예상되는 경우 수익인식

공사를 진행하다 보면 원자재, 인건비 등의 증감으로 인해 처음에 예상했던 총계약원가의 변동이 발생할 수 있다. 또한 총계약원가의 증가로 건설계약금액을 초과하는 경우도 발생할 수 있다.

❶ 손실이 예상되는 회계연도

1-1 계약원가 인식액

총계약원가가 총계약수익을 초과할 가능성이 높은 경우 예상되는 손실을 계약원가로 인식하고 동금액을 계약손실충당부채로 인식한다. 예상손실은 당기 총계약손실예상액에 잔여 진행률을 곱한 금액이다.

> 예상손실 = 차기 이후 예상계약원가 − 차기 이후 인식할 계약수익
>   = 당기 총계약손실예상액 × (1 − 당기 누적진행률)

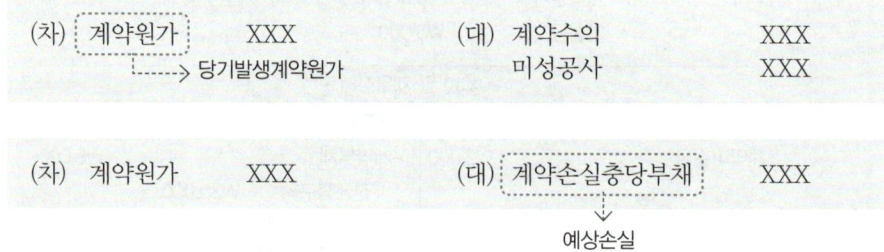

차기 이후에 인식할 계약수익은 당기 말 현재의 건설계약금액에서 당기까지 인식한 누적계약수익을 차감하여 계산하며, 차기 이후에 예상되는 계약원가는 추정총계약원가에서 당기까지 발생한 누적발생계약원가를 차감하여 계산한다.

1-2 계약손실 인식액

손실이 발생한 연도에 인식할 계약손실은 총계약금액을 초과하는 총계약원가와 전기까지 인식한 누적계약이익을 합한 금액이다.

오쌤 Talk

계약손실충당부채

기준서 제1115호 '고객과의 계약에서 생기는 수익'이 제정되어 기존의 기준서 제1011호 '건설계약'이 폐기됨에 따라 회계처리에 대한 명확한 기준이 없다. 회계학 교수님들마다 이견이 있으므로 학원가의 수험서에서 일반적으로 가장 많이 사용하는 방법에 따라 계약손실충당부채를 인식하기로 한다.

오쌤 Talk

손실이 예상되는 경우

손실이 예상되는 경우에는 공사가 100% 진행되었을 때 예상되는 전체 손실을 당기까지의 누적 손실로 인식한다.

❷ 손실이 예상되는 다음 회계연도

2-1 계약원가 인식액

이미 전기에 예상손실을 인식하였으므로 당기에 인식할 계약원가는 당기발생계약원가에서 전기인식 예상손실을 차감한 금액이다.

> 예상손실 인식 다음 회계연도의 계약원가 인식액
> = 당기발생계약원가 – 전기인식 예상손실

2-2 계약손실 인식액

손실이 예상되는 회계연도에 이미 예상손실을 인식하였으므로 건설계약금액이나 총계약원가가 변동하지 않는 이상 추가적으로 인식할 계약손익은 없다. 그러나 추정총계약원가가 변동하면서 추가적인 계약손실을 인식할 수 있다.

> 예상손실 인식 다음 회계연도의 계약손익
> = 손실 예상 회계연도의 추정총계약원가 – 실제 발생 총계약원가

오쌤 Talk

손실이 예상되는 해의 다음 해
① 예상했던 계약원가가 그대로 발생
 : 계약이익 = ₩0
② 계약원가가 더 발생한 경우
 : 추가로 더 발생한 계약원가
 = 계약손실
③ 계약원가가 덜 발생한 경우
 : 덜 발생한 계약원가 = 계약이익

심화예제 3 건설계약전체에 손실이 예상되는 경우

20X1년 1월 1일 ㈜한국은 ㈜민국과 총 ₩100,000의 건설계약을 체결하고 다음과 같이 총 3년에 걸쳐 건설하였다. 다음 물음에 답하시오.

구분	20X1년	20X2년	20X3년
누적발생계약원가	₩20,000	₩61,200	₩102,000
추정총계약원가	₩80,000	₩102,000	₩102,000
계약대금청구액	₩30,000	₩32,000	₩38,000
계약대금수령액	₩28,000	₩24,000	₩48,000

01 각 회계연도에 인식할 계약이익을 계산하시오.

02 상기 거래와 관련하여 회계처리를 하고, 재무상태표를 작성하시오.

오쌤 Talk

계약손실의 판별

계약이 이익공사인지 손실공사인지는 매 연도별로 판별한다.
즉, 심화예제 3번은 20X1년의 경우 총 ₩20,000의 이익이 남는 이익공사이다. 그러나 20X2년에 총 계약손실이 ₩2,000으로 예상되면서 손실공사의 회계처리를 적용하게 된다.
만약 20X3년에 예상했던 계약원가보다 추가로 계약원가가 더 발생한다면 20X3년에도 계약손실을 추가로 인식해야 한다.

[풀이]

01 계약이익

구분	20X1년	20X2년	20X3년
① 누적발생계약원가	₩20,000	₩61,200	₩102,000
② 추정총계약원가	₩80,000	₩102,000	₩102,000
③ 진행률(① ÷ ②)	25%	60%	100%
④ 누적계약수익(건설계약금액×③)	₩25,000	₩60,000	₩100,000
⑤ 전기누적계약수익	–	₩25,000	₩60,000
⑥ 계약수익(④ − ⑤)	₩25,000	₩35,000	₩40,000
⑦ 계약원가	₩20,000	₩42,000*	₩40,000**
⑧ 계약이익(⑥ − ⑦)	₩5,000	(₩7,000)	₩0

* 당기발생계약원가 = 누적발생계약원가(₩61,200) − 전기누적발생계약원가(₩20,000)
   = ₩41,200
   예상손실액 = {계약금액(₩100,000) − 추정총계약원가(₩102,000)} × (1 − 60%) = ₩800
   20X2년 계약원가 = ₩41,200 + ₩800 = ₩42,000

** 당기발생계약원가 = 누적발생계약원가(₩102,000) − 전기누적발생계약원가(₩61,200)
    − 전기 인식한 예상손실액 (₩800) = ₩40,000

[별해]
① 20X1년 계약이익 = (총계약수익 − 추정총계약원가) × 진행률
  = (₩100,000 − ₩80,000) × 25%
  = ₩5,000
② 총계약손익 = 20X1년 계약이익 + 20X2년 계약이익 + 20X3년 계약이익(₩0)
  = (₩100,000 − ₩102,000) = (₩2,000)
  = ₩5,000 + 20X2년 계약이익 = (₩2,000)
  ∴ 20X2년 계약이익 = (−)₩7,000
③ 20X3년 계약이익 = 20X2년도에 예상한 추정 총계약원가 만큼 원가가 발생했으므로 손익은 ₩0

02 회계처리

① 20X1년

계약원가발생	(차)	미성공사	₩20,000	(대)	현금	₩20,000
계약대금청구	(차)	계약미수금	₩30,000	(대)	진행청구액	₩30,000
계약대금수령	(차)	현금	₩28,000	(대)	계약미수금	₩28,000
결산 시	(차)	계약원가	₩20,000	(대)	계약수익	₩25,000
		미성공사	₩5,000			

20X1년 말 재무상태표	
유동자산	유동부채
계약미수금 ₩2,000	계약부채 ₩5,000
	진행청구액 ₩30,000
	미성공사 (₩25,000)

② 20X2년

계약원가발생	(차)	미성공사	₩41,200	(대)	현금	₩41,200
계약대금청구	(차)	계약미수금	₩32,000	(대)	진행청구액	₩32,000
계약대금수령	(차)	현금	₩24,000	(대)	계약미수금	₩24,000
결산 시	(차)	계약원가	₩41,200	(대)	계약수익	₩35,000
					미성공사	₩6,200
	(차)	계약원가	₩800	(대)	계약손실충당부채	₩800

20X2년 말 재무상태표	
유동자산	유동부채
계약미수금 ₩10,000	계약부채 ₩2,000
	진행청구액 ₩62,000
	미성공사 (₩60,000)

③ 20X3년

계약원가발생	(차)	미성공사	₩40,800	(대)	현금	₩40,800
계약대금청구	(차)	계약미수금	₩38,000	(대)	진행청구액	₩38,000
계약대금수령	(차)	현금	₩48,000	(대)	계약미수금	₩48,000
결산 시	(차)	계약원가	₩40,800	(대)	계약수익	₩40,000
					미성공사	₩800
	(차)	계약손실충당부채	₩800	(대)	계약원가	₩800
	(차)	진행청구액	₩100,000	(대)	미성공사	₩100,000

오쌤 Talk

예상손실

예상손실을 폐기된 기준서 제1011호에서는 미성공사에서 차감하는 것으로 회계처리하였다. 본서에서 계약손실충당부채를 사용하고 있지만, 결국 건설계약과 관련하여 부채 총계로 인식되는 금액은 동일하다.

20X2년 말 재무상태표상에 미성공사 잔액을 ₩59,200 (= ₩60,000 − ₩800)으로 인식하여 초과청구공사를 ₩2,800 인식하든지, 본서에서 제시한 대로 미성공사 잔액을 ₩60,000으로 인식하여 초과청구공사 ₩2,000과 계약손실충당부채잔액 ₩800을 인식해도 부채 총계는 동일하다.

5 진행률을 합리적으로 측정할 수 없는 경우

건설계약의 진행률을 합리적으로 측정할 수 있는 경우에는 진행기준을 적용하여 계약수익과 계약원가를 인식한다. 그러나 진행률을 합리적으로 측정할 수 없는 경우에는 **계약수익은 발생원가 범위 내에서 회수가능성이 높은 금액만 인식하고, 계약원가는 발생한 기간의 비용으로 인식한다.** 그러므로 진행률을 합리적으로 측정할 수 없는 경우에는 이익은 인식하지 않고 손실만 인식한다.

> - 계약수익 = MIN[누적 계약원가 발생액, 회수가능액] − 전기 누적 계약수익
> - 계약원가 = 당기 계약원가 발생액

이때, 이미 계약수익으로 인식한 금액은 추후 회수가능성이 불확실해지는 경우에 이미 인식한 수익금액을 조정하지 않는다. 이 경우 회수불가능한 금액이나 더 이상 회수가능성이 높다고 볼 수 없는 금액을 별도의 비용(ex. 대손상각비)으로 인식한다.

추후 계약의 결과를 신뢰성 있게 추정할 수 없게 했던 **불확실성이 해소되는 경우에는 당해 건설계약과 관련된 수익과 비용은 다시 진행기준에 따라 인식한다.** 계약의 결과를 신뢰성 있게 추정할 수 없는 경우라도 총계약원가가 총계약수익을 초과할 가능성이 높은 경우에는 초과금액을 즉시 비용으로 인식한다.[1*]

심화예제 4 진행률을 합리적으로 추정할 수 없는 경우

㈜한국은 20X1년 초에 ㈜민국과 공장신축 계약을 체결하였다. 공사대금은 ₩100,000이고, 20X4년 6월까지 공사를 완공하기로 하였다. 20X1년과 20X2년에는 공사의 초기 단계라서 추가예정원가를 측정할 수 없으므로 진행률을 신뢰성 있게 추정할 수 없었지만 20X3년에는 진행률을 신뢰성 있게 추정할 수 있게 되었다. 20X3년까지의 자료는 다음과 같으며, 건설계약 전체에서 손실이 발생되지 않을 것으로 예측된다.

구분	20X1년	20X2년	20X3년
당기발생원가	₩20,000	₩30,000	₩31,000
추가예정원가	?	?	₩9,000

01 건설계약과 관련한 진행률을 측정할 수는 없지만, 공사대금 전체의 회수가능성이 높은 것으로 가정할 때 연도별로 인식할 계약수익, 계약원가 및 계약이익을 계산하시오.

02 건설계약의 진행률을 신뢰성 있게 측정할 수도 없고, 발생한 계약원가의 회수가능성도 높지 않을 것으로 가정할 때 연도별로 인식할 계약수익, 계약원가 및 계약이익을 계산하시오. 단, 20X3년에는 계약원가의 회수가능성이 높아지게 되었음을 가정한다.

1* 손실이 예상되는 경우 진행기준의 적용과 관계없이 손실예상액을 당기비용으로 인식한다.

오쌤 Talk

진행률을 합리적으로 측정할 수 없는 경우

주의할 점은 수익을 인식하는 방법만 규정하고 있다. 즉, 비용은 어떠한 경우에도 발생한 계약원가를 비용으로 인식한다. 그러므로 진행률을 합리적으로 측정할 수 없는 경우, 인식할 수 있는 최선의 수익의 발생원가이므로 이익은 발생하지 않는다.

확인문제

05. 다음 중 건설계약의 회계처리에 대한 설명으로 옳지 않은 것은?

① 건설계약의 진행률을 합리적으로 측정할 수 있는 경우에는 진행기준을 적용하여 계약수익과 계약원가를 인식한다.
② 진행률을 합리적으로 측정할 수 없는 경우에는 계약수익은 발생원가 범위에서 회수가능성이 높은 금액만 인식하고, 계약원가는 발생한 기간의 비용으로 인식한다.
③ 이미 계약수익으로 인식한 금액은 추후 회수가능성이 불확실해지는 경우 이미 인식한 수익을 차감하고 충당금을 설정한다.
④ 진행률을 합리적으로 측정할 수 없는 경우에는 이익은 인식하지 않고 손실만 인식한다.

정답 ③

오쌤 Talk

회수가능성의 회복

추후에 계약의 결과를 신뢰성 있게 추정할 수 없게 한 불확실성이 해소되는 경우에는 당해 건설계약과 관련된 수익과 비용은 진행기준에 따라 인식한다.

[풀이]

01 회수가능성이 높은 경우

구분	20X1년	20X2년	20X3년
당기계약수익	₩20,000	₩30,000	₩40,000*
당기계약원가	₩20,000	₩30,000	₩31,000
당기계약이익	–	–	₩9,000

* ₩100,000 × 90%** – ₩50,000 = ₩40,000
**누적진행률 90% = 누적발생원가 ₩81,000(= ₩20,000 + ₩30,000 + ₩31,000) ÷ 추정총계약원가 ₩90,000(= ₩20,000 + ₩30,000 + ₩31,000 + ₩9,000)

02 회수가능성이 낮은 경우

구분	20X1년	20X2년	20X3년
당기계약수익	–	–	₩90,000*
당기계약원가	₩20,000	₩30,000	₩31,000
당기계약이익	(₩20,000)	(₩30,000)	₩59,000

* 당기말누적계약수익 ₩100,000 × 90% – 전기말누적계약수익 ₩0 = ₩90,000

6 특수한 계약원가

계약원가는 계약체결일로부터 계약의 최종 완료일까지의 기간 동안 당해 건설계약에 귀속될 수 있는 원가를 포함한다. 대부분의 계약원가는 건설기간 중에 발생하지만, 일부의 경우는 계약체결 전이나 공사완료 후 발생할 수도 있다.
그러한 특수 계약원가는 다음과 같다.

```
  계약 전 지출    |   공사기간   |  공사완료 후 지출
  ① 수주원가      |  ② 차입원가  |  ④ 하자보수예상액      특수한
  ③ 건설장비      |              |                        계약원가
```

① 수주원가

오쌤 Talk
수주원가
① 진행률 산정에 반영하지 않음
② 계약원가에 포함
  (진행률에 따라 배분)

수주원가는 견적서 작성비용 등 건설계약과 관련하여 지출되는 것으로 약속한 재화나 용역이 고객에게 이전되는 것이 아니므로 **진행률 산정에 포함하지 않는다.** 그러므로 **선급공사원가의 과목으로 하여 자산으로 처리하고, 진행률에 따라 계약원가로 처리한다.**

[회계처리]

〈지출 시〉			
(차) 선급예약원가	XXX	(대) 현금	XXX
〈계약진행 시〉			
(차) 미성공사	XXX	(대) 선급계약원가	XXX

② 차입원가

오쌤 Talk
차입원가의 자본화
건설계약과 관련하여 자금을 차입한 경우에 계약원가는 적격자산에 해당한다. 이때 발생한 차입원가는 자본화(자산으로 인식)한다.
본질은 당기에 은행에 이자를 지급하였다는 것이다. 이를 이자비용으로 처리하지 않고 미성공사라는 자산으로 인식한다. 그러나 당기 기말에 미성공사로 인식된 계약원가 잔액을 당기 비용으로 인식하기 때문에 결국은 비용으로 인식하는 셈이다.

건설계약과 관련하여 금융회사로부터 자금을 차입하게 되면 건설사업자는 차입한 자금에 대해 이자를 지급해야 하는데, 이때 지급하는 이자를 차입원가라고 한다. 차입원가는 건설공사를 하는 데 필수적인 지출이므로 **계약원가에 포함하지만, 진행률을 산정하는 데는 포함하지 않는다.** 차입원가는 발생하는 기간에 즉시 계약원가로 인식해야 하므로 진행률에 비례하여 발생하지 않는다. 그러므로 계약이익을 계산할 때는 차입원가를 제외한 계약이익에서 차입원가를 최종적으로 차감하여 계산한다.

당기계약이익 = 당기 총계약이익 × 당기 누적 진행률 − 전기 총계약이익 × 전기 누적진행률 − 차입원가

[회계처리]

〈이자 지출 시〉			
(차) 이자비용	XXX	(대) 현금	XXX
〈결산일〉			
(차) 미성공사	XXX	(대) 이자비용	XXX

오쌤 Talk
차입원가
① 진행률 산정에 포함하지 않음
② 계약원가에 포함하여 인식

❸ 건설장비

건설계약에서는 포클레인, 불도저 등 많은 건설장비들을 사용하게 된다. 이러한 건설 장비는 취득원가가 계약원가가 되는 것이 아니라 **감가상각액이 계약원가에 포함**된다. 그러므로 건설장비를 유형자산으로 계상한 후 감가상각을 통해 공사기간에 걸쳐 계약원가로 인식한다. **건설장비의 감가상각비는 총공사예정원가에 포함하여, 진행률 산정에 포함한다.**

건설장비의 감가상각비는 당해 건설장비를 특정 공사에만 사용하는 경우 계약원가 중 직접원가에 해당하므로 해당 건설계약공사의 원가로 처리하며, 여러 공사에 사용하는 경우 계약 공통원가에 해당하므로 합리적인 방법으로 배분하여 관련 공사에 배분한다.

건설장비의 감가상각기간은 당해 건설장비를 특정공사에만 사용 가능한지의 여부에 따라 다음과 같이 결정된다.

> ① **특정 건설계약에만 사용 가능한 경우**[2*]
>   건설장비의 감가상각기간 = MIN[경제적 내용연수, 건설기간]
> ② **여러 건설계약에 사용하는 경우**
>   건설장비의 감가상각기간 = 경제적 내용연수

[회계처리]

〈지출 시〉			
(차) 기계장치 등	XXX	(대) 현금	XXX
〈감가상각비 인식〉			
(차) 감가상각비	XXX	(대) 감가상각누계액	XXX
〈결산 시〉			
(차) 미성공사	XXX	(대) 감가상각비	XXX

오쌤 Talk

건설장비

건설장비는 유형자산이다. 즉, 유형자산으로 인식하고 이를 감가상각하는 것은 일반적인 경우와 다르지 않다. 그런데 이러한 감가상각비가 당해 비용으로 인식되는 과정에서 계약원가를 거쳐서 비용으로 인식된다는 차이가 있지만, 결국은 당해 비용으로 인식된다.
다만, 이러한 감가상각비가 계약원가를 통해 진행률 산정에 영향을 주기 때문에 계약수익이 달라질 수 있다는 점을 주의해야 한다.
건설장비 계산문제 접근 시 다음을 주의한다.

> ① 건설계약에만 사용하는 경우 건설기간과 장비의 내용연수 중 최솟값으로 감가상각
> ② 감가상각비를 진행률 산정에 포함
> ③ 당해 감가상각비를 당해 계약원가에 반영

2* 건설공사가 완료된 후 처분하여 받을 대가(잔존가치)는 계약원가에서 차감

오쌤 Talk

하자보수충당부채

충당부채의 인식요건을 만족하는 경우 하자보수충당부채를 인식한다. Link-P.600
① 과거사건의 결과 현재의무(법적의무 or 의제의무)
② 경제적 효익의 유출가능성이 높음
③ 금액의 신뢰성 있는 추정이 가능

오쌤 Talk

하자보수예상액

① 진행률 산정에 포함하지 않음
② 진행률에 따라 계약원가에 배분되어 인식

확인문제

06. 다음 중 건설계약과 관련하여 설명한 내용으로 옳지 않은 것은?

① 공사를 수주하기 위해 발생한 수주원가는 자산으로의 요건을 만족한다면 진행률 산정에는 포함하지 않지만 진행률에 따라 계약원가로 인식한다.
② 특정 건설에만 사용할 목적으로 취득한 건설장비의 감가상각비는 진행률 산정에 포함하지는 않지만 당해 계약원가에 포함하여 인식한다.
③ 당해 건설과 관련하여 발생한 차입원가는 진행률 산정에 포함하지 않지만 발생기간에 즉시 계약원가로 대체한다.
④ 하자보수가 예상되는 경우 예상액은 진행률 산정에는 포함되지 않지만 진행률에 따라 연도별로 계약원가로 대체한다.

정답 ②

④ 하자보수 예상액

건설계약은 공사 종료 후 일정기간 동안 당해 공사에서 발생하는 하자를 무상으로 보수하는 의무가 포함되는 것이 일반적이다. 하자보수의무가 있는 경우에는 합리적으로 객관적인 기준에 따라 추정된 금액을 하자보수비의 과목으로 하여 계약원가에 포함한다. **하자보수비는 공사의 진행정도와 관계가 없으므로 진행률 산정에는 포함되지 않는다.** 그러므로 **공사 개시일 이후에 하자보수예상원가를 진행률에 따라 계약원가로 안분한다.**

하자보수비는 진행률에 따라 계약이 진행되는 회계연도의 계약원가에 포함하고, 동 금액을 하자보수충당부채로 계상한다. 실제로 하자가 발생했을 때, 하자보수충당부채와 상계하고, 남은 잔액은 실질적으로 하자보수의 의무가 종료되었을 때 종료한 회계연도에 환입한다. 만일 **하자보수충당부채로 인식한 금액보다 더 많은 하자보수비가 발생한다면 발생한 연도에 하자보수비(비용)으로 인식**한다.

[회계처리]

〈결산일〉
(차) 미성공사(하자보수비)   XXX   (대) 하자보수충당부채   XXX

〈하자보수 시〉
(차) 하자보수충당부채   XXX   (대) 현금   XXX
    하자보수비   XXX

[진행률 계산 시 특수항목의 포함 여부와 회계처리 방법 정리]

구분	진행률	회계처리
수주원가	불포함	요건 충족 시 진행률에 따라 계약원가로 대체
차입원가	불포함	발생기간에 즉시 계약원가로 대체
건설장비의 감가상각비	포함	• 특정공사에만 사용: 공사기간과 내용연수 중 짧은 기간동안 상각 • 여러 공사에 사용: 내용연수 동안 상각
하자보수예상원가	불포함	진행률에 따라 연도별로 계약원가로 대체

MEMO

OX 퀴즈

다음 문장의 경우 올바른 설명에는 O, 틀린 설명에는 ×를 하고 틀린 설명은 수정하시오.

① 건설계약의 수익을 인식할 때 수익을 신뢰성 있게 측정할 수 있다면 진행기준을 적용하고 신뢰성 있게 측정할 수 없다면 완성기준으로 인식한다. ( )

② 건설계약에서 총 계약원가가 총 계약수익을 초과할 가능성이 높을 경우, 예상되는 손실을 즉시 비용으로 인식한다. ( )

③ 공사 손실이 발생하지 않는 경우, 건설계약에서 보고기간 말 현재 미성공사 계정의 장부금액은 누적계약수익으로 인식한 금액과 동일하다. ( )

④ 미성공사계정의 금액이 진행청구액의 금액을 초과하는 경우 동 초과액은 미청구공사의 과목으로 계약자산으로 표시하며, 반대의 경우에는 초과청구공사의 과목으로 하여 계약부채로 표시한다. ( )

⑤ 누적발생원가에 인식한 이익을 가산 또는 인식한 손실을 차감한 금액이 진행청구액을 초과하는 경우 이를 초과청구공사로 하여 계약부채로 표시한다. ( )

⑥ 건설계약 전에 지출한 수주비는 특정한 요건을 충족하면 계약원가에 포함하고, 누적발생원가를 기준으로 진행률을 결정하는 경우 이를 포함하여 진행률을 산정한다. ( )

⑦ 건설계약의 결과를 신뢰성 있게 추정할 수 없고 발생한 원가의 회수가능성도 높지 않다면 수익과 비용을 인식하지 않는다. ( )

⑧ 보고기간 말 현재 미성공사와 진행청구액의 장부금액은 서로 상계할 수 없으며, 각각 자산과 부채로 보고한다. ( )

⑨ 차입원가는 건설계약의 진행률을 산정할 때 포함하고, 추후 건설기간 동안 건설계약원가에 포함한다. ( )

OX 풀이

❶ × 건설계약의 수익을 인식할 때 수익을 신뢰성 있게 측정할 수 있다면 진행기준을 적용하고 신뢰성 있게 측정할 수 없다면 발생한 계약원가의 범위 내에서 회수가능한 금액을 계약수익으로 인식한다.

❷ ○

❸ ○

❹ ○

❺ × 미성공사가 진행청구액을 초과하는 경우 미청구공사로 하여 계약자산으로 표시한다.

❻ × 수주비는 진행률 산정 시 포함하지 않는다.

❼ × 건설계약의 결과를 신뢰성 있게 추정할 수 없고 발생한 원가의 회수가능성도 높지 않다면 수익은 인식하지 않고 계약원가만 즉시 비용으로 인식한다.

❽ × 보고기간 말 현재 미성공사와 진행청구액의 장부금액은 서로 상계하여 계약자산(미청구공사) 또는 계약부채(초과청구공사)의 과목으로 하여 재무상태표에 보고한다.

❾ × 차입원가는 건설계약의 수행정도와 관계가 없으므로 진행률 산정에 포함하지 않으며, 발생한 기간에 즉시 계약원가로 인식한다.

실전훈련

01 다음 중 건설계약에 대한 수익과 원가의 인식 방법으로 가장 올바르지 않은 것은?

① 건설계약의 진행률을 신뢰성 있게 측정할 수 있는 경우, 건설계약과 관련한 계약수익과 계약원가는 보고기간말 현재 계약활동의 진행률을 기준으로 각각 수익과 비용으로 인식한다.
② 건설계약의 진행률은 수행한 공사에 대하여 발생한 누적발생계약원가를 추정총계약원가로 나눈 비율인 원가기준으로만 산정한다.
③ 총계약원가가 총계약수익을 초과할 가능성이 높은 경우, 예상되는 손실을 즉시 비용으로 인식한다.
④ 건설계약의 진행률을 신뢰성 있게 측정할 수 없는 경우, 계약수익은 회수가능성이 높은 발생한 계약원가의 범위 내에서만 인식하며, 발생한 계약원가는 모두 당해 기간의 비용으로 인식한다.

02 12월 결산법인인 ㈜한국은 20X1년 초에 공사계약금이 ₩20,000,000인 건설공사를 수주하였으며 이와 관련된 자료가 다음과 같다. ㈜한국이 진행기준을 적용하여 수익을 인식하는 경우 20X2년도의 계약이익은 얼마인가?

구분	20X1년	20X2년	20X3년
누적발생계약원가	₩3,000,000	₩12,000,000	₩15,000,000
추정총계약원가	₩15,000,000	₩15,000,000	₩15,000,000

① ₩0
② ₩1,000,000
③ ₩3,000,000
④ ₩12,000,000

풀이

01 ② 수행한 공사의 측량이나 계약공사의 *물리적 완성비율도 적용 가능*하다.

02 (1) 진행률

	20X1년	20X2년
누적 발생 계약원가	₩3,000,000	₩12,000,000
추정 총 계약원가	₩15,000,000	₩15,000,000
누적 진행률	20%	80%

(2) 계약이익
(₩20,000,000 - ₩15,000,000) × 80% - (₩20,000,000 - ₩15,000,000) × 20% = ₩3,000,000

답 01 ② 02 ③

03 ㈜서울은 장기건설계약에 대하여 진행기준을 적용하고 있다. 2017년도에 계약금액 ₩20,000의 사무실용 빌딩 건설계약을 하였다. 2017년 말 현재 공사진행률은 30%, 당기에 인식한 공사이익의 누계액은 ₩1,500이고 추정 총계약원가는 ₩15,000이다. 또한, 2018년 말 현재 공사진행률은 60%, 지금까지 인식한 공사이익의 누계액은 ₩2,400이고 추정 총계약원가는 ₩16,000이다. 2018년도에 발생한 계약원가는 얼마인가?

기출처 2017. 서울시 9급

① ₩4,500
② ₩5,100
③ ₩6,000
④ ₩9,600

04 ㈜한국은 2014년 1월 1일에 도로건설계약(공사기간: 2014.1.1. ~ 2016.12.31.)을 체결하고 공사를 진행하였다. 총계약수익은 ₩300,000이며, 이 도로를 건설하는 데 필요한 총계약원가는 ₩200,000으로 추정되었다. 당해 건설계약에서 실제로 발생한 누적계약원가가 다음과 같을 때, 이 건설계약에 대한 설명으로 옳지 않은 것은? (단, 진행률은 실제 발생한 누적계약원가를 추정총계약원가로 나눈 비율로 계산한다.)

기출처 2016. 국가직 9급

구분	2014년	2015년	2016년
누적계약원가	₩50,000	₩130,000	₩200,000

① 2014년의 계약진행률은 25%이다.
② 2016년의 계약수익은 ₩105,000이다.
③ 2015년까지의 누적계약진행률은 65%이다.
④ 2015년에 인식할 계약이익은 ₩65,000이다.

풀이

03 ⑴ 2017년 누적 진행률 = 2017년 누적 계약원가/추정 총 계약원가
30% = 2017년 누적 계약원가/₩15,000
∴ 2017년 누적계약원가 = ₩4,500
⑵ 2018년 누적 진행률 = (2017년 누적계약원가 + 2018년 발생계약원가)/추정 총 계약원가
60% = (₩4,500 + 2018년 발생계약원가)/₩16,000
∴ 2018년 발생계약원가 = ₩5,100

04 ⑴ 2014년 계약진행률 = ₩50,000/₩200,000 = 25%
⑵ 2016년 계약수익 = 총 계약수익 × 2016년 진행률 = ₩300,000 × (100% - 65%) = ₩105,000
⑶ 2015년 누적진행률 = ₩130,000/₩200,000 = 65%
⑷ 2015년에 인식할 계약이익 = 총 인식할 이익 × 2015년 진행률 = (₩300,000 - ₩200,000) × (65% - 25%)
= ₩40,000

답 03 ② 04 ④

05 ㈜한국은 2012년에 ㈜민국과 컨설팅용역을 3년간 제공하기로 하는 계약을 체결하였으며, 총계약금액은 ₩5,000,000이다. ㈜한국의 용역수익 인식은 진행기준을 적용하고 있으며, 3년 동안의 컨설팅 용역과 관련된 원가 자료는 다음과 같다. ㈜한국의 2013년 용역이익은?   기출처 2015. 국가직 9급

구분	2012년	2013년	2014년
당기발생 용역원가	₩600,000	₩900,000	₩1,700,000
용역완료 시까지 추가소요 용역원가	₩2,400,000	₩1,500,000	

① ₩600,000
② ₩975,000
③ ₩1,000,000
④ ₩1,600,000

06 다음은 ㈜한국이 2011년 수주하여 2013년 완공한 건설공사에 관한 자료이다.

구분	2011년	2012년	2013년
당기발생계약원가	₩20억	₩40억	₩60억
총계약원가추정액	₩80억	₩100억	₩120억
계약대금청구	₩30억	₩40억	₩50억
계약대금회수	₩20억	₩30억	₩70억

이 건설계약의 최초 계약금액은 ₩100억이었으나, 2012년 중 설계변경과 건설원가 상승으로 인해 계약금액이 ₩120억으로 변경되었다. ㈜한국이 2012년에 인식할 계약손익은? (단, 진행율은 누적발생계약원가를 총계약원가추정액으로 나누어 계산한다.)   기출처 2013. 국가직 7급

① ₩5억 손실
② ₩3억 손실
③ ₩3억 이익
④ ₩7억 이익

05 ⑴ 2012년 진행률 = ₩600,000/(₩600,000 + ₩2,400,000) = 20%
⑵ 2013년 누적진행률 = (₩600,000 + ₩900,000)/(₩600,000 + ₩900,000 + ₩1,500,000) = 50%
⑶ 2013년 이익 = 계약수익 − 계약원가
  = ₩5,000,000 × (50% − 20%) − ₩900,000 = ₩600,000

06 계약손익 = 계약수익 − 계약원가
  = (120억 × 2012년 누적진행률* − 2011년 인식한 계약수익**) − 계약원가
  = (120억 × 60% − 25억) − 40억 = 7억 이익
  *누적진행률 = 누적발생계약원가/총계약원가추정액 = (20 + 40억)/100억 = 60%
  ** 2011년 인식한 계약수익 = 100억 × 당해 진행률(25% = 20억/80억) = 25억

답 05 ① 06 ④

07 ㈜한국은 20X1년 초에 한국도로공사와 고속도로 1구간의 건설계약을 ₩800,000에 체결하였다. 해당 고속도로는 20X3년 말에 완공되었으며, 동 건설계약과 관련된 자료는 다음과 같다.

구분	20X1년	20X2년	20X3년
당기발생원가	₩130,000	₩380,000	₩340,000
추정총계약원가	₩650,000	₩850,000	₩850,000
계약대금청구	₩150,000	₩350,000	₩300,000
계약대금회수	₩120,000	₩360,000	₩320,000

㈜한국이 이 건설계약과 관련하여 20X2년에 해야 할 회계처리에 대한 설명으로 옳지 않은 것은? (단, 공사진행률은 주어진 자료를 사용하여 계산한다.)

기출처 2011. 국가직 7급 수정

① 인식할 계약수익은 ₩320,000이다. ② 인식할 계약손실은 ₩60,000이다.
③ 계약 미수금의 기말 장부금액은 ₩20,000이다. ④ 인식할 계약원가는 ₩400,000이다.

08 다음은 ㈜한국건설이 수주한 건설공사 관련 자료이다. 공사기간은 20X3년 말까지이며, 관련 자료가 다음과 같을 경우 한국채택국제회계기준에 따라 회계처리를 할 경우 20X2년 재무상태표에 계상되는 계약부채(초과청구공사금액) 또는 계약자산(미청구공사) 금액은 얼마인가? (단, 총계약수익금액은 계약원가가 변동됨에 따라 건설공사와 협의하여 변경한 금액임)

	20X1년	20X2년	20X3년
누적계약원가	₩300,000	₩500,000	₩1,100,000
추정잔여계약원가	₩500,000	₩500,000	-
총계약수익	₩1,000,000	₩1,200,000	₩1,200,000
진행청구액	₩250,000	₩500,000	₩450,000
공사대금회수액	₩200,000	₩400,000	₩600,000

① 초과청구공사 ₩150,000 ② 미청구공사 ₩150,000
③ 초과청구공사 ₩250,000 ④ 미청구공사 ₩250,000

풀이

07 ① 계약수익 = ₩800,000 × 60%* − ₩800,000 × 20%** = ₩320,000
　　* (₩130,000 + ₩380,000)/₩850,000 = 60%　　** ₩130,000/₩650,000 = 20%
② 계약손실 = ₩320,000 − ₩400,000 = (₩80,000)
③ 계약미수금 = 총 청구금액 − 회수금액 = ₩350,000 + ₩150,000 − (₩120,000 + ₩360,000) = ₩20,000
④ 계약원가 = 당기발생공사원가 + 예상손실 × (1 − 누적진행률) = ₩380,000 + ₩50,000 × (1 − 60%) = ₩400,000

08 (1) 진행청구액: ₩250,000 + ₩500,000 = ₩750,000
(2) 미성공사: ₩1,200,000 × (₩500,000/₩1,000,000*) = ₩600,000
　　*추정총계약원가 = 누적계약원가 + 추정잔여계약원가 = ₩500,000 + ₩500,000 = ₩1,000,000
(3) 초과청구공사: (1) − (2) = ₩150,000

답　07 ②　08 ①

09 ㈜한국은 20X1년 1월 1일 댐 건설을 위해 정부와 건설계약(공사기간 3년, 도급금액 ₩12,000,000)을 체결하고 계약금을 ₩600,000 수취하였다. 건설계약과 관련하여 관련 연도별 자료가 다음과 같을 때 옳지 않은 것은?

기출처 2013. 세무사 수정

구분	20X1년	20X2년	20X3년
당기 실제 발생 계약원가	₩4,000,000	₩2,600,000	₩4,400,000
추가 예상 계약원가	₩6,000,000	₩4,400,000	-
공사대금 청구액(계약금 포함)	₩2,800,000	₩3,200,000	₩6,000,000
공사대금 회수액(계약금 포함)	₩2,600,000	₩3,000,000	₩6,400,000

① 20X2년 공사손실은 ₩200,000이다.
② 20X3년도 계약수익은 ₩4,800,000이다.
③ 20X2년 말 미성공사 금액은 ₩7,200,000이다.
④ 20X2년 말 공사미수금 잔액은 ₩300,000이다.

09 (1) 진행률

구분	20X1년	20X2년
누적 계약원가	₩4,000,000	₩6,600,000(= ₩4,000,000 + ₩2,600,000)
추정 총 계약원가	₩10,000,000(= ₩4,000,000 + ₩6,000,000)	₩11,000,000(= ₩6,600,000 + ₩4,400,000)
진행률	40%	60%

(2) 계약손익

구분	20X1년	20X2년
계약수익	₩12,000,000 × 40% = ₩4,800,000	₩12,000,000 × 60% - ₩4,800,000 = ₩2,400,000
계약원가	₩4,000,000	₩2,600,000
계약이익	₩800,000	(₩200,000)

[별해]
20X1년 계약이익 = (₩12,000,000 - ₩10,000,000) × 40% = ₩800,000
20X2년 계약이익 = (₩12,000,000 - ₩11,000,000) × 60% - ₩800,000 = (₩200,000)
(3) 20X2년 미성공사 = 20X2년 누적계약원가 + 20X2년 누적계약이익 = 20X2년 누적 계약수익
       = ₩12,000,000 × 60% = ₩7,200,000
(4) 공사미수금 = 공사대금 청구액 - 공사대금 회수액
       = (₩2,800,000 + ₩3,200,000) - (₩2,600,000 + ₩3,000,000)
       = ₩400,000

답 09 ④

10 12월 말이 결산법인인 ㈜한국건설은 축구장을 완성하는 데 3년이 소요되는 공사를 하였다. 20X1년 1월 초에 수주하여 공사계약금액은 ₩12,000이고, 각 회계연도에 발생한 공사비용과 공사추정액은 다음과 같다.

구분	연중실제발생공사비	공사비추가예정액	공사대금청구액
20X1년	₩3,000	₩7,000	₩4,000
20X2년	₩5,000	₩8,000	₩5,000
20X3년	₩9,000		₩3,000

진행기준에 의해 수익을 인식한 경우, 20X2년도 계약손익은 얼마인가? (진행률은 발생원가에 기초하여 산정한다.)

① ₩600 손실　　　　　　　　　② ₩4,600 손실
③ ₩600 이익　　　　　　　　　④ ₩4,600 이익

11 ㈜한국은 20X1년 4월 20일 학원건물공사를 ₩1,500,000에 수주하였다. 준공예정일은 20X3년 5월 말이다. 건설계약과 관련하여 발생한 원가는 다음과 같다.

구분	20X1년	20X2년
당기발생계약원가	₩200,000	₩600,000
추정총계약원가	₩800,000	₩1,000,000

20X2년 중 발주회사의 파산으로 회수가능한 계약금액은 ₩500,000으로 추정된다. 20X2년에 인식할 계약손익은 얼마인가?

① ₩225,000 이익　　　　　　　② ₩335,000 이익
③ ₩100,000 손실　　　　　　　④ ₩475,000 손실

10 (1) 20X1년도 공사 진행률 = 20X1년도 계약원가/추정총계약원가
　　　　　= ₩3,000/(₩3,000 + ₩7,000) = 30%
　　(2) 20X1년도 계약이익 = 총계약이익 × 진행률 = (₩12,000 - ₩10,000) × 30% = ₩600
　　(3) 20X2년도 예상 총 계약손익 = ₩12,000 - ₩16,000 = (₩4,000)
　　　　　= 20X1년도 계약손익 + 20X2년도 계약손익 + 20X3년도 계약손익
　　　　　= ₩600 + 20X2년도 계약손익 + ₩0
　　　　　∴ 20X2년도 계약손익 = ₩4,600 손실
11 (1) 20X1년 계약수익 = ₩1,500,000 × (₩200,000/₩800,000) = ₩375,000
　　(2) 20X2년 계약수익 = min[₩800,000, ₩500,000] - ₩375,000 = ₩125,000
　　(3) 계약손익 = ₩125,000 - ₩600,000 = ₩475,000 손실

답　10 ②　11 ④

17 회계변경과 오류수정

Teacher's Map

❶ 회계변경

💡 의의

한국채택국제회계기준 준수	한국채택국제회계기준에서 정한 회계정책에 따라 재무제표를 작성·표시해야 함
회계처리 기준이 없는 경우	경영진은 판단에 따라 회계정책을 개발 및 적용하여 회계정보를 작성할 수 있으며, 이때 회계정보는 의사결정 목적에 적합하고, 신뢰성을 갖추어야 함
일관성 있는 회계정책 적용	① 동일한 회계정책을 선택하여 일관성 있게 적용 ② 재무제표의 기간별 비교가능성을 높일 수 있음
변경허용	다른 회계정책이나 추정으로 변경하는 것을 허용하는데 이를 회계변경이라고 함

💡 회계정책의 변경

의미	기업이 적용하던 회계정책을 다른 회계정책으로 변경하는 것을 의미함
회계정책변경의 예	① 원가 흐름의 가정 변경: 재고자산의 원가흐름의 가정을 선입선출법에서 평균법으로 변경 ② 측정 기준의 변경 • 유·무형자산의 평가방법을 원가모형에서 재평가모형으로 변경 • 투자부동산의 평가방법을 원가모형에서 공정가치모형으로 변경
정책변경이 가능한 경우	① 기준의 개정: 한국채택국제회계기준에서 회계정책의 변경을 요구하는 경우 ② 자발적 변경: 회계정책의 변경을 반영한 재무제표가 특정거래, 기타 사건 또는 상황이 재무상태, 재무성과 또는 현금흐름에 미치는 영향에 대하여 신뢰성 있고 더욱 목적적합한 정보를 제공하는 경우
정책변경에 해당하지 않는 경우	① 실질이 다른 거래: 과거에 발생한 거래와 실질이 다른 거래, 기타 사건 또는 상황에 대하여 다른 회계정책을 적용하는 경우 ② 새로운 거래: 과거에 발생하지 않았거나 발생하였어도 중요하지 않았던 거래, 기타 사건 또는 상황에 대하여 새로운 회계정책을 적용하는 경우
회계처리	① 원칙: 소급법 • 회계정책의 변경으로 인한 특정회계기간에 미치는 영향이나 누적효과를 실무적으로 결정할 수 있는 경우에는 변경된 새로운 회계정책은 소급하여 적용하는 것을 원칙으로 함 • 비교목적으로 전기이전의 재무제표를 공시하는 경우에는 비교표시되는 가장 이른 과거기간의 영향을 받는 자본의 각 구성요소의 기초금액과 비교공시되는 각 과거기간의 기타 대응금액을 새로운 회계정책이 처음부터 적용된 것처럼 소급적용함 ② 예외: 전진법 • 회계정책의 변경으로 인한 특정기간에 미치는 영향이나 누적효과를 실무적으로 결정할 수 없는 경우에는 실무적으로 결정할 수 있는 가장 이른 날부터 새로운 회계정책을 전진적용하고, 그에 따라 변동하는 자본구성요소의 기초금액을 조정함
특수한 경우	유형자산과 무형자산을 재평가하는 회계정책을 최초로 적용하는 경우에는 회계정책을 소급적용하지 않고 재평가 개시일부터 적용하여 회계처리함

개념 찾기

❶ 회계변경　　❹ 소급법　　❼ 자동조정오류
❷ 회계정책의 변경　　❺ 전진법　　❽ 비자동조정오류
❸ 회계추정의 변경　　❻ 오류수정

💡 회계 추정의 변경

개념	회계추정치란 직접 관측할 수 없어 추정해야 하는 화폐금액을 의미함. 합리적 추정을 사용하는 것은 재무제표 작성의 필수적인 과정이며 재무제표의 신뢰성을 손상시키지 않음. 이때, 회계추정치의 근거가 되었던 상황의 변화, 새로운 정보의 획득, 새로운 상황의 전개나 추가 경험의 축적이 있는 경우에 회계추정치를 변경함.
회계추정치의 예시	① 기대신용손실에 대한 손실충당금　　② 재고자산 항목의 순실현가능가치 ③ 자산이나 부채의 공정가치　　④ 유형자산 항목의 감가상각비 ⑤ 보증의무에 대한 충당부채
회계처리	① 전진적용 : 회계추정의 변경효과는 변경이 발생한 기간과 그 이후의 회계기간에 당기손익에 포함하여 전진적으로 적용함 ② 회계추정변경의 효과 : 당해 회계연도의 개시일부터 적용
정책변경과 추정변경의 구분이 어려운 경우	추정변경으로 봄
공시	① 원칙 : 당기에 영향을 미치거나 미래기간에 영향을 미칠 것으로 예상되는 회계추정치 변경에 대하여 변경내용과 변경효과의 금액을 공시 ② 예외 : 미래기간에 미치는 영향을 실무적으로 추정할 수 없는 경우에는 공시하지 아니할 수 있음. 단, 미래기간에 미치는 영향을 실무적으로 추정할 수 없기 때문에 공시하지 아니한 경우에는 그 사실을 공시

❷ 오류수정

개념	오류수정이란 당기중에 발견한 당기의 잠재적 오류나 후속기간 중에 발견한 전기 이전의 오류를 재무제표 발행·승인일 전에 수정하는 것을 의미함
유형	① 당기손익에 영향을 미치지 않는 거래 ② 당기손익에 영향을 미치는 거래 　• 자동조정오류: 회계오류가 발생하는 회계연도와 그 다음 회계연도의 장부가 마감되는 경우, 당해 회계오류가 두 회계연도에 걸쳐 서로 상쇄되어 수정분개의 필요가 없는 오류 　• 비자동조정오류: 회계오류가 발생한 회계연도와 그 다음 회계연도의 장부가 마감된 경우에도 회계오류가 자동적으로 상쇄되지 않는 오류
회계처리	① 중요한 전기오류는 특정기간에 미치는 오류의 영향이나 오류의 누적효과를 실무적으로 결정할 수 없는 경우를 제외하고 소급하여 수정하도록 규정 　• 오류가 발생한 과거기간의 재무제표가 비교 표시되는 경우에는 그 재무정보를 재작성함 　• 오류가 비교 표시되는 가장 이른 과거기간 이전에 발생한 경우에는 비교표시되는 가장 이른 과거기간의 자산, 부채 및 자본의 기초금액을 재작성함 ② 특정기간에 미치는 오류의 영향을 실무적으로 결정할 수 없는 경우는 실무적으로 소급 적용할 수 있는 가장 이른 회계기간의 자산 및 부채의 기초장부금액을 재작성함 ③ 당기 기초시점에 과거기간 전체에 대해 오류의 누적효과를 실무적으로 결정할 수 없는 경우에는 실무적으로 적용할 수 있는 가장 이른 날부터 전진적으로 오류를 수정하여 비교정보를 재작성해야 함

① 회계변경
② 오류수정

① 회계변경

① 의의

거래, 기타 사건 또는 상황에 한국채택국제회계기준을 구체적으로 적용하는 경우, 그 항목에 적용되는 회계정책은 한국채택국제회계기준을 적용하여 결정될 것이다. 만약 **거래, 기타사건 또는 상황에 대하여 구체적으로 적용할 수 있는 한국채택국제회계기준이 없는 경우, 경영진은 판단에 따라 회계정책을 개발 및 적용하여 회계정보를 작성할 수 있으며,** 이때 회계정보는 의사결정 목적에 적합하고, 신뢰성을 갖추어야 한다.

한국채택국제회계기준은 회계정책의 적용대상인 거래, 기타 사건 및 상황에 관한 정보가 목적적합하고 신뢰성 있게 재무제표에 반영될 수 있도록 한다. 이러한 회계정책의 적용효과가 중요하지 않은 경우에는 그 회계정책을 적용하지 않을 수 있다. 그러나 기업의 재무상태, 재무성과 또는 현금흐름을 특정한 의도대로 표시하기 위하여 한국채택국제회계기준에 위배된 회계정책을 적용하는 것은 그것이 중요하지 않더라도 적절하다고 할 수 없다.

한국채택국제회계기준에서 특정 범주별로 서로 다른 회계정책을 적용하도록 규정하거나 허용하는 경우를 제외하고는 유사한 거래, 기타 사건 및 상황에는 **동일한 회계정책을 선택하여 일관성 있게 적용**한다. 일관성 있게 회계정책을 적용함으로써 **재무제표의 기간별 비교가능성을 높일 수 있다.**

그러나 한국채택국제회계기준이나 관계 법령의 제정 및 개정, 경제환경의 변화, 기술 및 기업환경의 변화 등으로 인해 기업이 현재 채택하고 있는 회계정책이나 회계추정을 변경하는 것이 더 유용한 회계정보를 제공할 수 있는 경우 **다른 회계정책이나 회계추정으로 변경하는 것을 허용하는데 이를 회계변경**이라고 한다.

② 회계정책의 변경

회계정책의 변경이란 기업이 적용하던 회계정책을 다른 회계정책으로 변경하는 것을 의미한다. 회계정책의 변경은 두 가지 회계정책을 기업이 임의로 선택할 수 있는 경우에만 가능하며, 이러한 예는 다음과 같다.

① **원가 흐름의 가정 변경**: 재고자산의 원가흐름의 가정을 선입선출법에서 평균법으로 변경
② **측정 기준의 변경**
 • 유·무형자산의 평가방법을 원가모형에서 재평가모형으로 변경
 • 투자부동산의 평가방법을 원가모형에서 공정가치모형으로 변경

이러한 회계정책의 변경은 임의적으로 변경할 수 없으며, 다음의 경우에만 가능하다.

① **기준의 개정**: 한국채택국제회계기준에서 회계정책의 변경을 요구하는 경우
② **자발적 변경**: 회계정책의 변경을 반영한 재무제표가 거래, 기타 사건 또는 상황이 재무상태, 재무성과 또는 현금흐름에 미치는 영향에 대하여 신뢰성 있고 더욱 목적적합한 정보를 제공하는 경우

📖 **확인문제**

01. 다음 중 회계정책의 변경에 대한 설명으로 옳지 않은 것은?

① 재고자산의 원가흐름의 가정을 선입선출법에서 평균법으로 변경하는 것은 회계정책의 변경이다.
② 과거에 발생한 거래와 실질이 다른 거래나 사건에 대해 다른 회계정책을 적용하는 경우에도 회계정책의 변경으로 회계처리 한다.
③ 투자부동산의 평가방법을 원가모형에서 공정가치모형으로 변경하는 것은 회계정책의 변경이다.
④ 일반적으로 인정되지 않은 회계원칙에서 일반적으로 인정된 회계원칙으로의 수정은 회계정책의 변경이 아닌 오류의 수정이다.

정답 ②

✏️ **기출 OX**

01. 측정기준의 변경은 회계추정의 변경이 아니라 회계정책의 변경에 해당한다.
기출처 2020. 지방직 9급
정답 O

그러나 다음의 경우는 회계정책의 변경에 해당하지 아니하므로 언제든지 허용된다.

① **실질이 다른 거래**: 과거에 발생한 거래와 실질이 다른 거래, 기타 사건 또는 상황에 대하여 다른 회계정책을 적용하는 경우
② **새로운 거래**: 과거에 발생하지 않았거나 발생하였어도 중요하지 않았던 거래, 기타 사건 또는 상황에 대하여 새로운 회계정책을 적용하는 경우

회계정책의 변경은 일반적으로 인정하는 회계원칙에서 일반적으로 인정하는 또 다른 회계원칙으로의 변경만을 의미한다. 반면에, 일반적으로 인정되지 않은 회계원칙에서 일반적으로 인정된 회계원칙으로의 수정은 회계정책의 변경이 아니라 오류수정이다.

❸ 회계정책의 변경 회계처리

회계정책 변경의 회계처리는 회계정책변경에 따른 변경의 영향이나 누적효과를 실무적으로 결정할 수 있는 경우와 없는 경우로 구분하여 다음과 같이 회계처리 한다.

3-1 원칙: 소급법

회계정책의 변경으로 인한 특정회계기간에 미치는 영향이나 누적효과를 실무적으로 결정할 수 있는 경우에는 변경된 새로운 회계정책은 소급하여 적용하는 것을 원칙으로 한다. 이 경우 회계정책의 변경에 따른 누적효과를 당해 회계기간의 자산 및 부채의 기초장부금액에 새로운 회계정책을 적용하고, 그에 따라 변동하는 자본구성요소의 기초금액을 조정한다.

비교목적으로 전기이전의 재무제표를 공시하는 경우에는 비교표시되는 가장 이른 과거기간의 영향을 받는 자본의 각 구성요소의 기초금액과 비교공시되는 각 과거기간의 기타 대응금액을 새로운 회계정책이 처음부터 적용된 것처럼 소급적용한다.

3-2 예외: 전진법

회계정책의 변경으로 인한 특정기간에 미치는 영향이나 누적효과를 실무적으로 결정할 수 없는 경우에는 실무적으로 결정할 수 있는 가장 이른 날부터 새로운 회계정책을 전진적용하고, 그에 따라 변동하는 자본구성요소의 기초금액을 조정한다. 실무적으로 적용할 수 있는 가장 이른 회계기간은 당기일 수도 있으며, 이 경우에는 그 변경의 효과를 당해 회계연도 개시일부터 전진적으로 적용한다.

3-3 특수한 사항

측정기준의 변경은 회계정책의 변경이다. 예를 들어 유형자산과 무형자산을 원가모형에서 재평가모형으로 변경하는 것은 회계정책의 변경에 해당한다. 그러나 유형자산과 무형자산을 재평가하는 회계정책을 최초로 적용하는 경우에는 회계정책을 소급적용하지 않고 재평가 개시일부터 적용하여 회계처리 한다.

[회계 정책의 변경]

구분		회계처리
원칙	누적효과를 산정할 수 있는 경우	소급법을 적용
예외	누적효과를 산정할 수 없는 경우	소급 전진법을 적용
재평가모형의 회계정책을 최초로 적용하는 경우		해당 규정에 따라 전진법 적용

📝 기출 OX

02. 과거에 발생한 거래와 실질이 다른 거래, 기타 사건 또는 상황에 대하여 다른 회계정책을 적용하는 것은 회계정책의 변경에 해당하지 아니한다.

기출처 2022. 국가직 7급
정답 O

오쌤 Talk

회계정책 변경의 회계처리
소급적용 할 경우 수정은 다음과 같다.
① 재무상태표 계정의 당해 기초 자산과 당해 기초 부채를 수정
② 당해 기초자본을 수정하는데, 소급 적용으로 인해 전기 이전에 수정된 손익은 모두 이익잉여금에 반영되어 조정된다.

📝 기출 OX

03. 회계정책의 변경은 특정기간에 미치는 영향이나 누적효과를 실무적으로 결정할 수 없는 경우를 제외하고는 소급 적용한다.

기출처 2020. 지방직 9급
정답 O

04. 재평가모형에서 원가모형으로 변경할 때 비교표시되는 과거기간의 재무제표를 소급하여 재작성한다.

기출처 2019. 지방직 9급
정답 O

05. 자산을 재평가하는 회계정책을 최초로 적용하는 경우의 회계정책 변경은 소급적용하지 않는다.

기출처 2019. 지방직 9급
정답 O

🔖 확인문제

02. ㈜한국은 20X1년 1월 1일 건물을 ₩210,000에 취득하였으며, 감가상각방법은 정액법(내용연수 7년, 잔존가치 ₩0)을 사용한다. ㈜한국은 20X4년 1월 1일부터 보유하고 있는 건물에 대해 재평가모형을 적용하는 것으로 회계정책을 변경하였고, 20X4년 초 공정가치 ₩180,000으로 재평가하였다. ㈜한국이 재평가자산의 사용에 따라 재평가잉여금의 일부를 이익잉여금으로 대체한다면 20X4년 말 이익잉여금으로 대체되는 재평가잉여금은? 기출처 2013. 회계사

① ₩7,500 ② ₩15,000
③ ₩45,000 ④ ₩75,000
⑤ ₩135,000

정답 ②

기본예제 1 회계정책의 변경

㈜한국은 20X1년 초 설립되었다. 설립 후 재고자산에 대한 원가흐름의 가정으로 평균법을 적용하였으며, 설립 후 2개년도의 재고자산과 매출원가는 다음과 같다.

구분	20X1년	20X2년
기초재고액	-	₩20,000
당기매입액	₩100,000	₩100,000
기말재고액	₩20,000	₩50,000
매출원가	₩80,000	₩70,000

㈜한국은 20X2년 재고자산의 원가흐름가정을 평균법에서 선입선출법으로 변경하기로 결정하였다. 선입선출법을 적용하는 경우 회계기간 말 재고자산의 금액은 다음과 같다.

구분	20X1년	20X2년
평균법하의 기말재고자산	₩20,000	₩50,000
선입선출법하의 기말재고자산	₩25,000	₩58,000

01 회계정책의 변경을 반영한 결과 ㈜한국의 연도별 매출원가는 얼마인가?

02 20X2년 회계정책의 변경을 포함하여 매출원가를 인식하는 회계처리를 하시오. (단, 20X2년 기말 매출원가를 인식하는 결산수정분개도 반영하시오.)

03 20X2년 ㈜한국이 당해 회계정책 변경의 영향이나 누적효과를 실무적으로 결정할 수 없는 경우 매출원가를 인식하는 회계처리를 하시오. (단, 20X2년 매출원가를 인식하기 위한 결산분개도 반영하시오.)

오쌤 Talk

소급법 (기본예제 1)
① 20X2년 기초자산과 부채 수정
② 20X1년 말까지 누적 손익은 모두 이익잉여금에 반영
③ 20X2년 변경된 정책으로 당기손익과 자산, 부채를 인식

오쌤 Talk

미처분이익잉여금

회계변경으로 인한 누적효과는 대부분의 경우 손익의 누적효과를 의미하고, 이는 이익잉여금에 반영이 된다. 다만, 이익잉여금 중에서 좀 더 구체적으로는 '미처분이익잉여금'이라는 카테고리에 반영된다. 미처분이익잉여금은 '(전기)이월이익잉여금'이라는 명칭으로 사용되기도 한다.

[풀이]

01

구분	20X1년	20X2년
기초재고액	–	₩25,000
당기매입액	₩100,000	₩100,000
기말재고액	₩25,000	₩58,000
매출원가	₩75,000	₩67,000

02
20X2. 1. 1.	(차) 재고자산	₩5,000	(대) 미처분이익잉여금	₩5,000
20X2. 12. 31.	(차) 매출원가	₩67,000	(대) 재고자산(기초)	₩25,000
	재고자산(기말)	₩58,000	매입	₩100,000

03

구분	20X1년	20X2년
기초재고액	–	₩20,000
당기매입액	₩100,000	₩100,000
기말재고액	₩20,000	₩58,000
매출원가	₩80,000	₩62,000

20X2. 1. 1.	회계처리없음			
20X2. 12. 31.	(차) 매출원가	₩62,000	(대) 재고자산(기초)	₩20,000
	재고자산(기말)	₩58,000	매입	₩100,000

오쌤 Talk

정책변경의 효과를 결정할 수 없는 경우

[기본예제 1] 03번에서 회계정책변경의 효과를 실무적으로 결정할 수 없다면, 전진법을 적용한다. 20X1년 기말재고는 변경 전의 재고인 ₩20,000(평균법 재고)를 그대로 사용하고, 20X2년 말은 선입선출법으로 변경하여 재고자산 가액을 ₩58,000으로 산정한다.

❹ 회계추정의 변경

4-1 회계추정치

회계정책은 측정불확실성을 고려하여 재무제표의 항목을 측정하도록 요구할 수 있다. 즉, **회계정책은 직접 관측할 수 없어 추정해야 하는 화폐금액으로 재무제표의 항목을 측정하도록 요구할 수 있다.** 이 경우, 기업은 회계정책에서 정한 목적을 이루기 위해 회계추정치를 개발한다. 회계추정치의 개발은 이용할 수 있고 신뢰성 있는 가장 최근 정보에 기초한 판단이나 가정이 수반된다. 회계추정치의 예는 다음과 같다.

① 기대신용손실에 대한 손실충당금
② 재고자산 항목의 순실현가능가치
③ 자산이나 부채의 공정가치
④ 유형자산 항목의 감가상각비
⑤ 보증의무에 대한 충당부채

회계추정치를 개발하기 위해 측정기법과 투입변수를 사용한다. 측정기법에는 추정기법(ex. 기대신용손실에 대한 손실충당금을 측정하는 데 사용하는 기법)과 평가기법(ex. 자산이나 부채의 공정가치를 측정하는 데 사용하는 기법)이 포함된다.

합리적 추정을 사용하는 것은 재무제표 작성의 필수적인 과정이며 재무제표의 신뢰성을 손상시키지 않는다.

4-2 회계추정치의 변경

회계추정치의 변경은 당초 추정의 근거가 되었던 상황의 변화, 새로운 정보의 획득, 추가적인 경험의 축적에 따라 지금까지 사용해오던 회계적 추정치를 바꾸는 것이다. 성격상 추정의 수정은 과거기간과 연관되지 않으며 이는 오류수정으로 보지 않는다. 그러나 **원래의 추정 당시에 부주의나 경험부족 등의 사유로 인하여 추정치를 잘못 측정하였던 것을 올바르게 하는 것은 추정의 변경이 아니라 오류의 수정이다.**

📚 **확인문제**

03. 다음 중 회계변경에 대한 설명으로 옳지 않은 것은?

① 유형자산의 감가상각 방법의 변경은 회계추정의 변경이다.
② 매출채권의 기대신용손실 추정의 변경이나 재고자산의 진부화로 인해 재고자산 순실현가능가치를 추정하는 것도 회계추정의 변경이다.
③ 원래의 추정 당시 부주의나 경험의 부족으로 인해 추정치를 잘못 측정하였던 것을 올바르게 변경하는 것도 회계추정의 변경이다.
④ 회계추정변경의 효과는 변경이 발생한 기간과 그 이후의 회계기간에 당기손익에 포함하여 전진적으로 적용한다.

정답 ③

✏️ **기출 OX**

06. 투입변수나 측정기법의 변경이 회계추정치에 미치는 영향은 전기오류수정에서 비롯되지 않는 한 회계추정치 변경이다. 기출처 2023. 지방직 9급 최신
정답 O

07. 추정의 근거가 되었던 상황의 변화, 새로운 정보의 획득, 추가적인 경험의 축적이 있는 경우 추정의 수정이 필요할 수 있다. 성격상 추정의 수정은 과거기간과 연관되지 않으며 오류수정으로 보지 아니한다. 기출처 2022. 국가직 7급
정답 O

⑤ 회계추정 변경의 회계처리

5-1 전진법
회계추정의 변경효과는 변경이 발생한 기간과 그 이후의 회계기간에 당기손익에 포함하여 전진적으로 적용한다. 즉, 추정의 근거가 되었던 상황의 변화 등으로 추정의 수정을 하는 것이며, 이는 상황의 변화 등이 변한 시점의 회계기간부터 회계추정의 변경을 적용하는 것이다.

이 경우 회계추정 변경의 효과는 당해 회계연도의 개시일부터 적용한다. 과거추정치와 회계처리를 모두 인정하되, 회계추정 변경을 한 회계연도 개시일부터 변경된 추정치를 적용한다.

5-2 정책변경과 추정변경의 구분이 어려운 경우
회계정책의 변경과 회계추정의 변경을 구분하는 것이 어려운 경우에는 회계추정의 변경으로 본다. 예를 들어, 과거 회계기간에 비용으로 처리하던 특정지출에 대해 자본화가 인정된 경우 회계정책의 변경효과와 회계추정변경의 효과를 구분하는 것이 불가능하므로 회계추정의 변경으로 간주하여 전진법을 적용하여 회계처리한다.

5-3 공시
당기에 영향을 미치거나 미래기간에 영향을 미칠 것으로 예상되는 회계추정치 변경에 대하여 변경내용과 변경효과의 금액을 공시한다. 다만 미래기간에 미치는 영향을 실무적으로 추정할 수 없는 경우에는 공시하지 아니할 수 있다.
다만, 미래기간에 미치는 영향을 실무적으로 추정할 수 없기 때문에 공시하지 아니한 경우에는 그 사실을 공시한다.

확인문제

04. ㈜서울은 취득원가가 ₩200,000이고 잔존가치가 ₩20,000으로 추정되는 유형자산의 내용연수를 10년으로 예상하고 정액법을 적용하여 6년 간 상각하여 왔다. 7차년도에 동 유형자산을 8년 동안 더 사용할 수 있는 것으로 재추정하였고, 잔존가치도 ₩5,000으로 재추정하였다. 7차년도의 감가상각비는?

기출처 2020. 서울시 7급

① ₩10,000 ② ₩10,875
③ ₩11,125 ④ ₩12,875

정답 ②

기출 OX

08. 회계추정의 변경효과가 변경이 발생한 기간과 미래기간에 모두 영향을 미치는 경우 발생한 기간에는 회계추정 변경 효과를 당기손익에 포함하여 전진적으로 인식하고, 미래기간에는 회계추정 변경 효과를 기타포괄손익으로 하여 전진적으로 인식한다.

기출처 2023. 지방직 9급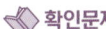

정답 X

09. 회계정책의 변경과 회계추정의 변경을 구분하는 것이 어려운 경우에는 이를 회계정책의 변경으로 본다.

기출처 2020. 지방직 9급

정답 X

오쌤 Talk

기본예제 2

회계추정의 변경은 전진법을 적용한다. 그러므로 변경 직전의 장부금액을 산정하고 이후 변경 내용에 따라 전진적으로 회계처리를 반영한다.

확인문제

05. ㈜한국은 20X6년 4월 초 기계장치를 ₩1,000,000에 취득하였다. 해당 자산의 내용연수는 4년, 잔존가치는 ₩0이며, 연수합계법으로 감가상각하였다. ㈜한국은 20X8년 1월 초 기계장치의 잔존가치를 ₩105,000로 변경하였으며 감가상각방법은 정액법으로 변경하였다. 잔존가치와 감가상각방법의 변경 외 다른 회계추정의 변동이 없다면, 20X8년 인식할 감가상각비는? (단, 추정치의 변경은 모두 정당한 회계변경으로 가정하고, 감가상각비는 월할 상각한다.)

기출처 2019. 국가직 7급

① ₩90,000　② ₩120,000
③ ₩165,000　④ ₩220,000

정답 ②

기본예제 2 회계추정의 변경

20X1년 1월 1일 ㈜한국은 기계장치를 ₩100,000에 구입하여 내용연수 10년 정액법으로 감가상각을 하였으나, 20X3년 중 기계장치의 미래 경제적 효익이 소비되는 형태를 반영하여 잔존내용연수를 4년으로 추정을 변경하였다. (단, 잔존가치는 없는 것으로 한다.)
이에 대하여 회계처리하시오.

풀이

(1) 변경 전 연간 감가상각비 = 취득원가(₩100,000) ÷ 10년 = ₩10,000
(2) 변경시점의 장부금액 = 취득원가(₩100,000) − 감가상각누계액(₩20,000) = ₩80,000
(3) 변경 후 감가상각비 = 장부금액(₩80,000) ÷ 4년 = ₩20,000

20X3. 12. 31　(차) 감가상각비　₩20,000　　(대) 감가상각누계액　₩20,000

오류수정

❶ 오류수정의 기초

오류는 재무제표 구성요소의 인식, 측정, 표시 또는 공시와 관련하여 발생할 수 있다. 기업의 재무상태, 재무성과 또는 현금흐름을 특정한 의도대로 표시하기 위하여 중요하거나 중요하지 않은 오류를 포함하여 작성된 재무제표는 한국채택국제회계기준에 따라 작성되었다고 할 수 없다.

당기 중에 발견한 당기의 잠재적 오류는 재무제표의 발행승인일 전에 수정한다. 그러나 중요한 오류를 후속기간에 발견하는 경우, 이러한 전기오류는 해당 후속기간의 재무제표에 비교표시된 재무정보를 재작성하여 수정한다.

이러한 오류는 산술적 계산오류, 회계정책의 적용 오류, 사실의 간과 또는 해석의 오류 및 부정 등에 의하여 발생하며, 오류수정은 이를 바르게 고치는 것을 의미한다. 따라서 **오류수정은 잘못된 것을 수정하는 것이며, 회계변경은 그 당시에 적정하게 계상한 것을 다른 기준을 적용하여 변경**하는 것이다.

다만, 새로운 사건이 발생하거나 추가적인 정보나 경험에 기초하여 과거의 추정을 변경하는 경우에 발생하는 수정사항은 오류수정이 아닌 회계추정의 변경에 해당한다.

1-1 회계오류의 유형

1-1-1 당기순이익에 영향을 미치지 않는 오류

재무상태표 또는 포괄손익계산서상에만 영향을 미치는 오류는 당기순이익에 영향을 미치지 않는 **단순한 계정분류상의 오류**이다. 재무제표상의 오류는 매출채권을 미수금으로 처리한 경우이며, 계정 재분류를 통해서 오류를 수정하면 된다.

포괄손익계산서상의 오류는 매출을 이자수익으로 계상한 경우이며, 장부가 마감이 되지 않았다면 계정 재분류를 하고, 마감이 되었다면 포괄손익계산서 계정들이 모두 이익잉여금으로 대체되었으므로 수정분개가 필요 없다.

1-1-2 당기순이익에 영향을 미치는 오류

당기순이익에 영향을 미치는 오류는 **자동조정오류**와 **비자동조정오류**로 구분한다.

자동조정오류	회계오류가 발생하는 회계연도와 그 다음 회계연도의 장부가 마감되는 경우, 당해 회계오류가 두 회계연도에 걸쳐 서로 상쇄되어 수정분개의 필요가 없는 오류
비자동조정오류	회계오류가 발생한 회계연도와 그 다음 회계연도의 장부가 마감된 경우에도 회계오류가 자동적으로 상쇄되지 않는 오류

기출 OX

10. 기업의 재무상태, 재무성과 또는 현금흐름을 특정한 의도대로 표시하기 위하여 중요하거나 중요하지 않은 오류를 포함하여 작성된 재무제표는 한국채택국제회계기준에 따라 작성되었다고 할 수 없다. 기출처 2023. 지방직 9급 최신
정답 O

11. 당기 중에 발견한 당기의 잠재적 오류는 재무제표의 발행승인일 전에 수정한다. 그러나 중요한 오류를 후속기간에 발견하는 경우, 이러한 전기오류는 해당 후속기간의 재무제표에 비교표시된 재무정보를 재작성하여 수정한다. 기출처 2023. 지방직 9급 최신
정답 O

확인문제

06. 다음 중 회계정책, 회계추정의 변경 및 오류에 관한 설명으로 옳은 것은?
기출처 2013. 관세사
① 전기오류의 수정은 오류가 발견된 해의 당기손익에 반영한다.
② 당기에 미치는 회계추정의 변화는 당기손익에 반영하고, 미래 기간에 미치는 회계추정의 변화는 기타포괄손익에 반영한다.
③ 측정기준의 변경은 회계정책의 변경이다.
④ 우발상황의 결과에 따라 인식되는 손익은 오류수정에 해당한다.

정답 ③

자동조정오류는 어느 한 해 자산이나 당기순이익이 과대계상 또는 부채가 과소 계상 되었다면 다음 기에 자산이나 당기순이익이 과소계상 또는 부채가 과대 계상되어 결국 전체 회계기간으로 보면 오류가 해소되는 것이다. 자동조정오류는 주로 수익이나 비용의 기간배분과 관련되어 발생한다. 즉, 재고자산, 선급비용, 미수수익 등의 과대 또는 과소 계상되는 경우이다.

비자동조정오류는 별도의 수정절차를 취하지 않으면 오류가 계속 남아 있는 경우이다. 이러한 예는 유형자산을 취득하고 수익적 지출로 처리하는 경우이다.

1-2 오류수정의 회계처리

당기의 오류를 당기 중에 발견하였다면 재무제표를 마감하기 전에 수정하면 된다. 그러나 전기오류를 당기에 발견하였다면 이는 당기손익 또는 전기이월이익잉여금에 영향을 미치므로 이에 대한 오류수정을 해주어야 한다.

한국채택국제회계기준에서는 전기오류의 중요성 여부에 따라 회계처리를 다르게 하고 있다[1*]. 즉, 중요한 전기오류는 특정기간에 미치는 오류의 영향이나 오류의 누적효과를 실무적으로 결정할 수 없는 경우를 제외하고 다음의 방법으로 소급하여 수정하도록 규정하고 있다.

> ① 오류가 발생한 과거기간의 재무제표가 비교표시되는 경우에는 그 재무정보를 재작성한다.
> ② 오류가 비교표시되는 가장 이른 과거기간 이전에 발생한 경우에는 비교표시되는 가장 이른 과거기간의 자산, 부채 및 자본의 기초금액을 재작성한다.

중요한 오류란 재무제표 이용자의 경제적 의사결정에 영향을 미치는 경우로 관련 상황을 고려하여 누락이나 왜곡표시의 크기와 성격 또는 두 요소의 결합에 따라 결정된다.

또한 비교표시되는 하나 이상의 과거기간의 비교정보에 대해 특정기간에 미치는 오류의 영향을 실무적으로 결정할 수 없는 경우는 실무적으로 소급 적용할 수 있는 가장 이른 회계기간의 자산 및 부채의 기초장부금액을 재작성한다.

또한 당기 기초시점에 과거기간 전체에 대해 오류의 누적효과를 실무적으로 결정할 수 없는 경우에는 실무적으로 적용할 수 있는 가장 이른 날부터 전진적으로 오류를 수정하여 비교정보를 재작성하여야 한다.

오쌤 Talk

오류
당기의 오류를 당기에 수정하는 사항이 결산수정분개의 반영도 포함한다. 그러므로 오류의 수정은 광의의 의미에서는 현금주의 회계처리를 발생주의로 전환하는 결산수정사항의 반영도 포함된다.

오쌤 Talk

오류수정 회계처리
① 원칙: 소급법
② 예외: 전진법(오류의 누적효과를 결정할 수 없는 경우)

기출 OX

12. 당기 기초시점에 과거기간 전체에 대한 오류의 누적효과를 실무적으로 결정할 수 없는 경우, 실무적으로 적용할 수 있는 가장 이른 날부터 전진적으로 오류를 수정하여 비교정보를 재작성한다.
기출처 2022. 국가직 7급
정답 O

13. 전기오류는 특정기간에 미치는 오류의 영향이나 오류의 누적효과를 실무적으로 결정할 수 없는 경우를 제외하고는 소급재작성에 의하여 수정한다.
기출처 2020. 지방직 9급
정답 O

14. 전기오류의 수정은 오류가 발견된 기간의 당기손익으로 보고하고, 과거 재무자료의 요약을 포함한 과거기간의 정보는 실무적으로 적용할 수 있는 최대한 앞선 기간까지 소급재작성한다.
기출처 2022. 국가직 7급
정답 X

1* 그러나 기준서에서 중요하지 않은 오류에 대한 언급은 없다.

❷ 회계오류의 수정방법

회계오류의 수정방법은 회계오류의 성격에 따라 분류된다. 각 오류에 따른 오류수정 방법을 분류하면 다음과 같다.

① **비자동조정오류**: 분개접근법, 증분접근법
② **자동조정오류**: 재고자산오류수정방법, 이연과 발생계정의 오류 수정

2-1 분개접근법

회사의 회계처리와 올바른 회계처리를 반복적으로 수행하여 오류수정분개를 도출해 내는 방법이다. 분개접근법은 다음과 같은 순서로 오류를 수정한다.

① 회사측의 회계처리(오류발생분개)를 수행한다.
② 회사측의 회계처리를 역분개를 통해 취소한다.
③ 올바른 회계처리를 수행한다.

오류수정분개는 이미 ①번으로 기록된 분개를 ②번과 ③번을 통해 수정하는 과정이다. 단순 합산된 오류수정분개는 동일한 계정과목간에는 가감을 해주고, 손익계정 중 **당기 이전의 귀속사유인 손익계정은 전기오류수정손익의 계정으로 (전기이월)미처분이익잉여금에 직접 반영**하면 된다.

[분개접근법]

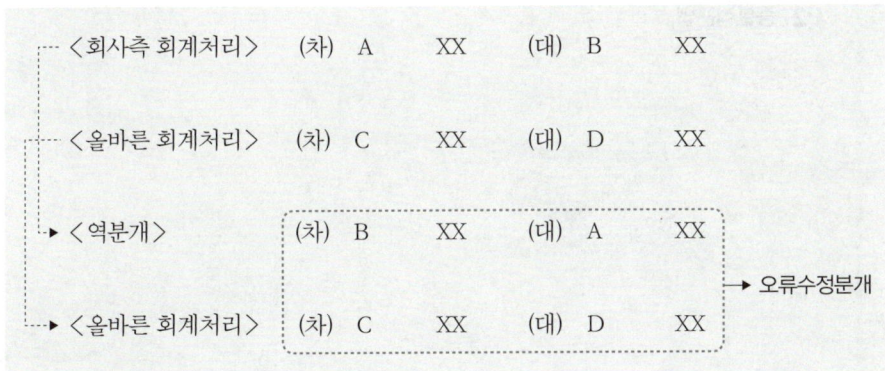

2-2 증분접근법

증분접근법은 회계오류의 영향을 받는 계정만 분석하여 수정한 후 차액을 전기오류수정손익으로 인식하는 방법이다. 이때 다음과 같은 순서로 회계처리한다.

① 재무상태표 계정을 수정
② 당기손익에 영향을 미치는 손익계산서 계정 수정
③ 나머지 대차 차액을 이월이익잉여금과목으로 처리

오쌤 Talk

증분접근법
만약 이미 결산을 수행한 후 이러한 오류가 발견이 되었다면 당기손익은 이미 이익잉여금에 반영이 되어 있을 것이므로 재무상태표상의 자산과 부채의 계정을 수정한 나머지 대차 차액은 모두 이익잉여금에 반영된다.

기본예제 3 비자동조정오류

20X1년 1월 1일 ㈜한국은 기계장치를 ₩100,000에 구입하여 내용연수 5년 정액법으로 감가상각을 하여야 했으나, 이를 수선유지비로 계상하여 당기비용으로 인식하였다. 이에 대하여 20X3년 말에 발견하였을 경우 다음 각각의 오류수정방법에 따라 회계처리하시오.

01 분개접근법

02 증분접근법

확인문제

07. ㈜한국은 20X1년 1월 1일 기계장치에 대한 수선비 ₩100,000을 지출하고, 이를 자산으로 처리하고 내용연수 5년 정액법으로 잔존가치 없이 감가상각을 진행하였다. 이에 대한 오류사항을 20X3년 말 결산을 반영하기 전에 발견하였고, 이러한 오류를 발견하기 전 ㈜한국의 당기손익은 ₩50,000이었다. 오류를 수정 한 후 정확한 당기손익은 얼마인가?

정답 ₩70,000

[풀이]

01 분개접근법

1) 회사측 회계처리

 20X1. 1. 1. (차) 수선유지비 ₩100,000 (대) 현금 ₩100,000

2) 올바른 회계처리

 20X1. 1. 1. (차) 기계장치 ₩100,000 (대) 현금 ₩100,000
 20X1. 12. 31. 감가상각비 ₩20,000 감가상각누계액 ₩20,000
 20X2. 12. 31. 감가상각비 ₩20,000 감가상각누계액 ₩20,000
 20X3. 12. 31. 감가상각비 ₩20,000 감가상각누계액 ₩20,000

3) 역분개 및 올바른 회계처리 상계

 20X1. 1. 1. (차) 현금 ₩100,000 (대) 수선유지비① ₩100,000
 20X1. 1. 1. 기계장치 ₩100,000 현금 ₩100,000
 20X1. 12. 31. 감가상각비② ₩20,000 감가상각누계액 ₩20,000
 20X2. 12. 31. 감가상각비③ ₩20,000 감가상각누계액 ₩20,000
 20X3. 12. 31. 감가상각비 ₩20,000 감가상각누계액 ₩20,000

02 증분접근법

 20X3. 12. 31. (차) 기계장치 ₩100,000 (대) 감가상각누계액 ₩60,000
    감가상각비 ₩20,000 전기이월이익잉여금* ₩60,000

 * 전기이월이익잉여금 = ①수선유지비(₩100,000) − ②, ③감가상각비(₩20,000 + ₩20,000)
  = ₩60,000

❸ 자동조정오류

자동조정오류는 회계오류가 발생한 다음 회계연도의 장부가 마감된 경우 회계오류가 자동적으로 상쇄되어 오류수정분개가 필요 없는 오류를 말한다. 자동조정오류에는 다음과 같은 오류가 포함된다.

① 재고자산 과대·과소 오류
② 매입과대·과소 오류
③ 선급비용·미지급비용·선수수익·미수수익의 과소계상 오류
④ 매출채권 손실충당금(대손충당금) 과소계상오류 (직접상각법을 사용하는 경우 포함)
⑤ 충당부채 과소계상 오류

3-1 재고자산오류 수정방법

재고자산 오류는 기말재고자산오류[2*]와 매입오류로 구분되며 모두 자동조정오류이다. 자동조정오류는 전체기간을 보면 당기순이익, 자산, 부채가 정확하게 조정되는 오류이다. 이는 오류가 발생한 다음 회계기간에 오류가 발견된 경우와 장부가 마감된 이후인 경우로 나누어 수정방법이 달라진다. **장부마감 전이라면 전기손익과 당기손익에 대한 수정회계처리를 해주어야 하고 마감 후라면 이미 오류에 대한 조정이 되었으므로 수정회계처리를 할** 필요가 없다.

3-1-1 기말재고자산오류

전기말 재고자산의 과대계상은 당기초 재고자산을 과대계상하므로 당기에도 동일한 오류를 발생시킨다. 즉, 전기말 재고자산의 과대계상으로 전기 매출원가가 과소계상되고, 이로 인해 전기순이익이 과대계상되기 때문에 기초 이월이익잉여금을 수정해야 한다. 또한 **당기초 재고자산의 과대계상으로 당기 매출원가가 과대계상되고 이로 인해 당기 매출원가를 감소시켜야 한다.**

예를 들어, 20X1년 말 재고자산이 ₩100 과대계상되었다고 가정하면 오류의 결과는 다음과 같이 발생될 것이다.

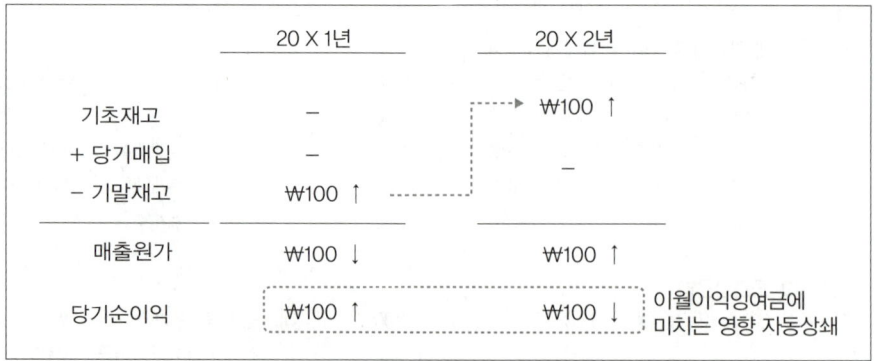

오쌤 Talk

기말재고자산의 오류
① 기말재고자산의 오류는 당기손익과 같은 방향으로 영향을 미친다
② 기말재고자산의 오류는 자동조정오류 이다.
즉, 당기에 이익 증가의 영향은 다음 기에 이익감소의 영향으로 나타난다. 그러므로 2개년을 거치면 오류가 이익잉여금에 미치는 영향은 없어진다.

2* 기초재고자산오류도 있으나 이는 전기 기말재고자산오류와 같은 것이므로 기말재고자산오류와 동일하게 분석하면 된다.

위 그림을 보면 20X1년 말 매출원가는 ₩100 과소계상되어있고 이로 인해 20X1년 당기순이익 ₩100이 과대계상되었다. 그런데 20X2년 초 재고자산 ₩100 과대계상이 20X2년의 매출원가를 과대계상하는 영향을 미쳐 당기순이익 ₩100이 과소계상되므로 20X1년과 20X2년의 누적 이월이익잉여금에 미치는 영향은 자동으로 상쇄된다. 만약 20X2년 장부가 마감되기 전이라면 다음과 같이 회계처리한다.

| (차) 이월이익잉여금 | ₩100 | (대) 매출원가 | ₩100 |

3-1-2 매입오류

전기매입의 과대계상은 당기매입을 미리 매입으로 회계처리한 것이므로, 당기 매입을 과소계상하게 한다. 전기매입의 과대계상으로 인해 전기 매출원가는 과대계상되었을 것이며 이로 인해 전기 손익은 과소계상되었을 것이다. 당기 매입을 과소계상하여 당기 매출원가는 과소계상되었고 이로 인해 당기손익은 과대계상됨으로서 누적이월이익잉여금에 미치는 효과는 자동으로 상쇄된다.

예를 들어, 20X1년 말에 F.O.B 도착지인도조건으로 매입 중인 재고자산 ₩100을 매입으로 회계처리한 경우를 가정해보자. 회사는 20X1년 말 매입으로 처리하고 20X2년에는 매입으로 처리하지 않았을 것이다. 그러므로 그 영향은 다음과 같다.

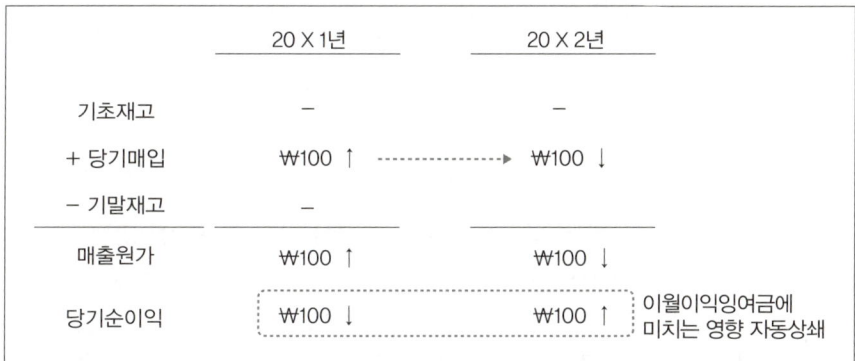

위 그림을 보면 20X1년 당기매입 ₩100 과대계상으로 인해 20X1년 말 매출원가는 ₩100 과대계상되었고, 이로 인해 20X1년 당기순이익은 ₩100 과소계상되었다. 그런데 20X1년 당기매입 ₩100 과대계상으로 20X2년 당기매입 ₩100 과소계상하게되고, 20X2년의 매출원가 ₩100을 과소계상함에 따라 20X2년 당기순이익 ₩100이 과대계상된다. 그러므로 20X1년과 20X2년의 누적 이월이익잉여금에 미치는 영향은 자동으로 상쇄된다. 만약 20X2년 장부가 마감되기 전이라면 다음과 같이 회계처리한다.

| (차) 매출원가 | ₩100 | (대) 이월이익잉여금 | ₩100 |

오쌤 Talk

매입오류

매입의 오류는 재고자산의 오류와 독립적으로 판단한다.
매입의 오류는 전기의 과대(과소)가 차기의 과소(과대)로 이어진다면 자동조정오류이다. 이때, 매입의 오류는 매출원가에 순방향으로 영향을 주게 되므로 이익에는 반대방향으로 영향을 미친다.

🔖 확인문제 최신

08. ㈜한국은 20X2년 말 장부 마감 전에 다음과 같은 오류사항을 발견하였다.

> ○ 20X2년 외상매입액 ₩10,000을 20X1년에 매입으로 회계처리하였음
> ○ 20X1년 기말재고자산 ₩20,000이 과대계상되었음

㈜한국의 오류수정에 대한 회계처리가 20X2년도 당기순이익에 미치는 영향은? *기출처 2023. 국가직 9급*

① ₩10,000 감소 ② ₩10,000 증가
③ ₩30,000 감소 ④ ₩30,000 증가

정답 ②

오쌤 Talk

재고자산오류
① 기말재고자산의 오류는 이익에 같은 방향으로 영향을 미친다.
② 기말재고자산의 오류는 자동조정 오류이다.

오쌤 Talk

오류로 인한 손익효과 (기본예제 4)

	20X1년	20X2년
기초재고		₩500↓
+ 당기매입		
− 기말재고	₩500↓	₩300↑
매출원가	₩500↑	₩800↓
당기순이익	₩500↓	₩800↑

기본예제 4 자동조정오류 – 재고자산오류

12월 말 결산법인인 ㈜한국은 20X2년 외부감사과정에서 재고자산과 관련하여 다음과 같은 오류를 발견하였다.

20X1년	20X2년
₩500 과소계상	₩300 과대계상

20X2년도 오류 수정 전 당기순이익이 ₩10,000일 경우, 오류를 수정한 후 정확한 당기순이익을 구하시오.

풀이

기말재고자산오류

	20X1년	20X2년
오류수정 전 순이익		₩10,000
기말재고자산의 오류	+ ₩500	(₩500)
		(₩300)
정확한 당기순이익		₩9,200

3-2 선급비용·미지급비용·선수수익·미수수익의 과소계상 오류

이연계정(선수수익, 선급비용)과 발생계정(미수수익, 미지급비용)의 오류는 광의에서는 기말수정분개사항을 의미한다. 기중에 현금주의로 회계처리 된 내용을 기말에 발생주의 회계로 수정하는 것도 일종의 오류수정이다. 다만, 이러한 오류사항을 당해 장부마감 전에 발견했을 경우 기말수정분개사항으로 처리하고, 장부가 마감된 후 발견되었을 경우 이익잉여금을 수정하는 중요한 오류로 인식하는 것이다.

여기서 주의할 것은 이연과 발생계정은 당해 손익을 정확히 귀속시키기 위해 수정하는 것으로 당해와 차기 회계연도를 지난 후 누적손익은 자동으로 조정된다는 점이다. 예를 들어, 20X1년 7월 1일 1년분의 보험료 ₩120,000을 납입하고 이를 모두 현금이 지출된 것으로 비용처리를 했다고 가정하자. 발생주의를 기반으로 한 회계상의 정확한 비용은 20X1년에 6개월분에 해당하는 ₩60,000을 인식하고, 20X2년에 나머지 ₩60,000을 인식하는 것이다. 그러나 결과적으로 20X1년과 20X2년이 지나고 나면 누적 손익은 총 ₩120,000이 비용으로 인식되어 오류를 수정하기 전과 후가 동일하다. 즉, 오류는 자동으로 조정이 된다.

기본예제 5 자동조정오류 – 선급비용오류

20X1년 1월 1일 ㈜한국은 3년분 보험료 ₩30,000을 선급하고 전액 20X1년 비용으로 처리하였다. 이에 대하여 20X2년 장부마감 전에 발견하였을 경우 올바른 당기순이익을 구하고 수정분개를 하시오. (단, 20X2년 위 오류를 제외한 당기순이익은 ₩100,000이다.)

풀이
[오류수정표]

오류유형	포괄손익계산서			재무상태표	
	계정과목	20X1년	20X2년	20X2.12.31	계정과목
선급보험료	보험료	+₩30,000 (₩10,000)	(₩10,000)	₩10,000	선급보험료

1. 20X2년 당기순이익 = ₩100,000 − ₩10,000 = ₩90,000
2. 회계처리
   20X2. 12. 31. (차) 선급보험료 ₩10,000   (대) 전기이월이익잉여금 ₩20,000
                    보험료   ₩10,000

오쌤 Talk
이연과 발생계정의 오류
자동조정오류이므로 당해 손익에 미치는 효과는 차기 손익에 반대영향을 미치는 것으로 조정한다.

오쌤 Talk
장부마감 전과 장부마감 후의 오류수정
장부가 마감되기 전이라는 의미는 수정 연도의 손익계정이 마감되기 전 상황을 의미하는 것이다. 즉, 전기 이전의 손익은 이익잉여금에 반영하고, 당기손익의 수정사항은 당기손익에 반영한다. 장부가 마감되었다면 당기 손익의 수정사항도 이익잉여금에 반영한다.

기본예제 6 자동조정오류 – 미지급비용오류

㈜한국의 감사인은 20X2년 회계기간에 대한 감사과정에서 다음과 같은 사항을 발견하였다.

> 20X1년 4월 1일부터 20X2년 3월 31일까지의 1년분 이자비용 ₩12,000을 20X2년의 현금지급시점에 전액 비용으로 처리하였다.

이에 대하여 20X2년 장부마감 전에 오류를 발견한 경우의 수정분개를 하시오.

풀이
1. 오류수정표

오류유형	포괄손익계산서			재무상태표	
	계정과목	20X1년	20X2년	20X2.12.31.	계정과목
미지급비용	이자비용	(₩9,000)	₩9,000	−	

2. 회계처리
   20X2. 12. 31. (차) 전기이월이익잉여금 ₩9,000   (대) 이자비용 ₩9,000

3-3 대손충당금과 충당부채의 오류

한국채택국제회계기준에서는 매출채권에 대해 손상차손을 인식하는 방법으로 충당금 설정법을 사용하고 있다. 그런데 회사는 직접 상각법을 사용하여 실제 손상이 발생했을 때 비용(대손상각비)으로 인식하는 회계처리를 하는 경우가 있다. 이는 오류의 수정으로 회계처리 한다. 마찬가지로 충당부채에 대해 충당부채의 발생가능성이 높다면 금액을 신뢰성 있게 추정하여 충당부채와 비용으로 먼저 인식하고 추후 발생했을 경우 충당부채를 차감하여 인식하도록 하고 있다. 그러나 충당부채를 설정하지 않고 실제 발생했을 때 바로 비용으로 인식한다면 이것 또한 오류수정 사항에 해당한다. 다만, 이 두 가지 사항은 오류가 발생한 회계연도에 비용으로 처리하지 않았더라도 실제 손상이 발생하거나 충당부채와 관련된 지출이 발생했을 때 비용으로 처리하기 때문에 자동조정 오류라고 할 수 있다.

오류를 수정해 주기 위해서 오류를 발견하였을 시점의 대손충당금 및 충당부채를 설정하고, 당기에 인식해야 할 손익을 계산하여 당기손익을 수정하면 나머지 대차 차액은 자연스럽게 전기에 인식하였어야 할 손익으로 이월이익잉여금에 반영할 잔액이 된다.

오쌤 Talk

손실충당금의 오류

자동조정오류이므로 손실충당금을 인식하지 않은 해에 손상차손(비용)을 인식하고, 이를 차기에 (+)효과로 자동조정을 해주어야 한다. 왜냐하면, 당기에 손상차손을 인식하여 실제 손상이 발생하기 전에 비용으로 인식했어야 하는데, 신용이 직접 손상된 때 비용으로 인식하였으니 미리 비용으로 인식하여 수정하였다면 실제 손상이 발생하였을 때는 다시 (+)효과를 반영해 주어야 하기 때문이다.

심화예제 1 손실충당금(대손충당금)오류

12월 말 결산법인인 ㈜한국은 신용이 손상된 경우에만 매출채권의 손상차손을 인식하는 방법(직접상각법)을 사용하다가 20X2년 중에 기대신용손실을 반영하여 손실충당금(대손충당금)을 인식하는 방법으로 수정하기로 하였다. 20X3년 이후 기대신용손실예상액은 ₩11,000이며, 이는 20X1년 판매분 ₩3,000과 20X2년 판매분 ₩8,000으로 구성되어 있다. 직접상각법에 따라 손상처리한 내용은 다음과 같다.

구분	20X1년 손상차손	20X2년 손상차손
20X1년 판매분	₩2,000	₩6,000
20X2년 판매분		₩4,000

㈜한국이 손실충당금(대손충당금) 오류와 관련하여 20X2년도 인식하게 될 수정분개를 하시오.

[풀이]

(1) 오류수정표

수정		20X1년	20X2년
대손충당금 설정		(₩9,000)	+ ₩9,000
			(₩11,000)
수정 손익		(₩9,000)	(₩2,000)

(2) 회계처리

오류수정 (차) 전기이월이익잉여금 ₩9,000 (대) 대손충당금 ₩11,000
　　　　　　　 대손상각비 ₩2,000

심화예제 2 충당부채의 오류

㈜한국이 판매일로부터 1년간 무상수리를 하는 조건으로 제품을 판매하였으나, 제품보증비는 실제로 제품이 보증될 때 비용으로 인식하였다. 각 보고기간 말에 제품보증충당부채로 인식할 금액은 다음과 같다.

20X1년	20X2년
₩10,000	₩16,000

㈜한국이 제품보증충당부채 오류와 관련하여 20X2년도에 인식하게 될 수정분개를 하시오.

풀이

(1) 오류수정표

수정		20X1년	20X2년
제품보증충당부채		(₩10,000)	+ ₩10,000
			(₩16,000)
수정 손익		(₩10,000)	(₩6,000)

(2) 회계처리

오류수정 (차) 전기이월이익잉여금 ₩10,000   (대) 제품보증충당부채 ₩16,000
              제품보증비   ₩6,000

기본예제 7 오류수정 종합

㈜한국은 특정 수익·비용 항목에 대하여 현금주의에 따라 회계처리하면서 기말수정 분개를 누락하였다. 다음은 20X1년과 20X2년의 재무제표상 오류에 대한 발견사항이다.

> (1) 20X1년 기말 상품이 ₩5,000 과대계상되고, 20X2년 기말상품은 ₩3,000 과소계상되었다.
> (2) 20X2년 선급보험료 ₩900이 과소계상되었다.
> (3) 20X1년 미수이자 ₩500과 20X2년 미수이자 ₩600이 과소계상되었다.
> (4) 20X1년 미지급급여 ₩4,500과 20X2년 미지급급여 ₩3,500이 과소계상되었다.
> (5) 20X1년 미지급이자 ₩1,000과 20X2년 미지급이자 ₩1,500이 과소계상되었다.
> (6) 20X1년 선수임대료 ₩3,000과 20X2년 선수임대료 ₩2,500이 과소계상되었다.
> (7) 20X1년 선수금 ₩5,000과 20X2년 ₩6,000이 과소계상되었다.

위 오류를 발견하기 전 당기손익은 20X1년과 20X2년 각각 ₩10,000과 ₩20,000이었다. 위 오류를 수정한 후 정확한 당기손익을 구하고, 회계처리를 하시오. (단, 20X2년 말 장부가 마감되기 전을 가정한다.)

오쌤 Talk

선수금과 선급금

선수금과 선급금도 선수수익, 선급비용과 마찬가지로 자동조정오류사항이다. 선수금은 당해 현금으로 수취하였다고 하여 수익으로 인식하지 않고 차기 이후 의무를 수행해주어 수익인식기준을 충족한 경우 수익으로 인식하므로 자동조정 오류사항이다.
선급금도 당해 현금으로 지출되었다고 하여 비용으로 인식하지 않고 차기 이후 거래 상대방이 용역이나 재화를 지급해 주었을 때 비용으로 처리하므로 자동조정 오류사항이다.

풀이

1. 오류수정표

오류유형	포괄손익계산서			재무상태표	
	계정과목	20X1년	20X2년	20X2.12.31	계정과목
재고자산	매출원가	(₩5,000)	+₩5,000		
			+₩3,000	(₩3,000)	재고자산
선급보험료	보험료		+₩900	(₩900)	선급보험료
미수이자	이자수익	+₩500	(₩500)		
			₩600	(₩600)	미수이자
미지급급여	급여	(₩4,500)	+₩4,500		
			(₩3,500)	+₩3,500	미지급급여
미지급이자	이자비용	(₩1,000)	+₩1,000		
			(₩1,500)	+₩1,500	미지급이자
선수임대료	임대료수익	(₩3,000)	+₩3,000		
			(₩2,500)	+₩2,500	선수임대료
선수금	매출	(₩5,000)	+₩5,000		
			(₩6,000)	+₩6,000	선수금
오류합계		(₩18,000)	₩9,000	₩9,000	

∴ 20X1년 당기손익 = ₩10,000 + (₩18,000) = (₩8,000)
  20X2년 당기손익 = ₩20,000 + ₩9,000 = ₩29,000

2. 회계처리

재고자산	(차) 전기이월이익잉여금	₩5,000	(대) 매출원가	₩8,000
	재고자산	₩3,000		
선급보험료	(차) 선급보험료	₩900	(대) 보험료	₩900
미수이자	(차) 미수이자	₩600	(대) 이자수익	₩100
			전기이월이익잉여금	₩500
미지급급여	(차) 전기이월이익잉여금	₩4,500	(대) 급여	₩1,000
			미지급급여	₩3,500
미지급이자	(차) 전기이월이익잉여금	₩1,000	(대) 미지급이자	₩1,500
	이자비용	₩500		
선수임대료	(차) 전기이월이익잉여금	₩3,000	(대) 임대료수익	₩500
			선수임대료	₩2,500
선수금	(차) 전기이월이익잉여금	₩5,000	(대) 선수금	₩6,000
	매출	₩1,000		

오쌤 Talk

선수·선급&미수·미지급

일반적으로 과소계상의 오류가 출제된다. 만약 과대계상이 나오면 반대로 접근하면 된다.

과소계상인 경우

구분	인식	(+) or (-)
선수수익	~수익 아니다	(-)
선급비용	~비용 아니다	(+)
미수수익	~수익 이다	(+)
미지급비용	~비용 이다	(-)

심화예제 3 오류수정 종합

㈜한국은 20X2년 외부감사과정에서 다음과 같은 오류를 발견하였다.

<20X1년 발생오류>
- 기말재고자산 ₩10,000 과소계상
- 20X1년 1월 1일 기계장치에 대한 자본적 지출액 ₩100,000을 전액 현금으로 지급하고 수선비로 계상함
  (기계장치의 내용연수는 5년, 잔존가치 없이 정액법으로 상각)
- 20X1년 7월 1일에 1년분의 임대료 ₩40,000을 수령하고 전액 임대료수익으로 인식함
- 20X1년 말 대손충당금 ₩10,000을 과대계상함

<20X2년 발생오류>
- 미지급이자비용 ₩10,000을 인식하지 않음
- 자기주식처분이익 ₩20,000을 과대계상함
- 20X2년 말 대손충당금 ₩15,000 과소계상함
- 기타포괄손익-공정가치 측정 금융자산 평가이익 ₩10,000을 인식하지 않음

위 오류를 발견하기 전 법인세비용차감전순이익은 20X1년에 ₩100,000이고, 20X2년에 ₩200,000이었다면, 위 오류를 수정한 후 정확한 법인세비용차감전순이익은 얼마인가?

오쌤 Talk

심화예제 3

① 기말재고자산
  : 자동조정오류사항
② 자본적 지출과 수익적 지출
  : 비자동조정오류사항
③ 선수임대료, 미지급이자비용
  : 자동조정오류사항
④ 대손충당금의 설정
  : 자동조정오류사항
⑤ 자기주식처분이익
  : 오류라고 하더라도 당기손익에 미치는 효과는 없음
⑥ 기타포괄손익-공정가치 측정 금융자산의 오류
  : 오류라고 하더라도 당기손익에 미치는 효과는 없음

| 풀이 |

오류	20X1년	20X2년	비고
수정 전 손익	₩100,000	₩200,000	
기말재고자산오류	+₩10,000	(₩10,000)	자동조정오류
자본적 지출오류	+₩100,000		수선비 → 자산으로 처리
	(₩20,000*)	(₩20,000)	감가상각비
선수임대료오류	(₩20,000)	+₩20,000	자동조정오류
대손충당금오류	+₩10,000	(₩10,000)	자동조정오류
미지급이자오류		(₩10,000)	자동조정오류
대손충당금오류		(₩15,000)	자동조정오류
수정 후 손익	₩180,000	₩155,000	

*감가상각비 = ₩100,000/5년 = ₩20,000

OX 퀴즈

다음 문장의 경우 올바른 설명에는 O, 틀린 설명에는 ×를 하고 틀린 설명은 수정하시오.

① 과거의 거래와 실질이 다른 거래에 대하여 회계정책을 적용하는 경우 회계정책변경에 해당한다. (   )

② 회계정책변경에 대한 소급적용 시 비교표시되는 과거기간의 누적효과를 실무적으로 결정할 수 없는 경우 당기 및 당기 이후에 그 영향을 반영하는 전진법을 적용한다. (   )

③ 측정기준의 변경은 회계정책의 변경에 해당하며, 회계정책의 변경과 회계추정의 변경을 구분하기 어려운 경우에는 회계정책의 변경으로 본다. (   )

④ 회계추정의 변경에 대한 효과는 변경이 발생한 기간 또는 변경이 발생한 기간과 미래기간의 당기손익에 포함하여 전진적으로 인식한다. (   )

⑤ 당기 기초시점에 과거기간 전체에 대한 오류의 누적효과를 실무적으로 결정할 수 없는 경우에는 실무적으로 결정할 수 있는 가장 이른 날부터 전진적으로 오류를 수정하여 비교정보를 재작성한다. (   )

⑥ 회계정책의 변경은 특정기간에 미치는 영향이나 누적효과를 실무적으로 결정할 수 없는 경우를 제외하고는 소급법을 적용한다. (   )

⑦ 매출의 대부분이 현금매출이고 외상매출의 비중이 매우 낮아서 중요성 판단에 따라 대손을 직접차감법으로 회계처리 해오던 기업이 외상매출의 비중이 중요해짐에 따라 대손회계를 충당금설정법으로 변경하는 경우는 회계변경으로 보지 않는다. (   )

⑧ 유형자산이나 무형자산에 대하여 재평가모형을 최초로 적용하는 경우는 회계정책의 변경에 해당하여 소급법을 적용한다. (   )

⑨ 과거에 발생하지 않았거나 발생하였어도 중요하지 않았던 거래, 기타사건 또는 상황에 대하여 새로운 회계정책을 적용하는 경우는 회계정책의 변경에 해당한다. (   )

⑩ 한국채택국제회계기준에서 회계정책의 변경을 요구하는 경우에는 회계정책을 변경할 수 있다. (   )

⑪ 재고자산의 회계처리방법을 선입선출법에서 평균법으로 변경한 경우는 회계변경에 따른 누적효과를 계산하여 회계변경연도의 전기이월이익잉여금에 반영하고, 비교재무제표상의 전년도 및 그 이전의 재무제표는 평균법으로 재작성하여 보고한다. (   )

⑫ 유형자산의 감가상각방법을 정률법에서 정액법으로 변경하는 경우는 회계정책의 변경에 해당하므로 누적효과를 계산하고 비교 표시되는 전기재무제표를 재작성해야한다. (   )

⑬ 회계정책의 변경이나 회계추정의 변경은 실제 변경시점과 관계없이 회계기간의 기초시점에 변경이 이루어진 것으로 본다. (   )

OX 풀이

① ✕ 과거의 거래와 실질이 다른 거래에 대하여 회계정책을 적용하는 경우에는 회계정책의 변경에 해당하지 않는다.

② ✕ 회계정책변경에 대한 소급적용 시 비교표시되는 과거기간의 누적효과를 실무적으로 결정할 수 없는 경우에는 실무적으로 적용할 수 있는 가장 이른 회계기간의 자산, 부채의 기초장부금액에 새로운 회계정책을 적용하고, 그에 따라 변동하는 자본 구성요소의 기초금액을 조정한다.

③ ✕ 측정기준의 변경은 회계정책의 변경에 해당하며, 회계정책의 변경과 회계추정의 변경을 구분하기 어려운 경우에는 회계추정의 변경으로 본다.

④ ○

⑤ ○

⑥ ○

⑦ ○

⑧ ✕ 유형자산이나 무형자산에 대하여 재평가모형을 최초로 적용하는 경우는 회계정책의 변경에 해당하지만 유·무형자산의 기준서를 적용하여 소급법을 적용하지 않는다.

⑨ ✕ 과거에 발생하지 않았거나 발생하였어도 중요하지 않았던 거래, 기타사건 또는 상황에 대하여 새로운 회계정책을 적용하는 경우는 회계정책의 변경에 해당하지 않는다.

⑩ ○

⑪ ○

⑫ ✕ 감가상각방법의 변경은 회계추정의 변경에 해당된다.

⑬ ○

실전훈련

01 회계 정책과 변경에 관한 설명으로 옳지 않은 것은?

① 회계정책의 변경을 반영한 재무제표가 거래, 기타사건 또는 상황이 재무상태, 재무성과 또는 현금흐름에 미치는 영향에 대하여 신뢰성 있고 더욱 목적적합한 정보를 제공하는 경우 기업은 회계정책을 변경할 수 있다.
② 과거에 발생하지 않았거나 발생하였어도 중요하지 않았던 거래, 기타사건 또는 상황에 대하여 새로운 회계정책을 적용하는 경우에는 회계정책의 변경에 해당한다.
③ 회계정책이란 기업이 재무제표를 작성·표시하기 위하여 적용하는 구체적인 원칙, 근거, 관습, 규칙 및 관행을 의미한다.
④ 당기 기초시점에 과거기간 전체에 대한 새로운 회계정책 적용의 누적효과를 실무적으로 결정할 수 없는 경우, 실무적으로 적용할 수 있는 가장 이른 날부터 새로운 회계정책을 전진적용하여 비교정보를 재작성한다.
⑤ 회계정책의 변경과 회계추정의 변경을 구분하는 것이 어려운 경우에는 이를 회계추정의 변경으로 본다.

02 회계변경과 오류수정에 대한 설명으로 옳지 않은 것은?   기출처 2015. 관세사

① 거래, 기타사건 또는 상황에 대하여 구체적으로 적용할 수 있는 한국채택국제회계기준이 없는 경우, 경영진은 판단에 따라 회계정책을 개발 및 적용하여 회계정보를 작성할 수 있다.
② 한국채택국제회계기준에서 특정 범주별로 서로 다른 회계정책을 적용하도록 규정하거나 허용하는 경우를 제외하고는 유사한 거래, 기타 사건 및 상황에는 동일한 회계정책을 선택하여 일관성있게 적용한다.
③ 기업은 한국채택국제회계기준에서 회계정책의 변경을 요구하는 경우에 회계정책을 변경할 수 있다.
④ 과거에 발생한 거래와 실질이 다른 거래, 기타 사건 또는 상황에 대하여 다른 회계정책을 적용하는 경우는 회계정책변경에 해당하지 아니한다.
⑤ 측정기준의 변경은 회계정책의 변경이 아니라 회계추정의 변경에 해당한다.

풀이

01 ② 과거에 발생하지 않았거나 발생하였어도 중요하지 않았던 거래, 기타사건 또는 상황에 대하여 새로운 회계정책을 적용하는 경우에는 회계정책변경에 해당하지 않는다.
02 ⑤ 측정기준의 변경은 회계정책의 변경에 해당한다.

답 01 ② 02 ⑤

03 회계변경의 유형(또는 오류 수정)과 전기재무제표의 재작성여부에 대한 다음의 문항 중 옳은 것은? (단, 각 항목은 전기 및 당기 재무제표에 중요한 영향을 준다고 가정한다.)

기출처 2012. 회계사

① 재고자산의 단위원가 계산방법을 후입선출법에서 선입선출법으로 변경하였다. 이는 회계추정의 변경에 해당하므로 전기재무제표는 재작성하지 않는다.
② 패소의 가능성이 높았고 손해배상금의 합리적 추정이 가능하였던 소송사건을 우발부채로 주석에 공시하였다가 충당부채로 변경하였다. 이는 회계추정의 변경에 해당하므로 전기 재무제표는 재작성하지 않는다.
③ 미래 경제적 효익의 변화를 인식하여 새로운 회계처리 방법을 채택하였으나 회계정책의 변경인지 추정의 변경인지 분명하지 않다. 이는 회계정책의 변경에 해당하므로 전기재무제표는 재작성한다.
④ 장기건설계약의 회계처리방법을 완성기준에서 진행기준으로 변경하였다. 이는 오류수정에 해당하므로 전기재무제표를 재작성하지 않는다.
⑤ 유형자산의 감가상각방법을 정률법에서 이중체감법으로 변경하였다. 이는 회계추정의 변경에 해당하므로 전기재무제표는 재작성하지 않는다.

풀이

03 ① 한국채택국제회계기준에서 후입선출법은 인정되지 않는다. 그러므로 후입선출법에서 선입선출법으로 변경한 것은 오류수정에 해당한다. 중요한 오류의 수정은 전기재무제표를 재작성한다.
② 패소의 가능성이 높음으로써 경제적 효익의 유출가능성이 높았고, 금액을 합리적으로 추정할 수 있었다면 충당부채로 인식했어야 했다. 이를 우발부채로 인식했다가 충당부채로 변경한 것은 오류의 수정에 해당한다. 그러므로 전기재무제표를 재작성한다.
③ 회계추정의 변경인지 회계정책의 변경인지 분명하지 않은 경우에는 회계추정의 변경에 해당하므로 전기재무제표를 재작성하지 않는다.
④ 장기건설계약의 회계처리는 진행기준을 적용해야한다. 그러므로 완성기준에서 진행기준으로의 변경은 오류의 수정이고, 전기재무제표를 재작성한다.

답 03 ⑤

04 ㈜한국은 20X1년 초에 기계장치를 취득하고 정액법으로 감가상각하였다. 기계장치의 취득원가는 ₩10,000이며, 내용연수는 4년, 잔존가액은 ₩2,000으로 추정하였다. 20X3년 초에 기업환경의 변화로 기계장치의 내용연수가 20X5년 말까지 연장될 것으로 추정하였다. 20X3년부터 기계장치의 감가상각방법을 정액법에서 이중체감법으로 변경하기로 하였으며, 이러한 변경의 타당성은 인정된다. 20X3년도 기계장치의 감가상각비는?

① ₩4,000　　② ₩3,000
③ ₩2,000　　④ ₩1,000

05 ㈜한국은 20X2년도에 재고자산의 평가방법을 선입선출법에서 평균법으로 변경하였다. 그 결과 20X2년도의 기초재고자산과 기말재고자산은 각각 ₩22,000과 ₩18,000만큼 감소하였다. 회계변경을 하지 않았다면 ㈜한국은 20X2년에 당기순이익 ₩100,000이고, 20X2년 말 현재 이익잉여금이 ₩500,000이 된다. 회계변경 후 ㈜한국의 20X2년 당기순이익과 20X2년 12월 31일 현재 이익잉여금을 계산하면 각각 얼마인가? (단, 법인세효과는 고려하지 않는다.)

	당기순이익	이익잉여금
①	₩104,000	₩482,000
②	₩140,000	₩518,000
③	₩104,000	₩518,000
④	₩140,000	₩482,000

풀이

04 (1) 2년간(20X1년 초 ~ 20X2년 말) 감가상각누계액
= {취득금액(₩10,000) - 잔존가치(₩2,000)} × 경과기간(2/4) = ₩4,000
(2) 20X3년 초 장부가액 = 취득금액(₩10,000) - 감가상각누계액(₩4,000) = ₩6,000
(3) 20X3년 감가상각비 = 장부금액(₩6,000) × 2/3 = ₩4,000

05

	20X1년	20X2년
재고자산 변경의 손익효과	(₩22,000)	+₩22,000
		(₩18,000)
수정 후 손익	(₩22,000)	+₩4,000

∴ 20X2년 당기순이익 = ₩100,000 + ₩4,000 = ₩104,000
20X2년 이익잉여금 = ₩500,000 - ₩18,000 = ₩482,000

답 04 ① 05 ①

06 ㈜세무는 20X1년 설립 이후 재고자산 단위원가 결정방법으로 가중평균법을 사용하여 왔다. 그러나 선입선출법이 보다 목적적합하고 신뢰성 있는 정보를 제공할 수 있다고 판단하여, 20X4년 초 단위원가 결정방법을 선입선출법으로 변경하였다. ㈜세무가 재고자산 단위원가 결정방법을 선입선출법으로 변경하는 경우, 다음 자료를 이용하여 20X4년도 재무제표 비교정보로 공시될 20X3년 매출원가와 20X3년 기말이익잉여금은 얼마인가?

기출처 2016. 세무사

구분	20X1년	20X2년	20X3년
가중평균법 적용 기말재고자산	₩10,000	₩11,000	₩12,000
선입선출법 적용 기말재고자산	₩12,000	₩14,000	₩16,000
회계정책 변경 전 매출원가	₩50,000	₩60,000	₩70,000
회계정책 변경 전 기말이익잉여금	₩100,000	₩300,000	₩600,000

	매출원가	기말이익잉여금
①	₩61,000	₩607,000
②	₩61,000	₩604,000
③	₩69,000	₩599,000
④	₩69,000	₩604,000
⑤	₩71,000	₩599,000

풀이

06 (1) 회계변경으로 인한 손익의 수정표

	20X1년	20X2년	20X3년
재고자산의 증감으로 인한 손익효과	+₩2,000	(₩2,000) +₩3,000	(₩3,000) +₩4,000
수정 후 손익	+₩2,000	+₩1,000	+₩1,000

(2) 20X3년의 당기손익이 +₩1,000이므로 매출원가는 ₩1,000이 감소해야 한다.
∴ 매출원가 = ₩70,000 − ₩1,000 = ₩69,000

(3) 기말이익잉여금은 20X3년에 ₩4,000 증가해야 하므로
∴ 기말이익잉여금 = ₩600,000 + ₩4,000 = ₩604,000

답 06 ④

07 오류수정에 대한 다음 설명 중 가장 올바르지 않은 것은?

① 중요한 오류가 발생한 과거기간의 재무제표가 비교표시되는 경우에는 그 재무정보를 재작성한다.
② 재고자산 단위원가 결정방법을 선입선출법에서 가중평균법으로 변경하는 것도 오류수정에 해당된다.
③ 고의나 과실로 재무상태표 계정과목을 잘못 분류하는 경우 오류수정이 필요하다.
④ 중요한 오류란 개별적으로나 집합적으로 재무제표에 기초한 경제적 의사결정에 영향을 미치는 오류이다.

08 ㈜한국은 ㈜민국에게 판매 위탁한 상품 중 기말 현재 판매되지 않은 상품(원가 ₩10,000)을 기말재고자산에 판매가(₩15,000)로 포함시켰다. 이로 인한 당기와 차기의 순이익에 미치는 영향으로 옳은 것은?

기출처 2016. 국가직 9급

① 당기에만 순이익이 과대계상된다.
② 당기에만 순이익이 과소계상된다.
③ 순이익이 당기에는 과대, 차기에는 과소계상된다.
④ 순이익이 당기에는 과소, 차기에는 과대계상된다.

09 ㈜서울은 20X1년 초에 기계장치에 대한 수선비 ₩30,000을 기계장치에 대한 자본적 지출로 처리하면서, 잔존내용연수 5년, 잔존가액 ₩0, 정액법으로 감가상각하는 오류를 범하였다. 또한 20X1년 초에 취득한 비품 ₩20,000을 자산으로 인식하지 않고 당기소모품비로 처리했는데, 동 비품은 잔존내용연수 4년, 잔존가액 ₩0, 정액법으로 감가상각했어야 옳았다. 다음 중 두 오류의 수정이 20X2년 순이익에 미치는 영향으로 옳은 것은? (단, 이러한 오류는 중대하며 20X2년도 장부는 마감되지 않은 상태이다.)

기출처 2017. 서울시 9급

① ₩1,000 증가
② ₩1,000 감소
③ ₩11,000 증가
④ ₩11,000 감소

07 ② 재고자산 단위원가 결정방법을 변경하는 것은 회계정책의 변경이다.
08 (1) 기말재고자산을 ₩5,000 과대계상 → 매출원가 ₩5,000 과소계상 → 순이익 ₩5,000 과대계상
(2) 재고자산의 오류는 자동조정오류이므로 당기에 순이익을 과대계상한 경우 차기에 과소계상

09		20X1년	20X2년
수선비		(₩30,000)	
수선비에 대한 감가상각비		+ ₩6,000(= ₩30,000/5년)	+ ₩6,000
비품		+ ₩20,000	
비품 감가상각비		(₩5,000)(= ₩20,000/4년)	(₩5,000)
		(₩9,000)	₩1,000

답 07 ② 08 ③ 09 ①

10 ㈜한국은 휴대전화 판매를 영위하는 회사이며, 다음의 거래를 누락한 상태에서 당기순이익을 ₩40,000으로 산정하였다. 다음 거래를 추가로 반영할 경우 포괄손익계산서상 당기순이익은? 기출처 2022. 국가직 9급

- 미수이자수익 발생   ₩10,000
- 선수수익의 수익실현   ₩40,000
- 매출채권의 현금회수   ₩20,000
- 매입채무의 현금상환   ₩7,000
- 미지급이자비용 발생   ₩3,000

① ₩50,000   ② ₩87,000
③ ₩100,000   ④ ₩110,000

11 ㈜서울의 경리부장은 2017년의 당기순이익이 ₩15,000,000이라고 사장에게 보고하였다. 사장은 경리부장의 보고 자료를 검토한 결과 2017년의 회계처리상 다음과 같은 오류가 있었음을 발견하였다. 이를 기초로 ㈜서울의 올바른 당기순이익을 구하면 얼마인가? 기출처 2017. 서울시 9급

- 미지급비용의 과소계상액   ₩1,000,000
- 미수수익의 과소계상액   ₩800,000
- 기초상품의 과소계상액   ₩700,000
- 기말상품의 과대계상액   ₩400,000

① ₩13,700,000   ② ₩14,500,000
③ ₩14,800,000   ④ ₩15,100,000

풀이

10

수정전손익	₩40,000
미수이자수익 발생	₩10,000
선수수익의 수익실현	₩40,000
매출채권의 현금 회수(손익에 미치는영향 X)	-
매입채무의 현금 상환(손익에 미치는 영향 X)	-
미지급이자비용의 발생	(₩3,000)
수정후손익	₩87,000

11

구분	2016년	2017년
수정 전 당기순이익		₩15,000,000
미지급비용의 과소계상		(₩1,000,000)
미수수익의 과소계상		+ ₩800,000
기초상품의 과소계상 (= 2016년 기말상품의 과소계상)	+ ₩700,000	(₩700,000)
기말상품의 과대계상		(₩400,000)
수정 후 당기순이익		₩13,700,000

답 10 ② 11 ①

12 결산과정에서 아래의 수정사항을 반영하기 전 법인세비용차감전 순이익이 ₩100,000인 경우, 수정사항을 반영한 후의 법인세비용차감전순이익은? (단, 수정전시산표상 재평가잉여금과 기타포괄손익 - 공정가치측정 금융자산평가손익의 잔액은 없다.)

기출처 2015. 지방직 9급

- 선급보험료 ₩30,000 중 1/3의 기간이 경과하였다.
- 대여금에 대한 이자발생액은 ₩20,000이다.
- 미지급급여 ₩4,000이 누락되었다.
- 자산재평가손실 ₩50,000이 누락되었다.
- 기타포괄손익 - 공정가치 측정 금융자산평가이익 ₩16,000이 누락되었다.
- 자기주식처분이익 ₩30,000이 누락되었다.

① ₩56,000
② ₩72,000
③ ₩102,000
④ ₩106,000

 풀이

12

구분	금액
수정 전	₩100,000
선급보험료 경과액	(₩10,000) (= ₩30,000 × 1/3)
대여금 이자 발생액	+ ₩20,000
미지급급여의 누락	(₩4,000)
자산재평가손실	(₩50,000)
수정 후	₩56,000

[참고]
(차) 보험료	₩10,000	(대) 선급보험료	₩10,000
(차) 미수이자	₩20,000	(대) 이자수익	₩20,000
(차) 급여비용	₩4,000	(대) 미지급급여	₩4,000
(차) 재평가손실	₩50,000	(대) 유형자산	₩50,000
(차) 기타포괄손익 금융자산	₩16,000	(대) 기타포괄손익 금융자산 평가이익*	₩16,000
(차) 현금	XXX	(대) 자기주식처분이익*	₩30,000
		(대) 자기주식	XXX

* 기타포괄손익 금융자산 평가이익은 기타포괄손익이고, 자기주식처분이익은 자본잉여금이므로 법인세차감전순이익에는 영향을 미치지 않는다.

답 12 ①

13 다음은 ㈜한국의 비품과 관련된 내용이다. 오류수정 분개로 옳은 것은? 기출처 2013. 국가직 9급

㈜한국은 2011년 1월 1일 비품에 대해 수선비 ₩10,000을 비용으로 회계처리 했어야 하나 이를 비품의 장부가액에 가산하여 정액법으로 상각하였다. 2011년 1월 1일 수선비 지출 시 비품의 잔여 내용연수는 5년이고 잔존가치는 없다. 2013년도 재무제표 마감 전 수선비 지출에 대한 오류가 발견되었다. (단, 법인세효과는 무시하며 해당 비품의 최초 취득원가는 ₩500,000이다.)

① (차) 이익잉여금　　　₩10,000　　(대) 비품　　　　　₩10,000
　　　감가상각누계액　₩6,000　　　　　감가상각비　　₩6,000
② (차) 이익잉여금　　　₩10,000　　(대) 비품　　　　　₩10,000
　　　감가상각누계액　₩2,000　　　　　감가상각비　　₩2,000
③ (차) 이익잉여금　　　₩4,000　　 (대) 비품　　　　　₩10,000
　　　감가상각누계액　₩6,000
④ (차) 이익잉여금　　　₩6,000　　 (대) 비품　　　　　₩10,000
　　　감가상각누계액　₩6,000　　　　　감가상각비　　₩2,000

풀이

13

	2011년	2012년	2013년
오류수정	(₩10,000) + ₩2,000	+ ₩2,000	+ ₩2,000
	전기이월 이익잉여금에 반영		

(차) 이익잉여금　　　₩6,000　　(대) 비품　　　　　₩10,000
　　감가상각누계액　₩6,000　　　　감가상각비　　₩2,000

답 13 ④

14 ㈜한국은 2014년과 2015년에 대손상각 회계처리로 직접상각법을 사용하였다. 그러나 이러한 회계처리가 잘못된 것으로 밝혀져 충당금설정법으로 수정하려고 한다. 직접상각법으로 상각한 금액은 2014년 ₩100,000(전액 2014년 매출과 관련됨)이고, 2015년 ₩150,000(2014년 매출과 관련된 금액 ₩90,000과 2015년 매출과 관련된 금액 ₩60,000)이다. ㈜한국은 2014년과 2015년 판매분과 관련하여 이후로도 ₩200,000의 대손이 추가로 발생할 것으로 예상하고 있으며, 이 중에서 ₩40,000은 2014년 매출과 관련된 것이고 나머지 금액은 2015년 매출과 관련된 것이다. 2016년 초에 이러한 오류를 발견했을 때, 수정분개로 옳은 것은? (단, 2014년 이전에는 외상매출금이 없었으며, 2015년 장부는 아직 마감되지 않았다.)

기출처 2015. 국가직 7급

① (차) 대손상각비 ₩160,000 (대) 대손충당금 ₩160,000
② (차) 대손상각비 ₩120,000 (대) 대손충당금 ₩160,000
　　　　전기오류수정손실 ₩40,000
③ (차) 대손상각비 ₩160,000 (대) 대손충당금 ₩200,000
　　　　전기오류수정손실 ₩40,000
④ (차) 대손상각비 ₩70,000 (대) 대손충당금 ₩200,000
　　　　전기오류수정손실 ₩130,000

14 (1) 오류수정표

수정	2014년	2015년
대손충당금 설정	(₩130,000)	+₩130,000
		(₩200,000)
수정 손익	(₩130,000)	(₩70,000)

(2) 회계처리
오류수정 (차) 이월이익잉여금 ₩130,000 (대) 대손충당금 ₩200,000
　　　　　　　대손상각비 ₩70,000

답 14 ④

MEMO

18 법인세회계

Teacher's Map

❶ 법인세회계의 기초

💡 법인세회계의 의의

회계이익	회계기준에 의해 산정된 법인세비용차감전이익을 말함
과세소득	법인세법에 따라 산정된 이익을 말함
법인세회계	세법규정에 의한 과세소득에서 기초하여 당기법인세를 산정하더라도 포괄손익계산서에는 회계이익에 대응되는 법인세비용을 인식하고, 재무상태표에는 법인세 관련 자산과 부채를 적정하게 인식하는 과정을 말함

💡 세무조정

세무조정의 의미	회계이익에서 과세소득으로 익금·손금을 조정하는 것을 의미
익금산입	기업회계상 수익이 아니지만 법인세법상 익금에 해당하는 경우
익금불산입	기업회계상 수익이지만 법인세법상 익금에 해당하지 않는 경우
손금산입	기업회계상 비용이 아니지만 법인세법상 손금에 해당하는 경우
손금불산입	기업회계상 비용이지만 법인세법상 손금에 해당하지 않는 경우

💡 소득처분

소득처분의 의미	세무조정을 하게 되면 세무조정의 결과가 귀속되게 되는데 이를 소득처분이라 하며, 유보와 사외유출로 구분됨
유보 (일시적 차이)	① 개념: 세무조정금액이 기업내부에 남아 있다가 미래 회계기간에 반대의 세무조정이 다시 일어나는 것 ② 예시: 당기손익 - 공정가치 측정 금융자산 평가손익, 기타포괄손익 - 공정가치 측정 금융자산 평가손익, 유형자산 재평가잉여금, 정기예금 미수이자, 감가상각비한도초과, 재고자산평가손실 등이 해당됨
사외유출 (영구적 차이)	① 개념: 소득처분이 기업 외에 처분되어 당해 회계기간의 과세소득에만 영향을 미치고 차기 이후의 과세소득에 영향을 미치지 않는 경우 ② 예시: 접대비 한도초과, 비과세이자수익, 벌금 및 과태료 등이 해당됨
소득처분의 적용	① 가산할 일시적 차이: 자산·부채가 회수, 결제되는 미래기간에 과세소득을 증가시키는 효과를 가지는 일시적 차이 ② 차감할 일시적 차이: 자산·부채가 회수, 결제되는 미래기간에 과세소득을 감소시키는 효과를 가지는 일시적 차이

개념 찾기

❶ 회계이익 ❹ 세무조정 ❼ 손금산입 ❿ 유보 ⓭ 영구적 차이
❷ 과세소득 ❺ 익금산입 ❽ 손금불산입 ⓫ 사외유출 ⓮ 차감할 일시적 차이
❸ 법인세비용 ❻ 익금불산입 ❾ 소득처분 ⓬ 일시적 차이 ⓯ 가산할 일시적 차이

❷ 이연법인세회계

의미	유보와 같이 일시적 차이에 대한 세금효과를 자산과 부채로 인식하고 법인세비용에서 그 효과를 가감하는 것을 의미
이연법인세자산	(가산한 일시적 차이 = 차감할 일시적 차이) × 세율
이연법인세부채	(차감할 일시적 차이 = 가산할 일시적 차이) × 세율

💡 이연법인세자산 및 이연법인세부채

이연법인세자산	① 차감할 일시적 차이는 일시적 차이가 소멸되는 시점에 과세소득과 법인세를 감소시키는 효과를 가져오므로 자산으로 계상함 ② 이연법인세자산의 장부금액은 매 보고기간 말에 자산성에 대해서 검토 ③ 충분한 과세소득이 발생할 가능성이 높지 않다면 이연법인세자산을 감액해야 함 ④ 이월결손금을 이연법인세자산으로 인정
이연법인세부채	① 가산할 일시적 차이는 일시적 차이가 소멸되는 시점에 법인세를 더 부담하게되므로 부채로 계상함 ② 과세소득 발생가능성에 대한 검토가 필요 없음

💡 적용할 세율

당기법인세부채	당기에 적용할 법정세율
이연법인세자산·부채	차기 이후에 경제적 효익에 영향을 미치므로 일시적 차이가 소멸되는 시점의 세율을 적용

💡 법인세 기간간배분의 절차

① 당기법인세 인식
② 이연법인세 당기변동액 인식
③ 포괄손익계산서 법인세 비용

💡 현재가치 평가

이연법인세자산과 이연법인세부채에 대해서는 현재가치 평가를 적용하지 않음

개념 찾기

- ⑯ 이연법인세자산
- ⑰ 이연법인세부채
- ⑱ 이연법인세자산 자산성 검토
- ⑲ 당기법인세자산
- ⑳ 당기법인세부채
- ㉑ 당기법인세 기간내 배분
- ㉒ 중단영업손익 법인세효과 기간내 배분
- ㉓ 이연법인세 기간내 배분

❸ 재무제표 공시

당기법인세 자산/부채 표시	① 상계: 조건을 충족하는 경우 상계가능 ② 재무상태표 유동자산/유동부채로 표시
이연법인세자산/부채 표시	① 상계: 조건을 충족하는 경우 상계가능 ② 재무상태표 비유동자산/비유동부채로 표시

❹ 법인세 기간내 배분

당기법인세 기간내 배분	① 회계이익과 관련된 법인세와 자본항목 관련 법인세로 각각 배분
	  • 회계이익 관련 법인세: 법인세비용
	  • 자본항목 관련 법인세: 자본항목과 직접 상계
	② 재무상태표 공시
	  • 법인세법 과세소득에 포함되는 자본항목은 법인세를 차감한 후의 순액으로 재무상태표에 공시
	  • 회계이익과 관련된 법인세는 포괄손익계산서에 표시할 때 법인세 차감전의 금액과 구분하여 법인세비용의 과목으로 구분 표시

중단영업손익 법인세효과 기간내 배분	① 계속영업이익에 대한 법인세비용은 별도 표시 ② 중단영업손익에 대한 법인세비용은 중단영업손익에 직접 가감하여 순액으로 표시
이연법인세 기간내 배분	[포괄손익계산서] ① 관련법인세효과를 차감한 순액표시 ② 기타포괄손익의 구성요소와 관련된 법인세 효과 반영 전 금액으로 표시하고, 각 항목들과 관련된 법인세효과는 단일 금액으로 합산하여 표시 [재무상태표] 재무상태표에는 관련 법인세효과를 차감한 후의 순액으로 표시

❶ 법인세회계의 기초
❷ 이연법인세 회계
❸ 재무제표 공시
❹ 법인세 기간내 배분

① 법인세회계의 기초

❶ 법인세회계의 의의

기업은 회계기간 중 가득된 이익에 대하여 법인세를 납부하여야 한다. 법인세는 한국채택국제회계기준에 따라 산출된 법인세차감전순이익을 기준으로 산출되는 회계이익이 아닌 과세당국이 제정한 법인세법에 따라 산출된 이익인 과세소득을 기준으로 산출된다. 따라서 회계이익과 과세소득에는 차이가 발생한다.

회계상 수익은 실현주의에 의해 인식하고 비용은 수익비용대응의 원칙에 따라 인식된다. 하지만 법인세법상에서 수익은 권리확정주의에 따라 인식하고 비용은 의무확정주의에 따라 인식하므로 둘 간의 차이가 발생하는 것이다. 이때 **회계기준에 의해 산정된 법인세비용차감전이익을 회계이익**이라고 하고, **법인세법에 따라 산정된 이익을 과세소득**이라고 한다.

만약 법인세법상 과세소득을 기초로 산정된 법인세납부액을 그대로 회계이익에 대응되는 법인세비용으로 인식한다면 회계이익과 무관하여 법인세비용을 인식하므로 수익비용대응의 원칙에 어긋나게 되고, 자산·부채의 적절한 평가도 이루어지지 않는다. 이를 해결하기 위한 방법이 바로 법인세회계이다.

법인세회계는 세법규정에 의한 과세소득에서 기초하여 당기법인세를 산정하더라도 **포괄손익계산서에는 회계이익에 대응되는 법인세비용을 인식하고, 재무상태표에는 법인세관련 자산과 부채를 적정하게 인식하는 과정**이다.

오쌤 Talk

법인세비용

법인세회계로 인해 일반적으로 포괄손익계산서상 인식되는 법인세비용은 실제 납부된 세금과 다르다. 그러므로 실제 납부해야 할 세금을 산정하고 회계상 비용은 법인세비용을 산정하여 둘의 차이인 추후 인식될 세금 이연효과를 이연법인세자산(부채)으로 인식하는 과정이 법인세 회계이다.

```
                    포괄손익계산서
           ⋮
    법인세비용차감전순이익        XXX    ← 회계상 이익
    법인세비용                  (XXX)   ← 회계상 법인세비용
    당기순이익                   XXX
```

예를 들어, ㈜한국의 20X1년과 20X2년의 회계이익과 과세소득이 다음과 같고 ㈜한국이 부담하는 법인세율이 20%로 동일하다고 가정해보자.

	20X1	20X2	합계
회계상 세전이익	₩40,000	₩40,000	₩80,000
과세소득	₩70,000	₩10,000	₩80,000

세법 규정에 의하여 산정된 당기 법인세는 20X1년에 ₩14,000(= ₩70,000 × 20%), 20X2년에 ₩2,000(= ₩10,000 × 20%)이다. 그런데 이 금액에 대해 재무회계상 법인세비용으로 처리하게 되면 동일한 회계이익에 대해 상이한 비용을 인식하게 되므로 수익비용대응의 원칙에 어긋나게 된다.

	20X1	20X2	합계
회계상 세전이익	₩40,000	₩40,000	₩80,000
당기법인세	(₩14,000)	(₩2,000)	(₩16,000)
당기순이익	₩26,000	₩38,000	₩64,000

때문에 법인세회계에서는 법인세기간배분을 통해 20X1년과 20X2년의 회계이익이 동일하므로 법인세비용도 동일하게 ₩8,000(= ₩40,000 × 20%)씩 인식되도록 한다. 이를 배분하는 과정이 법인세기간배분이다.

	20X1	20X2	합계
회계상 세전이익	₩40,000	₩40,000	₩80,000
당기법인세	(₩8,000)	(₩8,000)	(₩16,000)
당기순이익	₩32,000	₩32,000	₩64,000

❷ 세무조정

기업회계의 수익은 세법상 익금과 비슷한 개념이며, 비용은 손금과 비슷한 개념이다. 이 개념들은 동일하지는 않지만 비슷한 개념으로 **회계이익에서 과세소득으로 익금·손금을 조정하는 것을 세무조정**이라고 한다.

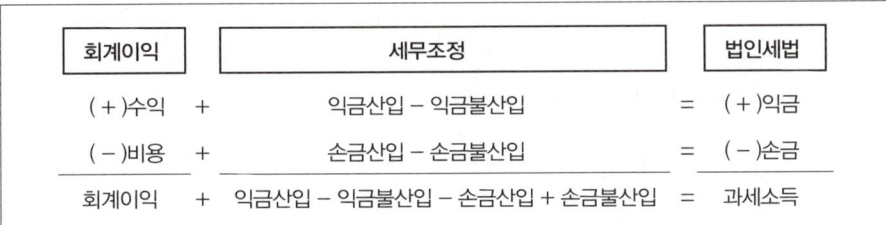

세무조정

일반적으로 회계상 결산이 모두 끝나면 결산 자료(법인세비용을 제외한)를 바탕으로 세무조정을 하게 된다. 법인세 신고와 납부가 3월 31일까지이지만 이사회와 주주총회 때 최종 확정된 재무제표를 보고해야 하므로 그 안에 세무조정을 통해 산정된 법인세비용을 포괄손익계산서에 반영하고 재무제표를 확정한다.

세무조정의 항목의 네 가지는 다음과 같다.

① **익금산입**: 기업회계상 수익이 아니지만 법인세법상 익금에 해당하는 경우
② **익금불산입**: 기업회계상 수익이지만 법인세법상 익금에 해당하지 않는 경우
③ **손금산입**: 기업회계상 비용이 아니지만 법인세법상 손금에 해당하는 경우
④ **손금불산입**: 기업회계상 비용이지만 법인세법상 손금에 해당하지 않는 경우

❸ 소득처분

세무조정을 하게 되면 세무조정의 결과가 귀속되게 되는데 이를 **소득처분**이라 하며, **유보와 사외유출**로 구분된다.

3-1 유보(일시적 차이)

유보는 세무조정금액이 기업내부에 남아 있다가 미래 회계기간에 반대의 세무조정이 다시 일어나는 것이다. 즉, 특정 회계연도에 회계이익과 과세소득의 발생한 차이가 미래 회계기간의 과세소득 결정시 가산 또는 차감되어 소멸되는 것이다. 예를 들어, 기업은 ₩10,000의 기계장치를 연수합계법을 적용하여 잔존가치 없이 4년간 감가상각을 하였으나, 세법상 정액법만 적용할 수 있는 경우이다.

소득차이

법인세법상 일시적 차이와 영구적 차이로 구분된다.
일시적 차이는 일시적으로만 차이가 나므로 세무조정금액이 내부에 남아있다가 미래 회계기간에 반대조정을 통해 회계상 이익과 차이가 없어지는 것으로 세법상 '유보'로 조정되는 법인세회계의 용어이다.
반면에 영구적 차이는 당해 과세기간에 영향을 미치지만 향후 반대 조정으로 수정되지 않는 소득차이로 세법상 '사외유출'로 조정되는 법인세회계의 용어이다.

	1차년도	2차년도	3차년도	4차년도
연수합계법	₩4,000	₩3,000	₩2,000	₩1,000
정액법	(₩2,500)	(₩2,500)	(₩2,500)	(₩2,500)
세무조정	₩1,500	₩500	(₩500)	(₩1,500)

즉, 1차년도에 회사는 연수합계법에 따라 ₩4,000의 감가상각비를 인식하였으나 세법상 ₩2,500의 한도밖에 인정이 안되므로 ₩1,500의 감가상각비는 비용으로 인식을 못 받아 손금불산입 유보를 해주는 것이다. 2차년도에 ₩500의 손금불산입 유보, 3차년도에 ₩500 손금산입 △유보, 4차년도에 ₩1,500의 손금산입 △유보를 하여 결국 차이가 기간이 지나면서 소멸된다.

이러한 유보의 예는 **당기손익 – 공정가치 측정 금융자산 평가손익, 기타포괄손익 – 공정가치 측정 금융자산 평가손익, 유형자산 재평가잉여금, 정기예금 미수이자, 감가상각비한도초과, 재고자산평가손실** 등이 있다.

3-2 사외유출(영구적 차이)

사외유출은 소득처분이 기업 외에 처분되어 당해 회계기간의 과세소득에만 영향을 미치고 차기 이후의 과세소득에 영향을 미치지 않는 경우이다. 예를 들어 법인이 접대비를 ₩10,000을 사용하였으나 세법상 비용으로 인정을 못 받아 손금불산입 사외유출되는 경우이다. 이 손금불산입 된 접대비는 이후 미래 회계기간에서 조정을 받지도 못하므로 회계이익과 과세소득간의 차이는 영구적으로 소멸되지 않는 것이다.

이러한 사외유출의 예는 **접대비 한도초과, 비과세이자수익, 벌금 및 과태료** 등이 있다.

오쌤 Talk

참고 사례

해당 사례는 제발, 세법 강의를 듣고 정리하기를 바란다.
세법 강의를 듣기 전에는 쳐다보지도 말자!
2022년 전공과목 필수로 바뀌면서 법인세회계를 본격적으로 물어볼지 모른다는 과도한 불안감에, 그리고 세법을 정리하고 나서 회계를 복습하는 과정에서 연결시키고 싶어 할 수험생을 위해 참고목적으로 정리한 것이다.

영구적 차이의 사례

구분	현재소득 조정	미래소득 조정
접대비 한도초과	손금불산입/사외유출	없음
기부금비용 한도초과	손금불산입/사외유출	
의무불이행으로 인한 과태료 비용	손금불산입/사외유출	
업무무관자산 취득을 위한 이자비용	손금불산입/사외유출	
비과세소득과 소득공제	익금불산입/기타	

3-3 소득처분의 적용

세무조정사항 중 유보는 일시적 차이라고 하며, 기업회계와 법인세법상의 수익·비용의 인식의 시기 차이로 향후 시간이 지나면서 차이는 해소된다. 기업회계기준서 제1012호 '법인세'에서는 **일시적 차이를 재무상태표상 자산 또는 부채의 장부금액과 세무기준액의 차이로** 정의하고 있다. 세무 기준액에 대한 개념은 후술한다.

이러한 일시적 차이는 가산할 일시적 차이와 차감할 일시적 차이로 구분된다. 가산할 일시적 차이는 자산·부채가 회수, 결제되는 미래기간에 과세소득을 증가시키는 효과를 가지는 일시적 차이를 말하고, 차감할 일시적 차이는 자산·부채가 회수, 결제되는 미래기간에 과세소득을 감소시키는 일시적 차이를 말한다.

현재시점 → 미래시점	의미	현재조정
가산한 일시적 차이 → 차감할 일시적 차이	미래기간에 과세소득을 감소시키는 일시적 차이	유보
차감한 일시적 차이 → 가산할 일시적 차이	미래시점에 과세소득을 증가시키는 일시적 차이	△유보

사외유출항목은 당기 회계기간에만 반영하는 영구적 차이이다.

3-4 세무기준액

세무기준액은 세무상 당해 자산 또는 부채에 귀속되는 금액을 말한다.

3-4-1 자산의 세무기준액

자산의 세무기준액은 자산의 장부금액이 회수될 때 기업에 유입될 과세대상 경제적 효익에서 세무상 차감될 금액을 말한다. 만약 그러한 경제적 효익이 과세대상이 아니라면, 자산의 세무기준액은 장부금액과 일치한다.

> **참고**
>
> **자산의 세무기준액**
> (1) 한 기계의 원가가 ₩100이었다. 세무상 감가상각비 ₩30은 이미 당기와 과거기간에 공제되었고 미상각잔액은 미래 회계기간에 감가상각이나 처분으로 공제된다. 기계를 사용하여 창출할 수익과 기계의 처분시 차익은 과세대상이며 처분시 손실은 세무상 차감된다. 이 기계의 세무기준액은 ₩70이다.
> (2) 미수이자의 장부금액이 ₩100이다. 관련 이자수익은 현금기준으로 과세된다. 이 미수이자의 세무기준액은 영(₩0)이다
> (3) 매출채권의 장부금액이 ₩100이다. 관련 수익(매출액)이 이미 과세소득(세무상결손금)에 포함되었다. 이 매출채권의 세무기준액은 ₩100이다.

3-4-2 부채의 세무기준액

부채의 세무기준액은 장부금액에서 미래 회계기간에 당해 부채와 관련하여 세무상 공제될 금액을 차감한 금액이다. 수익을 미리 받은 경우, 이로 인한 부채의 세무기준액은 당해 장부금액에서 미래 회계기간에 과세되지 않을 수익을 차감한 금액이다.

오쌤 Talk

일시적 차이

① 가산한 일시적 차이: 당해 세법상 세금을 더 냈다는 의미이다. 이러한 차이가 일시적 차이라면 추후 세금을 덜 내게 된다. 이를 차감할 일시적 차이라고 한다.

② 차감한 일시적 차이: 당해 세법상 세금을 덜 냈다는 의미이다. 이러한 차이가 일시적 차이라면 추후 세금을 더 내게 된다. 이를 가산할 일시적 차이라고 한다.

기출 OX

01. 일시적차이는 재무상태표상 자산 또는 부채의 장부금액과 세무기준액의 차이이며, 가산할 일시적차이와 차감할 일시적차이로 구분된다.

기출처 2022. 국가직 7급

정답 O

02. 자산의 세무기준액은 자산의 장부금액이 회수될 때 기업에 유입될 과세대상 경제적 효익에서 세무상 차감될 금액을 말하며, 만약 그러한 경제적 효익이 과세대상이 아니라면, 자산의 세무기준액은 장부금액과 일치한다.

기출처 2022. 국가직 7급

정답 O

부채의 세무기준액

(1) 유동부채에 장부금액이 ₩100인 미지급비용이 포함되어 있다. 관련 비용은 현금기준으로 세무상 공제될 것이다. 이 미지급비용의 세무기준액은 영(₩0)이다.

(2) 유동부채에 장부금액이 ₩100인 미지급비용이 포함되어 있다. 관련 비용이 세무상 이미 공제되었다. 이 미지급비용의 세무기준액은 ₩100이다.

(3) 유동부채에 장부금액이 ₩100인 선수이자가 포함되어 있다. 관련 이자수익은 현금기준으로 이미 과세되었다. 이 선수이자의 세무기준액은 영(₩0)이다.

2 이연법인세회계

이연법인세회계는 유보와 같이 일시적 차이에 대한 세금효과를 자산과 부채로 인식하고 법인세비용에서 그 효과를 가감하는 것으로 의미한다. 즉, **차감할 일시적 차이**가 발생하여 당기에 법인세를 지불하였다면 향후 법인세가 경감되기 때문에 이를 **이연법인세자산으로 계상**하고 **가산할 일시적 차이**가 발생한 경우에는 향후 법인세 부담이 늘어나기 때문에 **이연법인세부채로 계상**하는 것이다.

> (가산한 일시적 차이 = 차감할 일시적 차이) × 세율 = 이연법인세자산
> (차감한 일시적 차이 = 가산할 일시적 차이) × 세율 = 이연법인세부채

이연법인세자산과 이연법인세부채를 측정할 때에는 보고기간 말에 기업이 관련 자산과 부채의 장부금액을 회수하거나 결제할 것으로 예상되는 방식에 따른 세효과를 반영한다.

❶ 이연법인세자산 및 이연법인세부채

1-1 이연법인세자산

차감할 일시적 차이는 일시적 차이가 소멸되는 시점에 과세소득과 법인세를 감소시키는 효과를 가져오므로 자산으로 계상을 한다. 그러나 그 효과를 얻기 위해서는 기업이 과세소득을 감소시킬 수 있는 충분한 과세소득이 발생하여야 한다. 따라서 충분한 과세소득이 발생하지 않으면 이를 이연법인세자산으로 계상할 수 없다.

이연법인세자산의 장부금액은 매 보고기간 말에 자산성에 대해서 검토하여야 한다. 즉, **충분한 과세소득이 발생할 가능성이 높지 않다면 이연법인세자산을 감액**하여야 한다. 감액된 금액은 사용되기에 **충분한 과세소득이 발생할 가능성이 높아지면 그 범위 내에서 환입**한다.

오쌤 Talk

이연법인세
'이연법인세 = 소득효과 × 예상세율'이다. 즉, 이연법인세자산과 부채는 결국 미래 실현된 세금효과이다.

📝 **기출 OX**

03. 이연법인세부채와 이연법인세자산을 측정할 때에는 보고기간말에 기업이 관련 자산과 부채의 장부금액을 회수하거나 결제할 것으로 예상되는 방식에 따른 세효과를 반영한다.
기출처 2023. 국가직 7급 [최신]
정답 O

📝 **기출 OX**

04. 이연법인세자산의 일부 또는 전부에 대한 혜택이 사용되기에 충분한 과세소득이 발생할 가능성이 더 이상 높지 않다면 이연법인세자산의 장부금액을 감액시키며, 이후 감액된 금액은 사용되기에 충분한 과세소득이 발생할 가능성이 높아져도 환입하지 않는다.
기출처 2022. 국가직 7급
정답 X

05. 이연법인세자산의 일부 또는 전부에 대한 혜택이 사용되기에 충분한 과세소득이 발생할 가능성이 더 이상 높지 않다면 이연법인세자산의 장부금액을 감액시킨다.
기출처 2021. 서울시 7급
정답 O

06. 이연법인세자산의 장부금액은 매 보고기간 말에 검토한다.
기출처 2021. 서울시 7급
정답 O

인식되지 않은 이연법인세자산에 대해서는 매 보고기간 말에 재검토한다. 미래 과세소득에 의해 이연법인세자산이 회수될 가능성이 높아진 범위까지 과거 인식되지 않은 이연법인세자산을 인식한다.

또한 법인세법에서 이월공제를 인정하고 있어, 기업이 부(-)의 과세소득인 결손금이 발생하는 경우 차기 이후에 발생한 과세소득에서 차감해주므로 차기 이후에 법인세를 감소시킨다. 비과세소득·소득공제와 세액공제의 경우에도 당해 회계기간의 과세소득이나 산출세액이 부족하여 공제받지 못한 경우 차기 이후에 이월공제하게 된다면 차기 이후에 법인세를 감소시킨다. 그러므로 이월결손금이나 이월공제되는 비과세소득·소득공제 및 세액공제는 모두 차기 이후에 법인세를 감소시키므로 차감할 일시적차이와 동일한 세금효과를 갖게 되고, 이러한 법인세 감소분은 이연법인세자산으로 인식한다.

1-2 이연법인세부채

이연법인세부채는 가산할 일시적 차이로 일시적 차이가 소멸되는 시점에 법인세를 더 부담하게 되는 것이다. 따라서 미래의 경제적 효익의 유출될 가능성이 높음에 따라 부채로 계상하는 것이다. 모든 가산할 차이는 이연법인세부채로 인식한다.

❷ 적용할 법인세율

당기법인세자산·부채는 당기에 적용할 법정세율을 적용한다. 그러나 이연법인세자산·부채는 차기 이후에 경제적 효익에 영향을 미치므로 일시적 차이가 소멸되는 시점의 세율을 적용하여야 한다. 따라서 세법의 제정이나 개정 때문에 차기 이후에 적용될 세율이 당기 적용 세율과 다르다면 당기말 일시적 차이가 소멸되는 차기 이후 회계기간에 적용될 것으로 기대되는 평균세율을 곱하여 이연법인세를 계산한다.

> 이연법인세자산(부채) = 차감(가산)할 일시적 차이 × 소멸되는 회계연도의 평균세율

❸ 법인세 기간간배분의 절차

포괄손익계산서상에 계상할 법인세 비용은 다음과 같이 당기법인세 효과에 이연법인세 효과를 가감하여 산정한다.

① 당기법인세 인식 — (세전이익±세무조정) ×당기법인세율

② 이연법인세 당기 변동액 인식 — 당기말 재무상태표상 이연법인세 − 전기말 재무상태표상 이연법인세

③ 포괄손익계산서상 법인세비용 — ①±②

✏️ 기출 OX

07. 과거 회계기간의 당기법인세에 대하여 소급공제가 가능한 세무상결손금과 관련된 혜택은 자산으로 인식한다.
기출처 2023. 서울시 7급 [최신]
정답 O

08. 미사용 세무상결손금과 세액공제가 사용될 수 있는 미래과세소득의 발생가능성이 높은 경우 그 범위 안에서 이월된 미사용 세무상결손금과 세액공제에 대하여 이연법인세자산을 인식한다.
기출처 2022. 국가직 7급
정답 O

✏️ 기출 OX

09. 이연법인세부채는 가산할 일시적 차이와 관련하여 미래 회계기간에 납부할 법인세 금액이다. 기출처 2021. 서울시 7급
정답 O

📌 확인문제 [최신]

01. 법인세에 대한 설명으로 가장 옳지 않은 것은? 기출처 2024. 서울시 7급

① 사업결합에서 발생한 영업권의 장부금액이 세무기준액보다 작을 경우에 그 차이로 이연법인세부채가 발생한다.
② 과세대상수익의 수준에 따라 적용되는 세율이 다른 경우에는 일시적차이가 소멸될 것으로 예상되는 기간의 과세소득(세무상결손금)에 적용될 것으로 기대되는 평균세율을 사용하여 이연법인세자산과 부채를 측정한다.
③ 매 보고기간 말에 인식되지 않은 이연법인세자산에 대하여 재검토한다.
④ 미사용 세액공제가 사용될 수 있는 미래 과세소득의 발생가능성이 높은 경우 그 범위 안에서 이월된 미사용 세액공제에 대하여 이연법인세자산을 인식한다.

정답 ①

오쌤 Talk

이연법인세자산·부채

당기 분개로 인식하는 이연법인세자산과 부채는 이연법인세의 당기변동분을 반영한다. 즉, 보고기간 말 기준으로 인식한 이연법인세자산과 부채가 최종 보고되어야 할 잔액에 비추어 증가할 잔액과 감소할 잔액을 산정하여 분개를 통해 추가로 인식해주는 과정이다.

시험에서 전기말 이연법인세자산과 부채가 주어지지 않았다면, 당기 산정한 이연법인세 자산과 부채를 분개를 통해 반영하면 된다.

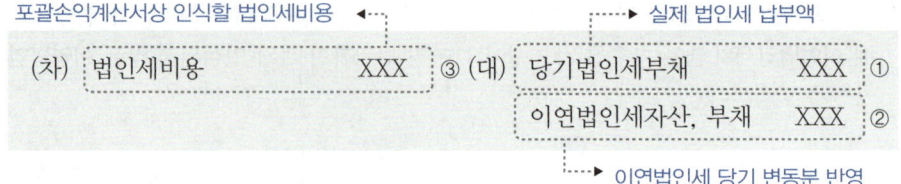

3-1 당기법인세 인식액

당기법인세는 회사가 실제로 당기에 납부하는 법인세이므로 과세소득에 현행세율을 적용하여 산정된다. 현행 세법에서는 기중에 원천징수나 중간예납 등을 통해 당기법인세 중 일부를 미리 납부하도록 규정하고 있는데 이러한 납부액을 선급법인세의 계정으로 하여 자산으로 인식한다. 또한 결산일에 당기법인세를 추정하여 선급법인세와 상계하고 추정액이 더 큰 경우에는 미지급법인세로 처리하고, 추정액이 더 작은 경우에는 미수법인세환급으로 처리한다.

실무에서는 미지급법인세라는 계정을 사용하고 있지만 한국채택국제회계기준에서 이연법인세자산·부채와 비교되는 개념으로 당기법인세자산·부채를 설명하고 있으므로 **미지급법인세**를 **당기법인세부채**로 **미수법인세환급액**을 **당기법인세자산**의 계정으로 설명한다.

[당기법인세 회계처리]

〈기중〉			
(차) 선급법인세	XXX	(대) 현금	XXX
〈결산일〉			
(차) 법인세비용	XXX	(대) 선급법인세	XXX
		당기법인세부채	XXX

3-2 이연법인세 효과반영

보고기간 말의 법인세 이연효과를 이연법인세자산 또는 이연법인세부채로 인식하고 그 변동액을 법인세비용에 반영한다. **이연법인세자산과 부채는 일시적 차이 등이 해소되는 시점에 적용될 확정된 미래세율을 적용하여 산정한다.**

[이연법인세 변동액의 계산]

	기말	기초	이연법인세효과
이연법인세자산:	당기말 차감할 일시적 차이 × 미래세율	− 전기말 차감할 일시적 차이 × 미래세율	= 이연법인세자산의 증가
이연법인세부채:	당기말 가산할 일시적 차이 × 미래세율	− 전기말 가산할 일시적 차이 × 미래세율	= 이연법인세부채의 증가

3-3 법인세비용

당기법인세에 이연법인세의 당기 변동효과를 가감한 금액이 법인세비용이 된다. 따라서 포괄손익계산서상에 계상될 법인세비용은 당기법인세와 이연법인세자산과 부채의 변동액으로 구성된다.

> 법인세비용 = 당기법인세부채 + 이연법인세자산·부채의 증감

그러므로 법인세비용(수익)은 당기법인세비용(수익)과 이연법인세비용(수익)으로 구성된다.

❹ 현재가치 평가

이연법인세자산과 부채를 신뢰성 있게 현재가치로 할인하기 위해서는 각 일시적 차이의 소멸시점을 상세히 추정해야 한다. 그러나 많은 경우 소멸시점을 실무적으로 추정하는 데 한계가 있으므로 현재가치평가는 신뢰성 있게 산출되기 어렵다.

그러므로 이연법인세자산과 부채에 대해서는 현재가치 평가를 적용하지 않는다.

기출 OX

10. 법인세비용은 당기법인세비용과 이연법인세비용으로 구성된다.
기출처 2023. 국가직 7급 [최신]
정답 O

기출 OX

11. 이연법인세 자산과 부채는 할인하지 아니한다.
기출처 2023. 국가직 7급, 2023 서울시 7급 [최신]
정답 O

오쌤 Talk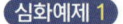

법인세비용

만약, 심화예제 1번에서 20X1년도에 접대비한도초과와 같은 영구적 차이가 없이 일시적 차이만 있었다면 이러한 일시적 차이는 이연법인세자산과 부채로 반영될 것이므로 당기법인세비용은 바로 법인세비용차감전순이익 ₩100,000에 당기 법인세율 30%를 반영하여 ₩30,000으로 산정될 것이다.
다만, 향후 세율의 변동이 없는 경우에만 이러한 접근이 가능하다.

확인문제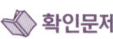

02. ㈜서울은 20X1년 법인세비용차감전순이익이 ₩10,000이며, 세무조정과 관련된 자료는 〈보기〉와 같다. 20X1년도 포괄손익계산서에 계상할 법인세 비용은?
기출처 2022. 서울시 7급

─〈보기〉─
- 과거연도에 발생된 일시적 차이는 없다.
- 20X1년의 법인세 계산에 적용할 세율은 10%이다. (이후에도 동일세율을 적용한다.)
- 세무조정사항
  - 20X1년 미수이자수익 ₩200
  - 20X1년 접대비 한도 초과액 ₩500

① ₩1,000　　② ₩1,030
③ ₩1,050　　④ ₩1,080

정답 ③

심화예제 1 　이연법인세

㈜한국의 20X1년과 20X2년의 법인세비용차감전순이익은 각각 ₩100,000이며, 법인세율은 30%로 향후 변동될 가능성이 낮다. 다음과 같은 세무조정사항이 발생하였다.

구분	20X1년	20X2년
접대비 한도초과	₩10,000	₩20,000
감가상각비 과대계상	₩20,000	(₩20,000)*

* 감가상각비 과대계상에 대한 일시적 차이가 해소된 것임

01 20X1년 말 재무상태표에 이연법인세자산(부채)으로 계상할 금액을 계산하시오.

02 위 거래와 관련하여 회계처리하시오.

[풀이]

01 이연법인세자산
감가상각비 과대계상(차감할 일시적 차이) = 이연법인세자산 = ₩20,000 × 30% = ₩6,000

02 회계처리
20X1년 말　(차) 이연법인세자산　₩6,000　　(대) 당기법인세부채　₩39,000*
　　　　　　　　　 법인세비용　　₩33,000

* {법인세비용차감전순이익(₩100,000) + 접대비한도초과(₩10,000) + 감가상각비과대계상액(₩20,000)} × 30% = ₩39,000

[참고]
20X2년 말　(차) 법인세비용　　₩36,000　　(대) 당기법인세부채　₩30,000**
　　　　　　　　　　　　　　　　　　　　　　　 이연법인세자산　₩6,000

** {법인세비용차감전순이익(₩100,000) + 접대비한도초과(₩20,000) − 전기 감가상각비과대계상액(₩20,000)} × 30% = ₩30,000

심화예제 2 **이연법인세**

(1) 12월 말이 결산법인 ㈜한국은 20X1년 법인세비용차감전순이익 ₩1,000,000이다. 이후에도 회계상의 이익은 매년 ₩1,000,000이 될 것으로 기대하고 있다. 세무조정과 관련하여 다음과 같은 사항이 있다.

(2) 20X1년도 접대비 한도초과액은 ₩100,000이고, 회계상 인식한 수익 중 ₩200,000은 비과세소득이다. 단기매매목적으로 취득한 금융자산의 평가손실은 ₩200,000이며, 이는 20X2년 중 전액 해소된다. 법인세법상 당기손익 - 공정가치 측정 금융자산의 평가는 인정되지 않는다.

(3) 20X2년 미수이자 ₩50,000이 발생하여 회사는 수익으로 인식하였다. 이는 20X3년에 전액 해소된다. 법인세법상 이자수익은 현금수령시에 인식한다. 이 외의 세무조정사항은 없으며, 법인의 세율은 20%로 일정하다.

01 20X1년과 20X2년의 법인세비용을 구하시오.

02 위 사안에서 20X1년 이후 회계이익이 매년 ₩100,000일 것으로 예상되면, 20X1년도 법인세비용을 구하시오.

오쌤 Talk

이연법인세자산의 자산성 검토

이연법인세자산은 자산의 기본 인식요건인 미래 경제적 효익의 유입가능성이 높아야 한다. 그러므로 차감할 일시적인 차이가 있다고 하더라도 회계상 이익이 ₩100,000이 예상되어 이러한 일시적인 차이가 모두 효과를 발휘할 수 없다면 전액을 자산으로 인식할 수 없다. 그러므로 효과적인 부분까지만 자산으로 인식한다.

[풀이]

01 ① 20X1년 법인세비용

법인세비용차감전순이익	₩1,000,000
접대비부인	+₩100,000
비과세소득의 부인	(₩200,000)
당기손익인식금융자산 평가손실 부인	+₩200,000
과세소득	₩1,100,000
× 세율	20%
법인세부담액	₩220,000

[회계처리]
(차) 법인세비용 ₩180,000 (대) 당기법인세부채 ₩220,000
    이연법인세자산 ₩40,000

② 20X2년 법인세비용

법인세비용차감전순이익	₩1,000,000
당기손익인식금융자산평가손실 추인	(₩200,000)
미수이자	(₩50,00)
과세소득	₩750,000
× 세율	20%
법인세부담액	₩150,000

[회계처리]
(차) 법인세비용　　₩200,000　　(대) 당기법인세부채　₩150,000
　　　　　　　　　　　　　　　　　이연법인세자산　₩40,000
　　　　　　　　　　　　　　　　　이연법인세부채　₩10,000

02 이연법인세자산의 자산성 검토 [회계처리]
(차) 법인세비용　　₩180,000　　(대) 당기법인세부채　₩220,000
　　　이연법인세자산　₩40,000
(차) 법인세비용　　₩20,000　　(대) 이연법인세자산　₩20,000*

*예상과세소득이 ₩100,000이므로 이연법인세자산 중 ₩100,000 × 20% = ₩20,000만 자산성이 있으므로 총 ₩40,000 중 ₩20,000만 인식하고 나머지 ₩20,000은 법인세비용으로 인식

3 재무제표 공시

❶ 당기법인세자산과 당기법인세부채의 표시

당기법인세자산은 해당 회계기간에 과세당국으로부터 환급받을 법인세를 의미하고, 당기법인세부채는 과세당국에 추가로 납부할 법인세를 의미한다. 다음의 조건을 모두 충족하는 경우 당기법인세자산과 당기법인세부채를 상계하여 재무상태표에 유동자산이나 유동부채로 표시한다.

① 상계권리
: 기업이 인식된 금액에 대한 법적으로 집행가능한 상계권리를 가지고 있다.
② 순액결제의도
: 기업이 순액으로 결제하거나, 자산을 실현하는 동시에 부채를 결제할 의도가 있다.

❷ 이연법인세자산과 이연법인세부채의 표시

다음의 조건을 모두 충족하는 경우에만 이연법인세자산과 이연법인세부채를 상계하여 재무상태표에 비유동자산(부채)로 표시한다.

① 당기법인세의 상계
: 기업이 당기법인세자산과 당기법인세부채를 상계할 수 있는 법적으로 집행 가능한 권리를 가지고 있다.
② 동일과세당국
: 이연법인세자산과 이연법인세부채가 동일한 과세당국에 의해서 부과되는 법인세와 관련되어 있다.

✏️ 기출 OX

12. 기업이 순액으로 결제하거나, 자산을 실현하는 동시에 부채를 결제할 의도가 없더라도 기업이 인식된 금액에 대한 법적으로 집행가능한 상계권리를 가지고 있는 경우 당기법인세자산과 당기법인세부채를 상계할 수 있다.
기출처 2023. 국가직 7급 [최신]
정답 X

13. 기업이 인식된 금액에 대한 법적으로 집행가능한 상계권리를 가지고 있지 않다면, 당기법인세자산과 당기법인세부채를 상계하지 아니한다.
기출처 2023. 서울시 7급 [최신]
정답 O

오쌤 Talk

재무제표 표시
재무제표 작성과 표시에서 이연법인세자산·부채와 관련해서는 유동으로 표시할 수 없도록 규정하고 있다.
Link - P.185

4 법인세 기간 내 배분

1 의의

법인세법은 순자산 증가설에 따라 과세 소득을 산정한다. 그러므로 발생주의에 기반하여 당기순이익을 산정하는 회계와 이익의 개념이 다르다. 그러므로 당기순이익 외 순자산이 증가하는 경우에도 과세소득이 증가할 수 있다. 회계이익을 제외한 순자산 증가분이 과세소득에 포함되는 경우 당기법인세를 회계이익에서 차감하여 당기순이익으로 보고하게 되면 회계이익과 관련 없는 법인세가 회계이익에서 차감되므로 회계이익과 법인세비용의 적절한 대응이 불가능하게 된다.

예를 들어, ㈜한국은 회계상 이익으로 ₩100,000, 자기주식 처분이익으로 ₩100,000을 각각 보고하였으며, ㈜민국은 회계상 이익만 ₩100,000을 보고하였다고 가정해보자. 법인세법에서 자기주식처분이익을 과세소득에 포함시킨다면 세율이 20%라고 할 때 ㈜한국과 ㈜민국의 과세소득과 당기법인세는 다음과 같이 계산된다.

	㈜한국	㈜민국
회계상이익	₩100,000	₩100,000
자기주식처분이익	₩100,000	
과세소득	₩200,000	₩100,000
법인세율	20%	20%
당기법인세	₩40,000	₩20,000

> **오쌤 Talk**
>
> **자기주식처분이익**
>
> 회계상 자기주식처분이익은 손익거래로 인식하지 않고 당기순이익에 포함하지 않는다.
> 그러나 세법상 이는 주식처분으로 인해 실현된 손익이므로 익금으로 보고 과세한다.
> 이를 세무조정으로는 '익금산입(기타)'으로 반영하므로 추후 과세가 이연되는 일시적 차이로 조정하지 않는다.

당기법인세를 전액 회계이익에서 차감하여 보고하게 되면, ㈜한국과 ㈜민국의 당기순이익은 다음과 같이 보고된다.

	㈜한국	㈜민국
회계상이익	₩100,000	₩100,000
법인세비용	(₩40,000)	(₩20,000)
당기순이익	₩60,000	₩80,000

이때, 두 회사는 회계이익은 동일하지만 당기순이익이 달라지는 결과가 생긴다. 그러므로 ㈜한국의 경우 회계상의 이익 ₩100,000에 대한 법인세 효과 ₩20,000을 법인세비용으로 보고하고 자기주식처분이익 ₩100,000에 대한 법인세 효과 ₩20,000을 자기주식에 직접 차감하여 세후금액으로 표시하게 된다면 회계상의 이익에 법인세 비용이 대응되는 결과가 된다.

즉, ㈜한국의 경우 다음과 같이 회계처리를 반영한다.

| (차) 법인세비용 | ₩20,000 | (대) 당기법인세부채 | ₩40,000 |
| 자기주식처분이익 | ₩20,000 | | |

이 경우, 자기주식처분이익은 ₩80,000(= ₩100,000 - ₩20,000)으로 세후 순액이 보고된다.

이처럼 **특정 회계기간에 발생한 법인세를 발생원천에 따라 회계이익과 자본항목으로 배분하는 회계를 법인세 기간내 배분이라고 한다.** 법인세의 기간내 배분은 동일한 회계기간 내에서 당기 법인세를 여러 항목으로 배분한다는 점에서 서로 다른 회계기간 간에 법인세를 배분하는 법인세의 기간간배분과는 다르다.

❷ 당기법인세 기간내 배분

당기법인세는 회계이익과 관련된 법인세와 자본항목과 관련된 법인세로 각각 배분하고, 자본항목과 관련된 법인세는 당해 자본항목과 직접 상계한다.

법인세법의 과세소득에 포함되는 자본항목은 법인세를 차감한 후의 순액으로 재무상태표에 공시한다. 회계이익과 관련된 법인세는 포괄손익계산서에 표시할 때 법인세를 차감하기 전의 금액과 구분하여 법인세비용의 과목으로 구분표시한다.

[회계처리]

<결산일>
(차) 법인세비용   XXX   (대) 당기법인세부채   XXX
    자본거래이익   XXX

당기법인세 기간내 배분
자본항목과 관련된 법인세의 경우 자본항목과 직접상계하여 인식한다는 원리는 앞서 사례로 주어진 '자기주식처분이익'을 기준으로 이해한다.
주의할 점은 기타포괄손익은 자본항목이지만 이연법인세 기간내 배분으로 인식하기 때문에 당기법인세 기간내 배분과 다르다.

❸ 중단영업손익 법인세효과 기간내 배분

당기손익에 반영되는 법인세비용을 포괄손익계산서에 공시할 때 중단영업이익이 있는 경우에는 계속영업에 대한 법인세비용과 중단영업에 대한 법인세비용으로 구분해야 한다. 이 경우 **계속영업이익에 대한 법인세비용은 별도 표시하며, 중단영업손익에 대한 법인세비용은 중단영업손익에 직접 가감하여 순액으로 표시한다.**

예를 들어, 법인세비용차감전 계속영업이익이 ₩500,000이고 세전 중단영업이익이 ₩100,000 이라면, 법인세율이 20%였을 경우, 일시적 차이가 발생하지 않았다고 가정했을 때 회계처리는 다음과 같다.

중단영업손익의 법인세효과
중단사업손익은 계속사업손익에 비해 상대적으로 중요성이 떨어진다. 그러므로 법인세비용을 별도로 표시하지 않고 순액으로 공시한다.

(차) 법인세비용   ₩100,000   (대) 당기법인세부채   ₩120,000
    중단영업이익   ₩20,000

당기손익계산서	
법인세비용차감전 계속영업이익	₩500,000
법인세비용	(₩100,000)
계속영업이익	₩400,000
중단영업이익	₩80,000
당기순이익	₩480,000

❹ 이연법인세 기간내 배분

이연법인세는 회계이익과 관련된 법인세와 자본 및 기타포괄손익과 관련된 법인세로 각각 배분하고, 이 중 기타포괄손익과 관련된 법인세는 포괄손익계산서에 다음 중 하나의 방법으로 표시한다. 그러나 어떠한 경우라도 재무상태표에는 관련 법인세효과를 차감한 후의 순액으로 표시한다.

> ① 관련 법인세효과를 차감한 순액으로 표시
> ② 기타포괄손익의 구성요소와 관련된 법인세효과 반영 전 금액으로 표시하고, 각 항목들에 관련된 법인세효과는 단일 금액으로 합산하여 표시

법인세법의 과세소득에 포함되는 자본항목은 법인세를 차감한 후의 순액으로 재무상태표에 공시한다. 회계이익과 관련된 법인세는 포괄손익계산서에 표시할 때 법인세를 차감하기 전의 금액과 구분하여 법인세비용의 과목으로 구분표시한다.

예를 들어, 회계상 이익이 ₩200,000, 기타포괄손익으로 표시되는 재평가잉여금이 ₩100,000이며 법인세율이 20%라고 가정해보자. 재평가잉여금은 법인세법상 과세대상인 소득에 해당하지만 당장 법인세를 납부하지 않으므로 가산할 일시적 차이가 발생한다. 그러므로 과세소득은 ₩200,000이고 납부할 법인세는 ₩40,000, 이연법인세부채는 ₩20,000이 된다.

납부할 법인세는 모두 회계이익과 관련된 법인세이므로 법인세비용으로 인식하고, 재평가잉여금과 관련된 이연법인세부채 ₩20,000은 재평가잉여금과 직접 상계하거나 기타포괄손익 중 별도의 항목으로 보고된다. 만약 재평가잉여금과 관련된 이연법인세부채를 재평가잉여금과 직접상계한다고 가정했을 때 법인세관련 회계처리는 다음과 같다.

(차) 법인세비용	₩40,000	(대) 당기법인세부채	₩40,000
재평가잉여금	₩20,000	이연법인세부채	₩20,000

심화예제 3 당기법인세와 이연법인세의 기간내 배분

(1) 12월 말 결산법인인 ㈜한국은 20X1년 회계연도에 회계이익 ₩100,000과 자기주식처분이익 ₩50,000을 보고하였으며, 이들 항목들은 모두 법인세법상 과세소득에 포함된다.
(2) ㈜한국은 20X1년 취득한 토지를 재평가하여 당해 인식하게 될 재평가잉여금은 ₩40,000이다. 재평가잉여금은 법인세법상 과세소득을 증감시키지 않지만 가산할 일시적 차이를 발생시킨다.
(3) ㈜한국이 부담할 법인세율은 20%이며, 향후 변동은 없다.

01 위 사항에서 20X1년도 부담하게 될 법인세는 얼마인가?

02 20X1년 말 보고하게 될 이연법인세자산(부채)는 얼마인가?

오쌤 Talk

기타포괄손익인 법인세 효과 표시
재무제표 작성과 표시에서 좀 더 구체적인 회계처리 방법을 제시하였었다.
Link - P.196

확인문제

03. 〈보기〉는 ㈜서울의 20X1년 법인세와 관련된 거래내용이다. ㈜서울의 20X1년 법인세비용차감전순이익은 ₩1,000,000이며, 당기 과세소득에 적용될 법인세율은 10%이다. 20X1년 포괄손익계산서의 법인세비용은? (단, 향후 세율은 일정하며, 과세소득은 20X1년과 동일하고 전기 이월 일시적차이는 없다)
기출처 2018 서울시 7급

〈보기〉
- 20X1년 접대비 한도초과액은 ₩100,000이다.
- 20X1년 7월 1일 ₩50,000에 취득한 자기주식을 20X1년 8월 31일 ₩100,000에 처분하였다.
- 20X1년 ₩100,000에 취득한 토지의 20X1년 12월 31일 공정가치는 ₩150,000이며 ㈜서울은 유형자산에대하여 재평가모형을 적용하고 있으나, 세법은 이를 인정하지 않는다.

① ₩105,000 ② ₩110,000
③ ₩115,000 ④ ₩120,000

정답 ②

[풀이]

01 당기법인세

회계이익		₩100,000
자기주식처분이익		₩50,000
재평가잉여금	익금산입	₩40,000
	손금산입	(₩40,000)
과세소득		₩150,000
세율		20%
당기법인세		₩30,000

02 20X1년 말 이연법인세부채 = ₩40,000 × 20% = ₩8,000

[참고] 1. 회계처리

결산 시 (차) 재평가잉여금 ₩8,000② (대) 이연법인세부채 ₩8,000①
　　　　　　자기주식처분이익* ₩10,000④ 　　당기법인세부채 ₩30,000③
　　　　　　법인세비용 ₩20,000⑤
*자기주식처분이익법인세효과 = ₩50,000 × 20% = ₩10,000

[참고] 2. 재무제표 표시

① 부분포괄손익계산서

부분포괄손익계산서	
법인세비용차감전순이익	₩100,000
법인세비용	₩20,000
당기순이익	₩80,000
기타포괄손익	
재평가잉여금	₩32,000*
총포괄이익	₩112,000

*₩40,000 − ₩8,000 = ₩32,000

② 부분재무상태표

부분재무상태표	
자본	
이익잉여금	₩80,000
자기주식처분이익	₩40,000
재평가잉여금	₩32,000
비유동부채	
이연법인세부채	₩8,000
유동부채	
당기법인세부채	₩30,000

오쌤 Talk

회계처리 방법
① 자기주식처분이익은 법인세를 차감한 순액으로 재무상태표에 공시. 즉, 자기주식처분이익에 대한 법인세 효과를 직접 자기주식처분이익(자본)에서 차감
② 재평가잉여금: 순액과 총액 중 선택할 수 있음. '참고'에 제시된 경우는 관련 법인세효과를 차감한 순액으로 공시하는 경우임

MEMO

OX 퀴즈

다음 문장의 경우 올바른 설명에는 O, 틀린 설명에는 ×를 하고 틀린 설명은 수정하시오.

① 법인세회계에서 가산할 일시적 차이는 당해 이연법인세자산으로 인식한다. (   )

② 포괄손익계산서상에 인식할 법인세비용은 법인세부담액에 이연법인세자산과 부채의 증감을 반영하여 결정된다. (   )

③ 모든 가산할 일시적 차이는 이연법인세부채로 계상한다. (   )

④ 실현가능성이 높지 않아 인식되지 않은 이연법인세자산은 차기 이후의 매 보고기간 말에 실현가능성을 재검토하여 실현가능성이 높아지는 경우에 이연법인세자산을 인식한다. (   )

⑤ 당기순이익을 포함한 법인세법상 과세소득에 포함되는 금액은 재무상태표에 법인세차감후금액으로 공시한다. (   )

⑥ 이연법인세자산과 이연법인세부채는 상계요건을 충족하는 경우 서로 상계한 잔액을 재무상태표에 비유동자산(부채)로 분류한다. (   )

⑦ 이연법인세자산에 적용할 법인세율은 당기의 평균세율을 적용한다. (   )

⑧ 이연법인세자산과 부채가 소멸되는 시점이 장기일 경우 현재가치를 적용한다. (   )

⑨ 재평가모형을 적용하는 유형자산과 관련된 재평가잉여금은 법인세효과를 차감한 후의 금액으로 기타포괄손익에 표시하고 법인세효과는 이연법인세자산으로 인식한다. (   )

OX 풀이

❶ ✕ 법인세회계에서 가산할 일시적 차이는 당해 이연법인세부채로 인식한다.

❷ ○

❸ ○

❹ ○

❺ ○

❻ ○

❼ ✕ 당기말 일시적 차이가 소멸되는 차기 이후 회계기간에 적용될 것으로 기대되는 평균세율을 곱하여 이연법인세를 계산한다.

❽ ✕ 이연법인세자산과 부채는 할인하지 않는다. 즉, 현재가치 평가를 적용하지 않는다.

❾ ✕ 재평가잉여금은 가산할 일시적 차이를 발생시키므로 이연법인세부채를 인식한다.

실전훈련

01 다음 중 법인세회계에 대한 설명으로 옳지 않은 것은?

① 이연법인세에 적용할 법인세율은 일시적 차이가 발생한 회계기간의 법인세율이다.
② 모든 가산할 일시적 차이는 이연법인세부채로 계상한다.
③ 차감할 일시적 차이가 사용될 수 있는 미래과세소득의 발생 가능성이 높은 경우에 이연법인세자산을 인식한다.
④ 일시적 차이가 소멸될 것으로 예상되는 기간의 과세소득에 적용될 것으로 기대되는 평균세율을 적용하여 이연법인세자산·부채를 측정한다.

02 다음 중 법인세회계에 대한 설명으로 옳은 것은?

① 일시적 차이뿐만 아니라 영구적 차이도 이연법인세회계의 대상이 된다.
② 이연법인세자산과 이연법인세부채는 일정조건을 충족하는 경우 상계하여 표시한다.
③ 가산한 일시적 차이는 추후 실현이 예상되는 시점의 예상세율을 반영하여 이연법인세부채로 인식한다.
④ 이연법인제자산과 부채를 인식할 때 현재가치의 차이가 중요하다면 현재가치로 인식해야 한다.

03 ㈜서울의 당기 법인세비용차감전순이익은 ₩10,000이며, 당기 법인세 세무조정 사항은 다음과 같다. 이외 다른 세무조정 사항은 없으며, 법인세율은 30%이다. 당기 재무상태표에 보고되는 이연법인세자산 또는 이연법인세부채는 얼마인가?

기출처 2017. 서울시 9급

- 비과세 이자수익은 ₩2,000이다.
- 당기 미수이자 ₩4,000은 차기에 현금으로 회수된다.
- 자기주식처분이익은 ₩6,000이다.

① 이연법인세자산 ₩600   ② 이연법인세자산 ₩1,200
③ 이연법인세부채 ₩600   ④ 이연법인세부채 ₩1,200

풀이

01 ① 당기말 일시적 차이가 소멸되는 차기 이후 회계기간에 적용될 것으로 기대되는 평균세율을 곱하여 이연법인세를 계산한다.

02 ① 일시적 차이만 이연법인세 회계의 대상이 된다.
③ 가산한 일시적 차이는 추후 실현이 예상되는 시점의 예상세율을 반영하여 이연법인세자산으로 인식한다.
④ 이연법인세자산과 부채를 인식할 때 현재가치로 할인하지 않는다.

03 비과세이자수익 ₩2,000 → 영구적 차이
당기 미수이자 ₩4,000 → 가산할 일시적 차이 ₩4,000: 이연법인세부채 ₩4,000×30%=₩1,200
자기주식처분이익 ₩6,000 → 세법상 과세, 그러나 세금이연효과 없음

답 01 ① 02 ② 03 ④

04 다음은 2012년 초에 설립된 ㈜한국의 법인세 관련 자료이다. 2012년 말 재무상태표에 계상될 이연법인세자산(또는 부채)은? (단, 이연법인세자산(또는 부채)의 인식조건은 충족된다.) 기출처 2013. 국가직 7급

- 2012년도 법인세비용차감전순이익이 ₩50,000이다.
- 세무조정 결과 회계이익과 과세소득의 차이로 인해 차감할 일시적 차이는 ₩10,000이고, 접대비 한도초과액은 ₩5,000이다.
- 법인세 세율은 20%이며 차기 이후 세율변동은 없을 것으로 예상된다.

① 이연법인세자산 ₩3,000
② 이연법인세자산 ₩2,000
③ 이연법인세부채 ₩3,000
④ 이연법인세부채 ₩2,000

05 다음 자료에서 ㈜서울이 2015년에 계상해야 할 법인세비용과 이연법인세자산 또는 이연법인세부채는 각각 얼마인가? (단, ㈜서울은 제조업을 영위하는 기업으로 법인세율은 10% 단일세율로 미래에도 일정하고, 지방소득세는 없는 것으로 가정한다.) 기출처 2014. 서울시 9급

㈜서울은 2015년 3월 5일에 설립되었으며, 정관상 회계기간은 1월 1일부터 12월 31일까지이다. 2015년 법인세비용 차감전순이익은 ₩10,000,000이다. 여기에는 당기손익인식 금융자산으로 분류한 상장주식평가이익 ₩100,000이 포함되어 있으며 그 외 세무조정사항은 없다.

	법인세비용	이연법인세자산	이연법인세부채
①	₩990,000	₩10,000	
②	₩990,000		₩10,000
③	₩1,000,000	₩10,000	
④	₩1,000,000		₩10,000

04 이연법인세자산 = 차감할 일시적 차이 × 세율 = ₩10,000 × 20% = 2,000

05 (1) 상장주식평가손익은 세법상 익금에 해당하지 않으므로 익금불산입으로 처리한다.
(2) 익금불산입 ₩100,000은 이연법인세부채로 처리하고 ₩100,000 × 10% = ₩10,000이다.
(3) 회계상 법인세비용은 위 사항 외 세무조정 사항이 없으므로 회계상 법인세비용차감전순이익에 10%만큼을 법인세비용으로 인식하므로 ₩10,000,000 × 10% = ₩1,000,000이다.
  <참고>
  (차) 법인세비용 ₩1,000,000   (대) 당기법인세부채 ₩990,000
                                      이연법인세부채 ₩10,000
- 과세소득 = ₩10,000,000 - ₩100,000 = ₩9,900,000
- 당기법인세부채 = ₩9,900,000 × 10% = ₩990,000

답 04 ② 05 ④

06 ㈜한국은 20X1년 초에 ₩50,000의 기계장치를 취득하고 수선비로 회계처리하였다. 그러나 세법에 의하면 동 수선비는 자본적 지출에 해당되며, 5년에 걸쳐 균등하게 상각된다고 가정한다. ㈜한국의 20X1년도 법인세비용차감전순이익이 ₩1,000,000이고 법인세율이 10%라면 다음 중 20X1년말의 회계처리로 옳은 것은?

① (차) 법인세비용 ₩100,000　(대) 당기법인세부채 ₩100,000
② (차) 법인세비용 ₩100,000　(대) 당기법인세부채 ₩104,000
　　　　이연법인세자산 ₩4,000
③ (차) 법인세비용 ₩104,000　(대) 당기법인세부채 ₩104,000
④ (차) 법인세비용 ₩108,000　(대) 당기법인세부채 ₩104,000
　　　　　　　　　　　　　　　　　이연법인세부채 ₩4,000

07 ㈜한국은 20X1년 4월 1일에 건물을 임대하고, 3년분 임대료 ₩360,000을 현금으로 수취하였다. 세법상 임대료의 귀속시기는 현금기준이며, ㈜한국은 임대료에 대해 발생기준을 적용하여 인식한다. 세율이 20X1년 30%, 20X2년 25%, 20X3년 이후는 20%라면, 20X1년 말 재무상태표에 보고될 이연법인세자산(부채)은? (단, 다른 일시적차이는 없고, 임대료는 월할 계산한다)　　기출처 2021. 국가직 7급

① 이연법인세자산 ₩60,000
② 이연법인세부채 ₩60,000
③ 이연법인세자산 ₩81,000
④ 이연법인세부채 ₩81,000

풀이

06 ⑴ 차감할 일시적차이 = 자본적지출(₩50,000) - 당기감가상각비(₩10,000) = ₩40,000
　　 이연법인세자산 = ₩40,000 × 10% = ₩4,000
　　⑵ 당기법인세부채 = (₩1,000,000 + ₩50,000 - ₩10,000) × 10% = ₩104,000

07

	수익인식	20X2년	20X3년	20X4년
세법상	₩360,000			
회계상	₩90,000(₩360,000/36개월 × 9/12)			
일시적차이	+ ₩270,000	(₩120,000)	(₩120,000)	(₩30,000)
세율		25%	20%	20%

∴ 차감할일시적차이 × 세율 = ₩120,000 × 25% + (₩120,000 + ₩30,000) × 20% = ₩60,000 이연법인세자산

답　06 ②　07 ①

08 다음 자료는 ㈜한국의 20X1년도 법인세와 관련된 거래 내용이다.

> (1) 20X1년도 ㈜한국의 접대비한도초과액은 ₩300,000이다.
> (2) ㈜한국은 20X1년 6월7일에 ₩30,000에 취득한 자기주식을 20X1년 9월7일에 ₩60,000에 처분하였다.
> (3) ㈜한국이 20X1년 9월 7일에 사옥을 건설하기 위해 ₩70,000에 취득한 토지의 20X1년 12월31일 공정가치는 ₩80,000이다. ㈜한국은 유형자산에 대해 재평가모형을 적용하고 있으나, 세법에서 이를 인정하지 않는다.

㈜한국의 20X1년도 법인세비용차감전순이익이 ₩1,000,000이다. 당기 과세소득에 적용될 법인세율은 30%이고, 향후에도 세율은 일정하다면 ㈜한국의 포괄손익계산서에 인식하게 될 법인세비용과 20X1년 재무상태표에 인식하게 될 이연법인세자산(부채)는 얼마인가? 기출처 2010. 회계사 수정

	법인세비용	이연법인세
①	₩390,000	부채 ₩3,000
②	₩399,000	부채 ₩12,000
③	₩390,000	자산 ₩12,000
④	₩399,000	자산 ₩3,000

풀이

08 (1) 법인세 부담액

법인세비용차감전순이익	₩1,000,000
접대비한도초과	+ ₩300,000
자기주식처분이익 익금산입	₩30,000(= ₩60,000 - ₩30,000)
재평가잉여금 익금산입	₩10,000(= ₩80,000 - ₩70,000)
재평가잉여금 손금산입	(₩10,000)
과세소득	₩1,330,000
세율	30%
법인세부담액	₩399,000

(2) 이연법인세부채 = ₩10,000 × 30% = ₩3,000
(3) 자기주식처분에 대한 법인세 = ₩30,000 × 30% = ₩9,000
(4) 회계처리

(차) 재평가잉여금 ₩3,000 (대) 이연법인세부채 ₩3,000
　　법인세비용 ₩390,000 　　당기법인세부채 ₩399,000
　　자기주식처분이익 ₩9,000

답 08 ①

19 현금흐름표

Teacher's Map

❶ 현금흐름표의 의의

💡 **현금의 개념**

현금	현금및현금성자산을 의미
당좌차월	금융회사의 요구에 따라 즉시 상환해야 하는 당좌차월은 기업의 현금관리의 일부를 구성하므로 현금및현금성자산의 구성요소에 포함함
항목간의 이동	현금및현금성자산을 구성하는 항목간의 이동은 영업활동, 투자활동 및 재무활동의 일부가 아닌 현금관리의 일부이므로 현금흐름에서 제외함

❷ 현금흐름표 활동의 구분

영업활동	① 기업의 이익에 직접적인 영향을 미치는 생산, 구매, 판매활동뿐만 아니라 주된 수익활동에 직·간접적으로 영향을 미치며, 경우에 따라서는 부수적으로 수반되기 마련인 제반 활동 중에서 투자활동, 재무활동 이외의 모든 거래를 영업활동의 범주에 포함함 ② 특히, 단기매매목적으로 보유하는 계약에서 발생하는 현금의 유·출입도 포함함
투자활동	① 현금의 대여와 회수활동 ② 유가증권의 취득과 처분 ③ 투자자산 및 유·무형자산의 취득이나 처분활동
재무활동	① 현금의 차입 및 상환활동 ② 신주발행이나 배당금의 지급활동

💡 **기타의 고려사항**

① 이자와 배당: 회사가 선택하여 일관성 있게 적용

구분	활동	예외
이자지급	영업활동	재무활동 분류가능
이자수입	영업활동	투자활동 분류가능
배당금수입	영업활동	투자활동 분류가능
배당금지급	재무활동	영업활동 분류가능

② 법인세

발생원천	구분	활동
당기순이익(모든 손익)	당기법인세	영업활동
자본항목(자기주식처분이익)	당기법인세	재무활동

개념 찾기

❶ 영업활동 ❹ 비현금거래
❷ 투자활동 ❺ 계정증감분석법
❸ 재무활동 ❻ 분개법

③ 미수금과 미지급금

미수금의 회수	투자활동
미지급금의 결제	재무활동
미수금과 미지급금의 증가	현금의 증감 없음

④ 정부보조에 의한 자산취득
- 재무상태표에 정부보조금이 관련 자산에서 차감하여 표시되는지와 관계없이 자산의 총 투자를 보여주기 위해 현금흐름표에 별도의 항목으로 표시
- 정부보조금은 관련된 유형자산과 구분하여 별도의 현금흐름으로 보고해야 함

⑤ 비현금거래
- 자산과 자산의 교환 또는 부채의 자본 대체와 같은 비현금거래는 현금흐름표에 공시하지 않고 주석공시

❸ 현금흐름 계산방법

💡 **계정증감분석법**

```
[1단계] 손익계산서 계정의 순액표시
    수익                                    XXX
    비용                                   (XXX)
[2단계] 재무상태표 계정의 순증감액을 가감
    자산의 감소 또는 부채의 증가             XXX
    자산의 증가 또는 부채의 감소            (XXX)
활동으로 인한 순현금흐름                    XXX
```

💡 **분개법**

	구분	금액	구분	금액
IS	비용	XXX	수익	XXX
BS	자산의 증가	XXX	자산의 감소	XXX
	부채의 감소	XXX	부채의 증가	XXX
	자본의 감소	XXX	자본의 증가	XXX
	소계	XXX	소계	XXX
CF	현금의 증가	XXX	(or) 현금의 감소	XXX

4 현금흐름표의 작성

💡 영업활동으로 인한 현금흐름 로직

IS	영업활동 발생주의 수익 (+) 영업활동 발생주의 비용 (-)	→ 영업활동 발생주의 순이익	XXX
BS	영업활동 관련 자산·부채의 증감		XXX
CF	영업활동으로 인한 현금흐름		XXX

💡 직접법

주요 영업활동을 각각 구분하여 각 활동별로 현금유입액과 유출액을 표시하는 방법

① 매출 등 수익활동으로부터의 현금유입

손익계산서 관련 계정	재무상태표 관련 계정
매출액(순매출액)(+) 대손상각비(-) 대손충당금환입(+)	매출채권 증감 대손충당금의 증감 선수금의 증감
XXX	+ XXX

→ 매출 등 수익활동으로부터의 현금유입

② 매입으로 인한 유출

손익계산서 관련 계정	재무상태표 관련 계정
매출원가(-) 재고자산감모손실·평가손실(-)	재고자산의 증감 선급금의 증감 매입채무의 증감
XXX	+ XXX

→ 매입으로 인한 현금유출

③ 종업원에 대한 현금유출

손익계산서 관련 계정	재무상태표 관련 계정
종업원급여(-) 퇴직급여(-)	선급급여의 증감 미지급급여 증감 확정급여부채의 증감
XXX	+ XXX

→ 종업원에 대한 현금유출

개념 찾기

❼ 직접법

④ 이자의 수취

손익계산서 관련 계정	재무상태표 관련 계정	
이자수익(+) 기타포괄손익·상각후원가측정 금융자산의 할인취득 상각(-) 기타포괄손익·상각후원가측정 금융자산의 할증취득상각(+)	미수이자증감 선수이자증감	
XXX +	XXX	이자의 수취

⑤ 이자의 지급

손익계산서 관련 계정	재무상태표 관련 계정	
이자비용(-) 사채할인발행차금 상각액(+) 사채할증발행차금 상각액(-)	선급이자 증감 미지급이자 증감	
XXX +	XXX	이자의 지급

⑥ 법인세의 납부

손익계산서 관련 계정	재무상태표 관련 계정	
법인세비용(-)	이연법인세자산·부채증감 당기법인세부채 증감	
XXX +	XXX	법인세의 납부

💡 간접법

현금흐름표		
20X1년 1월 1일부터 20X1년 12월 31일까지		
Ⅰ. 영업활동 순현금흐름		XXX
(1) 법인세비용차감전순이익	XXX	
(2) 영업으로부터 창출되지 않은 손익 제거	(XXX)	
(3) 영업으로부터 창출된 자산과 부채의 증감	XXX	
영업으로부터 창출된 현금	XXX	
(4) 이자의 수취	XXX	
(5) 이자의 지급	(XXX)	
(6) 배당의 수령	XXX	
(7) 법인세의 납부	(XXX)	

[특징]
① 직접법처럼 영업으로부터 창출된 현금을 고객으로부터 유입된 현금이나 공급자와 종업원에 대한 현금유출의 세부적인 활동으로 구분하지 않고, 영업으로부터 창출된 현금을 하나로 묶어서 계산
② 법인세비용차감전순이익에서 이자수익, 이자비용 및 배당수익을 가감하고 투자활동이나 재무활동 관련 손익계산서 계정을 가감하여 영업활동으로 인한 현금흐름을 계산함
③ 직접법과 간접법은 결론적으로 현금흐름이 동일

💡 투자활동으로 인한 현금흐름

IS	투자활동 발생주의 순이익	XXX
BS	투자활동 관련 자산·부채 증감	XXX
CF	투자활동 순현금흐름	XXX

일치

현금 유입	투자활동 관련 처분	XXX
현금 유출	투자활동 관련 구입	(XXX)
→ 투자활동 순현금흐름		XXX

개념 찾기

❽ 간접법

💡 재무활동으로 인한 현금흐름

IS	재무활동 발생주의 순이익	XXX
BS	재무활동 관련 자산·부채 증감	XXX
CF	재무활동 순현금흐름	XXX

일치

현금 유입	재무활동 관련 자금조달	XXX
현금 유출	재무활동 관련 자금상환	(XXX)
→ 재무활동 순현금흐름		XXX

- ❶ 현금흐름표의 의의
- ❷ 현금흐름표 활동의 구분
- ❸ 현금흐름의 계산방법
- ❹ 현금흐름표의 작성

📖 확인문제 [최신]

01. 현금흐름표에 관한 설명으로 옳지 않은 것은? 기출처 2023. 국가직9급

① 현금흐름표는 일정시점의 현금유입액과 현금유출액에 대한 정보를 제공하는 재무제표이다.
② 현금흐름표상의 현금흐름은 영업활동으로 인한 현금흐름, 투자활동으로 인한 현금흐름, 재무활동으로 인한 현금흐름으로 분류된다.
③ 현금흐름표는 다른 재무제표와 같이 사용되는 경우 순자산의 변화, 재무구조(유동성과 지급능력 포함), 그리고 변화하는 상황과 기회에 적응하기 위하여 현금흐름의 금액과 시기를 조절하는 능력을 평가하는 데 유용한 정보를 제공한다.
④ 역사적 현금흐름정보는 미래현금흐름의 금액, 시기 및 확실성에 대한 지표로 자주 사용된다. 또한 과거에 추정한 미래현금흐름의 정확성을 검증하고, 수익성과 순현금흐름 간의 관계 및 물가변동의 영향을 분석하는 데 유용하다.

정답 ①

오쌤 Talk

당기순이익과 영업활동현금흐름
당기순이익으로 100억을 보고하였다고 하여, 영업활동현금흐름으로 100억이 유입되는 것은 아니다. 둘이 차이가 발생하는 가장 큰 이유는
① 현금의 유입이 없는 수익
② 현금의 유출이 없는 비용
③ 현금의 유입과 유출이 있었으나 수익과 비용이 발생하지 않고 자산과 부채의 증감이 발생하는 경우라고 할 수 있다.

현금흐름표의 의의

현금흐름표(state of cash flow)란 기업의 현금흐름을 나타내는 표로서 현금의 변동내역을 명확하게 보고하기 위하여 **일정 기간의 현금의 유입과 유출 내용을 적정하게 표시하는 보고서**이다. 현금흐름표는 보고기간 말 현재 현금의 유동성 확보를 위한 기중의 거래별 내역을 파악할 수 있게 해주며, 보고기간 말 현재 기업의 자금동원능력을 평가할 수 있는 자료를 제공해준다.

❶ 현금흐름표의 유용성

재무상태표에 자산이 많이 계상되어 있거나 포괄손익계산서에 수익이 많이 계상되어 순이익이 발생하는 회사도 흑자도산 하는 경우가 있다. 즉, 발생주의에 의해 작성된 재무상태표나 포괄손익계산서의 자산과 수익이 현금의 유입과 연결이 안 될 수 있다는 것이다. 이를 현금주의에 의거하여 작성된 현금흐름표를 통해 보완을 해야 한다.

① 기업의 현금흐름에 대한 정보를 얻을 수 있다. 즉, 발생주의가 아닌 현금주의에 의해 현금의 유·출입을 보여주므로 실질적인 회사의 현금창출능력을 보여주고 이를 통해 부채상환능력 및 이자, 배당 지급능력을 판단할 수 있다.
② 현금흐름표와 다른 재무제표를 같이 이용함으로써 미래의 현금흐름액, 시기 및 불확실성을 예측하는 데 도움을 준다. 즉, 매출액, 영업이익 등과 영업현금흐름을 비교하여 미래 현금흐름의 금액과 발생시기 등을 예측할 수 있다.
③ 현금흐름표는 영업활동, 투자활동, 재무활동으로 나누어 현금흐름으로 보여주므로 회사의 현금흐름이 어떻게 순환되는지를 보여준다. 따라서 기업의 자금의 출처와 그 자금으로 어디에 투자했는지 그리고 투자로 인한 현금창출이 어느 정도되었는지를 알 수 있다.
④ 포괄손익계산서의 당기순이익과 영업활동으로 인한 현금흐름의 차이가 나는 원인에 대한 정보를 준다. 즉, 발생주의에 의한 당기순이익은 실질적으로 현금의 창출과는 차이가 발생할 수 있는데, 현금주의를 근거로 하여 작성한 영업활동 현금흐름이 이를 설명해준다.
⑤ 기업의 영업현금흐름을 기준으로 미래영업현금흐름을 추정하여 이를 현재가치로 평가해주면 기업의 가치가 된다. 따라서 영업현금흐름을 통해 기업가치를 평가할 수 있다.

❷ 현금의 개념

현금흐름표에서 현금이란 현금및현금성자산을 의미한다. 회계목적상 현금은 보유 현금과 요구불예금을 의미하며, 현금성자산은 유동성이 매우 높은 단기투자자산으로서 확정된 금액의 현금으로 전환이 용이하고 가치변동의 위험이 경미한 자산을 의미한다.

은행차입은 일반적으로 재무활동으로 분류한다. 그러나 **금융회사의 요구에 따라 즉시 상환해야 하는 당좌차월은 기업의 현금관리의 일부를 구성하므로 현금및현금성자산의 구성요소에 포함한다.**

또한 **현금및현금성자산을 구성하는 항목간의 이동은 영업활동, 투자활동 및 재무활동의 일부가 아닌 현금관리의 일부이므로 현금흐름에서 제외한다.** 예를 들어, 회사 금고에 보유하고 있던 현금을 은행 보통예금에 입금하는 경우나, 은행에 입금된 당좌예금계좌에서 출금하여 현금성자산에 해당하는 단기투자자산을 취득하는 경우에는 현금및현금성자산의 항목간의 이동으로 보고 따로 현금흐름으로 보고하지 않는다.

🔍 ② 현금흐름표 활동의 구분

기업실체의 활동은 영업활동, 투자활동, 재무활동으로 구분할 수 있으며 현금흐름표는 기업실체의 현금흐름을 이들 활동별로 구분하여 보고한다. 즉, 기업의 활동을 세 가지로 구분할 수 있고, 이 세 가지의 활동으로 인한 결과물이 현금및현금성자산이라는 것이다. 이러한 활동은 재무상태의 계정을 중심으로 다음과 같이 구분할 수 있다.

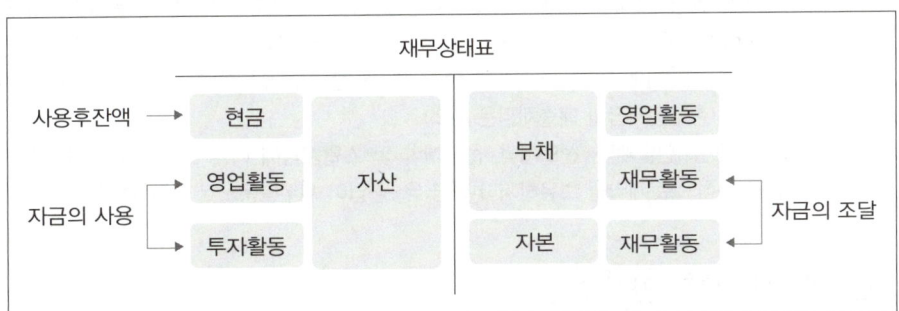

재무상태표에 있는 계정을 중심으로 보면 영업활동의 결과는 대부분 유동자산과 유동부채에 나타난다. 그리고 투자활동은 자금을 운용하는 것과 관련된 것이므로 주로 비유동자산인 투자자산, 유형자산, 무형자산 등에 나타난다. 마지막으로 재무활동은 자금의 조달 및 상환과 관련된 활동으로 비유동부채와 자본계정에 나타나는 것이 일반적이다.

✏️ 기출 OX

01. 투자자산이 현금성자산으로 분류되기 위해서는 확정된 금액의 현금으로 전환이 용이하고, 가치변동의 위험이 경미해야 한다. 〈기출처 2024. 국가직 7급 최신〉

정답 O

02. 현금및현금성자산의 사용을 수반하지 않는 투자활동과 재무활동 거래는 현금흐름표에서 제외한다. 〈기출처 2023. 서울시 7급 최신〉

정답 O

 오쌤 Talk

활동의 구분

활동은 단순 기업의 거래 사건을 의미하는 것이 아니라 현금의 유입과 유출을 의미한다.
즉, 현금의 유·출입이 없다면 현금 흐름표 상의 활동이 아니다.
이때, 이자비용은 활동이 아니다. 이자의 지급이라고 하는 현금흐름표상의 활동과 관련된 계정과목이다. 위와 같은 상황을 중요한 몇 가지 활동을 중심으로 구분해보면 다음과 같다.

활동	계정과목
이자의 수취(유입)	이자수익, 미수이자수익, 선수이자수익
이자의 지급(유출)	이자비용, 미지급이자비용, 선급이자비용
배당의 지급(유출)	이익잉여금의 감소, 미지급배당금
배당의 수취(유입)	배당수익, 미수배당금
법인세의 납부(유출)	법인세비용, 이연법인세자산, 이연법인세부채, 당기법인세부채

❶ 영업활동으로 인한 현금흐름

현금흐름표상의 영업활동은 기업의 이익에 직접적인 영향을 미치는 생산, 구매, 판매활동뿐만 아니라 주된 수익활동에 직·간접적으로 영향을 미치며, 경우에 따라서는 부수적으로 수반되기 마련인 제반 활동 중에서 **투자활동, 재무활동 이외의 모든 거래를 영업활동의 범주에 포함**시키고 있다. 영업활동으로 인한 현금흐름의 예는 다음과 같다.

① **매출**: 재화의 판매와 용역제공에 따른 현금 유입
② **수수료**: 로열티, 수수료, 중개료 및 기타수익에 따른 현금 유입
③ **매입**: 재화와 용역의 구입에 따른 현금 유출
④ **급여**: 종업원과 관련하여 직·간접적으로 발생하는 현금 유출
⑤ **법인세**: 법인세의 납부 또는 환급. 다만 재무·투자활동에 명백히 관련된 것은 제외
⑥ **단기매매계약**: 단기매매목적으로 보유하는 계약에서 발생하는 현금 유·출입

❷ 투자활동으로 인한 현금흐름

투자활동이란 현금의 대여와 회수활동, 유가증권이나 투자자산, 유·무형자산의 취득이나 처분활동을 의미한다. 투자활동으로 인한 현금흐름은 미래수익과 미래현금흐름을 창출할 자원을 확보하기 위하여 지출하거나 이 투자활동이 끝나고 유입되는 것이다. 이에 대한 예는 다음과 같다.

① **유형자산 등 관련**: 유형·무형자산 및 기타 장기성 자산의 취득에 따른 현금유출과 처분에 따른 현금유입
② **투자금융자산 관련**: 다른 기업의 지분상품이나 채무상품 및 공동기업 투자지분의 취득에 따른 현금유출과 처분에 따른 현금유입 (현금성자산으로 간주되는 상품이나 단기매매목적으로 보유하는 상품의 취득에 따른 유출액과 처분에 따른 유입액은 제외)
③ **대여금 관련**: 제3자에 대한 선급금 및 대여금에 의한 현금유출과 회수에 따른 현금유입 (금융회사의 현금선지급과 대출채권은 제외)
④ **파생상품 관련**: 선물계약, 선도계약, 옵션계약 및 스왑계약에 따른 현금유출과 현금유입 (단기매매목적으로 계약을 보유하거나 현금 유·출입이 재무활동으로 분류 시 제외)

❸ 재무활동으로 인한 현금흐름

재무활동이란 현금의 차입 및 상환활동, 신주발행이나 배당금의 지급활동 등과 같이 부채 및 자본계정에 영향을 미치는 거래를 의미한다. 즉, 채권자, 주주와 같은 자본 제공자와 관련된 현금거래를 의미한다. 이에 대한 예는 다음과 같다.

① **주식의 발행(유상증자)**: 주식이나 기타 지분상품의 발행에 따른 현금유입
② **자기주식의 취득과 처분, 배당**: 주식의 취득이나 상환에 따른 소유주에 대한 현금유출
③ **사채의 발행, 차입금 차입**: 담보·무담보부사채 및 어음의 발행과 기타 장·단기차입에 따른 현금유입
④ **사채의 상환, 차입금 상환**: 사채의 상환이나 차입금의 상환에 따른 현금유출

02. 영업활동 현금흐름의 예로 옳지 않은 것은? 기출처 2019 지방직 9급
① 단기매매목적으로 보유하는 계약에서 발생하는 현금유입과 현금유출
② 종업원과 관련하여 직·간접으로 발생하는 현금유출
③ 로열티, 수수료, 중개료 및 기타수익에 따른 현금유입
④ 리스이용자의 리스부채 상환에 따른 현금유출

정답 ④

03. 종속기업과 기타 사업에 대한 지배력의 획득 또는 상실에 따른 총현금흐름은 별도로 표시하고 재무활동으로 분류한다. 기출처 2024. 국가직 7급 최신

정답 ✕

❹ 기타 고려 사항

4-1 이자와 배당

금융회사의 경우 이자지급과 이자수입 및 배당금수입이 주요 영업활동이므로 영업활동 현금흐름으로 분류한다. 원칙적으로 금융회사 이외의 다른 업종의 경우에는 영업활동의 결과로 수취하거나 지급하는 이자와 배당은 영업활동으로 분류하고, 투자활동이나 재무활동의 결과로 수취하거나 지급하는 이자와 배당은 각각 투자활동과 재무활동으로 분류해야 하며, 각 현금흐름은 매 기간 일관성 있게 분류해야 한다.

그러나 실무에서는 이자지급을 재무활동으로 분류할 수도 있으며, 투자활동으로 인한 이자수익, 배당금수입은 투자활동으로도 분류가 가능하다. 또한 배당금의 지급을 영업활동으로도 분류할 수 있다. 그러므로 한국채택국제회계기준에서는 이자와 배당의 활동을 회사가 선택하여 일관성 있게 적용하도록 규정하고 있다.

구분	활동	예외
이자지급	영업활동	재무활동 분류가능
이자수입	영업활동	투자활동 분류가능
배당금수입	영업활동	투자활동 분류가능
배당금지급	재무활동	영업활동 분류가능

4-2 법인세

법인세로 인한 현금흐름은 별도로 공시하며, 재무활동과 투자활동과 관련된 것이 아니므로 영업활동으로 분류한다. 그러나 투자활동이나 재무활동으로 분류한 현금흐름을 발생시키는 개별거래와 관련된 법인세 현금흐름은 투자활동이나 재무활동으로 적절하게 분류한다.

발생원천	구분	활동
당기순이익(모든 손익)	당기법인세	영업활동
자본항목(자기주식처분이익)	당기법인세	재무활동

🔖 확인문제

03. 다음 중 현금흐름표 상 재무활동으로 인한 현금흐름에 포함할 수 없는 것은?
① 유형자산의 취득에 따른 미지급금의 지급
② 장기차입금의 차입 및 상환
③ 장기대여금의 회수
④ 주식의 발행 및 자기주식의 취득

정답 ③

✏️ 기출 OX

04. 이자와 차입금을 함께 상환하는 경우, 이자지급은 영업활동으로 분류될 수 있고 원금상환은 재무활동으로 분류된다. 기출처 2024. 국가직 7급 최신

정답 O

✏️ 기출 OX

05. 법인세로 인한 현금흐름은 별도로 공시하며, 재무활동과 투자활동에 명백히 관련되지 않는 한 영업활동 현금흐름으로 분류한다. 기출처 2024. 국가직 7급 최신

정답 O

06. 법인세로 인한 현금흐름은 별도로 공시하지 않으며, 재무활동과 투자활동에 명백히 관련되지 않는 한 영업활동 현금흐름으로 분류한다. 기출처 2023. 서울시 7급 최신

정답 X

07. 금융기관이 아닌 경우 배당금 지급은 재무활동현금흐름으로 분류할 수 있다. 기출처 2015. 국가직 9급

정답 O

08. 금융기관이 지급이자를 비용으로 인식하는 경우에는 영업활동 현금흐름으로 분류하고, 지급이자를 자본화하는 경우에는 주석으로 공시한다. 기출처 2015. 국가직 9급

정답 X

09. 금융기관이 아닌 경우 이자수입은 당기순손익의 결정에 영향을 미치므로 영업활동 현금흐름으로 분류할 수 있다. 기출처 2015. 국가직 9급

정답 O

10. 금융기관의 경우 배당금수입은 일반적으로 영업활동으로 인한 현금흐름으로 분류한다. 기출처 2015. 국가직 9급

정답 O

오쌤 Talk

미지급금과 미수금
(1) 미지급금: 미지급금은 유형자산의 취득 시 지급하지 못한 채무이다. 다만, 이를 현금흐름 활동을 구분할 때는 자산의 취득 시 현금을 지급하고 이를 다시 자금을 차입한 것으로 인식한다. 그러므로 미지급금은 자금의 차입과 상환을 나타내는 재무활동에 표시한다.

(2) 미수금: 미수금은 유형자산의 처분 시 받지 못한 채권이다. 다만, 이를 현금흐름표 활동을 구분할 때는 자산의 처분 시 현금을 수취하고 이를 다시 자금을 대여한 것으로 인식한다. 그러므로 미수금은 자금의 대여와 회수를 나타내는 투자활동에 표시한다.

4-3 미수금과 미지급금

미수금과 미지급금은 유형자산과 무형자산의 처분 또는 취득과 관련된 채권·채무이므로 발생원천에 따라 투자활동으로 분류하는 것이 적절하다. 그러나 이들 항목은 재무상태표상의 계정분류에 따라 **미수금의 회수는 투자활동으로, 미지급금의 결제는 재무활동으로 분류한다. 미수금과 미지급금의 증가는 유형자산과 무형자산의 처분 또는 취득과 관련되어 있으나 현금의 유입과 유출이 없는 거래에 해당**한다.

한편, 유형자산과 무형자산의 취득 시점에 유출된 현금으로 취득 직전 또는 취득 직후에 지급된 당해 자산의 취득대금은 당해 유형자산과 무형자산으로 인한 현금유출로 분류한다. 이 경우 취득 직전 또는 취득 직후의 기간은 일반적으로 취득 직전·후 각각 3개월로 본다.

그러나 유형자산 또는 무형자산의 취득시점과 현금지급시점 사이에 결산일이 있는 경우에는 이를 구분하여 표시한다.

[미수금과 미지급금의 활동 분류]

비현금거래로 기록	현금거래로 기록	활동
유형자산 등의 외상구입 (미지급금의 증가)	미지급금의 지급	········> 재무활동
유형자산 등의 외상처분 (미수금의 증가)	미수금의 회수	········> 투자활동

4-4 정부보조에 의한 자산의 취득

유형자산의 취득금액 중 일부를 정부나 지방자치단체에서 보조를 받을 경우가 있다. 기업회계기준서 제1020호 '정부보조금의 회계처리와 정부지원의 공시'에서는 **재무상태표에 정부보조금이 관련 자산에서 차감하여 표시되는지와 관계없이** 자산의 총 투자를 보여주기 위해 현금흐름표에 **별도의 항목으로 표시한다**라고 규정하고 있다. 그러므로 **정부보조금은 관련된 유형자산과 구분하여 별도의 현금흐름으로 보고**해야 한다. 이때 정부보조금은 유형자산을 취득하는 자금을 조달한 것으로 보아 **재무활동으로 분류**한다.

4-5 비현금거래

자산과 자산의 교환이나 부채의 자본 대체 같이 현금및현금성자산의 유입·유출이 발생하지 않지만 거래가 발생한 경우는 현금흐름표에 공시하지 않는다. 대신 이와 **관련된 사항은 주석으로 공시하여야** 한다.

4-6 활동의 구분의 예시

현금흐름의 활동을 영업활동, 투자활동, 재무활동으로 각각 구분하여 현금의 유·출입으로 구분해보면 다음과 같다.

확인문제

04. 다음 중 기업회계기준서 제1007호 '현금흐름표'에 규정되어 있는 기업활동의 구분과 관련된 내용들로 옳지 않은 것은?
① 단기매매목적으로 보유하는 유가증권의 판매에 따른 현금흐름은 투자활동으로 분류한다.
② 이자와 배당금의 수취에 따른 현금흐름은 매 기간 일관성 있게 영업활동 또는 투자활동으로 분류한다.
③ 법인세로 인한 현금흐름은 별도로 공시하며, 재무활동과 투자활동에 명백히 관련되지 않은 한 영업활동 현금흐름으로 분류한다.
④ 이자와 배당금의 지급에 따른 현금흐름은 매 기간 일관성 있게 영업활동 또는 재무활동으로 분류한다.

정답 ①

[현금흐름을 활동별로 구분한 구체적인 사례]

기업의 경영활동		현금흐름	
		현금의 유입	현금의 유출
영업활동	① 재고자산의 판매 및 용역의 제공 ② 재고자산의 매입 및 생산 ③ 단기매매목적보유계약의 현금흐름 ④ 투자와 재무활동 외의 모든 거래	① 매출수익 ③ 단기매매금융자산의 처분 ④ 이자수취*, 배당금수취*	② 매입대금과 종업원에 대한 지출 ③ 단기매매금융자산의 취득 ④ 이자지급*, 법인세납부
투자활동	① 유·무형자산의 취득과 처분 ② 유가증권의 취득과 처분 ③ 현금의 대여 및 회수 ④ 자금의 일시 운용	① 유·무형자산의 처분 ② 유가증권의 처분 ③ 대여금의 회수 ④ 금융상품의 처분	① 유·무형자산의 취득 ② 유가증권의 취득 ③ 대여금의 지급 ④ 금융상품의 취득
재무활동	① 자금의 조달 ② 자금의 상환 ③ 배당금의 지급 ④ 자기주식의 취득 ⑤ 자기주식의 처분	① 장·단기 차입금의 차입 ① 사채의 발행 ① 유상증자 ⑤ 자기주식매각	② 장·단기 차입금의 상환 ② 사채의 상환 ③ 배당금의 지급* ④ 자기주식취득

*'이자의 수취, 이자의 지급, 배당의 수취, 배당의 지급'은 원칙에 따른 예시임

❺ 현금흐름표 양식

앞서 활동별로 구분한 현금흐름을 구체적으로 표현한 현금흐름표의 양식은 다음과 같다.

현금흐름표

㈜한국   20X1년 1월 1일부터 20X1년 12월 31일까지

영업활동 현금흐름		XXX
직접법 ┐ 선택가능		
간접법 ┘		
투자활동현금흐름		XXX
유형자산 취득	(XXX)	
설비 처분	XXX	
자금의 대여	(XXX)	
자금 회수	XXX	
재무활동현금흐름		XXX
유상증자	XXX	
장기차입금 상환	(XXX)	
현금및현금성자산의 증감		XXX
기초 현금및현금성자산		XXX
기말 현금및현금성자산		XXX

🔍 확인문제

05. 다음 중 활동과 관련계정과목의 구분이 잘못 짝지어진 것은?

	활동	계정과목
①	유형자산의 처분	유형자산처분손익, 유형자산 취득원가, 유형자산 감가상각누계액 감가상각비
②	이자의 지급	이자비용, 미지급이자, 선급이자
③	이자수익	이자의 수취, 미수이자, 선수이자수익
④	법인세의 납부	당기법인세부채, 법인세비용

정답 ③

오쌤 Talk

계정과목과 활동의 구분 의미

추후 계정과목들의 증감 분석만을 통해서 각 활동별 현금흐름을 산출할 수 있다. 그런데 문제에서 계정과목과 활동이 함께 주어진 경우, 증감분석법은 계정과목들만을 이용해서 산출하므로 활동과 계정과목을 정확히 구분할 수 있어야 한다.

직접법과 간접법

영업활동만 간접법이 있다. 즉, 투자활동과 재무활동은 무조건 직접법으로 작성한다.
이때, 활동에 대해 유입과 유출을 직접적으로 산출하여 구분 표시할 수 있다면 직접법이라고 한다. 그러나 직접 유입과 유출을 구분할 수 없기 때문에 순액만 기록한다면 간접법이라고 한다.

🔍 확인문제

06. 다음은 ㈜한국의 20X1년도 재무제표에서 발췌한 자료이다. ㈜한국이 배당금의 지급을 재무활동으로 분류할 경우, 20X1년 말 재무상태표에 보고된 현금및현금성자산은 얼마인가? 단, ㈜한국의 자사주거래는 없었다.

기출처 2020. 보험계리사

기초 현금및현금성자산	₩500
영업활동 순현금유입액	₩600
기초자본	₩1,600
투자활동 순현금유출액	₩450
기말자본	₩1,800
당기순이익	₩500
당기 유상증자액	₩250

① ₩350　② ₩450
③ ₩550　④ ₩600

정답 ①

5-1 영업활동 현금흐름

영업활동 현금흐름은 다음 중 하나의 방법으로 보고한다.

> ① 직접법: 총현금유입과 총현금유출을 주요 항목별로 구분하여 표시하는 방법
> ② 간접법: 당기순손익에 현금을 수반하지 않는 거래, 과거 또는 미래의 영업활동 현금유입이나 현금유출의 이연 또는 발생, 투자활동 현금흐름이나 재무활동 현금흐름과 관련된 손익항목의 영향을 조정하여 표시하는 방법

5-2 투자활동 현금흐름과 재무활동 현금흐름

후술하는 순증감액으로 현금흐름을 보고하는 경우를 제외하고는, 투자활동과 재무활동에서 발생하는 총현금유입과 총현금유출은 주요 항목별로 구분하여 **총액으로 표시한다.**

5-3 순증감액에 의한 현금흐름 보고

다음의 영업활동, 투자활동 또는 재무활동에서 발생하는 현금흐름은 순증감액으로 보고할 수 있다.

> ① 현금흐름이 기업의 활동이 아닌 고객의 활동을 반영하는 경우로서 고객을 대리함에 따라 발생하는 현금유입과 현금유출
> ② 회전율이 높고 금액이 크며 만기가 짧은 항목과 관련된 현금유입과 현금유출

금융회사의 경우 다음 활동에서 발생하는 현금흐름은 순증감액으로 표시할 수 있다.

① 확정만기조건 예수금의 수신과 인출에 따른 현금유입과 현금유출
② 금융회사 간의 예금이체 및 예금인출
③ 고객에 대한 현금 선지급과 대출 및 이의 회수

기출 OX

11. 금융회사의 경우 금융회사 간의 예금이체 및 예금인출 활동에서 발생하는 현금흐름은 순증감액으로 표시할 수 있다.
기출처 2023. 서울시 7급 〈최신〉
정답 O

3 현금흐름의 계산방법

현금흐름표에 각각 기록되는 현금의 흐름은 발생주의 재무제표인 재무상태표와 손익계산서를 사용하여 계산한다. 현금흐름표 작성의 논리는 계정 증감분석법을 따른다. 다만, 간접법으로 작성되는 영업에서 창출된 현금흐름은 반드시 계정 증감분석법만 사용해야 하지만, 나머지 대부분의 현금흐름은 어느 방법을 사용하던지 관계가 없다. 어느 방법을 사용하든지 기본적인 논리는 동일하다.

그러므로 현금흐름표의 간접법을 작성할 수 있는 기본 논리인 계정증감분석법을 먼저 이해한 후, 실제 수험목적상 가장 효율적이고 정확한 방식인 분개법을 제시하도록 하겠다.

❶ 계정증감분석법

계정증감분석법은 기초장부금액과 기말장부금액의 차이를 이용하여 현금의 유·출입을 계산하는 방법이다.

계정증감분석법은 다음의 논리를 통해 만들어진 것이다.

> ① X1.1.1. 사업을 처음 시작했을 때,
>   자산 = 부채 + 자본
> ② X1년 기중에 기업의 거래를 반영하면,
>   △자산 = △부채 + △자본 + 수익 − 비용
> ③ 이때, 자산을 '현금'과 '현금 외의 자산'으로 구분하면,
>   △ 현금 + △현금 외의 자산 = △부채 + △자본 + 수익 − 비용
> ④ '현금 외의 자산'을 이항하면,
>   △현금 = −△현금 외의 자산 + △부채 + △자본 + 수익 − 비용
> ⑤ 이를 정리하면,
>   현금의 증감 = 재무상태표 계정의 증감(자산·부채·자본 증감) + 손익계산서 계정의 증감(수익 − 비용)
>   단, 자산의 증가는 (−) 감소는 (+), 부채와 자본의 증가는 (+) 감소는 (−) 이다.

상기의 과정을 손익계산서 계정과 재무상태표의 계정으로 구분하여 계정 증감분석법의 논리에 따라 정리해보면 다음과 같다.

[계정 증감분석법의 적용]

[1단계] 손익계산서 계정의 순액표시	
수익	XXX
비용	(XXX)
[2단계] 재무상태표 계정의 순증감액을 가감	
자산의 감소 또는 부채의 증가	XXX
자산의 증가 또는 부채의 감소	(XXX)
활동으로 인한 순현금흐름	XXX

계정증감분석법의 원리

재무제표에 기록되는 모든 계정을 현금계정과 현금 외의 계정으로 나눈다면 현금 외의 계정의 증감이 곧 현금계정의 증감과 일치하기 때문이다.

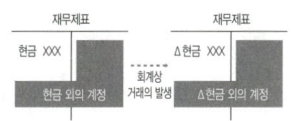

계정증감분석법의 예시

포괄손익계산서상 매출액은 ₩100,000이고 매출채권의 잔액이 기초가 ₩0, 기말이 ₩10,000인 경우 회사는 매출 ₩100,000이 발생했는데, 그 중 ₩10,000을 미래에 받기로 하였다는 것을 의미한다. 따라서 매출을 통해 현금으로 회수한 금액은 ₩90,000이 되는 것이다.

위 예시를 계정증감분석법에 대입하면 다음과 같다.

> 현금의 증감
> = 손익계산서 계정의 증감(수익 ₩100,000) + 재무상태표 계정의 증감(자산의 증가(−) ₩10,000)
> = 수익 ₩100,000 − 자산의 증가 ₩10,000 = ₩90,000
> ∴ 매출로 인한 현금의 유입 ₩90,000

오쌤 Talk

분개법
분개법도 결국에는 계정과목의 증감을 반영하는 과정이다.

❷ 분개법

계정 증감분석법의 출발은 분개이다. 다만 분개된 내용을 바탕으로 일일이 계산하지 않고 거래의 결과 자산, 부채, 자본(수익과 비용 포함)의 최종 잔액의 증감만으로 현금흐름을 유추하는 과정이다. 이와 동일한 논리로 분개를 정리하여 작성한 시산표의 구성원리에 대입하면 위 증감분석법이 훨씬 쉽게 이해될 수 있다.

앞서 '**02 복식부기와 거래의 기록**'에서 배운 분개법은 다음과 같이 기록된다.

차변	대변
자산의 증가	자산의 감소
부채의 감소	부채의 증가
자본의 감소	자본의 증가
비용의 발생	수익의 발생

즉, 자산의 증가와 비용의 발생은 왼쪽에 표시하고 부채의 증가와 자본의 증가 그리고 수익의 발생은 오른쪽에 기록함으로써 차변과 대변의 합계를 일치하도록 기록하고 있다.

분개법은 주어진 활동의 계정을 분석하여 각각 거래를 기록하는 방법으로 차변과 대변에 기록하면 나머지 대차 차액은 그 활동을 통해 증가 또는 감소된 현금잔액이 된다.

분개법에 따른 현금흐름계산법은 다음과 같다.

[분개법의 적용]

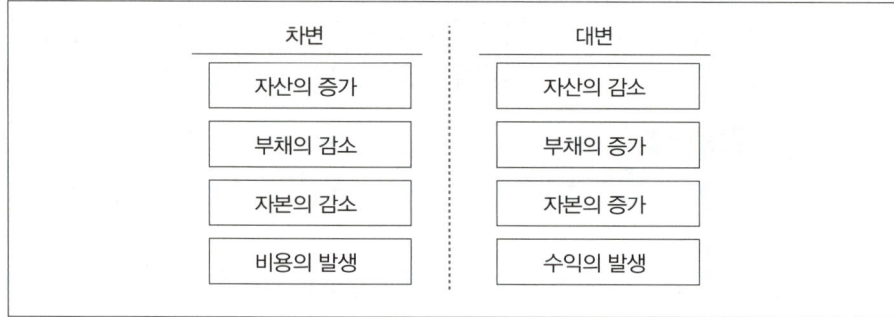

	구분	금액	구분	금액
IS	비용	XXX	수익	XXX
BS	자산의 증가	XXX	자산의 감소	XXX
	부채의 감소	XXX	부채의 증가	XXX
	자본의 감소	XXX	자본의 증가	XXX
	소계	XXX	소계	XXX
CF	현금의 증가	XXX	(or) 현금의 감소	XXX

❸ 발생기준과 현금기준 회계의 비교

포괄손익계산서는 발생주의를 기준으로 작성하였다. 따라서 수익은 실현되었을 때 인식하고 비용은 수익·비용 대응의 원칙에 따라 인식하였다. 그러나 이렇게 작성된 포괄손익계산서는 현금주의에 의하여 현금의 유·출입을 기준으로 작성한 현금흐름표와 차이가 발생하게 된다. 예를 들어, 20X1년에 제품을 판매하고 ₩10,000을 받기로 하였으나 20X2년에 현금을 수령한 경우, 수익은 발생주의를 기준으로는 20X1년에 인식하지만 현금주의를 기준으로는 20X2년에 인식한다. 이를 분개로 반영하면 다음과 같다.

[20X1년]

〈발생주의〉				
(차) 매출채권	₩10,000	(대) 매출	₩10,000
〈현금주의〉				
분개없음				

[20X2년]

〈발생주의〉				
(차) 현금	₩10,000	(대) 매출채권	₩10,000
〈현금주의〉				
(차) 현금	₩10,000	(대) 매출	₩10,000

3-1 매출로 인한 현금유입액
3-1-1 매출채권으로 인한 현금 유입

상품을 현금으로 매출한 경우 발생주의 매출과 현금주의 매출은 동일하다. 그러나 외상매출의 경우는 매출채권이 증가하게 되고 동액만큼 현금주의 매출은 줄어들게 된다. 반대로 매출채권이 감소하여 현금이 유입된 경우 현금주의 매출액은 현금유입시점에 매출을 인식하게 되므로 발생주의 매출액보다 많게 된다. 이를 식으로 나타내면 다음과 같다.

> 현금주의 매출액
> = 발생주의 매출액 − 매출채권 증가액(자산의 증가) + 매출채권 감소액(자산의 감소)

즉, 매출채권의 증가만큼 현금이 적게 회수된 것이므로 매출채권의 증가를 매출액에서 차감하면 현금유입액을 계산할 수 있다.

오쌤 Talk

발생기준과 현금기준
증감분석법에서 수익과 비용은 손익계산서 계정 잔액이다. 그러므로 발생기준의 수익과 비용이라고 할 수 있다. 증감분석법을 통해 산출된 현금은 현금기준에서의 수익과 비용의 잔액이다.
현금주의에서는 철저히 현금의 유입이 수익이고, 현금의 유출이 비용이다.

📖 확인문제

07. 다음은 ㈜한국의 20X1년 11월에 발생한 거래이다.

- 상품 ₩70,000을 외상으로 매입하다.
- 원가 ₩70,000의 상품을 ₩100,000에 외상으로 판매하다.

㈜한국은 20X1년 12월에 상품 판매대금 ₩100,000 중 ₩50,000을 회수하였고, 상품의 매입원가 ₩70,000 중 ₩35,000을 현금으로 지급하였다. 현금기준에 의한 20X1년의 순현금유입액과 발생기준에 의한 20X1년의 순이익은?

기출처 2020. 지방직 9급

	현금기준에 의한 20X1년 순현금유입액	발생기준에 의한 20X1년 순이익
①	₩15,000	₩15,000
②	₩15,000	₩30,000
③	₩30,000	₩15,000
④	₩30,000	₩30,000

정답 ②

오쌤 Talk

계정증감분석법

IS	발생주의 매출액 (매출)
BS	(−) 매출채권의 증가
	(+) 매출채권의 감소
CF	현금주의 매출액 (매출로 인한 현금유입)

이를 앞서 배운 분개법에 대입하면 다음과 같다.

	구분	금액	구분	금액
IS			발생주의 매출액(매출)	XXX
BS	매출채권의 증가	XXX	매출채권의 감소	XXX
		XXX		XXX
CF	현금주의 매출액 (매출로 인한 현금유입)	XXX		

오쌤 Talk

용어정리

매출로 인한 현금유입액
= 매출채권 현금회수액 (모든 거래를 외상거래로 전제했을 때)
= 현금주의 매출액
= 고객으로부터 창출된 현금유입

기본예제 1 매출채권 현금주의

㈜한국의 20X1년도 매출액은 ₩100,000이다. 다음의 자료를 이용하여 회사의 매출로 인한 현금유입액이 얼마인지 계산하시오.

	20X1. 1. 1.	20X1. 12. 31.
매출채권	₩10,000	₩20,000

[풀이]

(1) 분개법

	구분	금액	구분	금액
IS			발생주의 매출액(매출)	₩100,000
BS	매출채권의 증가	₩10,000		−
		₩10,000		₩100,000
CF	현금주의 매출액 (매출로 인한 현금유입)	₩90,000		

[참고]

1. 계정증감분석법

IS	매출액	+ ₩100,000
BS	매출채권의 증가	(₩10,000)
CF	매출로 인한 현금유입액	₩90,000

∴ 현금주의 매출액
= 발생주의 매출액(₩100,000) − 매출채권 증가액(₩20,000 − ₩10,000) = ₩90,000

2. T계정법

		매출채권		
발생주의 매출액	기초 매출채권	₩10,000	현금유입액	₩90,000	현금주의 매출액
	매출액	₩100,000	기말 매출채권	₩20,000
	합계	₩110,000	합계	₩110,000

3-1-2 선수금으로 인한 현금유입

선수금을 미리 수령하였다면 발생주의에서는 매출로 인식할 수 없으나 현금주의에서는 현금이 유입된 시점에 매출로 인식된다. 따라서 부채계정의 선수금이 증가를 하면 발생주의의 매출액 보다 현금주의의 매출액이 더 크게 계상된다. 이를 식으로 나타내면 다음과 같다.

> 현금주의 매출액
> = 발생주의 매출액 + 선수금 증가액(부채의 증가) − 선수금 감소액(부채의 감소)

이를 앞서 배운 분개법의 논리에 대입하면 다음과 같다.

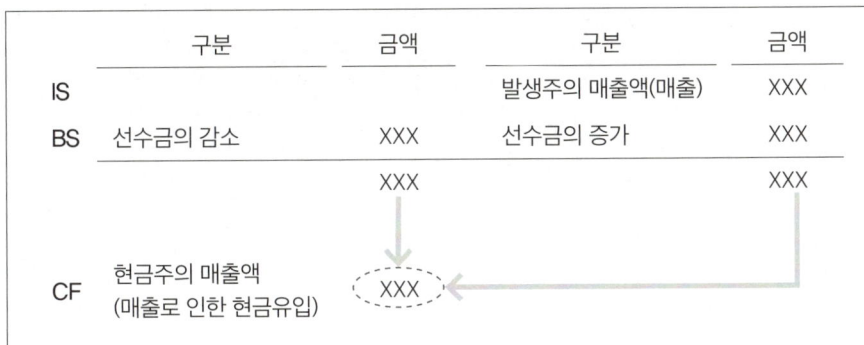

오쌤 Talk

계정증감분석법

IS	(+) 발생주의 매출액(매출)
BS	(+) 선수금의 증가
	(−) 선수금의 감소
CF	(+) 현금주의 매출액 (매출로 인한 현금유입)

오쌤 Talk

선수금의 현금주의 매출

현금주의 관점에서는 현금의 유입이 곧 수익이다. 선수금은 발생주의 관점에서 현금이 유입되었으나 반대급부의 이행이 수반되지 않아 수익으로 인식하지 않는 계정이다. 그러므로 선수금으로 현금이 유입되는 것은 현금주의 관점에서의 매출로 인한 현금유입활동에서 반영해 주어야 한다.

기본예제 2 선수금 현금주의

㈜한국의 20X1년도 매출액은 ₩100,000이다. 다음의 자료를 이용하여 회사의 매출로 인한 현금유입액이 얼마인지 계산하시오.

	20X1. 1. 1.	20X1. 12. 31.
선수금	₩15,000	₩25,000

[풀이]

(1) 분개법

	구분	금액	구분	금액
IS			발생주의 매출액(매출)	₩100,000
BS		–	선수금의 증가	₩10,000
		₩0		₩110,000
CF	현금주의 매출액 (매출로 인한 현금유입)	₩110,000		

[참고]

1. 계정증감분석법

IS	매출액	+₩100,000
BS	선수금의 증가	+₩10,000
CF	매출로 인한 현금유입액	₩110,000

∴ 현금주의 매출액
= 발생주의 매출액(₩100,000) + 선수금 증가액(₩25,000 − ₩15,000) = ₩110,000

2. T계정법

선수금			
매출액	₩100,000	기초 선수금	₩15,000
기말 선수금	₩25,000	현금유입액	₩110,000
합계	₩125,000	합계	₩125,000

3-2 매입으로 인한 현금유출액

3-2-1 재고자산과 매입채무로 인한 현금유출

상품을 현금으로 매입하면 발생주의 매입과 현금주의 매입은 동일하다. 그러나 외상으로 매입하면 매입채무가 증가하게 되고 동액만큼 현금주의 매입은 감소한다. 반대로 매입채무를 상환하여 현금이 유출된 경우 현금주의 매입액은 현금유출시점에 매입을 인식하게 되므로 발생주의 매입액보다 많게 된다.

또한 발생주의 매입액은 당기에 판매분에 대해서는 매출원가를 인식하고 남은 상품에 대해 재고자산으로 인식한다. 때문에 다음과 같은 식이 성립한다.

> 현금주의 매출원가 + 매입채무의 증가 = 발생주의 매출원가 + 재고자산 증가

위 식을 변형하면 다음과 같은 식이 성립한다.

> 현금주의 매출원가
> = 발생주의 매출원가 + 재고자산 증가(자산의 증가) − 매입채무 증가(부채의 증가)

이를 앞서 배운 거래 분개법의 논리에 대입하면 다음과 같다.

	구분	금액	구분	금액
IS	발생주의 매출원가(매출원가)	XXX		
BS	매입채무의 감소	XXX	매입채무의 증가	XXX
	재고자산의 증가	XXX	재고자산의 감소	XXX
		XXX		XXX
CF			현금주의 매출원가 (매입으로 인한 현금유출액)	XXX

오쌤 Talk

계정증감분석법

IS	(−)발생주의 매출원가 (매출원가)
BS	(+) 매입채무의 증가 재고자산의 감소 (−) 매입채무의 감소 재고자산의 증가
CF	(−)현금주의 매출원가 (매입으로 인한 현금유출)

오쌤 Talk

용어정리

매입으로 인한 현금유출액
= 매입채무 현금지급액 (모든 거래를 외상거래로 전제했을 때)
= 현금주의 매입액
= 공급자에 대한 현금 유출액

기본예제 3 매입채무와 재고자산 현금주의

㈜한국의 20X1년도 매출원가는 ₩80,000이다. 다음의 자료를 이용하여 회사의 매입으로 인한 현금유출액이 얼마인지 계산하시오.

	20X1. 1. 1.	20X1. 12. 31.
매입채무	₩15,000	₩25,000
재고자산	₩10,000	₩15,000

[풀이]

(1) 분개법

	구분	금액	구분	금액
IS	발생주의 매출원가 (매출원가)	₩80,000		
BS	재고자산의 증가	₩5,000	매입채무의 증가	₩10,000
		₩85,000		₩10,000
CF			현금주의 매출원가 (매입으로 인한 현금 유출액)	₩75,000

[참고]

1. 계정증감분석법

IS	매출원가	(₩80,000)
BS	매입채무의 증가	+₩10,000
	재고자산의 증가	(₩5,000)
CF	매입으로 인한 현금의 유출	(₩75,000)

∴ 현금주의 매출원가
= 발생주의 매출원가(₩80,000) − 매입채무 증가액(₩25,000 − ₩15,000)
+ 재고자산의 증가(₩15,000 − ₩10,000) = ₩75,000

2. T계정법

재고자산 + 매입채무

현금주의 매출원가	기초재고자산	₩10,000	기초매입채무	₩15,000
	현금유출액	₩75,000		
			발생주의 매입 (매출원가)	₩80,000	발생주의 매출원가
	기말매입채무	₩25,000	기말재고자산	₩15,000
	합계	₩110,000	합계	₩110,000

3-2-2 선급금으로 인한 현금 유출

선급금을 미리 납입하였다면 발생주의에서는 매입으로 인식할 수 없으나 현금주의에서는 현금이 유출된 시점에 매입으로 인식된다. 따라서 매입이 모두 판매로 이어졌다는 가정하에 자산계정의 선급금이 증가를 하면 발생주의의 매출원가보다 현금주의의 매출원가가 더 크게 계상된다. 이를 식으로 나타내면 다음과 같다.

> 현금주의 매출원가
> = 발생주의 매출원가 + 선급금 증가액(자산의 증가) − 선급금 감소액(자산의 감소)

이를 앞서 배운 분개법의 논리에 대입하면 다음과 같다.

	구분	금액	구분	금액
IS	발생주의 매출원가(매출원가)	XXX		
BS	선급금의 증가	XXX	선급금의 감소	XXX
		XXX		XXX
CF			현금주의 매출원가 (매입으로 인한 현금유출액)	XXX

오쌤 Talk

선급금의 현금주의 관점에서의 비용

현금주의 관점에서는 현금의 유출이 곧 비용이다. 선급금은 발생주의 관점에서 현금이 유출되었으나 재화나 용역이 공급되지 않아 선급자산으로 인식하는 계정이다. 그러므로 선급금으로 현금이 유출되는 것을 현금주의 관점에서의 매입으로 인한 현금 유출활동에서 반영해주어야 한다.

오쌤 Talk

계정증감분석법

IS	(−) 발생주의 매출원가 (매출원가)
BS	(−) 선급금의 증가 (+) 선급금의 감소
CF	(−) 현금주의 매출원가 (매입으로 인한 현금유출)

기본예제 4 선급금으로 인한 현금유출

㈜한국의 20X1년도 매출원가는 ₩80,000이다. 다음의 자료를 이용하여 회사의 매입으로 인한 현금유출액이 얼마인지 계산하시오.

	20X1. 1. 1.	20X1. 12. 31.
선급금	₩30,000	₩35,000

풀이

(1) 분개법

	구분	금액	구분	금액
IS	발생주의 매출원가 (매출원가)	₩80,000		
BS	선급금의 증가	₩5,000		–
		₩85,000		₩0
CF			현금주의 매출원가 (매입으로 인한 현금 유출액)	₩85,000

[참고]

1. 계정증감분석법

IS	매출원가	(₩80,000)
BS	선급금의 증가	(₩5,000)
CF	매입으로 인한 현금유출	(₩85,000)

∴ 현금주의 매출원가
 = 발생주의 매출원가(₩80,000) − 선급금의 증가액(₩30,000 − ₩35,000) = ₩85,000

2. T계정법

	선급금			
기초 선급금	₩30,000	매출원가	₩80,000	발생주의 매입액
현금유출(매입)	₩85,000	기말 선급금	₩35,000	
합계	₩115,000	합계	₩115,000	

현금주의 매입액 ← 현금유출(매입) ₩85,000
발생주의 매입액 ← 매출원가 ₩80,000

3-3 기타수익으로 인한 현금유입액

미수수익은 당기의 수익을 차기에 현금으로 수령하는 경우이다. 때문에 발생주의에서는 당기에 수익을 인식하지만 현금주의에서는 차기에 수익으로 인식하므로 당기에는 발생주의 수익이 현금주의 수익인식 보다 많아진다.

선수수익은 차기에 수익으로 인식할 부분을 현금으로 미리 수령한 경우이다. 때문에 발생주의에서는 차기에 수익을 인식하지만 현금주의에서는 당기에 수익으로 인식하므로 당기에는 현금주의 수익이 발생주의 수익인식 보다 많아진다.

위의 내용을 정리하면 다음과 같은 등식이 성립한다.

> 현금주의 수익 = 발생주의 수익 − 미수수익 순증가액 + 선수수익 순증가액

이를 앞서 배운 분개법에 대입하면 다음과 같다.

	구분	금액	구분	금액
IS			발생주의 수익	XXX
BS	미수수익의 증가	XXX	미수수익의 감소	XXX
	선수수익의 감소	XXX	선수수익의 증가	XXX
		XXX		XXX
CF	현금주의 수익	XXX		

오쌤 Talk

이자와 관련된 현금유입액

관련된 계정과목은 다음과 같다.

- IS: 이자수익
- BS: 미수이자수익, 선수이자수익

즉, 이자수익 중에서 미수이자는 현금의 유입이 없다. 선수이자는 이자수익은 아니지만 현금의 유입이 있으므로 현금주의 관점에서는 이자로 인한 유입에 포함한다.
이렇게 복잡한 판단보다는 증감분석법을 통해 관련 계정들을 확실히 끌어내어 증감을 분석하여 접근하는 것이 효율적이다.

오쌤 Talk

계정증감분석법

IS	(+) 발생주의 수익
BS	(−) 미수수익의 순증가액
	(+) 선수수익의 순증가액
CF	(+) 현금주의 수익

> **기본예제 5** 기타수익 현금주의

㈜한국의 20X1년도 이자수익은 ₩10,000이다. 다음의 자료를 이용하여 회사의 이자수익으로 인한 현금유입액이 얼마인지 계산하시오.

	20X1. 1. 1.	20X1. 12. 31.
미수수익	₩1,000	₩2,000
선수수익	₩3,000	₩1,000

풀이

(1) 분개법

	구분	금액		구분	금액
IS				발생주의 이자수익	₩10,000
BS	미수수익의 증가	₩1,000			
	선수수익의 감소	₩2,000			
		₩3,000			₩10,000
CF	현금주의 수익	₩7,000			

[참고]

1. 계정증감분석법

IS	이자수익	+₩10,000
BS	미수수익의 증가	(₩1,000)
	선수수익의 감소	(₩2,000)
CF	이자수익으로 인한 현금유입액	+₩7,000

∴ 현금주의 이자수익 = 발생주의 이자수익(₩10,000) − 미수수익 증가액(₩2,000 − ₩1,000)
   + 선수수익의 순증가액(₩1,000 − ₩3,000) = ₩7,000

2. T계정법

미수수익 + 선수수익

	기초 미수수익	₩1,000	현금유입액	₩7,000	현금주의 이자수익
	기말 선수수익	₩1,000			
발생주의 이자수익	이자수익	₩10,000	기말 미수수익	₩2,000	
			기초 선수수익	₩3,000	
	합계	₩12,000	합계	₩12,000	

3-4 기타비용으로 인한 현금유출액

미지급비용은 당기의 비용을 차기에 현금으로 지급한 경우이다. 때문에 발생주의에서는 당기비용으로 인식하지만 현금주의에서는 차기에 현금이 지급될 때 비용으로 인식하므로 발생주의 비용이 현금주의 비용보다 많이 인식하게 된다.

선급비용은 차기의 비용을 당기에 현금으로 지급한 경우이다. 때문에 발생주의에서는 차기 비용으로 인식하지만 현금주의에서는 당기에 현금이 지급될 때 비용으로 인식하므로 현금주의 비용이 발생주의 비용보다 많이 인식하게 된다.

이를 식으로 나타내면 다음과 같다.

> 현금주의 비용 = 발생주의 비용 + 미지급비용 순증가액 − 선급비용 순증가액

이를 앞서 배운 분개법의 논리에 대입하면 다음과 같다.

	구분	금액	구분	금액
IS	발생주의 비용	XXX		
BS	미지급비용의 감소	XXX	미지급비용의 증가	XXX
	선급비용의 증가	XXX	선급비용의 감소	XXX
		XXX		XXX
CF			현금주의 비용	(XXX)

오쌤 Talk

이자와 관련된 현금유출액
관련된 계정과목은 다음과 같다.

- IS: 이자비용
- BS: 미지급이자비용, 선급이자비용

즉, 이자비용 중에서 미지급이자비용은 현금의 유출이 없다. 선급이자비용은 이자비용은 아니지만 현금의 유출이 있으므로 현금주의 관점에서는 이자로 인한 유출에 포함한다.
이렇게 복잡한 판단보다는 증감분석법을 통해 관련 계정들을 확실히 끌어내어 증감을 분석하여 접근하는 것이 효율적이다.

오쌤 Talk

계정증감분석법

IS	(−) 발생주의 비용
BS	(+) 미지급비용의 순증가
	(−) 선급비용의 순증가
CF	(−) 현금주의 비용

기본예제 6 기타비용 현금주의

㈜한국의 20X1년도 이자비용은 ₩10,000이다. 다음의 자료를 이용하여 회사의 이자비용으로 인한 현금유출액이 얼마인지 계산하시오.

	20X1. 1. 1.	20X1. 12. 31.
미지급비용	₩1,500	₩2,500
선급비용	₩4,000	₩3,500

[풀이]

(1) 분개법

	구분	금액	구분	금액
IS	발생주의 이자비용	₩10,000		
BS			미지급비용의 증가	₩1,000
			선급비용의 감소	₩500
		₩10,000		₩1,500
CF			현금주의 비용	₩8,500

[참고]

1. 계정증감분석법

IS	이자비용	(₩10,000)
BS	미지급비용의 증가	+₩1,000
	선급비용의 감소	+₩500
CF	이자비용으로 인한 현금유출액	(₩8,500)

∴ 현금주의 이자비용 = 발생주의 이자비용(₩10,000) − 미지급비용 증가액(₩2,500 − ₩1,500)
   + 선급비용 순증가액(₩3,500 − ₩4,000) = ₩8,500

2. T계정법

미지급비용 + 선급비용

현금주의 이자비용	현금유출액	₩8,500	기초 미지급비용	₩1,500	
	기말 미지급비용	₩2,500	기말 선급비용	₩3,500	
	기초 선급비용	₩4,000	이자비용	₩10,000	발생주의 이자비용
	합계	₩15,000	합계	₩15,000	

3-5 발생주의에서 현금주의로의 전환

발생주의에서 현금주의로 전환시킬 때 다음과 같이 조정한다.

① 매출로 인한 현금 유입

IS			발생주의 매출액	XXX
BS	매출채권의 증가	XXX	매출채권의 감소	XXX
	선수금의 감소	XXX	선수금의 증가	XXX
CF	현금주의 매출액	XXX		

② 매입으로 인한 현금유출

IS	발생주의 매출원가	XXX		
BS	재고자산의 증가	XXX	재고자산의 감소	XXX
	매입채무의 감소	XXX	매입채무의 증가	XXX
	선급금의 증가	XXX	선급금의 감소	XXX
CF			현금주의 매출원가	XXX

③ 기타수익으로 인한 현금 유입

IS			발생주의 기타수익	XXX
BS	미수수익의 증가	XXX	미수수익의 감소	XXX
	선수수익의 감소	XXX	선수수익의 증가	XXX
CF	현금주의 기타수익	XXX		

④ 기타비용으로 인한 현금 유출

IS	발생주의 기타비용	XXX		
BS	미지급비용의 감소	XXX	미지급비용의 증가	XXX
	선급비용의 증가	XXX	선급비용의 감소	XXX
CF			현금주의 기타비용	XXX

오쌤 Talk

현금주의 손익

현금주의 손익은 발생주의 손익인 당기순이익에서부터 시작하여 재무상태표 계정의 증감을 분석하여 산출한다. 당기순이익은 이미 수익은 (+)로, 비용은 (-)로 기록되어 있으므로 이를 구분하지 않고 전체 당기순이익을 대입하여 사용한다.

심화예제 1 현금주의 종합

㈜한국의 20X1년도 포괄손익계산서와 주요 자산·부채의 변동이 다음과 같은 경우 현금주의에 따른 현금증감액을 구하시오.

〈포괄손익계산서〉

	20X1. 1. 1. ~ 12. 31.
매출액	₩100,000
매출원가	(₩70,000)
임대수익	₩12,000
이자비용	(₩25,000)
당기순이익	₩17,000

〈주요 자산·부채의 변동〉

	20X1. 1. 1.	20X1. 12. 31.
매출채권	₩25,000	₩15,000
재고자산	₩3,000	₩8,000
매입채무	₩12,000	₩20,000
미수수익	₩2,000	₩5,000
미지급비용	₩7,000	₩5,000

풀이

(1) 분개법

	구분	금액	구분	금액
IS	매출원가	₩70,000	매출액	₩100,000
	이자비용	₩25,000	임대수익	₩12,000
BS	재고자산의 증가	₩5,000	매출채권의 감소	₩10,000
	미수수익의 증가	₩3,000	매입채무의 증가	₩8,000
	미지급비용의 감소	₩2,000		
		₩105,000		₩130,000
CF	현금 증가액	₩25,000		

[참고] 계정 증감분석법

발생주의	조정	현금주의
매출액 ₩100,000	매출채권 감소(+) ₩10,000	매출액 ₩110,000
매출원가 (₩70,000)	매입채무 증가(+) ₩8,000	매출원가 (₩67,000)
	재고자산 증가(-) ₩5,000	
임대수익 ₩12,000	미수수익 증가(-) ₩3,000	임대수익 ₩9,000
이자비용 (₩25,000)	미지급비용 감소(-) ₩2,000	이자비용 (₩27,000)
당기순이익 ₩17,000	순자산의 감소 (+) ₩8,000	당기순이익 ₩25,000

④ 현금흐름표의 작성

현금흐름표는 영업, 투자, 재무로 구분하여 활동유형별로 작성하였다. 투자활동과 재무활동은 상대적으로 큰 금액이 단발성으로 발생하므로 작성에 어려움이 없으나, 영업활동은 거래가 빈번하고 복잡하다. 그러므로 **투자활동과 재무활동은 직접 현금의 유·출입을 표시하는 방식**으로 작성하지만 **영업활동은 직접법과 간접법의 두 가지 방법 중 하나를 선택하여 표시할 수 있다.**

❶ 영업활동으로 인한 현금흐름

영업활동으로 인한 현금흐름은 기업의 주요한 수익창출활동, 그리고 투자활동이나 재무활동이 아닌 기타의 활동에서 발생한 현금흐름을 의미한다. 이는 일정 기간 동안 영업활동과 관련된 현금의 유입에서 영업활동과 관련된 현금의 유출을 통해 계산할 수 있지만, 현실적으로 회계상의 거래는 현금의 유·출입을 통해 기록되어 결산하기 보다는 발생주의에 기반하여 결산이 이루어진다. 그러므로 발생주의 기준으로 작성된 포괄손익계산서상의 당기순손익(또는 각종 수익과 비용)에서 현금주의와 발생주의간의 차이를 조정함으로써 보다 효율적으로 영업활동으로 인한 현금흐름을 산출할 수 있다.

결국, 영업활동으로 인한 현금흐름의 산출 로직은 다음과 같다.

IS	영업활동 발생주의 수익 (+) ------> 영업활동 발생주의 순이익 영업활동 발생주의 비용 (-)	XXX
BS	영업활동 관련 자산·부채의 증감	XXX
CF	영업활동으로 인한 현금흐름	XXX

한편, **영업활동으로 인한 현금흐름은 투자활동이나 재무활동과는 다르게 직접법과 간접법 중 하나의 방법을 선택하여 보고할 수 있다.**

오쌤 Talk

직접법

영업활동으로 인한 현금흐름과 영업으로부터 창출된 현금은 다르다. 영업으로부터 창출된 현금에 영업활동으로 분류한 이자와 배당, 법인세 관련 현금흐름을 구분하여 표시하여 합산한 현금흐름이 '영업활동으로 인한 현금흐름'이다.

1-1 직접법

직접법은 주요 영업활동을 각각 구분하여 각 활동별로 현금유입액과 유출액을 표시하는 방법이다. 즉, 매출, 매입, 이자지급, 법인세 납부 등과 같이 각 항목별로 구분하여 유·출입액을 측정하여 표시하는 방법이다.

현금흐름표

㈜한국　　　　20X1년 1월 1일부터 20X1년 12월 31일까지

영업활동 현금흐름	
(1) 매출 등 수익활동으로부터의 현금유입액	XXX
(2) 매입으로 인한 현금유출	(XXX)
(3) 종업원에 대한 현금유출액	(XXX)
영업으로부터 창출된 현금	**XXX**
(4) 이자의 수취*	XXX
(5) 이자의 지급*	(XXX)
(6) 배당금 수취*	XXX
(7) 배당금 지급*	(XXX)
(8) 법인세의 납부	(XXX)
영업활동으로 인한 현금흐름	**XXX**

(*영업활동으로 분류한 경우)

기준서 제1007호에서는 직접법 사용을 권장하고 있다. 이는 직접법을 통하여 작성되면 정보이용자가 현금흐름을 더 정확히 이해할 수 있고, 각 항목별로 실제의 현금흐름이 공시되므로 미래현금흐름의 예측에 도움이 되기 때문이다.

✏️ 기출 OX

12. 간접법을 적용하여 표시한 현금흐름은 직접법에 의한 현금흐름에서는 파악할 수 없는 정보를 제공하며, 미래현금흐름을 추정하는 데 보다 유용한 정보를 제공한다. 기출처 2023. 서울시 7급 최신

정답 X

1-1-1 매출 등 수익활동으로부터의 현금 유입

매출 등 수익활동으로부터의 현금유입액은 포괄손익계산서상의 매출관련 손익에서 출발하여 재무상태표상에 매출관련 자산·부채의 증감을 조정하여 산출한다.

관련 계정과목은 다음과 같다.

손익계산서 관련 계정	재무상태표 관련 계정
매출액(순매출액)(+)	매출채권 증감
대손상각비(−)	대손충당금의 증감
대손충당금환입(+)	선수금의 증감
XXX	+ XXX → 매출 등 수익활동으로부터의 현금유입

기본예제 7 매출 등 수익활동으로부터의 현금유입

㈜한국의 20X1년도 매출액은 ₩100,000이고 대손상각비로 ₩5,000을 계상하였다. 다음의 자료를 이용하여 회사의 매출 등 수익활동으로부터의 현금유입액은 얼마인가?

	20X1. 1. 1.	20X1. 12. 31.
매출채권	₩10,000	₩20,000
대손충당금	₩1,000	₩2,000
선수금	₩20,000	₩25,000

풀이

	구분	금액		구분	금액
IS	대손상각비	₩5,000		매출액	₩100,000
BS	매출채권의 증가	₩10,000		대손충당금의 증가	₩1,000
				선수금의 증가	₩5,000
		₩15,000			₩106,000
CF	매출로 인한 현금유입	₩91,000			

[참고] 계정 증감분석법

IS	매출액	+₩100,000
	대손상각비	(₩5,000)
BS	매출채권의 증가	(₩10,000)
	대손충당금의 증가	+₩1,000
	선수금의 증가	+₩5,000
CF	매출 등 수익활동으로부터의 현금유입액	₩91,000

확인문제

08. ㈜한국은 지금까지 현금기준에 의해 손익계산서를 작성하여 왔는데, 앞으로는 발생기준에 의해 작성하고자 한다. 현금기준에 의한 20X1년의 수익은 ₩500,000이다. 20X1년의 기초 매출채권은 ₩30,000, 기말 매출채권은 ₩60,000, 기말 선수수익은 ₩20,000인 경우 발생기준에 의한 20X1년의 수익은? 기출처 2021.국가직 9급

① ₩490,000 ② ₩500,000
③ ₩510,000 ④ ₩520,000

정답 ③

09. ㈜한국은 모든 매출이 외상으로 발생하는 회사이다. 당기 총매출액은 ₩800,000이며, 매출채권으로부터 회수한 현금유입액은 ₩600,000이다. 다음의 당기 매출채권 관련 자료를 사용하여 ㈜한국이 인식할 당기 손상차손(대손상각비)은? 기출처 2021.국가직 9급

	기초	기말
매출채권	₩500,000	₩450,000
손실충당금(대손충당금)	₩50,000	₩50,000

① ₩250,000 ② ₩350,000
③ ₩450,000 ④ ₩550,000

정답 ①

1-1-2 매입으로 인한 현금유출

매입으로 인한 현금유출을 계산하기 위해서는 매입관련 손익계산서 계정을 순액으로 계산하고, 관련 자산부채의 증감을 조정하여 산출한다.

관련 계정과목은 다음과 같다.

손익계산서 관련 계정	재무상태표 관련 계정	
매출원가(-)	재고자산의 증감	
재고자산감모손실·평가손실(-)	선급금의 증감	
	매입채무의 증감	
XXX	+ XXX	매입으로 인한 현금유출

확인문제

10. 다음은 20X1년 ㈜한국의 재무제표와 거래 자료 중 일부이다.

기초매입채무	₩4,000
기말매입채무	₩6,000
현금지급에 의한 매입채무 감소액	₩17,500
기초상품재고	₩6,000
기말상품재고	₩5,500
매출총이익	₩5,000

20X1년 손익계산서상 당기 매출액은?

기출처 2021. 관세직 9급

① ₩24,000 ② ₩25,000
③ ₩26,000 ④ ₩27,000

정답 ②

기본예제 8 매입으로 인한 현금 유출

㈜한국의 20X1년도 매출원가는 ₩90,000이고 재고자산평가손실 ₩5,000을 계상하였다. 다음의 자료를 이용하여 회사의 매입으로 인한 현금 유출액은 얼마인가? (단, 재고자산평가손실은 매출원가에 포함되지 않았다.)

	20X1. 1. 1.	20X1. 12. 31.
매입채무	₩10,000	₩20,000
재고자산	₩10,000	₩30,000
선급금	₩30,000	₩15,000

풀이

	구분	금액	구분	금액
IS	매출원가	₩90,000		
	재고자산 평가손실	₩5,000		
BS	재고자산의 증가	₩20,000	매입채무의 증가	₩10,000
			선급금의 감소	₩15,000
		₩115,000		₩25,000
CF			매입으로 인한 현금유출	₩90,000

[참고] 계정 증감분석법

IS	매출원가	(₩90,000)
	재고자산평가손실	(₩5,000)
BS	매입채무의 증가	+₩10,000
	재고자산의 증가	(₩20,000)
	선급금의 감소	+₩15,000
CF	매입으로 인한 현금유출	(₩90,000)

1-1-3 종업원에 대한 현금유출

종업원에 대한 현금유출액은 포괄손익계산서상 종업원 관련 손익에서 출발하여 재무상태표상 종업원관련 자산·부채의 증감을 조정하여 산출한다.

관련 계정과목은 다음과 같다.

손익계산서 관련 계정	재무상태표 관련 계정	
종업원급여(−)	선급급여의 증감	
퇴직급여(−)	미지급급여 증감	
	확정급여부채의 증감	
XXX	+ XXX	종업원에 대한 현금유출

오쌤 Talk

종업원에 대한 현금유출

종업원에 대한 급여는 비용을 기능별로 구분하였을 때, 매출원가와 판매비와관리비에 각각 나누어 인식될 수 있다. [기본예제 9]에서는 매출원가에 포함된 종업원급여를 배제하고 출제된 것으로 해석한다.

기본예제 9 종업원에 대한 현금유출

㈜한국의 포괄손익계산서상 판매비와 관리비는 ₩100,000이다. 이때 광고선전비 ₩10,000과 감가상각비 ₩20,000이 포함되어 있으며, 이를 제외한 금액은 모두 종업원 관련 원가이다. 재무상태표상 급여 관련 다음의 자료를 이용하여 종업원에 대한 활동으로 인한 현금유출액은 얼마인가?

	20X1. 1. 1.	20X1. 12. 31.
미지급급여	₩30,000	₩50,000
확정급여부채	₩50,000	₩40,000

[풀이]

	구분	금액	구분	금액
IS	종업원급여	₩70,000*		
BS	확정급여부채의 감소	₩10,000	미지급급여의 증가	₩20,000
		₩80,000		₩20,000
CF			종업원에 대한 현금유출	₩60,000

*판매비와관리비 ₩100,000 − 광고선전비 ₩10,000 − 감가상각비 ₩20,000
 = 종업원급여 ₩70,000

[참고] 계정 증감분석법

IS	종업원급여	(₩70,000)
BS	미지급급여	₩20,000
	확정급여부채	(₩10,000)
CF	종업원에 대한 현금유출액	(₩60,000)

1-1-4 이자의 수취

이자로 인한 현금유입액(이자의 수취)은 포괄손익계산서상 이자수익에서 출발하여 재무상태표상 이자수익관련 자산·부채의 증감을 조정하여 산출한다.

이때, 포괄손익계산서상의 이자수익에 기타포괄손익금융자산이나 상각후원가금융자산의 현재가치할인차금 상각에 따른 이자수익이 포함되어 있을 수 있다. **현재가치할인차금 상각에 따른 이자수익은 투자활동과 관련된 손익이므로 이에 대한 손익은 제거해야 하고, 관련 손익은 투자활동 현금흐름을 계산할 때 반영해주어야 한다.** 즉, 포괄손익계산서상의 유효이자수익 중에서 표시이자수익에 해당하는 부분만 영업활동으로 분석하고, 상각이자수익은 관련계정의 활동에서 분석한다. 그러므로 손익을 인식할 때 **상각이자수익부분을 제거한다.**

관련 계정과목은 다음과 같다.

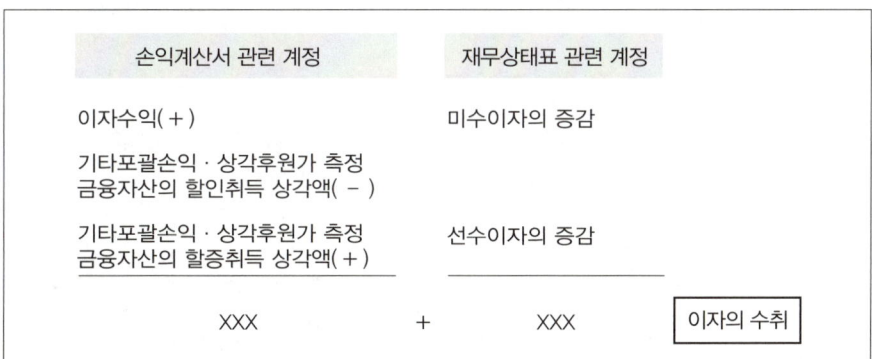

오쌤 Talk

할인차금 상각액 처리

현재가치할인차금 상각액은 금융자산과 관련된 계정이므로 투자활동을 분석할 때 계정의 증감을 사용한다. 다만, 이자의 수취에서 이자수익 안에 반영된 현금의 유입이 없는 할인액 상각액 부분은 손익계정을 반영할 때 바로 제거하는 것으로 인식한다.

즉, 이자수익에서의 제거는 할인액 상각액을 (-)로 반영한다. 다만, 할인액을 기본으로 인식하고 할증은 실제 현금수취 이자가 더 크다는 것을 의미하므로 (+)로 반영한다.

기본예제 10 이자의 수취(이자수익에 따른 현금유입)

㈜한국의 포괄손익계산서상의 이자수익은 ₩48,000이며, 이 금액에는 상각후원가 금융자산에 대한 현재가치 할인차금 상각이자수익 ₩3,000이 포함되어 있다. 미수이자와 관련된 다음 자료를 이용하여 이자의 수취(이자수익에 따른 현금유입액)은 얼마인가?

	20X1. 1. 1.	20X1. 12. 31.
미수이자	₩40,000	₩60,000

[풀이]

	구분	금액	구분	금액
IS			이자수익	₩48,000
			상각이자수익	(₩3,000)
BS	미수이자수익의 증가	₩20,000		
		₩20,000		₩45,000
CF	이자수익에 따른 현금유입액	₩25,000		

[참고]

1. 계정 증감분석법

IS	이자수익	₩48,000
	상각이자수익	(₩3,000)
BS	미수이자의 증가	(₩20,000)
CF	이자의 수취(이자수익에 따른 현금유입액)	₩25,000

2. 관련 회계처리

20X1년 (차) 상각후원가 금융자산 ₩3,000 (대) 상각이자수익 ₩3,000
　　　　　　 미수이자　　　　　　 ₩20,000　　　 표시이자　　　　 ₩45,000
　　　　　　 현금　　　　　　　　 ₩25,000

1-1-5 이자의 지급

이자로 인한 현금의 유출액(이자의 지급)은 포괄손익계산서상 이자비용에서 출발하여 재무상태표상 이자비용 관련 자산·부채의 증감을 조정하여 산출한다.

이때, 포괄손익계산서상 이자비용에 사채의 발행차금 상각에 따른 이자비용이 포함되어 있을 수 있다. **사채발행차금의 상각에 따른 이자비용은 재무활동과 관련된 손익이므로 이에 대한 손익은 제거해주어야 하며, 관련 손익은 재무활동현금흐름을 계산할 때 반영해주어야 한다.** 즉, 포괄손익계산서상의 유효이자 중 표시이자비용은 영업활동으로 분석하지만, 상각이자비용은 관련계정의 활동에서 분석한다. 그러므로 손익을 인식할 때 **상각이자비용부분을 제거한다.**

한편, 회사가 차입원가의 자본화를 통해 일부 이자비용을 유형자산 등으로 계정을 대체했을 수 있다. **한국채택국제회계기준에서는 이자지급액이 당기손익의 비용으로 인식했는지 또는 자본화했는지와 관계없이 현금흐름표에 총지급액을 공시하도록 하고 있다.** 만약, 유형자산을 취득하는 과정에서 지출하게 된 이자비용 ₩10,000이 있고, 이를 자본화했다하더라도 유형자산의 취득을 위한 현금의 유출이 아닌 이자의 지급을 위한 현금의 유출로 공시해야 한다.

관련 계정과목은 다음과 같다.

손익계산서 관련 계정	재무상태표 관련 계정	
이자비용(−)	선급이자의 증감	
사채할인발행차금 상각액(+)	미지급이자 증감	
사채할증발행차금 상각액(−)		
xxx +	xxx	이자의 지급

오쌤 Talk

할인발행차금 상각액 처리

사채할인발행차금은 사채와 관련하여 사채의 취득과 처분을 분석하는 재무활동에서 증감분석법에 사용된다. 그러므로 이자의 지급을 계산하는 과정에서는 관련 BS계정이라고 보기 어렵다. 다만, 이자의 지급에서 이자비용 안에 반영된 현금의 유출이 없는 할인차금 상각액 부분은 손익계정을 반영할 때 바로 제거하는 것으로 인식한다.
즉, 이자비용에서의 제거는 사채할인발행 상각액을 (+)로 반영한다. 다만, 할인발행을 기본으로 인식하고 할증발행은 실제 현금지급이자가 더 크다는 것을 의미하므로 (−)로 반영한다.

기본예제 11 이자의 지급(이자로 인한 현금유출)

㈜한국의 포괄손익계산서상의 이자비용은 ₩30,000이다. 이 금액에는 현재가치할인차금상각 이자비용 ₩5,000이 포함되어있다. 다음 미지급이자와 관련된 자료를 통해 이자의 지급(이자비용에 따른 현금유출액)은 얼마인가?

	20X1. 1. 1.	20X1. 12. 31.
미지급이자	₩70,000	₩80,000

[풀이]

	구분	금액	구분	금액
IS	이자비용	₩30,000		
	상각이자비용	(₩5,000)		
BS			미지급이자의 증가	₩10,000
		₩25,000		₩10,000
CF			이자로 인한 현금유출액	₩15,000

[참고]

1. 계정 증감분석법

IS	이자비용	(₩30,000)
	상각이자비용	+₩5,000
BS	미지급이자의 증가	+₩10,000
CF	이자의 지급(이자로 인한 현금유출액)	(₩15,000)

2. 관련 회계처리

20X1년 (차) 상각이자비용 ₩5,000 (대) 사채할인발행차금 ₩5,000
　　　　　　표시이자비용 ₩25,000　　　　미지급이자 ₩10,000
　　　　　　　　　　　　　　　　　　　　현금 ₩15,000

1-1-6 법인세 납부

법인세로 인한 현금의 유출액은 포괄손익계산서상 법인세비용에서 출발하여 재무상태표상 법인세 관련 자산·부채의 증감을 조정하여 산출한다.

관련 계정과목은 다음과 같다.

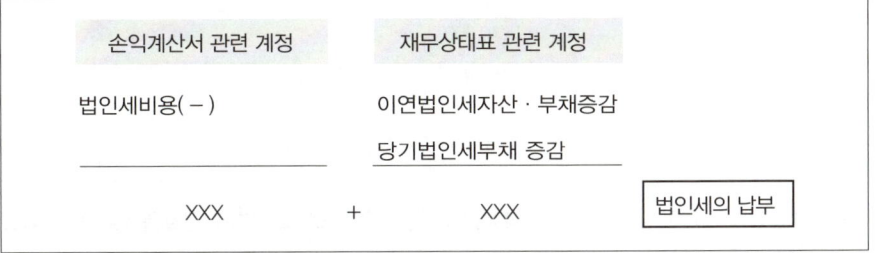

오쌤 Talk

법인세 납부
법인세비용은 포괄손익계산서상 인식되는 비용이다. 법인세 납부액은 실제 세법상 과세되는 납부 세액이다.

기본예제 12 법인세 납부 (법인세로 인한 현금의 유출)

㈜한국이 포괄손익계산서상에 인식한 법인세비용은 ₩100,000이다. 법인세 관련 자산·부채가 다음과 같을 때 법인세의 납부(법인세로 인한 현금의 유출액)은 얼마인가?

	20X1. 1. 1.	20X1. 12. 31.
이연법인세자산	₩20,000	₩30,000
당기법인세부채	₩40,000	₩80,000

풀이

	구분	금액	구분	금액
IS	법인세비용	₩100,000		
BS	이연법인세자산의 증가	₩10,000	당기법인세부채의 증가	₩40,000
		₩110,000		₩40,000
CF			법인세로 인한 현금유출액	(₩70,000)

[참고]
1. 계정 증감분석법

IS	법인세비용	(₩100,000)
BS	이연법인세자산	(₩10,000)
	당기법인세부채	+₩40,000
CF	법인세의 납부(법인세로 인한 현금의 유출액)	(₩70,000)

2. 관련 회계처리

20X1년 (차) 법인세비용 ₩100,000 (대) 당기법인세부채 ₩40,000
　　　　　　 이연법인세자산 ₩10,000 　　　 현금 ₩70,000

오쌤 Talk

할인발행차금 상각액

이자비용에서 바로 조정한다. 즉, 이자비용이 아니므로 IS항목에서 (+)로 조정한다.

심화예제 2 이자비용으로 인한 현금유출액

다음은 ㈜한국의 회계장부에서 구한 20X1년도의 회계자료이다.

부분재무상태표	기초잔액	기말잔액
미지급이자	₩30,000	₩28,000
선급이자	₩25,000	₩32,000
부분포괄손익계산서		
이자비용	₩150,000 (사채할인발행차금상각액 ₩20,000 포함)	

직접법에 의하여 현금흐름표를 작성할 경우, 이자비용으로 인한 현금흐름유출액은 얼마인가?

풀이

	구분	금액		구분	금액
IS	이자비용	₩150,000			
	사채할인발행상각액	(₩20,000)			
BS	미지급이자의 감소	₩2,000			
	선급이자의 증가	₩7,000			
		₩139,000			₩0
CF				이자비용 현금유출액	(₩139,000)

[참고] 계정 증감분석법

IS	이자비용	(₩150,000)
	사채할인발행차금 상각	+₩20,000
BS	미지급이자의 감소	(₩2,000)
	선급이자의 증가	(₩7,000)
CF	이자비용의 현금유출	(₩139,000)

심화예제 3 직접법 종합

다음은 ㈜한국의 20X1년도 재무제표의 일부 자료이다. 직접법을 사용하여 20X1년도 현금흐름표의 영업활동 현금흐름을 구할 때, 매출로 인한 현금유입과 매입으로 인해 유출된 현금흐름은 각각 얼마인가?

Ⅰ. 재무상태표의 일부

계정과목	기초잔액	기말잔액
매출채권(총액)	₩200,000	₩140,000
대손충당금	₩10,000	₩14,000
재고자산	₩60,000	₩50,000
매입채무	₩50,000	₩100,000
선수금	₩10,000	₩8,000

Ⅱ. 손익계산서의 일부

계정과목	금액
매출액	₩1,500,000
매출원가	₩1,000,000
대손상각비	₩7,000
재고자산평가손실	₩50,000

㈜한국은 재고자산평가손실을 매출원가에 반영하지 않는다.

01 매출로 인한 현금유입

02 매입으로 인한 현금유출

오쌤 Talk

증감분석법
① 활동 or 계정과목 구분
　: 증감분석법은 계정과목만 사용
② IS or BS 구분
③ 활동과 관련된 현금흐름인지 구분

[풀이]

01 매출로 인한 현금유입

	구분	금액		구분	금액
IS	대손상각비	₩7,000		매출액	₩1,500,000
BS				매출채권의 감소	₩60,000
	선수금의 감소	₩2,000		대손충당금의 증가	₩4,000
		₩9,000			₩1,564,000
CF	매출로 인한 현금유입	₩1,555,000			

[참고] 계정 증감분석법

IS	매출액	₩1,500,000
	대손상각비	(₩7,000)
BS	매출채권의 감소	+₩60,000
	대손충당금의 증가	+₩4,000
	선수금의 감소	(₩2,000)
CF	매출로 인한 현금유입	₩1,555,000

02 매입으로 인한 현금유출

	구분	금액		구분	금액
IS	매출원가	₩1,000,000			
	재고자산평가손실	₩50,000			
BS				재고자산의 감소	₩10,000
				매입채무의 증가	₩50,000
		₩1,050,000			₩60,000
CF				매입으로 인한 현금유출	₩990,000

[참고] 계정 증감분석법

IS	매출원가	(₩1,000,000)
	재고자산평가손실	(₩50,000)
BS	재고자산의 감소	+₩10,000
	매입채무의 증가	+₩50,000
CF	매입으로 인한 현금유출	(₩990,000)

1-2 간접법

1-2-1 직접법과 간접법의 비교

간접법은 직접법처럼 영업으로부터 창출된 현금을 고객으로부터 유입된 현금이나 공급자와 종업원에 대한 현금유출의 세부적인 활동으로 구분하지 않고, 영업에서 창출된 현금을 하나로 묶어서 계산한다. 간접법은 법인세비용차감전순이익에서 출발하여야 하므로 영업에서 창출된 현금과 직접적으로 관련이 없는 계정들은 제외하는 방식으로 계산한다. 즉, 법인세비용차감전순이익에서 이자수익, 이자비용 및 배당수익을 가감하고 투자활동이나 재무활동 관련 손익계산서 계정을 가감하여 영업활동으로 인한 현금흐름을 계산해 내는 것이다.

```
                        현금흐름표
㈜한국           20X1년 1월 1일부터 20X1년 12월 31일까지

(1) 법인세비용차감전순이익                        XXX
    가감
        이자비용                                  XXX
        투자활동관련비용                          XXX
        재무활동관련비용                          XXX
        이자수익과 배당수익                      (XXX)
        투자활동관련수익                         (XXX)
        재무활동관련수익                         (XXX)
                                                  XXX
        영업활동 관련 자산의 증가                 (XXX)
        영업활동 관련 자산의 감소                  XXX
        영업활동 관련 부채의 증가                  XXX
        영업활동 관련 부채의 감소                 (XXX)
(2) 영업으로부터 창출된 현금                       XXX
        이자의 지급                              (XXX)
        이자의 수취                               XXX
        배당금의 수취                             XXX
        배당금의 지급                            (XXX)
        법인세의 납부                            (XXX)
(3) 영업활동으로 인한 현금흐름                    XXX

※ 영업으로부터 창출된 현금과 영업활동으로 인한 현금은 다름!
```

간접법은 당기순이익과 영업활동으로 인한 현금흐름의 차이를 보여주는 것으로 발생주의와 현금주의에 따라 회사의 이익을 다른 방법으로 측정할 수 있다는 것을 보여준다.

오쌤 Talk

직접법과 간접법의 차이

직접법과 간접법은 영업으로부터 창출된 현금을 산정하는 과정의 차이이다. 직접법과 간접법 모두 영업활동으로 인한 현금흐름을 구하기 위해 이자나 배당에 대한 현금흐름을 증감분석법을 통해 직접 유입과 유출을 산정하여 표시하는 것은 같다. 다만, 영업으로부터 창출된 현금을 직접 유입과 유출로 구분한다면 직접법이고, 이를 법인세비용차감전순이익부터 출발하여 간접적으로 순액을 산출한다면 간접법이다.

확인문제 최신

11. 간접법에 따라 영업활동현금흐름 계산 시, 법인세비용차감전순이익에 차감하는 항목만을 모두 고르면?

기출처 2025. 국가직 9급

> ㄱ. 감가상각비
> ㄴ. 재고자산 증가액
> ㄷ. 매출채권의 감소액
> ㄹ. 매입채무의 감소액

① ㄱ, ㄴ   ② ㄱ, ㄷ
③ ㄴ, ㄹ   ④ ㄷ, ㄹ

정답 ③

그러나 **직접법과 간접법은 결론적으로 현금흐름이 동일하다.** 전자는 현금의 유·출입을 직접적으로 항목별로 구분하여 보여주는 것이고, 후자는 법인세차감전순이익에서 출발하여 영업활동전체를 통합하여 계산 후 비현금거래를 조정함으로써 회사의 현금흐름을 간접적으로 보여주는 것이다.

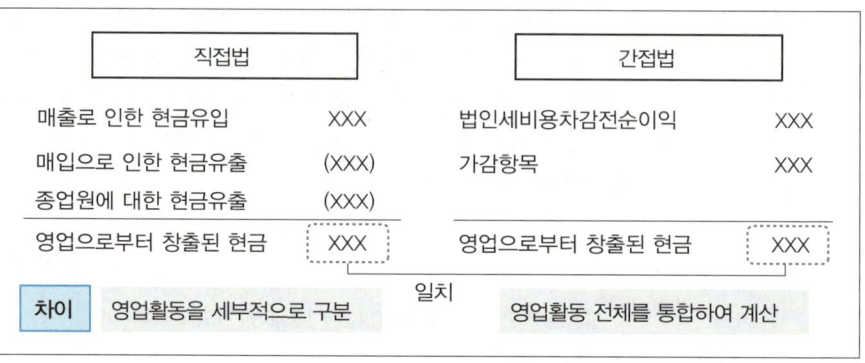

직접법은 영업에서 발생한 포괄손익계산서상의 금액 중 직접적으로 수익과 비용을 추출하여 계산한다. 그러나 간접법은 수익과 비용이 모두 반영된 법인세비용차감전순이익에서 출발한다. 따라서 간접법에서는 법인세차감전순이익에서 영업으로부터 창출된 현금과 관련이 없는 계정들을 제외하고 자산·부채의 증감을 조정하는 방식으로 진행된다.

[간접법으로 작성한 현금흐름표 작성 로직]

	현금흐름표	
	20X1년 1월 1일부터 20X1년 12월 31일까지	
Ⅰ. 영업활동 순현금흐름		XXX
(1) 법인세비용차감전순이익	XXX	
(2) 영업으로부터 창출되지 않은 손익 제거	(XXX)	
(3) 영업으로부터 창출된 자산과 부채의 증감	XXX	
영업으로부터 창출된 현금		XXX
(4) 이자의 수취		XXX
(5) 이자의 지급		(XXX)
(6) 배당의 수령		XXX
(7) 법인세의 납부		(XXX)

영업으로부터 창출된 현금

이자의 수취와 지급, 배당의 수취와 지급, 법인세의 납부가 영업활동이든 아니든, 영업으로부터 창출된 현금은 직접법과 간접법이 동일하다. 이자와 배당, 법인세의 영업활동 유무와 관계없이 영업으로부터 창출된 현금은 산출되어야 한다.

1-2-2 영업으로부터 창출되지 않은 손익 제거

영업으로부터 창출되지 않은 손익항목은 감가상각비와 같이 실제 현금의 유출 또는 유입이 발생하지 않았으나 비용과 수익으로 계상하는 것과 유형자산처분이익과 같은 영업활동과 무관한 손익항목이 있다.

간접법은 발생주의에 의한 법인세차감전순이익에서 시작하므로 현금주의에서 실제 비용과 수익이 아닌 현금의 유출·유입이 없는 비용·수익은 가감을 해주어야 한다.

또한 투자활동, 재무활동과 관련이 있는 비용, 수익은 각 항목에서 조정이 되어야 하므로 영업활동에서 제외해 주어야 한다. 즉, 유형자산처분이익은 투자활동에서 처분금액 총액으로 계상되므로, 영업활동에서 차감을 하지 않으면 이중 계상된다.

이와 같은 항목을 예를 들면 다음과 같다.

[영업으로부터 창출되지 않은 손익의 가산]

이자관련비용[1*]	이자비용
투자활동관련비용	유·무형자산감가상각비, 대손상각비(대여금 및 미수금 해당분), 외환손실(대여금 및 미수금 해당분) 기타포괄손익 공정가치 측정 금융자산·상각후원가 측정 금융자산 처분손실 및 손상차손, 유·무형자산 처분손실 및 손상차손
재무활동관련비용	주식보상비용, 사채상환손실

[영업으로부터 창출되지 않은 손익의 차감]

이자와 배당관련 수익[2*]	이자수익, 배당수익
투자활동관련수익	대손충당금환입(대여금 및 미수금 해당분), 외환이익(대여금 및 미수금 해당분), 기타포괄손익 공정가치측정 금융자산·상각후원가 측정 금융자산처분이익 및 손상차손환입, 유·무형자산처분이익 및 손상차손환입
재무활동관련수익	사채상환이익

1-2-3 영업으로부터 창출된 자산과 부채의 증감

영업으로부터 창출된 자산·부채의 변동은 직접법과 동일하다. 즉, 자산이 증가하였으면 현금의 회수가 안되고 있다는 의미이고 부채가 증가하였다면 현금의 지급을 이연하고 있다는 의미이므로 자산의 증가는 현금의 유출, 부채의 증가는 현금의 유입으로 계산하면 된다.

1-2-4 그 외 영업활동

앞서 계산된 영업으로부터 창출된 현금흐름에 이자의 수취, 이자의 지급, 배당의 수취 및 배당의 지급과 법인세의 납부 등 영업활동과 관련된 현금흐름을 구체적으로 기록한다. 이때 이들 활동은 각각 계정의 증감들을 통해 산출하여 기록한다.

1* 영업활동으로 분류 여부와 관계없이 제거
2* 영업활동으로 분류 여부와 관계없이 제거

오쌤 Talk

손익의 차·가감

비용의 차감은 (+)로 인식해주고, 수익의 차감은 (-)로 인식한다. 이를 '제거'라는 표현을 통해 구분한다.
영업으로부터 창출되지 않은 손익이므로 이자와 배당 관련된 모든 손익을 제거한다. 법인세비용차감전손익에서 출발하였으므로 법인세비용은 따로 반영할 필요가 없다.

확인문제 [최신]

12. ㈜한국의 다음 회계자료를 이용한 '영업활동으로 인한 현금흐름'은?

기출처 2023. 국가직 9급

- 손익계산서상 당기순이익: ₩20,000
- 감가상각비 계상액: ₩3,000
- 미지급비용 증가액: ₩2,000
- 매출채권 증가액: ₩5,000
- 선급비용 증가액: ₩4,000

① ₩12,000 ② ₩15,000
③ ₩16,000 ④ ₩24,000

정답 ③

오쌤 Talk

영업활동으로 인한 현금흐름

'영업활동으로 인한 현금흐름'이므로 당기순이익에서 출발한다. 즉, 법인세 관련 항목들을 포함한다.
이때, 다음과 같은 순서를 기억한다.
① 활동 or 계정과목
② IS or BS
③ 영업활동 or not

오쌤 Talk

분개법으로 접근하는 영업활동현금흐름

구분	금액	구분	금액
IS	법인세비용	XXX	법인세비용차감전순이익	XXX
	영업활동 아닌 수익 제거	XXX	영업활동 아닌 비용 제거	XXX
BS	자산의 증가	XXX	자산의 감소	XXX
	부채의 감소	XXX	부채의 증가	XXX
		XXX		XXX
CF	영업활동으로 인한 현금흐름	XXX		

기본예제 13 영업활동으로 인한 현금흐름 – 간접법

㈜한국의 20X1년도의 회사자료이다. 다음을 기초로 영업활동으로 인한 현금흐름을 계산하시오.

- 법인세비용차감전순이익 ₩11,000
- 감가상각비 ₩1,000
- 사채상환손실 ₩600
- 유형자산처분이익 ₩800
- 매출채권의 증가액 ₩700
- 매입채무의 증가액 ₩400
- 법인세비용 ₩1,000

풀이

	구분	금액	구분	금액
IS	법인세비용	₩1,000	법인세비용차감전순이익	₩11,000
	유형자산처분이익	₩800	감가상각비	₩1,000
			사채상환손실	₩600
BS	매출채권의 증가	₩700	매입채무의 증가	₩400
		₩2,500		₩13,000
CF	영업활동으로 인한 현금흐름	₩10,500		

[참고] 계정 증감분석법

당기순이익*	₩10,000
영업활동으로 인한 현금흐름과 무관한 손익항목	
감가상각비	₩1,000
사채상환손실	₩600
유형자산처분이익	(₩800)
재무상태표 계정의 순증감액을 가감	
매출채권 증가액	(₩700)
매입채무 증가액	₩400
영업활동으로 인한 현금유입	₩10,500

* 법인세비용차감전순이익 − 법인세비용 = ₩11,000 − ₩1,000 = ₩10,000

심화예제 4 영업으로부터 창출된 현금

㈜한국의 20X1년도 현금흐름표를 작성하기 위한 다음 자료를 통해 영업으로부터 창출된 현금흐름은 얼마인가? (단, 이자지급은 재무활동으로 구분한다.)

- 법인세비용차감전순이익 ₩5,000,000
- 유형자산감가상각비 ₩750,000
- 유형자산손상차손 ₩260,000
- 기타포괄손익 공정가치 측정 금융자산 평가이익 ₩100,000
- 재고자산감소 ₩300,000
- 매입채무감소 ₩250,000
- 미지급이자비용증가 ₩80,000
- 이자비용 ₩300,000
- 자산재평가잉여금 ₩300,000
- 유형자산처분이익 ₩340,000
- 법인세비용 ₩1,000,000
- 미지급법인세증가 ₩250,000

오쌤 Talk

영업으로부터 창출된 현금

'영업으로부터 창출된 현금흐름'이므로 법인세와 이자는 포함하지 않는다. 그러므로 시작은 법인세비용차감전순이익에서 출발하고 관련 법인세 계정과목들을 반영하지 않는다. 이자의 경우 법인세비용차감전순이익에 반영되어 있으므로 '제거' 한다. (이미 포함되어 있는 이자비용의 제거는 다시 더해준다.)

풀이

	구분	금액	구분	금액
IS			법인세비용차감전순이익	₩5,000,000
	유형자산처분이익	₩340,000	유형자산감가상각비	₩750,000
			유형자산손상차손	₩260,000
			이자비용	₩300,000
BS	매입채무의 감소	₩250,000	재고자산의 감소	₩300,000
		₩590,000		₩6,610,000
CF	영업으로부터 창출된 현금	₩6,020,000		

[참고] 계정 증감분석법

IS	법인세비용차감전순이익	₩5,000,000
	유형자산감가상각비	+₩750,000
	유형자산손상차손	+₩260,000
	유형자산처분이익	(₩340,000)
	이자비용	+₩300,000
BS	재고자산의 감소	+₩300,000
	매입채무의 감소	(₩250,000)
CF	영업으로부터 창출된 현금	₩6,020,000

❷ 투자활동으로 인한 현금흐름

투자활동이란 현금의 대여와 회수활동, 유가증권이나 투자자산, 유·무형자산의 취득이나 처분활동을 의미한다. 따라서 유가증권을 매수하거나 유·무형자산을 취득하면 현금유출이 발생하며, 투자하였던 유가증권을 매도하거나 유·무형자산을 매각하면 현금의 유입액이 발생한다.

이때 투자활동에서 발생하는 총현금유입과 총현금유출은 주요 항목별로 구분하여 총액으로 표시한다. 따라서 투자활동 관련계정의 증감분석을 통해 순현금흐름을 계산하면, 이를 다시 총현금유입과 총현금유출로 분리하여 현금흐름표에 각각 별도로 공시해야 한다.

투자활동 현금흐름은 다음과 같이 계산된다.

IS	투자활동 발생주의 순이익	XXX
BS	투자활동 관련 자산·부채 증감	XXX
CF	투자활동 순현금흐름	XXX

일치

현금 유입	투자활동 관련 처분	XXX
현금 유출	투자활동 관련 구입	(XXX)
	투자활동 순현금흐름	XXX

[참고] 분개법으로 계산한 투자활동 현금흐름

	구분	금액	구분	금액
IS	감가상각비	XXX	유형자산처분이익	XXX
	유형자산손상차손	XXX		
BS	유형자산 취득원가의 증가	XXX	감가상각누계액의 증가	XXX
		XXX		XXX
CF	유형자산관련 순현금흐름유입	XXX	(or) 유형자산관련 순현금흐름유출	XXX

오쌤 Talk

유형자산 관련 현금흐름
유형자산에 대해 발생할 수 있는 회계상의 거래는 다음과 같다.
① 취득
② 평가(감가상각, 재평가)
③ 손상
④ 처분

이때, 각각의 사건으로 달라질 수 있는 계정과목은
① 유형자산 취득원가
② 감가상각누계액
③ 감가상각비
④ 처분손익
⑤ 손상차손

그러므로 관련 계정과목들은 한 가지 활동에 여러 계정이 함께 관련되어 있으므로 유형자산 관련 모든 계정을 분석하면 유입(처분)과 유출(취득)을 반영한 순현금흐름이 산출된다. 손상이나 평가는 현금흐름을 수반하지 않지만 유형자산의 취득원가나 감가상각누계액에 영향을 미치기 때문에 함께 반영해주어야 한다.

기본예제 14 투자활동으로 인한 현금흐름

㈜한국은 20X1년도 유형자산을 ₩20,000을 취득하고 감가상각비를 ₩5,000을 계상하였다. 또한 유형자산 처분과 관련하여 유형자산처분이익 ₩3,000을 계상하였다. 다음의 자료를 이용하여 회사의 유형자산관련 처분금액을 계산하시오.

	20X1. 1. 1.	20X1. 12. 31.
유형자산	₩30,000	₩40,000
감가상각누계액	₩1,000	₩2,000

확인문제

13. <보기>는 ㈜한국의 현금흐름표 작성을 위한 자료 중 일부이다. 당기 중 취득원가 ₩50,000, 감가상각누계액이 ₩20,000인 기계장치를 처분하면서 유형자산처분손실 ₩5,000이 발생하였다. 기계장치와 관련하여 ㈜한국의 당기 현금흐름표에 표시될 투자활동현금흐름(순액)은? _{기출처 2019. 서울시 7급}

<보기>

계정과목	기초	기말
기계장치	₩200,000	₩250,000
감가상각누계액	(50,000)	(80,000)

① 순유입 ₩55,000
② 순유입 ₩75,000
③ 순유출 ₩55,000
④ 순유출 ₩75,000

정답 ④

풀이

	구분	금액	구분	금액
IS	감가상각비	₩5,000	유형자산처분이익	₩3,000
BS	유형자산 취득원가의 증가	₩10,000	감가상각누계액의 증가	₩1,000
		₩15,000		₩4,000
CF			유형자산관련 순현금흐름유출	(₩11,000)

기계자산 처분으로 인한 현금유입	₩9,000
기계자산의 취득으로 인한 현금유출	(₩20,000)
투자활동으로 인한 현금유출	(₩11,000)

[참고] 계정 증감분석법

IS	유형자산처분이익	₩3,000
	감가상각비	(₩5,000)
BS	유형자산의 증가	(₩10,000)
	감가상각누계액의 증가	₩1,000
CF	투자활동으로 인한 현금유출	(₩11,000)

❸ 재무활동으로 인한 현금흐름

재무활동이란 현금의 차입 및 상환활동, 신주발행이나 배당금의 지급활동 등과 같이 부채 및 자본계정에 영향을 미치는 거래를 말한다. 따라서 사채나 차입금의 증가, 또는 유상증자를 하는 경우 현금의 유입이 발생하고 사채·차입금의 상환, 감자, 배당을 하면 현금의 유출이 발생하는 것이다.

재무활동도 투자활동과 동일하게 총액주의에 따라 작성이 된다. 따라서 재무활동 관련 계정의 증감분석을 통해 순현금흐름을 계산하면, 이를 다시 총현금유입과 총현금유출로 분리하여 현금흐름표에 각각 별도로 공시해야 한다.

재무활동 현금흐름은 다음과 같이 계산된다.

IS	재무활동 발생주의 순이익	XXX
BS	재무활동 관련 자산·부채 증감	XXX
CF	재무활동 순현금흐름	XXX

일치	현금 유입	재무활동 관련 자금조달	XXX
	현금 유출	재무활동 관련 자금상환	(XXX)
	→	재무활동 순현금흐름	XXX

[참고] 분개법으로 계산한 재무활동 현금흐름

	구분	금액	구분	금액
IS	이자비용 (사채할인발행차금상각액)	XXX	사채상환이익	XXX
BS	사채할인발행차금의 증가	XXX	사채의 증가	XXX
CF	사채관련 순현금흐름유입	XXX XXX	사채관련 순현금흐름유출	XXX XXX

오쌤 Talk

사채
사채와 관련하여 발생할 수 있는 회계상 거래 사건은 다음과 같다.
① 사채의 발행
② 상각후원가의 상각
③ 사채의 상환

이때, 사채의 발행과 사채의 상환은 현금의 유입과 유출이 발생하지만, 상각후원가의 상각으로 인해 사채할인발행차금의 감소는 현금의 유·출입이 있는 활동이 아니다. 이때 이자의 지급은 회사의 정책에 따라서 영업활동으로 구분할 수도 있고, 재무활동으로 구분할 수도 있다. 그러므로 사채와 관련된 현금 활동을 분석할 때는 현금이자 지급은 반영하지 않는다. 다만, 사채할인발행차금의 상각액은 사채할인발행차금의 장부금액의 증감을 발생시키므로 IS계정(이자비용과 같은 개념)으로 반영해준다.

위 사건으로 인해 영향을 받는 계정과목은 다음과 같다.
① 사채의 액면금액
② 사채할인발행차금
③ 사채 상환손익
④ 사채할인발행차금상각액(이자비용)

기본예제 15 재무활동으로 인한 현금흐름

㈜한국의 20X1년도에 사채 ₩20,000을 발행하였고 이자비용(사채할인발행차금상각액)을 ₩5,000을 계상하였다. 또한 사채 상환과 관련하여 사채상환이익 ₩3,000을 계상하였다. 다음의 자료를 이용하여 회사의 사채의 상환액을 계산하시오.

	20X1. 1. 1.	20X1. 12. 31.
사채	₩10,000	₩20,000
사채할인발행차금	₩5,000	₩7,000

풀이

	구분	금액	구분	금액
IS	이자비용(상각액)	₩5,000	사채상환이익	₩3,000
BS	사채할인발행차금의 증가	₩2,000	사채의 증가	₩10,000
		₩7,000		₩13,000
CF	사채관련 순현금흐름유입	₩6,000		

사채발행으로 인한 현금유입	₩20,000
사채상환으로 인한 현금유출	(₩14,000)
재무활동으로 인한 현금유입	₩6,000

[참고] 계정 증감분석법

IS	사채상환이익	₩3,000
	이자비용 (사채할인발행차금상각액)	(₩5,000)
BS	사채의 증가	₩10,000
	사채할인발행차금 증가	(₩2,000)
CF	재무활동으로 인한 현금유입	₩6,000

확인문제

14. ㈜한국의 <재무상태표상 자본> 및 <추가자료>가 다음과 같을 때, 재무활동으로 인한 순현금흐름은?

기출처 2019 관세직 9급

<재무상태표상 자본>

과목	기초	기말
자본금	₩300,000	₩350,000
자본잉여금	₩100,000	₩132,000
이익잉여금	₩20,000	₩25,000
자기주식	(₩10,000)	-
자본 총계	₩410,000	₩507,000

<추가자료>

- 당기 중 유상증자(주식의 총 발행가액 ₩80,000, 총 액면금액 ₩50,000)가 있었다.
- 기초 보유 자기주식을 기중에 전량 ₩12,000에 처분하였다.
- 당기순이익은 ₩15,000이며 배당금 지급 이외 이익잉여금의 변동을 초래하는 거래는 없었다. (단, 배당금 지급은 재무활동으로 인한 현금흐름으로 분류한다)

① ₩32,000 ② ₩52,000
③ ₩80,000 ④ ₩82,000

정답 ④

OX 퀴즈

다음 문장의 경우 올바른 설명에는 ○, 틀린 설명에는 ×를 하고 틀린 설명은 수정하시오.

① 현금흐름표는 일정시점의 현금의 유입과 유출 내용을 적정하게 표시하는 보고서이다. (   )

② 투자활동과 재무활동으로 인한 현금흐름을 보고하는 방법은 직접법과 간접법이 있다. (   )

③ 현금유입은 주요 원천별로 분류하고 현금유출은 주요 용도별로 분류하여 표시하는 방법을 간접법이라고 한다. (   )

④ 단기매매목적으로 보유하는 유가증권의 취득과 판매에 따른 현금흐름은 투자활동으로 분류한다. (   )

⑤ 배당금의 지급은 재무활동의 결과이므로 재무활동으로만 분류한다. (   )

⑥ 투자활동은 기업의 납입자본과 차입금의 크기 및 구성내용에 변동을 가져오는 활동이다. (   )

⑦ 배당금의 지급과 이자의 지급은 영업활동 및 투자활동 중 기업이 선택할 수 있다. (   )

OX 풀이

❶ ✕ 현금흐름표는 일정기간의 현금의 유입과 유출 내용을 적정하게 표시하는 보고서이다

❷ ✕ 영업활동으로 인한 현금흐름을 보고하는 방법은 직접법과 간접법이 있다. 그러나 투자활동과 재무활동은 직접법으로만 가능하다.

❸ ✕ 현금유입은 주요 원천별로 분류하고 현금유출은 주요 용도별로 분류하여 표시하는 방법을 직접법이라고 한다.

❹ ✕ 단기매매목적으로 보유하는 유가증권의 취득과 판매에 따른 현금흐름은 영업활동으로 분류한다.

❺ ✕ 배당금의 지급은 재무활동의 결과이지만 기업이 선택한 경우 영업활동으로 분류할 수 있다.

❻ ✕ 재무활동은 기업의 납입자본과 차입금의 크기 및 구성내용에 변동을 가져오는 활동이다.

❼ ✕ 배당금의 지급과 이자의 지급은 영업활동 및 재무활동 중 기업이 선택할 수 있다.

실전훈련

01 현금흐름표 작성시 영업에서 창출된 현금흐름을 계산하기 위하여 간접법을 사용할 경우 법인세비용차감전이익에 가산할 항목이 아닌 것은?

① 감가상각비
② 유형자산처분이익
③ 상각후원가 측정 금융자산처분손실
④ 사채상환손실

02 다음 중 현금흐름표에 대한 설명으로 옳지 않은 것은?

① 현금흐름표는 직접법과 간접법 중 하나의 방법으로 작성할 수 있다.
② 회사의 미래현금흐름을 추정하는 데 도움이 많이 된다.
③ 법인세의 지급은 재무활동으로 인한 현금흐름으로 분류된다.
④ 투자활동과 재무활동은 총액주의에 의거하여 작성된다.

03 영업활동현금흐름과 관련된 항목을 모두 고르면?   기출처 2013. 지방직 9급

ㄱ. 당기손익 공정가치 측정 금융자산의 처분	ㄴ. 기계장치의 구입
ㄷ. 유상증자	ㄹ. 토지의 처분
ㅁ. 사채의 발행	ㅂ. 로열티수익

① ㄱ, ㄴ
② ㄱ, ㅂ
③ ㄴ, ㄹ
④ ㄷ, ㅁ

 풀이

01 영업활동으로 인한 현금흐름(간접법)
 = 포괄손익계산서상의 법인세비용차감전순이익 + 이자비용 + 투자와 재무활동 관련 비용(감가상각비, 상각후원가 측정 금융자산 처분손실, 사채상환손실) - 이자수익 - 투자와 재무활동관련이익(유형자산처분이익)

02 ③ 영업활동의 결과로 법인세를 지불하므로 법인세의 지급은 일반적으로 영업활동으로 분류한다.

03 (1) 당기손익 - 공정가치 측정 금융자산의 처분활동: 영업활동
 (2) 기계장치나 토지의 구입과 처분활동: 투자활동
 (3) 유상증자 및 사채의 발행: 재무활동
 (4) 로열티수익의 인식: 영업활동

답 01 ② 02 ③ 03 ②

04 ㈜한국의 2013년도 현금주의에 의한 영업이익은 ₩100,000이다. 2013년 1월 1일에 비해 2013년 12월 31일 선수수익은 ₩10,000 증가하였고, 미수수익은 ₩20,000 증가하였다. ㈜한국의 2013년도 발생주의에 의한 영업이익은?

기출처 2014. 국가직 9급

① ₩100,000　　② ₩110,000
③ ₩120,000　　④ ₩130,000

05 ㈜한국의 2013년도 손익계산서에는 이자비용이 ₩2,000 계상되어 있고, 현금흐름표에는 현금 이자지출액이 ₩1,500 계상되어 있다. ㈜한국이 자본화한 이자비용은 없으며 2013년 12월 31일의 선급이자비용은 2012년 12월 31일에 비해 ₩200만큼 감소하였다. 2012년 12월 31일의 재무상태표에 미지급이자비용이 ₩300인 경우 2013년 12월 31일의 재무상태표에 표시되는 미지급이자비용은?

기출처 2014. 국가직 9급

① ₩1,000　　② ₩800
③ ₩600　　　④ ₩300

풀이

04

	구분	금액	구분	금액
IS			발생주의 영업이익	<<₩110,000>>
BS	미수수익의 증가	₩20,000	선수수익의 증가	₩10,000
		₩20,000		₩120,000
CF	현금주의 영업이익	₩100,000		

05

	구분	금액	구분	금액
IS	이자비용	₩2,000		
BS			선급이자비용의 감소	₩200
			미지급이자비용의 증가	<<₩300>>
		₩2,000		₩500
CF			현금이자 지출액	₩1,500

미지급이자비용의 증가 ₩300 이므로 2013년 말 미지급이자비용이 ₩300 + ₩300 = ₩600

답 04 ②　05 ③

06 다음은 ㈜한국의 20X1년과 20X2년 수정전시산표의 일부이다.

계정과목	20x1년 말	20x2년 말
매출채권	₩200,000	₩100,000
재고자산	₩100,000	₩200,000
매입채무	₩200,000	₩300,000
매출	₩500,000	₩700,000
매입	₩600,000	₩500,000

20X2년 ㈜한국이 계상할 매출총이익과 직접법에 따른 영업 활동으로 인한 현금증감액은?

기출처 2021. 국가직 7급

	매출총이익	영업활동으로 인한 현금증감액
①	₩300,000	₩400,000 증가
②	₩300,000	₩400,000 감소
③	₩400,000	₩300,000 증가
④	₩400,000	₩300,000 감소

풀이

06 (1) 매출총이익

매출액	₩700,000
매출원가	(₩400,000 = ₩100,000 + ₩500,000 − ₩200,000)
매출총이익	₩300,000

(2) 영업활동으로 인한 현금흐름(분개법)

	구분	금액	구분	금액
IS			매출총이익	₩300,000
BS	재고자산의 증가	₩100,000	매출채권의 감소	₩100,000
			매입채무의 증가	₩100,000
CF	영업활동 현금흐름	₩400,000		

답 06 ①

07 기술용역과 기술자문을 수행하고 있는 ㈜한국의 1개월 동안의 현금주의에 의한 당기순이익 (순현금유입액)은 ₩500,000이다. 3월 초와 말의 미수수익, 선수수익, 미지급비용 및 선급비용 내용이 다음과 같을 때 발생기준에 의한 당기순이익은?

기출처 2014. 국가직 7급

	3월 1일	3월 31일
• 미수수익(기술용역료)	₩53,000	₩48,000
• 선수수익(기술자문료)	₩65,000	₩35,000
• 미지급비용(일반관리비)	₩24,000	₩34,000
• 선급비용(급여)	₩21,000	₩36,000

① ₩530,000
② ₩525,000
③ ₩520,000
④ ₩470,000

풀이

07	구분	금액	구분	금액
IS			발생주의 당기순이익	<<₩530,000>>
BS	선수수익의 감소	₩30,000	미수수익의 감소	₩5,000
	선급비용의 증가	₩15,000	미지급비용의 증가	₩10,000
		₩45,000		<<₩545,000>>
CF	현금주의 당기순이익	₩500,000		

답 07 ①

08

㈜한국의 2016년도 영업활동현금흐름에 영향을 미치는 재무상태표 항목의 변동사항은 다음과 같다. 2016년도에 영업활동현금흐름이 ₩900,000 증가한 경우, 미지급비용의 증감은? _{기출처 2016. 국가직 7급}

- 매출채권의 감소: ₩500,000
- 선수수익의 감소: ₩100,000
- 선급비용의 감소: ₩300,000
- 이연법인세자산의 증가: ₩200,000
- 미지급비용의 증가(또는 감소): ?

① ₩200,000 감소
② ₩200,000 증가
③ ₩400,000 감소
④ ₩400,000 증가

풀이

08

	구분	금액	구분	금액
BS	선수수익의 감소	₩100,000	매출채권의 감소	₩500,000
	이연법인세 자산의 증가	₩200,000	선급비용의 감소	₩300,000
			미지급비용의 증가	<<₩400,000>>
		₩300,000		₩1,200,000
CF	영업활동 현금흐름	₩900,000		

답 08 ④

09 ㈜한국은 다음과 같이 1개월 동안의 경영성과에 대해 현금기준 포괄손익계산서를 작성하였다. 발생기준 포괄손익계산서로 작성할 경우 당기순이익은? (단, 법인세는 무시한다.)

기출처 2015. 국가직 9급

○ 현금기준 포괄손익계산서 (3월 1일 ~ 3월 31일)

매출 관련 현금 수입	₩1,820,000
급료 및 일반관리비 관련 현금지출	₩1,220,000
당기순이익	₩600,000

○ 3월 1일과 3월 31일의 매출채권, 매입채무, 미지급비용, 선지급비용 내역

	3월 1일	3월 31일
• 매출채권	₩35,000	₩43,000
• 매입채무	₩48,000	₩54,000
• 미지급비용	₩42,000	₩35,000
• 선급 비용	₩21,000	₩26,000

① ₩590,000 ② ₩600,000
③ ₩610,000 ④ ₩614,000

풀이

09

	구분	금액	구분	금액
IS			발생주의 당기순이익	<<₩614,000>>
BS	매출채권의 증가	₩8,000	매입채무의 증가	₩6,000
	미지급비용의 감소	₩7,000		
	선급비용의 증가	₩5,000		
		₩20,000		₩620,000
CF	현금주의 당기순이익	₩600,000		

답 09 ④

10 ㈜관세의 20X2년도 포괄손익계산서에는 당기순이익 ₩600, 유형자산처분이익 ₩300, 감가상각비 ₩200이 계상되어 있으며, 비교재무제표의 주요 자산 및 부채 계정은 다음과 같다.

	20X2년 말	20X1년 말
매출채권(순액)	₩900	₩500
선급비용	₩200	₩400
매입채무	₩300	₩200
단기차입금	₩500	₩200

㈜관세의 20X2년 영업활동 현금흐름은?   기출처 2020. 관세사

① ₩200 현금유입
② ₩400 현금유입
③ ₩600 현금유입
④ ₩200 현금유출
⑤ ₩400 현금유출

풀이					
10	구분	금액		구분	금액
IS				당기순이익	₩600
	유형자산처분이익	₩300		감가상각비	₩200
BS	매출채권의 증가	₩400		선급비용의 감소	₩200
				매입채무의 증가	₩100
		₩700			₩1,100
CF	영업활동현금흐름	₩400			

답 10 ②

11 ㈜한국의 20X1년도 당기순이익 ₩100,000이고, 감가상각비 ₩10,000, 유형자산처분이익 ₩8,000이다. 영업활동과 관련 있는 자산과 부채의 기말금액에서 기초금액을 차감한 변동금액이 다음과 같을 때, ㈜한국의 20X1년 영업활동현금흐름은?
기출처 2020. 국가직 7급

- 매출채권 ₩9,000 증가
- 선급비용 ₩4,000 감소
- 매입채무 ₩5,000 증가
- 미지급비용 ₩3,000 감소

① ₩95,000 ② ₩99,000
③ ₩101,000 ④ ₩105,000

풀이

11	구분	금액	구분	금액
IS	유형자산처분이익	₩8,000	당기순이익	₩100,000
			감가상각비	₩10,000
BS	매출채권의 증가	₩9,000	선급비용의 감소	₩4,000
	미지급비용의 감소	₩3,000	매입채무의 증가	₩5,000
CF	영업활동현금흐름	₩99,000		

답 11 ②

12 다음은 ㈜한국의 20X1년 현금흐름표를 작성하기 위한 회계자료의 일부다. ㈜한국이 20X1년 현금흐름표에 표시할 투자활동으로 인한 순현금흐름액은?

기출처 2019. 국가직 7급

구분	전기 말	당기 말	당기발생
당기손익 - 공정가치 측정 금융자산	₩90,000	₩75,000	
기계장치	₩4,650,000	₩5,100,000	
감가상각누계액	₩1,425,000	₩1,545,000	
당기손익 - 공정가치 측정 금융자산 평가이익			₩15,000
기계장치 감가상각비			₩300,000
기계장치 처분이익			₩75,000

〈추가자료〉
○ 당기손익 - 공정가치 측정 금융자산은 단기매매목적으로 취득한 금융자산이다.
○ ₩750,000의 기계장치 취득거래가 발생하였다.
○ 모든 거래는 현금거래이다.

① ₩525,000 유출 ② ₩555,000 유출
③ ₩630,000 유출 ④ ₩665,000 유출

풀이

12 당기손익 - 공정가치 측정 금융자산의 취득과 매매의 활동은 영업활동으로 분류한다. 그러므로 해당 사안은 기계장치에 대한 매입과 매각으로 인한 순현금흐름을 계산한다.

	구분	금액	구분	금액
IS	감가상각비	₩300,000	처분이익	₩75,000
BS	기계장치의 증가	₩450,000	감가누계액의 증가	₩120,000
		₩750,000		₩195,000
CF			기계장치로 인한 순현금유출	₩555,000

답 12 ②

13 ㈜감평은 20X1년도 현금흐름표상 영업에서 창출된 현금(영업으로부터 창출된 현금)은 ₩100,000이다. 다음 자료를 이용하여 계산한 ㈜감평의 20X1년 법인세비용차감전순이익 및 영업활동현금흐름은? (단, 이자지급 및 법인세납부는 영업활동으로 분류한다.)

기출처 2020. 감평사

• 매출채권손상차손	₩500		• 매출채권(순액) 증가	₩4,800
• 감가상각비	₩1,500		• 재고자산(순액) 감소	₩2,500
• 이자비용	₩2,700		• 매입채무 증가	₩3,500
• 사채상환이익	₩700		• 미지급이자 증가	₩1,000
• 법인세비용	₩4,000		• 미지급법인세 감소	₩2,000

	법인세비용차감전순이익	영업활동순현금흐름
①	₩94,800	₩92,300
②	₩95,300	₩92,300
③	₩96,800	₩95,700
④	₩97,300	₩95,700
⑤	₩98,000	₩107,700

풀이

13 (1) 법인세비용차감전순이익

	구분	금액	구분	금액
			법인세비용차감전순이익	<<₩95,300>>
IS	사채상환이익	₩700	감가상각비	₩1,500
			이자비용	₩2,700
BS	매출채권(순액)증가	₩4,800	재고자산(순액)감소	₩2,500
			매입채무 증가	₩3,500
CF	영업으로부터 창출된 현금	₩100,000		

(2) 법인세의 지급

	구분	금액	구분	금액
IS	법인세비용	₩4,000		
BS	미지급법인세의 감소	₩2,000		
CF			법인세의 지급	₩6,000

(3) 이자의 지급

	구분	금액	구분	금액
IS	이자비용	₩2,700		
BS			미지급이자의 증가	₩1,000
CF			이자의 지급	₩1,700

(4) 영업활동순현금흐름

영업으로부터 창출된 현금	₩100,000
이자의 지급	(₩1,700)
법인세의 납부	(₩6,000)
영업활동순현금흐름	<<₩92,300>>

답 13 ②

14 ㈜한국의 2016년 토지와 단기차입금 자료가 다음과 같을 때, 2016년의 투자 및 재무현금흐름에 대한 설명으로 옳은 것은? (단, 모든 거래는 현금거래이다.)

기출처 2017. 국가직 9급

	기초	기말
토지(유형자산)	₩150,000	₩250,000
단기차입금	₩100,000	₩180,000

〈추가자료〉
○ 토지는 취득원가로 기록하며, 2016년에 손상차손은 없었다.
○ 2016년 중에 토지(장부금액 ₩50,000)를 ₩75,000에 매각하였다.
○ 2016년 중에 단기차입금 ₩100,000을 차입하였다.

① 토지 취득으로 인한 현금유출은 ₩100,000이다.
② 토지의 취득과 매각으로 인한 투자활동순현금유출은 ₩75,000이다.
③ 단기차입금 상환으로 인한 현금유출은 ₩80,000이다.
④ 단기차입금의 상환 및 차입으로 인한 재무활동순현금유입은 ₩100,000이다.

풀이

14 (1) 토지에 대한 현금흐름

	구분	금액	구분	금액
IS			처분이익(₩75,000 - ₩50,000)	₩25,000
BS	토지 취득원가의 증가	₩100,000		
		₩100,000		₩25,000
CF			토지로 인한 현금유출액	(₩75,000)

토지로 인한 현금유입 = 토지의 매각 = ₩75,000

현금 유입 (토지의 매각)	₩75,000
현금 유출 (토지의 취득)	<<(₩150,000)>>
토지로 인한 순현금유출	(₩75,000)

∴ 토지의 취득 = ₩150,000

(2) 단기차입금에 대한 현금흐름

현금 유입 (단기차입금의 차입)	₩100,000
현금 유출 (단기차입금의 상환)	<<(₩20,000)>>
단기차입금으로 인한 순현금유입	₩80,000*

*단기차입금의 증가액

답 14 ②

20 주당이익

Teacher's Map

1 주당이익의 기초

의의	보통주 1주에 귀속되는 회계이익의 크기를 의미한다. 즉, 보통주에 귀속되는 당기순이익을 보통주식수로 나누어 산출한 지표
주당이익의 종류	① 기본주당이익: 기본주당이익은 특정회계기간에 실제 유통되고 있는 보통주식수를 기준으로 계산한 한 주당 이익을 말함 ② 희석주당이익: 특정회계기간에 실제 유통되고 있는 보통주식 외에 언제든지 보통주로 전환될 수 있는 잠재적보통주도 발행되었다는 가정에서 주식수를 합산하여 계산한 한 주당 이익을 말함
공시	① 기본주당이익과 희석주당이익은 포괄손익계산서에 공시해야 함 ② 이 둘의 금액이 같은 경우에는 한 줄로 공시할 수 있음

2 기본주당이익

$$\text{기본주당이익} = \frac{\text{보통주당기순손익}}{\text{가중평균유통보통주식수}}$$

💡 가중평균유통보통주식수

의미	그 기간에 유통된 보통주식수를 가중평균한 주식수
기산일	통상 주식발행의 대가를 받을 권리가 발생하는 시점(일반적으로 주식발행일)
무상증자·주식배당 주식분할·주식병합	① 최초기간의 개시일에 그 사건이 일어난 것처럼 비례적으로 조정 ② 당기 이전에 발행된 주식에 대하여 무상증자 등을 하는 경우에는 기초로 소급하여 가중평균하지만, 당기 중에 유상증자한 주식에 대하여 무상증자 등을 하는 경우에는 당기 유상증자일로 소급하여 가중평균함
유상증자	① 일반적인 경우 　납입일부터 가중평균유통보통주식에 가산하여 계산함 ② 공정가치 미만 유상증자 　유상과 무상으로 구분하여 무상부분의 효과를 반영하여 산정
자기주식	재발행될 때까지 가중평균유통보통주식수에서 제외

개념 찾기

① 주당이익
② 희석주당순이익
③ 가중평균유통보통주식수
④ 보통주당기순이익
⑤ 잠재적보통주

💡 보통주당기순이익

산정	당기순이익에서 우선주에게 배당되는 세후 우선주배당금을 제외하고 보통주에게 귀속되는 금액을 기준으로 산정
중간배당을 한 경우	우선주에 대한 중간배당도 당기순이익에서 차감함
비누적적 우선주	우선주에 대한 배당금은 실제 배당금이 아닌 정기주주총회에서 배당할 것으로 결의될 배당금을 말함
누적적 우선주	배당결의 여부와 관계없이 당해 회계기간과 관련한 세후 배당금을 당기순이익에서 차감하여 계산함

③ 희석주당순이익

$$희석주당순이익 = \frac{보통주당기순손익 \pm 이익조정액}{가중평균유통보통주식수 + 잠재적보통주식수}$$

잠재적보통주	보통주를 받을수 있는 권리가 부여된 금융상품이나 계약 등을 의미함
희석주당순이익 산정	① 보통주로 전환될 수 있는 잠재적보통주를 보통주로 전환된 것으로 가정하여 희석주당순이익을 공시함 ② 희석효과가 있는 경우: 전환되었을 시 주당순이익이 하락하는 경우에만 이를 반영 ③ 희석효과가 없는 경우: 잠재적보통주에서 제외
잠재적보통주의 예	① 보통주로 전환할 수 있는 금융부채나 지분상품(예: 전환사채, 전환우선주) ② 옵션과 주식매입권(예: 옵션, 신주인수권부사채의 신주인수권, 주식선택권) ③ 사업인수나 자산취득과 같이 계약상 합의에 따라 조건이 충족되면 발행하는 보통주 　(예: 조건부주식)

❶ 주당이익의 기초
❷ 기본주당이익
❸ 희석주당순이익

주당이익의 기초

❶ 의의

주당이익(earning per share: EPS)은 보통주 1주에 귀속되는 회계이익의 크기를 의미한다. 즉, 보통주에 귀속되는 당기순이익을 보통주식수로 나누어 산출한 지표이다.

$$\text{주당이익} = \frac{\text{보통주당기순손익}}{\text{유통보통주식수}} = \frac{\text{당기순손익} - \text{우선주배당금}}{\text{유통보통주식수}}$$

당기순이익은 기업의 규모에 비례하므로 당기순이익만으로는 기업의 수익성을 단순히 비교할 수 없다. 당기순이익을 발행주식수로 나누어 계산되는 주당이익은 정보이용자가 특정기업의 경영성과를 기간별로 비교하며, 동일기간의 경영성과를 다른 기업과 비교하는 데 유용한 정보를 제공하므로 기업의 수익성지표로 이용된다.

❷ 주당이익의 종류

주당이익은 기본주당이익과 희석주당이익으로 구분된다. 기본주당이익은 특정회계기간에 실제 유통되고 있는 보통주식수를 기준으로 계산한 한 주당 이익을 말한다.

희석주당이익은 특정회계기간에 실제 유통되고 있는 보통주식 외에 언제든지 보통주로 전환될 수 있는 잠재적보통주도 발행되었다는 가정에서 주식수를 합산하여 계산한 한 주당 이익이다.

이러한 기본주당이익과 희석주당이익은 포괄손익계산서에 공시하여야 한다. 단, 이 둘의 금액이 같은 경우에는 한 줄로 공시할 수 있다.

포괄손익계산서
당기 20X1년 1월 1일부터 20X1년 12월 31일까지
전기 20X0년 1월 1일부터 20X0년 12월 31일까지

㈜한국

	당기	전기
...	XXX	XXX
포괄이익	XXX	XXX
주당이익	XXX	XXX
희석주당이익	XXX	XXX

우선주를 배제하는 이유
기업의 이익은 기업의 이해관계자인 종업원, 채권자, 정부(세금), 우선주 및 보통주에게 배분된다. 이때 보통주를 제외하고는 모두 사전에 확정된 비율대로 이익을 계산하기 때문에 이익률이 일정하다. 하지만 보통주는 잔여이익에 대한 청구권이기 때문에 주당이익률이 항상 변동한다. 주당이익은 당기 잔여이익에 대하여 불확정적인 보통주가 1주당 청구할 수 있는 순이익을 측정하고자 하는 개념이므로 우선주 주주는 주당이익을 계산할 때 다른 청구권자와 마찬가지로 배제된다.

주당이익의 종류
기본주당이익은 '유통보통주식수'를 대상으로 산정한다.
희석주당순이익은 '유통보통주식수 + 잠재적보통주식수'를 대상으로 산정한다.
기업이 발행한 잠재적 보통주식이 없다면 기본주당이익과 희석주당이익은 같다.

② 기본주당이익

기본주당이익은 유통되고 있는 보통주 한 주당 이익을 의미한다. 따라서 기본주당이익은 당기순손익을 가중평균유통보통주식수로 나누어 계산한다.

$$기본주당이익 = \frac{보통주당기순손익}{가중평균유통보통주식수}$$

❶ 가중평균유통보통주식수

기본주당이익을 계산하기 위한 보통주식수는 그 기간에 유통된 보통주식수를 가중평균한 주식수 즉, 가중평균유통보통주식수를 기준으로 한다.

특정회계기간의 가중평균유통보통주식수는 그 기간 중 각 시점의 유통주식수의 변동에 따라 자본금액이 변동할 가능성을 반영한다. 가중평균유통보통주식수는 기초의 유통보통주식수에 회계기간 중 취득된 자기주식수 또는 신규 발행된 보통주식수를 각각의 유통기간에 따른 가중치를 고려하여 조정한 보통주식수이다. 이 경우 유통기간에 따른 가중치는 그 회계기간의 총일수에 대한 특정 보통주의 유통일수의 비율로 산정한다.

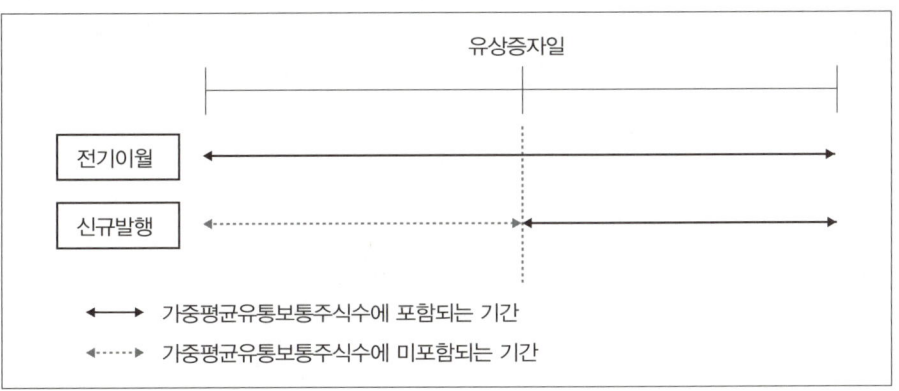

가중평균유통보통주식수를 산정하기 위한 보통주 유통일수 계산의 기산일은 통상 **주식 발행의 대가를 받을 권리가 발생하는 시점(일반적으로 주식발행일)**이다.

오쌤 Talk

가중평균유통보통주식수의 개념

주당이익은 수익성을 비교하기 위한 지표이다. 즉, 1주당 얼마의 이익을 산출한 것인지를 비교하여 수익성을 판단할 수 있게 해 주는 지표이다. 그런데 기간 중 주식수가 변화함에 따라 투자수익률은 달라질 수 있다. 단순히 1주당의 이익만이 아닌 투자 기간까지를 고려하여 1주당 수익률을 반영하기 위해서 유통된 주식의 유통 기간에 대한 가중치를 부여하고 이를 통해 투자수익을 산정한다.

오쌤 Talk

가중평균유통보통주식수 산정

기초의 유통보통주식은 12/12의 가중치를 인식한다. 기중에 유상증자를 한 경우 증자일부터 월할로 가중치를 인식한다.

심화예제 1 가중평균유통보통주식수

12월 말 결산법인인 ㈜한국의 기초유통보통주식수는 1,000주였다. 그런데 20X1년 4월 1일에 400주 유상증자를 실시하였다. 20X1년의 가중평균유통보통주식수를 구하시오. 단, 월할 계산하시오.

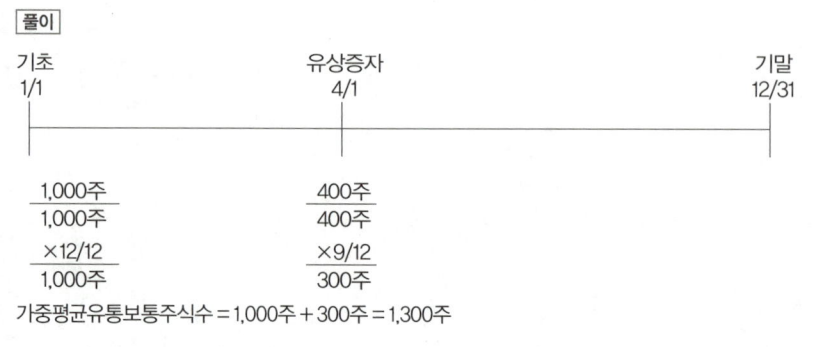

풀이

| 기초 1/1 | 유상증자 4/1 | 기말 12/31 |

1,000주　　　　　400주
1,000주　　　　　400주
×12/12　　　　　×9/12
1,000주　　　　　300주

가중평균유통보통주식수 = 1,000주 + 300주 = 1,300주

1-1 무상증자 · 주식배당 · 주식분할 · 주식병합

무상증자, 주식배당, 주식분할의 경우에는 추가로 대가를 받지 않고 기존 주주에게 보통주를 발행하므로 자원은 증가하지 않고 **유통보통주식수만 증가한다**. 또한 **주식병합**은 일반적으로 자원의 **실질적인 유출 없이 유통보통주식수를 감소시킨다**. 이 경우 당해 사건이 있기 전의 유통보통주식수를 비교표시되는 **최초기간의 개시일에 그 사건이 일어난 것처럼 비례적으로 조정**한다. 즉, 자원의 변동을 유발하지 않고 주식수만 변동하는 경우에는 동 주식수의 변동을 소급하여 수정한다.

여기서 주의할 점은 당기 이전에 발행된 주식에 대하여 무상증자 등을 하는 경우에는 기초로 소급하여 가중평균하지만, 당기 중에 유상증자한 주식에 대하여 무상증자 등을 하는 경우에는 당기 유상증자일로 소급하여 가중평균한다는 것이다.

오쌤 Talk

무상증자 등
(1) 기초 유통주식
 : 기초부터 적용
(2) 당기 중 유상증자 주식
 : 유상증자일부터 적용

> **심화예제 2** 무상증자, 주식배당, 주식분할
>
> ㈜한국의 보통주식수 변동내역은 다음과 같다.
>
> | 20X1년 1월 1일 | | 10,000주 |
> |---|---|---|
> | 20X1년 4월 1일 | 주식배당 10% | 1,000주 |
> | 20X1년 7월 1일 | 무상증자 20% | 2,200주 |
> | 20X1년 12월 31일 | | 13,200주 |
>
> 기본주당이익을 산정하기 위한 가중평균유통보통주식수를 산정하시오.
>
> **[풀이]**
>
>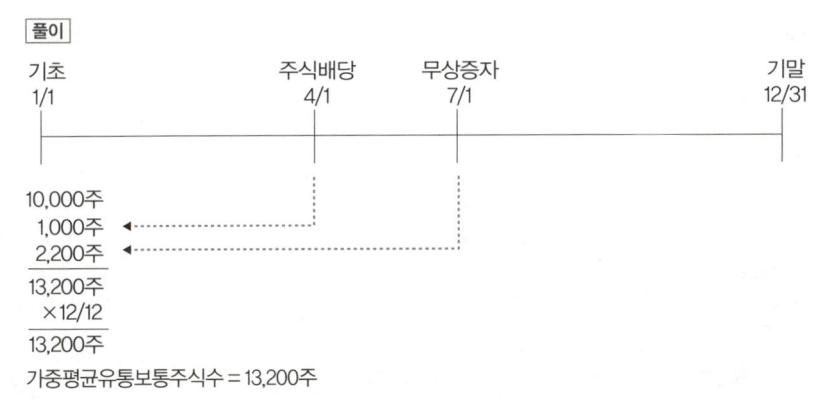
>
> 가중평균유통보통주식수 = 13,200주

오쌤 Talk

무상증자 등

주식배당과 무상증자 모두 기초부터 소급해서 적용한다. 이때 두 사건이 함께 기초로 소급이 되면 순서대로 반영한다. [심화예제 2]에서는 주식배당 10%가 먼저 발생했고, 그 이후 무상증자 20% 발생하였으므로 주식배당을 먼저 반영하고, 이후 무상증자를 반영하되 가중치는 모두 기초부터 소급하여 진행하므로 '12/12'를 반영한다.

오쌤 Talk

공정가치 미만 유상증자

공정가치 미만의 유상증자분은 유상과 무상이 합쳐진 것으로 본다. 즉, 공정가치로 발행했다면 증가하였을 주식수를 계산하여 유상분으로 원래의 납입일을 기준으로 가중치를 계산한다. 그러나 공정가치 기준의 유상분을 초과한 무상분은 무상증자가 기초에 보유하고 있는 주식과 유상증자로 취득한 주식에 각각 적용된 것으로 가중치를 산정한다.

1-2 유상증자

유상증자는 추가적으로 대가를 받고 보통주를 발행하였으므로 납입일부터 가중평균유통보통주식에 가산하여 계산한다. 그러나 기존 주주에게 공정가치보다 낮은 가격으로 유상증자를 실시한 경우 공정가치보다 낮은 부분만큼은 대가 없이 주식이 증가한 것이므로 무상증자이다. 따라서 **공정가치 미만으로 유상증자**를 하였다면 **유상증자와 무상증자를 구분**하여 그 효과를 반영해주어야 한다. 무상증자 효과는 다음과 같이 계산할 수 있다.

① 공정가치 유상증자 시 발행주식수: 유상증자 납입액 ÷ 유상증자 권리행사일 전의 공정가치
② 무상증자 주식 수: 유상증자로 발행된 총 주식수 − 공정가치 유상증자 시 발행주식수
③ 무상증자비율 = $\dfrac{\text{무상증자주식수}}{\text{유상증자 전 유통주식수 + 공정가치 유상증자 시 발행가능주식수}}$

📚 확인문제

01. 다음 ㈜한국의 20X1년 보통주 변동내역은 다음과 같다.

- 기초유통보통주식수 6,000주
- 7월 1일 보통주 무상증자 500주
- 9월 1일 보통주 공정가치 발행 유상증자 900주

20X1년 가중평균유통보통주식수는? (단, 기간은 월할 계산한다)

기출처 2022. 지방직 9급

① 6,550주
② 6,800주
③ 6,900주
④ 7,400주

정답 ②

심화예제 3 유상증자와 무상증자

㈜한국의 보통주식수 변동내역은 다음과 같다.

20X1년 1월 1일		9,500주
20X1년 7월 1일	유상증자	500주
20X1년 10월 1일	무상증자 10%	1,000주
20X1년 12월 31일		11,000주

기본주당이익을 산정하기 위한 가중평균유통보통주식수를 산정하시오. (유상증자는 공정가치로 실시되었다.)

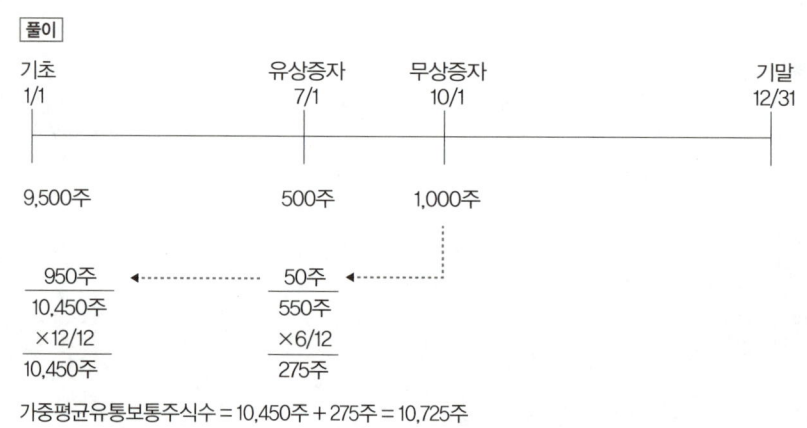

가중평균유통보통주식수 = 10,450주 + 275주 = 10,725주

심화예제 4 공정가치 미만 유상증자

12월 말 결산법인인 ㈜한국의 기초유통보통주식수는 9,000주였다. 그런데 20X1년 4월 1일에 기존주주를 대상으로 2,000주 유상증자를 실시하였다. 단, 유상증자 직전 주당 공정가치는 ₩800이며, 유상증자 시 주당 ₩400에 발행하였다. 20X1년의 가중평균유통보통주식수를 구하여라. (단, 월할 계산하시오.)

기출처 2016. 서울시 9급

풀이

무상증자비율
공정가치 유상신주 = (2,000주 × ₩400) ÷ ₩800 = 1,000주
무상증자 = 2,000주 − 1,000주 = 1,000주

무상증자비율 = $\dfrac{1,000주}{9,000주 + 1,000주}$ = 10%

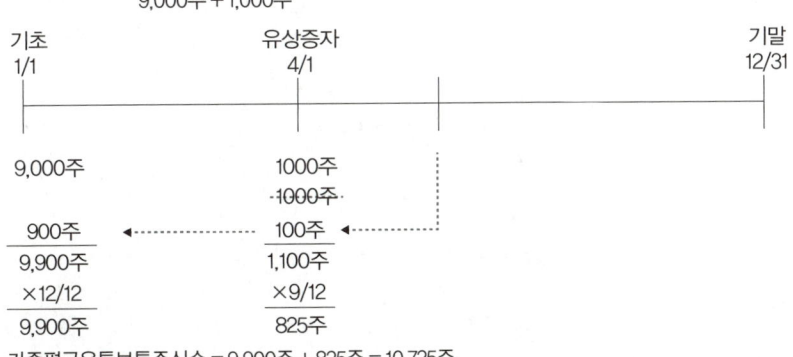

가중평균유통보통주식수 = 9,900주 + 825주 = 10,725주

1-3 자기주식

자기주식이란 기업이 동 기업의 주식을 보유하는 것으로 유통이 된 보통주를 기업이 취득하는 것이다. 따라서 **기업이 취득한 자기주식은 재발행될 때까지 가중평균유통보통주식수에서 제외해야** 한다.

> **오쌤 Talk**
>
> **유상감자**
>
> 유상감자의 경우도 유상감자가 일어난 시점부터 주식의 감소를 반영한다. 자기주식의 취득과 유상감자는 둘 다 주주를 상대로 대가를 지급하고 주식을 취득하였다는 점에서는 유사하므로 같은 방식으로 적용한다.

심화예제 5 자기주식취득

㈜한국의 보통주식수 변동내역은 다음과 같다.

20X1년 1월 1일		10,000주
20X1년 4월 1일	유상감자	(2,000주)
20X1년 7월 1일	자기주식취득	(1,000주)
20X1년 12월 31일		7,000주

기본주당이익을 산정하기 위한 가중평균유통보통주식수를 산정하시오.

풀이

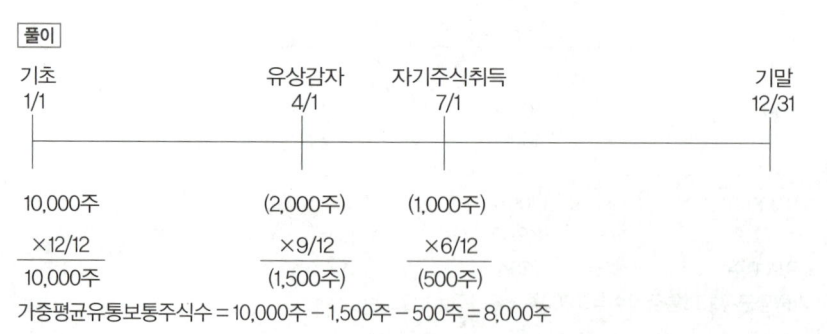

가중평균유통보통주식수 = 10,000주 − 1,500주 − 500주 = 8,000주

❷ 보통주당기순이익

당기순이익을 바탕으로 우선주와 보통주가 배당을 받는다. 따라서 **보통주당기순이익의 금액은 당기순이익에서 우선주에게 배당되는 세후 우선주배당금을 제외하고 보통주에게 귀속되는 금액을 기준으로 한다.** 따라서 다음의 금액이 보통주당기순이익이 된다.

> 보통주당기순이익 = 당기순이익 − 우선주배당금

2-1 비누적적 우선주

우선주 배당금은 실제 지급한 배당금이 아니라 정기주주총회에서 배당할 것으로 결의될 배당금을 의미한다. 예를 들어, 20X1년의 주당이익을 계산할 때, 차감할 우선주배당금은 20X2년 초에 개최될 20X1년도 주주총회에서 배당금으로 선언할 예정인 금액을 말한다.

2-2 누적적 우선주

누적적 우선주는 배당결의 여부와 관계없이 당해 회계기간과 관련한 세후 배당금을 당기순이익에서 차감하여 보통주 당기순이익을 계산한다. 예를 들어, 실제 주주총회에서 전기 누적분과 당기분을 각각 지급하였다고 하더라도 주당이익을 산정할 때는 당기분의 배당금만 반영하여 산정한다.

심화예제 6 주당이익

㈜한국의 20X1년 당기순이익은 ₩130,000이다. 회사는 우선주식과 보통주식이 있다.

기초 보통주식수	5,000주
기중 유상증자(6.1)	1,200주
기말 보통주식수	6,200주

우선주에 대하여 배당을 ₩16,000을 한 경우 20X1년의 주당이익을 구하시오. (단, 가중평균유통보통주식수는 월할 계산한다.)

풀이

(1) 보통주당기순이익 = 당기순이익(₩130,000) − 우선주 배당금(₩16,000) = ₩114,000
(2) 가중평균유통보통주식수

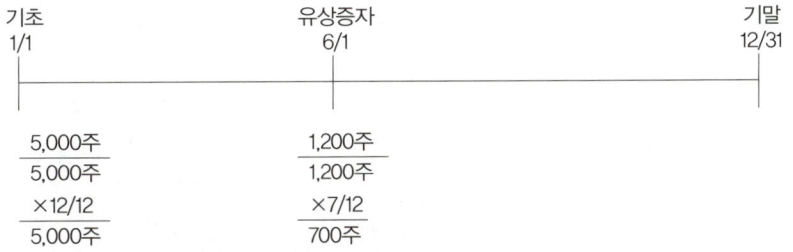

가중평균유통보통주식수 = 5,000주 + 700주 = 5,700주
(3) 주당이익 = 보통주당기순이익(₩114,000) ÷ 가중평균유통보통주식수(5,700주) = ₩20/주

3 희석주당순이익

잠재적보통주는 보통주를 받을수 있는 권리가 부여된 금융상품이나 계약 등을 의미한다. 한국채택기업회계기준에서는 **보통주로 전환될 수 있는 잠재적보통주를 보통주로 전환된 것으로 가정하여 희석주당순이익을 공시하도록 되어 있다.** 단, 이는 희석효과가 있을 때 즉, 전환되었을 시 주당이익이 하락하는 경우에만 이를 고려하며, 반희석효과가 발생할 경우에는 잠재적보통주에서 제외한다. 잠재적보통주의 예는 다음과 같다.

① 보통주로 전환할 수 있는 금융부채나 지분상품(예: 전환사채, 전환우선주)
② 옵션과 주식매입권(예: 옵션, 신주인수권부사채의 신주인수권, 주식선택권)
③ 사업인수나 자산취득과 같이 계약상 합의에 따라 조건이 충족되면 발행하는 보통주 (예: 조건부주식)

희석주당순이익은 잠재적보통주가 보통주로 전환되었다고 가정한다. 따라서 분자에는 보통주에 귀속되는 당기순손익에 희석성 잠재적보통주와 관련하여 그 회계기간에 인식된 배당과 이자비용에서 법인세효과를 차감한 금액을 가산하고 그 밖의 희석성 잠재적보통주가 보통주로 전환되었다면 변동되었을 수익 또는 비용을 조정한다.

분모에는 가중평균유통보통주식수에 잠재적보통주가 보통주로 전환되었다고 가정할 경우 추가적으로 유통되었을 가중평균유통보통주식수를 가산한다. 이를 식으로 나타내면 다음과 같다.

$$희석주당순이익 = \frac{보통주당기순손익 \pm 이익조정액}{가중평균유통보통주식수 + 잠재적보통주식수}$$

 확인문제

02. 기업회계기준에 의한 희석주당순이익을 산정할 때, 잠재적보통주에 해당하지 않는 것은? 　기출처 2010. 관세직 9급
① 전환우선주　② 신주인수권
③ 주식선택권　④ 상환우선주

정답 ④

 오쌤 Talk

희석효과

희석주당순이익이 9급 및 7급 공무원시험에 적합하지 않았던 것은 잠재적 보통주를 반영하여 '희석효과'가 있는지를 검토해서 산정해야 하므로 시간이 많이 소요되기 때문이다. 그럼에도 불구하고 최근 국가직 7급 시험에 계산형 문제가 출제되고 있다. 원칙적으로는 기본주당이익을 산정하고 잠재적 보통주를 반영한 희석주당순이익을 산정하여 희석주당순이익이 더 작게 산출될 경우에만 반영하여 산정해야 한다.

심화예제 7 희석주당순이익 산정

다음은 ㈜한국에 관한 20X1년 자료이다. 이를 이용하여 계산한 ㈜한국의 20X1년 희석주당순이익은? (단, 가중평균유통주식수는 월할 계산하며, 소수점 발생 시 소수점 이하 첫째 자리에서 반올림한다.)

기출처 2019. 국가직 7급

(1) 기초유통보통주식수 2,000주(액면금액 ₩1,000)
(2) 기초유통우선주식수 1,000주(비누적적·비참가적 전환우선주, 액면금액 ₩1,000, 전환비율 1:1)
(3) 7월 1일 보통주 600주 시장가격으로 발행
(4) 기말까지 미전환된 전환우선주는 액면금액의 5%를 배당
(5) 기중 전환된 우선주는 없었다.
(6) 당기순이익은 ₩1,000,000

확인문제

03. 다음은 ㈜한국의 20X1년 주당이익 계산과 관련한 자료이다. ㈜한국의 배당결의가 이미 이루어졌을 경우 기본주당이익은?

기출처 2021. 국가직 7급

- 기초유통보통주식수: 800주 (액면금액 ₩1,000)
- 기초전환우선주: 500주 (액면금액 ₩1,000, 비누적적, 비참가적)
- 20X1년 7월 1일에 400주의 전환우선주가 400주의 보통주로 전환(기중 전환된 우선주에 대해서는 보통주 배당금 지급)
- 당기순이익: ₩50,000
- 연 배당율: 우선주 10%, 보통주 8%

① ₩30   ② ₩35
③ ₩40   ④ ₩62.5

정답 ③

풀이

(1) 가중평균유통보통주식수 = 기초주식수 2,000주 + 유상증자 600주 × 6/12 = 2,300주
(2) 잠재적우선주 = 1,000주
(3) 전환우선주를 가산한 가중평균유통보통주식수 = 2,300주 + 잠재적 보통주 1,000주 = 3,300주
(4) 희석주당순이익 = 당기순이익/가중평균유통보통주식수
   = ₩1,000,000/3,300주 = ₩303

답 ₩303

[참고] 기본주당이익
(1) 가중평균유통보통주식수 = 2,300주
(2) 보통주당기순이익 = ₩1,000,000 − 우선주 당기순이익 = ₩1,000,000 − 1,000주 × ₩1,000 × 5%
   = ₩950,000
(3) 기본주당이익 = 보통주당기순이익/가중평균유통보통주식수
   = ₩950,000/2,300주 = ₩413/주

OX 퀴즈

다음 문장의 경우 올바른 설명에는 O, 틀린 설명에는 ×를 하고 틀린 설명은 수정하시오.

❶ 무상증자는 무상증자 선언일을 기준으로 유통보통주식수를 비례적으로 조정한다. ( )

❷ 공정가치보다 낮은 금액으로 유상증자를 할 경우 발행주식수 전체를 기초시점부터 가중평균한다.
( )

❸ 주당이익과 희석주당순이익은 반드시 공시하여야 한다. ( )

❹ 희석주당순이익의 계산 시 잠재적보통주가 모두 전환된 것으로 가정하여 그 효과를 구한다. ( )

OX 풀이

❶ ✕ 무상증자가 실시되는 경우에는 비교표시되는 최초기간의 개시일에 그 사건이 발생한 것처럼 유통보통주식수를 비례적으로 조정한다.

❷ ✕ 공정가치보다 낮은 금액으로 유상증자하는 경우, 유상증자분은 유상증자 발행일부터 가중평균하고 무상증자분은 기초시점으로 소급해서 가중평균한다.

❸ ○

❹ ✕ 모든 잠재적보통주가 반영되는 것이 아니다. 잠재적 보통주 중에서 희석효과가 있는 것은 반영하고, 반희석효과가 발생할 경우에는 잠재적보통주에서 제외한다.

실전훈련

01 다음 중 주당이익 산정 방법으로 가장 올바르지 않은 것은?

① 현금 이외의 자산을 취득하기 위하여 보통주를 발행하는 경우 그 자산의 취득을 인식한 날을 기산일로 하여 가중평균유통보통주식수를 산정한다.
② 자기주식은 취득시점 이후부터 매각시점까지의 기간동안 가중평균유통보통주식수에 포함하지 않는다.
③ 주식분할이 실시된 경우에는 주식분할이 이루어진 날을 기준으로 가중평균유통보통주식수를 구한다.
④ 보통주로 반드시 전환하여야 하는 전환금융상품은 계약체결시점부터 보통주식수에 포함하여 가중평균유통보통주식수를 구한다.

02 12월 말 결산법인인 ㈜서울의 기초 유통보통주식수는 100,000주이다. ㈜서울은 2018년 4월 1일에 무상증자를 실시하여 20,000주를 발행하였고, 10월 1일에는 유상증자를 실시하여 12,000주를 공정가치로 발행하였다. 당기 기본 주당이익 계산에 필요한 가중평균 유통보통주식수는? 〈기출처 2018. 서울시 9급〉

① 100,000주　　　　　　　　② 118,000주
③ 123,000주　　　　　　　　④ 132,000주

03 2017년 1월 1일에 ㈜한국의 보통주 1,000주(주당액면가 ₩5,000)가 유통되고 있었으며, 10월 1일에 보통주 800주가 추가로 발행되었다. 다음 자료에 따른 ㈜한국의 기본주당이익은? (단, 유통보통주식수의 가중평균은 월수로 계산하며, 다른 자본의 변동은 없는 것으로 가정한다.) 〈기출처 2017. 국가직 9급〉

- 우선주(주당액면가 ₩5,000) 유통주식 수: 100주
- 우선주배당률: 연 10%
- 2017년 당기순이익: ₩650,000

① ₩500　　　　　　　　② ₩550
③ ₩600　　　　　　　　④ ₩650

 풀이

01 ③ 무상증자, 주식분할, 주식배당은 유통보통주식수를 비교표시되는 최초기간의 개시일에 그 사건이 일어난 것처럼 비례적으로 조정한다.
02 (기초유통보통주식 100,000주 + 무상증자 20,000주) × 12/12 + 12,000주 × 3/12 = 123,000주
03 (1) 보통주당기순이익 = 당기순이익 - 우선주배당금
　　　　　　　　　　 = ₩650,000 - (₩5,000 × 100주 × 10%) = ₩600,000
　　(2) 가중평균유통보통주식수 = 1,000주 × 12/12 + 800주 × 3/12 = 1,200주
　　(3) 기본주당이익 = ₩600,000/1,200주 = ₩500/주

답　01 ③　02 ③　03 ①

04 20X1년 말 ㈜한국의 유통보통주식수는 1,400주이다. 20X2년 11월 1일에 실시한 유상증자는 주주 우선방식을 따른 것으로 공정가치 미만으로 실시하였다. 11월 1일에 실시한 유상증자는 보통주 1,000주를 주당 ₩1,200에 발행하였고, 발행직전일의 종가는 주당 ₩2,000이다. 기본주당이익을 산정하기 위한 가중평균유통보통주식수는 얼마인가? (단, 가중평균유통보통주식수는 월할 계산한다.)

① 1,100주　　② 1,200주
③ 1,400주　　④ 1,800주

05 ㈜한국의 주식은 주당 ₩5,000에 시장에서 거래되고 있다. 주가수익률(PER)이 10이고 당기순이익이 ₩200,000일 경우 ㈜한국의 가중평균유통보통주식수는? (단, 우선주는 없다.)

① 200주　　② 300주
③ 400주　　④ 500주

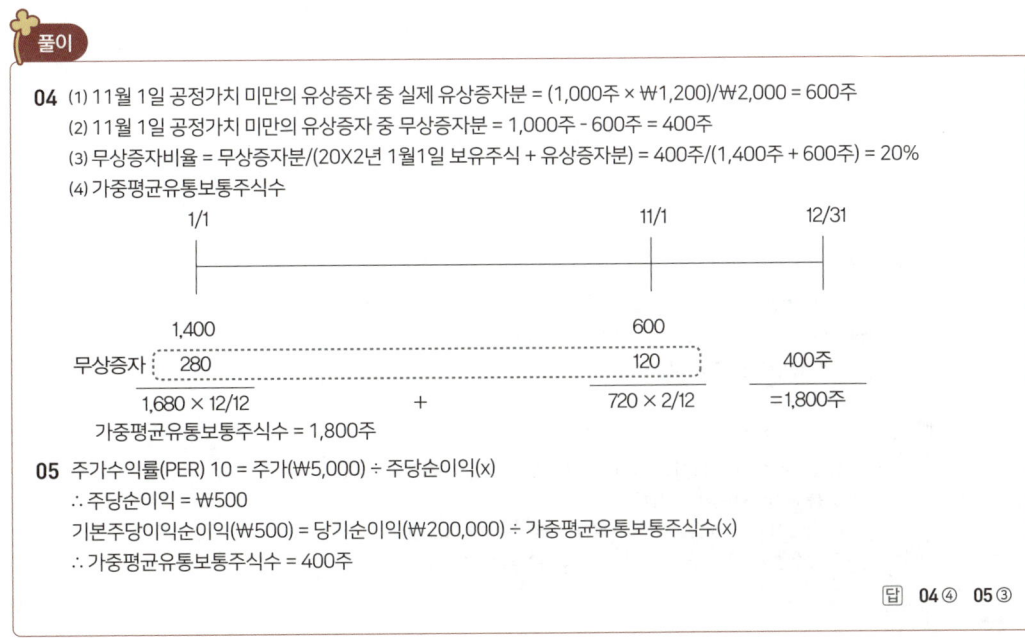

풀이

04 (1) 11월 1일 공정가치 미만의 유상증자 중 실제 유상증자분 = (1,000주 × ₩1,200)/₩2,000 = 600주
(2) 11월 1일 공정가치 미만의 유상증자 중 무상증자분 = 1,000주 - 600주 = 400주
(3) 무상증자비율 = 무상증자분/(20X2년 1월1일 보유주식 + 유상증자분) = 400주/(1,400주 + 600주) = 20%
(4) 가중평균유통보통주식수

| | 1/1 | | 11/1 | | 12/31 |

1,400　　　　　　600
무상증자 280　　　　　　120　　　　400주
1,680 × 12/12　+　720 × 2/12　=1,800
가중평균유통보통주식수 = 1,800주

05 주가수익률(PER) 10 = 주가(₩5,000) ÷ 주당순이익(x)
∴ 주당순이익 = ₩500
기본주당이익순이익(₩500) = 당기순이익(₩200,000) ÷ 가중평균유통보통주식수(x)
∴ 가중평균유통보통주식수 = 400주

답 04 ④　05 ③

06 다음 자료에서 ㈜한국의 20X1년 주가수익률(PER)이 30일 경우 보통주 1주당 시장가격을 계산하면 얼마인가?

- 20X1년 당기순이익 ₩1,000,000
- 20X1년 1월 1일 현재 유통보통주식수 200주
- 20X1년 4월 1일 무상증자 실시: 20X1년 3월 31일 현재 유통보통주식 1주에 대하여 1주의 보통주를 무상으로 지급함
- 20X1년 7월 1일 유상증자 200주

① ₩30,000　　　　　　　　② ₩40,000
③ ₩50,000　　　　　　　　④ ₩60,000

07 ㈜서울의 20X1년 초 유통보통주식수는 1,000주(주당 액면금액 ₩5,000), 유통우선주는 400주(주당 액면금액 ₩5,000, 비누적적·비참가적)이다. 20X1년 5월 1일에 보통주에 대하여 10%의 무상증자를 실시하였으며, 7월 1일에 보통주 700주의 유상증자를 공정가치로 실시하였다. 또한 10월 1일에 자기주식 200주를 주당 ₩7,000에 취득하였다. 20X1년도 당기순이익이 ₩1,600,000이고, 우선주의 배당률이 10%라면 ㈜서울의 기본주당순이익은? (단, 가중평균유통주식수는 월할계산한다.)

기출처 2022. 서울시 7급

① ₩800　　　　　　　　② ₩900
③ ₩1,000　　　　　　　④ ₩1,100

풀이

06 (1) 유통보통주식수 : (200주 × 2 × 12/12) + (200주 × 6/12) = 500주
　　(2) 주당이익(EPS) : ₩1,000,000/500주 = ₩2,000/주당
　　(3) 주가수익률(P/EPS) : 주가/₩2,000 = 30
　　(4) 주가(P) = ₩60,000

07 (1) 가중평균유통보통주식수
　　　1,000주 × 1.1 × 12/12 + 700주 × 6/12 - 200주 × 3/12 = 1,400주
　　(2) 보통주에게 귀속되는 배당금
　　　₩1,600,000 - ₩5,000 × 400주 × 10% = ₩1,400,000
　　(3) 기본주당순이익 = ₩1,400,000/1,400주 = ₩1,000/주

답　06 ④　07 ③

08 ㈜한국의 20X1년 1월 1일 현재 유통보통주식수는 100,000주이다. 20X1년에 ㈜한국은 다음과 같은 무상증자와 유상증자를 실시하였다. ㈜한국의 20X1년도 보통주에 귀속되는 당기순이익이 ₩14,520,000이라고 할 때 기본주당이익은? (단, 가중평균유통보통주식수는 월수를 기준으로 계산한다.)

일자	내용	주식수
20X1년 1월 1일	기초	100,000주
20X1년 5월 1일	무상증자	10%
20X1년 7월 1일	유상증자	20,000주
20X1년 9월 1일	무상증자	10%

① ₩100 ② ₩110
③ ₩120 ④ ₩150

 풀이

08 가중평균유통보통주식수 = (100,000주 × 1.1 × 1.1 × 12/12) + (20,000주 × 1.1 × 6/12) = 132,000주
기본주당이익 = ₩14,520,000 ÷ 132,000주 = ₩110

답 **08** ②

21 관계기업투자와 지분법

Teacher's Map

❶ 관계기업투자의 기초

유의적인 영향력	① 피투자자의 재무정책과 영업정책에 관한 의사결정에 참여할 수 있는 능력을 의미함 ② 기업이 직접 또는 간접(예: 종속기업을 통하여)으로 피투자자에 대한 의결권의 20% 이상을 소유하고 있다면 유의적인 영향력을 보유하는 것으로 봄 단, 유의적인 영향력이 없다는 사실을 명백하게 제시할 수 있는 경우는 그러하지 않음
의결권의 20% 미만 보유한 경우에도 유의적인 영향력이 있는 경우	① 피투자자의 이사회나 이에 준하는 의사결정기구에 참여 ② 배당이나 다른 분배에 관한 의사결정에 참여하는 것을 포함하여 정책결정과정에 참여 ③ 기업과 피투자자 사이의 중요한 거래 ④ 경영진의 상호 교류 ⑤ 필수적 기술정보의 제공
회계처리	① 최초 인식 시: 취득원가로 인식 ② 피투자자의 당기손익: 취득일 이후에 발생한 피투자자의 당기순손익 중 투자자의 몫에 해당하는 금액을 인식하기 위하여 장부금액을 가감 ③ 피투자자로부터의 배당: 피투자자에게서 받은 분배액은 투자자산의 장부금액을 줄여줌 ④ 피투자자의 기타포괄손익의 변동: 피투자자 기타포괄손익의 변동액 중 투자자의 몫은 투자자의 기타포괄손익으로 인식함
관계기업 재무제표	① 지분법을 적용할 때 가장 최근의 이용 가능한 관계기업의 재무제표를 사용 ② 관계기업 재무제표의 보고기간종료일이 기업 재무제표의 보고기간종료일과 다른 경우에는 기업 재무제표의 보고기간종료일과 관계기업 재무제표의 보고기간종료일 사이에 발생한 유의적인 거래나 사건의 영향을 반영함 ③ 어떠한 경우라도 기업의 보고기간종료일과 관계기업의 보고기간종료일 간의 차이는 3개월 이내이어야 함
관계기업 회계정책	기업이 지분법을 적용하기 위하여 관계기업의 재무제표를 사용할 때 관계기업의 회계정책을 기업의 회계정책과 일관되도록 해야 함

개념 찾기

① 관계기업 ④ 영업권 ⑦ 지분법이익
② 유의적인 영향력 ⑤ 염가매수차익 ⑧ 관계기업기타포괄손익
③ 지분법 ⑥ 순자산 과소평가액

② 지분법 회계처리

💡 원리

일반적으로 피투자회사의 순자산 장부금액에 투자 지분율만큼을 곱한 금액이 관계기업투자주식의 장부금액이어야 하지만 차이가 나는 두 가지 원인이 있음

취득일 차이	취득금액과 피투자자의 순자산 장부금액에 대한 투자자 지분액과의 차이
취득일 이후 차이	피투자자의 순자산 장부금액 변동액

💡 취득일 차이

구분	조건	회계처리
취득금액과 순자산의 공정가치 차이	영업권: 취득금액 > 순자산 공정가치 염가매수차익: 취득금액 < 순자산 공정가치	영업권: 매년 상각하지 않고, 손상을 인식 염가매수차익: 당기손익으로 인식
순자산의 과소평가액(투자차액)	순자산 공정가치 > 순자산 장부금액	과소평가된 자산·부채의 실현되는 방법에 따라 상각

💡 취득일 이후의 차이

관계기업의 당기순이익, 배당 등으로 순자산이 변동할 경우 순자산에 지분율을 곱한 지분액과 관계기업투자주식의 장부금액과 차이가 발생함

피투자자의 당기순이익	피투자자가 당기순이익(손실)이 발생하여 순자산이 변동하는 경우 변동액의 지분만큼 관계기업투자주식의 장부금액에서 가산(차감)하고, 당기손익(지분법손익)으로 인식
배당금 수령	현금 수령액만큼 관계기업투자주식의 장부금액을 차감
기타포괄손익의 변동	피투자자가 기타포괄손익의 인식으로 순자산가액이 변동하는 경우 동 변동액으로 인한 효과를 관계기업투자주식에 반영하고, 기타포괄손익(관계기업기타포괄손익)으로 인식

- ① 관계기업투자의 기초
- ② 지분법회계처리

1 관계기업투자의 기초

① 의의

관계기업이란 투자자가 다른 기업실체에 대하여 유의적인 영향력이 있는 기업을 의미한다. 여기서 **유의적인 영향력이란 피투자자의 재무정책과 영업정책에 관한 의사결정에 참여할 수 있는 능력**을 의미한다. 그러나 그러한 정책의 지배력이나 공동지배력을 의미하는 것은 아니다.

기업이 직접 또는 간접(예: 종속기업을 통하여)으로 피투자자에 대한 의결권의 20% 이상을 소유하고 있다면 유의적인 영향력을 보유하는 것으로 본다. 다만 유의적인 영향력이 없다는 사실을 명백하게 제시할 수 있는 경우는 그러하지 아니하다. 반대로 기업이 직접 또는 간접(예: 종속기업을 통하여)으로 피투자자에 대한 의결권의 20% 미만을 소유하고 있다면 유의적인 영향력이 없는 것으로 본다. 다만 유의적인 영향력을 보유하고 있다는 사실을 명백하게 제시할 수 있는 경우는 그러하지 아니하다.

다른 투자자가 해당 피투자자의 주식을 상당한 부분 또는 과반수 이상을 소유하고 있다고 하여도 기업이 피투자자에 대하여 유의적인 영향력을 보유하고 있다는 것을 반드시 배제하는 것은 아니다.

또한 **투자자가 직접 또는 간접으로 피투자자에 대한 의결권의 20% 미만을 보유하고 있다고 하더라도 다음 중 하나 이상에 해당하는 경우에는 유의적인 영향력이 있는 것으로 본다.**

① 피투자자의 이사회나 이에 준하는 의사결정기구에 참여
② 배당이나 다른 분배에 관한 의사결정에 참여하는 것을 포함하여 정책결정과정에 참여
③ 기업과 피투자자 사이의 중요한 거래
④ 경영진의 상호 교류
⑤ 필수적 기술정보의 제공

지분율(직·간접)	내용
20% 이상	반증이 없으면 유의적인 영향력이 있는 것으로 간주
20% 이하	반증이 없으면 유의적인 영향력이 없는 것으로 간주

주식 보유 회계처리

타회사의 주식을 보유하는 경우 두 가지 방식의 회계처리가 있다.
① 지분상품(금융자산)으로 인식하는 경우
: 공정가치 평가를 반영하고, 평가손익을 당기손익이나 기타포괄손익으로 인식
② 관계기업투자주식으로 인식하는 경우
: 공정가치 평가를 하지 않고, 피투자회사의 순자산의 증감에 따라 투자주식의 장부금액의 증감을 인식

 기출 OX

01. 타회사가 발행한 채무증권의 취득 금액이 해당 기업의 보통주 가격의 20% 이상이 되는 경우, 해당 기업의 경영에 유의적인 영향력을 미칠 수 있기에 관계기업투자로 분류한다.

기출처 2015. 국가직 9급

정답 X

❷ 관계기업투자의 회계처리

지분법은 **투자자산을 최초에 원가로 인식**하고, 취득시점 이후 발생한 피투자기업의 순자산 변동액 중 투자기업의 몫을 해당 투자자산에 가감하여 보고하는 회계처리방법이다. 또한 **피투자기업의 당기순손익 중 투자기업의 몫은 투자기업의 당기순손익으로 인식**한다. **피투자기업에게서 받은 분배액은 투자자산의 장부금액을 줄여준다.**

피투자기업의 순자산변동이 기타포괄손익의 증감으로 발생하는 경우에도 그러한 자본 변동분 중 투자기업의 지분에 해당하는 금액을 투자자산의 장부금액에 반영하는 것이 필요할 수도 있다. 기타포괄손익의 증감이 발생하는 경우로는 유형자산의 재평가나 외화환산차이 등이 있다. 이러한 **피투자기업 기타포괄손익의 변동액 중 투자기업의 몫은 투자기업의 기타포괄손익으로 인식**한다.

❸ 관계기업 재무제표

투자기업은 **지분법을 적용할 때 가장 최근의 이용 가능한 피투자기업의 재무제표를 사용**한다. 투자기업의 보고기간종료일과 피투자기업의 보고기간종료일이 다른 경우, 피투자기업은 실무적으로 적용할 수 없는 경우가 아니면 투자기업의 사용을 위하여 투자기업의 재무제표와 동일한 보고기간종료일의 재무제표를 작성한다.

지분법을 적용하기 위하여 사용하는 **피투자기업 재무제표의 보고기간종료일이 투자기업 재무제표의 보고기간종료일과 다른 경우에는 투자기업 재무제표의 보고기간종료일과 피투자기업 재무제표의 보고기간종료일 사이에 발생한 유의적인 거래나 사건의 영향을 반영**한다. 어떠한 경우라도 투자기업의 보고기간종료일과 피투자기업의 보고기간종료일 간의 차이는 3개월 이내이어야 한다. 보고기간의 길이 그리고 보고기간종료일의 차이는 매 기간마다 동일하여야 한다.

❹ 관계기업 회계정책

유사한 상황에서 발생한 동일한 거래와 사건에 대하여 동일한 회계정책을 적용하여 투자기업의 재무제표를 작성한다.

피투자기업이 유사한 상황에서 발생한 동일한 거래와 사건에 대하여 투자기업의 회계정책과 다른 회계정책을 사용한 경우, 투자기업이 지분법을 적용하기 위하여 피투자기업의 재무제표를 사용할 때 **피투자기업의 회계정책을 투자기업의 회계정책과 일관되도록 해야 한다.**

오쌤 Talk

관계기업투자의 회계처리

관계기업투자주식의 장부금액은 피투자회사의 자본에 대한 지배력이다. 즉, 일반적으로 20%를 보유하고 있다면 자본의 20%를 장부금액으로 인식한다. 향후 피투자회사의 자본이 증감할 때마다 관계기업투자주식의 장부금액을 증감시킨다. 다만, 피투자회사의 실현손익인 당기손익이 증가하여 순자산(자본)이 증가한 경우에는 관계기업투자주식을 증가시키고, 이를 투자회사의 실현손익인 당기손익(지분법이익)으로 반영한다. 그러나 피투자회사의 미실현손익인 기타포괄손익이 증가하여 순자산(자본)이 증가한 경우에는 관계기업투자주식을 증가시키고, 이를 투자회사의 미실현손익인 기타포괄손익(관계기업기타포괄손익)으로 반영한다.

✏️ 기출 OX

02. 관계기업투자주식을 보유한 기업이 피투자회사로부터 배당금을 받는 경우 관계기업투자주식의 장부가액은 증가한다.

기출처 2015. 국가직 9급

정답 X

지분법회계처리

원칙적으로 관계기업투자주식은 피투자기업의 장부금액에 투자지분율을 곱한 금액과 동일해야 한다.

> 관계기업투자주식의 장부금액 = 피투자기업의 순자산 장부금액 × 투자자 지분율

그러나 일반적으로 상기의 공식은 성립하지는 않는다. 이는 관계기업투자주식 취득일과 이후에 발생한 차이로 구분한다.

취득일 차이	취득금액과 피투자기업의 순자산 장부금액에 대한 투자기업의 지분액과의 차이
취득일 이후 차이	피투자자기업의 순자산 장부금액 변동액

관계기업에 대한 투자 또는 그 투자의 일부가 기업회계기준서 제1105호 '매각예정비유동자산과 중단영업'에 따라 매각예정으로 분류되는 경우가 아니라면 비유동자산으로 분류한다.

❶ 관계기업투자주식 취득일의 차이

1-1 차이 원인

관계기업투자주식의 취득금액과 취득일 현재 피투자기업의 순자산 장부금액에 대한 투자기업의 지분액과의 차이가 나는 이유는 다음과 같다.

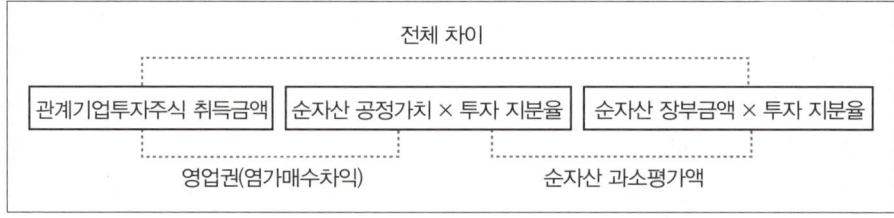

이러한 차이를 정리하면 다음과 같다.

영업권(염가매수차익)	관계기업의 브랜드 가치, 초과수익력 등의 재산적 가치
순자산 과소평가액	관계기업의 자산·부채의 장부금액과 공정가치의 차이

오쌤 Talk

관계기업투자주식의 취득일 차이

① 영업권: 영업권은 피투자회사 순자산의 공정가치보다 더 많이 지급한 차액(권리금)이다. 이를 지급한 이유는 향후 피투자회사의 주식을 취득하면서 기대할 수 있는 초과수익력 때문이다. 영업권은 무형자산회계처리에서 다루었던 바와 같이 자산손상을 시사하는 징후가 있는지에 관계없이 매년 회수가능액을 추정하여 손상검사를 한다. 손상차손이 발생한 경우 영업권에 해당하는 관계기업투자주식의 장부금액을 줄이고 이를 손상차손(당기비용)으로 인식한다.
손상을 인식한 영업권은 향후 손상차손환입을 인식하지 않는다.
Link-P. 552

② 순자산 과소평가액: 순자산 과소평가액은 피투자회사 순자산의 장부가치와 공정가치의 차이이다. 이 차이는 향후 피투자회사의 자산이 사용되면서 공정가치 평가로 인한 차액은 소멸된다. 이때 투자회사는 관계기업투자주식의 장부금액을 감소시키면서 관련 자산의 공정가치 평가차액을 비용으로 인식한다.

심화예제 1 관계기업투자주식 취득일의 차이

20X1년 1월 1일 ㈜한국은 ㈜민국의 지분 20%를 ₩2,000에 취득하고 유의적 영향력을 행사할 수 있게 되었다. 다음은 ㈜민국의 재무제표이며, 이를 장부금액과 공정가치로 나타내었다. 다음 물음에 답하시오.

20X1년 초 재무상태표

계정과목	장부금액	공정가치	계정과목	장부금액	공정가치
유동자산	₩2,000	₩3,000	부채	₩3,000	₩3,000
투자자산	₩2,500	₩3,000	자본	₩4,000	-
유형자산	₩2,500	₩3,000			
계	₩7,000	₩9,000	계	₩7,000	-

01 순자산 과소평가액을 구하시오.

02 영업권을 구하시오.

> **확인문제**
>
> **01.** ㈜한국은 ㈜민국에 대한 다음의 실사 결과를 이용하여 인수를 고려하고 있다.
> - 자산의 장부가치: ₩4,000 (공정가치 ？)
> - 부채의 장부가치: ₩2,500 (공정가치 ₩2,500)
> - 자본금: ₩500
> - 자본잉여금: ₩300
> - 이익잉여금: ₩700
>
> 만약, 이 중 75%를 ₩2,000에 취득하고 영업권 ₩500을 인식한다면 ㈜민국의 자산 공정가치는? 기출처 2020. 국가직 9급
> ① ₩3,500 ② ₩4,000
> ③ ₩4,500 ④ ₩5,000
>
> 정답 ③

풀이

01 순자산 과소평가액 = {순자산 공정가치(₩9,000 − ₩3,000) − 순자산 장부금액(₩4,000)} × 지분율(20%) = ₩400

02 영업권 = 취득금액(₩2,000) − {순자산 공정가치(₩9,000 − ₩3,000) × 지분율(20%)} = ₩800

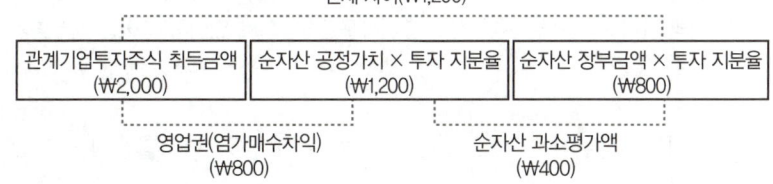

오쌤 Talk

관계기업투자주식의 영업권

관계기업투자주식의 장부금액은 취득금액 그대로이다. 즉, 영업권이나 염가매수차익이 발생하더라도 이를 관계기업투자주식의 장부금액에서 구분해서 처리하는 것이 아니라 취득원가는 취득 시 지급한 금액 그대로이다.

이때, 영업권에 해당하는 금액은 매년 손상을 검사하여 손상이 인식될 때, 관계기업투자주식의 장부금액을 줄이고 비용으로 처리한다.

또한 염가매수차익부분은 취득한 자산과 부채보다 대가를 적게 주고 취득한 것으로 취득 즉시 수익으로 처리하고 관계기업투자주식 장부금액에 가산하므로 결국 취득시점의 회계처리가 끝나면 관계기업투자주식의 장부금액은 피투자기업의 순자산의 공정가치에 지분율만큼 반영한 금액이 된다.

1-2 관계기업투자주식 취득일의 차이에 대한 회계처리

영업권은 한국채택기업회계기준에서 상각을 허용하지 않고 있다. 그러나 손상에 대해서는 계속검토하여야 하며, 손상이 인식될 경우 영업권을 차감하고 비용으로 인식한다. 반대로 염가매수차익은 즉시 환입하여 당기손익에 반영하고, 그 금액만큼 관계기업투자자산의 장부금액에 가산한다.

순자산 과소평가액은 과소평가된 자산·부채의 실현되는 방법에 따라 상각한다. 예를 들어, 건물의 장부금액이 ₩10,000이고 공정가치가 ₩15,000일 경우, 회사가 정액법으로 10년간 감가상각을 한다면 매년 ₩500씩 상각하면 된다. 단, 상각되는 자산은 관계기업투자주식이며 이를 당기손익에 반영하면 된다.

❷ 관계기업투자주식 취득일 이후의 차이

관계기업의 당기순이익, 배당 등으로 순자산이 변동할 경우 순자산에 지분율을 곱한 지분액과 관계기업투자주식의 장부금액과 차이가 발생한다. 따라서 순자산의 변동의 원천에 따라 관계기업투자주식의 장부금액을 가감해 주어야 한다.

2-1 피투자기업의 당기순이익

피투자기업이 당기순이익(손실)이 발생하여 순자산이 변동하는 경우 변동액의 지분만큼 관계기업투자주식의 장부금액에서 가산(차감)하여야 한다. 상대계정은 지분법이익으로 당기손익으로 인식한다.

> 지분법이익 = 피투자자의 당기순이익 × 투자자 지분율

| (차) 관계기업투자주식 | XXX | (대) 지분법이익 | XXX |

2-2 배당금의 수령

피투자기업이 현금으로 배당을 하는 경우 자산이 유출되므로 순자산이 감소한다. 따라서 관계기업투자주식의 장부금액을 차감하여야 하며, 기준일은 배당선언일이 된다.

| (차) 미수배당금 | XXX | (대) 관계기업투자주식 | XXX |

2-3 기타포괄손익의 변동

피투자기업이 기타포괄손익의 인식으로 순자산가액이 변동하는 경우 동 변동액으로 인한 효과를 관계기업투자주식에 반영하여야 한다. 그러나 당기손익의 항목은 아니므로 관계기업기타포괄손익의 과목으로 포괄손익계산서의 기타포괄손익으로 인식하고 이를 자본항목으로 계상한다.

| (차) 관계기업투자주식 | XXX | (대) 관계기업기타포괄손익 | XXX |

오쌤 Talk

배당금의 수령

배당금의 수령은 피투자기업의 이익잉여금을 감소시킨다. 즉, 피투자회사의 자본이 줄어들기 때문에 피투자회사 자본의 지배력을 나타내는 투자회사의 관계기업투자주식의 장부금액은 줄어든다. 다만, 이를 현금을 수령하고 관계기업투자주식의 장부금액이 감소하므로, 결국은 투자원금을 회수한 경우라고 할 수 있겠다.

심화예제 2 관계기업투자주식

20X1년 1월 1일 ㈜한국은 ㈜민국의 지분 20%를 ₩2,000에 취득하고 유의적 영향력을 행사할 수 있게 되었다. 다음은 ㈜민국의 재무제표이며, 이를 장부금액과 공정가치로 나타내었다.

20X1년 초 재무상태표						
계정과목	장부금액	공정가치	계정과목	장부금액	공정가치	
유동자산	₩3,000	₩3,500	부채	₩3,000	₩3,000	
유형자산	₩4,000	₩5,000	자본	₩4,000	-	
계	₩7,000	₩8,500	계	₩7,000	-	

유동자산의 장부금액과 공정가치의 차이는 재고자산이며 20X1년 중에 전액 판매가 되었으며, 유형자산의 내용연수는 5년으로 정액법을 적용한다. ㈜민국의 20X1년 당기순이익은 ₩1,000이며, 20X2년 3월 15일에 ₩800의 배당을 선언하여 20X2년 4월 15일에 배당하였다. 다음 물음에 답하시오.

01 ㈜한국이 20X1년에 인식할 지분법이익을 구하시오.

02 상기 거래와 관련하여 회계처리를 하시오.

풀이

01 지분법이익
 (1) 순자산 과소평가액 = {순자산 공정가치(₩8,500 − ₩3,000) − 순자산 장부금액(₩4,000)} × 지분율(20%) = ₩300
  ① 재고자산 = {공정가치(₩3,500) − 장부금액(₩3,000)} × 지분율(20%) = ₩100
  ② 유형자산 = {공정가치(₩5,000) − 장부금액(₩4,000)} × 지분율(20%) = ₩200
 (2) 영업권 = 취득금액(₩2,000) − {순자산 공정가치(₩8,500 − ₩3,000) × 지분율(20%)}
   = ₩900
 (3) 순자산 과소평가액 상각
  ① 재고자산은 판매되었으므로 ₩100 전액 상각한다.
  ② 유형자산 = ₩200 ÷ 5년 = ₩40
  ③ 영업권은 상각하지 않는다.
 (4) 지분법이익 = 당기순이익(₩1,000) × 지분율(20%) = ₩200
 (5) 20X1년의 지분법이익 = 당기순이익(₩200) − 재고자산(₩100) − 유형자산(₩40) = ₩60

02 회계처리

20X1. 1. 1.	(차) 관계기업투자주식	₩2,000	(대) 현금	₩2,000
20X1. 12. 31.	(차) 관계기업투자주식	₩60	(대) 지분법이익	₩60
20X2. 3. 15.	(차) 미수배당금	₩160*	(대) 관계기업투자주식	₩160
20X2. 4. 15.	(차) 현금	₩160	(대) 미수배당금	₩160

* 미수배당금 = 총배당금(₩800) × 지분율(20%) = ₩160

확인문제

02. 12월 31일 결산법인 ㈜서울은 20X1년 1월 1일 ㈜대한의 발행주식 40%를 ₩1,000,000에 취득하여 유의적인 영향력을 행사할 수 있게 되었다. 주식 취득일 현재 식별할 수 있는 ㈜대한의 순자산 장부금액은 ₩2,000,000이며, 유형자산이 공정가치보다 ₩200,000 과소평가 되었다. 해당 유형자산은 5년간 정액법으로 감가상각한다. 20X1년 ㈜대한의 당기순이익은 ₩200,000이며, 20X2년 당기순이익은 ₩300,000이고 20X2년 ₩100,000의 현금배당을 하였다. ㈜서울이 보유하고 있는 ㈜대한의 주식을 지분법으로 평가할 때 설명으로 가장 옳은 것은? (㈜서울은 ㈜대한 주식 이외의 주식은 보유하고 있지 않다.)

기출처 2022. 서울시 7급

① 20X1년 12월 31일 ㈜서울이 보고할 지분법이익은 ₩70,000 이다.
② 20X2년 12월 31일 ㈜서울이 보고할 지분법이익은 ₩102,000이다.
③ 20X1년 12월 31일 ㈜서울이 보고할 관계기업투자주식은 ₩1,070,000이다.
④ 20X2년 12월 31일 ㈜서울이 보고할 관계기업투자주식은 ₩1,128,000이다.

정답 ④

OX 퀴즈

다음 문장의 경우 올바른 설명에는 O, 틀린 설명에는 ×를 하고 틀린 설명은 수정하시오.

① 유의적인 영향력을 행사할 수 있는 피투자주식의 평가는 지분법을 적용한다. (   )

② 관계기업투자주식은 일반적으로 취득 당시 피투자자의 순자산 공정가액에 대한 투자 지분율만큼을 장부금액으로 인식한다. (   )

③ 관계기업투자주식 취득일에 관계기업투자주식의 취득금액과 피투자자의 순자산 공정가치에 대한 투자 지분율의 차이는 영업권(염가매수차익)으로 인식한다. (   )

④ 관계기업투자주식 취득 시 발생한 영업권은 매년 일정금액을 상각한다. (   )

⑤ 피투자자의 순자산가액이 기타포괄손익으로 변동하는 경우 동 변동액 중 투자지분액은 관계기업기타포괄손익의 과목으로 하여 포괄손익계산서의 기타포괄손익으로 인식한다. (   )

OX 풀이

1 ○

2 × 관계기업투자주식은 원칙적으로 취득 당시 피투자자의 순자산 장부가액에 대한 투자 지분율만큼을 장부금액으로 인식한다.

3 ○

4 × 관계기업투자주식 취득 시 발생한 영업권은 상각하지 않고 손상검사를 한다.

5 ○

실전훈련

01 지분법 회계처리에 대한 설명으로 가장 올바르지 않은 것은?

① 피투자자의 기타포괄손익 변동액 중 투자자의 지분은 투자자의 기타포괄손익으로 인식한다.
② 피투자자로부터 배당금수취시 투자수익을 즉시 인식하므로 관계기업투자주식 계정이 증가한다.
③ 관계기업에 관련된 영업권의 상각은 허용되지 않는다.
④ 피투자자의 당기순손익 중 투자자의 지분은 투자자의 당기순손익으로 인식한다.

02 지분법은 투자자가 피투자자에 대해 유의적인 영향력을 행사할 수 있는 경우에 적용한다. 다음 중 유의적인 영향력을 행사할 수 있는 경우에 해당하는 것은? (A회사는 투자자, B회사는 피투자자임)

① A회사는 B회사의 주식을 40% 보유하고 있으나 계약상 B회사에 대한 의결권을 행사할 수 없다.
② A회사는 12개월 이내에 매각할 목적으로 B회사의 의결권 있는 주식을 15% 취득하여 적극적으로 매수자를 찾고 있는 중이다.
③ A회사는 B회사의 주식을 20% 보유하고 있으나 모두 우선주이며 의결권은 없다.
④ A회사는 B회사의 의결권 있는 주식의 18%를 보유하고 있으나 B회사의 이사회 또는 이에 준하는 의사결정기구에 참여할 수 있다.

03 ㈜한국은 20X1년 초에 A 사 유통보통주식 1,000주 가운데 30%에 해당하는 주식을 주당 ₩2,000에 취득함으로써 A 사에 유의적인 영향력을 행사하게 되었다. A 사는 20X1년 9월 말에 1주당 ₩50의 현금배당을 선언하고 지급하였으며, 20X1년 말에 당기순손실 ₩200,000을 보고하였다. ㈜한국이 20X1년 말 재무상태표에 표시할 관계기업투자주식은?

기출처 2022. 지방직 9급

① ₩525,000 ② ₩540,000
③ ₩585,000 ④ ₩600,000

 풀이

01 ② 배당금수익의 인식은 배당선언일에 인식하며, 배당금 수취 시 관계기업투자주식을 차감한다.
02 ④ 피투자자의 주식에 20% 미만의 지분을 보유하고 있어도 의사결정을 할 수 있으면 유의적인 영향력을 행사할 수 있는 것으로 본다.
03 (1) 관계기업투자주식의 취득시점의 장부금액 = 1,000주 × 30% × ₩2,000 = ₩600,000
(2) 20X1년 말 관계기업투자주식 장부금액 = ₩600,000 - ₩50 × 300주 - ₩200,000 × 30% = ₩525,000

답 01 ② 02 ④ 03 ①

04 ㈜대한은 20X1년 1월 1일에 ㈜한국의 지분 30%를 ₩30,600에 취득하여 유의적인 영향력을 행사하게 되었다. 20X1년 1월 1일 ㈜한국의 장부상 순자산가액은 ₩100,000이며, 장부금액과 공정가치가 다른 항목은 다음과 같다.

구분	장부금액	공정가치	비고
상각자산	₩9,000	₩10,000	정액법 상각, 잔여내용연수 5년, 잔존가치 ₩0
재고자산	₩3,000	₩4,000	20x1년 중 모두 ㈜A에 판매

㈜한국의 20X1년 당기순이익이 ₩2,200일 때, ㈜대한이 20X1년 인식할 지분법평가이익은?

기출처 2021. 국가직 7급

① ₩60　　　　　　　　　　② ₩300
③ ₩600　　　　　　　　　　④ ₩660

05 ㈜한국은 관계기업투자주식으로 ㈜민국의 발행주식 중 40%를 보유하고 있다. 동 주식의 20X1년 10월 31일의 장부가액은 ₩10,000이었고, 시가는 ₩12,000이었다. 20X1년 12월 31일 결산결과 ㈜민국의 당기순이익은 ₩4,000이었고 20X2년 3월에 총 ₩2,000의 배당금을 지급하였다. ㈜한국은 20X2년 5월에 보유 중이던 ㈜한국의 주식을 ₩13,000에 모두 처분하였을 시 처분손익은?

① 처분손실 ₩2,200　　　　② 처분이익 ₩800
③ 처분이익 ₩1,000　　　　④ 처분이익 ₩2,200

풀이

04 (1) 투자차액

상각자산	(₩10,000 - ₩9,000) × 30% = ₩300	감가상각을 통해 제거(당기 지분법평가손익에 비용으로 반영)
재고자산	(₩4,000 - ₩3,000) × 30% = ₩300	판매 시 제거(지분법평가손익에 비용으로 반영)

(2) 지분법평가이익 = 피투자회사의 당기순이익 × 지분율 - 지분법평가차액 제거
= ₩2,200 × 30% - ₩300/5년 - ₩300 = ₩300

05
관계기업투자주식 취득원가	₩10,000	
(+) 당기순이익 계상	₩1,600	= ₩4,000 × 40%
(-) 배당금 수취	(₩800)	= ₩2,000 × 40%
장부가액	₩10,800	

처분이익 = 처분금액(₩13,000) - 장부가액(₩10,800) = ₩2,200

답　04 ②　05 ④

06 ㈜민국은 2016년 4월 1일에 ㈜한국의 의결권 있는 주식 25%를 ₩1,000,000에 취득하였다. 취득 당시 ㈜한국의 자산과 부채의 공정가치는 각각 ₩15,000,000, ₩12,000,000이다. ㈜한국은 2016년 당기순이익으로 ₩600,000을 보고하였으며 2017년 3월 1일에 ₩200,000의 현금배당을 지급하였다. 2017년 9월 1일에 ㈜민국은 ㈜한국의 주식 전부를 ₩930,000에 처분하였다. 위의 관계기업투자에 대한 설명으로 옳은 것은?

기출처 2018. 지방직 9급

① ㈜한국의 순자산 공정가치는 ₩3,000,000이므로 ㈜민국은 ㈜한국의 주식 취득 시 ₩250,000의 영업권을 별도로 기록한다.
② ㈜한국의 2016년 당기순이익은 ㈜민국의 관계기업투자 장부금액을 ₩150,000만큼 증가시킨다.
③ ㈜한국의 현금배당은 ㈜민국의 당기순이익을 ₩50,000만큼 증가시킨다.
④ ㈜민국의 관계기업투자 처분손실은 ₩70,000이다.

07 ㈜서울은 20X1년 1월 1일 ㈜경기의 발행주식 40%를 ₩800,000에 취득하여 지분법으로 평가하고 있다. 20X1년 1월 1일 ㈜경기의 순자산 장부금액은 ₩1,500,000이었으며, ㈜경기의 건물 장부금액은 공정가치보다 ₩300,000 과소평가되었다. 과소평가된 건물의 잔존내용연수는 6년, 정액법으로 감가상각된다고 가정한다. ㈜경기의 20X1년 당기순이익은 ₩100,000, 20X2년 당기순이익은 ₩200,000일 경우 20X2년 12월 31일 ㈜서울이 보고할 관계기업투자주식은?

기출처 2020. 서울시 7급

① ₩800,000 ② ₩820,000
③ ₩880,000 ④ ₩920,000

06 (1) 영업권 = 취득금액 - 순자산공정가액
= ₩1,000,000 - (₩15,000,000 - ₩12,000,000) × 25% = ₩250,000
다만, 영업권을 별도로 표시하는 것이 아니라 주식의 취득금액 안에 영업권이 포함되어 있고 추후 영업권에 대해 평가하여 손상을 인식하는 회계처리를 한다.
(2) 피투자회사의 당기순이익 ₩600,000 중 25%인 ₩150,000은 지분법평가이익(당기손익)으로 인식한다.
(3) 현금배당(₩200,000 × 25% = ₩50,000)은 당기손익에 영향을 주지 않고, 관계기업투자주식의 주식가액을 줄여준다.
(4) 2017년 관계기업투자주식의 장부금액 = ₩1,000,000 + ₩150,000 - ₩50,000 = ₩1,100,000
∴ 처분손익 = 처분가액 - 장부금액 = ₩930,000 - ₩1,100,000 = ₩170,000 손실

07 (1) 투자차액 = ₩300,000 × 40% = ₩120,000
(2) 관계기업투자주식의 장부금액

20X1년 1월 1일 관계기업투자주식 장부금액	₩800,000
투자차액의 제거 (= ₩120,000/6년 × 2)	(₩40,000)
피투자회사의 당기순이익으로 인한 지분법 평가이익 (= {₩100,000 + ₩200,000} × 40%)	₩120,000
20X2년 12월 31일 관계기업투자주식 장부금액	₩880,000

답 06 ② 07 ③

08 20X1년 초에 ㈜서울은 ㈜나라의 보통주식 20%를 ₩1,000,000에 취득하면서 ㈜나라에 대해 유의적인 영향력을 갖게 되었다. 20X1년 초 ㈜나라의 순자산의 장부금액은 ₩4,500,000이었으며, 건물을 제외한 자산과 부채에 대해서는 공정가액과 장부금액이 일치하였다. 동 건물의 공정가치는 장부금액보다 ₩200,000 높게 평가되었으며, 잔존 내용연수 10년, 잔존 가액 ₩0, 정액법으로 감가상각하고 있다. ㈜나라의 20X1년 순이익은 ₩100,000이다. ㈜서울의 20X1년 재무제표상 관계기업투자 주식은 얼마인가?

기출처 2017. 서울시 7급

① ₩1,012,000 ② ₩1,016,000
③ ₩1,020,000 ④ ₩1,024,000

09 2015년 초에 ㈜서울은 ㈜한양에게 보통주 50주(주당 액면 금액 ₩5,000, 주당 공정가치 ₩7,000)를 교부하고 ㈜한양을 흡수 합병하였다. 합병 직전에 ㈜한양의 식별가능한 순자산 장부금액과 공정가치가 다음과 같을 때 합병 시 ㈜서울이 인식할 영업권 또는 염가매수차익은 얼마인가?

기출처 2016. 서울시 7급

합병 직전 ㈜한양의 재무상태표

	장부금액	공정가치
자산		
재고자산	₩200,000	₩250,000
비유동자산	₩300,000	₩300,000
합계	₩500,000	
부채		
비유동부채	₩100,000	₩100,000
자본		
자본금	₩350,000	
이익잉여금	₩50,000	
합계	₩500,000	

① 영업권 ₩150,000 ② 영업권 ₩100,000
③ 염가매수차익 ₩150,000 ④ 염가매수차익 ₩100,000

 풀이

08	관계기업 투자주식 취득원가	₩1,000,000	계산근거
	순이익에 대한 지분법 평가액	₩20,000	= ₩100,000 × 20%
	순자산과소평가액	(₩4,000)	= ₩200,000 × 20%/10년
	관계기업투자주식 기말 장부금액	₩1,016,000	

09 (1) 합병대가 = 보통주 × 주당공정가치 = 50주 × ₩7,000 = ₩350,000
　　(2) 순자산의 공정가치 = 자산의 공정가치 - 부채의 공정가치 = (₩250,000 + ₩300,000) - ₩100,000 = ₩450,000
　　(3) 염가매수차익 = ₩350,000 - ₩450,000 = ₩100,000

답 08 ②　09 ④

22 재무비율

Teacher's Map

❶ 재무비율

안정성비율	유동비율, 당좌비율, 부채비율, 이자보상비율
수익성비율	매출액순이익률, 총자산이익률, 자기자본순이익률, 주당순이익, 주가수익률
활동성비율	매출채권회전율, 평균회수기간, 재고자산회전율, 재고자산평균처리기간

💡 안정성비율

① 유동비율 = $\dfrac{유동자산}{유동부채} \times 100\%$

② 당좌비율 = $\dfrac{당좌자산}{유동부채} \times 100\%$

③ 부채비율 = $\dfrac{총부채}{자기자본} \times 100\%$

④ 이자보상비율 = $\dfrac{\text{EBIT(당기순이익 + 법인세비용 + 이자비용)}}{이자비용} \times 100\%$

💡 수익성비율

① 매출액순이익률 = $\dfrac{당기순이익}{매출액} \times 100\%$

② 총자산순이익률 = $\dfrac{당기순이익}{총자산} \times 100\%$

③ 자기자본순이익률 = $\dfrac{순이익}{자기자본} \times 100\%$

개념 찾기

❶ 유동비율　　❹ 이자보상비율　　❼ 자기자본비율　　❿ 재고자산회전율　　⓭ 배당수익률
❷ 당좌비율　　❺ 매출액순이익률　　❽ 주가수익률　　⓫ 총자산회전율
❸ 부채비율　　❻ 총자산순이익률　　❾ 매출채권회전율　　⓬ 배당성향

④
$$\text{주당순이익} = \frac{\text{보통주당기순이익}}{\text{유통보통주식수}}$$

⑤
$$\text{주가수익률} = \frac{\text{주당시가}}{\text{주당순이익}}$$

💡 활동성비율

①
- 매출채권회전율 = $\dfrac{\text{매출액}}{\text{평균매출채권}}$

- 매출채권평균회수기간 = $\dfrac{365}{\text{매출채권회전율}}$

②
- 재고자산회전율 = $\dfrac{\text{매출원가}}{\text{평균재고자산}}$

- 재고자산평균처리기간 = $\dfrac{365}{\text{재고자산회전율}}$

③
정상영업주기 = 매출채권평균회수기간 + 재고자산평균처리기간

④
총자산회전율 = $\dfrac{\text{매출액}}{\text{평균총자산}}$

💡 기타 비율

- 배당성향 = $\dfrac{\text{배당금}}{\text{당기순이익}}$

- 배당수익률 = $\dfrac{\text{주당배당금}}{\text{주당주식가격}}$

1 재무비율

재무비율분석이란 재무제표 항목들 사이의 비율을 경제적 의미를 갖도록 산출하여 기업의 재무상태와 경영성과를 분석하는 전통적인 경영분석방법이다. 즉, 재무제표상의 각 항목별 수치를 다른 항목의 수치와 비교함으로써 기업의 재무상태를 빠르게 파악하고 타 기업과 비교할 수 있는 방법이다.

기업의 재무비율은 크게 안전성, 수익성, 활동성 비율로 나눌 수 있으며, 이를 단기와 장기로 구분하여 계산할 수 있다. 이를 전체적인 틀로 보면 다음과 같다.

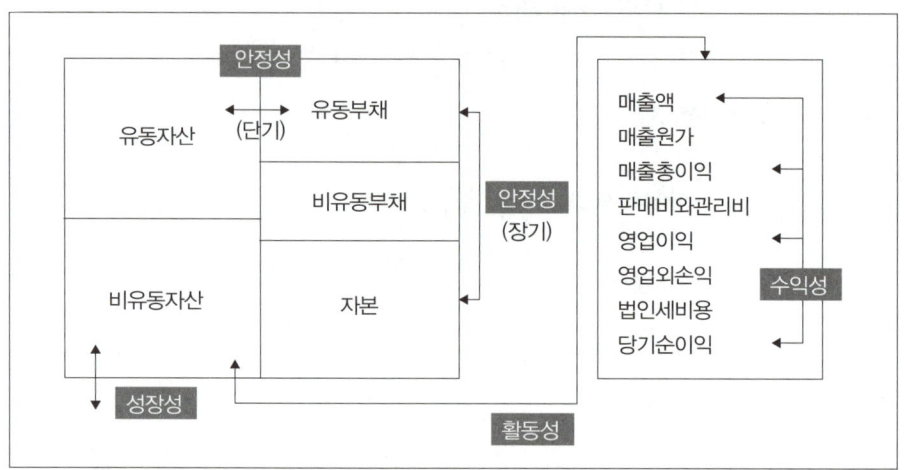

즉, 유동자산과 유동부채를 비교하여 기업의 단기 안정성을 검토하고 부채와 자본을 비교하여 장기 안정성을 검토하며, 포괄손익계산서의 계정끼리 비교하면서 수익성을 검토할 수 있다. 또한 재무상태표와 포괄손익계산서를 비교하여 활동성을 검토할 수 있다.

❶ 안정성비율

안정성비율이란 유동비율, 당좌비율, 부채비율 및 이자보상비율 등을 통해 회사의 부채상환 능력에 대하여 검토하는 비율을 의미한다.

1-1 유동비율

유동비율(Current Ratio)이란 유동자산을 유동부채로 나누어 측정하는 것으로 **단기간 내에 갚아야 하는 부채를 단기간 내에 현금화가 가능한 자산으로 갚을 수 있는지의 여부를 측정하는 지표**이다. 즉, 회사의 단기채무의 상환능력을 검토하는 것이다.

$$유동비율 = \frac{유동자산}{유동부채} \times 100\%$$

이 비율이 100% 미만일 경우 1년 이내로 도래하는 유동부채가 1년 이내로 현금화 되는 유동자산보다 많아 회사의 단기채무 상환능력이 매우 낮다고 판단 할 수 있으며, 실제 부도의 발생가능성이 높다고 판단할 수 있다.

1-2 당좌비율

당좌비율(Quick Ratio)은 유동자산 중 유동성이 상대적으로 낮은 재고자산을 제외하고 유동성이 높은 자산인 당좌자산(현금, 금융상품, 유가증권 및 매출채권 등)만을 유동부채와 대응시킴으로써 **단기채무에 대한 기업의 초단기적인 지급능력을 파악하는 데 사용**된다.

$$당좌비율 = \frac{당좌자산}{유동부채} \times 100\%$$

물론 이 비율이 100% 미만일 경우 회사의 단기채무 상환능력이 매우 낮다고 판단할 수 있으며, 유동비율과 비교하여 유동비율은 적정한데 당좌비율이 많이 낮다면 회사 재고자산을 과다하게 보유하고 있는 것으로 판단할 수 있다.

1-3 부채비율

부채비율(Debt - To - Equity Ratio)이란 **타인자본인 부채와 자기자본인 자본간의 관계를 나타내는 지표**로 부채비율이 클수록 채권자에 대한 위험이 증가한다는 것을 의미한다. 실제로 건설사 등을 평가할 때 많이 사용하는 지표이다.

$$부채비율 = \frac{총부채}{자기자본} \times 100\%$$

즉, 주주와 채권자의 지분을 비교하는 것이며, 일반적으로 150% 이하가 되어야 부채비율이 적정한 것으로 판단한다.

1-4 이자보상비율

이자보상비율(times interest earned)은 **기업의 영업능력과 이자비용을 비교**하여 회사의 적정차입금을 검토하고 이자지불 능력을 검토하는 것이다.

$$이자보상비율 = \frac{EBIT^*}{이자비용} \times 100\%$$

*EBIT = 당기순이익 + 법인세 + 이자비용

즉, 회사가 영업활동을 통해서 얻는 이익이 이자비용의 몇 배수를 벌어들이는지를 검토하는 것이다.

이때, EBIT(earning before interest and tax)는 이자 및 법인세비용을 차감하기 전 순이익을 의미한다. 그러므로 당기순이익에 법인세비용을 가산하고 이자비용을 가산하여 산출한 이익을 기준으로 이자보상비율을 산정한다.

오쌤 Talk

당좌자산의 정의

당좌자산은 기준서상 따로 정의되는 개념은 아니다. 다만, 재무를 분석하는 과정에서 당좌자산은 '유동자산 중 재고자산을 제외한 나머지 모든 자산'이라고 정의한다.

확인문제 최신

01. ㈜한국의 20X1년 3월 20일 당좌비율은 75 %, 유동비율은 140 %이다. ㈜한국이 20X1년 3월 30일 매입채무를 현금 ₩100,000으로 상환할 경우, 당좌비율과 유동비율에 미치는 영향을 바르게 연결한 것은? 기출처 2023. 관세직 9급

	당좌비율	유동비율
①	증가	증가
②	감소	증가
③	감소	감소
④	변동 없음	변동 없음

정답 ②

확인문제

02. ㈜한국은 유동부채의 2배에 해당하는 유동자산을 보유하고 있다. 이러한 상황에서 매입채무를 현금으로 상환하면 상환 후 유동비율과 부채비율은 상환하기 전에 비해 어떻게 변동하겠는가? 기출처 2014. 관세사

① 유동비율과 부채비율은 모두 불변이다.
② 유동비율과 부채비율은 모두 증가한다.
③ 유동비율은 증가하고 부채비율은 감소한다.
④ 유동비율은 감소하고 부채비율은 증가한다.

정답 ③

❷ 수익성비율

수익성비율은 기업의 경영성과를 보여주는 지표로 이익창출능력과 영업성과를 분석하기에 적합하다.

2-1 매출액순이익률

매출액순이익률(return on sales: ROS)이란 여러 수익을 매출액으로 나누어서 **기업의 매출대비 수익률을 검토**하는 것이다. 매출총이익률은 매출액에서 매출원가를 차감한 매출총이익과 비교하여 원가율과 수익률을 검토하는 것이고, 매출액영업이익률은 회사의 목적사업을 통해 발생한 수익에서 비용을 차감한 영업이익과 매출액을 비교하는 것이다. 또한 매출액순이익률은 당기순이익과 매출액을 비교하는 것이다.

$$매출액순이익률 = \frac{당기순이익}{매출액} \times 100\%$$

즉, 순이익률을 통해 회사의 효율성을 검토할 수 있다.

2-2 총자산이익률

총자산이익률(return on assets: ROA)은 총자본순이익률이라고도 하는데, 총자산대비 여러 순이익을 검토하는 것이다. 즉, 회사의 **총 투자액을 통해 수익이 어느 정도 나는지를 검토**하는 것이다.

$$총자산순이익률 = \frac{당기순이익}{총자산} \times 100\%$$

총자산순이익률을 검토하여 일정 수준이상의 수익률이 발생하지 않는다면 회사 투자의 적정성을 검토해봐야 할 것이다.

총자산이익률은 다음과 같이 식을 변형시킬 수 있다.

$$총자산순이익률 = \frac{당기순이익}{매출액} \times \frac{매출액}{총자산} \times 100\%$$

즉, '총자산순이익률'은 '매출액순이익률'과 '총자산회전율'의 곱으로 분해되므로, '매출액순이익률'이 높거나 '총자산회전율'이 높은 경우 '총자산순이익률'은 높아진다.

확인문제 최신

03. 다음 자료를 이용한 자기자본순이익률은? (단, 비율 계산 시 총자산과 자기자본은 기초금액과 기말금액의 연평균금액으로 한다.) 기출처 2023. 국가직 7급

○ 매출액 ₩50,000
○ 당기순이익 ₩2,000
○ 기말 총자산은 기초 총자산의 3배이다.
○ 타인자본과 자기자본은 기초와 기말 모두 총자산에서 차지하는 비율이 1대1로 일정하다.
○ 총자산회전율 2.5회

① 20 %   ② 25 %
③ 30 %   ④ 40 %

정답 ①

2-3 자기자본순이익률

자기자본순이익률(return on equity: ROE)은 주주가 **투자한 1원당 어느 정도의 이익을 얻었는지를 나타내는 비율**이다.

$$\text{자기자본순이익률} = \frac{\text{순이익}}{\text{자기자본}} \times 100\%$$

위 산식에서 분자에 순이익을 대입하지 않고 영업이익을 대입하여 비율을 산정하기도 하는데 이를 '자기자본영업이익률'이라고 한다.

자기자본순이익률은 다음과 같이 식을 변형시킬 수 있다.

$$\text{자기자본순이익률} = \frac{\text{당기순이익}}{\text{매출액}} \times \frac{\text{매출액}}{\text{총자산}} \times \frac{\text{총자산}}{\text{자기자본}} \times 100\%$$

'총자산/자기자본'은 다시 '(부채 + 자기자본)/자기자본'으로 분해되고, 결국 '1 + 부채비율'로 분해할 수 있다. 그러므로 '자기자본순이익률'은 '매출액당기순이익률'과 '총자산회전율' 그리고 '(1 + 부채비율)'의 곱으로 분해된다. 이때, '총자산/자기자본'의 비율을 레버리지비율이라고도 한다.

2-4 주당순이익

주당순이익(earnings per share: EPS)는 **보통주 한 주당 얼마의 순이익이 발생하는지를 검토**하는 지표이다.

$$\text{주당순이익} = \frac{\text{보통주당기순이익}}{\text{유통보통주식수}}$$

2-5 주가수익률

주가수익률(price earnings ratio: PER)은 **주가를 주당순이익으로 나누어 준 것**이다.

$$\text{주가수익률} = \frac{\text{주당시가}}{\text{주당순이익}}$$

같은 업종의 타기업과 주가수익률을 비교하여 당 기업이 높다면 같은 순이익 대비로 주가가 높은 것이므로 매도하고 타기업의 주식을 매수하는 것이 적정할 것이다. 이와 같이 타 회사와의 비교를 통해서 적정주가를 검토할 수 있다.

오쌤 Talk

ROA와 ROE의 연계
자기자본순이익률(ROE) = 총자산이익률(ROA) × (1 + 부채비율)

✏️ 확인문제

04. ㈜한국의 20X1년 재무자료가 다음과 같을 경우 옳은 것은?

기출처 2015. 관세사

매출액	₩50,000,000
기말유동자산	₩2,000,000
기말재고자산	₩500,000
현금배당	주당 ₩5,000
당기순이익	₩2,500,000
기말유동부채	₩1,500,000
주당순이익	₩10,000
기말 주식의 시가	주당 ₩25,000

① 주가이익비율(PER)는 250%이다.
② 배당수익률은 500%이다.
③ 당좌비율은 80%이다.
④ 매출액순이익률은 2%이다.
⑤ 유동비율은 100%이다.

정답 ①

확인문제

05. 다음은 현금판매 없이 외상판매만을 하는 ㈜한국의 20X1년도 관련 사항이다. 기업의 재고자산 보유기간과 매출채권회수기간의 합을 영업순환주기라고 할 때, ㈜한국의 20X1년도 평균매출채권은 얼마인가? (1년을 360일로 가정한다.)

영업순환주기 236일	매출원가율 90%
매출액 ₩100,000	평균재고자산 ₩50,000

정답 ₩10,000

확인문제

06. ㈜한국의 당기 매출은 외상 거래만 있었다고 할 때, 다음 자료를 이용한 활동성 비율분석의 해석으로 옳지 않은 것은? (단, 활동성 비율 계산 시 분모는 기초잔액과 기말잔액의 평균금액을 이용하며, 1년을 360일로 계산한다.)

기출처 2020. 관세직 9급

매출채권		재고자산	
기초 ₩1,000	현금 ₩47,000	기초 ₩1,000	매출원가 ₩25,000
매출액 ₩50,000		매입채무 ₩20,000	
		현금 ₩8,000	

① 매출채권회전율은 20회이다.
② 재고자산회전율은 12회이다.
③ 매출채권의 평균회수기간은 18일이다.
④ 재고자산의 평균판매기간은 36일이다.

정답 ②

확인문제 최신

07. 다음 자료를 이용한 ㈜한국의 20X1년 기말재고자산 금액은? (단, 회전율 계산 시 기초와 기말의 평균값을 이용한다)

기출처 2025. 관세직 9급

○ 20X1년 1월 1일 재고자산 잔액은 ₩0
○ 재고자산평균처리기간: 60일(1년을 360일로 가정)
○ 매출원가: ₩3,000,000

① ₩500,000 ② ₩900,000
③ ₩1,000,000 ④ ₩1,200,000

정답 ③

❸ 활동성비율

활동성비율은 기업에 투입된 자산이 기업의 영업활동에 어느 정도 활발하게 이루어지고 있는가를 측정하는 지표이다. 이는 일정시점의 재무상태표의 계정과 일정기간의 포괄손익계산서의 계정을 비교함에 따라 일반적으로 재무상태표 계정은 기초와 기말 잔액의 평균치를 사용한다.

3-1 매출채권회전율, 매출채권평균회수기간

매출채권회전율(receivables turnover)은 매출액과 평균매출채권을 비교하여 **매출채권이 현금화되는 속도**를 검토하는 것이다.

$$\text{매출채권회전율} = \frac{\text{매출액}}{\text{평균매출채권}} \qquad \text{매출채권평균회수기간} = \frac{365}{\text{매출채권회전율}}$$

매출채권회전율을 일수로 환산한 것이 평균회수기간으로 365일 기준으로 매출채권회전율로 나누어주면 매출채권이 현금화되는데 걸리는 기간을 계산할 수 있다.

3-2 재고자산회전율, 재고자산평균처리기간

재고자산회전율(inventory turnover)은 매출원가를 재고자산으로 나누어 재고자산이 판매되는 속도를 검토하는 것이다.

$$\text{재고자산회전율} = \frac{\text{매출원가}}{\text{평균재고자산}} \qquad \text{재고자산평균처리기간} = \frac{365}{\text{재고자산회전율}}$$

단, 매출원가 대신 매출액을 기준으로 하기도 한다. 또한 365일을 재고자산회전율로 나누어주면 재고자산이 판매되는 데 걸리는 시간을 계산할 수 있다.

3-3 매입채무회전율

매입채무회전율은 매입채무를 얼마나 빨리 결제하는지를 나타내는 지표이다. 원칙적으로는 외상매입액을 평균 매입채무로 나누어 구해야 하지만, 외상매입액이 재무제표에 구분되어 표시되지 않은 경우가 많기 때문에 외상매입액 대신 매출원가를 사용하는 경우가 많다.

$$\text{매입채무회전율} = \frac{\text{외상매입액}}{\text{평균매입채무}}, \frac{\text{매출원가}}{\text{평균매입채무}} \qquad \text{매입채무결제기간} = \frac{365}{\text{매입채무회전율}}$$

또한 365일을 매입채무회전율로 나누어주면 매입채무가 상환될 때까지 걸리는 시간을 계산할 수 있다.

3-4 정상영업주기

정상영업주기란 **재고자산이 판매되어 현금화되는 기간을 의미**한다. 즉, 평균회수기간과 재고자산평균처리기간을 합하여 회사의 정상영업주기를 구할 수 있다.

$$\text{정상영업주기} = \text{매출채권평균회수기간} + \text{재고자산평균처리기간}$$

3-5 현금전환기간

현금전환기간은 원재료의 매입액을 지급하고 나서 다시 현금으로 회수하기까지 걸리는 시간으로 정상영업주기에서 매입채무결제기간을 차감하여 산정한다.

$$\text{현금전환기간} = \text{재고자산평균처리기간} + \text{매출채권회수기간} - \text{매입채무결제기간}$$

[정상영업주기와 현금전환기간]

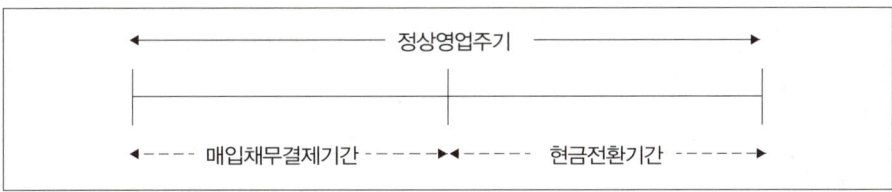

3-6 총자산회전율

총자산회전율(asset turnover ratio)은 매출액을 평균총자산으로 나누어 산정하며 이는 기업이 보유하고 있는 **총자산이 수익을 창출하는 데 얼마나 효율적으로 이용되고 있는가를 나타내는 비율**이다. 총자산회전율이 높다는 것은 보유하고 있는 총자산에 대해 높은 매출액을 달성하였다는 것을 의미한다.

$$\text{총자산회전율} = \frac{\text{매출액}}{\text{평균총자산}}$$

④ 기타재무비율

4-1 성장성비율

회사의 경영성과의 성장성을 매출액, 순이익, 총자산의 증가율을 통해서 검토하는 것이다. 대표적으로 매출액증가율의 증가는 시장의 크기나 점유율의 증가를 의미한다.

$$매출액증가율 = \frac{당기매출액 - 전기매출액}{전기매출액}$$

4-2 배당성향

배당성향은 **당기순이익 중 주주에게 배당을 어느 정도 했는지를 검토**해주는 지표이다.

$$배당성향 = \frac{배당금(주당배당금)}{당기순이익(주당이익)}$$

배당성향이 높다는 것은 그만큼 배당을 많이 한다는 의미이지만, 회사의 발전을 위한 유보비율이 작다는 것을 의미하기도 한다.

4-3 배당수익률

배당수익률(dividend yield)은 주당주식가격에 대한 주당 배당액의 비율을 의미한다. 즉, 한 주당 얻을 수 있는 배당을 통해 수익률을 산정해보는 비율이다.

$$배당수익률 = \frac{주당배당금}{주당주식가격}$$

MEMO

OX 퀴즈

다음 문장의 경우 올바른 설명에는 O, 틀린 설명에는 ×를 하고 틀린 설명은 수정하시오.

❶ 매출채권 회전율이 큰 것은 채권이 빨리 회수되고 있다는 것을 의미한다. (　　　)

❷ 재고자산 회전율이 작으면 재고자산 평균 회전기간이 작아지므로 재고자산이 빠른 속도로 팔리고 있다는 것을 의미한다. (　　　)

❸ 정상영업주기는 매출채권평균회수기간과 재고자산평균처리기간의 합으로 계산된다. (　　　)

❹ 일반적으로 부채비율은 낮을수록 회사가 안정적이다. (　　　)

OX 풀이

① ○

② × 재고자산 회전율이 낮아지면 재고자산 회수기간이 길어져서 재고자산의 판매속도가 느려짐을 의미한다.

③ ○

④ ○

실전훈련

01 재무비율분석과 관련된 설명으로 옳은 것은? 기출처 2016. 국가직 9급

① 기업영업활동의 수익성을 분석하는 주요 비율로 자기자본이익률과 이자보상비율이 사용된다.
② 총자산이익률은 매출액순이익률과 총자산회전율의 곱으로 표현할 수 있다.
③ 유동성비율은 기업의 단기지급능력을 분석하는 데 사용되며 유동비율, 당좌비율, 총자산이익률이 주요 지표이다.
④ 이자보상비율은 기업의 이자지급능력을 측정하는 지표로 이자 및 법인세비용차감전이익을 이자비용으로 나누어 구하며 그 비율이 낮은 경우 지급능력이 양호하다고 판단할 수 있다.

02 기말재고자산은 개별법, 평균법 및 선입선출법 등의 방법으로 평가한다. 이와 같은 재고자산평가방법에 의하여 영향을 받지 않는 것은?

① 부채비율   ② 당좌비율
③ 이자보상비율   ④ 주가이익비율

03 ㈜한국의 현재 유동자산은 ₩100, 유동부채는 ₩200이다. 다음 거래가 ㈜한국의 유동비율에 미치는 영향으로 옳지 않은 것은? 기출처 2020. 국가직 9급

① 토지를 ₩30에 취득하면서 취득 대금 중 ₩10은 현금으로 지급하고 나머지는 2년 후에 지급하기로 한 거래는 유동비율을 감소시킨다.
② 재고자산을 현금 ₩10에 구입한 거래는 유동비율에 영향을 미치지 않는다.
③ 단기차입금을 현금 ₩20으로 상환한 거래는 유동비율에 영향을 미치지 않는다.
④ 3년 만기 사채를 발행하고 현금 ₩30을 수령한 거래는 유동비율을 증가시킨다.

 풀이

01 ① 이자보상비율은 안정성을 분석하는 주요 비율이다.
③ 총자산이익률은 수익성지표이다.
④ 이자보상비율이 낮은 경우 지급능력이 부실하다고 판단할 수 있다.

02 '당좌비율 = 당좌자산/유동부채'이므로 당좌자산은 재고자산과 무관하여 재고자산평가방법에 영향을 받지 않는다.

03

	회계처리					유동비율에 미치는 영향
①	(차) 토지	₩30	(대) 현금		₩10	감소
			장기미지급금		₩20	
②	(차) 재고자산	₩10	(대) 현금		₩10	영향없음
③	(차) 단기차입금	₩20	(대) 현금		₩20	*감소
④	(차) 현금	₩30	(대) 장기성 사채		₩30	증가

*원래의 유동비율이 100%보다 작았으므로, 유동자산과 유동부채에 각각 같은 금액이 감소하면 비율은 감소한다.

답 01 ② 02 ② 03 ③

04 유동비율이 150%일 때, 유동비율을 감소시키는 거래는?   기출처 2015. 국가직 9급

① 매출채권 현금회수   ② 상품의 외상매입
③ 매입채무의 현금지급   ④ 장기대여금의 현금회수

05 12월 결산법인인 ㈜서울의 12월 말 재무제표에는 다음의 계정과목을 포함하고 있다.

외상매입금	₩10,000	지급어음A	₩10,000
감가상각누계액	₩10,000	미지급급여	₩10,000
급여	₩10,000	지급어음B	₩10,000
미지급이자	₩10,000	이자비용	₩10,000
광고비	₩10,000	장기차입금	₩10,000

지급어음 A의 만기는 1개월이며, 지급어음 B의 만기는 5년이다. 유동자산이 ₩100,000이라면 ㈜서울의 유동비율은 얼마인가?   기출처 2014. 서울시 9급

① 1   ② 1.5   ③ 2   ④ 3   ⑤ 2.5

04	①	매출채권의 현금회수	(차) 현금 XX (대) 매출채권 XX	자산, 부채의 증감 없음
	②	상품의 외상매입	(차) 상품 XX (대) 매입채무 XX	자산의 증가, 부채의 증가 → 유동비율이 100% 이상일 경우, 자산, 부채의 증가는 유동비율을 감소시킴
	③	매입채무의 현금지급	(차) 매입채무 XX (대) 현금 XX	부채의 감소, 자산의 감소 → 유동비율이 100% 이상일 때, 자산, 부채의 감소는 유동비율을 증가시킴
	④	장기대여금의 현금회수	(차) 현금 XX (대) 장기대여금 XX	유동자산만 증가 → 유동비율의 증가

05 (1) 유동부채(지급어음B와 장기차입금은 비유동부채)
     ₩10,000(외상매입금) + ₩10,000(미지급이자) + ₩10,000(지급어음A) + ₩10,000(미지급급여) = ₩40,000
 (2) 유동비율 = ₩100,000/₩40,000 = 2.5

답 04 ②   05 ⑤

06 ㈜한국의 20X1년도 매출액은 ₩800,000이고 매출원가는 ₩600,000이다. 다음의 자료를 이용하여 회사의 매출 채권회전율을 구하면 얼마인가?

	20X1. 1. 1.	20X1. 12. 31.
매출채권	₩210,000	₩190,000
재고자산	₩180,000	₩120,000

① 2회　　　② 3회　　　③ 4회　　　④ 5회

07 ㈜한국의 20X1년 12월 31일 현재 유동비율, 당좌비율, 그리고 부채비율은 각각 200%, 100%, 150%이었다. 20X2년 1월 초에 재고자산 ₩100,000을 외상매입한 경우에 유동비율, 당좌비율, 그리고 부채비율에 나타나는 변화는?　　　기출처 2009. 국가직 7급

① 유동비율 감소, 당좌비율 감소, 부채비율 불변　　② 유동비율 불변, 당좌비율 증가, 부채비율 감소
③ 유동비율 감소, 당좌비율 감소, 부채비율 증가　　④ 유동비율 증가, 당좌비율 불변, 부채비율 불변

풀이

06 (1) 평균매출채권 = (₩210,000 + ₩190,000) ÷ 2 = ₩200,000
　　(2) 매출채권회전율 = 매출액(₩800,000) ÷ 평균매출채권(₩200,000) = 4회
07 재고자산의 외상매입: (차) 재고자산 ₩100,000　　(대) 외상매입금 ₩100,000
　　(1) 유동자산과 유동부채의 동시 증가: 유동비율(= 유동자산/유동부채)감소
　　(2) 당좌자산 불변, 유동부채의 증가: 당좌비율(= 당좌자산/유동부채)감소
　　(3) 자산과 부채의 증가로 자기자본 불변: 부채비율(= 부채/자기자본)증가

답　06 ③　07 ③

08 〈보기〉는 20X1년 12월 31일 ㈜서울의 재무제표 정보이다. 재무비율에 대한 설명으로 가장 옳지 않은 것은? (단, 1년은 360일로 가정한다. 회전율 계산 시 기초와 기말의 평균값을 사용한다. 또한 이자보상비율에서 이익은 이자비용차감전순이익을 사용한다.) 기출처 2022. 서울시 7급

〈보기〉
- 매출액: ₩450,000
- 이자비용차감전순이익: ₩135,000
- 이자비용: ₩20,000
- 유동부채: ₩500,000
- 기초 총자산: ₩1,500,000
- 기말 총자산: ₩2,500,000
- 기초 매출채권: ₩100,000
- 기말 매출채권: ₩200,000

① ㈜서울의 매출채권 회전율은 3회이다.
② ㈜서울의 총자산 회전율은 0.25회이다.
③ ㈜서울의 매출채권평균회수기간은 120일이다.
④ ㈜서울의 이자보상비율은 6.75이다.

풀이

08 (1) 매출채권회전율
　　평균매출채권 = (기초매출채권 ₩100,000 + 기말매출채권 ₩200,000)/2 = ₩150,000
　　매출채권회전율 = 매출액 ₩450,000/평균매출채권 ₩150,000 = 3회전
(2) 매출채권평균회수기간 = 360일/3회전 = 120일/회전
(3) 총자산회전율
　　평균총자산 = (기초 총자산 ₩1,500,000 + 기말 총자산 ₩2,500,000)/2 = ₩2,000,000
　　총자산회전율 = 매출액 ₩450,000/평균총자산 ₩2,000,000 = 0.225
(4) 이자보상비율
　　이자비용차감전순이익 ₩135,000/이자비용 ₩20,000 = 6.75

답 **08** ②

09 다음은 상품매매 기업인 ㈜한국의 재무비율을 산정하기 위한 자료이다.

• 매출	₩4,500,000	• 기초매출채권	₩150,000
• 기초재고자산	₩240,000	• 매출원가	₩4,000,000
• 기말매출채권	₩450,000	• 기말재고자산	₩160,000

㈜한국은 매출이 전액 외상으로 이루어지며, 재고자산회전율 계산 시 매출원가를 사용할 경우, 매출채권 회전율과 재고자산 평균처리기간은? (단, 1년은 360일, 회전율 계산 시 기초와 기말의 평균값을 이용한다)

기출처 2021. 국가직 7급

	매출채권회전율(회)	재고자산평균처리기간(일)
①	15	18
②	15	36
③	30	18
④	30	36

09 (1) 평균매출채권 = (₩150,000 + ₩450,000)/2 = ₩300,000
  (2) 매출채권 회전율 = 매출액/평균매출채권
    = ₩4,500,000/₩300,000 = 15회전
  (3) 평균재고자산 = (₩240,000 + ₩160,000)/2 = ₩200,000
  (4) 재고자산회전율 = 매출원가/평균재고자산
    = ₩4,000,000/₩200,000 = 20회전
  (5) 재고자산평균처리기간 = 360일/20 = 18일

답 **09** ①

10 기초 및 기말 상품재고액이 각각 ₩46,000과 ₩34,000이고, 당기의 매출총이익이 ₩48,000이며, 당기의 재고자산회전율이 4.8회일 때, 당기의 매출액은? (단, 재고자산회전율 계산시 평균금액을 이용한다.)

기출처 2012. 관세직 9급

① ₩198,000
② ₩200,000
③ ₩220,000
④ ₩240,000

11 ㈜한국의 20X1년 매출액은 ₩3,000,000이고, 기초재고자산은 ₩100,000이었다. 20X1년 말 유동부채는 ₩100,000, 유동비율은 400%, 당좌비율은 100%이다. 또한, 재고자산평균처리기간이 36일이라면 매출총이익은? (단, 재고자산은 상품으로만 구성되어 있고, 1년은 360일로 계산한다.)

기출처 2021. 국가직 9급

① ₩0
② ₩500,000
③ ₩1,000,000
④ ₩2,000,000

 풀이

10 (1) 평균재고액: (₩46,000 + ₩34,000) ÷ 2 = ₩40,000
(2) 매출원가: 매출원가(₩192,000) ÷ 평균재고액(₩40,000) = 재고자산회전율(4.8)
(3) 매출액: 매출원가(₩192,000) + 매출총이익(₩48,000) = ₩240,000

11 (1) 유동자산 = 유동부채 × 유동비율 = ₩100,000 × 400% = ₩400,000
(2) 당좌자산 = 유동부채 × 당좌비율 = ₩100,000 × 100% = ₩100,000
(3) 기말재고자산 = ₩400,000 - ₩100,000 = ₩300,000
(4) 평균재고자산 = (기초재고자산 + 기말재고자산)/2 = (₩100,000 + ₩300,000)/2 = ₩200,000
(5) 재고자산회전율 = 360일/36일 = 10회전
(6) 매출원가 = 평균재고자산 × 회전율 = ₩200,000 × 10회전 = ₩2,000,000
(7) 매출총이익 = 매출액 - 매출원가 = ₩3,000,000 - ₩2,000,000 = ₩1,000,000

답 10 ④ 11 ③

12 ㈜한국의 2013년도 자료가 다음과 같을 때, ㈜한국의 2013년도 자기자본순이익률(ROE = 당기순이익 ÷ 자기자본)은? (단, 기타포괄손익은 없다고 가정한다.)

기출처 2014. 관세직 9급

- 자산총액: ₩2,000억(배당으로 인해 기초와 기말 금액이 동일함)
- 매출액순이익률: 10%
- 총자산회전율: 0.5
- 부채비율(= 부채 ÷ 자기자본): 300%

① 5% ② 10%
③ 15% ④ 20%

13 <보기>는 ㈜서울의 재무비율과 관련된 자료이다. 재무비율에 대한 설명으로 가장 옳지 않은 것은?

기출처 2020. 서울시 7급

<보기>

- 재무상태표 항목

(1) 평균 총자산	₩40,000	(2) 평균자기자본	₩10,000

- 포괄손익계산서 항목

(1) 매출액	₩20,000	(2) 당기순이익	₩2,000

- 자기자본이익률은 매출액순이익률, 총자산회전율, 레버리지비율의 곱으로 계산된다.

① 레버리지비율은 3배이다. ② 매출액순이익률은 10%이다.
③ 총자산회전율은 0.5회이다. ④ 자기자본이익률은 20%이다.

풀이

12 (1) 총자산회전율 = 매출액/평균총자산 = 매출액/2,000억 = 0.5 → 매출액 = 1,000억
(2) 매출액순이익률 = 당기순이익/매출액 = 당기순이익/1,000억 = 10% → 당기순이익 = 100억
(3) 부채비율 = 부채/자기자본 = 300% → 부채 = 3 × 자기자본이고, 부채 + 자기자본 = 총자산이므로
∴ 자기자본 = 500억
(4) 자기자본순이익률 = 100억/500억 = 20%

13 (1) 매출액 순이익률 = 당기순이익/매출액 = ₩2,000/₩20,000 × 100% = 10%
(2) 총자산회전율 = 매출액/평균총자산 = ₩20,000/₩40,000 = 0.5회
(3) 자기자본이익률 = 당기순이익/평균자기자본 = ₩2,000/₩10,000 × 100% = 20%
(4) 레버리지비율
자기자본이익률 = 매출액순이익률 × 총자산회전율 × 레버리지비율
0.2 = 0.1 × 0.5 × 레버리지비율
∴ 레버리지비율 = 4배

답 12 ④ 13 ①

MEMO

오정화
회계학